Herman Hirt

Etymologie der neuhochdeutschen Sprache

Verlag
der
Wissenschaften

Herman Hirt

Etymologie der neuhochdeutschen Sprache

ISBN/EAN: 9783957006868

Auflage: 1

Erscheinungsjahr: 2016

Erscheinungsort: Norderstedt, Deutschland

Hergestellt in Europa, USA, Kanada, Australien, Japan
Verlag der Wissenschaften in Hansebooks GmbH, Norderstedt

HANDBUCH

DES

DEUTSCHEN UNTERRICHTS

AN HÖHEREN SCHULEN

BEGRÜNDET VON

DR. ADOLF MATTHIAS
WEILAND WIRKL. GEH. OBER-REGIERUNGSRAT
UND VORTRAGENDEM RAT IM PREUSS. KULTUSMINISTERIUM

VIERTER BAND, ZWEITER TEIL
ETYMOLOGIE DER NEUHOCHDEUTSCHEN SPRACHE

MÜNCHEN 1921
C. H. BECK'SCHE VERLAGSBUCHHANDLUNG
OSKAR BECK

ETYMOLOGIE DER NEUHOCHDEUTSCHEN SPRACHE

DARSTELLUNG DES DEUTSCHEN WORTSCHATZES IN SEINER GESCHICHTLICHEN ENTWICKLUNG

VON

DR. HERMAN HIRT

O. PROFESSOR DES SANSKRIT UND DER INDOGERMANISCHEN SPRACHWISSENSCHAFT
AN DER UNIVERSITÄT GIESSEN

ZWEITE, VERBESSERTE UND VERMEHRTE AUFLAGE

MÜNCHEN 1921
C. H. BECK'SCHE VERLAGSBUCHHANDLUNG
OSKAR BECK

Vorwort zur zweiten Auflage

Rascher als ich es vermuten und erwarten konnte, ist die erste 1909 erschienene Auflage dieses Buches vergriffen worden, was doch offenbar auf ein starkes Bedürfnis für eine solche Darstellung hinweist. Schon 1913 habe ich die Neubearbeitung begonnen und Anfang August 1914 waren bereits mehrere Bogen gedruckt. Dann hat der Druck geruht, bis er im Herbst 1919 wieder aufgenommen worden ist. In den Grundzügen brauchte ich an dem Buche nichts zu ändern, wohl aber konnte ich, da mir wesentlich mehr Raum zur Verfügung stand, meine Darstellung stark erweitern. Ich habe daher sehr viel mehr Material als früher verarbeitet. Ich habe auch namentlich in der einleitenden Lautlehre eine weitgehende Vergleichung mit dem Englischen vorgenommen, um einerseits die Wichtigkeit der Lautlehre zu zeigen und anderseits durch Heranziehen des Bekannten größere Teilnahme zu erwecken. Als ich die erste Auflage druckfertig machte, steckte ich noch in der Arbeit zu Weigands Deutschem Wörterbuch[5], und dieses lag bei weitem nicht fertig vor. Bei dieser Auflage konnte ich mich auf die Neubearbeitung stützen, und ich kann den Leser in vielen Fällen darauf verweisen. — Der neuaufgenommene Druck ist nun unter ganz andern Verhältnissen weitergeführt worden, als er begonnen wurde. Der Umfang des Buches mußte beschränkt werden. Ich habe vieles gestrichen, anderseits durch reichlich angewandten Petitdruck, der nach meiner Meinung die Übersicht erleichtert, wenigstens Papier gespart.

Im übrigen hoffe ich, daß das Buch auch unter den veränderten Verhältnissen seinen Weg machen wird. Die Muttersprache und die Kenntnis ihrer Entwicklung muß zweifellos im Mittelpunkt des Unterrichts stehen. Und nichts begegnet größerer Anteilnahme als gerade die Etymologie oder die Herkunft der Wörter. Erst durch eine solche Darstellung wie die meine wird die in unsern Wörterbüchern aufgespeicherte Arbeit nutzbar gemacht.

Für Unterstützung bei der Korrektur sage ich Herrn Dr. Karstien meinen besten Dank.

Gießen, im Juli 1920

Herman Hirt

INHALTSVERZEICHNIS

Einleitung.

§ 1. Die Aufgabe. Neben Laut-, Formenlehre und Syntax steht als selbständiger Zweig der sprachlichen Betrachtung die Wortforschung und Etymologie, d. h. die Frage nach der wahren Herkunft und Bedeutung der Wörter sowie der geschichtlichen Entwicklung des Wortschatzes. Obgleich dieser Teil der Sprachwissenschaft zweifellos allseitig der größten Teilnahme sicher ist, so gibt es doch kaum wissenschaftliche Darstellungen der auf diesem Gebiete erzielten Ergebnisse, vielmehr hat sich die Forschung meist darauf beschränkt, unser Wissen in alphabetischer Form, d. h. in Wörterbüchern, niederzulegen. Die hohe Auflage derartiger Werke zeigt, welchem Bedürfnis sie entgegenkommen. Doch können Wörterbücher selbstverständlich nicht allen Zwecken genügen. Denn man erfährt in ihnen immer nur etwas über das einzelne Wort, das man gerade nachschlägt; die großen Zusammenhänge, in denen jedes Wort steht und stehen muß, und die gerade für die praktische Verwendung der Etymologie im Unterricht von besonderer Wichtigkeit sind, entgehen dem Leser. Deshalb dürfte eine Darstellung, die diesen Zusammenhängen nachgeht, einem gewissen Bedürfnis entgegenkommen. Da wir es mit einer neuen Arbeit zu tun haben, so erscheint es mir gewiesen, zuerst einmal die Hauptgedanken dieses Buches und die Ziele, denen die Wissenschaft zustrebt, klarzulegen.

§ 2. Sammlung des Wortschatzes. Eine der ersten Aufgaben der Wissenschaft auf dem Gebiete der Wortforschung besteht in der möglichst vollständigen Sammlung des Wortschatzes. Dieses Ziel ist in ganzem Umfang überhaupt nur für die Sprache der Gegenwart annähernd zu erreichen: denn in ältern Zeiten, die wir nur durch die schriftliche Überlieferung kennen, sind in dieser sicher nicht alle Wörter verwendet worden und uns daher auch nicht alle bekannt. Daher mag gleich hier vor dem Trugschluß gewarnt werden, daß der erste literarische Beleg mit der Entstehung des Wortes zusammenfällt.

Anmerkung. Daß nicht alle Worte bekannt sind, ergibt sich ja von selbst daraus, daß jeder neu gefundene Text neue Worte bringt. Im übrigen ist es selbst für unsere Zeit kaum möglich, alles zusammenzubringen.

Diese Aufgabe der Sammlung des Wortschatzes müßte eigentlich für jedes Jahrzehnt, ja für jedes Jahr neu gestellt werden, da immer neue Worte auftauchen. Wenigstens wäre es dringend notwendig, über alle neu aufkommenden Worte Buch zu führen.

Versuche, den Wortschatz der Zeit zu sammeln, sind nicht nur jetzt, sondern auch in frühern Zeiten unternommen worden, und es muß daher dargestellt werden, was wir an derartigen Werken besitzen.

§ 3. **Alter der Wörter.** Die zweite Aufgabe besteht darin, die Frage zu lösen, aus welcher Zeit ein Wort stammt und wie lange es schon in unsrer Sprache vorhanden ist. Um hierauf antworten zu können, bedürfen wir des Wortschatzes der frühern Zeiten, und wir müssen ihn, soweit er nur in der literarischen Überlieferung vorliegt, sammeln. Es ist natürlich die Aufgabe der Wissenschaft, ein Wort soweit zurück zu verfolgen, als es überhaupt möglich ist, zunächst in die letzten Jahrhunderte, dann in die mittelhochdeutsche und althochdeutsche Zeit. Wo die schriftlichen Denkmäler versagen, hilft die Vergleichung der Sprachen weiter. Sie zeigt uns, daß viele deutsche Wörter auch in den verwandten germanischen Dialekten vorkommen, im Niederdeutschen, Niederländischen, Friesischen, Englischen, Skandinavischen, d. h. im Isländischen, Norwegischen, Schwedischen, Dänischen, und im Gotischen. Soweit nicht in diesen Sprachen spätere Entlehnungen aus dem Deutschen vorliegen, erklären wir Worte, die in mehr als einer germanischen Sprache vorhanden sind, für urgermanisch, d. h. wir nehmen an, daß sie aus einer Zeit stammen, in der das Germanische noch eine Einheit auf verhältnismäßig kleinem Raum bildete. Diese Annahme ist genau so notwendig wie die, daß Verwandte von einem gemeinsamen längst verstorbenen Vorfahren abstammen müssen.

Viele der im Urgermanischen vorhandenen Ausdrücke können wir indessen noch weiter zurückverfolgen, wir treffen sie in einer oder in mehreren der mit dem Germanischen verwandten sonstigen indogermanischen Sprachen an, also im Griechischen, Italischen, Keltischen, Albanesischen, Armenischen, Lituslawischen oder Indo-iranischen (Arischen), und wir erklären dann derartige Worte für indogermanisch. Hier müssen wir vorläufig Halt machen. Zwar sind auch unter diesen indogermanischen Bestandteilen noch manche Worte durchsichtig, d. h. als Ableitungen von Wurzeln oder Stämmen erkennbar, aber eine große Anzahl widerstrebt jeder Deutung. Es handelt sich also in diesem Teil unsrer Arbeit darum, die verschiedenen Schichten des deutschen Wortschatzes klarzulegen und vor allem die wissenschaftlichen Grundsätze aufzustellen, nach denen die Forschung auf diesem Gebiete vorgeht.

§ 4. **Wortschatz der Mundarten.** Neben unsrer Schriftsprache stehen noch heute die Mundarten. Sie sind nicht nur durch den Lautstand, sondern, wie allgemein bekannt, auch durch ihren Wortschatz wesentlich von der Schriftsprache verschieden. Wer nur einigermaßen im deutschen Vaterlande herumgekommen ist, weiß, daß ihm in jeder Gegend neue Worte entgegentreten. Für die Wissenschaft handelt es sich darum, einerseits diesen Wortschatz aufzuzeichnen, anderseits aber den Einfluß, den der Wortschatz der Mundarten auf die Schriftsprache gehabt hat, nachzuweisen. Die Aufgaben, die dieses Gebiet der Wortforschung stellt, sind bei weitem noch nicht erschöpft, der Unterricht aber kann gerade aus diesem Kapitel außerordentlich viel Anregung empfangen.

§ 5. **Die Standes- und Berufssprachen.** Die Fülle unsres Wortschatzes ist zu groß, als daß jeder alle Worte zur Verfügung haben könnte. Jeder Stand, der Handwerker, der Landmann, der Fischer, der Schiffer hat seine besondere Sprache mit eigentümlichem Wortschatz. Was in diesen Berufssprachen ein Wort bedeutet, weiß öfters nur der Eingeweihte. Nicht selten aber sind Worte aus diesen Berufssprachen mit ihrem besondern Sinn in unsere Schriftsprache eingedrungen, und sie verraten dann dem Kundigen ihre Herkunft. Diesen Berufs- und Standessprachen hat man neuerdings besondere Aufmerksamkeit zugewendet, und manches in unserm Wortschatz dadurch schlagend erklärt, daß man es aus ihnen herleitete. Wir müssen daher auch diesem Gebiet einen Abschnitt widmen.

§. 6. **Sprachliche Versteinerungen.** Wenn ein Wort nicht mehr in lebendigem Gebrauch, sondern nur in vereinzelten Zusammensetzungen oder Redensarten vorhanden ist, so hat man von sprachlichen Versteinerungen geredet. Auch diese zu untersuchen, ist eine wichtige Aufgabe, mit der die Frage nach dem Verlust der Wörter zu verbinden ist.

§ 7. **Eigennamen.** Eine große Anzahl derartiger Versteinerungen steckt in unserm Namenmaterial. Die Bildung der Eigennamen, Personen-, Völker-, Fluß- und Ortsnamen zu erörtern, bildet einen besonderen Abschnitt der etymologischen Forschung, der um so mehr seine Stelle hier zu finden hat, als er in den Handbüchern meist übergangen wird, und daher weder die Grundsätze der Forschung noch ihre Ergebnisse bekannt sind.

§ 8. **Bedeutungswandel.** Wörter verändern im Laufe der Zeiten nicht nur ihre Form, sondern auch ihre Bedeutung. Es ist eine Hauptaufgabe der wissenschaftlichen Wörterbücher, diese Bedeutungsentwicklung klarzulegen, und jeder Aufsatz unsrer großen Werke auf diesem Gebiet mußte diese Arbeit leisten. In diesem Buche kann es aber nur unser Ziel sein, die allgemeinen Grundgesetze des Bedeutungswandels darzustellen und mit Beispielen zu belegen, die Ursachen des Bedeutungswandels aufzuhellen und ihnen im einzelnen nachzugehen.

§ 9. **Bedeutung der Wortforschung, auch für die Schule.** Man wird schon aus dieser allgemeinen Übersicht, die den Inhalt dieses Buches in Umrissen angibt, ersehen, welche mannigfachen Fragen sich der Wortforschung bieten. Wer sich mit der Geschichte der Worte beschäftigt, der wird, wie B. Liebich sagt, „allmählich erkennen, wie jedes, auch das unscheinbarste Wörtchen seine Geschichte besitzt, seine besondere Entwicklung oft durch unendliche Zeiträume durchlaufen hat, bis es zu der heutigen Form und Bedeutung gelangte, wie oft in einem einzigen, flüchtig hingesprochenen Satze Vertreter der verschiedensten Perioden, Völker, Kulturkreise vereinigt sind, dann wird ihm die Wahrheit des Grimmschen Satzes aufgehen, daß die Sprache allen bekannt und allen ein Geheimnis ist". Und hierin liegt auch die große Bedeutung der Etymologie und Wortforschung für die Schule. Es wird keinem Lehrer einfallen, systematisch etymologische Forschungen im

Unterricht verwerten zu wollen, aber er kann den Unterricht mit ihrer Hilfe beleben. Er kann und wird auf den Bedeutungswandel hinweisen, da ja schon bei Schiller und Goethe die Worte oft eine andere Bedeutung haben; er wird da, wo Schüler verschiedener Gegenden beieinander sind, auf die Verschiedenheit des Wortgebrauchs zu sprechen kommen, er kann vor allen Dingen an der Hand der Geschichte eines Wortes die Schüler in den Geist ältrer Zeiten versetzen, ihnen Einblicke in die Entwicklung der Kultur gewähren; denn aus der Sprache erhalten wir tatsächlich ein Spiegelbild der Kultur, und Sprachgeschichte ist sicherlich ein Teil Kulturgeschichte. Zwar kann dem Leser in diesem Buche nicht der ganze Stoff geboten werden, wohl aber hofft der Verfasser reiche Belege geben und außerdem die Wege weisen zu können, auf denen man zu den Quellen gelangt. Ob nun freilich alles, was dieses Buch enthält, auch für den Unterricht brauchbar sein wird, das vermag der Verfasser nicht zu entscheiden, da er dem praktischen Unterricht fernsteht. Aber die Teilnahme, die die Vorlesungen gefunden haben, aus denen dieses Buch erwachsen ist, läßt ihn hoffen, daß auch der Lehrer aus ihm wird entnehmen und schöpfen können. Außerdem ist es aber eine bekannte Tatsache, daß wissenschaftliche Vertiefung außerordentlich zur Belebung jeglichen Unterrichts beiträgt. Anderseits kann dies Buch auch nicht alles enthalten, es muß die eigene Tätigkeit hinzukommen, insbesondere die Beschäftigung mit den Arbeiten in den Wörterbüchern selbst. Die ältern und neuern Lieferungen des Grimm sind oft genug sehr anziehend zu lesen, sie bieten weite kulturgeschichtliche Ausblicke und werden keinen ohne tiefe Belehrung entlassen. Aber freilich der Grimm wird wohl mal nachgeschlagen, aber nicht gelesen.

Erstes Kapitel.

Geschichte und Grundsätze der Etymologie. Übersicht über die Lautentwicklung.

§ 10. Die Etymologie bei den Griechen. Die Etymologie ist der älteste uns bekannte Teil der Sprachwissenschaft. Das Wort selbst stammt aus dem Griechischen, es ist abgeleitet von ἔτυμον (*étymon*) ‚das Seiende, der wahre, eigentliche Gehalt‘ und λογια (*logia*) von λόγος (*lógos*) ‚Rede‘, das in zahlreichen andern Bildungen wie *Mythologie, Anthropologie, Geologie* auftritt. Es bedeutet also ‚die Rede, die Lehre, die Wissenschaft von der wahren Herkunft der Wörter‘. Es ist uns unbekannt, wer das Wort zuerst gebraucht hat, doch ist ἔτυμος (*étymos*), wie G. Curtius, Grundzüge der griechischen Etymologie S. 5, bemerkt, „ein ionisches Wort, und es wird daher bei den ionischen Philosophen aufgekommen sein, über deren Bestrebungen wir etwas Genaueres aus Platons Dialog Kratylos erfahren“. In diesem Werke sind uns auch eine Reihe von Etymologien überliefert, und es wird uns gezeigt, wie man in jener Zeit vorging. Von irgendeiner wissenschaftlichen Erkenntnis war man damals wie auch später weit entfernt. Man versenkte sich nicht in die Sprache, um zu erkennen, was darin vorhanden war, sondern die Sprache sollte bestätigen, was man sonst ausgeklügelt hatte. Man erkannte die Herkunft vieler Worte ganz richtig, wie ja heute noch jeder Laie vieles richtig erklärt. Jeder empfindet, daß *Band* mit *binden* zusammengehört, daß *Fräulein* von *Frau* abgeleitet, daß *Frauenzimmer* aus *Frau* und *Zimmer* zusammengesetzt ist, und daß hier eine etwas ungewöhnliche Bedeutungsübertragung stattgefunden hat. Man kommt durch eingehendes Vergleichen der Wörter der lebenden Sprache auch wohl etwas weiter. Aber bei der Erklärung der nicht ganz einfachen Wörter versagte die Kunst der Griechen, wie bei uns die der Laien. Man besaß im Altertum keinen sichern Weg, um die Herkunft der Wörter zu bestimmen. Man schuf indessen den Schein einer Methode, indem man mit gewissen Kunstausdrücken um sich warf, die noch heute in der klassischen Philologie ihre Rolle nicht ausgespielt haben. Um Worte miteinander zu verbinden, konnte man die Ellipse anwenden, die Synkope, die Metathesis usw., oder man konnte jeden Laut mit jedem andern vertauschen, wenngleich man allmählich erkannte, daß gewisse Laute häufiger, andere seltener ineinander übergehen. Auf Grund von Beobachtungen am wirklich vorhandenen Sprachstoff kamen die Griechen zu der Einsicht, daß *i* niemals mit *a* wechselt, eine Annahme, die die neuere Wissenschaft im wesentlichen bestätigt hat.

Die Auffassung ist damals oft genug in die Irre gegangen, und wir können uns nicht selten eines Lächelns kaum enthalten, wenn wir sehen, was man damals für möglich hielt. Es hat keinen Zweck, hier Beispiele jener Methode anzuführen. Bekannt ist das berüchtigte *lucus a non lucendo*.

Eine eingehende Darstellung der etymologischen Forschungen des Altertums bietet jetzt FRED. MULLER, De veterum imprimis Romanorum studiis etymologicis, Trajecti ad Rhenum 1910.

§ 11. **Die Etymologie bis zur Neuzeit.** Wie es bei den Griechen gewesen, so ist es bei den Römern geblieben, und auf deren Tätigkeit beruhte ja schließlich auch die Wissenschaft des Mittelalters und der Neuzeit. Indessen mußten sich gerade auf germanischem Boden von selbst neue Bahnen auftun. Hier wohnten um das Nord- und Ostseebecken eine Reihe von germanischen Stämmen, deren Sprachen so eng verwandt waren, daß jeder ihren Zusammenhang erkennen mußte. Anderseits waren aber diese Sprachen doch wieder soweit verschieden, daß man sie nur als selbständige Glieder auffassen konnte. Dies führte daher sozusagen von selbst notwendigerweise zu einer vergleichenden Betrachtungsweise. Frühzeitig wurde man auch mit den ältern Sprachstufen des Germanischen, z. B. dem Gotischen, bekannt, und konnte nunmehr eine jahrhundertlange Entwicklung überblicken. Man befreite sich dadurch ganz allmählich von der Auffassung der Alten, und die etymologische Wissenschaft wurde so von selbst in ganz gesunde Bahnen gelenkt. Wie lange man aber zu einer richtigen Erkenntnis gebraucht hätte, läßt sich nicht sagen, da die natürliche Entwicklung durch das Auftreten der vergleichenden Sprachwissenschaft eine ganz unangeahnte Förderung erfuhr.

Näheres über die Geschichte der etymologischen Bestrebungen findet man bei RD. VON RAUMER, Geschichte der germanischen Philologie vorzugsweise in Deutschland, München 1870, und bei H. PAUL, Geschichte der germanischen Philologie im Grundriß der germanischen Philologie, Bd. 1. Ich muß es des Raummangels wegen unterlassen, auf diese ältern Bestrebungen, obgleich sie schon manches Richtige zutage gefördert hatten, einzugehen.

§ 12. **Das Auftreten der vergleichenden Sprachwissenschaft.** Mit der Aufdeckung der Verwandtschaft der indogermanischen Sprachen beginnt ein wesentlich neuer Abschnitt der etymologischen Forschung. Am Ende des achtzehnten Jahrhunderts wurde man mit dem Altindischen, dem Sanskrit, bekannt, und es enthüllte sich der Zusammenhang der meisten europäischen Sprachen mit der Sprache des fernen Ostens. Dieser Zusammenhang ist nur so zu denken und zu erklären, daß alle indogermanischen Sprachen aus einer untergegangenen Sprache entstanden sind. Er wurde zwar in erster Linie durch die Übereinstimmung der Flexion gewährleistet. Es kamen aber wie von selbst zahlreiche Entsprechungen im Wortschatz hinzu, die sich zwischen den verschiedenen Sprachen finden.[1]) Es konnte nicht entgehen, daß etwa folgende Worte der verwandten Sprachen auf das engste zusammenhingen:

ai. *pitár*, gr. πατήρ (*patḗr*), l. *pater*, air. *athir*, d. *Vater*;

ai. *mātár*, gr. μήτηρ (*mātḗr*), l. *mater*, air. *mathir*, d. *Mutter*, lit. *mótē*, abulg. *mati*;

ai. *duhitár*, gr. θυγάτηρ (*thygátēr*), d. *Tochter*, lit. *duktē*, abulg. *dŭšti*.

Derartige Gleichungen fanden sich, kann man sagen, gleich zu Hunderten. Es erhellte aber daraus, daß germanische Wörter, die sich in den verwandten Sprachen nachweisen ließen, ein sehr viel höheres Alter hatten, als man bis dahin vermuten konnte. Viele Wörter, die unverständlich gewesen waren, ließen sich nun von andern ältern und ursprünglichern ableiten, und es ist bei vielen daher die Frage nach der wahren Herkunft völlig gelöst. So wissen wir jetzt, daß z. B. *Säge* zu lat. *secāre* ‚schneiden‘, *Beil* zu lat. *findo* ‚spalten‘, d. *beißen* gehört; das eine Wort bedeutet also ‚Werkzeug zum Schneiden‘, das andere ‚Werkzeug zum Spalten‘. D. *alt* entspricht lat. *altus* ‚hoch‘ und ist das Partizip zu dem in l. *alo* ‚nähren‘ vorliegenden Verbum, es heißt also eigentlich ‚ernährt, herangewachsen‘. D. *Biber* entspricht aind. *babhrúḥ* ‚braun‘, heißt also ‚der Braune‘ usw. Gleichen Stammes ist auch *Bär*. Aber viele andere Worte lassen sich zwar bis in die indogermanische Ursprache zurückführen, erscheinen aber in dieser ebensowenig mit andern verbunden, wie in den geschichtlichen Zeiten. Das gilt z. B. von den meisten Worten, die Verwandtschaftsgrade bezeichnen, von den Zahlworten, von sehr vielen Verben, die eine Tätigkeit ausdrücken. Man muß in solchen Fällen ruhig eingestehen, daß wir die wahre Herkunft des Wortes noch nicht kennen, daß es uns auch im Indogermanischen als ein Wort unbekannten Ursprungs entgegentritt. Natürlich will sich aber der menschliche Geist bei dieser Erkenntnis nicht beruhigen, und man hat daher vielfach, um auch hier noch weiter zu kommen, die indogermanischen Wörter zu erklären versucht. Einige Beispiele mögen das zeigen. Das Wort für ‚Tochter‘ lautet im Indischen *duhitā*. Nun gibt es aber auch einen Verbalstamm *duh* ‚melken‘, und so leitete man das erste von dem zweiten ab, die Tochter sei deshalb so genannt, weil sie das Vieh gemolken habe, der Name bedeute ‚die Melkerin‘. Der ‚Bruder‘ heißt aind. *bhrātar*. Es lag, wie es schien, sehr nahe, dies Wort auf den weitverbreiteten Verbalstamm *bher* in aind. *bhárāmi*, gr. φέρω (*phéró*), lat. *fero*, got. *baira* ‚ich trage‘ zu beziehen. Der ‚Bruder‘ war der Träger, der Erhalter, vor allem der ‚Schwester‘. Man zeichnete auf Grund derartiger Etymologien reizende Bilder von der

---

[1]) Es gilt als anerkannter Grundsatz, daß die Uebereinstimmung des grammatischen Baus die Sprachenverwandtschaft erweist. Aber zur Not genügt auch der Wortschatz allein. Das zeigt sich deutlich bei der vor einigen Jahren neuentdeckten indogermanischen Sprache in Ostturkestan, dem Tocharischen. Diese Sprache hat die alte Nominalflexion verloren, aber die Worte zeugen für die Sprachverwandtschaft. So finden wir dort *ñom* d. *Name*, *känt* ‘100’ : l. *centum*, d. *hundert*; *okso* ‘Rind’ : d. *Ochse*; *śtwar* ‘4’ : l. *quattuor*; *alyek* ‘andrer’ : l. *alius*; *piṣ* ‘fünf’ : gr. πέντε (*pénte*), d. *fünf* u. v. a. Einen zusammenfassenden Bericht über das Tocharische gibt MEILLET, Idg. Jahrbuch 1 (1913), 1—29.

Kultur der Indogermanen. Besonders hat dies A. Fick in seinem Buche, Die ehemalige Spracheinheit der Indogermanen Europas, getan, und sein Beispiel hat, wenngleich er selbst das Unhaltbare seiner Aufstellungen längst erkannt hat, vielfach nachgewirkt.

Leider kann dies alles nicht vor der Kritik standhalten. Um die Unrichtigkeit dieses Vorgehens zu zeigen, braucht man sich nur einmal zu der heutigen Sprache zu wenden. Wenn wir unsere Worte ohne Rücksicht auf ältere Sprachstadien erklären wollten, so würde man vielleicht *Nuß* zu *genießen, zehn* zu *Zehe, Armut* zu *arm* und *Mut* stellen. Gewiß würde man manchmal das Richtige treffen, aber in zahlreichen andern Fällen müßte man fehlgreifen. Mit Bestimmtheit läßt sich sagen, daß die drei Etymologien, die wir angeführt haben, falsch sind, daß hier also der äußere Schein trügt. Daraus folgt, daß dies auch bei Versuchen, die die ältere Zeit betreffen, der Fall sein wird, und daß man sich im allgemeinen damit begnügen muß, ein Wort durch Nachweis in den verwandten Sprachen als indogermanisch erwiesen zu haben.

Besonders beliebt war es einst und ist es schließlich noch heute, ein Wort auf eine sogenannte Wurzel und zwar meistens eine Verbalwurzel zurückzuführen. Obgleich auch die ältere Forschung den Begriff der Wurzel schon kennt, so stehen wir doch in diesem Punkt wesentlich unter dem Einfluß der hochentwickelten indischen Grammatik. Die Inder haben tiefe Einblicke in den grammatischen Bau ihrer Sprache getan, und sie haben für fast jede Wortsippe schließlich eine Wurzel aufgestellt. Und das scheint ja für die indogermanischen Sprachen beinah notwendig zu sein. Wir haben *binden, band, gebunden* nebeneinander. Dazu kommt *das Band, der Bund.* Was ist es denn, was hier allem zugrunde liegt? Die einfache Antwort lautete: wir haben eine Wurzel *b-nd* anzunehmen, von der sowohl das Verb wie das Nomen abgeleitet ist. Wir wissen heute und können es mit Bestimmtheit aussprechen, daß es so etwas wie Wurzeln in unsrer Sprache nicht gibt, und auch im Indogermanischen hat es keine Wurzeln, sondern nur fertige Wörter gegeben.

Mit Vorliebe hat man aber nicht nur Wurzeln, sondern möglichst Verbalwurzeln angenommen mit einer meist sehr allgemeinen Bedeutung. Es ist uns aber heute der Gedanke ganz geläufig, daß gerade in den ältern Sprachstufen die allgemeinen Bedeutungen sehr viel seltener waren, daß man vielmehr eine Fülle von Ausdrücken für konkrete Gegenstände hatte. Die allgemeinen abstrakten Bedeutungen sind erst ein Ergebnis weiter vorgeschrittener geistiger Entwicklung. Und anderseits ist das Verbum selbst in vielen hochentwickelten Sprachen nicht vorhanden, und es ist mir sehr wahrscheinlich, daß sich auch im Indogermanischen das Verbum und seine Flexion erst aus dem Nomen entwickelt hat, vgl. Hirt, Idg. Forsch. 17, 36.

Allerdings stehen noch alle unsere etymologischen Wörterbücher mehr oder minder unter dem Bann der alten Auffassung. Überall findet man hie und da Zurückführung auf Wurzeln. So schreibt z. B. KLUGE, Et. WB. unter *wohnen*: „Neben dieser westgerm. Sippe (*wohnen*) steht diejenige von *gewohnt*; die zugrunde liegende idg. Wz. *wen* hat wahrscheinlich ‚sich gefallen‘ bedeutet, was got. *wunan*, anord. *una* ‚sich freuen‘ nahelegt; das *Gewohnte* ist dasjenige, woran man Gefallen findet, *wohnen* eigtl. ‚sich irgendwo erfreuen‘.“ Dieser und ähnlichen Erklärungen setze man ein unbegrenztes Mißtrauen entgegen. Man kann mit Sicherheit sagen, so ist es nicht gewesen, wenn man auch noch nicht bestimmt feststellen kann, wie die Bedeutungsentwicklung vor sich gegangen ist. Ich betone nochmals: im allgemeinen muß es uns genug sein, ein germanisches Wort durch Nachweis in den verwandten Sprachen als indogermanisch erkannt zu haben. Worte wie *Vater, Mutter, Sohn, Tochter, Schwäher* = ‚Schwiegervater‘, *Schwieger* = ‚Schwiegermutter‘, *Schnur* = ‚Schwiegertochter‘, *eins, zwei, drei* usw. sind indogermanisch; was sie aber ursprünglich bedeutet haben, wissen wir nicht.

Erst wenn es uns gelänge, eine andere mit dem Urindogermanischen verwandte Sprache zu entdecken, würden wir wieder einen Schritt weiter kommen können. Aber die Beziehungen, in denen das Indogermanische etwa zum Finnischen oder Semitischen gestanden hat, sind vorläufig noch zu wenig geklärt. Vor einiger Zeit hat H. MÖLLER in seinem Buch „Semitisch und Indogermanisch, I. Konsonanten“, Kopenhagen 1907, einen an sich einwandfreien Versuch gemacht, den Zusammenhang des Indogermanischen mit dem Semitischen nachzuweisen. Dazu ist ein Indoeuropæisk-Semitisk Sammenlignende Glossarium, Kjöbenhavn 1909, gekommen. Sollten seine Ergebnisse Bestand haben, so würde allerdings die Etymologie eine ungeahnte Förderung erhalten. Ich muß indessen von der Verwertung dieses Buches an dieser Stelle absehen, da ich die Richtigkeit von Möllers Aufstellungen nicht zu beurteilen vermag. Da sich aber Möller, was die Analyse des Indogermanischen betrifft, sicher auf einem Holzweg befindet, so habe ich starke Bedenken gegenüber seinen Ergebnissen, Bedenken, die ja auch von den Semitisten durchgehends geteilt werden. Ich denke, man kann auch auf diese Hilfe verzichten, da die etymologische Forschung auf germanischem und indogermanischem Boden noch zur Genüge zu tun hat.

§ 13. **Die Anfänge der Lautlehre.** Die Etymologie wurde, wie sich leicht verstehen läßt, durch das Aufkommen der vergleichenden Sprachwissenschaft außerordentlich gefördert. Es eröffneten sich ihr ganz ungeahnte Ziele. Aber freilich, der Begründer der vergleichenden Sprachwissenschaft, FRANZ BOPP, wendete dieser Seite der Sprachwissenschaft keine Aufmerksamkeit zu. Es blieb neben JAK. GRIMM dem etwas jüngern AUG. FRIEDR. POTT (1802—1887) vorbehalten, dies zu tun, und so die wissenschaftliche Etymologie zu schaffen. Dieser veröffentlichte zwei Bände Etymologische Forschungen, Lemgo 1833—1836. Eine zweite vollständig umgestaltete Auflage erschien in sechs Bänden von 1859—1876. Die Einleitung zu diesem Werke kann heute noch jeder mit Vorteil lesen, den sonstigen Inhalt des Werkes sollte nur der Sprachforscher benutzen, der das Wahre vom Falschen sondern kann.

In Potts Werk finden sich die Anfänge eines Teiles der Grammatik, der mit der etymologischen Forschung auf das engste verbunden seitdem an Bedeutung dauernd gewonnen hat, nämlich die Anfänge der Lautlehre.

Die Lautlehre verfolgt die Geschichte der einzelnen Laute. Da uns aber die Laute nicht als solche, sondern immer nur in den Worten gegeben sind, so ist die Lautlehre immer nur durch Zusammenstellung von Wörtern, die den gleichen Laut enthalten, zu begründen. Derartige Wörter müssen sich natürlich durch Übereinstimmung der Bedeutung und der Form als verwandt erweisen. Vergleicht man eine Anzahl derartiger Worte, so ergibt sich, daß der betreffende Laut entweder der gleiche geblieben ist, oder daß er sich verändert hat. So entspricht dem lat. *pater* das gr. πατήρ (*patér*); *p*, *t*, *r* haben sich hier also unverändert erhalten, und es lassen sich noch viele andere Worte anführen, in denen dies ebenso der Fall ist. Wenden wir uns aber zum Germanischen, so heißt es im Gotischen *fadar*, d. *Vater*. Hier zeigt sich also nur das einzige *r* wie im Griechischen und Lateinischen, während *p* und *t* verändert sind. Stellt man nun mehrere Worte mit dem gleichen Laut in der einen Sprache mit den entsprechenden Worten der andern Sprache zusammen, so zeigt sich, daß bei diesen Entsprechungen eine große Regelmäßigkeit obwaltet.

§ 14. **Die deutsche Lautverschiebung.** Am frühesten trat die Erkenntnis regelmäßiger Veränderung eines Lautes in offenbar zusammenhängenden Wörtern auf deutschem Sprachgebiet auf, weil das sogenannte hochdeutsche Sprachgebiet durch eine Reihe einschneidender Veränderungen von dem der übrigen germanischen Sprachen geschieden ist. Diese Umwandlungen nennen wir die hochdeutsche Lautverschiebung. Es ist das nach der neuern Forschung kein ganz einheitlicher Vorgang, da die Ergebnisse der Verschiebung bei den einzelnen Lauten wie auch in einzelnen Mundarten verschieden sind.

Wir vergleichen im folgenden die deutsche Schriftsprache mit dem Englischen und geben reiche Belege. Man kann natürlich ebensogut das Niederdeutsche oder eine andere germanische Sprache heranziehen.

Ganz regelrecht sind die Dentale verschoben.

1. Hochdeutschem *z* entspricht im allgemeinen in den übrigen germanischen Sprachen ein *t*.

Zacke, e. *tack* 'Stift'; — *Zagel*, e. *tail* 'Schwanz'; — *zäh*, e. *tough*; — *Zahl*, e. *tale*; — *zählen*, e. *tell*; — *zahm*, e. *tame*; — *Zahn*, e. *tooth*; — *Zähre*, e. *tear*; — *Zain, Zein* '(Weiden)gerte' usw., e. *toe* in *mistletoe* 'Mistelzweig'; — *Zange*, e. *tongs*; — *Zapfen*, e. *tap*; — *Zarge* 'Seiteneinfassung', e. *targe*; — *Zauber*, e. *tiver* 'Ocker';[1]) — *Zaum*, e. *team*

---

[1]) Die Vorstufe von e. *tiver* ist ags. *tēafor*; dies bedeutet schon ‚(rote) Farbe, Mennig‘. Mit roter Farbe wurden die Runen eingeritzt, und so entwickelte sich die Bedeutung 'Zauber'

'Zug (von Tieren), Gespann'; — *Zaun*, e. *town*; — *zausen*, e. *touse*; — *Zecke*, e. *tike, tick*; — *Zeh*, e. *toe*; — *zehn*, e. *ten*; — *zehren*, e. *tear* 'zerreißen'; — *Zeichen*, e. *token*; — *Zeit*, e. *tide* 'Flut'; — *Zelt*, e. *tilt*; — *zergen* 'neckend reizen', e. *tarry*; — *zerren*, e. *tear*; — *Zieche* 'Bettkissenüberzug', e. *tick*; — *Ziegel*, e. *tile*; — *-zig*, e. *-ty*; — *Zimmer*, e. *timber* 'Bauholz'; — *Zinn*, e. *tin*; — *Zipfel*, e. *tip*; — *Zitteroch* 'rotes Mal', e. *tetter*; — *Zitze*, e. *teat*; — *Zoll*, e. *toll*; — *Zopf*, eig. 'Baumgipfel', e. *top*; — *zu*, e. *to*; — *Zuber*, e. *tub*; — *Zug*, e. *tug*; — *zünden*, e. *tind*; — *Zunder*, e. *tinder*; — *Zunge*, e. *tongue*; — *zwanzig*, e. *twenty*; — *zwei*, e. *two*; — *Zweig*, e. *twig*; — *Zwilling*, e. *twinling*; — *zwischen*, e. *betwixt*; — *zwölf*, e. *twelve*.

Hier ist also, wenn wir uns entwicklungsgeschichtlich ausdrücken wollen, *t* zu *z* verschoben. Ausgenommen ist aber die Stellung nach *s* und vor *r*.

Stab, e. *staff*; — *Stahl*, e. *steel*; — *Stall*, e. *stall*; — *Stamm*, e. *stam*; — *Stange*, e. *stang*; — *Stapel*, e. *staple*; — *Stapfe*, e. *step*; — *Star*, e. *stare, starling*; — *stark*, e. *stark*; — *Stecken*, e. *stick*; — *stehlen*, e. *steal*; — *steif*, e. *stiff*; — *Stein*, e. *stone*; — *sterben*, e. *starve*; — *Sterke*, e. *stirk, sturk*; — *Stern*, e. *star*; — *stief*, e. *step*; — *Stimme*, e. *steven*; — *Stock*, e. *stock*; — *Storch*, e. *stork*; — *stören*, e. *stir*; — *Strand*, e. *strand*; — *Straße*, e. *street*; — *strecken*, e. *stretch*; — *streichen*, e. *strike*; — *streng*, e. *strong*; — *streuen*, e. *strew*; — *Stroh*, e. *straw*; — *Strom*, e. *stream*; — *Stubben*, e. *stub*; — *Stube*, e. *stove* 'Ofen'; — *Stuhl*, e. *stool*; — *Stumpf*, e. *stump*; — *Sturm*, e. *storm*; — *Stute*, e. *stud*; — *treten*, e. *tread*; — *treu*, e. *true*; — *Trog*, e. *trough*.

Im Inlaut finden wir dagegen zwar auch in einzelnen Fällen *z* oder *tz* = e. *t*, meist aber heute *ss* (*ß*).

Herz, e. *heart*; — *Schmerz*, e. *smart*; — *sitzen*, e. *sit*; — *Weizen*, e. *wheat*; — *wetzen*, e. *whet*; — aber

beißen, e. *bite*; — *besser*, e. *better*; — *daß*, e. *that*; — *es*, e. *it*; — *essen*, e. *eat*; — *Fuß*, e. *foot*; — *Geiß*, e. *goat*; — *grüßen*, e. *greet*; — *hassen*, e. *hate*; — *heiß*, e. *hot*; — *lassen*, e. *let*; — *reißen*, e. *write*; — *süß*, e. *sweet*; — *was*, e. *what*; — *Wasser*, e. *water*; — *weiß*, e. *white*.

2. Dem deutschen *t* entspricht lautgesetzlich ein engl. *d*.

Tag, e. *day*; — *tapfer*, e. *dapper* 'flink, gewandt, sauber'; — *Tat*, e. *deed*; — *Tau*, e. *dew*; — *Taube*, e. *dove*; — *taub*, e. *deaf*; — *tauchen*, e. *duck*; — *Teig*, e. *dough*; — *Teil*, e. *deal*; — *Tenne*, e. *den* 'Höhle'; — *teuer*, e. *dear*; — *Teufel*, e. *devil*; — *Tier*, e. *deer*; — *tief*, e. *deep*; — *Tisch*, e. *dish*; — *Tochter*, e. *daughter*; — *Tod*, e. *death*; — *toll*, e. *dull* 'faul, langweilig'; — *Tor*, e. *door*; — *tot*, e. *dead*; — *tragen*, e. *draw*; — *Traum*, e. *dream*; — *traurig*, e. *dreary*; — *Treber*, e. *draff* 'Bodensatz'; — *treiben*, e. *drive*; — *trinken*, e. *drink*; — *trocken*, e. *dry*; — *Tropfen*, e. *drop*; — *Trunk*, e. *drink*; — *tüchtig*, e. *doughty*; — *tun*, e. *do*.

alt, e. *old*; — *Bett*, e. *bed*; — *bieten*, e. *bid*; — *Blatt*, e. *blade*; — *Blatter*, e. *bladder*; — *Euter*, e. *udder*; — *Falte*, e. *fold*; — *Futter*, e. *fodder*; — *Gott*, e. *god*; — *gut*, e. *good*; — *halten*, e. *hold*; — *hart*, e. *hard*; — *hatte*, e. *had*; — *Haupt*, e. *head*; — *Hirt*, e. *herd*; — *gehört*, e. *heard*; — *kalt*, e. *cold*; — *laut*, e. *loud*; — *leiten*, e. *lead*; — *Leiter*, e. *ladder*; — *nackt*, e. *naked*; — *Otter*, e. *adder*; — *reiten*, e. *ride*; — *geritten*, e. *ridden*; — *Sattel*, e. *saddle*; — *gesotten*, e. *sodden*; — *Tat*, e. *deed*; — *tot*, e. *dead*; — *Wort*, e. *word*.

3. Deutsch *d* entspricht engl. *th*.

da, dar(um), e. *there*; — *Dach*, e. *thatch* 'Strohdach'; — *Dank*, e. *thanks*; — *dann*, e. *then*; — *daß*, e. *that*; — *Daumen*, e. *thumb*; — *decken*, e. *thatch*; — *Degen* 'Kriegsmann', e. *thane* 'Freiherr'; — *dein*, e. *thy*; — *denken*, e. *think*; — *dick*, e. *thik*; — *Dieb*, e. *thief*; — *Distel*, e. *thistle*; — *doch*, e. *though*; — *Donner*, e. *thunder*; — *Dorf*, e. *thorp* in Eigennamen; — *Dorn*, e. *thorn*; — *Draht*, e. *thread*; — *Drang*, e. *throng* 'Gedränge'; — *drehen*, e. *throw*; — *drei*, e. *three*; — *dreschen*, e. *thrash, thresh*; — *drillen* 'bohren', e. *thrill*; —

Drossel, e. *thrush*; — *Drossel* 'Kehle', e. *throat*; — *du*, e. *thou*; — *dulden*, e. *thole*; — *dünken*, e. *think*; — *dünn*, e. *pin*; — *durch*, e. *through, thorough*; — *Durst*, e. *thirst*.

Bad, e. *bath*; — *beide*, e. *both*; — *Bruder*, e. *brother*; — *Eid*, e. *oath*; — *Erde*, e. *earth*; — *Faden*, e. *fathom*; — *Feder*, e. *feather*; — *fürder*, e. *further*; — *Heide*, e. *heath*; — *Heide*, e. *heathen*; — *Herd*, e. *hearth*; — *Jugend*, e. *youth*; — *Kleid*, e. *cloth*; — *Leder*, e. *leather*; — *Mond*, e. *month*; — *Mund*, e. *mouth*; — *Norden*, e. *north*; — *oder*, e. *other*; — *Pfad*, e. *path*; — *Scheide*, e. *sheath*; — *Schmiede*, e. *smithy*; — *sieden*, e. *seethe*; — *Süden*, e. *south*; — *Tod*, e. *death*; — *weder*, e. *whether*; — *Widder*, e. *wether*; — *würdig*, e. *worthy*.

Den drei Dentalen des Englischen *t*, *d*, *th* entsprechen also im Hochdeutschen wieder drei Zungenlaute, aber andere, die Laute sind verschoben. Ähnlich, wenn auch nicht ganz so ausgeprägt, steht es mit den Labialen und Gutturalen. Hier sind nur die Tenues von der Verschiebung betroffen und auch diese nicht überall.

1. Dem deutschen *ch* entspricht engl. *k*.

Arche, e. *ark*; — *auch*, e. *eke*; — *bleich*, e. *bleak*; — *brechen*, e. *break*; — *Buch*, e. *book*; — *Eiche*, e. *oak*; — *Elch*, e. *elk*; — *Grieche*, e. *Greek*; — *Joch*, e. *yoke*; — *machen*, e. *make*; — *Milch*, e. *milk*; — *Sache*, e. *sake*; — *siech*, e. *sick*; — *sprechen*, e. *speak*; — *stechen*, e. *stick*; — *Storch*, e. *stork*; — *streichen*, e. *strike*; — *suchen*, e. *seek*; — *weich*, e. *weak*; — *Woche*, e. *week*; — *Zeichen*, e. *token*.

2. Dem deutschen *pf* entspricht engl. *p*.

Pfad, e. *path*; — *Pfahl*, e. *pole*; — *Pfanne*, e. *pan*: — *Pfau*, e. *pea(cock)*; — *Pfeffer*, e. *peper*; — *Pfeife*, e. *pipe*; — *Pfennig*, e. *penny*; — *Pflanze*, e. *plant*; — *Pflaster*, e. *plaster*; — *Pflaume*, e. *plum*; — *pflegen*, e. *play*; — *pflücken*, e. *pluck*; — *Pflug*, e. *plough* 'Landmaß'; — *Pfriem*, e. *preen* 'eisernes Werkzeug zum Entfernen der Tuchflocken'; — *Pfuhl*, e. *pool*; — *Pfühl*, e. *pillow*; — *Pfund*, e. *pound*; — *Pfütze*, e. *pit*.

3. Im Inlaut entspricht *f*, *ff* oder *pf* dem engl. *p*.

Affe, e. *ape*; — *Apfel*, e. *apple*; — *auf*, e. *up*; — *Bischof*, e. *bishop*; — *Dampf*, e. *damp*; — *gaffen*, e. *gape*; — *greifen*, e. *grope*; — *Hanf*, e. *hemp*; — *Harfe*, e. *harp*; — *Haufen*, e. *heap*; — *helfen*, e. *help*; — *hoffen*, e. *hope*; — *Hopfen*, e. *hop*; — *hüpfen*, e. *hop*; — *Karpfen*, e. *carp*; — *Kauf*, e. *cheap*; — *Kropf*, e. *crop*; — *Kupfer*, e. *copper*; — *laufen*, e. *leap*; — *offen*, e. *open*; — *Pfeffer*, e. *pepper*; — *Pfeife*, e. *pipe*; — *reif*, e. *ripe*; — *Reifen*, e. *rope*; — *Rumpf*, e. *rump*; — *Saft*, e. *sap*; — *Schaf*, e. *sheep*; — *scharf*, e. *sharp*; — *Schiff*, e. *ship*; — *Schlaf*, e. *sleep*; — *schlafen*, e. *sleep*; — *Seife*, e. *soap*; — *stampfen*, e. *stamp*; — *Stiefvater*, e. *stepfather*; — *stumpf*, e. *stump*; — *tief*, e. *deep*; — *Tropfen*, e. *drop*; — *Waffe*, e. *weapon*; — *Zapfen*, e. *tap*; — *Zopf*, e. *top*.

4. Die Lautgruppe *sp* ist wie *st* nicht verschoben.

Span, e. *spoon*; — *Spange*, e. *spangle*; — *sparen*, e. *spare*; — *Sparren*, e. *spar*; — *Spaten*, e. *spade*; — *Speer*, e. *spear*; — *Speiche*, e. *spoke*; — *speien*, e. *spew, spue*; — *Sperling*, e. *sparrow*; — *sperren*, e. *spar*; — *Spieß*, e. *spit*; — *Spinne*, e. *spin*; — *Sporn*, e. *spur*; — *Sprache*, e. *speech*; — *sprechen*, e. *speak*; — *spreiten*, e. *spread*; — *sprießen*, e. *sprout*; — *springen*, e. *spring*; — *Sproß*, e. *sprout*; — *Spur*, e. *spoor*; — *sputen*, e. *speed*.

Die Beispiele sind, wie man sieht, sehr zahlreich, und die große Regelmäßigkeit kann keinem entgehen. Eine sehr ansprechende Behandlung dieser Frage, auch in ihrer Verwertung für den Unterricht, bietet TORE TORBIÖRNSON, Die vergleichende Sprachwissenschaft in ihrem Werte für die allgemeine Bildung und den Unterricht, Leipzig 1906. Vgl. auch P. VOGEL, Sprachgeschichtliches im deutschen Unterricht der Obersekunda, ZfdU. 18, 153 ff.

§ 15. Die germanische Lautverschiebung. Schon der dänische Sprachforscher Rask, Über die thrakische Sprachklasse bei Vater, Vergleichungstafeln der europäischen Stammsprachen, Halle 1822, hat dann weiter erkannt, daß bei dem Verhältnis der germanischen Worte zu den griechisch-lateinischen ebenfalls ganz regelmäßige Veränderungen zu beobachten sind. Diese Veränderungen hat J. Grimm in eine Formel gebracht, während spätere Zeiten sie genauer bestimmt haben. Wir fassen sie jetzt unter dem Namen der ersten germanischen Lautverschiebung zusammen, während die Engländer sie Grimms Gesetz nennen.

Nach der Grimmschen Auffassung ist die erste Lautverschiebung etwas sehr einfaches. Heute wissen wir, daß der Vorgang nicht so einfach und gleichmäßig war, wie Grimm das annahm.

Wir geben auch hier ein reichhaltiges Material.

1. Die griechisch-lateinischen Tenues k, t, p, die gleichen indogermanischen Lauten entsprechen, werden im Germ. zu h, $þ$, f verschoben. Der zweite Laut erscheint im Deutschen als d, s. § 14.

a) Idg. k, gr. $\varkappa$ (k), l. c wird zu germ. h.

Habergeiß, l. *caper*, frz. *chèvre*; — *Hachse*, l. *coxa* 'Hüfte'; — *Hader*, gr. κότος (*kótos*) 'Groll'; — *-haft*, l. *captus*; — *Hagel*, gr. κάχληξ (*kákhlēx*) 'Steinchen, Kiesel'; — *hager*, ai. *kṛśáḥ*; — *Hahn, Huhn*, l. *ciconia*; — *Halle*, l. *cella*; — *Halm*, l. *culmus*, gr. κάλαμος (*kálamos*); — *Hals*, l. *collum*; — *Hamme*, gr. κνήμη (*knēmē*); — *Hammer*, gr. ἄκμων (*ákmōn*) 'Amboß'; — *Hand*, gr. κατά (*katá*) eig. 'mit der Hand'; — *Hanf*, gr. κάνναβις (*kánnabis*); — *Harm*, abg. *sramŭ* 'Scham'; — *hart*, gr. κρατύς (*kratýs*) 'stark'; — *Harz*, gr. κηρός (*kērós*); — *Hase*, ai. *śaśáḥ*, l. *cānus* 'aschgrau'; — *Hasel*, l. *corylus*; — *Haß*, gr. κῆδος (*kēdos*) 'Kummer'; — *Haube*, l. *cūpa* 'Tonne, Kufe'; — *hauen*, l. *cūdo*; — *Haupt*, l. *caput*; — *Haut*, l. *cutis*, gr. κύτος (*kýtos*); — *heben*, l. *capio*; — *Heer* zu gr. κοίρανος (*koíranos*) aus *korjanos, eig. 'Heerführer'; — *hehlen*, l. *cēlāre*, frz. *celer*; — *Heide*, l. *(bū)cētum*; heil, abg. *cělŭ* 'ganz, heil'; — *Heim*, gr. κώμη (*kōmē*); — *Hei(rat)*, l. *cīvis*; — *-heit*, ai. *kētúḥ* 'Lichterscheinung, Helle, Bild'; — *heiter*, ai. *čitráḥ* 'glänzend'; — *Helm*, ai. *śárma* 'Schutz'; — *Herbst*, l. *carpere*; — *Hermelin*, lit. *šermuõ*; — *Herz*, l. *cor*, gr. καρδία (*kardía*); — *hinke*, gr. σκάζω (*skázō*); — *Hirn*, l. *cerebrum*, gr. κάρηνον (*kárænon*); — *Hirsch*, l. *cervus*, frz. *cerf*; — *Hirse*, l. *Ceres*; — *hohl*, l. *cavus*, *caulis* 'Stengel'; — *Hohn*, lett. *kauns* 'Schmach, Schande'; — *Holm*, l. *collis*; — *Holz*, gr. κλάδος (*kládos*) 'Zweig'; — *Honig*, gr. κνηκός (*knækós*) 'Safran'; — *hören*, gr. ἀκούειν (*akúēn*); — *Horn*, l. *cornu*, frz. *cor(ne)*; — *Hornis*, l. *crabro*; — *Hort*, gr. κύσθος (*kýsthos*) 'Höhlung'; — *Huf*, ai. *śapháḥ*; — *Hufe*, gr. κῆπος (*kēpos*); — *Hüfte*, gr. κύβος (*kýbos*) 'Höhlung vor der Hüfte beim Vieh'; — *Hummer*, gr. κάμμαρος (*kámmaros*); — *humpeln*, gr. σκαμβός (*skambós*) 'krummbeinig'; — *Humpen*, gr. κύμβος (*kýmbos*) 'Gefäß'; — *Hund*, l. *canis*, frz. *chien*, gr. κύων (*kýōn*); — *hundert*, l. *centum*, frz. *cent*, gr. ἑκατόν (*hekatón*); — *Hürde*, l. *crātes*; — *Hure*, l. *cārus*; — *Husten*, lit. *kósēti* 'Husten'.

b) Idg. t, gr. τ (t), l. t wird zu germ. $þ$, engl. *th*, d. *d*.

Dach, l. *toga* 'Gewand'; — *Dämmerung*, l. *tenebrae*, frz. *ténèbres*; — *Darm*, gr. τρῆμα (*trēma*) 'Loch', τράμις (*trámis*) 'After'; — *das, daß*, gr. τό (*tó*), l. *(is)tud*; — *Dechsel* 'Breitbeil' zu l. *texo* 'webe', gr. τέκτων (*téktōn*) 'Zimmermann'; — *decken* zu l. *tegere*; — *Degen* 'tüchtiger Kriegsmann', ahd. *degan* auch 'Knabe', gr. τέκνον (*téknon*) 'Kind'; — *dehnen*, l. *tendere*, frz. *tendre*; — *Deichsel*, ahd. *dīhsala* aus *dinhsala, l. *tēmo* aus *tencsmo, frz. *timon*; — *denken*, l. *tongere* 'kennen, wissen'; — *deutsch* von ahd. *diot, diota*, got. *þiuda* 'Volk', osk. *touto* 'Volk'; — *Diele*, vielleicht zu l. *tellus* 'Erde'; — *Dohne* 'Bügel mit Schlinge zum Vogelfang' zu lat. *tenus* 'ausgespannte Schnur, Dohne'; — *Donner*, l. *tonitrus*, frz.

tonnerre; — *Dorn*, abg. *trnnŭ*; — *dörren*, l. *torrere*, gr. τέρσεσϑαι (*térsesthai*) 'trocken werden'; — *Draht*, gr. τρητός (*trētós*); — *drechseln*, l. *torquere* 'drehen'; — *drehen* zu gr. τρῆμα (*trȇma*) 'Loch'; — *drei*, l. *tres*, frz. *trois*; — *dritte*, l. *tertius*; — *drohen*, l. *trux*; — *Drossel*, l. *turdus*, frz. *tourde*; — *du*, l. *tu*, frz. *tu*; — *dulden*, l. *tuli*; — *dünn*, l. *tenuis*.

c) Idg. *p*, gr. π (*p*), l. *p* wird zu germ. *f*.

Fach, l. *pangere* 'festmachen'; — *Faden*, gr. πετάννυμι (*petánnymi*); — *fahen*, l. *paciscor*; — *fahl, falb*, l. *pallidus*; — *Fahne*, l. *pannus* 'Stück Tuch, Lappen', frz. *pan*; — *Gefahr*, l. *periculum*; — *fahren*, gr. πορεύειν (*poréuen*); — *-falt*, gr. -πλάσιος (*plasios*) aus *-platios*; — *Falz*, l. *pellere* 'stoßen'; — *Farre, Färse*, gr. πόρις (*póris*) 'junges Rind'; — *farzen*, gr. πέρδω (*pérdo*); — *Fasel* 'Junges, Zucht' zu l. *penis*, gr. πέος (*péos*); — *Faß*, lit. *púodas*; — *Vater*, l. *pater*, gr. πατήρ (*patȇr*); — *faul*, l. *pūs* 'Eiter', gr. πύον (*pýon*); — *Feder*, gr. πτερόν (*pterón*) 'Flügel'; — *Fehe*, gr. ποικίλος (*poikílos*) 'bunt'; — *feil*, gr. πωλεῖν (*polẽn*) 'verkaufen'; — *Feim*, l. *spūma*; — *Feld*, gr. πλατύς (*platýs*) 'breit'; — *Fett*, l. *pellis*, frz. *peau*; — *Fels*: gr. πέλλα (*pella*) 'Stein'; — *Ferkel*, l. *porcus*, gr. πόρκος (*porkos*); — *fern*, gr. πέραν (*péran*) 'jenseitig'; — *Ferse*, l. *perna* 'Hinterkeule', gr. πτέρνα (*ptérna*) 'Ferse'; — *Fessel*, l. *pedica*; — *Vetter*, l. *patruus*, gr. πάτρως (*pátros*); — *Feuer*, gr. πῦρ (*pȳr*); — *Fichte*, gr. πεύκη (*péukē*); — *Vieh*, l. *pecus*; — *viel*, gr. πολύς (*polýs*); — *Filz*, l. *pilleus* 'Filzmütze'; — *Fink*, gr. σπίγγος (*spíngos*); — *First*, ai. *pṛṣthám* 'Rücken'; — *Fisch*, l. *piscis*; — *fisten*, l. *pedere*; — *Fitze*, gr. πέζα (*péza*); — *flach*, gr. πέλαγος (*pélagos*) 'Meer', eig. 'die Fläche'; — *Fladen*, gr. πλάϑανον (*pláthanon*) 'Kuchen'; — *flechten*, l. *plecto*, gr. πλέκω (*plékō*); — *fließen*, l. *pluere* 'regnen'; — *Floh*, l. *pulex*; — *fluchen*, l. *plangere* 'schlagen, laut trauern', *plāga* 'Schlag'; — *Fluh*, gr. πλάξ (*pláx*) 'Fläche, Plateau'; — *Flur*, l. *planus*; — *Flut*, gr. πλωτός (*plōtós*) 'schiffend'; — *Fohlen, Füllen*, l. *pullus*, gr. πῶλος (*pȏlos*) 'Tierjunges'; — *Föhre*, l. *quercus* aus **perquos*; — *voll*, l. *plēnus*; — *vor*, l. *prae*; — *vorder*, gr. πρότερος (*próteros*); — *Forelle*, gr. περκνός (*perknós*) dunkelfarbig; — *forschen*, l. *posco*; — *fragen*, l. *precari*; — *frei*, ai. *prijáḥ* 'geliebt'; — *freidig*, eig. 'verbannt', ai. *prtja-* 'nach dem Tode, jenseitig'; — *frieren*, l. *pruina* 'Reif'; — *frisch*, abg. *prĕšinŭ* 'frisch, ungesäuert'; — *fromm*, gr. πρόμος (*prómos*) 'vorderste'; — *früh*, gr. πρωΐ (*prōΐ*); — *fühlen* gr. παλάμη (*paláme*) 'Hand'; — *fünf*, l. *quinque* aus **penque*; — *Furche*, lat. *porca*; — *Furt*, l. *portus*; — *Fuß*, l. *pes*, frz. *pied*, gr. πούς (*pȗs*).

2. Die griech. χ (*kh*), ϑ (*th*), φ (*ph*), l. *h*, *f*, idg. *gh*, *dh*, *bh* erscheinen im Germ. als *g*, *d*, *b*; *d* wird im Deutschen weiter zu *t* verschoben.

Anmerkung. Man beachte, daß im Lat. in dieser Reihe nur zwei Laute erscheinen. Es sind die Laute, die den gr. ϑ und φ, germ. *d* und *b* entsprechen, in *f* zusammengefallen. Außerdem tritt lat. *f* in echt lateinischen Wörtern nur im Anlaut auf, im Inlaut erscheinen *d* und *b*, so daß in diesem Fall die germanischen Laute scheinbar nicht verschoben sind.

a) Gr. χ (*kh*), l. *h* (auch *f*) = d. *g*.

Gähnen, l. *hiare*, gr. χαίνω (*khaínō*); — *Galgen*, lit. *žalga* 'Stange'; — *Galle*, l. *fell*, gr. χολή (*kholḗ*); — *Gang*, lit. *ženg'ù* 'schreite'; — *Gans*, l. *anser*, gr. χήν (*khḗn*); — *Garn*, 'der zweite Magen der Widerkäuer', lit. *žárna* 'Darm', l. *haru-spex*; — *Garten*, lat. *hortus*; — *Gast*, l. *hostis*; — *Gaumen*, lit. *gōmurìs*; — *Geiß*, l. *haedus*; — *Geist*, ai. *hḗḍaḥ* 'Zorn'; — *gelb*, l. *helvus*; — *Ger*, gr. χαῖος (*khaios*) 'Hirtenstab'; — *gern*, gr. χαίρειν (*khairēn*); — *Gerste*, l. *hordeum*, gr. κριϑή (*krithḗ*); — *Gerte*, l. *hasta*; — *gießen*, l. *fundo*, gr. χέω (*khéo*); — *glatt*, l. *glaber* (mit *gl* aus *hl*); — *Gold*, abg. *zlato*; — *gram*, gr. χρόμαδος (*khrómados*) 'knirschen'; — *grau*, l. *(h)rāvus*.

b) Gr. ϑ (*th*), l. *f* = germ. ð, d. *t*.

Tag, lit. *dágas* 'Ernte'; — *Tal*, gr. ϑόλος (*thólos*) 'Kuppelbau', abg. *dolŭ* 'Grube'; — *Tanne*, ai. *dhánva* 'Bogen'; — *tapfer*, lat. *faber* 'Handwerker'; — *Tat*, *tun*, l. *facio*, gr. τίϑημι (*tithȇmi*); — *taumeln*, lat. *fūmus*, gr. ϑυμός (*thȳmós*); — *Teig*, l. *fingo*; — *Teil*, abg. *dĕlŭ*; — *tief*, lit. *dubùs* 'hohl'; — *Tochter*, gr. ϑυγάτηρ (*thygátēr*); — *Tor, Tür*, l. *fores, forum*, gr. ϑύρα (*thýrā*).

c) Gr. φ (*ph*), l. *f* = d. *b*.

Backe im Gesicht, gr. φαγών (*phagṓn*) 'Kinnbacken'; — *backen*, gr. φώγειν (*phṓgēn*) 'braten, rösten'; — *bähen*, l. *fovēre*; — *Bahre*, l. *fero*, gr. φέρω (*phérō*); — *Balg*, l. *follis* 'Schlauch'; — *Balken*, l. *sufflāmen* 'unter das Rad gelegter Balken', gr. φάλαγξ (*phálanx*) 'Holzstamm'; — *Ball*, *Bolle*, gr. φαλλός (*phallós*); — *bannen*, l. *fāri*, gr. φημί (*phēmí*); — *Banse*, ai. *bhāsa-* 'Kuhstall'; — *bar* 'bloß', abg. *bosŭ*, lit. *bāsas*; — *Bar* 'Rammklotz' zu ahd. *berian* 'treten, stampfen', l. *ferīre*; — *Bärme*, l. *fermentum*; — *Barn* 'Scheune' zu got. *baris-* 'Gerste', l. *far*; — *Bart*, l. *barba* aus **farba*; — *Bast*, l. *fascia* 'Binde'?; — *bauen*, l. *fui*, gr. φύειν (*phýēn*); — *Baum*, gr. φῦμα (*phŷma*) 'Gewächs'; — *beben*, abg. *bojǫ* 'sich fürchten'; — *beide*, l. *(am)bo*, gr. ἄμφω (*ámphō*); — *beißen*, l. *findo*; — *Bett, Beet*, l. *fodere* 'graben'; — *Biber*, l. *fiber*; — *biegen*, l. *fugio*, gr. φεύγω (*phéugō*); — *Biene*, l. *fūcus*; — *Binde*, l. *offendimentum*; — *Birke*, ai. *bhūrjaḥ*, slaw. *brĕza*, lit. *bérzas*, l. *fraxinus* 'Esche'; — *blasen*, l. *flāre*; — *bleuen*, l. *flīgere* 'schlagen'; — *Blume*, l. *flos*; — *Bock*, aw. *būza*; — *bohren*, l. *forāre*; — *Borste*, l. *fastigium* aus **farstigium* 'Giebel, Spitze'; — *Braue*, gr. ὀφρῦς (*ophrŷs*); — *brauen*, l. *defrutum* 'Mostsaft'; — *braun*, ai. *babhrúḥ*; — *brechen*, l. *frango*; — *Bruch* 'Hose', l. *suffrāgines* 'Hinterbug der Tiere'; — *Bruder*, l. *frater*, gr. φράτωρ (*phrā́tōr*); — *Brunnen*, gr. φρέαρ (*phréar*); — *Buche*, l. *fāgus*, gr. φηγός (*phēgós*).

Für den Inlaut führe ich noch folgende Fälle an

d) Gr. χ (*kh*), l. *-h-*, *-g-*, = d. *g*.

d. *Bug*, gr. πῆχυς (*pêkhys*); — d. *eng*, l. *angustus*, gr. ἄγχω (*ánkhō*) 'würge'; — d. *Igel*, gr. ἐχῖνος (*ekhînos*); — d. *Sieg*, gr. ἔχειν (*ékhēn*) 'haben'; — d. *steige*, gr. στείχω (*stekhō*); — d. *Teig*, l. *fingo*, gr. τεῖχος (*têkhos*); — d. *Zunge*, l. *lingua* aus **dingua*.

e) Gr. ϑ (*th*), l. *-d-* und auch *-b-* = d. *t*.

ahd. *eit* 'Scheiterhaufen', l. *aedes* 'Haus', eig. 'Feuerstätte', gr. αἴϑω (*aithō*) 'flamme'; — d. *glatt*, l. *glaber*; — d. *Lende*, l. *lumbus*; — d. *Met*, gr. μέϑυ (*méthy*); — d. *mitten*, l. *medius*; — d. *rot*, l. *ruber*, gr. ἐρυϑρός (*erythrós*); — d. *Witwe*, l. *vidua*.

f) Gr. φ (*ph*), l. *-b-* = d. *b*.

d. *Elbe* 'Fluß', eig. 'der weiße', l. *albus*; — d. *kerben*, gr. γράφω (*gráphō*); — d. *lieb*, l. *lubet*; — d. *Nabel*, l. *umbilīcus*, gr. ὀμφαλός (*omphalós*); — d. *Nebel*, l. *nebula*, gr. νεφέλη (*nephélē*); — d. *webe*, gr. ὑφαίνω (*hyphaínō*).

3. **Die griech.-lat. Medien werden im Germ. zu Tenues, die im Hochdeutschen nach § 14 weiter verschoben werden.**

a) Gr. γ (*g*), lat. *g* werden zu germ. *k*, das im Deutschen im Inlaut vielfach zu *ch* verschoben wird.

kalt, l. *gelidus*; — *Kamm*, gr. γόμφος (*gómphos*) 'Zahn'; — *kauen*, abg. *žĭvati*; — *kauern*, gr. γῦρός (*gȳrós*) 'krumm'; — *Kehle*, l. *gula*; — *kennen*, *können*, l. *(g)nōsco*, gr. γιγνώσκω (*gignṓskō*); — *kerben*, gr. γράφειν (*graphēn*); — *Kern*, *Korn*, l. *grānum*; — *kiesen*, l. *gustāre*, gr. γεύεσθαι (*géuesthai*); — *Kind*, l. *genus*, gr. γένος (*génos*); — *Kinn*, l. *gena* 'Wange', gr. γένυς (*génys*) 'Kinnbacken'; — *Klaue*, gr. γλουτός (*glūtós*) 'Hinterbacke'; — *Klei* 'zäher Ton', l. *glus*, *gluten* 'Leim', gr. γλοιά (*gloiá*) 'Leim'; — *klieben*, l. *glūbere* 'abschälen', gr. γλύφειν (*glúphen*) 'eingraben, schnitzen'; — *klug*, gr. γλωχῖνες (*glōkhines*) 'Spitzen'; — *Knebel*, gr. γόμφος (*gómphos*) 'Pflock, Bolzen'; — *Knie*, l. *genu*, gr. γόνυ (*góny*); — *Koben*, gr. γύπη (*gýpē*) 'Erdhöhle'; — *Kolben*, l. *globus* 'Kugel, Haufe, Klumpen'; — *kosten*, l. *gustāre*; — *krähen*, abg. *grajati*; — *Kranich*, l. *grus*, gr. γέρανος (*géranos*); — *Krume*, l. *grūmus* 'Erdhaufe, Hügel', gr. γρῦμέα (*grȳméa*) 'Gerümpel'; — *kund*, l. *nōtus*.

b) Gr. δ (*d*), l. *d* wird zu germ. *t*, deutsch anlautend *z*.

Zahl, l. *dolāre* 'behauen'; — *zahm*, l. *domāre*, gr. δαμάω (*damáō*); — *Zahn*, l. *dens*, gr. ὀδούς (*odūs*); — *Zähre*, l. *dacruma*, gr. δάκρυ (*dákry*); — *Zange*, gr. δάκνειν (*dáknēn*); — *Zarge*, gr. δράσσεσθαι (*drássesthai*) 'fassen'; — *zaudern*, l. *dūrāre*; — *Zaun*, kelt. *dūnum*; —

zausen, l. *dumus* 'Gestrüpp'; — *zehn*, l. *decem*, gr. δέκα (*déka*); — *zehren*, *zerren*, gr. δέρω (*déren*) 'schinden'; — *zeigen*, l. *indicare*; — *zeihen*, l. *dicere*, gr. δείκνυμι (*diknymi*); — *zer-*, l. *dis*; — *zetten*, gr. δατέομαι (*datéomai*) 'verteile'; — *ziehen*, l. *duco*; — *Zimmer*, l. *domus*, gr. δέμω (*démo*) 'baue'; — *zu*, gr. -δε (*-de*); — *Zunge*, l. *lingua* (aus *dingua*); — *zwei*, l. *duo*, gr. δύο (*dyo*).

c) Gr. β (*b*), l. *b* wird germ. *p*, hochd. *pf*.

Beispiele sind selten, weil *b* im Idg. nicht häufig war. Die meisten Wörter mit anlautendem *pf* im Deutschen sind entlehnt.

Padde, ndd. zu gr. βάτραχος (*bátrakhos*); — *Pegel*, ndd., l. *baculum*, gr. βάκτρον (*báktron*) 'Stab'; (?) — *Pfaid* 'Kleid, Hemd', bayr. öst., gr. βαίτη (*baíte*) 'Hirten-, Bauernkleid'. Das Wort ist zwar entlehnt, zeigt aber regelrechte Verschiebung; — *pladdern*, l. *blatire* 'plappern, schwatzen'.

§ 16. Lautgesetze. Im vorhergehenden Abschnitt sind eine Fülle von Wörtern zusammengestellt, an deren Zusammengehörigkeit man nicht zweifeln kann, und dabei zeigen sich nun ganz regelmäßige Veränderungen. Das nennen wir ein Lautgesetz. Dieser Ausdruck kommt schon ziemlich früh in der Literatur vor. Im Grunde ist er ja vielleicht nicht ganz zutreffend, da wir es mit geschichtlichen Vorgängen zu tun haben. In der Naturwissenschaft, woher der Ausdruck Gesetz stammt, verstehen wir darunter einen Vorgang, der sich unter den gleichen Bedingungen stets wiederholt. Davon kann in den geschichtlichen Wissenschaften keine Rede sein. Die germanische Lautverschiebung ist zu einer bestimmten Zeit eingetreten und hat sich nicht wiederholt. Denn die deutsche Lautverschiebung zeigt zwar einen ähnlichen Vorgang, aber nicht denselben. Der Ausdruck Gesetz bezieht sich nur auf die Regelmäßigkeit, mit der z. B. die Lautverschiebung in zahlreichen Wörtern eingetreten ist.

§ 17. Ausnahmen der Lautverschiebung. So zahlreich die oben erörterten Fälle der regelmäßigen Lautvertretung auch sind, so wird doch jeder auch Fälle finden, in denen Unregelmäßigkeiten vorliegen. Eine Reihe derartiger Unregelmäßigkeiten waren leicht zu erklären.

1. Eine Hauptausnahme bildet die Stellung der Tenues nach *s*.

Hier hat weder die hochdeutsche noch die germanische Lautverschiebung gewirkt, wie die folgenden Beispiele zeigen.

a) *sk*, nhd. *sch* = gr.lat. *sk*.

schaben, l. *scabo*; — *Schade*, gr. ἀσκηθής (*askethés*) 'unverletzt'; — *Schaft*, l. *scapus*, gr. σκῆπτρον (*sképtron*); — *Schale*, abg. *skolika* 'Hülse, Muschel'; — *Schatten*, gr. σκότος (*skótos*) 'Dunkelheit'; — *Schatz*, abg. *skotŭ* 'Vieh'; — *schauen*, gr. θυοσκόος (*thyoskóos*) 'Opferschauer'; — *Schauer* 'Wetterdach', l. *obscurus*; — *Schauer* 'Unwetter', l. *caurus*,[1) lit. *šiaurė* 'Norden'; — *scheinen*, abg. *sinqti* 'hell werden', gr. σκιά (*skiá*) 'Schatten'; — *Scheit*, l. *scutum* 'Schild'; — *Scherbe*, abg. *črěpŭ*; — *scheren*, gr. κείρω (*kěrö*); — *scherzen*, ai. *kŭrdati* 'springt'; — *schieben*, ai. *kṣubh* 'Ruck, Stoß'; — *schießen*, lit. *šáuju*; — *Schirm*, ai. *carma* 'Haut, Fell'.

b) *st* = gr.lat. *st*.

Stab, lit. *stābas* 'Götzenbild, Bildsäule'; — *Stadel*, ai. *sthātram* 'Standort'; — *Stadt*

[1) Wörter mit *s* + Konsonant im Anlaut stehen im Indogerm. häufig neben solchen ohne *s*, ohne daß der Grund klar wäre.

l. *statio*, gr. στάσις (*stásis*); — *Stahl*, apr. *panu-staklan* 'Feuereisen'; — *Stall*, l. *stabulum*; — *Stange*, gr. στάχυς (*stákhys*) 'Ähre'; — *Star*, l. *sturnus*; — *stark*, npers. *suturg*; — *starr*, gr. στερεός (*stereós*); — *stauen*, abg. *staviti* 'stellen'; — *stechen*, gr. στίζειν (*stízēn*); — *Stecken*, l. *tignum* 'Balken'; — *stehen*, l. *stāre*, gr. στῆναι (*stênai*); — *steif*, l. *stipes* 'Stamm'; — *steigen*, gr. στείχειν (*stekhēn*); — *Stein*, abg. *stěna* 'Mauer', gr. στία (*stía*) 'Steinchen'; — *stellen*, gr. στέλλω (*stéllō*); — *Sterke*, l. *sterīlis*, gr. στεῖρα (*stêra*); — *Stern*, l. *stella*, gr. ἀστήρ (*astér*); — *Sterz*, gr. στόρθη (*storthǣ*) 'Zinke, Spitze, Zacke'; — *Steuer*, l. *restaurāre*, gr. σταυρός (*staurós*) 'Pfahl'; — *Stier*, ai. *sthávirah* 'dick'; — *still*, ai. *sthániih* 'stehend, unbeweglich'; — *Stimme*, gr. στόμα (*stóma*) 'Mund'; — *Stirn*, gr. στέρνον (*stérnon*) 'Fläche, Brust'; — *stöhnen*, gr. στένειν (*stĕnēn*) 'eng machen'; — *Stollen*, gr. στήλη (*stélē̄*) 'Säule'; — *Storch*, gr. τόργος (*tórgos*) 'Geier'; — *stoßen*, l. *tundo*; — *Strahl*, abg. *strěla* 'Pfeil'; — *Strang*, gr. στραγγάλη (*strangálē̄*) 'Strick'; — *streuen*, l. *struere*, gr. στόρνυμι (*stórnymi*).

c) *sp* = gr. lat. *sp.*

spähen, l. *specere*; — *Span*, gr. σφήν (*sphén*) 'Keil'; — *sparen*, l. *parum*; — *spät*, l. *spēs*; — *Spaten*, gr. σπάθη (*spáthǣ*) 'breites Schwert'; — *Specht*, l. *picus*; — *Speck*, gr. πίων (*píōn*) 'fett'; — *Speer*, l. *sparus* 'kurzer Jagdspeer'; — *speien*, l. *spuo*, gr. πτύω (*ptýō*); — *Sperling*, gr. σπαράσιον (*sparásion*); — *spinnen*, lit. *pinti* 'flechten'; — *Sporn, Spur*, l. *spernere*, gr. σπαίρειν (*spairēn*) 'zucken'; — *sprechen*, gr. σφάραγος (*spháragos*) 'Geräusch'; — *Spreu*, gr. σπείρειν (*sperēn*) 'säen'; — *springen*, gr. σπέρχεσθαι (*spérkhesthai*) 'eilen'; — *sputen*, abg. *spěti* 'vonstatten gehen'.

2. Die Lautgruppe *tr* ist im Deutschen nicht weiter verschoben (*zr* gibt es nicht), und daher entspricht d. *tr* sowohl einem idg. *dhr* wie *dr.*

Träne, l. *dacruma*; — *trauen*, apreuß. *druwit* 'glauben'; — *Treber*, apreuß. *dragios*; — *trennen* zu d. *zerren*; — *treu*, gr. δρόον (*dróon*) 'fest'; — *trocken*, lit. *drüktas* 'fest'; — *Trog* zu gr. δόρυ (*dóry*) 'Baum'

Anmerkung. Dasselbe gilt für den Inlaut. Hier hat sich aber vielfach im Deutschen zwischen *t* und *r* wieder ein Vokal entwickelt, so daß scheinbar Ausnahmen vorliegen, so *bitter*: *beißen*; — *Eiter* zu obd. *Eiß* 'Geschwür'; — *lauter*, got. *hlūtrs*; — *Otter*, gr. ὕδρα (*hýdra*) 'Wasserschlange' : *Wasser*; — *Winter*, e. *winter*, got. *wintrus*; — *zittern*, anord. *titra*, wohl eine reduplizierte Bildung, zu gr. ἀποδιδράσκω (*apodidráskō*) 'entlaufe'; — *Selters* zu *Salz.*

3. In einer Reihe von Fällen entsprechen anlautende Medien im Deutschen griech. Tenues, aind. Medien. Hier liegt, wie GRASSMANN KZ. 12, 81 ff. gesehen hat, die scheinbare Unregelmäßigkeit auf seiten des Griechischen und Indischen, indem hier die angegebenen Laute aus Aspiraten dissimiliert sind.

Garbe, ai. *grábhah* 'Handvoll'; — *Gerste*, gr. κριθή (*krithé̄*); — *Giebel*, gr. κεφαλή (*kephalé̄*) 'Kopf'; — *Tag*, ai. *dáhati* 'brennt'; — *taub*, gr. τυφλός (*typhlós*) 'blind'; — *taugen*, gr. τύχη (*týkhē̄* 'Zufall'; — *Teig*, gr. τεῖχος (*têkhos*) 'Mauer'; — *trügen*, ai. *drúhjati* 'sucht zu schaden'; — *trübe*, gr. ταράσσω (*tarássō*) 'verwirre'; — *Balg*, ai. *barhíh* 'Opferstreu'; — *Berg*, ai. *bṛhant* 'Höhe'; — *Biber*, ai. *babhrúh* 'braun'; — *bieten*, gr. πεύθομαι (*peúthomai*) 'frage'; — *Binde*, gr. πεῖσμα (*pêsma*) aus *penthsma 'Tau'; — *bitte*, ai. *badhatē* 'drängt, bedrängt'; — *Bug*, gr. πῆχυς (*pêkhys*).

4. Sonstige Ausnahmen der Lautverschiebung.

Auch außer den angeführten Fällen gibt es noch andere Ausnahmen der Lautverschiebung, d. h. es gibt immer noch Etymologien, die scheinbar unbestreitbar sind, die aber zu den angegebenen Regeln nicht stimmen.

So vergleicht man z. B. d. *haben* mit l. *habēre*; — *heute*, ahd. *hiu tagu* mit l. *hodie*; — d. *Hamen*, l. *hāmus*. In den Regeln der Lautverschiebung finden diese Etymologien keinen Platz. Daher verwerfen sie einige. Andere vermuten, daß hier eine Tenuisaspirata *kh* zugrunde liegt, ein Laut, der zwar nicht sehr häufig ist, aber doch sicher indogermanisch vorhanden war.

Ebenso hat man d. *biegen* mit gr. φεύγω (*phéugo*) ‚fliehe‘ verglichen, obgleich d. *g* nicht zu gr. γ (*g*) stimmt. In diesem Fall nimmt man schon indogermanische Verschiedenheit des auslautenden Konsonanten an. Und so gibt es noch eine ganze Reihe von Auskunftsmitteln. Immerhin handelt es sich hier immer nur um einige wenige Fälle.

§ 18. **Der grammatische Wechsel.** Eine der wichtigsten Ausnahmen von der Lautverschiebung bildet der grammatische Wechsel. Es zeigte sich nämlich, daß in einer ganzen Reihe von Wörtern *t* mit *d*, *b* mit *f*, *g* mit *h* und auch *r* (aus *z*) mit *s* wechselt, obgleich immer nur der zweite Laut dem der verwandten Sprachen nach den Gesetzen der Lautverschiebung entspricht.

So haben wir noch heute:

Herzog, Zug : ziehen; — gefangen : fahen; — Schwieger : Schwäher; — Hügel : Höhe; — zeigen : zeihen; — -zig : zehn; — versiegen : seihen; — gelitten : leiden; — Schnitt : schneiden; — gesotten : sieden; — tot : Tod; — statt : Staden; — Hirt : Herde; — hübsch : Hof; — darben : dürfen; — heben : Hefe; — Ohr : Öse; — Erle : Else; — verlieren : los; — erkoren : kiesen; — waren, währen : gewesen; — e. hare : Hase; — mehr : meist; — Tor : ndd. Dusel; — Farre : Färse; — frieren Frost; — ernähren : genesen; — lehren List; — dörren : Durst; — Beere : ndd. Besinge; — Rohr : Rost (?); — Zwirn : Zwist.

Dieser grammatische Wechsel, um dessen Erklärung man sich lange vergebens bemüht hatte, wurde durch einen hochbedeutenden Aufsatz K. VERNERS in Kuhns Zeitschrift 23, 97 aufgehellt und als vollständig regelrecht nachgewiesen. VERNER zeigte nämlich, daß die Laute *b, d, g, r* (für *z*) im Inlaut ganz regelmäßig auftreten, wenn der indogermanische Akzent nicht unmittelbar vorausging.

Es mögen auch hier eine Anzahl Beispiele folgen.

1. *þ — d, d. d — t.*

Bruder, ai. *bhrátā*	*Vater,* ai. *pitā,* gr. πατήρ (*patér*);
Rad, ai. *ráthah* 'Wagen'	*Mutter,* ai. *mātā,* gr. μητέρα (*mætéra*);
ander, ai. *ántarah*	*hart,* gr. κρατύς (*kratýs*);
weder, gr. πότερος (*póteros*)	*unter,* ai. *antár* 'innerhalb';
werden, ai. *vártatē* 'dreht sich'	*Ente,* ai. *atíh*;
öde, gr. αὔσιος (*áusios,* aus **autios*) 'leer'	got. *fidwōr* 'vier', ai. *čatvārah*;
freidig, ai. *pretja-* 'jenseitig'	*dritte,* ai. *tṛtíjah*;
Gold, r. zóloto	*Atem,* ai. *ātmā*;
Ader, gr. ἦτορ (*étor*) 'Herz'	*heiter,* ai. *čitráh*;
	Geburt, ai. *bhṛtíh*.

2. *f — b.*

Neffe, ai. *nápāt*	*sieben,* gr. ἑπτά (*heptá*);
Wolf, gr. λύκος (*lýkos*)	
fünf, gr. πέντε (*pénte*).	

Anmerkung. Nicht jeder Wechsel von *f* und *b* geht auf germanischen Wechsel zurück, vgl. darüber § 30, 9.

3. *h — g.*

Schwäher, ai. *śváśurah*   *Schwieger*, ai. *śvaśrüh*, gr. ἑκυρά (*hekyrá*);
zehn. gr. δέκα (*déka*)   *mager*, gr. μακρός (*makrós*);
Vieh, ai. *páśu*   *Angel*, gr. ἀγκύλος (*awkýlos*) 'gekrümmt';
Zähre, gr. δάκρυ (*dákry*)   *Ecke*, as. *eggia*, gr. ἀκίς (*akís*);
Lehen, ai. *réknah* 'ererbter Besitz'   *hager*, ai. *kṛśáh* 'mager';
Honig, gr. κνακός (*knakós*) 'gelblich';
jung, ai. *juvaśáh.*

4. *s — r* (*z*).

Nase, ai. *násā*   *Schnur* 'Schwiegertochter', gr. υυός (*nyós*)
Ferse, ai. *pársnih.*

§ 19. Ausnahmslosigkeit der Lautgesetze. Mit Verners Erklärung des grammatischen Wechsels war eine bedeutende Ausnahme der Lautverschiebung erklärt. Da außerdem manche andere Ausnahme beseitigt wurde, und da man sich mit den psychologischen Gesetzen zu beschäftigen anfing, die in der Sprache herrschen, so kam man zu einem Grundsatz, den Leskien in seinen Vorlesungen zuerst gelehrt, Brugmann und Osthoff zuerst öffentlich ausgesprochen haben, zu dem Grundsatz: die Lautgesetze sind ausnahmslos, d. h. wenn sich ein Laut in einem Wort verändert, so verändert er sich in allen andern Wörtern ebenfalls, wenn nicht besondere Umstände vorhanden sind, die das verhindern.

Über diesen Grundsatz ist in den siebziger Jahren des vorigen Jahrhunderts außerordentlich heftig gestritten worden, während sich jetzt der Kampf der Geister einigermaßen beruhigt hat. Was an diesem Satze richtig ist, das läßt sich in Kürze ziemlich klar zeigen.

Wenn wir die verschiedenen Sprachlaute, die sich in den zahllosen Sprachen der Welt finden, zusammenstellten, so würden wir wohl auf mehrere hundert kommen, aber jede einzelne Sprache verwendet nur eine bestimmte Anzahl davon, etwa dreißig bis vierzig. Um einen Laut hervorzubringen, bedarf es einer gewissen Bewegung der Muskeln, und für jeden Laut bildet sich allmählich ein sogenanntes Bewegungsgefühl, durch das der Laut hervorgebracht wird. Ändert sich das Bewegungsgefühl, so fragt es sich nicht, in welchen Worten der Laut vorkommt, sondern diese Veränderung trifft eben den Laut in allen Worten. Am besten kann man das feststellen, wenn Ausländer deutsch oder wenn wir fremde Sprachen sprechen. Wenn wir französisch lernen, so erfahren wir, daß auch im Französischen etwa ein Laut *d* vorhanden ist. Da wir diesen Laut auch besitzen, so sprechen wir das französische *d* wie unser deutsches *d*, natürlich in allen Worten, in denen es vorkommt. Nun ist aber unser deutsches *d* nicht derselbe Laut wie der französische. Wenn wir gelernt haben, ihn richtig hervorzubringen, so werden wir ihn nicht in einzelnen Worten anwenden, in andern nicht, sondern wir werden ihn in allen gebrauchen. Wenn wir aber unsern Laut statt des französischen anwenden, so tun wir das eben auch in allen Wörtern, und wir haben damit eine vollständig regelrechte Lautveränderung vollzogen, und das nennen wir ein Lautgesetz. Natürlich ist die Veränderung eines

Lautes abhängig von der Umgebung, in der er sich befindet, und es können durch die besondere Stellung Abweichungen entstehen. So werden z. B. die griech.-lat. *p*, *t*, *k* in der Stellung nach *s*, wie wir oben gesehen haben, nicht verschoben. Das ist sehr leicht verständlich. Nach einem Spiranten konnten die Verschlußlaute schwer spirantisch werden. Oft sind diese Bedingungen sehr verwickelt, und es ist ganz sicher, daß wir noch nicht alle Lautgesetze kennen, daß wir auch mit unbekannten Lautgesetzen rechnen müssen. Es ist ja auch eigentlich nicht wunderbar, daß ein Laut je nach den verschiedenen Stellungen, in denen er sich befindet, verschieden behandelt wird, es ist vielmehr auffallend, daß trotz dieser verschiedenen Bedingungen eine so große Regelmäßigkeit in der Vertretung der Laute besteht. Wie dem aber auch sein mag, so ergibt sich doch nunmehr als oberster methodischer Grundsatz für die etymologische Forschung der Satz: die Lautgesetze sind ausnahmslos. Allerdings befinden wir uns hier in einem gewissen Zirkelschluß. Die Lautgesetze gewinnen wir nur auf Grund der Etymologien, d. h. auf Grund von einleuchtenden Übereinstimmungen einer Anzahl von Wörtern, und wenn wir ein Lautgesetz auf Grund einer Reihe etymologischer Gleichungen festgesetzt haben, so lehnen wir Etymologien ab, die nicht dazu stimmen. Solange es vielleicht nur eine einzige ist, geht das an. Aber es finden sich oft mehrere Worte, die die gleiche Abweichung zeigen, und dann muß man den Verdacht hegen, daß eine Störung des Lautgesetzes durch ein anderes besonderes Gesetz vorliegt. Wer etymologische Forschungen treibt, der muß sich also zunächst an die anerkannten Lautgesetze halten, aber er wird doch ins Auge fassen müssen, daß es auch unbekannte Lautgesetze gibt, und daß etymologische Vergleichungen zu Recht bestehen können, die zu den bisher erkannten Lautgesetzen nicht stimmen. Ein Beispiel möge das zeigen. Einem anlautenden deutschen *b* entspricht im Lateinischen *f*, s. o. S. 15. Demnach müßte man eigentlich eine Gleichung d. *Bart*, l. *barba* aufgeben. Trotzdem hat sich wohl keiner dazu entschlossen, wenn auch erst neuerdings die lautgesetzliche Entwicklung klargelegt ist. Man könnte noch mehrere derartige Fälle anführen; sie zeigen aber nur, daß eben unsere Kenntnis der Lautgesetze nicht vollständig ist. Aber freilich die Zeiten sind vorüber, in denen man leicht zu neuen Lautgesetzen und auf Grund dieser zu neuen Etymologien kam; die meisten neuern Vergleichungen bewegen sich auf dem Boden der bisher erkannten Lautgesetze. Wenn sich hie und da noch Widerspruch gegen die Allgemeingültigkeit der Lautgesetze regt und mit Beispielen belegt wird, so trifft dieser den Kern der Sache nicht, weil er vergißt, daß die Lebensverhältnisse der modernen Sprache infolge von Dialektmischung, Einwirkung der Schriftsprache und des Schriftbildes außerordentlich verwickelt sind, sodaß man hier in der Tat oft ganz vereinzelte Erscheinungen antrifft. Aber bewußt oder unbewußt geht das Bestreben dieser Forscher ebenfalls dahin, Lautgesetze nachzuweisen.

Anmerkung. In der ZfdU. 20, 145 unterrichtet E. Meyer über ein Buch seines Bruders Wilhelm Meyer-Rinteln, Die Schöpfung der Sprache, Leipzig 1905, in dem ganz neue Offenbarungen über die Herkunft der Worte enthalten sein sollen. Der Aufsatz ist zwar von E. Störmer, ZfdU. 20, 562 ff. zurückgewiesen worden, aber a. a. O. 21, 232 nimmt W. Meyer selbst das Wort, um seine Anschauung zu verteidigen. Aus dem in diesen Aufsätzen Angeführten läßt sich zur Genüge ersehen, daß das Buch in der Hauptsache wertlos ist, was nicht ausschließt, daß sich einige richtige Beobachtungen darin finden.

§ 20. **Lautgesetze und Etymologie.** Jedenfalls ist durch die neuere Forschung und ihre Grundsätze die Etymologie auf einen fast völlig sichern Boden gestellt worden, und das Wort Voltaires, daß die Etymologie eine Wissenschaft sei, in der die Vokale nichts und die Konsonanten wenig bedeuten, ist völlig überwunden. Die Lautgesetze ermöglichen es, erstens scheinbar auf der Hand liegende Etymologien abzulehnen, und zweitens Vergleichungen aufzustellen, auf die man sonst nie gekommen wäre. Zu dem ersten Fall gehört z. B. die Gleichung l. *deus*, gr. ϑεός (*theós*) ‚Gott‘. Die Ähnlichkeit der Form ist groß, die der Bedeutung vollkommen. Trotzdem ist die Vergleichung falsch. Das zeigt sich schon, sobald man die beiden Worte auf die unmittelbar zu erschließenden Grundformen zurückführt: *deus* geht auf **deiwos*, ϑεός (*theós*) auf **thesós* zurück. Umgekehrt hat erst die Ausbildung der Lautlehre Gleichungen begründet wie e. *wheel* und gr. κύκλος (*kýklos*) ‚Kreis, Rad‘, e. *girl*, ndd. *göre* und gr. παρθένος (*parthénos*), ‚Jungfrau‘. Wie in diesen Gleichungen nur noch ein einziger Laut der gleiche in beiden Sprachen ist, so auch in folgenden Fällen: d. *vier*, lat. *quattuor*, d. *fünf*, lat. *quinque*, d. *zwei*, lat. *duo*, aber in diesen erscheint doch die Verwandtschaft klarer, weil hier auch die andern Laute wenigstens eine Ähnlichkeit zeigen.

Anmerkung. Von Wichtigkeit ist es natürlich immer, auf die ältesten überlieferten Formen zurückzugehen. Vergleicht man das heutige Französisch mit dem heutigen Deutsch, so ist oft die Verwandtschaft kaum zu erkennen. Man nehme z. B. die Zahlwörter *un = ein*; *deux = zwei*; *trois = drei*; *quatre = vier*; *cinq = fünf*; *six = sechs*; *sept = sieben*; *huit = acht*; *neuf = neun*; *dix = zehn*. In *quatre, vier* ist nur noch ein einziger Laut gleich. Got. *fidwōr* und lat. *quattuor* ähneln sich in ganz andrer Weise.

So gehören also Lautlehre und Etymologie auf das engste zusammen. Je besser wir die Lautlehre kennen, je genauer wir die Lautgesetze bestimmen, um so sicherer vermögen die Etymologien begründet zu werden. Immer aber werden noch neue Etymologien aufgestellt werden, die zu neuen Lautgesetzen führen. An Stelle bloßen Ratens und geistreicher Einfälle ist so die strenge Regelmäßigkeit und Gesetzmäßigkeit getreten, und daß darin ein außerordentlich wertvolles Bildungsmittel liegt, ist ganz klar. Ich halte es für wertvoller als die vielgerühmte Logik der lateinischen Sprache. Auch der Unterricht in der lateinischen und griechischen Sprache würde durch Heranziehung der Lautlehre und Etymologie nur Vorteil haben. Was im deutschen Unterricht glücklicherweise schon eingeführt ist, kann für den Unterricht in den klassischen Sprachen nicht unangebracht sein.

§ 21. **Lautgesetze im Deutschen.** Aber die Lautlehre ist nicht nur nötig, wo wir uns in dem Kreise der verwandten Sprachen bewegen und hier

Etymologien begründen wollen, sondern sie ist auch für die Geschichte
der Wörter innerhalb des Deutschen von hervorragender Bedeutung. Denn
mit Hilfe der Lautlehre können wir oft feststellen, aus welchem Teil des
deutschen Sprachgebietes ein Wort stammt. Manche Worte zeigen die hochdeutsche Lautverschiebung nicht, sie sind aus dem Niederdeutschen entlehnt, andere weisen oberdeutsches Gepräge auf, andere wie *Demut* können
wir für eine bestimmte Gegend in Anspruch nehmen. Vgl. darüber § 170.

§ 22. **Die wissenschaftliche Lautlehre.** Die wissenschaftliche Lautlehre
nimmt jetzt in den Darstellungen der vergleichenden Grammatik einen außerordentlich breiten Raum ein, und wenn man damit vergleicht, daß sie früher
gar nicht vorhanden war, auch in den Schulgrammatiken des Griechischen
und Lateinischen kaum erwähnt wird, so kann man wohl fragen, ob ihre
Bedeutung nicht übertrieben wird. Zu einem Teil ist das ganz zweifellos
der Fall. Bei der Erklärung der Flexionslehre und der Syntax könnte man
manche Teile der Lautlehre entbehren, und man bevorzugt sie manchmal
zum Schaden dieser Teile. Wohl aber gehört eine vollständige Lautlehre
mit der Etymologie zusammen, sie müßte mit dieser zu einem besondern
Teil der Grammatik vereinigt werden, weil eben nur mit der Etymologie
und durch die Etymologie die Lautlehre begründet werden kann, und anderseits Etymologie ohne Lautlehre nicht möglich ist. Demnach müßte an
dieser Stelle eigentlich eine Lautlehre mit zahlreichen Beispielen gegeben
werden. Da diese aber in einem andern Teil des Gesamtwerkes erscheinen
sollte, so habe ich mich in der ersten Auflage auf eine kurze Übersicht
beschränkt, z. T. in Form von Tabellen, in denen die regelmäßigen Laut-
entsprechungen zu finden sind. Mehrfach ausgesprochenen Wünschen gemäß
habe ich aber diesen Teil ausführlicher gestaltet. Ich habe den Versuch
gemacht, das Englische zu diesem Zwecke ausgiebig heranzuziehen. Ist
es doch die germanische Sprache, deren Kenntnis im allgemeinen vorausgesetzt werden kann. Eine eingehendere Beschäftigung mit der Lautlehre
wird dadurch freilich nicht überflüssig.

§ 23. **Transskription.** Zunächst ein paar Vorbemerkungen über die Umschreibung der verschiedenen Sprachen. Die einzelnen indogermanischen
Sprachen werden teils mit Originalalphabeten, wie das Indische, Altpersische,
Awestische, Griechische, Slawische geschrieben, teils benutzen sie das lateinische Alphabet, wobei aber die Buchstaben sehr häufig einen vom Lateinischen abweichenden Lautwert haben. Man hat sich nun daran gewöhnt,
da man die Kenntnis der fremden Alphabete nicht jedem zumuten kann,
alle Sprachen, mit Ausnahme des Griechischen, in lateinischer Schrift
wiederzugeben. Indessen haben die Sprachen natürlich eine Anzahl von
Lauten, die das Lateinische nicht besitzt, und man muß zu deren Bezeichnung besondere Buchstaben anwenden, welche meist die lateinischen mit
einem hinzugefügten Merkmal sind. Dies wäre soweit ganz gut, wenn nicht
bei der einen Sprache dasselbe Zeichen in einem ganz andern Sinne ge-

braucht würde als bei einer zweiten, und wieder anders bei einer dritten. So bedeutet z. B. *y* im Indischen *j*, im Litauischen *i*, im Slavischen eine Art *ü*. Man muß also auch wieder jedes Alphabet besonders lernen. Um diese Mißstände zu beseitigen, die sich in den Vorlesungen und in den Büchern außerordentlich stark geltend machen, und die das Verständnis der Sprachwissenschaft erschweren, ohne einen wirklichen Nutzen zu bringen, habe ich ein altes System der Umschreibung wieder aufgenommen, dessen Grundsatz lautet: jeder Laut darf nur durch ein Zeichen ausgedrückt werden, vgl. Idg. Forsch. 21, 145 ff. Ich habe dieses System schon angewendet in dem Weigandschen Wörterbuch, und im Hinblick auf die Arbeit an diesem Werke sowie auf das vorliegende, die sich beide an weite Kreise wenden, habe ich es entworfen. Allerdings ganz glatt vermag ich es nicht durchzuführen. Ich schreibe also das griechische[1]) und lateinische Originalalphabet, wobei ich nur zu beachten bitte, daß lat. *c* durchaus nur den Lautwert *k* hat. Unsere Aussprache *zentum, Zäsar* ist sicher falsch. Ebenso behalte ich die übliche Schreibung des Deutschen und der germanischen Dialekte bei. Im übrigen kann ich die Umschreibung an der Hand einer Übersicht der Laute darstellen.

1. Die Länge der Vokale wird durch – bezeichnet, also *ā, e, ī, ō, u*. Im Nordischen und Angelsächsischen verwendet man noch vielfach ′, im Althochdeutschen und Mittelhochdeutschen ^. ′ist aber nötig, um die Tonstelle zu bezeichnen, während ^ gebraucht werden muß, um eine Überlänge kenntlich zu machen.

2. Bei den Vokalen bezeichnet *ė* ein geschlossenes *e* wie in *See*, *ĕ* ein offenes wie in *säen*, *ī* drückt ein offenes *i*, *u̇* ein offenes nach *o* hinliegendes *u* aus. Im Gotischen ist die althergebrachte Schreibung *ai = e* und *au = o* beibehalten worden.

3. Die Konsonanten teilt man in Verschlußlaute und Reibelaute.

a) Verschlußlaute.

p, b, t, d, k, g bezeichnen die stimmlosen und stimmhaften Verschlußlaute. Dazu kommen für das Indische (und Armenische) aspirierte Laute *ph, bh, th, dh, kh, gh*. In der Dentalreihe gibt es im Indischen noch eine Abart, die sogenannten Zerebrale, die durch Emporheben der Zungenspitze an den harten Gaumen gebildet werden. Man bezeichnet sie mit *ṭ, ṭh, ḍ, ḍh*. Die Gutturale können an verschiedenen Stellen des hintern Mundes hervorgebracht werden. Die vordersten (Palatale) schreibt man

k′, kh′, g′ gh′,

die mittlern *k, kh, g, gh*,

die hintern *q, qh, g̑, g̑h*.

---

[1]) Der Schreibung im griechischen Originalalphabet habe ich die lateinische Umschrift in Klammern zugefügt und zwar derart, daß ich die griechische Aussprache wiederzugeben suche. Ich schreibe *kh, th, ph* für χ, θ, φ, *z* für ζ, *ē* für ει, und *ǟ* für η. Den Zirkumflex bezeichne ich mit ^

b) Reibelaute.

Labiale: *f*, *ƀ*, *v*. Im Mittelhochdeutschen schreibt man *v* vielfach für den urgermanischen *f*-Laut, während *f* für den im Hochdeutschen aus *p* entstandenen Laut Verwendung findet. Beide waren verschieden. *ƀ* ist etwa unser norddeutsches *w*. *v* dient in den andern Sprachen als Zeichen für *w*, meistens mit dem Lautwert von engl. *w*.

Dentale: *þ*, *đ*, *s*, *z*, *š*, *ž*. *þ* ist das Runenzeichen und drückt das stimmlose engl. *th* aus, *đ* das stimmhafte. *s* ist stimmloses *s* (d. *ss*), *z* das stimmhafte (frz. *z*); *š* ist unser *sch*, *ž* der entsprechende stimmhafte Laut (frz. *j*).

Gutturale: *x'* = *ch* in *ich*, *g'* = *j* in ndd. *gern* (spr. *jern*),
 x = *ch* in *ach*; *g* der entsprechende stimmhafte Laut.

c) Nasale: *m*, *n*, *ŋ*. Letzteres ist der gutturale Nasale, deutsch *ng* in *Klang*, spr. *klaŋ*. Durch *ŋ'* drückt man den entsprechenden palatalen Laut aus.

d) Liquida: *l*, *l'*, *ł* sind das normale deutsche *l*, das palatalisierte und das dunkle *ł* der Russen. *r̦* drückt eine besondere Abart des *r* aus.

e) *j* ist der Vokal *i* in konsonantischer Funktion, etwa wie in zweisilbig gesprochenem *Asien*; *w* ebenso der Vokal *u*, engl. *w*.

f) Durch einen ' hinter dem Konsonanten wird die in vielen Sprachen vorkommende Palatalisierung (Erweichung) der Konsonanten bezeichnet.

g) Einfache Zeichen für zusammengesetzte Laute sind *c* = *ts*, deutsch *z*, *č* = *tš*, deutsch *tsch*, *ǰ* = *dž*.

h) Einzelheiten. Aind. *ś* ist ein palatalisiertes *s*, das einem europäischen *k* entspricht, früher auch *ç* geschrieben; aind. *ḥ* ist aus *s* entstanden; *ř* im Umbrischen und Tschechischen ist ein aus *r* und *š* (*sch*) zusammengesetzter Laut; got. *ƕ* ist *h* + *w*, die im gotischen Originalalphabet durch ein Zeichen ausgedrückt werden. Got. *q* ist *qu*.

i) Akzentzeichen: ´, ` , ^, ~ drücken den Sitz des Tones aus, zugleich aber im Litauischen auch den Silbenakzent. ´ ist im Litauischen eine Länge mit gestoßenem Ton, ` steht nur auf Kürzen, ~ bezeichnet die Zweimorigkeit des Lautes, ^ drückt die Dreimorigkeit, im Litauischen den schleifenden Ton auf einfachen Längen aus.

§ 24. **Vokalismus.** Es ist bei einer Darstellung der Lautentwicklung, die die verwandten Sprachen berücksichtigt, nicht möglich, vom neuhochdeutschen Lautstand auszugehen, weil in unsrer jetzigen Sprache die Lautverhältnisse zu verwickelt geworden sind; man muß vielmehr den althochdeutschen Lautstand, und zwar am besten den ostfränkischen, der besonders durch Tatian vertreten ist, zugrunde legen. Noch deutlicher ist der Lautstand des Gotischen. Doch fehlt uns hier nicht selten das Wortmaterial. Jedenfalls ist für jeden, der Etymologie treibt oder sich überhaupt wissenschaftlich mit der deutschen Sprache beschäftigt, die Kenntnis des Althochdeutschen und des Gotischen unentbehrlich. Für das Gotische bestehen jetzt so viele Handbücher, auch zum Selbstunterricht, wie das in dieser Sammlung von FRIEDRICH VON DER LEYEN verfaßte, daß die mangelnde Kenntnis dieser Sprache nicht mehr zu entschuldigen ist. Das Beste ist W. Streitbergs Gotisches Elementarbuch, 3. und 4. Auflage, 1910.

§ 25. **Der neuhochdeutsche Vokalstand.** Unser Vokalstand zeigt ungefähr die gleichen Vokale wie in althochdeutscher Zeit, aber infolge einer Reihe durchgreifender Lautgesetze weicht er stark von dem Mittel- und Althochdeutschen ab. Es ist natürlich sehr einfach und in den meisten Fällen durchführbar, durch Zurückgehen auf die ältere Überlieferung den ursprünglichen Lautwert festzustellen. Aber wenn man auch etwas Mittelhochdeutsch auf der Schule lernt, Althochdeutsch wird nicht gelehrt. Es ist also unpädagogisch, darauf zurückzugreifen. Wir haben aber zwei andere Mittel, um den Wert der nhd. Vokale zu ermitteln, das sind erstens die Mundarten und zweitens das Englische.

Die Heranziehung der Mundarten ist von höchster Bedeutung und sollte überall, wo es irgend möglich ist, stattfinden. Es bestehen zahlreiche Darstellungen der Lautlehre der Mundarten, und von einem Lehrer des Deutschen muß man es verlangen, daß er diese benutzt, und daß er, wo sie fehlen, sich selbst ein Bild von dem Verhältnis der schriftsprachlichen Vokale zu den mundartlichen macht. Aber freilich in unsren Städten sind die Mundarten ausgestorben, und so versagt dieses Hilfsmittel oft genug. An dieser Stelle kann auf die Mundarten nicht eingegangen werden, weil sie zu verschieden sind, doch wird sich das Folgende auch für die Heranziehung der Mundarten von Wichtigkeit erweisen.

Das heutige Englisch ist ein ausgezeichnetes Hilfsmittel, den ursprünglichen Wert unsrer Vokale zu bestimmen. In Dutzenden von Wörtern finden sich ganz regelmäßige Vokalentsprechungen, und so ist es eigentlich bedauerlich, daß man es bisher viel zu wenig herangezogen hat. Es ist doch die Sprache, die wir auf den höhern Schulen heute allgemein zur Verfügung haben, und daher sollte an der Vergleichung mit dem Englischen die sprachvergleichende und etymologische Betrachtungsweise erwachsen.

I. **Dehnung und Verkürzung.** Ein Hauptgesetz des Neuhochdeutschen ist die Dehnung kurzer Vokale in offener Silbe, während umgekehrt lange Vokale in geschlossener Silbe verkürzt werden. Infolgedessen läßt sich aus dem Neuhochdeutschen über die alte Quantität in vielen Fällen nichts entscheiden, und man müßte, um darüber Klarheit zu bekommen, das Mittelhochdeutsche oder Althochdeutsche heranziehen. In den meisten Fällen lehrt aber eine Vergleichung mit dem Englischen das Rechte.

1. Ahd. *ă*, nhd. *a, ā* erscheint im Englischen meist in der Schreibung *a* mit verschiedener Aussprache.

a) *Arche,* e. *ark;* — *arm,* e. *arm;* — *Arm,* e. *arm;* — *Bad,* e. *bath;* — *Garn,* e. *yarn;* — *Glas,* e. *glas;* — *Grass,* e. *grass;* — *halb,* e. *half;* — *Harfe,* e. *harp;* — *Harm,* e. *harm;* — *Kalb,* e. *calf;* — *Kraft,* e. *craft;* — *lachen,* e. *laugh;* — *Latte,* e. *lath;* — *Mast,* e. *mast;* — *Palme,* e. *palm;* — *Psalm,* e. *psalm;* — *Schaft,* e. *shaft;* — *scharf,* e. *sharp;* — *Stab,* e. *staff;* — *Star,* e. *starling;* — *Vater,* e. *father.*

b) *Abt,* e. *abbot;* — *Achsel,* e. *axle;* — *Angel,* e. *angle;* — *Anker,* e. *anchor;* —

Apfel, e. *apple*; — *Asche*, e. *ashes*; — *Axt*, e. *axe*; — *begann*, e. *began*;   *Dach*, e. *thatch*; — *Dank*, e. *thank*; — *daß*, e. *that*; — *Faden*, e. *fathom*;   *falb*, e. *fallow*; — *Flachs*, e. *flax*; — *Flagge*, e. *flag*; — *Galgen*, e. *gallows*; — *glatt*, e. *glad*; — *Hammer*, e. *hammer*; — *Hand*, e. *hand*; — *hatte*, e. *had*; — *kann*, e. *can*;   *Kappe*, e. *cap*; — *Katze*, e. *cat*; — *Krabbe*, e. *crab*; — *Lamm*, e. *lamb*; — *Land*, e. *land*; — *Lappen*, e. *lap*; — *Malve*, e. *mallow*; — *Mann*, e. *man*; — *Mark*, e. *marrow*; — *Natter*, e. *adder*; — *Ratte*, e. *rat*; — *Sachse*, e. *Saxon*; — *Sack*, e. *sack*; — *Sand*, e. *sand*; — *saß*, e. *sat*; — *satt*, e. *sad*; — *Sattel*, e. *saddle*; — *Schatten*, e. *shadow*; — *Strand*, e. *strand*; — *Talg*, e. *tallow*; — *trank*, e. *drank*; — *Wachs*, e. *wax*.

c) Vor *ng* ist *a* im Engl. zu *o* geworden

drang, e. *throng*; — *lang*, e. *long*; — *Sang*, e. *song*; — *Zange*, e. *tongs*.

d) Im Engl. wird *a* gedehnt und daher meist *e* gesprochen.

Acker, e. *acre*; — *Affe*, e. *ape*; — *backen*, e. *bake*; — *baden* e. *bathe*; — *bar*, e. *bare*; — *Blatt*, e. *blade*; — *fahren*, e. *fare*; — *gaffen*, e. *gape*; — *Hase*, e. *hare*; — *Hasel*, e. *hazel*; — *hassen*, e. *hate*; — *Knabe*, e. *knave*; — *lahm*, e. *lame*; — *machen*, e. *make*; — *Nachtigall*, e. *nightingale*; — *nackt*, e. *naked*; — *Name*, e. *name*; — *Rabe*, e. *raven*; — *Sache*, e. *sake*; — *schaben*, e. *shave*; — *Scham*, e. *shame*; — *Schatten*, e. *shade*; — *Schnake* 'Ringelnatter', *snake*; — *sparen*, e. *spare*; — *Spaten*, e. *spade*; — *starren*, e. *stare*; — *Tal*, e. *dale*; — *wachen*, e. *wake*; — *Wal*, e. *whale*; — *Ware*, e. *ware*; — *waten*, e. *wade*; — *Zahl*, e. *tale*; — *zahm*, e. *tame*.

e) Engl. *ai* vor *ch*:

Macht, e. *might*; — *Nacht*, e. *night*.

f) *ē* vor *j*:

Hagel, e. *hail*; — *lag*, e. *lay*; — *mag*, e. *may*; — *Magd*, e. *maid*; — *Nagel*, e. *nail*; — *sagen*, e. *say*; — *schlagen*, e. *slay*; — *geschlagen*, e. *slain*; — *Tag*, e. *day*; — *Wagen*, e. *wain*; — *Zagel*, e. *tail*.

g) Vor Spiranten ist im Englischen ein Nasal geschwunden, das *a* gedehnt und zu einem dunkeln Vokal geworden.

Amsel, e. *ousel*; — *Gans*, e. *goose*; — *Zahn*, e. *tooth*; — *sanft*, e. *soft*; — *ander*, e. *other*.

h) Vor *ll* und *l* + kons. sowie nach *w* ist engl. *a* verdumpft.

all, e. *all*; — *also*, e. *also*; — *fallen*, e. *fall*; — *Galle*, e. *gall*; — *Kalk*, e. *chalk*; — *Malz*, e. *malt*; — *Salz*, e. *salt*; — *schmal*, e. *small*; — *Schwaden*, e. *swath*; — *Schwalbe*, e. *swallow*; — *Schwan*, e. *swan*; — *Schwarm*, e. *swarm*; — *wachen*, e. *watch*; — *walken*, e. *walk*; — *Wall*, e. *wall*; — *Walnuß*, e. *walnut*; — *wandern*, e. *wander*; — *war*, e. *was*; — *warm*, e. *warm*; — *warnen*, e. *warn*; — *Warze*, e. *wart*; — *was*, e. *what*; — *Wasser*, e. *water*.

2. Ahd. *ā*, nhd. *ā* und *a* geht einerseits auf altes *ē* zurück, anderseits ist es aus *a* durch Nasalschwund vor *h* entstanden.

a) *ā* = urgerm. *ē* = engl. *ī* oder *ē*.

α) *Aal*, e. *eel*; — *Abend*, e. *evening*; — *Bahre*, e. *bier*; — *Gefahr*, e. *fear*; — *Jahr*, e. *year*; — *Mahl*, e. *meal*; — *Nadel*, e. *needle*; — *raten*, e. *read*; — *Saat*, e. *seed*; — *Schaf*, e. *sheep*; — *schlafen*, e. *sleep*; — *Sprache*, e. *speech*; — *Stahl*, e. *steel*; — *Straße*, e. *street*; — *Tat*, e. *deed*.

β) *lassen*, e. *let*; — *Waffe*, e. *weapon*; — *Draht*, e. *thread*; — *Haar*, e. *hair*; — *waren*, e. *were*.

b) *ā* = urgerm. *a*, nachdem ein Nasal geschwunden ist.

brachte, ahd. *brāhta*, e. *brought*; — *dachte*, e. *thought*.

Anmerkung. 1. Ahd. *ā* ist in den Mundarten vielfach zu *ō* geworden, vgl. § 170 A 5.

3. Ahd. ĕ, nhd. *e* und *ē* erscheint im Englischen in folgenden Gestalten:

a) als *e*:

Beere, e. *berry*; — *besser*, e. *better*; — *best*, e. *best*; — *Bett*, e. *bed*; — *dreschen*, e. *thresh*; — *Ebbe*, e. *ebb*; — *Ecke*, e. *edge*; — *Elch*, e. *elk*; — *Elle*, e. *ell*; — *Ende*, e. *end*; — *Feder*, e. *feather*; — *Felge*, e. *felly*; — *gelb*, e. *yellow*; — *gellen*, e. *yell*; — *gestern*, e. *yesterday*; — *Hecke*, e. *hedge*; — *helfen*, e. *help*; — *Helm*, e. *helm*; — *Henne*, e. *hen*; — *Kessel*, e. *kettle*; — *Leder*, e. *leather*; — *Lenz*, e. *lent* 'Fasten'; — *Nessel*, e. *nettle*; — *Nest*, e. *nest*; — *Netz*, e. *net*; — *Pfennig*, e. *penny*; — *schmelzen*, e. *melt*; — *schwellen*, e. *swell*; — *selb*, e. *self*; — *selten*, e. *seldom*; — *senden*, e. *send*; — *setzen*, e. *set*; — *vergessen*, e. *forget*; — *weder*, e. *wether*; — *Westen*, e. *west*; — *Wetter*, e. *weather*; — *wetzen*, e. *whet*; — *zehn*, e. *ten*; — *zehnte*, e. *tenth*.

b) als Modifikation von *e* durch folgendes *r*:

bersten, e. *burst*; — *brennen*, e. *burn*; — *Erde*, e. *earth*; — *Ernst*, e. *earnest*; — *gern*, e. *yearn*; — *Herde*, e. *herd*; — *Kerl*, e. *churl*; — *lernen*, e. *learn*; — *Welt*, e. *world*; — *Werk*, e. *work*; — *wert*, e. *worth*.

c) als *a* vor *r*:

fern, e. *far*; — *Herbst*, e. *harvest*; — *Herd*, e. *hearth*; — *Herz*, e. *heart*; — *kerben* e. *carve*; — *Schmerz*, e. *smart*; — *sterben*, e. *starve*; — *Stern*, e. *star*; — *Teer*, e. *tar*.

d) als *ī*:

Besen, e. *besom*; — *essen*, e. *eat*; — *Feld*, e. *field*; — *gelten*, e. *yield*; — *heben*, e. *heave*; — *Mehl*, e. *meal*; — *Schmeer*, e. *smear*; — *sehen*, e. *see*; — *Speer*, e. *spear*; — *sprechen*, e. *speak*; — *stehlen*, e. *steal*; — *weben*, e. *weave*.

e) als *i* (*ei*) vor *gh*.

-brecht, e. *-bright*; — *fechten*, e. *fight*; — *Knecht*, e. *knight*; — *recht*, e. *right*.

4. Nhd. *ē* (*e*) hat außerdem noch verschiedenen Ursprung.

a) Es ist im Ahd. aus *ai* entstanden vor *r, h, w*. In diesem Fall finden wir im Englischen dieselbe Entsprechung wie von *ei* (s. u.).

ehren, e. *ore, oar*; — *hehr*, e. *hoar*; — *Klee*, e. *clover*; — *Lehre*, e. *lore*; — *mehr*, e. *more*; — *Reh*, e. *roe*; — *Schlehe*, e. *sloe*; — *Seele*, e. *soul*; — *sehr*, e. *sore*; — *Weh*, e. *woe*; — *Zehe*, e. *toe*.

b) Es ist der *i*-Umlaut von *a* und *ā* und erscheint daher auch in der Schreibung *ä*. Darüber vgl. unter IV.

5. Ahd. ŏ, nhd. *o, ō* erscheint im Englischen als *o*.

Boden, e. *bottom*; — *bohren*, e. *bore*; — *Bord*, e. *board*; — *geboren*, e. *born*; — *borgen*, e. *borrow*; — *Bottich*, e. *body*; — *Dorn*, e. *thorn*; — *Drossel*, e. *throstle*; — *erdrosseln*, e. *throat* 'Kehle'; — *folgen*, e. *follow*; — *Folk*, e. *folk*; — *gefroren*, e. *froze*; — *Frost*, e. *frost*; — *Gott*, e. *god*; — *hoffen*, e. *hope*; — *hohl*, e. *hollow*; — *Hopfen*, e. *hop*; — *Horn*, e. *horn*; — *Hort*, e. *hoard*; — *Hose*, e. *hose*; — *Knoten*, e. *knot*; — *Korn*, e. *corn*; — *Locke*, e. *lock*; — *verloren*, e. *forlorn*; — *Morgen*, e. *morrow*; — *Motte*, e. *moth*; — *Nord*, e. *north*; — *Ochse*, e. *ox*; — *oft*, e. *often*; — *geschossen*, e. *shot*; — *Sorge*, e. *sorrow*; — *gesotten*, e. *sodden*; — *gestohlen*, e. *stolen*; — *Storch*, e. *stork*; — *Tor*, e. *door*; — *Tochter*, e. *daughter*; — *Tropfen*, e. *drop*; — *vorn*, e. *before*; — *Zopf*, e. *top*.

6. Ahd. *ō*, nhd. *ō, o* ist aus dem Diphthongen *ou* (nhd. *au*) vor *h* und allen dentalen Konsonanten (*d, t, z, s, n, r, l*) entstanden. Im Englischen erscheint daher die Entsprechung von *au* (s. II, 3), meist in der alten Schreibung *ea*.

Bohne, e. *bean*; — *Floh*, e. *flea*; — *groß*, e. *great*; — *hören*, e. *hear*; — *Not*, e. *need*; — *Ohr*, e. *ear*; — *Osten*, e. *east*; — *Ostern*, e. *eastern*; — *Strom*, e. *stream*; — *Tod*, e. *death*.

Brot, e. *bread*; — *los*, e. *less*; — *Lot*, e. *lead*; — *rot*, e. *red*; — *tot*, e. *dead*.

II. Diphthongierung. Die alten Längen *i̅*, *u̅* sowie der ursprüngliche Diphthong *iu* (mhd. Lautwert *ü̅*) sind im Nhd. diphthongiert worden zu *ei, au, äu, eu* und daher mit den echten Diphthongen *ei* und *ou* sowie mit dem Umlaut von *ou* und dem Umlaut von *u̅* zusammengefallen. Doch halten die meisten Mundarten die Laute noch auseinander. Wer also in seiner Mundart Wörter wie *zwei* (mhd. *zwei*) und *drei* (mhd. *dri̅*), *Baum* (mhd. *boum*) und *Maus* (mhd. *mu̅s*) in ihren Vokalen noch unterscheidet, der hat damit ein gutes Hilfsmittel, um ohne weiteres zu bestimmen, welcher Laut einem Wort ursprünglich zukam. Ebenso unterscheidet aber auch das Englische die Laute.

1. Der alte Diphthong *ei* erscheint im Englischen als ein *o*-Laut, zuweilen auch als *a, e* und durch *i*-Umlaut als *i̅*.

allein, e. *alone*; — *Anleihe*, e. *loan*; — *Bein*, e. *bone*; — *breit*, e. *broad*; — *Eiche*, e. *oak*; — *Eid*, e. *oath*; — *ein*, e. *one*; — *Feim*, e. *foam*; — *Geiß*, e. *goat*; — *Geist*, e. *ghost*; — *heilig*, e. *holy*; — *Heim*, e. *hoam*; — *heiser*, e. *hoarse*; — *Kleid*, e. *cloth*; — *Laib*, e. *loaf*; — *Lehm*, obd. *Leim*, e. *loam*; — *leid*, e. *loath*; — *meist*, e. *most*; — *nein*, e. *no*; — *Reif*, e. *rope*; — *Stein*, e. *stone*; — *Waid*, e. *woad*; — *Zeichen*, e. *token*.

ein, e. *a, an*; — *feist*, e. *fat*; — *heiligen*, e. *hallow*; — *heischen*, e. *ask*; — *Leisten*, e. *last*; — *Leiter*, e. *ladder*.

bereit, e. *ready*; — *Breite*, e. *breadth*; — *Fleisch*, e. *flesh*; — *geleitet*, e. *led*; — *Schweiß*, e. *sweat*; — *spreiten*, e. *spread*.

bleich, e. *bleak*; — *bleichen*, e. *bleach*; — *Heide*, e. *heath*; — *Heide*, e. *heathen*; — *heilen*, e. *heal*; — *klein*, e. *clean*; — *leiten*, e. *lead*; — *meinen*, e. *mean*; — *reichen*, e. *reach*; — *Scheide*, e. *sheath*; — *Teil*, e. *deal*; — *weich*, e. *weak*; — *Weizen*, e. *wheat*.

2. Das alte *i̅* erscheint im Englischen in der alten Schreibung *i* (oder *y*), ist aber neuenglisch ebenfalls diphthongiert.

bei, e. *by*; — *beißen*, e. *bite*; — *dein*, e. *thy*; — *Eis*, e. *ice*; — *Eisen*, e. *iron*; — *eitel*, e. *idle*; — *Feile*, e. *file*; — *Freitag*, e. *Friday*; — *gleich*, e. *like*; — *gleiten*, e. *glide*; — *greifen*, e. *gripe*; — *Leib*, e. *life*; — *Leine*, e. *line*; — *Meile*, e. *mile*; — *mein*, e. *my*; — *Pfeife*, e. *pipe*; — *reif*, e. *ripe*; — *reißen*, e. *write*; — *reiten*, e. *ride*; — *scheinen*, e. *shine*; — *Schrein*, e. *shrine*; — *Schwein*, e. *swine*; — *Seite*, e. *side*; — *streichen*, e. *strike*; — *treiben*, e. *drive*; — *Weib*, e. *wife*; — *Weile*, e. *while*; — *Wein*, e. *wine*; — *weise*, e. *wise*; — *weiß*, e. *white*; — *weit*, e. *wide*; — *Zeit*, e. *tide*.

3. Der alte Diphthong *ou* tritt im Englischen meist in der Schreibung *ea* auf, Aussprache *i̅*.

auch, e. *eke*; — *Baum*, e. *beam*; — *glauben*, e. *believe*; — *Haufe*, e. *heap*; — *Kauf*, e. *cheap*; — *kaufen*, e. *keep*; — *Laub*, e. *leaf*; — *erlauben*, e. *leave*; — *Lauch*, e. *leek*; — *laufen*, e. *leap*; — *berauben*, e. *bereave*; — *Traum*, e. *dream*; — *traurig*, e. *dreary*; — *Zaum*, e. *team*.

Haupt, e. *head*; — *taub*, e. *deaf*.

4. Das alte *u̅* (nhd. *au*) ist dagegen im Englischen ebenfalls diphthongiert und erscheint in der Schreibung *ou* (*ow*).

Bauer, e. *bower* 'Laube, Hütte'; — *Braue*, e. *brow*; — *braun*, e. *brown*; — *Daune*, e. *down*; — *faul*, e. *foul*; — *Haus*, e. *house*; — *Laus*, e. *louse*; — *laut*, e. *loud*; — *Maus*, e. *mouse*; — *rauh*, e. *rough*; — *Sau*, e. *sow*; — *sauer*, e. *sour*; — *Schauer*, e. *shower*; — *tausend*, e. *thousand*; — *Zaun*, e. *town*; — Ausnahme *Raum*, e. *room*.

Anmerkung. 2. Ursprüngliches *i* hatten außerdem noch: *Blei, Brei, Geige, leiden, Leim, leise, Neid, reich, Scheibe, schneiden* u. a., *ei* dagegen *scheiden, leiten, Heide, Kaiser, Meister*,

Weide, Eiter, leiten, weinen, Waise u. a. Alte Wörter, die noch mit *ai* geschrieben werden, haben altes *ei*. Die Schreibung stammt aus dem Oberdeutschen, wo man *ai* und *ei* (mhd. *i*) unterschied und es im Schwäbischen noch tut.

Anmerkung. 3. Ursprüngliches *û* findet sich noch in *auf, aus, Bauch, brauchen, Braut, Haube, Haut, Kraut, Maul, sauber, saufen, saugen, Strauch* u. a., *au* dagegen in *Auge, Gauch, Zauber, Saum* u. a.

5. Ahd. *iu* ist mhd. zu *ü* geworden, und ununterscheidbar mit dem *i*-Umlaut von *û* zusammengefallen. Beispiele sind:

Seuche; leuchten; scheuen; Leute; Beute 'Bienenfaß, Backtrog'; *heute; deutsch; deuten; Deube* 'Diebstahl'; *Teufel; neun; teuer; — Feuer; Steuer; Reuse; — Spreu; treu; neu; euch.*

III. Monophthongierung. Die mittelhochdeutschen Diphthonge *ie* und *uo* sind in der Schriftsprache zu den Monophthongen *î* und *û* geworden, während in den oberdeutschen Dialekten die Laute z. T. noch diphthongisch sind. Da weiter diese neuen Längen manchmal gekürzt, die alten Kürzen *î* und *û* aber z. T. gedehnt sind, so ist auch hier wieder ein Zusammenfall eingetreten. In diesem Fall ist auch das heutige Englisch kein untrügliches Kennzeichen.

1. Altes *ie*, nhd. *i*, erscheint engl. als *i*.

Bier, e. *beer*; — *Dieb*, e. *thief*; — *Fieber*, e. *fever*; — *fliehen*, e. *flee*; — *frieren*, e. *freeze*; — *Grieche*, e. *Greek*; — *hier*, e. *here*; — *Kiel*, e. *keel*; — *Knie*, e. *knee*; — *lieb*, e. *lief*; — *Miete*, e. *meed*; — *Priester*, e. *priest*; — *Ried*, e. *reed*; — *schier*, e. *sheer*; — *sieden*, e. *seethe*; — *tief*, e. *deep*; — *Tier*, e. *deer*; — *Vieh*, e. *fee*; — *Vlies*, e. *fleece*.

2. Altes *î* wird gewöhnlich engl. *i*.

beginnen, e. *begin*; — *Bischof*, e. *bishop*; — *Biß*, e. *bit*; — *bitten*, e. *bid*; — *bitter*, e. *bitter*; — *bringen*, e. *bring*; — *dick*, e. *thick*; — *dies*, e. *this*; — *Ding*, e. *thing*; — *Distel*, e. *thistle*; — *Fiedel*, e. *fiddle*; — *Finger*, e. *finger*; — *Fink*, e. *finch*; — *Fisch*, e. *fish*; — *Gift*, e. *gift*; — *Gilde*, e. *guild*; — *glitzern*, e. *glitter*; — *hindern*, e. *hinder*; — *in*, e. *in*; — *Kinn*, e. *chin*; — *Klippe*, e. *cliff*; — *Krippe*, e. *crib*; — *Lid*, e. *lid*; — *Lippe*, e. *lip*; — *lispeln*, e. *lisp*; — *Milch*, e. *milk*; — *Minze*, e. *mint*; — *missen*, e. *miss*; — *Mist*, e. *mist*; — *Ring*, e. *ring*; — *Rippe*, e. *rib*; — *Rist*, e. *wrist*; — *(ge)ritten*, e. *ridden*; — *Schiff*, e. *ship*; — *Schilling*, e. *shilling*; — *Schindel*, e. *shingle*; — *Schmied*, e. *smith*; — *Schmiede*, e. *smithy*; — *schwimmen*, e. *swim*; — *Schwindel*, e. *swindle*; — *schwingen*, e. *swing*; — *Sichel*, e. *sickle*; — *Sieb*, e. *sieve*; — *Silber*, e. *silver*; — *singen*, e. *sing*; — *sinken*, e. *sink*; — *sitzen*, e. *sit*; — *Spieß*, e. *spit*; — *Spindel*, e. *spindle*; — *spinnen*, e. *spin*; — *springen*, e. *spring*; — *still*, e. *still*; — *stinken*, e. *stink*; — *(ge)trieben*, e. *driven*; — *trinken*, e. *drink*; — *Wille*, e. *will*; — *Wind*, e. *wind*; — *(ge)winnen*, e. *win*; — *Winter*, e. *winter*; — *Witwe*, e. *widow*; — *Witz*, e. *wit*; — *Zimmer*, e. *timber*; — *Zinn*, e. *tin*.

Diphthongierung tritt im Englischen ein vor *nd, mb* und *ld*.

binden, e. *bind*; — *blind*, e. *blind*; — *finden*, e. *find*; — *Hinde*, e. *hind*; — *hinten*, e. *behind*; — *Kind*, e. *child*; — *klimmen*, e. *climb*; — *mild*, e. *mild*; — *Rinde*, e. *rind*; — *wild*, e. *wild*; — *Wind*, e. *wind*; — *winden*, e. *wind*.

3. Altes *uo*, deutsch *u* erscheint engl. meist als *u*.

Blume, e. *bloom*; — *Brut*, e. *brood*; — *Buch*, e. *book*; — *Buße*, e. *boot*; — *Bude*, e. *booth*; — *Flur*, e. *floor*; — *Fuß*, e. *foot*; — *gut*, e. *good*; — *Huf*, e. *hoof*; — *Mut*, e. *mood*; — *Pfuhl*, e. *pool*; — *Pudel*, e. *poodle*; — *Rute*, e. *rood*; — *Schuh*, e. *shoe*; — *Schule*, e. *school*; — *Stuhl*, e. *stool*; — *tun*, e. *do*; — *-tum*, e. *doom*; — *zu*, e. *to*; — *Mutter*, e. *mother*.

4. Altes *û* erscheint im Englischen meist als *u* (*v*).

Burg, e. *borough*; — *Butter*, e. *butter*; — *dumm*, e. *dumb*; — *Dung*, e. *dung*; —

durch, e. *thorough*; — *Furche*, e. *furrow*; — *hundert*, e. *hundred*; — *Hunger*, e. *hunger*; — *jung*, e. *young*; — *Lunge*, e. *lungs*; — *Lust*, e. *lust*; — *Muff*, e. *muff*; — *mußte*, e. *must*; — *Nuß*, e. *nut*; — *plump*, e. *plump*; — *Rumpf*, e. *rump*; — *Schlummer*, e. *slumber*; — *Schnupf-*, e. *snuff-*; — *Stumpf*, e. *stump*; — *gesungen*, e. *sung*; — *gesunken*, e. *sunk*; — *trunken*, e. *drunk*; — *unter*, e. *under*; — *Wunder*, e. *wonder*; — *Zunge*, e. *tongue*.

Vor *nd* ist *u* im Englischen gedehnt und zu *ou* geworden.

gebunden, e. *bound*; — *Flunder*, e. *flounder*; — *gefunden*, e. *found*; — *Grund*, e. *ground*; — *Hund*, e. *hound*; — *Pfund*, e. *pound*; — *gesund*, e. *sound*; — *verwundet*, e. *wound*.

Damit ist die Übersicht über die einfachen Vokale und Diphthonge im wesentlichen erschöpft. Man sieht, daß das Englische ein außerordentlich wichtiges Hilfsmittel ist. Ferner würde die Heranziehung der heutigen skandinavischen Sprachen von großem Nutzen sein. Doch muß ich darauf verzichten, sie zu vergleichen, da sie in Deutschland nicht bekannt sind.

IV. Die Umlautserscheinungen. Vor einem im Urgermanischen und später auf den Vokal der Haupttonsilbe folgenden *i* oder *j*, die jetzt aber meist verloren gegangen sind, werden im Laufe der Sprachentwicklung fast alle Vokale umgelautet, d. h. dem *i* genähert. Diese Erscheinung ist außerordentlich wichtig, weil sie uns gestattet, eine Reihe von Worten ohne weiteres zu vereinigen, und weil wir daraus die verloren gegangene Grundform der Wörter erschließen können. Der Umlaut ist zum guten Teil ein Vorgang, der sich erst in der einzelsprachlichen Entwicklung, ja erst in der Übergangszeit vom Althochdeutschen zum Mittelhochdeutschen vollzogen hat. Da sich aber die gleiche Entwicklung sowohl im Englischen wie im Nordischen zeigt, so muß er eine gemeingermanische Ursache haben.

1. Schon urgermanisch ist der Umlaut von *e* zu *i*.

Gebirge : *Berg*; — *Drischel* : *dreschen*; — *Gefieder* : *Feder*; — *Gefilde* : *Feld*; — *fillen* : *Fell*; — *firn* : *fern*; — *Fittich* : *Feder*; — *flicken* : *Fleck*; — *Gift* : *geben*; — *Gilde* : *gelten*; — *Gilbe* : *gelb*; — *Hirt* : *Herde*; — *irden* : *Erde*; — *Lippe* : *Lefze*; — *Milbe* : *Mehl*; — *Nichte, Niftel* : *Neffe*; — *Pfifferling* : *Pfeffer*; — *Pflicht* : *pflegen*; — *richten* : *recht*; — *Geschichte* : *geschehen*; — *Schiefer* : *Schäbe*; — *schlicht* : *schlecht*; — *Schwiele* : *schwellen*; — *Sicht* : *sehen*; — *siedeln* : *Sedelhof*; — *Sitz* : *Sessel*; — *spicken* 'heimlich blicken' : *spähen*; — *Stich* : *stechen*; — *Tritt* : *treten*; — *wiegen* : *wägen*; — *Wirbel* : *werben*.

Anmerkung. 4. Außerdem ist in ahd. Zeit noch *e* vor folgendem *u* zu *i* geworden: *Milch*, got. *miluks melken*; — *sieben*, got. *sibun*, l. *septem*; — *Schwieger* : *Schwäher*, l. *socrus*; — *Silber*, got. *silubr*, abg. *serebro*; — *Sitte*, got. *sidus*; — *Vieh*, ahd. *fihu*, l. *pecu*; — *viel*, got. *filu*, gr. πολύς (*polýs*); — *Widder*, got. *wiþrus* zu gr. ἔτος (*étos*) 'Jahr', also 'Jährling'; — *-zig* : *zehn*, got. *-tigjus*.

Infolge dieses Lautgesetzes, und weil Formen mit *j* neben solchen ohne *j* standen, zeigt das Englische manchmal abweichenden Vokal: *Filz*, e. *felt*; — *frisch*, e. *fresh*; — *sieben*, e. *seven*; — *wieder*, e. *wether*; — *willkommen*, e. *welcome*.

2. Mit Beginn der althochdeutschen Zeit finden wir den Umlaut von *a* zu *e*. Das neu entstandene *e* war geschlossener als das urgermanische, und so ist es bis heute in vielen Mundarten geblieben. Wir würden also richtig das alte *e* mit *ä*, das neue mit *e* schreiben. Aber die Grammatiker, die unsere Rechtschreibung festgesetzt haben, wußten von der alten Regel nichts, und sie haben gelehrt, man müsse *ä* schreiben, wenn ein Wort mit *a* daneben stand. So heißt es also *Väter* : *Vater*, aber *Vetter*, dessen

Zugehörigkeit zu *Vater* man nicht erkannte. Das Umlauts-*ė* ist also nur durch die heutigen Mundarten zu erkennen.

Beispiele: *Becken* < frz. *bassin*; — *behende* : *Hand*; — *Belt* : *baltisch*; — *Bemme* neben *Bamme*; — *Bendel Band*; — *best, besser* : *baß*; — *brennen* : *Brand*; — *decken* : *Dach*; — *denken Gedanke*; — *drängen Drang*; — *Elbe*, lat. germ. *Albis*; — *elend*, ahd. *elilenti* zu l. *alius*; — *Eltern alt*; — *eng* : *Angst*; — *Engel* < l. *angelus*; — *England* : *Angeln*; — *ent- ani-*; — *Esche* : *Asch(kuchen)*; — *Esel* < l. *asinus*; — *Essig* < l. *acetum*; — *Estrich* < l. *astricum*; — *Ferge* : *fahren*; — *fertig* : *Fahrt*; — *Fetzen* : *Faß*; — *Flegel* < l. *flagellum*; — *heben* : *erhaben*; — *Hecke Hag*; — *heften* : *haften*; — *hegen Hag*; — *hell* : *hallen*; — *Heller* : *Hall* (Stadt); — *Helm* 'Stil' : *Halfter*; — *Henkel hangen*, — *Henne* : *Hahn*; — *Hesse* : *Chatti*; — *hetzen* : *Hatz*; — *Heu* : *hauen*; — *Hexe* : *Hag*; — *Kelch* < gr. lat. *calyx*; — *kennen kannte*; — *kentern Kante*; — *Kerker* < l. *carcer*; — *Kessel* < l. *catīnus*; — *Kette* < l. *catēna*; — *klemmen Klamm*; — *Krempe Krampe*; — *Lenz lang*; — *verletzen* : *laß*; — *Menge* : *manch*; — *mengen* : *mang*; — *Mensch* : *Mann*; — *merken* : *Marke*; — *Metze Mathilde*; — *Messer* zu *Maß* 'Speise', in *maßleidig*; — *necken* : *nagen*; — *nennen Name*; — *netzen naß*; — *quengeln Zwang*; — *regen ragen*; — *renken ranken*; — *rennen rann*; — *Schelle schallen*; — *schelten* : *schalten*; — *schenken* : *Schank*; — *Scherge* : *Schar*; — *Schlegel schlagen*; — *schlemmen Schlamm*; — *schmecken Geschmack*; — *schmelzen* : *Schmalz*; — *Schnabel Schneppe*; — *Schretz Schrat*; — *schwellen* : *Schwall*; — *schwemmen schwamm*; — *schwenken* : *schwanken*; — *senden Gesandter*; — *sengen sang*; — *senken* : *sank*; — *setzen* : *saß*; — *Sperber, Sperling* : *Spatz*; — *sperren* : *Sparren*; — *sprengen* : *sprang*; — *stellen* : *Stall*; — *stemmen* : *Stamm*; — *Stengel* : *Stange*; — *strecken* : *strack*; — *anstrengen* : *Strang*; — *Telle, Delle* : *Tal*; — *Tenne* : *Tanne*; — *Vetter* : *Vater*; — *wecken* : *wach*; — *Welsch* : *Wale*; — *wenden Wand*; — *Freude*, ahd. *frewīda* : *froh*.

Anmerkung. 5. Da die Stammbildung und die Wirkung des *i* in den germanischen Sprachen verschieden war, so finden wir öfter auch das nicht umgelautete *a*. So *fast* neben *fest*; — e. *asp* neben *Espe*; — e. *ash* neben *Esche*; — e. *last* neben *letzte*; — e. *mane* neben *Mähne*; — e. *chaver* neben *Käfer*; — e. *dwarf* : *Zwerg*; — e. *wharf* : *werft* und umgekehrt *Nacken* : e. *neck*; — *Gast*, e. *guest*; — *Rast*, e. *rest*; — *Bank*, e. *bench*; — *Stank*, e. *stench*; — *Hanf*, e. *hemp*.

3. In spätalthochdeutscher Zeit werden die übrigen Vokale umgelautet, und zwar *ā* zu *æ* (jetzt vielfach *e*), *o*, *ō* zu *ö*, *u* zu *ü*, *ū* zu *ü* (nhd. *eu, äu*), *ou* zu *eu* (nhd. *eu, äu*).

Von Wichtigkeit ist es, das alte *æ* zu erkennen, sowie die beiden *eu, äu* zu unterscheiden. Das Englische hilft hier nicht, man muß also auf das Althochdeutsche zurückgehen.

Beispiele: *bequem*, ahd. *biquāmi kamen*; — *Gebärde*, ahd. *gibārida*; — *mäßig*, ahd. *māzig*; — *genehm*, ahd. *gināmi*; — *leer*, ahd. *lāri*; — *gäbe*, ahd. *gābi*; — *nächst nahe*; — *schwer*, ahd. *swāri*; — *stets*, ahd. *stāti*.

Anmerkung. 6. Der Umlaut wird auch noch durch andere Laute als *i* bewirkt. So findet er sich vor *ei* in *Erbse*, ahd. *araweiz*, *Emse* neben *Ameise* und dialektisch durch einzelne *i*-haltige Konsonanten, wie *š*, namentlich im Süddeutschen, daher *Mäschel* 'männlicher (auch weiblicher) Hanf', aus lat. *masculus*.

Sonst entsprechen von einigen wenig bedeutenden Punkten, die unten § 170 erörtert sind, die neuhochdeutschen Vokale den althochdeutschen.

§ 26. **Der althochdeutsche Vokalismus.** Wir finden also im Althochdeutschen einen vom Neuhochdeutschen in wesentlichen Punkten abweichenden Vokalismus. Wir haben für ihn folgende Gestalt gewonnen:

a, ā, ë, ė, ē, i, ī, o, ō, u, ū, ai, ou, iu, io, ie, uo.

Gegenüber dem Urgermanischen sind auch hier eine Reihe von Veränderungen eingetreten.

1. *a* geht zurück a) auf urgerm. got. *ē*, b) auf *a*, das durch Schwund eines *n* vor *h* gedehnt ist, vgl. *brāhte* : *bringen*; — *dāhte* : *denken*; — *hāhan* : *hangen*; — *fāhan* : *fangen*; — *Acht*, ahd. *āhta* 'Verfolgung', ags. *ōht*.

2. *ë* ist das alte offene *e*, *e* das durch *i*-Umlaut aus *a* entstandene geschlossene *e*.

3. *ē* ist aus *ai* vor *h, r, w* entstanden, daher *mehr*, aber *meist*.

4. *o* ist aus *au* vor *h* und Dentalen entstanden.

5. *ie* geht auf ein *ē* zurück, das aber von dem unter 1 genannten *ē* verschieden war. Man nennt es *ē²*. Spätahd. ist es auch aus *io* entstanden.

6. *uo* ist aus altem *ō* diphthongiert.

Als urgermanischer Vokalismus ergibt sich

a, ë, i, o, u; *ē¹, ē², ī, ō, ū*; *ai, au, eu* (das zu *iu* und *io* wurde).

§ 27. **Der urgermanische Vokalismus.** Dieser hat verschiedene Veränderungen erfahren.

1. *o* und *u* sind ihrem Ursprung nach gleichwertig; *o* steht vor einem *a, e, ō* der folgenden Silbe, *u* vor den übrigen Lauten, sowie vor Nasal + Konsonant. Es heißt daher:

Bogen : *Bügel, Bucht*; — *geboren* : *Bürde*; — *Borg* : *Bürge*; — *Borste* : *Bürste*; — *Brocken* : *Bruch*; — *Dorren* : *dürr, Durst*; — *Flosse* : *Fluß*; — *Fohlen* : *Füllen*; — *vor* : *Fürst, für*; — *Gold* : *Gulden*; — *hoffen* : *hüpfen*: — *Hof* : *hübsch*; — *hold* : *Huld*; — *verhohlen* : *Hülle*; — *Knollen* : *Knudel*; — *Knopf* : *knüpfen*; — *Knoten* : *knütten*; — *Koch* : *Küche*; — *Lob* : *Gelübde*; — *Loch* : *Lücke*; — *locker* : *Lück*; — *Lothar* : *Ludwig*; — *ob, oben* : *über*; — *Ort* : *Örte*; — *geschoben* : *Schub*; — *geschoren* : *Schur*; — *Schorf* : *schürfen*; — *Schotter* : *Schutt*; — *geschwollen* : *Schwulst*; — *sollen* : *Schuld*; — *Sporn* : *Spur*; — *gesprochen* : *Spruch*; — *Stock* : *Stück*; — *Strobel* : *struppig*; — *Tor* : *Tür*; — *voll* : *Fülle*; — *worfeln* : *Wurf*; — *Zorn* : *zürnen*; — *Herzog* : *Zug*.

2. Derselbe Wechsel von *o* und *u* zeigt sich in dem alten Diphthongen *eu*, der sich schon urgerm. zu *eu* und *eo* entwickelt hat, woraus ahd. *iu* und *io*, nhd. *eu* und *ie, i* geworden sind.

Beuge : *biegen*; — *Deube* ‚Diebstahl' : *Dieb*; — *deuten, deutsch* : *diet* 'Volk' in *Dietrich* usw.; — bayr. *Feuchte* : *Fichte*; — *leuchten Licht*; — *reuten Ried*; — *Seuche* : *siech*; — *teufen* : *tief*; — *Zeuge* : *ziehen*.

3. *i* ist durch folgendes *a, e, o* zu *e* geworden. Beispiele s. u.

4. Vor Nasal Konsonant stehen *i* und *u* statt *e* und *o*. Ein nhd. e vor dieser Lautgruppe geht daher auf *a* durch *i*-Umlaut zurück.

5. Urgerm. *ī* ist meist aus *ei* entstanden, s. u.

§ 28. **Der indogermanische Vokalismus.** Vom germanischen Vokalismus steigen wir auf zum indogermanischen. Dieser wird erschlossen durch die Vergleichung sämtlicher indogermanischer Sprachen und durch die Untersuchungen über den Ablaut. Die Ansichten, welche Vokale für die Grundsprache anzusetzen sind, haben gewechselt, und sie sind durchaus nicht als sicher anzusehen. Ich lege die Anschauungen zugrunde, die ich in meinem indogerm. Ablaut, Straßburg 1900, ausgeführt habe. Vgl. dazu auch Handbuch der griech. Laut- und Formenlehre, 2. Aufl. 1912. Ich gehe dabei vom Urgermanischen aus.

Urgerm. *a*, d. *a, e, ŏ* entspricht

1. einem idg. *a*, das nur im Slavischen als *o* erscheint, gr. lat. also *a*.

d. *ab*, gr. ἄπο (*ápo*), l. *ab*, ai. *ápa*; —

d. *Achse*, gr. ἄξων (*ákson*), l. *axis*, ai. *ákṣaḥ*; —

d. *Acker*, gr. ἀγρός (*agrós*), l. *ager*, ai. *ájraḥ*; —

d. *Ecke*, l. *acies*, gr. ἀκίς (*akís*) 'Stachel, Spitze', ai. *áśriḥ* 'Ecke, Kante'; — d. *ent-*, l. *ante*, gr. ἀντί (*antí*), ai. *anti* 'gegenüber'; — d. *Ente*, l. *anas*; — d. *Gans*, l. *anser*, ai. *haṣaḥ*. — d. *Hafergeiß*, l. *caper*, gr. κάπρος (*kápros*) 'Eber', ai. *kápṛt* 'membrum virile'; — d. *Mark* 'Grenze', l. *margo*, aw. *marəzu-* 'Grenze'; — d. *Nase* l. *nāsus*, abg. *nosŭ*; — d. *Zähre*, l. *lacruma*, gr. δάκρυ (*dákry*), ai. *áśru*.

2. einem idg. *ə* (schwa). Man setzt diesen Laut an, weil das Indische in einer Reihe von Fällen als Entsprechung des europäischen *a* nicht *a*, sondern *i* aufweist. Es ist die Schwächung eines langen Vokals.

d. *star*, ahd. *starablint*, ai. *sthiráḥ*; —

d. *Stätte*, got. *staþs*, l. *statio*, gr. στάσις (*stasis*), ai. *sthítiḥ*; —

d. *Vater*, l. *pater*, gr. πατήρ (*patḗr*), ai. *pitā́*.

Wo das Indische fehlt, können wir daher nicht wissen, ob idg. *a* oder *ə* anzusetzen ist. So in:

Aa, -ach, Ache, l. *aqua*; — *Ahn*, l. *anus*; — *Ahne*, gr. ἄχνη (*ákhnē*); — *Ähre*, l. *acus*; — *alt*, l. *altus*; — *Angel*, gr. ἀγκύλος (*aŋkýlos*); — *Anger*, gr. ἄγκος (*áŋkos*) 'Tal'; — *Angst, eng*, l. *angustiae, angustus*; — *Arm*, l. *armus*; — *Art-acker*, l. *arāre*; — *Asche*, gr. ἄζειν (*ázēn*), 'dörren'; — *Axt*, l. *ascia*, gr. ἀξίνη (*axínē*); — *Fahne*, l. *pannus*; — *Gerte*, l. *hasta*; — *haben*, l. *habēre*; — *Haft*, l. *captus*; — *heben*, l. *capio*; — *Salz*, l. *sal*, gr. ἅλς (*hals*); — *satt*, l. *satis*.

3. einem idg. *o*, das im Griech. Lat. Kelt. durch *o*, in den übrigen Sprachen wie *a* vertreten ist.

Aar, gr. ὄρνις (*órnis*) 'Vogel'; — *Anke* 'Butter', l. *unguen* 'Salbe'; — *Arsch*, gr. ὄρρος (*órros*); — *Ast*, gr. ὄζος (*ózos*); — *Aue* 'Schaf', l. *ovis*, gr. ὄις (*óis*); — *Dach*, l. *toga*; — *das*, gr. τό (*to*); — *Elle*, l. *ulna*; — *Erbe*, l. *orbus* 'beraubt'; — *Garten*, l. *hortus*; — *Gast*, l. *hostis*; — *Heer*, gr. κοίρανος (*koíranos*) 'Herrscher' aus *kórjanos*; — *Kamm*, gr. γόμφος (*gómphos*) 'Pflock, Nagel'; — *lang*, l. *longus*; — *Nacht*, l. *nox*; — *Rad*, l. *rota*; — *Schatten*, gr. σκότος (*skótos*) 'Dunkelheit'; — *was*, l. *quod*; — *Zahn*, gr. ὀδούς (*odū́s*) aus *odónts*; — *zähmen*, l. *domāre*.

Ganz entsprechend gehen die Diphthonge *ai* und *au* auf verschiedene Laute zurück.

1. 2. Urgerm. *ai*, d. *ei*, *ē* = idg. *ai, əi*.

ehern, l. *aes*, ai. *ájaḥ* 'Erz'; — *Eiche*, l. *aesculus*; — *ewig*, l. *aevom*, gr. αἰών (*aiṓn*); — *Geiß*, l. *haedus*; — got. *haihs* 'einäugig', l. *caecus*; — *scheiden*, l. *caedo*; — *Seim*, gr. αἷμα (*haima*) 'Blut'.

3. Urgerm. *ai* = idg. *oi*.

ein, l. *ūnus* (alat. *oinos*); — *Feh* 'Pelzwerk', got. *faihs* 'bunt', gr. ποικίλος (*poikílos*); — *Feim*, lat. *spūma*; — *gemein*, l. *commūnis*; — *Teig*, gr. τοῖχος (*toîkhos*) 'Mauer'; — *weiß*, gr. οἶδα (*oîda*), l. *vīdī*.

1. 2. Urgerm. *au*, d. *au*, *ō* = idg. *au, əu*.

auch, l. *augēre*; — *öde*, gr. αὔσιος (*aúsios*), 'leer, eitel, vergeblich'; — *Oheim*, l. *avunculus*; — *Ohr*, l. *auris*; — *Osten*, l. *aurōra*.

3. = idg. *ou*:

d. *hören*, gr. ἀκούω (*akū́ō*).

Urgerm. *e*, d. *ă, e, i* entspricht

1. einem idg. *e*, das im Europäischen als *e*, im Arischen als *a* erscheint.

gebären, l. *fero*, gr. φέρω (*phéro*); — *essen*, l. *edo*, gr. ἔδομαι (*édomai*); — *flechten*, l. *plecto*, gr. πλέκω (*pléko*); — *gestern*, l. *heri*, gr. χθές (*khthés*); — *Giebel*, gr. κεφαλή (*kephalá*); — *ich*, l. *ego*, gr. ἐγώ (*egó*); — *in*, l. *in*, gr. ἐν (*en*); — *irren*, l. *errare*; — *ist*, l. *est*, gr. ἐστί (*estí*); — *liegen*, gr. λέχος (*lékhos*) 'Bett'; — *Meltau*, eig. 'Honigtau', l. *mel*, gr. μέλι (*méli*); — *messen*, gr. μέδιμνος (*médimnos*) 'Scheffel'; — *mich*, gr. ἐμέγε (*emége*); — *michel* 'groß', gr. μεγαλο- (*megalo-*); — *mit*, gr. μετά (*metá*); — *Mitte*, l. *medius*, gr. μέσος (*mésos*); — *Nebel*, l. *nebula*, gr. νεφέλη (*nephéla*); — *recht*, l. *rectus*; — *Schwäher*, gr. ἑκυρός (*hekyrós*), l. *socer*; — *Schwester*, l. *soror*; — *Schwieger*, gr. ἑκυρά (*hekyrá*), l. *socrus*; — *sechs*, l. *sex*, gr. ἕξ (*héx*); — *sieben*, l. *septem*, gr. ἑπτά (*heptá*); *Sitte*, gr. ἔθος (*éthos*); — *sitzen*, l. *sedere*, gr. ἕζομαι (*hézomai*); — *spähe*, l. *specio*; — *Vieh*, l. *pecu*; — *bewegen*, l. *veho*; — *Westen*, l. *vesper*, gr. ἕσπερος (*hésperos*); — *will*, l. *velit*; — *Wind*, l. *ventus*; — *zehn*, l. *decem*, gr. δέκα (*déka*); — *Zimmer*, gr. δέμω (*démo*) 'baue'.

2. einem idg. *i*.

Nest, l. *nidus* aus **nizdos*, dazu *nisten*; — *Lebkuchen* : *Laib*; — *leben* : *bleiben*; *lecken*, got. *bilaigon*, e. *lick*; — *lehnen*, l. *inclinare*; — *queck* in *Quecksilber*, gr. βίος (*bíos*) 'Leben', l. *vivos*; — *lernen* : *Lehre*, got. *lais* 'ich weiß'; — *Wechsel*, l. *vices*; — ahd. *wer* 'Mann', erhalten in *Welt* aus *weralt*, l. *vir*.

Urgerm. *i*, d. *i*, *e* entspricht einem idg. *i*, das im großen und ganzen erhalten bleibt.

wir bissen, l. *fidimus*; — *Fisch*, l. *piscis*; — *wir liehen*, gr. ἐλίπομεν (*elipomen*) 'wir ließen'; — *Miete*, got. *mizdō*, gr. μισθός (*misthós*); — *minder*, l. *minus*; — *wir stiegen*, gr. ἐστίχομεν (*estikhomen*) 'wir schritten'; — *wissen*, l. *videre*; — *Witwe*, l. *vidua*; — *bezichtigen*, l. *indicare*; — *zwi-*, l. *bi-*, gr. δι- (*di-*).

Urgerm. *o*, *u* entspricht

1. einem idg. *u*, das im allgemeinen als *u* erscheint.

Boden, l. *fundus*, gr. πυθμήν (*pythmén*); — *du*, l. *tu*, gr. σύ (*sý*); — *Hort*, l. *custōs*; — *Joch*, l. *jugum* gr. ζυγόν (*zygón*); — *jung*, l. *juvenis*; — *Ochse*, ai. *ukṣā́*; — *Otter*, gr. ὕδρα (*hýdra*); — *Sohn*, ai. *sūnúḥ*; — *Tor*, *Tür*, gr. θύρα (*thýra*); — *über*, l. *super*, gr. ὑπέρ (*hypér*); — (*Her*)*zog*, l. *dux*.

2. vor *r*, *l*; *m*, *n* derselben Silbe dem aus idg. ṛ, ḷ, ṃ, ṇ entwickelten Vokal. Gr. finden wir αρ, ρα, αλ, λα; α (*ar*, *ra*, *al*, *la*; *a*), l. *or*, *ol*, *en*, *em*, ai. ṛ, *a*, lit. *ir̃*, *il̃*, *im̃*, *iñ*, slaw. *rŭ*, *lŭ*, ę.

Geburt, l. *fors*, eig. 'das Tragen'; — *Dorn*, ai. *tṛ́ṇam* 'Grashalm'; — *forschen*, l. *posco* aus **porcsco*, ai. *pṛchā́ti*; — *Horn*, l. *cornu*, gr. κάρνος (*kárnos*) 'Hornvieh'; — *hundert*, l. *centum*, gr. ἑκατόν (*hekatón*; — (*Zu*)*kunft*, gr. βάσις (*básis*) l. *inventio*; — *Lunge*, gr. ἐλαχύς (*elakhýs*) 'leicht'; — *Mord*, l. *mors*, — *sondern*, gr. ἀτάρ (*atár*); — *un*, l. *in*, gr. ἀ (*a*); — *Wolf*, ai. *vṛkaḥ*, lit. *vilkas*, abg. *vlŭkŭ*.

3. dem vor *r*, *l*, *m*, *n* der folgenden Silbe entstandenen schwachen Vokal, der im Gr. als α (*a*), im Lat. als *a* erscheint.

d. *Hummer*, gr. κάμμαρος (*kámmaros*); — d. *bohren*, gr. φαρόω (*pharóo*) 'pflüge', (l. *forāre*),

4. Während die Gruppen *ur*, *ul*, *um*, *un* in vielen Fällen die unter 2 genannten Entsprechungen aufweisen, finden wir auch Beispiele, in denen im Griech., Lat. und Kelt. ein *ā* nach dem Sonorlaut steht. De Saussure setzte hier lange silbebildende *r*, *l*, *m*, *n* an (ṝ, ḹ, ṃ̄, ṇ̄), ich dagegen schreibe *erə* usw. als Grundform, vgl. Verf. Ablaut.

(*Ge*)*duld*, l. *lātus*; — *Honig*, gr. κνηκός (*knækós*) 'gelblich'; — *Hornisse*, l. *crabro*; — *Hürde*, l. *crutis*; — *Korn*, l. *grānum*; — *Wolle*, l. *lāna*; — *Wurzel*, l. *rādix*.

Urgerm. *ē*[1], d. *ā*, *ă* entspricht idg. *ē*, das im allgemeinen als *ē*, im Arischen als *ā* erscheint.

brachen, l. *frēgimus*; — *Draht*, gr. τρητός (*trætós*) 'gedreht'; — *kamen*, l. *vēnimus*; —

Mat, gr. ἄμητος (*ámætos*); — *Mond*, ahd. *māno*, got. *mēna*, lit. *mènuo*, gr. μήν (*mèn*); — *Naht*, l. *nēmen*; — *raten*, l. *rēri*; — *Samen*, l. *sēmen*; — *saßen*, l. *sēdimus*; — *Tat*, got. *gadēps*, l. *fēci*; — *wahr*, l. *vērus*.

Urgerm. *ē²*, ahd. *ia, ie*, d. i. z. B. in got. *hēr*, ahd. *hiar*, d. *hier*, ist unsichrer Herkunft, z. T. geht es auf einen *i*-Diphthongen zurück. Vielfach steht es in Fremdwörtern, z. B. *Grieche*, l. *Graecus*.

Urgerm. *ō*, d. *ū, u* entspricht

1. Idg. *ō*, das im Gr. Lat. als *o* erscheint und hier deutlich von *ā* zu scheiden ist.

Flut, gr. πλωτός (*plōtós*); — *Mühe*, l. *mōlēs*, gr. μῶλος (*mōlos*); — *Ruder* im Ablaut zu l. *rēmus*; — *Ruhe*, gr. ἐρωή (*erōē*); —-*tum* zu got. *dōms* 'Urteil' und dies zu gr. θωμός (*thōmós*) 'Haufe'.

2. Idg. *ā*, lat. *ā*, gr. dor. *ā* (*ā*), ion. att. η (*ω*).

Bruder, l. *frāter*; — *Buche*, l. *fāgus*, gr. φηγός (*phægós*); — *Bug*, gr. πῆχυς (*pêkhys*); — *füge*, gr. πήγνυμι (*pĕgnymi*), l. *compāges* ‚Zusammenfügung'; — *Futter*, l. *pābulum*; — *Hube*, gr. κῆπος (*kêpos*); — *Hure*, l. *cārā*; — *Mutter*, l. *māter*, gr. μήτηρ (*mǣtǣr*); — *Rübe*, l. *rāpa*; — *Stuhl*, gr. στήλη (*stǣlǣ*); — *süß*, l. *suāvis*, gr. ἡδύς (*hǣdýs*).

Germ. *ī*, d. *ei* entspricht

1. idg. *ei*, gr. ει (*ē*), l. *ī*:

leihe, gr. λείπω (*lēpō*); — *steige*, gr. στείχω (*stĕkhö*); — *zeihe*, gr. δείκνυμι (*dĕknymi*).

2. idg. *ī*, gr. lat. *ī*:

Schwein, l. *suīnus*; — *er sei*, l. *sīt*.

Germ. *ū*, d. *au, ō, o* entspricht idg. *ū*, l. *ū*, gr. ῡ (*ȳ*).

Braue, gr. ὀφρῦς (*ophrŷs*); — *braun*, gr. φρύνη (*phrýnǣ* 'Kröte'; — *faul*, l. *pūs* 'Eiter'; — *Haut*, l. *scūtum* 'Schild', gr. σκῦτος (*skŷtos*); — *Maus*, l. *mūs*, gr. μῦς (*mŷs*); — *Sau*, l. *sūs*, gr. ὗς (*hŷs*); — *sauge*, l. *sūgo*; — *Zaun*, kelt. *dūnum*, z. B. in *Lugdūnum*.

Germ. *eu*, d. *i(e)* und *eu* entspricht idg. *eu*, gr. ευ (*eu*), l. *ū*.

biege, gr. φεύγω (*phéugō*) 'fliehe'; — *gieße*, gr. χέω (*khéō*) aus *khewō; — *Licht*, gr. λευκός (*leukós*) 'weiß'; — *neu*, gr. νέ(ϝ)ος (*néwos*); — *ziehe*, l. *dūco*.

Zur weitern Übersicht der Lautvertretungen möge die folgende Tabelle dienen.

Idg.	Got.	Ahd.	Air.	Lat.	Griech.	Aind.	Awest.	Slawisch	Lit.	Arm.	Alb.
i	*i; e* vor *r, h*	*i; e* durch *a*-Umlaut	*i; e* durch *a*-Umlaut	*i; e* vor *r* aus *s*	ι	*i*	*i*	*ĭ*	*i*	*i*	*i*
u	*u, o* vor *r, h*	*u; o* durch *a*-Umlaut	*u; o* durch *a*-Umlaut	*u; o* vor *r* aus *s*	υ	*u*	*u*	*ŭ*	*u*	*u*	*u*
e	*i; e* vor *r, h*	*ĕ; i* vor Nas. + Kons., vor *j, i* der folgenden Silbe, vor *u* der folgenden Silbe	*e*	*e, i*	ε	*a*	*a*	*e*	*e*	*e; i* vor Nas.	*ie; a; i* vor Nasal

Idg.	Got.	Ahd.	Air.	Lat.	Griech.	Aind.	Awest.	Slawisch	Lit.	Arm.	Alb.
ə	a	a; ë durch i-Umlaut	a	a	ε, α, ο	i	i	o	a	a	a
a				a	α	a	a				
o			o	o	ο					o; u vor Nas. + Kons.	
ī	ĭ	ī	ī	ĭ	ῑ	ī	ĭ	ī		i	i
ei			ĕ	ī	ει	ĕ	ē		ei, ie	ë in letzter, i in nicht letzter Silbe	
ū	ū	ū	ū	ū	υ	ū	ū	y	ū	u	ū, i
ou	au	ou, ō	ō, ua	ū	ευ	ō	ō			oi, u	e
au				au	αυ			ŭ	au	?	a
eu	iu	iu, io		ū	ου					oi, u	e
ē	ē	ā	ī	ē	η	ā	ā	ě	ē	i	o
ā	ō	uo	á	ā	ᾱ			ā	ō	a	o
ō				ō	ω				uo	u	e
ai	ai	ai; ē vor r, h, w	ae, ai	ae	αι	ē	ē	ě, ji-	ai, ie	ai	e
oi			oe, oi	oe, ū, ī	οι					ē; i	
r̥, l̥	or, ul	ur, ul	ri	or	ρα	r̥	ər (ə)	ĭr, ĭl (rĭ, rŭ, lĭ, lŭ)	ĭr, ĭl	ar, ra, al, la	ri
er, el		or, ol	ar, al	ar, al	αρ, αλ	ir, ur	ar	ĭr, ĭl			ir
n̥, m̥	un, um	un, um	air. im, in; gall. brit. am, an,	en	α	a	a	ę	ĭn	am, an	e
en, em		on, om	am, an	an	αν	an	an	ĭn			?
erə(r̄)	or, ul	ur, or, ul, ol	ra, lā	rā, lā, ar, al	αρα, αλα, ρᾱ, λᾱ	ĭr, ūr		wie r̥, l̥, aber mit abweichendem Akzent, serb. r̃, ŭ	ĭr, ĭl		
enə, emə	un, um	un, um, on, om	nā	nā, an	νη, ανα	ā, ān		wie n̥, m̥ aber mit abweichendem Akzent	ĭn, ĭm		

§ 29. **Der Ablaut.** Die Kenntnis, wie sich die einzelnen Laute entwickelt haben, genügt indessen nicht für etymologische Zwecke, man muß auch wissen, daß die Vokale, abgesehen von den schon erwähnten Fällen, bereits im Indogermanischen vielfach miteinander wechselten. Wir nennen diese Erscheinung, die die ganze Sprache vollkommen durchsetzt, mit einem Ausdruck, den J. Grimm geprägt hat, Ablaut. Die Gesetze des Ablauts sind verhältnismäßig einfach, wenn man auf die indogermanische Grundsprache zurückgeht, sie werden aber verwickelt durch die zahlreichen Veränderungen, die der Vokalismus im Laufe seiner geschichtlichen Entwicklung erleidet. Das Germanische hat außerdem den Ablaut analogisch ausgedehnt und in ein System gebracht. Wir können hier nicht auf alle Arten des Ablauts eingehen, können vielmehr nur die wichtigsten Typen anführen.

Man unterscheidet zwei Arten des Ablauts.

I. Der qualitative Ablaut oder die Abtönung.

Dieser besteht in dem Wechsel von *e* mit *o* und *ē* mit *ō*, was sich im Germanischen als Ablaut *e—a* und *ē—ō* (d. *ā—ū*) zeigt. Der einfache Ablaut wird aber weiter dadurch verändert, daß sich andere Laute mit dem Vokal *e* verbinden. So wird z. B. *ei* zu ahd. *ī*, und wir erhalten daher regelrecht *ī—ai*, und da *ai* zuweilen zu *ē* wird, *ī—ē*. Im Neuhochdeutschen aber entwickelte sich *ī* wieder zu *ei*, und so können wir den Ablaut nicht mehr auseinanderhalten. Wohl aber ist er im Englischen erhalten. Vgl. *write — wrote* 'schreiben'; *ride — rode* 'reiten'; *stride — strode* 'streiten'; *drive — drove* 'treiben'.

Es folgen nun die verschiedenen Ablautsreihen.

1. Ablautsreihe: Idg. *ei — oi*, germ. *ī — ai*, ahd. *ī — ai, ē*, nhd. *ei — ei*, aber engl. *i — o*, s. o.

2. Ablautsreihe: Idg. *eu — ou*, germ. *eu — au*, ahd. *iu, io — ou, ō*, nhd. *eu, ie — au, ō*.

fliehe, floh; ziehe, zog; biete, beutst, bot; krieche, kroch; frieren, fror; kriechen, kroch; sieden, sott; verlieren, verlor; schießen, schoß, Schoß; schließen, schloß.

3. Ablautsreihe: Idg. *er, el — or, ol*, germ. ahd. nhd. *er — ar*.

werden, ward; sterben, starb; helfen, half; gelten, galt; dreschen, drasch; bersten, barst; werfen, warf.

Idg. *en — on*, germ. *en — an*, ahd. *en, in — an*, nhd. *en, in — an*.

binden, band; schwimmen, schwamm; beginnen, begann; trinken, trank: singen, sang; sinken, sank; ringen, rang; springen, sprang; rinnen, rann; spinnen, spann; gewinnen, gewann; stinken, stank; schwingen, schwang.

4. Ablautsreihe: Idg. *e — o*, germ. *e — a*, nhd. *e, i — a*.

geben, gab; essen, aß; messen, maß; vergessen, vergaß; bitten, bat; sitzen, saß; gewesen, war.

5. Ablautsreihe: Idg. *ē — ō*, germ. *ē — ō*, ahd. *ā — uo*, nhd. *ā — ū*.

Tat, tun; — gräßlich, grüßen; — braten, brüten; — spät, sputen.

II. Der quantitative Ablaut oder die Abstufung. Die Abstufung ist im Indogermanischen im wesentlichen durch die Wirkung des Akzentes entstanden. Einerseits sind die kurzen Vokale ausgefallen, die langen sind geschwächt und erscheinen im Germanischen als *a*. Das nennen wir Schwundstufe. Anderseits sind aber auch vollbetonte Vokale unter dem Einfluß des Akzentes gedehnt, das nennen wir Dehnstufe.

Da sich im Germanischen die kurzen und langen Vokale verschieden entwickelt haben, so entsteht hier wieder eine neue Abtönung. So erscheint z. B. die Abstufung *e ē* (Dehnstufe) als *e, i ā* (*sitzen saßen*) oder *a ā* als *a u* (*graben* : *Grube*; — *fahren* : *Fuhre*).

Beispiele:

e : ē : *geben* : *Gabe*; — *nehmen* : *nahmen*; — *gebären* : *Bahre*, *e. bier*; — *brechen* : *Brache, Bruch*; — *bewege* : *Woge*; — *essen* : *Aas*; — *messen* : *Maß*.

a : u : *backen* : gr. *φώγειν* (*phógēn*) 'braten, rösten'; — *bannen* : l. *fari*, gr. *φημί* (*phēmí*) 'spreche; — *baß, besser* : *Buße*; — *fahren* : *Fuhre, führen*; — *graben Grube, grübeln*; — *Name* : l. *nomen*; — *schwelen schwül*; — *schwören*, ahd. *swerian* : *Schwur*; — *stemmen* : *ungestüm*; — *stapfen* : *Stufe*; — *wachsen* : *Wucher*.

Eindeutiger sind die Ablautsverhältnisse, wo die Laute *i, u, r, l, m, n* mit *e* verbunden sind. Hier fehlt die Dehnstufe meistens, und die Schwundstufe erscheint als *i, u, r̥, l̥, m̥, n̥*, d. h. d. *i, e, u, o, ur, or, ul, ol, um, om, un, on*.

1. *ei : i*, gr. *λείπειν* : *λιπεῖν* (*lépēn* : *lipên*):

steigen : *gestiegen*; — *bleiben* : *geblieben*; — *Beil* : *Bille*; — *beißen* : *Biß, bitter*; — *heiß* : *Hitze*; — *pfeifen* : *Pfiff*; — *reißen* : *Riß, ritzen*; — *reiten* : *Ritt, Ritter*; — *schleichen* : *Schlich*; — *schleißen* : *Schlitz*; — *schmeidig* : *Schmied*; — *schmeißen* : *Schmiß*; — *schneiden* : *Schnitt*; — *schreiben* : *Schrift*; — *schreiten* : *Schritt*; — *seihen* : *sickern*; — *streichen* : *Strich*.

2. *eu (au) : u*, gr. *φεύγειν* : *φυγεῖν* (*phéugēn* : *phygên*).

fließen : *Fluß*; — *Bries* : *Bröschen*; — *gießen* : *Guß*; — *fliehen* : *Flucht*; — *fliegen* : *Flug, Flügel*; — *schieben* : *Schub, Schober, schuppen, Schuppe*; — *bieten* : *Gebot, Bote*; — *biegen* : *gebogen, Bogen, Bucht, Bügel*; — *bieten* : *Gebot*; — *lieb* : *Lob*; — *bloß* : *blutt*; — *kiesen* : (*Wal*)*küre*; — *klieben* : *Kluft*; — *Licht* : *Lohe*; — *schliefen* : *schlüpfen*; — *schmiegen schmücken, schmuggeln*; — *schießen* : *Schütze*; — *schließen* : *Schluß*; — *sieden* : *Sod, sudeln*; — *stoßen* : *Stutz*; — *saufen* : *Suff*; — *taub* : *toben*; — *triefen* : *Tropfen*; — *taugen* : *tüchtig, Tugend*; — *taufen* : *tupfen*; — *ziehen* : *Zucht, zucken*.

3. *er, el, em, en (ar, al, am, an)* : *r̥, l̥, m̥, n̥* (gr. *πέρθειν* : *πραθεῖν* (*pérthēn* : *prathēn*).

werden : *wurde*; — *binden* : *Bund*; — *winden* : *gewunden*; — (*ge*)*bären* : *Bürde*; — *wert* : *Würde*; — got. *gairda* : *Gürtel*; — *Berg* : *Burg*; — *bergen* : *Borg, Bürge*; — *brechen* : *Bruch*; — *Birke* : *Borke*?; — *Brink* : *Brunkel*; — *brennen* : *börnen, Brunst*; — *Bengel* : *Bunge* 'Trommel'; — *darben* : *dürfen*; — *Darre* : *dürre, Durst*; — *melken* : *Molken*; — *Halde* : *hold*; — *Kern* : *Korn*; — *Werk* : *wirken* (eig. *würken*, got. *waúrkjan*); — *Dank* : *dünken*; — *finden* : *Fund*; — *hehlen* : *Hülle*; — *krampfen* : *krumm*; — *Milch* : *Molken*; — *schlingen* : *Schlund*; — *schnarren* : *schnurren*; — *schrinden* : *Schrunde*; — *Schimmer* : *Schummer*; — *schinden* : *Schund*; — *schwingen* : *Schwung*; — *sprechen* : *Spruch*; — *springen* : *Sprung*; — *Stelze* : *Stolz*; — *Salz* : *Sülze*; — *werfen* : *Wurf*.

4. *e* zu Null.

lat. *genu* : d. *Kn-ie*; gr. *δόρυ* 'Eiche', got. *tr-iu*, e. *tree*; d. *sehen* : d. *schauen* (ahd. *sk-ouwōn*).

Sehr bemerkenswert und für die Herkunft der Wörter wichtig ist, daß die verschiedenen Ablautsstufen in gewissen Nominal- und Verbalbildungen regelmäßig erscheinen.

1. Abtönung findet sich häufig

a) bei den ursprünglichen *o*- und *ā*-Stämmen (lat. 2. und 1. Deklination), wenn sie Verbalabstrakta sind. So *Band* zu *binden, Trank* zu *trinken, Drang* zu *dringen, Klang* zu *klingen*; s. § 93, 1.

b) in den Kausativen oder Faktitiven. Sie sind mit *j* gebildet und zeigen daher jetzt Umlaut.

ätzen, got. *atjan* : *essen*; — *brennen,* got. *brannjan* : got. *brinnan*; — *tränken* : *trinken*; — *legen* : *liegen*; — *nähren* : *genesen*; — *rennen* : *rinnen*; — *senken* : *sinken*; — *senden* : ahd. *sinnan* 'reisen'; — *setzen* : *sitzen*; — *zähmen* : *ziemen*; — *beitzen* : *beißen*; — *fällen* : *fallen*; — *führen* : *fahren*; — *hängen* : *hangen*; — *ersäufen* : *saufen*; — *säugen* : *saugen*; — *sprengen* : *springen*; — *stäuben* : *stieben*; — *verschwenden* : *schwinden*; — *flößen* : *fließen*; — *sengen* : *singen*; — *senken* : *sinken*; — *schwemmen* : *schwimmen*.

2. Schwundstufe findet sich vornehmlich bei den *i*-Abstrakten:

Biß, Griff, Schritt, Schlitz, Schnitt, Aufstieg, Stich, Strich, Riese; — *Trug, Flug, Fluß, Guß, Lug, Nutz, Schuß, Schluß, Zug*; — *Bruch, Spruch, Trunk, Fund, Sturz, Sprung*.

Ihr Geschlecht ist männlich. Daneben stehen gleichartige weibliche Verbalabstrakta, die mit Suffix-*ti* gebildet sind.

Trift, List; — *Kluft, Flucht, Sucht, Zucht*; — *Notdurft, Brunst, Gunst, Kunst, Vernunft, Zunft, Geburt, Geduld, Schuld*.

Weitere Ablautserscheinungen sind im Deutschen selbst nicht mehr von Bedeutung, wohl aber sind sie wichtig für die Aufstellung von Vergleichungen innerhalb des Germanischen und zwischen dem Germanischen und den verwandten Sprachen. Sie beruhen im wesentlichen auf den unter I und II gegebenen Erscheinungen. Ihre Wesenheit liegt aber darin, daß es sich um den Ablaut mehrerer, gewöhnlich zweier Silben handelt. Da der Vokal jeder unbetonten Silbe geschwächt wurde, in einem Wort aber immer nur éine Silbe vollbetont war und der Akzent wechselte, so kann ein Verhältnis entstehen: Vollstufe + Schwundstufe und Schwundstufe + Vollstufe. Man nennt dies nicht ganz treffend, aber doch deutlich Schwebeablaut. Man kann zwei Fälle unterscheiden.

1. Steht in der zweiten Silbe ein kurzer Vokal, so nennen wir das eine leichte Basis.

2. Steht in der zweiten Silbe ein langer Vokal, so nennen wir dies eine schwere Basis.

1. Die leichten Basen.

Diese Fälle sehen so aus, als ob eine Metathesis stattgefunden hätte.

d. *Riegel,* l. *arceo* 'halte ab'; — d. *arg,* an. *ragr* 'böse, feige, nichtswürdig'; — *Rebhuhn,* an. *iarpe* 'Haselhuhn'; — d. *Reff* 'Gestell zum Tragen', l. *corbis*; — d. *Reff* 'altes Weib', eig. 'Leib, Knochengerüst', l. *corpus*; — d. *drechseln,* l. *torquere*; — d. *fragen,* ahd. *fergōn* 'bitten, fordern'; — d. *Brett,* d. *Bord*; — d. *rächen,* l. eig. 'verfolgen', lit. *vařgas* 'Not'; — *sterben,* d. *streben*; — d. *Kolben,* l. *globus* 'Kugel'; — d. *Nagel,* l. *unguis,* gr. ὄνυξ (*ónyks*); — d. *Nabel,* l. *umbilicus,* gr. ὀμφαλός (*omphalós*); — d. *Kamm* aus ahd. *kamb,* d. *Knebel*; — d. *Napf,* d. *Humpen*; — d. *Süden* aus *sund,* gr. νότος (*nótos*) aus *snotos*; — d. *wachsen,* l. *augēre*; — d. *Knie,* got. *kniu* l. *genu,* gr. γόνυ (*góny*); — engl. *tree* 'Baum', got. *triu,* gr. δόρυ (*dóry*); — d. *rot,* ahd. *rōt,* gr. ἐρυθρός (*erythrós*), — d. *brauen,* ahd. *briuwan,* l. *fervēre*; — d. *sehen,* got. *saíhvan,* idg. **sekw,* d. *schauen,* idg. **skou.*

2. Die schweren Basen.

In diesen Fällen steht in der zweiten Silbe ein langer Vokal oder dessen Ablaut *ə*, germ. *a*.

d. *Arm*, l. *ramus* 'Zweig'; — d. *Ruder*, gr. ἐρετμός (*eretmós*); — d. *rühren*, gr. κεράννυμι (*keránnymi*) 'mische'; — d. *Kranich*, gr. γέρανος (*géranos*); — d. *trüben*, gr. ταράσσω (*tarásso*) 'verwirre'; — d. *Wurzel*, an. *rot* 'Wurzel'; — d. *Wrak*, gr. ῥήγνυμι (*rḗgnymi*) 'breche'; — d. *lau*, ahd. *lao*, l. *calidus*; — d. *kalt*, l. *gelidus, glacies*; — d. *Name*, gr. ὄνομα (*ónoma*), l. *nomen*; — d. *kennen*, l. *nosco*.

Erschöpft sind mit diesen Fällen die Ablautsverhältnisse noch nicht, doch würde eine weitere Darstellung über den Rahmen dieses Buches hinausführen. Jedenfalls werden durch eine Klarstellung der Ablautsformen eine ganze Reihe von Wörtern als verwandt erkannt und somit ihrem Ursprung nach aufgehellt.

§ 30. **Konsonantismus.** Der neuhochdeutsche Konsonantismus zeigt gegenüber dem althochdeutschen, wie er im Ostfränkischen vorliegt, keine durchgreifenden Veränderungen, wenigstens in der Schreibung. Die wesentlichsten Abweichungen sind:

1. Ahd. mhd. *ʒ*, das aus *t* entstanden ist, wird *s*. Infolgedessen hat das nhd. *s* (*ss*) zweierlei Ursprung. Das mhd. ahd.   erkennt man mit Leichtigkeit durch Vergleich mit dem Englischen oder Niederdeutschen. Beispiele s. o. S. 10.

2. Ahd. mhd. *h* schwindet zwischen Vokalen und nach Konsonanten, wird aber in der Schrift vielfach beibehalten, allerdings auch fälschlich hinzugesetzt. Beispiele siehe oben. Im Anlaut ist es in den Verbindungen *hw, hr, hl, hn* verloren gegangen. *hw* erscheint im Englischen als *wh*.

Wal(fisch) e. *whale*, apreuß. *kalis* 'Wels', lat. *squalus* 'ein größerer Meerfisch'; — *weder*, gr. πότερος (*póteros*) 'wer von beiden'; — *Weile*, e. *while* zu lat. *quies*; — *weiß*, e. *white*, got. *hveits*, ai. *śvitnah̥*; — *Weizen*, e. *wheat*; — *Welf*, e. *whelp*, gr. σκύλαξ (*skýlaks*), 'Tierjunges'; — *wer, was*, e. *who, what*, l. *quis, quod*; — *werben*, got. *hvairban*, eig. 'drehen', vielleicht zu gr. καρπός (*karpós*) 'Handwurzel'; — *Werft* zum vorigen; — *wetzen*, e. *whet*.

Rabe, vgl. *Hrabanus*; — *Rachen*, gr. κραγόν (*kragón*) 'laut schreiend'; — *ragen*, gr. κρόσσαι (*króssai*) 'Dachzinnen'; — *Räude*, l. *crūdus* 'blutig, roh'; — *Reff* 'Traggestell', vielleicht zu l. *corbis* 'Korb'; — *Reff*, ags. *hrif* 'Leib', l. *corpus*; — *Reif*, ahd. *hrifo*; — *rein*, l. *cerno* 'sichte'; — *Reiter* 'Sieb', l. *cribrum*; — *Reis* 'Zweig', ahd. *hris*; — *rette*, ai. *śrathājāmi* 'löse'; — *Reue*, ahd. *hriuwa*; — *Ried*, ir. *crūaid* 'hart, fest'; — *Rind*, ahd. *hrind*; — *Ring*, abg. *kragu* 'Kreis'; — *Rispe*, l. *crispus* 'kraus'; — *Ritten* 'Fieber', ir. *crith* 'Zittern'; — *Rogen*, lit. *kurkulaĩ* 'Froschlaich'; — *roh*, l. *crūdus*; — *Roß*, e. *horse* zu lat. *currere*; — *Rotz*, gr. κόρυζα (*kóryza*) 'Schnupfen'; — *Rücken*, l. *crux*; — *Rüde*, entlehnt abg. *drūtū*; — *Ruf, rufen*, got. *hrops, hropjan*; — *Rufe* 'Schorf', lett. *kraupa* 'Grind der Pferde'; — *Ruhm*, ahd. *hruom*; — *Runge*, got. *hrugga* 'Stab'; — *rüsten*, gr. κορύσσω 'wappne'.

lachen, gr. κλώσσειν (*klóssen*) 'glucken'; — *beladen*, lit. *klóti* 'hinbreiten'; — *Laib*, got. *hlaifs*, l. *libum*; — *lau*, l. *calere* 'warm sein'; — *laufen*, gr. κάλπη (*kalpe*) 'Trab'; — *lauter*, l. *cluere* 'reinigen'; — *Lehne*, gr. κλίνη (*klíne*) 'Lager'; — *lehnen*, l. *inclinare*; — *Leite* 'Berghang', gr. κλιτύς (*klitýs*); — *Leiter*, l. *clitellae* 'Saumsattel'; — *Leumund*, ahd. *hliumunt* zu gr. κλύειν (*klýen*) 'hören'; — *Lid*, e. *lid* 'Deckel', zu asächs. *uhlidan* 'sich erschließen'; — *Los*, got. *hlauts*; — *losen* 'hören', gr. κλύω (*klýō*).

Nacken, air. *cnocc* 'Hügel'; — *Napf* mit Schwebeablaut zu *Humpen*; — *naschen* zu got. *hnasqus* 'weich, fein'; — *neigen*, l. *conivere*; — *nieten* zu ahd. *bihniotan* 'befestigen'; — *Nuß*, ags. *hnutu*, e. *nut*, l. *nux*.

Im Auslaut und vor *t, s* ist *h* als *ch* erhalten, so daß oft Doppelformen entstehen.

hoch Höhe; — *Rauchwerk* : *rauh*; — *Gesicht* : *sehen*; — *Geschichte* : *geschehen*; — *dicht*, vielleicht zu *gedeihen*; — *Flucht* : *fliehen*; — *Zucht* : *ziehen*; — *Licht* : *Lohe*; — *Fuchs* : mhd. *vohe* 'Füchsin'.

3. Ahd. *sk* wird *sch* (*š*). Beispiele s. § 17 a.

4. *wr, wl* haben ihr *w* verloren, doch hat sich das *w* im Niederdeutschen erhalten und einige Wörter sind daraus in die Schriftsprache aufgenommen worden, vgl. § 170 B, 1.

lispeln, ndrhein. *wlispen*, ags. *wlisp* 'mit der Zunge anstoßend'; — *Antlitz*, ags. *andwlita*; — *Rache*, e. *wreak*; *rächen*, e. *wreak*, 1. *urgēre*; — *Range* zu nd. *wrangen* 'sich winden, ringen'; — *Ränke*, e. *wrench*; — *Rasen*, mnd. *wrase*, nnd. *wrose*, vielleicht zu gr. ἔρση (*érsœ*) 'Tau'; — *Recke*, e. *wretch* zu *rächen*; — *reiben*, ndl. *wrijven*; — *reißen*, e. *write*; — *Reitel* 'Drehstange', nd. *wreil*; — *renken*, e. *wrench* 'drehen'; — *Riese*, asächs. *wrisilik*; — *ringen*, nd. *wringen*; — *Riß* 'Handgelenk', e. *wrist*; — *Rüge*, nd. *wroge, wröge* 'Geldbuße'; — *Rüssel*, ags. *wrōt* 'Rüssel'.

5. *mb* wird zu *mm*.

dumm, e. *dumb*, gr. τυφλός (*typhlós*) 'blind'; — *Hummel*, e. *humblebee*; — *Imme*, ahd. *imbi*, gr. ἐμπίς (*empís*) 'Stechmücke'; — *Kamm*, e. *comb*, gr. γόμφος (*gómphos*); — *klimmen*, e. *climb*; — *krumm*, e. *crump*; — *Kummer*, mhd. *kumber*, frz. *encombrer*; — *Lamm*. e. *lamb* gr. ἔλαφος (*élaphos*) 'Hirsch' aus *elṃbhos*; — *Lummel*, mhd. *lumbel* < l. *lumbus* 'Lende'; — *Samstag*, ahd. *sambaʒtag*; — *schlimm*, ahd. *slimbī* 'Schiefe'; — *Schlummer*, e. *slumber*; — *Stummel*, ahd. *stumbal*; — *um*, ahd. *umbi*, gr. ἀμφί (*amphí*); — *Wamme*, e. *womb*; — *Zimmer*, e. *timber*, gr. δάμαρ (*dámar*) 'Gattin'.

6. *s* wird zu *š* anlautend vor *l, m, n, w, t, p.*

Beispiele für *st, sp*, in denen ja auch die Schreibung bewahrt ist, s. § 17 b, c.

Schlack, Schlackerwetter zu ahd. *slach* 'schlaff', gr. λαγαρός (*lagarós*) 'schmächtig'; — *schlaff*, dazu *schlafen*, abg. *slabŭ* 'schlaff'; — *schlagen*, air. *slactha* 'geschlagen'; — *Schlange*, lit. *slinkti* 'schleichen'; — *Schlehe*, abg. *sliva*; — *Schleim*, zu lat. *līmax* 'Wegschnecke'; — *schliefen, schlüpfen*, 1. *lūbricus*; — *schließen*, ahd. *slioʒan*, 1. *claudo*, ursprünglicher Anlaut *skl-*; — *schlimm*, lett. *slips* 'schräg, steil'; — *schlingen* zu *Schlange* s. d.; — *Schlitten*, lit. *slisti* 'gleiten', abg. *slĕdŭ* 'Spur'; — *schlucken*, ir. *sluccim* 'verschlucken', gr. λύζω (*lýzō*) 'schlucke'.

Schmach zu ahd. *smāhi* 'klein, gering', gr. μῑκρός (*mīkrós*); — *schmal*, 1. *malus* 'schlecht', gr. μῆλον (*mœlon*) 'Kleinvieh'; — *schmauchen*, gr. σμύχειν (*smýkhēn*) 'durch ein Schmochfeuer allmählich verbrennen'; — *schmelzen*, gr. μέλδω (*méldō*) 'schmelze aus'; — *Schmer*, lit. *smars(t)vas* 'Fett'; — *Schmerle*, gr. σμάρις (*smáris*) 'kleiner Meerfisch'; — *Schmerz*, gr. σμερδνός (*smerdnós*) 'schrecklich, gräßlich', 1. *mordēre*; — *Schmied*, gr. σμίλη (*smílœ*) 'Schnitzmesser'; — *schmiegen*, lit. *smūkti* 'gleiten'.

Schnabel, lit. *snāpas*; — *Schnee*, 1. *nix*, gr. νείφει (*néphē*) 'schneit'; — *Schnur*, ai. *snāva* 'Band, Sehne'; — *Schnur*, 1. *nurus*, gr. νυός (*nyós*), ai. *snuṣā́* 'Schwiegertochter'.

Schwager, ai. *śvāśuraḥ* 'zum Schwäher gehörig'; — *Schwäher*, 1. *socer*, gr. ἑκυρός (*hekyrós*); — *Schwaige* 'Viehhof', vielleicht zu gr. σηκός (*sœkós*) 'umzäunter Platz für junge Schafe'; — *Schwamm*, vielleicht zu gr. σομφός (*somphós*) 'schwammig'; — *Schwan* zu 1. *sonus* 'Ton', eig. 'der Singschwan'; — *schwarz*, 1. *sordēs* 'Schmutz'; — *Schwein* 'Hirt', lit. *svainis* 'der Gattin Schwestermann'; — *Schwein*, got. *swein*, 1. *suīnus*; — *Schweiß*, 1. *sūdor*, gr. ἶδος (*idos*); — *schwer*, lit *svarùs*, 1. *sērius* 'ernsthaft'; — *Schwester*, 1. *soror*; —

Schwieger, l. *socrus*, gr. *ἑχυρά* (*hekyrá*); — *Schwirren* 'Pfahl', ai. *sváruḥ* 'Opferpfosten', l. *surus* 'Zweig, Pfahl'; — *schwören*, l. *sermo*, ai. *sváráti* 'tönt, erschallt'.

7. *w* nach *l* und *r* wird *b*. Im absoluten Auslaut war *o* entstanden, das später abfiel, so daß Formen mit und ohne *b* nebeneinander stehen.

albern, ahd. *alawári* 'ganz wahr'; — *Erbse*, ahd. *araweiz*, lat. *ervum*; — *fahl*, *falb*, e. *fallow*, lit. *palvas* 'weißlichgelb'; — *Farbe*, mhd. *varwe*; — *(Schaf)garbe*, ahd. *garwa*, e. *yarrow*; — *gelb*, *gehl*, e. *yellow*, l. *helvus*; — *gerben*, ahd. *garawen* : *gar*, ahd. *garo*; — *herb*, mhd. *herwer*; — *kahl*, e. *callow* < l. *calvus*; — *Mehl*, ahd. *melo*, e. *meal*, südd. *Melberei*; — *Milbe*, ahd. *miliwa* zu Mehl; — *mürbe*, ahd. *muruwi*; — *Narbe*, e. *narrow* 'eng'; — *Sperber*, ahd. *sparw-ari*, e. *sparrow-hawk*.

8. *nt* wird schon ahd. z. T. zu *nd*, so daß in nhd. *nd* urgerm. *nþ* und *nd* zusammengefallen sind. Das Englische unterscheidet die beiden Laute als *th* und *d*. Vor dem ersten ist der Nasal geschwunden.

<table>
<tr><td>

ander, e. *other*
kund, e. *-couth*
lind, e. *lithe* 'langsam'
Mund, e. *mouth*
Rind, ags. *hrīder*
Sund-'Süden', e. *south*

</td><td>

blind, e. *blind*;
Ende, e. *end*;
Land, e. *land*;
Linde, e. *linden*;
gesund, e. *sound*;
Wind, e. *wind*, l. *ventus*.

</td></tr>
</table>

9. Schon vorahd. ist *n* in unbetonter Silbe in einer Reihe von Fällen zu *l* geworden, sicher nach *i*.

Esel, l. *asinus*; — *Kessel*, l. *catinus*; — *Hettel* 'junge Ziege', anord. *hadna*; — *Himmel*, got. *himins*; — *Igel*, gr. *ἐχῖνος* (*ekhinos*); — *Kümmel*, l. *cuminum*; — *Pickelhaube*, mlat. *bacinum* 'Becken'; — *Wirtel*, abg. *vrěteno*.

Außerdem ist *n* nach einem vorausgehenden *n* geschwunden.

König, ahd. *kuning*; — *Pfennig*, ahd. *phanting*.

10. Die Gruppen *br* und *bl* scheinen inlautend zu *fr* und *fl* geworden zu sein. Da in der Flexion neben Formen mit dieser Lautgruppe solche mit Zwischenvokal standen, so ergeben sich vielfach Doppelformen, vgl. VON BAHDER IF. 14, 258 ff.

Beispiele: *Schaufel* zu *schieben*; — ahd. *weval* 'stamen' zu *weben*, und so auch wohl *Waffel* hierher; — *Frevel* zu got. *abrs* 'heftig, stark'; — *Schwefel* neben got. *swibls*; — *Eifer* zu ahd. *eibar* 'scharf'; — *sauber*, alem. *süfer* aus l. *sobrius*; — *Bafel* neben *Babel*.

Zum Teil handelt es sich hier auch um Entlehnungen aus dem Niederdeutschen, indem das spirantische *b* durch *f* ersetzt wurde.

11. Anlautendes *þl* ist zu *fl* geworden.

fliehen, got. *þliuhan* hat also nichts mit *fliegen*, got. *usflaugjan* 'emporfliegen machen' zu tun; — *flehen*, got. *gaplaihan* 'freundlich zureden, liebkosen'. Außerdem steht noch *f* für *þ* in *finster*, ahd. *dinstar* zu *Dämmer*.

Weitere Abweichungen siehe unten Kapitel 11.

Die Haupteigentümlichkeiten des Hochdeutschen gegenüber den andern germanischen Dialekten liegen in der hochdeutschen (zweiten) Lautverschiebung, die schon in voralthochdeutscher Zeit eingetreten ist.

Dadurch werden:

a) die stimmlosen Verschlußlaute *p*, *t*, *k*

a) nach Vokalen zu dem entsprechenden langen (doppelten) Reibelaut, der nach langem Vokal gekürzt (vereinfacht) wird, also *p* zu *ff (f)*; *s* zu *ȥȥ (ȥ)*, nhd. *ss, ß, s*; *k* zu *hh (h, ch)*;

β) im Anlaut und nach Konsonant zu Affrikaten *pf, z, kch* (letzteres aber nur in oberdeutschen Mundarten).

Anmerkung. Vor *r* unterbleibt die Verschiebung des *t*. Es gibt kein *zr* im Anlaut Daher auch *bitter* zu *beißen*, got. *baitrs*.

b) Altes *þ* (engl. *th*), in alter Zeit noch *th, dh* geschrieben, wird *d*; altes *d* wandelt sich zu *t*.

Siehe darüber oben S. 10 ff.

Eine weitere Eigentümlichkeit des Westgermanischen ist die sogenannte Konsonantendehnung. Vor *j, w, r, l, m, n* werden die Konsonanten gedehnt, was durch Doppelschreibung zum Ausdruck gebracht wird. Da sehr häufig Formen, in denen diese Laute dem Konsonanten unmittelbar folgen, neben solchen stehen, in denen dies nicht der Fall ist, indem sich zwischen den beiden Lauten ein Vokal entwickelt hatte, so sind vielfach Doppelformen gebildet worden, von denen bald die eine, bald die andere gesiegt hat. Durch diese Konsonantenverschärfung werden eine Reihe von Ausnahmen der Lautverschiebung erklärt. So erwartet man, daß dem got. *akrs*, e. *acre*, lat. *ager* im Deutschen *Acher* entspricht, wie wir *machen*, e. *to make* finden. Die Grundform war aber *akra*, was zu *akkr* führte, *kk* wird aber nicht verschoben.

1. *j*-Verschärfung. Dies ist der häufigste Fall.

ätzen, got. *atjan* : *essen*; — *beizen* : *beißen*; — *drücken*, an. *þrykja*; — *flügge* : *Flug*; — *ergötzen* : *vergessen*; — *heizen*, e. *heat* aus **haitjan* : *heiß*, ebenso *Hitze*, asächs. *hittja*; — *hetzen* : *Haß*; — *hüpfen* : *hoffen*; — *Lücke* : *Loch*; — *netzen*, got. *natjan* : *naß*; — *Metze* : *messen*; — *Netz*, e. *net*, got. *nati*; — *Recke*, asächs. *wrekkjo* 'Fremder' : *rächen*;— *schwitzen* : *Schweiß*; — *schlüpfen* : *schliefen*; — *schöpfen*, asächs. *skeppian* : *schaffen*; — *sitzen*, e. *to sit*, gr. ἕζομαι *(hézomai)*;— *wecken* : *wach*; — *Weizen*, e. *wheat*, got. *hvaiteis* : *weiß*; — *wetzen*, e. *to whet*, got. *gahvatjan*; — *Witz*, e. *wit* : *wissen*.

2. *w*-Verschärfung.

Ache, got. *ahva*, l. *aqua*; — *Zeche*, ags. *teoh*; — *Axt*, ahd. *acchus*, got. *aqizi*; — *quick*, *queck*, ags. *cwicu*; — *nackt*, got. *naqaþs*; — *Nixe*, ahd. *nicchessa, nihhus*.

3. *r*-, *l*-Verschärfung.

Acker, e. *acre*, got. *akrs*; — *wacker*, ags. *wacor*; — *Kupfer*, e. *copper*; — *tapfer*, e. *dapper* 'flink, gewandt'; — *kitzeln*, e. *kittle*; — *stickel* 'steil', ahd. *stecchal*.

4. *n*-, *m*-Verschärfung.

Roggen, ags. *ryge*, e. *rye*; — *Brocken*, got. *gabruka*; — *Hopfen*, e. *hop*; — *Atem*, ags. *ǣdm*.

§ 31. **Urgermanischer Konsonantismus.** Der urgermanische Konsonantismus ist durch eine Reihe von Lautveränderungen, unter denen die germanische Lautverschiebung die wichtigste ist, vom Indogermanischen geschieden. Die Lautverschiebung besteht in folgenden Vorgängen:

1. Die Tenues *p, t, k* (gr. lat. *p, t, k*) werden zu tonlosen Spiranten *f, þ, x*.

2. Die Medien *b, d, g* (gr. lat. *b, d, g*) werden zu *p, t, k* (die der hochdeutschen Lautverschiebung unterliegen).

3. Die Mediäaspiratä *bh, dh, gh* (lat. *f-, h-, -b-, -d-, -g- [-h-]*, gr. φ, ϑ, χ) werden zu stimmhaften Spiranten *ƀ, đ, g*, von denen sich *ƀ* und *g* in einer

Reihe von deutschen Dialekten bis heute erhalten haben, während *d* frühzeitig zu *d* und ahd. weiter zu *t* wurde.

Sie sind oben S. 13 ff. dargestellt worden.

4. Im Indogermanischen gab es Gutturale mit *w*-Nachschlag, etwa wie lat. *qu*, also *kw*, *gw*, *ghw*, und diese werden germ. verschoben zu *hw* (got. *lv* geschrieben), *kw*, *gw*. In der Verbindung *gw* geht entweder das *g* oder das *w* verloren, so daß Formen mit *g* und *w* nebeneinander stehen.

a) Anlautendes *hw* wird nhd. *h* oder *w*. Beispiele für den Anlaut siehe oben S. 40. Im Inlaut schwindet das *w*.

1. *aqua*, got. *ahva*, d. *Ache, Aa*; — d. *leihen*, l. *linquo*; — d. *sehen*, got. *saihvan*; — d. *erwähnen*, zu l. *vox*, gr. ἔπος (*épos* 'Wort'.

b) Idg. *gw* wird germ. zu *kw*, in welcher Verbindung das *w* z. T. schwindet. Lat. erscheint *v-*, *-v-*, *-g-* gr. *b*, *d*, *g*.

Quaddel, gr. δοθιήν *dothián* 'Blutgeschwür'; — *Quappe*, abg. *žaba* 'Kröte'; — *queck*, l. *vivos*, gr. βίος *bios* 'Leben'; — e. *queen*, gr. γυνή, *gyná*); — *kommen*, l. *venio*, gr. βαίνω *baino* — *Kragen*, gr. βρόγχος *brónkhos*) 'Luftröhre'; — *Kröte*, gr. βράταχος *brátakhos* 'Frosch': — *Kitt*. l. *bitumen* 'Erdpech' mit *b* statt *v*, weil Lehnwort: — *Anke* 'Butter', l. *unguen*; — *nackt*, got. *naqaþs*. l. *nudus* aus **nogvedos*.

c) Idg. *ghw* erscheint teils als *g* mit Schwund des *w*, teils als *w* mit Schwund des *g*.

d. *warm*. l. *formus*. gr. θερμός *thermós* — d. *eng*, got. *aggwus*, l. *angustus*: — d. *Schnee*, got. *snaiws*. l. *ninguit*. gr. νείφει (*niphē*.

In einer Reihe von Fällen verbindet sich das aus *gw* entstandene *w* mit dem vorhergehenden Vokal zu einem Diphthong.

d. *Niere*. ahd. *nioro*. l. *nefrones*, gr. νεφρός (*nephrós*); — d. *Aue* aus **agwio* zu got. *ahva* 'Wasser'.

5. Die indogermanischen Labiovelare sind in einer Reihe unbestreitbarer Fälle zu reinen Labialen geworden.

d. *Wolf*, l. *lupus*, gr. λύκος *lýkos*, ai. *vrkah*; daneben an. *ylgr* 'Wölfin'; — d. *vier*, got. *fidwor*. ai. *čatvarah*. l. *quattuor*; — d. *fünf*, l. *quinque*, gr. πέντε (*pénte*); — d. *Ofen*, aber got. *auhns*, ai. *ukha* 'Topf'; — d. *Zweifel* zu ahd. *zweho* 'Zweifel': — d. *zwölf*, lit. *dvilika*.

6. Die Laute *j*, *l*, *m*, *n*, *r*, *s*, *w*, sind im Germanischen unverändert geblieben, abgesehen von gelegentlichem Schwund. Es folgt aber auch hier eine Liste der Wörter, die sichere Entsprechungen in den verwandten Sprachen haben.

Jahn, ai. *janah* 'Bahn'; — *Jahr*. gr. ὥρα (*hōrā*); — *Jammer*. gr. ἥμερος (*hāmeros*) 'sanft'; — *gären*. gr. ζέω (*zéo*; — *jäten*. ai. *játate* 'strebt, bemüht sich'; — *Joch*. l. *jugum*, gr. ζυγόν *zygón*; — *Juchert*, l. *jugerum*; — *Jugend*, l. *iuventus*; — *jung*, l. *juvenis*.

Lachs. lit. *lašišà*. russ. *losósü*; — *Lamm*, gr. ἔλαφος (*élaphos*) 'Hirsch'; — *Land*. abg. *lędina* 'unbebautes Land'; — *lang*. l. *longus*; — *Lappen*. gr. λοβός (*lobós*) 'Ohrläppchen'; — *laß*, l. *lassus*; — *lassen*. gr. ληδεῖν (*lēdēn*) 'müde sein'; — *Laub*, gr. λέπος (*lépos*, λοπός *lopós* 'Schale, Hülse'; — *Lauge*, l. *lavare*; — *lecken*, gr. λείχειν (*lékhīn*, l. *lingere*; — *lecken* 'mit den Füßen ausschlagen'. gr. λάξ, λάγδην (*láks, lágdœn*); — *Leder*. air. *lethar*; — *Lefze*. Lippe, l. *labium*; — *legen*. abg. *ložiti*; — *Lehen*, ai. *reknah*; — *Lehm, Leim*, l. *limus*; — *leicht*, gr. ἐλαχύς *elakhýs*; — *leihen*. l. *linquo*, gr. λείπω (*lepō*); — *Lein, Linnen*. l. *linum*, gr. λίνον *linon*); — *Geleise*. l. *lira* 'Furche'; — *Leiste* 'Einfaßstreifen' vielleicht zu l. *litus*,

'Strand'; — *Lende*, l. *lumbus*; — *lese*, lit. *lesù* 'picke auf'; — *Licht*, l. *lūx*, gr. λύχνος (*lýkhnos*) 'Leuchte'; — *lieb*, l. *lubet*; — *Lied*, gr. λύσσα (*lýssa*) 'Wut'; — *liederlich*, gr. ἐλεύθερος (*eleútheros*), l. *liber*; — *liegen*, l. *lectus*, gr. λέχος (*lékhos*); — *linde*, l. *lentus*; — *Linde*, gr. ἐλάτη (*elátē*); — *link*, ai. *laṅga-* 'lahm'; — *Locke*, gr. λύγος (*lýgos*) 'biegsamer, junger Zweig'; — *locken*, l. *lacio*; — *Loden*, gr. λάσιος (*lásios*) 'rauh, haarig'; — *Loh* 'Busch, Hain', l. *lūcus*; — *Lohn*, l. *lucrum*, gr. ἀπολαύειν (*apolaúēn*) 'genießen'; — *los*, gr. λύω (*lýō*), l. *so-lvo*; — *Lot*, air. *luaide* 'Blei'; — *Luchs*, gr. λύγξ (*lynx*); — *lügen*, abg. *lŭgati*; — *Lust*, l. *lascivos*, gr. λιλαίομαι (*lilaíomai*) 'begehre'.

machen, gr. μαγίς (*magis*) 'geknetete Masse'; — *Macht*, abg. *moštĭ*; — *mager*, l. *macer*, gr. μακρός (*makrós*); — *Mahd*, gr. ἄμητος (*ámætos*); — *mähen*, l. *metere*, gr. ἀμάω (*amáō*); — *mahlen*, l. *molo*; — *Mähne*, l. *monīle* 'Halsband'; — *mahnen*, l. *monēre*; — *Mahr*, poln. *mora*; — *Mähre*, kelt. *marka*; — *Maische*, abg. *mězga* 'Baumsaft'; — *Mal*, l. *macula*; — *Malz*, gr. μέλδειν (*méldēn*) 'erweichen'; — *manch*, abg. *mŭnogŭ*; — *Mangel*, l. *mancus*; — *Mann*, ai. *mánuḥ*; — *Mark* 'Grenze', l. *margo* 'Rand'; — *Mark* 'medulla', abg. *mozgŭ*, ai. *majjan-*; — *Masche*, lit. *mãzgas* 'Knoten'; — *Mast*, l. *mālus* (aus *mazdos*); — *Mast*, 'Fettmachung', ai. *mēdaḥ* 'Fett'; — *Maus*, l. *mūs*, gr. μῦς (*mŷs*); — *Meer*, l. *mare*; — *Mehl*, alb. *mjeł*; — *mein*, l. *meus*; — *meinen*, abg. *měniti*; — *melken*, l. *mulgēre*, gr. ἀμέλγειν (*amélgēn*); — *Meltau*, l. *mel*, gr. μέλι (*méli*); — *mengen*, lit. *minkīti* 'kneten'; — *messen*, l. *meditāri*, gr. μέδεσθαι (*médesthai*); — *Met*, gr. μέθυ (*méthy*) 'berauschendes Getränk'; — *Metze*, l. *modius*; — *mich*, gr. ἐμέγε (*emége*); — *michel* 'groß', l. *magnus*, gr. μεγαλο- (*megalo-*); — *Miete*, gr. μισθός (*misthós*) 'Lohn'; — *milde*, l. *mollis*; — *minder*, l. *minus*; — *Minne*, l. *memini*, gr. μέμονα (*mémona*) 'ich gedenke'; — *Mist*, l. *mingere*, gr. ὀμιχεῖν (*omikhên*); — *mit*, gr. μετά (*metá*); — *Mitte*, l. *medius*; — *Moder*, ai. *mūtram* 'Harn'; — *mögen*, gr. μῆχος (*mækhos*) 'Hilfsmittel'; — *Mohn*, gr. μήκων (*mækōn*); — *Möhre*, serb. *mrkva*; — *Mond*, l. *mensis*, gr. μήν (*mæn*); — *Moos*, l. *muscus*; — *Mord*, gr. βροτός (*brotós*) 'sterblich'; — *Mücke*, l. *musca*, gr. μυῖα (*myîa*); — *Mühe*, l. *mōlēs*, gr. μῶλος (*môlos*); — *Mund*, l. *mentum*; — *munter*, lit. *mandrùs* 'munter'; — *mürbe*, gr. μαραίνω (*maraínō*); — *Mut*, gr. μῆνις (*mænis*) 'Zorn'; — *Mutter*, l. *māter*, gr. μήτηρ (*mætær*).

Nabe, ai. *nābhi-*; — *Nabel*, l. *umbilicus*, gr. ὀμφαλός (*omphalós*); — *Nachen*, l. *navis*, gr. ναῦς (*naûs*); — *Nacht*, l. *nox*, gr. νύξ (*nýx*); — *nackt*, l. *nūdus*; — *Nadel*, gr. νῆτρον (*nætron*) 'Spindel'; — *Nagel*, l. *unguis*, gr. ὄνυξ (*ónyx*); — *nähren*, zu *genesen*, gr. νέομαι 'kehre heim'; — *Name*, l. *nōmen*, gr. ὄνομα (*ónoma*); — *Narbe*, lett. *nārs* 'Klammer, Schraubenzwinge'; — *Narr*, lit. *naršas* 'Zorn'; — *Nase*, l. *nāsus*, *nāres*; — *Natter*, l. *natrix*; — *Nebel*, l. *nebula*, gr. νεφέλη (*nephélæ*); — *Neffe*, l. *nepōs*, gr. ἀνειψιός (*anepsiós*) 'Verwandter'; — *nehmen*, gr. νέμειν (*némēn*); — *Nessel*, ir. *nenaid*, lit. *néndrē* 'Schilfrohr'; — *Nest*, l. *nīdus*; — *Nestel*, l. *nōdus* (aus *nozdos*); — *Netz*, l. *nassa* 'Fischreuse, Netz'; — *neu*, l. *novus*, gr. νέος (*néos*); — *neun*, l. *novem*, gr. ἐννέα (*ennéa*); — *Nichte*, l. *neptis*; — *nieder*, abg. *nizŭ* 'abwärts, unten'; — *Niere*, l. *nefrōnes*, gr. νεφρός (*nephrós*); — *niesen*, russ. *njúchatĭ* 'riechen, schnupfen'; — *genießen*, lit. *naudà* 'Nutzen'; — *Nixe*, gr. νίζειν (*nizēn*) 'waschen'; — *Nord*, gr. νέρτερος (*nérteros*) 'unten'; — *Not*, apreuß. *nautin* 'Not'; — *nun*, l. *nunc*, gr. νῦν (*nŷn*); — *Nuß*, l. *nux*.

Rad, l. *rota*; — *Rahe*, lit. *rēklēs* 'Stangengerüst'; — *rasen*, gr. ἐρωεῖν (*erōên*) 'fließen, strömen'; — *räß*, l. *rādere* 'kratzen'; — *Rast*, gr. ἐρωή (*erōǽ*) 'Ruhe'; — *raten*, abg. *raditi* 'sorgen'; — *rauben*, l. *rumpere*; — *rauh*, l. *rūga*; — *Raum*, l. *rūs*; — *rauschen*, ai. *rōšati* 'ist unwirsch, zürnt'; — *recht*, l. *rectus*, gr. ὀρεκτός (*orektós*); — *recken*, l. *regere*, gr. ὀρέγειν (*orégēn*); — *Rede*, l. *ratio*; — *regnen*, l. *rigāre*; — *Reihe*, ai. *rēkhā* 'Strich, Linie'; — *reiten*, gall. *rēda* 'Wagen'; — *reuten*, aw. *rao(i)ðja* 'reutbar'; — *Riegel*, l. *arcēre* 'verschließen', gr. ἀρκεῖν (*arkên*) 'abwehren'; — *Riemen*, gr. ῥῦμα (*rŷma*) 'Zugseil'; — *Riff*, l. *rīpa*, gr. ἐρίπνη (*erípnæ*) 'Absturz' Abgrund'; — *rinnen*, l. *rīvus*; — *Rippe*, abg. *rebro*; — *Roggen*, lit. *rugiaî*; — *Rost*, lit. *rùsvas* 'rotbraun'; — *rot*, l. *ruber*, gr. ἐρυθρός (*erythrós*); — *Rübe*, l. *rūpa*, gr. ῥάπυς (*rápys*); — *rücken*, l. *vergere*; — *Ruder*, l. *rēmus*; — *Ruhe*, gr. ἐρωή (*erōǽ*); — *Rune*, air. *rūn* 'Geheimnis'; — *Rute* l. *radius*; — *rütteln*, l. *vertere*.

säen, l. *sevi*; — *Säge*, l. *secare*; — *sagen*, l. *in-sece*, gr. ἔννεπε (*énnepe*) aus **ensekwe*; — *Sahne*, ai. *sanu* 'Oberstes der Sonnaseihe'; — *Saite*, lit. *siētas* 'Strick zum Anbinden des Viehs'; — *Salbe*, gr. ἔλπος (*élpos*) 'Öl', kypr. ἔλφος (*élphos*) 'Butter'; — *Salweide*, l. *salix*; — *Salz*, l. *sal*, gr. ἅλς (*háls*); — *Samen*, l. *semen*; — *-sam*, e. *same*, l. *similis*, gr. ὁμός (*homós*); — *Sand*, gr. ψάμαθος (*psámathos*); — *satt*, l. *satur*, gr. ἄατος (*áatos*) 'unersättlich'; — *Sattel*, abg. *sedlo*; — *Sau*, l. *sûs*, gr. ὗς (*hŷs*); — *sauer*, gr. ξυρός (*ksyrós*), lit. *suras* 'salzig'; — *saufen*, ai. *supah* 'Brühe, Suppe'; — *saugen*, l. *sugo*; — *Säule*, gr. ξύλον (*ksýlon*) 'Holz, Balken, Knüttel'; — *sausen*, abg. *sysati* 'pfeifen, zischen'; — *sechs*, l. *sex*, gr. ἕξ (*héks*); — *sehr*, l. *saevus*; — *Seim*, gr. αἱμύλος (*haimylos*) 'süß, einschmeichelnd'; — *sind*, l. *sunt*; — *sein*, l. *suus*; — *Seneschall*, l. *senex*; — *Sense*, l. *sacena*; — *Sessel*, l. *sella*, gr. ἕλλά (*hellá*); — *sich*, l. *se*, gr. ἕ (*hé*); — *sie*, gr. ἥ (*hǽ*); — *sieben*, l. *septem*, gr. ἑπτά (*heptá*); — *Sieg*, gr. ἔχειν (*ékhen*); — *Sinn*, gr. νόος (*nóos*) aus **snowos*; — *Sippe*, ai. *sabhā* 'Versammlung'; — *Sitte*, gr. ἦθος (*éthos*); — *sitzen*, l. *sedere*, gr. ἕζομαι (*hézomai*); — *Sohn*, lit. *sūnùs*; — *sohr* 'trocken' gr. αὖος (*aûos*); — *Sonne*, l. *sol*; — *suchen*, l. *sagire* 'nachspüren, wittern'; — *Süd* (aus *sund*), gr. νότος (*nótos*) aus **snotos*; — *Sühne*, l. *sanus* 'gesund'; — *süß*, l. *suavis*, gr. ἡδύς (*hœdýs*).

Anmerkung 1. Inlautend ist *s* nach dem Vernerschen Gesetz zu got. *z*, d. *r* geworden, s. oben § 18.

Anmerkung 2. Vor stimmhaften Lauten ist *s* im Indogermanischen zu *z* geworden. Mit den idg. Medien ist dies germanisch zum stimmlosen *s* geworden.

Ast, gr. ὄζος (*ózos*), Grdf. **ozdos*; — *fisten*, l. *pedere* aus **pezdere*; — *Geist*, ai. *hedah* 'Zorn'; — *Gerste*, l. *hordeum* aus **horzdeum*; — *Mast*, l. *malus* aus **mazdos*; — *Mast*, ai. *medas* 'Fett'; — *Nest*, l. *nidus* aus **nizdos*; — *Nestel*, l. *nōdus* aus **nozdos*; — *Brüsch* 'Mausedorn', lit. *brūzgas* 'Gestrüpp'; — *Wisch*, l. *virga*; — *Maische*, abg. *mězga* 'Baumsaft'.

Vor den idg. Mediäaspiratä, germ. Medien entsteht *r*: *Gerte*, got. *gazds*, l. *hasta*; — *Mark*, abg. *mozgŭ*; — *Miete*, got. *mizdō*, gr. μισθός (*misthós*).

wachen, l. *vegere*; — *Wachs*, abg. *voskŭ*; — *wachsen*, l. *augere*, gr. ἀέξειν (*aéxēn*); — *Wacke*, lit. *vagis* 'Zapfen, Pflock'; — *wacker*, ai. *vajra-* 'Donnerkeil'; — *Wade*, l. *vatius* 'einwärtsgebogen, krumm'; — *Waffe*, gr. ὅπλον (*hóplon*); — *Wage*, l. *vectis* 'Hebel'; — *Wagen*, l. *vehis*, gr. ὄχος (*ókhos*) 'Wagen'; — *wägen*, l. *veho*, gr. ὀχέομαι (*okhéomai*) 'fahre'; — *Wahn*, l. *venari*; — *wahn* 'leer', l. *vanus*; — *wahr*, l. *verus*; — *wahren*, gr. ὁράω (*horáō*); — *Waid*, l. *vitrum*; — *Wald*, ai. *vāṭah* 'eingehegter Platz, Garten'; — *walken*, ai. *válgati* 'bewegt sich heftig, springt umher'; — *Walm*, ai. *ūrmíh* 'Woge'; — *walten*, l. *valēre*; — *Wanst*, l. *venter*; — *Wasser*, gr. ὕδωρ (*hýdōr*); — *Wate*, lett. *wad(u)s* 'großes Zugnetz'; — *waten*, l. *vadere*; — *Watt*, l. *vadum*; — *weben*, gr. ὑφαίνω (*hyphainō*); — *Wechsel*, l. *vices*; — *Weck*, lit. *vagis* 'Zapfen, Pflock'; — *Weg*, lit. *vežē* 'Wagen, Schlittengeleise', l. *via*; — *wehen*, gr. ἄησι (*áesi*); — *wehren*, gr. ἔρυσθαι (*érysthai*); — *weichen*, gr. οἰχνύναι (*oignýnai*); — *Weide*, 'Baum', gr. ἰτέα (*itéa*), οἰσύη (*oisýē*); — *Weide*, l. *vēnāri*; — *weifen* 'haspeln', l. *vibrare*; — *Weigand* 'Kämpfer', l. *vinco*; — *weihen*, l. *victima*; — *Weise*, gr. ἰδέα (*idéa*); — *welken*, lit. *vilgīti* 'befeuchtend glätten'; — *Welle*, lit. *vilnis*; — *Welt* aus *wer-alt*, l. *vir*; — *werden*, l. *verto*; — *Werk*, gr. ἔργον (*érgon*); — *wert*, l. *vorsus*; — *gewesen*, ai. *vásati*; — *Wespe*, l. *vespa*; — *Westen*, gr. ἕσπερος (*hésperos*), l. *vesper*; — *Westerhemd*, l. *vestis*; — *Wette*, l. *vas*; — *Wetter*, lit. *vétra* 'Sturm'; — *Wicht*, abg. *veštĭ* 'Ding, Sache'; — *Widder* zu lat. *vetus*, gr. ἔτος (*etos*) 'Jahr', vgl. *vitulus* 'Kalb'; — *wider*, ai. *vitarám* 'weiter'; — *Wiebel*, lit. *vābalas* 'Käfer'; — *Wiede* 'Holz' in *Wiedehopf*, air. *fid*; — *wild*, ai. *vṛthā* 'nach Belieben'; — *Wille*, abg. *volja*; — *Wind*, l. *ventus*; — *wir*, lit. *vedù* 'wir beide'; — *wirken*, ῥέζω (*rézo*); — *wissen*, l. *vidēre*, gr. οἶδα (*oîda*); — *Witwe*, l. *vidua*; — *Wolf*, l. *lupus*, gr. λύκος (*lýkos*); — *Wolke*, abg. *vlaga* 'Feuchtigkeit'; — *Wolle*, l. *lāna*, gr. λῆνος (*lênos*); — *wollen*, l. *volo*; — *Wort*, l. *verbum*; — *wünschen*, ai. *vāñchati*; — *würgen*, abg. *vrěsti* 'binden'; — *Wurm*, l. *vermis*; — *Wurz*, l. *rādix*; — *wüst*, l. *vastus*; — *Wut*, l. *vātēs*.

Von *r*, *l* ist *w* im Neuhochdeutschen geschwunden, s. oben S. 41. Postkonsonantisches *w* ist vielfach geschwunden, ebenso *j* im Althochdeutschen nach allen Konsonanten mit Ausnahme von *r*. Hier hat es sich teilweise bis ins Neuhochdeutsche als *g* erhalten.

Ferge, ahd. *ferio* : *fahren*; — St. *Märgen* zu *Maria*; — *Scherge*, ahd. *scario* zu *Schar*; —

Statt eines idg. *w* erscheint in einer Reihe von Fällen ein *k*, das wohl auf *kw* zurückgeht.

quick, *Quecksilber* : l. *vivos*; — ahd. *zeihhur* 'Schwager', gr. δαήρ (*daēr*), ai. *dēvā*; — *Nachen* : l. *navis*; — *spucken*, *Speichel* : *speien*; — *Speck* : gr. πίων (*piōn*), ai. *pivan* 'fett'; — *hacken* : *hauen*.

Die genauern Bedingungen dieses Lautwandels sind unklar. Es ist daran zu erinnern, daß im Ostgermanischen und Nordischen manchem *u* ein *g* vorgeschlagen wird.

Die Vertretung dieser Laute in den verwandten Sprachen ist aus nachfolgender Tabelle zu ersehen.

Idg.	Got.	Ahd.	Ags.	Air.	Lat.	Griech.	Aind.	Slaw.	Lit.
p	*f, ƀ*	*f, b*	*f, ƀ*		*p*	π	*p*	*p*	*p*
t	*þ, đ*	*d, t*	*þ, d*	*t*	*t*	τ	*t*	*t*	*t*
k	*h, g*	*h, g*	*h, g*	*k*	*k*	ϰ	*k, ś*	*k, s*	*k, š*
kw	*ƕ, f, b, w, g*	*h, f, b, w, g*	*h, w, g, f*	*k*	*qu, k*	π, τ, ϰ	*k, ć,*	*k, ć, c*	*k*
bh	*ƀ*	*b*	*ƀ*	*b*	*f-, -b-*	φ (π)	*bh (h, b)*	*b*	*b*
dh	*đ*	*t*	*đ*	*d*	*f-, -d-, -b-*	ϑ, (τ)	*dh (h, d)*	*d*	*d*
gh —	*g̊*	*g*	*g̊*	*g*	*h-, g-, -h-, -g-*	χ (ϰ)	*h*	*g, z*	*g, ž*
ghw	*w-, -g-, -w-*	*w, -g-, -w-*	*w, -g̊-, -w-*	*g*	*f-, -gu-, v*	φ, ϑ, χ	*h*	*g, ž, dz*	*g*
b	*p*	*pf-, -ff-*	*p*	*b*	*b*	β	*b*	*b*	*b*
d	*t*	*z-, -ȝȝ-, ȝ*	*t*	*d*	*d*	δ	*d*	*d*	*d*
g	*k*	*k-, -ch-*	*k*	*g*	*g*		*g, j*	*g, z*	*g, ž*
gw	*q*	*kw, k*	*kw, k*	*d, g*	*v, gu, g*	β, δ, γ	*g, j*	*g, ž, dz*	*g*
r	*r*	*r*	*r*	*r*	*r*	ϱ	*r*	*r*	*r*
l	*l*	*l*	*l*	*l*	*l*	λ	*r (l)*	*l*	*l*
n, m	*n, m*, vor *h* geschwunden	*n, m*, vor *h* geschwunden	*n*, vor Spiranten geschwunden	*m, n*	*m, n*	μ, ν	*m, n*	*m, n*, vor Konsonanten zur Nasalierung geworden	*m, n*, vor Spiranten zur Nasalierung geworden

Außerdem erlitt der germanische Konsonantismus noch Veränderungen durch Assimilation von Konsonanten. Von diesen Veränderungen sind die wichtigsten folgende.

7. *n*-Assimilation.

a) *ln* wird zu *ll*.

d. *Wolle*, got. *wulla*, lit. *vilna*, lat. *lana*; — d. *Welle*, lit. *vilnis*; — d. *Stellen*, ai. *sthuna* aus **sthlna* 'Pfosten'; — d. *Fell*, l. *pellis*; — d. *voll*, l. *plenus*, lit. *pilnas*.

b) Die indogermanischen Verschlußlaute +*n* werden zur Doppeltenuis, wenn der Akzent folgte, also *-kn-'*, *-gn-'*, *-ghn-'* zu *kk*, *-pn-'*, *-bn-'*, *-bhn-'* zu *pp* (jetzt *pf*), *-tn-'*, *-dn-'*, *-dhn-'* zu *tt* (deutsch *tz*). Durch dieses vielbesprochene Gesetz erklärt man manche Ausnahme der Lautverschiebung.

d. *Locke*, lit. *lugnas* 'gebogen, krumm'; — d. *lecken*, gr. λιχνεύειν (*likhneúein*); — d. *weiß*, ai. *śvitnaḥ*; — d. *stagnum* 'stehendes Gewässer', anord. *stakke* 'Heuschober'.

Demgegenüber hat TRAUTMANN, Germanische Lautgesetze, Königsberger Diss. 1906 S. 64 ff. auf zahlreiche entgegenstehende Fälle hingewiesen:

Rogen, lit. *kurkulai* 'Froschlaich'; — *Ahne*, ahd. *agana* 'Spreu', gr. ἄχνη (*ákhnē*); — *Degen*, gr. τέκνον (*téknon*) 'Kind'.

Ich glaube indessen nicht, daß das Gesetz dadurch erschüttert wird, vor allem, da eine irgendwie einleuchtende Erklärung von Fällen wie *zocken*: *ziehen*; *nicken*: *neigen* und andern nicht gegeben ist.

c) *nw* zu *nn*:

d. *dünn*, ahd. *dunni*, l. *tenuis*; — d. *Kinn*, gr. γένυς (*génys*), l. *dentes genuini* 'Backenzähne'; — d. *minder*, ahd. *minniro*, l. *minu-o*; — d. *rinnen* zu lat. *rivus*; — d. *Sinn*, gr. νόος (*nóos*) 'Sinn' aus **snowos* mit Schwebeablaut; — d. *beginne*, ai. *hinvati* 'setzt in Bewegung'.

8. *dl* zu *ll*, vgl. SIEVERS, Indogermanische Forschungen 4, 335. Da *pl* bleibt und im Deutschen als *dl* erscheint, so erhalten wir nebeneinander Formen mit *-d(e)l-* und *-ll-* als grammatischen Wechsel.

wallen neben ahd. *wadalōn* 'umherstreifen', dazu *Wadel*; — *Stall* neben *Stadel*; — ags. *bill* 'Beil' neben *Beil*, ahd. *bihal* aus **bipla*; — *Knolle, Knollen* neben *Knödel*; — *Keil* neben dial. *Keidel*; — *Pfuhl* 'Sumpf' neben dial. *Pudel*.

9. *zl, zn, zm, zw*, nach dem Vernerschen Gesetz aus *sl, sn, sm, sw* entstanden, scheinen zu *ll, nn, mm, ww* assimiliert zu sein.

Krolle 'Haarlocke': *kraus*. Doch kann dessen *s* auch auf *tt* zurückgehen; — *dem*, got. *þamma*, ai. *tásmad*; — *b-in*, got. *im*, ai. *ásmi* 'bin'.

10. Dental + Dental wird zu *ss*. Dieses *ss* fällt im Nhd. mit dem aus *t* verschobenen *ȥȥ* zusammen, und man muß daher das Niederdeutsche oder Englische heranziehen, um die Laute zu unterscheiden.

gewiß, got. *unwissa* 'ungewiß'; — *miß*. got. *missa* zu *meiden*.

Mit Vereinfachung des *ss* nach langem Vokal oder Diphthong:

Aas, ahd. *ās* zu *essen*, e. *eat*, l. *edere*; — *weise*, engl. *wise* zu *wissen*. e. *towit* 'nämlich'; — *leise* zu *linde*; — *Meise* 'Tragreff zum Tragen' zu anord. *meita* 'abhauen'; — *Haus* vielleicht zu *Hütte*; — *Mus, Gemüse* zu nd. *Mett* in *Mettwurst*.

In einer Reihe von Fällen steht für *tt* scheinbar *st*.

du weißt, got. *waist*, gr. οἶσθα (*oistha*) zu l. *videre*; — *Last*: *laden*; — *rüsten*: ags. *hreodan* 'schmücken', gr. κορύσσω (*koryssō*) aus **korythjō* 'wappne'.

11. Aus *-mn-* ist *-bn-* geworden.

Da neben den Formen mit *mn* solche mit Mittelvokal standen, so finden wir Formen mit *mn* (woraus nhd. *mm*) und *bn* nebeneinander.

Himmel, got. *himins*, e. *heaven*.

12. *mr* wurde zu *mbr*, *ml* zu *mbl*, woraus im Anlaut *br* und *bl*.

brackig zu *Meer*, l. *mare*; — *braten*, gr. βράσσω (*brássō*) 'siede, braue' (gr. *br* aus *mr*); — *Bregen*, gr. βρεχμός (*brekhmós*) 'Vorderkopf'; — *Brink* 'erhöhter Grasplatz, Grasrein': l. *margo* ‚Rand, d. *Mark* 'Grenze'; — *brummen*, l. *fremo*, gr. βρέμω (*brémo*); — *blau*, gr. μέλας (*mélas*) 'schwarz', lit. *mēlīnas* 'blau'; — *Blei*, irgendwie mit gr. μόλιβος (*mólibos*) zusammenhängend.

Inlautend finden wir:

Ampfer, ai. *amláh* 'sauer'

Anmerkung. Die Richtigkeit dieses Lautgesetzes wird von PER PERSSON, Beiträge zur indogermanischen Wortforschung 27 ff., stark angezweifelt. Es ist dies einer der Fälle, die für die Wortforschung typisch sind. Jeder wird zugeben, daß die aufgestellten Etymologien nicht die Sicherheit haben wie andere, und man wird ohne weiteres zugeben, daß auch andere Erklärungen möglich sind, wie deren Persson zur Genüge bietet. In solchen Fällen handelt es sich dann um ein Abwägen, welche Erklärungen die größere Wahrscheinlichkeit haben und da bleibe ich bei meiner Ansicht. Man kann außerdem nicht nachweisen, was aus idg. *mr-*, *ml-* sonst geworden ist.

13. Zwischen *s* und *r* entwickelt sich ein *t*.

Strom zu gr. ῥέω (*réō*) aus *srewū* 'fließe'; — *Ostern* zu ai. *usráh* 'hell', l. *auröra*; — *Strick* zu ai. *sraj* 'Gewinde'; — *Schwester* zu lat. *soror* (aus *swesor*); — *finster* zu l. *tenebrae* (aus *tenesrae*), ai. *támisrā* 'dunkle Nacht'.

14. In Verbindung von mehreren Konsonanten fällt einer zuweilen aus. Hier ist ein Feld, wo sich die Forschung noch immer betätigen und immer neue Etymologien aufstellen kann.

Ganz sicher schwindet *h* vor *s* + Konsonant. *Mist*, got. *maihstus*, zu l. *mingere*; — *Laster* zu ahd. *lahan* 'tadeln'.

15. Doppelkonsonanten werden nach langem Vokal vereinfacht, z. B. got. *slēpan*, ahd. *slāffan*, dann *slāfan*.

§ 32. Störungen der Lautgesetze. In dem vorhergehenden Abschnitt sind zahlreiche Beispiele gegeben, in denen die Laute des Germanischen den Lauten der verwandten Sprachen regelmäßig entsprechen. Der Stoff ist gehäuft, um jedem zu zeigen, wie groß oft das Material ist, auf das wir uns stützen. Will man die Richtigkeit oder Unrichtigkeit einer Etymologie beurteilen, so muß man unbedingt die Lautgesetze kennen, und man muß sehen, ob eine Etymologie allen Lautgesetzen entspricht. Eine Gleichung l. *pater*, gr. πατήρ (*patér*), d. *Vater* war erst in dem Augenblick völlig begründet, als man gesehen hatte, daß jeder einzelne Laut in diesem Wort jedem der verwandten Sprachen genau entspricht, also $v =$ l. *p*, $a =$ l. *a*, $t =$ got. *d* $=$ l. *t* nach dem Vernerschen Gesetz, $r = r$. In diesem und zahlreichen andern Fällen ist der Nachweis völlig gelungen. In andern Fällen war die völlige Übereinstimmung nicht so leicht nachzuweisen, und die Arbeit der Forschung besteht darin, hier immer größere Klarheit und Sicherheit zu schaffen, wozu natürlich auch immer neue Verbindungen von Worten kommen.

Wir haben oben gesehen, daß die Lautgesetze durch andere Lautgesetze beschränkt werden, und daß man durch Aufhellung solcher Beschränkungen zahlreiche Fälle erklärt hat.

Aber die Störungen der Lautgesetze sind nicht allein durch besondere Gesetze bewirkt, sondern auch durch eine Reihe andrer Umstände, namentlich durch die sogenannten Analogiebildungen, die Volksetymologie und die Entlehnungen.

§ 33. **Störungen der Lautgesetze durch Analogiebildungen.** Die Analogiebildungen können wir hier ganz kurz behandeln, obgleich sie in der eigentlichen Grammatik eine große Rolle spielen.

Das Kind, das zu sprechen beginnt, lernt zunächst einige Worte, die ganz allein stehen. Vermehrt sich sein Wortschatz, so werden im Gehirn verschiedene Worte miteinander verbunden, und es werden nunmehr unwillkürlich neue Formen gebildet. So bekommt das Kind z. B. das Gefühl für die Bildung des Partizipiums mit *ge* und *t*, und es kann nun auch Formen hervorbringen, die es vielleicht nie gehört hat. Daß es dabei manchmal Fehler macht, daß es „*gehaut*‘ sagt statt „*gehauen*‘, ist allbekannt. Vielfach liegen die Analogiebildungen so nahe, daß sie von mehreren Menschen gleichzeitig vollzogen werden, und dann hat eine solche Analogiebildung Aussicht, allgemein üblich zu werden. Durch die Analogiebildungen werden besonders die „Unregelmäßigkeiten" der Sprache beseitigt. Wenn es mhd. noch *gemiten* heißt zu *miden* mit regelrechtem grammatischem Wechsel, heute aber *gemieden*, so ist nicht etwa ein Wandel von *t* zu *d* eingetreten, sondern *gemieden* ist eine solche Analogiebildung. Derartige Fälle lassen sich zu Hunderten anführen, und es sind daher die Worte am besten zur Feststellung der Lautgesetze geeignet, die am wenigsten mit andern Worten assoziiert werden. Naturgemäß müssen die Analogiebildungen eine Zeitlang neben den alten Bildungen stehen, und es kann dann der Fall eintreten, daß die alte Bildung mit besondrer Bedeutung fortlebt. So hieß es *gedeihen*, Part. *gediegen*, wie *ziehen*, Part. *gezogen*. *Gediegen* hat sich aber nur als Adjektivum erhalten, während das Partizip *gediehen* neu gebildet ist. Ein solch alleinstehendes Wort ist dann ausgezeichnet geeignet, die lautgesetzliche Behandlung erkennen zu lassen.

§ 34. **Störungen durch Volksetymologie.** Die sogenannte Volksetymologie, auf die ich ausführlicher im fünfzehnten Kapitel zu sprechen komme, besteht darin, daß alleinstehende und darum unverständliche Wörter an andere ähnlich klingende angeglichen werden. Dabei werden natürlich auch die Laute nicht selten in eigenartiger Weise verändert, ohne daß man dabei von Lautgesetzen sprechen kann.

§ 35. **Störungen durch Entlehnung.** Vielfach sind die Lautgesetze auch durch Entlehnungen gestört. Lehnwörter gibt es in jeder Sprache, und es bildet ein wichtiges Kapitel sie festzustellen. Bei vielen Worten liegt es auf der Hand, daß sie entlehnt sind. Aber bei andern tappte man im Dunkeln. Erst die wissenschaftliche Lautlehre hat hier Klarheit geschaffen und es uns in vielen Fällen ermöglicht, Lehnwörter scharf von dem ererbten Sprachgut zu scheiden. Seit wir aber diese beiden Bestandteile der Sprache voneinander sondern können, hat man auch oft Störungen der Lautgesetze durch Annahme von Entlehnung beseitigt. Wir wollen das an einigen Beispielen zeigen. Wir haben oben § 15 die germanische Lautverschiebung besprochen und gesehen, daß einem lat. gr. *p* im Deutschen ein *f* antwortet. Die Beispiele waren ziemlich zahlreich, aber man kann auch sehr viele anführen, in denen einem lat. gr. *p* ein *pf* entspricht.

Pfaffe = gr. παπᾶς 'geringer Geistlicher'; — *Pfahl* = l. *pālus*; — *Pfalz* = l. *palatium*; —*Pfanne* vielleicht = l. *patina* 'Schüssel'; — *Pfau* = l. *pāvo*; — *Pfeffer* = l. *piper*; — *Pfeife* = l. *pipa* 'Röhre'; — *Pfeil* = l. *pīlum*; — *Pfeiler* = ml. *pilarius*; — *Pfingsten* = gr. πεντηκοστή (*pentœkostœ*) ‚der fünfzigste‘; — *Pfirsich* = l. *persicum* 'persischer' (nämlich 'Apfel'); — *Pfister* 'Bäcker' = l. *pistor*; — *Pflanze* = l. *planta*; — *Pflaster* = gr. lat. *emplastrum*; — *Pflaume* = gr. προῦμνον (*prûmnon*); — *Pforte* = l. *porta*; — *Pfosten* = l. *postis*; — *Pfründe* = ml. *provenda*; — *Pfühl* = l. *pulvīnus*; — *Pfund* = l. *pondus*; — *Pfütze* = l. *puteus*.

Obgleich also das Verhältnis lat. *p* = d. *pf* in zahlreichen Worten auftritt, so sind doch alle diese Worte zweifellos aus dem Lateinischen oder Griechischen entlehnt. Das läßt sich schon daran erkennen, daß es sich nur um einzelne Worte ohne wesentliche Ableitungen handelt. Außerdem stimmt der Lautübergang von *p* zu *f* zu dem Gesetz der Verschiebung bei den beiden anderen Verschlußlauten, da *k* zu *ch*, und *t* zu *þ* verschoben wird, und drittens muß es auffallen, daß es sich hier immer nur um lateinisch-deutsche, höchstens griechisch-deutsche Entsprechungen handelt.

Wir sind also der Annahme, daß etwa idg. *p* im Deutschen auch zu *pf* geworden wäre, enthoben.

Und dieser Gesichtspunkt der Entlehnung hilft uns weiter in vielen andern Fällen. Selbst für die Worte innerhalb des Deutschen kommt er in Betracht. Wenn wir heute sagen *der Rücken*, aber *der Rucksack*, so stimmt das scheinbar nicht zusammen. Tatsächlich ist der Umlaut des *u* vor *ck* in einzelnen Dialekten, vor allem im Oberdeutschen unterblieben. Worte also, die ein *u* statt eines zu erwartenden *ü* zeigen, werden meist aus dem Oberdeutschen stammen. Wir haben jetzt nebeneinander *drucken* und *drücken*. Es ist dasselbe Wort. Das erste ist oberdeutsch, und dieses oberdeutsche Wort kam als eine Bezeichnung des Buchdruckens in die allgemeine Schriftsprache. In § 170 ist dieser Gesichtspunkt ausführlich und mit reichem Beispielmaterial erörtert.

Da im Deutschen sich der Konsanantenstand mehr wie in andern Sprachen verändert hat, so sind wir in der glücklichen Lage, die Entlehnungen besser als in andern Sprachen und oft auch zeitlich sehr genau festzustellen. Daraus lassen sich dann wieder kulturhistorische Schlüsse und andere Folgerungen bedeutsamer Art ableiten.

Ich hoffe, man wird erkennen, daß die genaue Erforschung der Lautlehre der Grund- und Eckstein aller etymologischen Forschung gewesen ist, ist und bleiben wird, und man wird es auch verstehen, wenn in dem Betrieb unsrer Wissenschaft die Lautlehre eine so gewichtige Rolle spielt. Ohne die sichere Grundlage der Lautlehre, die wir heute haben, würde die Etymologie immer ein bloßes Raten geblieben sein, sie würde sich niemals zu fester Begründung haben erheben können. Dies wird man am besten erkennen, wenn man einmal ein etymologisches Werk aus dem 18. Jahrhundert oder selbst aus dem Anfang des 19. Jahrhunderts vornimmt. Man wird hier immer nur ein Raten finden und neben dem Richtigen unendlich viel Falsches antreffen.

§ 36. **Darstellungen der Lautlehre.** Ich verzeichne daher hier die grammatischen Darstellungen, in denen die Lautlehre behandelt ist.

K. BRUGMANN, Grundriß der vergleichenden Grammatik der indogermanischen Sprachen, Bd. 1 ² Lautlehre, 1897. — Derselbe, Kurze vergleichende Grammatik der indogermanischen Sprachen, 1902. — A. NOREEN, Abriß der urgermanischen Lautlehre, 1894 (reiches Material). — F. KLUGE, Vorgeschichte der germanischen Dialekte, in PAULS Grundriß der germanischen Philologie, 3. Aufl., 1913. — W. STREITBERG, Urgermanische Grammatik, 1896. — R. LÖWE, Germanische Sprachwissenschaft, in der Sammlung Göschen, 2. Aufl. — A. HOLTZMANN, Altdeutsche Grammatik, 1870. — F. DIETER, Laut- und Formenlehre der altgermanischen Dialekte. Erster Halbband: Lautlehre des Urgermanischen, Gotischen, Altnordischen, Altenglischen, Altsächsischen und Althochdeutschen. 1898. — WILMANNS, Deutsche Grammatik. Erster Band: Lautlehre, 2. Aufl., 1897. — O. BEHAGHEL, Geschichte der deutschen Sprache, in PAULS Grundriß, 4. Aufl. 1915.

§ 37. **Etymologische Wörterbücher des Deutschen.** Unter den deutschen Wörterbüchern erwähne ich an dieser Stelle zunächst die, die sich im wesentlichen mit der Etymologie beschäftigen.

Das erste brauchbare etymologische Wörterbuch war WEIGANDS Deutsches Wörterbuch. Es ist 1909/1910 in fünfter Auflage erschienen, bearbeitet von K. v. BAHDER, H. HIRT und DR. KANT, herausgegeben von H. HIRT. Das Buch war seinerzeit eine ausgezeichnete Leistung, und so habe ich gern dazu beigetragen, durch eine neue Bearbeitung das Werk wieder zugänglich zu machen. Das Material in diesem Buche ist zum größten Teil aus dem Weigands entnommen, und ich muß zur nähern Begründung der aufgestellten Etymologien auf dieses Werk verweisen.

O. SCHADES Altdeutsches Wörterbuch, 2. Aufl., 1872—1882, verzeichnet den Wortschatz der ältern Zeit mit Heranziehung der Etymologie. Am Anfang ist es infolge widriger Umstände etwas dürftig, in den spätern Teilen aber gibt es reichhaltige Literaturangaben, so daß es für den Forscher unentbehrlich ist. Es ist jetzt ein neuer Abdruck erschienen.

Der größten Verbreitung erfreut sich F. KLUGES Etymologisches Wörterbuch der deutschen Sprache, zuerst 1884; jetzt liegt die 8. Auflage vor. Das Werk war seinerzeit eine praktische Verarbeitung der bei Weigand und Schade niedergelegten Ergebnisse, wobei der Verfasser in der neuern sprachwissenschaftlichen Entwicklung stehend das Falsche leicht beseitigen konnte. Heute steht es trotz mancher Vorzüge nicht mehr ganz auf der Höhe. Es fehlen vor allem viele anerkannte Etymologieen, und manche Irrtümer schleppen sich von Auflage zu Auflage fort. In den neuern Auflagen hat der Verfasser auch viele neu aufgekommene Wörter aufgenommen. Aber die Angaben über ihr erstes Auftreten sind oft genug unzureichend. Zudem ist die Auswahl der aufgenommenen Wörter ganz willkürlich, und es ist so eine Zwiespältigkeit in das Werk gekommen. Daß die wissenschaftliche

Literatur nicht angeführt ist, und daß wir überhaupt kein Werk besitzen, in dem diese verzeichnet ist, wird sich jedem, der auf diesem Gebiet arbeitet, als fühlbarer Mangel erweisen. Nur einen gewissen Erzatz bieten die Angaben im Weigand und in der deutschen Bearbeitung von Talk-Torp, s. § 38, 2.

Die sonstigen Werke können schon wegen ihres geringen Umfangs auf höhere Bedeutung keinen Anspruch machen. Zu nennen sind noch: TETZNER, Deutsches Wörterbuch; Reclam; ganz brauchbar. — R. LOEWE, Deutsches Wörterbuch; in der Sammlung Göschen, 1910. Selbständig und ganz brauchbar. — P. J. FUCHS, Deutsches Wörterbuch auf etymologischer Grundlage mit Berücksichtigung wichtigerer Mundart- und Fremdwörter sowie vieler Eigennamen, Stuttgart 1897. Nach Behaghel, Literaturblatt für germ. und rom. Phil. 1898, 56 f., ist der Verfasser kein eigentlicher Fachmann, gibt aber eine besonnene Auswahl des von andern Gefundenen, und das Werk sei daher im allgemeinen zu empfehlen. Vor andern Werken ist geradezu zu warnen.

§ 38. **Etymologische Wörterbücher der übrigen germanischen Sprachen.** Mit Vorteil wird man auch oft bei etymologischen Studien die Werke heranziehen, die die übrigen germanischen Sprachen behandeln. Ich gebe hier eine Liste des Wichtigsten.

1. **Gotisch:** S. FEIST, Grundriß der gotischen Etymologie, 1888. Heute völlig überholt durch C. C. UHLENBECK, Kurzgefaßtes etymologisches Wörterbuch der gotischen Sprache, 2. Aufl., Amsterdam 1900. S. FFIST, Etymologisches Wörterbuch der gotischen Sprache mit Einschluß des sogenannten Krimgotischen. Halle 1909 f. Es ist ein größeres Werk, das aber leider den Anforderungen, die man an ein so umfangreiches Werk stellen muß, nicht entspricht.

2. **Skandinavisch:** HJALMAR FALK und ALF TORP, Etymologisk Ordbok over det norske og det danske Sprog, Kristiania 1903. Gut; auch in deutscher Bearbeitung erschienen, Heidelberg 1907, mit reichhaltigen Literaturangaben im Anhang. Daher auch für die deutsche Etymologie von Wichtigkeit. — E. JESSEN, Etymologisches Wörterbuch der dänischen Sprache, 1892. — TAMM, Etymologisk Svensk ordbog, Stockholm; unvollendet.

3. **Niederländisch:** FRANK, Etymologisch woordenboek der nederlandsche taal, s'Gravenhage 1892. Nach Kluge gearbeitet, aber mit vielen selbständigen Artikeln und Ergänzungen. Eine neue wesentlich verbesserte Auflage besorgte N. VAN WIJK. 1910.

4. **Englisch:** KLUGE-LUTZ, English Etymology, 1898. — W. W. SKEAT, An etymological dictionary of the English language, arranged on an historical basis, 3. Ausg., Oxford 1898. SKEAT, Concise Etymological Dictionary of the English language.

5. **Gesamtgermanisch:** FALK und TORP, Wortschatz der germanischen Spracheinheit, Göttingen 1909; auch unter dem Titel: FICK, Vergleichendes Wörterbuch der indogermanischen Sprachen, 4. Aufl., Bd. 3.

§ 39. **Etymologische Wörterbücher der indogermanischen Sprachen.** Auch diese wird man nicht selten benützen müssen.

1. **Altindisch:** C. C. UHLENBECK, Kurzgefaßtes etymologisches Wörterbuch der altindischen Sprache, Amsterdam 1898.

2. **Iranisch:** CHR. BARTHOLOMAE, Altiranisches Wörterbuch, 1904. Ein unentbehrliches Werk für den, der das Iranische heranziehen will.

3. **Neupersisch:** H. HORN, Grundriß der neupersischen Etymologie, 1893. Als Ergänzung dazu H. HÜBSCHMANN, Persische Studien, 1895.

4. **Ossetisch:** H. Hübschmann, Etymologie und Lautlehre der ossetischen Sprache, 1887.

5. **Armenisch:** H. Hübschmann, Armenische Studien I. Grundzüge der armenischen Etymologie, 1883. — Derselbe, Armenische Grammatik, I. Armenische Etymologie, 1897.

6. **Albanesisch:** G. Meyer, Etymologisches Wörterbuch der albanesischen Sprache, 1891.

7. **Slawisch:** Miklosisch, Etymologisches Wörterbuch der slavischen Sprachen, 1886; vergriffen und zum Teil veraltet. Es wird ersetzt durch ein im Erscheinen begriffenes Werk von E. Berneker, Slavisches etymologisches Wörterbuch, in der Indogermanischen Bibliothek, herausgegeben von Hirt und Streitberg, Heidelberg 1908.

8. **Litauisch** fehlt. Im Litauischen sind sehr viel Fremdwörter aus dem Slawischen. Sie sind von A. Brückner, Die slavischen Fremdwörter im Litauischen, Weimar 1887, untersucht. Einen kleinen Ersatz für diesen Teil des idg. Sprachgebietes bietet E. Berneker, Die preußische Sprache, Straßburg 1896 und R. Trautmann, Die altpreußischen Sprachdenkmäler, Göttingen 1910, in der die altpreußischen Wörter etymologisch behandelt sind.

9. **Keltisch:** W. Stokes, Urkeltischer Sprachschatz. Vergleichendes Wörterbuch der indogermanischen Sprachen von August Fick. 4. Aufl., 2. Teil, Göttingen 1894.

10. **Lateinisch:** die ältern Wörterbücher sind überholt durch A. Walde, Etymologisches Wörterbuch der lateinischen Sprache, Heidelberg 1905, 2. verb. Aufl. 1910. Ein sehr zuverlässiges Werk mit reichen, nahezu vollständigen Literaturangaben. Da das Lateinische sehr viele Worte mit dem Germanischen gemein hat, so ist dies Werk auch für das Deutsche sehr nützlich. Ein vollständiger neuhochdeutscher Index ermöglicht das leichte Auffinden der deutschen Wörter.

11. **Romanisch:** da wir sehr viele Fremdwörter aus dem Romanischen entlehnt haben, so wird die Benutzung der romanischen Sprachen oft zur Notwendigkeit. Als etymologische Werke sind zu nennen: G. Körting, Lateinisch-romanisches Wörterbuch (Etymologisches Wörterbuch der romanischen Hauptsprachen), 3. Aufl., 1907, mit reichen Literaturangaben. — Körting, Etymologisches Wörterbuch der französischen Sprache, Paderborn 1908. — Hatzfeld-Darmesteter-Thomas, Dictionnaire général de la langue française, Paris, o. J.; sehr gut. — Meyer-Lübke, Romanisches etymologisches Wörterbuch. Heidelberg 1900. Im Erscheinen. Ersetzt Körting.

12. **Griechisch:** G. Curtius, Grundzüge der griechischen Etymologie, 5. Aufl., 1879. Ein seinerzeit vortreffliches Werk, das naturgemäß heute mit Vorsicht benutzt werden muß. Wegen der reichhaltigen Literaturangaben aber noch unentbehrlich. — W. Prellwitz, Etymologisches Wörterbuch der griechischen Sprache, 2. Aufl., 1905. — L. Meyer, Handbuch der griechischen Etymologie, 4 Bände, 1901. Wenn dies Werk vor dreißig Jahren erschienen wäre, würde es seinerzeit sehr verdienstlich gewesen sein. So stellt es nur den Stand der Dinge zu dieser Zeit dar. — E. Boisacq, Dictionnaire étymologique de la langue Grecque, 1907; im Erscheinen, aber nahezu vollendet.

13. **Indogermanisch:** Aug. Fick hat den Versuch gemacht, ein „Vergleichendes Wörterbuch der indogermanischen Sprachen" zu schreiben. Von der 4. Auflage, bearbeitet von A. Bezzenberger, Aug. Fick, Whitley Stokes, Falk und Torp sind Teil 1, 2 und 3 erschienen, 1890 ff. Der erste Teil behandelt den Wortschatz der Grundsprache, der arischen und westeuropäischen Spracheinheit und stammt von A. Fick. Doch ist dieser Teil mit Vorsicht zu benutzen. Teil 2 siehe unter 9, Teil 3 siehe § 38, 5. Das Werk ist damit abgeschlossen.

§ 40. Etymologische Zusammenhänge innerhalb des Deutschen. Die Aufgabe, die wahre Herkunft der Wörter zu enthüllen, wird indessen nicht dadurch gelöst, daß man ein Wort in irgendeiner andern Sprache nachweist, viel wichtiger ist schließlich der große Zusammenhang, in dem die Wörter innerhalb unsrer eigenen Sprache stehen, wie R. Hildebrand in der Vorrede zum fünften Band des Grimmschen Wörterbuches S. X so treffend bemerkt hat.

Allerdings mußte man sich diesen Zusammenhang meistens erst mühsam zusammensuchen, und es ist daher von Bedeutung, daß wir dieser Mühe heute in etwas überhoben sind. Wir verdanken das BRUNO LIEBICH mit seinem Werke 'Die Wortfamilien der lebenden hochdeutschen Sprache als Grundlage für ein System der Bedeutungslehre', nach Heynes deutschem Wörterbuch bearbeitet, Breslau 1899, 2. Aufl. 1905. — Wenn man das Werk aufschlägt, so sieht es sehr sonderbar aus, da nur einfach eine Anzahl von Worten zusammengestellt sind. Aber es sind eben solche, die etymologisch zusammenhängen. Man findet hier die Ableitungen und die Zusammensetzungen beieinander und außerdem die Worte, die, lautlich oft einander ganz unähnlich, doch zusammengehören. Es ist demnach hier ein Teil dessen erfüllt, was Hildebrand gefordert hat. Das Werk ist von der wissenschaftlichen Kritik mit Unrecht zum Teil ungünstig aufgenommen worden, hat aber in Lehrerkreisen mit Recht Beifall gefunden, wie die zweite Auflage beweist. Vgl. auch J. SCHNEIDER, Wortfamilien der deutschen Sprache, Paderborn 1900 und G. STUCKE, Deutsche Wortsippen. Ein Blick in den Verwandtschaftszusammenhang des deutschen Wortschatzes, Ansbach o. J. [1912].

Ich gebe wenigstens ein paar Beispiele aus dieser Art der Betrachtung. Man sieht z. B. bei Liebich mit einem Blick, wie sich die alte indogermanische Wurzel *bher, ai. bhárati ,er trägt', l. fero, gr. φέρω (féro) usw. im Germanischen verzweigt hat. Wir finden also *Eimer* mit den Zusammensetzungen *Aschen-, Blech-, Brunnen-, Feuer-, Holz-, Kühl-, Kupfer-, Löth-, Melk-, Milch-, Pumpen-, Schöpf-, Wassereimer.* Hieran lassen sich z. B. die verschiedenen Bedeutungen der Zusammensetzungen leicht entwickeln. *Zuber; Radeber, Radeberge, Radwer; Bärme; Bahre, Mist-, Toten-, Tragbahre; bahren, aufbahren; bürtig, eben-, edel-, halb-, ritterbürtig, Ebenbürtigkeit; Bürde, Leibesbürde; bürden, entbürden, überbürden, Überbürdung, aufbürden; gebären, Geburt, Wieder-, Erst-, Früh-, Fehl-, Spottgeburt, gebürtig; edel-, hochedel-, erst-, fremd-, hoch-, neu-, wohl-, hochwohlgeboren; ein-, erd-, staub-, angeboren; mißgebären, Mißgeburt; nachgebären, Nachgeburt, nachgeboren; urbar; gebaren, Gebarung; gebären, Gebärde, Geberde, ungebärdig, gebärden.*

Eine andere weitverbreitete Sippe ist *essen.* Ich führe hier nur die einfachen Worte an: *essen, essend, das Essen, Esser, eßbar; Obst; Aaß; Zahn, zahnig, zähnig, zahnen, zähnen, Zander; Zinne; fressen, Fresser, Fraß, gefräßig; Aas, aasig, aasen, äsen, atzen, ätzen* usw.

Die verbreitetste germanische Wurzel ist wohl *stehen,* ai. *tĭṣṭhāmi* ,ich stehe', gr. στη- (stḗ) lat. *stare.* Liebich verzeichnet 460 Worte, die dazu gehören: *stehen, stehend, ·steher, entstehen, gestehen, verstehen, Stehauf, First, stät, stet, Staden, Gestade, Statt, Slätte, Stadt, gestatten, Stand, Stendel, Ständchen, ständig, ständisch, Stunde, stunden, Star, starr, stier, störrig, Stute, Stuhl* usw. Wahrscheinlich ist die Sippe noch viel umfangreicher, da noch eine ganze Reihe anderer Wortsippen dazu gestellt werden müssen.

Natürlich muß man bei vielen Wörtern, um den Zusammenhang zu verstehen, die etymologischen Wörterbücher nachschlagen, aber es ist uns gerade durch Liebichs Wortfamilien die leichte Möglichkeit gegeben, dies zu tun, und daher ist das Werk für praktische Zwecke sehr nützlich. Wer sich irgendeine größere Sippe hernimmt und den einzelnen Gliedern sorgfältig nachgeht, wird durch die neue Erkenntnis und das tiefere Eindringen in den Bau der Sprache reiche Anregung erhalten, die auf seine Tätigkeit zurückwirken wird.

§ 41. **Bedeutungslehre.** Schließlich ist dann bei der Aufsuchung von Etymologien die Bedeutung zu beachten. Es gibt auch bei der Bedeutung Veränderungen, die zu Ergebnissen führen, welche scheinbar kaum zu vereinen sind. Hat man aber die Mittelstufen zur Verfügung, so erscheint das, was so weit voneinander steht, durch eine Reihe deutlich erkennbarer Übergänge verbunden. Wir behandeln die Bedeutungslehre im letzten Teil. Jedenfalls ist von einer guten etymologischen Erklärung zu fordern, daß sie auch die Bedeutungsverschiedenheiten zufriedenstellend aufhellt.

Alles in allem hat die etymologische Forschung im 19. Jahrhundert zu außerordentlich wertvollen, vollständig fest begründeten Ergebnissen geführt. Wenn man die Fülle des Geleisteten übersieht, wenn man es vergleicht mit dem, was noch vor hundert Jahren geäußert wurde, so wird man mit der frohen Hoffnung erfüllt, daß auch die Folgezeit noch manchen dunkeln Punkt aufklären wird und daß wir immer tiefer in den Wunderbau der Sprache und in das Leben der Wörter eindringen werden.

Zweites Kapitel.

Die Sammlung des Wortschatzes.

§ 42. **Allgemeines.** Wollen wir wissen, woher ein Wort stammt, so müssen wir es zunächst geschichtlich soweit verfolgen, als dies möglich ist. Dazu dienen die Wörterbücher, die den in frühern Zeiten gebrauchten Wortschatz verzeichnen. Es gibt hier drei Arten, solche, die den Wortschatz der ältern Zeit aus den überlieferten Literaturdenkmälern sammeln und verarbeiten, andere, die sich die Aufgabe gestellt haben, den Wortschatz ihrer Zeit teilweise oder vollständig zu verzeichnen, und drittens Werke, die beides vereinigen. Werke der zweiten Art, die wir seit dem 16. Jahrhundert besitzen, werden, sobald sie erschienen sind, geschichtliche Urkunden, die den großen Wert haben, uns über den Wortschatz ihrer Zeit zu unterrichten. Je vollständiger derartige Werke sind, um so größere Bedeutung haben sie als geschichtliche Zeugnisse. So ist das Wörterbuch von J. H. CAMPE aus dem Anfange des 19. Jahrhunderts heute deshalb so beachtenswert, weil es bestrebt ist, den Wortschatz möglichst vollständig aufzuzeichnen. Für die Frage, welche Worte im 19. Jahrhundert neugebildet sind, ist also dieses Werk geradezu unentbehrlich, wenn es auch sonst in der Geschichte der wissenschaftlichen Lexikographie nicht gerade hochsteht.

Wer sich mit Wortforschung befaßt, muß natürlich alle Werke dieser verschiedenen Arten kennen, und so folgt hier eine Übersicht, die uns zugleich einen Einblick in die Geschichte der Wortforschung bietet.

§ 43. **Der Wortschatz bis zur Reformation.** Da die Kirchensprache in Westeuropa anfänglich Lateinisch war, so mußten die deutschen Geistlichen

Lateinisch lernen, sie mußten die Bibel und andere kirchliche Texte übersetzen können. Um dies zu erreichen, legte man lateinisch-deutsche Vokabularien oder Glossensammlungen an. Man begann im 8. Jahrhundert mit dieser Arbeit und setzte sie durch die Jahrhunderte hindurch fort. Einige dieser Glossen sind alphabetisch, andere sachlich geordnet nach gewissen Gesichtspunkten der Bedeutung, wieder andere folgen den Wörtern eines Textes. Das reiche Material in diesen Glossen, die von E. Steinmeyer und E. Sievers unter dem Titel ‚Die althochdeutschen Glossen', Bd. 1—4, Berlin 1879 ff., herausgegeben sind, kann noch nicht völlig ausgenützt werden, weil eine lexikalische Verarbeitung, ja selbst ein Index, fehlt.

Außerdem besitzen wir aus der althochdeutschen Zeit zahlreiche Literaturdenkmäler, deren Wortschatz mitsamt dem der damals bekannten Glossen von E. G. Graff in seinem Althochdeutschen Sprachschatz oder Wörterbuch der althochdeutschen Sprache, Berlin 1834—1842, nebst Index dazu von Massmann, ebenda 1846, verarbeitet ist. Dieses für seine Zeit außerordentlich bedeutende Werk ist noch heute unentbehrlich, da es durch nichts anderes ersetzt worden ist. Es sind aber seit Graffs Zeit viele neue Texte gefunden worden, deren Wortschatz natürlich in diesem Werke nicht verzeichnet ist, so daß man aus dem Fehlen eines Wortes bei Graff nicht immer sicher auf das Fehlen des Wortes überhaupt schließen kann. Manche vereinzelt dastehende sonderbare Form beruht auch auf falscher Lesung, und es ist daher immer nötig, in solchem Fall die Formen an der maßgebenden Stelle, den neuen Ausgaben, nachzuschlagen.

Außerdem gibt es eine Reihe von Spezialwörterbüchern zu einzelnen Schriftstellern, nämlich: K. Weinhold, Glossar zu Isidor in seiner Ausgabe, Paderborn 1874, ersetzt durch das Glossar in der Ausgabe von Hench, Der althochdeutsche Isidor, Straßburg 1893. Derselbe gab auch die Monsee-Fragmente mit einem Glossar heraus. Straßburg 1891. — E. Sievers, Glossar zu Tatian in seiner Ausgabe, 2. Auflage, 1892. — J. Kelle, Glossar zu Otfrids Evangelienbuch; der Ausgabe des Evangelienbuches dritter Band, Regensburg 1879—1881. — R. Heinzel, Wortschatz und Sprachformen der Wiener Notkerhandschrift; I. Wortschatz. Sitz.Ber. der Wiener Akad. 80. 1875, S. 679—744.

Auf altniederdeutschem Gebiet haben wir auch eine Reihe von Glossaren, außerdem das umfängliche Literaturdenkmal des Heliands. Ein vollständiges Wörterbuch dazu bietet Schmeller, Glossarium saxonicum, München 1840, und die Heliandausgabe von M. Heyne, während die Ausgabe von Behaghel ein Glossar enthält. Die kleinen Texte sind jetzt herausgegeben und mit Glossar versehen von E. Wadstein, Kleinere altsächsische Sprachdenkmäler mit Anmerkungen und Glossar; auch unter dem Titel: Niederdeutsche Denkmäler, herausgegeben vom Verein für niederdeutsche Sprachforschung, Band VI, Norden und Leipzig 1899. Dazu kommt noch J. H. Gallée, Vorstudien zu einem altniederdeutschen Wörterbuche, Leiden, Brill 1908.

In der mittelhochdeutschen Zeit sind irgend welche wissenschaftliche Bestrebungen auch noch nicht zu verzeichnen. Der Wortschatz ist in der neuern Zeit gesammelt worden von W. Müller und Fr. Zarncke in

dem Mittelhochdeutschen Wörterbuch, 4 Bände, Leipzig 1854. Doch berücksichtigt dieses Werk im wesentlichen nur die poetische Literatur. Außerdem ist die Anordnung nicht rein alphabetisch, sondern sie folgt etymologischen Rücksichten, indem sie die zusammengehörigen Worte an einer
Stelle bespricht, was zwar für die Sprachgeschichte von Vorteil ist, der
Benutzung aber einige Schwierigkeiten bietet. Als Ergänzung dazu dient
M. LEXER, Mittelhochdeutsches Handwörterbuch, 3 Bände, 1869—1878, ein
Werk, in dem die Prosa mehr zu ihrem Recht kommt und die Belege bis
in das 15. Jahrhundert reichen. Beide Werke sind indessen natürlich auch
nicht vollständig, da neue Texte immer auch neue Worte ergeben. Immerhin aber liegen hier ausgezeichnete Leistungen vor, die nur einiger Ergänzung bedürfen. Eine weitere Ergänzung bietet FRANZ JELLINEK, Mittelhochdeutsches Wörterbuch zu den deutschen Sprachdenkmälern Böhmens
und der mährischen Städte Brünn, Iglau und Olmütz (13.—16. Jahrh.),
Heidelberg 1911. — Ein kleines Werk ist M. LEXER, Mittelhochdeutsches
Taschenwörterbuch, das in immer neuen Auflagen erscheint.

    Anmerkung. Außerdem sind eine ganze Anzahl mittelhochdeutscher Texte mit In-
dizes, Glossar oder vollständigem Lexikon herausgegeben.

Der Wortschatz des Mittelniederdeutschen ist in dem großen mittelniederdeutschen Wörterbuch von SCHILLER und LÜBBEN, Bremen 1875—1881,
gesammelt worden. Das Werk ist vergriffen. Einen Ersatz bietet vorläufig
das mittelniederdeutsche Handwörterbuch von AUGUST LÜBBEN, Norden und
Leipzig 1888 (ohne Belege, aber sonst reichhaltig und zuverlässig).

§ 44. **Wörterbücher der neuern Zeit.** Der Gedanke, wirkliche Wörterbücher
zu schaffen, ist erst in der Renaissance entsprungen. Man braucht nur an
die großen Thesauri für die lateinische und griechische Sprache zu denken,
die zu Beginn der neuen Zeit geschaffen sind. Zum Verständnis des Griechischen und Lateinischen schuf man wirkliche Wörterbücher, in denen das
Lateinische durch die Landessprache erklärt wurde. Dann drehte man die
Sache um und schuf auch deutsch-lateinische Werke, zunächst zu rein prak-
tischer Verwendung, dann aber auch in immer größerer Vertiefung zu wirk-
lich wissenschaftlichen Zwecken. Von Jahrhundert zu Jahrhundert hat diese
Tätigkeit zugenommen, weil auch die Erkenntnis zunahm, daß in unserm
Wortschatz ein Teil unsrer Eigenart liegt. Ein gewaltiges Stück deutscher
Gelehrsamkeit und deutschen Fleißes spiegelt sich in diesen Leistungen.
Die Ausarbeitung eines Wörterbuches gehört zu den entsagungsreichsten
Tätigkeiten, die es gibt, und KASPAR STIELER, der SPATE, hat in seinem Sprach-
schatz 1691 einen lateinischen Spruch Scaligers ‚zur Lust also verteutschet‘:

    Wen strengen Richters Spruch zur langen Qual verteilt,
      sein Leben kümmerlich mit Ach und Weh zu rädern:
      dem darf kein Zuchthaus nicht der Kräfte Mark entädern;
      nicht Schürfen, Steinschnitt nicht, und, wenn er Eisen feilt.
    Man laß‘ ein Wörterbuch nur den Verdammten schreiben.
    Dies‘ Angst wird wohl der Kern von allen Martern bleiben.

Wer diesen Teil der Geschichte der germanischen Philologie genauer übersehen will, der sei auf K. von Raumer, Geschichte der germanischen Philologie, vorzugsweise in Deutschland, 1870, verwiesen und auf H. Pauls Darstellung desselben Gebietes in seinem Grundriß der germanischen Philologie, 2. Auflage, Band 1.

Zunächst setzte man in den spätern Jahrhunderten die Tätigkeit fort, die mit der Anlegung der Glossare der althochdeutschen Zeit begonnen hat. Wir besitzen aus dem 14. und 15. Jahrhundert eine große Anzahl von Glossaren, zuerst lateinisch-deutsch, dann aber auch deutsch-lateinisch. Was wir auf diesem Gebiete wissen, verdanken wir im wesentlichen der unermüdlichen Tätigkeit von Lorenz Diefenbach. Er gab zuerst heraus ein Glossarium latino-germanicum mediae et infimae aetatis, 1857, dann das Novum glossarium latino-germanicum mediae et infimae aetatis, 1867, in denen die Quellen verzeichnet sind. Da aber in diesen beiden Werken das lateinische Wort voranstand, so bedurfte es langwieriger Arbeit, es auszunutzen. Dem ist abgeholfen durch das 'Hoch- und niederdeutsche Wörterbuch der mittleren und neueren Zeit. Zur Ergänzung der vorhandenen Wörterbücher, insbesondere des der Brüder Grimm von Lorenz Diefenbach und Ernst Wülcker, 1885'. In diesem Werk ist ein überaus reichhaltiger Stoff zur Altersbestimmung deutscher Wörter geboten.

Das erste Werk, in dem das Deutsche vorangestellt wurde, ist der *Teuthonista* des Gerhard van der Schueren, Köln 1477. Es behandelt die Mundart von Kleve. Da das Werk nur in wenigen Exemplaren vorhanden ist, so war die neue Ausgabe, Leiden 1804, sehr verdienstlich. Aber sie gab nur den niederländisch-deutschen Teil. Erst jetzt ist das ganze Werk bequem auszuschöpfen, nachdem auch der Inhalt des lateinisch-niederdeutschen Teils in den andern hineingearbeitet ist in dem Werke: G. van der Schuerens Teuthonista of Duytschlender. In eine nieuwe bewerking vanwege de Maatschappij der Nederlandsche Letterkunde uitgegeven door J. Verdam, Leiden 1896. Immerhin bleibt dies Werk noch ein Lexikon gewöhnlicher Art. In gleicher Weise haben wir auf deutschem Boden das Werk von Dasypodius, Dictionarium germanico-latinum, das dem Dictionarium latino-germanicum, Straßburg 1535 u. ö., angehängt war. Ein deutsch-lateinisches Wörterbuch schuf dann Josua Maaler unter dem Titel ‚Die Teutsch Sprach', Zürich 1561, mit einer Vorrede von C. Gesner. Das Werk beruht auf dem Dictionarium latino-germanicum von Joh. Frisius, Zürich 1541, zweite erweiterte Auflage 1556 u. ö., das eine Bearbeitung des lateinisch-französischen Wörterbuchs von Robert Stephanus war; dadurch ist eine große Reichhaltigkeit des Wortschatzes erzielt. Es folgt dann das *Etymologicum* (ursprünglich *Dictionarium*) *Teutonicae linguae* des *Kilianus Duflaeus* (Kiel aus Duffel in Brabant), Antwerpen 1574, dritte Ausgabe 1599. „Es verzeichnet", sagt Paul, „den Sprachschatz des Brabantischen mit Berücksichtigung schon veralteter Wörter, erstreckt sich aber auch über die übrigen niederfränkischen Mundarten, und

schließt auch das Sächsische und selbst das Oberdeutsche nicht ganz aus.
Mit der praktischen Tendenz vereinigt sich hier ein wissenschaftliches Streben,
indem in der dritten Ausgabe vielfach Etymologien beigefügt sind, die der
Verfasser mit Sorgfalt und nicht ohne eine gewisse Kritik aus verschiedenen
Autoren zusammengetragen hat." Diese Vorzüge haben es bewirkt, daß
das Werk 1623 und 1632 von Potter und 1777 noch einmal von Hasselt
herausgegeben worden ist.

Das erste eigentlich deutsche Wörterbuch ist ein Reimwörterbuch von
ERASMUS ALBERUS unter dem Titel Novum dictionarii genus, Frankfurt 1540.

Ein wirklich wissenschaftliches deutsches Wörterbuch erschien erst im
17. Jahrhundert. GEORG HENISCH ließ, Augsburg 1616, ein großes Werk erscheinen ‚Teutsche Sprach und Weißheit‘, das zwar noch das Lateinische
hinzufügt, aber das Deutsche ganz selbständig behandelt. Leider ist nur
ein Band vollendet worden, der bis *G* reicht.

JUSTUS GEORG SCHOTTELIUS veröffentlichte 1663 seine *Ausführliche Arbeit
von der Teutschen Haubt Sprache*, von der namentlich der sechste Teil
‚Die Stammwörter der Teutschen Sprache‘ wichtig ist, weil er ein Wörterbuch bietet. Weiteres Material findet sich auch sonst in dem Werke. So sind
die Ableitungen und Zusammensetzungen im zweiten Buch verzeichnet. —
1686 erschien GEORG LIEBES Teutsches Wörterbüchlein; 1691 KASPAR STIELER,
Der deutschen Sprache Stammbaum und Fortwachs. Hier ist der Sprachschatz nach Wurzeln und Stämmen geordnet, und das Werk ist daher nicht
immer leicht zu benutzen, aber außerordentlich reichhaltig. Der Verfasser
nennt sich den Spaten. Am Schluß befindet sich ein alphabetischer Index,
der indes in manchen Exemplaren fehlt. In spätere Zeit fällt des Schlesiers
CHRISTOPH ERNST STEINBACH, Deutsches Wörterbuch 1725 und Vollständiges
deutsches Wörterbuch 1734.

Sehr umfassende Sammlungen zu einem deutschen Wörterbuch unter-
nahm JOH. LEONH. FRISCH. Da er aber diese nicht völlig aufarbeiten konnte,
veröffentlichte er 1741 in kürzerer Fassung sein Teutsch-lateinisches Wörterbuch. „Es ist ein wirklich historisches Wörterbuch", sagt Paul, „in dem bis
in das 15. Jahrhundert zurückgegriffen wird, ungemein reichhaltig, mit Belegen für die nicht mehr allgemein üblichen Wörter und Gebrauchsweisen
und mit vorsichtigen Etymologien."

Etwas früher erschien das deutsche Kayserliche Schul- und Kanzelei-
Wörterbuch von VON ANTESPERG, Wien 1738, das mir nicht zugänglich ist.

Neben diesen wissenschaftlichen Werken, die nicht allzu zahlreich auftreten, sind aber für den Zweck, das erste Erscheinen eines Wortes zu bestimmen, auch die gewöhnlichen seit dem 16. Jahrhundert auftretenden
Wörterbücher von hoher Bedeutung, also die deutsch-lateinischen, deutsch-
französischen Werke usw., weil hier oft ein sehr reicher Stoff aufgespeichert
ist. Wenn auch die erste Aufnahme in den Wörterbüchern dem wirklichen
Aufkommen eines Wortes wesentlich nachhinkt, so zeugt doch die Auf-

nahme für eine gewisse allgemeine Verbreitung. Diese Wörterbücher haben bei den neuern Lexikographen mehr und mehr Beachtung gefunden. Es kommt bei ihnen natürlich sehr darauf an, aus welcher Gegend die Verfasser stammen. Der Süddeutsche verzeichnet manchmal andere Wörter als der Mitteldeutsche oder kennt Worte nicht, die bei diesem auftauchen.

Leider sind diese Werke, da sie sonst weiter keine Bedeutung haben, vielfach vernichtet und schwer aufzutreiben. Manche kommen ja noch vor, viele befinden sich auf Bibliotheken. Da ein Verzeichnis derartiger Werke fehlt, so gebe ich hier die, die mir bekannt geworden sind.

ALER Paul, Dictionarium germanico-latinum, Köln 1727. — CASTELLI, Italiänisch-teutsch und teutsch-ital. Wb., Leipzig 1700/1709. — DENTZLER Joh. Jak., Clavis germanico-latina, 1709/1713. — DHUEZ Nathanael, Dictionaire François-Alleman-Latin et Alleman-François-Latin. Revue, corrigée en cette édition, Leiden 1642. — DUEZ N., Dictionarium Gallico-Germanico-Latinum und Dictionarium Germanico-Gallico-Latinum. 3. Ausgabe. Amsterdam Elzevier 1664. Sehr reichhaltiger Wortschatz. — von ERBERG Matthias, Das große Universal- und vollkommene dictionarium, Nürnberg, Martin Endters 1710. — HAAS Johann Gottfried, Neues Teutsches und Französisches Wörterbuch. 2 Bde. Leipzig 1786 und 1788; Vollständiges deutsch-lateinisches Handwörterbuch, Zwickau 1801 (1811). — HEDERICH Benj., Teutsch-Lateinisches Lexikon, Leipzig 1729, 1736. — HULSIUS L., Dictionarium Teutsch-Italiänisch und Italiänisch-Teutsch, Frankfurt a. M. 1605. — KIRSCH, Abundantissimum cornu copiae linguae latinae et germanicae selectum, Noribergae 1718, 1723. — KRAMER Matthias, Das neue Dictionarium oder Wort-Buch in Teutsch-Italiänischer Sprach, Nürnberg 1678. — KRAMER Matthias, Königliches Nider-Hoch-Teutsch und Hoch-Nieder-Teutsches Wörterbuch, Nürnberg 1719. — KRAMER M., Neues Deutsch-Holländisches Wörterbuch, 4. Auflage durch A. A. von Moerbeck, Leipzig 1787. — [Ludwig], Teutsch-Englisches Lexicon, Leipzig 1716. — Neues Teutsch-Frantzösisch-Lateinisches Dictionarium oder Wortbuch, Genf, in Verlegung Wiederholds 1669. — Neues Dictionarium oder Wörter-Buch Für einen Reisenden. Teutsch-Frantzösisch- und Lateinisch, Genf 1683. Eine neue mit erst aufgekommenen Wörtern vermehrte Auflage erschien ebd. 1695. — NIEREMBERGER Benedict Friedrich, Deutsch-lateinisches Wörterbuch, Regensburg 1753. — Nouveau dictionnaire Allemand-François, Straßburg 1762. — POMEY (POMAI) Franciscus, Das Große Königliche Wörterbuch I Teutsch-Frantzösisch-Lateinisch, Frankfurt a. M. 1690. Auch 1709. — RÄDLEIN J., Europäischer Sprachschatz, Leipzig 1711. — RONDEAU, Neues Teutsch-Frantzösisches Wörterbuch. Verbesserte Auflage. Leipzig 1765. — STOER J., Dictionarium Germanico-Gallico-Latinum, Genevae 1662. — WEBER Johann Adam, Teutsch-Lateinisches Universal-Wörter-Buch, Chemnitz 1734. 3. Ausgabe, Dresden 1770. — WEISMANN, Erycus, Lexicon bipartitum, latino-germanicum et germanico-latinum, Stuttgardiae 1715. — WILHELMI Joh., Gerlacus, Lexicon Germanico-Latinum, Frankfurt a. M. 1706.

§ 45. **Adelung.** Wenn man die Wörterbücher bis zur Mitte des 18. Jahrhunderts übersieht, so läßt sich ein stetiger Fortschritt nicht verkennen. Von dem bloßen Aufzeichnen wichtiger Wörter gelangt man zu immer größrer Vollständigkeit. Damit verbunden erscheint aber auch ein Sinn für Etymologie, der sich vor allem durch Heranziehung der ältern Sprachstufen und der verwandten germanischen Sprachen offenbart. Dieser Fortschritt vollzog sich nicht allein in Deutschland, sondern auch in den andern Ländern germanischer Zunge. Man beeinflußte sich gegenseitig. Dies zu verfolgen ist hier nicht der Ort. Zweifellos hängt das Vorwärtskommen auch mit der ganzen geistigen Entwicklung zusammen. Seitdem Thomasius die erste Vor-

lesung in deutscher Sprache gehalten hatte, brach sich das Deutsche immer
mächtiger Bahn. Dazu tauchten die ältern Urkunden der deutschen Sprache
aus der Vergangenheit auf. Man erkannte, daß die deutsche Sprache eine
Geschichte habe. Daneben aber entwickelte sich die deutsche Gemein- oder
Schriftsprache, und nun kam es darauf an, zu wissen, was in dieser gebräuchlich und angewendet werden durfte. Die Wörterbücher wollen nunmehr belehren und den Weg zur richtigen Ausdrucksweise führen. Es sind
denn auch Mitteldeutsche oder in Mitteldeutschland Lebende, die die neuen
Wörterbücher schaffen.

Im 18. Jahrhundert schwang sich, wie bekannt, Gottsched zum Richter
darüber auf, was richtiges Deutsch war, und es ist nicht wunderbar, daß
er nach seinen grammatischen Arbeiten über die deutsche Sprache in seinem
Alter noch beabsichtigte, ein deutsches Wörterbuch zu schreiben. Er kün-
digte, wie Adelung sagt, wenige Jahre vor seinem Tode ein deutsches
grammatisches Wörterbuch an, welches, wie er am Schlusse der deshalb
bekannt gemachten Nachricht versicherte, ganz Deutschland zum Wegweiser
dienen sollte, seine Sprache grammatisch, d. i. richtig zu reden und zu schreiben.
Es ist aber nicht mehr als ein Probebogen erschienen. Adelung sagt weiter:
„Dieses Werk war nicht die Frucht einer vieljährigen Sammlung oder Vor-
arbeitung, wie man wohl von einem Manne hätte erwarten können, der
mehrmals von sich zu versichern pflegte, daß er sich über dreißig Jahre
mit der deutschen Sprache beschäftigt habe. Es war ein flüchtiger Einfall,
der eben so flüchtig in das Werk gesetzet und durch die leichtesten Mittel,
die nur möglich waren, ausgeführet wurde." Auf Anregung des Verlegers
sollte nach Gottscheds Tode Johann Christoph Adelung (1732—1806) das
Werk fortsetzen. Was vorlag, war aber zu unbedeutend, und so schuf er
ein völlig neues Werk. 1774—1786 erschien sein ‚Versuch eines vollständigen grammatisch-kritischen Wörterbuches der hochdeutschen Mundart‘,
1793—1801 eine zweite Auflage, die sich nicht mehr ‚Versuch‘ nennt.
Beachtenswert ist der Ausdruck ‚kritisch‘ auf dem Titel. Er soll andeuten,
daß hier ein Buch erscheint, welches in kritischer Auswahl den deutschen
Sprachstoff vorlegt. Es war die Fortsetzung und der Beschluß der lange
wirkenden Einheitsbestrebungen, und es hat zweifellos nach dieser Richtung
gewirkt. Hat doch selbst Goethe den Adelung besessen, benutzt und seine
Werke danach verbessern lassen.

Über die Grundsätze bei seiner Arbeit hat sich Adelung S. XIII ausgesprochen. Besonders habe er es sich angelegen sein lassen, die Kunstwörter aus allen Lebensarten, Künsten und Wissenschaften zu sammeln, weil
viele derselben selbst eingeborenen Deutschen unverständlich und fremd
seien. „Zusammengesetzte Wörter sind nur alsdann mit aufgeführt worden,
wenn ihre Bedeutung aus der Zusammensetzung selbst nicht sogleich merklich
wird. Gar zu niedrige und pöbelhafte Wörter darf man hier nicht suchen.
Ist in einem oder dem andern Falle eine Ausnahme gemacht worden, so

wird ein scharfsinniger Leser sogleich selbst sehen, warum sie nötig gewesen. Eigentlich ist dieses Wörterbuch nur solchen hochdeutschen Wörtern gewidmet, welche noch jetzt gangbar sind. Allein, da verschiedene ältere Schriften noch täglich gelesen werden, so habe ich auch die in denselben vorkommenden veralteten oder provinziellen Wörter, Bedeutungen und Wortfügungen mitaufgeführt, sollte es auch nur geschehen sein, um den unkundigen und ausländischen Leser zu warnen. Dahin gehören die veralteten oder provinziellen Wörter, welche in Lutheri Übersetzung der heiligen Schrift, in Opitzens, Logaus, Flemmings und anderer schlesischen Dichter Schriften vorkommen." Doch ist mit der Aufnahme solcher Wörter sparsam verfahren. Auch die ausländischen Wörter sind nur mit Auswahl aufgenommen.

„Einer der vornehmsten Bedürfnisse", sagt er weiter, „schien mir die Bemerkung der Würde nicht bloß der Wörter, sondern auch ganzer Redensarten zu sein; ein Umstand, dessen Versäumung den Nutzen so vieler anderen Wörterbücher gar sehr einschränkt. Ich habe zu dem Ende fünf Klassen angenommen: 1. die höhere oder erhabene Schreibart; 2. die edle; 3. die Sprechart des gemeinen Lebens und vertraulichen Umganges; 4. die niedrige und 5. die ganz pöbelhafte." Es ist zu bedauern, daß Adelung diesen Gesichtspunkt doch nur zu einem bescheidenen Teile durchgeführt hat, und daß er namentlich die Volkssprache sehr gering schätzte. Wir wissen heute, daß in ihr ein guter Kern steckt. So sagt er denn auch: „Die Sprichwörter gehören größtenteils in die niedrige und pöbelhafte Sprache. Ich habe es daher nicht der Mühe wert gehalten, sie zu sammeln und noch weiter fortzupflanzen. Wer in ihnen und andern schmutzigen Blümchen des großen Haufens den Kern der deutschen Sprache sucht, der kann einen reichen Vorrat davon in Gottscheds Sprachkunst finden."

Sehr richtige Grundsätze hat Adelung über die Anordnung der Bedeutungen. „Die Bedeutungen, welche in den meisten Wörterbüchern nur auf gut Glück durcheinander geworfen zu werden pflegen, sind der Sache gemäß geordnet, das ist, wie sie vermutlich aus- und aufeinander gefolgt sind." Alles in allem ist Adelungs Wörterbuch ein sehr achtbares Werk, das noch heute seinen Wert nicht verloren hat. Wichtig ist es für unsere Zwecke, weil es uns einen Überblick über die Sprache des 18. Jahrhunderts gibt. Adelung hat aber auch als Normgeber eine außerordentlich hohe Bedeutung. Die wichtige Frage, wie er auf die Ausbildung des Wortschatzes, das Zurückdrängen gewisser Worte oder die Einführung neuer gewirkt hat, ist noch nicht genügend untersucht. Einen Anfang dazu macht die Arbeit von MAX MÜLLER, Wortkritik und Sprachbereicherung in Adelungs Wörterbuch, Palästra, herausgegeben von Brandl und E. Schmidt, XIV, 1903.

Anmerkung. Kleinere und unbedeutendere Werke der spätern Zeit sind: JOH. RICHTER, Grammatisches Wörterbuch der deutschen Sprache, 1791. — K. PH. MORITZ, Grammatisches Wörterbuch der deutschen Sprache, 1793—1800. — CHR. FR. TRG. VOIGT, Deutsches Handwörterbuch für die Geschäftsführung, den Umgang und die Lektüre, 1805.

§ 46. **Campe.** Mit dem Anfang des neuen Jahrhunderts trat ein anderes umfangreiches Wörterbuch ans Licht, das Wörterbuch der deutschen Sprache von Joachim Heinrich Campe, Braunschweig 1807.[1]) Bekanntlich hat sich Jak. Grimm in der Vorrede zum deutschen Wörterbuch sehr ungünstig über Campe ausgesprochen. Und in vielen Punkten mit Recht. Als wissenschaftliche Leistung steht Campes Werk nicht hoch, es läßt sich mit dem Adelungs gar nicht vergleichen. Aber doch hat es für uns eine hohe Bedeutung, und die liegt in seiner Reichhaltigkeit. Campes Absicht war, wirklich den Sprachschatz seiner Zeit vollständig aufzuzeichnen. Zu seinem Unternehmen hatte ihn das Fehlen vieler Wörter bei Adelung veranlaßt, und das Werk war zunächst geradezu als ein Ergänzungswörterbuch zu Adelung aufgefaßt. Das vollständige Verzeichnen des Wortschatzes der Zeit ist jetzt eine wissenschaftliche Forderung, und man darf es daher nicht unterschätzen, daß dieser Versuch schon am Anfang des 19. Jahrhunderts unternommen wurde. Auch Campe hat natürlich nicht alles verzeichnen können, aber die Wahrscheinlichkeit, daß ein Wort bei ihm fehlt, ist viel geringer als in den frühern Werken. Nach einer Berechnung Bernds sind in dem Wörterbuch über 50000 Worte angeführt, die nicht bei Adelung stehen, und mit Stolz hebt Campe hervor, daß es sich nicht etwa nur um Zusammensetzungen handle, sondern daß auch eine Fülle einfacher Wörter wie *wogen, lullen, bangen, flaggen, branden, kreisen* (in allgemeiner Bedeutung) neu aufgeführt seien. An Zusammensetzungen nennt er u. a. *ärztlich, Allheit, Befreier, bekritteln, Beleber, Beleuchter, Besatz* (statt dessen Herr Adelung nur das Zwitterwort *Bordierung* angab), *bestimmbar, Beurteiler, Bewerber, dörflich, entwirren, Erguß, Erzieher, Feinheit.*

Jak. Grimms Zorn erregte es auch, daß Campe durch eine Reihe von Zeichen den Wortschatz der verschiedenen ‚Schreibarten‘ zu unterscheiden suchte und einem ausgedehnten ‚Purismus‘ huldigte. Über letztern denken wir heute sicher anders als Grimm, und ebenso über die Unterscheidung der ‚Schreibarten‘. Es ist ganz anziehend, die Ansichten Grimms im Rahmen der Zeitgeschichte aufzufassen. Für Adelung und Campe war die Unterscheidung der verschiedenen Schreibarten, der Sprache der gewöhnlichen und der höherstehenden Menschen etwas ganz Selbstverständliches, während Grimm sich in diesem Punkt als Romantiker und Demokrat zeigt, dem jedes Wort gleich gilt. Wenn das auch für die Wissenschaft richtig ist, wenn auch die Mundart und die mundartlichen Wörter dieselbe, ja fast noch größere Anziehungskraft besitzen als die Schriftsprache und die schriftsprachlichen Wörter, so sind doch auch die Unterscheidungen Campes von höchster Bedeutung, weil gerade in ihnen das kulturgeschichtliche Element

---

[1]) Das Werk ist nicht von Campe bearbeitet, sondern nur von ihm angeregt. J. G. Radlof und Th. Bernd haben es geschaffen. „Th. Bernd nennt sich jedoch in Druckschriften Verfasser des von J. H. Campe veranstalteten und herausgegebenen Wörterbuchs“.

der Sprache zur Geltung kommt. Wie die Geschichte die Entwicklung aller Gesellschaftsschichten betrachten muß, so muß das auch die Wortgeschichte tun, und die Sprache ist nun einmal an den Menschen und an die Gesellschaft gebunden.

Mir scheint das Campesche Werk durch den in ihm aufgespeicherten Stoff von ganz hervorragender Wichtigkeit zu sein, und deshalb will ich noch etwas ausführlicher darauf eingehen.

Campe wendet, wie wir weiter unten sehen werden, eine Reihe von Zeichen an. Diese sind für das Aufkommen und den Gebrauch der Wörter seiner Zeit sehr lehrreich, so daß eine Sammlung und Verarbeitung dieser Wörter für die Geschichte des Wortschatzes der neuern Zeit dankbar zu begrüßen wäre. Da mit diesen Zeichen schon gewisse Ziele, denen die Wortforschung nachstreben muß, angedeutet sind, so gebe ich hier einige Beispiele, teils um zu weiterer Sammlung anzuregen, teils um zu zeigen, wie sich schon in hundert Jahren der Wortschatz wieder verändert hat. Gerade die Beteiligung unserer Literatur an der Ausbildung des Wortschatzes durch Wiederbelebung alter und Schaffung neuer Worte würde sich durch eine Untersuchung des Campeschen Wörterbuches zeigen lassen. Campe bietet mit diesen Zeichen durchaus nichts Neues. Schon Steinbach hat einige. Aber in dieser Fülle treten sie erst bei ihm auf.

Anmerkung 1. Campe unterscheidet folgende Punkte:

1. * Veraltete Wörter, die aber von guten Schriftstellern schon wieder erneuert sind oder die Erneuerung zu verdienen scheinen, z. B. *Hüne* für *Riese*. „Manche Wörter, die Adelung zu den veralteten zählt, sind jetzt so sehr wieder in Umlauf gesetzt, daß wir ihnen gar kein Zeichen beizusetzen brauchen, wie *bieder, beginnen*.“ Ich führe natürlich nur solche Worte an, die heute wieder üblich geworden sind: *Fährlichkeit, Fehlwort, Feldhauptmann, Feuchte, flugs, Frauengemach, Frevel, munden, mundtot, Sachwalter, der Sang, schädigen, Schädiger.*

2. ** Veraltete Wörter, die der Erneuerung nicht mehr fähig zu sein scheinen, z. B. *bold*, das noch in *Trunkenbold, Raufbold, Reimbold* vorliegt, *das Saalgut, das Sachs* (Messer), *Schalksrat, handhaft, Heerfahrt, Heim* n. u. a.

3. O „Neugebildete Wörter, die teils von guten Schriftstellern bereits angenommen und gebraucht, teils von achtungswürdigen Sprachforschern geprüft und gebilligt sind, mit Ausschluß der Campeschen neuen Wörter, als welche, zu noch größerer Warnung, ein besonderes Zeichen erhalten, z. B. *prallweich* für *elastisch*.“

Dieses Zeichen gewährt uns also einen Überblick über die Wörter, die man am Anfang des 19. Jahrhunderts als neu empfand. Ob sie wirklich neu waren, ist freilich eine andere Frage. Immerhin dürfte es sich lohnen, einige anzuführen, um zu zeigen, daß wir dieses Gefühl der Neuheit vollständig verloren haben.

Allheit, alljährlich, allmonatlich, anspruchsvoll, Emporkömmling (Parvenü), *Erkennungszeichen, Fabelwelt, Fabelreich, Falkenblick, Fahrdamm* (Chaussee), *Fallsucht, Fallschirm, Farbensinn, Farbenduft, Farbenbogen, Familienleben, Familienglück, Familienhaupt, Fechthandschuh, feenhaft, Fehljahr, Fehlgewinn, Fehlfarbe, Fehlblatt, Feigling, Felsenbecken, Feldschule, Fernsicht, Fichtenhain, Festgetümmel, fessellos, Fistelstimme, Fliegenfalle, Freisinn, Freimut, freigeistig, Frauenherz, fraglich, haarbreit, Haarstern, hageldicht, Halbheit, Halbjahr, Halsring, haltlos, Hämmling, nachhaltig, Sachwert, Sachinhalt, sächlich, Sagengeschichte, Schamgefühl* u. a.

4. ⊙ „Neue Wörter von zweifelhaftem, noch nicht ausgemachtem Werte. Dieses Zeichen erhalten ohne Ausnahme alle diejenigen Campeschen Wörter, die man in das Wörterbuch aufnehmen zu müssen glaubte, weil sie schon in gelesenen Schriften vorkommen.'

Campes Verdienste liegen bekanntlich hauptsächlich auf dem Gebiete der Verdeutschung von Fremdwörtern. So viele ihrer auch spurlos verschwunden sind, so bleibt doch eine ganz hübsche Zahl, die wir Campe verdanken, und viele andere verdienen noch heute volle Beachtung. Ich gebe auch hier einige Beispiele.

Lehrgang für *Kursus*, *folgerecht* für *konsequent*, *dauerlos* für *ephemerisch*, *Dienstanweisung* für *Instruktion*, *Säuleneingang* für *Prostylos*, *fabellehrig* für *mythologisch*, *Fahrgut*, *Fallbeil* für *Guillotine*, *Fahrmittel* für *Vehikel*, *falschnamig*, *Fanggier* für *Koketterie*, *Fechteisen* für *Rappier*, *Feldkrämer* für *Marketender*, *Fernschreiber* für *Telegraph*, *Bittsteller* für *Supplikant*, *Hafendamm* für *Molo*, *Handelsvertrag* für *Kommerztraktat*.

Derartige Fälle zeigen doch auf das deutlichste, daß eine zielbewußte Verdeutschung nicht ohne Folgen bleiben kann. Campes Leistungen nach dieser Richtung sind zweifellos von hohem Werte, und sein „Wörterbuch zur Erklärung und Verdeutschung der unserer Sprache aufgedrungenen fremden Ausdrücke", neue Auflage, Braunschweig 1813, ist noch heute mit Vorteil zu benutzen.

5. ⚤ Neue (auch ältere) Wörter, die zwar von bedeutenden Schriftstellern herrühren oder doch von ihnen gebraucht worden sind, die aber, irgendeiner fehlerhaften Eigenschaft wegen, die Aufnahme nicht zu verdienen scheinen. Hierher gehören eben die Verdeutschungen, die nicht durchgedrungen sind, und die man daher oft anführt, um jene Bestrebungen lächerlich zu machen, z. B. *Einzögling* und *Einzöglingsrecht* für *Eingeborener* und *Eingeburtsrecht*, *Indigenat* (Adelung); *Fünftelsaft* für *Quintessenz* (Bürger); *Entknotigung* für *Katastrophe* (Wieland); *Faller* für *Trochäus*, *fade*, *Freudenmädchen*. Wie die letzten Beispiele beweisen, hat Campe noch nicht das letzte Wort gesprochen, da wir diese Worte sehr wohl gebrauchen können.

6. + bezeichnet die landschaftlichen Wörter. Auch hier zeigt es sich, daß wir heute manches ganz anders empfinden. Beispiele sind: *drall* (Lessing), *risch* (Bürger), *pladdern*, *dammeln*, *Däumerling* (Goethe), *dazumal*, *dereinstig*, *um deswillen*, *sabbern*, *sälen* ‚schmutzig machen', *Salm* (Psalm), *Satte*, *schächten*, *Forke*. *freiheitlich*, *flau*, *Flaumen*, *Flabbe*, *Feuereisen*, *Ferge*, *feilschend*, *Fasching*, *fauchen*, *Faustbüchse*, *fahnden*, *freundwillig*, *feilschen*, *firn*. *Firnewein*, *Haareule*, *sich hägen*, *hahnbüchen*, *häklig*, *Halde*, *hasten*.

7. × „Niedrige, aber deswegen noch nicht verwerfliche Wörter, weil sie in der geringen (scherzenden, spottenden, launigen) Schreibart und in der Umgangssprache brauchbar sind,' z. B. *beschlabbern* (Goethe), *blaßäugig*, *die Ecker*, *ehegestern*, *Ehehälfte*, *Ehekrüppel*, *Ehrentag*, *ehrenthalben*, *Ehrentrunk*, *erangeln*, *Fabelei*, *Fabelhans*, *Fabelschmied*, *fadenscheinig*, *fadenackend*, *Falschmünzerei*, *Farbenklavier*, *Faselei*, *Faselhans*, *faselig*, *faseln*, *faselnackt*, *Faulbett*, *faulenzen*, *Februar*, *Fechthandwerk*, *Federheld*, *Federlesen*, *Feger*, *Fersengeld*, *Fettwanst*. *Fibel*, *Fiedel*, *Figur*, *fingersdick*, *Firlefanz*, *fispern*, *fix*, *Flachshaar*, *Flachskopf*, *flackerig*. *Flattergeist*, *Flaus*, *Flausch*, *Fläz*, *fletschen*, *Flickerei*, *flink*, *foppen*, *Frack*, *frank*, *Franze*, *Franzmann*, *Fratz*, *Freiersmann*, *Freßsack*, *Freudenpost*, *Frühgottesdienst*, *funkelneu*, *haarfein*, *haarscharf*, *Habenichts*, *häklig*, *Halunke*, *Hampelmann*, *handbreit*, *Leibgericht*. *mummeln*, *Mundwerk*, *munkeln*, *Muselmann*, *Sabbat*, *Säbelbein*, *sacht*, *Saffian*, *Sago*, *Salbader*, *Sauessen*. *Saufaus*, *Saufbruder*, *saufen*, *Schandmaul*.

8. ✳ „Niedrige Wörter, die ans Pöbelhafte grenzen, und deren man sich daher sowohl in der Schriftsprache, selbst in der untern, sowie auch in der bessern Umgangssprache enthalten sollte, die aber dennoch in Bühnenstücken wie im gemeinen Leben, wiewohl nur im Munde ungebildeter Personen, vorkommen", z. B. *Freßsack*, *Lausekerl*, *Rotznase*, *bockenzen*, *Saufgurgel*, *Saufsack*, *Saukerl*, *Finkeljochen*, *Hahnrei*. *Freund Hain*, *halsbrechend*, *Hanswurst*.

9. △ Wörter der höhern dichterischen Schreibart, z. B. *Windsbraut* für *Orkan*, *rosen-*

fingrig, erklimmen, erkunden, erraffen, Drommete, Feierkleid, Fittich, hadern, harmlos, harren, Heerschau, hehlen, hehr.

10. △ Dergleichen Wörter, wenn sie zugleich neu sind; z. B. *Abstamm* für *Nachkommenschaft, Glutgeloder* für *auflodernde Glut* (Tiedge), *Salzflut* (Voß), *säulengetragen* (Schiller), *einherfliegen, Fackeljüngling, Farbenfeuer, farrenäugig, Feierklang, Feldgesang, Feldmann, felsab, Felsaltar, Felsbrust, Felsburg, Felsenbrust, Felsenkette, Felsenquell, Festgeläute, Festmahl, Festschmaus, Festschmuck, Feuerauge, Feuerblick, Feuerflut, Feuerseele, Flammenauge, Flammenkuß, Flammenmeer, Flammensäule, -schild, -schrift, -tod, Flügelschlag, freudenarm, freudetrunken, Frühlingshauch, frührot, Hall, hallen, heimatlos, heimatlich.*

11. ⊙△ Dergleichen Wörter, wenn sie von Campe herrühren, z. B. *Antlitzseite* für *Fassade, Prachttor* für *Portal.*

12. ⊙✕ Neue Wörter für die untern (scherzenden, spottenden, launigen) Schreibarten, z. B. Lichtenbergs *Zierbengel* für *Incroyable, Geldschaffer* für *Finanzier, Alltagssprache, Alltagsgesicht, einhergaukeln, Faulpfründe* für *Sinekure, Felsennest, Fettpfründe* für *Prälatur, Flachkopf.*

13. ⊙✕ Dergleichen Wörter, die von Campe herrühren, z. B. *Stelldichein* für *Rendezvous, Teufelsanwalt* für *advocatus diaboli.*

Man erkennt aus dieser Übersicht, welcher Wert der Campeschen Arbeit innewohnt. Wir werden in den spätern Teilen auf die von Campe eingeführten Unterscheidungen ausführlicher zu sprechen kommen und zeigen, wie wichtig diese sind und wie bedeutungsvoll es ist, daß wir für den Anfang des 19. Jahrhunderts die verschiedenen Arten des Wortschatzes auseinanderzuhalten imstande sind. Aber eine Bemerkung sei gleich hier gestattet. Die poetische Sprache beruht zum guten Teil darauf, daß sie von der Alltagsrede abweichende Worte braucht. Gehen Wörter der poetischen Sprache in die Alltagssprache über, so können wir die ursprüngliche dichterische Ausdrucksweise nicht mehr nachempfinden. Unsere großen Dichter haben unsere Sprache nach dieser Richtung zweifellos ungemein bereichert, aber manche Stellen bei ihnen haben dadurch an poetischer Kraft eingebüßt, daß die Worte allgemein üblich geworden sind.

Anmerkung 2. Auf Campe folgten dann einige kleinere Wörterbücher, die keine wesentliche Bedeutung haben und hier nur der Vollständigkeit wegen erwähnt werden: HEYSE, Handwörterbuch der deutschen Sprache, Magdeburg 1833—1849. — ÖRTEL, Grammatisches Wörterbuch der deutschen Sprache, München 1829 ff. — KALTSCHMIDT, Gesamtwörterbuch der deutschen Sprache, Leipzig 1834. — K. SCHWENK, Wörterbuch der deutschen Sprache, Frankfurt a. M. 1834. — WEBER, Kritisch-erklärendes Handwörterbuch der deutschen Sprache 1837 f., 11. Aufl. Leipzig 1872. — WENIG, Handwörterbuch der deutschen Sprache, Erfurt 1821, 5. Aufl. 1870. — W. HOFFMANN, Vollständigstes Wörterbuch der deutschen Sprache, 6 Bände, Leipzig 1859—1861.

§ 47. **Grimm.** Nun war aber in Deutschland seit dem Beginn des 19. Jahrhunderts die Sprachwissenschaft mächtig aufgeblüht, die wissenschaftlichen Anforderungen an ein Wörterbuch hatten sich vertieft, und so faßten die Männer, die selbst am meisten mit zu der neuen Entwicklung beigetragen hatten, den Plan, ein neues Wörterbuch zu schreiben. Das deutsche Wörterbuch der Brüder GRIMM war ein Eigenunternehmen, geboren aus der Not der beiden Gelehrten, die ihrer Stellung entsetzt waren. Es war ursprünglich in verhältnismäßig kleinem Umfang geplant, es sollte ein Hausbuch, zugänglich für weite Kreise und benutzbar für jedermann, werden. Jak. Grimm spricht darüber in folgender viel bespotteter Weise (Wörterbuch 1, XII): „Einen Haufen Bücher mit übelerfundenen Titeln gibt es, die hausieren gehen und das bunteste und unverdaulichste Gemisch des mannigfalten Wissens feiltragen. Fände bei den Leuten die einfache Kost der heimischen Sprache Eingang, so könnte das Wörterbuch zum Hausbedarf, und mit Verlangen, oft mit Andacht gelesen werden. Warum sollte sich nicht der Vater ein paar Wörter ausheben und sie abends mit den Knaben durchgehend zugleich ihre Sprachgabe prüfen und die eigene anfrischen? Die Mutter würde gern zuhören."

Zweifellos lag die Begabung der Brüder Grimm nicht gerade auf der lexikalischen Seite, wenngleich das Genie nie etwas ganz minderwertiges bieten wird. Aber das Werk hat sich ganz anders entwickelt, als es geplant war. Es wurde im Jahre 1840 begonnen. Natürlich können die ersten Teile schon deshalb nicht mehr genügen, weil der Wortschatz bald eines Jahrhunderts in ihnen fehlt, abgesehen davon, daß wir heute auch schon wieder ganz andere Anforderungen an ein Wörterbuch stellen als damals. Bereits bei Lebzeiten der Brüder waren einige Hilfsarbeiter hinzugetreten. Nach ihrem Tode wurde das Werk von mehreren Gelehrten fortgesetzt, aber auch diese sind schon dahingesunken, und ein neues Geschlecht arbeitet nun an dem Werk.

Die ersten Bände sind von den Brüdern GRIMM fertiggestellt. JAKOB hat die Buchstaben **A, B, C, E** und **F** zum größten Teil geliefert, WILHELM das **D** bearbeitet. K. WEIGAND hat **F** zu Ende geführt, **N, O, P, Q** und **T** (bis *Todestag*) stammt von LEXER, **V** (bis *verschrecken*) von E. WÜLCKER, **W** (soweit bearbeitet) von v. BAHDER. Die beste Leistung der ältern Generation ist zweifellos die von R. HILDEBRAND, der **K** und einen Teil des **G** (fortgesetzt von WUNDERLICH) geschrieben hat. Den größten Anteil aber hat M. HEYNE. Über die Art, wie dieser seine Aufgabe aufgefaßt hat, gibt seine eigene Erklärung Auskunft. Nachdem zwei Bände, jeder in acht Jahren, von ihm vollendet worden seien, habe er sich sagen müssen, daß die noch ausstehenden Bände noch etwa vierundzwanzig Jahre in Anspruch nehmen würden. Im 48. Jahre stehend, habe er sich für so lange Zeit nicht binden wollen, und es sei ihm für das Werk als Gewinn erschienen, wenn dessen Ende in kürzerer Zeit zu ermöglichen wäre. Man könne einem Adoptivkinde zuliebe nicht auf eigene Arbeit verzichten. Diese Erwägungen hätten einen Plan „kollektiver Arbeit" nahe gelegt. Infolgedessen sei von 1889 ab ein Assistent angestellt worden, im Jahre 1891 zwei weitere Hilfsarbeiter hinzugekommen, Doktoren, die unter seiner Aufsicht ganze Artikelreihen selbständig herstellten. Dann aber sei „vorgeschrittenen Zöglingen" (Studenten!) des Göttinger deutschen Seminars die Arbeit unter Überwachung, Prüfung usw. übergeben worden. „Endlich", so schließt die Vorrede, „sind auch einzelne

Artikel in den letzten Lieferungen von mir selbst geschrieben worden." Es sei eben nicht anders gegangen, und dies müsse „mit mancher Unvollkommenheit und Ungleichmäßigkeit, die dieser Art der kollektiven Tätigkeit notwendig anhaftet, aussöhnen."

Gewiß haften dieser Art der Arbeit Mängel an, aber man hätte es mit Freuden begrüßt, wenn auf diese Weise in absehbarer Zeit ein Abschluß des Werkes erzielt worden wäre. Immer und immer wieder haben einzelne und Gesamtheiten, z. B. die germanistischen Sektionen auf den Philologenversammlungen auf stärkere Förderung des Werkes gedrängt, das nun doch einmal beendet werden mußte. Aber erst jetzt, nachdem sich das Reich und die Berliner Akademie der Sache angenommen haben, ist eine entschiedene Förderung eingetreten. In Göttingen ist unter der Leitung von Edward Schröder ein Mittelpunkt für die Sammlung weitern Stoffes geschaffen, der die Mitarbeiter mit neuem Stoff versorgt, und am Werke selbst sind eine Menge neuer Kräfte tätig, im ganzen jetzt fünfzehn. Und von diesen liegen auch schon wirkliche Leistungen vor, während von manchem der früher angegebenen Mitarbeiter nie eine Zeile erschienen ist. Vgl. über die Entwicklung des Grimmschen Wörterbuchs und über die Arbeit daran A. Götze, Wiss. Beih. z. Zeitsch. d. A. Deutschen Sprachvereins 4, 86 ff. und A. Schirmer, Akademische Rundschau 1912/13 694 ff.

Entsprechend der ganzen Geschichte des Werkes sind die einzelnen Teile sehr verschieden gearbeitet. Als dürftig müssen wir jetzt die ersten Bände empfinden. Aber wenn auch die Teile der neuern Mitarbeiter ganz auf der Höhe stehen, so leiden sie doch an einer kaum übersehbaren Ausdehnung. Schon Hildebrand brauchte für den Artikel *Geist* 118 enggedruckte Spalten und für *Genie* 54, Wunderlich aber für *gewinnen* 146, für *Gewalt* 184. Wer soll da das Wörterbuch noch benutzen können, zumal auch der Druck wenig übersichtlich ist. Weniger wäre entschieden mehr gewesen.

Grimm ist, wie wir gesehen haben, nicht vollkommen. Der Plan eines großen wissenschaftlichen Wörterbuches, eines Thesaurus linguae teutonicae, wie ein solches andere Völker besitzen oder in Angriff genommen haben, bewegt schon lange weite Kreise. Aber vor der Vollendung des Grimmschen Werkes ist nicht daran zu denken, ihn zu beginnen. Es wäre auch besser, zunächst einmal die ersten drei Bände von Grimm neu zu bearbeiten.

§ 48. **Kleinere Werke der neuern Zeit und Sonderwörterbücher.** Neben den Grimm, der wegen seines Umfanges im wesentlichen auf die gelehrten Kreise beschränkt bleiben wird, sind im Laufe des 19. Jahrhunderts kürzere selbständige Werke getreten.

D. Sanders, Wörterbuch der deutschen Sprache, 2 Bände, 1860—1865. Dazu ein Ergänzungswörterbuch, 1879—1885. Eine kürzere Fassung, Handwörterbuch der deutschen Sprache, ist 1912 in 8. Auflage erschienen, bearbeitet von J. Ernst Wülfing. Sanders hat das Verdienst, die neuere Literatur ausgiebig berücksichtigt zu haben.

K. WEIGAND, Deutsches Wörterbuch, 1857—1871. Weigand bearbeitete ein älteres Buch von Schmitthenner, das sich aber unter seinen Händen zu einem neuen Werke gestaltete. Es war seinerzeit, wie auch Jakob Grimm anerkannte, eine ganz vortreffliche Leistung, die der Verfasser durch immer erneute Arbeit auf der Höhe erhielt. 1881 kam die vierte Auflage heraus; während des Druckes starb der Verfasser. Nachdem es·lange Zeit vergriffen war, ist es jetzt in fünfter Auflage erschienen, neubearbeitet von v. Bahder, Kant und Hirt, Gießen 1909/1910. Weigand gab die Bedeutungen sehr genau an, er suchte das erste Auftreten der Worte zu bestimmen, und berücksichtigte auch die dialektischen und die fremden Wörter. Dazu kam die Etymologie. Alle diese Vorzüge sollen auch nach den Absichten der Bearbeiter in der neuen Auflage vorhanden sein, und so wird sich das Werk seinen gebührenden Platz wieder erobern.[1])

M. HEYNE, Deutsches Wörterbuch, 3 Bände, 1890—1895. Heynes Werk will ein kleiner Grimm sein und dem Verlangen nach einem handlichen, brauchbaren und zuverlässigen Wörterbuch abhelfen. Das hat es auch getan. Es bietet viele schöne Belegstellen aus der neuern Literatur, einen wesentlichen Fortschritt bedeutet es indessen nicht. Die etymologische Seite tritt etwas zurück.

H. PAUL, Deutsches Wörterbuch, 1897, 2. Auflage 1908. Dies Werk wendet sich an alle Gebildeten, die ein Verlangen empfinden, ernsthaft über ihre Muttersprache nachzudenken. In erster Linie hat der Verfasser an das Bedürfnis der Lehrer gedacht, die Unterricht im Deutschen zu erteilen haben. Er verzichtet auf eine vollständige Aufzählung sämtlicher Wörter und Wortbedeutungen, insbesondere der selbstverständlichen Ableitungen und Zusammensetzungen, sowie auf überflüssige Erklärung des allgemein Verständlichen. Auch die landschaftlichen Verschiedenheiten sind berücksichtigt, soweit sie in die Umgangssprache der Gebildeten und die lokale Schriftsprache hineinragen. — Ziemlich beträchtlich sind die Abweichungen von dem jetzigen Sprachgebrauch bei den klassischen Schriftstellern des vorigen Jahrhunderts. Auf diese Abweichungen hinzuweisen ist der Verfasser besonders bemüht gewesen. Auch die noch viel bedeutendern der Lutherschen Bibelübersetzung, soweit sie sich in den gangbaren Ausgaben finden, sind berücksichtigt. Vor allem aber sucht der Verfasser eine Entwicklung der Bedeutung zu geben, und nach dieser Richtung ist sein Werk das beste, das wir haben. In der

---

[1]) Weigands Wörterbuch hat in der neuen Auflage viel Anerkennung gefunden. Man nennt es jetzt das beste deutsche Wörterbuch und zitiert es mit unter meinen Namen als Weigand-Hirt. Ich möchte aber auch hier, wie in der Vorrede hervorheben, daß es trotz der neuen Bearbeitung der alte Weigand geblieben ist und daß diesem das Hauptverdienst zukommt. Die Grundlage für die Neubearbeitung bilden die umfangreichen, weitgehenden Sammlungen v. Bahders, zu denen die reichen Kenntnisse Dr. Kants kamen. Für mich nehme ich vor allem das eine Verdienst in Anspruch, daß ich, da auch Dr. Kant das Werk nicht vollenden konnte, in die Bresche gesprungen bin und es beendet habe. Mich veranlaßte dazu die Erkenntnis, daß mit dem alten Weigand in seiner neuen Bearbeitung eine wirkliche Lücke ausgefüllt werden würde.

ersten Auflage wurde die Etymologie kaum berücksichtigt, in der zweiten tritt der Verfasser aus seiner Zurückhaltung heraus. Indessen wird das, was er bietet, keinen befriedigen, so daß es besser gewesen wäre, die Etymologien wären ganz fortgeblieben.

Für die Zeit des Neuhochdeutschen braucht man zunächst, wie man glauben möchte, kein erklärendes Wörterbuch, und so sind wir dementsprechend an Sonderwörterbüchern recht arm. Und doch sind diese als Grundlage für den künftigen Thesaurus unbedingt notwendig. Wir müßten Wörterbücher für einzelne Zeitabschnitte, wie etwa das sechzehnte Jahrhundert, haben, oder auch für einzelne Schriftsteller wie H. Sachs, Goethe. Es liegen hier sehr dankenswerte Aufgaben vor. Im folgenden führe ich an, was bisher vorhanden ist.

Um das Verständnis des Frühneuhochdeutschen zu erleichtern, hat A. Götze ein Frühneuhochdeutsches Glossar herausgegeben, Bonn 1912. Für Luther hat Ph. Dietz „ein Wörterbuch zu Dr. Martin Luthers deutschen Schriften" Leipzig 1870 begonnen, das leider nur bis H gediehen ist, aber bis zu diesem Buchstaben recht wertvoll ist.

In der seit 1862 erschienenen deutschen Bibliothek, herausgegeben von H. Kurz, in der der Esopus von Burkhard Waldis, die simplizianischen Schriften von Grimmelshausen und Fischarts sämtliche Dichtungen vorliegen, finden sich stets kurze Wörterverzeichnisse, die natürlich nur der Erklärung dienen sollen, aber doch dankbar zu begrüßen sind. Auf Gottscheds Bedeutung für die deutsche Sprache hat Eugen Reichel wiederholt hingewiesen und auch seine Begeisterung für ihn in die Tat umgesetzt, einmal in dem kleinen Gottschedwörterbuch, Berlin 1902 Gottsched-Verlag, in dem die Wörter und Wortzusammensetzungen verzeichnet sind, die Gottsched angeblich für unsere Schriftsprache teils neu geschaffen, teils aus alten Schriften hervorgesucht und wieder zum lebendigen Besitz unseres Volkes gemacht hat. Aber Reichel überschätzt Gottsched zweifellos. Ein wirklicher Neuschöpfer ist er kaum gewesen. Vieles, was Reichel für ihn in Anspruch nimmt, ist wesentlich früher belegt.

Sehr wertvoll ist sein großes Gottschedwörterbuch, Berlin 1906, Gottschedverlag, von dem bis jetzt allerdings nur der erste Band vorliegt.

§ 49. **Aufgaben der Wortforschung.** Aus dieser Übersicht kann man erkennen, was die deutsche Lexikographie bisher geleistet hat und was sie noch leisten muß. Daß das deutsche Wörterbuch nur stellenweise den Anforderungen entspricht, die an ein wirklich wissenschaftliches Wörterbuch der deutschen Sprache zu stellen sind, ist schon bemerkt worden. Abgesehen davon, daß der endgültige Abschluß noch in weitem Felde steht, müßten auch die ersten drei Bände völlig neu bearbeitet werden. Aber auf dem bisherigen Wege der Zersplitterung und der Einzelarbeit werden wir niemals zu dem ersehnten großen deutschen Wörterbuch kommen, dem Wörterbuch, das schon Leibniz erstrebte, und das immer wieder gefordert werden wird, bis es zur Vollendung gelangt. Welche Anforderungen an ein solches Werk zu stellen sind, wird der Leser aus der Darstellung dieses Buches, das die verschiedenen Seiten der Wortforschung behandelt, ersehen können. In Kürze hat sie Paul, SB. der phil. Kl. d. K. Bayer. Akad. 1894 S. 53, formuliert. Es ist zu erstreben:

1. eine möglichst genaue Abgrenzung der Sphäre des Gebrauchs für jedes Wort und jede Verwendungsweise;

2. Festsetzung, in welchen Verkehrskreisen ein Wort gebraucht wird;

3. Feststellung des räumlichen Gebrauchs eines Wortes;

4. Feststellung, welchen Gebrauchskreis die technischen Ausdrücke haben.

Das sind natürlich Forderungen, die nur für die Gegenwart völlig gelöst werden können. Paul hat mit Recht darauf hingewiesen, daß es nur eine Epoche gibt, in der uns der Wortschatz mit allen seinen Verwendungsweisen und seinen Bedeutungen völlig bekannt ist, und das ist die Gegenwart. Im Hinblick auf die geschichtliche Entwicklung wird diese gar leicht vernachlässigt, während sie doch gerade den höchsten Wert hat. Natürlich muß das große Wörterbuch auch die geschichtliche Entwicklung berücksichtigen, wie das ja schon bisher geschehen ist.

Ehe aber ein solches vollkommenes Unternehmen ins Werk gesetzt werden kann, müssen noch die mannigfaltigsten Vorarbeiten geschaffen werden. Der Wortschatz müßte systematisch von vielen gesammelt werden. Wir müßten zu manchen Schriftstellern, wie Goethe, Schiller, Herder, Wieland, erst Sonderwörterbücher haben, damit wir den Wortschatz jedes einzelnen Schriftstellers überblicken könnten. Kurz es ist auf dem Gebiete der deutschen Wortforschung unendlich viel zu tun, es sind unendlich viele Mitarbeiter nötig; das Schöne dabei aber ist, daß hier schließlich jeder Gebildete mitarbeiten kann. Er braucht sich zunächst nur auf einen kleinen Kreis zu beschränken. Vgl. zu dieser Frage noch W. Meyer-Lübke, Aufgaben der Wortforschung, Germ.-rom. Monatsschrift 1, 634—647; H. Suolahti, Über Methoden und Aufgaben der deutschen Wortforschung. Neuphilol. Mitteil. 1909, 28—44 f.

§ 50. **Wörterbücher für den Lehrer.** Es fragt sich nun, welches Wörterbuch der Lehrer benutzen soll. Das Grimmsche Wörterbuch ist natürlich nicht überall zugänglich und für den gewöhnlichen Gebrauch auch zu umfangreich. Alle andern aber erfüllen doch nur einiges von dem, was man braucht. Kluge ist etymologisch und legt neuerdings auf die Altersbestimmung der Worte einiges Gewicht. Doch ist nach dieser Richtung seine Arbeit ganz unzureichend und wird entschieden durch Weigand übertroffen, der auch viele Ableitungen und Zusammensetzungen, dazu die Fremdwörter mit aufnimmt. Bei Paul findet man vor allem die Bedeutungsentwicklung. Heyne will ein kleiner Grimm sein und hat infolgedessen sehr viel Worte verzeichnet. Ausgezeichnet ist er durch Heranziehung der Gebrauchsweise der neuern Schriftsteller.

So wird man also mit einem Werke nicht auskommen. Welches man bevorzugen will, muß sich nach den Neigungen des einzelnen richten.

§ 51. Wörterbücher der übrigen germanischen Sprachen. Da man nicht selten bei der Wortforschung zu den übrigen germanischen Sprachen greifen muß, so seien hier die wichtigsten Werke aus diesen Gebieten angeführt.

1. **Gotisch:** VON DER GABELENZ und LÖBE, Glossarium der gotischen Sprache, Bd. II Abt. 1 der Wulfilaausgabe 1843, ziemlich vollständig. — E. SCHULZE, Gotisches Glossar. Mit einer Vorrede von Jakob Grimm, 1848. Angabe sämtlicher Stellen, doch zum Teil auf einem veralteten Text beruhend. — Das Beste bietet jetzt STREITBERG, Die Gotische Bibel. Zweiter Teil: Gotisch-Griechisch-Deutsches Wörterbuch, Heidelberg 1910, weil sein Text auf den neuen Lesungen der italienischen Handschriften beruht.

2. **Skandinavisch:** Altnordisch und altisländisch: Sv. EGILSSON, Lexicon poeticum antiquae linguae septentrionalis, 1844—1860. Neue Ausgabe von F. JÓNSSON, Kopenhagen 1913 ff. — JOH. FRITZNER, Ordbok over det gamle norske Sprog, 1862—1867, 2. Aufl. 1886 ff. — MÖBIUS, Altnordisches Glossar. Wenn das Werk auch nur den Wortschatz einer bestimmten Anzahl von Texten umfaßt, so ist es doch sehr nützlich gewesen. — G. VIGFUSSON, Icelandic-English Dictionary, 1869. Hier ist auch der poetische Wortschatz aufgenommen. — G. T. ZOËGA, A concise dictionary of Old Icelandic, Oxford 1910. — H. GERING, Vollständiges Wörterbuch zu den Liedern der Edda, 1902. — JON. THORKELSSON, Supplement til islandske Ordbøger, 1876. Anden Sammling, 1879—85, Tredje Samling 1890—94 lieferte wertvolle Nachträge zu den übrigen Wörterbüchern. — Neuisländisch: G. T. ZOËGA, Ensk Islensk Orðabok (englisch-isländisch), Reykjavik 1896. Islensk-ensk Orðabok 1904. — JONAS JONASSON, Ny dönsk orðabok (dänisch-isländisch), ebenda 1896. — Norwegisch: AASEN, Ordbog over det norske Folkesprog, 1850, 2. Aufl. Norsk Ordbog 1873. — H. ROSS, Norsk Ordbog 1889 ff. — Shetlandsinseln: JAKOB JAKOBSEN, Etym. ordbog over det norröne sprog på Shetland. Köbenhavn 1908 ff. — Schwedisch: A. F. DALIN, Ordbok öfver svenska språket, Stockholm 1850—53. — K. F. SÖDERWALL, Ordbok öfver svenska Medeltidspråket, Lund 1884 ff. — RIETZ, Svensk dialekt lexikon, Malmö 1867. — Ordbok öfver svenska språket, utgifven of Svenska akademien, Lund 1893 ff. Das Wörterbuch gibt eine geschichtliche Darstellung des Wortschatzes der schwedischen Reichssprache vom Jahre 1520 bis zu unsern Tagen. Vgl. darüber ZfdW. 7, 322. Es entspricht unserm Grimm. B. HESSELMANN, Ordbok öfver Upplands folkmål. Stockholm 1915. — Für den praktischen Gebrauch ist zu empfehlen HOPPE, Stockholm 1892. — Dänisch: Dansk Ordbog, udgiven under Videnskabernes Selskabs Bestyrelse, 1791—1906. — CHR. MOLBECK, Dansk ordbog 2 Bde. 1833, 2. Aufl. 1854—59. Handwörterbuch, aber sehr vollständig. — O. KALKAR, Ordbog til det äldre danske Sprog, 1300—1700, Kopenhagen 1880 ff. — MOLBECK, Dansk Dialektlexikon, 1833—1841. — Deutsch-dänisch: BRESEMANN, 2 Bde. 1852—55, GRÖNBERG, 4. Aufl., 2 Bde. 1864, HELMS, 2 Bde., 6. Aufl. 1895, KAYSER, 4. Aufl. 1900.

3. **Niederländisch:** A. C. OUDEMANS, Middel- en Oudnederlandsch Woordenboek, Arnstein 1870. — E. VERWIJS und J. VERDAM, Middelnederlandsch Woordenbock, Haag 1885 ff. — J. VERDAM, Middelnederlandsch Handwoordenboek, s'Gravenhage, 1908, 1911. — DE VRIES und TE WINKEL, Woordenboek der Nederlandsche Taal. Entspricht unserm Grimm.

4. **Friesisch:** K. VON RICHTHOFEN, Altfriesisches Wörterbuch 1840. — J. HALBERTSMAS, Lexicon frisicum, 1874 (unvollendet, bis F.). — W. DIJKSTRA und B. HETTEMA, Friesch Woordenboek, 3 Bände, Leeuwarden 1890. Band 4 enthält ein Namenwörterbuch von Winkler, 1898. — WALING DIJKSTRA, Friesch Woordenboek, Leeuwen 1909. — J. SCHMIDT-PETERSEN, Wörterbuch und Sprachlehre der Nordfriesischen Sprache nach der Mundart von Amrum und Föhr, Petersen Husum 1912. — P. MÖLLER, Wörterbuch der Sylter Mundart. Jb. d. Hamburger Wissensch.Anstalten. 1915.

5. **Englisch:** Bosworth-Toller, An Anglo-Saxon Dictionary 1882; jetzt das beste altenglische Wörterbuch; dazu ein Supplement, Oxford 1908 ff. — Grein, Sprachschatz der angelsächsischen Dichter, 2 Bände 1861—1864. Sammlung des Wortschatzes der angelsächsischen Dichtungen mit reichem Stellenverzeichnis. Unter Mitwirkung von F. Holthausen neu herausgegeben von J. J. Köhler, Heidelberg 1912 f. — H. Sweet, Glossar zu den Oldest English Texts. — H. Sweet, The Student Dictionary of Anglo-Saxon, Oxford 1897. — Stratmann, Old English Dictionary, 1864 ff. 3. Aufl. 1878, behandelt die Sprache des 12.—14. Jahrhunderts. — Stratmann, middle English Dictionary, revised by H. Bradley, Oxford 1891. — James Murray, New english dictionary, 1884. — Al. Schmidt, Shakespeare-Lexikon, 1874, 2. Aufl. 1886. — Wright, The English Dialect Dictionary 1896 ff.

§ 52. Zeitschriften. Der deutschen Etymologie und Wortforschung sind natürlich sehr viel einzelne Arbeiten, teils Monographien, teils Aufsätze in Zeitschriften gewidmet. Fast alle sprachwissenschaftlichen und germanistischen Zeitschriften enthalten auch Beiträge zur Wortforschung. Daher folgt hier eine Liste.

1. **Sprachvergleichende Zeitschriften:** Kuhns Zeitschrift für vergleichende Sprachwissenschaft, Berlin 1852 ff. Abgekürzt **KZ.** — Bezzenbergers Beiträge zur Kunde der indogermanischen Sprachen, 1877 ff. Abgekürzt **BB.** — Brugmann und Streitberg, Indogermanische Forschungen nebst Anzeiger, 1892 ff. Abgekürzt **IF.** — 2. **Germanistische Zeitschriften:** Haupts Zeitschrift für deutsches Altertum, 1841 ff. Abgekürzt **ZfdA.** — Pfeiffers Germania, 1856—1892. Abgekürzt **Germ.** — Zachers Zeitschrift für deutsche Philologie, 1869 ff. Abgekürzt **ZfdPh.** — Paul-Braune, Beiträge zur Geschichte der deutschen Sprache und Literatur, 1874 ff. Abgekürzt **Btr.** — Journal of germanic Philology, 1897 ff. — Lyons Zeitschrift für den deutschen Unterricht, 1886 ff. Abgekürzt **ZfdU.** — 3. **Zeitschriften für Wortforschung:** Sanders' Zeitschrift für deutsche Sprache, 1887 ff. — Kluges Zeitschrift für deutsche Wortforschung, 1901 ff. Abgekürzt **ZfdW.** — Auch die Zeitschrift des allgemeinen deutschen Sprachvereins (abgekürzt **ZADS.**) ist hier zu nennen, namentlich aber die Wissenschaftlichen Beihefte dazu (abgekürzt **WB.**).

<h2 style="text-align:center">Drittes Kapitel.</h2>

Entlehnungen aus dem Germanischen.

§ 53. Bedeutung der Entlehnungen für die Wortgeschichte. Wenn wir die deutschen Worte an der Hand der Denkmäler zurückverfolgen, so gelangen wir bis an den Ausgang des 8. Jahrhunderts. Dazu kommen aus früherer Zeit die bei römischen Schriftstellern und in Inschriften überlieferten Namen, zu denen sich auch einzelne Wörter gesellen. Bedeutend weiter führt uns die Sprachvergleichung; aber es gibt noch eine andere unmittelbare Quelle, die wir zunächst ins Auge fassen müssen, das sind die germanischen Wörter, die in fremde Sprachen entlehnt worden sind. Entlehnungen aus dem deutschen Sprachschatz haben zu allen Zeiten stattgefunden, und es bildet die Untersuchung dieser Wörter eine wichtige Aufgabe der Wortforschung. Sie zeugen von der politischen oder kulturellen Herrschaft des deutschen Volkes, und sie sind in mehr als einer Hinsicht wichtig. Zunächst werden gewiß nur Worte entlehnt, die in der Sprache häufig gebraucht werden oder etwas sehr Ausgeprägtes bezeichnen, so daß wir dadurch ein Hilfsmittel bekommen, die Verwendungsweise des Wortes zu bestimmen. Zweitens sind Worte oft schon in Zeiten herübergenommen worden, für die eine schriftliche Überlieferung fehlt. Nicht selten beginnt aber auf dem fremden Sprachgebiet die Überlieferung früher, oder es läßt sich aus andern Umständen die Zeit der Entlehnung und damit das Vorhandensein des Wortes in unsrer Sprache für eine frühe Zeit genauer feststellen. Und drittens haben sich sogar manchmal in fremden Sprachen Worte erhalten, die im Germanischen ganz und gar verloren gegangen sind oder wenigstens in unserm Deutsch nicht mehr gebraucht werden. So gibt es ein altbulg. *kladęzĭ* ‚Brunnen‘, das auf ein got. **kaldiggs*, eine Ableitung von *kalt* zurückgeht. Diese bemerkenswerte Bildung ist weder im Gotischen selbst noch anderswo erhalten. Nach Kluge stammt abg. *gospodĭ* 'Herr' aus einem got. *gastifads* = l. *hospes* aus **hostipots*, was sehr ansprechend ist. Unser Wort *blond* ist aus dem Romanischen entlehnt, frz. *blond*, ital. *biondo*, mlat. *blundus*. Das romanische Wort aber stammt vermutlich aus dem Germanischen, wenngleich es dort nirgends mehr erhalten ist. Wenn solche Fälle wie diese nicht gerade häufig sind, so geschieht es um so häufiger, daß jetzt verlorene Worte in der fremden Sprache noch vorliegen. So ist das frz. *gonfanon* ‚Fahne‘ aus dem ahd. *gundfano* ‚Kriegsfahne‘ entlehnt, *gant* ‚Handschuh‘ stammt aus ahd. *want*, das wir nur noch in der Seemannssprache als *Wanten* ‚Seemannshandschuhe‘ haben. Andere Beispiele sind: frz. *guerre* aus ahd. *werra* ‚scandalum‘ zu *wirren*; frz. *gage* aus germ.-got. *wadi* ‚Pfand‘, d. *Wette*; frz. *sénéchal*, ital. *siniscalco* setzt ein germ. *sina-skalks* aus *sina* ‚alt‘ zu lat. *senex* und *skalks* ‚Knecht‘ voraus; frz. *hêtre* ist aus einem Wort entlehnt, das nur noch mundartlich als *Heister* fortlebt. Weitere Beispiele siehe unten § 59.

Nicht selten haben wir dann später das ursprünglich deutsche Wort wieder zurück erhalten, wie z. B. *Email*. Es stammt aus einem Wort, das unserm *Schmelz* zugrunde liegt; *Fauteuil* ist aus einem alten *faldestuol* herübergenommen, das wir jetzt noch umgewandelt in *Feldstuhl* besitzen; *Loge* ist das altgerm. **laubja*, jetzt *Laube*; *Marschall* aus frz. *maréchal* ist ahd. *marahskalk* eig. ‚Pferdeknecht‘ zu *marcha* ‚Pferd‘, jetzt *Mähre*. Weitere Beispiele findet man in der unten angeführten Liste der Entlehnungen ins Französische § 59 und § 243.

Daneben bieten sich als Ergebnis dieser Untersuchungen kulturgeschichtliche Erkenntnisse aller Art. Diese aus dem Germanischen entlehnten Worte liefern Zeugnisse für die Geschichte und Kultur der Deutschen, für ihre kriegerische Tüchtigkeit und manche andere Eigenschaft. Sie geben Kunde von der Herrschaft der Goten in Italien und Spanien, der Franken in Frankreich usw. Wenn diese Völker ihre Herrschaft und ihre Sprache nicht erhalten konnten, so haben sie doch unvergängliche Spuren von ihrem Dasein in der Sprache hinterlassen.

Eine irgendwie erschöpfende Angabe der in fremde Sprachen entlehnten Wörter wird hier nicht geboten, sondern nur eine allgemeine Übersicht. Nur mit den Lehnwörtern, die das Französische aus dem Deutschen
erhalten hat, mache ich den Zwecken dieses Buches entsprechend eine
Ausnahme und führe zahlreiche Beispiele an.

§ 54. **Wege der Entlehnung.** Zwei Bemerkungen sind hier noch vorauszuschicken. Erstlich kann ein Wort zunächst immer nur in die Nachbar-
sprache entlehnt werden. Zweitens kann es dann aber wandern und in
weite Fernen gelangen. Da aber germanische Stämme zur Zeit der Völkerwanderung fast alle Teile Europas berührt haben, so ist auch in ziemlich
entfernten Gegenden unmittelbare Entlehnung nicht ausgeschlossen. Die
Entscheidung, was wir anzunehmen haben, wird sich auf Grund geschichtlicher und sprachlicher Erwägungen meist treffen lassen. Wenn wir
also germanische Lehnwörter im Neugriechischen finden, so ist gewiß unmittelbare Entlehnung aus der Sprache gotischer Stämme nicht ausgeschlossen,
aber doch nicht sehr wahrscheinlich, weil die Berührung nur oberflächlich
und kurz gewesen ist. Über die Gesetze, nach denen die Entlehnung vor
sich geht, vgl. § 97.

§ 55. **1. Entlehnungen ins Lateinische und Griechische.** Bei ihnen handelt
es sich um Bezeichnungen für Gegenstände, die den Alten ursprünglich
unbekannt waren und ihnen erst im Norden entgegentraten. Die Wörter
aber sind deshalb wichtig, weil sie uns zum Teil in sehr altertümlicher
Lautgestalt entgegentreten. Freilich läßt sich nicht immer entscheiden, ob
das Wort unmittelbar aus dem Germanischen oder erst durch Vermittlung
des Keltischen nach dem Süden gekommen ist. So nennt Cäsar die *alces*,
jetzt *Elch*, den *ūrus*, jetzt *Auerochse*. *ganta* ‚Gans' erwähnt Plinius, *glesum*
‚Bernstein', ags. *glœre* steht bei Tacitus. Natürlich wird nur weniges in die
Schriftsprache der Römer eingedrungen sein, viel mehr sicherlich in die
Volkssprache, und eine Anzahl von Worten, die gemeinromanisch sind,
dürften schon in alter Zeit entlehnt sein. So finden wir in allen romanischen
Sprachen eine Reihe germanischer Farbenbezeichnungen wie *blanco*, *brūno*,
grīso, *blavo*, *falvo*, *blondo*, ‚blond' Letzteres aber ist im Germanischen
überhaupt nicht belegt. Eine eingehende Behandlung der hier vorliegenden
Frage bietet J. BRÜCH, Der Einfluß der germanischen Sprachen auf das
Vulgärlatein, Heidelberg 1913.

§ 56. **2. Die germanischen Lehnwörter im Finnischen.**
Literatur: W. THOMSEN, Über den Einfluß der germanischen Sprachen auf die fin-
nisch-lappischen, deutsch von E. Sievers, 1870; S. 9 sind die ältern Arbeiten über den
Gegenstand besprochen. — E. N. SETÄLÄ, Zur Herkunft und Chronologie der älteren ger-
manischen Lehnwörter in den ostseefinnischen Sprachen, Album Donner 1905. — T. E.
KARSTEN, Zur Frage nach den ‚gotischen' Lehnwörtern im Finnischen, Idg. Forsch. 22, 290 ff.
T. E. KARSTEN, Altdeutsche Kulturströmungen im Spiegel des finnischen Lehnworts, IF. 26,
236 ff. — E. N. SETÄLÄ, Studien aus dem Gebiete der Lehnbeziehungen. S. A. aus
Finnisch-Ugrischen Forschungen 12. — Außerdem besteht noch eine weitverzweigte Literatur,

die kaum zu überblicken war. Daher ist es sehr dankenswert, daß finnische Forscher uns über das, was erschienen ist, unterrichtet haben: E. N. SETÄLÄ, Bibliographisches Verzeichnis der in der Literatur behandelten älteren germanischen Bestandteile in den Ostseefinnischen Sprachen. S. A. aus den Finnisch-Ugrischen Forschungen 13. Festgabe für Vilh. Thomsen 2. Teil, Helsingfors 1912—1913. — W. SCHLÜTER, Über Beeinflussung des Esthnischen durch das Deutsche. S. B. der gelehrten Esthnischen Gesellschaft 1909. Einen allgemein unterrichtenden Aufsatz bietet jetzt T. E. KARSTEN, Die germanischen Lehnwörter im Finnischen und ihre Erforschung. Germ.-rom. Monatsschrift 6, 65 ff., der auch auf einige Mängel des bibliographischen Verzeichnisses von Setälä hinweist. — T. E. KARSTEN, Germanisch-finnische Lehnwortstudien, Helsingfors 1915. Dazu WIKLUND, IF: 38, 48 ff.

Die Finnen, ein Volk nicht indogermanischer Sprache, wohnen seit langer Zeit im Norden Europas in den Gebieten, die sie jetzt noch inne haben. Daß sie von der germanischen Kultur beeinflußt sind, darf man nach der allgemeinen Lage der Dinge als selbstverständlich annehmen. Wie stark aber dieser Einfluß gewesen ist, das hat erst die Arbeit von Thomsen klargelegt, und vor allem hat sie unzweifelhaft festgestellt, daß die große Masse der Worte, die dem Finnischen und Germanischen gemeinsam sind, aus dieser Sprache in jene entlehnt sind. Dabei ist nun noch mancherlei auffallend. Zunächst das Alter der Entlehnungen, denn sie gehen weit in die vorliterarische Zeit zurück. Und zweitens die Treue, mit der die ursprünglichen Formen bewahrt sind. Da die finnischen Sprachen nicht derartig einschneidende Lautveränderungen erlitten haben, wie die germanischen, so treten uns im Finnischen oft genug die germanischen Worte ganz oder beinahe in der Form entgegen, die wir als urgermanisch erschließen können.

So haben wir: kar. *agja* 'Spitze', d. *Ecke*; — finn. *akana* 'palea', d. *Ahne*; — *ankea*, d. *eng*; — *arina*, d. *Ern*; — *armas* 'gratus, carus', d. *arm*; — *autia* 'desertus, non cultus', d. *öde*; — *haikara* 'ardea, ciconia', ahd. *heigiro* 'Reiher'; — *harras* 'ardens, incitatus; pietate ardens', d. *hart*; — *havukka, haukka*, d. *Habicht*; — *jukko*, d. *Joch*; — *kaisla*, d. *Geißel*; — *kana* 'gallina', d. *Hahn*; — *kattila*, d. *Kessel*; — *kaunis*, d. *schön*; — *kaura*, d. *Hafer*; — *keihäs*, d. *Ger*; — *kello*, d. *Schelle*; — *kernas*, d. *gern*; — *keula(s)*, d. *Kiel* 'Schiff'; — *kulta*, d. *Gold*; — *kuningas*, d. *König*; — *kuuro, kuuru* 'Versteck', d. *kauern*; — *laina* 'mutuum', d. *Lehen*; — *lammas*, d. *Lamm*; — *lantio*, d. *Lende*; — *lautta* 'ponto, ratis', d. *Floß*; — *leipä*, d. *Laib*; — *liina*, d. *Lein*; — *liuta* 'Schar, Menge', d. *Leute*; — *luode*, d. *Flut*; — *maha* 'venter', d. *Magen*; — *mallas*, d. *Malz*; — *multa* 'humus, pulvis terrae', d. *Müll*; — *myyriäinen* 'Ameise', d. *Miere*; — *naappa* 'Schöpfgefäß', d. *Napf*; — *napakaira* 'terebra', d. *Naber, Näber*, ahd. *naba-gēr*; — *naula*, d. *Nagel*; — *neula, n(i)ekla*, d. *Nadel*; — *nuora* 'restis, funis', d. *Schnur*; — *pade*, d. *Pfad*; — *paita*, d. *Pfaid*; — *palje*, d. *Balg*; — *pankko*, d. *Bank*; — *panta*, d. *Band*; — *patja*, d. *Bett*; — *pelto*, d. *Feld*; — *putina*, d. *Bütte*; — *puutio* d. *Pfütze*; — *raaka*, d. *Rahe*; — *raippa*, d. *Reif* 'Seil'; — *rengas*, d. *Ring*; — *riita*, d. *Streit*; — *ruoke*, d. Bruch 'Hose'; — *ruoto*, d. *Rute*; — *saip(p)ua, saip(p)io*, d. *Seife*; — *sairas*, d. *sehr*; *saivo* 'klare Stelle im See', d. *See*; — *satula*, d. *Sattel*; — *siula*, d. *Segel*; — *taika*, d. *Zeichen*; — *tanko*. d. *Stange*; — *teljo*, d. *Diele*; — *tina*, d. *Zinn*; — *vaiva*, d. *Weh*; — *äiti* 'Mutter' got. *aiþei*.

Die Heranziehung des Finnischen ist demnach für die Wortforschung in den ältern Sprachperioden sehr wichtig. — Der Ort, wo diese Entlehnungen stattgefunden haben, ist noch nicht mit genügender Sicherheit ermittelt. Die Hauptmasse stammt aus dem Skandinavischen, doch sind wahrscheinlich auch Germanen, die in den baltischen Provinzen gesessen haben, die Vermittler gewesen. Auf das Gotische ist kaum zurückzugehen.

§ 57. **3. Germanische Lehnwörter im Preußischen und Litauischen.** Da wo in geschichtlicher Zeit die alten Preußen sitzen, finden wir nach den Nachrichten der Römer die Goten, und es ist daher ohne weiteres anzunehmen, daß das Gotische auf das Preußische und weiter auch auf das Litauische eingewirkt hat. In der Tat gibt es einige, wenn auch nicht allzu zahlreiche altgermanische Wörter im Preußischen und Litauischen, vgl. Hirt, Beitr. 23, 344 ff. Später von dem Beginn der deutschen Ordensherrschaft an haben dann die Preußen und Litauer zahlreiche deutsche Worte aufgenommen, Prellwitz, Die deutschen Lehnwörter im Preußischen und Lautlehre der deutschen Lehnwörter im Litauischen, Göttingen 1891, hat sie gesammelt und bearbeitet. Jetzt ist das Litauische stark mit deutschen Worten durchsetzt.

§ 58. **4. Die germanischen Lehnwörter im Slawischen.**

Literatur: Šafařik, Slavische Altertümer 1, Leipzig 1843, S. 429, 440. — Miklosich, Die Fremdwörter in den slawischen Sprachen, Denkschriften der Kaiserl. Akad. d. Wiss., Wien 1867, phil.-hist. Klasse Bd. 15. — Matzenauer, Cizi slova ve slovanských řečech. V Brně 1870. — Uhlenbeck, Die germanischen Wörter im Altslavischen, Archiv für slav. Phil. 15, 481 ff. — Hirt, Zu den germanischen Lehnwörtern im Slavischen und Baltischen, Btr. 23, 330 ff. — R. Löwe, Altgermanische Elemente der Balkansprachen: 4. Slawisch; KZ. 39, S. 313 ff. — A. Brückner, Cywilizacja i język. Szkice z dziejów obyczajowości-polskiej in der Bibljoteka Warszawska 1898 Band 3 und 4, selbständig 1901. — J. Peisker, Die älteren Beziehungen der Slawen zu Turkotataren und Germanen; SA. aus der Vierteljahrsschrift für Sozial- und Wirtschaftsgeschichte 3, S. 57 [243] ff. — O. Schrader, Die germanischen Bestandteile des russischen Wortschatzes und ihre kulturgeschichtliche Bedeutung; WB. z. ZADS. 4. Reihe, Heft 23, 24 S. 99. — G. Borchling, Die niederdeutschen Elemente in den deutschen Lehnwörtern des Polnischen. Verh. d. 50. Versammlung deutscher Schulmänner in Graz 1909. S. 140 f.

Die Zahl der germanischen Fremdwörter im Slawischen ist schon in alter Zeit sehr bedeutend und hat sich mit der Zeit immer noch verstärkt. Wann dieser Einfluß und die Herübernahme von Worten begonnen hat, wissen wir nicht genau. Vermutlich hatte sie in der Zeit der Wanderung und der Herrschaft der Goten in Osteuropa angefangen, während sich später die dauernde Einwirkung an den Grenzen hinzugesellte. Die frühesten Einwirkungen fallen in eine Zeit, in der die slawischen Stämme noch auf ziemlich engem Raume beieinander saßen. Da die große Masse der alten Fremdwörter allen slawischen Sprachen gemeinsam ist, so ist diese Annahme eine notwendige Voraussetzung.

Oft genug läßt sich aus den lautlichen Verhältnissen nicht sicher entscheiden, ob ein slawisches Wort aus dem Germanischen entlehnt oder urverwandt ist. In solchem Falle müssen bei der Untersuchung die andern Umstände, die wir unten angeführt haben, herangezogen werden, und es senkt sich dann meistens die Wagschale zugunsten der Annahme von Entlehnung.

Auf die russische Sprache im besondern hat noch die schwedische gewirkt, da die Schweden die Gründer des altrussischen Reiches waren.

Ihre Sprache haben sie zwar bald aufgegeben, aber die alten Namen behielten sie bei, und manche sind dann von den Russen wieder zu uns gekommen. Vgl. GDS. 99.

§ 59. 5. Die germanischen Lehnwörter in den romanischen Sprachen.

Literatur: F. Kluge, Germanen und Romanen in ihren Wechselbeziehungen. Grd. d. rom. Phil. 1, 385—397. — F. Kluge, Germanen und Römer. Grd. d. germ. Phil. 1³. — E. Waltemath, Die fränkischen Elemente in der franz. Sprache, Paderborn 1885 (Straßb. Diss.). — G. Mackel, Die germ. Elemente in der franz. und provenzalischen Sprache. Frz. Studien 6, 1 Heft. Dazu A. Pogatscher, ZsfrPh. 12, 550. — W. Bruckner, Charakteristik der germ. Elemente im Italienischen, Basel 1899. — M. Goldschmidt, Zur Kritik der altgerm. Elemente im Spanischen, Bonn 1887. — W. Meyer-Lübke, Einführung in das Studium der rom. Sprachwissenschaft², Heidelberg 1909 S. 51 ff. Allgemeine unterrichtende Übersicht. — Eugen Ulrix, De Germaansche Elementen in de Romaansche Taalen. Proeve van een germaansch-romaansch woordenboek, Gent 1907. Hier findet sich auch die weitere Literatur. — D. Behrens, Beiträge zur französischen Wortgeschichte und Grammatik, Studien und Kritiken 1910.

Im allgemeinen sind wir gewöhnt, uns als die zu betrachten, die von den Romanen zahllose Lehnworte empfangen haben, und in der Hauptsache ist es ja so auch seit Jahrhunderten gewesen. Aber es gab auch eine Zeit, in der es einmal anders war. Zur Zeit der Völkerwanderung waren die Germanen die Sieger. Es gibt nur wenige Teile des gewaltigen römischen Reiches, die die Germanen auf ihren Wanderungen nicht berührt haben. Ja, auf der Balkanhalbinsel, in Italien, in Frankreich und Spanien haben sie zum Teil jahrhundertelang geherrscht. Eine solche Herrschaft konnte nicht ohne Einfluß auf die Sprache der unterworfenen Völker bleiben, und tatsächlich sind alle romanischen Sprachen voll von Entlehnungen aus dem Germanischen. Diese Erscheinung hat natürlich die Romanisten seit langem beschäftigt, und die Literatur darüber ist außerordentlich reichhaltig. In dem oben zuletzt angeführten Werk von Ulrix ist sehr viel zusammengetragen und eine gute Übersicht gegeben.

Es kann auch hier nicht unsere Aufgabe sein, diese Frage irgendwie zu erschöpfen, da sie uns ja nicht unmittelbar angeht; nur mit den germanischen Lehnwörtern im Französischen wollen wir uns etwas ausführlicher beschäftigen.

Die Entlehnung germanischer Worte ins Französische beginnt sehr früh, da ja zweifellos schon die alten Gallier germanische Wörter herübergenommen haben. Dann empfingen die Römer germanische Worte, die auch ins Französische übergingen. In der Zeit der Völkerwanderung sind eine große Anzahl gemeinromanischer Entlehnungen vollzogen. Die Hauptmasse aber kommt durch die Frankenherrschaft im 5. Jahrhundert. Ich gebe im folgenden ein reiches Material, wobei ich mich auf die Sammlungen von Hatzfeld-Darmesteter in ihrem Dictionnaire stütze. Ich verzichte aber darauf, die Form, aus der das französische Wort entlehnt ist, genau zu erschließen, weil dazu eine Kenntnis der Lautveränderungen im Französischen gehört, die ich nicht besitze. Aber da es uns hier nur auf die Wortgeschichte

ankommt, so scheint mir dieser Mangel nicht von allzu großer Bedeutung
zu sein. Jedenfalls wird man über die Fülle der entlehnten Worte erstaunt
sein. Sie geben Kunde von der lange andauernden Herrschaft, die die
Franken über unser westliches Nachbarland ausgeübt haben.

adouber 'ausbessern' aus germ. **dubban* 'schlagen'; — *affre* 'Schrecken, Entsetzen',
ahd. *eibar* 'scharf, bitter'; — *agace* 'Elster', ahd. *agalstra*; — *aigrette* 'Reiher', ahd. *heigir*; —
agraffe zu ahd. *krapho* 'Haken'; — *alise* 'Elsbeere', d. *Erle*; — *alleu* 'Gut', ahd. *allōd*
'Allodium'; — *anche* 'Mundstück an Blasinstrumenten', ahd. *ancha* 'Röhre'; — *aune* 'Elle',
ahd. *alina, elina*; — *avachir* 'schlaff werden', ahd. *weihhen* 'weich machen'; — *babine* 'Lippe',
alem. *bäppe* 'Schnauze'; — *balle* 'Ball', ahd. *balla*; — *ban* 'feierliche Bekanntmachung' von
bannir, ahd. *bannan, ban*; — *banc*, ahd. *bank*; — *bande* 'Binde, Band' aus *bende*, ahd. *binda*;
— *bannière* 'Banner', vgl. got. *bandi* 'Band, Fessel'; — *bar* 'ein Fisch', ahd. *bars*; — *bâtir*
·heften, reihen' aus **bastjan*, ahd. *bestan*; — *bau* 'Querbalken', ahd. *balcho*; — *baud* 'Hirsch-
hund', ahd. *bald* 'schnell'; — *baudrier* 'Wehrgehänge', ahd. *balderih*; — *bedeau* 'Pedell', ahd.
bital 'Büttel'; — *beffroi* 'Warte', ahd. *bergvrit*; — *béton* 'erste Milch' von afrz. *bet*, ahd. *biost*
'Biestmilch'; — *biez* 'Mühlgerinne', ahd. *bed* 'Bett'; — *bière* 'Bahre', ahd. *bara* 'Bahre'; — *blafard* 'bleich, blaß, matt', ahd. *bleih-varo* 'bleichfarben'; — *blanc*, ahd. *blank*; — *blet* 'überreif',
anfrk. *blet* 'bleich'; — *bleu*, ahd. *bluo*; — *bloc*, ahd. *blodi* 'Block'; — *borde* 'Hütte', ags. *bord*; —
bouc, ahd. *bock*; — *bourg*, ahd. *burg*; — *bouter* urspr. 'stoßen', agerm. **boutan*, ahd. *bozzan*
'stoßen'; — *brachet* 'Spürhund', ahd. *braccho*; — *braise* 'glühende Kohlen', ahd. *brasa*; —
bramer 'wie ein Hirsch schreien', ahd. *breman*, davon *Brunft*; — *brand* ,Ritterschwert'. germ.
**brand*; — *brandon* 'Strohfackel', germ. **brand*; — *brèche* 'Lücke, Bresche', ahd. *brecha*; —
brelan 'Spiel', ahd. *bretlinc*, Dim. von *Brett*; — *brême*, ahd. *brahsema* 'Brassen'; — *bride*
'Zaum, Zügel', ahd. *britil*; — *broder* 'sticken', germ. **brozd* 'Spitze'; — *brosse*, germ
**burstja*, 'Bürste'; — *brouée* 'Staubregen', *brouet* 'Bouillon', d. *brodeln*; — *brouir* 'versengen',
mhd. *brüejen*; — *brouter* 'abgrasen', germ. **bruston*; — *broyer* 'zerbrechen', ahd. *brechan*; —
bru 'Schwiegertochter', got. *brūps*; — *brun*, ahd. *brūn*; — *buée* 'feuchter Dampf, Wäsche', d.
bauchen, ndd. *büken*; — *buron* 'Sennhütte', ahd. *bur*; — *butin* 'Beute', d. *Beute*; — *carcan*
'Halseisen', ahd. *querca*; — *chambellan* 'Kammerherr', ahd. *kamarlinc*; — *chamois*, d. *Gemse*;
— *charivari*, der zweite Bestandteil zu d. *wirren*; — *chaton* 'Ringkasten', d. *Kasten*; —
choisir, zu ahd. *kiosan* 'wählen'; — *chope*, d. *Schoppen*; — *chopper* ,stolpern', d. *schuppen*;
— *choquer* 'stoßen', vielleicht zu engl. *to shok*; — *ciron* 'Milbe', ahd. *siuro*; — *clapet* 'Klappen-
ventil', d. *Klappe*; — *clapper* 'mit der Zunge schnalzen', d. *klaffen*; — *clenche*, d. *Klinke*; —
coche 'Schiff', ahd. *coccho*; — *cotte* 'Weiberrock', d. *Kotze*; — *crabe*, d. *Krabbe*; — *crampon*
d. *Krampe*; — *crèche*, d. *Krippe*; — *cresson*, d. *Kresse*; — *croupe*, d. *Kropf*; — *cruche*, d. *Kruke*; —
danser 'tanzen', ahd. *dansōn* 'ziehen'; — *dard* 'Wurfspieß', ags. *darod*; — *dé-chirer*, andfr.
skërran; — *dé-guerpir* 'aufgeben, fahren lassen', d. *werfen*; — *dé-rober* 'stehlen', d. *rauben*; —
drageon 'Wurzelschößling', d. *treiben, Trieb*; — *é-blouir* 'blenden', d. *blöde*; — *écaille* 'Schuppe',
got. *skalja* 'Ziegel'; — *écale* 'äußere Schale', ahd. *scala* 'Schale'; — *échanson* 'Mundschenk',
d. *Schenke*; — *écharpe* 'Binde, Schärpe', d. *Schärpe*; — *échauguette* 'Warte, Warthäuschen',
d. *Scharwacht*; — *échine* 'Rückgrat', d. *Schiene*; — *échoppe* 'Krambude, Schuppen', d.
Schuppen; — *éclisser* 'spalten', d. *schleißen*; — *écofier* 'Schuhmacher', d. *Schuh*; *écot*
'Baumstumpf, Reiser', d. *Schoß*; — *écrevisse* 'Krebs', d. *Krebs*; — *écume* 'Schaum', d.
Schaum; — *ef-frayer* 'erschrecken', d. *Friede*; — *élingue* 'Seilschlinge', d. *Schlinge*; —
émail, ags. *smelt*, d. *Schmelz*; — *empan*, afrz. *espan* 'Spanne', d. *Spanne*; — *hardi*, d.
hart; — *éparre* 'Sparren', d. *Sparren*; — *épargner*, d. *sparen*; — *épeiche* 'Buntspecht',
d. *Specht*; — *épeler* 'buchstabieren', got. *spillōn* 'verkünden, erzählen'; — *éperlan*, d.
Spierling; — *éperon*, d. *Sporn*; — *épervier*, d. *Sperber*; — *épier* 'erspähen', d. *spähen*; —
épieu 'Spieß', agerm. **speot*; — *époule*, d. *Spule*; — *estamper*, d. *stampfen*; — *estoc*
'Baumstamm', d. *Stock*; — *estrif*, d. *Streit*; — *esturgeon*, ahd. *sturio* 'Stör'; — *étal*
'Fleischertisch', d. *Stall*; — *faite* 'Giebel, First', d. *First*; — *falaise* 'steiles Gestade, Klippe',

d. *Felsen*; — *fanon* 'Fähnlein', d. *Fahne*; — *fauder* 'zusammenlegen', d. *falten*; — *fauteuil*, d. *Feldstuhl*; — *fauve* 'falb', d. *falb*; — *feurre, fouarre* 'Futterstroh', ahd. *fuotar* 'Futter'; — *feutre* 'Filz', d. *Filz* — *fief* 'Lehen', ahd. *fehu* 'Vieh'; — *flan* 'Torte', ahd. *flado*, 'Fladen'; — *flatir* 'hämmern', and. *flat* 'flach, glatt'; — *flatter* 'schmeicheln', ebenfalls von *flat*; — *flot* 'Welle, Woge', got. *flōdus* 'Flut'; — *flou* 'weich, sanft', d. *lau*; — *fourbir* 'putzen, polieren', ahd. *furbjan* 'reinigen, putzen'; — *fournir* 'mit etwas versehen', ahd. *frumjan* 'fördern, vollbringen'; — *fourreau* 'Scheide, Futteral', got. *fōdr* 'Scheide', d. *Futter*, dazu auch *fourrer* 'mit Pelz verbrämen, füttern'; — *frais*, ahd. *frisk* 'frisch'; — *franc* 'frei', d. *Franke*; — *freux* 'Saatkrähe', ahd. *hruoh* 'Krähe, Häher'; — *frimas* 'Reif', ahd. *hrīm* 'Reif'; — *froc* 'Mönchskutte', d. *Rock*; — *gage* 'Pfand', got. *wadi* 'Pfand', d. *Wette*; — *gagner* 'verdienen', ahd. *weidinōn* 'weiden, jagen'; — *gant* 'Handschuh', ndd. *Wanten* 'Seemannshandschuh'; — *garder* 'beobachten, halten, wehren', d. *warten*; — *garnir* 'versehen mit etwas', d. *warnen*; — *gauchir* 'sich werfen, schief werden', d. *wanken*; — *gaufre* 'Wabe, Waffel', d. *Waffel*; — *gazon* 'Rasen', ahd. *waso* 'Rasen'; — *gêne* 'Geständnis', zu ahd. *jehan* 'bekennen', noch in *Beichte*; — *gerbe*, d. *Garbe*; — *gerfaut* 'Geierfalk', ahd. *gīr-falko*; — *giron*, mhd. *gēre* 'keilförmiges Stück an einem Kleide'; — *glisser*, d. *gleiten*; — *gonfanon* 'Kirchenfahne', ahd. *gundfano*; — *grès* 'Sandstein', ahd. *grioʒ* 'Sand'; — *griffe* 'Kralle', von d. *greifen*; — *gris* 'grau', d. *greis*; — *grommeler*, d. *grummeln*; — *gruau*, d. *Grütze*; — *gruyer* 'Forstmeister', zu d. *grün*; — *guède* 'Färberwaid', d. *Waid*; — *guerdon* 'Belohnung', zu d. *wider*; — *guère*, ahd. *weigaro* 'heftig, sehr'; — *guérir*, d. *wehren*; — *guerre*, ahd. *werra* 'Streit', *wirren*; — *guider*, got. *witan*; — *guimpe* 'Schleier', d. *Wimpel*; — *guiper* 'mit Seide überspinnen', got. *weipan* 'bekränzen'; — *guise* 'Art, Weise, Sitte', d. *Weise*; — *hache* 'Axt, Beil', d. *Hippe*; — *haie* 'Hecke', d. *Hag*; — *haïr*, d. *hassen*; — *haire* 'härenes Gewand', zu d. *Haar*; — *halle*, d. *Halle*; — *hameau* 'Weiler, Dörfchen', d. *Heim*; — *hanap* 'Humpen', d. *Napf*; — *hanche* 'Hüfte', d. *Hanke*; — *happer* 'gierig schnappen', d. *happen*; — *harde* 'Rudel', d. *Herde*; — *hareng*, d. *Hering*; — *harpe*, d. *Harfe*; — *hâte* 'Eile', got. *haifsts* 'Streit'; — *haubert* 'Panzerhemd', mhd. *halsberc* 'Panzerhemd'; — *haveron* 'wilder Hafer', d. *Hafer*; — *havre* 'Hafen', d. *Hafen*; — *heaume*, d. *Helm*; — *héberge*, d. *Herberge*; — *héron* 'Reiher', ahd. *heigir*; — *hétoudeau*, d. *Hagestolz*; — *hêtre* 'Buche', ndl. *heester*; — *honnir* 'beschimpfen', d. *höhnen*, dazu *honte*; — *houe* 'Hacke', d. *Haue*; — *houseaux* 'Gamaschen', d. *Hose*; — *houx* 'Stechpalme', ahd. *hulis*; — *jardin*, d. *Garten*; — *laid* 'häßlich', d. *leid*; — *laper* 'lecken', engl. *lap*; — *latte*, d. *Latte*; — *lécher* 'lecken', ahd. *leckon*; — *lippe* 'vorstehende Unterlippe', d. *Lippe*; — *loge* 'Hütte, Verschlag, Loge', ahd. *louba* 'Laube'; — *loquet* 'Klinke, Drücker', zu got. *lūkan* 'verschließen'; — *lot* 'Los', got. *hlauts* 'Los'; — *madré* 'gefleckt, gemasert', d. *Maser*; — *malle* 'Felleisen', ahd. *malaha*; — *marais* 'Sumpf, Morast', d. *Marsch*; — *marc* 'Gewicht', d. *Mark*; — *marche* 'Grenze', d. *Mark*; — *mare* 'Pfuhl', ahd. *mara*, vorauszusetzen als Grundwort für *Marsch*; — *maréchal*, ahd. *marahscalk*; — *marquer* 'zeichnen, bezeichnen', d. *merken*; — *marsouin*, d. *Meerschwein*; — *martre*, d. *Marder*; — *mât*, d. *Mast*; — *mésange*, d. *Meise*; — *meurtre*, got. *maurþr* 'Mord'; — *morille*, d. *Morchel*; — *morne* 'traurig, finster', got. *maurnan* 'trauern'; — *moufle* 'Fausthandschuh', and. (latinisiert) *muffula*; — *mousse*, d. *Moos*; — *mulot* 'Feldmaus', zu *mul* in *Maulwurf*; — *nantir* 'ein Unterpfand geben', zu d. *nehmen*; — *navrer* 'verwunden', zu d. *Narbe*; — *nord*, d. *Nord*; — *orgueil* 'Hochmut, Stolz', zu ahd. *urguol* 'insignis'; — *ouest*, d. *West*; — *quille* 'Kegel', d. *Kegel*; — *rang* 'Reihe, Ordnung', d. *Ring*; — *râpe* 'Reibeisen', d. *Raspel*; — *regretter* zu got. *grētan* 'weinen'; — *riche*, d. *reich*; — *rider* 'runzeln, kräuseln', ahd. *garidan*; — *rochet* 'Chorhemd', zu d. *Rock*; — *roseau* 'Rohr, Schilf', d. *Rohr*, got. *raus*; — *rôtir*, d. *rösten*; — *rouir* 'Flachs rösten', vgl. d. *verrottet*; — *sale*, ahd. *salo* 'schmutzig'; — *salle*, d. *Saal*; — *sénéchal*, germ. *sini-scalk* 'Altknecht'; — *sérancer* 'hecheln', d. *Schranze* und *Schrunde*; — *souper*, *super*, d. *saufen*; — *sud*, d. *Süden*; — *sur*, d. *sauer*; — *taisson*, d. *Dachs*; — *taper* 'klappsen', von ahd. *tappa* 'Hand'; — *targe* 'Tartsche, Schild', ags. *targe*; — *tarir* 'austrocknen', zu *dörren*; — *tette* 'Zitze', ndd. *Titte*; — *tique*, d. *Zecke*; — *tomber*, engl. *to tumble* 'umstürzen'; — *touaille* 'Rolltuch', zu ahd. *twahan* 'waschen'; — *toupet*, d. *Zopf*; — *tourbe*, d. *Torf*; — *trappe* 'Falltür', in der lex salica *trappa*; — *tré-bucher* 'stolpern', zu d. *Bauch*; — *trêve* 'Waffenstillstand', ahd. *triuwa* 'Treue'; — *troène* 'Hartriegel', ahd. *(hart)trugil*.

Aus dieser Liste mag man ersehen, wie tief und nachhaltig der Einfluß des Germanischen auf das Französische schon in alter Zeit gewesen ist. Besonders beachtenswert erscheint, daß Ausdrücke wie *Nord, Süd, West* entlehnt worden sind. Es weist dies auf eine starke Überlegenheit der germanischen Schiffahrt hin, worauf schon G. Baist, ZfdW. 4, 257, Germanische Seemannsworte in der französischen Sprache, hingewiesen hat. Auf die Lehnworte der neuen Zeit einzugehen muß ich unterlassen, obgleich auch sie manches Bemerkenswerte bieten.

§ 60. **6. Die deutschen Lehnwörter in den sonstigen Sprachen.** Es ist nicht möglich, die Wirkungen des hochdeutschen Wortschatzes auf die andern Sprachen mit irgendwelcher Ausführlichkeit darzustellen. Es mangelt dazu der Raum, es fehlen aber auch noch die Vorarbeiten. So begnüge ich mich mit einigen Andeutungen.

Das Hochdeutsche bekommt früher eine geschriebene Literatur als das Niederdeutsche, es regt sich dort eher die mönchische Gelehrsamkeit, und so ist es kein Wunder, daß es mehr und mehr in seinem Wortschatze auf die Sprache Niederdeutschlands abzufärben beginnt. Dieser Einfluß ist mit den Jahrhunderten immer stärker geworden und heutzutage ist das Niederdeutsche von hochdeutschen Worten durchsetzt, ebenso natürlich das Niederländische. Nicht minder ist das heutige Skandinavische sehr stark dem deutschen, insbesondere natürlich dem niederdeutschen Einfluß ausgesetzt gewesen. Wäre das Niederdeutsche zur deutschen Schriftsprache geworden, so würde dieser noch viel stärker geworden sein.

Anmerkung 1. Vgl. hierzu M. Kristensen, Fremmeordene i det ældeste danske skriftsprog. Diss. Köbenhavn 1906. Ida Marquardsen, Der Einfluß des Mittelniederdeutschen auf das Dänische im 15. Jahrh. Btr. 33, 405—458. Frank Fischer, Die Lehnwörter des Altwestnordischen 1. Teil, Berl. Diss. 1909. Das Ganze als Band 85 der Palästra.

Ein gewaltiger Strom deutscher Worte ergießt sich weiter nach Osten und Südosten. Zahlreiche deutsche Worte sind in die Balkansprachen und schließlich bis ins Neugriechische vorgedrungen.

Anmerkung 2. Vgl. über die Lehnwörter der ältern Zeit in diesen Gegenden Thumb, Germanistische Abhandlungen, Herm. Paul dargebracht, S. 225 ff. (dazu Hesseling, Byzant. Ztschr. 12, 595). R. Löwe, Altgermanische Elemente der Balkansprachen, KZ. 39, 265 ff. Kisch, Altgermanische Elemente in Rumänien. Festgabe zur Feier der Einweihung des neuen evangelischen Gymnasial-, Bürger- und Elementarschulgebäudes in Bistritz (Siebenbürgen). Zugleich Beilage zum Programm des Bistritzer Obergymnasiums. Vgl. Litbl. 1913, 46. — I. Borcia, Deutsche Elemente im Rumänischen, Leipzig 1908, Barth. — Über die deutschen Elemente im Ungarischen siehe Lumtzer und Melich, Deutsche Ortsnamen und Lehnwörter der ungarischen Sprache. Innsbruck 1900.

Selbst in das heutige Englisch sind deutsche Wörter gedrungen, vgl. A. Eichler, Hochdeutsches Sprach- und Kulturgut im modernen englischen Wortschatze, Anglia Beiblatt 19, 238.

§ 61. **Rückblick.** Überblickt man die vielen germanischen Worte, die ihren Weg nach auswärts gefunden haben, so wird man billig erstaunt sein über ihre Menge. Sie dürften an Zahl denen wenig nachgeben, die wir selbst aus andern Sprachen aufgenommen haben. Die Wege, die sie gegangen sind, entsprechen den Wegen der deutschen Geschichte und der deutschen Kulturentwicklung, wie wir sie aus andern Quellen kennen. In manchen Punkten zeugen sie freilich von einer Wirksamkeit der Germanen, wie sie keine Geschichte kennt. Von dem nachhaltigen Einfluß der Germanen auf die Finnen würden wir ohne die Kenntnis der Lehnworte wenig ahnen, und noch weniger würden wir ahnen, daß in den baltischen Provinzen schon sehr früh germanische Stämme gesessen haben. So liegt denn schon hier ein Fall vor, wo die Wortforschung der Geschichte als helfende Dienerin zur Seite steht. Damit stoßen wir auf eine Aufgabe der Sprachforschung, deren Bedeutung zuerst J. Grimm klar erkannt hat. Daß diese Untersuchungen aber auch dazu beitragen, das Alter germanischer Wörter genauer zu bestimmen, was ja für unsere Zwecke die Hauptsache ist, das dürfte aus dem Angeführten klar hervorgehen.

Viertes Kapitel.

Urschöpfung und künstliche Worte.

§ 62. **Urschöpfung.** Wenn man die Aufgabe erfüllt hat, ein Wort möglichst weit zurückzuverfolgen, so ist damit noch immer nicht in allen Fällen die Frage nach der wahren Herkunft der Worte gelöst. Auch im Indogermanischen treten uns fertige, nicht weiter erklärbare Wörter entgegen. Man sollte sich mit dieser Erkenntnis begnügen. Aber der menschliche Geist ruht nicht. Er möchte trotz der scheinbaren Unmöglichkeit, weiter vorzudringen, gern wissen, wie gerade dieses Wort, diese Lautgruppe zu dieser bestimmten Bedeutung gekommen ist. Wollten wir hierauf eine Antwort geben, so müßten wir das schwierige Problem des Ursprungs der Sprache erörtern und vielleicht die vielen Versuche, diese Frage zu lösen, um einen neuen vermehren. Das wollen wir aber nicht tun. Indessen ist doch darauf hinzuweisen, daß die Schöpfung der Sprache nicht ein einmaliger Vorgang gewesen ist, sondern daß zu allen Zeiten Grundbestandteile der Sprache — man nennt sie Wurzeln — neu gebildet worden sind. H. Paul hat dies mit Urschöpfung bezeichnet.

„Das Wesen der Urschöpfung“, sagt er in seinen Prinzipien der Sprachgeschichte, „besteht darin, daß eine Lautgruppe in Beziehung zu einer Vorstellungsgruppe gesetzt wird, welche dann ihre Bedeutung ausmacht, und zwar ohne Vermittlung einer verwandten Vorstellungsgruppe, die schon mit der Lautgruppe verknüpft ist.“ Diese Lautgruppe muß aber dem Vorstellungsinhalt entsprechen, es muß eine innere Beziehung zwischen der Lautgruppe und der Bedeutung vorhanden sein, wenn sich eine solche

Benennung verbreiten soll. Es muß, kurz gesagt, der Lautgruppe ein gewisser lautmalender Charakter eigen sein.

Wir können ein ganz neues Beispiel für diese Art der Urschöpfung anführen. Es ist das Wort *Töfftöff* für Automobil. Daß wir hierin ein durchaus richtiges Wort vor uns haben, unterliegt ja keinem Zweifel, und ebenso, daß wir hier dem Ursprung sicher nachkommen können. Es wird wohl kaum gelingen, die Lautgruppe *töfftöff* vor Auftreten der Automobile nachzuweisen, sie ist vielmehr die Wiedergabe des von den Fahrern gegebenen Warnungszeichens, die man zu der Vorstellungsgruppe *Automobil* in Beziehung setzt. Daß sich dieser Ausdruck hätte durchsetzen können, ist unbestreitbar. Ähnlich steht es mit dem vor etwa vierzig Jahren aufgekommenen *Krikri*. Dieses, einen eigentümlichen knackenden Ton hervorbringende Instrument war sicher nach seinem Ton benannt. Weiter nenne ich *Klimbim* und *Tingeltangel*, die sogar DUDEN verzeichnet. Wir sehen also, wie Worte in unsrer Zeit neu entstehen können, und wir schließen, daß es so auch in frühern Zeiten gewesen ist.

§ 63. **Lautmalende Wörter.** Nun gibt es in unsrer Sprache eine ganze Reihe von Worten, die erst verhältnismäßig spät auftreten, zum Teil gewiß deshalb, weil die Überlieferung lückenhaft ist, zum Teil aber auch weil sie auf ähnlichem Wege, wie die oben erwähnten, entstanden, also wirklich Urschöpfungen sind. Paul hat eine große Anzahl derartiger Worte zusammengestellt, und es hat sich dabei gezeigt, „daß es vorzugsweise solche sind, die verschiedene Arten von Geräuschen und Bewegungen bezeichnen". Für mich unterliegt es keinem Zweifel, daß viele der von Paul angeführten Worte tatsächlich lautmalender Natur sind:

bäffen, bambeln, bammeln, bardauz, bummeln, bimmeln, batzen (nd. schallend auffallen), *patschen, bauzen (= batzen* 'bellen'), *belfen, belfern, blaffen, blarren, blerren, blatzen, platzen, pletzen, bletschen, pletschen, platschern, planschen, panschen, plätschern, blodern, plaudern, blubbern, plappern, blauzen, böller, bollern, bubbeln, bullern, ballern, boldern, poltern, bompern, bumpern, buff, buffen, puff, puffen, burren, bubbeln, puppeln, puppern, dudeln, fimmeln, fummeln, flattern, flinder, flindern, Flinderling, flandern, flink, flodern, flunkern, flüstern, gackeln, gackern, gacksen, gagagen, gatzen, gautsche, gautschen, gauzen, gichsen, kicksen, girren, glucken, glucksen, grackeln, hampeln, happen, hummen, humpen, humpeln, hätscheln, holpern, hurren, huschen, hussen, jaulen, jodeln, johlen, kabbeln, kakeln, keckern, kichern, kirren, kischen* 'zischen', *klabastern, Kladiel* oder *Klädiel,* bayer. 'Glockenschwengel oder anderes baumelndes Ding', *klaffen, kläffen, klappen, klappern, klatschen, kletzen, kleschen (= klatschen), Klimbim, klimpern, klirren, klitschen, Klunker, knabbeln, knabbern, knacken, knacks, knarpeln, knarren, knarzen, knarschen, knatschen, knattern, knirren, knirschen, knittern, knurren, knascheln, knaspeln, knastern, knisten, knistern, Knaster (-bart), knatschen, knetschen, knitschen, knutschen, knattern, knittern, knuffen, knüffeln, knüllen, knuppern, knurren, knuspern, köken, kollern, kotzen, kullern, krabbeln, kribbeln, krakeln, kräkeln, kraspeln, kreischen, kreißen, kuckern* 'cucurire', *lodern, lullen, mauen, mucken, mucksen, mummen, munkeln, nutschen, paffen, Pamps, pappen, patschen, piepen, pfuschen, pimmeln, pimpeln, pimpelig, pinken, pisch, pispern, pladdern, plantschen, plappern, plärren, platschen, platzen, plaudern, plotz, plumpen, plumpsen, potz, prasseln, pratschen, prusten, puffen, pumpen, quabbeln, quab-*

belig, quackeln, quaken, quäken, quatschen, quiken, quietschen, rappeln, rapsen, rascheln, rasseln, räuspern, rempeln, Rummel, rumpeln, [rüppeln, schlabbern, schlampen, schlampampen, schlockern, schlottern, schlürfen, schmettern, Schnack, schnacken, schnattern, schnarren, schrill, schummeln, schwabbeln, schwappen, schwirren, stöhnen, stolpern, strullen, summen, surren, tatschen, tätschen, tätscheln, ticken, torkeln, turzeln (hessisch = *torkeln*), *trällern, tuten, wabbeln, wibbeln, watscheln, wimmeln, wimmern, wudeln, ziepen, zirpen, zischen, zischeln, zullen, zulpen, züsseln* 'schütteln', *zwitschern*. Weitere Fälle hat O. WEISE, ZfdU. 19, 510, in einem lesenswerten Aufsatz zusammengestellt.

Wenn auch einzelne dieser Worte sicher ursprünglich nicht lautmalend sind, so dürfte es doch für die meisten zutreffen. Und wenn man sich genau beobachtet, so wird man finden, daß man nicht selten selbst solche Wörter neu bildet, die freilich als Augenblicksschöpfung und Erzeugnis eines einzelnen keine Wahrscheinlichkeit haben, fortzuleben.

> *Da pfeift es und geigt es und klinget und klirrt,*
> *Da ringelt's und schleift es und rauschet und wirrt,*
> *Da pispert's und knistert's und flistert's und schwirrt;*
> *Nun dappelt's und rappelt's und klappert's im Saal.*

Mit diesen Worten hat Goethe im Hochzeitslied zweifellos die Geräusche nachahmen wollen, und wir empfinden den lautmalenden Charakter seiner Worte ganz deutlich. Die *i*-Vokale drücken das feine Geräusch aus, während mit den *a*-Vokalen der vierten Zeile ein kräftigeres Treiben eintritt. Ob man sich von jedem Wort eine klare Vorstellung machen kann, ist sehr die Frage.

§ 64. **Entwicklung der lautmalenden Wörter.** Wenn also in der Sprache stets neue Lautgruppen hervorgebracht werden, namentlich um Geräusche und ähnliches zu bezeichnen, so fragt es sich, wie die weitere Entwicklung vor sich gegangen ist. Nun, das ist leicht zu zeigen. Wenn *Töff-töff* das Automobil bezeichnet, so hat hier schon ein Bedeutungsübergang stattgefunden, und das Wort hat sich von seiner Herkunft bereits losgelöst. Es könnte ja auch ein anderes Annäherungszeichen für die Automobile als das bisherige eingeführt werden, auf das die Lautgruppe *töff* nicht mehr passen würde, diese aber doch als Bezeichnung beibehalten werden. Dann hätten wir ein Wort, dessen lautmalende Herkunft nicht mehr zu erkennen wäre.

Ein anderes Beispiel ist das folgende.

bim-bam-bum gebrauchen wir heute lautmalend, um die Glockentöne zu bezeichnen, und zwar verbinden wir mit *bim* den Begriff eines hohen, mit *bum* den eines tiefen Tones. Sobald diese Lautgruppen geschaffen waren, konnte man Wörter davon ableiten, wie wir denn wirklich *bimmeln* haben. Dies bedeutet ,mit einem feinen hohen Ton längere Zeit klingeln'. Es liegt also schon mehr darin, als in dem einfachen *bim*. Mit dem Glockenton ist aber zweifellos die Bewegung des Klöpfels auf das engste verbunden, und daher tritt sehr leicht eine Bedeutungsübertragung ein von dem Ton auf die Bewegung des Klöpfels, die wir in *bammeln,* mundartlich für 'sich

hin und her bewegen' haben. Weiter in der Bedeutungsentwicklung ist
bummeln gegangen. Auch hier ist die älteste Bedeutung 'tosen, lärmen'.
Grimm führt aus dem Mhd. an *des pumblens do die kuo verdrose*; daraus
entwickelte sich 'sich hin- und herbewegen': *die Arme bummeln lassen*,
und schließlich 'zwecklos hin- und hergehen, nichts tun' Das Bremische
Wörterbuch kennt alle drei Bedeutungen 'läuten, schweben und schlendern'.
Wenn heute aber der Student *bummelt,* so können wir in dieser Ausdrucksweise die ursprünglich lautmalende Herkunft des Wortes nicht mehr erkennen.

Natürlich sind es zunächst hauptsächlich Interjektionen, die durch Urschöpfung neu hervorgebracht werden. Aber von ihnen können dann leicht
zahlreiche Wörter neugebildet werden, wie folgende Beispiele noch zeigen
mögen. *Patsch* ist eine Interjektion des schallenden Schlages oder auf-
schlagenden Schalles. Davon dann *Patsch* m. 'schallender Schlag oder Fall'
und *patschen* 'patschend aufschlagen', bes. im Wasser, dann überhaupt 'im
Wasser herumgehen'. *Patsch* m. oder *Patsche* f. bedeutet den 'Straßenschmutz',
und weiter 'Not und Verlegenheit' in der Redensart *in der Patsche stecken*.
Weiter heißt *Patsche* auch 'die Hand', vgl. *Patschhand*, sicher vom Einschlagen der Hände. Von *patschen* ist *patscheln* oder *pätscheln* abgeleitet,
das jetzt 'mit dem Ruder leicht und wiederholt auf dem Wasser aufschlagen'
bedeutet. — Eine andere ähnliche Interjektion ist *puff* oder *buff*. Davon
stammt *Puff* oder *Buff* m. 'dumpfer Schall ausbrechender Luft', dann auch
'Schlag, Stoß'. In weiterer Bedeutungsentwicklung gehören dazu *Puff* 'bau-
schiger Ärmel, aufgeblähtes kugelförmiges Kissen, eine Art Bier (in Halle)';
Puffer 'Knallbüchse' (Zeesen wollte *Pistole* mit *Taschenpuffer* verdeutschen)
und 'eine Art Kartoffelkuchen', benannt weil er beim Backen *pufft.* — Von
der Interjektion *pimm* oder *pimp* stammt *pimmeln* oder *pimpeln* 'sich über
kleine Unannehmlichkeiten immerfort beklagen'.

Weitern Stoff bietet J. Reinius, Onomatopoetische Bezeichnungen für
menschliche Wesen, bes. im Deutschen und Englischen. Studier i modern
språkvetenskap, utgivna av nyfilologiska sällskapet i Stockholm. Upsala
1908, Heft 4.

Leider fehlt es an einer ausreichenden Sammlung der Interjektionen
für das Deutsche. Einiges steht bei J. Grimm, Deutsche Grammatik 3, 288 ff.,
Paul, Prinzipien[3] S. 157 ff. In sehr dankenswerter Weise hat uns aber Leskien eine Sammlung derartiger Worte aus dem Litauischen gegeben, Idg.
Forschungen 13, 165. Wir sehen hier unter wesentlich einfachern Verhältnissen als im Deutschen eine geradezu überwältigende Fülle von Interjektionen und davon abgeleiteten Worten auftreten.

Besonders deutlich zeigt sich die urschöpferische Kraft der Sprache
bei der Benennung der Vögel. Dank der ausgezeichneten Arbeit von Suolahti, Die deutschen Vogelnamen, Straßburg 1909, erblicken wir hier den
Stoff in außerordentlich bequemer Weise. Aus den Mundarten läßt sich

außerordentlich viel nach dieser Richtung zusammenbringen. Ich führe einiges an, was mir ganz sicher scheint. *Kuckuck*; für *Wiedehopf* erscheint *Hupp-hupp, Wuppwupp, Wuddwudd*; *Fink*; steiermärk. *Tschirg* 'Sperling', *Pirol*, auch *Byrolt, Bierholer, Vogel Bulo* u. a., *Krähe*; *Gockel, Kikeriki, Puthuhn, Glucke, Kurrhahn, Uhu*.

Anmerkung. Reicher Stoff findet sich auch bei W. Wackernagel, Voces variae animantium, 2. Aufl., Basel 1869. Vgl. dazu auch J. Winteler, Naturlaute und Sprache. Ausführungen zu W. Wackernagels Voces variae animantium. 1892.

Wir haben hier also ein sehr anziehendes Gebiet vor uns, von dem es nicht wunderbar ist, daß es vielfach zu Untersuchungen gelockt hat, freilich meist von Leuten, die mit der Sprachwissenschaft nur sehr lose Fühlung hatten. Es ist ja auch zu verlockend, so in den Ursinn der Worte einzudringen. Aber es ist gefährlich dieses Gebiet zu betreten, und es sei daher hier eine Warnungstafel aufgerichtet. Es ist schon längst darauf hingewiesen, daß nicht alles, was uns lautnachahmend klingt, es auch wirklich ist. Wir sind unserseits geneigt, durch eine Art Volksetymologie, manches fälschlich als lautnachahmend aufzufassen. So könnte man bei *stehen* an Ableitung von der Interjektion *st!* denken. Bei *brodeln* hat man unwillkürlich die Empfindung der Bewegung. Aber man täuscht sich hier. Auf diesem Gebiet kann uns nur eingehende, vorsichtige Untersuchung von den heutigen Worten ausgehend, zu einwandfreien Ergebnissen führen. Leider ist aber gerade dieses Gebiet der Tummelplatz der Laien, und es gibt eine ganze völlig wertlose Literatur, die Versuche enthalten, alles lautnachahmend zu erklären.

§ 65. **Einfluß der Kindersprache.** Aber es gibt noch einen andern Weg zur Schaffung neuer Worte; er führt über die Kinder und ihre Sprache. Das Kind bringt selbst frühzeitig eine Anzahl einfachster Lautgruppen *pa, ma, ta, ba, na* hervor. Diese natürliche Erscheinung wird dadurch verstärkt, daß ihm die Mutter oder Pflegerin derartige Silben vorspricht, und daß das Kind damit allmählich einen bestimmten Sinn verbindet. So sind *Mama* und *Papa* entstanden, Worte, die heute eine ganz bestimmte, aber leicht abzuleitende Bedeutung haben. Wird nun ein solches Wort von den Kindern und später auch von den Erwachsenen beibehalten, so werden es Sprachbestandteile, deren Ursprung man nicht immer leicht erkennen kann, namentlich wenn sie durch die lautliche Entwicklung der Sprache verändert sind. So entwickelt sich aus dem idg. **mā-ma* im Germ. **mō-mō*, das lautgesetzlich weiter zu *Muhme* führt. Da *Mama* immer wieder neu erzeugt wurde, so konnte dieses Wort eine besondere Beziehung auf ein andres weibliches Wesen annehmen. Derselbe Stamm liegt auch unserm *Memme* zugrunde. Es bedeutet ursprünglich 'Mutterbrust, Euter', daneben auch 'die Mutter', dann 'die Amme', 'die Kinderfrau' und schließlich 'einen feigen', 'weibischen Menschen'. Ebenso verhält es sich mit der Form *bābā*. Abg. *baba*, lit. *bóba* heißt 'alte Frau, Großmutter' Bei uns wird daraus **bōbō* und jetzt *Bube*.

Vgl. auch engl. *baby*. Man hat also bei uns *bā* mit anderm Bedeutungsinhalt ausgestattet. Daneben haben wir schwäb. *Babe* 'Brot', schweiz. *Babi* 'Gericht aus Brotschnitten und Äpfeln', omd. *Babe, Bäbe* 'Art Kuchen'. Die Lautgruppe *pa* wird nicht nur zur Bezeichnung des Vaters, sondern auch zur Bezeichnung des Essens gebraucht, in *pap*. Davon stammt dann *pappen* 'essen', *Pappe* 'der Brei' und schließlich *Pappe* 'Kleister, gekleistertes Papier'. Sobald einmal ein Wort von seiner ursprünglichen Gebrauchssphäre losgelöst ist, so sind den Bedeutungsveränderungen keine Schranken mehr gesetzt. So gehen denn auch *Vater* und *Mutter*, idg. **patér* und **mātér* wahrscheinlich auf die Lallsilben *pa* und *ma* zurück, die nach dem Muster andrer Wörter mit Suffixen versehen sind. Es gibt auch Fälle, wo die verschiedenen Sprachen die gleiche Lautgruppe hervorbringen. So finden wir z. B. aind. *lálati* 'tändelt, scherzt, spielt'. Dazu stimmt bulg. *lelēm* 'ich wiege', abg. *lélja* 'Tante', lit. *lēlē* 'Puppe', lit. *lalioti* 'lallen', gr. λαλέω (*laléō*) 'schwatze', d. *lallen*, alles Worte, die auf die Silbe *le, la* zurückgehen, aber sehr verschiedene Bedeutungen angenommen haben. Unser *lullen* tritt erst neuhochdeutsch auf mit den Bedeutungen 'an der Brust saugen', 'eine Melodie leise vor sich hinsingen', 'den Harn lassen'. Dazu stellt sich lautlich entsprechend aind. *lólati* 'bewegt sich hin und her', tschech. *lulati* 'wiegen, in Schlaf singen', russ. *ljúlīka* 'Wiege'. Die verschiedenen Bedeutungen lassen sich nur verstehen, wenn man von einer Lallsilbe *lu-lu* ausgeht, mit der man verschiedene Bedeutungen verband. Ebenso findet sich die Lallsilbe *am* in verschiedenen Sprachen, d. *Amme* gr. ἀμμάς (*ammás*), bask. *ama* 'Mutter', usw., *ta* in jüddeutsch *Tatte*, l. *tata*, gr. τάτα (*táta*). Auf *at* geht alem. *ätti*, ahd. *atto*, got. *atta* 'Vater' zurück (wovon *Attila*, d. *Etzel*), und dies findet sich noch in lat. *atta*, gr. ἄττα (*atta*) 'Vater', ir. *aite* 'Pflegevater', abg. *otĭcĭ* 'Vater'.

Anmerkung. Weiter gehören noch hierher *babbeln, Bas, Base, Bemme, Mimi* für *Milch, Nanne* 'Vater' (schles.), *Ninne* 'Wiegenkind, Wiege', *pipi, Popo, pupen, Puppe, puppern, tattern, Tote* 'Pate', *Zitze*, nd. *Titte* aus *titi*.

So haben wir denn in der Urschöpfung eine Quelle für die Entstehung neuer Worte. Freilich darf man ihre Zahl nicht allzuhoch einschätzen. Je jünger sie sind, mit um so größerer Sicherheit wird man sie auszuscheiden imstande sein. Man beachte auch, daß es meist Verba, selten Bezeichnungen für Gegenstände sind, die auf diese Weise entstehen.

In der Kinder- oder Ammensprache spielt ein wortbildender Vorgang eine Hauptrolle, die Wiederholung oder Reduplikation. Aber es ist das eine so einfache Erscheinung, daß sie auch sonst hervortritt. In unsrer Umgangssprache hat die Wiederholung eine verstärkende Wirkung, wie z. B. in *komm, komm!, ein alter, alter Mann·*und das dürfen wir wohl auch z. T. wenigstens für die sonstigen reduplizierenden Bildungen unsrer Sprache voraussetzen. Im Germanischen tritt als wortbildendes Element noch der Ablaut hinzu.

So finden wir *Fickfacker, Gickgack, Gickelgackel, Hickhack, Klingklang, Krimskrams, lirumlarum, Muffmaff, ritschratsch, ripsraps, Schnickschnack, Schnippschnapp, Singsang, Tingeltangel, tipptopp, Wirrwarr, Zickzack.*

Diese Bildungen sind unverkennbar. Es kann aber sehr leicht wegen der Häufung der gleichen Buchstaben eine Dissimilation und ein Verlust einzelner Laute eintreten, so daß dann im Laufe der Zeit die Wiederholung nicht mehr zu erkennen ist. Das war schon im Indogermanischen der Fall.

Von derartigen alten Bildungen haben wir: *beben*, ahd. *bibēn;* — *Biber*, ai. *babhrús* 'braun'; *Pfeifholter* 'Schmetterling' aus mhd. *vīvalter;* — *zittern*, ahd. *zitterōn*, anord. *titra;* das zweite *t* ist wegen des *r* nicht verschoben.

§ 66. **Künstliche Worte.** Es gibt noch eine andere Quelle für die Bereicherung unseres Wortschatzes, die allerdings erst in neuerer Zeit zu wahrer Blüte gelangt ist, es sind das die rein künstlichen Sprachen und Wörter. R. M. MEYER hat in seinem anregenden Artikel IF. 12, 33 f. und 242 f. manches besprochen, was hierher gehört. Er hat gezeigt, daß sich die künstlichen Bildungen, die z. B. bei Dichtern als Interjektionen auftreten, doch an den gegebenen Sprachstoff anschließen müssen. Nach dieser Richtung ist indessen die Sprache kaum bereichert worden.

Weiter hat die Wissenschaft mit ihrer in der Neuzeit so außerordentlich gesteigerten Tätigkeit vor allem das Bedürfnis, neue Bezeichnungen zu schaffen. Im allgemeinen benutzt sie hierzu den Stoff der griechischen und lateinischen Sprache, den sie zu immer neuen Worten verarbeitet. Anderseits verwendet sie auch die Namen bedeutender Männer, um allgemeine Bezeichnungen zu schaffen. So haben wir für elektrische Maße die Ausdrücke *Volt* nach *Volta, Watt, Ampère, Ohm*, in denen nunmehr die Erinnerung an die großen Entdecker fortlebt.

Einen besondern Fall bildet das Wort *Gas.* Es ist eine freie Schöpfung des Alchimisten van Helmont in Brüssel († 1644), das er wohl in Anlehnung an gr. χάος gebildet hat. Wir empfinden dies nicht einmal mehr als Fremdwort. Auch der Handel und die Industrie sind an der Bildung künstlicher Worte stark beteiligt. Doch sind sie etwas andere Wege gegangen. Wir finden hier, wie SCHIRMER, Wörterbuch der deutschen Kaufmannssprache XLIII bemerkt, zwei Arten: Schutzmarken- und Initialkurzwörter.

Während man als Schutzmarke früher einfach den Namen des Herstellers oder Fabrikanten eines Artikels wählte — so haben wir eine *Henry Clay*, einen *Kodak*, einen *Arnheim* (Geldschrank), einen *Blüthner* (Flügel) — wählt man seit den 90er Jahren unter dem Einfluß des Warenzeichengesetzes reine Phantasienamen, zunächst aus dem griech.-lat. Sprachmaterial, geht dann aber zu Erfindungen beliebiger Art über. SCHIRMER führt a. a. O. Verse aus dem Ulk an, in denen diese Namen zusammengestellt sind. Sie sind in der ZADSV. 1910 Nr. 5 wieder abgedruckt.

In der Tat eine reiche Fülle, und trotzdem ist der Stoff nicht erschöpft.

Die Initialkurzwörter, d. h. die Bildung eines neuen Wortes aus den Anfangsbuchstaben mehrerer anderer, haben eine längere Geschichte. Es geht, kann man sagen, auf die alte Sitte des Akrostichons zurück, und anderseits gehört es gewissermaßen auch hierher, wenn man im Altertum das Wort ἰχϑύς 'Fisch' als 'Ιησοῦς Χριστός, ϑεοῦ υἱός, σωτήρ deutete, obgleich hier wohl der umgekehrte Vorgang vorliegt.

Zu wirklicher Einführung in die Sprache ist es wohl erst im 19. Jahrhundert gekommen, und zwar zunächst in England, wo wir *Ibea* finden für Imperial British East Africa, wonach man bei uns *Doa* = Deutschostafrika geschaffen hat. Für den Exporthandel dienen auch bei uns die englischen Abkürzungen *cif* = cost, insurance, freight und *fob* = free on board. Weiter sind dann bei uns entstanden: *Hapag* = Hamburg-Amerikanische Paketfahrt-Aktiengesellschaft, *Bedag* = Berliner Elektrizitäts-Droschken-Aktiengesellschaft, *Ila* = Internationale Luftschiffahrts-Ausstellung (1909) und viele andere, die der Leser aus eigener Kenntnis hinzufügen kann.

Während es sich in diesen und andern zahlreichen Fällen um in ihrer Geltung beschränkte und vielfach wieder verschwindende Worte handelt, sind andere durchgedrungen. Der Name der *Hakatisten*, der Vertreter des Deutschtums im Osten ist gebildet aus den Anfangsbuchstaben der Begründer des Ostmarkenvereins, Hansemann, Kennemann, Tiedemann, und der Name der *Kadetten*, einer russischen Partei, ist eine Kürzung für konstitutionelle Demokraten. *Teetotaler* aus engl. *teetotaller* ist Kürzung für *temperance total*.

Ob diese Bildungen schön sind, tut hier nichts zur Sache. Ich glaube nicht, daß ein auch noch so starkes Eifern sie wird beseitigen können, da sie praktisch sind. Was die Stenographie getan hat, indem sie sogenannte Siegel anwendet, d. h. einen Buchstaben für ein ganzes Wort anwendet, das kann auch die Sprache tun. Es sind eben Abkürzungen, und die heutige Sprache strebt nach Kürze.

Psychologisch steht es mit diesen Vorgängen sozusagen auf einer Linie, wenn die Anfangsworte eines Satzes als Wort verwendet werden.

Für diesen Vorgang haben wir folgende Beispiele:

Te deum, nach den Anfangsworten des ambrosianischen Lobgesangs: *Te deum laudamus*.
Requiem, nach den Anfangsworten *requiem aeternam dona eis*.
Reseda, aus dem Anfang der lateinischen Zauberformel *resēda morbos resēda* 'stille die Krankheiten!'

§ 67. **Geheimsprachen.** Von einer künstlichen Umgestaltung des Sprachstoffs kann man auch bei den Geheimsprachen reden. Hier ist vor allem die Gaunersprache wichtig, die wir § 197 behandeln. Sie strebt durch Umstellen von Silben, Einschieben von Buchstaben die Sprache unkenntlich zu machen. Dasselbe findet sich als Spielerei auch bei unsrer Jugend. So gibt es eine *p*-Sprache, bei der ein *p* mit einem Vokal in jeder Silbe eingeschaltet wird. Aus *wir wollen fortgehen* macht man *wipir wopollepen foport gepehn*. F. SEILER, ZfdGymnasialwesen 64, 447 kennt eine *b*-Sprache: *wibir wobolleben gebehn*. Herr stud. Gotthard Krämer teilte mir 1911 Proben einer *nif*-Sprache mit (aus *Tisch* wird *Tinifisch*, aus *Stuhl Stunifuhl*) und einer *nj*-Sprache (*Stunjuhl* für *Stuhl*). Letzteres hätten sie als Kinder spanisch genannt. Es gibt noch viele andere Arten.

Die Pennälersprache, die wir § 180 behandeln, zeigt kaum viele selbständige Züge, und so wird hier ohne Zweifel ein Zusammenhang mit der Gaunersprache bestehen.

Bemerkenswert ist nun weiter, daß derartige Bildungen manchmal eine weitere Verbreitung gewinnen. So hat Kluge *stibitzen* als eine Bildung der *b*-Sprache aus *stitzen* aufgefaßt. Gewiß mit Recht. Neuerdings hat H. Schröder in seinem Buche 'Streckformen; ein Beitrag zur Lehre von der Wortentstehung und der germanischen Wortbetonung, 1906', mit diesem Grundgedanken eine große Fülle von bisher ganz dunkeln Worten erklärt. Es gibt eine Menge von Worten, die in der Literatur wenig gebraucht werden, aber in der Umgangs- und niedern Sprache nicht selten sind, die schon dadurch auffallen, daß sie dem Grundgesetz der germanischen Betonung widerstreiten, indem sie den Ton auf der zweiten Silbe tragen. Sie leben in allen Gegenden Deutschlands, haben aber gewöhnlich nur ein beschränktes Verbreitungsgebiet. Von den bei Schröder angeführten werden dem einen diese, dem andern jene bekannt sein. Ich führe die mir geläufigen an: *Halunke, Philister, Kabáche, Kabúse, Latüchte, pardáuz, rabánzen* (mir als *rabántern* geläufig), *rabátzen, rasáunen, schmarótzen, kuránzen, krakéelen, Kalmäuser, Klabáutermann, Kladderadátsch, salbádern, scharwénzeln, Menkénke*. Von diesen sind einige mir zweifellos durch die Literatur geläufig geworden, andere aber leben in meiner Heimatsmundart. Nach Schröder sind diese Worte gebildet durch künstlichen Einschub einer Silbe. So erklärt er *Halunke* aus *Hunke, Filister* aus *Fister, Latuchte* aus *Luchte, purdauz* aus *bauz, rabanzen* aus *ranzen*, mhd. *ranzen* 'ungestüm hin- und herspringen', *rabatzen* aus *ratzen, rasaunen* aus *raunen* usw. Kann man auch bei einzelnen Worten die Erklärung anderswo suchen wollen, so halte ich doch den Grundgedanken für unzweifelhaft richtig. Diese Worte sind künstlichen Ursprungs, wenn wir auch noch nicht genau wissen, in welchen Kreisen derartige Worte gebildet sind. Da sie sich aber über ganz Deutschland verbreitet finden, so wird man in der Tat an die Gauner als Schöpfer denken dürfen. Behaghel schreibt sie allerdings einem Spieltrieb der Sprache zu.

Fünftes Kapitel.

Das Alter der Worte. Die indogermanischen Bestandteile.

§ 68. **Die verschiedenen Schichten des Wortschatzes.** Mit den im vorigen Kapitel behandelten Worten, die auf Urschöpfung beruhen oder auf künstlichem Wege entstanden sind, haben wir nur einen kleinen Teil des Wortschatzes besprochen. Es bleibt noch die überwältigende Mehrheit zurück. Diese ihrer Herkunft nach zu untersuchen und in ihrer Entwicklung zu verfolgen, bildet eine wohl niemals ganz zu erschöpfende Aufgabe. Von allen Seiten kommen neue Zuflüsse zu unserm Wortschatz hinzu, alle Zeiten haben neue Worte geschaffen, außer durch Urschöpfung, durch Ableitung und Zusammensetzung. Die Arbeiten, diese zeitlichen Schichten, diese verschiedenen Zuflüsse streng zu sondern, stehen noch in den allerersten Anfängen. Es sind bisher nur einige allgemeine Übersichten gegeben. So enthält der Gesamtindex zu KLUGES Etymologischem Wörterbuch von V. F. JANSSEN, Straßburg 1899, eine Zusammenstellung der aus dem Indogermanischen stammenden Wurzeln, die in germanischen Worten stecken. Eine zweite Abteilung stellt die Wurzeln zusammen, die nur im Germanischen belegt sind. Natürlich ist manch einzelner Fall heute anders aufzufassen, aber das ist nicht der größte Mangel. Dieser besteht darin, daß nur Wurzeln, keine Worte aufgeführt sind. Wurzeln sind leere Abstraktionen. Ein wirkliches Leben haben nur die Worte. Eine dringend notwendige Aufgabe wäre die Sammlung aller deutschen Worte, die sich in gleicher oder nur durch besondere Umstände veränderter Gestalt in andern indogermanischen Sprachen nachweisen lassen. Ich gebe im Verlauf der Darstellung wenigstens die Anfänge einer solchen Sammlung, indem ich für eine Reihe kulturhistorischer Begriffsgattungen die in andern Sprachen belegten Worte anführe.

KLUGES Wörterbuch selbst enthält eine chronologische Darstellung des neuhochdeutschen Wortschatzes, die für manche Zwecke gut zu verwerten ist. Ferner hat BRUNO LIEBICH im Anhang zu seinen Wortfamilien einen etwas erweiterten Versuch gemacht, die verschiedenen Bestandteile der deutschen Sprache zu sondern, und es ist wohl angebracht, seine Übersicht hier wiederzugeben. Er unterscheidet Wortfamilien (Wurzeln) und Worte. Die einzelnen Worte, die von einer Wurzel abgeleitet sind, können ganz jung sein, selbst wenn die Wurzel aus dem Indogermanischen stammt, und daher haben diese Angaben nur den Wert, daß sie uns sagen, von welchen Stämmen die Worte abgeleitet sind. Wir finden nach ihm folgendes:

	Familien	%	Abgeleitete Worte	%
1. Indogermanische Familien	318 =	11,9	13860 =	29,1
2. Europäische Familien	343 =	12,8	11729 =	24,7
3. Germanische Familien	504 =	18,8	10171 =	21,4
4. Westgermanische Familien	211 =	7,9	2362 =	5,0
5. Deutsche Familien	159 =	5,9	1178 =	2,5
6. Aus andern germanischen Sprachen	39 =	1,5	137 =	0,3
7. Althochdeutsche Familien	94 =	3,5	393 =	0,8
8. Neuhochdeutsche Familien	62 =	2,3	144 =	0,3
9. Aus dem Lateinisch-Romanischen	497 =	18,5	4840 =	10,2
	2227 =	83,1	44814 =	94,3

		Übertrag:	2227 =	83,1	44814 =	94,3
10.	Aus dem Griechischen		219 =	8,2	1412 =	3,0
11.	Aus dem Keltischen		25 =	0,9	429 =	0,9
12.	Aus dem Balto-Slawischen		38 =	1,4	106 =	0,2
13.	Aus andern indogermanischen Sprachen		43 =	1,6	168 =	0,3
14.	Aus dem Semitischen		76 =	2,8	327 =	0,7
15.	Aus dem Uralaltaischen .		13 =	0,5	42 =	0,1
16.	Aus andern Sprachen		39 =	1,5	233 =	0,5
			2680 =	100,0	47531 =	100,0

Diese Übersicht mag einen Begriff davon geben, wie man sich unsern Wortschatz seiner Herkunft nach zusammengesetzt vorstellen kann. Faßt man, was, wie wir sehen werden, allein richtig ist, indogermanische und europäische Familien zusammen, so ergeben sich die stetig abnehmenden Zahlen 661 : 504 : 211 159. Die Zahlen für die Worte sind dagegen nur nach der Richtung zu brauchen, daß sie uns zeigen, aus welchen Bestandteilen die Worte bestehen, einen historischen Wert haben sie nicht. Würden wir die Worte allein in Betracht ziehen, so würden sicher die wenigsten Worte aus dem Indogermanischen, die meisten aus dem Deutschen stammen.

Die Fülle dieses Stoffes läßt sich nun ohne weiteres in drei Gruppen zerlegen: 1. die Stammwörter, d. h. solche Wörter, die überhaupt nicht oder nur von einer Wurzel abzuleiten sind, 2. die große Menge der Ableitungen und Zusammensetzungen und 3. die Fremdwörter, die seit ältester Zeit in unsere Sprache aufgenommen worden sind und dort zum Teil Heimatsrecht erlangt haben. Wir werden später eine Anzahl von Worten nach Begriffsgattungen geordnet untersuchen, wobei wir alle drei Gruppen, da uns das am besten zu sein scheint, vereinigen. Jetzt wollen wir zunächst einige allgemeine Punkte erörtern.

§ 69. **Die Stammwörter indogermanischer Herkunft.** Es ist, wie wir gesehen haben, sehr beliebt, bei den Stammwörtern indogermanische, europäische, germanische, westgermanische und deutsche Wortfamilien zu unterscheiden. Aber diese Einteilung leidet an sehr beträchtlichen Mängeln, die um so mehr hervorzuheben sind, als noch sehr viele Forscher mit diesen Begriffen schalten. Indogermanisch nennt Liebich solche Wortfamilien, die auch im Indischen vorkommen, während mit europäisch solche bezeichnet werden, die im Indischen nicht belegt sind. Diese Unterscheidung hat keinen Wert. Sie stammt noch aus einer Zeit, als man das Indische ungebührlich überschätzte, und das Studium des Indischen und das Studium der Sprachwissenschaft eins zu sein schienen. Nun ist ja das Indische eine Sprache, die durch ihren wohlerhaltenen grammatischen Bau stets den Sprachforscher entzückt hat, die aus sehr alter Zeit überliefert ist und einen außerordentlich reichen Wortschatz besitzt, aber das Indische ist nicht das Indogermanische, und diese Sprache hat ebensogut wie jede andere zahlreiche alte Wörter verloren und durch neue ersetzt. In den heutigen neuiranischen Mundarten, die vom alten Iranischen abstammen, welches mit dem Indischen einst eine einheitliche Sprache bildete, kommen immer mehr Worte zum Vorschein, die das Indische nicht mehr kennt, die aber in einer oder in mehrern europäischen Sprachen wiederkehren und so die Gewißheit gewähren, daß sie einst im Indischen vorhanden waren und nur frühzeitig verloren gegangen sind.

§ 70. **Europäische Wortfamilien.** Die Ansetzung von europäischen Wortfamilien, d. h. von Sprachstämmen, die in den meisten europäischen Sprachen, aber nicht im Indischen belegt sind, hätte nur dann einen Sinn, wenn einmal eine Spaltung der Indogermanen in Arier und Europäer eingetreten wäre, und die Europäer alsdann längere Zeit miteinander gelebt und wahrscheinlich Kulturfortschritte gemacht hätten. Da jede Zeit neue Worte bildet, so würde sich diese Gemeinschaft wohl auch in der Sprache nachweisen lassen. Tatsächlich hat man in den sechziger Jahren des 19. Jahrhunderts eine solche Spaltung in Arier und Europäer angenommen. Diese ist aber längst als unhaltbar zurückgewiesen, und nur auf dem Gebiet der Wortforschung zeigt sich heute noch die Nachwirkung davon. Die Bedeutung des Indischen ist früher arg überschätzt worden. In einer ganzen Reihe von Fällen ist die Sprachwissenschaft in der Irre gewandelt, weil sie das im Indischen Vorliegende für ursprünglich ansah. Mit vieler Mühe haben wir uns jetzt davon freigemacht, aber noch immer wirkt dies Trugbild nach. Das Indische hat keine größere Bedeutung als Griechisch, Lateinisch, Germanisch, Slawisch, und wir könnten ebensogut Gruppen bilden: alle Sprachen außer Griechisch, alle Sprachen außer Slawisch usw. Daher müssen wir also diese beiden Abteilungen: indogermanische und europäische Bestandteile vereinigen.

§ 71. *centum-* und *satem-*Sprachen. Wenn diese Unterscheidung hinfällig ist, so fehlt hingegen eine andere, die erst in der neuern Zeit bedeutungsvoll geworden ist. Wir sind jetzt imstande, schon in der indogermanischen Ursprache zwei Mundarten zu unterscheiden, eine westliche, zu der das Germanische mit dem Griechischen, Keltischen, Italischen und Illyrischen gehört, und eine östliche, zu der die übrigen Sprachen, also Arisch, Litu-Slawisch, Albanesisch, Armenisch, Thrako-Phrygisch gerechnet werden. Zwischen diesen beiden Gruppen besteht ein wesentlicher Unterschied in der Behandlung der Gutturale. Den westlichen *k*-Lauten entsprechen im Osten Zischlaute, z. B. gr. ἑκατόν (*hekatón*) lat. *centum*, ir. *kĕt*, d. *hundert* gegenüber lit. *šìntas*, abg. *sŭto*, aw. *satəm*, aind. *śatám*. Man nennt sie daher auch *centum-* und *satem-*Sprachen. Eine lautliche Verschiedenheit, wie sie zwischen diesen beiden Gruppen vorliegt, bedingt noch nicht eine Verschiedenheit des Wortschatzes. Aber es wäre wohl der Mühe wert, einmal zu untersuchen, ob sich auch im Wortschatz dialektische Unterschiede in der gleichen Richtung zeigen. Mir scheint etwas Derartiges nach den Zusammenstellungen, die ich mir gemacht habe, tatsächlich vorzuliegen. Es wäre also möglich, daß eine Reihe von Worten nicht schon in indogermanischer Zeit, sondern erst damals geprägt sind, als sich die östlichen Stämme von den übrigen getrennt hatten. Für die germanische Wortforschung ist indessen auch dies ohne Bedeutung. Eine Zusammenstellung des Wortschatzes der *centum*-Sprachen findet man bei A. Fick, Vergleichendes Wörterbuch der indogermanischen Sprachen I⁴ 345 ff. Hieraus wäre ihr Sonderwortschatz leicht auszuziehen.

§ 72. **Germanische Sprachfamilien.** Es folgt bei Liebich dann die ziemlich zahlreiche Abteilung der germanischen Familien, d. h. solcher Worte, die zwar in allen germanischen, aber in keiner der verwandten Sprachen nachzuweisen sind.

Bei diesen erhebt sich die Frage: sind diese Worte erst im Sonderleben des Germanischen neu gebildet, oder stammen sie auch aus älterer Zeit, und sind sie nur in allen andern Sprachen verloren gegangen? Es ist, wie wir gesehen haben, nicht zu leugnen, daß in allen Zeiten auch sogenannte Wurzeln, Grundwörter neu gebildet werden können, aber immerhin doch nicht in so reicher Anzahl, wie nach der Darstellung Liebichs angenommen werden müßte. Zudem wird diese Kategorie von Tag zu Tag verringert, indem der Spürsinn der Forscher auch für diese scheinbar germanischen Worte Verwandte in andern Sprachen auffindet. Wahrscheinlich wird so mit der Zeit nur noch ein kleiner Teil von Worten übrig bleiben, der sich nicht in den verwandten Sprachen nachweisen läßt.

Wir wollen sehen, wie wir diese Worte zu beurteilen haben.

§ 73. **Ihre Beurteilung.** Wenn man das Vorkommen der auch außerhalb des Germanischen belegten germanischen Worte betrachtet, so gibt es eine nicht allzu beträchtliche Anzahl, die in allen indogermanischen Sprachen, wenigstens in ihren ältesten Stufen, erhalten sind. Dahin gehören z. B. die Zahlwörter. Bei andern Worten fehlt die eine oder die andre, oder es fehlen mehrere Sprachen, obgleich man bestimmt vermuten kann, daß das Wort auch in diesen einst vorhanden war. So haben sich die Wörter *Sohn* und *Tochter* in den meisten indogermanischen Sprachen erhalten, mangeln aber dem Lateinischen, wo sie durch *filius* und *filia* ersetzt sind. Das idg. Wort für *Vater* fehlt dem Litauischen und Slawischen. Die gotische Bibel bietet uns für Mutter *aiþei* und nicht das idg. und gemeingerm. *Mutter*, und *fadar* ist nur einmal belegt, sonst dafür *atta*. Und so geht es weiter. Manche Wörter sind nur in drei, andere nur in zwei und schließlich eine ganze Anzahl nur noch in einer andern Sprache außer dem Germanischen nachzuweisen. Wie haben wir uns diesen Tatsachen gegenüber zu verhalten? Für unsere Zwecke kann man den ersten Punkt, daß also ein Wort noch in zwei oder mehr Sprachen außerhalb des Germanischen belegt ist, ganz außer Betracht lassen. Diese Worte sind für uns zunächst indogermanisch.

Dagegen bedarf die Frage, wie es zu beurteilen ist, wenn Worte nur noch in einer andern Sprache auftauchen, einer besondern Besprechung.

Fassen wir die Sachlage rein systematisch, so können natürlich alle Möglichkeiten vorkommen, nämlich indisch-germanische, slawisch-germanische, keltisch-germanische, lateinisch-germanische, griechisch-germanische Gleichungen, wobei ich von den unbedeutendern Sprachen hier absehe. Tatsächlich sind auch alle diese Kombinationen durch eine Reihe von Beispielen zu belegen, wie weiter unten zusammengestellt ist. Die Inder sowohl wie die Hellenen sind nun von den Germanen seit langen Zeiten getrennt, wir haben nicht den geringsten Anhaltspunkt dafür, daß sie sich einmal näher berührt hätten und daß infolge dieser Nachbarschaft Worte herüber und hinüber gegangen wären, und daher sind diese Gleichungen ohne weitere Bedeutung. Die Worte, die in diesen beiden Sprachgruppen noch vorhanden sind, werden den übrigen Sprachen nicht gefehlt haben; sie werden erst im Laufe der Zeit verloren gegangen sein.

Anders steht es mit den drei übrigen Gruppen. Die Slawen und Kelten sind seit alter Zeit Nachbarn der Germanen. Zwischen benachbarten Völkern findet aber leicht ein Austausch von Worten statt, so daß wir es zum Teil bei derartigen Gleichungen mit Entlehnungen von einer Sprache zur andern zu tun haben können. Wenn wir auch in den Lautverhältnissen manchmal einen Anhaltspunkt haben, diese Frage zu entscheiden, so ist das doch nicht immer der Fall, und es bleibt ein Rest von Worten, bei dem wir keine Entscheidung treffen können. Nun wird man, da wir indisch-germanische und griechisch-germanische Gleichungen antreffen, auch eine entsprechende Anzahl keltisch-germanischer und slawisch-germanischer erwarten müssen, die ebenso zu beurteilen wären, wie die oben genannten. Nur wenn die Zahl über das normale Maß hinausginge, müßte man an besondere Ursachen denken. Tatsächlich halten verschiedene Forscher dieses Maß für überschritten und suchen infolgedessen nach besondern Gründen. Sie finden sie in der alten Nachbarschaft der Stämme, die schon in der indogermanischen Zeit bestanden haben soll. Um dies zu verstehen, möge man folgendes bedenken. Die indogermanische Sprache muß einen gewissen Raum eingenommen haben, und es können, ja es müssen in ihr schon mundartliche Verschiedenheiten vorhanden gewesen sein. Insbesondere werden für gewisse Begriffe eine Reihe von Synonymen bestanden haben, von denen ein jedes eine gewisse Verbreitung hatte. Nennen wir die Varietäten ABC usw., so ist die Möglichkeit vorhanden, daß eine Anzahl von Worten in den zusammenhängenden Dialekten ABC lebte, während in DEF andere Ausdrücke dafür bestanden. Anderseits kann es eine Gruppierung CDE und FAB usw. gegeben haben. Wurden nun diese Dialekte selbständig, d. h. räumlich getrennt voneinander, so zeigt sich eben doch noch die einstige Zusammengehörigkeit in gewissen Übereinstimmungen des Wortschatzes.

So könnte man also keltisch-germanische und slawisch-germanische Übereinstimmungen, wenn sie wirklich in stärkerer Zahl aufträten, als man erwarten dürfte, dadurch erklären, daß diese Völker auch in vorgeschichtlichen Zeiten Nachbarn waren, und daß gewisse Worte nur in dem beschränkten Gebiet vorhanden waren, das sie einnahmen. Aber tatsächlich sind die besondern Übereinstimmungen eben nicht groß, sie gehen über das zu erwartende Maß nicht hinaus. Außerdem sind diese Völker kaum Nachbarn in alter Zeit gewesen. Die Urheimat der Germanen liegt in Norddeutschland und Skandinavien, die der Slawen in Mittelrußland, die der Kelten ist nicht genau zu bestimmen, aber kaum in Gallien oder Süddeutschland zu suchen. Wenn also bei Entsprechungen zwischen den genannten Sprachstämmen der Verdacht der Entlehnung auszuschließen ist, so haben diese Entsprechungen das Anrecht, ebenso beurteilt zu werden, wie die oben genannten indisch- und griechisch-germanischen.

Etwas anders scheint es mit den lateinisch-germanischen Gleichungen zu stehen. Schon LOTTNER hat KZ. 7, 18 auf die verhältnismäßig große Anzahl von Worten hingewiesen, die nur in diesen beiden Sprachen auftreten, während bereits 1848 J. GRIMM bei E. SCHULZE, Gotisches Glossar XIV „die Verwandtschaft gotischer und lateinischer Zunge in Wörtern, wobei kein Gedanke an äußere Entlehnung ist", hervorhob. In der ZfdPh. 29, 296 f. habe ich den Stoff noch vermehrt. Wenn man den germanischen Wortschatz etymologisch behandelt, so wird man sehr häufig am ehesten Anknüpfung im Lateinischen finden. Eine sehr merkwürdige Erscheinung, da die Sprachen erst in historischer Zeit wieder in Berührung gekommen sind. Die Zahl der besondern Übereinstimmungen schien mir tatsächlich über das zu erwartende Maß hinauszugehen, und man würde dies kaum anders als durch die Annahme erklären können, daß die italischen Stämme einst nicht allzuweit von den germanischen gesessen haben. Die Möglichkeit dieser Voraussetzung ist gar nicht zu bestreiten, da wir ja im Laufe der Geschichte sehen, wie Goten und Langobarden Reiche in Italien gründen, denen nur infolge der besondern Umstände kein so günstiges Geschick wie dem der Römer beschieden war. Aber die unten angeführten Zusammenstellungen werden zeigen, daß auch diese Auffassung trügerisch sein dürfte. Tatsächlich gibt es vielleicht ebensoviel germanisch-indische Gleichungen als germanisch-lateinische, und es ist daher auch dieser Punkt von keiner besondern Bedeutung.

Anmerkung. Einen kräftigen Anwalt hat die Annahme germanisch-italischer Verwandtschaft bei KLUGE, Urgermanisch S. 4, gefunden, der allerdings hier, wie so oft, seine Vorgänger nicht nennt. Ich für meine Person kann auf den Wortschatz nicht soviel Gewicht legen, wohl aber zeigen sich merkwürdige Übereinstimmungen in der Flexion, vgl. Verf., Idg. Forsch. 17, 278, Indogermanen 2, 612, so daß auch mir verhältnismäßig enge Beziehungen zwischen Italisch und Germanisch zu bestehen scheinen.

§ 74. **Partielle Gleichungen.** Derartige Wortübereinstimmungen, die nur in einem Teile der indogermanischen Sprachen zu belegen sind, nennt man partielle Gleichungen. Scheint der Ausdruck auch nicht ganz logisch zu sein, so ist er doch kurz und verständlich und mag daher hier beibehalten werden. Wir sehen in diesen partiellen Gleichungen nichts besonders Bemerkenswertes, sondern eine ganz natürliche Erscheinung. Immerhin bedarf sie noch einiger Worte der Erklärung, denn es ist doch in der Tat merkwürdig, daß sich die Bezeichnung für den einen Begriff gut erhalten hat, für einen andern aber nicht. Daß mit dem Faktor indogermanischer mundartlicher Verschiedenheit nicht viel anzufangen ist, scheint mir sicher zu sein. Bestimmte Tatsachen lassen sich nur selten dafür anführen. Außerdem haben wir mit dem in allen Zeiten eintretenden Ersatz alter Worte durch neue zu rechnen, dessen Gründe so mannigfaltig sind, daß man damit nicht viel erklären kann. Der Hauptgrund für das Absterben von Wörtern liegt aber in einem Umstande, den wir ausführlicher erörtern müssen.

§ 75. **Wortreichtum in älterer Zeit.** Die Untersuchung des Wortschatzes einfacher Völker hat gelehrt, daß diese zum Teil sehr reich sind an Worten, wo wir arm sind, daß ihnen aber die Ausdrücke für allgemeine Begriffe vielfach fehlen. So sagt z. B. K. VON DEN STEINEN in seinem äußerst wertvollen Buche 'Unter den Naturvölkern Zentralbrasiliens' S. 80: „Ganz besonders eigentümlich berührte mich ihre Freude über den Reichtum ihres Wörtervorrates. Sie bekundeten ein großes Vergnügen, für jedes Ding auch ein Wort zu haben, als wenn der Name selbst eine Art Ding und Besitzgegenstand wäre. Daß die Zahl der Begriffe in erster Linie vom Interesse abhängt, lag klar zutage. Auf der einen Seite im Vergleich mit unsern Sprachen eine Fülle von Wörtern wie bei den Tier- und Verwandtennamen, auf der andern eine zunächst befremdende Armut.

Die eigentliche Armut steckt in dem Mangel an übergeordneten Begriffen wie bei allen Naturvölkern. Sie haben ein Wort für 'Vogel', das wahrscheinlich 'geflügelt' bedeutet, aber die Nordkaraiben haben einen andern Stamm, *toro-* oder *tono-*, der bei den Bakaïri noch bestimmte, sehr gewöhnliche Vögel, eine Papageien- und eine Waldhuhnart, bedeutet. Jeder Papagei hat seinen besondern Namen, und der allgemeinere Begriff 'Papagei' fehlt vollständig, ebenso wie der Begriff 'Palme' fehlt. Sie kennen aber die Eigenschaften jeder Papageienart sehr genau und kleben so an diesen zahlreichen Einzelkenntnissen, daß sie sich um die gemeinschaftlichen Merkmale, die ja kein Interesse haben, nicht bekümmern. Man sieht also, ihre Armut ist nur eine Armut an höheren Einheiten, sie ersticken in der Fülle des Stoffes und können ihn nicht ökonomisch bewirtschaften. Sie haben nur erst einen Verkehr mit Scheidemünze, sind aber im Begriff ihrer Stückzahl eher überreich als arm zu nennen.“

Diese Ausführungen sind von hoher prinzipieller Bedeutung für die ganze Auffassung der Wortentwicklung, und sie können auch auf die Erscheinungen auf indogermanischem Gebiet sehr wohl angewendet werden.

Auf Ähnliches, wie wir es bei den Bakaïri finden, hat J. SCHMIDT, Kritik der Sonantentheorie 37, für die Litauer hingewiesen: „Der Farbensinn der Litauer steht noch auf der Stufe der Naturvölker. Bei mehreren Farben sind sie noch nicht wie die Kulturvölker zu allgemeinen Bezeichnungen aufgestiegen, sondern bei den einzelnen Tönen stehen geblieben. Für 'grau' haben sie nicht weniger als vier oder fünf einfache Worte: *pilkas* (nur von Wolle und Gänsen), *šīrmas, širvas* (nur von Pferden), *šêmas* (nur vom Rindvieh), *žilas* (Haare des Menschen und des Viehs außer Gänsen, Pferden, Rindvieh) usw." Ähnliches können wir selbst noch in unsrer Sprache beobachten, reden wir doch nicht von einem schwarzen, roten, weißen Pferd, sondern von einem *Rappen*, einem *Fuchs*, einem *Schimmel*, und keinem wird es einfallen, einen weißen Ochsen einen Schimmel zu nennen. Wir sprechen nicht von einem männlichen, weiblichen, verschnittenen, unerwachsenen Pferde, sondern von einem *Hengst*, einer *Stute*, einem *Wallach*, einem *Füllen*. Ebenso von einem *Stier* oder *Bullen*, einer *Kuh*, einem *Ochsen*, einer *Färse*, einem *Kalb*. Vgl. noch die Ausführungen von USENER, Götternamen 317 ff., und OSTHOFF, Vom Suppletivwesen der indogermanischen Sprachen, Heidelberg 1899.

Weiter steht die Jägersprache noch auf einem durchaus altertümlichen Standpunkt, wenn sie die Glieder und Tätigkeiten der Tiere je mit einem besondern Ausdruck belegt. Für den Jäger hat der Hase nicht *Ohren*, sondern *Löffel*, das Wildschwein *Gehör*, das Edelwild *Luser* oder *Lauscher*, *Schüsseln* oder *Gehör*, der Hund *Behang*, in einzelnen Rassen *Lappen*, aber der Spitz *Ohren*. Man braucht also hier ganz absichtlich die besondern Ausdrücke.

Auch die Landwirtschaft unterscheidet durch eine Fülle von Worten die besondern Unterarten einer Tätigkeit. Wenn man den Menschen, den Haustieren, den Schwertern, den Schiffen und andern Dingen Namen gibt, so ist das schließlich nichts anderes. Und erst in neuerer Zeit haben wir die Unterscheidungen zwischen Tier und Mensch geschaffen, die sich in den Worten *essen — fressen, trinken — saufen, Haut — Fell* u. a. zeigen. Für die Bewegung einer Flüssigkeit haben wir *fließen, strömen, laufen, rinnen, rieseln, tröpfeln, sickern, quellen, sprudeln* usw., für unsere eigene Bewegung *gehen, eilen, laufen, rennen, hasten, stürmen*.

Für *regnen* gab schon CAMPE, Wörterbuch zur Erklärung und Verdeutschung S. 57 folgende acht niederdeutsche Wörter an: 1. *es mistet* von dem feinsten Staubregen, 2. *es schmuddert*, d. i. es regnet ein wenig und fein, 3. *es stippert*, d. i. es fallen einzelne und zwar gleichfalls feine Regentropfen, die aber schon etwas größer als bei dem Misten und Schmuddern gedacht werden, 4. *es regnet*, 5. *es pladdert*, d. i. es regnet stark und laut, 6. *es guddert*, wodurch das Geräusch des bei einem sehr starken Regen von den Dächern herabströmenden Wassers ausgedrückt wird, 7. *es gießt* und 8. *es gießt mit Mollen*. Davon sind mir allerdings nur 2, 4, 5, 7, 8 geläufig. Dafür kenne ich aber noch *es fiselt* vom feinen Regen und *es drascht* vom starken Platzregen.

Bei Campe a. a. O. sind dann noch weitere wichtige Bemerkungen und Beispiele zu finden. Die ältere Sprache verfügte also, wie sich aus dem Angeführten mit Sicherheit ergibt, in gewisser Hinsicht über einen größern Reichtum an Worten, als wir heute besitzen.

§ 76. **Vereinfachung.** Aus dieser Fülle von Ausdrücken hat nun die eine Sprache bei der notwendig fortschreitenden Verallgemeinerung der Begriffe, indem die Bezeichnungen z. T. gleichbedeutend wurden, das eine, die andere das andere Wort beibehalten, und darin liegt zweifellos mit ein Hauptgrund, daß nicht alle Gleichungen in allen Sprachen erhalten sind. Manchmal können wir bei genauer Untersuchung den Unterschied der Bedeutung noch erfassen. So haben wir z. B. mehrere Worte für *eins* im Indogermanischen. Von diesen bedeutet wohl idg. **sem*, gr. εἷς *(hês)* 'zusammen', idg. **oinos*, lat. *ūnus*, got. *ains*, 'einer von mehreren', gr. οἶος *(oîos)* 'allein'. Bei andern aber entgeht uns der Sinn. Weshalb verwendete man zwei Ausdrücke für 'Feuer', lat. *ignis*, ai. *agníḥ*, neben gr. πῦρ *(pŷr)*, ahd. *fiur*?

Wenn wir mehrere Bezeichnungen für 'Nebel' finden, lat. *nebula*, d. *Nebel*, gr. *ὀμίχλη* (*omikhlœ*), abg. *mĭgla*, so mag man bedenken, daß auch die Engländer *mist* und *fog* unterscheiden. Weitere Beispiele lassen sich mit Leichtigkeit beibringen. Anderseits fehlen selbst uns noch manchmal zusammenfassende Ausdrücke für getrennte Begriffe. Um *Lehrer* und *Lehrerin* zusammen zu bezeichnen, hat man erst neuerdings den Ausdruck *Lehrperson* geschaffen. Bei den Tiernamen erkennt man die zusammenfassenden jüngern, wenn auch trotzdem recht alten Ausdrücke an dem neutralen Geschlecht: *das Pferd, das Rind, das Huhn, das Schaf*; vgl. auch *das Kind, das Weib* neben *Sohn und Tochter, Frau, Jungfrau, Maid*. Ausdrücke wie *Flora, Fauna* für die Pflanzen- und Tierwelt eines Landes sind den Anforderungen der Wissenschaft entsprechend erst in neuerer Zeit gebildet worden. Der Ausdruck für *Ehe* taucht erst bei Notker auf. Es ist eine dankenswerte Aufgabe, diesem Aufkommen von Ausdrücken für Allgemeinbegriffe und dem damit verbundenen Absterben einzelner Worte nachzugehen. Es würde von hier aus auf die geistige Entwicklung eines Volkes Licht fallen.

Und dann darf man doch nicht vergessen, daß in jeder Sprache immer wieder neue Worte aufkommen und alte in Verlust geraten. Wäre dem nicht so, so brauchten wir uns keine Mühe zu geben, das Gotische zu lernen, wir würden es nach Erlernung der Flexion verstehen.

§ 77. **Geringe Bedeutung der partiellen Gleichungen.** Die partiellen Gleichungen haben für uns also nur eine recht geringe Bedeutung, für die Zwecke der Etymologie genügt es vielmehr vollkommen, wenn wir ein Wort außerhalb des Germanischen nachweisen können.

Es kann das, was wir ausgeführt haben, noch durch eine Parallele aus dem Germanischen selbst weiter erläutert und erhärtet werden. LIEBICH unterscheidet gemeingermanische, westgermanische und deutsche Gleichungen, d. h. Worte, die in allen germanischen Dialekten, insbesondere auch im Nordischen vorkommen, solche, die im Gotischen und Nordischen fehlen, und schließlich solche, die nur auf deutschem Boden belegt sind. Hätten wir nun nicht die Hilfe der verwandten Sprachen, so würden wir auch hieraus Schlüsse zu ziehen versuchen. Die verwandten Sprachen aber zeigen uns, indem sie das entsprechende Wort erhalten haben, daß oft genug Worte, die nur im Deutschen belegt sind, aus der idg. Urzeit stammen müssen, daß also die übrigen germanischen Dialekte das Wort verloren haben.

Beispiele hierfür sind: d. *Schwager* zu ai. *śvaśuraḥ*; — *Felber* 'Weidenbaum', ahd. *fëlawa* zu osset. *färw* 'Erle'; — *Hader* 'Lumpen' zu ai. *śithiráḥ* 'locker'; — *Rotz*, gr. *κόρυζα* (*kóryza*) 'Schnupfen'; — *Wabe* zu l. *favus*; — *Ahorn*, l. *acer*; — *Fichte*, gr. *πεύκη* (*peúkœ*) u. a. Dasselbe gilt von den übrigen Dialekten. Auch sie besitzen Worte, die sonst im Germanischen nicht belegt sind, wohl aber in den andern indogermanischen Sprachen wiederkehren.

§ 78. Germanische Wortfamilien. Auch bei den Wortfamilien, die bisher außerhalb des Germanischen noch nicht nachgewiesen sind, haben wir es meist nicht mit Neuschöpfungen zu tun. Wenn, wie wir gesehen haben, die partiellen Gleichungen wahrscheinlich darauf beruhen, daß die Sprachen, die nicht daran teilnehmen, diese Ausdrücke verloren haben, und wenn sich schließlich diese partiellen Gleichungen nur auf zwei Sprachen erstrecken, so ist natürlich auch vorauszusetzen, daß gewisse Worte des Indogermanischen eben nur noch im Germanischen vorliegen.

Anmerkung. Einen andern Gesichtspunkt für die Auffassung der dem Germanischen allein angehörigen Wortfamilien macht jetzt S. FEIST, Btr. 36, 350 f. geltend. Er sieht darin Lehnwörter aus der Sprache einer von den Indogermanen unterworfenen Urbevölkerung. Abgesehen davon, daß Feist nach seinen eigenen Bemerkungen die Sache nicht übersieht, kann ich dieser Ansicht aus den § 97 erörterten Gründen nicht beitreten. Selbst wenn Feist mit seiner Annahme Recht hätte, daß die Germanen nicht eigentliche Indogermanen, sondern nur unterworfene wären, wären doch keine nennenswerten Bestandteile aus der ursprünglichen Sprache zu erwarten, genau so, wie wir keine bedeutenden Elemente des Keltischen im Französischen finden, obgleich hier die geschichtlichen Tatsachen ganz sicher sind.

Es fragt sich nun, ob wir Mittel haben, zu erkennen, wann nur im Germanischen auftretende Wörter alt sind. In einer Reihe von Fällen läßt sich das wirklich bestimmen.

1. Ziemlich zweifellos sind Worte, die Flexionsklassen folgen, welche im Germanischen aussterben, oder Worte, die mit Suffixen gebildet sind, welche im Germanischen nicht mehr produktiv sind, dem Verdacht ausgesetzt, älter zu sein als die germanische Sonderentwicklung. Einige Beispiele mögen das zeigen.

Das Indogermanische besaß eine sogenannte konsonantische Deklination, wie wir sie in gr. πούς, ποδός (*pûs, podós*), lat. *pēs, pedis*, also Teilen der griechisch-lat. dritten Deklination antreffen. Diese Deklination war schon im Indogermanischen nicht sehr häufig, und sie ist bereits in den ältesten Zeiten der germanischen Überlieferung fast vernichtet. Die meisten Wörter, die dieser Deklinationsklasse folgen, erweisen sich durch verwandte, die in den andern Sprachen vorkommen, unmittelbar als indogermanisch. So *Fuß*, lat. *pēs*, gr. πούς (*pûs*); *Zahn*, lat. *dens*, gr. ὀδούς (*odûs*); *Maus*, lat. *mūs*; *Gans*, lat. *anser*, gr. χήν (*khœ̄n*); *Nacht*, lat. *nox*, gr. νύξ (*nýx*); *Tür*, lat. *forēs*, gr. θύρα (*thýra*); *Kuh*, lat. *bōs*, gr. βοῦς (*bûs*).

Höchst wahrscheinlich werden aber auch die übrigen Worte nach der konsonantischen Deklination alt sein, so *Winter, Genosse, Magd, Monat, Hand, Brust, Burg, Buche, Bruch* (Hose), *Eiche*. Von keinem dieser Worte wird man das indogermanische Alter etwa aus kulturhistorischen Gründen leugnen können. Bei einigen ist ja auch noch der Stamm in andern Sprachen belegt. Bei *Brust* wird das indogermanische Alter auch durch die ablautende Form ags. *brēost* wahrscheinlich gemacht.

2. Ein zweiter wichtiger Faktor ist der Ablaut. Er ist im Indogermanischen entstanden, und zusammenhängende Worte, die ihn zeigen,

müssen daher aus der indogermanischen Ursprache stammen, abgesehen von den Fällen, in denen ablautende Formen im Anschluß an andere Worte, namentlich im Anschluß an Verbalformen neu gebildet sein können. Wo aber dies nicht der Fall ist, da können wir mit ziemlicher Wahrscheinlichkeit auf indogermanisches Alter schließen. Vgl. oben das über *Brust* Gesagte. Andere Beispiele sind *Kern — Korn*; *Hahn — Huhn*; *Brett — Bord*; got. *qens — qino* 'Frau'; *siech — schwach*; *Kamm — Knebel* usw.

3. Ein drittes, indessen nicht so sicheres Hilfsmittel ist der Akzentwechsel innerhalb eines Wortes. Das Germanische hat die freie Betonung des Indogermanischen in eine feste verwandelt, es läßt aber im grammatischen Wechsel die alte indogermanische Betonung erkennen. Worte, die den grammatischen Wechsel zeigen, dürften also aus der Ursprache stammen, zum Beispiel d. *Hase*, e. *hare*; got. *ráus*, d. *Rohr*; got. *bloþa-*, ahd. *bluot*; ahd. *zid — zit*; got. *aúhns*, anorw. *ogn* 'Ofen'; ahd. *hehara*, ags. *higora* 'Häher' Aber freilich kann dieser Akzentwechsel oder auch der grammatische Wechsel später manchmal neu geschaffen sein, so daß dieser Faktor nicht ganz sicher ist.

§ 79. **Neue Wortfamilien für die Schiffahrt.** Mit den Worten, deren höheres Alter mit diesen Mitteln nicht zu erhärten ist, können wir freilich zunächst nichts anfangen. Sie wären aber nur dann auffallend, wenn sie sich zu gewissen kulturhistorischen Gruppen zusammenschlössen. Wenn ein Forscher späterer Zeit einmal ein Wörterbuch des 18. und des 19. Jahrhunderts vergliche, so würde er bemerkenswerte Unterschiede im Wortschatz antreffen. Er würde finden, daß Ausdrücke wie *Eisenbahn* und *Dampfschiff* und alles, was damit zusammenhängt, im 18. Jahrhundert noch nicht in den Wörterbüchern aufträten, und er würde mit Recht folgern, jene Worte seien im 19. Jahrhundert gebildet worden, weil erst damals die entsprechenden Begriffe aufgekommen seien. Ähnliches könnte man für den germanischen Wortschatz im Verhältnis zum indogermanischen zu erschließen versuchen. Eine Zusammenstellung des urgermanischen Wortschatzes findet man bei FÖRSTEMANN, Geschichte des deutschen Sprachstamms, Nordhausen 1874, 1 S. 399 ff. Wenn dieses Verzeichnis auch heute veraltet ist und der Berichtigung bedarf, so wird sich doch diese gleichmäßig auf alle Abteilungen erstrecken müssen. Bei Förstemann tritt aber kaum eine besondere Eigentümlichkeit des germanischen Wortschatzes hervor; er macht nur S. 454 darauf aufmerksam, daß sich erst gemeingermanisch eine Fülle von Ausdrücken finde, die sich auf das Seewesen beziehen, woraus also zu schließen wäre, daß erst die Germanen mit der See bekannt geworden wären. Diesen Gedanken hat später O. SCHRADER in einem Vortrag wieder aufgenommen (Die Deutschen und das Meer, WB. z. ZADSV. Heft 11). Schrader vertritt die Ansicht, daß die Indogermanen am Schwarzen Meer gesessen hätten. Dies sei aber nicht zur Schiffahrt geeignet gewesen, und so hätte sich eine Ausbildung in dieser Kunst und zugleich die Entwicklung der sprachlichen

Ausdrücke erst vollzogen, seitdem die Germanen an die Ost- und Nordsee vorgerückt seien. Daß die Urheimat der Indogermanen am Schwarzen Meer zu suchen sei, wird bekanntlich stark bestritten. Eine große Anzahl von Forschern, darunter auch der Verfasser, vgl. seine Indogermanen und GDS. 15, setzt sie an die Nord- oder Ostsee. Ist das richtig, so kann doch immer nur ein Teil an der Küste gesessen und Schiffahrt betrieben haben. Die Züge der wandernden Indogermanen gingen in des Binnenland, und diese Teile mußten natürlich die Ausdrücke, die sich auf Schiffahrt und Seewesen beziehen, schnell verlieren. So würde sich Förstemanns Beobachtung, wenn sie richtig wäre, anstandslos aus der Abwanderung vom Meer erklären.

Und daß dies richtig ist, zeigen eine Reihe von Tatsachen. Die Germanen haben, wie wohl keiner bezweifelt, zu einem großen Teil an der Ost- und Nordsee gesessen. Von hier aus sind zahlreiche Stämme in das Binnenland gewandert, und diese haben tatsächlich See- und Schiffahrtsausdrücke eingebüßt. Vor allem sind die alten Bezeichnungen der Himmelsgegenden den Oberdeutschen verloren gegangen, vgl. WEHRLE, Die deutschen Namen der Himmelsrichtungen und Winde, ZfdW. 7, 61, bes. 125. Wir gebrauchen für *Süd* die niederländische Form. *Ufer* = gr. ἤπειρος aus *aperjos, also ursprünglich wohl die „Seeküste“ ist dem Oberdeutschen fremd. An. *fjörðr* = lat. *portus* 'Hafen' ist den übrigen Mundarten abhanden gekommen. *Hafen* wohl gleich mittelirisch *cuan* 'Seehafen' aus *kopno ist ein niederdeutsches Wort.

Was wir hier deutlich vor Augen sehen, das kann natürlich auch für die übrigen indogermanischen Völker gelten. Nehmen wir als richtig an, daß die Indogermanen an der Ost- und Nordsee saßen, wie hätten sich wohl bei der Wanderung ins Binnenland bei den Slawen, die noch heute das Meer kaum berühren, bei den Indern und Iraniern, die durch weite Landstrecken ziehen mußten, bei den Römern und Griechen die alten Ausdrücke erhalten sollen?

Tatsächlich können wir aber doch noch immer so viele Ausdrücke für Schiffahrt und Seewesen als alt nachweisen, daß wir den Indogermanen sehr wohl die Bekanntschaft mit beiden Dingen zuschreiben dürfen. Die Worte aber, die sich außerhalb des Germanischen nicht belegen lassen, sind nicht etwa klar verständliche Ableitungen, wie sie als Zeichen jüngerer Bildung zu fordern sind, sondern sie sind meistens ganz dunkel, so daß wir allen Grund haben, darin altes Erbgut zu sehen. Allerdings könnten darin auch Lehnwörter stecken, denn an den Nordmeeren wohnten auch andere Völker, und in späterer Zeit findet ein reger sprachlicher Austausch statt. Ich glaube aber nicht recht daran aus Gründen, die ich in meinen Indogermanen 1 S. 315 ff. ausgeführt habe.

Im folgenden stelle ich nunmehr den Stoff zusammen.

Meer, ahd. *meri* n., got. *marei* f. und *marisaiws* 'Meer', gemeingerm.; dazu air. *muir*, lat. *mare*, abg. *morje* n., lit. *māres* 'kurisches Haff' und auch wohl aind. *marjádā* f. 'Meeresküste, Grenze, Schranke' und *miras* m. 'Meer, Grenze' (unbelegt), mittelind. aus *marja. Das Wort ist entschieden alt (neutraler *i*-Stamm), könnte aber eine andere Bedeutung gehabt haben. Aber es ist durchaus unwahrscheinlich, daß sich die gleiche Bedeutung 'Meer' auf verschiedenen Sprachgebieten selbständig neu sollte entwickelt haben.

Ein andrer Ausdruck liegt vor in as. *lagu* 'See', air. *loch*, lat. *lacus*, vielleicht 'Sumpf, Landsee'.

Gemeingermanisch ist der Ausdruck *See*, ahd. *sêo* m., got. *saiws* 'Landsee, Sumpfland'. Wenn auch das Wort noch nicht in andern Sprachen nachgewiesen ist, so ist doch eine Neubildung im Germanischen wegen der got. *i*-Flexion kaum möglich. Nur die Annahme einer Bedeutungsübertragung wäre denkbar.

Schiff. Wir besitzen ein indogermanisches Wort: gr. *ναῦς* (*naus*), lat. *navis*, das in an. *nor* 'Schiff', *naust* 'Schiffsschuppen' und vielleicht auch in deutsch *Nachen*, ahd. *nahho* (gemeingermanisch) vorliegt (die Entwicklung eines Gutturals vor *w* kommt in einer ganzen Reihe von Worten vor).

Schiff, got. *skip* n., das Wort ist gemeingermanisch, aber etymologisch nicht ganz klar, indessen auch nicht von einem andern Wort abzuleiten, also wohl alt.

Boot stammt zunächst aus dem Englischen, mengl. *bot*, an. *beit*, und ist von Lidén zu arm. *phait* 'Baumstamm' gestellt.

Kahn ist unaufgeklärt, kann aber alt sein.

Ahd. *kiol* 'Schiff', verschieden von *Kiel* 'Schiffskiel' ist unaufgeklärt, ist aber schon früh ins Finnische entlehnt. Wenn wir so verschiedene Ausdrücke für Schiff finden, so braucht uns das nicht wunderzunehmen. Der Seemann unterscheidet jede Art genau. Ein *Kahn* ist eben ein *Kahn*, ein *Boot* ein *Boot*, ein *Kutter* ein *Kutter*. Jeder dieser Ausdrücke bezeichnet heute an der Nordsee eine besondere Bauart, und man wird mitleidig belächelt oder sogar zurechtgewiesen, wenn man die Ausdrücke falsch anwendet. Da immer wieder neue Bauarten aufkommen und zum Teil von fremden Gegenden hier eindringen, so ist es leicht verständlich, wenn Ausdrücke für 'Schiffe' leicht entlehnt werden.

Die Bekanntschaft mit den Schiffen wird ferner durch die alten Ausdrücke *Ruder* und *Mast* gesichert.

Ruder, ahd. *ruodar*, ags. *rôdor*, e. *rudder* entspricht (mit Ablaut!) ai. *aritram* 'Ruder' und ist wurzelverwandt mit air. *rame*, l. *remus*, gr. *ἐρετμός* (*eretmós*). Daneben steht das dunkle altnord. ags. *ar*, engl. *oar* (lit. *vaíras*, lett. *airis* 'Ruder' können entlehnt sein).

Mast bedeutet im Altgermanischen nur 'Mast' und entspricht genau lat. *malus* (**mazdos*), das ebenfalls nur 'Mast' bedeutet.

Der Ausdruck *Segel*, ahd. *sëgal* m., ags. *sëgl*, e. *sail*, an. *segl* n. ist gemeingermanisch, aber noch nicht im Indogermanischen nachgewiesen. Der Ausdruck kann jung sein, da wir eine ganze Reihe von offenbar jungen Bildungen für Geräte und Werkzeuge mit Suffix -*l* haben (*Meißel, Beutel, Hobel, Gabel*), dessenungeachtet kann aber die Erfindung der Segel doch in sehr alte Zeiten zurückgehen. Denn dieses Wort kann ein anderes verdrängt haben.

Dazu kommen Ausdrücke für *Welle*, ahd. *wella*, lit. *vilnis*, abg. *vlŭna*; ags. *wielm*, aind. *ūrmíḥ*; — *Ufer*, mhd. *uover*, ags. *ôfer* zu gr. *ἤπειρος* (*ḗpēros*) 'Festland'; — *Hafen* anord. *fjôrdr* 'Bucht, Fjord' entspricht mit Ablaut lat. *portus* 'Hafen'; — d. *Riff*, lat. *ripa* 'der steile Rand, das Ufer eines Gewässers'.

Diese Ausdrücke können sich natürlich auch auf Flüsse beziehen, aber es ist das nicht sehr wahrscheinlich, da sich, wie ich glaube, im wesentlichen die Ausdrücke erhalten, deren Inhalt von großer Bedeutung ist.

Die germanischen Bezeichnungen der Himmelsrichtungen sind unzweifelhaft aus echtem alten Sprachgut gebildet. Nirgends aber sind diese Namen notwendiger als auf der See. Was kümmert es den Landmann, woher der Wind weht, der Seemann muß ihn aber beobachten. Tatsächlich stammen denn auch unsere Namen erst wieder von der Seeküste. Aber sie sind nicht nur nach Oberdeutschland gewandert, sondern selbst die französische Sprache hat sie aufgenommen.

Norden gehört zu gr. *νέρτερος* (*nérteros*) 'unten befindlich', umbr. *nertru* 'links'; — *Süden* aus **sunþ* gehört zu *Sund* oder, was mir wahrscheinlicher ist, zu gr. *νότος* (*nótos*)

‘Südwind’ aus *snotos; — **Osten** stellt sich zu lat. *aurōra*, gr. ἠώς (*ǽós*); — **Westen** zu lat. *vesper*, gr. ἑσπέρα (*hespérā*). — Unser **Schauer**, ahd. as. ags. an. *skūr* ‘Unwetter’, got. *skūra windis* ‘Sturmwind’, engl. *shower* gehört zu lat. *caurus* ‘Nordostwind’, lit. *š´auris* ‘Nordwind’, abg. *sĕverŭ* ‘Nord’.

Natürlich ist auch der Ausdruck **Wind** alt, lat. *ventus*. — **Sturm** entspricht wohl gr. ὁρμή (*hormǽ*).

Man hat oft darauf hingewiesen, daß sich Ausdrücke für **Ebbe** und **Flut** nicht im Indogermanischen nachweisen lassen. Aber *Ebbe*, and. *ebbiunga* ‘Wallung’ ist zweifellos ein alter Ausdruck, der im Germanischen nicht neu gebildet sein kann, und *Flut*, got. *flodus* entspricht formell gr. πλωτός (*plōtós*). Der eigentliche Ausdruck für diesen Begriff ist aber wohl e. *tide*, d. Zeit, *Gezeiten*, dessen Herkunft noch nicht erklärt ist, der aber wegen des bei dem Wort vorliegenden grammatischen Wechsels (ahd. *zit, zid*) alt sein dürfte. Daß die Ausdrücke nur an der Seeküste beharren können, ist selbstverständlich.

Besonders bemerkenswert ist ferner, daß gerade Ausdrücke für S e e f i s c h e und S e e - t i e r e der Nordsee zum Teil in den verwandten Sprachen wiederkehren:

Walfisch, ahd. *wal*, ags. *hwœl*, an. *hvalr* zu preuß. *kalis* ‘Wels’; — **Lachs**, ahd. *lahs*, lit. *lašĭšà*, russ. *lososĭ* ‘Lachsforelle’, poln. *losoś* ‘Lachs’; — **Stör**, ahd. *sturio*, russ. *osĕtrŭ*, lit. *erškĕtras*; — **Schade** ‘Maifisch’, altir. *scatan* ‘Hering’, dazu *Skadinavia*.

Diese Ausdrücke beweisen das meiste, da diese Fische zum Teil nur den Nordmeeren angehören. Andere Worte wie **Düne**, ndl. *duin*, ags. *dūn* ‘Hügel’, e. *downs* ‘Dünen’ zu air. *dun* ‘Hügel’, gall. *dūnum* sind weniger bezeichnend.[1])

Wenn sich einige Bezeichnungen wie *Klippe*, *Strand*, *Geest* nicht über das Germanische hinaus verfolgen lassen, so hat das nichts weiter auf sich. Die Worte sehen durchaus alt aus.

Auch bei den Ausdrücken, die sich auf das Meer und die Schiffahrt beziehen, treten demnach im Germanischen nicht derartig viel neue Worte auf, daß wir aus ihnen die oben erwähnten Schlüsse ziehen könnten, vielmehr finden wir gerade hier so oft die entsprechenden Worte in den verwandten Sprachen, wie nicht bei jeder andern Kategorie.

§ 80. **Neue Worte des Germanischen.** Neu ausgebildet sind aber möglicherweise im Germanischen eine Reihe von Worten, die sich auf die Standesgliederung beziehen. Man kann dies deshalb annehmen, weil diese Worte tatsächlich Ableitungen von andern Worten sind und zwar mit Suffixen, mit denen man damals regelrecht Worte bildete. Ich nenne hier nur: got. *þiudans* ‘König’ von *þiuda* ‘Volk’; — ahd. *kuning* ‘König’ von *kunni* ‘Geschlecht’; — ahd. *walto* ‘dominus’ von *walten*; — ahd. *truhtin* ‘Herr’ von *truht* ‘Schar’; — ahd. *truhtsāʒʒeo* ‘der über der Schar sitzt’; — got. *frauja*, altes Wort = ai. *pūrvja-* ‘der erste’; — ahd. *herizogo* ‘der vor dem Heer herzieht’ zu lat. *dux*; — ahd. *herro*, Komparativ ‘der Vornehmere’; — ahd. *grāvio* ‘Graf, Vorsteher’; — got. *gudja* ‘Priester’, an. *goði*, nhd. *gotte* ‘Pate’.

Man beachte den wesentlichen Unterschied, der sich zwischen Worten dieser Art und den zuvor behandelten zeigt.

Aber freilich auch hier handelt es sich nicht um etwas begrifflich Neues, denn ein indogermanisches Wort für ‘Herrscher’ liegt in ai. *rājā*, l. *rēx*, kelt.

---

[1]) Man stellt gall. *dūnum* gewöhnlich zu engl. *town*, d. Zaun. Dann könnte *Düne* nicht dazu gehören; aber die germ. Wörter brauchen nicht urverwandt, sie könn entlehnt sein.en

rix vor; aber die erwähnten Worte scheinen doch auf eine bedeutendere, neu ausgebildete Gliederung der Stände bei den Germanen hinzuweisen.

Weiter sind zweifellos viele Worte für Werkzeuge und Geräte neu ausgebildet, wie wir weiter unten sehen werden.

§ 81. Material für die partiellen Gleichungen. Nachdem wir oben die Fragen, die sich an die partiellen Gleichungen knüpfen, im allgemeinen behandelt haben, scheint es mir doch angebracht zu sein, einen ausreichenden Stoff vorzulegen, der jedem ein Urteil erlaubt. Abgesehen davon, daß damit ein beträchtlicher Teil der etymologischen Gleichungen vorgeführt wird, bewegt mich dazu der Umstand, daß die partiellen Gleichungen immer wieder zu allerhand Schlüssen herangezogen werden, ohne daß man sich auf wirkliche Tatsachen stützen kann. Denn seit JOH. SCHMIDT in seiner Schrift 'Die Verwandtschaftsverhältnisse der indogermanischen Sprachen', 1872, eine erste Liste derartiger partieller Gleichungen gegeben hat, ist der Versuch nicht wiederholt worden. Trotzdem nun heute diese Listen völlig unbrauchbar sind, da sich zum Teil manche Gleichungen als falsch erwiesen haben, andere Worte, weil sie auch in einer dritten Sprache nachgewiesen sind, nicht mehr angeführt werden dürfen, benutzt man sie immer doch noch. Oder man führt, wie dies KLUGE, Urgermanisch 7 tut, keltisch-germanische und litauisch-slawisch-germanische Gleichungen an, deren beträchtliche Anzahl dann verblüfft. Aber hier fehlt dann die Gegeninstanz, und daher nehme ich noch als Gegenzeugen das Lateinische und das Indische hinzu. Meine Listen werden freilich auch dem Schicksal unterliegen, zu veralten, aber ich hoffe doch durch sie zu neuen Untersuchungen anzuregen und durch diese das ganze Problem aus der Welt zu schaffen.

§ 82. Germanisch-italische Gleichungen. Schon oben S. 97 ist bemerkt worden, daß das Germanische eine große Menge von Worten nur mit dem Lateinischen teilt. Ich gebe hier meine frühern Listen in verbesserter Gestalt, wobei ich mich natürlich auf das ausgezeichnete Werk von WALDE stütze.

abziehen, got. *aftuhan*, l. *abduco*; — *Ache, Aa*, l. *aqua*; *Achsel*, ahd. *ahsala*, l. *axilla*, *ala* aus **aksla* 'Flügel'; — bayr. *Agn* 'Spreu', got. *ahana*, alat. *agna* 'Ähre'; — *Ähre*, ahd. *ahir*, got. *ahs*, l. *acus* 'Granne, Spreu'; — bayr. *Alm* 'Alpe', l. *almus* 'nährend'?; — *Amsel*, l. *merula*; — got. *aþn*, l. *annus*; — ahd. *boჳan* 'schlagen', d. in *Amboß*, l. *confutare*; — *brauchen*, l. *frux*; — *denken*, l. *tongere* 'nosse, scire'; — *Ding*, l. *tempus*; — *Eber*, l. *aper*, abweichend abg. *veprĭ*; — *Ecke*, l. *acies*, auch gr. ἀκίς (*akis*), aber mit anderer Flexion; — an. *ekla* 'Mangel', l. *egere*; — nisl. *elgur* 'Schneegestöber', l. *algeo*; — *Esch* 'Ortsflur', got. *atisk* 'Saatfeld', l. *ador*; — *Feifalter*, l. *papilio*; — *es fickt* 'es sticht', l. *piget*; — *Finne* 'Floßfeder', l. *pinna*; — ahd. *foh*, l. *paucus*; — got. *gaiteins*, l. *haedinus*; — got. *gajuka*, l. *coniux*; — *Geiß*, l. *haedus*; — *gemein*, got. *gamains*, l. *communis*; — *Gerste*, l. *hordeum*; — *Gerte*, got. *gazds*, l. *hasta*; — *gewinnen*, l. *conor* 'sich anstrengen' aus **covenor*; — *gießen*, l. *fundo* mit *d*-Erweiterung gegenüber gr. χέω (*khéo*); — *grau* l. *ravus*; — *haben*, l. *habere*; — *Hals*, l. *collum*; — aschw. *harger* 'Opferstätte', l. *carcer*; — (*Hase*), ahd. *hasan* 'grau, glänzend', l. *canus*; — *heben*, got. *hafjan*, l. *capio*; — ags. *heden* 'Kochgeschirr', l. *catinus* 'Napf, Flasche, Schüssel'; — *heuer*, l. *hornus*; — got. *hidre* 'hierher', l. *citra*; — *Hirsch*, ahd. *hiruჳ*, l. *cervus*; — got. *hlaiw* 'Grabhügel', mhd. *le*, l. *clivus*; —

ahd. *horsc* 'rasch', l. *coruscus* 'schwankend, zitternd'; — *Huhn*, l. *cicōnia* 'Storch'; — *Hürde*, l. *crātis*; — e. *hill*, ags. *hyll*, l. *collis*; — *irren*, l. *errare*; — an. *kleiss* 'stammelnd', l. *blaesus*?; — an. *klot* 'Schwertknauf', l. *gladius*; — *Kuss*, l. *basium*?; — *lang*, l. *longus*; — e. *law*, l. *lex*; — *Leim*, *Lehm*, l. *limus* 'Bodenschlamm'; — *Leiste*, l. *litus* 'Strand'; — *linde*, l. *lentus*; — *Lippe*, l. *labium*; — an. *ludr* 'Mehltrog', l. *linter* 'Kahn, Trog'; — *Mast*, l. *malus*; — *Metze*, l. *modius*; — ahd. *munt* 'Hand', l. *manus*; — *nackt*, got. *naqaps*, l. *nudus* aus **nogwedos* (Suffix!); — *neigen*, got. *hneiwan*, l. *conivere*; — *nein*, l. *noenum*; — *Nestel*, l. *nodus*; — *Nuß*, l. *nux*; — an. *ördugr* 'steil', l. *arduus*; — *Rede*, got. *rapjo* 'Rechnung, Zahl', l. *ratio* (entlehnt?); — *Regen*, l. *rigare* 'bewässern'; — got. *rikan* 'anhäufen', l. *rogus* 'Scheiterhaufen'; — *Rispe*, l. *crispus*; — an. *sattr* 'versöhnt', l. *sacer*; — *schwarz*, l. *sordes* 'Schmutz'; — *Schwefel*, l. *sulpur*; — *schwellen*, *Schwall*, l. *salum* 'Strömung des Flusses, hohe See'; — *schwer*, l. *serius* 'ernsthaft'; — ahd. *intseffen* 'einsehen', l. *sapio* 'schmecken'; — got. *seipus* 'spät', l. *setius* 'weniger'; — got. *anasilan* 'nachlassen, aufhören, stillwerden', l. *silere*; — got. *simle* 'einst, vormals', l. *semel*; — *sinnen*, l. *sentio* 'fühle'; — ahd. *skira* 'Besorgung, Geschäft', e. *shire*, l. *cura*; — *Specht*, l. *picus*; — got. *stiwiti* 'Erdulden, Geduld', l. *studium*; — *Gestrüpp*, l. *rubus* 'Brombeerstaude'; — *Sühne*, l. *sanus*; — anord. *tigenn* 'vornehm', l. *dignus*; — got. *pahan*, l. *taceo*; — *Wabe*, l. *favus* aus **wafos*; — *wahr*, l. *verus*; — *waten*, l. *vado*; — got. *wulpus* 'Herrlichkeit', l. *voltus, vultus*; — *Wurm*, l. *vermis*; — *wüst*, l. *vastus*; — *Zehe*, l. *digitus*, *(hal)lux* aus **haldoix*; — *zeigen*, ahd. *zeigon*, l. *-dicare*; — *zeihen*, l. *dico*; — *Herzog*, l. *dux*; — *ziehen*, l. *duco*; — ahd. *zogon* 'ziehen', l. *ducare*; — *Zucht*, l. *ductio*; — *Zunge*, l. *lingua*; — *Zweifel*, l. *duplus*; — *Zwirn*, l. *bini*.

Die Fülle dieser Beispiele wird überraschen und hat mich seinerzeit überrascht. Ich habe damals aber nicht die übrigen partiellen Gleichungen zur Hand gehabt und mußte daher zu falschen Schlüssen kommen. Wir werden sehen, daß in den andern Gruppen die Anzahl gleichfalls nicht gering ist.

§ 83. Germanisch-keltische Gleichungen.

Literatur: KLUGE, Urgermanisch 7; MUCH, Deutsche Stammeskunde, Sammlung Goeschen 1900, S. 44 ff.

Von den keltisch-germanischen Entsprechungen ist es nicht immer leicht zu sagen, wie sie sich zueinander verhalten. Da wir jedenfalls keltische Lehnwörter in unsrer Sprache haben, die die Lautverschiebung mitgemacht haben — sei es, daß die Lautverschiebung erst nach der Entlehnung eintrat, sei es, daß wir es mit Lautersetzung zu tun haben —, so läßt sich zwischen Urverwandtschaft und Entlehnung aus lautlichen Gründen nicht hinreichend sicher entscheiden. Man wird daher den Gesichtspunkt mit heranziehen müssen, wie weit die Worte in Raum und Zeit verbreitet sind, wie weit sie Ableitungen bilden und überhaupt im Kreise verwandter Worte stehen. Betrachtet man diesen Gesichtspunkt, so sinkt die Schale sehr zugunsten der Annahme von Entlehnnng. Dazu kommt, daß sich die Worte auf gewisse kulturelle Erscheinungen beziehen, so daß auch hierdurch der Verdacht der Entlehnung gefördert wird. Ich habe das Werk von STOKES durchgesehen und daraus notiert, was mir mit einiger Wahrscheinlichkeit urverwandt zu sein schien.

got. *agls* 'unschicklich, schimpflich', ir. *āil* (aus **agli*) 'Schimpf'; — *Apfel*, ir. *aball, uball* f.; — *Auge*, ir. *uag* f. 'Höhle, Grab'; — as. *underbadon* 'erschrecken', ir. *fo-bothaim* 'consternor'; — ahd. *bagan*, ir. *bagim* 'streite'; — *Beute*, ir. *buaid*; — ags. *breard* 'Spitze', *Bord* 'Schiffsrand', ir. *brot* 'Stachel'; — *brennen*, air. *brennim* 'sprudele'; — *bringen*, kymr. *he-brwng* 'deducere'; — an. *dalkr* 'Mantelspange', d. *Dolch*(?), ir. *delg* 'Dorn'; — ags. *deorc* 'dunkelfarbig', ir. *derg* 'rot'; — *dick*, ir. *tiug*; — *drücken*, ir. *truag* 'elend'; — got. *dulgs* 'Schuld', ir. *dliged* 'Pflicht, Gesetz, Recht'; abg. *dlŭgŭ* ist wohl entlehnt; — *Durst*, ir. *tart*; — ags. *ear* 'humus', ir. *ur* 'Erde, Lehm'; — got. *-ei*, ir. *-i*, suffigiertes Relativpronomen; — *Eid*, ir. *oeth*; — *Erbe*, ir. *orbe* Suffix!; — *Faden*, akymr. *etem*; — *Flur*, ir. *lar* 'Flur, Boden'; — *frech*, kymr. *rhewydd* 'lascivia, lascivus'; — *frei*, kymr. *rhydd* 'frei', Bedeutung!; — *Gabel*, ir. *gabul* 'gegabelter Ast, Gabel'; — *Geisel*, ir. *giall*; — *Grat*, ir. *gart* 'Haupt'?; — ahd. *hader-*, gall. *catu-* 'Kampf'; — *Hag, Hecke*, akymr. *caiou* 'munimenta'; — *Held*, ir. *calath* 'hart'; — an. *hella* 'platter Stein, Schiefer', kymr. *caill* 'testiculus'; — got. *hleiduma*, ir. *cle* 'link'; — an. *hrekja*, ir. *crecht* 'Wunde'; — an. *hruga* 'Haufe', ir. *cruadi*; — ahd. *inadiri* 'Eingeweide', mir. *inathar*; — ahd. *jiht* 'Aussage, Bekenntnis', kymr. *iaith* 'Sprache'; — ahd. *klënan* 'kleben, schmieren', ir. *glenim* 'bleibe hangen'; — *klug*, ir. *glic* 'klug, schlau' (?); — *lasch*, ir. *lasc* 'schlaff, träge'; — *Latte*, ir. *slat*, kymr. *llath* 'Rute'; — *Laus*, akymr. *leu-esetice* 'von Läusen zerfressen'; — *Leder*, ir. *lethar*; — *Letten*, ir. *lathad* 'Schlamm'; — got. *liugan* 'heiraten', ir. *luge* 'Eid, Schwur'; — *Lot*, ir. *luaide* 'Blei'; — got. *lubja-* 'Gift', ir. *luib* 'Kraut, Strauch, Pflanze'; — ahd. *ludara* 'Windel', kymr. *llawdr* 'bracae'; — *Mähre*, ir. *marc*, gall. *marka*; — *mancher*, got. *manags* 'viel', ir. *menicc* 'häufig, reichlich', abg. *mŭnogŭ* ist wohl entlehnt; — dän. *manke*, ir. *mong* 'Mähne'; — *Meuchel-*, ir. *ru-mugsat* 'suffoderunt, i. e. abscondiderunt'; — ahd. *gameit* 'stolidus, jactans', ir. *miad* 'fastus'; — *Milch*, ir. *melg*; — *miß-*, ir. *mis-*; — *mürbe*, ir. *meirb*; — got. *anananþjan* 'wagen', ir. *neit* 'Kampf'; — ahd. *nusca* 'Spange, Schnalle', ir. *nasc* 'Ring'; — *Rain*, bret. *reun, run* 'Hügel'; — *Rast*, ir. *arus*, 'Wohnung'(?); — mhd. *reben* 'sich bewegen, rühren', ir. *reb* 'Spiel, Tücke'; — *reiten*, ir. *riadaim* 'fahre'; — ahd. *rim* 'Zahl', ir. *do-rimu* 'enumero'; — *Rinde*, ir. *rinde* 'hölzerner Eimer'; — got. *rodjan* 'reden', ir. *noraidiu* 'sage'; — e. *roof* 'Dach', ir. *cro* 'Gehege, Stall, Hütte'; — *Rücken*, ir. *crocenn*; — *Rune*, ir. *run* 'Geheimnis'; — *Rüster*, ir. *ruaim* 'Erle'; — *schinden*, abret. *scant* 'Schuppe'; — *schwank*, ir. *seng* 'schlang'; — *schwimmen*, kymr. *diwyf* 'motus'; — *geschwind*, got. *swinþs* 'stark', ir. *setaim*, *setaim* 'ich kann'; — got. *sinþs* 'Weg', ir. *set* 'Weg'; — got. *skeima* 'Leuchte', ir. *sciam* 'Schönheit'; — e. *splint* 'Splitter', ir. *slind* 'imbrex, pecten'; — *Streifen*, ir. *sriab*; — got. *tils* 'passend', ir. *dil* 'angenehm'; — *Topf*, ir. *dabach*; — *traut*, ir. *druth* 'meretrix', kymr. *drud* 'carus'; — *Wagen*, ir. *fen*; — *Weidwerk*, ir. *fiad* 'Wild'; — *Wert*, air. *frith-* 'gegen'; — *wickeln*, ir. *figim* 'webe'; — *wild*, kymr. *gwyllt* 'ferus, indomitus, sylvestris'; — ahd. *witu* 'Holz', ir. *fid* 'Baum, Holz'; — *Zaun*, e. *town*, gall. *dunon*; — *Zinne*, ir. *dind, dinn* 'Hügel, Höhe'(?); — *Zitze*, ir. *did*.

Anmerkung. Es sind in diese Liste auch Gleichungen aufgenommen, bei denen ich weiter unten annehme, das germanische Wort sei aus dem Keltischen entlehnt. Da sich dies aber nicht mit voller Sicherheit behaupten läßt, so mußten sie, als möglicherweise doch urverwandt, hier ihre Stelle finden. Meine Liste wird dadurch um ein paar Nummern länger. Wir werden aber sehen, daß dies gar keine Bedeutung hat. Außerdem befinden sich unter den angegebenen Entsprechungen ein paar recht unsichere. Auch diese habe ich absichtlich aufgenommen.

§ 84. Germanisch-litu-slawische Gleichungen.

Literatur: J. SCHMIDT, Verwandtschaftsverhältnisse S. 36 ff. (veraltet); KLUGE, Grundriß der germ. Phil.² 1, 360 (bedarf der Berichtigung); in der neuen Auflage ist die Liste stark gekürzt; UHLENBECK, Btr. 22, 539 ff.

Die engere Zusammengehörigkeit des Germanischen mit dem Litu-Slawischen wurde schon vor langer Zeit vermutet, und diese Ansicht hat sich jahrelang einer unbedingten Anerkennung zu erfreuen gehabt. Ich kann ihr in Übereinstimmung mit den meisten Forschern nicht zustimmen, da sich in Laut- und Flexionslehre keine derartigen besondern Berührungspunkte auffinden lassen, daß man auf ihnen ein Gebäude von solcher Mächtigkeit errichten könnte. Es bleiben also die Berührungen im Wortschatz, die indessen auch nicht über das Maß dessen, was wir erwarten dürfen, hinausgehen.

ander, lit. *añtras;* — *Aas* 'Viehfutter', ahd. *āʒ,* lit. *ēdis,* abg. *jadi* 'Speise'; — got. *barn* 'Kind', lit. *bérnas* 'Knecht, Jüngling'; — ags. *bearu* 'Wäldchen', abg. *borŭ* 'pinus'; — got. *biuhts,* lit. *jùnktas;* — ags. *blāt* 'bleich', abg. *blēdŭ;* — *blind,* lit. *blįsta* 'es wird Abend'; — ags. *brigdel* 'Zügel', abg. *brŭzdá;* — *Dorsch,* russ. *troská;* — got. *driugan* 'Kriegsdienste tun', lit. *draũgas,* abg. *drugŭ* 'Gefährte'; — ahd. *elbiʒ,* abg. *lebedĭ* 'Schwan'; — *Ernte,* got. *asans* 'Erntezeit', apreuß. *assanis,* abg. *jesenĭ* 'Herbst'; — *Espe,* lit. *apušis,* russ. *osina,* vgl. aber LIDÉN, Idg. Forsch. 18, 490; — *Faust,* abg. *pęstĭ;* — got. *fon,* apreuß. *panno* 'Feuer'; — *frisch,* abg. *prēšĭnŭ;* — *Geiz,* lit. *geidž'ù* 'begehre', abg. *židǫ* 'erwarte'; — *Gerte,* abg. *žrĭdĭ* 'dünne Stange'; — ags. *glēo, glēam* 'Kurzweil', lit. *glaudas;* — *gleich,* lit. *lýgus* 'gleich'; — *graben,* lett. *grebt* 'schrapen, aushöhlen', abg. *grebǫ* 'grabe'; — ndl. *grendel* 'Balken', abg. *grędŭ;* — *greifen,* lit. *grieb'ù;* — *Hacksch,* 'unverschnittener Eber', *Hagen* 'Zuchtstier', abg. *kočanŭ* 'männliches Glied'; — got. *hairþra* 'Eingeweide', abg. *črēsla;* — *Harm,* abg. *sramŭ* 'Scham, Schande'; — anord. *hauss* 'Schädel', lit. *k'áušē;* — *helfen,* lit. *šelpti;* — ahd. *hĕmera* 'Nießwurz', abg. *čemerĭ;* — *Höcker,* ahd. *hovar,* lit. *kuprà* 'Höcker'; — anord. *hrös* 'Lob, Ruhm', abg. *krasa* 'Schönheit'; — ahd. *hriubī* 'scabies', lett. *kraupa* 'Grind'; — got. *ƕarjis* 'wer von mehreren', lit. *kuris* 'welcher'; — ahd. *ilgi* 'Hunger', lit. *išalkis;* — norw. *kage* 'niedriger Busch', lit. *žagaras* 'dürrer Ast'; — *kauen,* abg. *živǫ;* — *Klafter,* lit. *glēbīs* 'Armvoll', lit. *glóbti* 'umarmen'; — an. *klökkr* 'schwach, gebrechlich', lit. *gležnus* 'weich, schwach, zart'; — *knete,* abg. *gnetǫ;* — *Lachs,* lit. *lašišà,* russ. *lósosĭ;* — d. *lähmen,* abg. *lomiti* 'brechen'; — *lesen,* lit. *lèsti* 'Körner aufpicken'; — got. *lēwjan* 'preisgeben', lit. *l'áuti* 'aufhören'; — e. *limb* 'Glied', lit. *liemuŏ* 'Baumstamm, Körper'; — *Locke,* lit. *lugnas* 'biegsam'; — got. *malma* 'Sand', *zermalmen,* lit. *melmuŏ* 'Nierenstein'; — *Masche,* lit. *māzgas* 'Knoten'; — got. *naus,* abg. *navĭ* 'Leiche', apreuß. *nowis* 'Rumpf'; — got. *biniuhsjan* 'ausspähen', russ. *njúchatĭ* 'riechen, schnüffeln'; — *Nutzen,* lit. *naudà;* — *Pfuhl,* lit. *balà* 'Bruch', abg. *blato* 'Sumpf'(?); — *poltern,* lit. *beldėti* 'klopfen'; — *prickeln,* lit. *brēž'u* 'kratze'; — *Qual,* lit. *gēlà* 'heftiger Schmerz'; — *Quappe,* apreuß. *gabawo* 'Kröte', abg. *žaba* 'Frosch'; — *Rahe,* lit. *rēklēs* 'Stangengerüst zum Trocknen'; — *reichen,* lit. *ráižitis* 'sich recken'; — *Ring,* abg. *krągŭ,* aber auch ai. *'sṛnkhala-* 'Kette' ;— *Rippe,* abg. *rebro;* — *Rogen,* lit. *kurkulaĩ,* russ. *krjakŭ* 'Froschlaich'; — ags. *rōt* 'freudig, froh', abg. *radŭ* 'gern'; — *Rumpf,* abg. *rǫbŭ* 'Tuch, Gewand'; — ahd. *skalm* 'Kahn', abg. *člŭnŭ;* — d. scheinen, abg. *sinǫti;* — *schlingen, Schlange,* lit. *sliñkti* 'schleichen', abg. *slǫkŭ* 'krumm'; — *Schnabel,* lit. *snāpas;* — *schreiten,* lit. *skrindu, skristi* 'schnell laufen, fliegen'; — an. *sikr* 'Schnäpel', russ. *sigŭ,* lett. *sīga;* — got. *skēwjan* 'wandern', lit. *šuoliaĩs* 'im gestreckten Galopp'; — *Spanferkel,* mhd. *spen* 'Mutterbrust', lit. *spēnīs* 'Saugwarze'; — ags. *sot,* lit. *sōdis,* abg. *saʒda* 'Ruß'; — *Stab,* lit. *stābas* 'Götzenbild'; — *Stein,* abg. *stēna* 'Mauer'; — *Stör,* lit. *erškētras,* apreuß. *esketres,* russ. *osětrŭ;* — ndl. *stront* 'faeces', abg. *trądŭ* 'Art Krankheit'; — *Stute,* abg. *stado* 'Pferdeherde'; — *Schwein* 'Hirt', ahd. *geswio* 'Schwager, Schwestermann', lit. *svaĩnis* 'des Weibes Schwestermann'; — *Teil,* abg. *dēlŭ;* — norw. *tira* 'gucke, spähe', lit. *diréti* 'hervorgucken'; — *Tobel,* abg. *duplĭ* 'hohl'; — got. *þeiƕō* 'Donner', abg. *tǫča* 'Sturzregen'; — anord. *þidurr,* lit. *tētervinas,* abg. *tetrēvĭ* 'Vogelart'; — got. *þius* 'Knecht', d. in *Demut,* lett. *teksnis* 'Aufwärter'; — anord. *þömb,* lit. *timpa* 'Sehne'; — got. *þröþjan* 'üben', abg. *tratiti* 'verbrauchen, ausgeben'; — an. *þungr* 'schwer', abg. *tęgota* 'Schwere'; — *Wachs,* abg. *voskŭ* (lit. *vāškas* entlehnt); — got. *wairilō* 'Lippe', apreuß. *warsus;* — *Weck,* lit. *vagis* 'Keil'; — *Welle,* lit. *vilnìs,* abg. *vlŭna;* — *Wetter,* abg. *vedro* 'gutes Wetter'; — *Wiebel*, ahd. *wibil* 'Käfer', lit. *vábalas*; — *Wicht*, got. *waihts* 'Sache', abg. *vešti*; — *zwölf*, lit. *dvílika*.

Zweifellos wird sich dieses Material noch vermehren, sobald wir nach Vollendung von Bernekers Werk ein ausreichendes etymologisches Wörterbuch der slawischen Sprachen besitzen. Aber es ist kaum wahrscheinlich, daß er so wachsen wird, wie es nötig wäre, um darauf die Annahme näherer Verwandtschaft zu gründen.

§ 85. **Germanisch-arische Gleichungen.** Zwischen dem Germanischen und dem Arischen hat noch niemand besonders nahe Beziehungen innerhalb der indogermanischen Sprachen vermutet. Es dürfte daher die Anzahl von Gleichungen, die wir nur in diesen beiden Sprachen antreffen, ein Maßstab dafür sein, was wir überhaupt zu finden erwarten dürfen. J. SCHMIDT hat in seinem Werke S. 50 nur fünfzehn derartige Gleichungen zusammenbringen können, und dieser Zahl gegenüber mußten allerdings die sechzig bis hundert Gleichungen, die er sonst nachzuweisen imstande war, stark in die Wagschale fallen. Ich war daher selbst erstaunt über die beträchtlich größere Anzahl, die sich bei näherer Untersuchung ergab. Eine Fehlerquelle kann ich aber nicht entdecken.

got. *afar* 'hinter', ai. *áparam* 'nachher'; — an. *agn* 'Lockspeise, Köder', ai. *ášanam* 'Speise'; — got. *aljan* 'Eifer', ai. *arih* 'verlangend'; — an. *all* 'Keim, Keimblatt', ai. *aŋkuráh* 'Sproß, junger Schoß'; — an. *ama* 'plagen', ai. *ámiti* 'dringt an, bedrängt'; — *Alp*, ai. *ṛbhúh* 'geschickt'; — *Atem*, ai. *atmá* 'Hauch'; — *Auer*, ai. *usráh* 'Stier'; — *bitter*, ai. *bhidráh* 'zerspaltend' (unbelegt); — got. *bleiþs* 'freundlich, barmherzig', ai. *mrițjati* 'löst sich auf'; — *Bremse*, ai. *bhramaráh* 'Biene'; — mhd. *diehter* 'Enkel', ai. *tokám* 'Nachkommenschaft, Kinder'; — an. *drak* 'Streifen', ai. *dhrájas* 'Streichen, Zug'; — ags. *dyn* 'Lärm', ai. *dhúnih* 'rauschend'; — *eigen*, ai. *iśe* 'hat zu eigen'; — *Eis*, awest. *isav-* 'eisig'; — an. *eisa* 'einherstürmen', ai. *ịʃate* 'enteilen, fliehen'; — ahd. *enka* 'Schenkel', ai. *áŋgam* 'Glied, Körper'; — ags. *ent* 'Riese', ai. *ádrih* 'Stein, Fels'; — *Felber*, oss. *färw* 'Erle'; — *feucht*, ai. *páŋkam* 'Schlamm'; — *flink*, ai. *sphuliŋgah* 'Funke'; — *Flins*, *Flinte*, ags. *flint* 'Kiesel', ai. *pińḍah* 'runde Masse'; — an. *fraud* 'Schaum', ai. *próthati* 'schnaubt'; — *Frohn*, got. *fráuja* 'Herr', ai. *purvjah* 'vorderer'; — *Futter*, got. *fodr* 'Scheide', ai. *pátram* 'Behälter, Gefäß'; — ags. *hafola* 'Kopf', ai. *kapálam* 'Schale, Hirnschale'; — *Häher*, ai. *śikharáh* 'spitzig'; — got. *hairus* 'Schwert', ai. *śáruh* 'Geschoß'; — *-heit*, got. *háidus* 'Art und Weise', ai. *ketúh* 'Lichterscheinung, Helle'; — *heiter*, ai. *čitráh* 'glänzend'; — *Helm*, ai. *śárma* 'Schirm'; — *Herde*, ai. *śardhah*; — mhd. *hirmen* 'ruhen, rasten', ai. *śrámjati* 'wird müde'; — an. *hrekja* 'quälen', ai. *karjati* 'quält'; — got. *hrisjan* 'schütteln', ai. *krídati* 'spielt'; — *Huf*, ahd. *saphúh*; — got. *-hun*, ai. *čaná*, Partikel; — got. *hundafaþs* 'Herr von hundert', ai. *śatápatih*; — got. *hvapjan* 'schäumen', ai. *kváthati* 'kocht, siedet'; — isl. *hvoma* 'gierig verschlingen', ai. *čamati* 'schlürft'; — an. *kalfe* 'Wade', ai. *gulphúh* 'Fußknöchel'; — got. *kilþei* 'Mutterleib', ai. *jaţháram* 'Bauch'; — as. *kniobeda* 'Gebet auf den Knien', ai. *jñubádh* 'die Knie beugend'; — ags. *colt* 'junges Eselfüllen', ai. *gardabhúh* 'Esel'; — *Kram*, ai. *grámah* 'Schar, Haufe, Gemeinde', vgl. aber auch abg. *gramada* 'Haufe'; — *Lehen*, ai. *rěknah* 'ererbter Besitz, Eigentum, Habe'; — got. *leiþan* 'gehen', d. *leiten*, awest. *raēþ* 'sterben'; — *link*, ai. *laŋga-* 'lahm'; — *Lünse*, ai. *anih* 'Achsennagel'; — got. *mawilō* 'Mädchen', ai. *mahilā* 'Frau'; — ags. *molda* 'Kopf', ai. *múrdhá* 'Stirn, Vorderkopf'; — *nieder*, ai. *nitarám* 'unterwärts, gesenkt'; — an. *örr* 'Narbe', ai. *áruh* 'Wunde'; — got. *qēns* 'Weib', ai. *jánih* (Suffix!); — mhd. *ram* 'Schmutz, Ruß', ai. *rāmáh* 'dunkelfarbig, schwarz'; — got. *reiran* 'zittern', ai. *lelájati*; — *Reute*, awest. *raoiđja-* 'urbar zu machen'; — *Sahn* ai. *sánuḥ* 'Oberstes eines Dinges'; — *schartig*, ai. *khaṭiḥ* 'Scharte' (unbelegt); — *Schnake*, engl. *snake* 'Schlange', ai. *nagáḥ* 'Schlange'; — *Schrulle*, ai. *krudhjate* 'zürnt'; — *Schwager*, ai. *śvaśuraḥ*; — mhd. *selken* 'tröpfelnd niederfallen', ai. *sṛjáti* 'entläßt, schießt, läßt fliehen'(?); — *Sippe*, ai. *sabhá* 'Versammlung'; — *Sorge*, ai. *sūrkṣati* 'kümmert sich'; — got. *spaúrds* 'Rennbahn', ai. *spṛdh* 'Wetteifer, Kampf'; — *stark*, pers. *suturg*; — *Strick*, ai. *sráj* 'Gewinde'; — *Tanne*, ai. *dhánuḥ* 'Bogen'; — *Tuch*, ai. *dhvajáḥ* 'Fahne'; — mh. *turst* 'Kühnheit', ai. *dhṛṣṭiḥ*; — got. *þaþro* 'dorther', ai. *táträ* 'dort'; — *und*, ai. *átha* 'weiter'; — *wacker*, ai. *vájraḥ* 'Donnerkeil'; — *Wahl*, ai. *váraḥ* 'Wunsch, Wahl'; — *Wald*, ai. *vaṭaḥ*; — ahd. *walm*, ai. *ūrmiḥ* 'Woge'; — as. *wanam* 'glänzend', ai. *vámáḥ* 'lieb, lieblich'; — *Wanst*, ai. *vaniṣṭuḥ* 'Mastdarm'; — *Ware*, ai. *vaṇik* 'Kaufmann'; — *weiß*, ai, *śvitnaḥ*; — *wieder*, ai. *vitarám*; — got. *wriþus* 'Herde', ai. *vrátaḥ* 'Haufe, Schar'; — *wünschen*, ai. *vánčhati*; — an. *ylgr*, ai. *vṛkíḥ* 'Wölfin'; — ahd. *zorft* 'hell', ai. *dárpanaḥ* 'Spiegel'; — ahd. *zouwen* 'fertigmachen, bereiten', ai. *duváḥ* 'hinausstrebend, unruhig'.

Ich verzichte darauf, die germanisch-griechischen Gleichungen zusammenzustellen. Aber wer dies nachholen wird, dürfte finden, daß auch hier die Zahl beträchtlicher ist, als man bisher annahm.

§ 86. **Schlußfolgerungen.** Diese Listen sind, denke ich, lehrreich genug. Wir finden 102 lateinisch-germanische, 87 keltisch-germanische, 94 lituslawisch-germanische und 88 arisch-germanische Gleichungen. Diese Zahlen können sich natürlich durch neue Entdeckungen, Hinzukommen übersehener Gleichungen etwas verschieben, aber doch nicht, wie ich glaube, so weit, daß sich auffallend große Verschiedenheiten in den Zahlen ergeben, Verschiedenheiten, die uns wirkliche Schlüsse erlaubten. Man wird also nun wohl einsehen, daß sich eine nähere Verwandtschaft des Keltischen oder des Litu-slawischen mit unserm Sprachstamm mit Hilfe der partiellen Gleichungen nicht begründen läßt, und daß die partiellen Gleichungen keine besondere Bedeutung haben. Diese sind ebensogut indogermanisch wie alle andern, und die übrigen Sprachen, die nicht daran teilnehmen, werden die Worte auch besessen, aber wieder verloren haben.

Sobald wir also ein Wort des Germanischen in e i n e r andern indogermanischen Sprache nachgewiesen haben, so spricht alle Wahrscheinlichkeit dafür, daß es indogermanisch war. Damit ist dann seine weitere Erklärung jener ältesten für uns erkennbaren Zeit zugeschoben. Manchmal wird sie gelingen, in vielen Fällen auch nicht. Wir haben ferner gesehen, daß selbst Worte indogermanisch sein können, die nur im Germanischen nachweisbar sind, ja daß davon eine gewisse Anzahl indogermanisch sein muß. Man könnte diese, wenn man die Zahl sämtlicher partieller Gleichungen hätte, sogar berechnen.

Damit können wir diesen allgemeinen Abschnitt über die indogermanischen Bestandteile unsres Wortschatzes schließen, im einzelnen werden wir später noch mancherlei zu betrachten haben.

Sechstes Kapitel.

Ableitung, Zusammensetzung und anderes.

§ 87. Veränderung der Worte im Anlaut. Verkürzung. Allgemeines. Neben den Grundworten der Sprache, d. h. solchen, die nicht weiter zerlegbar sind, steht die große Menge der Ableitungen und Zusammensetzungen. Ehe wir auf diese eingehen, sei noch zunächst auf ein paar Erscheinungen allgemeiner Art aufmerksam gemacht. Die Sprachwissenschaft lehrt jetzt bekanntlich, daß nicht das Wort die Grundlage des Sprechens ist, sondern der Satz. Wenn man auch über die Richtigkeit dieser Anschauung im Zweifel sein kann, so ist es doch sicher, daß gewöhnlich die Worte nicht vereinzelt, sondern im Zusammenhang mit andern, in sogenannten Sprechtakten stehen. Im besondern werden Artikel und Präpositionen fast stets mit dem abhängigen Wort vereinigt, und es kann sehr leicht kommen, daß dabei die ursprüngliche Silbengrenze verschoben und so die eigentliche Herkunft verschleiert wird.

So sagt man in Norddeutschland *um un(d) dum, über un(d) düber*, was eigentlich *um und um, über und über* ist. Sobald sich die Worte *dum* und *düber* aus diesen Verbindungen loslösten, würden wir ein neues Wort haben. Hier ist das nicht geschehen, wohl aber in andern Fällen. So ist das durch Luther in die Schriftsprache eingeführte *Otter* aus *Natter* entstanden, offenbar, indem man *n* als unbestimmten Artikel faßte. Ebenso engl. *adder*. Aus *Nachen* ist am Mittelrhein *Ache* geworden. Nd. *Olm* 'Holzfäulnis' ist aus *Molm* entstanden. *Orange* geht auf ai. *naranga-* 'Orangenbaum' zurück.

Häufiger ist die Hinzufügung neuer Elemente.

Für *Guten Abend* sagen wir *Nabend*, els. *Nowe*. Diese Verbindung ist eigentlich ganz fest; nur läßt das Bestehen des Wortes *Abend* immer noch den Ursprung erkennen. Niederdeutsch sagt man *Mars* statt *Arsch*. Obd. ist *Nast* für *Ast. Nobiskrug* 'Schenke des Teufels, Hölle' geht auf gr.-lat. *abyssus* zurück.

Daß ein derartiges Zusammenwachsen in fremden Wörtern besonders häufig eintritt, ist leicht zu verstehen.

So ist *al* in Wörtern arabischer Herkunft, wie *Alkohol, Alkoven, Alkali* neben *Kali, Alchemie* neben *Chemie* der arabische Artikel *al*. Der französische Artikel *l-* ist in folgenden Fällen festgeworden: *labét sein, werden* ist frz. *la bête; Lafette*, frz. *l'affût*, bei Wallhausen 1617 die *Affuite; — Lärm, Alarm*, ital. *a l'arme* 'zu den Waffen'; — *Lasur* geht auf *Azur* zurück; — *Lomber* ist frz. *l'hombre* von span. *hombre* 'der Mann'. Vgl. hierzu L. Sütterlin und A. Waag, Deutsche Sprachlehre für höhere Lehranstalten, 1905, S. 45; — Otto Heilig, Angewachsene, bezw. losgetrennte Teile in Ortsnamen, ZfdU. 11, 728 ff.; Keiper, Angewachsene und losgetrennte Wortteile in süddeutschen Dialektwörtern, ZfdU. 24, 249 ff.

Eine andere Erscheinung ist die auf psychologischen Gründen beruhende Verkürzung längerer Wortgruppen.

Die Sprache ist dazu da, etwas zu vermitteln, und es genügt daher oft genug, nur einen Teil dessen auszusprechen, was man sagen will, weil man damit auf ein volles Verständnis rechnen kann. Besonders stellt sich in gewissen Verkehrskreisen leicht eine solche Verkürzung ein. Wir sagen *Nabend* für *guten Abend*, eig. *ich wünsche einen guten Abend*, *Mahlzeit* für *gesegnete Mahlzeit*. Man bestellt *ein Pilsener* beim Kellner, und der Kellner seinerseits bestellt ein *Pils*. Viele derartiger Verkürzungen sind allmählich in der Sprache ganz fest geworden.

So sagen wir *Auto* für *Automobil*; — *Piano* für *Pianoforte*, und haben sogar die Ableitung *Pianino*; — aus mhd. *eltermuoter* 'Großmutter' entstand *Elter*, aus ital. *viola da braccio* (Armgeige) *Bratsche*, aus *viola di gamba* (Bein) *Gambe*, aus engl. *terrierdog Terrier*. Weiter *Tram* aus *Trambahn*; — *Trampel* 'ungeschickter Mensch' aus *Trampeltier*; — *Wehrmann* aus *Landwehrmann*; — *Leis* 'geistliches Lied' aus mhd. *kirleis* von gr. κύριε ἐλέησον (*kýrie eléæson* 'Herr, erbarme dich'); — *Halfe* 'Halbbauer', aus *Halfwinne*; — *Kerf* aus *Kerbtier*; — *Kilt* 'Nachtbesuch', ahd. *kwilti werk* 'Abendwerk'.

Nunmehr kommen wir zu den Ableitungen und Zusammensetzungen. Wir haben darin zwei Mittel, durch die die indogermanischen Sprachen von jeher imstande gewesen sind, neue Worte zu bilden, und gegenüber diesen beiden wortbildenden Mitteln tritt das der Urschöpfung ganz beträchtlich zurück. Während die Möglichkeit der Zusammensetzung, namentlich im Deutschen, nahezu unbegrenzt ist, und deshalb auch nur andeutungsweise gestreift werden kann, erfordern die Ableitungen eine etwas eingehendere Betrachtung. Natürlich gehen eine ganze Reihe von abgeleiteten Wörtern in die indogermanische Grundsprache zurück. Aber darauf kommt es uns hier weniger an als auf die wortbildenden Teile selbst.

Anmerkung. Der Ausdruck 'Suffix', der als Bezeichnung der wortbildenden Teile geläufig ist, hat in neuerer Zeit zu Bedenken Anlaß gegeben. Der Ausdruck *suffixus* 'angefügt' veranlaßt leicht zu der Meinung, daß es sich bei den Suffixen um einst selbständige angetretene Wörter handele. Das trifft zwar in einer ganzen Reihe von Fällen zu, aber nicht in allen. Meines Erachtens liegt kein Grund vor, das Wort deshalb aufzugeben. Jedenfalls sollte man, wenn man es durch ein anderes ersetzen will, ein deutsches Wort dafür gebrauchen. Mit den neuerdings vorgeschlagenen Ausdrücken *Formans*, *formantisch* oder *Formativ* kann ich mich nicht befreunden.

§ 88. **Lebende und tote Suffixe.** Bei den Ableitungen der Worte besteht ein wesentlicher Unterschied im Hinblick auf unsere Zwecke, ich meine die geschichtliche Entwicklung des Wortschatzes, nämlich der, ob mit einer Ableitung noch immer neue Worte gebildet werden können oder nicht, ob ein Suffix, wie wir wissenschaftlich zu sagen pflegen, produktiv, lebend ist oder nicht. Ein paar Beispiele mögen das veranschaulichen. Ein Suffix ist produktiv oder lebendig, wenn man imstande ist, damit neue Worte zu bilden. Das gilt z. B. von *-ieren* — denn Worte wie *telegraphieren, telephonieren* sind sicher jung —, ebenso wie von *-ler*, z. B. *Freischärler, Autler*. Andere dagegen sind unproduktiv, tot. So bildete man in früherer Zeit mit *-t* weibliche Abstrakta, z. B. *Macht* von *mögen*, *Kunst* von *können*, *Gunst* von *gönnen*, *Vernunft* von *vernehmen*, *List* von einem Verb got. *lais* 'ich weiß', *Gift* 'Gabe' von *geben*, *-durft* in *Notdurft* von *dürfen*, *Flucht* von *fliehen*, *Ankunft* von *kommen*, *Schuld* zu *sollen*, *Fahrt* zu *fahren*, *Tat* zu *tun*, *Statt* zu *stehen*, *Saat* zu *säen*, *Glut* zu *glühen*, *Blut, Blüte* zu *blühen*, *Naht* zu *nähen*, *Sucht* zu *siech*, *Zucht* zu *ziehen*, *Geduld* zu lat. *tuli* usw. Sind auch diese Bildungen noch ziemlich zahlreich, so ist es doch seit geraumer Zeit nicht mehr möglich, neue Wörter auf diese Weise hervorzubringen.

Können wir also feststellen, wann ein Suffix aufgehört hat, produktiv zu sein, so haben wir damit die Zeit festgelegt, vor welcher ein Wort, das mit diesem Suffix versehen ist, gebildet sein muß. Sehen wir umgekehrt im Laufe der Zeit ein Suffix erst entstehen und produktiv werden, so haben wir damit den Zeitpunkt, nach welchem ein Wort, das dieses Suffix zeigt, gebildet sein muß. Auch hier ein Beispiel. Im Urgermanischen konnte man von Verben durch ein *n*-Suffix Nomina agentis bilden, z. B. *Bote* zu *bieten*, *Gehilfe*, *Steinmetz*, ahd. *steinmezzo* zu got. *maitan* 'behauen', *Nachkomme*, *Blindschleiche*, ahd. *blintslicho*, *Anwalt*, ahd. *anawalto*, *Herzog*, ahd. *herizogo*, *Schenke*, *Scherge* zu *Schar*, *Heuschrecke*, *Schurke* zu ahd. *firskurgan* 'verstoßen' Diese Bildungsweise steht in althochdeutscher Zeit in voller Blüte, mittelhochdeutsch kommen noch einige neue, früher nicht belegte, hinzu, aber dann stirbt das Suffix ab und wird durch Bildungen mit *-er* ersetzt, z. B. *Esser*, ahd. *ezzo*, *Geber*, ahd. *gebo*, *Helfer*, ahd. *helfo*, *Sprecher*, ahd. *sprecho*. Dieses Suffix ist noch heute lebendig. Bei ihm können wir nun aber die Zeit der Entstehung ziemlich genau feststellen. Es lautet ahd. *āri*, got. *-areis* und ist sicher aus dem lat. *-arius* entlehnt. Wir haben demnach die feste Tatsache, daß alle Wörter mit Suffix *-er* erst in nachchristlicher Zeit entstanden sind. Die oben gegebenen Beispiele zeigen aber, daß nicht selten das jüngere Suffix an die Stelle des ältern getreten ist, so daß also schließlich der Begriff, der mit dem Wort bezeichnet wird, auch schon in früherer Zeit durch den gleichen Stamm ausgedrückt gewesen sein kann. Jedenfalls sind die Bildungen mit toten Suffixen wertvoller als die mit lebenden.

Eine genaue Beachtung dieser Punkte wird uns vor Fehlschlüssen bewahren, wie sie jedem Etymologen — den Verfasser nicht ausgenommen — unterlaufen. Ich möchte einige Beispiele anführen. Unser Wort *Fuß*, got. *fotus*, kehrt in den übrigen Sprachen wieder, gr. ποός (*pús*), lat. *pes*, ai. *pad* usw., nicht aber *Hand*, got. *handus*. Woher stammt dieses Wort? Nach Kluge von dem gotischen Verbum *hinpan* 'fangen' Dem widerspricht aber die Bildung des Wortes. *Hand* ist ein konsonantischer Stamm, und diese waren im Urgermanischen kaum noch produktiv. Daher geht das Wort, auch wenn wir kein entsprechendes Wort in den verwandten Sprachen auftreiben können, bis in die indogermanische Grundsprache zurück. Tatsächlich gehört es zu gr. κατά (*katá*), eig. 'mit der Hand'. Kluge leitet auch *Hund*, Grundform *hunda-* von got. *hinpan* 'fangen' ab, also eigentlich 'der Fänger'. Aber auch in diesem Fall läßt die suffixale Bildung die Annahme bedenklich erscheinen. Man sollte *hunto* erwarten mit dem Nomina agentis bildenden *n*-Suffix. Daher bleibt die alte Verbindung mit gr. κύων (*kyon*), lat. *canis* wahrscheinlicher. Auch das Wort *Milz* können wir nicht über das Germanische hinaus verfolgen. Trotzdem wird es alt sein, weil wir es mit den Mitteln der germanischen Suffixlehre nicht erklären können. Denn, wenn Kluge, EWB., sagt: „Die Sippe gehört wohl zu der in *Malz* steckenden germanischen Wurzel *melt* 'erweichen, schmelzen' in Rücksicht auf das der Milz zugeschriebene Verarbeiten, Auflösen, Flüssigmachen verschiedener Säfte", so wird man diese Erklärung kaum ernst nehmen dürfen, ganz abgesehen davon, daß die Stammbildung unklar bleibt. Das Wort ist tatsächlich, wie die meisten andern Körperteilnamen, unerklärbar.

§ 89. **Literatur und Allgemeines.** Wie die Lautlehre ist also auch die Stammbildungslehre für die Wortforschung von höchster Bedeutung. Wir besitzen glücklicherweise eine Reihe vortrefflicher Darstellungen dieses Gebietes, auf die ich den Leser verweisen kann.

Zunächst Brugmann im zweiten Band seines Grundrisses, 1906, dann Kluge, Nominale Stammbildungslehre der altgermanischen Dialekte, 2. Auflage, Halle 1899, und Wilmanns, Deutsche Grammatik, zweiter Band, 2. Auflage, Straßburg 1899. Namentlich dieses letzte Buch erfüllt alle die Anforderungen, die der Lehrer stellen muß.

Im Hinblick auf diese Werke dürfte es genügen, wenn wir uns an dieser Stelle auf das Notwendigste beschränken und nur das hervorheben, was für die Geschichte unseres Wortschatzes von Bedeutung ist. Kann es doch überhaupt nicht unsere Aufgabe sein, eine vollständige Suffixlehre zu geben.

Der Ausdruck „Suffix" bedeutet „hinten angefügt", und die Grammatiker drückten damit die Meinung aus, daß es sich in den Suffixen um einst selbständige Wörter handelt. Das ist in der Tat für eine ganze Reihe von Fällen richtig, für andere aber nicht. In diesen beruhen die Suffixe auf falscher Abteilung der Bildung, vgl. unten *keit*. Dazu kommen dann die entlehnten Suffixe, die eine nicht geringe Bedeutung haben.

Nach diesen drei Abteilungen können wir die deutschen Suffixe einteilen und zu ihrem Verständnis kommen. Aber wenn wir das getan haben, so bleibt immer die große Zahl derer übrig, die aus dem Indogermanischen stammen. Gewiß können wir auch manche von diesen durch eine dieser drei Möglichkeiten erklären. Aber bei den meisten versagen diese. Wenn man die Darstellung in Brugmanns Grundriß ansieht, so haben wir es im Indogermanischen bei den Suffixen mit ganz einfachen Elementen zu tun, nicht bloß vokalischen wie *i, u, o, ā*, die sich als selbständige Elemente verstehen ließen, sondern auch mit konsonantischen, wie *t, k, r, l, n*, deren Herkunft bisher ein Rätsel war, das sich aber, wie wir sehen werden, lösen läßt.

§ 90. **A. Ableitungen, die aus selbständigen Worten entstanden sind.** Eine ganze Reihe unserer Ableitungen sind tatsächlich selbständige Worte gewesen, d. h. zweite Glieder von Zusammensetzungen. Der Weg, auf dem ein solches Wort zum Suffix wird, ist sehr einfach. Es braucht als zweites Glied der Zusammensetzung nur ziemlich häufig aufzutreten und mit dem Grundwort einigermaßen zu verwachsen. Geht es dann etwa noch als selbständiges Wort verloren, so ist das Suffix fertig.

1. *-heit* ist ahd. *heit* m. f. 'persona, sexus, Rang, Stand', mhd. *heit* f. 'Beschaffenheit, Art und Weise', ags. *had* m. 'Stand, Geschlecht, Art und Weise, Eigenschaft', an. *heidr* m. 'Ehre', got. *haidus* m. 'Art und Weise' zu aind. *ketúh* m. 'Lichterscheinung, Helle, Bild, Zeichen'. Komposita mit *-heit* treten nur im Westgermanischen auf und bedeuten 'den Stand, die Art und Weise des Grundwortes', z. B. *Gottheit, Kindheit, Bosheit, Wahrheit.*

Anmerkung 1. *-keit,* das mit *-heit* eins ist, hat nie als selbständiges Wort bestanden. Es ist dadurch hervorgegangen, daß *-heit* an Adjektiva auf *-ec* trat. Aus der Form *-ek(h)eit* wurde *-keit* abstrahiert. Die Bildung ist erst mittelhochdeutsch. Indem *-keit* nochmals an Adjektiva auf *-ig* trat, entstand seit spätmittelhochdeutscher Zeit *-igkeit,* das zum Teil eine andere Bedeutung als *-heit* hat: *Dichtheit — Dichtigkeit, Kleinheit — Kleinigkeit, Neuheit — Neuigkeit. -heit* ist bis jetzt lebendig geblieben.

Anmerkung 2. *Heit* ist in der Wetterau noch als selbständiges Wort erhalten, z. B. *lediger Heit* 'ledigen Standes', *junger Heit* 'in der Jugend', *besoffener Heit* 'in betrunkenem Zustand', *kleiner, großer Heit* 'als Kind, als erwachsener Mensch'. Auch in der Pfalz und im Südfränkischen kommt es noch vor.

2. *-schaft.* Dieses Suffix gehört zu *schaffen.* Es kommen zwei selbständige Worte vor: a) erst mhd. *schaft* f. 'Geschöpf, Gestalt, Bildung, Beschaffenheit', ahd. *gi-skaft* dss., ags. *ge-sceaft* 'Geschöpf, Schöpfung, Schickung', got. *gaskafts* f. 'Schöpfung, Geschöpf' und b) ahd. *scaf* 'modus', an. *skap* n. 'Geistesbeschaffenheit, Sinn'. Zusammensetzungen mit *skaf* erscheinen zeitlich früh, erst seit dem 10. Jahrhundert solche mit *-skaft,* die indes auch angelsächsisch sind. Die Grundbedeutung des Suffixes ist nicht so klar, wie die von *-heit.* „Sie bezeichnen mehr die Tätigkeit, den Zustand, das Verhalten und das Verhältnis, und daraus entwickelt sich früh ein kollektiver Sinn." Das Suffix ist bis in die Neuzeit lebendig geblieben.

3. *-tum,* mhd. ahd. *tuom* 'Satzung, Sitte, Herrschaft, Macht', ags. *dom,* an. *domr* 'Gericht, Entscheidung', got. *doms* 'Urteil, Sinn'. Das Wort gehört zu *tun,* bewahrt aber eine weitere, anschaulichere Bedeutung als dieses. Zusammensetzungen mit diesem Suffix fehlen nur dem Gotischen. Lebendig bis in die Neuzeit.

4. *-ian* geht zum Teil auf ndd. *Jan = Johann* zurück, so in *Dummrian, Liederian,* ähnlich wie wir *Faselhans, Prahlhans* haben.

5. *-lich,* mhd. ahd. *lih,* as. ags. an. *lik.* got. *leik* 'Leib, Körper'. Dieses Wort ging mit dem Grundwort Komposita ein, die man mit einem Ausdruck der indischen Grammatik *Bahuvrihi*-Komposita nennt, d. h. eigentlich 'viel Reis'. Als Adjektivum verwendet meint es 'viel Reis habend' Daher bedeuten denn diese Bildungen mit *-lich* „die Gestalt, das Aussehen dessen habend, was das Grundwort besagt". Schon J. GRIMM, Gramm. 2, 660, hat beobachtet, daß die Bildungen auf *-lich* im Althochdeutschen gern eintreten, wo das Adjektivum mit einem abstrakten Substantivum verbunden wird. „Otfrid braucht *suaʒlih,* zuweilen auch *suaʒi,* bei den abstrakten Wörtern *Tat, Mut, Gelüste, Milde,* aber von *Honig, Milch, Apfel* würde er nur *suaʒi* brauchen: *armalih* setzt er zu *Mut, Wille, Tat, Brust, Lust, Strafe* usw., hingegen *armu wihtir, arme joh ridie."* Die ursprüngliche Bedeutung findet sich heute noch bei einer Reihe von Farbenbezeichnungen: *weißlich, bläulich* und einigen andern Worten wie *länglich, rundlich.* Als Suffix tritt *-lich* schon im Gotischen auf und bleibt bis heute lebendig.

Anmerkung 3. Durch falsche Abstraktion entstanden *-iglich* (mittelhochdeutsch sehr häufig, dann aber absterbend, jetzt noch *gemeiniglich*) und *-erlich* (*lächerlich, fürchterlich*).

6. *-sam* ist das Adjektivum ahd. *samo,* engl. *same,* got. *sa sama* 'derselbe', gr. ὁμός (*homós*). Zusammensetzungen mit *-sam* bedeuten 'entsprechend', *mühsame Arbeit* 'eine Arbeit, die mit Mühe verbunden ist, der Mühe entspricht'. Schon im Gotischen kommt *lustusama* 'ersehnt' vor. Die Bildungen können noch als lebendig gelten.

7. *-bar,* ahd. *-bari* ist Adjektivbildung zu dem Verbum *beran* 'tragen, bringen', und auf diese Bedeutung lassen sich viele ältere Bildungen ohne weiteres zurückführen. Die

Bildungen sind im Althochdeutschen noch nicht häufig, werden dann aber im Mittelhochdeutschen und Neuhochdeutschen sehr produktiv.

8. -*mäßig*, erscheint ahd. als -*maʒi*. *maʒi* verhält sich zu *meʒʒan*, wie *bāri* zu *beran* Die Erweiterung mit *g* hatte auch -*bari*. Während hier -*barig* untergegangen ist, ist umgekehrt -*mæze* geschwunden. Althochdeutsch sind nur wenige Bildungen belegt. Das Suffix wird erst im Neuhochdeutschen recht produktiv.

9. -*haft* findet sich got. als *hafts*, ahd. mhd. *haft* 'gefesselt, gebunden' und entspricht etymologisch dem lat. *captus*. Eine Erweiterung davon ist *haftig*.

§ 91. B. Ableitungen, die durch falsche Trennung entstanden sind. Wenn wir neben die Ableitungssilben -*heit*, -*schaft*, -*tum*, -*lich*, -*bar* solche wie -*ung*, -*nis*, -*in*, -*ig*, -*icht*, -*chen*, -*lein* stellen, so wird man sie vom neuhochdeutschen Standpunkt nicht von den erstgenannten Bildungen unterscheiden können. Man würde, hätte man keine Überlieferung, hier ebensogut an eigentliche Zusammensetzung denken dürfen wie bei jenen ersten. Trotzdem liegt die Sache anders. Keines dieser Suffixe ist ein selbständiges Wort gewesen, sondern alle sind erst allmählich entstanden. Dies weist also darauf hin, daß gleich aussehende Sprachteile einen recht verschiedenen Ursprung haben können, und dies ist besonders bei den Versuchen, die Elemente älterer Sprachstufen aufzuhellen, wichtig.

1. -*nis*. Vgl. über die Geschichte dieses Suffixes, dessen Aufhellung erst nach vielen Irrwegen gelungen ist, VON BAHDER, Die Verbalabstrakta in den germanischen Sprachen, Halle 1880, S. 109 ff. Dieses Suffix erscheint schon im Gotischen meistens als -*(i)nassus*, z. B. *fraujinassus* 'Herrschaft' zu *frauja* 'Herr', *ibnassus* 'Gleichheit' zu *ibns* 'eben'. Nur einmal finden wir -*assus* in *ufar-assus* 'Überfluß' zu *ufar* 'über'. Es war also das ursprüngliche Suffix -*assus*. Da dies aber gewöhnlich an Wörter auf -*n* trat, was im Gotischen tatsächlich meistens noch der Fall ist, so schied das Sprachgefühl ein -*nassus* ab. Das Suffix -*assus* ist aber in dieser Gestalt auch nicht in den verwandten Sprachen nachzuweisen, sondern nach den germanischen Lautgesetzen aus -*at-tus* (siehe oben § 31, 10) entstanden, d. h. das bekannte Suffix -*tu*, lat. -*tus*, ist an Verben got. auf -*atjan* getreten, die den gr. auf -ζω (-*zo*), ὀνομάζω (*onomázo*) aus *onomadjo entsprechen, und nunmehr ist ein -*assus* als besonderes Suffix aufgefaßt worden. Wie die Entwicklung weiter vor sich gegangen, ist nicht ganz klar, zumal das Suffix in althochdeutscher Zeit in verschiedenen Formen auftritt.

2. -*ung*, -*ing*, -*ling*: *Achtung, Schilling, Flüchtling*. So selbständig diese Suffixe aussehen und so verschiedene, aber doch bestimmte Bedeutung sie haben, so sind sie doch alle erst durch falsche Abstraktion entstanden.

a) Suffix -*ung*, ahd. -*unga* bildet seit althochdeutscher und wahrscheinlich sogar seit urgermanischer Zeit Abstrakta, die schon in den ältesten Zeiten fast ausschließlich von Verben abgeleitet sind. Trotzdem ist dieses Suffix von nominalen *n*-Stämmen ausgegangen, an die das indogermanische Suffix -*k*, germanisch nach dem Vernerschen Gesetz *g*, getreten ist. Produktiv bis in die Neuzeit.

b) Suffix -*ing* bildet maskuline Bezeichnungen von Tieren und Personen und ist jetzt unproduktiv. Die Enstehung war die gleiche.

c) Indem -*ing* an Stämme auf *l* antrat, wurde -*ling* als ein einheitliches Suffix aufgefaßt. Dieses lebt neuhochdeutsch in vielen Worten fort und ist gelegentlich noch lebendig.

3. -*in*: *Königin, Freundin*. Dieses Suffix bildet movierte Feminina seit althochdeutscher Zeit. Es stecken darin alte *n*-Stämme. Das Suffix ist noch lebendig.

4. -*icht* in *Dickicht* u. a. ist nicht mehr lebendig. Über die Entstehung vgl. WILMANNS Deutsche Grammatik² 2, 367.

5. *-(e)l* bildet u. a. Bezeichnungen von Werkzeugen, Geräten, Hilfsmitteln usw. Es hat verschiedenen Ursprung und ist nicht mehr produktiv.

Anmerkung. Eine ausführliche Erörterung der hierher gehörigen Bildungen bietet G. WOLLERMANN, Studien über die deutschen Gerätnamen, Göttinger Diss. 1909. — Die ältesten Beispiele zeigen Schwundstufe, wie *Schlüssel : schließen*; — *Zügel : ziehen*; — *Würfel : werfen*; — *Gürtel :* got. *bigairdan*; — *Schlegel : schlagen* usw.

6. *-sal* in *Drangsal*, ahd. *-sal*, got. *-sl* ist unerklärt. Im allgemeinen unproduktiv. Daneben von Verben abgeleitet *-sel* in *Rätsel*. Erst spätneuhochdeutsch.

7. *-chen*, *-lein* sind Diminutivsuffixe. Das erste niederdeutsch, das zweite oberdeutsch, und dadurch für die Erkenntnis, woher ein Schriftsteller stammt, von Bedeutung. Ebenso aber auch für die Bestimmung der Herkunft von Worten. So sind *Heimchen*, *Beffchen*, *Frettchen*, *Kaninchen*, *Veilchen*, *Schippchen*, *Mädchen* norddeutsch, *Schierflein*, *Zipperlein* süddeutsch.

§ 92. **C. Entlehnte Ableitungen.** Neben diesen einheimischen Suffixen stehen nun merkwürdigerweise eine ganze Reihe entlehnter, von denen wenigstens zwei unbestreitbares Bürgerrecht in der deutschen Sprache gewonnen haben. Der Hergang ist sehr einfach. Es werden eine Reihe von Worten mit dem gleichen Suffix entlehnt, und dieses wird dann auch auf einheimische Wörter übertragen.

1. *-er*, ahd. *-āri*, got. *-areis* ist aus dem Lateinischen *-arius* entlehnt; darauf weist die Lautgestalt mit Sicherheit. Vgl. WILMANNS, DGr.² 2, 283. Das Suffix wird in althochdeutscher Zeit produktiv und ist es noch.

Anmerkung 1. In einigen Fällen scheint in *-er* ein altes Element *-war* zu stecken, vergleiche ags. *Romware, Cantware* 'Kenter' und die in römischer Überlieferung auftretenden *Amsivarii, Baiuvarii*.

2. *-ei*, mhd. *-ie* stammt aus dem Romanischen und tritt im Mittelhochdeutschen zuerst auf. Auf den fremden Ursprung weist noch der Ton.

Anmerkung 2. Im Neuhochdeutschen haben sich daraus noch die beiden Suffixe *-erei* und *-elei* entwickelt. Durch neue Entlehnung kommt auch *-ie* vor.

3. *-ieren* wird aus französischen Verben auf *-ir* seit dem 12. Jahrhundert aufgenommen, und immer noch wuchert dieses Element weiter.

4. *-tät* in *Majestät, Trinität* u. a., stammt natürlich im letzten Grunde aus lat. *-tā* *-tatis*, ist aber durch französische Vermittlung zu uns gekommen. Schon mittelhochdeutsch begegnet *triniteit, magesteit*. Die Aussprache *tät* beruht wahrscheinlich auf der ostfranzösisch-pikardischen Form *-tet*.

5. *-lei* in *mancherlei, vielerlei* ist im Mittelhochdeutschen noch ein selbständiges Wort. Man sagte *maneger leie liute*. Dieses *lei* stammt aus afranz. *ley*, das auf lat. *legem* 'Art und Weise' zurückgeht.

6. Eine sehr lange Geschichte hat das Suffix *-sche*, das in der Volkssprache zur Bezeichnung weiblicher Personen, der Frau eines Mannes dient, z. B. *Bäckersche* 'die Frau des Bäckers'. Es stammt zunächst aus dem Niederdeutschen und kam hierher aus dem Französischen *-esse*, das auf spätlat. *-issa* zurückgeht, und dies ist wieder aus dem griech. *-ισσα* (*-issa*) entlehnt, das sich erst in der Koiné recht ausbreitet. Eine Nebenform ist *-issin*, z. B. *Diakonissin*.

7. In neuhochdeutscher Zeit werden noch eine ganze Reihe von fremden Suffixen aufgenommen, z. T. unter dem Einfluß der Studentensprache (s. u. § 181).

a) *age* aus frz. *-age* in *Takelage, Passage, Stellage, Blamage*. Im Obersächsischen ist das Suffix recht verbreitet: *Bammelasche, Fressasche, Futterasche, Kledasche, Schenkasche, Spendasche*; — b) *-alien* von lat. *-alia* in *Schmieralien, Viktualien, Lappalien*; — c) *-ant*, *Paukant, Defraudant*; — d) *-aner* (Weimaraner), *-iner* (Anhaltiner), *-enser* (Hallenser) stammt aus den lateinischen Matrikeln; — e) *-ist*, *Hornist, Zinkenist*; — f) *-iade*, *Jobsiade, Jeremiade*, nach frz. *iade*, gr. ιάς (*-iás*); — g) *-ier*, *Kneipier, Suitier, Pumpier*; — h) *-ikus*, *Luftikus, Pfiffikus*; — i) *-mang* in *knappemang*; — k) *-ös*, in *pediös, schauderös*; — l) *-ur* in *Frisur, Tortur, Montur*.

§ 93. **D. Die ererbten Wortbildungselemente.** Was nach Abzug der bisher besprochenen wortbildenden Elemente noch übrig bleibt, ist recht beträchtlich. Es handelt sich hier im wesentlichen um das aus dem Idg. Überkommene. Sie alle zu besprechen, ist nicht möglich, und ich kann auch hier nur einiges Allgemeine geben.

Zunächst sind eine ganze Reihe von Worten suffixlos geworden, weil die auslautenden Vokale geschwunden sind.

So sind endungslos geworden ursprüngliche *o*-Stämme, die Nomina actionis männlichen Geschlechts seit idg. Zeit sind.

Sie stehen in Verbindung mit Verbalstämmen und zeigen meist die Stufe des Singulars des Präteritums, vgl. oben S. 38, 39. Vgl. *Sang, Zwang, Drang, Klang, Stank, Schwang, Trank, Staub, Rauch* wohl zu *riechen, Gang* zu lit. *żeng'ù* 'schreite', *Teig* zu got. *deigan* 'kneten', *Schnee*, got. *snaiws* zu ahd. *sniwan*, *Dampf* zu mhd. *dimpfen* 'ersticken' usw.

Ebenso Nomina actionis auf *-i*, wie l. *ignis* 'Feuer', vgl. oben S. 39, 2.

Adjektiva waren vielfach *u*-Stämme, wie im Griech. ἡδύς (*hædýs*) 'süß'. Sie liegen im Gotischen noch deutlich vor: *eng*, got. *aggwus*; *hart*, got. *hardus*; *dürr*, got. *þaúrsus*; *viel*, got. *filu*.

In andern Fällen bleiben einzelne Konsonanten übrig. So bildet *t* weibliche nomina actionis, wie *Trift*, vgl. S. 39, 2. Dieses *t* geht auf idg. *ti* zurück, bei dem wir wieder fragen müssen, wie es entstanden ist. Sicher gelten für das Indogermanische dieselben Entstehungsmöglichkeiten wie für das Germanische, d. h. es sind selbständige Wörter zu Suffixen geworden, oder es haben falsche Teilungen des Wortes stattgefunden und schließlich können auch Suffixe entlehnt sein.

Für die erste Möglichkeit darf man z. B. folgende Fälle in Anspruch nehmen:

a) lat. *-tāt, -tūt*, got. *-dūþ* in *mikildūþs* 'Größe'. Es gehört zu ai. *távīti* 'ist mächtig'. Vgl. Meyer-Lübke, Arch. f. lat. Lex. 8, 334 und Prellwitz, Bezz. Beitr. 22, 110.

b) Das Suffix *-n* bildet im Idg. zum großen Teil Substantiva aus Adjektiven, vgl. gr. οὐρανίων (*ūranion*) 'der Himmlische' οὐράνιος (*ūránios*) 'himmlisch', l. *Rūfo rūfus* 'rot'. Im Germanischen wird das schwache, d. h. substantivierte Adjektiv sowie eine Reihe Nomina so gebildet. Es steht nichts im Wege, in dem *n* ein angetretenes Pronomen mit der Bedeutung 'der' zu sehen, vgl. abulg. *onŭ* 'er' und die ganze Bildung mit dem nachgesetzten Artikel des Nordischen.

Die zweite Möglichkeit ist ganz gewöhnlich. Aber auch wenn wir diese erschöpft haben, so bleiben noch eine grosse Anzahl von unerklärten Suffixen übrig, und zwar von Suffixen, die anscheinend keine Bedeutung haben.

Solche Suffixe sind:

k, g: l. *sene-c-s* neben Gen. *senis*; — l. *pau-cus*, ahd. *foh*, neben got. *fawai*, e. *few*; — ahd. *as-k* 'Esche' neben lit. *úos-is* 'Esche'; — mundartl. *Wische* aus **wis-kā* neben *Wiese*.

t, d: got. *sal-t* 'Salz' neben gr. ἅλς (*hal-s*); l. *pecu-d* neben *pecu*, got. *faihu, Vieh*; —

as. *hiru-t* neben l. *cervos*; — d. *Hun-d* neben l. *canis*; — anord. *ölþr* 'Bier' aus **alu-t* neben lit. *alùs*.

l: got. *miki-ls* 'groß' : l. *mag-nus*; — got. *sitls*, d. *Sessel* : *Sitz*; — *hoh-l* : l. *cavus*; — *Achsel* : *Achse*.

r: d. *Wasser*, gr. ὕδωρ (*hýdor*) ai. Instr. *ud-a*; — *Ostern* ai. *uṣás* 'Morgenröte'; — *locker* : *luck*; — l. *ruber* : d. *rot*; — *heiser* : *heis*; — *wacker* : *wach*,

n: l. *ornus* aus **osinos* anord. *as-kr*, lit. *úos-is*; — d. *ahorn* : l. *acer*; — l. *nun-di-nae* 'Neun Tage', got. *sin-tei-ns* : l. *dies* usw.

Auch *i*, *u*, *om* sowie andere Elemente kommen so vor.

Zur Erklärung bietet sich ein bisher nicht beschrittener Weg. An die Fürwörter treten in allen Sprachen sehr häufig verstärkende Partikeln. Ich nenne nur l. *is-te*, *ille* aus **is-le*, *ipse* aus **is-pse*, *hi-c* got. *sa-h*, *sa-ei*, *ains-hun*. Ursprünglich treten diese an die flektierten Kasus an, aber allmählich werden sie mit dem Stammwort zu einer einzigen Bildung vereint und statt im Innern am Ende flektiert. So ist bekanntlich unser Pronomen *dieser* entstanden, vgl. GDS. 36. Und so denke ich mir die Entstehung vieler Suffixe. Es handelt sich um das Antreten deiktischer Elemente, die z. T. zunächst die verschiedenen Personen ausgedrückt haben mögen, wie lat. *hic liber* 'dieses mein Buch', *iste liber* 'dieses dein Buch' und dann allmählich ihre Bedeutung verloren haben. Viele Suffixe sind tatsächlich bedeutungslos. Es ist aber wichtig, sie abzutrennen, um die wahre, ursprüngliche Form des Wortes kennen zu lernen.

§ 94. **Zusammensetzungen.** Die Fähigkeit, Worte zusammenzusetzen, um dadurch einen neuen Begriff auszudrücken, war schon in der indogermanischen Grundsprache vorhanden, und sie hat sich durch alle Zeiten hindurch bis in die Gegenwart hinein erhalten. Nicht in allen Sprachen gleich gut. So ist das Lateinische verhältnismäßig arm an Zusammensetzungen, im Germanischen aber können wir tatsächlich von einer unbegrenzten Möglichkeit sprechen. Die Fähigkeit ist so groß, daß Tag für Tag neue Zusammensetzungen gebildet werden. Manche von ihnen bleiben bestehen, andere, und zwar die meisten, vergehen wieder. Das Fortleben hängt natürlich von Zufälligkeiten ab.

In der Auffassung der Zusammensetzungen sind wir in der neueren Zeit wesentlich weiter gekommen. Es handelt sich bei ihnen nach der gewöhnlichen Auffassung um eine Vereinigung zweier oder mehrerer Worte zu einer Einheit. Aber das ist durchaus nur das Äußerliche, das Wesentliche ist in vielen Fällen, daß durch die Verbindung zweier Wörter eine neue Bedeutung entsteht, und daß eben nur diese Verbindung diese Bedeutung hat. Daher fassen wir heute auch ganze syntaktische Verbindungen als Komposita auf, wenn wir auch zufällig die Worte nicht zusammenschreiben. Wenn ich sage: *ich nehme die Feder in die Hand*, so kann man das nicht als Kompositum ansehen. Aber die Redensart *in die Hand nehmen* hat auch schon eine übertragene Bedeutung: *er hat die Sache in die Hand genommen,* und in diesem Falle müssen wir die Redensart als eine Einheit auffassen und daher als Zusammensetzung betrachten. Weitere Beispiele dieser Art werden jedem leicht einfallen. Doch kommt diese Art für uns hier wenig in Betracht. Für uns ist das Entwicklungsgeschichtliche wertvoll, und das betrifft die äußere Form.

Im Indogermanischen wurde in der Zusammensetzung die bloße Stammform, oder wie ich es nenne, der Kasus indefinitus, der unbestimmte Kasus, verwendet, was aus einer Zeit stammt, als es noch keine Flexion gab. Am deutlichsten liegt diese Art im Griechischen vor. So heißt es z. B. χρονολογία (*khronología*) 'Zeitrechnung', zusammengesetzt aus χρονο- (*khrono-*) und *-log-*. Ein *khrono-* gibt es aber sonst in der Sprache nicht, sondern nur einen Nominativ χρόνος (*khrónos*). Ebenso finden wir got. *gasti-gods* 'gastfrei', während es sonst *gasts* heißt, und eine Form *gasti-* ganz unerhört ist. Ebenso heißt es got. *auga-daúro*: Augentür 'Fenster' gegenüber Nom. *augō*, *brobra-lubo* 'Bruderliebe' gegenüber Nom. *brobar*. Diese Art der Zusammensetzung hat sich nun in ungestörter Entwicklung bis zum heutigen Tag erhalten. Wir sagen *gastfrei, Bruderliebe, gottlos.* Es ist ganz klar, daß der erste Bestandteil mit dem Nominativ nichts zu tun haben kann, er ist aber mit dem Nominativ äußerlich zusammengefallen.

Auf der anderen Seite kann natürlich auch jede syntaktische Verbindung zu einer Einheit zusammenwachsen, z. B. schon got. *baúrgs-waddjus* 'Burgmauer', worin *baúrgs* der Genitiv zu Nom. *baúrgs* ist, bei uns *Gottesacker.* Im Gegensatz zu der eigentlichen Komposition in den oben genannten Fällen nennt man diese die uneigentliche, denn es ist ja keine Zusammensetzung in der altindogermanischen Art, sondern ein Zusammenwachsen.

Nun bestand aber seit indogermanischer Zeit ein besonderes Kennzeichen der Komposition darin, daß die bloße Stammform verwendet wurde, und dieses Gefühl, das Kompositum deutlich kenntlich zu machen, führt im Griechischen und Lateinischen zur Ausbildung des sog. Kompositionsvokals. Im Germanischen war dieser auch vorhanden, aber er ging im Laufe der Sprachgeschichte verloren, und es war nunmehr kein Unterschied mehr zwischen Kompositionsform und Nominativ vorhanden. Offenbar lag es aber im Sprachgefühl, hier einen Unterschied zu haben, und so hat man in steigendem Masse „unechte" Komposita gebildet. Hier spielen nun zwei Formen eine Rolle, erstens die Genitive der Maskulina auf -(e)s und die Genitive der schwachen Feminina auf *-en.* Man flektierte ursprünglich *die Erde, der Erden,* wie ja auch Schiller noch sagt: *Festgemauert in der Erden,* machte dann aber den Genitiv dem Nominativ gleich, behielt ihn indessen in der Zusammensetzung bei: *Erdenkloß, Frauenzimmer,* und hatte damit wieder ein Mittel, die Kompositionsfuge auszuzeichnen.

Das *-s,* das jetzt Endung des maskulinen Genitivs ist, hat sich im Laufe der Zeit auch ungeheuer ausgedehnt und ist auf Feminina übertragen worden. Es wird gegen dieses Binde-*s* heute unglaublich geeifert,

während doch in diesen Bildungen nur ein tief innerlich begründetes Sprach-
bedürfnis zum Ausdruck kommt. Vgl. auch GDS. S. 293.

In gewissem Sinne läßt sich also aus der Form der Zusammensetzung
auch ihr Alter erschließen. Das Hinausschreiten des *s* über seinen alten
Bereich beginnt erst im 16. Jahrhundert, und insofern kann man sagen,
daß keine Bildung mit unechtem *s* älter als diese Zeit ist. Aber freilich
hat sich das *s* in vielen Fällen in die fertige Form eingedrängt, so daß eine
Sicherheit nicht vorhanden ist.

Unter den Zusammensetzungen, deren Zahl ja unbegrenzt ist, sollen
hier nur die mit Präpositionen gebildeten ihrer Eigenart und Bedeutung
wegen kurz besprochen werden. Freilich ist dies ein sehr schwieriges Gebiet, und trotz aller aufgewandten Mühe ist es in den meisten Fällen noch
nicht gelungen, die Entwicklung der mit Präpositionen zusammengesetzten
Bildungen klar zu legen.

Anmerkung. An Literatur ist folgendes zu verzeichnen: ERIK WELLANDER. Die Bedeutungsentwicklung der Partikel *ab* in der mittelhochdeutschen Verbalkomposition. Ein
Beitrag zur wissenschaftlichen Bedeutungslehre, Uppsala 1911. — A. HITTMAIR, Die Partikel
be- in der mhd. und nhd. Verbalkomposition, Wien 1882. — TH. JAKOB. Das Präfix *er-* in
der transitiven mhd. und nhd. Verbalkomposition, Programm Döbeln 1900. — K. DAHM,
Der Gebrauch von *gi* zur Unterscheidung perfektiver und imperfektiver Aktionsart im
Tatian und in Notkers Boethius, Leipzig Diss. 1909. — ECKHARDT. Das Präfix *ge-* in verbalen Zusammensetzungen bei Berthold von Regensburg. Leipzig Diss. 1899. — BERNER.
Die mit Partikel *ge-* gebildeten Wörter im Heliand, Lund Diss. 1900. — VAN SWAAY, Het
prefix *ga-*, *gi-*, *ge-*, zijn geschiedenis, en zijn invloed op de „Actionsart" meer bijzonder
in het Oudnederfrankisch en het Oudsaksisch, Utrecht 1901. Vgl. WUSTMANN, AfdA. 29,
187—192. — MAIER, Das *ge*-Partizip im Neuhochdeutschen, Freiburg Diss. 1901. — H.
SPERBER, Studien zur Bedeutungsentwicklung der Präposition „über", Uppsala 1915. —
M. LEOPOLD, Die Vorsilbe *ver-* und ihre Geschichte, Breslau 1907, Germanistische Abhandlungen 27. — Zur Behandlung des Artikels *ver* im deutschen Wörterbuch, Jahresber.
des evangel. Gymn. zu St. Elisabeth in Breslau 1910. — FRIDOLIN PURTSCHER, Die untrennbaren Partikeln im althochdeutschen Tatian, Leipzig Diss. 1902. — R. LEINEN, Über
Wesen und Entstehung der trennbaren Zusammensetzung des deutschen Zeitwortes, Straßburg Diss. 1891.

Eine zusammenfassende Darstellung bietet WILMANNS Deutsche Grammatik 2, 128 ff.;
3, 508 ff. — Außerordentlich wertvoll sind die Bemerkungen H. PAULS in seiner Abhandlung
„Über die Aufgaben der wissenschaftlichen Lexikographie" S. 79 ff. und die Darstellung der
einzelnen Präpositionen in seinem deutschen Wörterbuch. An ihn schließt sich die oben
genannte Arbeit von WELLANDER an, die an einem ganz durchsichtigen Beispiel die Entwicklung einer Partikel zeigt.

Die Zahl der im Deutschen vorhandenen Präfixe ist nicht allzu groß,
und man unterscheidet dabei feste und unfeste Zusammensetzungen. Die
unfesten Zusammensetzungen zeigen deutlich ihren Ursprung und haben
meist eine ganz anschauliche Bedeutung, z. B. *übersetzen* in *er setzte über*.
Da wir auch sagen können *er setzte über den Fluß*, so sieht man deutlich,
wie dies Präfix aus einem Adverbium entstanden ist. Derartige Fälle müssen
uns bei der Untersuchung der Bedeutungsentwicklung der untrennbaren Zu-

sammensetzungen leiten, und WELLANDER hat nach dieser Richtung in der Darstellung des Präfixes *ab* eine vortreffliche Grundlage gegeben. An dieser Stelle müssen wir uns aber mit einigen allgemeinen etymologischen Bemerkungen begnügen.

Die deutschen Präfixe sind zum guten Teil aus dem Indogermanischen ererbt, sie haben aber im Laufe der Zeit an ihrer anschaulichen Bedeutung eingebüßt, so daß heute von dieser des öfteren gar nichts mehr zu spüren ist. Dazu kommt, daß sich unter der gleichen Form Wörter verschiedener Herkunft verbergen.

So entspricht *unter* dem lat. *inter* 'zwischen' und dem lat. *infra* 'unterhalb', die erste Bedeutung treffen wir in *unterbrechen, unterdessen, unterhandeln, unterreden, untersagen* (nach lat. *interdicere*), *unterscheiden, unterwachsen, unterwegen*, während die zweite Bedeutung vorliegt in *unterbinden, untergehen, unterjochen, unterkommen, unterschieben, unterschlagen* usw.

Einen noch verwickelteren Ursprung hat *ver*, für das im Gotischen drei verschiedene Formen vorliegen, die wahrscheinlich auf noch mehr verschiedene indogermanische Formen zurückgehen. Dadurch wird es außerordentlich schwierig, das Alte und Ursprüngliche zu erkennen. Es genügt natürlich nicht, die einzelnen Präfixe ihrer Herkunft nach zu sondern, denn sicher bilden sich auch neue Gebrauchsweisen aus, die mit der ursprünglichen Bedeutung nicht das geringste zu tun haben. Aber sicher muß jede Darstellung, die auf Verständnis rechnen will, die geschichtliche Entwicklung darlegen, also mit dem Indogermanischen beginnen. Leider ist das ohne eingehende Untersuchung nicht möglich, und ich kann eine solche an dieser Stelle nicht nachholen.

Die Zahl der Präfixe ist im Deutschen dadurch vermehrt worden, daß sich einzelne infolge der Betonung in zwei Formen gespalten haben. Denn nach dem Gesetz der germanischen Betonung trägt das Nominalpräfix den Ton, das Verbalpräfix ist unbetont.

So haben wir *ánt-* und *ent-'* in *Antlaß* 'Sündenerlassung, Ablaß' und *entlassen:* — *úr-* und *er-'* *Urheber* und *erheben;* — *Urkunde* und *erkennen;* — *Urlaub* und *erlauben;* — *Ursprung* und *erspringen;* — *Urständ* und *erstanden.*

ab, engl. *of*, got. *af* entspricht 1. ab, gr. ἀπό (apó). Die Grundbedeutung ist 'von — weg', und diese hat sich in vielen Fällen ganz klar erhalten.

So in *abhanden, Ablaß*, got. *aflets* 'Erlaß', *ablehnen, Absage, abschrecken, abseits, Abstand, abtragen, abtreten, Abweg, Abwesenheit.*

an, engl. *on*, gehört zu gr. ἀνά (aná), lat. an in *anhelare* 'auf, in die Höhe'. Die Bedeutung 'in die Höhe', die man mit Wahrscheinlichkeit als ursprünglich ansetzen darf, ist im Germanischen nur noch wenig zu spüren, vielleicht als Postposition in *bergan, himmelan.*

auf, ahd. *ûf*, e. *up*, got. *iup* 'aufwärts' ist in den verwandten Sprachen nicht nachzuweisen. Es zeigt die Bedeutung 'aufwärts' noch in zahlreichen Fällen.

So in *aufbauschen, aufbieten* (mhd. *ûfbieten* 'in die Höhe heben'), *Auffahrt, aufführen, Aufgang, aufgeblasen, aufkommen, aufrecht, Aufruhr, Aufsatz, aufwachen, aufwecken.*

aus, ahd. *ûz*, e. *out*, got. *ût*. Die ursprüngliche Bedeutung ist 'außen, hinaus'. Es gehört vielleicht zu ai. *ud* 'in die Höhe, heraus'.

be-, ahd. *bi*, e. *be*, got. *bi* entspricht zu einem Teil zweifellos dem zweiten Teil von von gr. ἀμφί (*amphi*), l. *ambi-* und hat in diesem Fall die Bedeutung 'um — herum'.

In einer Reihe von Fällen zeigt sich dies darin, daß wir got. *bi* durch *um* zu ersetzen haben: got. *bibindan* 'umbinden'; — *bigairdan* 'umgürten'; — *birinnan* 'umdrängen, umgeben'. Bei uns liegt diese Bedeutung, wenn auch nur undeutlich, noch vor in *bedenken* 'von allen Seiten in Gedanken betrachten'; — *befangen* zu ahd. *bivahan* 'umfangen'; — *befassen*, eig. 'herumfassen'; — *begehen* (ein Fest), eig. 'einen Umgang machen'; — *begraben* heißt offenbar 'ringsum graben', got. *bigraban* 'mit einem Graben umgeben'; — *begreifen*, eig. 'rings umhergreifen', vgl. ahd. Tatian 1, 4 *finstarnessi thaz (lioht) ni begriffun* (umfassen); — *bekleiden*, eig. 'umkleiden'; — *beklemmen*, eig. 'von allen Seiten zusammenpressen'; — *beschränken* 'ringsum mit Schranken versehen'; — *beschneiden*, l. *circumcidere*; — *beschnuppern* 'an etwas herumriechen'; — *beschwören*, got. *biswaran* setzt ein Herumgehen voraus; — *besitzen*, got. *bisitan* 'herumsitzen, umherwohnen'; — *bestechen*, aus der Bergmannssprache, eig. 'ringsumher erprobend stechen' usw.

Anderseits scheint *be* auch dem aind. *abhi*, l. *ob*, abg. *obŭ* mit der ursprünglichen Bedeutung 'auf — zu, auf — hin' zu entsprechen.

Vgl. got. *biqiman* 'überfallen', ahd. *biqueman* 'herbeikommen, herankommen', e. *become*, d. *bekommen*; — *beladen, berühren, beschatten, bedecken*.

ent-, betont *ánt-*, ahd. *ant-, int-*, got. *and-, anda-* gehört zu gr. ἀντί (*antí*) 'gegen', l. *ante*, ai. *ánti* 'sich gegenüber, vor sich, in der Nähe'. In einer Reihe von Fällen liegt die ursprüngliche Bedeutung 'entgegen, gegenüber' noch vor.

So vor allen bei den Substantiven *Antlaß* 'Ablaß', *Antlitz, Antwort*, got. *andawaúrdi*; ferner in got. *andniman* eig. 'entgegennehmen', d. *entnehmen*, ahd. *intneman* 'entgegen-, zusichnehmen'; — got. *andhafjan* 'antworten', eig. 'entgegenhalten'; — got. *andrinnan* 'entgegenrennen'; — got. *andsatjan* 'entgegensetzen', d. *sich entsetzen*, eig. 'sich gegenübersetzen' aus Furcht; — *empfangen*, ahd. *intfahan* 'entgegengreifen'. Aus solchen Fällen hat sich schon früh die Bedeutung 'von — weg' und des Gegensätzlichen, Negativen entwickelt. z. B. got. *andhamon*, d. *entkleiden*; — got. *andhuljan*, d. *enthüllen*; — got. *andletnan* 'entlassen werden', d. *entlassen*; — *entkommen, entfalten, enthaupten* usw.

Anderseits entspricht *ent-* aber auch dem got. *in*, lat. *in*, gr. ἐν (*en*) 'in, hinein'.

Vgl. got. *inbrannjan* 'in Brand stecken', ahd. *intbrennen*, d. *entbrennen*; — got. *insandjan* 'hin-, hineinsenden', d. *entsenden*; — got. *instandan* 'nahe bevorstehen', d. *entstehen*; — got. *intandjan* 'verbrennen', d. *entzünden*; — got. *inwagjan* 'in Bewegung setzen', d. *unentwegt*.

er-, vollbetont *ur-*, got. *us-, uz-, ur-* (aus *uds*) gehört zu ai. *ud* 'empor, hinauf, hinaus'. Diese Bedeutung dürfte die ursprüngliche sein.

Sie zeigt sich wohl noch in got. *urreisan* 'aufstehen', *urrinnan* 'aus-, aufgehen' *uslaupan* 'aufspringen', *uskeinan* 'hervorkeimen', *ussaihvan* 'in die Höhe sehen', *ersehen*, *usstandan* 'auferstehen', *ussteigan* 'hinaufsteigen', d. *ersteigen*, *uswakjan*, d. *erwecken*; — ferner noch *erbauen, errichten, erschrecken*, eig. 'aufspringen', *ersprießen, erziehen, erheben* u. a. und am deutlichsten in einigen nominalen Bildungen wie *Urheber* von mhd. *urhap* 'Anfang, Sauerteig', eig. 'das Emporheben', *Ursprung, Urständ* 'Auferstehung'. Über die weitere Entwicklung s. unten.

ge-, got. *ga-* bedeutet zuerst 'zusammen' und deckt sich in dieser Bedeutung mit l. *cum*, obgleich es noch nicht gelungen ist, die beiden Formen lautlich zu vereinigen.

Vgl. got. *gabairan* 'zusammentragen, vergleichen', l. *conferre*; — *gabaúr* 'das Zusammengebrachte, Sammlung, Steuer', d. *Gebühr*, d. *Bauer*, ahd. *gibūro* 'der mit einem zusammenbaut'; *Gebrüder, Geschwister*, got. *gabindan*, eig. 'zusammenbinden', d. *Gebinde, Gedeck, gefrieren* 'zusammenfrieren', got. *gagaggan* 'zusammenkommen', got. *gahaitan* 'zusammenrufen', *Gemahl*, ahd. *gimahalo* zu ahd. *gimahalan* 'zusammen sprechen', got. *gajuka* 'Genosse', l. *coniux*; — got. *gamains*, d. *gemein*, l. *commūnis* 'der mit mir die Mauer teilt'; —

got. *gamarko* 'Grenznachbarin', d. *Gemarkung*; — *Genosse* zu *(ge)nießen* 'Nutzen haben', wie got. *gahlaiba* zu *hlaifs* 'Brot', *Kom-pagnon* zu lat. *panis*; — *gerinnen*, got. *garinnan*; — *gesamt*; — *geschehen* gehört zu abg. *skokŭ* 'Sprung', es heißt also 'zusammenspringen, zusammentreffen'; — *Geschiebe*; — *Geselle* zu *Saal*, *Gespan* 'der die gleiche Spannarbeit verrichtet', *Gespiele, Gespräch*; — *Gevatter*, l. *compater*; — *gewinnen*, l. *conor* aus **co-venor*; — *Gewissen*, l. *conscientia*; — *gewohnt* heißt eig. 'zusammenwohnend'. Die alte Bedeutung ist also noch gelegentlich zu spüren. Weiteres s. unten.

miß- ist im allgemeinen klar.

mit, got. *miþ* entspricht gr. μετά (*metá*) 'zugleich, zusammen', ist aber im Germanischen eine unechte Präposition und ganz deutlich.

nach, got. *nehv* gehört zu *nahe* und bedeutet eig. 'in die Nähe'.

Die alte Bedeutung findet sich in *Nachbar*. Weiter hat es sich zu 'hinterher' entwickelt, so in *nachsehen, Nachschrift* usw. *Nachahmen* kommt von mhd. *amen* 'ein Faß durchmessen' von mhd. *ame, ome* 'Maß, Ohm'.

nieder, ahd. *nidar* ist eine Erweiterung von *ni*, ai. *ni*, wie ai. *nitarắm* 'unterwärts'. Das einfache *ni* steckt wahrscheinlich in *Nest*, l. *nīdus*, idg. **n●dos*, einer Zusammensetzung mit **sed-* 'sitzen'.

ob und *ober-* sind klar. Sie gehören mit *über* zusammen.

über, got. *ufar* ist gr. ὑπέρ (*hypér*), l. *s-uper*.

Alte Beispiele sind: *überfüllen*, got. *ufarfulljan*; — *übergießen*, got. *ufargiutan* 'übervollgießen'; — *sich überheben*, got. *ufarhafjan sik*; — *überhören*, got. *ufarhauseins* 'Ungehorsam'; — *überschatten*, got. *ufarskadwjan*.

um, ahd. *umbi* ist eine Ablautsform zu gr. ἀμφί (*amphí*) 'herum'. Die Bedeutungsentwicklung ist verhältnismäßig einfach.[1]

ver- ist vielleicht das schwierigste deutsche Präverbium, weil es auf drei verschiedene gotische Formen zurückgeht, nämlich *fair-, faúr-* und *fra-*, die vielleicht ihrerseits auch noch mehrfachen Ursprung haben.

got. *fair-* entspricht ai. *pári*, gr. περί (*peri*), l. *per*. Schon im Indogermanischen war die Bedeutung verzweigt, ohne daß wir den ursprünglichen Sinn feststellen können.

Eine Bedeutung ist jedenfalls 'umher, herum, um'. Wir haben diese in got. *fairgreipan* 'ergreifen', eig. wohl 'herumgreifen'; got. *fairweitjan* 'umherspähen', l. *pervidēre* 'umherspähen'. Daneben drückt *fair-* aber auch das 'hindurch' und damit die Erreichung eines Zieles aus. So in got. *fair-aihan* 'teilhaftig sein', *fairhaitan* 'verheiße', *fairrinnan* 'sich erstrecken, reichen, gelangen', *fairwaúrkjan* 'erwirken, erwerben'. Das einzige Beispiel, das heute noch möglicherweise hierher gehört, ist *verstehen*, eig. 'sich rings herumstellen'.

got. *fra-* entspricht l. *pro*, gr. πρό, ai. *prá-* und bedeutet ursprünglich 'vorwärts, voran, fort', woraus sich dann zahlreiche neue Bedeutungen entwickeln.

got. *fra-bugjan* 'verkaufen'; — got. *fradailjan*, d. *verteilen*; — got. *fragiban* 'vergeben, verleihen, schenken', d. *vergeben*; — got. *fragildan*, d. *vergelten*; — got. *fraïtan* 'fressen, aufzehren', eig. 'fortessen', d. *fressen*, ai. *pra ad-*; — got. *fraletan* 'freilassen'; — *fraliusan*, d. *verlieren*; — got. *franiman* 'in Besitz nehmen', d. *vernehmen*; — got. *frarinnan* 'sich verlaufen', d. *verrinnen*; — got. *fraslindan*, d. *verschlingen*; — got. *frawairpan* 'verwerfen, zerstreuen'.

got. *faúr-* entspricht wohl gr. παρά (*pará*) 'bei, entlang', aber auch l. *prae* 'vor' und *por* 'hin', so daß es also schon eine gemischte Präposition war.

---

[1] Da ahd. *umbi*, gr. ἀμφί (*amphí*) neben ahd. *bi* steht, so liegt klärlich eine Zusammensetzung aus zwei Präpositionen vor, aus *an* und **bhi* (s. oben). Mit der Tatsache der Zusammensetzung müssen wir überhaupt öfter rechnen. Ich nenne nur *neben* aus ahd. *in eben* 'in gleicher Linie', *binnen* aus *bi innen*. Ein altes Beispiel ist unser *zu*, ahd. *zuo*, asächs. *tō*, aus *t*, der Schwundstufe zu got. *at*, l. *ad* 'zu' und der Präposition *o*, s. u.

got. *faúrbiudan*, d. *verbieten*; — got. *faúrdammjan*, d. *verdämmen*; — got. *faúrlagjan*, d. *vorlegen, verlegen*; got. *faúrrinnan* 'vorhergehen', d. *verrinnen*.

zer- hat die Grundbedeutung 'auseinander' und entspricht lat. *dis-*, gr. διά (*diá*). Merkwürdigerweise erscheint im Gotischen nicht das zu erwartende *tis*, sondern *dis*, was bis jetzt noch nicht erklärt ist, wohl aber auf einer besondern Entwicklung des Gotischen beruhen muß. Denn an eine Entlehnung des gotischen *dis* aus lat. *dis* ist kaum zu denken. Die Bedeutung ist meistens noch ganz klar wie in *zerbrechen, zerfallen, zersetzen, zergehen, zergliedern, zerlassen, zerlegen, zerlöchern, zerschellen, zerspalten, zersplittern*. Eine übertragene Bedeutung haben wir in *zerknittern, zerknüttern*, das nach Fällen wie *zersplittern, zertrümmern* gebildet ist.

Diese andeutende Übersicht möge für die präpositionalen Zusammensetzungen genügen. Nun aber muß noch ein Hauptpunkt erörtert werden. Heute ist der eigentliche Sinn der Präpositionen in einer ganzen Reihe von Fällen vollständig verblaßt, trotzdem hat aber das zusammengesetzte Verbum einen ganz bestimmten Sinn. So bildet *be-* z. B. Verba, die 'mit etwas versehen' bedeuten.

So *beerdigen, befähigen, befehden, befehligen, befriedigen, begeistern, begnadigen, begünstigen, behaart, behaftet, behändigen, beherzigen, bekleiden, bekümmern, belagern, belästigen, beleidigen, belustigen, bemänteln, bemeistern, bemitleiden* usw.

Dagegen drückt *er-* in einer ganzen Reihe von Fällen nichts weiteres aus, als daß die Handlung zu einem Abschluß gelangt, vollendet ist. Man nennt dies perfektiv, vgl. GDS. 89 ff.

So haben wir *blicken* und *erblicken*; — *erbosen* 'böse werden'; — *fahren* und *erfahren*, eig. 'das Fahren beendigen'; — *kennen* und *erkennen*; — *erlangen*; — *liegen* und *erliegen* 'zum Liegen kommen'; — *löschen* und *erlöschen*; — *messen* und *ermessen*; — *pressen* und *erpressen*; — *regen* und *erregen*; — *saufen* und *ersaufen*; — *scheinen* und *erscheinen*; — *trinken* und *ertrinken* usw.

Diese Bedeutung ist dadurch zustande gekommen, daß die eigentliche Bedeutung der Präposition völlig verblaßt ist. Bei *er-* hat sich dies erst in der geschichtlichen Zeit entwickelt. Schon im Gotischen hat *ga-* dieselbe Rolle gespielt und sie bis zum Mittelhochdeutschen beibehalten.

Heute haben wir nur noch erstarrte Reste. Eines der besten Beispiele ist *gebären*, got. *gabaíran*; got. *baíran* gehört zu lat. *fero*, gr. φέρω (*phéro*) mit der Bedeutung 'tragen', also auch 'schwanger sein'; *gebären* heißt die Handlung des Tragens abschließen. Weiter kann man hierher stellen: *gehorchen : horchen* 'hören'; — *gehören* zu *hören*; — *gelingen* zu mhd. *lingen* 'vorwärtsgehen'; — *geloben* zu *loben*; — *geraten* zu *raten*; — *getrauen*; *gewahren, gewinnen*.

Verdunkelte Vorsilben. Die Vorsilben haben, wie S. 123 hervorgehoben, infolge wechselnder Betonung des öfteren verschiedene Formen angenommen, und wenn sie unbetont waren, sind sie z. T. arg zusammengeschrumpft. Nicht selten haben sie sogar ihren Vokal gänzlich verloren, und sie sind dann heute nicht mehr als Vorsilben zu erkennen.

So finden wir *be-* in *bleiben*, ahd. *bi-lîban*; *Block*, ahd. *bi-loh*; *ge-* in *Glaube*, ahd. *gi-loubo*; *gleich*, ahd. *gi-lîh*; *Gleis*, mhd. *ge-leis*; *Gleisner*, ahd. *gilîchisâre*; *Glied*, ahd. *gilit*; *Glimpf*, mhd. *gelimpf*; *Glück*, mhd. *gelücke*; *Gnade*, ahd. *ginada*; *Graf*, ags. *ge-refa*; *grob*, ahd. *gi-rob*. In *gerade* schreiben wir noch *e*, sprechen aber meist nur *grade*.

Diese Erscheinung ist nun nicht nur dem Germanischen eigen, sondern sie ist ebenso aus den romanischen wie aus den slawischen Sprachen durch zahlreiche Beispiele zu belegen, und ohne Zweifel dürfen wir die Möglichkeit dieser Erklärung auch für das Indogermanische in Erwägung ziehen, wie dies schon A. Pott Etymologische Forschungen II² 297 getan hat. Trotz des Widerspruchs von G. Curtuis Grdr. d. griech. Etymologie⁵ 32 hat Pott recht behalten, und es läßt sich heute schon ein reicher Stoff von Worten zusammenstellen, bei denen die Annahme, daß in dem Anlaut eine Vorsilbe steckt, willkommene etymologische Aufklärung bietet. Ich führe einige Fälle an.

Idg. *e, o* verblaßter Bedeutung in *Ast*, gr. ὄζος (ózos) 'Zweig', aus **o-zdos : *sed* 'sitzen'; *Adel* zu l. *tellūs* 'Erde', vgl. Grienberger, Unters. z. got. Wortkunde 104 ff. Daneben die Präposition *o* in *uodal*; — die Schwundstufe *d* zu l. *ad*, got. *at* steckt in *zagen*, air. *ad-agur* 'ich fürchte', ahd. *zuo* aus *d + o*; *ni* 'nieder' steckt in *nest*, l. *nidus* aus **ni-zdos* zu **sed-* 'sitzen'. Die beste Aufklärung aber erhält auf diesem Wege das sogenannte bewegliche *s* des Idg. Die Tatsachen liegen so, daß im Anlaut offenbar verwandter Wörter zum Teil das Mehr eines *s* erscheint. Vgl. Siebs, KZ. 37. 276 ff. In einer Reihe von Fällen scheint mir dieses *s* deutlich die Schwundstufe zu der Präposition l.gr. *ex* zu sein. Vgl. *stoßen* l. *extundere*; *schließen* : l. *excludere*; *schütten* l. *excutere*; *schlagen* gr. ἐκλακτίζω (*eklaktizo*) 'mit den Füßen hinten ausschlagen'; *schlappen* : l. *elambere*: *scheren* gr. ἐκκείρω (*ekkéro*) 'ganz kahlscheren'; *schleißen* : l. *elidere* 'zerschlagen'; *schlecken* : *lecken*, also eig. 'auslecken': *schreien* l. *crimen*, frz. *crier*, also 'herausschreien'; *speien* : gr. ἐκ-πτύω (*ekptýo*) 'ausspeien'.

Rückbildungen. Wenn wir die beiden Worte *Kraft* und *kräftig* nehmen, so sehen wir in *kräftig* eine Ableitung von *Kraft*. Wenn eine solche Auffassung auch in den meisten Fällen richtig ist, so doch nicht immer. Besteht erst einmal im Sprachbewußtsein ein Gefühl für ein solches Verhältnis, so kann auch umgekehrt zu einem scheinbar abgeleiteten Wort ein Grundwort neu gebildet werden. Dasselbe Verhältnis wie oben besteht doch anscheinend auch zwischen *Allmacht* und *allmächtig*. Tatsächlich ist es anders; *allmächtig* kommt schon althochdeutsch und auch in den übrigen germanischen Dialekten vor, *Allmacht* fehlt im Mittelhochdeutschen und auch bei Luther, und ist offenbar erst wieder von dem Adjektivum gebildet.

Andere derartige Fälle sind *Befehl* von *befehlen*; — *Beleg* von *belegen*; — *Bereich* von jetzt verlorenem *bereichen*; — *Bericht* von *berichten*; — *Beruf* von *berufen*; *Besatz* von *besetzen*; — *Verlag* von *verlegen*; — *Versand* von *versenden*; — *Bescheid* von *bescheiden* usw.

Man muß diesen Punkt stets berücksichtigen, um nicht zu falscher Auffassung zu kommen.

Siebentes Kapitel.

Die fremden Bestandteile unseres Wortschatzes.

§ 95. **Lehn- und Fremdworte.** Als dritte Gruppe unseres Wortschatzes lassen sich ohne weiteres die Fremdworte ausscheiden. Bei ihnen hat die

Wortforschung insofern eine sehr dankenswerte Aufgabe, als wir sie meist von einer bestimmten Zeit, der Zeit der Aufnahme an verfolgen können. Und außerdem handelt es sich bei ihnen vielfach um große geschichtliche Strömungen, die zu verschiedenen Zeiten und aus verschiedenen Richtungen auftreten. Sie zeugen also in erster Linie von den großen Zusammenhängen der Welt, und sie sind daher für die deutsche Wortforschung von großer Bedeutung.

Man unterscheidet heute im gelehrten Sprachgebrauch Lehn- und Fremdwörter, indem man unter Lehnwörtern die Worte versteht, die vollständig in unsern Sprachgebrauch aufgenommen und eingedeutscht sind, während man mit Fremdwörtern deutlich erkennbare Entlehnungen bezeichnet. Diese Unterscheidung kann aber nicht als wesentlich angesehen werden, sie ist ein Ergebnis der Zeit und des Zufalls. Den Worten *Streik* und *streiken*, obgleich es Entlehnungen der jüngsten Zeit sind, kann niemand die fremde Herkunft ansehen, und keiner wird sich bemühen, ein solches Wort auszumerzen, obgleich wir ein echt deutsches Wort, das oberdeutsche *Ausstand*, dafür haben. Aber von diesem läßt sich nicht leicht ein Verbum ableiten, und so hat das englische Wort seine Vorteile. Ebenso ist *Scheck* eingedeutscht. Andererseits ist die Ableitung *-ieren* schon im Mittelalter entlehnt worden und die mit ihm abgeleiteten Worte haben noch heute ihre undeutsche Art nicht verloren, obgleich auch recht deutsche Stämme mit dieser Endung versehen sind. Sehr wichtig ist auch, in welche Kreise ein Fremdwort eingedrungen ist. Je mehr es auch im Volke lebt, wie es zum Beispiel bei dem Worte *Streik* der Fall ist, um so weniger liegt die Möglichkeit vor, es auszurotten. Die Frage, wie weit man in der Umdeutschung gehen soll, wird uns weiter unten beschäftigen.

Anmerkung. Um zu erkennen, wie weit ein Fremdwort volkstümlich geworden ist, muß man das Vorkommen in den Mundarten untersuchen. Natürlich bieten hier die Mundartenwörterbücher reichen Stoff, es gibt aber auch eine Reihe dankenswerter Sonderuntersuchungen. Ich nenne hier: M. BESLER. Die Forbacher Mundart und ihre französischen Bestandteile, Programm 1901. — R. BRANDSTETTER, Drei Abhandlungen über das Lehnwort. I. Das Lehnwort in der Luzerner Mundart. Wiss. Beilage zum Jahresbericht über die Höhere Lehranstalt in Luzern 1899/1900. — H. HOFFMANN, Fremd- und Lehnwörter polnischen Ursprungs der schlesischen Mundart. ZfdeutscheMundart. 1910, 193—204. — EMIL JÄSCHKE, Lateinisch-romanisches Fremdwb. der schles. Mundart, 1908. — PHIL. LENZ, Die Frremdwörter des Handschuhsheimer Dialekts, Progr. Baden-Baden und Konstanz 1887 und 1896. — M. MARTIN, Die französischen Wörter im Rheinhess.. Diss. Gießen 1914. — R. MENTZ, Französisches im Mecklenburger Platt, Programme 1897/98. — K. ROOS, Die Fremdwörter in den els. Mundarten, Diss. Straßburg 1903.

Keine Sprache ist ohne Lehnwörter, da kein Volk allein und unbeeinflußt auf der Welt lebt. Ein jedes hat Begriffe und Wörter von seinen Nachbarn aufgenommen. Wie sehr das Germanische auf seine Nachbarn gewirkt hat, haben wir schon oben gesehen. Jetzt wollen wir das Umgekehrte betrachten.

§ 96. **Kennzeichen der Entlehnung.** Die sichersten Kennzeichen der Entlehnung besitzen wir in der äußeren Gestalt der Wörter. Das Germanische betont in der Hauptsache die erste Silbe. Wörter, die davon abweichen, sind im allgemeinen fremd, und so läßt sich schon ohne Schwierigkeit ein großer Teil französischer und anderer Wörter ausscheiden. Zu beachten ist freilich, daß wir mit dieser Betonung auch neue Worte aus fremdem Stoff bilden.

Infolge dieser Betonung sind weiter die Endungssilben meist zu schwachem *e* abgeschwächt. Wörter mit vollem Vokal an zweiter Stelle sind daher gewöhnlich nicht echt deutsch. Ferner besitzen fremde Sprachen Lautgruppen, die unsere Sprache nicht kennt, wie z. B. mouilliertes *n′* (*nj*), *Kompagnon*, *l′* (*lj*), *Taille* usw. Bei vielen in alter Zeit übernommenen Wörtern läßt sich aber die fremde Gestalt nicht unmittelbar erkennen. Wer würde *Kiste*, *Keller*, *Kirche*, *Kaiser* als fremd ansehen? Hier hilft uns nur die Sprachvergleichung und die durch sie entdeckten Lautgesetze.

Je besser die Lautlehre ausgebildet wird, um so sicherer werden wir das einheimische Gut von dem fremden zu unterscheiden imstande sein. Aber lautliche Veränderungen sind nicht immer zur Hand. So läßt sich zum Beispiel nicht entscheiden, ob unser Wort *Lein*, ahd. *līn* aus dem lat. *linum* entlehnt oder einheimisch ist. Ich möchte daher auf ein nicht zu unterschätzendes Kennzeichen aufmerksam machen, das ist der Mangel an Ableitungen. Während nach den Zusammenstellungen von Liebich von den 318 indogermanischen Familien 13860 Worte abgeleitet erscheinen, sind von den 497 Familien, die aus dem Lateinisch-Romanischen herrühren, nur 4840 Worte gebildet, darunter natürlich zahlreiche Zusammensetzungen. Man wird daher auch bei indogermanischen Worten, wenn sie wenige Ableitungen zeigen und sie ihrer Bedeutung nach entlehnt sein können, an die Möglichkeit fremder Herkunft denken dürfen. Und schließlich ist die Bedeutung des Wortes von ganz hervorragender Wichtigkeit für die Frage der Herübernahme. Zwar gibt es fast kein Begriffsgebiet, für das Entlehnungen mangeln — bei uns sind nur die Fürwörter ganz frei —, aber es bestehen doch wesentliche Unterschiede. Ausdrücke für konkrete Begriffe, namentlich für Kulturgegenstände, werden viel leichter entlehnt als andere. Wenn sich außerdem die Wörter ganzer Begriffsgebiete an lautlichen Kennzeichen als Lehnworte erweisen, so werden auch die entlehnt sein, die zu einer solchen Gruppe gehören, aber kein äußeres Merkmal an sich tragen.

§ 97. **Grundgesetze der Entlehnung.** Weiter muß noch auf einige allgemeine Fragen, die die Lehnwörter betreffen, eingegangen werden, auf die Fragen, wann und wie sie entlehnt werden, und nach welchen Gesetzen dies geschieht. Mit der wünschenswerten Klarheit sind diese Fragen zuerst von E. Windisch, Berichte der Kgl. sächs. Gesellsch. der Wissensch. 1897 S. 101 ff., erörtert worden.

Wenn zwei verschiedensprachige Völker nebeneinander wohnen, so

wird es an der Grenze immer Menschen geben, die beide Sprachen beherrschen. Diese bilden daher die gegebenen Vermittler. Ebenso können
aber auch verschiedensprachige Völker untereinander gemischt wohnen, wie
wir dies im deutschen Osten, im Balkan und anderswo noch heute häufig
genug antreffen. In älteren Zeiten ist dies noch öfter der Fall gewesen.
Und schließlich können Einzelne die fremde Sprache auf Reisen usw.
lernen. Nun sollte zweifellos eigentlich die Entlehnung stets wechselseitig
sein. Wenn wir indessen die geschichtlichen Tatsachen befragen, so zeigt
sich eine solche wechselseitige Entlehnung verhältnismäßig recht selten,
vielmehr nimmt gewöhnlich nur das eine Volk Lehnwörter in größerer
Zahl auf, das andere nicht. Die Römer empfingen zahlreiche Lehnwörter
von den Griechen und nicht umgekehrt. Die keltische Sprache ist von
lateinischem Sprachgut durchsetzt, nicht umgekehrt. Wir haben sehr viel
französische Fremdwörter, aber wenig slawische; dagegen hat das Französische seit dem 10. Jahrhundert wenig Deutsches aufgenommen, während
das Slawische von deutschen Wörtern überfüllt ist. Es steht also unbedingt
fest, daß gewöhnlich nur ein Volk die fremden Wörter aufnimmt, und es
fragt sich nur, welches Volk das empfangende ist. Hierauf hat nun Windisch
eine ganz bestimmte Antwort gegeben. Das Volk übernimmt die Lehnwörter, das die Sprache des andern lernt, von dem also eine Anzahl
Menschen zweisprachig sind. Auch das ist eine Tatsache, daß bei der Berührung zweier Völker nicht beide zweisprachig werden, sondern nur eins.
So haben die Griechen selten Lateinisch, wohl aber die Römer Griechisch
gelernt, während diese den Barbarensprachen kaum ihre Aufmerksamkeit
zugewendet haben. Weder im Mittelalter noch in der Neuzeit haben sich
die Franzosen bemüht, deutsch zu lernen, während sich oft genug Deutsche
das Französische angeeignet haben. Dagegen fangen jetzt erst bei uns
einige wenige an, eine slawische Sprache zu erlernen, während zahlreiche
Slawen deutsch verstehen. Welches Volk die Sprache des andern lernt, das
hängt weiter von wirtschaftlichen, gesellschaftlichen und sonstigen Bedingungen ab. Einerseits übt die höhere geistige Entwicklung eines Volkes
den Anreiz aus, durch die Erlernung der Sprache mit dieser genauer bekannt zu werden, anderseits wird sich das herrschende Volk selten dazu
bequemen, sich die Sprache der Untergebenen anzueignen.

Hat man nun eine fremde Sprache erlernt, so muß man diese rein
sprechen, d. h. ohne Wörter aus der Muttersprache einzumischen, wenn man
verstanden sein will. Denn diese Wörter sind ja im fremden Lande unbekannt. Wenn ein Slawe sein Deutsch mit slawischen Ausdrücken versetzt
sprechen wollte, würden wir ihn nicht verstehen. Dagegen nimmt der, dem
eine fremde Sprache geläufig ist, mit Vorliebe Wörter aus dieser Sprache
in seine eigene herüber, teils um sich zu brüsten und um sich ein besonderes Ansehen zu geben, teils auch weil sich die betreffenden Worte
der eigenen Sprache nicht gleich im Gedächtnis einstellen. So kann

allmählich die eigene Sprache zu einer Mischsprache werden. Anderseits werden die Volksgenossen sich sehr leicht einige der fremden Worte des Zweisprachigen aneignen.

Besonders lehrreich ist das heutige Deutsch in Amerika. Auch da, wo es sich erhält, nimmt die Sprache zahlreiche englische Worte auf, die aber ganz als deutsche behandelt werden.

Anmerkung. Ich entnehme aus Erwin Rosen, Der deutsche Lausbub in Amerika 1, 247, folgendes Beispiel: „*Poppa* (Papa), gib mir ein wenig *small change* (Kleingeld): ich mecht mir ein *ticket* (Karte, in diesem Fall: Los) für die *lottery* kaufe! Es gibt schene *prizes* von *valuable* (wertvolle) Gegenstände." Oder: „Geh nur, mein Kind; aber tanz' mer net zu *much* (viel), damit du mir keine *Kohld ketsche* tust!" (*to catch cold* 'sich eine Erkältung zuziehen').

Oder man nehme die Briefe Kaiser Wilhelms I. Er beherrschte natürlich das Französische, und so fließen ihm die fremden Ausdrücke, namentlich bei rasch hingeworfenen Schriftstücken, ganz ungesucht in die Feder. Den Gelehrten geht es ebenso. Es ist unstreitig für ihn viel leichter und bequemer, viele Fremdwörter zu gebrauchen, als sie zu vermeiden.

Das ist alles längst bekannt, wenn es auch nicht richtig gewürdigt war.

Der gewöhnliche Gang der Dinge in allen den Fällen, wo ein Volk seine Sprache allmählich aufgibt, ist also der, daß die zweisprachigen immer mehr fremde Ausdrücke in ihre Muttersprache herübernehmen. So muß es in England gewesen sein nach der normannischen Eroberung, so war es bei den Albanesen, deren Wortschatz fast ganz romanisch geworden ist, so ist es bei den Wenden in der Lausitz oder so war es im Elsässer-Deutsch.

Windisch ist von der Frage ausgegangen, weshalb im heutigen Französischen so wenig keltische Lehnwörter zu finden seien. Eine in der Tat zunächst auffallende Tatsache. Wir können ebensogut fragen, weshalb in Ostdeutschland, wo doch einst Slawen saßen, die allmählich germanisiert sind, so wenig slawische Fremdwörter im Deutschen vorhanden sind, oder weshalb sich in Süddeutschland, wo der Grundstock der Bevölkerung keltisch war, keine keltischen Bestandteile im heutigen Deutsch finden. Das alles ist durch Windischs Abhandlung erklärt worden. In solchen Fällen, wo es sich um die Herübernahme einer Fülle von Fremdwörtern handelt, kann also nicht die Rede davon sein, daß mit den neuen Worten auch notwendigerweise neue Begriffe eindringen müssen. Es können vielmehr gute einheimische Worte durch fremde ersetzt werden. Wir können verschiedentlich beobachten, daß Lehnwörter in starker Zahl eingedrungen sind, so z. B. im Albanesischen und Keltischen aus dem Lateinischen, im Finnischen aus dem Germanischen, im Litauischen aus dem Polnischen und Germanischen, im Englischen aus dem Französischen. In solchem Fall genügt der Grenzverkehr nicht mehr zur Erklärung. Es muß vielmehr ein großer Teil der Bevölkerung oder wenigstens ein großer Teil der obern Schichten zweisprachig gewesen sein. Dann strömen Lehnwörter massenhaft zu. Wo aber

nur die Grenzbevölkerung oder ein ganz kleiner Teil des Volkes zweisprachig ist, da werden meist nur wirklich bedeutungsvolle neue Begriffe
herübergenommen. Das niedriger stehende Volk aber wird dem höherstehenden, das seine Sprache nicht lernt, immer nur Worte für Begriffe
und Dinge übermitteln, die bei ihm in besonderer Art bestehen und für
die daher das fremde Wort notwendig beibehalten werden muß. Das gilt
z. B. bei uns zum großen Teil für die Worte, die wir aus dem Slawischen
herübergenommen haben.

Man kann also bei den Fremdwörtern von einem Strom und einem
Gegenstrom reden. Der natürliche starke Strom flutet wie die allgemeine
Entwicklung von Süden nach Norden, von Osten nach Westen, vom Orient
zu den Griechen, von den Griechen zu den Römern, von diesen zu den
Kelten und weiter zu den Germanen, Slawen, Finnen. Der schwächere
Gegenstrom fließt den umgekehrten Weg, bringt weniger Worte, aber im
allgemeinen nur solche, die neue Begriffe bezeichnen.

Die zahlreichen Fremdwörter des Französischen aus dem Germanischen,
die wir oben besprochen haben, lassen sich nun auch erklären. Sie weisen
nicht so sehr auf kulturgeschichtliche Einflüsse, als vielmehr auf die Herrschaft der Germanen. Geraume Zeit hindurch müssen die Franzosen und
die übrigen Romanen damals deutsch gelernt haben.

§ 98. **Zeit und Ort der Entlehnung.** Die Frage, wann ein Wort entlehnt
ist, muß für die Zeiten einer schriftlichen Überlieferung durch den Nachweis des ersten Auftretens in ihr gelöst werden. Natürlich kann auch ein
Fremdwort schon längere Zeit im Volksmund umlaufen, ehe es geschrieben
auftritt oder in den Wörterbüchern verzeichnet wird. Aber das ist eben mit
der Natur des Stoffes unweigerlich verbunden. Daneben liefert uns die
Sprache selbst Hilfsmittel, die es uns manchmal ermöglichen, auch für die
Zeiten vor der Überlieferung ziemlich genau die Zeit der Entlehnung festzulegen.

Wir haben schon früher die Veränderungen der Sprache kennen gelernt.
Jede Lautveränderung ist aber auf eine bestimmte Zeit beschränkt. Wird
das Wort vor der Lautveränderung entlehnt, so macht es den Lautwandel
mit, wird es nach Vollendung des Lautwandels herübergenommen, so bleibt
es unverändert. Ein Beispiel möge das zeigen. In voralthochdeutscher Zeit
ist *p* im Anlaut zu *pf* geworden. Worte, die vor der Zeit dieses Lautwandels entlehnt sind, verschieben also *p* gleichfalls zu *pf*. z. B. *Pfingsten*,
Pflaume usw., s. o. S. 12. Die spätern Entlehnungen behalten das *p* bei,
z. B. *Pein*, *Papst* u. a.

Umgekehrt können auch in der Sprache, aus der entlehnt wird, Veränderungen vor sich gehen, und wir sind dann imstande, zu bestimmen, ob
ein Wort vor oder nach der Zeit dieses Lautüberganges entlehnt ist. So ist
das lateinische *c* vor hellen Vokalen, wo es ursprünglich wie *k* gesprochen
wurde, zu einem Zischlaut geworden.

Die ältern Lehnwörter haben daher *k*, die spätern dagegen *z*. Beispiele sind: *Kaiser*, l. *Caesar*; — *Keller*, l. *cellarium*; — *Keller*, jetzt *Kellner*, l. *cellarius*; — *Kerbel*, l. *cerefolium*; — *Kichererbse*, l. *cicer*; — *Kirsche*, l. *cerasus*; — *Kiste*, l. *cista* gegenüber *Zeder* ahd. *cedarboum*, l. *cedrus*; — *Zelle*, mhd. *zelle*, lat. *cella*; — *Zent* 'Gerichtsbezirk', mlat. *centa* zu lat. *centum*; — *Zepter*, mhd. *zepter*, l. *sceptrum*; — *Zimbel*, ahd. *zymbala*, l. *cymbalum*; — *Kreuz*, l. *crucem*.

Je stärker sich also eine Sprache verändert, um so günstigere Bedingungen haben wir für die Bestimmung des Alters der Lehnworte. Mit keiner Sprache ist es in dieser Hinsicht besser bestellt als mit dem Germanischen und Deutschen, weil in ihnen der Konsonantenstand durch die erste und zweite Lautverschiebung von Grund aus verändert worden ist.

Die erste germanische Lautverschiebung hat fast alle Geräuschlaute betroffen, und sie ist daher sehr wichtig. Von der größten Bedeutung ist es deshalb auch, die Zeit ihres Eintritts festzustellen. Leider ist das bis heute noch nicht gelungen. Wir können nur sagen, daß die ältesten germanischen Lehnworte schon die Lautverschiebung aufweisen.

Bei der Verwertung der Lautveränderungen muß man allerdings immer mit dem Faktor der Lautersetzung (Lautsubstitution) rechnen. Besitzt nämlich eine Sprache einen Laut der fremden Sprache nicht, so wird dieser nicht etwa genau nachgebildet, sondern es wird ein ähnlicher dafür gebraucht So haben die Litauer noch heute kein *f*, und sie setzen daher dafür *p* ein, z. B. *párwas* 'Farbe', *pibelĕs* 'Fibel', *piela* 'Feile', *plukas* 'Flecken' usw.; den Russen mangelt unser deutsches *h*, das sie daher durch *g* wiedergeben, *galstuk* 'Halstuch' Unser Volk kann das französische *j* nicht aussprechen, und es braucht dafür *sch*, z. B. *Schenie*.

Es hat nun im Germanischen eine Zeit gegeben, in der es keine Tenues (*p*, *t*, *k*,) besaß. In dieser Zeit mußte es also die fremden Laute ersetzen, und zwar geschah das durch die Affrikaten oder Spiranten. Eines der ältesten Lehnwörter ist das Wort *hanf*, got. **hanaps*, das aus einer Form entlehnt ist, die dem griech.-lat. *cannabis* ähnlich lautete. Man nimmt gewöhnlich an, dies Wort müsse vor Eintritt der Lautverschiebung entlehnt sein, es kann aber zu einer Zeit geschehen sein, in der die Verschiebung der Tenues schon beendigt, die der Medien noch nicht vollendet war.

Nachdem ferner die Tenues zu Spiranten, die Medien zu Tenues verschoben worden waren, besaß das Germanische keine Medien mehr, da ja die jetzigen *b*, *d*, *g* noch Spiranten waren, und es konnte daher die griechisch-lateinisch-keltischen Medien nicht genau wiedergeben, ersetzte sie vielmehr durch Tenues. So haben wir noch in verhältnismäßig später Zeit *Graecus* entlehnt. Es lautet aber in der ältesten Form got. *Kreks*, d. h. man hat für das *g* ein *k* eingesetzt.

Anmerkung. Diese Erkenntnis ermöglicht es uns, noch eine Anzahl andrer Wörter als mögliche Lehnworte in Anspruch zu nehmen, die man früher für urverwandt gehalten hat. So ahd. *sliozan* aus l. *excludere*; got. *kustus* 'Prüfung' aus l. *gustus*; ahd. *kostōn* aus l. *gustare*; got. *lekeis* 'Arzt' aus dem Keltischen, air. *liaig*; d. *Zaun*, e. *town* aus kelt. *-dunum* in *Lugdūnum*. Die Entscheidung, ob diese Worte wirklich entlehnt sind, muß in andern Gründen als denen der Lautgeschichte gesucht werden.

Aus allen diesen Umständen folgt, daß bei der Ermittlung der Zeit der Entlehnung einige Vorsicht zu walten hat.

In Bezug auf den Ort der Entlehnung ist es selbstverständlich, daß ein Wort nicht allerorten, sondern meist an einer bestimmten Stelle entlehnt wird. Um festzustellen, wo dies geschehen ist, haben wir verschiedene Hilfsmittel: erstens die Verbreitung der Wörter im Deutschen. Ein Wort im Nordwesten wird nicht gerade aus dem Italienischen, eins im Osten nicht gerade aus dem Französischen stammen. Rhein. *Kordel* und österr. *Spagat* stammen aus verschiedenen Gegenden, jenes aus dem Französischen, dies aus dem Italienischen; zweitens kommt die äußere Form in Betracht. Südd. *Kästen* 'Kastanie' weist auf ein rom. **castinia*, während die uns geläufige Form *castanea* lautet. Jene Form liegt im oberital. *casteña* vor, und damit ist also der Ursprungsort gegeben. *Gletscher* geht natürlich auf lat. *glacies* zurück, zeigt aber eine eigentümliche Entwicklung des *c*. Wir finden die gleiche Entwicklung in der alpinen Bezeichnung *Tschingel* aus lat. *cingulum*; und aus der Gegend, die lat. *c* vor *i* zu *tsch* wandelte, stammt *Gletscher*. Vgl. hierzu die außerordentlich anregende Arbeit von Jud, Probleme der altromanischen Wortgeographie, Zeitschrift für romanische Philologie 38,1 ff.

Wir gehen nunmehr dazu über, die verschiedenen zeitlichen und örtlichen Schichten der Lehnworte zu besprechen.

§ 99. **Lehnworte im Indogermanischen.** Von den durch die Vergleichung erschlossenen indogermanischen Worten können natürlich manche entlehnt sein, da auch das Indogermanische sicher nicht ohne Lehnworte gewesen ist. Leider sind wir kaum in der Lage, solche mit Sicherheit nachzuweisen. Immerhin hat zum Beispiel die Zählweise Einflüsse von seiten des Babylonischen erfahren, wenn wir auch keine Lehnworte nachweisen können. Dazu kommen vielleicht einige andere Ausdrücke. Unser Wort *Stern*, got. *stairnō*, l. *stella*, gr. ἀστήρ (*astær*), aind. *str̥* weist auf eine indogermanische Grundform **astéro*. Dies könnte aus dem semitischen Namen des Abendsterns, der in den Götternamen *Astarte, Ischtar* vorliegt, stammen, vgl. Zimmern in E. Schrader, Die Keilinschriften und das Alte Testament, 3. Aufl., S. 425. Weiter kann man am ehesten Entlehnung vermuten bei den Namen der Kulturpflanzen, der Haustiere, der Metalle. Aber etwas Sicheres läßt sich bis jetzt noch nicht ermitteln.

§ 100. **Die Lehnworte des Germanischen.**

Literatur: Eine gute, lesbare Darstellung, die die Lehnwörter der gesamten deutschen Entwicklung umfaßt, bietet jetzt F. Seiler, Die Entwicklung der deutschen Kultur im Spiegel des deutschen Lehnworts. I. Die Zeit bis zur Einführung des Christentums, 2. Aufl. 1905. II. Von der Einführung des Christentums bis zum Beginn der neueren Zeit, 2. Aufl. 1907. III. Das Lehnwort der neueren Zeit. Erster Abschnitt 1910. Zweiter Abschnitt 1912.

Festen Boden in betreff der Lehnworte bekommen wir erst unter die

Füße, wenn wir zu den geschichtlichen Zeiten hinabsteigen. Schon vor Beginn der christlichen Zeitrechnung beginnen die ersten deutlich erkennbaren Entlehnungen ins Germanische und seitdem sind unzählige gefolgt, so daß unser Wortschatz mit Fremdwörtern stark durchsetzt ist. Viele Gebiete dieses Teils der Sprachgeschichte sind eingehend untersucht und haben zu höchst bemerkenswerten Aufklärungen kulturgeschichtlicher Art geführt. Man kann wohl sagen, daß dieser Teil der deutschen Wortgeschichte am besten aufgehellt ist und daß hier bis jetzt die meisten Ergebnisse erzielt sind.

§ 101. **Die älteste Schicht der Lehnwörter.** Welche Worte vor der ersten germanischen Lautverschiebung aufgenommen sind, läßt sich mit Bestimmtheit nicht sagen, weil uns hier eben das Hilfsmittel der Lautveränderung fehlt. Es müssen hier also kulturhistorische Gründe für die Entscheidung herangezogen werden. Mit größerer oder geringerer Wahrscheinlichkeit sieht man als Lehnworte an:

a) Die Namen einer Reihe von Kulturpflanzen wie *Hanf*, ahd. *hanaf*, engl. *hemp* zu lat. *cannabis*, gr. κάνναβις (*kánnabis*). Nach Herodot 4, 74 wurde der Hanf besonders im Osten bei Thrakern und Skythen angebaut, und man nimmt daher an, das Wort sei aus dieser Gegend zu den Germanen gekommen. Da aber auch Südfrankreich schon im 3. Jahrhundert v. Chr. Hanfbau kannte, so ist das nichts weniger als sicher. An und für sich könnte das Wort auch schon ins Indogermanische entlehnt sein.

Erbse, ahd. *araweiʒ* gehört wahrscheinlich mit lat. *ervum* 'Art Wicke', gr. ἐρέβινθος (*erébinthos*), ὄροβος (*órobos*) 'Kichererbse' zusammen, kann aber nicht aus dem Griechischen oder Lateinischen entlehnt, aber auch schwerlich urverwandt sein.

Linse, ahd. *linsi* zu lat. *lens*. Es gilt dasselbe.

b) Metallnamen. Es wird jetzt immer deutlicher, daß die Bekanntschaft mit einer Reihe von Metallen in ziemlich alte Zeiten zurückgeht. Da aber die Bearbeitung der Metalle gewiß nicht an vielen Stellen aufgekommen ist, sondern immer nur jedes Metall ein Ursprungszentrum haben dürfte, so dürfen wir hier stark mit Entlehnungen rechnen.

Unser Wort *Silber*, got. *silubr* hängt mit lit. *sidābras*, abg. *serebro* zusammen und muß früh zu den Germanen gekommen sein, woher, ist unklar, vielleicht aus akkadisch *ṣarpu* 'Silber'

Das Wort *Erz*, ahd. *aruzzi*, andd. *arut* geht auf eine vorgermanische Form **arud* oder **orud* zurück, die auffällig an sumer. *urud* 'Kupfer' anklingt.

Blei, ahd. *blio*, Grundform **bliwas* ist gleichfalls unerklärt. Da *bl* aus *ml* entstanden sein kann, so wären Beziehungen zu gr. βόλιμος (*bólimos*), μόλιβος (*mólibos*) denkbar.

c) Sonstiges. *Affe*. Hesych gibt an, die Kelten hätten das Tier *abranas* genannt. Man will dafür *abanas* lesen und meint, die Kelten hätten das Tier auf ihren Beutezügen kennen gelernt und das Wort mit dem Begriff den Germanen übermittelt.

Auch unser Wort *Pfad*, e. *path* 'Weg' klingt auffällig an gr. πάτος (*pátos*) 'Pfad, Weg' an, kann aber nicht daraus entlehnt sein. Kluge vermutet, es stamme aus dem Skythischen (vgl. aind. *path-* f., awest. *paþ-* 'Weg, Pfad'), was nicht unmöglich ist.

Humpen vielleicht ebendaher, awest. χumb-; es kann aber als Ablautsform zu *Napf* echtgermanisch sein.

Anmerkung. Sicher werden wir hier nur einen geringen Teil der Worte erkennen, die wirklich entlehnt sind. Man bedenke, daß uns die Sprache vieler Völker Europas durchaus unbekannt ist, so die der Illyrer, die in der nördlichen Balkanhalbinsel und in Oberitalien saßen. Auf Entlehnung aus Sprachen, die dem Germanischen eng verwandt waren, aber die Lautverschiebung nicht hatten, weisen eine Reihe von Worten. So gehört höchst wahrscheinlich got. *kaupatjan* 'ohrfeigen' : got. *haubiþ*, und ags. *bepæcan* 'betrügen' : got. *bifaihon*. Vgl. Kluge, Urgerm.[3] 46.

§ 102. **Die Einwirkung der Kelten.** Cäsar sagt an einer bekannten Stelle in seinen Kommentaren, daß die Kelten einst den Germanen überlegen gewesen seien. Diese Ansicht, die man lange Zeit als wertlos beiseite geschoben hat, trifft zweifellos das Richtige, und neuere Forscher sind sogar soweit gegangen, den Kelten eine Herrschaft über die Germanen zuzuschreiben, vgl. D'arbois de Jubainville, Revue historique 30 (1886) 1—48, Celtes et Germains 1886, Bremer, Deutsche Ethnographie in Pauls Grundriß der germanischen Philologie, Bd. 3, 787. Diese Ansicht ist nicht so abenteuerlich, als sie zuerst erscheint. Sehen wir doch die Kelten im Dämmer der Geschichte als ein mächtiges eroberndes Volk, das nach Frankreich, Spanien, Italien, Griechenland seine Heerscharen entsendet und dort geraume Zeit die Herrschaft erringt. Warum sollen sie nicht auch die leicht zugänglichen Sitze der Germanen überflutet haben, zumal sie offenbar durch ihre eisernen Waffen rasch das Übergewicht gewinnen konnten. Aber geschichtliche Zeugnisse für diese Annahme besitzen wir nicht. Da tritt nun die Sprache ein, die uns lehrt, daß die Germanen eine größere Zahl bedeutungsvoller Lehnwörter von den Kelten empfangen haben. Diese Lehnworte deuten auf einen Kultureinfluß, der ziemlich innige Berührung voraussetzt. Eine Reihe von Lehnworten zeigen die Wirkungen der germanischen Lautverschiebung, doch läßt sich nicht sicher erkennen, ob die Worte vor der Lautverschiebung entlehnt sind und diese mitgemacht haben, oder ob die oben S. 133 erwähnte Lautsubstitution vorliegt.

Unter den Lehnworten spielen die Personennamen unzweifelhaft eine wichtige Rolle. Immer wieder nimmt das schwächere Volk mit besonderer Vorliebe die Eigennamen des herrschenden Volkes an. So leben noch heute bei den Romanen die germanischen Eigennamen und zeugen von jener Zeit, in der germanische Stämme in den romanischen Ländern herrschten. Die römische Namengebung ist zum guten Teil etruskisch, die Russen besitzen in ihren Namen *Igor*, *Rurik*, *Olga* ein Kennzeichen jener Herrschaft, die einst die schwedischen Waräger aufgerichtet haben. Vgl. GDS. 99.

Wenn wir nun bei Kelten und Germanen eine Reihe genau übereinstimmender Eigennamen finden, so könnten diese ja zum Teil aus der indogermanischen Urzeit stammen. Das ist aber bei einigen von ihnen nicht möglich, weil sie Elemente zeigen, die die Spuren keltischer Lautgebung tragen. So ist zweifellos unser Wort *reich*, got. *reiks* 'mächtig', *reiki* 'Reich' aus dem Keltischen entlehnt, denn es ist mit lat. *rēx* verwandt und müßte im Althochdeutschen **rahs* lauten. Nur im Keltischen ist das idg. *ē* zu *i* geworden, und so ist nur hier die Lautform *rix* (vgl. *Dumnorix*) lautlich berechtigt. Dieses Wort *riks* finden wir aber auch in einer Reihe germanischer Eigennamen. Da in einigen auch das erste Glied zum Keltischen stimmt,

z. B. kelt. *Caturix*, ahd. *Hadurih*, *Teut(i)orix*, ahd. *Diotrih*, so sind diese ziemlich zweifellos aus dem Keltischen entlehnt, vgl. Bremer a. a. O. S. 53. Andere Namen, die einander vollständig gleichen, sind kelt. *Catumāros* zu *Hadumar*, *Dagomaros* zu *Dagmar*, *Segomāros* zu *Sigmar* u. a. Auf diese Namen ist mit Bremer ganz entschieden großes Gewicht zu legen.

Dazu kommt eine beträchtliche Anzahl von Worten, von denen man mit Sicherheit oder großer Wahrscheinlichkeit die Entlehnung behaupten kann. Nur mit Wahrscheinlichkeit ist das bei denen der Fall, die die germanische Lautverschiebung mit durchgemacht haben. Sie könnten ebensogut urverwandt sein, aber allgemeine Erwägungen, namentlich die Bedeutung, sprechen für Entlehnung.

reich, got. *reiks* s. o.; — *Amt*, ahd. *ambaht* 'Amt', got. *andbahts* m. 'Diener' aus kelt. *ambactus*, zusammengesetzt aus *amb* 'herum' und *actus*, Partizip von *ago* 'sende', also eigentlich 'Herumgesandter'; — *Geisel*, ahd. *gîsal* m. 'Kriegsgefangener', kelt. **gêslo*; — *Held*, as. *helith*, kelt. **kaleto* 'hart'; — *Eisen*, ahd. *îsan*, *îsarn* n., got. *eisarn*, kelt. **îsarno*. Daß die Kelten die Träger der Eisenkultur waren, ist ganz sicher; — *Lot*, mhd. *lôt*, engl. *lead* 'Blei', Urform **lauda*, auf die auch air. *luaide* weist; — *welsch*, ahd. *walhisc*, abgeleitet von *Walh*, dem Namen des keltischen Volksstammes der *Volcae*; — *Zaun*, e. *town*, dazu der Gebirgsname *Taunus* aus kelt. *-dûnum* in *Lug-dûnum*. Die Entlehnung folgt daraus, daß das echtgermanische Wort in *Düne*, ags. *dûn* 'Hügel' vorliegt.

Dazu kommen noch einige Worte, die an und für sich auch urverwandt sein können, aber doch mit größerer Wahrscheinlichkeit als Entlehnungen anzusehen sind: *Eid*, got. *aiþs*, air. *oeth*; — got. *liugan* 'heiraten', eigentlich 'einen Vertrag schließen', ahd. *ur-liugi* 'Krieg', eigentlich 'außerhalb des Vertrages', jetzt noch in *Orlogschiff*, air. *luige*, kymr. *llw* 'Eid'; — *frei*, got. *freis*, kymr. *rhyd* aus **(p)rijo* (müßte sehr alte Entlehnung sein); — *Erbe*, got. *arbja*, air. *orbe* usw.

Hierzu kann man möglicherweise manche der oben § 83 als keltogermanisch aufgeführten Gleichungen stellen.

Sehr bemerkenswerte Beziehungen zwischen Germanisch und Keltisch finden sich auch bei den Völker- und Ortsnamen. So entspricht der Name *Hessen* dem kelt. *-Casses*, *Burgunden* dem kelt. *Brigantes*. Das große mitteldeutsche Waldgebirge trägt den keltischen Namen *Hercynia silva*, das aus **perkŭnia* entstanden ist, und dies entspricht genau mhd. *Virgunt*.

§ 103. **Der Einfluß der Griechen und Römer. Allgemeines.** Wann der Einfluß der Sprachen des Südens auf die germanische begonnen hat, läßt sich nicht mit Bestimmtheit sagen. Es scheint, daß der Name Julius Cäsars, der als *Kaiser* bei uns fortlebt, das älteste lateinische Lehnwort ist. Es folgt dies aus der Wiedergabe des lat. *ae* durch germ. *ai*. Jedenfalls müßte man für ältere Lehnworte keltische Vermittlung annehmen.

Je mehr dann die Germanen mit den Römern in Berührung kommen, um so stärker wird die Herübernahme von Lehnwörtern, und es ergießt sich nun durch Jahrhunderte hindurch ein starker Strom von Fremdworten über unsere Sprache. Die römische Sprache hat die unsere im Wortschatz so nachhaltig wie keine andere beeinflußt, wenn wir von den modernen Fremdworten absehen. Die Zahl von 497 Familien, die aus dem Lateinisch-Romanischen entlehnt sind, ist wahrlich bedeutend genug.

Neben dem Römischen zeigt sich aber auch ein Einfluß des Griechischen, zum Teil wohl durch das Lateinische und Romanische hindurchgehend, zum andern Teil aber auch unmittelbar wirkend, und zwar waren die Goten die Vermittler. Das Griechische muß das Gotische, solange es in der Balkanhalbinsel gesprochen wurde, stark beeinflußt haben. Außerdem wirkte die Bibelübersetzung, die manches Fremdwort beibehielt, vgl. K. Weinhold, Die gotische Sprache im Dienste des Kristentums, Halle 1870, S. 36. Dann gründeten die Ostgoten ihr Reich in Oberitalien, wodurch ein Einfluß auf die Bayern in Oberdeutschland möglich wurde. Ihnen haben sie eine Reihe von griechischen Wörtern übermittelt, die diese dann weitergegeben haben.

Die Zeit, wann die verschiedenen griechischen und römischen Lehnwörter herübergenommen sind, läßt sich durch eine Reihe von Umständen ziemlich genau ermitteln.

1. Mitten hinein in die Zeit der Entlehnung fällt die zweite oder hochdeutsche Lautverschiebung, nämlich in das 6. Jahrhundert. Sie besteht aus folgenden Vorgängen, *t* wird zu *z* oder (*ss*) *ss*, *p* zu *pf-* oder *-ff-*, *k* zu *-ch-* verschoben. Diese Vorgänge sind aber nicht gleichzeitig. Zuerst wurde *t* zu *z*, dann *p* zu *pf*, zuletzt *k* zu *ch*. Während es *Pforzheim* heißt, lautet das Wort sonst *Pforte* aus lat. *porta*. Als dies Wort entlehnt wurde, war also die Verschiebung von *t* schon vorüber und *t* blieb daher unverändert, während *p* die Verschiebung noch mitmacht. *Pech* aus lat. *picem* zeigt dagegen die verschiedenen Zeiten, in die die Verschiebung von *p* und *k* fällt.

2. Aus der Gestalt des deutschen Wortes können wir auf die des romanischen zurückschließen, die es hatte, als das Wort entlehnt wurde. Das Lateinische hat im Laufe der Zeit im Volksmunde eine ganze Reihe von Veränderungen durchgemacht, die wir zeitlich annähernd bestimmen können. So wurde lat. *c* vor hellen Vokalen erst verhältnismäßig spät nicht mehr als Verschlußlaut gesprochen. Die meisten Entlehnungen ins Deutsche zeigen noch das *k*, *Kaiser* aus *Caesar*, *Kichererbse* aus lat. *cicer*, *Kiste* aus lat. *cista*, *Pech* aus lat. *picem*, *Lärche* aus lat. *laricem*; demnach fallen die Entlehnungen von *Kreuz* aus lat. *crucem*, *Zeder* aus lat. *cedrus* in spätere Zeit.

In einer Reihe von Fällen weist das Germanische auf eine andere Lautform als die uns geläufige. Teils läßt sich alsdann mit Hilfe des Germanischen diese besondere Form erschließen, teils liegt diese im Vulgärlateinischen vor oder wird auch von den romanischen Sprachen vorausgesetzt.

3. Die Angelsachsen haben das Festland etwa um die Mitte des 5. Jahrhunderts verlassen. Wenn wir daher dieselben Lehnwörter im Angelsächsischen und im Deutschen finden und zwar umgewandelt nach den Lautveränderungen, die beide Sprachen seit dieser Zeit erlebt haben, so ist das Wort vor dieser Zeit entlehnt. So müssen daher die beiden Obstnamen *Pfirsich* und *Pflaume*, d. *Pfirsich*, ags. *persoc*, d. *Pflaume*, ags. *plūme* vor der Zeit der Trennung

entlehnt sein. Das Wort *Pfirsich* ist im Deutschen erst im 12. Jahrhundert nachzuweisen, muß aber mindestens 700 Jahre vorher zu uns gekommen sein — ein warnendes Beispiel dafür, nicht den ältesten Beleg dem Aufkommen eines Wortes gleichzusetzen.

§ 104. Der Einfluß der Griechen.

Literatur: R. v. Raumer, Über den geschichtlichen Zusammenhang des got. Christentums mit dem Althochdeutschen, ZfdA. 6, 401. — W. Schulze, SB. d. Berl. Akad. 1905 Nr. 36 S. 726 ff. — F. Kluge, Gotische Lehnwörter im Althochdeutschen, Btr. 35, 124, wieder abgedruckt in Wortforschung und Wortgeschichte 134 ff.

Es ist klar, daß das Griechische nicht unmittelbar auf das Deutsche gewirkt haben kann, und trotzdem finden wir unzweifelhaft bei uns eine Reihe uralter Lehnwörter aus dieser Sprache. Das Rätsel löst sich, wenn wir die Goten als Vermittler annehmen, wie dies zuerst R. v. Raumer gesehen und Kluge eingehend nachgewiesen hat.

Es handelt sich im wesentlichen um Ausdrücke des kirchlichen Gebiets, und es ist wohl möglich, daß wir es in diesem Punkt mit den Einwirkungen des Arianismus zu tun haben.

Pfaffe stammt aus gr. $\pi\alpha\pi\pi\dot\alpha\varsigma$ (*pappás*) mit der Bedeutung 'niederer Geistlicher' wie slaw.-russ. *popŭ*, während im Romanischen *papa* 'pontifex' bedeutet. Das Wort zeigt, wie auch viele der folgenden, die Wirkungen der hochdeutschen Lautverschiebung und muß daher früh zu uns gekommen sein. Wir sagen *Kirche*, e. *church*, während das romanische Wort auf gr.-lat. *ecclesia* zurückgeht. Man hat die verschiedensten Vermutungen über die Herkunft unseres Wortes aufgestellt. Heute kann man es als sicher betrachten, daß es auf gr. $\varkappa\upsilon\varrho\iota\alpha\varkappa\acute{o}\nu$ (*kyriakón*) 'Haus des Herrn' zurückgeht, das im Got. zu **kyriako* wurde, woraus sich das weibliche Geschlecht im Althochdeutschen erklärt. *Pfingsten* dürfte ebenfalls auf das Gotisch-Griechische zurückgehen, gr. $\pi\varepsilon\nu\tau\eta\varkappa\omicron\sigma\tau\acute\eta$ (*pentækostǽ*), got. *paintekuste*, da hierfür Angelsachsen und Niederländer einen andern Ausdruck haben. Bayer. *Pfinztag* stammt aus gr. $\pi\acute\varepsilon\mu\pi\tau\eta$ (*pémptæ*) 'fünfte'. Auch das Wort *Heide* ist nach W. Schulze, SB. d. Berl. Akad. 1905 Nr. 36 S. 726 ff., durch die Goten zu uns gekommen, und zwar müßten wir es dabei sogar mit einer gelehrten Herübernahme zu tun haben. Nach Schulze geht nämlich got. *haiþno* mit der Schreibung *ai* für gr. ε auf $\check\varepsilon\vartheta\nu\omicron\varsigma$ (*éthnos*) zurück, der Diphthong *ai* des Wortes in den übrigen germanischen Sprachen wäre dann nur so zu erklären, daß man in Deutschland das Schriftbild auf sich hätte wirken lassen und daher *heidan* sprach. Das hat ja allerdings seine Bedenken, aber die Entlehnung aus dem Gotischen dürfte doch feststehen. Ebenso stammt *taufen* aus got. *daupjan*. Es ist sozusagen ein Übersetzungslehnwort. Im Gr. hat $\beta\acute\alpha\pi\tau\omega$ (*bápto*) die sinnliche Bedeutung 'eintauchen' und 'taufen', während lat. *baptizare* nur die letztere hat. Nur ein Gote konnte also das Wort in dem spezifischen Sinne verwenden. Dazu kommen weiter nach Kluge ahd. as. *Krist* (engl. *Christ* mit *ai* geht auf irische Vermittlung zurück), *Teufel*, ahd. *tiufal* wegen des *u* statt zu erwartenden *o*, und dann auch wohl *Engel*, *Bischof*, e. *bishop* aus gr. $\dot\varepsilon\pi\acute\iota\sigma\varkappa\omicron\pi\omicron\varsigma$ (*episkopos*), d. *Hölle*, e. *hell* aus got. *halja*. Und wenn *Pfingsten* gotisch ist, so könnte es auch *Ostern* sein. Kluge nimmt weiter *Demut*, *heilig* u. a. für möglicherweise gotisch in Anspruch.

Wenn so der gotische Einfluß feststeht, so können natürlich auch andere Wörter aus dem Gotischen zu uns gekommen sein. So finden wir im got. *paida* 'Gewand', das aus gr. $\beta\alpha\acute\iota\tau\eta$ (*baitæ*) stammt. Das Wort treffen wir wieder im bayr. *Pfeit* (s. o.). Im Bayr. lebt auch *Dult* 'Fest' fort, das dem got. *dulþs* entspricht. Auch hier kann man an Entlehnung denken. Sicher got. ist auch unser *Maut* 'Zoll', das wieder nur aus got. *mota* stammen kann. Merkwürdig ist hier die mangelnde Lautverschiebung. Es muß also später entlehnt sein als *Pfinztag*. Auch das Wort *Grieche*, ahd. *Krieche* stammt aus got. *Kreks* und *Pflaume*, e. *plum*, wohl nicht aus l. *prunum*, sondern aus gr. προῦμνον (*prûmnon*). — Unzweifelhaft sind die Bayern die Vermittler gewesen. Ob aber der got. Einfluß von der untern Donau oder, was mir wahrscheinlicher ist, von Oberitalien ausgegangen ist, läßt sich nicht sicher entscheiden.

§ 105. Der Einfluß der Römer.

Literatur: R. v. RAUMER, Die Einwirkung des Christentums auf die althochdeutsche Sprache, Stuttgart 1845; — H. EBEL, Über die Lehnwörter der deutschen Sprache (Programm des Erziehungsinstituts Ostrowo bei Filehne 1856); — W. WACKERNAGEL, Die Umdeutschung fremder Wörter, zuerst 1861, jetzt Kleine Schriften 3, 252 ff.; — W. FRANZ, Die lateinisch-romanischen Elemente im Althochdeutschen, Straßburg 1884; — A. POGATSCHER, Zur Lautlehre der griechischen, lateinischen und romanischen Lehnworte im Altenglischen, Straßburg 1888; — F. KLUGE, Lateinische Lehnworte im Altgermanischen in Pauls Grundriß der germanischen Philologie, 2. Auflage, 1, 333, 1901; dasselbe Werk in 3. Aufl. 1913 S. 9 ff.; — K. LATER, De latijnsche woorden in het oud- en middelnederduitsch, Utrecht 1904; — BURCKHARDT, Untersuchungen zu den griechischen und lateinisch-romanischen Lehnwörtern in der altniederdeutschen Sprache, Göttinger Diss. 1904, auch in Steinhausens Archiv für Kulturgeschichte 1905, Heft 3 u. 4.

Der Einfluß der römischen Sprache auf die germanische ist ganz gewaltig gewesen. Wir haben dadurch eine Fülle von Wörtern bekommen, die ganz unser eigen geworden und durchaus nicht mehr zu beseitigen sind. Sie wurden dem deutschen Munde angepaßt, nach deutscher Art betont und so durch Aufnahme von seiten des Volkes ganz eingedeutscht.

Wann und wie dieser Einfluß vor sich gegangen, läßt sich nicht mit Bestimmtheit sagen. Doch scheint unser *Kaiser* auf den Namen *Julius Cäsars* zurückzugehen (s. o.), also schon vor der christlichen Zeitrechnung zu uns gekommen zu sein. Aber man kann sehr wohl die Frage aufwerfen, ob nicht schon früher, wenn auch mittelbar wohl durch keltischen Einfluß, römische Worte zu uns gelangt sind. Dahin gehört z. B. got. *alew* 'Öl' aus lat. *oleum*, got. *peikabagms* 'Feigenbaum' aus lat. *ficus* durch ein kelt. **pikos*.

Der Hauptstrom freilich kam erst in der römischen Kaiserzeit, bedingt durch die teilweise Eroberung Deutschlands, die Romanisierung Galliens und die zahlreichen Germanen im römischen Heer. Diese müssen doch unbedingt zweisprachig gewesen sein, und ebenso gab es innerhalb Deutschlands gewiß zahlreiche Leute, die lateinisch sprachen.

Anmerkung. Eine vom Lateinischen ausgehende alphabetisch geordnete Liste der dem Germanischen übermittelten Worte bietet KLUGE, Grdr.² 1, 833 (in der 3. Auflage nicht mehr), eine sachliche Zusammenstellung SEILER 1², 24 ff., KLUGE, Urgermanisch 11.

Die Entlehnung erstreckt sich natürlich über einen längeren Zeitraum, und man kann unterscheiden zwischen Worten, die die Lautverschiebung zeigen, und solchen, die das nicht tun. Dazu kommt, daß die Lehnwörter, die das Althochdeutsche mit dem Angelsächsischen teilt, zumeist aus einer Zeit stammen, in der die Angelsachsen noch auf dem Festland saßen.

Was den Ort betrifft, wo die Entlehnungen stattgefunden haben, so kommt natürlich die ganze Grenze vom Süden bis zum Norden in Betracht. Doch ist nicht zu verkennen, daß ein Hauptstrom von Nordfrankreich (über Trier?) ausgegangen ist.

Der Einfluß erstreckt sich auf die verschiedensten Gebiete des äußeren und inneren Lebens, auf das Kriegswesen, die Verwaltung und das Recht, die Schiffahrt, den Handel, den Steinbau, den Weinbau, das Münzwesen, die Küche, den Ackerbau, die Geflügelzucht, die Viehzucht, das Handwerk, die Kleidung, das Fuhrwesen, Musikinstrumente, Wohnung und Wohnungsausstattung, die Heilkunde, das Christentum, den Gartenbau, die Obstzucht und die Kirche. Da wir diese Gebiete in einer besonderen Übersicht behandeln, so gebe ich hier eine Liste der noch vorhandenen Entlehnungen, wobei zu bemerken ist, daß eine große Anzahl in älterer Zeit vorhandener Fremdwörter wieder verschwunden sind. Vollständig ist die Liste nicht, insbesondere sind die spätalthochdeutschen Entlehnungen hier nicht aufgenommen.

Abt, Almosen, Andauche, Anker, Arzt, Back, Balsam, Becher, Becken, Beete, Bern, Birne, e. *pear, Bischof, Bolzen, Bottich, Brief, Buchsbaum, Büchse, Buckel, Butte, Bütte, Dam(wild),* e. *doe, verdammen, dauern, Dechant, dichten, Decher, Dom, Drache, eichen, Eimer, Elefant, Eppich, Erz-* in *Erzbischof, Esel, Essig, Estrich, Fackel, falsch, fälschen, Fasan, Feier, Feige, Fench, Fenchel,* e. *fennel, Fenster, Fieber, Fimmel(hanf), Finne* 'kleiner Nagel', mhd. *pfinne, firmen, Flamme, Flasche, Flaum, Flegel,* e. *flail, Flinte, Föhn, Forke, Frucht, Galle* 'Geschwulst', *Gargel* 'Rinne', *Gelte, Gilte, Ginster, Glocke, Greif, Griffel, Grille, Gurgel,* obd. *Immi* 'Hohlmaß', *impfen, Kachel, Käfig, kahl, Kahm, Kaiser, Kaldaunen, Kalk, Kammer, Kampf, Kandel, Kannel, Kännel, Kanker* 'Krebsschaden an Pflanzen', *Kante, Kanzel, Käpfer, Kämpfer, Kappe,* e. *cap, Kappes* 'Weißkraut', *Kapsel, Karch, Karde, Karner, Kerner, Gerner, Karpfen, Käse,* e. *cheese, Kastell,* e. *Chester, Kästen,* e. *chestnut, Katze,* e. *cat, Kauf(mann), Kelch, Keller, Kellner, Kelter, Kerbel,* e. *chervil, Kerker, Kerze, Kessel,* e. *kettle, Kette, Kicher(erbse), Kipf(el), Kirsche, Kiste,* e. *chest, Klause, Kloster, erkobern, Koch,* e. *cook, Kochen, Kohl,* e. *cole, Koller, Kopf,* e. *cup, Kornelbaum, kosen, Kosten, Kreuz, Kübel, Küche,* e. *kitchen, Kufe, Küfer,* e. *cooper, Kümmel,* e. *cumin, Kunkel* 'Spinnrocken', *Kupfer,* e. *copper, Kürbis, kurz, Küster, laben, Lache,* e. *lake, Laie, Lärche, Lamprete, Lauer* 'Nach-, Tresterwein', *Letter,* ahd. *lector,* mhd. *lecter, Lilie, Linie, Lor(beer), Lummel, Mandel, Mange(l), Mantel, Marter, März, Mäschel* 'männlicher (auch weiblicher) Hanf', *Masse, Matte, Mauer, Maulbeere,* e. *mulberry, Maul(esel), mausen, mausern, Meile,* e. *mile, Meister, Messe, Meßner, Mette, Metzger, Miete* 'Kornhaufen', *Minze,* e. *mint, mischen,* e. *mix, Mispel, Mohr, Mönch,* e. *monk, Mörser, Mörtel, Mösch, Most,* e. *must, Mühle,* e. *mill, Münster,* e. *minster, Münze,* e. *mint, murmeln, Muschel, Mull, Müll, Natur, Naue, None,* e. *noon, Nonne,* e. *nun, nüchtern, Ohm, Öl, opfern, Orden, ordnen, Orgel, Pacht, Pfacht, Pech, Pegel, Pein, Pelle,* e. *peel, pelzen* 'pfropfen', *Pesel, Pfiesel, Petter, Pfetter* 'Pate', *Pfahl,* e. *pole, Pfalz, Pfanne,* e. *pan, Pfarre, Pfau,* e. *peacock, Pfebe, Pfeffer, Pfeife,* e. *pipe, pfeifen, Pfeil, Pfeiler, Pferch, Pferd, Pfetten, Pfirsche, Pfister, Pflaster, Pflanze,* e. *plant, pflanzen,* e. *plant, pflücken,* e. *pluck, Pforte, Pfosten, Pfote, Pfrille, pfropfen, Pfründe, Pfühl, Pfund,* e. *pound, Pfütze,* e. *pit, Pilgrim, Pilz, Pips,* obd. *Pfipfs, Plage, Planke,* e. *plank, platt, Pranke, predigen, Presse, Priester, Propst, Quitte, Quendel, Rede, Regel, Rettich, Riegel(haube), Riemen, Sack,* e. *sack, Säckel, Salm, Sarg, sauber, Saum(tier), Schaff, Schiemel, Schindel,* e. *shingle, Schraube, schreiben,* e. *shrive, Schrein,* e. *shrine, Schule, Schüssel,* e. *scuttle, segnen, Seide,*

Semmel, Senf, Sichel, e. *sickle. sicher, Siegel, Sigrist, Sims, Socken, Sohle,* e. *sole, Söller,* e. *sollar, Span(ier), Speicher, Speise, spenden, Spiegel, Spind, Sponde, Sporkel* 'Februar', *Spund, Stiel, stopfen, Stoppel, Straße,* e. *street, Strauß, Striegel, Stube, Tafel,* ndd. *Tiene* 'Holzgefäß', *tilgen, Tinte, Tisch, Titel, Ton, Torkel* 'Keller', *trachten, Trichter, tünchen, Vers, Vesper, Wall, Wanne, Weich-* in *Weichbild, Weiher, -weil* in Ortsnamen, *Weiler, Wein, Wicke, Wimmer* 'Winzer', *Winzer, Zelle, Zelter, Zieche, Ziegel,* e. *tile, Zoll,* e. *toll, Zöllner,* e. *tollner.*

Wenn man den Kultureinfluß der Römer, wie er sich in der Sprache zeigt, betrachtet, so erscheint er außerordentlich groß. Und es kann das ja auch nicht wundernehmen, da die Germanen bei den Römern eine weit überlegene Kultur vorfanden. In der Hauptsache machen diese Fremdwörter den Eindruck, daß es sich fast immer um Herübernahme von Ausdrücken für Dinge handelt, die den Germanen fehlten, oder bei denen ihnen bei den Römern eine neue Verwendung entgegentrat.

Jedenfalls ist um diese Zeit unsere Sprache auf das nachhaltigste beeinflußt worden. Da es sich aber bei diesen Worten um keine gelehrten, sondern meist um wirklich volksmäßige Entlehnungen handelte, so sind die Worte auch dem deutschen Sprachgeist angepaßt, und nur die gelehrte Forschung hat derartige Worte als fremde zu erkennen vermocht.

Mit der althochdeutschen Zeit hört indessen der Einfluß des Lateinischen und Griechischen nicht auf. Das Lateinische blieb die Kirchen- und Gelehrtensprache, und so ist schon im Mittelalter,[1]) noch mehr aber seit der Zeit des Humanismus ein unendlicher Strom lateinischer und griechischer Elemente in unsere Sprache eingedrungen. Diese sind der Art ihrer Entlehnung nach noch heute meist wirkliche Fremdwörter und leicht zu erkennen. Eine Reihe davon wird weiter unten zur Sprache kommen.

§ 106. **Französischer Einfluß.** Nicht alle Entlehnungen, die aus dem Lateinischen stammen, rühren aus diesem selbst her. Oftmals liegen vulgärlateinische Formen zugrunde, die man fast schon romanisch nennen kann. Dieser romanische Einfluß hört aber allmählich auf, und zur Zeit der Frankenherrschaft und der Karolinger hat nicht mehr das Germanische empfangen, sondern das Französische. Aber mit der Trennung des Weltreichs Karls des Großen wird es auch in diesem Punkt wieder anders. Seit dem 11. Jahrhundert beginnt der französische Einfluß. Große Landschaften mit französischer Sprache, Lothringen, die Champagne, Burgund gehörten zum Deutschen Reich. Bereitwillig aber erkannte man in den obern Kreisen der französischen Kultur den Vorrang zu. Eine große Anzahl Minnelieder, die bedeutendsten höfischen Dichtungen sind unmittelbar aus dem Französischen übersetzt worden, und aus einer Reihe sonstiger Anzeichen können wir die weit verbreitete Kenntnis der französischen Sprache in Deutschland feststellen. Alle diese Umstände führten einen Strom französischer Worte über das deutsche Land. Die Dichter mischten französische Brocken in ihr Deutsch, und man nahm das nicht übel. Tho-

---

[1]) Vgl. hierzu PAUL MÖLLER, Fremdwörter aus dem Lateinischen im späteren Mittelhochdeutschen und Mittelniederdeutschen, Diss. Gießen 1915.

masin von Zirkläre lobt es sogar in der Vorrede zum „Wälschen Gast“, obgleich er selbst keine Fremdworte verwenden will.

Mit der ganzen Überlegenheit des Genies verspottet Wolfram von Eschenbach dieses Französeln seiner Zeitgenossen:

> *herbergen ist loschiern genant.*
> *sō vil hān ich der sprāche erkant.*
> *ein ungefüeger Tschampaneys*
> *kunde vil baz franzeys*
> *dann ich, swiech franzoys spreche.*   Willehalm 237, 3.

Trotzdem sind seine Dichtungen voll von Fremdwörtern, und ebenso steht es bei den andern Epikern. Sicher ist auch die Umgangssprache der höfischen Kreise nicht rein, sondern von zahlreichen französischen Fremdworten durchsetzt gewesen; aber dieser französische Einfluß reicht in seinen Nachwirkungen auf die heutige deutsche Sprache bei weitem nicht an den lateinischen heran. Ein großer Teil der damaligen Fremdwörter ist wieder verloren gegangen, offenbar, weil diese nicht im Volksmunde, sondern nur in der Sprache der höfischen Kreise lebten. Es ist jetzt allgemein anerkannt, daß es eine mittelhochdeutsche Dichtersprache gegeben hat, es muß auch eine ritterliche Standessprache gegeben haben. Und diese sehen wir in den Ritterepen mit ihren zahlreichen besonderen Ausdrücken für Kampf und Turnier, Jagd und Spiel vor uns. Was wir an Lehnwörtern im 13. Jahrhundert finden, bezieht sich im wesentlichen auf die höfische Gesellschaft, und so hat diese die Spuren in der Geschichte unserer Sprache hinterlassen.

Während die Entlehnungen der älteren Zeit eingedeutscht sind, ist dies bei den Fremdwörtern der mittelhochdeutschen Zeit nicht immer der Fall. Die lateinische Endung *-arius* wurde zu dem echt deutsch klingenden *-er* und der Ton blieb auf der Stammsilbe, die französischen Elemente, die in den Worten auf *-ieren, ie*[1]), jetzt *-ei* stecken, weisen mit ihrem abweichenden Tonfall noch immer auf die fremde Herkunft.

Anmerkung. Über das Eindringen der französischen Worte haben gearbeitet: Theodor Maxeiner, Beiträge zur Geschichte der französischen Wörter im Mittelhochdeutschen, Marburg 1897, untersucht nur lautliche Fragen. — J. Kassewitz, Die französischen Wörter im Mittelhochdeutschen, Diss. Straßburg 1890. — O. Steiner, Die Fremdwörter in den bedeutendsten mittelhochdeutschen epischen Dichtwerken, Bartsch, Germ. Stud. 2, 239 ff. — F. Piquet, De vocabulis, quae in duodecimo seculo et in tertii decimi principio a Gallis Germani assumpserunt, Pariser Diss. 1898. — Leo Wiener, American Journal of Philology 16, 326 ff. verzeichnet die französischen Worte bei Wolfram, Kaindl, ZfRomPhil. 17, 355, die bei Gottfried von Straßburg. und E. Schröder die bei Heinrich von Veldeke, als Exkurs in Carl Kraus' Arbeit Heinrich von Veldeke und die mittelhochdeutsche Dichtersprache, Halle 1899. — H. Palander, Der französische Einfluß auf die deutsche Sprache im 12. Jahrhundert. Mémoires de la société néo-philologique à Helsingfors 3, 78 bietet eine genaue Chronologie.

---

[1] Zahlreiche französische Wörter auf *-ie* sind in späterer Zeit noch einmal entlehnt. Während die ältern auf *-ei* ausgehen, lauten diese auf *-ie* aus. So haben wir *Partei* und *Partie*, *Melodei* und *Melodie*, *prophezeien* und *Prophetie*. Mit doppelter, ja drei- und vierfacher Entlehnung ist bei zahlreichen Worten zu rechnen. Doch kann dies hier nicht weiter ausgeführt werden.

Liste der entlehnten, bis heute erhaltenen französischen Wörter.

Abenteuer, Ade, As, Barre, Bastard, birschen, blond, Buckel, Daus, doppeln 'im Spiel betrügen', *Fehl, fehlen, Fei, Fee, fein, Felleisen, Firlefanz, Firnis, Flöte, Form, Forst, Franse, galoppieren, Habit, Harnisch, hurtig, Juwel, Karosse, Kastellan, Kissen, Koller, Koller, Komtur, Konterfei, Kumpanei, Kumpan, Kuppel, kuppeln, Lanze, liefern, Litze, Manier, merci, Metall, Moralität, Morselle, Palast, Panier, Banner, Panse, Panzen, Part,* auch in *Widerpart, Partei, Pastete, Pavillon, Pickelhaube, Pinsel, plan, Platz, Pöbel, Polier, Palier, Posaune, Preis, preisen, Prinz, prüfen, Quartier, Reuter,* mndl. *ruiter, Revier, Rotte, Schalmei, Schanze, in die Sch. schlagen, Mummenschanz, Seneschall, Sold, Standarte, Tanz, tanzen, turnieren,* die Grundlage von *Turnen* und *Turner, Wams.*

Was den Ort betrifft, an dem diese Entlehnungen stattgefunden haben, so ist zu beachten, daß die höfische Kultur durch die Niederlande gegangen ist. Wie Heinrich von Veldeke als erster Meister der höfischen Dichtkunst gepriesen wird, so war auch sein Land das Muster höfischer Sitte. In den Niederlanden sind denn auch die Entlehnungen zum Teil eher zu belegen als im Hochdeutschen. Für diesen Weg spricht weiter die Herübernahme einiger niederländischer Wörter in dieser Zeit, z. B. *wapen* im Sinne von 'Wappen' bei Wolfram, *dörper* 'Bauer, bäurischer, roher Mensch', woraus *Tölpel* stammen soll, *dörperheit, dörperlich.* Da indessen das Niederländische dem Hochdeutschen sehr nahe stand und leicht ins Hochdeutsche umgesetzt werden konnte, so sind wir gewiß nicht in der Lage, alle Entlehnungen, die von dorther stammen, zu erkennen.

Anmerkung. Zu den Worten, die sicher nicht oberdeutsch waren, gehören noch *ors* 'Roß', *ritter, blide, gehiure, klar, kluoc, wert.* Vgl. STEINMEYER, Über einige Epitheta der mittelhochdeutschen Poesie, Erlangen 1889.

§ 107. **Der italienische Einfluß.** Auch zu Italien bestanden im Mittelalter lebhafte Beziehungen, und so beginnen von dieser Seite gleichfalls Fremdwörter einzudringen, teils solche verschiedener Art, teils namentlich auf den Handel bezügliche. Es mag genügen, die wichtigsten hier zusammenzustellen. Eine genauere Untersuchung über die Zeit und die Wege des Eindringens wäre sehr dankenswert, zweifellos fällt sie vornehmlich in die Zeit, als die Städte mächtig aufblühten.

Büffel, Dattel, Dukaten, Gant, ital. *incanto* aus *inquanto* 'wie hoch' (bietet ihr)?, *Granatapfel, Kamille, Kampfer, Karat, Ketzer, kredenzen,* von ital. *credenza* 'Glaube', dann 'das Vorkosten zu Treu und Glauben', zum Zeichen der Unschädlichkeit, der Giftlosigkeit, *Lavendel, Mostert, Mostrich, Olive, Panzer, Proviant, Punzen, Reis, Sammet, Scharmützel, Sklave, spazieren, Spezerei, Spinat, Spinaz, Stiefel, tasten, Wirsing,* lombard. *verza,* vgl. auch die Ausdrücke *Welschkohl, Mailänder, Savoyer Kohl, Zypresse.*

§ 108. **Der Einfluß der östlichen Völker.** Infolge des Ganges der Kulturentwicklung sind die östlichen Völker hinter uns zurückgeblieben, und infolgedessen waren sie meist die Empfangenden, wir die Gebenden. Während das Russische, wie die übrigen slawischen Sprachen, zahlreiche Lehnwörter aus dem Deutschen enthält, sind wir verhältnismäßig arm an Lehnwörtern aus dem Slawischen. Wo wir welche aufgenommen haben, da handelt es sich dann meistens um Namen von Gegenständen, die neu in den Gesichtskreis der Deutschen getreten waren. Ein gemeingermanisches Lehnwort aus dem Slawischen gibt es überhaupt nicht, die frühesten Entlehnungen fallen in die spätalthochdeutsche Zeit, also in die Zeit, wo die Slawen weit nach Westen vorgedrungen waren. O. Schrader hat, Idg. Forsch. 17, 29 ff., die ältesten slawischen Lehnworte im Deutschen besprochen. Wenn man von allem Zweifelhaften und dem sicher Falschen absieht, so bleibt sehr wenig für die althochdeutsche Zeit übrig; im 13. und 14. Jahrhundert beginnen sich die Entlehnungen zu mehren, ganz so, wie wir das zu erwarten haben, aber erst in der Neuzeit werden sie beachtenswert häufig. Ich habe im folgenden in alphabetischer Reihenfolge zusammengestellt, was wir an derartigen Worten besitzen.

Beißker m. 'eine Fischart' um 1500 aus tschech. *piskoř*, obersorb. *piskoř*; — *Dolch*, im 16. Jh., poln. tschech. *tulich*(?); — *Dolman*, um 1500 über Ungarn aus türk. *dolaman* 'Unterkleid von Tuch'; — *Dolmetsch*, poln. *tlumacz*, madj. *tolmácz*, türk. *tilmatsch* (schon um 1300 mhd. *tolmetsche*); — *Droschke* f. aus poln. *droźka* (russ. *dróški*), Ende des 18. Jh.; — *dudeln*, aus poln. *dudlić* von *dudy* 'Sackpfeife', im 17. Jh.; — *Dussek* 'Weidmesser', tschech. *tesak*; — *Düse*, tschech. *duše*; — *Elen*, aus lit. *élnis*, abg. *jeleni* 'Hirsch', bei Luther; — *Gespan*, madj. *ispan*; — *Graupe*, im 15. Jh. belegt, vielleicht aus dem Slawischen, abg. *krupa* 'Krümchen'; — *Grenze*, aus poln. *granica*, im 13. Jh. im deutschen Ordenslande herübergenommen, durch Luther gemeindeutsch geworden; — *Grippe*, aus russ. *chripǔ* 'Heiserkeit'; — *Gulasch*, madj. *gulas*; — *Gurke*, aus poln. *ogurek*, im 16. Jh., weiter aus spätgr. ἀγγούριον (*angúrion*) 'Wassermelone'; — *Halunke*, älter *Holunke*, im 16. Jh. aus tschech. *holomek* 'nackter Bettler, Häscher'; — *Haubitze*, aus tschech. *houfnice* 'Steinschleuder', durch die Hussitenkriege bekannt geworden; — *Heiduck*, im 16. Jh. aus dem Ungarischen, wo es einen Volksstamm mit besondrer Tracht bezeichnete; — *Hetman*, klruss. *hetman*; — *Horde*, im 16. Jh. aus tatarisch *horda* 'Lager'; — *Husar*, aus madj. *huszár*, eigentlich 'der zwanzigste', im 16. Jh.; — *Jauche*, aus poln. *jucha* 'Brühe', einem alten indogermanischen Wort, das zu lat. *jūs*, gr. ζτµη (*zýmœ*) gehört, im 16. Jh.; — *Juchten*, aus russ. *juft*, mit niederdeutscher Lautgebung, im 17. Jh.; — *Kabache*, russ. *kabák*, im 18. Jh.; — *Kalesche*, im 17. Jh. aus tschech. *kolesa* 'Wagen'; — *Kandare*, im 19. Jh. aus madj. *kantár*; — *Kantschu*, aus tschech. *kančuch*, poln. *kańczuk*, im 18. Jh., stammt aus türk. *kantschy*; — *Karausche*, lit. *karósas*; — *Karbatsche*, aus tschech. *karabáč*, poln. *karbacz* von türk. *kyrbatsch*, im 17. Jh.; — *Kaute* 'Flachsbüschel', russ. *kudéli*; — *Keiler*, im 17. Jh. aus lit. *kuilĭs* 'Eber'?; — *Keusche*, slow. *kajža* 'Hütte'; — *Knes*, russ. *knjazĭ*; — *Knute*, aus russ. *knut* im 17. Jh.; — *Krabate* 'munteres wildes Kind', aus *Kroat*, im 30. j. K.; — *Kretscham* 'Dorfschenke', im Osten, schon im 14. Jh. entlehnt, sorb. *korčma*, tschech. *krčma*, poln. *karczma* 'Schenke'; — *Krinitz*, sorb. *škrjenc*; — *Kumt*, mhd. *komat* aus poln. *chomąt*; — *Kürschner*, schon ahd. *kursinna* 'Pelzrock', aus abg. *krŭzno*(?); — *Kutsche*, um 1500 aus madj. *kotsi*, Wagen aus dem Dorfe *Kocz* bei Raab; — *Kux*, im 15. Jh. noch *Kukus* aus tschech. *kukus*(?); — *Luch*, sorb. *luh* 'Sumpf'; — ostpreuß. *Margéll*, lit. *mergěle*; — *Meiler*, nach Heyne aus tschech. *mileř*, *milŕ*, unwahrscheinlich; — *Nerz*, *Nörz* 'kleine Fischotter und ihr Pelz', im 15. Jh. aus klruss. *noryća*, altpreuß. *naricie* (Iltis); — *Pachulke*, poln. *pacholek*; — *Pallasch*, im 17. Jh. aus russ.-poln. *pałaš*; — *Paprika*, serb. *páprika*; — *Peitsche*, aus tschech. *bič* im 15. Jh.; — *Pekesche*, aus poln. *bekieša* im 18. Jh.; — *Petschaft*, mhd. *petschat* aus tschech. *pečet*; — *Plauze*, poln. *pluča*; — *Plinse*, im 16. Jh. aus russ. *blinéc* 'Fladen'; — *Plötze*, im 15. Jahrh. aus poln. *plotka*; — *Pogrom*, russ. *pogróm*; — *Polka*, tschech. *pulka* 'Halbschritt', 19. Jh.; — *pomadig*, aus poln. *pomalu* 'gleichgültig, langsam'; — *Popanz*, im 17. Jh. aus tschech. *bobak*; — *Pomuchel* 'Dorsch', poln. *pomuchla*; —

Prahm, mhd. *pram* 'kleineres Flußschiff' ein wahrscheinlich von der Elbe her verbreitetes tschechisches Wort '*pram*'; — *Preiselbeere*, tschech. *brusnice*; — *pritsch*, tschech. *pryč*; — *Pulk*, poln. *pulk*; — *Pusta*, madj. *puszta*; — *Quark*, spätmhd. *twarc* aus dem Slawischen, vgl. russ.-poln. *tvarog*; — *Quas*, sorb. *kwas*; — *Rabisch*, tschech. *rabuše*; — *Rapuse*, tschech. *rabuše*; — *Reizker*, russ. *riskov* 'der rötliche'; — *Robot*, im Osten, aus tschech.-poln. *robota*, im 14. Jh.; — *Säbel*, aus russ. *sáblja*, poln. *szabla*, madj. *szablya*, im 15. Jh.; — *Saffian*, aus russ. *safijan* von türk.-pers. *sachtjan*, am Anfang des 18. Jh.; — *sämisch*, tschech. *zamiš*; — *Sander*, nsorb. *zandoř*; — *Sarraß*, im 18. Jh. aus poln. *zaraz* 'für den Hieb'(?); — *Schabracke*, aus türk. *čaprak*, im 17. Jh.; — *Scharwenzel*, tschech. *červenec*(?); — *Schacht* (Bergbau), nach Heyne aus tschech. *zachot* 'unterirdischer Gang'(??); — *Schibbeke* 'Holunderbeere', osorb. *dźiwi bóz*; — *Schmant*, *Schmetten* 'Sahne' aus tschech. *smetana*, schon mhd. *smant*; von *Schmetten* stammt *Schmetterling*; — *Schmasche* 'Lammfell', poln. *smušyk*; — *Schmock*, slow. *šmok*; — *Schöps*, schon mhd. *schopz* aus tschech. *skopec*; — *Schuppenpelz*, poln. *šuba*; — *Sobranje*, bulg. *sobranje*; — *Steppe*, erst im 18. Jh. aus russ. *step*; — *Sterlet*, russ. *sterljádi*; — *Stieglitz*, im 14. Jh. *stigeliz* aus tschech. *stehlec*; — *Strelitzen*, russ. *strělec*; — *Tolpatsch*, im 17. Jh. von madj. *talpas* 'breitfüßig'; — *Tornister*, aus tschech.-slowak. *tanistra*, die auf mgr. τάγιστρον (*tágistron*) 'Futtersack' zurückgehen, im 17. Jh.; — *Trabant*, im 15. Jh. aus madj. *darabant*; — *Trappe*, tschech.-poln. *drop*; — *Tschako*, madj. *czákó*; — *Tschapka*, poln. *czapka*; — *Tschardasch*, madj. *czardas*; — *Ukas*, aus russ. *ukás*, im 19. Jh.; — *Ukelei*, poln. *ukléj*; — *Ulan*, aus türk. *oghlan* 'junger Mensch', im 18. Jh. über Polen zu uns gekommen; — *Vampir*, aus serb. *vampir* um 1730; — *Weichselzopf*, aus poln. *wieszczyce*, 1734 bei Steinbach; — *Werst*, russ. *verstá*; — *Wildschur*, aus poln. *wilczura* 'Wolfspelz', im 18. Jh.; — *Wruke*, poln. *brukiew*; — *Zeisig*, aus tschech. *čížek*, schon mhd. *zise*, *zisec*; — *Zieselmaus*, ahd. *sisimûs*, wohl entlehnt aus einem slawischen Wort, das in russ. *súsol*, *súslik* 'muscitellus', bulg. *susel* 'Ratte', tschech. *sysel* 'Erdziesel' vorliegt; — *Zille*, russ. *čéln*; — *Zobel*, im 11. Jh. belegt, aus russ. *sóboli* 'Hermelin'; — *Zodie*, russ. *sodiú*.

Zu diesen noch heute lebenden Worten kommen einige Entlehnungen, die wieder verloren gegangen sind, und andere, die nur in den Mundarten fortleben, wie z. B. das bayr. *Kren* 'Meerrettich', slaw. **chrenŭ* aus pontisch-griech. κεράϊν (*keráïn*). Von den früher weitverbreiteten erwähne ich noch *Dürnitz* 'ein geheiztes Gemach', ahd. *turniza* 'caumata', wohl aus russ. *górnica* 'Stube'

§ 109. **Sonstige Einflüsse** sind im Mittelalter gering. Natürlich sind einige skandinavische und englische Worte zu uns gekommen. Es handelt sich bei ihnen um Ausdrücke für Kulturbegriffe, die durch niederdeutsche oder niederländische Vermittlung ins Hochdeutsche dringen. Auch sie würden bei genauerer Untersuchung manches Bemerkenswerte ergeben.

§ 110. **Die Entlehnungen der Neuzeit.** Eine neue Schicht zahlreicher Lehnwörter brachte die Neuzeit. Man kann hierbei im allgemeinen drei oder vier große Strömungen unterscheiden. Mit dem Aufblühen der humanistischen Studien tritt das Lateinische und Griechische erneut in unseren Gesichtskreis; es dringen indessen nicht nur zahlreiche Wörter aus diesen Sprachen ein, sondern man bildet mit dem Stoff dieser Sprachen neue Worte, die Bürgerrecht genießen. Unsere ganze wissenschaftliche Ausdrucksweise geht schließlich auf diese beiden Sprachen zurück, und wenn wir es auch hier vielfach mit dem Wortschatz der Sondersprachen zu tun haben, so dringt doch auch viel in die Umgangssprache ein.

Wie im Mittelalter beginnt im 16. Jahrhundert das Französische aufs neue zu wirken, und dieser Einfluß hat fortgedauert, bis er im 19. Jahrhundert etwas durch den englischen abgelöst wird. Vgl. GDS. 226.

Und schließlich wird in der Neuzeit die ganze Welt erschlossen. Die Erzeugnisse aller Zonen kommen nach Europa, und die neuen Dinge werden meist mit dem Namen bezeichnet, den sie in ihrer Heimat trugen. So geben denn schließlich fast alle Sprachen und Gegenden ihre Karte bei uns ab, natürlich meistens nicht unmittelbar, sondern durch Vermittlung andrer Sprachen. Das möge man nicht übersehen, wenn man die unten angegebenen Listen betrachtet.

Manche der Entlehnungen haben nur ein kurzes Dasein geführt, andere haben die Zeiten überdauert. Schon früh hat man gegen diese Eindringlinge geeifert und gekämpft, ebenso früh aber auch das Bedürfnis empfunden, besondere Verzeichnisse anzulegen, ein sicherer Beweis dafür, daß viele die Wörter nicht verstanden, daß wir es also mit dem Wortschatz einer besonderen Klasse zu tun haben.

Ich verzeichne hier zunächst die wichtigsten Fremdwörterbücher, an deren Hand man einen Einblick in das Vorhandensein der gebräuchlichen Fremdwörter gewinnen kann. Leider sind mir die meisten nicht zugänglich gewesen, da die Leipziger Universitätsbibliothek daran sehr arm ist. Soweit ich die Bücher nicht selbst gesehen habe, sind die Titel eingeklammert.

Ein Teutscher Dictionarius / dz ist ein außleger schwerer / unbekandter Teutscher / Griechischer / Lateinischer / Hebraischer / Wälscher und Frantzösischer / auch andrer Nationen wörter / so mit der weil inn Teutsche sprach kommen seind / und offt mancherley irrung bringent hin und wider auß mancherley geschrifften / und gemainer Red zusamen gelesen / außgelegt / und also allen Teutschen / sonderlich aber denen so zu Schrebereien kommen / uñ Ampts verwaltung haben / aber des Lateins unerfarn sind / zu gutem publiciert: durch Simon Roten, Augspurg 1571 und 1572. — Joh. Rud. Sattler, Teutsche Orthographey S. 484—566, 1607. — [Bernh. Heupoldus, *Dictionarium,* erklärend allerley schwäre unbekannte teutsche Wörter, so in die Teutsch Spraach eingerissen, 1620.] — Kilian hat seinem *Etymologicum* einen *Appendix peregrinarum, absurdarum, adulterinarumque dictionum* angefügt. Mir ist nur die vierte Ausgabe von 1632 zugänglich. — [Matth. Zeiller, Episteln und Sendschreiben 3, 30, 294; 4, 437. 1643.] — Teutscher unartiger Spraach-, Sitten- und Tugendverderber. 1644. — [Kasp. von Stieler, Zeitungs-Lust und Nutz, 1695.] — [Scheibner, Façons de Parler. 1695.] — Juncker, Zeitungslexikon in Christian Weisens Curieuse Gedanken usw., 1703. Dieses Werk will eine kurze und deutliche Erklärung geben, „wo nicht aller, jedoch der meisten und vornehmsten in denen Zeitungen vorkommenden und nicht jedermann gleich verständlicher   Wörter". — Joh. Christoph Nehring, Historisch-Politisches-Juristisches Lexikon, 1696, 1710, 1717. — [Menantes, Die allerneuste Art höflich und galant zu schreiben, nebst einem zugänglichen Titulatur- und Wörterbuch, 1702.] — [J. H Spannutius, Teutsch orthographisches Schreib-, Conversations-, Zeitungs- und Sprichwörterlexikon, 1720.] — Sperander, à la mode-Sprache der Deutschen, 1727, auch 1728. — [Antonio Moratori, Bequemes Correspondenz- und Conversations-Lexicon, 1727.] — M. Sigis. Jac. Apini, Glossarium novum ad aevi huius statum adornatum in quo rerum novarum nomina vel nostra vel aliunde adscita, ut sunt officinarum, vestiaria, militaria, proverbia item et alia ex variis linguis et artibus in sermone quotidiano aut relationibus publicis occurentia vocabula latine reddita inveniuntur, 1728 — BELEMNON, Curiöses Bauernlexicon, worinnen die meisten in unserer teutschen Sprache vorkommenden fremden Wörter erkläret, 1728. — PHILANDER, Allerneuster Vorrath von Briefen. Denen ist beigefügt Ein Zeitungslexicon. Frankfurt, Leipzig 1748. — [R. P. ODILO SCHREGER, Lustig- und nützlicher Zeitverderber S. 1—82, 1754.] — [JOH. FRIEDR. KRACKHERR, Hand-Lexicon, 1766. Darin angehängt ein Jüdisch-deutsches und Rotwelsches Wortverzeichnis.] — [BEYSCHLAG, Sammlung ausländischer Wörter, 1774.] — Versuch eines Verzeichnisses, wie man die ausländischen Wörter, die zum öftesten vorkommen, gut deutsch geben könne, in dem deutsch-orthographischen Handbuch. Bonn 1773. — [ZOBEL, Verdeutschungs-Wörterbuch (im „Neu eingerichteten Hand- und Reisebuch"), 1775.]

Gute Dienste für die Altersbestimmung und das Vorhandensein von Fremdwörtern leisten auch die im 18. Jahrhundert auftauchenden Enzyklopädien und Konversationslexika. Ich nenne von ihnen: JOHANN HÜBNER, Staats-, Zeitungs- und Conversations-Lexicon, Merseburg 1709 u. ö. — JOHANN HÜBNER, Curieuses und reales Natur- Kunst- Berg- Gewerk- und Handlungs-Lexicon, 1712, 1741 u. ö. — AMARANTHES, Nutzbares, galantes und curiöses Frauenzimmerlexicon, 1715, 2. Auflage 1739. — KRÜNITZ, Ökonomisch-technologische Enzyklopädie, 1773—1858. — JACOBSON, Technologisches Wörterbuch, Berlin 1781—1784. — JOH. FERD. ROTH, Gemeinnütziges Lexikon für Leser aller Klassen, Nürnberg 1788, 2. Auflage 1791, 3. Auflage 1805, 1806. — Enzyklopädisches Wörterbuch oder alphabetische Erklärung aller Wörter aus fremden Sprachen, die im Deutschen aufgenommen sind, wie auch aller in den Wissenschaften, bei den Künsten und Handwerken üblichen Kunstausdrücke, bearbeitet von einer Gesellschaft Gelehrter (herausgegeben von Heinse), 1.—11. Band, Zeitz und Naumburg 1793—1805.

Über die im Anfang des 19. Jahrhunderts bei uns gebrauchten Fremdwörter sind wir ausgezeichnet unterrichtet. J. H. CAMPE hat ein Wörterbuch zur Erklärung und Verdeutschung der unsrer Sprache aufgedrungenen fremden Ausdrücke geschrieben; Braunschweig 1801, zweite Ausgabe 1813. Bei seinem Sammeleifer wird ihm kaum viel entgangen sein, und wir können daher im allgemeinen getrost annehmen, daß das, was bei ihm nicht steht, erst später gebraucht worden ist.

Anmerkung. H. DUNGER, Wörterbuch von Verdeutschungen entbehrlicher Fremdwörter. Leipzig 1882 S. 43 gibt eine Liste von 314 heute noch vorhandenen Fremdwörtern, die sich bei Campe noch nicht finden, darunter solche wie *Agitator, Aquarell, banal, Basar, Bluse, emanzipiert, Gulasch, Humbug, lynchen, massieren, Omnibus, Plaid, Plüsch, Portemonnaie, rabiat, Reklame, Reservist, Schablone, Scheck, Spezialist, Spionage, Streik, Torpedo, Turist, Veranda, Waggon* usw.

Dem Campeschen Werke sind im Laufe des 19. Jahrhunderts viele andere gefolgt, und heute gibt es eine ganze Reihe von Fremdwörterbüchern, die den Zweck verfolgen, die fremden Ausdrücke zu erklären. Sie haben für uns zunächst keine weitere Bedeutung, mit der Zeit aber werden diese Werke geschichtliche Urkunden.

J. KR. SCHWEIZER, Wörterbuch zur Erklärung fremder, aus anderen Sprachen in die deutsche aufgenommenen Wörter und Redensarten, Zürich 1803, 4. Auflage 1834. — OERTEL, Gemeinnütziges Wörterbuch zur Erklärung und Verdeutschung der im gemeinen Leben vorkommenden fremden Ausdrücke. Nach dem Plane des beliebten Rothischen Lexikons bearbeitet, 2 Bände, Ansbach 1804, 5. Auflage 1830. — F. ERDM. PETRI, Neuer Dollmetscher usw. oder Verdeutschungs-Wörterbuch, Leipzig 1806; 4. Auflage unter dem Titel: Gedrängtes Handbuch der Fremdwörter in deutscher Schrift- und Umgangssprache, Dresden 1823, 13. Auflage von E. Samostz, Leipzig 1879. — J. Ch. A. Heyse, Kurzgefaßtes Verdeutschungs-Wörterbuch, 1807, 1809 und 1819, dann unter dem Titel: Allgemeines verdeutschendes und erklärendes Fremdwörterbuch; noch jetzt vorhanden und oft von Verschiedenen neu bearbeitet. — Jac. H. Kaltschmidt, Kurzgefaßtes Wörterbuch zur Verdeutschung der wichtigsten Fremdwörter und landschaftlichen Ausdrücke, dann unter dem Titel: Neuestes und vollständigstes Fremdwörterbuch usw., 8. Auflage 1876. — Dan. Sanders, Fremdwörterbuch, Leipzig 1871, 2. Auflage 1891. Dazu kommen noch zahlreiche andere Werke, die hier zu erwähnen nicht nötig ist.

Um das erste Auftreten und die Verbreitung der Fremdwörter zu bestimmen, sind wir außer auf diese lexikalischen Werke darauf angewiesen, dem ersten Auftreten der Fremdwörter in der Literatur nachzuspüren. Nun gibt es einige Schriften, die teils die Fremdwörter bevorzugen, teils viele anführen, um sie lächerlich zu machen und zu bekämpfen. In diesen wird man über die Sprache und den Wortschatz ihrer Zeit am besten unterrichtet werden.

Während das Auftreten der Lehnwörter in der ältesten Zeit eingehend untersucht ist, haben für die Neuzeit genauere Untersuchungen erst spät eingesetzt. Als unwillkommene Eindringlinge schloß sie Jak. Grimm von seinem Wörterbuch aus, und erst die spätern Mitarbeiter haben mit diesem Grundsatz gebrochen. Dagegen hat Weigand von Anfang an die Lehnwörter, wenn auch nur in Auswahl herangezogen und sie bis zu ihrem letzten Ursprung zurückverfolgt. In der neuen Auflage sind sie eingehender berücksichtigt, und vom zweiten Drittel ab werden gewiß nicht viele fehlen, da ich mein Augenmerk darauf gerichtet habe, das Werk nach dieser Seite zu ergänzen. Freilich fehlen uns vielfach die Sammlungen, und so haben sich die Altersbestimmungen häufig als zu jung erwiesen.

Ein bedeutender Stoff für die Geschichte unsrer Fremdwörter ist in den Arbeiten über die Sondersprachen (Kapitel XII) enthalten, da diese vielfach voll von Entlehnungen sind.

An Einzelarbeiten sind mir noch bekannt geworden: D. F. Malherbe, Das Fremdwort im Reformationszeitalter, Freib. Diss. 1906. — W. Strasdas, Das Fremdwort bei Goethe bis zu seiner Rückkehr aus Italien, Freib. Diss. 1907. — D. Meyer, Schiller und das Fremdwort. I. Das Fremdwort in Schillers Gedichten, Gött. Diss. 1910. — Klara Hechtenberg, Fremdwörterbuch des 17. Jahrhunderts, Berlin 1904. Die Verfasserin hat ihren Stoff nicht erschöpft, sondern sich auf eine ganz willkürliche Auswahl beschränkt. Außerdem gibt sie vielfach nur allgemeine Belegstellen, so daß das Werk kaum brauchbar ist. — H. Weimer, Die Fremdwörter bei Lauremberg, Jahrb. f. ndd. Sprachf. 25, 70.

Die neueste Zeit hat uns nun zwei größere Werke gebracht, die die bisher bestehenden Lücken ausfüllen wollen. Das erste ist ein deutsches Fremdwörterbuch von Hans Schulz, von dem der erste Band A—K Straßburg 1913 jetzt vorliegt. Es ist ein gut angelegtes, übersichtliches Buch mit guten Belegstellen, die auf reichen Sammlungen beruhen. Wenn man auch manche Fremdwörter vermißt, so wird man sich doch im allgemeinen mit der Auswahl des Verfassers einverstanden erklären können. Über die Sprache hinaus, aus der das Wort entlehnt ist, verfolgt Sch. seine Wörter nicht, sondern behandelt sie nur im Rahmen des Deutschen. Mancher Leser wird dies vielleicht für einen Mangel halten, und er muß für weiteres Nachforschen dann zum WEIGAND greifen.

Das zweite Werk ist das oben S. 134 genannte von SEILER. Hier ist ein sehr schöner Versuch gemacht, die Aufnahme der Fremdwörter im großen Zusammenhang zu behandeln.

„Es haben sich", sagt der Verfasser 3. Band IV, „in den vier Jahrhunderten seit etwa 1500 ungleich mehr Lehn- und Fremdwörter in unserer Sprache heimisch gemacht, als in den anderthalb Jahrtausenden vorher. Dabei ist die Geschichte jedes Fremdwortes aufs engste verwachsen einerseits mit der Geschichte der Begriffe und Sachen selbst, andererseits mit der Entwicklung der zu dem betreffenden Kulturkreise gehörenden einheimischen Ausdrücke. Wer also eine Geschichte des Fremdwortes schreiben will, der müßte streng genommen zugleich eine Geschichte des häuslichen und wirtschaftlichen Lebens, der Kunst und Literatur, der Wissenschaft und Technik, der Politik und Staatsverwaltung, des Heer- und Marinewesens, des Luxus und der Mode schreiben. Er müßte auch die Entwicklung des heimischen Sprachschatzes darstellen, mit einem Worte eine alles umfassende Kultur- und Sprachgeschichte liefern. Das konnte nicht meine Absicht sein. Mein Buch beansprucht selbstverständlich nicht, auf irgendeinem Gebiete etwas Erschöpfendes, sondern überall nur das Wichtigste und Bedeutsamste zu geben."

Jedenfalls ist dem Verfasser ein guter Wurf gelungen, und das Buch ist daher nur zu empfehlen.

Überblickt man die neuzeitliche Entwicklung des deutschen Wortschatzes in bezug auf die Fremdwörter und verfolgt deren Geschichte, so spiegelt sich darin die Geschichte des deutschen Volkes und seiner Kultur. Einerseits nehmen wir, zu je höherer Entwicklung die französische Kultur gelangt, immer mehr französische Worte auf — die Kenntnis des Französischen gehörte ja lange Zeit zu den notwendigen Bestandteilen der Bildung — anderseits dringen durch das Aufblühen der humanistischen Studien, das Vorherrschen des Lateins in dem gelehrten Schrifttum, die zunehmende Kenntnis des Griechischen zahlreiche griechische und lateinische Worte in die Gelehrtensprache, weiter in die Sprache der Gebildeten und schließlich auch noch tiefer herab. Diese Vorgänge vermag ich nicht im einzelnen zu schildern, da dazu alle Vorarbeiten fehlen.

Auf der andern Seite bringt uns das Zeitalter der Entdeckungen eine Erweiterung des Weltbildes und die Bekanntschaft mit vielen unbekannten Früchten, Stoffen, Pflanzen, Tieren, Gewürzen usw. Für viele dieser Dinge übermitteln die Seefahrer die einheimischen Namen, und unter diesen Namen werden dann die Gegenstände in ganz Europa bekannt. Wir haben, was diese Dinge betrifft, heute fast schon eine Weltsprache.

Die Wortforschung weist uns nun oftmals mit völliger Bestimmtheit den Weg, auf dem diese neuen Gegenstände vorgedrungen sind, und so bietet auch hier wieder die Wortgeschichte wertvolle Beihilfen zur Kulturgeschichte.

Es dürfte angebracht sein, an dieser Stelle wenigstens einiges aus dem reichen Stoff zusammenzustellen, wobei freilich zu beachten ist, daß auf diesem Gebiet die Anschauungen leicht wechseln, ich selbst auch nicht imstande bin, die Richtigkeit der aufgestellten Meinungen nachzuprüfen. Ich kann mich auch nicht in große kulturgeschichtliche Erörterungen einlassen, sondern kann nur die Worte kurz nebeneinander stellen. Wer nur ein bißchen nachdenkt, dem wird dabei sofort manches auffallen, und es werden Kulturbilder vor ihm aufsteigen. Im übrigen verweise ich auf Weigands Wörterbuch und auf Seiler.

a) Aus dem **Niederländischen**: *Aktie, Besanmast, Boje, Börse, Brasse, bugsieren, Bugspriet, Bülse, Deut, Dose, Fallreep, Flor* 'Gewebe', *Fock, Garnele, Gracht* 'Kanal', *Hai, Harpune, Heilbutt, Jacht, Kajüte, Kaper, Klüver, Koje, Krakeel, Lackmus, lavieren, Lotse, Maat, Maatjeshering, Matrose, Niete, Nock, Paneel, peilen, pikfein, Pilot, Pinasse, Polder, Pottfisch, prassen, Presenning, Priem, Profos, Rabatte, Rabau, Radies, Raigras, Reede, Stramin, Süd, Talje, Tulpe.*

Wie eine einfache Durchsicht lehrt, handelt es sich bei diesen Entlehnungen in erster Linie um seemännische Ausdrücke, zu denen einige aus dem Handel kommen. Aber der ganze niederländische Einfluß wird dadurch nicht klar, da wir sehr vieles aus dem Niederländischen übersetzt haben. Das Niederländische hat schon seit der mittelhochdeutschen Zeit einen anhaltenden Einfluß auf das Hochdeutsche ausgeübt. Vieles, was scheinbar aus dem Französischen stammt, ist durch niederländische Vermittlung zu uns gekommen. Vgl. F. Seiler 3, 91 ff. Dieser weist mit Recht darauf hin, daß das nördliche Westfalen und nordwestliche Hannover noch heute reich an volkstümlichen französischen Lehnwörtern sind, die meistens wohl durch die Niederlande zu uns gekommen sind.

b) Aus dem **Englischen**.

Literatur: R. F. Arnold, Die englischen Lehn- und Fremdwörter im gegenwärtigen Neuhochdeutsch, ZfdöstGymn. 1904, 91 ff. — H. Dunger, Wider die Engländerei in der deutschen Sprache, ZADSV. 14, 12.

Während wir in früheren Jahrhunderten kaum unmittelbar englische Wörter aufgenommen haben, hat sich das im Laufe des 19. Jahrhunderts stark geändert. 1795 gab Kinderling, Über die Reinigkeit der deutschen Sprache, eine Liste der Fremdwörter nach Sprachkreisen geordnet und führt darin S. 109 21 Wörter englischer Herkunft an. Davon stammen aber einige nicht aus dem Englischen. Dem gegenüber haf H. Dunger, Wörterbuch von Verdeutschungen entbehrlicher Fremdwörter 1882 S. 12 148 englische Fremdwörter angegeben. Es ist klar, der englische Einfluß ist im 19. Jahrhundert gewaltig gewachsen, und er wird entsprechend der Ausbreitung unseres Handels und unseres Seewesens noch weiter wachsen. Man soll das nicht zu sehr bedauern. Das Englische ist doch unsere nächste Verwandte und viele Worte, die von dort kommen, lassen sich leicht unserer Sprache anpassen, wenn wir nur so schreiben, wie wir sprechen. Wer sieht Worten wie *treideln* von e. 'trail' 'Zugseil', *trimmen* aus e. *trim* 'in Ordnung bringen', *Kutter,* e. *cutter, Dock,* e. *dock, Messe* 'Speiseraum der Schiffsoffiziere', e. *mess* den fremden Ursprung an?

Aldermann, Baby, Beefsteak, Bill, Bombast, Bowle, boxen, Boykott, Dandy, Dock, Dogge, drainieren, Elfe, Farm, fesch, Film, Flammeri, flirten, Folklore, Gallone, Gentleman,

Grog, Humbug, Humor, hurliburli, Hurri, Indemnität, Interview, Jett, Jingo, Jobber, Jockei, Jury, Jute, Kalmank, Keks, Klosett, Klub, Kodak, Koks, Komfort, Konsols, Kontertanz 'ländlicher Tanz', *Kutter, Lawn Tennis, Lloyd, Log, Lokomotive, Lore, lynchen, Match, Mob, Mohär, Mull, Paddock, Pamphlet, Park, Parlament, Pinscher, Plaid, Plumpudding, pokern, Pony, Propeller, Puddelofen, Pudding, Punsch, Racket, Rekord, Revolver, Rips, Roastbeef, Robber, Rowdy, Rum, Rumpsteak, Schal, Scheck, Scheckpfeife, Schirting, Schlips, Schwindler, Skalp, Spleen, Sport, Star, Start, Steeplechase, Steward, Streik, Sweater, Tandem, Tank, Tattersall, Tender, Tip, tipptopp, Toast, trainieren, Trambahn, Trick, Trust, Tunnel, Turf, Turnip, Verdikt, Waggon, Warrant, Whisky, Whist.*

Vertreten sind hier die meisten Gebiete der modernen Kultur.

c) Aus dem **Nordischen** (Entlehnungen sind hier der Natur der Sache nach wenig zahlreich): *Berserker, Brigg, Fjord, Jul, Lemming, Narwal, Renntier, Sild, Skalde, Ski, Tang, Tundra, Vielfraß* 'gulo', norw. *fjeldfross*, eig. 'Bergkater', *Waberlohe, Walküre, Wingolf.*

d) Aus dem **Französischen**: Es erscheint mir unnötig, die unendliche Zahl von Lehnwörtern, die wir aus dem Französischen aufgenommen haben, hier im einzelnen aufzuführen. In fast unüberschbarer Menge haben wir sie seit dem 16. Jahrhundert erhalten, und noch hört der Strom nicht auf, wenngleich er sich in der letzten Zeit etwas verringert hat. Viele werden in der unten gegebenen systematischen Übersicht zur Sprache kommen. Zu bemerken ist, daß das meiste, was wir aus dem Spanischen, vieles was wir aus dem Italienischen und sonstigen Sprachen aufgenommen haben, durch französische Vermittlung zu uns gekommen ist. Man muß natürlich auch hier unterscheiden zwischen volkstümlichen und gelehrten Entlehnungen, was auf die verschiedenen Wege weist, die die Worte eingeschlagen haben.

e) Aus dem **Spanischen**, **Portugiesischen** und **Baskischen** (natürlich meist durch französische Vermittlung): *Alarm, Alligator, Anchovi,* zunächst aus dem Ndl., angeblich baskisch. *Armada, Autodafé* (l. *actus fidei*), *Bandelier, barock, bigott, bizarr, Docke, Dulcinea, Eldorado, eskamotieren, Ferdinand, Fetisch, Gala, Galan, galant, Gamasche, Gitarre, Grande, Guerilla, Hermandad, Indigo, Infant, Kamarilla, karambolieren, Kargo, Kastagnette, Knaster, Kolibri, Kork, Koschenille, Kreole, Lakai, Mantille, Marmelade, Matador, Melasse, Merino, Mestize, Moskito, Mulatte, Neger, Palaver, Parade* 'Truppenschau', *Potpourri,* frz. Übersetzung des span. *olla podrida, Romanze, Rosinante, Schaluppe, Siesta, Silo, Tantes, Tornado, Vanille, Zambo, Zigarre.*

f) Aus dem **Italienischen**: Den Einfluß des Italienischen im ausgehenden Mittelalter haben wir schon oben § 107 kennen gelernt. Seitdem sind aber weitere zahlreiche Wörter von dorther zu uns gekommen, besonders auf dem Gebiet des Handels, dem der Musik, dann aber auch in andern Künsten. Vielfach ist die ursprüngliche italienische Form durch die französische abgelöst, oder die französische herrscht in Nord- und Mitteldeutschland, die italienische im Süden. So sagt man statt *Police* aus frz. *police* in Österreich *Polizze* aus ital. *polizza*. Statt *Karosse* hieß es noch im 17. Jh. auch *Karotze* aus ital. *caroccio*, statt *Prozent* sagt man auch noch *Perzent*, ital. *percento* usw.

Agio, Akelei, Alber, Alt, Altan, Ammer, Arie, Aviso, Bagatelle, Bajazzo, Paias, Balkon, Ballett, Ballon, Bandit, Bank 'Kasse', *Bankerott, Bankett, Baß, basta, Bastei, Bastonnade, Belvedere, Bilanz, Binetsch, Blockade, Boskett, Bratsche, Brente* 'Gefäß', *Brigade, Brokat, Büfett, burlesk, Canaille, Dilettant, Diskont, Dusche, Fagott, Falsett, Farinzucker, Fiasko machen, Filigran, Finte, Fratze, Fresko, Frettchen, Front, Furon, Galeere, Galerie, Gambe, Gant, Ganter, Gardine, Geschwader, Getto, Giro, Gondel, Granate, grotesk, Hatschier, Indossament, Kanone, Kanzone, Kapriole, Kapuze, Karfiol, Karrete, Kartätsche, Kartaune, Kartoffel, Kasematte, Kasino, Kasse, Kataster, Kavalkade, Klarinette, Kohlrabi, Kolli, Konto, Kontrabaß, Korridor, krepieren, Krujon, Kuhn, Kuppel, Lagune, Lava, Levante, Litze, Madrigal, Makkaroni, Malaria, Marketender, Marone, Marzipan, matsch* 'Spiel verloren', *Medaille, Miliz, Molo, Mosaik, Motette, Motto, Muster, netto, Nocke, null, Obligo, pari, Paroli, Partisan, Partisane, Passagier, Paste, Pastell, Pedant, Perücke, Petarde, in petto, Pianoforte, Pickelflöte, Pilaster,* bayer. *Plente, Pokal, Polenta, Polizze, Poltron, Porto, Porzellan, Post, Posten* 'Rechnungsbetrag', *Postillion, Posto, Pratze, Probe, Profil, Prokura, Punzen, Putten, Rabatt, Rakete, Rastel(binder), Redoute, Regal, Regatta, Rest, Rikambio, Rimesse, Risiko, Salami, Salat, Saldo, Scharmützel,* bayer. *Scharnützel* 'Krämerdüte', *Schmirgel, schraffieren, Serenade, Similisteine, Skat, Skizze, Skorzonere, Soffitte, Solo, Sonate, Sonett, Sordine, Spagat, Spaß, Spesen, Spinett, Sponton, Stafette, Stanze, Stilett, stilisieren, stornieren, Strapaze, Strazze, Stuck, Studio, Talar, Tarock, Taste, Techtelmechtel, Tempo, Tenor, Terrakotta, Terzerol, Terzett, Tombola, Torso, Transit, Transport, Traß, Tratte, Triller, trillern, Trott, Trüffel, Valuta, Vetturin, Violine, Vista, Zechine, Zervelatwurst, Zitrone.*

g) Aus dem **Ladinischen,** der romanischen Sprache in den Alpen: *rodeln,* lad. *rodella* 'Rad, Scheibe', *ir a rodellas* 'hinunterkollern'; — *Rufi* 'Felslawine', lad. *rovina* 'Einsturz'; — *Gletsch(er)* aus lat. *glacies* wie schweiz. *Tschingel* aus *cingulum.*

h) Aus dem **Rumänischen:** *Bojar.*

i) Aus dem **Persischen:** *Absinth, Azur, Basar, Derwisch, Diwan, Ferman, Jasmin, Julep, Karawane, Lasur, lila, Limone, Myrte, Narde, Paradies, Pascha, Roche* 'Turm', *Saffian, Salamander, Sarabande, Satrap, Schach, Schal, Schikane, Serail, Seraskier, Serdar, Taft, Tiara, Tiger.*

k) Aus dem **Indischen:** *Beryll, Brille, Dschungel, Ingwer, Jute, Kampfer, Kermes, Lack, Mandarin, Moschus, Mull, Nabob, Nirwana, Opal, Orange, Pfeffer, Punsch, Radscha, Reis, Rupie, Sandarak, Sandelholz, Schakal, Smaragd, Veranda, Zebu, Zitz, Zucker.*

l) Aus dem **Tamulischen,** der einheimischen Sprache Indiens: *Paria, Pompelmuse.*

m) Aus dem **Malaiischen** und **Australischen:** *Bambus, Betel, Gingang, Guttapercha, Kakadu, Känguruh, Kasuar, Orang-Utan, Pagode, Sago, tätowieren, Tombak, Trepang, Zimt.*

n) Aus dem **Ostasiatischen:** *Bonze, Dschonke, Geescha, Kotau, Kuli, Mammut, Packfong, Taifun, Tee, Yak.*

o) Aus dem **Ägyptischen** und **Koptischen:** *Almanach, Barke, Gummi, Oase, Papier.*

p) Aus dem **Afrikanischen:** *Banane, Basalt, Gnu, Gorilla, Quagga, Schimpanse, Zebra.*

q) Aus dem **Hebräischen** sind die Entlehnungen auf verschiedenen Wegen zu uns gekommen, durch die Bibel, das Jüdisch-Deutsche und die Gaunersprache. Die letzte Art suche man unter Gaunersprache.

1. Durch Vermittlung der Bibel: *Aloe, Bisam, Cherub, Ebenbaum, genieren, Kamel, Koralle, Mammon, Manna, Passah, Sack, Satan, Schibboleth, Seckel, Seraph, Zider.*

2. Aus dem **Jüdisch-Deutschen** stammen: *Bocher, dibbern,* auch *däbern* 'angelegentlich besprechen', *flöten gehen,* Umdeutschung des jüd.-deutschen *pleite gehen,* s. *Pleite, Geseier, Kabale, Kalle, Matze, Mauschel, meschugge, Pleite,* jüd. *pleto* 'Flucht', davon auch *flöten gehen, Rebbes, Schabbes, schächten, Schaddchen* 'Heiratsvermittler', *schäkern, Schaute, Schote, Schicksel, Schmad* 'Taufe', *Schmu, Schmul, Schmus, schofel, Stuß, treife* 'unrein'.

r) Aus dem **Arabischen:** *Admiral, Alchemie, Algebra, Alkali, Alkohol, Alkoven, Ambra, Antimon, Aprikose, Arrak, Arsenal, Artischoke, Atlas, Bakschisch, Balsam, Bardient, Berberis, Borax, Burnus, Dragoman, Droge, Elixir, Emir, Feluke, Gasel, Gazelle, Giraffe, Harem, Haschisch, Islam, Joppe, Kadi, Kaffee, kalfatern, Kaliber, Kalif, Kandelzucker, Kandis, Karaffe, Karat, karmesin, Kattun, Kismet, Laute, Magazin, Maske, Matratze, matt, Moschee, Mufti, Mumie, Muselmann, Mütze, Naphtha, Natron, Papagei, Rakett, Razzia, Ribisel, Ries, Saflor* 'Färbediestel', *Saflor, Safran, Samum, Saphir, Sarazene, Schebecke, Schirokko, Sennesbaum, Sesam, Sirup, Sofa, Sultan, Sumach, Talisman, Talk, Tamarinde, Tambur, Tara, Tarif, Tasse, tauschieren, Theodelit, Watte, Wesir, Zibebe, Zibet, Ziffer, Zitwer.*

s) Aus dem **Syrischen** und Orientalischen überhaupt: *Alabaster, Arsenik, Bisam, Greif,* assyr. *krub* (hebr. *kerub*), *Jaspis, Satte.*

t) Aus dem **Türkischen**: *Babusche, Bergamotte, Dolman, Dolmetsch, Janitschar, Jurte, Kaftan, Kalpak, Kantschu, Karbatsche, Kiosk, Odaliske, Schabracke, Schagrin, Scharlach, Sorbett, Turban, Ulan.*

u) Aus dem **Amerikanischen**: *Alpakka,* peruan.; *Ananas,* peruan.; *Guano,* peruan.; *Hängematte,* karaib.; *Jaguar,* bras.; *Kakao,* mexik.; *Kakerlak,* südamerik.; *Kanu,* karaib.; *Kautschuk,* südamerik.; *Kondor.* peruan.; *Lama,* peruan.; *Mahagoni; Mais; Mokassin; Opossum; Orkan,* karaib.; *Palisander, Polisander; Schokolade,* mexik.; *Tabak; Tapioka,* brasil.; *Tapir,* brasil.; *Tomaha(w)k,* Indianersprache; *Tomate,* mexik.; *Vigogne,* peruan.; *Wigwam,* Indianersprache.

Welche Fülle von Beziehungen im Welthandel und Weltverkehr entrollt so die Sprache! Und dabei ist der Stoff nicht einmal erschöpft. Die trockenen Listen müßten nun freilich erst durch Erläuterungen kulturgeschichtlicher Art lebendig gemacht werden, doch übersteigt das den mir zur Verfügung stehenden Raum.

Ein paar Bemerkungen mögen hier noch über die Fremdwörter in den Mundarten hinzugefügt werden. Auch die Mundarten enthalten zahlreiche Fremdwörter. Z. T. stammen diese aus der Schriftsprache, d. h. aus der Sprache der Gebildeten, indem durch Nachahmung derartige Worte allmählich auch zu den unteren Volksschichten gedrungen sind, vgl. darüber § 175. Anderseits haben die Grenzmundarten aus den Nachbarsprachen eine Reihe von Wörtern aufgenommen, die nicht im ganzen Sprachgebiet verbreitet sind. So ist ganz klar, daß das Elsässische und auch das übrige Alemannische zahlreiche französische Ausdrücke enthält, die sonst nicht bekannt sind, während anderseits die ostdeutschen Mundarten eine Reihe slawischer Ausdrücke aufweisen, die ihrerseits im Westen unbekannt sind. Das baltische Deutsch enthält esthnische Lehnwörter, vgl. H. SUOLAHTI, Die esthnischen Worte im Deutschen der baltischen Ostseeprovinzen Neuphil. Mitt. 1910, 99—129. Sehr bemerkenswert sind auch die Fremdwörter im Österreichischen und Bayerischen, wo sich noch eine Reihe italienischer Fremd·wörter erhalten haben, die auf den alten Handelsweg von Italien nach Deutschland hinweisen, wie *Sporka, Spagat, Gant, Bollette, Skadenz, Sensal, Kassa, Polizze,* vgl. darüber SCHIRMER Kaufmannssprache XXIX.

Achtes Kapitel.

Kampf gegen die Fremdwörter. Verdeutschungen.

§ 111. **Allgemeines.** Dem Gange der Kulturentwicklung gemäß ist unsere Sprache dem Eindringen von Fremdwörtern stark ausgesetzt gewesen, indessen kaum mehr als die andrer Völker. In der ältern Zeit findet eine natürliche Aufnahme von Lehnworten in die Volkssprache statt, und diese sind daher heute dem deutschen Sprachbau derartig angepaßt, daß sie als

Fremdwörter nicht mehr zu erkennen sind. Ähnlich steht es mit den Entlehnungen aus dem Osten. Auch sie gehen durch den Volksmund und weisen daher in ihrer Form häufig nichts Fremdes mehr auf, höchstens daß eigentümliche Lautverbindungen den Kundigen auf die fremde Herkunft aufmerksam machen. Worte wie *Dolch, Gurke, Peitsche* klingen durchaus deutsch. Dem gegenüber ergießt sich schon im Mittelalter und zunehmend in der Neuzeit ein unendlicher Strom von Fremdwörtern in unsere Sprache, der nicht auf natürlichem Wege in das ganze Volk, sondern durch die Literatur, dadurch daß viele Gebildete die fremde Sprache erlernten, durch Nachäfferei und sonstige Umstände in die Sprache bestimmter Kreise eingedrungen ist. Es ist nach den oben gegebenen Ausführungen ganz klar, daß viele von diesen Fremdworten entbehrlich sein dürften, und es ist nur natürlich, daß deutsche Männer frühzeitig den Kampf gegen sie eröffnet haben. Vgl. darüber GDS. 231 ff.

Dieser Kampf kann sich natürlich nur gegen jene mehr gelehrten Fremdwörter der zweiten Art richten. Alles, was dem Geiste der deutschen Sprache entspricht, was eingedeutscht ist, was jeder versteht, darf nicht beanstandet werden. *Fenster*, das Zeesen noch durch *Tageleuchter* verdeutschte, wird keiner mehr entfernen wollen. Außerdem gibt es ein gewisses allgemeines Sprachgut, wie z. B. die Monatsnamen, an die man nicht tasten sollte. Aber sonst wimmelt unsere Sprache von Fremdwörtern, die recht wohl entbehrlich sind. In einer ganzen Reihe von Betrieben, in der Post, der Eisenbahn, dem Heerwesen hat bewußtes Eingreifen eine Reihe von Verdeutschungen geschaffen, die schon ganz oder beinahe eingebürgert sind. Meines Erachtens sind die Fremdwörter nicht deshalb zu verwerfen, weil sie fremd sind, sondern im wesentlichen deshalb, weil sie nur einem kleinen Kreis unsres Volkes angehören, weil die große Masse sie nicht versteht und nichts damit anzufangen weiß. Man mustere einmal den Wortschatz der Mundarten, und man wird erstaunt sein, wie wenig Fremdwörter man im Grunde dort antrifft. Ebenso wenig gibt es in der schönen Literatur. Unsere großen Schriftsteller, die sonst manches Fremdwort in ihren Briefen gebrauchen, vermeiden es doch in ihren Werken, besonders in der Poesie. Die eigentliche Stätte des Fremdworts ist die gelehrte Literatur. Mancher Gelehrte hält mit Hartnäckigkeit an ihnen fest, und es ist nicht zu leugnen, daß man sie manchmal braucht, teils um mit dem Ausdruck zu wechseln, teils weil manche Ausdrücke tatsächlich nicht entbehrlich sind. Oft genug gewährt auch der fremde Ausdruck einen etwas abweichenden Sinn, den der Schriftsteller gerade hervorrufen will. Trotzdem lassen sich die Fremdwörter in viel höherem Maße vermeiden, als es geschieht. Wer sich bemüht, auf seine Worte zu achten, dem wird das nicht schwer fallen, und er wird erkennen, daß man oft zu einer bessern Ausdrucksweise kommt, wenn man das Fremdwort, das einem in die Feder fließen will, durch ein deutsches ersetzt. Gewiß muß man nachdenken, man muß oft den ganzen Satzbau ändern, aber zum

Schaden der Sache ist es meistens nicht. Die Schule hat natürlich die Verpflichtung, auf die Vermeidung der Fremdwörter hinzuwirken, und ich bin der Überzeugung, daß es nach dieser Richtung immer besser werden wird.

Oft wird man freilich dem Einwand begegnen, daß ein Fremdwort nicht zu ersetzen sei.

Aber dieser Einwand hält nicht Stich. Wenn nicht alles ersetzt werden kann, so doch vieles, und wer die Geschichte der Verdeutschungen überblickt, der weiß, daß manches fremde Wort, einst für unentbehrlich gehalten, längst ersetzt ist. Als die ersten Luftballons erfunden worden waren, schrieb Wieland über die *Aëronauten* und die *Aëropetomanie*. Wer würde das letztere heute noch verstehen und gebrauchen? *Hörsaal* für *Auditorium* erschien im 18. Jahrhundert pedantisch. Und so kann man unzählige Beispiele anführen. Die bewußte Verdeutschung hat gute Erfolge gehabt und wird sie noch weiter haben. Freilich muß man eins bedenken. Nicht jeder Verdeutschungsvorschlag ist gut. Es müssen vielmehr wie überall in der Natur viele Keime ausgestreut werden, damit nur einige wenige aufgehen.

Gehen wir nun zu der Tätigkeit der Männer über, die unsere Sprache durch ihre Verdeutschungen bereichert haben.

§ 112. **Verdeutschungen im Mittelalter.** Still und bescheiden, doch darum nicht minder wirkungsvoll ist die Tätigkeit der frühesten deutschen Schriftsteller, jener alten Mönche, die unsere Vorfahren mit den Lehren des Christentums bekannt machten. Sie haben manches fremde Wort übersetzt: *communio — gimeinida, Gemeinde; conscientia — giwizzenl, Gewissen; compater — givatero, Gevatter; convertere — bikeran, bekehren; confessio — bijiht, Beichte; pascha — Ostern; dies natalis — Weihnachten; gehenna — hella, quala; monacus — einsidilo, Einsiedel.* Schon im Got. findet sich *armahaírts* nach lat. *misericors; arman sik* nach l. *misereri*, woraus sich dann weiter *barmherzig* und *erbarmen* entwickelt haben. Andere Verdeutschungen sind leider nicht durchgedrungen, so *wizzago* oder *forasago* für *propheta; boto* oder *zwelfboto* für *Apostel*, während *jungiro* 'Jünger' gesiegt hat; *ewart* für *presbyter, Priester.* Wir hätten tatsächlich viel mehr haben können, vgl. KLUGE, WB. z. Ztschr. d. ADS. 4, 143 ff. *Bibel* siegt erst im 16. Jahrhundert, im Mittelhochdeutschen sagte man *diu schrift* oder *daz buoch;* für *Evangelium* sagen die Engländer *gospel*, ags. *godspel*, eig. 'Erzählung von Gott' Für *Pate* bestehen noch in den Mundarten alte deutsche Ausdrücke, alem. der *Götti* und die *Gotte*, got. *gudja* 'Priester', schwäb. *Tot*, während die Engländer *godfather, godmother, godson, goddaughter* verwenden. *Erzvater* für *Patriarch* lebt fast bis in die Neuzeit. Für *Pfingsten* haben die Engländer mit ihrem *whitsunday* eine einheimische Bezeichnung geschaffen.

Zu den durchgedrungenen Verdeutschungen gehören ferner die Namen der Wochentage: ahd. *sunnuntag — dies solis; manintag — lūnae dies; ziestag — Martis dies; donarestag — Jovis dies; friatag — Veneris dies; mittiwocha — media hebdomas.*

Anmerkung. Der *Dienstag* hat mannigfache Namen, in Schwaben *Ziestag*, zusammengesetzt mit *Ziu*, dem altgermanischen Götternamen, auch *Aftermontag*, in Bayern *Erchtag*, wohl aus gr. Ἄρεως ἡμέρα (**Areos hæméra*); *Dienstag* ist aus *Dingstag* entstanden, siehe unten. Nur für *Sonnabend*, ahd. *sunnūn-aband*, das im wesentlichen mitteldeutsch und niederdeutsch ist, hat sich in obd. *Samstag* aus ahd. *sambaztag* von gr. σάμβατον (*sámbaton*) das fremde Wort erhalten. Das Genauere über die Herkunft der deutschen Wochentage siehe bei Kluge, Wiss. Beih. z. Zschr. d. ADSV. 2, 89 ff. Die Verdeutschung der Namen der Wochentage geht sicher in vorchristliche Zeit zurück.

Die Namen der Wochentage müssen sehr bald volkstümlich geworden sein. Darum haben sie sich durchgesetzt. Nicht so steht es mit den Namen der Monate, die Karl der Große nach der Angabe Einhards 29 einführte. Er nannte sie bekanntlich *Wintarmanoth, Hornung, Lentzin-, Ostar-, Winne-, Brach-, Heuui-, Aran-, Witu-, Windume-, Herbist-* und *Heilagmanoth*. Nur *Hornung* und *Wonnemonat* sind einigermaßen gebräuchlich. Karl nannte letztern *Winnemanoth*, d. i. 'Weidemonat', was das Volk umgestaltet hat. Weiteres bei K. Weinhold, Die deutschen Monatsnamen, Halle 1869. Auch die deutschen Namen der Winde sollen von Kaiser Karl herrühren.

In der Zeit, als unsere höfische Poesie blühte, ist ein Strom von Fremdwörtern in unser Deutsch oder besser gesagt in die Sprache der höfischen Kreise gekommen. Ob sich damals schon Widerstände geregt haben, weiß ich nicht. Ich glaube es kaum, da wir es eben nur mit der Sprache einer gewissen Gesellschaft zu tun haben. Tatsächlich ist ja von den damaligen Fremdwörtern nicht allzuviel geblieben, und was geblieben ist, läßt sich vielfach nicht mehr als Fremdwort erkennen. Vor allem gab es keine echte Prosa. Sie kam erst durch die Mystiker auf, und ihnen verdanken wir zweifellos manche Bereicherung unseres Wortschatzes (s. u. § 183), gewiß auch durch Verdeutschungen fremder Wörter.

§ 113. Verdeutschungen in neuerer Zeit. Ein wirklicher Kampf gegen die Fremdwörter setzte erst wieder ein, als die fremden Wörter überhandnahmen, im 16. Jahrhundert. Ein großer Teil der Gebildeten gebrauchte die lateinische Sprache, und daher behielt man viele ihrer Worte bei. Schon früh regte sich der Widerspruch. Im Jahre 1538 eiferte Gilg Tschudi aus Glarus gegen die *latein* und *wälsche*, d. h. französischen Wort, die in unser *Tütsch*, so eine ehrliche Sprach ist, hereingeschleppt werden. Er kehrt seine Erbitterung gegen die *nüwen tütschen Cantzler*, die so naseweis sind, auch die consistorischen Schreiber, also gegen die Bevölkerung der Büros im allgemeinen.

Im 17. Jahrhundert wurde man sich der Sprachmischung allgemeiner bewußt, und Dichter und Schriftsteller wie Opitz (Aristarchus sive de contemptu linguae Teutonicae), Moscherosch (Gesichte, à la mode Kehraus), Lauremberg (im dritten Scherzgedicht), Grimmelshausen (Teutscher Michel) klagen darüber oder suchen mit der Geißel der Satire dagegen zu kämpfen.[1]

---

[1] Ausführlicheres darüber bei Dunger, Wörterbuch von Verdeutschungen entbehrlicher Fremdwörter, 1882, S. 29 ff.

Es kam dann zur Gründung der Sprachgesellschaften, die neben der Förderung des Deutschen als Dichtersprache auch den Zweck verfolgten, die Sprache von der Einmischung fremder Wörter zu reinigen. Vgl. darüber GDS. 239 f.

Unter den Männern, die durch ihre zahlreichen Verdeutschungsversuche berühmt oder berüchtigt geworden sind, ist vor allem Philipp von Zesen (1619—1689) zu nennen. Was er versucht hat, zeigt am besten das Nachwort zu der „Adriatischen Rosamund" 1645. Jetzt hat H. Harbrecht ein Verzeichnis der von Zesen verdeutschten Lehn- oder Fremdwörter gegeben, ZfdW. 14, 71 ff. Zweifellos hat Zesen manche Verdienste.

Von seinen Verdeutschungen nenne ich: *Adresse Anschrift*; *Annalen : Jahrbücher*; *Antipoden Gegenfüßler*; *Assekuranz : Versicherung*; *Asyl Freistatt*; *Bastion Bollwerk*; *Bibliothek Bücherei*; *Bouquet : Blumenstrauß*; *Chaussee : Steinweg* (in den Städten noch vielfach als Straßennamen erhalten); *Chemie : Scheidekunst*; *dedizieren : übereignen*; *Dialekt : Mundart*; *Dictionnaire : Wortbuch*; *Echo : Widerhall*; *Epilepsie : fallende Sucht*; *Fundament Grundstein*; *Galerie Kunstkammer*; *Geometer : Feldmesser*; *Gouverneur Statthalter*; *Journal Tagebuch*; *Kobold Poltergeist*; *Konfession Glaubensbekenntnis*; *Lotterie : Glücksspiel*; *maskieren : vermummen*; *Original : Urschrift* usw.

Anmerkung 1. Vieles, was man Zesen zuschreibt, ist allerdings weit älter. So kommt *selbständig* schon im 16. Jahrhundert vor, und im 14. bereits *selbstende*. *Vollmacht* ist bereits 1372 belegt. *Vertrag* erscheint im 15. Jahrhundert. Ich kann allerdings nicht übersehen, wie weit Zesen zur festen Einbürgerung dieser Wörter beigetragen hat.

Anmerkung 2. Vergleiche über diese Zeit noch folgende Arbeiten: K. DISSEL. Philipp von Zesen und die deutsch gesinnte Genossenschaft, Hamburger Programm 1890. — C. PRAHL, Philipp von Zesen. Ein Beitrag zur Geschichte der Sprachreinigung im Deutschen, Danziger Programm 1890. — H. SCHULTZ. Die Bestrebungen der Sprachgesellschaften des 17. Jahrhunderts für die Reinigung der deutschen Sprache, Göttingen 1888. — H. WOLFF, Der Purismus in der deutschen Litteratur des 17. Jahrhunderts, Straßburger Dissertation 1888.

Für das 17. Jahrhundert ist hier neben andern auch noch vor allem JUSTUS GEORG SCHOTTEL zu nennen. Er führt in seinen Werken die Verdeutschung der grammatischen Kunstausdrücke völlig durch. Ist auch mancher Vorschlag schon vor ihm geäußert worden, und ist auch mancher nicht durchgedrungen, so liegt doch in seiner Tätigkeit eine hochbedeutsame Leistung vor. Sie sollte uns Mut machen, auch auf diesem Gebiet nicht von der Verdeutschung zu lassen.

Auch im 18. und im Anfang des 19. Jahrhunderts fehlt es nicht an Bestrebungen zur Reinigung der deutschen Sprache. Unsere Kenntnisse darüber sind durch eine Reihe von Abhandlungen S. KLEEMANNS bereichert worden, Der Kampf gegen das Fremdwort, ZfdW. 1, 37; Deutsche Sprachpflege in den 'Literaturbriefen', ZfdW. 7, 152 ff.; Das 'Sendschreiben eines Landpriesters', ZfdW. 7, 241; Fremdwörter und Verdeutschungen des 18. Jahrhunderts, ZfdW. 8, 49; Ein Reichsfreiherr des 18. Jahrhunderts als Sprachreiniger, WB. z. ZADSV. 4, 156 ff.; Die Mitarbeiter der 'Allgemeinen deutschen Bibliothek' als Sprachrichter und Sprachreiniger, WB. z. ZADSV. 4, 120.

Im Anfang des 18. Jahrhunderts herrschte die Sprachmengerei wie zuvor. Das Bestreben der 'Puristen' des 17. Jahrhunderts war ziemlich spurlos vorübergegangen. Wenn sich auch vereinzelte Stimmen hören ließen, wenn sich auch Christian Wolff große Verdienste um die Verdeutschung der wissenschaftlichen, besonders der philosophischen Sprache erworben hat, vgl. Paul Piur, Studien zur sprachlichen Würdigung Chr. Wolffs, Halle 1903, so erstrebte doch erst Gottsched wieder eine durchgreifende Sprachreinigung, ohne daß er hiermit einen wirklichen Erfolg gehabt hätte. Gottscheds Verdienst aber ist es, daß um 1750 wenigstens die Sprache der Literatur auffallend rein war. Aber die Vornehmen hielten an der französischen Sprache und den Fremdwörtern fest, und erst im letzten Viertel des 18. Jahrhunderts trat die Wendung langsam ein.

„Bald nach 1750", sagt Feldmann, ZfdW. 7, 245, „begannen die jüngeren deutschen Schriftsteller einer neuen weitgehenden Sprachmengerei zu huldigen, besonders nach dem Vorgange Wielands, der in bewußtem Gegensatz zu Gottsched das Recht für sich beanspruchte, selbst in die Sprache der Dichtung fremde Wörter nach Belieben und Bequemlichkeit einzumischen. Eine Unzahl von Fremdwörtern hat Wieland seinen Lesern geläufig gemacht — viele davon stieß er später, besonders bei der Neubearbeitung seiner Werke 1794 und folgende Jahre, wieder aus, nachdem er wiederholt von seinen Beurteilern, zuerst von Lessing im 14. Literaturbrief, wegen Sprachmengerei getadelt worden war."

Eine große Hilfe hat die Verdeutschung dadurch bekommen, daß die Behörden auf Ersetzung fremder Wörter durch deutsche drängen. Hier ist vor allem der Generalpostmeister Stephan seit 1874 in seiner Verwaltung vorangegangen und hat vieles erreicht. Wir sagen jetzt nach ihm *einschreiben* für *rekommandieren*, *postlagernd* für *poste restante*, *Umschlag* für *Kuvert*, *Beiwagen* statt *Beichaise* usw. Ebenso ist die Sprache der Heeresverwaltung, der Gesetzgebung, der Bahn von vielen unnötigen Fremdwörtern gesäubert worden. Mögen auch hier manche Sonderbarkeiten untergelaufen sein, im großen und ganzen ist der Weg doch der richtige gewesen. Und dabei möge man eins bedenken: die Geschichte der Verdeutschungen lehrt, daß frühere Zeiten manche Verdeutschungen für ganz schlecht gehalten haben, die heute keinen Anstoß mehr erregen, *Bittsteller* für *Supplikant* wurde von der Jenaer Litteraturzeitung als unerträglich verdammt, *Sterblichkeit* für *Mortalität* wurde von Adelung heftig bekämpft, *Gemeinplatz* für *locus communis* aber als ganz verwerflich bezeichnet. So wird auch manches Wort, das uns heute noch seltsam klingt, nach einer Reihe von Jahren ganz eingebürgert sein.

Im folgenden gebe ich aus den verschiedenen Sammlungen eine Reihe gut gelungener und ganz oder nahezu ganz durchgedrungener Verdeutschungen oder Ersetzungen fremder Ausdrücke durch deutsche.

anbequemen, accomoder (Ende des 18. Jh.s); — *Anmerkung, observatio* (Schottel); — *ausdrucksvoll, expressif* (Ende des 18. Jh.s); — *Bruchstück, fragmentum* (1642); *Durchmesser, diameter* (Sturm 1670): — *eingefleischt, incarnatus;* — *Einschiebsel, Parenthese* (Gottsched); — *einverleiben, incorporare* (16. Jh.); — *Emporkömmling, parvenu* (um 1780); — *endgültig, definitiv* (noch nicht bei Campe); — *Erblasser, Testator* (1663); — *Erdgeschoß, Parterre* (um 1800); — *Erdkunde, Geographie* (1774); — *Erdzunge, Isthmus* (1745); — *Feldmesser, Geometer* (1616); — *folgerecht, konsequent* (Knigge 1788); — *Freidenker,* e. *freethinker* (1715); — *Gabelfrühstück,* frz. *déjeuner à la fourchette; — Gastfreund,* l. *hospes* (1561); — *Gegenstand,* l. *objectum* (1691); — *Gemeingeist,* e. *public spirit* (Herder); — *geviert, quadratus* (ahd.); — *Gleicher, Äquator* (1741); — *gleichnamig, homonym* (1559); — *Glücksritter, avanturier* (1775); — *Gnadenwahl, Prädestination* (1663); — *Grundsatz, Axiom* (1641); — *Halbwelt,* frz. *demimonde* (19. Jh.); — *Handstreich,* frz. *coup de main* (19. Jh.); — *harmlos,* e. *harmless* (18. Jh.); — *Hausmeier, major domus* (16. Jh.); — *Hellseher,* frz. *clairvoyant* (1710); — *Hilfsquelle, ressource* (Wieland (1773); — *Hinterwäldler,* amerik. *backwoodsman; — Jungfernrede,* e. *maidenspeech* (1836); — *Kaiserschnitt,* l. *sectio caesarea* (1789); — *Kleinmeister,* frz. *petit-maitre* (18. Jh.); — *Leitartikel,* e. *leading article* (19. Jh.); — *Mitleid, Sympathie* (17. Jh.); — *Mittelalter,* l. *medium aevum* (18. Jh.); — *mittelländisch,* l. *mediterraneus; — Mittelstraße, goldene,* l. *aurea mediocritas* (18. Jh.); — *Mundvorrat, Proviant* (1777); — *Nachschrift, Postskriptum* (1678); — *Naturgeschichte, historia naturalis* (1777); — *Naturrecht, jus naturale* (1738); — *Nießbrauch, usus fructus* (17. Jh.); — *postlagernd, poste restante* (19. Jh.); — *seine Rechnung finden,* frz. *trouver son compte* (Lessing); — *Rechnungsabschluß, Bilanz* (BGB.); — *Rechtschreibung, Orthographie* (1571); — *Schäferstunde,* frz. *l'heure du berger* (1711); — *selbstisch, egoistisch* (18. Jh.); — *Selbstherrscher,* russ. *samoderjec,* gr. αὐτοκράτωρ *(autokrátor); — Sinngedicht, Epigramm* (1649); — *sinnverwandt, synonym* (18. Jh.); — *Standort, Garnison* (19. Jh.); — *Statthalter,* l. *locumtenens* (15. Jh.); — *Steindruck, Lithographie* (19. Jh.); — *Tagebuch, Journal* (1642); — *Tagegelder, Diäten* (Wieland); — *Tatkraft, Energie* (18. Jh.); — *Tatsache,* e. *matter of facts,* l. *res facti; — Teiler,* l. *divisor* (A. Riese); — *Teilhaber, Kompagnon* (1716); — *Tonsetzer, Komponist* (18. Jh.); — *Tragweite,* frz. *portée* (1848); — *Übertrag, Transport* (17. Jh.); — *Umstände,* frz. *circonstance; — Umwelt,* dän. *omverden, Milieu; — Unaussprechlichen,* e. *inexpressibles* (19. Jh.); *—unfehlbar,* l. *infallibilis; —Unternehmer,* frz. *entrepreneur* (19. Jh.); — *Uraufführung, Premiere* (20. Jh.); — *Urbild, Original* (1716); *—Verbrauch, Konsumtion* (1780); *—Verhältnis, Proportion* (1667 Sturm); *—vertonen, komponieren* (Ende des 19. Jh.s); — *Vielweiberei, Polygamie* (1691); — *Vogelperspektive,* frz. *à vue d'oiseau* (J. Paul); — *Volkswirtschaft, Nationalökonomie* (19. Jh.); — *Vollmacht,* l. *plenipotentia* (1372); — *Vorgebirge,* l. *promunturium* (1642); — *Vorsitz,* l. *praesidium* (1678); — *Waffenbruder,* frz. *frère d'armes* (Wieland); — *wahlfrei, fakultativ* (Ende des 19. Jh.s); — *Wahlspruch, Devise* (Zesen 1648); — *Wahlverwandtschaft, attractio electiva* (1779); — *Wahrnehmung, apperceptio* (18. Jh.); — *Wahrspruch, Verdikt* (um 1840); — *Wandelstern, Planet* (17. Jh.); — *Wasserleitung, aquaeductus* (15. Jh.); — *Wasserwage, libra aquaria* (1716); — *Weichtier, Molluske* (19. Jh.); — *Weingeist, spiritus vini* (18. Jh.); — *Weißpfennig, Albus; — Weltbürger, Kosmopolit* (1669); — *Wendekreis, circulus tropicus* (1713); — *Wenigkeit, meine,* l. *mea parvitas* (1624 Opitz); — *Wesentlichkeit, essentia* (1482); — *Wettbewerb, Konkurrenz* (19. Jh.); — *Wetterglas, Barometer* (1716); — *Wiedergeburt, regeneratio* (1678); — *Wiedertäufer, anabaptista* (1540); — *Wiegendruck, Incunabel* (19. Jh.); — *Wohlklang, euphonia* (1716); — *Wohltat,* mhd., *beneficium; — Wohlwollen, benevolentia* (1678); *—Wolkenkuckucksheim,* gr. νεφελοκοκκυγία *(nephelokokkygia)* (19. Jh.); — *Wortforschung, Etymologie* (1663); — *Wortfügung, Syntax* (1661); — *Zahlwort, Numerale* (1641 Schottel); — *Zahlzeichen, Ziffer* (Kinderling 18. Jh.); *— zahlungsfähig, solvent* (1801); *— zahlungsunfähig, insolvent* (1801); *— Zeitabschnitt, Moment; — Zeitalter, Säkulum* (1786); — *Zeitrechnung, Chronologie* (1716); — *Zeitschrift, Journal* (18. Jh.); — *Zeitwort, Verb* (Schottel); — *Zierbengel, Incroyable; — Zweikampf, Duell* (Zesen 1645).

Wer im einzelnen für die Sprachreinigung gewirkt hat, das festzustellen, liegt nicht in der Absicht dieser Arbeit. Aber auf das Verhältnis unsrer großen Dichter einzugehen, darf wohl gestattet sein. Wieland hat für die Verdeutschung, nachdem er zunächst einen andern Standpunkt eingenommen hatte, unendlich viel getan. Lessings Stellung erhellt aus dem 14. Literaturbrief. Schiller und Goethe gelten vielfach als Gegner der Sprachreinigung. Jener hat sich in dem bekannten Sinngedicht ausgesprochen, und von Goethe besitzen wir zahlreiche Zeugnisse, das stärkste in einem Briefe an Riemer vom 30. Juni 1813.

Einem Mann wie Goethe mußten allerdings die übertriebenen Versuche, all und jedes Fremdwort zu entfernen, lächerlich erscheinen. Er, der so viel für die deutsche Sprache getan hatte, erkannte, daß eben das sprachschöpferische Genie auf diesem Gebiete das letzte Wort zu sprechen hat. Er hat dann auch nichts dagegen einzuwenden gehabt, daß seine Gehilfen die entbehrlichen Fremdwörter aus seinen Werken ausmerzten. Ähnlich sind ja auch andere Schriftsteller vorgegangen, ich nenne nur Gustav Freytag.

Unter den 'Puristen', die Schiller verspottet, sind vor allem Voss und J. H. Campe zu verstehen. Letzterer hat am meisten getan. Er gab ein Wörterbuch heraus „zur Erklärung und Verdeutschung der unsrer Sprache aufgedrungenen fremden Ausdrücke"; zuerst 1801, dann stark vermehrt und durchgängig verbessert, Braunschweig 1813. In einem Werke, das all und jedes Fremdwort verdeutschen will, muß natürlich manches unterlaufen, was unbrauchbar ist, und es ist nichts leichter, als sich über Campe lustig zu machen. Trotzdem kann sein Werk noch heute von großem Nutzen sein, weil man in ihm, wenn nicht die richtige Verdeutschung, doch diejenige findet, die auf den richtigen Weg weist. Viele seiner Vorschläge verdienten auch heute noch wieder aufgenommen zu werden.

Seinem Verdeutschungswörterbuche hat Campe seine Preisschrift vorangestellt: Grundsätze, Regeln und Grenzen der Verdeutschung, eine Schrift, die noch heute lesenswert ist und durchaus richtige Grundsätze vertritt. Campes Tätigkeit ist noch nicht recht gewürdigt, und es läßt sich nicht übersehen, was er wirklich geleistet hat. Er hat ja in seinem Wörterbuch sein Eigentum durch das Zeichen ⊙ und ⊙△ gekennzeichnet, und man müßte daher einmal alle diese Wörter zusammenstellen. Eine große Menge davon ist heute durchgedrungen.

Campe hat tatsächlich kräftig gewirkt, und wir können seine Arbeit bei Wieland, Jean Paul und selbst bei Goethe verfolgen. — In den Zeiten, als Preußen zertrümmert war, kam Campe wie gerufen. Fichte, Arndt, Jahn treten für Reinheit der deutschen Sprache ein; und auch in der Zeit nach den Freiheitskriegen setzt sich die Bewegung fort. Ich kann diese Sache nicht übersehen und bemerke nur, daß man damals auch *Zigarre* mit *Glimmstengel* verdeutscht hat, ein Wort, das heute nur noch eine spöttische Bedeutung hat, das aber G. Keller in der ersten Auflage des grünen Heinrich ernsthaft gebraucht.

Im letzten Teil des 19. Jahrhunderts hängt das Wiederaufleben der Sprachreinigungsbestrebungen mit der Errichtung des Deutschen Reiches und mit dem zunehmenden Bewußtsein vom Werte des deutschen Wesens zusammen. 1885 wurde der deutsche Sprachverein gegründet, der es sich unter anderm auch zur Aufgabe gesetzt hat, den deutschen Wortschatz zu reinigen. Er hat trotz mancher Übertreibungen seit dieser Zeit segensreich gewirkt. Um die Verdeutschung zu erleichtern, hat er eine Reihe von Verdeutschungswörterbüchern herausgegeben, in denen manche gute Verdeutschung zu finden ist. Daß man darin auch oft genug über das Ziel geschossen hat, ist selbstverständlich.

Wer die Geschichte der Fremdwörter und der Bestrebungen zu ihrer Vermeidung überblickt, dem treten eine Reihe von Erscheinungen sofort vor Augen. Die Fremdwörter kommen in Fülle durch die gelehrte Bildung, und daher sind sie reichlich vorhanden in der Sprache der Gebildeten, während die des Volkes verhältnismäßig arm an ihnen ist. Von den erstern lassen sich zweifellos unendlich viel beseitigen, und man kann sicher ein gutes wissenschaftliches Buch schreiben, ohne allzu viele Fremdwörter zu gebrauchen. Auf diesem Gebiet sollte sich jeder Mühe geben, ein möglichst reines Deutsch zu schreiben, schon aus dem einfachen Grunde, weil er nur so allen verständlich werden kann. Man bedenke, daß den Frauen im allgemeinen die Kenntnis des Lateinischen und Griechischen abgeht, und daß sie daher über viele Fremdwörter stolpern.

Ist aber ein Fremdwort erst einmal ins Volk eingedrungen, so sollte man es aufgeben, es zu beseitigen. Das Volk schafft ja auch meistens sehr bald die nötige Eindeutschung, die die fremde Herkunft verschleiert.

§ 113 a. **Das Übersetzungslehnwort.** Wir stehen seit mehr als einem Jahrtausend unter dem Einfluß des Lateinischen und andrer romanischer Sprachen. Wir haben viele fremde Wörter herübergenommen und viele haben Bürgerrecht bei uns gewonnen, während andere durch die oben geschilderte Tätigkeit einzelner Männer mit Mühe wieder entfernt sind. Es gibt aber noch einen andern Weg, und es hat stets einen andern gegeben, nämlich den, die fremden Wörter gleich zu verdeutschen, d. h. also das Fremdwort ist nie ins Deutsche eingedrungen, vielmehr ist von Anfang an die Verdeutschung gebraucht worden. Zweifellos handelt es sich hier meist um Ausdrücke, mit denen ein neuer Begriff verbunden war. Man nennt dies nicht ganz treffend Übersetzungslehnwort. Zahlreiche Beispiele kann man aus den Aufsätzen von S. SINGER, ZfdW. 3, 220; 4, 125 entnehmen.

Hierher gehören wohl:

allmächtig, l. *omnipotens;* — *den Geist aufgeben,* l. *reddere animam,* frz. *rendre l'âme;* — *Ausdruck,* frz. *expression;* — *Ausfuhr,* frz. *Export;* — *Ausstellung,* frz. *exposition;* — *begreifen.* l. *comprehendere.* frz. *comprendre;* — *Blinddarm,* l. *coecum intestinum;* — *Briefwechsel, Korrespondenz;* — *Dampfschiff,* e. *steamboat;* — *Dreibund, Tripelalliance;* — *Durchlaucht.* l. *illustris;* — *Ehrenpunkt.* frz. *point d'honneur:* — *Eindruck,* l. *impressio;* — *Einkommen,* e. *income;* — *Eisenbahn,* frz. *chemin de fer*; — *Ente* 'falsche Nachricht', frz. *canard*; — *Entartung*, l. *degeneratio*; — *entwickeln seine Gedanken*, l. *explicare*, frz. *expliquer*; — *entziffern*, frz. *déchiffrer*; — *Erlöser*, l. *redemptor*; — *Fortschritt*, l. *progressus*, frz. *progrès*; — *Gegend*, frz. *contrée*; — *Gesichtspunkt*, frz. *point de vue*, l. *punctum visus*; — *Gleichgewicht*, l. *aequilibrium*; — *tote Hand*, l. *manus mortua*; — *Kriegspfad*, e. *warpath*; — *auf dem Laufenden bleiben*, frz. *rester au courant*; — *Lockspitzel*, frz. *agent provocateur*; — *gute Miene zum bösen Spiel machen*, frz. *faire bonne mine à mauvais jeu*; — *Nichtstun*, ital. *far niente*; — *Rücksicht*, l. *respectus*; — *Sammetpfötchen*, frz. *patte de velours*; — *schöne Seele*, frz. *belle âme*; — *Schutz- und Trutzbündnis*, *Offensiv- und Defensivbündnis*; — *Selbstverwaltung*, e. *self-government*; — *Spiel des Zufalls*, frz. *jeu du hasard*; — *Stammbaum*, l. *arbor generationis*; — *stehenden Fußes*, l. *stante pede*; — *Tagesordnung*, frz. *ordre du jour*; — *Thronrede*, e. *speech from the throne*; — *Trinkgeld*, frz. *pourboire* u. v. a.

Auf der andern Seite kann sich bei einem deutschen Wort unter dem Einfluß eines fremden eine besondere Bedeutung entwickeln, d. h. bei einem fremden Wort, das einem deutschen in e i n e r Bedeutung entspricht, finden sich auch andere Bedeutungen, und nun gebraucht man im Deutschen auch die sonstigen oder wenigstens eine andere Bedeutung. Das frz. *répondre* heißt im Deutschen *antworten*, es bedeutet aber auch 'entsprechen', und so ist es kein Wunder, wenn ein Schweizer Sprachforscher sagt: *dies Wort antwortet dem und dem*, statt *entspricht*. Einen der ältesten Fälle dieser Art haben wir wohl in unserem deutschen *lesen*. Es bedeutet zweifellos zunächst 'sammeln' und entspricht so lat. *legere*. Da dieses aber auch die andere Bedeutung 'Buchstaben zu Sinn und Bedeutung zusammenfassen' hat, so ist diese auch im Deutschen entstanden. Wir haben es also mit der Entlehnung einer Bedeutung zu tun.[1]) Zahlreiche Beispiele findet man in den genannten Singerschen Aufsätzen.

Neuntes Kapitel.
Die Entwicklung des deutschen Wortschatzes in einigen Hauptzügen.

§ 114. Allgemeines. Wir haben in den bisherigen Abschnitten gesehen, daß sich der deutsche Wortschatz in drei Grundbestandteile zerlegen läßt, in die aus vorgeschichtlicher Zeit stammenden Grundwörter, mit denen man die Fälle von Urschöpfung vereinigen kann, in die Ableitungen und Zusammensetzungen, mit deren Hilfe die Sprache immer neue Worte schafft, und in die Lehnwörter. Es erschien uns in der ersten Abteilung nicht von wesentlicher Bedeutung, ob ein Wort außerhalb des Germanischen in mehreren Sprachen, oder ob es nur in einer belegt war; ja selbst die erst

---

[1]) Gewöhnlich erklärt man die Bedeutung 'lesen' aus dem Sammeln und Zusammensetzen der Runen. Aber die gegebene Erklärung ist wahrscheinlicher, weil *schreiben* aus dem Lateinischen entlehnt ist. Das Englische hat die alten Ausdrücke *read*, eig. 'raten', und *write*, eig. 'ritzen'.

im Germanischen auftauchenden nicht ableitbaren Worte konnten wir nicht
als von andrer Art ansehen als die zuerst genannten. Wollen wir nun zu einer
Geschichte der Entwicklung des deutschen Wortschatzes gelangen, so stoßen
wir dabei mangels Vorarbeiten auf vorläufig unüberwindliche Schwierigkeiten.

Der Wortschatz ist nichts Festes, sondern etwas ewig Wechselndes.
Zu allen Zeiten vergehen Worte, und alle Zeiten bringen neue Ausdrücke
hervor. Sicherlich gibt es hierin Unterschiede. Zeiten großer Ereignisse,
neuer Erfindungen, sozialer und politischer Umwälzungen, gesteigerter
literarischer Tätigkeit sind zweifellos für das Aufkommen neuer Worte besonders bedeutungsvoll. Es gibt Jahrzehnte und Jahrhunderte, in denen
neue Worte, wie im Frühjahr die Knospen nach befruchtendem Regen mit
Macht hervorbrechen, und andere, die im wesentlichen nur von dem Über-
kommenen zehren. Eine Darstellung der geschichtlichen Entwicklung des
deutschen Wortschatzes müßte den Anteil, den jedes Jahrhundert oder jeder
bedeutungsvolle Zeitabschnitt an der Bereicherung unsres Wortschatzes gehabt hat, klarlegen, indem sie die jeweils neu gebildeten oder neu in die
allgemeine Umgangssprache aufgenommenen Worte zusammenstellt. Leider
ist das heute noch nahezu unmöglich, da so gut wie alle Vorarbeiten fehlen.
Wir können daher nur einige Bruchstücke geben.

Wollen wir zu einer Entwicklungsgeschichte des deutschen Wortschatzes
gelangen, so können wir unter anderm auch den Weg einschlagen, die
Worte nach ihrer begrifflichen Verwandtschaft zusammenzustellen, um dann
zu untersuchen, woher diese stammen. Dabei stoßen wir sofort auf eine
Reihe von Begriffsgruppen, deren Ausdrücke wesentlich aus dem Indogermanischen herrühren, während dies bei andern weniger der Fall ist. Da
jene die Grundwörter der Sprache bilden, so wird es verständlich, daß wir
diese besonders stark heranziehen.

§ 115. **Zusammenstellung der Worte nach Begriffsgruppen.** Stellt man die
Wörter einiger Begriffsgruppen ihrer Herkunft nach zusammen, so ergibt
sich, daß bei einigen fast alle aus dem Indogermanischen stammen, so
z. B. bei den Zahlwörtern bis 100. Daraus kann man ohne weiteres folgern,
daß die Indogermanen schon bis *hundert* gezählt haben, was immerhin
eine nicht so ganz selbstverständliche Erkenntnis ist. Und so geht es
weiter, überall lassen sich aus den sprachlichen Erscheinungen kulturgeschichtliche Erkenntnisse ableiten. Schon J. Grimm hat für eine derartige
Betrachtungsweise in seiner 'Geschichte der deutschen Sprache' die Wege
gewiesen, und es hat sich daraus eine eigene Wissenschaft, die indogermanische Altertumskunde entwickelt. Als einen Teil ihrer Aufgabe kann
man die Untersuchung der Frage betrachten, inwieweit sich aus den im
Indogermanischen nachzuweisenden Worte Schlüsse auf die Kultur der Indogermanen ziehen lassen. Freilich ist diese Frage noch nicht zur Genüge
beantwortet. Während man früher frohen Mutes einfach die Worte zusammen-
stellte und daraus seine Folgerungen zog, ist man heute skeptisch geworden.

Manche Forscher bezweifeln sogar die Möglichkeit ganz, mit Hilfe der Sprache etwas zu ermitteln. Der Grund an diesem Zweifel liegt vor allem darin, daß uns Arbeiten über den Wortschatz der Einzelsprachen fehlen, die diesen ohne vorgefaßte Meinung zusammenstellen und auf seine Tragfähigkeit untersuchen. Und daher hoffe ich, in dem folgenden Abschnitt auch nach dieser Richtung etwas bieten zu können.

Anmerkung 1. Die Hauptwerke über die indogermanische Altertumskunde sind: PICTET, Les origines indoeuropéennes, 2. Auflage, Paris 1877; veraltet, aber wegen des darin enthaltenen Sprachstoffes noch immer wertvoll. — O. SCHRADER, Sprachvergleichung und Urgeschichte, 3. Auflage, Jena 1907. — O. SCHRADER, Reallexikon der indogermanischen Altertumskunde, Straßburg 1901, ²1. Lieferung 1917. Diese beiden Bücher, namentlich das letztere, enthalten viel sprachliches Material. — H. HIRT, Die Indogermanen, ihre Verbreitung, ihre Urheimat und ihre Kultur, 2 Bände, Straßburg 1906, 1907. Ich gebe mit den folgenden Zusammenstellungen eine gewisse Ergänzung zu meinem Buch. — S. FEIST, Kultur, Ausbreitung und Herkunft der Indogermanen, 1913. — Auch FR. KAUFFMANN, Deutsche Altertumskunde I, 1913, in diesem Handbuch 5, 1, bietet wertvollen Stoff.

Der erste, der den germanischen Wortschatz nach seiner Herkunft geordnet und betrachtet hat, war ERNST FÖRSTEMANN in seiner Geschichte des deutschen Sprachstammes, 2 Bände, Nordhausen 1874 f. Doch ist dieses Werk völlig veraltet. Einwandfreies reiches Material findet man bei M. HEYNE, Fünf Bücher deutscher Hausaltertümer: 1. Das deutsche Wohnungswesen, 1899; 2. Das deutsche Nahrungswesen, 1901; 3. Körperpflege und Kleidung bei den Deutschen, 1903; die beiden letzten Bände sind leider nicht erschienen. Dazu noch M. HEYNE, Das altdeutsche Handwerk; aus dem Nachlaß; 1908. Als Bearbeiter des deutschen Wörterbuchs hat Heyne natürlich der Sprache seine besondere Aufmerksamkeit zugewendet, und es findet sich daher in diesen Büchern manche feine Bemerkung über den Wortschatz.

In neuerer Zeit haben namentlich der Anglist HOOPS und seine Schüler der systematischen Untersuchung des altenglischen Wortschatzes ihre Aufmerksamkeit zugewendet. Es sind uns eine Reihe tüchtiger Arbeiten beschert worden, die auch der deutschen Etymologie zugute kommen. Diese Arbeiten werden seinerzeit genannt werden. Natürlich ist es nicht möglich, die Lücken auf diesem Gebiet in diesem Buche vollständig zu ergänzen, auch würde eine umfassende Darstellung des Wortschatzes nach dieser Richtung weit über den zur Verfügung stehenden Raum hinausgehen.

Anmerkung 2. Da dem Lehrer nur das Lateinische und Griechische geläufig ist, beschränke ich mich bei der Angabe der Etymologien, wenn nicht besondere Umstände anderes erfordern, auf die Heranziehung dieser beiden Sprachen, und verweise im übrigen auf die etymologischen Wörterbücher. Im Germanischen führe ich die älteste Form an, also wenn die gotische belegt ist, diese neben der althochdeutschen. Von den nichtdeutschen Dialekten ist nur das Englische systematisch berücksichtigt worden, wie es dem Bedürfnis entspricht. Auf die Anführung von Literatur muß ich in der Hauptsache verzichten.

§ 116. **Die Zahlwörter.** Die Grundbestandteile unsrer Zahlworte sind indogermanisch. Sie haben sich in fast allen Sprachen gut erhalten, insbesondere stimmen alle germanischen Dialekte gut überein.

Eins, got. *ains*, ahd. *ein*, e. *one*, lat. *ūnus*, gr. οἰνή (*oinē*) 'die Eins auf dem Würfel'

Zwei, got. *twai* m., *twos* f., *twa* n., ahd. *zwene* m., *zwo* f., *zwei* n., e. *two*, l. *duo*, gr. δύο (*dýo*).

Anmerkung 1. *zwene* ist eigentlich eine Art Kollektivum und steht für *zweine*, das nach *zwe* umgestaltet ist. Diese Form steckt noch in *zwanzig*, ahd. *zweinzug*, e. *twenty*. Es ist der Bildung nach mit lat. *bini* zu vergleichen, vgl. BRUGMANN, Abh. d. Sächs. Ges. d. Wiss. 25 Nr. 5 S. 24 und 34.

Drei, got. *þreis*, Ntr. *þrija*, ahd. *drie*, e. *three*, lat. *tres*, gr. τρεῖς (*três*), idg. *trejes*.

Vier, got. *fidwor*, ahd. *fior*, e. *four*, lat. *quattuor*, gr. τέτταρες (*téttares*), dor. τέτορες (*tétores*).

Fünf, got. ahd. *fimf*, e. *five*, lat. *quinque*, gr. πέντε (*pénte*).

Sechs, got. *saihs*, ahd. *sehs*, e. *six*, lat. *sex*, gr. ἕξ (*hex*).

Sieben, got. ahd. *sibun*, e. *seven*, lat. *septem*, gr. ἑπτά (*heptá*).

Acht, got. *ahtau*, ahd. *ahto*, e. *eight*, lat. *octo*, gr. ὀκτώ (*októ*).

Neun, got. ahd. *niun*, e. *nine*, lat. *novem*, gr. ἐννέα (*ennéa*).

Zehn, got. *taihun*, ahd. *zehan*, e. *ten*, lat. *decem*, gr. δέκα (*déka*).

Eine besondere Eigentümlichkeit des germanischen Zahlensystems bilden die Zahlen *elf* und *zwölf*, got. *ainlif*, *twalif*, e. *elleven*, *twelf*. Während diese in allen andern Sprachen durch Zusammenrückung von 1 und 10, 2 und 10 gebildet werden (lat. *undecim*, *duodecim*), zeigt das Germanische ein Element *lif*, das bisher noch nicht erklärt ist.

Anmerkung 2. Im Litauischen wird ganz entsprechend *lika* gebraucht, aber bis zur 19. Ich glaube, daß hier ein etymologischer Zusammenhang besteht.

Während man früher an dieser Erscheinung achtlos vorüberging, hat JOH. SCHMIDT, Die Urheimat der Indogermanen und das europäische Zahlensystem, Abhandlungen der Berliner Akademie 1890, darauf hingewiesen, daß wir es bei diesen Zahlworten mit den Spuren einer Zwölferrechnung zu tun haben. Wir finden wie nach 12 im Germanischen auch einen Einschnitt nach 60: got. *saihstigjus*, ahd. *sehszug*, aber 70 usw. got. *sibunte-hund*, ahd. *sibunzo*, altsächs. *antsibunta*, ags. *hundseofontig*, und drittens kommt hinzu, daß das alte Zahlwort für 100, got. *hund* = lat. *centum*, gr. ἑκατόν (*hekatón*), vielfach 120 bedeutet. Spuren dieser 12/60er Rechnung finden sich auch im Griechischen und Lateinischen. Joh. Schmidt sieht darin einen Einfluß der babylonischen Rechnung; vgl. noch HIRT, Die Indogermanen 2, 534.

Die *Zehner* sind also ursprünglich von 20—60, jetzt bis 90, mit einem Element *-zig*, ahd. *-zig*, *-zug*, got. *-tigjus*, engl. *-ty* zusammengesetzt, dessen erste Silbe nach den Gesetzen der Lautverschiebung zu lat. *decem*, gr. δέκα (*déka*) stimmt.[1] Die klassischen Sprachen weichen vom Germanischen ab, indem sie ein Element lat. *-gint-*, gr. *-κοντ-* (*-kont-*) anfügen, das wohl aus *(de)komt* entstanden ist (siehe unten) und also auch mit *zehn* zusammenhängt. Im Germanischen sagte man also ‘zwei Dekaden, drei Dekaden’ usw.

Weiter war im Indogermanischen ein Zahlwort für *hundert* ausgebildet: got. *hund* = lat. *centum*, gr. ἑκατόν (*hekatón*). Dies ist wahrscheinlich aus *(de)kmtóm* entstanden und bedeutet eigentlich ‘eine Zehnheit’ sc. von Zehnern. Wir gebrauchen in *hundert* jetzt eine Zusammensetzung, die zwar erst im 12. Jahrhundert belegt ist, aber da sie auch in den übrigen germanischen Sprachen erscheint, sehr viel älter sein dürfte: as. *hunderod*, ags. e. *hundred*, anord. *hundrað*. Den zweiten Bestandteil stellt man gewöhnlich zu got. *raþjan* ‘zählen, rechnen’, wobei mir die Bildung nicht klar ist.

---

[1] In *dreißig* und *vierzig* ist das alte *t* verschieden verschoben worden.

Unser deutsches Wort *tausend*, ahd. *dusunt*, got. *þusundi*, e. *thousand* hatte ursprünglich keinen Zahlenwert, sondern bezeichnet 'eine große Menge', vgl. Hirt, Idg. Forsch. 6, 344. Es gehört zu einer Wurzel, die auch in *Daumen* u. a. steckt.

Ebenso wie die Kardinalien sind auch die Ordinalien zum größten Teil indogermanisch. Ein Ordinale zu *eins* als unmittelbare Ableitung gibt es in keiner Sprache. Es finden sich dafür vielmehr Ausdrücke wie *der vorderste*. Unser *erster*, ahd. as. *eristo*, ags. *ærresta* ist der Superlativ zu *eher*, ahd. *eriro* 'der frühere', got. *airiza*. Engl. *first* ist unser *Fürst*, ahd. *furisto*, eigentlich 'der vorderste', zu dem Stamm *vor, für*.

Der Ausdruck *zweiter* ist eine späte Bildung des 15. Jahrhunderts. Früher gebrauchte man dafür *ander*, ahd. *andar*, e. *other*, got. *anþar* 'der eine von zweien', das zu lit. *añtras*, preuß. *antars* 'der andere' gehört.

Der dritte, vierte usw. werden jetzt mit einem Suffix *-t* gebildet, das auf idg. *-to*, vgl. lat. *sextus*, zurückgeht.

Außerdem gibt es noch eine Reihe von Zahlwortbildungen, die distributiven Zahladverbien, in betreff derer ich auf die Handbücher verweise.

Während für die Begriffe von *drei* an nur ein Ausdruck besteht, haben wir für *eins* und *zwei* mehrere.

Eins bedeutet wohl ursprünglich das alleinstehende Einzelding. Daneben gibt es noch ein anderes Wort, gr. εἷς (*hês*) aus *sems*, lat. *sem* in *singuli*, das nach dem damit verwandten d. *samt*, ahd. *samant*; *zusammen, sammeln*, gr. ἅμα (*háma*) die *eins* bedeutet, die aus der Vereinigung mehrerer Dinge entstanden ist. Wir besitzen es nur in der Bedeutung 'immer' in *Singrün* 'Immergrün', *Sündflut* umgedeutet aus ahd. *sinvluot*. Dazu auch engl. *some*.

Zwei ist wahrscheinlich die *zwei*, die aus einer Einheit entstanden ist, vgl. *entzwei*. Für eine andere Art der Zweiheit, des Paares, haben wir das Wort *beide*, dessen erster Bestandteil mit gr. ἄμ-φω (*ámpho*), lat. *ambo* zusammenhängt. Das *de* ist der Artikel, ohne den das Wort erscheint in got. *bajoþs*, ags. *begen*. Engl. *both* ist aus *bath* entstanden und entspricht unserm *beide*. Näheres bei Weigand s. v. Ein dritter Ausdruck, der in lat. *vi-ginti*, gr. εἴ-κοσι (*ékosi*) steckt, ist im Germanischen verloren gegangen. Man hat es in *Weih(e)*, eig. *Gabel(weih)* gesucht.

Von den Zahlworten sind eine Reihe von Worten abgeleitet, in denen man jene nicht mehr erkennt, nämlich *Zwirn*, mhd. *zwirn* m. 'zweidrähtiger Faden', e. *twine* 'Zwirn'; — *zwischen*, ahd. *in zwiskēn, untar zwisken*, e. *betwixt* 'zwischen'; — *Zweig*, ahd. *zwîg* m., e. *twig*; — *Zwiesel* f. 'Gabel', ahd. *zwisila* f. 'Gabel, gabelförmiger Zweig' u. a. Von *drei* stammt *Drell*, das wahrscheinlich aus einem ältern *drinal* entstanden ist, vgl. ahd. *zwinal* 'gemellus', wovon ahd. *zwiniling* (engl. *twinling*), jetzt *Zwilling*, danach *Drilling*. *Zwist*, e. *twist*; — *Zwitter*, ahd. *zwitarn* 'Kebskind'; — *Zwilch, Zwillich, Drilch, Drillich* 'Gewebe aus zwei, drei Fäden', gehen auf ahd. *zwilih, drilih* 'zwei-, dreifach' zurück, die Nachbildungen des lat. *bilix, trilix* 'zwei-, dreifädig' sind. In niederdeutscher Form haben wir *Twenter* 'zweijähriges Pferd' aus *twe-winter*, wie lat. *bimus* aus *bihimus*. Durch Umdeutung sind wohl *Eimer*, ahd. *eim-bar*, gr. lat. *amphora* und auch wohl *Zuber*, ahd. *zwibar*, mnd. *tubbe* entstanden.

Außerdem gibt es noch eine Reihe von Zahlwörtern, die ursprünglich etwas anderes bedeutet haben und erst allmählich zu ihrer Bedeutung gekommen sind:

Mandel, ursprünglich 'Getreidehaufen', also zusammengestellte Garben von 15 Stück; unklarer Herkunft: zu *Mann*? — *Stiege* '20 Stück'; unklarer Herkunft; auch im Krimgotischen als *stega*. — *Schock*, mhd. *schoc* m. 'Haufe', ursprünglich wohl ein Getreidehaufen von 60 Garben. — *Wall* m. '80 Stück', bes. im Fischhandel, zurückgehend auf got. *walus* 'Stab', d. h. also, soviel Fische als auf einen Stock gehen. — *Zimmer* n. 'ein Schock', oder 40, 50 Felle (im Pelzhandel), mhd. *zimber* '40 Stück Pelzwerk', anord. *timbr* n. Entlehnt engl. *timber*. frz. *timbre* '40 Pelze'. Eig. wohl 'Stapel' und eins mit *Zimmer*.

Über die eigentliche Bedeutung der Grundzahlworte wissen wir immer noch so gut wie nichts. Die eben erwähnten Zahlworte geben aber Anhaltspunkte, wie man sich ihre Entstehung zu denken hat.

Kulturgeschichtlich wichtig bleibt es, daß wir bei den Indogermanen und Germanen die ausgesprochene Zehnerrechnung finden, die nur durch ein Zwölfersystem gekreuzt wird. Dagegen fehlt die Zwanzigerrechnung bei ihnen, die sonst in Europa mehrfach vorkommt, vgl. z. B. fr. *quatre-vingt*. Siehe darüber HIRT, Die Indogermanen 2, 531 ff.

Entlehnungen sind auf dem Gebiete der Zahlworte nicht häufig, aber durchaus nicht ausgeschlossen. So wird im Spätmittelhochdeutschen *Dutzend* aus frz. *douzaine*, *doppelt* aus frz. *double* im Frühneuhochdeutschen entlehnt. Schon in ahd. Zeit erhalten wir *Decher* m. '10 Stück', das sich noch heute im Pelzhandel findet, aus l. *decuria*. Die Ausdrücke für die hohen Zahlen, *Million*, *Milliarde*, gehören der neuern Zeit an, ersteres dem 17., letzteres dem 19. Jahrhundert. Man sieht, wie wir allmählich rechnen gelernt haben.

Unsere Zahlzeichen nennen wir bekanntlich die arabischen, weil sie durch Vermittlung der Araber zu uns gekommen sind. In Wirklichkeit sind die Inder die Erfinder. Auch hierfür zeugt die Sprache. Unser *Ziffer* ist das arab. *çifr* 'Null' und dies eine Übersetzung des altindischen *śunja-* 'leer' Im 15. Jahrhundert findet es sich im Deutschen und geht um 1500 in die jetzige Bedeutung über. Für *Null* selbst entnehmen wir das ital. *nulla* eig. *nulla res*, zuerst 1514.

Die Zahlen sind in ihrer Bedeutung wenig veränderlich. Nur in zwei Fällen haben sie sich merkwürdig entwickelt. Wir sagen *eine böse Sieben* für 'böse Frau', und *ei der Tausend*. Die erste Ausdrucksweise geht auf das Karnöffelspiel zurück, in dem die Sieben eine Freikarte war, die alle andern stach. 1588 zeigt sich unter der Sieben die Gestalt eines bösen Weibes. Die zweite Redensart geht wohl auf *Tausendkünstler* zurück und meint den Teufel.

§ 117. Die Körperteilnamen.

Literatur: C. PAULI, Die Körperteile bei den Indogermanen, Programm, Stettin 1867. — O. SCHRADER. Reallexikon der indogermanischen Altertumskunde S. 464. — AD. HOLLENBERG, Sprachliche Untersuchungen. besonders etymologischer und onomatischer Art, angeknüpft an die deutsche Benennung des menschlichen Körpers und seiner Teile, Gütersloh 1895. — W. T. ARNOLDSON, Parts of the body in older Germanic and Scandinavian, Chicago 1915. — F. THÖNE, Die Namen der menschlichen Körperteile bei den Angelsachsen, Diss. Kiel 1912.

Auf keinem Gebiet, von den Zahlworten abgesehen, läßt sich der deutsche Wortschatz so häufig bis in die indogermanische Grundsprache zurückverfolgen wie auf dem der Körperteilnamen. Das beruht darauf, daß die Indogermanen die Tiere, die sie aßen, stets selbst zerlegten, und daß daher Ausdrücke für alle einzelnen Glieder und Teile vorhanden waren. Sie blieben auch dauernd erhalten, weil in dieser Tätigkeit keine Veränderung des Lebens eintrat. Erst in der neuern Zeit findet ein völliger Wandel statt, und da sicher viele Menschen heute nie das Innere eines Tieres gesehen haben und nie sehen werden, so wird ihr Wortschatz auf diesem Gebiete Einbuße erleiden und hat ihn schon erlitten.

Die Fülle der alten Ausdrücke dürfte billig in Erstaunen setzen. Trotzdem gehen auch hier die Worte nicht durch alle Sprachen hindurch, ja einige germanische Ausdrücke lassen sich bis jetzt noch nicht in andern Sprachen nachweisen. Da sie indessen wie die andern altertümlich aussehen, so ist nicht etwa anzunehmen, daß diese Worte erst im Sonderleben des Germanischen neu gebildet seien, sondern wir müssen voraussetzen, daß die übrigen Sprachen die Ausdrücke verloren haben. Wahrscheinlich haben eben für gewisse Teile des tierischen Körpers mehrere Ausdrücke bestanden, wie dies noch heute in der Jägersprache der Fall ist. Als man im Laufe der geistigen Entwicklung immer mehr zusammenfaßte, gingen einzelne Ausdrücke allen Sprachen verloren, ebenso wie das Germanische einzelne Bezeichnungen verloren hat. Natürlich gibt es auch einige junge Ausdrücke, namentlich für Körperteile, die man nicht gern nennt, und auch Entlehnungen, aber es tritt dies doch sehr zurück.

Es dürfte am besten sein, die Worte alphabetisch geordnet vorzuführen.

1. INDOGERMANISCHE BESTANDTEILE.

Achsel, ahd. *ahsala* f., lat. *ala* 'Flügel', dim. *axilla* 'Achselhöhle'. Dazu mit Ablaut schweiz. *Üechs*, ahd. *uohisa*.

Ader, ahd. *ádara* f. 'Ader, Sehne', zu gr. ἦτορ (*ẽtor*) 'Herz', ἦτρον (*ẽtron*) 'Bauch'; ursprüngliche Bedeutung wohl 'Eingeweide'.

Anke 'Nacken', ahd. *anka* 'Genick', got. *halsagga* 'Nacken', gr. ἀγκών (*ankōn*) 'Ellenbogen'.

Arm, ahd. *arm*, e. *arm*, got. *arms*, lat. *armus* 'der oberste Teil des Oberarms, Schulterblatt, Vorderbug'.

Arsch, ahd. *ars*, e. *arse*, gr. ὄρρος (*órros*) m. 'Steißbein, Bürzel'.

Auge, ahd. *ouga*, e. *eye*, got. *augo*. Die Etymologie ist schwierig. Die Verbindung mit lat. *oculus*, gr. ὄσσε (*ósse*) ist lautlich nicht möglich, man müßte *ago oder *awo erwarten. Manche nehmen nun an, daß die Form *Auge* aus diesen beiden Formen kombiniert sei, andere, daß das *au* von dem Wort *Ohr*, got. *auso* stamme. Beides sind aber nur Notbehelfe. So hat man denn das Wort ganz von lat. *oculus* getrennt und zu ir. *úag* 'Höhle' aus *aug-* gestellt. Besonders auffallend wäre es nicht, wenn bei den Germanen ein besonderes Wort für 'Auge' aufträte, da man ja in der Jägersprache noch heute verschiedene Ausdrücke besitzt.

Backe, zwei verschiedene Worte. Ahd. *backo*, auch in *kinnibacko*, gehört zu gr. φαγών (*phagṓn*) (Hesych) 'Kinnbacken'; mhd. *arsbacke* ist gemeingerm., engl. *back* 'Rücken' und wird mit air. *bacc* 'Haken, Hacke, Krummstab' verbunden, ist also wohl euphemistisch.

Balg, ahd. *balg* m. (*i*-Stamm), eig. 'die abgezogene Tierhaut', daher got. *balgs* 'Schlauch' e. *bellows* 'Blasebalg', gehört zu lat. *follis* 'lederner Schlauch'. Wenn das Wort zu ahd. *belgan* 'aufschwellen' zu stellen ist, so wäre die Bedeutung 'Schlauch' als ursprünglich anzusehen.

Bart, ahd. *bart*, e. *beard*, lat. *barba* (eigentlich erwartete man **farba*, doch hat hier eine Assimilation stattgefunden).

Braue, ahd. *brawa*, daneben anord. *brun* 'Augenbraue' mit regelrechtem Ablaut, zu gr. ὀφρύς (*ophrýs*), abg. *brvi*, kelt. *briva* 'Brücke'.

Bregen, Lehnwort aus dem Ndd., mndd. *bregen*, engl. *brain*, von J. SCHMIDT, Kritik der Sonantentheorie, überzeugend wieder zu gr. βρέγμα (*brégma*), βρέχμα (*brékhma*), βρεχμός (*brekhmós*) 'Vorderkopf' gestellt.

Bug, ahd. *buog* 'Obergelenk des Arms, Achsel, Obergelenk des Beines, Hüfte, Bug der Tiere', e. *bough* 'Ast' und *bow* 'Bug des Schiffes' zu gr. πῆχυς (*pakhys*) (aus **phakhys*) 'Ellenbogen, Unterarm, Armbug'

Darm, ahd. *darm* zu gr. τράμις (*trámis*) 'der enge Raum zwischen den Beinen, vom After bis zur Scham'. Entfernt verwandt ist vielleicht auch gr. τρῆμα (*trêma*) 'Loch, Öffnung'

Daumen, ahd. *dûmo*, e. *thumb* zu aind. *tutumáh* 'stark'.

Dickbein, ahd. *dioh* 'Schenkel', e. *thigh* zu lit. *taukaî* 'Fett'.

Elle, ahd. *elina*, e. *ell*, got. *aleina* bedeutet eigentlich 'Vorderarm' und gehört zu gr. ὠλένη (*olénē*), lat. *ulna*. Davon *Ellenbogen*, ahd. *elinbogo*.

Enkel 'Fußknöchel', ahd. *enkil*, e. *ankle* zu ahd. *enka* 'Schenkel, Schienbein, Knöchel', und weiter zu gr. ὄνυξ (*ónykhs*), l. *unguis*.

Euter, ahd. *ûtar*, e. *udder* zu gr. οὖθαρ (*úthar*), lat. *uber*, aind. *ûdhar*.

Faust, ahd. *fûst*, e. *fist* aus **funhstis* zu abg. *pęsti* 'Faust'

Feder, ahd. *fëdara*, e. *feather* zu gr. πτερόν (*pterón*), abg. *pero* aus **petro* 'Feder'.

Fell, ahd. *fël* 'Haut', e. *fell*, got. *-fill* 'Haut' zu lat. *pellis*.

Ferse, ahd. *fërsana* zu gr. πτέρνα (*ptérna*) 'Ferse, Schinken', lat. *perna* 'die Hüfte nebst dem Fuße, Hinterkeule', aind. *pāršṇih* 'Ferse'; im Englischen dafür *heel* 'Ferse', das wohl mit *Hacken* zusammenhängt.

Fleisch, ahd. *fleisk*, e. *flesh*. Die ursprüngliche Bedeutung ist wohl 'fettes Fleisch', weil ags. *flicce*, e. *flitch* 'Speckseite' verwandt zu sein scheint. Weiter dazu vielleicht der Stamm von lit. *páltis* 'Speckseite'.

Fuß, ahd. *fuoʒ*, e. *foot*, got. *fôtus* zu lat. *pes*, gr. πούς (*pús*).

Fut 'cunnus', erhalten in *Hundsfott*, lat. *praepûtium*, lit. *paûtas* 'Ei, Hode'

Galle, ahd. *galla*, e. *gall*, lat. *fel*, gr. χολή (*kholḗ*).

Garn 'der zweite Magen der Wiederkäuer', ahd. *mitti-garni* 'Fettnetz inmitten der Därme', zu lit. *žárna* 'Darm', lat. *haru-* in *haru-spex*, gr. χορδή (*khordḗ*) 'Darm'.

Gaumen, ahd. *goumo*, *guomo* 'Gaumen, Kehle, Rachen', e. *gums* 'Zahnfleisch', zu lit. *gomurīs* 'Gaumen'.

Giebel, ahd. *gibil* 'Stirn- oder Vorderseite', got. *gibla* 'oberste Spitze, Zinne' zu ahd. *gebal* 'Schädel, Kopf', urverwandt mit gr. κεφαλή (*kephalḗ*) 'Kopf'.

Glied, ahd. *gilid* 'Verbindung, Gelenk', ahd. *lith*, *lid* 'Glied', got. *liþus*, wohl zu lat. *lituus* 'Krummstab des Augurn'

Hachse (*Schweinshachsen*), ahd. *hahsa* 'Kniebug des Hinterbeins', besonders vom Pferde gesagt, lat. *coxa* 'Hüfte', *coxim* 'kauernd', ir. *coss* 'Fuß', kymr. *coes* 'Hüftbein'

Hals, ahd. got. as. ndl. *hals*, e. *to halse* 'umarmen', lat. *collum*.

Hand, got. *handus*, e. *hand*, wahrscheinlich indogermanisch; vgl. BLANKENSTEIN, Idg. Forsch. 21, 99.

Haupt, ahd. *houbit*, e. *head*, got. *haubiþ*. Neben der Form mit *au* steht in den Dialekten eine, die auf idg. *a* weist. an. *höfud*. und zu der lat. *caput* stimmt. Das *au* stammt entweder aus einer Form mit ähnlicher Bedeutung oder ist alte Ablautsform, idg. **kwaput*.

Haut, ahd. *hût*, e. *hide*, lat. *cutis*, gr. κύτος (*kýtos*) 'Haut, Hülle'. Auch gr. σκύτος (*skýtos*) 'Haut, Leder', lat. *scûtum* 'Schild' gehört dazu.

Herz, ahd. *herza*, e. *heart*, got. *hairtô*, lat. *cor, cordis*, gr. καρδία (*kardia*).

Hirn, ahd. *hirni* 'Gehirn', e. dial. *harns* 'Gehirn', ndl. *hersen*, Grundform **hersnjom*, zu lat. *cerebrum* aus **ceresrom*, gr. κάρηνον (*kárēnon*) aus **karasnon* 'Kopf'

Höcker, erst mhd. *hoger*, dafür ahd. *hovar*, zu lit. *kuprà* 'Buckel, Höcker'

Hode, ahd. *hodo* mit mehrfacher Anknüpfung.

Horn, ahd. got. anord. ags. e. afries. *horn*, lat. *cornu*.

Hüfte, ahd. *huf*, e. *hip*, zu gr. *κύβος* (*kýbos*) 'Höhlung vor der Hüfte am Vieh', *κύβιτον* (*kýbiton*), lat. *cubitum* 'Ellenbogen'.

Inster 'das eßbare Eingeweide eines geschlachteten Tieres', zu l. *intestīna*, lit. *ĩščōs* 'Eingeweide'.

Kehle, ahd. *kela*, lat. *gula*.

Kiefer, mhd. *kiver*, *kivel* 'Kiefer, Kinnbacken', zu awest. *zafar-* 'Mund'.

Kinn, ahd. *kinni*, e. *chin*, got. *kinnus* mit ursprünglicher Bedeutung 'Wange', wie noch in *Kinnbein*, zu gr. *γένυς* (*génys*) 'Kinn, Kinnlade, Kinnbacke', lat. *dentes genuīni* 'Backenzähne'

Klaue, ahd. *klawa*, e. *claw*, ai. *glauh* 'Ballen', gr. *γλουτός* (*gloutós*) 'Hinterbacke'.

Knie, ahd. *kneo*, got. *kniu*, e. *knee*, mit Schwebeablaut zu lat. *genu*, gr. *γόνυ* (*góny*).

Kragen, ursprünglich 'Hals', engl. *crag* 'Hals, Nacken', verwandt mit air. *brâge* 'Nacken' gr. *βρόγχος* (*brónkhos*) 'Kehle, Gurgel'.

Kropf, ahd. *kroph*, e. *crop* 'Spitze, Kornähre, Ernte', vielleicht zu gr. *γρυπός* (*grypós*) 'gekrümmt'

Lappen, ahd. *lappa* 'niederhängendes Zeugstück', e. *lap* 'Schoß', gr. *λοβός* (*lobós*) 'Ohrläppchen'

Leber, ahd. *lëbara* wird gewöhnlich zu gr. *ἧπαρ* (*hḗpar*), lat. *iecur*, ai. *jákṛt* gestellt. Doch macht der Anlaut *l* Schwierigkeiten. Ganz genau entspricht arm. *leard* aus **lepard*. Es scheinen zwei verschiedene Wörter vermischt zu sein.

Lende, ahd. *lëntı*, zu lat. *lumbus*, abg. *lędvija* 'Lende, Niere'.

Lippe, nicht mhd., ahd., obd. *Lefze*, asächs. *lepur* zu lat. *labium*.

Mähne, ahd. *mana*, e. *mane*. Die ältere Bedeutung war vielleicht 'Hals', wie aus der Ableitung an. *men*, ags. *mene*, ahd. *mënni* 'Halsschmuck' hervorgeht. Derselbe Stamm in lat. *monīle*, altir. *muince* 'Halskette', aind. *maṇi-* 'Perlenschnur' und auch aind. *mánjā* f. 'Nacken'.

Mark, ahd. *marg*, e. *marrow* zu abg. *mozgŭ*, awest. *mazga-*, aind. *majján-*.

Mund, ahd. *mund* m., e. *mouth*, got. *munþs* m. wird gewöhnlich zu lat. *mentum* 'Kinn' mit möglichem Bedeutungsübergang gestellt. Btr. 22, 228 habe ich hiermit gr. *στόμα* (*stóma*), *στόματος* (*stómatos*) vereinigt.

Nabel, ahd. *nabalo* m. mit Schwebeablaut zu gr. *ὀμφαλός* (*omphalós*), lat. *umbilicus*, air. *imbliu*, Ableitung von *Nabe*.

Nacken, mhd. *nacke*, ahd. *hnak*, ags. *hnëcca* mit der Ablautsform, die auch in d. *Genick* vorliegt, e. *neck* zu air. *knokk*, abret. *knoch* 'Hügel, Erhebung'

Nagel, ahd. *nagal*, e. *nail*, got. *nagljan* 'nageln', mit Schwebeablaut zu gr. *ὄνυξ* (*ónyx*), lat. *unguis*, abg. *nogŭtĭ* 'Nagel, Kralle'.

Nase, ahd. *nasa*, e. *nose* zu lat. *nasus*, *nares*, ai. *nāsa-*, lit. *nósis*, abg. *nosŭ*.

Niere, ahd. *nioro*, auch 'Hode' bedeutend, gehört mit Schwund eines *g*, Grundform **negwros* zu gr. *νεφρός* (*nephrós*), lat. *nefrōnes*, *nebrundines*.

Nüster, ndd. *nuster*, e. *nostrils* zu *Nase*.

Ohr, ahd. *ora*, e. *ear*, got. *auso* n. zu lat. *auris*, gr. *οὖς* (*ûs*).

penis, mhd. *fisel*, lat. *pēnis* aus **pesnis*, gr. *πέος* (*péos*).

Rachen, ahd. *(h)racho*, e. *rack* 'Schöpsenhals' zu gr. *κραγόν* (*kragón*) 'laut schreiend'

Rippe, ahd. *rippa*, e. *rib* zu abg. *rebro* 'Rippe'.

Rücken, ahd. *hrukki*, e. *ridge* zu air. *krokenn* 'Fell, Rücken', lat. *crux*.

Schädel, mhd. ndl. *schedel*, vielleicht zu gr. *κοτύλη* (*kotýlæ*) 'Höhlung, Becher', ai. *catvala-* 'Höhlung', besser wohl zu *Schale*, ahd. *skala* aus **skēdla-*.

Sehne, ahd. *sënawa*, e. *sinew* zu ai. *snāvan-* 'Band, Sehne'.

Sohle, ahd. *sola* 'Fußsohle' zu lat. *solum* 'Boden, Grundfläche, Sohle', *solea*; nach andern, aber kaum wahrscheinlich, entlehnt.

Stirn, ahd. *stirna* zu gr. *στέρνον* (*stérnon*) 'Brust'.

Vlies, mhd. *vlies*, e. *fleece*. Dazu *Flaus*. Dazu vielleicht lat. *plūma*.

Wade, ahd. *wado*, ursprünglich 'Muskel' bedeutend, wie noch in aisl. *vödve*; dazu vielleicht abg. *ndŭ* 'Glied' (MIKKOLA, Idg. Forsch. 23, 126). Anders KZ. 41, 396.

Wanst, ahd. *wanast* zu ai. *vaniṣṭhuḥ* 'Eingeweide'.

Warze, ahd. *warza*, e. *wart* zu pers. *balū* 'Warze' aus idg. *vard*; doch sind auch andere
Anknüpfungen möglich.

Wolle, ahd. *wolla*, e. *wool*, got. *wulla* zu lat. *lana*, gr. λῆνος (*lēnos*), abg. *vluna*, lit. *vilna*, aind. *ūrṇa*.

Zahn, ahd. *zand*, e. *tooth*, got. *tunþus* zu lat. *dens*, gr. ὀδούς (*odús*).

Zehe, ahd. *zēha*, e. *toe*, germ. Grf. *toih-* zu lat. *hallux* 'große Zehe' aus *hal-doik-s* und lat. *digitus*.

Zunge, ahd. *zunga*, e. *tongue*, got. *tuggo* zu lat. *lingua* aus *dingua*.

2. GERMANISCHE UND DEUTSCHE BESTANDTEILE.

Bauch, ahd. *būh*, gemeingerm., aber nicht sicher erklärt. Vielleicht zu gr. φύσκη
(*physkē*) 'Magen, dicker Darm'. — *Bein*, ahd. *bein* u.. engl. *bone* 'Knochen', welches die
ursprüngliche Bedeutung ist, vergleiche noch *Elfenbein*, *Beinhaus*, *Gebein*. Das Wort ist
bisher in den verwandten Sprachen nicht nachgewiesen, aber gewiß uralt. Verwandtschaft
mit lat. *femur* halte ich für möglich (Grundform *bhejemen-*). — *Blase*, ahd. *blasa* 'Harn-
blase'; von *blasen*. — *Blut*, ahd. *bluot* n., engl. *blood*. — *Brust*, got. *brusts* pl., mit Ablaut dazu engl. *breast* (ags. *breost*), also jedenfalls uralt, wenn auch in den verwandten
Sprachen nicht sicher nachzuweisen. Vielleicht zu air. *brū* aus *bruso* 'Bug', *bruinne* 'Brust'.
— *Busen*, ahd. *buosam*, e. *bosom*. — *Drossel* 'Kehle', fast nur noch in *erdrosseln*,
ahd. *droʒʒa*, e. *throttle*. Daneben mhd. *stroʒʒe*, and. *strota*. — *Drüse*, ahd. *druos*, *druosi*
,Drüse'. — *Eisbein* 'Hüftbein', and. *isben*. Man hat, aber wohl mit Unrecht, gr. ἰσχίον
(*iskhion*) 'Hüftgelenk' verglichen. — *Finger*, ahd. *fingar*, e. *finger*, got. *figgrs*. — *Flom*
,das Fett der Eingeweide'; aus dem Niederdeutschen; dazu mhd. *flæme* 'innere Fetthaut'. —
Gelenk, mhd. *gelenke* zu *Lanke*, ahd. *hlanka* 'Weiche, Lende', e. *link* 'Kette, Kettenglied'
l. *clingō* 'umgürte', ai. *śṛṅkhala* 'Kette'. — *Geweih*, mhd. *gewīge*, *gewīhe* zu ahd. *wīg*
'Kampf', zu l. *vincere*. Dazu auch *Gewicht* 'Geweih'. Eigentlich also 'die Kampfwaffe des
Hirsches'. — *Haar*, ahd. *har*, e. *hair*. — *Hacken* 'Ferse', niederdeutschen Ursprungs. —
Hanke 'Schenkel des Pferdes', entlehnt frz. *hanche* 'Hüfte'. — *Kelch* 'Fetthaut zwischen
Kinn und Hals', ahd. *kelch*, anord. *kjalki* 'Kinnlade' zu *Kehle*. — *Knochen*, *Knödel*,
Knöbel (vgl. *knobeln*) sind unklar. Vielleicht stammverwandt mit *Knie*, grf. *knu-bilas*,
so daß eine Zusammensetzung vorläge. *Knochen*, *Knödel* treten viel später auf als *Knöbel*.
Vielleicht liegt ein mundartlicher Lautübergang von Labial in Guttural vor, wie in *Hügel* für
älteres *hübel*, *Höcker* für älteres *hover*. — *Knorpel*, erst spät belegt und mit vielen Nebenformen. — *Köte* 'unterstes Gelenk am Pferdefuß', mnd. *kote*, *kute* 'Huf, Klaue'. — *Kralle*,
erst im 16. Jh. belegt, vielleicht zu *kratzen*. — *Kuttel* 'Gedärme', md. *kutiln*. Wohl zu
got. *qiþus* 'Bauch'. — *Leib*, ahd. *līb* 'Leben', e. *life*; gehört zu *leben*. — *Leiche*, ahd. *līh*
'Leib, Fleisch'. got. *leik* 'Fleisch, Leib, Leichnam'. — *Lunge*, ahd. *lungunna*, e. *lungs*, eine
ziemlich durchsichtige, in den verwandten Sprachen nicht vorliegende Ableitung zu lit.
leṅgvas, aind. *laghúḥ* 'leicht'. Das indogermanische Wort gr. πλεύμων (*pleûmōn*), lat. *pulmo*
ist verloren gegangen. In Ostdeutschland gibt es für 'Lunge' auch ein Lehnwort aus dem
Slawischen. *Plauze*. — *Magen*, ahd. *mago*, e. *maw* 'Kropf, Magen'. Ich habe gr. (στό)μαχος
(*stómakhos*) verglichen, was unsicher ist. — *Maul*, ahd. *mula*, got. in *faurmūljan* 'das
Maul verbinden'. — *Milz*, ahd. *milzi* n., e. *milt* 'Milch, Fischmilch'. — *Pfote*, mndl. *pote*
aus einer Grundform *pauta*, worauf auch provenz. *pauta* weist. — *Rist* 'Hand- oder Fuß-
wurzelgelenk', e. *wrist* 'Handgelenk', wohl Abstraktbildung zu ahd. *rīdan*, ags. *wrīdan*
'drehen', das wir noch in *Reitel* und *Reiste* und auch wohl in *Reihen* 'der erhöhte Teil
des Fußes', ahd. *rīho* 'Wade, Kniekehle' haben. — *Rumpf*, mhd. *rumpf*, e. *rump* 'Rumpf,
Steiß' — *Runzel*, ahd. *runzila*. Gleichen Stammes wie mhd. *runke*, e. *wrinkle*. — *Rüssel*,
mhd. *rüeʒel*, von ahd. *ruoʒʒan* 'die Erde aufwühlen', ags. *wrotan*, e. *to root* 'wühlen wie
Schweine'. — *Scheitel*, ahd. *skeitila* 'Kopfwirbel, Scheitel, Haarscheide'; junge Bildung
zu *scheiden*. — *Schenkel*, mhd. ndl. *schenkel* zu ags. *sceanca*, e. *shank*, und weiter zu
Schinken, ahd. *skinko*, *skinka* 'Beinröhre, Schenkel'. — *Schläfe*, ahd. *slaf*; wohl zu
schlaff; vgl. ahd. *dunwengi* 'Dünnwange'. — *Schnauze*, ndd. *snute* zu *schneuzen*. —

Schulter, ahd. *skultirra*, e. *shoulder*; nicht sicher erklärt. — *Schwarte*, mhd. *swarte*, *swart* 'behaarte Kopfhaut', mengl. *sward* 'Haut', anord. *svördr* 'Kopfhaut, Haut, Walfisch-haut'. — *Steiß*, ahd. *stiuz*, ndl. *stuit*. Vielleicht zu *stoßen*. — *Tappe*, mhd. *tape*. — *Tatsche* 'Hand', Nebenform von *Tatze*, mhd. *tatze*. — *Triel* 'Halslappen des Rindviehs', mhd. *triel* 'Lippe, Mund, Schnauze, Rachen'. — *Waffel* 'Maul', erst nhd. zu ahd. *wuoffan*. e. *weep*, got. *wopjan* 'laut rufen', abg. *vabiti* 'herbeirufen'. — *Wamme*, ahd. *wamba* 'Bauch, Wanst', e. *womb* 'Schoß', got. *wamba*. — *Wange*, ahd. *wanga*, e. *wangtooth* 'Backenzahn'. got. *waggareis* 'Kopfkissen'. — *Zagel*, ahd. *zagal* 'Schwanz der Tiere, Stachel der Biene', e. *tail*, got. *tagl* 'Haar'.

Dazu kommt eine kleine Anzahl neuerer Bildungen, die teils auf Euphemismen be-ruhen, wie *After*, ahd. *aftaro*, eigentlich substantiviertes Adjektiv von ahd. *aftar* 'hinten'; *der Hintere* u. a.; teils auf Übertragungen wie *Schwanz*, ahd. *swanz* 'Schleppe, Schwanz' zu *schwingen*; — *Schweif*, ahd. *sweif* 'Umschwung, Besatz eines Kleidungsstückes, Schwanz' zu *schweifen*; — *Augapfel*, *Linse* im Auge und manches andere; — *Antlitz*, mhd. *antlitze*; daneben got. *andawleizn*, ahd. *antlutti*, *antluzzi* zu got. *ludja* 'Gesicht', ist jung wie gr. πρόσωπον (*prósōpon*). — Auch die Finger sind benannt, doch wechseln hier die Bezeichnungen; vgl. darüber W. GRIMM, Über die Bedeutung der deutschen Fingernamen; gelesen in der Akademie der Wissenschaften, Berlin 1848, jetzt Kl. Schr. 3, 425.

3. LEHNWÖRTER

sind in diesem Begriffskreis selten: *Gurgel*, ahd. *gurgula* aus lat. *gurgulio* unter Ver-drängung des echtdeutschen mit dem Lateinischen urverwandten Wortes ahd. *querchela*. — *Kaldaunen* 'Eingeweide', aus mlat. *caldūna*, wohl als Name eines Gerichtes entlehnt. — *Kopf*, ahd. *kopf*, *kupf* 'Becher', noch in *Tassenkopf*, e. *cup* 'Becher, Obertasse' aus mlat. *cuppa*, jedenfalls als Gefäßname entlehnt und auf den Körperteil übertragen; vielleicht aber auch einheimisch. — *Körper*, im 13. Jahrhundert aus lat. *corpor-*; es handelt sich hier um einen Allgemeinbegriff, der wohl unter kirchlichem Einfluß entlehnt ist. — *Muskel* und *Nerv* erst neuhochdeutsch aus lat. *musculus* und *nervus*. — *Panzen*, *Pansen*, mhd. *panze*, über das Romanische aus lat. *pantex* 'Wurst'. — *Plauze*, ostdeutsch, 'Lunge' aus dem Slawischen. — *Pranke*, *Branke*, spätmhd. *pranke* aus mlat. *branca*, frz. *branche* 'Zweig'.

Man sieht also, die Körperteilnamen lassen sich in überwiegender Zahl bis in das Indogermanische zurückführen, und wo einmal eine Gleichung nicht über das Germanische hinausreicht, da dürften durch einen bloßen Zufall die Ausdrücke in den verwandten Sprachen verloren gegangen sein. Das ist verschiedentlich auch sonst eingetreten, denn eine ganze Reihe von Ausdrücken sind nur in der einen oder andern Sprache belegt.

Wir haben noch heute für einzelne Körperteilnamen mehrere Ausdrücke. Für *Hand* lassen sich eine ganze Menge Bezeichnungen zusammenbringen, wie *Patsche, Pfote, Klaue, Flosse, la main, Tatze*. Man sieht, sie stammen zum Teil aus dem Tierreich, und sie sind teilweise durch die Studenten-sprache aufgekommen. Es ist daher kein Wunder, wenn hinsichtlich dieses Begriffes auch die indogermanischen Sprachen auseinandergehen. Wir finden da: aind. *hásta-*, awest. *zasta-*, altpers. *dasta*, griech. ἀγοστός (*agostós*) 'flache Hand'; — gr. παλάμη (*palámæ*), lat. *palma*, ahd. *folma*, ai. *pāṇí-*; — gr. χείρ (*khěr*), alb. *dorə*, arm. *jern*; — lat. *manus*, ahd. *munt* 'Hand' (Schutz); — gr. θέναρ (*thénar*) 'innere Hand', ahd. *tënar* 'flache Hand'; — gr. δῶρον (*dôron*) 'Handbreite', ir. *dorn* 'Faust, Hand'; — got. *lofa*, russ. *lapa*; — lit. *rankà*, abg. *rǫka*.

Ferner unterscheiden wir noch heute zwischen *Huf* und *Klaue*, es gibt verschiedene Ausdrücke für den *Schwanz* der Tiere, wir sprechen von *Mund, Maul, Schnauze, Rüssel,* von *Haut, Fell, Schwarte* usw.

Es folgt also daraus, daß in alter Zeit eine Fülle von Ausdrücken vorhanden waren, von denen im Verlaufe der sprachlichen Entwicklung einige verloren gegangen sind. Was wir durch Zusammensetzungen ausdrücken (*Kalbs-, Schweins-, Rindsleber*), dafür hatte man ·in alter Zeit besondere Worte. Ich unterscheide zwischen *Kalbsfüßen* und *Schweinshachsen.*

Wenn man den Wortschatz der übrigen indogermanischen Sprachen heranzieht, so erscheinen in diesen nicht wenige Gleichungen, die das Germanische verloren hat; ich nenne nur lat. *os, natĭs, pulmo, lien,* gr. ὄρχις (*órkhis*), lat. *umerus* (noch in got. *ams*), die alle zweifellos indogermanisch waren. Was aber dem Germanischen recht ist, muß den andern Sprachen billig sein. Wir werden demnach nie imstande sein, sämtliche alte Ausdrücke zurückzugewinnen.

An den Körperteilnamen läßt sich, um darauf zum Schlusse hinzuweisen, auch ein gut Stück geistiger Entwicklung verfolgen, da man sich das Gemüt, den Mut, den Zorn in gewissen Körperteilen wohnend dachte. Die Anschauungen haben in diesen Punkten vielfach gewechselt, die Sprache aber spiegelt in den heutigen Redensarten Altes und Neues wieder. So war die Leber bei den Alten der Sitz der Leidenschaft, und das findet sich auch bei uns. Man sagt: *es ist mir etwas über die Leber gelaufen,* um das Gefühl des Unmutes auszudrücken. Weshalb das freilich auch eine *Laus* sein kann, ist nicht klar. *Frei von der Leber weg reden* heißt eigentlich 'sich von dem, was das Gemüt bedrückt, befreien' Ähnlich werden auch die Nieren als Sitz der Lebenskraft und des Affektes angesehen. Dies hat wahrscheinlich biblischen Ursprung. Vergleiche *du gerechter Gott prüfest hertzen und nieren,* Jer. 11, 20. Besonders aber ist das Herz seit langem in der Volksanschauung der eigentliche Sinn des Gemütes, was sich in unzähligen Verbindungen und Redensarten kundgibt.

Ich schließe hier gleich einige allgemeine Ausdrücke an, die sich auf das tierische und menschliche Leben beziehen:

Atem (Nebenform *Odem*), ahd. *atum, adum* zu ai. *atmā* 'Hauch, Atem, Geist'. — *Dreck,* mhd. *drec* 'ausgeworfener Unrat von Menschen und Tieren', zu gr. τρύξ (*tryx*) 'Hefe, Unreinigkeit'. — *Harn,* ahd. *harn,* e. *skarn* zu gr. σκώρ, σκατός (*skŏr, skatós*). — *Kot,* ahd. *quat* zu aind. *gutham,* aw. *gūþam* 'Schmutz, Kot'. — *Schweiß,* ahd. *sweiʒ,* e. *sweat* zu lat. *sudor.* — *speien,* ahd. *spiwan,* e. *to spew,* got. *speiwan* zu lat. *spuere,* gr. πτύειν (*ptýen*). — *Träne,* ahd. *trahan,* daneben *Zähre,* ahd. *zahar,* e. *tear,* beide zu gr. δάκρυ (*dákry*), lat. *lacruma.* Dazu gehört auch *Tran.*

Bemerkenswert ist ferner, daß die germanischen Sprachen den Ausdruck *Seele* besitzen, ahd. *sela,* e. *soul,* got. *saiwala,* das sich lautlich mit gr. αἰόλος (*aiólos*) 'beweglich, schnell' decken könnte, ohne daß uns freilich die Bedeutungsentwicklung klar ist.

§ 118. **Die Tiernamen. Allgemeines.** Die Namen unsrer wichtigsten Haustiere sowie einer großen Anzahl von wilden Tieren lassen sich ohne Schwierigkeiten bis in das Indogermanische zurückverfolgen. Andere Ausdrücke, bei denen das nicht der Fall ist, scheinen trotzdem alt und in den andern Sprachen verloren gegangen zu sein. Man kann bei den Tiernamen den Grundsatz aufstellen, daß, je bedeutender und wichtiger ein Tier war, um so besser sich auch die alten Bezeichnungen erhalten haben. Bei den kleinern, den Vögeln, Insekten u. a., zeigen sich verschiedene Benennungen, ohne daß damit gesagt ist, daß man sie in alter Zeit überhaupt nicht bezeichnet hätte. Wörter wie *Laus* und *Wanze* lassen sich nicht sicher über das Germanische hinaus verfolgen, Ausdrücke dafür hat man sicher schon in alter Zeit gehabt.

Zu beachten bleibt bei den Tiernamen, daß noch heute als Erbteil einer ältern Zeit häufig das männliche, das weibliche, das verschnittene, das junge Tier und andere Arten durch besondere Worte bezeichnet werden, wie z. B. *Kuh, Stier, Ochse, Kalb, Färse, Sterke*; *Schaf, Widder, Hammel, Lamm*; *Ziege, Geiß, Bock, Kitze*; *Roß, Stute, Füllen, Hengst* usw. Es läßt sich schon daraus erschließen, wie sehr man diese Tiere beachtete, und eine solche Fülle von Ausdrücken konnte nur vorhanden sein, wenn wir es mit Haustieren zu tun haben. Da sich nun auf diesem Gebiete zweifellos eine allmähliche Vereinfachung der Benennung beobachten läßt, so folgt daraus, daß in älterer Zeit noch mehr solcher verschiedenen Ausdrücke vorhanden gewesen sein müssen. Sind davon eine Reihe verloren gegangen, so erklärt es sich, daß sich des öftern mit dem Deutschen verwandte Worte nicht nachweisen lassen.

Entlehnungen gibt es auf diesem Gebiete eigentlich nur für die Tiere, die erst später in den Gesichtskreis der Germanen getreten sind, oder für Tiere, die in neuer Verwendung, neuen Rassen aufkamen.

§ 119. A. Die Säugetiere.

Literatur: H. PALANDER, Die althochdeutschen Tiernamen. I. Die Namen der Säugetiere, Darmstadt 1899. — JORDAN, Die altenglischen Säugetiernamen. Anglistische Forschungen, Heft 12; Heidelberg 1902.

Ich ordne die Worte alphabetisch, doch sind die zu einer Tierart gehörigen Namen wie *Roß, Stute, Hengst, Fohlen* unter einem Worte, hier unter *Pferd*, behandelt.

1. INDOGERMANISCHE UND ALTGERMANISCHE BESTANDTEILE.

Auer in *Auerochse*, ahd. *ūr* zu aind. *usráḥ* 'Stier', mit indogermanischem Schwund des *s* vor *r*, ursprünglich vielleicht eine Farbenbezeichnung, da aind. *usráḥ* 'rötlich' bedeutet.

Bär, ahd. *bëro*, e. *bear* zu lit. *bëras* 'braun', also *Braun*, wie der Bär in der Tierfabel heißt. Das alte Wort für *Bär*, aind. *ŕkšaḥ*, lat. *ursus*, gr. ἄρκτος (*árktos*) ist verloren gegangen, vielleicht auf Grund abergläubischer Scheu, die den Namen des Bären auszusprechen vermied.

Biber, ahd. *bibar*, e. *beaver* zu lat. *fiber*, gall. in *Bibracte*, lit. *bëbrus*, abg. *bebrŭ*. Auch dies ist wohl eigentlich eine Farbenbezeichnung, da das genau entsprechende aind. *babhrúḥ* 'braun' bedeutet. Doch ist die Übertragung auf das Tier schon indogermanisch.

Bildmaus, ahd. *bilih*. Dazu frz. *belette* 'Wiesel', kymr. *bele* 'Marder', l. *feles*.

Dachs, ahd. *dahs*, sonst im Germanischen fehlend, aber frühzeitig ins Romanische gedrungen, ital. *tasso*, frz. *taisson*; Etymologie unbekannt.

Eichhorn, ahd. *eihhurne*, ablautend an. *ikorne*, Grundform wohl *aika-wernan*, dessen
  zweiter Bestandteil wahrscheinlich zu abg. *vĕverica*, lit. *voverĭ* 'Eichhorn', lit. *vaivaras*,
  vaiveris 'Männchen vom Iltis und Marder', lat. *viverra* 'Frettchen' (aus einer nordischen
  Sprache entlehnt) gehört.
Elch, ahd. *ĕlah*, an. *elgr*, bei Cäsar *alces* zu russ. *losı* 'Elch', ai. *ŕśjah* 'Antilopenbock'.
  Daneben mit anderm Suffix *Elentier*, das wohl aus dem lit. *élnis* stammt. Dies gehört
  weiter zu abg. *jelenī* 'Hirsch', gr. *έλλός* (*ellós*) 'Hirschkalb'.
Fledermaus, ahd. *flĕdarmus*, *fledaremustro*, e. *flittermouse*; junge Bildung aus ahd.
  flĕdiron 'flattern' und *Maus*.
Fuchs, ahd. *fuhs*, e. *fox*; Femininum dazu ahd. *foha*, got. *fauho*, an. *foa* 'Füchsin'; unerklärt,
  aber gewiß alt.
Hamster, ahd. *hamustro* 'Kornwurm'; Herkunft unbekannt.
Hase, ahd. *haso*, e. *hare* zu apreuß. *sasnis*, kymr. *ceinach*, ai. *śaśáh*.
Hermelin, ahd. *harmo*, ags. *hearma*, lit. *šermuõ* 'Wiesel', rätorom. *karmũ*, das auf ein
  lat. oder kelt. *karmon* weist; MEYER-LÜBKE, Z. f. rom. Phil. 19, 97.
Hirsch, ahd. *hiruʒ*, e. *hart* zu lat. *cervus*, kymr. *carw* 'Hirsch', apreuß. *sirvis* 'Reh'. Das
  germanische Wort hat einen ableitenden Dental. Femininum dazu *Hinde*, ahd. *hinta*,
  e. *hind* zu gr. *κεμάς* (*kemás*) 'Reh, Hirschkalb', lit. *šmùlis* 'Rind ohne Hörner' Man
  nimmt an, daß *Hirsch* zu *κέρας* (*kéras*) 'Horn' gehört, also der 'gehörnte' bedeutet, was
  eine Analogie in *Spießer*, ahd. *spiʒʒo* zu *Spieß* hätte.
Hund, ahd. *hunt*, got. *hunds*, e. *hound* 'Jagdhund' zu gr. *κύων* (*kýon*), lat. *canis* mit *t*-Suffix.
  Die Ableitung von got. *hinþan* 'fangen' ist kaum glaublich, da wir dann einen *n*-Stamm
  zu erwarten hätten. Als Femininum haben wir nur die junge Bildung *Hündin*, während
  in den Mundarten Worte wie *Zohe, Zaupe, Zuppe, Tebe, Töle, Petze* vorkommen.
  Davon ist *zoha* schon althochdeutsch. Es gehört wohl zu lat. *dux*, bedeutet also 'die
  Führerin', vgl. den Ausdruck *Leithund*; ndd. *Töle* ist Diminutivum dazu und aus
  **tauhilo* entstanden. Andere Ausdrücke für den Hund sind unklar: *Rüde*, ahd. *(h)rudio*,
  ags. *hryþþa* ist ins Slawische als *chrútü* 'Windhund' entlehnt; — *Bracke*, ahd. *bracko*
  'Spürhund', stellt man zu lat. *fragrare* 'riechen', was unsicher bleibt; — *Windhund*,
  ahd. allein *wint* 'Windspiel' hat mit *Wind* nichts zu tun. Die Herleitung aus gall. *ver-
  tragos*, die Palander 37 versucht, scheint mir unmöglich. Dazu kommen eine Fülle von
  Bezeichnungen für einzelne Rassen. So *Pudel*, eig. 'Wasserhund' zu *Pudel* 'Sumpf'.
  Teckel, Kürzung zu *Dachshund*, *Mops* zu *muffig* usw. *Köter* ist wohl 'der Kläffer'
  zu rheinfränk. *kauzen* 'bellen, kläffen'.
Igel, ahd. *igil* zu gr. *έχῖνος* (*ekhinos*), abg. *ježī*, lit. *ežīs*.
Iltis, ahd. *illi(n)tiso*, zweifellos eine Zusammensetzung, vielleicht mit *wiso* zu *Wiesel*.
Katze, Kater, schwierige Worte. die fast über ganz Europa verbreitet sind; zu frühest
  belegt in mlat. *cattus, catta* (um 500 n. Chr.); die Herkunft der Worte ist unklar; vgl.
  Weigand s. v.
Luchs, ahd. *luhs* zu gr. *λύγξ* (*lynx*), lit. *lúšis*.
Marder, ahd. *mardar(o)*, ags. *mearþ*, aus dem Germanischen frz. *marte, martre*.
Maus, ahd. *mus*, e. *mouse* zu gr. *μῦς* (*mýs*), lat. *mus*.
Noß 'Nutzvieh', ahd. *noʒ*, e. *neat* zu *genießen, Nutzen*.
Otter, ahd. *ottar* m. 'Fischotter', e. *otter* zu gr. *ὕδρα* (*hýdra*). *ὕδρος* (*hýdros*) 'Wasser-
  schlange', lit. *ūdra*, abg. *vydra*, ai. *udrás* 'Otter'
Pferd. Das Pferd war den Indogermanen zweifellos bekannt, und es haben dafür wahr-
  scheinlich mehrere Ausdrücke bestanden. Wir können verfolgen, wie im Lauf der Geschichte ein Ausdruck den andern ablöst. Das älteste Wort steckt in lat. *equos*, gr. *ἵππος*
  (*hippos*), as. *ehu*. wahrscheinlich noch in dem Zuruf für das Pferd *jüh* erhalten. Das
  Wort *Stute*, mhd. *stuot* f. 'Herde von Pferden' (vgl. *Gestüt*), engl. *stud* 'Pferdeherde'
  gehört zu abg. *stado* 'Herde', woraus lit. *stodas*. Dies gehört zur Wurzel *stha* 'stehen'

und bedeutet soviel wie 'Stand'. Ein eigentliches Wort für die Stute ist also nicht nachzuweisen. *Hengst*, ahd. *hengist, hangisto*. Dazu mit grammatischem Wechsel an. *hestr* aus **hanhistaz*; ist wohl ein alter Superlativ zu lit. *šankìnti* 'springen machen', also eig. 'der gute Springer'. — *Mähre*, ahd. *marah* n. 'Roß, Pferd', wovon ahd. *meriha* 'Stute, Mähre' eine *j*-Ableitung ist, engl. *mare* 'Stute'. Das Wort kehrt im Keltischen wieder, altir. *mark*, kymr. *march* 'Pferd', und unterliegt daher dem Verdacht der Entlehnung; — *Roß*, ahd. *hros* n. 'Pferd, Streitroß', engl. *horse*; unklarer Herkunft; — *Gaul*, mhd. *gul*; Herkunft ganz unsicher trotz SOMMER, IF. 31, 362; — *Schälhengst, beschälen*, ahd. *skělo* 'Zuchthengst', vielleicht zu gr. κήλων (*kælon*) 'Zuchthengst', aind. *śálati* 'springt'; — *Fohlen*, ahd. *folo*, e. *foal*, got. *fula* zu lat. *pullus*, gr. πῶλος (*pôlos*) 'junges Pferd, junges Tier'. Dazu *Füllen*. Weiter gibt es wieder eine Reihe von Namen für besondere Rassen, wie *Percheron* nach der frz. Provinz *Perche*, *Trakehner*, *Araber* u. a. Ferner *Wallach* 'kastriertes Pferd', eig. 'Pferd aus der Wallachei', und ebenso *Reuß*, eig. 'der Russe'. Ganz unklar ist *Raun(e)* 'Hengst', das sogar ins Finnische als *ruuna* entlehnt wurde.

Ratte, ahd. *rato*, e. *rat*. Daneben *Ratz, Ratze*. Herkunft dunkel.

Reh, ahd. *rëh*, e. *roe*; dazu das erst in neuerer Zeit belegte Femininum *Ricke*.

Renntier aus dem Nordischen, ags. *hran*, anord. *hreinn*; Herkunft unklar.

Rind. Für diese Tiergattung gibt es eine Fülle von Bezeichnungen: *Kuh*, ahd. *kuo*, e. *cow* zu lat. *bos*, gr. βοῦς (*bûs*); — *Stier*, ahd. *stior*, got. *stiur* 'μοσχός', e. *steer*, gehört wahrscheinlich nicht zu gr.-lat. *tauros*, sondern zu ai. *sthávirah* 'stark, kräftig'. — Die Dialekte besitzen eine Menge von Ausdrücken für den Zuchtstier, wie das der Bedeutung des Tieres entspricht, so *Bulle* in Norddeutschland, mnd. *bulle*, e. *bull, bullock*, von W. Schulze zu gr. φάλλος (*phállos*) 'Glied' gestellt. — *Ochse*, ahd. *ohso*, e. *ox*, got. *aúhsus* (sic), kymr. *ych* 'Ochse', ai. *ukṣā́*, aw. *uχšan* 'Stier'; — *Kalb*, ahd. *kalb* n., e. *calf*, got. *kalbō* f. (= ahd. *kalba*, nhd. dial. *kalbe* 'weibliches Kalb, das über ein Jahr alt ist und noch nicht gekalbt hat'), vielleicht mit gr. δέλφαξ (*délphax*) 'Ferkel' verwandt; — *Farre* 'junger Stier', ahd. *farro* 'Stier' zu gr. πόρις (*póris*), πόρτις (*pórtis*) 'Kalb, junge Kuh'; davon abgeleitet *Färse* 'junge Kuh', mhd. *verse*; — *Sterke* 'Kuh, die noch nicht gekalbt hat', vielleicht zu got. *staira* 'unfruchtbar', lat. *sterilis*, gr. στέριφος (*stériphos*) 'unfruchtbar'; — der Ausdruck *Rind* selbst, ahd. *hrind*, daneben ags. *hrÿþer* aus **hrunþ-* muß wegen des Ablauts alt sein; apreuß. *klente* 'Kuh' sieht man als verwandt an, doch macht das *l* Schwierigkeiten; besser vielleicht zu gr. κέρας (*kéras*) 'Horn', also 'Hornvieh'.

Schaf. Auch hierfür gilt dasselbe wie für *Rind*. Der Ausdruck für das weibliche Schaf liegt noch in dem dialektischen *Au* vor, ahd. *ou* 'Mutterschaf', e. *ewe*, lat. *ovis*, gr. ὄις (*óïs*); — der Schafbock heißt *Ramm*, ahd. *ram*, e. *ram*; vielleicht zu anord. *rammr* 'kräftig', abg. *raminŭ* 'ungestüm, schnell'; — *Widder*, ahd. *widar* 'Schafbock', e. *wether* 'Hammel', got. *wiþrus* 'Lamm', wohl zu lat. *vitulus*, ai. *vatsáh* 'Kalb', eigentlich 'Jährling', zu gr. ϝέτος (*wétos*) 'Jahr'; — *Lamm*, ahd. *lamb*, got. *lamb*, e. *lamb* gehört zu gr. ἔλαφος (*élaphos*) 'Hirsch' aus **elṃbhos*; — *Schaf* selbst ist unklar, ahd. *scâf*, e. *sheep*.

Schatz, ahd. *skaz* 'Geld', got. *skatts* 'Geldstück, Geld', aber afries. *sket* 'Geld, Vieh', vielleicht zu abg. *skotŭ* 'Vieh', das freilich auch entlehnt sein kann.

Schwein, ahd. *swin*, got. *swein*, e. *swine* zu lat. *suinus*, abg. *svinija*, abgeleitet von *Sau*, ahd. *sū*, e. *sow* zu lat. *sus*, gr. ὗς (*hŷs*); — *Eber*, ahd. *ëbur* zu lat. *aper*; ob abg. *vepri* unmittelbar dazu gehört, ist fraglich; — *Ferken, Ferkel*, ahd. *farheli(n)*, Diminutivum zu ahd. *farah* n. 'Schwein, Ferkel', e. *farrow* zu lat. *porcus*, gr. πόρκος (*pórkos*) 'junges Schwein'; — *Faselschwein*, ahd. *fasal* n. 'Zucht, Nackommenschaft von Tieren' zu mhd. *visel* 'penis', lat. *pēnis* (**pesnis*), gr. πέος (*péos* aus **pesos*); — *Bär* 'Zuchteber', ahd. *bër*, e. *boar* 'zahmer und wilder Eber'; — *Barch, Borch* 'verschnittener Eber', ahd. *barah*, e. *barrow*; — *Gelze* 'verschnittenes Schwein', ahd. *galza*, e. dial.

gilt, ilt, an. *göltr*, ai. *huḍuḥ* 'Widder' (?); — *Bache* 'das wilde Mutterschwein', wohl
verwandt mit e. *bacon* 'Schinken'; — *Keiler*, 1608 wohl zu *keilen*; — *Lehne* 'die
Bache', mlat. *leha*; — *Range*, älternd. *range* 'die Sau' zu mnd. *wrangen* 'sich winden'.
Seehund. Es gibt dafür ein altgermanisches Wort ahd. *sëlah*, ags. *seolh*, e. *seal*.
Tier, ahd. *tior* 'wildes Tier', daher *Tiergarten*, e. *deer* 'Rotwild', got. *dius* 'wildes Tier'.
Vielleicht zu lat. *bestia* oder zu ags. *deor* 'tapfer, kühn', ahd. *tiorin, tiorlih* 'wild, grimmig';
die Grundbedeutung ist jedenfalls 'wildes Tier'
Vieh, ahd. *fihu* 'Haustier', got. *faihu* 'Vermögen, Geld', e. *fee* 'Bezahlung, Trinkgeld' zu lat.
pecus (vgl. *pecunia*), also sicher das Haustier. — Eine andere Bezeichnung steckt in unserm
Schatz (s. o.). Zu beachten ist, daß schon das Indogermanische die Bildung 'Vierfuß' ge-
prägt hat, ahd. *fiorfuoȝȝi*, ags. *fyderfete*, lat. *quadrupes*, umbr. *peturpursus*, ai. *čatuṣpad*.
Walfisch, ahd. *walfisk*, von ahd. *wal*, ags. *hwæ'l*, anord. *hvalr*; dazu apreuß. *kalis* 'Wels'
und vielleicht lat. *squalus* 'ein größerer Meerfisch'.
Welf, ahd. *welf* 'Junges von Tieren', e. *whelp*.
Wiesel, ahd. *wisula*, e. *weasel*.
Wisent, ahd. *wisunt*, daraus lat. *bison*.
Wolf, ahd. *wolf*, got. *wulfs*, e. *wolf* zu lat. *lupus*, gr. λύκος (*lýkos*). Eine Femininbildung
in ahd. *wulpa*, an. *ylgr*, ai. *vṛkíḥ* und wohl auch in lat. *vulpes*.
Ziege, ahd. *ziga*, ags. *ticcen* 'Zicklein', unaufgeklärt; es könnte durch Lautumstellung aus
urgerm. *git*, einer Ablautsform zum folgenden, entstanden sein, oder zu russ. *dikij* 'wild'
oder zu alban. *dl* 'Ziege'; — *Geiß*, ahd. *geiȝ*, e. *goat*, got. *gaits* zu lat. *haedus*; — ein
drittes Wort steckt in *Habergeiß* 'Heerschnepfe', dessen erster Bestandteil zu ags.
hæfer, anord. *hafr* 'Bock', lat. *caper* 'Ziegenbock' gr. κάπρος (*kápros*) 'Eber' gehört; —
Bock 'das Männchen der Ziege, aber auch andrer Tiere', ahd. *bock*, e. *buck* zu air. *bocc*
(oder daraus entlehnt), und weiter dazu armen. *buc* 'Lamm', awest. *buza-* 'Bock'; —
Kitze, ahd. *kizzi(n)* 'junge Ziege', dazu anord. *kid*, daraus entlehnt e. *kid* 'Ziege', klingt
an *Zicke* an, eventuell durch Umstellung; — *Hettel*, alem. 'junge Ziege', mhd. *hatele*.
anord. *hadna*. Verwandt mit ir. *cit* 'Schaf'; — *Hippe, Heppe* mit dem Lockruf *hepp,*
hepp zusammenhängend. — Also auch hier haben wir wieder eine Fülle von Ausdrücken, zu denen noch andere kommen, wenn wir die verwandten Sprachen in Betracht ziehen. Alles dieses spricht für die Bekanntschaft mit der Ziege als einem Haustiere. Merkwürdigerweise fehlt aber bei dieser Gruppe das neutrale Kollektivum, das
wir sonst haben, das *Rind, Schaf, Schwein, Pferd*, die ja alle nachweislich spät sind,
aber doch die große Bedeutung der Tiere bezeugen.

2. DIE ENTLEHNUNGEN.

Zu den einheimischen Tiernamen sind im Laufe der Zeit manche neue gekommen. In der Hauptsache handelt es sich um Tiere, die neu in den Gesichtskreis der Germanen getreten sind, in einigen Fällen auch um neue Rassen.

Dam(hirsch), ahd. *tamo, damo*, e. *doe* 'Rehkuh' aus lat. *dama* und dies vielleicht
aus dem Keltischen. — *Elefant*, ahd. *helfant* aus lat. *elephant(em)*. — *Esel*, ahd. *esil,*
got. *asilus* aus lat. *asinus*. — *Gemse*, ahd. *gamiȝa* aus einem Alpenwort, das im 5. Jahrhundert als *camox* belegt ist. — *Kaninchen*, mhd. *küniklin* aus lat.-iberisch *cunicŭlus*. —
Löwe, ahd. *lewo, louwo*, wohl nicht unmittelbar aus lat. *leo*. — *Maul(tier)*, ahd. *mul*
aus lat. *mulus*. — *Murmeltier*, ahd. *murmunto, murmuntin* aus lat. *mure(m)mont(is),*
rhätorom. *murmont*. — *Pferd*, ahd. *parafrit, pfarifrit, pferfrit*, mhd. *pfert* aus lat. *para-*
veredus (bei Cassiodor); die Herkunft scheint mir nicht aufgeklärt zu sein. — *Zelter,*
ahd. *zeltari*, wahrscheinlich aus span.-lat. *thieldones* (Plinius).

Dazu kommen mehr durch gelehrte Vermittlung: *Dromedar*, mhd. *tromedar*, lat. *drome-*
darius. eingedeutscht als 'Trampeltier'; — *Giraffe*, 15. Jh., ital. *girafa*; — *Hyäne*, ahd.
ijena aus lat. *hyaena*; — *Leopard*, ahd. *leopardo, lebardo, lebart* aus lat. *leopardus*; —

Panter, ahd. *panter* aus lat. *panther*, ebenso *Parder*, *Pardel*, ahd. *pardo* aus lat. *pardo*; — *Pavian*, 1551, frz. *babouin*; — *Tiger*, ahd. *tigirtior* aus lat. *tigris*. — Aus dem Keltischen könnte stammen: *Mähre*, ahd. *marah*, ags. *mearh*, an. *marr*, kelt. *márkan* (Paus. 10, 19, 4), ir. *marc*, kymr. *march* 'Pferd'. Notwendig ist die Annahme indessen nicht.

Entlehnt, aber unbekannt woher, sind wohl *Katze*, *Ratte*, *Affe*.

Aus dem Slawischen stammen *Zobel*, *Zieselmaus* (siehe oben S. 146).

Weitere anzuführen hat keinen Zweck.

3. NEUBILDUNGEN

sind verhältnismäßig selten. Ich nenne *Steinbock, Seehund*.

§ 120. **Schlußfolgerungen. Beweise für die Viehzucht.** Aus den oben angegebenen Gleichungen folgt, daß die Indogermanen schon die wichtigsten Tiere, die in unsern Ländern leben, kannten. Daß man aber einige davon als Haustiere besaß, folgt zunächst nicht daraus, wohl aber 1. aus der Fülle von Ausdrücken für gewisse Tiere und 2. aus den Namen für Erzeugnisse der Tiere, die diese nur in gezähmtem Zustande liefern. Dazu gehören:

Milch, ahd. *miluh*, got. *miluks*, e. *milk* durch Anlehnung an *melken*, ahd. *mëlkan*, lat. *mulgeo*, gr. ἀμέλγω (*amélgo*) aus **deləg* entstanden und mit lat. *lac* (aus **dlac*), gr. γάλα(κτος) (*gálaktos < dálaktos*) verwandt.

Dazu noch Ausdrücke wie:

Sahne, spätmhd. *sane* (wovon wohl *Senne*); wohl zu aind. *sánuḥ* m,, *sānu* n. 'Oberfläche, Rücken, Höhe'; vgl. österr. *Obers*. — *Rahm*, mhd. *roum*, ags. *ream* zu awest. *raogna-* 'Butter'. — *Butter*. Ein altes Wort für *Butter* liegt in alem. *Anke*, ahd. *anko* vor, das zu lat. *unguo* 'salbe' gehört (Butter diente zunächst zum Salben), air. *imb* 'Butter', aind. *ấjjam* 'Opferbutter'. — Das Wort *Butter*, spätahd. *butera* macht sprachgeschichtlich große Schwierigkeiten. Es stammt aus gr.-lat. *butyrum*, das ursprünglich ein skythisches Wort war. Wie sich dies hat verbreiten können, ist unklar. M. Heyne nimmt Vermittlung der Klöster an. — *Käse*, ahd. *kāsi*, e. *cheese* ist aus lat. *cāseus* entlehnt. Die Germanen besaßen aber ein einheimisches Wort anord. *ostr* (entlehnt finn. *juusto*), das wahrscheinlich zu lat. *jūs* 'Brühe' gehört.

Aus Worten wie *Milch, melken, Rahm, Anke* folgt nun mit großer Sicherheit, daß schon die Indogermanen die Tiere molken und die Milch weiter verarbeiteten.

Die Zähmung des Schafes ergibt sich aus dem Wort *Wolle*, ahd. *wolla*, got. *wulla*, e. *wool* zu lat. *lāna*, lit. *vílna*, abg. *vlŭna*, aind. *ūrṇa*. Nur das zahme Schaf hat Wolle.

Für die übrigen Tiere ist ein solcher zwingender Nachweis nicht vorhanden. Doch gehören aus andern Gründen auch die Ziege, das Schwein und das Pferd zum Besitzstand der Indogermanen.

Viehzüchter sind aber keine Nomaden. Für ein Nomadentum der Indogermanen gibt es keine Beweise.

Die Tiere hielt man in *Herden*. Auch für dieses Wort, ahd. *herta*, e. *herd*, got. *hairda*, gibt es eine Entsprechung in aind. *śárdhas* 'Schar'. Dazu die Ableitung *Hirt*, ahd. *hirti*, e. *herd*, got. *hairdeis*, das ein älteres Wort gr. ποιμήν (*poimǣn*) verdrängt hat.

Hierher ferner *Stute*, ahd. *stuot* 'Herde von Pferden', ags. *stod* 'Pferdeherde' zu abg. *stado*, lit. *stodas* 'Herde' (von Pferden); got. *wriþus* 'Herde' (wohl für *wreþus*), dän. *vraad*, ags. *wrǣþ* 'Trupp, Herde' zu aind. *vrátah*

'Schar'; *Kette* (nur von Rebhühnern), ahd. *kutti* 'Herde, Schar', vielleicht zu lit. *gúotas* 'Herde'. Also auch hier wieder selbständige Wörter, während wir *Rinder-, Schaf-, Ziegenherde* sagen.

Schließlich gibt es auch mehrere Ausdrücke für die Exkremente der Tiere:

Mist, ahd. *mist* 'Kot, Dünger, Misthaufen', got. *maihstus*, e. *mixen* 'Misthaufen', zu lit. *mieżti* 'misten', *mieżlai* 'Mist'; — *Dreck*, mhd. *drëc*, anord. *þrekkr* 'Dreck' zu lat. *stercus* (?); — *Kot*, ahd. *quat* zu aind. *guthas*, awest. *gupa-* 'Kot, Exkremente'. Wahrscheinlich handelt es sich auch hier um Ausdrücke, die die Exkremente verschiedener Tiere bezeichnen, wie wir heute von *Kuhfladen, Schafketteln, Ziegenbohnen, Pferde-äpfeln, Schnepfendreck* sprechen.

§ 121. B. Die Vögel.

Literatur: CHARLES H. WHITMAN, The Birds of old English Literature, Journ. of germ. Phil. 2, 149 ff. — HUGO SUOLAHTI, Die deutschen Vogelnamen. Eine wortgeschichtliche Untersuchung, Straßburg 1909.

In dem Buch von Suolahti besitzen wir eine Darstellung der Wörter eines bestimmten Begriffsgebiets, wie wir sie sonst kaum noch haben, und man kann daher hier die Sprach-entwicklung gut überblicken. Indem ich mich an Suolahtis Darstellung halte, läßt sich etwa folgendes sagen:

1. INDOGERMANISCHE BESTANDTEILE.

Am meisten verbreitet sind die Bezeichnungen für *Ente* und *Gans*.

Ente, ahd. *anut*, ags. *ænid*, dän.-schwed. *and* zu lat. *anas, anatis*, gr. *νῆσσα* (*nḗssa* aus *natja*), lit. *antis*, abg. *ǫti* 'Ente', ai. *atih* 'ein Wasservogel'.

Gans, ahd. *gans*, e. *goose* zu gr. *χήν* (*khḗn*), lat. *anser* aus **hanser* lit. *žąsis*, ai. *hąsáh, hąsí*.

Soweit diese Wörter auch gehen und so sicher sie indogermanisch sind, so fehlt doch viel, daß sie in allen Sprachen auftreten.

Weniger verbreitet, aber auch indogermanisch sind:

Aar, erst poetisch seit dem 18. Jahrhundert wieder aufgenommen, ahd. *aro*, got. *ara*, e. dial. *ern* zu gr. *ὄρνις* (*órnis*) 'Vogel' (der Stamm *ornu* entspricht vielleicht ahd. *arin* f. 'Weibchen des Adlers'), abg. *orĭlŭ*, lit. *erēlis*, korn. breton. *er*, kymr. *eryr* 'Adler'.

Amsel, ahd. *amsala*, e. *ousel* wohl zu lat. *merula* (aus **mesula* mit Schwebeablaut).

Belche 'Bläßhuhn', ahd. *bélihha*, sonst nicht vorhanden, ist wahrscheinlich verwandt mit lat. *fulica*: gr. *φαληρίς* (*phalērís*). Zugrunde liegt ein idg. Wort für 'weiß',

Drossel. Die Formen der Mundarten sind sehr mannigfaltig, doch lassen sie sich m. E. auf zwei Grundformen zurückführen, einerseits ein **prausk, *prusk*, wozu ahd. *drosca, droscala* (woraus 'Drossel'), e. *thrush*. Dies könnte zu gr. *τρυγών* (*trūgōn* aus **truzgon*) 'Turteltaube' gehören. Und auf der andern Seite steht an. *þröstr*, dän. *trost*, schwed. *trast*, mhd. *drostel*, das zu lit. *strāzdas*, lett. *strazds* 'Drossel', gr. *στροῦθος* (*strûthos*) 'Sperling' zu stellen ist. Die Form **pramstalon*, e. *throstle* hat wohl den Nasal nach *Amsel*.

Fink, ahd. *finko*, e. *finch* entspricht lautlich recht gut gr. *σπίγγος* (*spingos*) 'kleiner Vogel', vielleicht 'Fink' und *σπίζα* 'kleiner Vogel, Fink' aus **spingja*. Es findet sich also im Griechischen dieselbe Doppelbildung wie im Germanischen, da e. *finch* auf **finki* zurück-geht. Im Nordischen gibt es auch eine Form mit anlautendem *s*, schwed. *spink* 'Spatz', dän. dial. *spinke* 'eine Art Sperling'. Der Name wird auf der Nachahmung des Natur-lautes beruhen, wird aber als solcher schon indogermanisch sein.

Gauch, ahd. *gouh*, ags. *gēac*, dän. *gjög*, schwed. *gjök* hat MEILLET, Mém. de la Soc. Ling. de Paris 12, 213 mit lit. *gegužė* 'Kuckuck' verglichen, was sehr wohl angeht.

Häher, ahd. *hëhara*, ags. mit grammatischem Wechsel *higora* zu gr. *κίσσα* (*kissa*) aus **kikja*; die Verwandtschaft von ai. *kiki-(dīvi-)* 'der blaue Holzhäher' ist mir zweifelhaft, da dies lautnachahmend sein kann. Man kann weiter ai. *sihharúh* 'spitzig', vergleichen, so daß der Vogel nach seinem spitzen Schopf benannt wäre. Dem Verhältnis von gr. *kissa* d. *Häher* ist das von lat. *acies* zu gr. *ἄκρος* (*ákros*) zu vergleichen, vgl. Hirt, Idg. Forsch. 32, 286.

Hahn, Huhn, Henne. Unser Haushuhn ist zweifellos vom Süden oder Osten her eingeführt worden und zwar in nicht allzu früher Zeit. Die oben genannten Ausdrücke sind aber echt germanisch, ja, da sie durch Ablaut verbunden sind, höchst wahrscheinlich sogar indogermanisch. Man muß daher annehmen, daß sie ein anderes Tier bezeichnet haben. Welche der wilden Hühnerarten (*Reb-, Birk-, Auerhuhn*) damit gemeint gewesen ist, läßt sich freilich nicht mehr ermitteln. Wenn das der Fall ist, so kann man natürlich got. *hana* nicht zu dem Stamm in lat. *canere* 'singen' stellen und als Sänger deuten, obgleich sonst der Hahn vielfach 'Sänger' genannt wird. Lautlich befriedigt der Vergleich mit lat. *ciconia* 'Storch', aber die Bedeutungen liegen wohl zu fern. — Wie auch sonst, sind nun an Stelle dieses alten Ausdrucks Neubildungen meist lautnachahmender Natur getreten, wie z. B. e. *cock*, frz. *coq*, dän. *kok* und das davon abgeleitete obd. *Gockel*. Das ebenfalls damit zusammenhängende slaw. *kokoš* ist als *Goksch* ins Schlesische gedrungen. In den Mundarten bestehen auch Namen wie *Kikeriki*. — Für das junge Huhn ist ein besonderer Ausdruck in ndd. *Küken*, e. *chicken* geschaffen worden, wozu obd. *Küchlein*, dessen Zusammenhang mit *kok* nicht sicher ist, aber doch wohl zu Recht besteht. Ein anderer Ausdruck steckt in dem aus Brentano bekannten *Hinkel* aus ahd. *huoni(n)kli(n)*, das mit einem auch sonst auftretenden verkleinernden Suffix gebildet ist. Über zahlreiche andere Namen, wie *Putt, Puttchen*, eig. 'ein Lockruf', unterrichtet Suolahti S. 235.

Kranich, ahd. *kranuh*, e. *crane* (daneben ahd. *krano*, mnd. *kran*, woher das heutige *Kran* m. 'Werkzeug zum Heben') zu gr. *γέρανος* (*géranos*) 'Kranich und Krahn', kymr. korn. *garan* 'Kranich' und mit abweichendem Suffix lit. *gérve*, apreuß. *gerwe*, abg. *žeravi*, lat. *grus* aus *grous*. Das hohe Alter des Wortes beweist wieder die Ablautsform mnd. *krăn*, die zu abg. *žeravi* stimmt. Eine Nebenform ahd. *kreia* verbindet Suolahti fälschlich mit lat. *grus* aus *grois*. Diese Herleitung ist aber sehr unwahrscheinlich, da *grus* auf *grous* zurückgeführt werden dürfte. *kreia* dürfte eher dem lit. *gérve* entsprechen. Die Grundform *krajja* dürfte, was den Verlust des *w* betrifft, wie *Ei* zu lat. *ovum* zu beurteilen sein.

Rabe, ahd. *rabo, hraban*, e. *raven* zu lat. *cornix*, gr. *κορώνη* (*korōnæ*).

Rebhuhn, ahd. *reb(a)huon*, vielleicht zu russ. *rjábka* 'Rebhuhn'.

Schwalbe, ahd. *swalawa*, e. *swallow*, dän. *svale*, schwed. *svala* ist von de Saussure mit gr. *ἀλκυών* (*halkyōn*) 'der Meereisvogel' verbunden, was lautlich zweifellos möglich ist. Die Bedeutung bereitet aber Schwierigkeiten. Da das Wort im Griechischen auch 'Sängerin' bedeutet, so ließe sich doch vielleicht eine Brücke über die Bedeutungen schlagen. Oder zu russ. *solovéj* 'Nachtigall'.

Schwan. Für *Schwan* gibt es zwei germanische Ausdrücke, ahd. *swan*, e. schwed. *swan*, der sich nicht über das Germanische hinaus verfolgen läßt, und ahd. *elbiz*, das heute nur noch im Bernischen als *Elbs* fortlebt, verwandt mit russ. *lébedi*. Es hängt wohl mit dem Stamme *alb* 'weiß' zusammen. Demgegenüber wäre *swan* 'der Sänger', also der „Singschwan"

Specht, ahd. *speht*, dän. *spät* zu lat. *picus* 'Specht', *pica* 'Elster'.

Sperling, mit Ableitungssilbe von ahd. *sparo*, got. *sparwa*, e. *sparrow*, zu apreuß. *spurglis* 'Sperling' (*spergla-wanag* 'Sperber'), gr. *σπέργουλος* (*spérgulos*) 'kleiner Vogel', *σποργίλος* (*sporgilos*) 'kleiner Vogel', *σπαράσιον* (*sparásion*) 'ein dem Sperling ähnlicher Vogel'. Das ableitende *g* der nicht germanischen Wörter findet sich auch in ahd. *sperke*, das als *Sperk, Spirk* noch in obd. und md. Mundarten fortlebt. Außer dieser Bezeichnung gibt es noch eine Reihe anderer. Nämlich *Spatz*, mhd. *spatz*, vielleicht eine Koseform zu *Sperling* oder verwandt mit lat. *passer* 'Sperling'; nd. *Lüning*, and. *hliuning* ist völlig unklar; am Mittel- und Niederrhein heißt er *Musch, Mösch*, wohl entlehnt aus Vulgärlat. *muscio*: lat. *musca* 'Fliege'.

Star, ahd. *stara*, e. *stare* und *starling*, dän. *stär* zu lat. *sturnus*. Eine andere mundartliche Bezeichnung ist ahd. *spra*, *sprea*, das als *Sprehe*, *Spraie*, *Spro*, *Sprah* usw. noch fortlebt.
Storch, ahd. *storah*, e. dän. schwed. *stork*, wohl verwandt mit gr. *γόργος* (*tórgos*) 'Geier'
trotz der abweichenden Bedeutung. Die ndd. Benennung *Adebar*, mit mannigfachen
Nebenformen, ahd. *odoboro*, ist dunkel. Grimm deutete sie als „Glückbringer".

2. GERMANISCHE UND DEUTSCHE BESTANDTEILE.

Ammer, ahd. *amaro*, e. *yellow-ammer*, vielleicht von *amer* 'Sommerdinkel' wie
Hänfling zu *Hanf*. — *Auerhahn*, ahd. *urhano*; daneben *orrehan* und dieses zu schwed.
orre 'Birkhuhn', was vielleicht 'das Männchen' bezeichnete, zu lat. *verres* 'Eber', aind. *vrṣan-*
'männlich, zeugungskräftig' oder zu gr. *ἄρσην* (*ársen*) 'männlich'. — *Auf* 'Nachteule, Uhu',
ags. *üf*, anord. *üfr*, vielleicht lautnachahmend. — *Dohle*, mhd. *dahele*, ahd. *tahala*, *taha*,
e. *daw*, idg. **takʷa*, wohl lautnachahmend. — *Elster*, ahd. *agalstra* mit zahlreichen Nebenformen, die BRUINIER, KZ. 34, 344—380 zusammengestellt hat. Dazu ags. *agu*. — *Enterich*,
ahd. *antrehho*, mnd. *antreche* ist eine Zusammensetzung mit dem im Englischen vorliegenden *drake*, ndd. *drake*. — *Erpel*, ndd., wohl zu ahd. *erpf* 'dunkelfarbig' Dazu anord.
jarpr 'Haselhuhn'. — *Eule*, ahd. *uwila*, e. *owl*. Vielleicht lautnachahmend. — *Falke*, ahd.
falcho, fehlt im Angelsächsischen. Das Wort wird teils als echt germanisch, teils als Entlehnung aus dem Romanischen aufgefaßt. Jedenfalls ist er mit der Falkenjagd aufgekommen.
— *Ganter*, obd. *Ganser* 'der Gänserich', ahd. *ganazzo*, ags. *ganot*, e. *gannet* 'Seevogel'
hat mit *Gans* zunächst nichts zu tun. Daneben auch e. *gander*, ags. *gandra*. — *Geier*,
ahd. *gir*, wohl zu *Gier*. — *Gimpel*, spätmhd. *gümpel* zu *gumpen* 'hüpfen'. — *Habicht*,
ahd. *habuh*, e. *hawk*, schwerlich richtig als 'der Greifer' erklärt, zu got. *hafjan*. lat. *capio*.
Kauz, spätmhd. *küz*, vielleicht zu gr. *βῦζα* (*bŷza*) 'Eule'. — *Kibitz*, mhd. *gibiz*, wohl lautmalend nach dem Ruf *kibit*, *kiwit*. — *Krähe*, ahd. *kraja*, *krawa*, e. *crow*, wohl von
krähen. — *Lerche*, ahd. *lerahha*, ags. *lawerce*, e. *lark*; Herleitung unklar; wohl eine Zusammensetzung. — *Meise*, ahd. *meisa*, e. *tit-mouse*; vielleicht zu lat. *merula*, falls aus
misula. — *Möwe*, andd. *meu*, e. *mew*, anord. *mar* 'Möwe' Nach Uhlenbeck zu ai. *mēcaka-*
'dunkelblau'. — *Nachtigall*, ahd. *nahtagala*, e. *nightingale*, eigentlich 'Nachtsängerin' —
Reiher, mhd. *reiger*, ags. *hragra*; daneben ahd. *heigaro*; unerklärt, vielleicht lautnachahmend.
— *Scherbe*, ahd. *scarva*, *scarba*, ags. *scraf*. Wohl lautnachahmend. — *Schnepfe*, ahd.
snepfa, von dem langen *Schnabel* benannt. — *Sperber*, ahd. *sparwari*; zusammengesetzt
aus *sparw-* 'Sperling' und *aro* 'Adler'; vgl. ags. *spearhafoc*, e. *sparrowhawk* 'Sperber'. —
Sprosser zu *Sprosse* 'Hautflecken'. — *Taube*, ahd. *tūba*, e. *dove*, got. *hraiwa-dubo*
'Turteltaube'; Herkunft unklar; daneben im Germanischen noch andre Bezeichnungen. —
Uhu, lautmalende Bildung. vgl. ahd. *hūwo* und *üvo*. — *Vogel*, ahd. *fogal*, e. *fowl*, got. *fugls*
zu lit. *paũkštis* 'Vogel'; das alte Wort für *Vogel*, lat. *avis*. aind. *vi-* vielleicht in *Weihe*, ahd.
wio, das aber schwerlich richtig auch zu *Geweih* gestellt wird. — *Wachtel*, ahd. *wahtala*;
daneben *quattula*; wohl lautnachahmend; unklarer Herkunft. — *Wiedehopf*, ahd. *witu-*
hoffa, *-hopfa*, eigentlich 'Waldhüpfer', in Wirklichkeit aber eine volkstümliche Umgestaltung
des eigentümlichen Rufs des Vogels, nachdem er auch *Hupphupp*, *Wuddwudd* u. a. benannt wird.

Wie wir schon in den angeführten Beispielen gesehen haben, liegen in
den Vögelnamen oft deutlich erkennbare Nachbildungen der Laute und Rufe
der Vögel vor. Nimmt man dazu die Namen in den Mundarten, wie sie SUOLAHTI
zusammengestellt, so wird der Stoff überraschend reichhaltig, und es ist kaum
zu bezweifeln, daß wir mit dieser Erklärung auf dem richtigen Wege sind.

Dazu kommen zahlreiche Namen, die an und für sich deutlich sind, wie *Acker-*
männchen, *Bachstelze*, *Dompfaff* nach der Ähnlichkeit mit der Kappe eines Dom-
geistlichen, *Kreuzschnabel*, *Rotschwanz*, *Rotkehlchen*, *Grasmücke*, *Kern-*
beißer, *Kohlmeise*, *Mauersegler*, *Rauchschwalbe*, *Regenpfeifer*, *Sandläufer*,
Schlüpfer, *Seidenschwanz*, *Strandläufer*, *Würger* usw.

Verdunkelte Zusammensetzungen haben wir in:

Kram(m(e)t)svogel, mhd. *kranwitvogel* zu ahd. *krana-wita* 'Kranichholz, Wacholder-
staude; — *Adler*, mhd. *adelar* 'Edelaar'; — *Rohrdommel*, dafür ahd. *horotūbil*, während
unser Wort eine Verwandte in ags. *raredumbla*, mnd. *raredump* hat. Es liegt einerseits Beziehung auf *Rohr*, anderseits auf *röhren* 'schreien' und ahd. *horo* 'Schmutz' vor.

3. ENTLEHNUNGEN

von Vogelnamen sind schon früh vorgekommen.

a) Aus dem Lateinisch-Romanischen sind in althochdeutscher Zeit entlehnt:

Fasan, ahd. *fasihon* als Umdeutung von lat. gr. *phasiānus* 'Vogel vom Flusse
Phasis'. Im 12. Jh. wird die französische Form entlehnt. — *Greif*, ahd. *grifo* aus vulgärlat. *griphus*, das auf hebr. *cherub* zurückgehen soll. — *Pelikan*, gr. lat. *pelicanus*. —
Pfau, ahd. *pfa(w)o*, e. *peacock*, dän. *paafugl*, schwed. *påfugl*, l. *pāvo*. — *Sittich*, ahd.
sitich, lat. gr. *psittacus*. — *Strauß*, ahd. *strūʒ*, ags. *strȳta*, lat. *strūthio*. — *Turteltaube*,
ahd. *turtulatūba*, e. *turtle* durch kirchliche Vermittlung aus lat. *turtur*.

Dazu kommen einige Namen, die sich nur mundartlich erhalten haben, so *Merle* am
Mittel- und Niederrhein aus lat. *merula* und *Mösch* am Niederrhein aus lat. *musca*. Ein
Übersetzungslehnwort liegt in *Zaunkönig*, lat. *rēgulus* vor.

b) Aus dem Französischen kommen im Mittelhochdeutschen eine Reihe
von Namen, die aber verloren gehen. Später bringt dann der Vogelhandel
einige jetzt nicht mehr erhaltene italienische Namen und die noch vorhandenen slawischen *Stieglitz, Zeisig*. Dazu kommt *Trappe*, poln. tschech.
drop. In neuerer Zeit ist dann noch der *Kanarienvogel* eingeführt, und
außerdem sind manche fremdländische Namen zu uns gelangt.

§ 122. **Schlußfolgerungen.** Als bemerkenswert ergibt sich aus diesen
Zusammenstellungen, daß die Namen der Tiere, die jetzt einen Bauernhof
bevölkern, die Namen für *Gans, Ente, Huhn*, echt germanisch sind, obgleich
die Hühner sicher erst nach Deutschland eingeführt worden sind. Gans und
Ente können freilich frühzeitig gezähmt gewesen sein, wenngleich sich dies
nicht beweisen läßt. Denn der Ausdruck für *Ei*, ahd. *ei*, anord. *egg* (daraus
e. *egg*) ist bedeutungslos. Das Wort gehört zweifellos zu lat. *ovum*, gr. ᾠόν
(*o[i]ón*), air. *og*, abg. *jaje*. Die Grundform ist **ajjam*, die mit den andern
Worten vermittelt werden kann, wenn man den Schwund eines *w* vor *j*
annimmt. Man sammelte schon frühzeitig die Eier wilder Vögel, wie noch
heute die der Kibitze. Also weist das Wort nicht auf Geflügelzucht.

Eine wirkliche Geflügelzucht scheinen die Germanen erst durch die
Römer kennen gelernt zu haben. Jedenfalls erhalten wir von ihnen eine
ganze Reihe von Worten, die sich auf diese beziehen. Dahin gehören:

Flaum, ahd. *pflūma* aus lat. *plūma*; das echtdeutsche Wort ist *Daune*, mnd. *dūne*; —
Käfig, ahd. *kevia* aus vulgärlat. *cavia*; — *Mauser*, mhd. *mūze*, ahd. *mūʒʒon* 'sich
mausern', aus lat. *mūtāre*; — *Pips*, ahd. *pfipfiʒ* aus mlat. *pipita* für *pītuīta*.

Wenn man die Vogelnamen in der Gesamtheit überblickt, so zeigt es
sich, daß sie in vielen Fällen nicht über das Germanische hinausgehen.
Daraus aber schließen zu wollen, daß man in indogermanischer Zeit die
einzelnen Vögel noch nicht unterschieden hätte, ist vollständig hinfällig.
Vergleiche das, was oben S. 98 über die Indianersprachen angeführt ist.

Der Mangel an Übereinstimmung bei den Vogelnamen erklärt sich hier, wie so oft, aus der Fülle der Ausdrücke, die vorhanden war, und dadurch, daß die Vögel keine derartige Rolle in der Wirtschaft spielten, daß jede Bezeichnung hätte unverändert haften müssen. Um so bemerkenswerter sind die in allen Sprachen gleichmäßig auftretenden Benennungen für *Gans* und *Ente*, was eben auf die hohe wirtschaftliche Bedeutung dieser Tiere hinweist. Noch heute werden in Norddeutschland, namentlich auf den friesischen Inseln, Wildenten zu Tausenden gefangen und geschossen.

§ 123. C. Die Fische.

Literatur: J. J. KÖHLER, Die altenglischen Fischnamen, Heidelberg 1906. — UHLENBECK, De indogermaansche vischnamen. Ex serto naberico a philologis Batavis collecto seorsum excusum. 1908. — HIRT, Idg. Forsch. 22, 65.

Unsere Bezeichnungen der Fische gehen zum Teil in das indogermanische Altertum zurück, zum Teil sind sie nur gemeingermanisch, tragen aber einen solchen Sprachcharakter (nicht ableitbar von andern Worten), daß man auch diesen unbedenklich ein höheres Alter zuschreiben kann. Und selbst unter den erst auf deutschem Boden belegten sind einige offenbar recht alt. Natürlich gibt es auch Entlehnungen und Neubildungen. Wenn so mancher Name nur eine geringe geographische Verbreitung hat, so möge man bedenken: 1. daß der Fischfang der Natur der Sache nach nicht überall verbreitet sein kann, 2. daß nicht jede Fischart überall vorkommt, und 3. daß die gleichen Fische auch heute noch in nicht weit voneinander entfernten Gegenden verschieden benannt werden. Brehm führt in seinem Tierleben, Fische 296, mehrere Beispiele dafür an, wovon ich eins in meinen Indogermanen 2, 636 abgedruckt habe. Eine Sammlung der dem Volke bekannten Fischnamen aus verschiedenen Gegenden Deutschlands wäre eine dankenswerte Aufgabe.

1. INDOGERMANISCHE BESTANDTEILE.

Aal, ahd. *al*, e. *eel.* urgerm. **ēla*, gehört wahrscheinlich zu dem zweiten Teil von gr. ἔγχελυς (*énkhelys*), lat. *anguilla*, worin kein Suffix, sondern nur ein selbständiges Wort stecken kann.

Asche, Äsche, ahd. *asko* mit Ablaut zu kelt. *esox* 'Hecht'.

Dorsch, ndd. *dorsch*, an. *þorskr* zu russ. *treská* 'Stockfisch'.

Fisch, ahd. *fisk*, got. *fisks*, e. *fish* zu lat. *piscis*, ir. *iasc* (ein anderes Wort gr. ἰχθύς [*ikhthýs*], lit. *žuvis* ist im Deutschen verloren gegangen, vielleicht aber in schwed. *gös* 'lucio perca' erhalten).

Forelle, ahd. *forhana*; dazu ir. *orc* 'Lachs', *erc* 'Forelle', gr. πέρκη (*pérkœ*) 'Barsch'; *Felchen*, eine Forellenart des Bodensees, hat wohl *l* für *r*, wie alem. *kildie* für *kirdie*.

Hai aus ndl. *haai* zu anord. *hur* und weiter zu aind. *śaṇkúḷ* 'ein best. Wassertier'

Lachs, ahd. *lahs*, schott. *lax* zu lit. *lašiša*, russ. *lósosŭ* 'Lachsforelle', poln. *łosoś* 'Lachs', jetzt auch im Tocharischen nachgewiesen.

Ein jetzt verlorener wichtiger Fischname liegt in ahd. *munewa, munwa* 'capedo' vor, heute westfäl. *mœne* 'Elritze', hess. *mœne, mene, mine* 'ein ähnlicher Fisch', dazu ags. *myne* 'Elritze', e. *minnow* und weiter gr. μαίνη (*mainœ*), μαινίς (*mainis*), μαινίδιον (*mainídion*) 'kleiner Meerfisch', russ. *menĭ, menêkŭ, menjtichŭ* 'Aalraupe', lit. *menke*, lett. *menca* 'Dorsch'; vgl. SOLMSEN, KZ. 37, 584, UHLENBECK, Beitr. 30, 334, KÖHLER, Die altenglischen Fischnamen 62; hier haben wir es also sicher mit einem indogermanischen Ausdruck zu tun.

Schleie, ahd. *slio*, ags. *sli(w)* zu lit. *línas*, apr. *linis* 'Schleie', gr. λινεύς (*lineús*) 'Meerfisch'.

Schade, Schaden (mundartlich), ags. *sceadd* 'Maifisch', e. *shad*, dazu nach O. Schrader ir. *scatan* 'Hering',

Schmerle, spätmhd. *smerie*, vielleicht zu gr. σμαρίς (*smaris*) 'kleiner Meerfisch'.

Stör, ahd. *sturio*, ags. *styria*, auch ins Romanische gedrungen. Urgerm. *stur-* gehört wahrscheinlich mit Schwebeablaut zu lit. *asètras*, apreuß. *esketreș*, russ. *osëtrú*.

Hierzu kommt der Ausdruck *Rogen*, ahd. *rogo*, e. *roan, roe*, anord. *hrogn* n., pl. zu lit. *kurkulaî* 'Froschlaich'.

2. GERMANISCHE UND DEUTSCHE BESTANDTEILE.

Alant, ahd. *alant*, as. *alund*. Ob zu *Aal*? — *Barsch*, ahd. *bersih*, e. *barze*; schwed. *agborre* zeigt Ablaut; — *Blei* aus dem Niederdeutschen, mnd. *bleie* f., e. *blay*; daneben mit Ablaut mhd. *blicke*; — *Brasse(n)*, ahd. *brahsema, brahsa*, e. *brasse*; — *Bricke* aus mnd. *pricke*; — *Butt(e)*, ndd., e. *but* zu ndd. *butt* 'stumpf'; — *Döbel*, im 15. Jh., zu *döbel* 'Pflock'; — *Elritze*, mhd. ahd. *erlink*, eig. 'Erlenfisch'; — *Flunder*, mhd. *vlunder*, e. *flounder*, wohl eigentlich 'Plattfisch' zu gr. πλατύς (*platýs*); — *Harder*, ndd. *harder*, ags. *heardhara*; — *Hausen*, ahd. *húso*, mnd. *husen*. Das Verhältnis zu tschech. *vyz*, poln. *wyz* ist unklar; — *Hecht*, ahd. *hëchit, hachit*, ags. *hacod, hæced*, vielleicht zu ahd. *heiken* 'stechen', von seiner spitzen Schnauze; — *Hering*, ahd. *haring*, e. *herring*, im 6. Jahrhundert mlat. *haringus*; jedenfalls nicht zu *heer* als 'Heerfisch'; unbekannter Herkunft; daneben anord. *sild*; — *Kresse*, ahd. *kresso*, vielleicht zu ahd. *kresan* 'kriechen'; — *Quappe*, ahd. *quappa*, besonders in *Kaulquappe* (*Kaul* aus *Kugel*); — *Renke*, mhd. *rinanche* 'Rheinanke'; *anke* ist dunkel; — *Roche*, aus mndd. *ruche*, dazu ags. *reohhe*, mengl. *roughe, reighe*, also mit Ablaut; — *Scheiden*, bayer. öst. 'Wels', ahd. *skeida*; — *Schellfisch*, e. *shellfish* zu *Schale, schellern*, weil das Fleisch sich schilfert; — *Schnäpel*, mnd. *snepel : Schnabel*; — *Scholle*, mnd. *scholle* zu *Scholle*, wie *Sohle* zu *Sohle*, *Zunge* zu *Zunge*; — *Sprotte*, aus dem Niederdeutschen, ndl. *sprot*, e. *sprat*; Herkunft dunkel; — *Stint*, aus ndd. *stint*, vielleicht zu mhd. *stunz* 'stumpf, kurz'; — *Trüsche*, 1561 *Trusch*; — *Wels*, mhd. *wels*, wohl zu ahd. *welira* 'Walfisch', s. S. 178.

3. ENTLEHNUNGEN.

Aalraupe, ahd. nur *rúpa*, wohl entlehnt aus lat. *rubeta* 'Frosch, Kröte'; — *Albe, Albel*, mhd. *albel*, l. *albula*; — *Alse, Alose*, frz. *alose*, kelt. *alausa*; — *Anchovis*, ndl. *ansjovis*, aus dem Baskischen; — *Barbe*, ahd. *barbo*, lat. *barbus*; — *Giebel*, ahd. *gnva*, lat. *gobio*; — *Groppe*, ahd. *groppo*, vielleicht mlat. *carabus*; — *Kabeljau*, Herkunft dunkel; — *Karpfen*, ahd. *karpfo, karfo*, zuerst belegt im 6. Jahrhundert als mlat. *carpa* und über ganz Nordeuropa verbreitet, über Romanen, Germanen und Slawen; Herkunft dunkel, wahrscheinlich aber nicht echt germanisch. Vielleicht zu aind. *śapharah* 'Karpfenart', lit. *śapalas* 'cyprinus dobula'; — *Laberdan*, 16. Jh., e. *haberdine*, Herkunft dunkel; — *Lamprete*, ahd. *lamprēta*, ags. *lempedu* aus lat. *lampreda, lampetra*, dessen Herkunft dunkel ist. Ein offenbar sehr geschätzter Fisch, wie *Lampreten* volkstümlich etwas sehr Feines bezeichnen; — *Makrele*, mhd. *makrel*, mlat. *macarellus*; — *Muräne*, mhd. *muren*, gr.-lat. *muraena*; — *Orfe*, ahd. *orvo*, gr.-lat. *orphus*; — *Pfrille*, mhd. *pfrille*, noch schwäb.-tirol., lat. *perula*; — *Platteise*, spätmhd. *blat(t)ise*, l. *platessa*; — *Sardelle*, 1556, ital. *sardella*; — *Sardine*, 1495, ital. *sardina*; — *Salm*, ahd. *salmo*, gall.-lat. *salmo*; dazu *Saibling* aus *Sälmling* 'der junge Lachs'; — *Sohle*, e. *sole*, lat. *solea* 'Sandale, Plattfisch'; — *Turbot*, 1617, frz. *turbot*.

An Entlehnungen aus dem Slawischen, die z. T. nur eine örtliche Verbreitung haben, liegen vor

Beißker, 15. Jh., slaw. *piskor*; — *Karausche*, 16. Jh., lit. *karúšis*; — *Pomuchel* 'Dorsch', poln. *pomuchla*; — *Plötze*, kaschubisch *ploc*; — *Sander, Zander*, obsorb. *sandak*; — *Ukelei*, poln. *uklej*.

Daß schon in alter Zeit der Fischfang bekannt war, ergibt sich zweifellos aus der Sprache.

fischen, got. *fiskon*, lat. *piscari*; — *Angel*, ahd. *angul* 'Stachel, Spitze, Fischangel', genau gr. ἀγκύλος (*ankylos*) 'krumm'; in ἄγκιστρον (*ankistron*) 'Angel' haben wir eine Ableitung von demselben Stamm: — *Hamen* 'Angelhaken, Angelrute', ahd. *hamo*, vielleicht zu lat. *hamus* 'Haken, Angelhaken, Angel'; — *Netz*, ahd. *nėzzi*, e. *net*, got. *nati*, dazu mit Ablaut anord. *not*; zu lat. *nassa* 'Fischreuse, Netz, Schlinge'; — *Reuse*, ahd. *rusa*, *rūssa*; wenn dies eine ablautende Weiterbildung zu got. *raus*, d. *Rohr* ist, muß das Wort sehr alt sein.

Anmerkung. Ich bemerke, daß der Fang der Fische mit der Angel verhältnismäßig jung ist, und daß es eine ganze Fülle verschiedener Arten, Fische zu fangen, gibt, mit der Lanze, dem Bogen, dem Dreizack, nachts mit einer Fackel im Wasser gehend usw., so daß der Mangel an Namen für Fischereigeräte nicht weiter auffallen kann.

Man sieht also, daß nicht nur eine ganze Reihe von Fischnamen gemeingermanisch sind, sondern daß auch nicht wenige in das indogermanische Altertum zurückgehen. Es ist demnach eine durch die Tatsachen widerlegte Behauptung von O. Schrader und andern, daß die Indogermanen die Fische nicht beachtet hätten. Die Namen einer Anzahl eigentlich nur in den nördlichen Meeren und den hineinmündenden Flüssen vorkommender Fische und Tiere, wie *Aal*, *Lachs*, *Stör*, *Walfisch* und *Hummer*, weisen auf die Nordseeküste als ursprüngliche Heimat der Germanen und Indogermanen.

Zweifellos wird sich mit der Zeit noch mancher andere Fischnamen als indogermanisch erweisen, wenn man erst noch die Ausdrücke der deutschen und skandinavischen Mundarten sowie die der slawischen genügend erforscht hat.

§ 124. D. Sonstige Tiere.

Literatur: JOHN VON ZANDT-CORTELYON, Die altenglischen Namen der Insekten. Spinnen und Krustentiere; Anglistische Forschungen 19, Heidelberg 1906.

Auch auf diesem Gebiete finden wir einen guten Teil alten Sprachstoffes, wenngleich natürlich auch Entlehnungen nicht fehlen. Wir unterscheiden nur zwischen einheimischem und entlehntem Sprachgut.

1. EINHEIMISCHES SPRACHGUT.

Ameise, ahd. *āmeiza*, ags. *æmette*, e. *emmet*, *ant*; dunkel; vielleicht steckt darin eine Zusammensetzung von *a* 'ab' und *meizzan*. zu dem unser *Meißel* gehört, also 'die Abschroterin' Ein altes indogermanisches Wort liegt vor in ndd. ndl. *mier*, krimgot. *miera*, ags. *myre*, e. *mire*, das zu gr. μύρμηξ (*myrmeks*), lat. *formīca* gehört.

Assel 'Kellerassel', spätmhd. *assel*, gewöhnlich aus lat. *asellus* hergeleitet; doch erhebt dagegen die Formel *Atzel* Einwand.

Eine reiche Benennung liegt für die *Bienen* vor.

Biene, ahd. *bini* n., *bia*, ags. *beo*, e. *bee*, gemeingermanisch. aber in dieser Form nicht in den verwandten Sprachen; mit andren Suffixen lit. *bitis*, lett. *bitte*, apreuß. *bite*, ir. *bech*, lat. *fūcus* 'Biene'; — *Bremse*. niederdeutsche Form. ahd. *bremo*, vielleicht 'Brummerin', oder zu aind. *bhramarāḥ* 'Biene'; — *Drohne*, niederdeutsche Form. asächs. *dran*, e. *drone*, ahd. mit Ablaut *treno* zu gr. θρῶναξ (*thrōnax*) 'Drohne', redupliziert τενθρήνη (*tenthrœnœ*). 'Art Wespe oder Hummel': — *Hornisse*, ahd. *hornaʒ*, *hurnuʒ*, e. *hornet* zu lat. *crabro* 'Hornisse', abg. *sršenĭ* u. a.; — *Hummel*, ahd. *humbal*, e. *humble-bee*, vielleicht nasalierte Form zu gr. κηφήν (*kœphēn*) 'Drohne' oder zu apreuß. *camus* 'Hummel', lit. *kamāne* 'Erdbiene'; — *Imme*, ahd. *imbi* 'Bienenschwarm', erst spätmhd. 'Biene'. ags. *ymbe* 'Bienenschwarm' gehört trotz geäußerter Bedenken doch wohl zu gr. *ἐμπίς* (*empis*) 'Stechmücke'; — *Wespe*, ahd. *wefsa*, e. *wasp* zu lat. *vespa*, lit. *vapsà* 'Bremse', abg. *vosa* 'Wespe'. — Dazu kommen die alten Benennungen für die Erzeugnisse der *Biene*, den *Honig*. Das älteste Wort dafür steckt in *Met*, ahd. *mëto* 'Met', e. *mead*, abg. *medŭ*, altpr. *meddo*, lit. *medùs*, awest. *madu-* 'Honig', gr. *μέθυ* (*méthy*) 'Trunkenheit'; — außerdem haben wir gr. *μέλι* (*méli*), lat. *mel*, got. *miliþ*; — unser Wort *Honig*, ahd. *hona(n)g*, e. *honey* gehört wahrscheinlich zu aind. *kánakam, kaṇčanám*, n. 'Gold', gr. *κνῆκος* (*knἆkos*) 'Safflor', *κνηκός* (*knἐkós*), dor. *κνακός* (*knakós*) 'gelb'. Ob die Bedeutung 'gelb' oder 'Honig' älter ist, läßt sich nicht entscheiden, ich vermute das letztere; — *Wachs*, ahd. *wahs*, engl. *wax* zu lit. *vãškas*, abg. *voskŭ*, zu *wahsen*(?); lat. *cēra* ist im Germanischen verloren gegangen: — *Wabe*, ahd. *waba* f., *wabo* m. 'Honigwabe'; der Zusammenhang mit *weben* erscheint möglich; im Lateinischen findet sich aber in genau der gleichen Bedeutung *favus*, ein Wort, das dieselben Laute, nur in andrer Folge, enthält (idg. **bhawos* und **wabhos, wabha*); unter diesen Umständen liegt der Gedanke einer Metathese sehr nahe, doch ist nicht zu sagen, welche Sprache das Ursprüngliche hat; — ein anderes Wort haben wir noch in *Roß* n. 'Honigwabe', mhd. *raȝ, raȝe*, andfrk. *rāta* 'favus', ndl. *raat* f. 'Honigseim'; falls das Wort mit *h* anlautete, kann man die Wurzel von lat. *crātes* 'Flechtwerk' vergleichen. — Man erkennt aus dem hohen Alter der heutigen Ausdrücke, welche Aufmerksamkeit man den Bienen und ihren Erzeugnissen zuwandte. Das ist nur natürlich. Bot doch der Honig den einzigen Zucker, den man zur Verfügung hatte. In der Hauptsache wird es sich natürlich um wilde Bienenstöcke handeln.

Blutegel, ahd. *egala*. Vielleicht zum ersten Bestandteil des folgenden.

Eidechse, ahd. *egidehsa*, e. *ask*; der erste Teil wohl zu gr. *ἔχιδνα* (*ёkhidna*) 'Natter, Schlange'; aus *Eid-echse* ist *Echse* (1836) fälschlich in neuerer Zeit entnommen worden.

Engerling, ahd. *engirink* 'Kornmade' von gleichbed. ahd. *angar*, vielleicht zu lit. *ankštiraī* 'Finnen, Engerlinge', poln. *węgry* 'Schweinefinnen'.

Falter, s. *Schmetterling*; — *Finne*, mhd. *pfinne, vinne*, ndl. *vin* 'Blatter'

Fliege, ahd. *flioga*, e. *fly* zu *fliegen*; daneben mit Ablaut anord. *fluga*.

Floh, ahd. *flōh*, e. *flea*, wird gewöhnlich zu *fliehen* gestellt, aber Urverwandtschaft mit lat. *pūlex* ist kaum abzuweisen.

Frosch, ahd. *frosk*, e. dial. *frosk*, daneben e. *frog* und andere Nebenformen, die die Beurteilung erschweren. OSTHOFF, Parerga, stellt es zu einer Wurzel. die 'springen, hüpfen' bedeutet habe und noch in unserm *froh, freuen* vorliegt.

Gelse 'Schnake, Mücke', erst nhd. zu *gelsen* 'summen', *gellen*.

Gnitte, niederdeutsch, oberd. *Gnitze*, dazu ags. *gnæt*.

Heimchen, ahd. *heimo* 'Hausgrille'; dazu ags. *hāma* 'Hausgrille'; wohl zu *Heim*; — *Heuschrecke*, ahd. *hewiskrekko*, zu *schrecken*, eig. 'aufspringen'

Hummer, aus dem nord. *humarr*, zu gr. *κάμμαρος* (*kámmaros*) 'Seekrebs' und vielleicht aind. *kamáṭhas* (*ṭh* aus *rth*) 'Schildkröte'.

Käfer, ahd. *këvar(o)*, e. *chafer*; wohl zu *kiffen* 'nagen'; ahd. mhd. *wibel* 'Kornwurm, Käfer', e. *weevel* ist verloren; es entspricht lit. *vãbalas* 'Käfer'.

Kanker 'Spinne'; dazu nordfries. *kunker* 'Spinne', an. *köngurvafa*, vielleicht ursprünglich das Spinnengewebe, vgl. *Spinnekanker*, zu gr. *γάγγραινα* (*gángraina*) 'fressendes Geschwür'

Krabbe, aus mnd. *krabbe*, e. *crab*; stammverwandt mit dem folgenden.

Krebs, ahd. *krëbaȝ*; unerklärt.

Kröte, ahd. *krota, krëta*, wohl zu gr. *βάτραχος* (*bátrakhos*), *βρότραχος* (*brátakhos*); die Form *βρότ-* (*brát-*) stimmt zu der Ablautstufe *krot*.

Laus, ahd. *lūs*, e. *louse*; vielleicht zu akymr. *leu-eseticc* 'von Läusen zerfressen'.

Lind(wurm), ahd. *lint* 'Schlange', anord. *linnr*; unerklärt.

Lurch, nd. *Lork*, vgl. IF. 30, 266.

Made, ahd. *mado*, got. *maþa*, mit ableitendem *k* e. *mawk*; unerklärt: vielleicht zu *Motte*.

Milbe, ahd. *milwa*; zu *Mehl*, also *Mehlwurm*.

Molch, mhd. *mol, molle*, ahd. *mol* 'Eidechse, Molch'; unerklärt.

Motte, spätmhd. *motte*, e. *moth*; zu *Made*?

Mücke, ahd. *mucka*, e. *midge*, anord. *my* ohne Guttural; wurzelverwandt mit gr. *μυῖα (myia)*, das aber ein *s* verloren hat, vgl. lat. *musca*.

Natter, ahd. *natara*, e. *adder*, mit Verlust des *n* wie auch in *Otter*, got. *nadrs* zu lat. *natrix* 'Wasserschlange'.

Niß, Nisse, ahd. *hniʒ*, e. *nit* 'Lausei' zu gr. *κονίς, κονίδος (konis, konidos)* 'Ei der Läuse'.

Olm 'Molch' aus *molm*, zu *Molch*. — *Otter*, s. *Natter*.

Padde, niederdeutsch, e. *paddock*, anord. *padda*; unerklärt. Dazu *Schildpatt*.

Pieraas 'Regenwurm als Köder', mnd. *piras*, vielleicht *Aas* zum *pieren* 'anlocken'.

Qualle, nd. *qualle*, wohl zu *Qualster* 'zäher Schleim'.

Raupe, ahd. *rupa*, lautlich eins mit abg. *ryba*, das aber 'Fisch' bedeutet. Ist die Urbedeutung vielleicht 'Wurm'?

Schabe, mhd. *schabe* 'Motte, Schabe', ags. *mœlsceafa* 'Raupe', wohl zu *schaben*.

Schildpatt, s. *Padde*.

Schlange, ahd. *slango* m. zu *schlingen*; dies Wort hat andere Ausdrücke verdrängt, kann aber auch vorgermanisch sein, da es vielleicht zu kymr. *y-slywen, slowen* 'Aal' aus **slangio* gehört.

Schmetterling, erst neuhochdeutsch; die ältere Bezeichnung steckt in *Falter*, gekürzt aus mhd. *vivalter*, das mit lat. *papilio, vesper(p)tilio* eigentlich 'Abendfalter' wurzelverwandt ist. *Schmetterling* ist von *Schmetten* 'Milchrahm' abgeleitet, das aus dem Tschechischen stammt. Die Erklärung liegt in dem Glauben, daß Hexen und elbische Wesen in Gestalt von Schmetterlingen die Milch stehlen oder sie verderben; daher auch *Milchdieb, Molkendieb, Butterfliege, Buttervogel*, e. *butterfly*.

Schnake, mhd. *snake* 'Schnake', zu mnd. *snok* 'junger Hecht', eig. 'Stecher'.

Schnake 'Ringelnatter', niederdeutsch, e. *snace* zu aind. *nagáh* 'Schlange'.

Schnecke, ahd. *snĕcko*, ndd. *snigge*, daneben mhd. *snégel*, e. *snail*, wohl zu ahd. *snahhan* 'kriechen'; daneben *Schnegel*.

Spinne, ahd. *spinna*, eig. 'Spinnerin'; ein älteres Wort steckt in *Spinnekanker*, s. *Kanker*.

Spulwurm, im 15. Jh., zu *Spule*.

Unke, erst neuhochdeutsch, dafür ahd. *uhha* 'Kröte', ags. *yce*, ndd. *Itsche*; unerklärt.

Wanze, mhd. *wance*, ahd. *wantlus*. — *Werre*, 'Maulwurfsgrille', 1540.

Wurm, ahd. *wurm* 'Schlange, Spinne und überhaupt jedes Kriechtier', ags. *wyrm* 'Drache, Schlange, Kriechtier' zu lat. *vermis*.

Zecke, mhd. *zĕcke*, ndd. *teke*; man vergleicht arm. *tiz* 'Zecke', lit. *dignus* 'stachlich, scharf, spitzig'.

2. ENTLEHNUNGEN.

Alligator, 1594, span. *el lacerto*; — *Amphibie*, 18. Jh., gr.-lat. *amphibium*, mit *beidlebig* verdeutscht; — *Auster*, ahd. *aostar*, lat. *ostrea*; — *Basilisk*, mhd. *basiliske*, gr.-lat. *basiliscus*; — *Drache*, ahd. *tracho*, gr.-lat. *drákon*; zunächst als Name für das römische Feldzeichen übernommen; — *Garnele, Garnat*, ndl. *garneel, garnaat*; — *Grille*, ahd. *grillo*, gr.-lat. *gryllus*; — *Infusorien*, verdeutscht *Aufgußtierchen*, 1670 entdeckt; — *Insekt*, 1720, lat. *insectum*; — *Kakerlak* 'lichtscheue Schabe', über ndl. *kakerlak* aus dem Südamerikanischen. Jetzt meist auf die Albinos übertragen; — *Koralle*, mhd. *koral(le)* zu lat.-gr. *coralium*; — *Krake* 'sagenhaftes nordisches Seeungeheuer', 1775, norweg. *krakje*; — *Krokodil*, mhd. *kokodrille, kokatrille*, gr.-lat. *crocodilus*; — *Lazerte*, span. *lacerto*; — *Moskito*, span. *mosquito*, 19. Jh.; — *Muschel*, ahd. *muskula*, lat. *musculus*; *Miesmuschel* ist mit *Mies* 'Moos' zusammengesetzt; — *Polyp*, erst nhd., gr.-lat. *polypus*; — *Reptil*, 19. Jh., lat. *reptilis* 'kriechend'; — *Salamander*, mhd. *salamander*, gr.-lat. *salamandra*; — *Skorpion*, ahd. *skorpion*, gr.-lat. *scorpio*; — *Tarantel*, 1676, ital. *tarantola*, nach der Stadt *Tarent*; — *Viper*, mhd. *vipere*, lat. *vipera*.

§ 125. Rückblick. Blicken wir nunmehr zurück, so zeigt es sich, daß unsere Tierwelt im wesentlichen mit einheimischen Worten benannt ist.

Lehnworte haben sich doch nur wenige eingeschlichen. Man hat aus dem Vorhandensein derartiger Worte im Germanischen und Indogermanischen Schlüsse auf die ursprünglichen Wohnsitze gezogen. In der Tat, wäre eine Anzahl von Tieren nur auf einem gewissen Gebiet verbreitet und könnten wir die Namen dafür in der Ursprache nachweisen, so wären derartige Schlüsse berechtigt. Es gibt einige solche Fälle, siehe oben S. 188 und vergleiche darüber Hirt, Die Indogermanen 1, 187 ff. Außerordentlich viel Ausdrücke sind aber noch dunkel, doch wird es zweifellos der Forschung noch gelingen, einen Teil davon zu erklären.

§ 126. Die Pflanzennamen.

Literatur: Hoops, Über die altenglischen Pflanzennamen, Freiburg 1889. — Hoops, Waldbäume und Kulturpflanzen im germanischen Altertum, Straßburg 1905. — Björkman, Die Pflanzennamen der althochdeutschen Glossen, ZfdW. 2, 202 ff.; 3, 263; 6, 174. — Pritzel-Jessen, Die deutschen Volksnamen der Pflanzen. Neuer Beitrag zum deutschen Sprachschatze. Aus allen Mundarten und Zeiten zusammengestellt. Hannover 1882. Reichhaltig, aber mit Vorsicht zu benutzen. — R. Löwe, Germanische Pflanzennamen. Etymologische Untersuchungen über *Hirschbeere, Hindebeere, Rehbockbeere* und ihre Verwandten (Auch u. d. T. Germanistische Bibliothek, II. Abteilung, 6. Band), Heidelberg 1913. — Heinrich Marzell, Die Tiere in deutschen Pflanzennamen. Ein botanischer Beitrag zum deutschen Sprachschatze, Heidelberg 1913. Mit einem reichhaltigen Verzeichnis der Literatur über Pflanzennamen.

Das Gebiet der Pflanzennamen ist fast noch umfänglicher als das der Tiernamen und auch nicht annähernd zu erschöpfen. Wir geben denn auch nur eine Auswahl und teilen den Stoff in folgende Unterabteilungen: A. Die Bäume; B. Die Kulturpflanzen; C. Sonstige Pflanzen.

§ 127. **A. Die Bäume.** Fast für alle in Nordeuropa einheimischen Baumnamen haben wir nicht nur die gleichen Ausdrücke in allen germanischen Sprachen, sondern auch die verwandten Sprachen bieten Entsprechendes. Man schließt daraus mit Recht, daß die Urheimat der Germanen und Indogermanen in einer Gegend gelegen haben muß, die über einen reichen Baumbestand verfügte, der im wesentlichen aus den nordeuropäischen Bäumen bestand. Allerdings kehren die meisten Ausdrücke nicht im Indischen wieder, und darauf hat man früher großes Gewicht gelegt. Die Flora dieses Landes aber, das hätte man bedenken sollen, weicht so sehr von der Nordeuropas ab, daß das nicht wundernehmen kann. Auch die südeuropäischen Sprachen Griechisch und Lateinisch versagen des öftern bei der Vergleichung. Es gilt dafür derselbe Grund.

Als eine auffallende Erscheinung tritt uns außerdem der häufige Wechsel der Bedeutung bei den Baumnamen entgegen, und zwar finden sich dabei ganz merkwürdige Sprünge. Wie das zu erklären, ist noch nicht genügend aufgehellt; ich kann es mir kaum anders vorstellen, als daß — eine Folge der Wanderungen — die Bezeichnung eines bestimmten Baumes zur allgemeinen Bezeichnung für Baum wird und später wieder eine Spezialisierung eintritt. Vergleiche weiter unten etwas Ähnliches bei den Ausdrücken für Getreidearten.

1. INDOGERMANISCHE UND ALTGERMANISCHE BESTANDTEILE.

Ahorn, ahd. *ahorn*, lat. *acer*.

Apfel, ahd. *apful*, e. *apple*, ir. *aball*, *uball*, lit. *óbuolas*, abg. *jabluko* 'Apfel'; ein uraltes, jedenfalls nicht entlehntes Wort.

Arve, schweiz., 16. Jh., vielleicht zu mhd. *arf* 'Wurfspieß'.

Baum, ahd. *boum*, e. *beam*, vielleicht zu gr. φῦμα (*phỹma*) 'Gewächs'; unsicher.

Birke, ahd. *biricha*, e. *birch*, lit. *bérźas*, russ. *beréza*, aind. *bhūrjas*; dazu lat *fraxinus* 'Esche'.

Buche, ahd. *buohha*, lat. *fagus*, gr. φηγός (*phēgós*) 'Eiche'; während man früher den Namen der Buche nur in diesen drei Sprachen fand, ist neuerdings der Stamm auch im Osten nachgewiesen; man stellt dazu kurdisch *buz* 'Ulme', abg. *buzu* 'Hollunder', und OSTHOFF hat, Bezz. Beitr. 29, 249, gezeigt, daß der Name auch in einer Reihe von Ableitungen steckt. Dazu BARTHOLOMAE SB. Heidelberg 1918, 1 ff.

Eberesche, erst im 16. Jh., vielleicht *Aberesche* 'falsche Esche'.

Eibe, ahd. *iwa*, e. *yew* zu preuß. *iuwis* 'Eibe', lit. *jievà* 'Faulbaum', abg. *iva* 'Weide', kymr. *yw* 'Eibe'; Weiteres bei LIDÉN, Idg. Forsch. 18, 502.

Eiche, ahd. *eih*, e. *oak* zu gr. αἰγίλωψ (*aigí-lops*) 'Eichenart mit süßen Früchten', lat. *aesculus* 'Bergeiche'.

Erle, ahd. *erila* (umgestellt aus *elira*, noch ndd. *Eller*), *Else* zu lat. *alnus*, abg. *jelicha* 'Erle'

Esche, ahd. *asc*, e. *ash* zu abg. *jasika*, lit. *úosis*, lat. *ornus* 'wilde Bergesche', gr. ὀξύη (*oxýē*) 'Buche'.

Espe, ahd. *aspa*, e. *asp* zu lit. *apušis*, abg. *osina* 'Espe', gr. ἄσπρις (*áspris*), ἄσπρος (*áspros*) 'eine fruchtlose Eichenart'.

Fichte, ahd. *fiuhta* zu gr. πεύκη (*peúkē*).

Föhre, ahd. *foraha*, e. *fir* (aus dem Dänischen) zu lat. *quercus* aus **perquos* 'Eiche', dazu vielleicht auch aind. *parkaṭih* 'ficus religiosa'; die Bedeutung 'Eiche' liegt auf deutschem Boden noch vor in langob. *fereha* 'aesculus'; vgl. noch HOOPS, Waldbäume 119.

Hasel, ahd. *hasala*, e. *hazel* zu lat. *corylus*, air. *coll* 'Hasel'

Heister 'junge Buche', mhd. *heister*, entlehnt frz. *hêtre* zum lat. *silva Caesia*, andd. *Hesiwald*.

Herlitze, ahd. *arlizboum*, vielleicht zu *Erle*.

Holunder, ahd. *holuntar* zu russ. *kalina* 'wilder Schneeball' u. a.

Kiefer, aus *Kienföhre*, zu ahd. *kien*, ags. *cen* 'Kiefer, Fichte'; unerklärt.

Lehne, *Lenne*, zu anord. *hlynr* und abg. *klenŭ* 'Ahorn'.

Linde, ahd. *linta*, e. *lind* zu gr. ἐλάτη (*elátē*) 'Fichte, Weißtanne', lit. *lentà* 'Brett'.

Rüster, air. *ruaim* 'betula alnus'

Schlehe, ahd. *sleha*, e. *sloe*, unerklärt; abg. *sliva* 'Pflaume' ist wohl entlehnt.

Tanne, ahd. *tanna* 'Tanne' zu aind. *dhánvan-* 'Bogen'?; vgl. HOOPS a. a. O. 115; ursprüngliche Bedeutung unsicher.

Ulme, dafür ahd. *elmboum*, das echtdeutsche Wort, das zu lat. *ulmus* im Ablaut steht.

Wacholder, ahd. *wëhhaltar*; unerklärt.

Für *Weide* gibt es sogar mehrere Gleichungen, nämlich ahd. *wida*, gr. ἰτέα (*itéa*) und mit Ablaut οἰσύα (*oisýa*), lat. *vitex*, awest. *vaeti-*, lit. *vítis* 'Weidenrute'; — d. *Salweide*, ahd. *salaha* zu lat. *salix*; — e. *willow* zu gr. ἑλίκη (*helikœ*); — *Felber*, ahd. *felawa* 'Weide' zu osset. *färw*, *farwe* 'Erle'.

Der am weitesten verbreitete indogermanische Baumname steckt noch in e. *tree* 'Baum' (dazu d. *Teer*, e. *tar*), gotisch erhalten in *triu* n. 'Baum'; es gehört zu aind. *dāru*, *dru-* 'Holz', *drumáh* 'Baum', *druṇam* 'Bogen'; awest. *darav-* 'Holz', alban. *dru* 'Holz, Baum'; abg. *drěvo* 'Baum, Holz', russ. *dérevo* 'Baum'; lit. *dervà* 'Kienholz', lett. *darwa* 'Teer'; agall. *Dervum*, Ortsname, 'Eichenwald', bret. kymr. *derwen* 'Eichen', air. *dair* 'Eiche', kymr. korn. *dar* 'Eiche'; gr. δόρυ (*dóry*) 'Speer', δρῦς (*drỹs*) 'Eiche'; maked. δάρυλλος (*dáryllos*) 'Eiche'. Über die ganze Sippe vgl. OSTHOFF, Etymologische Parerga 1, 102. Die Grundbedeutung wird 'Eiche' gewesen sein. Dazu gehört auch *Hartriegel*, ahd. *hart-trugil*.

Anmerkung. Nach den Ausführungen OSTHOFFS a. a. O. ist die ganze Sippe sehr verzweigt, und sie liegt auch mehrfach in übertragener Bedeutung vor, vor allem in *treu*, ahd. *gitriuwi*, got. *triggws*, e. *true* 'wahr', vielleicht aber auch in *trauen, Trost* und vielen Worten andrer Sprachen. Vgl. auch noch P. WAGLER, Die Eiche in alter und neuer Zeit, Gymnasialprogr., Wurzen 1891; 2. Teil in Berliner Studien für klass. Philol. und Archäol. 13.

Ein andres Wort für 'Baum' ist noch in *Wiedehopf* erhalten, ahd. *wituhopfo*, eig. 'Waldhüpfer', zu ahd. *witu* 'Holz', e. *wood* 'Gehölz', air. *fid* 'Baum', sowie in *Kramtsvogel*, zsg. mit ahd. *kranawitu* 'Wacholder'.

Ferner gehen aber auch die Bezeichnungen für *Wald, Holz* usw. in das Indogermanische zurück.

Dem mhd. *lôh*, noch erhalten in *Waterloo, Hohenlohe* usw., entspricht lat. *lûcus*; — unser *Wald*, ahd. *wald*, e. *wold* kehrt in aind. *vaṭaḥ* 'Garten, Bezirk', *vâṭi* 'Baumgarten' wieder (*ṭ* aus *lt*). Dazu auch vielleicht gr. ἄλσος (*álsos*) 'Hain' aus *waltjos*; — *Holz*, ahd. *holz*, e. *holt*, gr. κλάδος (*kládos*) 'Zweig'; — *Forst*, ahd. *forst* kann Lehnwort, aber auch alt sein, siehe Weigand.

Dazu kommen eine Reihe andrer Ausdrücke:

Ast, ahd. *ast*, got. *asts*, gr. ὄζος (*ózos*), arm. *ost*; — *Blatt*, ahd. *blat*, e. *blade* 'Blättchen, Strohhalm', vielleicht wurzelverwandt mit lat. *folium* 'Blatt'; — *Borke*, aus dem Niederdeutschen, anord. *börkr*, e. *bark* 'Rinde'; vielleicht im Ablaut zu *Birke*; — *Laub*, ahd. *loub*, e. *leaf*, got. *laufs* wohl zu lit. *lûpas*; — *Rinde*, ahd. *rinta* 'Baumrinde, Kruste'. e. *rind*, daneben dial. hess. *runde* mit Ablaut; — *Reis*, ahd. *hris* 'Zweig', unerklärt; — *Stamm*, ahd. *stam*, e. *stem* zu *stehen*; — *Strauch*, mhd. *strûch*, ndl. *struik*. Wohl zu *Strunk*, md. *strunk*; — *Zweig*, ahd. *zwîg*, e. *twig*; jedenfalls Ableitung von *zwei*, aber wohl nicht jung.

Auch für die Früchte sowie Erzeugnisse der Bäume gibt es alte Gleichungen, natürlich soweit man jene wirtschaftlich verwendete:

Bast, mhd. *bast*, e. *bast*, dazu mit Ablaut ahd. *buost* 'Baststrick', vielleicht zu lat. *fascia* 'Binde', *fascis* 'Bund, Bündel, Paket'. — *Ecker*, mhd. *ecker(n)* 'Frucht der Eiche oder Buche', e. *acorn* 'Eichel', got. *akran* schlechtweg 'Frucht' zu kymr. *aeron* 'Früchte'. — *Eichel*, ahd. *eihhila*; die Erklärung, daß *Eichel* Verkleinerungswort zu *Eiche* sei, ist schwerlich richtig; eher vielleicht infolge Silbendissimilation aus *aiki-kila* und letzteres zu lit. *gile*, abg. *želąd̃*, lat. *glans*, gr. βάλανος (*bálanos*). — *Harz*, ahd. *harz*, auch *harzuh*, vielleicht stammverwandt mit gr. κηρός (*kêrós*) 'Wachs'. — *Hutzel* 'getrocknete Birne', mhd. *hutzel*. — *Kitt*, ahd. *quiti, kuti* 'Leim', ae. *cwidu* 'Harz', lat. *bitûmen* (aus dem Umbrisch-Oskischen), aind. *játu* 'Lack, Gummi', npers. *žad* 'Gummi'. — *Läufel* f. 'die äußere (grüne) Schale mancher Baumfrüchte', ahd. *louft*, wohl urverwandt mit glbd. tschech. poln. *lupina*, lit. *lupinaĩ* 'Obschalen'. — *Nuß*, ahd. *nuʒ*, ags. *hnutu*, e. *nut* zu air. *knû*, lat. *nux*; letzteres weist auf *dnuk*, das germanisch-keltische Wort auf *knud*. — *Teer*, aus dem Niederdeutschen, ndl. *teer*, e. *tar*, obd. eigentlich *Zehr*, gehört zu got. *triu* 'Baum', e. *tree*.

2. LEHNWORTE

sind auf diesem Begriffsgebiet nicht gerade häufig. Vor allem kamen im wesentlichen schon durch die Römer die südlichen Obstbäume mit ihren Früchten.

Abele 'Pappel', mnd. *abele* aus afrz. *aubel*, lat. *albellus*. — *Ammer, Amarelle*, ital. *amarisca* 'Weichselkirsche'. — *Birne*, ahd. *bira* aus rom. *pera*; die Entlehnung muß spät sein, nachdem die Verschiebung von *p* zu *pf* vorüber war, und das ist einigermaßen auffällig. — *Buchsbaum*, ahd. *buhsboum* aus rom. *buxus*, gr. πύξος (*pýxos*). — *Busch*, ahd. *-busk*, e. *bush*, mlat. *buscus*. — *Ebenholz*, mhd. *ebboum, ebenus* aus lat. *ebenus*. — *Feige*, ahd. *figa* aus rom. *figa* (lat. *ficus*). — *Forst*, ahd. *forst* aus mlat. *forestis*; wird auch als echt deutsch angesehen, was aber weniger wahrscheinlich ist. — *Kastanie*, ahd. *kestinna*, e. *chestnut*, aus lat. *castanea*; unsere Form beruht auf neuer Entlehnung, auf alter obd. *Kästen*. — *Kirsche*, ahd. *kirsa* aus lat. *ceresia*. — *Krieche* 'Pflaumenschlehe', ahd. *kriehboum*, eigentlich 'die Griechische'. — *Kornellkirsche*, ahd. *kornulboum* aus lat. *cornus*. — *Lärche*, mhd. *lerche* aus lat. *laricem*. — *Lorbeer*, ahd. *lorbêri*, zusammengesetzt aus *lor* — lat. *laurus* und *béri* 'Beere'. — *Mandel*, ahd. *mandala*, aus vulgärlat. *amandula*, einer Umgestaltung von gr. ἀμυγδάλη (*amygdále*). — *Maulbeere*, ahd. *murbéri*; *mâr* aus lat. *morum* 'Maulbeere'. — *Mispel*, ahd. *mespila* aus lat. *mespilum*. — *Pappel*, mhd. *papel* aus lat. *populus*. — *Pfirsich*, mhd. *pfersih* aus lat. *persicum*, vulgärlat. *persica*; wenngleich das Wort althochdeutsch nicht belegt ist, muß es doch schon früh entlehnt sein, da es die Lautverschiebung mitgemacht hat. — *Pflaume*, mhd. *pflûme*, ahd. *pfrûma* aus lat. *prûnum*. — *Quitte*, mhd. *quiten*, ahd. *kutina* aus mlat. *cidonia*, lat. *cydonia*, von der Stadt *Kydon* auf Kreta. — *Ulme*, mhd. *ulmboum* aus lat. *ulmus*. — *Wallnuß*, aus dem Niederdeutschen, ndl. *walnoot* 'welsche Nuß'; im 13. Jahrhundert. — *Zwetsche, Quetsche*, im Mittelalter aus *davascena* für *damascena* 'Pflaume von *Damaskus*' — *Zypresse*, mhd. *cipress* aus ital. *cipresso*; ahd. *kupfirboum*.

§ 128. **Schlußfolgerungen.** In den meisten Fällen lassen sich, wie wir gesehen haben, die deutschen Baumnamen bis in die verwandten Sprachen hinein verfolgen. Allerdings versagt hierbei, wie längst beobachtet worden ist, häufig das Indische. Aber doch nicht in dem Maße, wie man früher angenommen. Bis ins Arische hinein gehen *Tanne*, aind. *dhánvan-* 'Bogen', vgl. HOOPS, Waldbäume 117; der Stamm *deru-*, e. *tree*, ai. *daru*; *Föhre*, aind. *parkatī*, nind. *parg-ai* 'Steineiche'; *Birke*, aind. *bhurjaḥ*; *Weide*, awest. *vaeti-*; ahd. *fëlawa*, osset. *färw*; *Buche*, kurd. *buz* 'Ulme'; *Wald*, aind. *vaṭa-* u. a.

Durch diese Gleichungen läßt sich die Urheimat der Germanen und Indogermanen ziemlich gut bestimmen. Denn die Bäume kommen nicht überall vor, vor allem nicht überall in dieser Fülle verschiedener Arten. Besonders wichtig ist die Buche, die wegen klimatischer Verhältnisse nicht über eine Linie, die von Königsberg nach der Krim geht, hinausreicht. Westwärts dieser Linie muß die Urheimat gelegen haben.

Die treue Erhaltung der Baumnamen erklärt sich aus der wirtschaftlichen Verwendung. Man kannte die Eigenschaft jedes Holzes ganz genau, und wenn wir Großstädter sie nicht mehr kennen, der Bauer, der Tischler, der Stellmacher, der Böttcher usw. wissen genau, welches Holz sie anzuwenden haben.

Zahlreich sind denn auch die Fälle, in denen in den indogermanischen Sprachen Gegenstände nach dem Holz benannt sind, aus dem sie gefertigt sind.

Asch (in *Aschkuchen*) bedeutet noch ostmitteldeutsch ein tiefes topfartiges Gefäß, während an. *askr* 'Schiff' heißt. Beide gehören zu *Esche*. — Der Name *Eibenschütz* weist darauf, daß mhd. *iwe, Eibe* in die Bedeutung 'Bogen' übergegangen war, vgl. auch gr. τόξον (*tóxon*) zu lat. *taxus*. — *bauchen, bäuchen*, nd. *bûken* 'Wäsche einweichen', hat Osthoff zu *Buche* gestellt, indem er die Bedeutungsentwicklung Buche > buchenes Gefäß annimmt. Vielleicht gehört auch *Bauch* hierher. — Sehr häufig werden Wälder- und Gebirgsnamen von Baumnamen abgeleitet. So ist das alte *Bacenis silva* ein Buchenwald. Vgl. ferner *Eichicht, Büchicht*. Die anziehendste Ableitung dieser Art findet sich in dem alten keltischen Namen *Hercynia silva*, das dem mhd. *Firgunt* entspricht, und zu *Föhre*, lat. *quercus* zu stellen ist, vgl. HIRT, Idg. Forsch. 1, 480, und weiter gehört hierher lit. *Perkûnas*, eig. 'der Eichengott'.

§ 129. **B. Kulturpflanzen. Ackerbauausdrücke.** Die ältere Forschung hat nicht daran gezweifelt, den Indogermanen und damit auch den ältesten Germanen die Kenntnis des Ackerbaues zuzusprechen, weil eine Reihe von Kulturpflanzen, insbesondere die Getreidegräser, in verschiedenen Sprachen übereinstimmend benannt sind. Dazu kommen ebenso einige Ackerbauausdrücke. V. Hehn aber hatte gegen diese Schlüsse Einwände erhoben, die seinerzeit tiefen Eindruck gemacht haben. Besonders ist Hehns Ansicht dann durch die Werke O. Schraders verbreitet worden. Heute haben sich indessen die Anschauungen wieder gewendet. Nachdem ich schon vor vielen Jahren den Indogermanen den Ackerbau mit Bestimmtheit zugesprochen habe, vgl. Idg. Forsch. 5, 395 ff., Jahrb. für Nationalökonomie und Statistik, 3. Folge, Bd. 15, 456 ff., hat sich neuerdings Hoops in weitangelegter Untersuchung meiner Ansicht angeschlossen, vergleiche seine Waldbäume und Kulturpflanzen und meine Indogermanen. Wollte man diese Frage aber auch unentschieden lassen, so stimmen doch alle darin überein, daß die Germanen schon in der Zeit, als sie noch auf einem kleinen Gebiet vereinigt saßen, den Ackerbau betrieben haben, wie außer andern Zeugnissen die allen germanischen Sprachen gemeinsamen Ausdrücke für die wichtigsten Kulturpflanzen und die Tätigkeiten des Ackerbaus beweisen. Allerdings beschränkte sich der Anbau auf einzelne Früchte, und vieles haben die Germanen erst von den Römern kennen gelernt, wie die Sprache deutlich zeigt.

INDOGERMANISCHE UND GEMEINGERMANISCHE BESTANDTEILE.

Amelmehl 'Kraftmehl', zu ahd. *amar* 'Sommerdinkel'.

Bohne, ahd. *bōna*, e. *bean*; unerklärt, aber wohl alt, da die Bohne (sog. Saubohne) sehr
früh angebaut ist.

Dinkel 'Weizenart, Spelz', ahd. *dinkel*, vielleicht mit gr. τίφη (*tiphæ*) wurzelverwandt.

Erbse siehe S. 135.

Flachs; der Flachs gehört zu den uralten Kulturgewächsen, die schon in den Schweizer
Pfahlbauten angebaut wurden. Wir haben im Deutschen dafür drei Ausdrücke: *Lein*,
Haar, *Flachs*. *Lein*, ahd. *lin* 'Flachs, Lein, leinenes Kleidungsstück', got. *lein* zu lat.
linum, gr. λίνον (*linon*), abg. *līnŭ*, lit. *linaī*; das deutsche Wort könnte aus dem Lateinischen stammen, doch ist dies nicht wahrscheinlich; — *Haar*, ahd. *haru*, anord. *hörr*;
Herkunft nicht sicher zu bestimmen; vielleicht mit *Hede*, mndl *herde*, e. *hards* verwandt; — *Flachs*, ahd. *flahs*, e. *flax*; Herkunft unklar.

Gerste, ahd. *gĕrsta*, ein nur deutsches Wort, zu lat. *hordeum*, gr. κριθή (*krithæ*); — e. *barley* 'Gerste' zu got. **bariz* 'Gerste' (erhalten in *barizeins* 'gersten'), lat. *far*. Bei uns
liegt es vor in *Barn* 'Krippe'.

Hafer, ahd. *habaro*, aschwed. *hafre*, *hagre* und daraus entlehnt finn. *kakra*, daher Grundform **kakro-*, das vielleicht zu air. *coirce* 'Hafer' gehört.

Hanf, siehe oben S. 135.

Hirse, ahd. *hirsi*, *hirso*, wohl zu lat. *Cerēs* 'Göttin der fruchttragenden Erde'.

Hopfen, ahd. *hopfo*, e. *hop*. Wohl ein echt germanisches Wort. Die wirtschaftliche Verwendung des Hopfens ist aber jung.

Korn, ahd. *korn*, e. *corn*, got. *kaúrn*, *kaúrnō* zu lat. *grānum*, abg. *zrŭno* 'Korn'.

Kraut, ahd. *krūt* 'Kraut, Kohl', asächs. *krūd*; vielleicht zu gr. βρύον (*brýon*) 'Moos'.

Mohn, mhd. *māhen*, *māgen*, ahd. (mit grammatischem Wechsel) *māgo* zu gr. μήκων (*mēkōn*),
abg. *makŭ*, apreuß. *moke*.

Möhre, ahd. *mor(a)ha* 'gelbe Rübe', e. *more*; verwandt mit glbd. serb. *mrkva*, gr. βράκανα
(*brákana*) 'wildwachsendes Gemüse'.

Roggen, ahd. *rocko*, e. *rye* (aus **rugi*) zu lit. *rugīs* 'Roggenkorn', abg. *rŭžĭ* 'Roggen',
thrak. βρίζα (*briza*), vgl. Hirt, Indogermanen 2, 654.

Rübe, ahd. *ruoba*, daneben *rāba* (mit Ablaut), zu lat. *rāpa*, *rāpum*, abg. *rĕpa*, lit. *rōpe*;
Entlehnung des germanischen Wortes aus dem Lateinischen ist unmöglich.

Spelt, Spelz, ahd. *spelta, spelza*, e. *spelt*; vgl. darüber Hoops, Waldbäume 416 ff.
Weizen, ahd. *weizzi, weizi*, e. *wheat*, got. *hvaiteis*, Ableitung von *weiß*.

Dazu kommen eine Reihe von Ausdrücken, die sich auf Eigentümlich-keiten der Getreidepflanzen beziehen:

Ahne 'Stengelsplitter von Flachs oder Hanf', ahd. *agana*, got. *ahana* 'Spreu' (gram-matischer Wechsel!) zu lat. *agna* 'Ährenstachel', gr. ἄχνη (*áchna*) 'Spreu', apreuß. *ackons* 'Granne'. — *Ähre*, ahd. *ahir, ehir*, e. *ear*, got. *ahs* 'Ähre' zu lat. *acus* 'Getreidestachel'. — *Garbe*, ahd. *garba*, ai. *grabhah* 'Handvoll'. — *Halm*, ahd. *halm* 'Gras-, Getreidestengel', e. *halm* zu lat. *culmus*, gr. κάλαμος (*kálamos*), abg. *slama*. — *Kaff*, mhd. *kaf*, e. *chaff* zu ahd. *kefa* 'Hülse', das auch *Käfer* zugrunde liegt. — *Samen*, ahd. *samo* zu lat. *semen*, abg. *sĕmę*, lit. *sĕmens*. — *Stroh*, ahd. *strao*, e. *straw* zu lat. *stramen* 'Stroh'.

Die Ausdrücke für die wichtigsten Kulturpflanzen gehen, wie wir ge-sehen haben, über die germanische Zeit hinaus, und dadurch wird das Vorhandensein eines Ackerbaues in alter Zeit äußerst wahrscheinlich. Die Sprache bestätigt diese Annahme weiter dadurch, daß eine Reihe über-einstimmender Ausdrücke für Ackerbau und für Ackerbaugeräte in den indogermanischen Sprachen vorhanden sind:

Acker, ahd. *ackar*, e. *acre*, got. *akrs* zu lat. *ager*, gr. ἀγρός (*agrós*); das Wort bedeutet überall 'Acker', nur im Altindischen heißt *ájrah* 'Flur'; die gleiche Bedeutung in den west-lichen Sprachen kann nicht auf Zufall beruhen; die Annahme, daß das Indische in der Be-deutung ausgewichen, ist sehr einfach. — *Art* 'gepflügtes Feld', namentlich in *Artacker*, *Artfeld, Artland*, ahd. *art* 'Bepflügung', mhd. *art* 'Art' von ahd. *erien* 'pflügen' und dies zu lat. *arare*, gr. ἀρόειν (*aróen*); das Wort für 'Pflug', lat. *aratrum*, gr. ἄροτρον (*árotron*), liegt noch in anord. *ardr* vor. — *Egge*, ahd. *egida* zu lat. *occa* aus **oteka,*. korn. *oket*, lit. *akĕč'os* 'Egge', gr. ὀξίνη (*oxínæ*) (bei Hesych). — *Ernte*, ahd. *aran* 'Ernte', got. *asans* 'Ernte, Herbst' (grammatischer Wechsel!) zu abg. *jesenĭ* 'Herbst', apreuß. *assanis*. — *Esch* 'Ortsflur', ahd. *ezzisk*, got. *atisk* 'Saatfeld', vielleicht zu lat. *ador* 'Spelt'. — *Feld*, ahd. *feld*, e. *field* zu aind. *prthivī* 'Erde'. — *Furche*, ahd. *furuh* 'Furche', e. *furrow* zu lat. *porca* 'Ackerbeet', armen. *herk* 'frisch geackertes Brachland', kymr. *rhych*, air. *rech* 'Furche'. — *mähen*, ahd. *maen*, e. *to mow* zu gr. ἀμάειν (*amáēn*) 'mähen', d. *Mahd* = gr. ἄμητος (*ámætos*). — *Pflug*, ahd. *pfluog*, e. *plough*; dies Wort ist oft besprochen worden; neuerdings hat Meringer, Idg. Forsch. 18, 244 wahrscheinlich gemacht, daß wir es mit einem alten, echt germanischen Wort zu tun haben; das Altnordische hat noch *ardr* (siehe oben unter *Art*), das Altenglische *sulh* = lat. *sulcus* 'Furche', das Gotische *hoha*. — *reuten* (roden), ab-geleitet von ahd. *riuti* 'durch Roden urbar gemachtes Land'; dies entspricht genau awest. *raodja, raoidja* 'urbar zu machen'.

§ 130. **Schlußfolgerungen.** Auch hier folgt aus den Tatsachen der Sprache ganz unweigerlich, daß die Indogermanen den Ackerbau mit den wichtigsten Kulturpflanzen nebst Pflug und Wagen kannten. Hat man sich einmal zu der Ansicht durchgerungen, daß der Ackerbau schon in indogermanischer Zeit die Grundlage der Wirtschaft bildete, so wird man nicht zweifeln, daß sich in der Sprache noch sehr viel mehr Spuren dieser Tätigkeit nachweisen lassen. Meringer hat, Idg. Forsch. 16, 180, gezeigt, daß sich die Wurzel **wen*, die in *wohnen, Wonne, gewinnen*, lat. *venus* u. a. vorliegt, auf den Ackerbau bezieht, d. h. daß sich die mannigfach verzweigte Bedeutungs-entwicklung dieser Basis aus der von 'ackern' erklären läßt (siehe unten § 188). In ähnlicher Weise hat er dies für *üben*, ahd. *uoben* wahrscheinlich gemacht. Man kann die indogermanische Basis *bhewā, gr. φύω (*phýo*), lat. *fui* hinzufügen. So haben wir im Indischen *bhuṣ-* 'tätig sein, sich bemühen', *bhŭman-* n. 'Erde' und im Deutschen *bauen*, ahd. *buan* 'pflanzen, bauen, bebauen, wohnen, bewohnen', *Bauer*, der *Bau*. Weitern Stoff geben wir weiter unten.

§ 131. **Kulturpflanzen, Entlehnungen.** Wir sind schon unter den oben besprochenen Ausdrücken für Kulturpflanzen einigen begegnet, für die man mit großer Wahrscheinlichkeit frühzeitige Entlehnung annimmt. Aber der Hauptstrom fremder Pflanzen, namentlich von Gemüsepflanzen, kommt erst mit der Römerzeit.

Beete, aus dem Niederdeutschen, ahd. *bieʒa* aus lat. *bēta*; — *Eppich*, ahd. *ephih* aus lat. *apium*; — *Fench* 'Art wilder Hirse', ahd. *pfenih* aus mlat. *panicium* von *pānicum*; — *Fenchel*, ahd. *fenahhal*, e. *fennel* aus lat. *fēniculum, fœniculum*; — *Kappes*, ahd. *kabuʒ* aus ital. *capuccio* von lat. *caput*; — *Kerbel*, ahd. *kerfela*, e. *chervil* aus lat. *caerifolium*; — *Kichererbse*, ahd. *kicherra* aus lat. *cicer*; — *Kohl*, ahd. *kōl, koli*, e. *cole* aus lat. *caulis*; — *Kümmel*, ahd. *kumil* aus lat. *cuminum*; — *Kürbis*, ahd. *kurbiʒ* aus lat. *cucurbita*; — *Linse*, ahd. *linsī(n)*; die unmittelbare Entlehnung aus lat. *lens* ist nicht sicher; — *Minze*, ahd. *minza*, e. *mint* aus lat. *ment(h)a*; — *Pfebe*, ahd. *pfedemo*, gr.-lat. *pepo*; — *Pfeffer*, ahd. *pfeffar*, e. *pepper* aus lat. *piper*; — *Pflanze*, ahd. *pflanza*, e. *plant* aus lat. *planta*; — *Pilz*, ahd. *buliʒ* aus lat. *bōletus*; — *Quendel*, ahd. *quënala* aus lat. *conīla* 'Thymian'?; — *Rettich*, ahd. *retih, ratih* aus lat. *rādīc(em)*; — *Senf*, ahd. *sënaf*, got. *sinap* aus gr.-lat. *sinapi*; — *Wicke*, ahd. *wicka* aus lat. *vicia*.

Unter den neu angebauten Kulturpflanzen ist dann aber vor allem der *Wein* zu nennen. Dem Wort selbst, ahd. *wīn*, e. *wine*, got. *wein*, kann man die Entlehnung aus lat. *vīnum* freilich nicht ansehen. Was aber die Entlehnung außer anderm sicher macht, ist der Umstand, daß fast alle Ausdrücke, die sich auf den Weinbau und die Weinbereitung beziehen, entlehnt sind. Dazu kommen eine Reihe von Gefäßnamen und sonstigen Ausdrücken, die höchst wahrscheinlich auch damit zusammenhängen.

Becher, ahd. *behhar, behhari* aus mlat. *biccarium*; — *Essig*, ahd. *eʒʒih*, got. *akeit* aus lat. *acētum*; — *Flasche*, ahd. *flaska*, e. *flask* aus mlat. *flasca*; — *Kelch*, ahd. *kelih* aus lat. *calic(em)*; — *Kelter*, ahd. *kalktura* aus lat. *calcātūra*; — *Kufe*, ahd. *kuofa*, e. *coop* aus mlat. *cōpa*, Nebenform zu *cūpa* 'Faß'; dazu *Kübel*, mhd. *kübel*, mlat. *cupellus*; — *Lägel*, ahd. *lāgilla* aus lat. *lagēna*; — *mischen*, ahd. *miskan*, e. *to mix* aus lat. *miscēre*; kann auch urverwandt sein; — *Most*, ahd. *most*, e. *must* aus lat. *mustum* 'Most'; — *Ohm*, mhd. *āme, ōme*, e. *awm* aus mlat. *ama* 'Gefäß, Weinmaß'; — *Pech*, ahd. *pëh, bëh*, e. *pitch* aus lat. *picem*; — *pflücken*, mhd. *pflücken*, e. *to pluck* aus vulgärlat. **piluccare*, ital. *piluccare* 'Trauben abbeeren'; — *Presse*, ahd. *pressa, pfressa* 'Weinkelter' zu lat. *pressāre*; — *sauber*, ahd. *sūbar* aus lat. *sōbrius*; — *Torkel* 'Kelter', ahd. *torkula* aus lat. *torculum*; — *Trichter*, mhd. *trihter*, ahd. *trahtari* aus mlat. *tractarius* 'Trichter'; — *Winzer*, ahd. *winzuril* aus lat. *vīnitōr(em)*.

Die überlegenere römische Landwirtschaft brachte den Deutschen weiter eine Reihe von Geräten, die diese mit den Namen dafür übernahmen.

Flegel (Dresch-), ahd. *flegil*, e. *flail* aus lat. *flagellum*, um 400 n. Chr. 'Dreschflegel'; — *Forke*, ahd. *furka*, e. *fork* aus lat. *furca*; — *Sichel*, ahd. *sihhila*, e. *sickle* aus lat. *secula*; — *Stiel*, ahd. *stil* 'Handhabe, Pflanzenstengel, Hakengerät' aus lat. *stilus*; — *Stoppel*, ahd. *stupfala* aus mlat. *stupula* für *stipula* 'Halm, Stroh, Stoppel'; — *Wanne*, ahd. *wanna* 'Getreide-, Futterschwinge' aus lat. *vannus*; nicht sicher, kann auch urverwandt sein.

Weitere Entlehnungen an Kulturpflanzen kommen dann in den folgenden

Jahrhunderten zu uns, zum Teil mehr durch gelehrte Vermittlung. In den Klostergärten baute man Heil- und Würzpflanzen, aber auch Blumen.

Aglei, Akelei, ahd. *agaleia, ackeleia* aus ital. *aquilegia*; — *Alant*, ahd. *alant* aus vulgärlat. *ala*; — *Althee* aus lat.-gr. *althaea* 'Heilkraut'; — *Anis*, spätmhd. *anis, enis* aus gr.-lat. *anisum*; — *Attich*, ahd. *atah, atuh* aus lat. *acte*, gr. ἀκτῆ 'Holunderbaum'; — *Baldrian*, mhd. *baldrian* aus mlat. *valeriana*; — *Bertram*, ahd. *berhtram* umgedeutet aus lat.-gr. *pyrethrum*; — *Betonie*, ahd. *betonia* aus lat. *betonica*, umgestaltet *Batengel*; — *Binetsch* 'Spinat', frühneuhochdeutsch, aus ital. *spinaccio* 'Spinat'; — *Borretsch*, mhd., ital. *borragine*; — *Burzel*, ahd. *burzela* aus lat. *portulāca*; — *Eibisch*, ahd. *ibiska* aus lat.-gr. *ibiscum*; — *Ebritz*, 1482 eberitz, gr.-lat. *abrotonum*; — *Enzian*, ahd. *enzian*, lat. *gentiana*; — *Faseole*, mhd. *phasol*, gr.-lat. *phaseolus*; — *Galgant*, ahd. *galgan*, mlat. *galanga*; — *Gamander*, mhd. *gamandre* aus ital. *calamandrea*; — *Günsel*, ahd. *kunsele*, mlat. *consolida*; — *Kamille*, mhd. *kamille* aus ital. *camomilla*; — *Karde*, ahd. *karto, karta*, lat. *carduus* 'Distel'. Davon *Kardätsche*; — *Lattich*, ahd. *lattuh* aus lat. *lactūca*; — *Lattich, Huflattich*, spätahd. *hūfleticha*, lat. *lapath(i)um*; — *Lavendel*, mhd. *lavendel* aus mlat. *lavendula*; — *Liebstöckel*, ahd. *lubistechil*, durch Umdeutung aus lat. *lubisticum* für *ligusticum*; — *Lilie*, ahd. *lilja* aus lat. *lilium*; — *Lolch*, ahd. *lolli*, mhd. *lulche* aus lat. *lolium*; — *Majoran*, spätahd. *maiolan* aus lat. *amāracus*; — *Odermennig*, mhd. *odermenie* aus lat. *agrimonia*; — *Osterluzei*, mhd. *osterlucie* aus mlat. *aristolocia*; — *Pastinake*, ahd. *pestinak* aus mlat. *pastinacum*; — *Petersilie*, ahd. *pedarsilli* aus mlat. *petrosilium*; — *Polei*, ahd. *polei, poleia* aus lat. *pūleium*; — *Rausch*, mhd. *rusch(e)*, lat. *ruscum*; — desselben Ursprungs ist *Risch*, e. *rush*; — *Raute*, spätahd. *rūta* aus lat. *rūta*; — *Rose*, ahd. *rosa* aus lat. *rosa*; — *Salbei*, ahd. *salbeia* aus lat. *salvia*; — *Scharlei*, ahd. *skaraleia*, mlat. *sclaregia*; — *Thymian*, schon got. *þymiama* 'Räucherwerk' aus lat. *thymiama*; — *Veilchen*, mhd. *viol* aus lat. *viola*; — *Zwiebel*, ahd. *zwibollo* aus lat. *cepula* unter Anlehnung an *Bolle*.

Zu diesen Kulturpflanzen gesellen sich dann in neuerer Zeit die zahllosen Pflanzen des Orients und Amerikas, deren Namen zum Teil in der oben S. 152 gegebenen Übersicht über die Fremdwörter zu finden sind.

Erwähnen will ich hier: *Mais*, aus dem Amerikanischen, dafür auch *Welschkorn*; — *Kartoffel*, aus ital. *tartufolo*, woher auch *Trüffel*; daneben *Erdapfel*, *Patate* aus ital. span. *patata*; — *Tomate*, aus dem Mexikanischen; dafür *Liebes-, Gold-, Paradiesapfel*, in Österreich auch *Paradeis*.

§ 132. **C. Sonstige Pflanzen.** Die Ausdrücke für die übrigen Pflanzen hier vorzuführen, erweist sich als unmöglich. Jeder weiß ja, welche überwältigende Fülle von Verschiedenheiten innerhalb des Deutschen hier besteht; vgl. Prizel und Jessen, Die deutschen Volksnamen der Pflanzen. Immerhin kehren doch eine Reihe dieser Namen in den verwandten Sprachen wieder, andere sind gemeingermanisch oder nur deutsch, sehen dabei aber so altertümlich aus, daß man ihnen unbedenklich ein höheres Alter zuschreiben kann. Die Benennung einer Pflanze hängt natürlich mit dem Interesse zusammen, das sie erweckt. In alten Zeiten, wo man die Pflanzen vielfach zu Heil- oder Zauberzwecken benützte, auch mehr wildwachsende Pflanzen aß als heutzutage, wird daher eine genaue Unterscheidung nicht gefehlt haben. Aber diese Benennungen hafteten nicht so fest, daß sie nicht mit der Zeit durch neue hätten ersetzt werden können. Es dringen auch Entlehnungen ein, trotzdem man vielleicht die Pflanze schon benannte. Im folgenden gebe ich jedenfalls nur eine kleine Auswahl.

Ampfer, ahd. *ampfaro* 'Ampfer' zu aind. *amlaḥ* 'Sauerklee'; das Wort ist eigentlich ein Adjektivum mit der Bedeutung 'sauer', kann aber schon ursprachlich auf eine Pflanze übertragen sein. — *Bachbunge*, der zweite Bestandteil ist ahd. *bungo* 'Pflanzenknolle', das zu gr. παχύς (*pakhýs*), aind. *bahúḥ* gehört. Dazu auch *Bingelkraut*. — *Beere*, ahd. *bëri*, e. *berry*; dazu mit grammatischem Wechsel got. *basi*, ndd. *besing*; vielleicht zu ags. *basu* 'rot'. — *Bilsenkraut*, ahd. *bilisa*; daneben mnd. *bilene*, ags. *beolene* zu russ. *belenú*, poln. *bieluń*. — *Binse*, ahd. *binuʒ*, e. *bent*; aus *bi* und *nat* zu *Nessel*. — *Brombeere*, von ahd. *brāmo* 'Dornstrauch', e. *bramble* 'Brombeerstrauch'; noch heute auch *Bram*, *Bramen* 'Besenginster, Pfriemkraut'. — *Dill*, ahd. *dilli* n., e. *dill*, gemeingermanisch. — *Distel*, ahd. *distil*, e. *thistle*, gemeingermanisch. — *Dorn*, ahd. *dorn*, e. *thorn*, got. *þaúrnus*, abg. *trŭnŭ*, ai. *tṛṇam* 'Grashalm'. — *Dort* 'ährentragendes Unkraut im Getreide', ahd. *turd*, asächs. *durth*. — *Dost, Dosten*, ahd. *dosto, tosto* zu bayer. *Dosten* 'Busch'. — *Efeu*, ahd. *ëbëhëwi* n., daneben *ëbahhi, ëbah*, ae. *īfegn*, e. *ivy*; Herkunft unklar; von Hoops als 'Kletterer' erklärt und zu lat. *ibex* 'Steinbock' gestellt. — *Farn*, ahd. *varn, varm*, e. *fern* zu ai. *parṇám* 'Flügel, Feder, Laub, Blatt'; wurzelverwandt sind auch lit. *papártis*, russ. *páporot* 'Farnkraut'. — *Flieder*, nd., ndl. *vlier*. — *Garbe* (*Schafgarbe*), ahd. *garwa*, e. *yarrow*. — *Germer*, ahd. *germarrum*. — *Gras*, ahd. *gras* n., got. *gras* 'Kraut', e. *grass*; dazu mit Ablaut mhd. *gruose* 'junger Trieb', also jedenfalls alt; vielleicht zu einer Wurzel 'wachsen', die auch in *grün* steckt und zu lat. *grāmen* 'Gras'. — *Gundelrebe*, ahd. *gundereba*. — *Gundermann*, ahd. *gundram*. — *Hag(en)* 'lebendiger Zaun', ahd. *hagan* 'Art Dornstrauch' zu agall. *caium* 'Gehege'; dazu *Hain* aus *hagan*, *Hainbuche*, *Hainbutte*. — *Heu*, ahd. *hëwi*, e. *hay*, got. *hawi* zu lit. *šekas* 'Grünfutter' — *Hiefe* 'Hagebutte', ahd. *hiufo* 'Dorn', e. *hip*, abg. *šipŭkŭ* 'Hagerose'. — *Hulst* 'Stechpalme', ahd. *hulis*, air. *cuileann*. — *Kettich*, nd. *köddik*, ags. *cedelc*. — *Klee*, ahd. *klē(o)*, Gen. *klēwes*; e. *clover* zeigt eine erweiterte Form; was das urgerm. **klaiwaz* ist, bleibt unklar. — *Klette*, ahd. *klëtto, klëtta*, ags. *clāte*, e. *clotbur*, also mit Ablaut; vielleicht zu lat. *glūten* 'Leim' u. a. — *Kresse*, ahd. *kresso*, e. *cress*. — *Lauch*, ahd. *louh*, e. *leek* 'Lauch'; ins Slawische entlehnt *luk*. — *Liesch* 'Grasart', ahd. *liska*. — *Melde*, spätahd. *melda*, vielleicht zu gr. βλίτον (*bliton*). — *Miere* (16. Jh.), mnd. *mir*. — *Mistel*, ahd. *mistil*, e. *mistle-*. — *Moos*, ahd. *mos*, e. *moss*, altes Wort, da es Ablaut (ags. *mëos*, d. *Mies*) zeigt; dazu lat. *muscus*, abg. *mŭchŭ* 'Moos'. — *Morchel*, ahd. *morhila* 'Waldrübe', vgl. Weigand. — *Nessel*, ahd. *neʒʒila*, e. *nettle*; dazu lit. *nõterě*, preuß. *noatis*, air. *nenaid* u. a. — *Palme*, ahd. *palma*, e. *palm*, lat. *palma*. — *Päonie*, spätahd. *pëonia* aus gr.-lat. *paeōnia*. — *Porst*, mhd. *borse*. — *Rade(n)*, ahd. *rāto*, andd. *rado* 'Unkraut'; die Kornrade ist ein altes Unkraut; der Name ist aber in andern Sprachen noch nicht nachgewiesen. — *Ried*, ahd. *hriot*; vielleicht zu air. *crúaid* 'fest'. — *Rohr*, ahd. *rōr*, got. *raus*, vielleicht zu gr. ὄροφος 'Rohr', serb. *rôgoz* 'Riedgras', poln. *rogóż* 'Binse'. — *Schierling*, ahd. *skeriling, skerning* zu anord. dän. *skarn* 'Mist'. — *Schilf*, ahd. *skiluf*, kaum entlehnt aus lat. *scirpus* 'Binse', sondern zu *Schelfe* 'Hülsenfruchtschote'. — *Schmiele*, ahd. *smelaha*, wohl zu *schmal*. — *Schwamm*, ahd. *swamb* 'Schwamm, Pilz', got. *swamms*; vielleicht zu gr. σομφός (*somphós*) 'schwammig'. — *Segge* 'Riedgras', aus dem ndd., e. *sedge*. — *Semde* 'Binse', ahd. *semida*. — *Sinnau*, mnd. *sindouwe*, eig. 'Immertau' zu *sin* in *Singrün*. — *Torf*, aus dem Niederdeutschen; dazu ags. *turf* 'Rasen', anord. *torf* 'Torf', vielleicht zu aind. *darbháḥ* 'Grasbüschel, Büschelgras'. — *Trespe*, mhd. *trefse*. — *Waid*, ahd. *weit*, e. *woad* zu lat. *vitrum*, gr. ἰσάτις (*isátis*); die Lautverhältnisse stimmen nicht ganz; der Zusammenhang ist aber unbestreitbar; die Waidpflanze bot ein wichtiges Färbemittel. — *Wau* aus ndl. *wouw*, älter *woude*, e. *weld*. — *Wermut*, ahd. *werimuota*.

Unendlich groß ist die Zahl der zusammengesetzten Pflanzennamen. Insbesondere spielen hier die Tiernamen eine große Rolle. Während H. Marzell (s. o. S. 189) den reichen Stoff sorgfältig zusammengestellt hat, untersucht R. Löwe einen besonderen Fall, nämlich den Namen der *Himbeere*, der auf ahd. *hintberi*, also 'Beere der Hinde' zurückgeht. Er sieht den Grund der Benennung darin, daß die Pflanze kaum Dornen trägt, und daher als 'hornlos' gegenüber der Brombeere bezeichnet wurde, eine Erklärung, die ganz ansprechend ist.

Dazu kommen die Entlehnungen der neueren Zeit.

Aster, 18. Jh., gr.-lat. *aster*; — *Aurikel*, 18. Jh., lat. *auricula*; — *Endivie*, 1400, ital. *endivia*; — *Geranium*, 1727, gr. γεράνιον (*geránion*); — *Kalebasse*, 1632, fr. *calebasse*; — *Kalmus*, 15. Jh., lat. *calamus*; — *Karotte*, 1616, frz. *carotte*; — *Koloquinte*, 15. Jh., mlat. gr. lat. *colocynthis*; — *Koriander*, 15. Jh., lat. *coriandrum*; — *Krokus*, 17. Jh., gr.-lat. *crocus*; — *Kukumer*, 15. Jh., lat. *cucumis*: — *Levkoie*, 18. Jh., ital. *leucojo*; — *Lupine*, 1731, mlat. *lupina*; — *Luzerne*, 18. Jh., frz. *lucerne*; — *Melone*, 15. Jh., ital. *mellone*; — *Narzisse*, 16. Jh., gr.-lat. *narcissus*; — *Porree*, frz. *porrée*; — *Portulak*, 15. Jh., lat. *portulaca*; — *Primel*, 18. Jh., mlat. *primula*; — *Rapunzel*, 16. Jh., mlat. *rapuncium*; — *Rapünzchen*, 1711, zum vorigen; — *Reseda*, 18. Jh., aus der lat. Zauberformel *reseda morbos*; — *Rosmarin*, 15. Jh., e. *rosemary*, lat. *rōs marinus*; — *Sellerie*, 17. Jh., frz. *céleri*; — *Spargel*, 15. Jh., mlat. *sparagus*; — *Spieke*, *Speik* 'Lavendel', l. *spica*; — *Zichorie*, 16. Jh., mlat. *cichorea*, nebst vielen andern.

Die sonstige Terminologie der Pflanzen ist außerordentlich dürftig. Bemerkenswerterweise ist der Allgemeinbegriff *Pflanze*, ahd. *pflanza*, e. *plant* aus lat. *planta* entlehnt.

Blatt siehe oben S. 191. — *Blume*, ahd. *bluoma*, *bluomo*, got. *bloma* (e. *bloom* entlehnt), alte Ableitung zu *blühen*. — *Blüte*, ahd. *bluot* zu *blühen*, ahd. *bluojan*, e. *to blow* zu lat. *florere*. — *Busch*, ahd. *-busk*, e. *bush* aus mlat. *buscus*. — *Knospe*, erst frühneuhochdeutsch in der jetzigen Bedeutung; mhd. *knospe* 'Knorren'. — *Rebe*, ahd. *reba* zu *Rippe*, eig. 'die sich schlingende'. — *Schote*, mhd. *schote*, anord. *skauð* 'Scheide' zu lat. *cūdo* 'Helm'. — *Wurzel*, ahd. *wurzala*, Zusammensetzung mit ahd. *wurz* 'Kraut, Pflanze'. e. *wort* 'Kraut', got. *waúrts* 'Wurzel', das zu lat. *radix* gehört; der zweite Bestandteil *-wal-* gehört zu got. *walus* 'Stab', also ist die Grundbedeutung 'Krautstock'.

§ 133. **Das Mineralreich.** Man wird sich von vornherein sagen müssen, daß auf dem Gebiet der anorganischen Natur noch weniger Übereinstimmungen zu erwarten sind als auf dem der organischen. Zwar lebten die Menschen Europas einst in der Steinzeit, d. h. sie fertigten ihre Waffen und Geräte aus Steinen an. Dazu war nicht jeder Stein brauchbar, und die Überreste der Waffen und Werkzeuge zeigen uns, mit welcher Sorgfalt man die Natur beobachtet und die tauglichen Stücke ausgesucht hat. Auch ein Handel in diesen brauchbaren Gesteinsarten, die nicht überall vorkamen, hat bestanden, und infolgedessen müssen auch Worte dafür vorhanden gewesen sein. Aber der Stein ist von dem Metall verdrängt worden, und es sind daher auch die alten Ausdrücke verloren gegangen. Immerhin bleibt doch noch einiges Bemerkenswerte übrig.

Hammer, ahd. *hamar*, e. *hammer* 'Hammer' ist verwandt mit abg. *kamy*, lit. *akmuõ* 'Stein', gr. ἄκμων (*ákmon*) 'Amboß'; die ursprüngliche Bedeutung war also 'Stein', wie auch noch anord. *hamarr* 'Felswand, Klippe' bedeutet. Ähnlich steht es mit *Messer*, ahd. *mezzi-rahs*, daneben *mezzi-sahs*, also eigentlich 'Speisemesser'; *sahs* stellt man zu lat. *saxum* 'Fels', doch kann es freilich auch zu *secare* 'schneiden' gehören. — *Stein*, ahd. *stein*, e. *stone*, got. *stains* kehrt in abg. *stěna* 'Mauer', *stěnĭnu* 'felsig' wieder und hat weitere Verwandtschaft in gr. στία (*stía*) 'Kiesel'. — *Fliese* aus nd. *flise*, vielleicht zu ir.

sliss 'Schnitzel'. — *Flint* noch erhalten in *Flinte*, ahd. *flins*, e. *flint* 'Feuerstein, Kiesel', die vielleicht zu gr. πλίνθος (*plinthos*), air. *slind* 'Ziegel', aind. *piṇḍaḥ* 'runde Masse, Klumpen' zu stellen sind. — *Glas*, ahd. *glas*, auch 'Bernstein', e. *glass*, ins Lateinische entlehnt *glesum* 'Bernstein'. Es ergibt sich also, daß das alte Wort (mit grammatischem Wechsel ags. *glœr* 'Bernstein, Baumharz'!) den *Bernstein* bezeichnete, welcher Name mnd. als *bornstein* eig. 'Brennstein' auftaucht. — *Kiesel*, ahd. *kisil* 'Kieselstein, Hagelstein, Schloße', mengl. *chisel* 'Kiesel', Ableitung von *Kies*, mhd. *kis*; Herkunft unbekannt. — *Lei* f. 'Schiefer', mhd. *leie*, asächs. *lēia*. — *Quarz*, mhd. *quarz*; zu gr. σάρδιος (*sárdios*), vgl. SOMMER, IF. 31,573. — *Schiefer*, ahd. *skifaro* 'Steinsplitter'; die jetzige Bedeutung erst neuhochdeutsch; zu nhd. *Schebe* 'Splitter von Hanf- oder Flachsstengel'. — *Schwefel*, ahd. *swefal, swebal*, got. *swibls*, gemeingermanisch, zu lat. *sulpur, sulphur*; vgl. WALDE, Lat. Etym. Wb. s. v. — *Spat*, mhd. *spāt* 'blättricht brechendes Gestein, Splitter'; unerklärt.

Wie man sieht, eine sehr dürftige Liste. Dazu kommen nun die verschiedenen Erdarten.

Grand, aus dem Niederdeutschen, zu ags. *grindan*, e. *grind* 'zermalmen, mahlen' und lat. *frendere*; dazu auch vielleicht gr. χονδρός (*khondrós*) 'Graupe, Korn'. — *Graus*, *Grauß* 'Steinschutt', mhd. *grūʒ* mit Ablaut zu *Grieß*, ahd. *grioʒ* 'Sand', e. *grit*. — *Klei*, ndd. *klei* 'Schlamm, Lehm, feuchte Erde', e. *clay* 'Ton, Lehm' zu gr. γλοιός (*gloiós*) 'dickes schmutziges Öl', lat. *glūs, glūten* 'Leim'. — *Kohle*, ahd. *kol(o)*, e. *coal*, air. *gūal* 'Kohle'. — *Lehm*, niederdeutsch, obd. *Leimen*, ahd. *leimo* 'Lehm', e. *loam* 'Humus' zu lat. *līmus* 'Bodenschlamm, Kot, Schmutz', vgl. WALDE; mit andrer Ableitung anord. *leir* 'Lehm'. — *Letten*, ahd. *letto* 'Lehm'; dazu isl. *leðja* 'Lehm, Schmutz'; zu lat. *lutum* 'Kot, Schmutz' oder zu apreuß. *laydis* 'Lehm', alb. *l'eþ-ði* 'feuchter Ton' oder zu ir. *lathach* 'Schmutz'. — *Mull*, *Müll*, nd., obd. *molte* 'Erde', ahd. *molta*, e. *mould*, got. *mulda*. Wohl zu *mahlen*. — *Sand*, ahd. *sant*, e. *sand* zu gr. ἄμαθος (*ámathos*), ψάμαθος (*psámathos*). — *Schlamm*, mhd. *slam*; unerklärt. — *Staub*, ahd. *stoub*, got. *stubjus* zu *stieben*, ahd. *stioban*. — *Ton*, ahd. *dāha*, got. *þāhō*, vielleicht zu lit. *tánkus* 'dicht, dick'.

In der unorganischen Natur gibt es nur ein Genußmittel, das für den Menschen allerdings fast unentbehrlich ist, das Salz. Hier ist denn auch die Übereinstimmung der verwandten Sprachen fast vollständig.

Salz, ahd. *salz*, e. *salt*, got. *salt*; dazu lat. *sal*, gr. ἅλς (*hals*), abulg. *solĭ*, lett. *sāls*, air. *salann*, lit. *saldùs* 'süß'; dazu auch Ablautsformen in *Sülze*, ahd. *sulza* 'Salzwasser, Sülzwurst'.

Der vorgeschichtliche Mensch, von dem wir wissen, daß er das Geschiebe der Flüsse auf brauchbare Steine sorgfältig durchsuchte, muß auch in Europa frühzeitig auf die Metalle aufmerksam geworden sein. Eine ganze Reihe von Bezeichnungen der Metalle gehen über das Sonderleben des Germanischen hinaus, während fast alle wichtigen Metalle im Germanischen gleichmäßig benannt sind. Freilich ist gerade bei ihnen der Verdacht naheliegend, daß wir es mit Wandern von Worten zu tun haben. Andere sind natürlich jung.

Das verbreitetste Wort haben wir in aind. *ájah*, lat. *aes*, got. *aiz*, ahd. *er* 'Erz', das noch in *ehern*, ald. *ērīn* vorliegt (*Erz* ist damit nicht verwandt). Was das Wort ursprünglich bedeutet hat, wissen wir nicht. — *Blei*, ahd. *blīo*. Das Englische braucht dafür *lead*, mhd. *lōt* 'Blei', verwandt mit oder entlehnt aus air. *luaide*. *Blei* selbst ist noch nicht recht erklärt. PERSSON, BB. 19, 273 vergleicht lit. *blaivas* 'licht, klar'. Da man aber urgerm. **blīwas* auf **mlīwas* zurückführen kann, so ist auch Zusammenhang mit gr. μόλιβος (*mólibos*), μόλυβδος (*mólybdos*), βόλιβος (*bólibos*), βόλιμος (*bólimos*) möglich. Man sieht aus diesen verschiedenen Formen des Griechischen schon, daß es sich schwerlich um ein einheimisches Wort handelt. Die Worte würden dann aus einer gemeinsamen Quelle stammen. — *Bronze*, erst neuhochdeutsch, aus frz. *bronze*, das man auf *aes Brundisium* zurückführt. In Brindisi wurden berühmte Metallarbeiten hergestellt. — *ehern* siehe oben. — *Eisen*, ahd. *īsan*, *isarn* n., e. *iron*, got. *eisarn* hängt mit altir. *iarn* aus **isarno* zusammen und ist wahrscheinlich aus dem Keltischen entlehnt. Zusammenhang mit lat. *aes*, got. *aiz* ist kaum möglich. — *Erz*, ahd. *ërizzi*, *aruzzi*, *aruz* n., and. *arut*, wohl altes Lehnwort aus sumerisch *urud* 'Kupfer'. — *Gold* kam auch in Europa gediegen vor, und daher bestand wahrscheinlich ein alter Name. Ahd. e. *gold*, got. *gulþ* entspricht abg. *zlato*, lett. *ze'lts*. Wahrscheinlich gehört auch ai. *Hātaka-* aus **Haltaka* 'ein Ländername', dann 'Gold aus *Hataka*' oder umgekehrt 'Gold, Goldland' dazu. Man nimmt an, es habe das 'gelbe Metall' bedeutet. Aber möglicherweise steckt darin ein Ländername. — *Kobalt* und *Nickel* sind nach *Kobold* und *Nickel*, zwei Namen für Berggeister, benannt. — *Kupfer*, ahd. *kupfar*, lat. *aes Cyprium* 'Zyprisches Erz'. — *Messing*, mhd. *mëssinc*, ags. *mæstling*, anord. *messing*. Entsprechend slaw. **mosengju*. Wahrscheinlich auf den Volksnamen *Μοσσύνοικος* (*Mossýnoikos*) zurückgehend. — *Metall*, mhd. *metalle* aus gr.-lat. *metallum*, eigentlich 'Bergwerk, Grube'. — *Platin*, 1736 entdeckt, span. *plátina del Pinto*. — *Quecksilber*, ahd. *quëksilbar*, e. *quicksilver*, Nachbildung des lat. *argentum vivum*; *queck* zu lat. *vivus*. — *Silber*, ahd. *silbar*, e. *silver*, got. *silubr* n. Ein verwandtes Wort kehrt in lit. *sidābras*, abg. *sirebro* wieder. Die weitere Herkunft ist unaufgeklärt, vielleicht aus assyr. *sarpu*. — *Stahl*, ahd. *stahal*, e. *steel*, gemeingermanisch, zu apreuß. *staclan* 'Stütze', lit. *stāklē* 'Pfahl', apreuß. auch *panu-staclan* 'Vuerysen'. Also kein eigentlicher Metallname. — *Zink*, wohl von *Zinken*, weil sich das Metall in Form von *Zinken* absetzt. Älter dafür *Galmei* 'Kieselzinkspat', mhd. *kalemīne*, über frz. *calamine* aus gr.-lat. *cadmia*. — *Zinn*, ahd. *zin*, e. *tin*; dunkel. Aus lat. *stannum* kann das Wort nicht stammen, vielleicht aber aus einer gemeinsamen westeuropäischen Quelle? Vgl. hierüber die ausführlichen Auseinandersetzungen von SCHADE, Altdeutsches WB. s. v.

Von sonstigen Ausdrücken wären hier noch zu erwähnen: *Rost*, ahd. *rost*, e. *rust*, von der Wurzel, die in *rot* steckt, aber jedenfalls alte Bildung.

Alte Ausdrücke, die sich auf die Metallarbeit beziehen, lassen sich nicht erkennen.

Schmied, ahd. *smid*, e. *smith*; got. *aiza-smiþa* 'Erzarbeiter' zeigt, daß die ursprüngliche Bedeutung 'Kunstarbeiter' war. Das Wort gehört mit *Geschmeide* und gr. *σμίλη* (*smílē*) 'Schnitzmesser' zusammen. — *Amboß*, ahd. *ana-bōʒ*, zu *bōʒan* 'schlagen'. e. *to beat*. — *Blasebalg*, mhd. *blāse-balc*, zusammengesetzt mit ahd. *balg* 'Haut, Blasebalg', e. *bellows* 'Blasebalg', got. *balgs* 'Haut'

Auch die Bezeichnungen der Edelsteine haben ihre lange und äußerst anziehende Geschichte. Das Meiste und Beste findet man bei SCHADE, Altdeutsches Wörterbuch in den Nachträgen zum 2. Bande. Manche Abschnitte bieten einen überreichen Stoff für die Herkunft und die Verbreitung der Namen für Edelsteine. Eine kurze Übersicht auch bei O. SCHRADER, Reallexikon d. idg. Altertumskunde S. 151.

Im Mittelalter kommen:

Achat, mhd. *achat(es)*, gr.-lat. *achātēs*. — *Amethyst*, mhd. *ametiste*, gr.-lat. *amethystos*. — *Beryll*. mhd. *berille*, gr.-lat. *bēryllos*. — *Diamant*, *Demant*, mhd. *diamant*, frz. *diamant*, gr.-lat. *adamās*. — *Gemme*, ahd. *gimma*. lat. *gemma*. — *Granat*, mhd., mlat. *granatus*. — *Jaspis*, mhd. *jaspis*, gr.-lat. *iaspis*. — *Karfunkel*, mhd. *karfunkel*, lat. *carbunculus*. — *Karneol*, 16. Jh., ital. *carniola*. — *Kristall*, mhd. *kristal(le)*. gr.-lat. *crystallus*. — *Magnet*, mhd. *magnes*, *magnet(e)*, lat. *magnēs* 'Stein aus Magnesia'. — *Onyx*, mhd. *ōnix*, gr.-lat. *onyx*. — *Rubin*, mhd. *rubīn*, mlat. *rubīnus*. — *Saphir*, mhd. *saphir(e)*, gr.-lat. *saphīrus*. — *Smaragd*, ahd. *smaragdus*. gr.-lat. *smaragdus*. — *Topas*, mhd. *topāze*, gr.-lat. *topāzus*. — *Türkis*, mhd. *turkis*, *turkoys*, ital. *turchese*, frz. *turquoise*.

Dazu gesellt sich in der Neuzeit noch manches andere. Für die sonstigen Gesteinsarten schafft man teils neue Namen, teils entlehnt man sie aus andern Sprachen. Ich führe wenigstens einiges an:

Asphalt, aus gr.-lat. *asphaltum*. — *Galmei* s. o. — *Gips*, spätahd. *gips* aus gr.-lat. *gypsum*. — *Glimmer*, 1530 zu *glimmen*, mhd. *glimmen* 'glänzen', vielleicht zu gr. χλιαρός *(khliarós)* 'warm'. — *Gneis*, 16. Jh., Nebenform zu *Gneist* 'Funke', ahd. *ganehaista*, *gneista* mit andern Nebenformen. — *Granit*, mhd. *grānīt*, aus mlat. *granitum marmor*. — *Graphit*, 19. Jh., frz. *graphite*. — *Keuper*, im 19. Jh. aus einer volkstümlichen Benennung im Koburgischen in die Wissenschaft eingeführt. — *Klinker*, nd., ndl., zu *klingen*. — *Kreide*, spätahd. *krīda*, aus l. *crēta*. — *Löß*, rheinischer Ausdruck, wohl zu *lösen*. — *Marmor*, 1480, dafür mhd. *marmel*, ahd. *marmal*, jetzt noch *Marmelstein*, auch *Marbel, Märbel*, aus lat. *marmor*. — *Nagelfluh*, schweiz. — *Mergel*, ahd. *mergil* aus mlat. *margila*, urspr. keltisch. — *Öcker*, mhd., aus gr.-lat. *ōchra* 'Berggelb'. — *Perle*, ahd. *perula* aus mlat. *perula*. — *Porphyr*, 16. Jh., aus frz. *porphyre*. — *Salpeter*, 15. Jh., mlat. *salpetra* 'Salzstein'. — *Schlacke*, mnd. *slagge* von *schlagen*. — *Schlier* 'Mergel', mhd. *slier* 'Lehm, Schlamm' zu mhd. *slier(e)* 'Geschwür, Beule', also wohl 'schleimige Masse'

§ 134. Natur und Naturerscheinungen. In diesem Abschnitt ist sachliche Anordnung nötig.

Himmel, ahd. *himil*, got. *himins*, e. *heaven*; die Herkunft ist unsicher, eig. wohl 'Decke'. — *Sonne*, ahd. *sunna*, e. *sun*, got. *sunnō*. Daneben Formen mit *l*, got. *sauil*, lat. *sol*, gr. ἥλιος *(hélios)* aus *sāwelios*. — *Mond*, ahd. *māno*, e. *moon*, got. *mēna*; das gr. μήν *(mēn)*, lat. *mensis* bedeutet nur 'Monat'. — *Stern*, ahd. *sterno*, e. *star*, got. *stairnō* zu lat. *stella* (aus *sterla*), gr. ἀστήρ *(astér)*; vgl. oben S. 134.

Wolke, ahd. *wolkan*, e. *welkin* 'Himmel', zu abg. *vlaga* 'Feuchtigkeit', lit. *vilgýti* 'feucht machen'. — *Nebel*, ahd. *nēbul* zu lat. *nebula*, gr. νεφέλη *(nephélē)* 'Wolke'; ein andres Wort dafür e. *mist* wohl zu gr. ὀμίχλη *(omikhlē)* 'Nebel'. — *Regen*, ahd. *rēgan*, e. *rain*, got. *rign* zu lat. *rigāre* 'bewässern'. Dieser Ausdruck geht nicht weit. Deshalb kann er doch sehr alt sein. Es hat eben im Indogermanischen mehrere Ausdrücke gegeben: so aind. *varṣám*, ir. *frass* 'Regen' zu gr. ἔρση *(érsē)*, was aber 'Tau' bedeutet; lat. *imber*, gr. ὄμβρος *(ómbros)*; lat. *pluere* zu d. *fließen*, also *pluit* 'es fließt'. — *Tau*, ahd. *tou*, e. *dew*, anord. *dögg*; germ. Grundform *dawwa*, die lautlich genau gr. θοός *(thoós)* 'schnell' entspricht. Dies gehört zu θέειν *(théën)* 'laufen', und dies zu aind. *dhávate* 'rennt, fließt', vgl. auch *dhāutíḥ* 'Quelle, Bach'; vergleiche ferner die Bedeutungsentwicklung von Regen > Tau (gr. ἔρση *[érsē]*) und von fließen > regnen (lat. *pluere*); damit ist die Etymologie sehr wahrscheinlich. — *Schnee*, ahd. *snēo*, e. *snow*, got. *snaiws* zu lat. *nix, nivis*, gr. Akk. νίφα *(nipha)*. — *Hagel*, ahd. *hagal*, e. *hail* zu gr. κάχληξ *(kákhlēx)* 'kleiner Stein, Kiesel'; daneben noch ahd. *kisil* 'Kieselstein, Hagelstein, Schloße', mengl. *chisel*, siehe oben S. 199. — *Graupe* stammt wohl aus slaw. *krupa* 'Getreidegraupe, Hagelschloße'. — *Schloße*, mhd. *slōze* 'Hagelkorn, Schloße', e. *sleet* 'Regen und Schnee', vielleicht verwandt mit gr. χάλαζα *(khálaza)* oder mit Kloß, ahd. *klōʒ* 'Klumpen, Knolle usw.', e. *cleat* 'Keil'. — *Reif*, ahd. *hrīffo*. Daneben Formen mit *m*, ags. *hrīm*, e. *rime*. — *Eis*, ahd. *īs*, e. *ice* zu awest. *isav-* 'frostig, eisig'. — *Frost, frieren*; Frost, ahd. *frost*, e. *frost* ist Ableitung von *frieren*, ahd. *friosan*, e. *to freeze*; dazu noch got. *frius* 'Frost, Kälte'. Zu lat. *pruīna* 'Reif', aind. *pruṣvá* 'gefrorenes Wasser, Reif'.

Blitz, mhd. *blitze, blickese* von mhd. *blikzen*, ahd. *blëhhazzen*, wurzelverwandt mit lat. *fulgur*. — *Donner*, ahd. *donar*, e. *thunder*, lat. *tonitrus*. — *Wind*, ahd. *wint*, e. *wind*, got. *winds*, lat. *ventus*. — *Sturm*, ahd. *sturm* 'Unwetter, Kampf', e. *storm*, vielleicht zu gr. ὁρμή *(hormē)* 'Ansturm' oder zu *stören*. — *Schauer*, ahd. *skūr* 'Unwetter, Hagel', e. *shower* 'Regenschauer', got. *skūra windis* 'Sturmwind', gehört wahrscheinlich zu lat. *caurus* 'Nordostwind', lit. *š'áurē* 'Norden', *š'aurís* 'Nordwind', abg. *sěverŭ* 'Norden'. Bekanntlich bringt uns der Nordwestwind häufig Wetter mit Regenschauern. — *Wetter*, ahd. *wëtar*, e. *weather* zu abg. *vedro* 'gutes Wetter'; dazu mit Schwebeablaut lit. *áudra* 'Flut,

Toben, Tosen, Stürmen' In den letzten drei Worten könnten alte Windnamen stecken, sicher ist dies bei *Schauer* der Fall.

Sonst haben wir noch: *Bö*, niederdeutsch, ndl. *bui*, woraus dän. *byge*; unerklärt. — *Bise* 'Nordostwind', ahd. *bīsa*, älternhd. *Beiswind*, vielleicht zu ahd. *bison* 'voll Unruhe hin- und herrennen'. Eigentlich ein alemannisches Wort. Vgl. ZfdW. 9, 164. — *Föhn*, ahd. *pfonno* ist entlehnt aus lat. *favonius*. Der Mangel an alten Windnamen fällt bei uns auf. Doch wird man die Namen der Himmelsrichtungen als Windnamen gebraucht haben, vgl. auch lat. *auster* zu deutsch *Ost*. Über weitere Windnamen vgl. a. a. O. In neuerer Zeit sind dann *Orkan*, 17. Jh., karaibisch *uragan*, *Taifun*, 19. Jh., aus dem Chinesischen bekannt geworden.

Luft, ahd. *luft*, e. dial. *lift*, got. *luftus*.

Wasser, ahd. *waʒʒar*, e. *water*, got. *watō*, gr. ὕδωρ (*hýdōr*). — *—a, achi* in Flußnamen, *Fulda, Salzach*, und als *A a, Ache* noch erhalten, ist ahd. *aha*, got. *alva*, lat. *aqua*. — *Fluß*, erst nhd. in dieser Bedeutung; in alter Zeit bedeutet es 'das Fließen'. — *Strom*, ahd. *strōm*, e. *stream*, anord. *straumr* zu thrak. Στρύμων (*Strýmōn*) und gr. ῥέω (*rhéō*) 'fließe' aus *srewō. — *Bach*, ahd. *bah*, anord. *bekkr*, daraus e. *beck*; gr. πηγή (*pēgḗ*) 'Quelle' kann verwandt sein, wenn das Wort aus der Stellung als zweites Glied einer Zusammensetzung wieder selbständig geworden wäre; sonst zu gr. φέβομαι (*phébomai*) 'fliehe', lit. *bėgu* 'laufe'. — *Quelle*, ahd. *quella* zu *quellen*, ahd. *quëllan*, das zu aind. *jalám* 'Wasser', *galati* 'träufelt herab' gehören dürfte. — *Brunnen*, ahd. *brunno*, got. *brunna* zu gr. φρέαρ (*phréar*) oder zu lat. *fervere*, d. *brennen*, ir. *brennim* 'sprudeln', vgl. *Sprudel*, ndd. *Sod* zu *sieden*. — *Moor*, nd., ahd. *muor*, e. *moor*. Wohl im Ablaut zu *Meer*. — *Tümpel*, ahd. *tumpfilo* 'Strudel', e. *dimple* 'Grübchen', lit. *dumblas* 'Schlamm im Wasser, Morast'. — *Kolk*, mnd. *kolk*.

Land, ahd. *lant*, e. *land*, got. *land* 'Gegend, Land', ir. *land, lann* 'freier Platz, Fläche, eingefriedigtes Land, Hof', abg. *ledina* 'Heideland', wozu im Vokalismus schwed. *linda* 'Brachfeld' stimmt. — *Anger*, gr. ἄγκος (*ánkos*) 'Tal' — *Flur*, mhd. *vluor* 'Saatfeld', e. *floor* 'Estrich, Vorplatz' zu ir. *lar*, kymr. *llawr* 'Boden, Estrich', apreuß. *plonis* 'Tenne', lat. *planus* 'glatt, eben'. — *Erde*, ahd. *ërda*, e. *earth*, got. *airþa*. Daneben ohne dentale Ableitung ahd. *ëro*, das zu gr. ἔραζε (*éraze*) 'auf die Erde' gehört. — *Gau*, ahd. *gawi, gewi*, got. *gawi*. Herkunft unsicher. — *Aue*, ahd. *ouwa* 'Wasser, Strom, Wasserland', anord. *ey* 'Insel', aus **agwjā*, einer Ableitung von got. *alva*, lat. *aqua*. — *Sumpf*, ahd. *sunft*, e. *swamp*, got. *swumfsl* 'Teich'. Wohl zu *Schwamm*. — *Rasen*, spätmhd. *rase*, mndd. *wrase*; daneben obd. *Wasen*, ahd. *waso* 'Rasen, feuchter Erdgrund'; nach KLUGE ist in letzterm Worte ein *r* ausgefallen. Vielleicht zu aind. *varṣám* 'Regen', gr. ἔρση (*érsē*) 'Tau' mit der Grundbedeutung 'feucht'. — *Heide*, mhd. *heide*, e. *heath*, got. *haiþi* 'unbestelltes Feld' zu gall. -*cetum*, kymr. *coit* 'Wald', lat. -*cētum* in *bū-cētum* 'Kuhtrift'. — *Mark*, ahd. *marka* 'Grenze, Grenzwald', got. *marka* 'Grenze' zu lat. *margo* 'Rand', npers. *marz* 'Grenze, Grenzland'. — *Grund*, ahd. *grunt*, e. *ground*, got. *grundu-waddjus* 'Grundmauer'. Vielleicht im Ablaut zu *Grand* 'Sand'.

Für *Berg* usw. gibt es nicht allzuviel Ausdrücke: *Berg*, ahd. *bërg*, ags. *beorh* bes. 'Grabhügel', got. *bairgahei* 'Gebirge' zu armen. *berj* 'Höhe', air. *bri* 'Berg' (formell mit dem zu *Berg* ablautenden *Burg* identisch); — *Holm* 'kleine Insel im Fluß oder See', aus dem Niederdeutschen entlehnt; altsächs. bedeutet das Wort 'Hügel', und es stellt sich daher zu lat. *collis, culmen*, wozu auch e. *hill*; — *Hügel*, erst nhd., dafür mhd. *hübel* zu lit. *kupstas* 'Erdhöcker'; daneben steht ahd. *buhil* 'Hügel'; die beiden Worte hängen vielleicht zusammen, indem das eine aus dem andern durch Umstellung entstanden ist; daneben *Haug*, ahd. *houc*, e. *how* zu *hoch*; — *Haar*, westfäl., daneben *Hart* 'Gebirgsname'; — das lat. *clivus* findet sich in got. *hlaiw* 'Grabhügel', noch mhd. *lē*, ist aber dann ausgestorben. Manches steckt vielleicht noch in den Gebirgsnamen. — Weiter: *Halde*, ahd. *halda* zu ahd. *hald* 'geneigt'; — *Leite*, ahd. *hlita*, gr. κλιτύς (*klitýs*).

Tal, ahd. *tal*, e. *dale*, got. *dal*, abg. *dolъ* 'Loch, Grube', gr. θόλος (*thólos*) 'Kuppeldach'; — *Schlucht* steht für *Schluft*, mhd. *sluft* und gehört zu *schlüpfen*; — *Klamm* zu *klemmen*.

Daneben haben wir die Bezeichnungen für die Gegend am Meer und für die Eigentümlichkeiten der Alpenländer.

In dem ersten Fall sind eine ganze Reihe von Lehnwörtern neben die alteinheimischen getreten. Zu den oben S. 103 genannten Wörtern kommen:

a) Einheimisches Gut: *Geest*, altfries. *gēst, gāst*, eig. 'unfruchtbar'. — *Marsch*, mnd. *marsch*, e. *marsh* 'Sumpf'. — *Düne*, nd., e. *down* 'Sandhügel' zu air. *dūn* 'Hügel'. — *Siel*, mnd., afries. *sil*, vielleicht zu *seihen*. — *Priel*, nd., 'kleiner Wasserlauf'. — *Werder*, *Wert*, mhd. *wart*, ahd. *warid* 'Insel', vielleicht zu ai. *vār* 'Wasser'. — *Wiek* 'kleine Meeresbucht', nd., e. *wick, wich* zu *weichen*. — *Nehrung*, wohl zu e. *narrow* 'eng'. — *Strand* aus mnd. *strant*, e. *strand*. — *Sund*, md. *sunt*, e. *sound*. — *Watt*, mnd. *wat* zu lat. *vadum*.

b) Entlehnungen: *Bai*, frz. *baie* auf den Namen *Bajae* zurückgehend. — *Golf*, 15. Jh., frz. *golfe*, gr.-lat. *colpus*. — *Kap*, 1616, ndl. *cape*, frz. *cap* von lat. *caput* 'Haupt'. — *Küste*, 17. Jh., afrz. *coste*. — *Schäre*, 17. Jh., aus schwed. *skär*, dän. *skjär* zu e. *shore*. — *Weiher*, ahd. *wīwari*, lat. *vīvārium*.

Die Alpenländer verfügen wieder über eine ihnen eigentümliche Bezeichnungsweise wie:

Alpe 'Bergweide', ahd. *alpa* mit dem Gebirgsnamen *Alpen* zusammenhängend. — *Fluh*, ahd. *fluoh* zu gr. πλάξ (*pláx*) 'Fläche, Bergfläche, Plateau'. — *Matte*, ahd. *mato*, e. *meadow*. — *Kees* 'Gletscher', ahd. *kes* 'gelu'. — *Gletscher* stammt aus dem lat. *glaciēs* mit der Entwicklung von *c* zu *tsch* wie in *Tschingel* aus lat. *cingulum*.

Daß es in alter Zeit Verkehrswege gegeben hat, brauchte als selbstverständlich kaum hervorgehoben zu werden, wenn man es nicht tatsächlich bestritten hätte.

Wir finden: *Brücke*, ahd. *brucka*, e. *bridge*; wahrscheinlich mit *Braue* verwandt. — *Furt*, ahd. *furt*, e. *ford*, gall. *ritu-* in *Ritu-magus*, akymr. *rit* 'Furt', awest. *pəšuš* 'Durchgang, Furt'; lat. *portus* 'Hafen' weicht in der Bedeutung ab, entspricht aber an. *fjörðr* 'Fjord' — In *Gesinde*, ahd. *gisindi* 'Reisegefolge, Kriegsgefolgschaft' steckt ein Wort *sind*, ahd. *sind* 'Reise, Heereszug', got. *sinþs* 'Gang' zu air. *sēt* 'Weg'. — *Weg*, ahd. *wĕg*, e. *way*, got. *wigs*, lit. *vežė* 'Wagen, Schlittengeleise'. — *Specke* 'Knüppelweg', and. *speckia* zu mhd. *spache* 'dürres Reisholz'. — Ein altes Lehnwort scheint in *Pfad*, ahd. *pfad*, e. *path* vorzuliegen, das mit gr. πάτος (*pátos*) nicht urverwandt sein kann. Vgl. oben S. 135. — Von den Römern stammt *Straße*, ahd. *strāʒa*, e. *street* aus lat. (*via*) *strāta*. — *Gasse*, ahd. *gaʒʒa*, got. *gatwō* 'Gasse' ist nicht sicher erklärt. — Dazu kommt dann in der zweiten Hälfte des 18. Jahrhunderts das Wort *Chaussee*, über frz. *chaussée* aus mlat. *calciata* 'mit Kalk gemauerte Straße'.

Schließen wir hieran gleich die Ausdrücke für die Verkehrsmittel. Die Bekanntschaft schon der Indogermanen mit dem Wagen wird durch die mannigfachen Übereinstimmungen, die für die Bezeichnung des Wagens und seiner einzelnen Teile zwischen den indogermanischen Sprachen bestehen, sichergestellt. Wenn auch der Wagen ursprünglich ein Ackerbaugerät ist, das dazu dient, das Heu und das Getreide einzufahren, so tritt er uns auch schon früh als Verkehrsmittel entgegen. Im klassischen Altertum ist er allgemein bekannt, und auch die Nordvölker sehen wir mit ihren Ochsenwagen nach dem Süden ziehen.

Nun zu den Ausdrücken: *Wagen*, ahd. *wagan*, e. *wain* ist zwar von einer weitverbreiteten Wurzel, die in *bewegen*, lat. *vehere* steckt, abgeleitet, kehrt aber in dieser Gestalt — nur air. *fēn* zeigt das gleiche Suffix — nicht in den verwandten Sprachen wieder. Doch ist das nicht wunderbar. Gerade für den Begriff Wagen hat es von jeher, je nach der verschiedenen Form, mehrere Ausdrücke gegeben, von denen sich der eine hier, der andere dort erhalten hat. Dagegen sind die Namen der einzelnen Teile um so weiter verbreitet. *Achse*, ahd. *ahsa*, lat. *axis*, gr. *ἄξων* (*áxōn*). — *Rad*, ahd. *rad*, nur im Deutschen und Friesischen erhalten, aber idg., vgl. lat. *rota*, air. *roth*, lit. *rãtas*, aind. *ráthaḥ* 'Wagen'. Daneben stand ein anderes Wort, e. *wheel*, ags. *hwēol*, das zu gr. *κύκλος* (*kýklos*) 'Kreis', aind. *čakrám* 'Rad' gehört. — *Deichsel*, ahd. *dîhsala* zu lat. *tēmo* aus *tenksmo. — *Nabe*, ahd. *naba*, e. *nave* zu aind. *nábhi-* und *nábhjam* 'Radnabe', preuß. *nabis* 'Nabe'. — *Lünse* 'Achsnagel', spätmhd. *luns, lunse*, and. *lunis* zu aind. *āṇiḥ* aus *alni 'Lünse'. — *Leudise* 'Stammleiste eines Leiterwagens', russ. *ljušnjá*. — *Lanne* 'Deichsel zum Einhängen', mhd. *lanne* 'Kette'. — *Wetter* 'gabelförmiges Verbindungsholz am Wagen', ahd. *wetero* zu *wetten* 'binden'. — *Zitter* 'Vordeichsel', ahd. *zeotar*. Dazu *Tuder*, *Tüder*, nd. 'Spannseil', e. *tedder, tether*. — *Ortscheit*, 15. Jh., *Sillscheit* zu *Siele*.

Wagen ist aber das einzige alte Wort des Germanischen. Alle andern Ausdrücke sind Entlehnungen. Zunächst wirkt das Keltische ein. Die Kelten müssen schon früh verschiedene Arten von Wagen besessen haben, da sie ja auch den Römern mehrere Ausdrücke übermittelt haben. Zu uns kommt zuerst ein Wort, das nur noch mundartlich fortlebt: *Karch*, ahd. *karruh* aus lat.-gal. *carrūca* 'vierrädriger Reisewagen'. Dies ist abgeleitet von kelt. *carrus*, das ebenfalls entlehnt wurde, ahd. *karra*, *karro* 'Karren', jetzt *Karre*, *Karren*. Nach unsrer heutigen Bedeutung zu urteilen, müßte es ein zweirädriger Wagen gewesen sein. — Dieses Wort lebte auch in den romanischen Sprachen weiter, und es sind zahlreiche Worte, die auch zu uns gedrungen sind, davon abgeleitet. Ich nenne *Karosse* 1616, frz. *carosse*. Schon im Mhd. wurde dasselbe Wort aus dem ital. *carrocio* als *Karrotsche* entlehnt. *Karrete* 1599, ital.-span. *carreta*; — *Karriere* 1616, frz. *carrière* 'die Laufbahn' mit bemerkenswerter Bedeutungsentwicklung. *Karriol*, *Karriole* 'leichte Halbkutsche', 1714, frz. *carriole*. Davon *karriolen*. Ein andres im letzten Grunde keltisches Wort steckt in *Benne* 'Wagenkorb', im 16. Jh. (oder früher) aus frz. *benne*, gall.-lat. *benna* 'Art Wagen'.

Die weitern Entlehnungen sind dann erst neuhochdeutsch. *Kutsche*, um 1500, eig. Wagen aus *Koszi* bei Raab; — *Kalesche*, im 16. Jh. aus dem Slawischen, tschech. *kolesa*, dem Plur. von *kolo* 'Rad'; — *Karrete*, 16. Jh., s. o.; — *Chaise* 'Halbkutsche', 17. Jh., frz. *chaise* 'Stuhl'; — *Equipage*, 17. Jh., frz. *équipage*; — *Fiaker* aus frz. *fiacre*, Anfang des 18. Jahrhunderts, benannt nach dem Heiligen *Fiacre*, dessen Bild das Zeichen des in der Straße St. Antoine zu Paris gelegenen Hauses war, in dem man solche Mietkutschen haben konnte; — *Karriol(e)* s. o.; — *Berline*, im 18. Jahrhundert aus frz. *berline* 'Berliner Wagen' (Wagen von Berlin nach Paris); — *Phaethon*, 18. Jh., frz. *phaéton*; — *Kabriolett*, 18. Jh., frz. *cabriolet*; — *Droschke* kommt Ende des 18. Jahrhunderts aus dem Russischen; — *Kremser*, im 19. Jahrhundert nach einem Hofrat Kremser, der solche Wagen stellte; — *Omnibus*, Name und Sache 1823 in Paris; — *Tandem*, e. *tandem*, 19. Jh.

In neuester Zeit mehren sich die Entlehnungen, wobei das Englische (*dogcart, gig*) und vor allem das Slawische uns von ihrem Reichtum spenden. Die Russen verfügen über eine Fülle eigentümlicher Fuhrwerke, deren Namen man in den Romanen und Reisewerken findet. Da aber die Sachen selbst nicht bis zu uns vordringen, so kann bei diesen Ausdrücken auch nicht von eingebürgerten Fremdworten die Rede sein.

Die neueste Zeit hat auf dem Gebiet der Fortbewegung ungeahnte Veränderungen hervorgebracht. Für die neuen Erfindungen mußte man natürlich auch neue Namen schaffen, und es ist recht belehrend, ein Beispiel der Benennung herauszugreifen. Als ersten Vorläufer unsres *Rades* finden wir die *Draisine*, benannt nach dem Erfinder *Drais*. Dann kam die künstliche Bildung *Veloziped* auf, die bald vergessen sein wird. Unter englischem Einfluß sprachen wir von *Bicycle* und verdeutschten dies dann durch *Zweirad* oder *Fahrrad*. Endlich aber kürzten wir das zu *Rad* und hatten nun die Möglichkeit, davon ganz eindeutige Ableitungen wie *radeln*, *Radler*, *Radlerin* zu bilden. Dazu kommt dann das *Auto* und die *Luftschiffe*.

Älter als der Wagen ist vielleicht der Schlitten. Doch sind die Bezeichnungen jung:

Schlitten, ahd. *slito*, e. *sled* zu mhd. *slīten*, e. *slide* 'gleiten', lit. *slísti*; — *Schleife*, mhd.
slei(p)fe 'schlittenartiges Gestell zum Fortschleppen von Lasten' zu *schleifen*, ahd. *slīfan*,
e. *slip*. — *Schlittschuh*, ahd. *skrit(e)skuoh*, and. *skridsköh* 'Fliegeschuh zu weitem Schritt',
zu *schreiten*. — *Ski* entstammt dem Norwegischen und ist eins mit *Scheit*.

FEUER, LICHT, WÄRME.

Feuer, ahd. *fiur*, e. *fire*, got. *fön* zu gr. πῦρ (*pŷr*), umbr. *pir*. Ein zweites Wort für
Feuer, lat. *ignis*, ist im Germanischen verloren gegangen. — *Funke*, ahd. *funko* 'Funke',
e. *funk*, mhd. auch *vanke*, wohl abgeleitet von got. *fön*, *funins* und zu aind. *pāvakāḥ* 'hell-
strahlend, flammend' — *Glut*, ahd. *gluot*, e. *gleed* 'glühende Kohle', zu *glühen*, vielleicht verwandt mit lit. *žlējà* 'Halbdunkel in der Dämmerung'. — *Licht*, ahd. *lioht*, e. *light*, got. *liuhaþ*
'Licht, Schein', mit *Lohe*, mhd. *lohe* 'Flamme', ahd. *loug* aus der Wurzel *luk'* 'leuchten'
in lat. *lūx*, gr. ἀμφιλύκη (*amphilýkē*) 'Zwielicht'. — *Rauch*, ahd. *rouh* 'Rauch, Dampf',
e. *reek* 'Dunst, Dampf' zu *riechen*, ahd. *riohhan* 'rauchen, dampfen'. — *Dampf*, mhd. *dampf*,
tampf, e. *damp* 'Feuchtigkeit' zu einem Verb mhd. *dimpfen* 'dampfen, rauchen'; dazu mhd.
dempfen 'rauchen machen', d. h. 'das Feuer ersticken'. — *Schatten*, ahd. *skato*, e. *shade*,
shadow, got. *skadus* zu gr. σκότος (*skótos*) 'Finsternis', air. *scūth* 'Schatten'. — *Schemen*,
mhd. *scheme* 'Schatten'; wurzelverwandt mit gr. σκιά (*skiá*).

Dazu eine Reihe von Adjektiven:

warm, ahd. *warm*, e. *warm*, got. *warmjan* zu lat. *formus*, gr. θερμός (*thermós*). —
heiß, ahd. *heiz*, e. *hot*. — *lau*, ahd. *hlāo*, urgerm. **hlēwas* zu lat. *calēre* 'warm sein'.

Besondere Beleuchtungsgegenstände hatte man in alter Zeit nicht, man benutzte den
Kienspan. Und so stehen wir auf diesem Gebiet sachlich wie sprachlich unter dem Ein-
fluß der Griechen und Römer. *Leuchter* erst mhd. — Nhd. belegt, aber gewiß älter ist
Funse(l), *Funzel* aus *Funksel* und zu *Funke*. — *Fackel*, ahd. *fakala* aus lat. *facula*. —
Lampe, mhd. *lampe*, frz. *lampe*. — *Ampel*, ahd. *ampla*, *ampulla*, lat. *ampulla* 'Flasche,
Gefäß', die beiden letzten ursprünglich kirchliche Ausdrücke. — *Kerze*, ahd. *kerza* von
ahd. *karz* 'Docht, Werg', das aus lat. *carta* 'papyrus' stammen soll. — *Krone*, jetzt meist
Kronenleuchter, mhd. *krōne*, lat. *corōna*. — *Laterne*, mhd. *laterne*, lat. *la(n)terna*.

Merkwürdig wenig hat auf diesem Gebiet die Neuzeit gebracht. Ich finde nur:
Kandelaber, frz. *candélabre*, Ende des 18. Jh., und *Lüster* 1773, frz. *lustre*.

§ 135. Zeit und Zeiterscheinungen. Bei den Zeiterscheinungen sind gewisse
Vorgänge so allgemein verbreitet, daß die Ausdrücke dafür eigentlich in jeder
Sprache vorhanden sein müssen. Wenn sich trotzdem manche germanische
Ausdrücke noch nicht in andern Sprachen nachweisen lassen, so kann der
Grund nur in den Ursachen liegen, auf die wir schon des öftern hingewiesen
haben: ursprüngliche Mehrheit von Ausdrücken und Verlust einiger, oder
Neubildung im Laufe der Zeit.

Die Bezeichnung der *Nacht* geht durch fast alle indogermanischen Sprachen hindurch,
ahd. *naht*, e. *night*, got. *nahts*, lat. *nox*, gr. νύξ (*nýx*). Man rechnete früher nach Nächten,
daher noch *Fastnacht*, *Weihnachten*, e. *sennight* 'acht Tage', *fortnight* 'vierzehn Tage'.

Bei *Tag*, ahd. *tag*, e. *day*, got. *dags*, versagen die klassischen Sprachen. Lat. *diēs*,
gr. ἡμέρα (*hēmérā*) haben nichts mit unserm Wort zu tun. *Tag* hängt aber unzweifelhaft
mit lit. *dāgas* m., *dagà* f. 'Ernte', apreuß. *dagas* 'Sommer' zusammen, die zu lit. *dègti*
'brennen', aind. *ni-dāghāḥ* 'Hitze, Sommer' gehören. *Abend*, ahd. *ābant*, e. *eve(ning)*. Im
Altnordischen erscheint noch ein *t* in dem Wort *aptann*, ags. *æften-tīd*. Erklärung schwierig. —
Morgen, ahd. *morgan*, e. *morning*, got. *maúrgins*, wohl zu lit. *brěkšta* 'es tagt' (*br* aus *mr*). —
Dämmerung, ahd. *dëmar* 'crepusculum' zu lat. *tenebrae*; weiter dazu auch *finster*, ahd.
dinstar. Ein andres Wort lebt in nd. *Uchte* fort, ahd. *uohta* 'Morgendämmerung' zu lit.
anksti 'früh am Morgen'.

Sommer, ahd. *sumar*, e. *summer* zu arm. *amar̄n* 'Sommer', awest. *ham* 'Sommer'. Die

Verwandtschaft mit gr. *ἡμέρα* (*haméra*) 'Tag' ist zweifelhaft, aber mir doch wahrscheinlich. — *Winter*, ahd. *wintar*, e. *winter*, got. *wintrus*. — *Frühling* taucht erst im 15. Jh. auf und ist von *früh* mit Suffix *-ling* abgeleitet. Es hat das ältere *Lenz* verdrängt, ahd. *lenzo*, das nach Ausweis mundartlicher Formen auf **lengzo* zurückgeht. Althochdeutsch kommt auch *lengizin* vor; in dem *zin* steckt ein altes Wort für 'Tag', got. *sin-teins* 'jeden Tag', lat. *nundinae*. Das Wort bedeutet also eigentlich 'langer Tag'. Dieses Wort hat aber wieder das idg. **vesr*, **vr* (gr. *ἔαρ* [*éar*], lat. *ver*) verdrängt, das noch im an. *vâr* vorliegt. — *Herbst*, ahd. *herbist*, e. *harvest* 'Herbst, Ernte'. Wohl ein alter Superlativ zu lat. *carpere* mit der Bedeutung '(Zeit, in der) am besten zu pflücken ist'; also kein eigentlicher Jahreszeitenname. — *Jahr*, ahd. *jâr*, e. *year*, got. *jêr* zu abg. *jaru* 'Frühling', gr. *ὥρα* (*hôrâ*). Andere alte Ausdrücke sind verloren gegangen, so gr. *ἔτος* (*étos*), vielleicht noch in *Widder*, ahd. *widar*, e. *wether*, eigentlich 'Jährling', wie lat. *vitulus*; — lat. *annus*, got. *apn*.

Monat, ahd. *mânôt*, e. *month*, got. *mênôps*, stammverwandt mit lat. *mensis*, gr. *μήν* (*mén*). — Daß es schon im Indogermanischen Monatsnamen gegeben habe, läßt sich nicht erweisen. Bei den Germanen werden uns bei Beginn der literarischen Überlieferung zwar echt germanische Namen angegeben, doch stimmen die Mundarten nicht überein, und sie sind frühzeitig durch die aus dem Lateinischen entlehnten Namen zum großen Teil verdrängt worden. Über die Verdeutschungsbestrebungen Karls des Großen s. S. 157. Aber auch der große Kaiser hat nicht durchdringen können. Es haben sich nur einige dürftige Reste davon erhalten. *Hornung* ist wenigstens noch bekannt. Es geht zurück auf ein verlorenes *horn* 'Kälte', das zu anord. *hiarn* 'hartgefrorener Schnee', russ. *séren* 'Reif', arm. *saŕn* 'Eis' gehört. Eigentlich bedeutet es der 'Sohn des Horn'. *Horn* heißt mundartlich aber auch der Januar. — Mundartlich gibt es noch den Ausdruck *Sporkel* für Februar, unklarer Herkunft, vgl. Weigand⁵. — *winnemânoth* 'der Mai' hat sich umgedeutet als *Wonnemonat* erhalten, während er eigentlich 'Weidemonat' bedeutet. — Ebenso ist *windumemânoth* 'November', zusammengesetzt mit einem aus lat. *vindemia* 'Weinlese' entlehnten Wort zu *Windmonat* umgedeutet. — Von den lateinischen Monatsnamen haben einige eine Form, die auf alte Entlehnung in den Volksmund hinweist. So *Jenner*, *März*, *Mai* und mundartlich *Augst*, *Aust* 'Erntezeit'. Ausführlich über die ganze Frage handelt K. WEINHOLD, Die deutschen Monatsnamen, Halle 1869.

Bemerkenswert ist nun, daß wir die Benennung der Woche und ihrer Tage fast durchgehend mit eigenem Sprachgut bestritten haben. Es handelt sich dabei freilich um Übersetzungslehnworte. Vgl. S. 156. *Woche*, ahd. *wehha*, e. *week* entspricht got. *wikô* 'Wechsel, Woche' und hängt mit Wechsel zusammen.

Wie weit in alter Zeit bestimmte Feste bestanden haben, läßt sich nicht sagen, da alles Alte von dem römisch-christlichen Einfluß überwuchert ist:

Fest seit dem 13. Jh. aus lat. *festum*; — *Feier*, ahd. *fira* 'kirchliches Fest, Ruhe von Arbeit' stammt aus lat. *feriae*, woher *Ferien* im 16. Jahrhundert als gerichtlicher Ausdruck noch einmal entlehnt wird. — Das echt germanische Wort lebt in bayer. *Dult* fort, got. *dulps* 'Fest, Feier' zu apreuß. *tuldîsnan*. — Von den großen Festen tragen *Ostern* und *Weihnachten* echt deutsche Namen; ahd. *ôstarun*, e. *Easter* war der Frühlingsgöttin ags. *Eostre* gewidmet, der Name gehört mit *Osten* zu lat. *aurôra*, gr. *ἠώς* (*awôs*). — *Weihnacht* ist erst mhd. belegt, *wihennaht* aus *ze wihen naht* 'in der heiligen Nacht'. Dagegen stammt *Pfingsten*, ahd. *fimfchustim* über got. *paintêkustê* aus gr. *πεντηκοστή* (*pentêkostê*) 'der fünfzigste Tag' (nach Ostern). — In kleineren Kreisen bildete der Tag der *Kirchweihe* das Hauptfest. Das Wort ist im Volksmunde regelrecht entwickelt zu *Kirb(e)*, alemannisch *Kilbi*, während *Kirmes*, nordengl. *Kirkmass* auf *Kirchmesse* zurückgeht, d. h. *Messe*, die zur Kirchweihfeier gelesen wurde. — *Messe* im Sinne von 'Jahrmarkt' findet sich seit 1329 und ist der kirchliche Ausdruck *messa*, indem sich nach der gottesdienstlichen Handlung ein Austausch der Güter entwickelte.

Die Bezeichnung der Tageseinteilung beruht im wesentlichen auch auf römisch-kirchlichem Ausdruck. Man nahm zunächst die kirchlichen Worte herüber.

So haben wir noch *None*, eig. 'die neunte Stunde' von 3 Uhr morgens gerechnet, also die Mittagszeit, ahd. *nōna*, e. *noon, afternoon*. Auch *Vesper*, wenn auch meist in übertragenem Sinne, aus lat. *vespera* ist noch weit verbreitet.

An allgemeinen Ausdrücken haben wir: *Stunde*, ahd. *stunda, stunt* 'Zeitpunkt' (diese Bedeutung noch in 'die Stunde des Todes'). Offenbar gehört dies zu *gestanden*. — *Weile*, ahd. *hwīla* 'Zeit, Stunde', e. *while*, got. *hveila* 'Zeit', wohl zu lat. *quiēsco* 'ruhe', genauer zu *tranquillus* 'ganz ruhig'. — *Zeit*, ahd. *zit, zīd*, e. *tide* auch 'Flut', vgl. auch mnd. *getīde* 'Flutzeit', jetzt *Gezeiten* ist unerklärt. Daneben mit andrer Ableitung e. *time*. — *Uhr*, spätmhd. *ūre* stammt zunächst aus dem Ndl. und weiter aus l. *hōra*. Die älteste Bedeutung ist 'Stunde'. — *Minute*, 1418 *minūt(e)* stammt aus mlat. *minutum*. — *Sekunde*, im 15. Jh. aus lat. *secunda* 'der zweite' (Unterteil). Eine verloren gegangene Zeitbezeichnung haben wir in *Punkt*, mhd. *punkt* 'kleinster Zeitteil' (noch in *punkt zwei Uhr*), aus lat. *punctum*. Dazu *pünktlich*, eig. 'auf die Minute'. Die Bildung *Jahrhundert* ist eine bewußte, rasch sich einbürgernde Verdeutschung von lat. *saeculum*, die zuerst im 17. Jh. bei S. V. BIRKEN vorkommt. Ihm folgte im 18. Jh. *Jahrtausend* (1751) und schließlich *Jahrzehnt*. Vgl. FELDMANN, ZfdW. 5, 230.

Um die nächste Zeit zu bezeichnen, gebrauchen wir eine Reihe alter Adverbien: *gestern*, ahd. *gesteron*, e. *yesterday* zu lat. *heri*, gr. χϑές (*khthés*), ai. *hjaḥ*. Merkwürdig ist, daß dieses Wort auch 'morgen' bedeuten kann, wie got. *gistradagis* 'morgen' und ahd. *ēgestra* 'übermorgen', jetzt *ehegestern*, zusammengesetzt mit *ehe*, ahd. *ēr*, e. *ere*, got. *airis* 'früher', zu gr. ἄριστον (*áriston*) 'Frühstück' aus *ajeriston* 'gehörig'. — *heute* ist aus ahd. *hiutagu* 'an diesem Tage' entstanden, der Pronominalstamm *hi* steckt noch in *heint* 'diese Nacht', ahd. *hīnaht, heuer*, ahd. *hiuro* aus *hiu jāru* 'in diesem Jahre' und ist doch wohl mit lat. *hīc, hodiē* verwandt. — *morgen*, ahd. *morgane*, e. *to morrow*, got. *in maúrgin*. — Dazu kommen noch: *früh*, ahd. *fruo*, gr. πρωΐ (*prōї*); — *spät*, ahd. *spāti*, got. *spēdiza*.[1])

Sehr spät sind die entsprechenden Ausdrücke für entsprechende größere Zeitabschnitte: *Zukunft* erscheint erst im 18. Jh. in dieser Bedeutung. Mhd. *zuokunft* ist 'das Herzukommen'; *Vergangenheit* erst bei Gottsched. Dagegen ist *Gegenwart* schon ahd. *geginwertī*.

§ 136. Die Menschen untereinander, Familie, Staat usw.

Literatur: W. DEECKE, Die deutschen Verwandtschaftsnamen, Weimar 1870. — DELBRÜCK, Die indogermanischen Verwandtschaftsnamen; ein Beitrag zur vergleichenden Altertumskunde; Abh. der Sächs. Ges. der Wiss. 11 Nr. 5, Leipzig 1889. — O. SCHRADER, Reallexikon der indogermanischen Altertumskunde, passim. — W. SCHOOF, Die deutschen Verwandtschaftsnamen, Ztschr. für hochdeutsche Mundarten 1, 193 ff., berücksichtigt auch eingehend die Ausdrücke der heutigen Mundarten.

Die alten Germanen und Indogermanen legten, wie jetzt allgemein anerkannt ist, ein ganz anderes Gewicht auf die Verwandtschaft als wir. Während bei uns im wesentlichen nur die Einzelfamilie besteht, herrschte in ältern Zeiten die Großfamilie und die Sippe. Auf ihnen beruhte zum großen Teil die staatliche Ordnung, vgl. darüber HIRT, Die Indogermanen 2, 409 ff.

Infolgedessen gab es auch sehr viel mehr Benennungen für die verschiedenen Verwandtschaftsgrade als heute, und wir besitzen jetzt nur noch einen Rest jener früher vorhandenen. Man hat angenommen, daß sich die indogermanischen Verwandtschaftsnamen immer nur auf die Verwandtschaft

---

[1]) Vgl. dazu K. BRUGMANN, Zu den Wörtern für *heute, gestern, morgen* in den idg. Sprachen. Ber. d. Sächs. Ges. d. Wiss. 1917, 1.

nach der männlichen Seite bezogen hätten. Doch ist das ein Irrtum, vgl. Hirt, Idg. Forsch. 22, 78 ff.

Alle Sprachen bezeichnen tatsächlich die Verwandtschaft nach beiden Seiten, darunter vor allem das Litauische und Slawische, die noch heute über eine Fülle von Benennungen verfügen.

Bei den Verwandtschaftsbezeichnungen gibt es eine Reihe von Ausdrücken, die zweifellos aus der Kindersprache stammen. In der Schriftsprache gebrauchen wir ja allerdings nur *Papa* und *Mama* neben *Vater* und *Mutter*, aber die Mundarten, die ältern Zeiten und die verwandten Sprachen verwenden auch die übrigen Lallsilben, wie *tata*, *nana*, *atta*, *baba* usw. Vgl. darüber Schoof a. a. O.

Eine Mehrheit der Benennungen für denselben Begriff ist auf diesem Gebiet von allem Anfang an vorhanden. Der Gote gebraucht *atta* neben *fadar* und besitzt nur *aiþei* für 'Mutter' Unsere jetzige Sprache verfügt für die beiden Begriffe je nach Stimmung, Stand und Stellung über eine ganze Reihe von Ausdrücken.

A. BLUTSVERWANDTSCHAFT.

Vater, ahd. *fater*, e. *father*, got. *fadar* zu lat. *pater*, gr. πατήρ (*patēr*); daneben steht im Gotischen *atta*, das sich mit einer Ableitung im Alemannischen als *Ätti* erhalten hat. Offenbar ein Wort der Kindersprache. Eine Koseform dazu ist *Attila*, d. *Etzel*. — *Mutter*, ahd. *muoter*, e. *mother*, gotisch nicht belegt, zu lat. *māter*, gr. μήτηρ (*mātēr*); das Gotische hat *aiþei*, dessen Herkunft ganz unklar ist. Diese Doppelheit der Benennungen kann nicht weiter wundernehmen, da ja auch wir über mehrere Ausdrücke verfügen, um *Vater* und *Mutter* zu bezeichnen. — *Eltern*, ahd. *ĕltiron*, *altiron*, Komparativ von *alt*. In den andern Sprachen werden andere Ausdrücke verwendet; daraus aber zu schließen, daß die Indogermanen den Begriff noch nicht bezeichnet hätten, ist durchaus unzulässig. Es hat eben mehrere Ausdrücke gegeben. — *Amme*, ahd. *amma*, noch schwäbisch in der Bedeutung 'Mutter'; anord. *amma* ist 'Großmutter'; Kosewort der Kindersprache.

Sohn, ahd. *sun(u)*, e. *son* zu aind. *sūnúḥ*, abg. *synŭ*, lit. *sūnùs*; gr. υἱός (*hyiós*) weicht im Suffix ab. — *Tochter*, ahd. *tohter*, e. *daughter*, got. *daúhtar* zu gr. θυγάτηρ (*thygátēr*). — *Kind*, ahd. *kind* zur Wurzel idg. **gen* 'erzeugen' = lat. *genitum* oder mit Ablaut *nātum*. — *Knabe*, ahd. *knabo*, e. *knave*, kaum zur gleichen Wurzel, sondern zu schwed. dial. *knab* 'Pflock', *knabbe* 'Knollen, Klumpen', mit einer Bedeutungsentwicklung wie in *Stift*, *Bengel*. — *Magd*, *Mädchen*, ahd. *magad*, e. *maid*, got. *magaþs* 'Jungfrau' von got. *magus* 'Knabe, Knecht' zu ir. *macc*; die Ableitung ist aber dunkel.

Ein altgermanisches Wort für 'Kind, Mädchen' steckt in nd. *Göre*, e. *girl*, das Möller mit gr. παρθένος (*parthénos*) 'Jungfrau' verbunden hat. — *Bruder*, ahd. *bruoder*, e. *brother*, got. *brōþar* zu lat. *frāter*, gr. φράτωρ (*phrātōr*) 'Mitglied eines Geschlechts'. — *Schwester*, ahd. *swĕster* e. *sister*, got. *swistar* zu lat. *soror* aus **swesir*.

Was die weitere Verwandtschaft betrifft, so bestanden im Indogermanischen wahrscheinlich besondere Ausdrücke für die Geschwister des Vaters und der Mutter.

Vatersbruder, ahd. *fetiro*, jetzt *Vetter*, Ableitung von *vater*, entsprechend gr. πάτρως (*pátrōs*), lat. *patruus*; die jetzige Bedeutung 'Vetter' kommt im Mittelalter auf; man gab gern auch einem jüngern den Ehrentitel. — *Mutterbruder*, *Oheim*, ahd. *ōheim*; der erste Teil des Wortes gehört zu lat. *avunculus*. — *Vatersschwester*, ahd. *basa* 'Schwester des Vaters', *Base*, jetzt im allgemeinen Sinne gebraucht und ziemlich veraltet.

Femininum zu *Bas* 'Meister, ehrende Anrede', wohl ursprünglich der Kindersprache angehörend. — *Mutterschwester*, ahd. *muoma* 'Mutterschwester', *Muhme*, Form der Kindersprache. — *Neffe*, ahd. *nëfo* zu lat. *nepōs* 'Enkel' — *Nichte*, aus dem Niederdeutschen entlehnt, wo *cht* für *ft* steht, ahd. *niftila*, Verkleinerungsform zu ahd. *nift*, dem Femininum zu *Neffe*, aind. *napti* 'Tochter, Enkelin', lat. *neptis* 'Enkelin'. — *Ahn*, ahd. *ano* 'Großvater', *ana* 'Großmutter' zu lat. *anus* 'alte Frau', apreuß. *ane* 'Altmutter' usw. *Großvater* und *Großmutter* tauchen erst spätmittelhochdeutsch auf, ersetzen aber natürlich andere Ausdrücke und sind vielleicht Übersetzungen von frz. *grand-père, grand' mère*. — *Enkel*, mhd. *enenkel*, Ableitung von *Ahn*, also wahrscheinlich 'kleiner Großvater'.

Die Entlehnungen auf diesem Gebiet *Onkel, Tante, Cousin, Cousine* sind erst Ende des 17. Jahrhunderts herübergenommen, wohl unter der Einwirkung der Alamodezeit, der wir auch *Papa* und *Mama* verdanken.

B. DIE HEIRATSVERWANDTSCHAFT.

Unter einfachen Verhältnissen unterscheidet man auch hier, ob die Verwandtschaft von seiten der Frau oder des Mannes gerechnet werden muß. Aber diese Unterschiede sind frühzeitig verloren gegangen.

Schwiegertochter. Das alte Wort war *Schnur*, ahd. *snura*, lat. *nurus*, gr. ννός (*nyós*). — *Schwiegervater* (ursprünglich der Frau), *Schwäher*, ahd. *swëhur*, got. *swaihra*, lat. *socer*, gr. ἑκυρός (*hekyrós*). — *Schwiegermutter, Schwieger*, ahd. *swigar*, got. *swaihrō*, lat. *socrus*, gr. ἑκυρά (*hekyrá*). — *Bruder des Mannes*: ahd. *zeihhur*, ags. *tācor*, lat. *lëvir*, gr. δαήρ (*daér*). — *Schwager*, ahd. *swägur* 'Schwager' kehrt im Indischen als *śvāśurah* wieder und bedeutet 'der zum Schwiegervater gehört'. — *Schwester des Mannes*: der alte Ausdruck gr. γαλόως (*galóōs*), lat. *glōs*, abg. *zŭlŭva* ist verloren gegangen. Dafür ahd. *swegerinne*. — *Schwiegersohn*: der altgermanische Ausdruck ist *Eidam*, ahd. *eidum*, ags. *āðum*. Beziehung zu *Eid*, vgl. engl. *son-in-law*, ist mir höchst unwahrscheinlich; ebenso die zu got. *aipei* 'Mutter'. Also unerklärt, aber vielleicht alt. — Ein alter Verwandtschaftsausdruck steckt auch in *Schwein* 'Hirt', e. *swain* 'junger Bursch, Schäfer' zu lit. *svaīnis* 'der Gattin Schwestermann', lett. *swainis* 'des Weibes Bruder'.

Ehe und *Eheschließung*. Daß ein so abstrakter Begriff wie *Ehe* erst in jüngerer Zeit in der Sprache ausgebildet wird, läßt sich leicht verstehen. So kommt denn tatsächlich das Wort ahd. *ëwa* mit der Bedeutung 'Rechtsverhältnis zwischen Mann und Frau' erst bei Notker vor, woraus natürlich nicht die Ehelosigkeit in früherer Zeit folgt. — *Hochzeit* bekommt seine heutige Bedeutung erst seit dem 13. Jahrhundert; früher galt dafür *Brautlauf*, ahd. *brūtlouft*, gemeingermanisch, aber natürlich nicht in den verwandten Sprachen. — *Heirat*, ahd. *hīrāt*, eig. 'Zurüstung des Hausstandes'; es steckt darin ein altes Wort *hī*, das indogermanisch ist: got. *heiwa-frauja* 'Hausherr', ahd. *hīwo* 'Gatte, Hausgenosse', and. *hīwiski* 'Familie' usw. zu lat. *cīvis* 'Bürger', ir. *cia* 'Mann', lett. *sëwa* 'Weib'; ursprüngliche Bedeutung nicht klar.

Die Ausdrücke für die *Gatten* wechseln im Laufe der Zeit sehr. Es gibt verschiedene Ausdrücke den verschiedenen Ständen und der verschiedenen Stimmung entsprechend: *Gatte, Gemahl, Mann, Frau, Weib* usw. Zu allen Zeiten wird zunächst die Bezeichnung des männlichen und weiblichen Wesens überhaupt zur Bezeichnung von 'Ehemann' und 'Ehefrau'. So haben wir *Mann* und *Frau*. *Mann* ist ahd. *man* 'Mensch, Mann', e. *man*, got. *manna*; in der Bedeutung 'Ehemann' seit dem 16. Jahrhundert; *Frau*, ahd. *frouwa*, weibliche Form von *frō* 'Herr' (s. unten), also bedeutet *Frau* eigentlich 'Herrin'; die jetzige Bedeutung auch erst im Mhd. — Diese Ausdrücke haben die alten, ahd. *gomo*, erhalten noch in *Bräutigam*, zu lat. *homo*, und *Kone*, mhd. *kone*, ahd. *quëna*, e. *queen*, got. *qēns* zu gr. γυνή (*gynḗ*) verdrängt. Der Gote aber sagt für 'Ehemann' *aba*, auch *wair*, lat. *vir*. *Gemahl*, ahd. *gimahalo* 'Verlobter, Bräutigam, ehelich Verbundener', *Gemahlin*, ahd. *gimahala* gehören zu ahd. *mahal* 'Vertrag, Ehevertrag' und *gimahalan* 'zusammensprechen, sprechen', vgl. *Hiltibrant gimahalta* im Hildebrandslied; *Gatte, Gattin* sind erst neuhochdeutsch; mhd. *gate* neben *gegate* 'der Gleiche, Genosse', asächs. *gigado* 'seinesgleichen' bewahren den alten Sinn. — Die Tatsachen der Sprache liegen so einfach wie möglich. Es hat stets mehrere Ausdrücke gegeben, und einer hat den andern abgelöst. Freilich läßt sich hierbei vielleicht eine Entwicklung verfolgen. Nach Delbrück a. a. O. 439 besteht die jüngste Schicht der Bezeichnungen darin, daß die beiden als zu einem Paare verbunden bezeichnet werden, lat. *coniux*, gr. σύζυξ (*sýzyx*), d. *Gemahl*; wenn er aber weiter hinzufügt: „der Grund, warum solche Bezeichnungen erst spät auftauchen, liegt auf der Hand. Die Stellung des Mannes zur Frau und die der Frau zum Manne waren nach alter Meinung zwei so verschiedene Dinge, daß man nicht darauf kommen konnte, Mann und Frau durch das gleiche Wort zu bezeichnen", so ist dieser Schluß so falsch, wie nur etwas sein kann. So gut erst das Esperanto darauf gekommen ist, ein *patrino* 'Mutter' zu bilden, während alle Sprachen *Vater* und *Mutter* durch besondere Wortstämme bezeichnen, ebensogut ist man erst spät dazu gelangt, die Ehegatten sprachlich zusammenzufassen. Haben wir es doch hier mit einem Allgemeinbegriff zu tun. Ausdrücke ähnlich unserm *Mann und Frau* haben auch in alten Zeiten genügt, um das wiederzugeben, was man sagen wollte.

Auch die Ausdrücke für das Schließen der Ehe sind jung, d. h. sie haben andere abgelöst.

vermählen gehört zum selben Stamm wie *Gemahl*, heißt also eigentlich 'versprechen'; *verloben* hängt mit *geloben* zusammen. — *Witwe*, ahd. *witnwa*, e. *widow*, got. *widuwo*, lat. *vidua*, ir. *fedb*, ai. *vidhávā*, abg. *vidova*, ein Wort also, das fast durch alle Sprachen hindurchgeht; dagegen ist *Witwer* jung; hieraus folgt allerdings wohl, daß in alter Zeit der Tod des Mannes für die Frau von ganz anderer Bedeutung war wie das Umgekehrte. — *Strohwitwe* und *Strohwitwer* tauchen nahezu gleichzeitig 1715 und 1716 auf; das erstere jedenfalls als scherzhafter Ausdruck. Doch ist der ursprüngliche Sinn unklar. Vgl. Weigand[5]. — *Waise*, ahd. *weiso*; wohl zum gleichen Stamm wie *Witwe* und zu l. *dividere* 'teilen, trennen'. — *Braut*, ahd. *brūt* 'Neuvermählte', e. *bride* 'junge Frau', got. *brūps* 'Schwiegertochter', vielleicht zu lat. *Frūtis*, einem Namen der Aphrodite, vgl. BRAUNE, Btr. 32, 30. *Bräutigam*, ahd. *brūti-gomo*, e. *bride-groom*, got. *brūp-faps* (-*faps* zu lat. *potis*- in *possum*, gr. πόσις (*pósis*) 'Ehemann', aind. *pátiḥ* 'Herr, Gatte').

Es ist schon oben darauf hingewiesen worden, daß die Ausdrücke für die Allgemeinbegriffe *Mann* und *Frau* immer wieder auch für 'Ehemann' und 'Ehefrau' angewendet werden. Ausgenommen ist das Wort *Mensch*, ahd. *mannisko*, Substantivierung eines Adjektivs got. *mannisks*, ahd. *mennisk* 'humanus', also recht jung, da es nur westgermanisch ist. Jung ist auch *Weib*, ahd. *wīb*, e. *wife*, das sich schon durch sein neutrales Geschlecht als später Allgemeinbegriff enthüllt. Es steht in dieser Beziehung mit *Rind*, *Schaf*, *Pferd* auf einer Linie. Erklärt ist es noch nicht, auch nicht durch BEZZENBERGER, KZ. 41, 282. Selbst die unehelichen Verhältnisse haben schon in alter Zeit einen sprachlichen Ausdruck gefunden: *Kebse*, ahd. *kebisa* bezeichnete wohl ursprünglich 'die Sklavin', vgl. anord. *kefsir* 'Sklave, Knecht'. — *Kegel* in der RA. *Kind und Kegel* bedeutet 'uneheliches Kind' und kommt zuerst mhd. vor. — *Bankert*, spätmhd. *bankart*, *banchart*, ndl. *bankaard* hängt mit *Bank* zusammen. Andere Ausdrücke dafür sind *Bankkind*, *Bänkling*, *Bankbein*; — ähnlich ist *Bastard*, mhd. *bast(h)art* aufzufassen, entlehnt aus afrz. *bastard* und hängt mit mlat. *bastum* 'Saumsattel' zusammen. *Hahnrei* scheint ursprünglich 'Hahnentanz' (*Reihen*) zu bedeuten, eig. 'einer, der den Hahnentanz mitmacht'.

Die Neuzeit bringt dann eine Fülle fremder Ausdrücke, auf die wir hier nicht weiter eingehen wollen.

C. DIE SIPPE.

Der Mensch war in alter Zeit vornehmlich ein Glied seiner engern und weitern Familie. Die Begriffe 'Familie' und 'Sippe' spielen in alter Zeit eine viel bedeutendere Rolle als jetzt, wo sie ja kaum noch vorhanden sind. Die Ausdrücke dafür sind denn auch so ziemlich verloren gegangen.

Den kleinsten Kreis 'die Familie' bezeichnete in alter Zeit wohl der schon besprochene Ausdruck *hīwa-*, got. *heiwa-frauja* 'Hausherr', ahd. *hīun* 'beide Gatten', anord. *hjūn* 'Mann und Frau, Ehepaar, Dienstboten'. Dazu and. *hīwiski* 'Familie, Hausgesinde, Haushaltung', noch nd. *Hisch*. Den weitern Kreis benannte man *Sippe*, ahd. *sipp(e)a*, ags. *sibb*, got. *sibja* 'Blutsverwandtschaft', dazu aind. *sabhā* 'Versammlung der Dorfgemeinde', altserb. *sebrŭ* 'freier Bauer', abg. *sobĭstvo* 'Eigenart, Wesen' u. a., vgl. SOLMSEN, Untersuchungen zur griechischen Laut- und Verslehre 200; die Grundlage ist ein **sebhā* 'eigene Art', davon die *j*-Ableitung got. *sibja*. Eine ähnliche Entwicklung zeigt ahd. *slahta* 'Geschlecht, Herkunft', eig. 'was nach einem schlägt'. — Ein Ausdruck für 'Verwandte' liegt in *Mage*, ahd. *māg* vor, das sich jetzt nur noch in *Schwertmage* und *Spillmage*, eig. 'Spindelmage', 'Verwandter der väterlichen und der mütterlichen Seite' erhalten hat. — Was wir *Geschlecht* nennen, heißt ahd., neben *gislahti*, *kunni*, e. *kin*, *kind*, got. *kuni*, von einer Wurzel, die in lat. *gignere*, *gens*. gr. γίγνομαι (*gignomai*) 'werde geboren' vorliegt; *kuni* entspricht ganz genau lat. *genius* 'angeborener Schutzgeist', ist also 'das Angeborene'. Heute lebt der Stamm nur noch in *König*, ahd. *kuning*, eig. 'der zum Geschlecht gehört', 'Geschlechtsmann'; von derselben Wurzel ist noch gebildet got. *knōps* 'Geschlecht, Stamm', ahd. *knuat*, eine Ablautsform zu lat. *gens* und *nātio*. Die folgende größere Einheit bezeichnet dann got. *þiuda*, ahd. *diot* 'Volk', erhalten in *deutsch* (*theodiscus* ursprünglich nur von der Sprache), *deuten* und in Eigennamen, *Dietrich* usw.; dazu air. *tūath* 'Volk', osk. *touto* 'Volk, Gemeinde', lit. *tautà* 'Land'. Dieses Wort wird abgelöst durch *Volk*, ahd. *folk* 'Volk, Dienstvolk, Kriegsvolk, Haufe', e. *folk*, das nicht erklärt ist. *Nation* schließlich taucht im 15. Jahrhundert auf.

D. STÄNDE.

Das dem gr. ἐλεύθερος (*eleútheros*), lat. *liber* entsprechende Wort scheint im Germanischen nicht mehr vorzuliegen, es sei denn in *liederlich* und *lotter*, jedenfalls aber nicht in dem alten Sinne. O. SCHRADER verbindet damit *Leute*, mhd. *liut* 'Volk', ags. *lēode* 'Leute', ins Slavische entlehnt abg. *ljudŭ* 'Volk', *ljudije* 'Leute', also eigentlich 'die Freien'. Um das Wort zu erklären, müßte man von der Bedeutung 'Volk, Stamm' ausgehen, dann hieße gr. ἐλεύθερος (*eleútheros*) 'zum Stamme gehörig'. Doch ist dies unwahrscheinlich, und das Wort gehört eher zu got. *liudan* 'wachsen', das wir noch in *Sommerlatte*, *Lode* haben. Für 'frei' erscheint gemeingermanisch *frei*, ahd. *frī*, e. *free*, got. *freis*. Im Altindischen entspricht genau *prijáḥ* 'lieb, beliebt, erwünscht, Gefallen findend an'. Die Vermittlung dieser verschiedenen Bedeutungen ist nicht gelungen. Vielleicht liegen doch verschiedene Worte vor.

Für *Herr* liegt vor got. *-faþs* in *brūþfaþs*, *hundafaþs* 'centurio' zu gr. πόσις (*pósis*), δεσ-πότης (*despótēs*), lat. in *potes-tas*; daneben steht got. *frauja*, ahd. *frō*, jetzt nur noch in *Fron-leichnam*, *Frone*, *Fronfeste*, *fronen*; dieses Wort hängt mit lat. *pro*, gr. πρό (*pró*) zusammen und bedeutet 'der erste, vorderste'; ihm folgt *Herr*, mhd. *herre* aus ahd. *hēriro*, Komparativ zu *hehr*, ursprünglich 'grau', also 'der ältere' wie lat. *senior*, ital. *signor*.

Außerdem gibt es, wie wir schon oben S. 105 bemerkt haben, eine Reihe deutlicher Neubildungen. Beachtenswerterweise ist das alte Wort lat. *rēx*, aind. *rājā* im Germanischen verloren gegangen, und wird erst wieder aus dem Keltischen entlehnt, ebenso wie *Amt* (s. o. S. 136). Dazu kommt *Kaiser* aus lat. *Caesar*.

Von den sonstigen Standesbezeichnungen bestreiten wir *König* (s. o.), *Fürst*, ahd. *furisto*, eig. 'der vorderste', e. *first* 'der erste', *Herzog*, ahd. *herizogo*, eig. 'Heerführer' zu *Heer* und lat. *dux*, *Graf*, ahd. *grāfo*, *grāfio*, eig. 'Vorsteher', so noch in *Deichgraf*, *Salzgraf*, unsicherer Herkunft, aus eigenem Sprachgut.

Die mittelhochdeutsche Zeit bringt uns dann eine Fülle französischer Standesbezeichnungen, von denen sich *Kumpan* hält. Auch *Prinz* ist schon mhd. *prinze*, frz. *prince*, von lat. *princeps*.

In der Neuzeit hat sich der Stoff bedeutend vermehrt: *Baron*, schon mhd. *barūn*, aber erst im 16. Jh. *baron*, aus frz. *baron*. — *Kavalier*, 1616, frz. *cavalier*. — *Komtesse*, frz. *comtesse*. — *Marquis*, schon mhd. *markīs* und *Markise*, frz. *marquise*. — *Frau* und

Fräulein waren im 18. Jh. im wesentlichen auf die Angehörigen des Adels beschränkt, während die bürgerlichen Frauen *Madame* und *Mamsell* hießen, Ausdrücke, die heute tief gesunken sind. Auch *Monsieur* kommt in der Alamodezeit und hält sich noch volkstümlich als *Musje*. Die neuste Entlehnung ist e. *gentleman*, 1791. Im Anfang des 17. Jh. entlehnen wir auch *Dame* aus frz. *dame*, ital. *dama*, eig. lat. *domina*. Nur noch mundartlich ist *Dunzel* aus frz. *doncelle*.

Selbst auf die Dienerschaft erstrecken sich die Entlehnungen. So erhalten wir mit den spanischen Wörtern *Gala*, *Galan*, *galant* auch die *Lakeien*, span. *lacayo* (16. Jh.).

Für *Diener* gibt es eine ganze Reihe wechselnder Ausdrücke. Vgl. hierzu BRUGMANN. Zu den Benennungen der Personen dienenden Standes in den indogermanischen Sprachen, Idg. Forsch. 19. 377, von denen freilich keiner mit Sicherheit in das Indogermanische zurückzuführen ist.

Diener selbst ist zwar erst mhd. von *dienen*, ahd. *dionōn* abgeleitet. Aber dem Stamm haftet die Bedeutung schon seit dem Urgermanischen an, vgl. got. *þius* 'leibeigener Diener. Knecht. Sklave', ahd. *-diu*, ags. *þeow*. Dazu gehört natürlich *Dienst*, ahd. *dionost* und weiter *Dirne*, ahd. *diorna*, das wohl als 'Knechtstochter' aufzufassen ist; *Demut*, ahd. *diomuotī*, eig. 'Knechtessinn', ein Wort, das offenbar vom Christentum geschaffen worden ist. Got. *þius* gehört vielleicht zu lett. *teksnis* 'Aufwärter, Bedienter', ai. *takuḥ* 'eilend'. — *Knecht*, ahd. *kneht*, e. *knight* 'Ritter' — *Schalk*, ahd. *skalk*, got. *skalks* 'Knecht, Diener' hat eine andere Bedeutung angenommen, die alte finden wir noch in *Marschall*, ahd. *marahskalk* (zu *Mähre*) und *Seneschall* aus frz. *sénéchal* und dies aus einem deutschmlat. *seniscalcus* 'der alte Knecht' zu got. *sineigs* 'alt'. lat. *senex*. — Auch in *Arbeit* steckt wohl ein altes Wort für 'Knecht'. abg. *rabŭ* 'Knecht. Leibeigener'. wovon *rabota* 'Knechtsarbeit. Frondienst'. das wir im 14. Jh. als *Robot* entlehnt haben. *Sklave* ist der alte Volksname der Slaven.

Beachtenswert ist noch das Wort *Adel*. ahd. *adal* n. 'Geschlecht, von dem man stammt. bes. ausgezeichnetes'. dazu mit Ablaut *uodal* 'Erbgut, Heimat'. Es gehört, wie A. GEBHARD nach Frommann vermutet, zu einem germanischen **at*, **ōt* 'Grundbesitz. Landgut'. das noch in *Heimat*, mhd. *heimōte*, got. *haimōþli*, ahd. *heimōdil* und unter Anlehnung an *öde* in *Einöde*, ahd. *einōti* (bayer. noch *Einet* 'einzelner Hof') vorliegt. Auch *Armut*, ahd. *armuotī* läßt sich als 'armseliges Gut' fassen.

§ 137. Das Haus.

Literatur: M. HEYNE. Fünf Bücher deutscher Hausaltertümer. Band 1: Wohnung; Leipzig 1899. — R. MERINGER. Das deutsche Haus und sein Hausrat. 1906. — H. SCHMÖCKEL. Das Siegerländer Bauernhaus nach seinem Wortschatz dargestellt. Ein Beitrag zur Haus- und Dialektforschung. Bonn 1911.

Die Ansichten von der geringen Seßhaftigkeit der Germanen und Indogermanen, die nur in notdürftig zusammengefügten Hütten gewohnt haben sollen, sind hoffentlich bald allgemein beseitigt. Schon die Sprache, ganz abgesehen von den Funden, zeigt uns, daß unsere Vorfahren in festen Häusern wohnten. Freilich hatten diese Häuser ein andres Aussehen als unsre Mietskasernen, aber von der Form und Gestalt mancher Bauernhäuser wichen sie nicht allzuviel ab. Es waren Holzbauten mit Strohdächern, bei denen auch das Flechtwerk eine bedeutende Rolle spielte.

Der Steinbau stammt von den Römern, und das zeigt sich auch in der Sprache.

1. EINHEIMISCHE BESTANDTEILE.

Gaden, ahd. *gadum*. Nur hochdeutsch. — *Haus*. ahd. got. *hūs*. e. *house*. Vielleicht mit *hütte* verwandt. aus **hūtta-*. oder zu aind. *kóṣaḥ* 'Behälter. Vorratskammer. Schatzkammer'. — *Hof*, ahd. *hof*, vielleicht mit Ablaut zu gr. κῆπος (*kḗpos*), dem *Hube*, *Hufe*, ahd. *huoba* genau entspricht. — Ein altes Wort für 'Hofstatt' sieht HEYNE S. 12 noch in ndd. *Wörde*, *Wurd*, asächs. *wurd* 'Boden', ags. *weord*, *wurd*, *wyrd*, das er zu *werden* stellt. — *Hütte*, ahd. *hutta*, *huttea*. Aus dem Deutschen stammt e. *hut* 'Hütte'. Vielleicht zum vorigen, oder besser zu alem. *Hotte* 'hölzerne Bütte'. — *Kate*, *Kote* 'Hütte', eig. ndd., e. *cot*, daraus frz. *cotte*. Grundform ist idg. **gudom*, die im Indischen *gudá-*m. n. mit der Bedeutung 'Darm, Mastdarm, After' vorliegt. Ob sich die Bedeutungen vermitteln lassen, will ich nicht entscheiden. Jedenfalls gehören *Kötze* 'geflochtener Rückentragkorb' und *Kieze* 'Rindengefäß, Starkasten' hierher. — *Koben*, mhd. *kobe* 'Stall, Schweinestall', e. *cove* 'Obdach, Taubenschlag'. Das Wort hatte einst eine weitere Bedeutung, wie z. B. die Ableitung *Kobold* aus **kobwald* 'Hauswalter, Hausgeist' zeigt. Zu gr. γύπη (*gýpē*) 'Erdhöhle, Gemach', aind. *gup-* 'behüten, bewahren'. Aus dem Deutschen dazu wohl noch *Kober*. — *Scheuer*, ahd. *skiura*, *skūra* 'Scheuer', zu einer Wurzel *skū* 'bedecken', die auch in lat. *obscūrus* steckt. — *Scheune*, ahd. *skugin*, *skugina* 'Scheune'; falls *g* für *j* steht, dürften *Scheune* und *Scheuer* aus einem alten *r/n*-Stamm erwachsen sein, wie ahd. *wazzar* und got. *watō*, *watins*. — *Schuppen*, ahd. *skopf*, nordengl. *shippen* 'Stall', e. *shop* 'Laden' zu *schieben*. — *Stadel*, obd., ahd. *stadal* 'Scheune, scheunenartiges Gebäude', anord. *stödull* 'Stall, Melkplatz', aind. *sthātrám* 'Standort, Stelle'. — *Stall*, ahd. *stal(l)*, e. *stall* 'Stall, Standort', wohl aus **stadlo* zu lat. *stabulum* 'Stall'.

Die Begriffe 'Haus, Hof, Zaun, Niederlassung' gehen gern ineinander über, indem ein Teil für das Ganze genommen wird. Welche Bedeutung in dem einzelnen Fall ursprünglich gewesen ist, läßt sich nicht immer sagen. Hierher gehören:

Garten, ahd. *garto*, got. *garda* 'Gehege, Hürde'; daneben ahd. *gart* 'Kreis, Garten', asächs. *gard* 'eingefriedigtes Grundstück', im Pl. 'Wohnung, Haus', ags. *geard* 'Umfriedigung, Garten, Wohnung', e. *yard* 'Hofraum', got. *gards* 'Haus'; Verwandtschaft kann bestehen, einerseits zu *Gurt* und lat. *hortus*, *cohors* 'Gehege, Hof', gr. χόρτος (*khórtos*) 'Gehege, Viehhof, Weideplatz', anderseits zu lit. *žardis* 'großer umzäunter Weideplatz', oder aind. *grhá-* m. n. 'Haus', awest. *gərəda-* 'Höhle', vgl. WEIGAND. — *-wiek* in Ortsnamen, z B. *Osterwiek*, ags. *wīc*, got. *weihs* 'Flecken, Dorf' zu lat. *vīcus*, gr. οἶκος (*oíkos*), vgl. aber unten S. 216. Das Gehöft war durch einen *Zaun* abgeschlossen, ahd. *zūn*, e. *town*, aus kelt. *dūnum*. Dafür noch *Etter*, ahd. *ëtar* 'Zaun' zu abg. *odrŭ* 'Bettgestell', tschech. *odr* 'Pfahl', *odry* 'Gerüst in der Scheune'; damit vielleicht zusammengesetzt *Gatter* und *Gitter*. — *Hürde*, ahd. *hurd*, Pl. *hurdi* 'Flechtwerk aus Weiden, Hürde, Tür', got. *haúrds* 'Tür', e. *hurdle* 'Hürde, Flechtwerk', daneben *Horde*, mnd. *hord* 'Flechtwerk einer Brücke', zu lat. *crātēs* 'Flechtwerk'. — *Tür*, ahd. *turi*, eigentlich ein Plural oder besser gesagt ein Dual, lat. *forēs*, gr. θύρα (*thýrā*); — gleichen Stammes ist *Tor*, ahd. *tor*, e. *door*, got. *daúr*, lautlich entspricht lat. *forum*, lit. *dvãras*, abg. *dvorŭ* 'Hof'; weshalb Tür ein Dual ist, lehrt ein Blick auf alte Bauernhaustüren, die einen obern und untern Flügel haben. — *Riegel*, ahd. *rigil* 'Querholz zum Verschließen', e. *rail* zu lat. *arceo*, gr. ἀρκέω (*arkéō*), lit. *rãktas* 'Schlüssel'. — *Schlüssel*, ahd. *sluʒʒil*, ndl. *sleutel* zu *schließen*, lat. *claudere*. — *Zimmer*, ahd. *zimbar* 'Bauholz, Holzbau, Wohnung, Zimmer', e. *timber* 'Bauholz', got. *timrjan* 'erbauen' zu gr. δέμειν (*démēn*) 'bauen', lat. *domus*, gr. δόμος (*dómos*). — *Schwelle*, ahd. *swëlli*, e. *sill*, wohl ablautend zu *Säule*, ahd. *sūl*, got. *sauls*, *gasūljan* 'gründen'; weiter vielleicht zu gr. ξύλον (*xýlon*) 'Holz, Balken, Knüttel'. — *Laube*, ahd. *louba* 'Galerie eines obern Stockwerkes, Schutzdach', anord. *lopt* 'oberes Stockwerk', zu lit. *lubà* 'Brett', *lùbōs* 'die bretterne Stubendecke'. — *Dach*, ahd. *dah* 'Dach, Bedeckung, Decke, Verdeck', e. *thatch* 'Strohdach'; es entspricht lat. *toga* 'Toga', eig. 'Bedeckung', mit Dehnstufe lit. *stógas* 'Dach', mit *e*-Vokal gr. τέγος (*tégos*). — *Saal*, ahd. *sal* 'Haus, Wohnung', got. *saljan* 'Herberge finden', *saliþwōs* 'Herberge, Speisezimmer', vielleicht zu lat. *solum* 'Boden'; jedenfalls zu abg. *selitva* 'Wohnung'. — *Halle*, ahd. *halla* 'Tempel', e. *hall*; dazu ndd. *hille* (mit Ablaut) 'Ort über den

Viehställen, wo Gesinde und Kinder zu schlafen pflegen', und weiter lat. *cella* 'Kammer,
Zelle, gr. καλιά (*kaliá*) 'Hütte, Scheune, Nest'. — *Ern. Eren.* auch *Ähren* 'Hausraum
zwischen der Haustür und den Zimmern desselben Stocks', ahd. *arin, erin* 'Fußboden,
Altar', wohl zu lat. *area* 'Tenne, innerer freier Hofraum'. — *Heim.* ahd. *heim* 'Haus, Wohnort'. e. *home.* got. *haims* 'Dorf, Flecken' zu gr. κώμη (*kómē*) 'Dorf. — *Barn* 'Krippe', ahd.
barno. wohl zu got. *barizeins* 'gersten', also 'Gerstenbehälter' — *Giebel.* ahd. *gibil* 'Stirn-,
Vorderseite', got. *gibla* 'oberste Spitze, Zinne', urverwandt mit gr. κεφαλή (*kephalḗ*) 'Kopf'. —
Fletz. ahd. *flazzi, flezzi.* ags. *flet* 'platter, ebener Fußboden, Tenne, Hausflur', nhd. noch
in *Flötz.* Gehört zu gr. πλατύς (*platys*). — *Flur.* mhd. *vluor* 'Saatfeld'. ags. *flōr* 'Estrich,
Vorplatz'. e. *floor* 'Estrich, Tenne'. Es entspricht ir. *lar.* kymr. *llawr* 'Boden, Estrich', apreuß.
plonis 'Tenne'.   *Wand.* ahd. *want* 'Seite, Wand', e. *wand.* zu *winden.* eig. 'flechten'.
Die Erklärung von *Wand*, als zu *winden* gehörig, geht im wesentlichen auf MERINGER.
Idg. Forsch. 17, 139 und Etymologien zum geflochtenen Haus, in Abhandl. z. germ. Phil.,
Festgabe für R. Heinzel, Halle 1898 zurück. Die geflochtene Wand hat in der Tat in alter
Zeit eine außerordentliche Rolle gespielt, und noch heute kann man sie in Schäferkarren
und an oberhessischen Häusern beobachten. Dasselbe wird durch die oben gegebenen
Etymologien *Hütte* : *Hotte, Kate. Kote* : *Kötze. Koben* : *Kober* wahrscheinlich gemacht. Die
Hütte. die *Kate* und der *Koben* sind also ursprünglich geflochtene Behältnisse gewesen.
Ebenso gehört *Krippe.* ahd. *krippa* zu mhd. *krebe* 'Korb'. — *Herd.* ahd. *herd* 'Erdboden',
e. *hearth.* — *Schlot.* ahd. *slōt.* — *Esse.* ahd. *essa.* vielleicht zu l. *arere* 'brennen'. —
Fenster. Dieses Wort ist freilich ein Fremdwort, und eigentliche Fenster hat es natürlich
in alter Zeit nicht gegeben. Immerhin ist es bemerkenswert, daß die Germanen auch eigene
Wörter dafür geschaffen haben, got. *augadaúrō* 'Augentür', e. *wind-ow* 'Windauge'. Man
erinnere sich dabei an die kleinen augenähnlichen Luken alter Bauernhäuser und Scheunen.

Der Hausbau erfordert gewisse Maße, und so seien hier die bemerkenswerten Ausdrücke hierfür eingeschoben.

messen ist ein indogermanisches Wort, ahd. *mezzan.* got. *mitan.* gr. μέτρον (*métron*)
'Maß'. Dazu mit Ablaut *Maß* f., ahd. *māza. masz* n., ahd. *mez.* noch mundartlich *Meß.*
Metze. ahd. *mezzo* = l. *modius.*

Als Maßeinheit dienen natürliche Dinge.

Als kleinstes Maß findet sich bei verschiedenen indogermanischen Völkern das *Gersten-
korn.* ahd. *gerstun korn.* vgl. HOOPS. Waldbäume 364. Weiter dienen die Glieder des
Körpers, wie *Finger. Hand.* die *Spanne. Fuß.* Die *Elle.* ahd. *elina.* got. *aleina* ist eigentlich die Länge des Vorderarms und ist mit lat. *ulna,* gr. ὠλένη (*ōlénē*) 'Ellenbogen' eins.
Weiter noch: *Lachter.* im Bergbau 'das Maß der ausgespannten Arme', mhd. *lāfter* gehört
vielleicht zu gr. λαμβάνειν (*lambánein*) 'fassen'. — *Klafter.* ahd. *klāfdra* mit gleicher Bedeutung ist ein andres Wort und gehört zu lit. *glêbti* 'umfassen'.

Mit diesen Ausdrücken haben sich die Deutschen bis in die Neuzeit
beholfen, indem man das Hauptmaß, den *Fuß*, noch in *Zoll* eingeteilt hat,
erst spätmhd. *zol.* Die Herkunft ist dunkel. Erst in der Neuzeit ist mit dem
Meter, frz. *mètre* aus gr.-lat. *metrum* ein neues einwandfreies Maßsystem
geschaffen worden.

Als größere Flächenmaße gelten: *Morgen.* soviel man an einem Morgen umpflügen
kann. — *Rute.* ahd. *ruota.* e. *rod.* wohl eins mit l. *radius.* eigentlich die Meßstange. —
Hufe. gr. κῆπος (*kápos*) 'Garten' waren dreißig Morgen.

Bei den unsichern Verhältnissen der alten Zeiten spielte die sichere
Anlage einer Wohnstätte eine notwendige Rolle. Eine alte im Germanischen
verloren gegangene Gleichung für eine Art Festung liegt in gr. πόλις (*pólis*)
'Burg', aind. *pur,* lit. *pilis* vor. Wir haben dafür:

Burg. ahd. *burg* 'umschlossener, befestigter Ort, Burg, Schloß, Stadt', e. *borough*. got. *baúrgs* 'Stadt'. Entsprechend air. *brī* 'Berg, Hügel', also auch mit *Berg* verwandt. — *Dorf*. ahd. *dorf*. e. *thorp* 'Dorf', got. *þaúrp* 'Bauland, Feld'. Verwandt mit lat. *trabs* 'Balken', osk. *trííbúm* 'Gebäude', air. *treb* 'Dorf', lit. *trōbà* 'Gebäude'.

An sonstigen Ausdrücken, die sich auf den Hausbau und ähnliches beziehen, sind noch zu erwähnen:

Diele. ahd. *dil, dilo. dili. dilla* 'Brett, Bretterwand, Seitenwand des Schiffes, brettener Fußboden', ags. *þel. þille* 'Brett' zu lit. *tilė* 'Kahndiele', abg. *tilo* 'Boden'. lat. *tellūs* 'Erde'. — *Säule*. ahd. *súl*, siehe oben S. 213. — *Laden*. mhd. *lade* 'Brett. Bohle. Fensterladen. Kaufladen' zu *Latte*. ahd. *latta*. e. *lath* 'Latte'. Dazu ir. *slath* 'Rute'. — *Balken*. ahd. *balko*. e. *balk*. Dazu mit Ablaut an. *bjalke*, ags. *bolca*. wohl zu lat. *fulcio* 'durch Balken stützen. verpfählen'. gr. φάλαγξ (*phálanx*) 'Balken'. — *Ofen*. ahd. *ofan*. e. *oven*, anord. *ofn, ogn*. got. *aúhns* mit auffälligem Wechsel von Guttural und Labial. Dazu aind. *ukhá* 'Topf'. ἱπνός (*ipnós*) 'Ofen' Ursprüngliche Bedeutung vielleicht 'Topf'. — *Rost*. ahd. *rōst* 'Rost. Scheiterhaufen, Glut. Feuer'. — *Treppe* und *Stiege* sind jüngere Bildungen, erstere ndd.. letztere obd. Ein älteres Wort steckt in *Leiter*. ahd. *leitara*. e. *ladder*. wurzelverwandt mit gr. κλῖμαξ (*klimax*).

2. ENTLEHNUNGEN.

Eine große Fülle von Ausdrücken für das Haus und seine Teile geht, wie wir gesehen haben, in die urgermanische und vorgermanische Zeit zurück. Sicher haben die Germanen, wie schon aus den Tatsachen der Sprache folgt, feste Wohnhäuser, Ställe, Scheunen usw. besessen. Über die Formen der Häuser und über den Stoff, aus denen sie hergestellt waren, werden wir freilich auf Grund der Tatsachen der Sprache nicht ins klare kommen, da muß die Sachforschung eintreten. Finden wir im Norden der Alpen den Holzbau, was bei dem reichen Holzvorrat nicht weiter verwunderlich ist, so hatte der Süden Steinbauten errichtet, und mit dem Einfluß der Römer drang dieses Steinhaus und zugleich die Worte für dessen einzelne Teile nach Norden vor. Tatsächlich finden wir zunächst eine Fülle von Lehnworten auf diesem Gebiet, die aus dem Lateinisch-Romanischen stammen.

Estrich. ahd. *éstirih. astrih* aus mlat. *astricum. astracum* 'Pflaster' — *Fenster*. ahd. *fenstar* n. aus lat. *fenestra*. — *Kachel*. ahd. *kachala* f. 'irdenes Geschirr', spätmhd. auch 'Ofenkachel', aus einem vulgärlat. **caccalus*. — *Käfter*. ahd. *kaftere* 'Bienenkorb'. mlat. *capisterium* 'Mulde. Trog' (?). — *Kalk*. ahd. *kalk*. auch *kalch*. ags. *cealc*. e. *chalk* 'Kreide' aus lat. *calx*. — *Kammer*. ahd. *kamara* f. aus lat. *camara* 'Zimmer' — *Keller*. ahd. *këllari* m. aus lat. *cellārium* 'Vorratskammer' — *Kellner*, mhd. *kelnœre* m. neben *këllœre* m. (daher der Name 'Keller') aus lat. *cellārius* 'Vorsteher der Vorratskammer' — *Kemenate*. ahd. *kemināta*. mlat. *caminata* 'heizbares Zimmer' — *Mauer* ahd. *múra* f.. ags. *múr* aus lat. *múrus* mit Wechsel des Geschlechts. wahrscheinlich unter dem Einfluß germanischer Wörter mit ähnlicher Bedeutung. — *Pfalz*. ahd. *pfalanza* aus spätlat. *palātium. palātia*. — *Pfeiler*, ahd. *pfīlāri* m.. e. *pillar* aus mlat. *pilāre, pilārius*. — *Pflaster*. ahd. *pflastar* n. 'Pflaster. Wundpflaster. Zement. Mörtel; Steinfußboden' aus mlat. *plastrum* (dies aus gr. ἔμπλαστρον [*émplastron*]). — *Pforte*. ahd. *pforta* aus lat. *porta*. Eine ältere Entlehnung ist ahd. *pforzih* aus *porticus*. e. *porch*. — *Pfosten*. ahd. *pfost* m. 'Pfosten. Balken' aus lat. Akk. *postem*. — *Pfütze*. ahd. *pfuzzi*. e. *pit* 'Grube' aus lat. *puteus* 'Brunnen. Graben'. — *Schindel*. ahd. *skintula* aus lat. *scindula*. einer Nebenform von *scandula*. — *Söller*, ahd. *soleri*. e. *sollar* aus lat. *sōlārium* 'Söller. Terrasse'. — *Speicher*. ahd. *spīhhāri* 'Kornboden. Speicher' aus lat. **spicarium* 'Kornhaus'. — *Stube*. ahd. *stuba* 'heizbares Gemach', e. *stove* 'Ofen'. Ein genau entsprechendes lateinisches Wort fehlt, vgl. aber ital.

stufa, frz. *étuve*. Über die Schwierigkeiten bei diesem Wort vgl. KÖRTING, Roman. Wörterbuch. — *tünchen*, ahd. *tunihhōn* aus lat. **tunicare*, eig. 'bekleiden', vgl. ital. *intonicare* 'tünchen, schminken'. — *Turm*, andfrk. *turn*, afrz. *torn*. — *Weich-bild* und *-wik*, *-weig* in Ortsnamen vielleicht aus lat. *vicus*. — *Weiher*, ahd. *wīwāri* aus lat. *vīvārium* 'Tiergarten, Fischbehälter'. — *Weiler*, ahd. *wīlāri* aus mlat. *villare* 'Gehöft'. — *Zelle*, mhd. *zelle* aus lat. *cella*. — *Ziegel*, ahd. *ziagal*, e. *tile* aus lat. *tegula*.

Eine große Fülle neuer Entlehnungen bringt dann das ausgehende Mittelalter und die Neuzeit. Hier wird vor allen Dingen Italien einflußreich, das allerdings zum Teil nicht unmittelbar, sondern durch französische Vermittlung wirkt.

Alkoven, 1711, frz. *alcôve*. — *Arkade*, 18. Jh., frz. *arcade*. — *Balkon*, 17. Jh., ital. *balcone*. — *Balustrade*, 1778, frz. *balustrade*. — *Belvedere* (1700), ital. *belvedere*. — *Budoir*, frz. *boudoir*. — *Erker*, mhd., mlat. *arcora*. — *Estrade*, 1813, frz. *estrade*. — *Etage*, 1728, frz. *étage*. — *Fassade*, 1714, frz. *façade*. — *Frontispiz*, 18. Jh., frz. *frontispice*. — *Galerie*, 1616 *Galerei*, also schon mhd. einmal entlehnt, frz. *galerie*. — *Garderobe*, 16. Jh., frz. *garde-robe*. — *Hotel*, 1734, frz. *hôtel*. — *Kabinett*, 1644, frz. *cabinet*. — *Kamin*, mhd. *kamin*, gr.-lat. *camīnus*. — *Klosett*, 1778, frz. *closet*. — *Kolonnade*, 18. Jh., frz. *colonnade*, ital. *colonnata*. — *Korridor*, 1715, ital. *corridore*. — *Kuppel*, 1678, ital. *cupola*. — *Loge*, im 13. Jh., köln. *loitsche*, aus frz. *loge* von d. *Laube*. — *logieren*, schon mhd. *loschieren*, frz. *loger*. — *Logis*, schon mhd. *logis*, frz. *logis*. — *Mansarde*, 1712, frz. *mansarde*. — *Nische*, 17. Jh., frz. *niche*. — *Palais*, 1703, frz. *palais*. — *Paneel*, 1727, ndl. *paneel*, afrz. *panel*. — *Parkett*, 1791, frz. *parquet*. — *Pavillon*, 1710, frz. *pavillon*. — *Pilaster*, 18. Jh., ital. *pilastro*. — *Plattform*, 1716, frz. *plate-forme*. — *Podium*, 1834, frz. *podium*. — *Portal*, 1442, mlat. *portale*. — *Portier*, 1727, frz. *portier*. — *Salon*, 18. Jh., frz. *salon*. — *Spalier*, 17. Jh., ital. *spalliera*. — *Staket*, 16. Jh., afrz. *estachette*. — *Stuck*, 1757, ital. *stucco*, frz. *stuc*. — *Terrasse*, 1710, frz. *terrasse*. — *Tresor*, 15. Jh., frz. *trésor*. — *Veranda*, 19. Jh., e. *veranda* und dies aus dem Indischen. — *Villa*, 18. Jh., lat. *villa*.

§ 138. **Hausgerät.** Die Benennung der Hausgeräte ist nur zum geringsten Teil einheimisch. Das kann nicht wundernehmen, wenn man die überaus einfache Einrichtung mancher Bauernhäuser kennen gelernt hat.

1. EINHEIMISCHES GUT.

Bank, ahd. *bank*, e. *bench*, zwar noch nicht recht erklärt, aber gewiß alt. — *Stuhl*, ahd. *stuol*, e. *stool*, got. *stōls* 'Thron'. zu lit. *pastólas* 'Gestell', abg. *stolŭ* 'Stuhl, Thron'; auch gr. στήλη (*stēlœ*) 'Säule' ist stammverwandt; abgeleitet von der indogermanischen Wurzel *sthā* 'stehen'; zu verstehen hat man unter den alten Stühlen etwas unserm Hocker ähnliches. — *Bett*, ahd. *betti*, e. *bed*, got. *badi*; damit ist *Beet* identisch, doch ist dessen Bedeutung wohl erst abgeleitet. *Bett* hat man zu lat. *fodio* gestellt. — *Polster*, ahd. *bolster* wohl zu *Balg* und ai. *barhih* 'Opferstreu'. — *Tisch*, ahd. *tisk*, e. *dish* 'Schüssel, Gericht', ist zwar aus lat. *discus* 'Schüssel' entlehnt, aber eben nicht mit der Bedeutung 'Tisch', sondern mit der von 'Schüssel' Der Bedeutungsübergang erklärt sich dadurch, daß man in alter Zeit das Gericht auf dem Tisch ins Zimmer trug. Ein altes Wort für 'Tisch' liegt vor in ahd. *biot*, ags. *bēod*, got. *biuþs*, wozu auch unser *Beute* 'Bienenkorb, Backtrog' gehört. Diese Bedeutungsentwicklung ist nur verständlich, wenn **biud-* ursprünglich 'Baumstamm, Klotz' bezeichnete. — *Sessel*, ahd. *sёʒʒal*, e. *settle* 'Sitz, Sessel', got. *sitls* 'Sitz, Stuhl' zu lat. *sella*, gr. ἕλλα 'Sitz' (Hesych). — *Schrank*, jung, zu *schränken*, *Schranke*, eig. 'Gitterwerk'. Daneben mundartl. *Schank*, ahd. *skank* 'Geschirrgestell'. Davon *schenken*, ahd. *skenken* 'zum Trinken eingießen'. — *Schranne* 'Bank zum Feilhalten', ahd. *skranna*.

Dazu kommen die Gefäßnamen:

Asch, mhd. *asch* zu *Esche*; daher *Aschkuchen*. — *Aser*, *Äser* 'Tasche zum Umhängen', mhd., vielleicht zu *essen*. — *Faß*, ahd. *faʒ*, e. *vat*; dazu mit Ablaut das Kollektivum *Gefäß*, ahd. *gifāzi*; zu lit. *puodas* 'Topf, Gefäß'. — *Groppen* 'weiter eiserner Kochtopf'; aus dem Niederdeutschen; zu ahd. *griupo* 'Röstpfanne'. — *Hafen*, ahd. *hafan*, zu *haben*, eigentlich also 'Behälter'. Dazu *Hafner*. — *Hotte* 'hölzerne Bütte', alemannisch, vielleicht mit *Hütte* verwandt. — *Humpen*, erst neuhochdeutsch, aber vielleicht alt; vgl. oben S. 135; daneben das merkwürdige *Kump*, *Kumpf*, mhd. *kumpf*, e. *comb*, *coomb* und *Kumme* 'tiefe Schale, tiefer Tischnapf'. Ob hier irgendeine Verbindung mit gr. κύμβος (*kýmbos*) 'Gefäß, Becher', awest. *χumbō* 'Topf' vorliegt, läßt sich nicht entscheiden. — *Kanne*, ahd. *kanna*, e. *can*. Daneben noch obd. *Kante*, ahd. *kanta*. Dazu vielleicht mir. *gann* 'Kanne'. Und weiter obd. *Kandel*, ahd. *kanala*. — *Kasten*, ahd. *kasto* ist dunkel. Vielleicht zu got. *kas* 'Gefäß'. Das damit reimende *Kiste* stammt aber aus lat. *cista*. — *Keitel* 'Fischnetz' md. ostpreuß. — *Kerne* 'Butterfaß', mnd. *kerne*, e. *churn*. Dazu *kernen* 'zu Butter rühren', e. *churn*. — *Kescher* 'kleines Beutelnetz, Handfischnetz', ostdeutsch; *Kieke*, mnd. *kīke*, dän. *ildkikert*. — *Kiepe* ist ein niederdeutsches Wort, mnd. *kīpe*, mnd. *kūpe*, ags. *cȳpa* 'Korb', e. mundartlich *kipe* 'Fischreuse'. Das Wort ist in den germanischen Sprachen so weit verbreitet, daß es kaum aus lat. *cūpa* 'Tonne' entlehnt sein kann. — *Kober*, erst neuhochdeutsch; vielleicht mit *Koben* verwandt. — *Kratten*, ahd. *kratto* 'Korb', e. *cradle* 'Wiege'; daneben *Krätze*, ahd. *krezzo*. — *Lade*, mhd. *lade*, anord. *hlaða* 'Scheuer, Scheune', nicht mit *Laden* zusammenhängend. — *Lase*, mnd. *lāte* zu *lassen*. — *Mande* 'Korb ohne Henkel', e. *mand*, *maund* 'Handkorb'. — *Meise* 'Tragreff auf dem Rücken', ahd. *meis(s)a*, anord. *meiss* 'Korb'. Vielleicht zu lit. *máišas* 'gestricktes Heunetz', abg. *měchŭ* 'Fell, Schlauch, Sack'. — *Meste* 'Gefäß zu Salz', wohl zu *messen*. — *Metze*, ahd. *mezzo*, daneben got. *mitaps*; zu *messen*. — *Napf*, ahd. *hnapf* 'Becher, Schale'; unerklärt. Vielleicht mit Schwebeablaut zu *Humpen*. — *Nößel*, mhd. *nœ̄ʒʒelīn*. — *Pott*, nd., e. *pot*, dän. *pot*, auch rom.-frz. *pot*, das doch wohl die Quelle ist. — *Ranzen*, zuerst 1510 gaunerisch. — *Ränzel*, mnd. *renzel*, *rensel*. — *Rätter* 'Sieb', von ahd. *redan* 'sieben', lit. *krētalas* 'Sieb'. — *Reuse*, ahd. *rūs(s)a*, *riusa*, vielleicht zu *Rohr*. — *Satte*, *Sette*, erst neuhochdeutsch, aus ndd. *satte*; ob zu *setzen*? — *Schaff* 'oben offenes Gefäß von Böttcherarbeit', ahd. *skapf* 'Weingefäß', wohl ein einheimisches Wort, das zu *Schiff* im Ablaut steht, mit dem sich aber das entlehnte gr.-lat. *skap(h)ium* vermischt hat. Davon *Scheffel*, ahd. *skeffil*. — *Schale*, ahd. *skāla* 'Trinkschale' entweder mit Ablaut zu *Schale* zu ahd. *skala* 'Hülse einer Frucht', e. *shale* 'Hülse'; dazu got. *skalja* 'Ziegel', abg. *skolĭka* 'Muschel', oder zu *Schädel* aus *skedlā*. — *Schänzchen* zu hess. *Schanze* 'grob geflochtener Weidenkorb', eins mit *Schanze*, ursprünglich 'Reisigbündel'. — *Scherbe*, ahd. *skirbi* 'Scherbe, irdener Topf' zu abg. *črěpŭ* 'Scherbe'. — *Schoppen*, wohl zu *schöpfen*. — *Stande*, nd. *Stanne*, ahd. *stanta* zu *Stand*. — *Ständer*, 1175 *stanter*. — *Stauf* 'Becher', ahd. *stouf* zu lit. *staubūnas* 'Stiel, Stengel'. — *Stulpe* 'Deckel zum Stülpen', nd. — *Stunze*, in nd. u. md. Mundarten weit verbreitet. — *Topf*, mhd. *topf*, e. *top* 'Kreisel'. — *Trog*, ahd. *trog*, e. *trough*, idg. *drukás* zu *dru* 'Baum'. — *Truhe*, ahd. *truha* 'Kiste, Schrank'; vielleicht mit grammatischem Wechsel zum vorigen, aber eher zu ags. *þrūh* Trog, Kasten, Sarg', anord. *þrō* 'ausgehöhlter Stamm oder Stein' zu lat. *truncus* 'Baumstamm'. — *Tüte*, nd., ndl. *tuit* 'Röhre' zu lit. *dūdà* 'Röhre'; hochd. *Zotte*, *Zeute*. — *Zeine* 'Korb'. ahd. *zeinna*, got. *tainjō* zu got. *tains* 'Zweig'.

In den Mundarten werden sicher noch manche alte Ausdrücke für Gefäße und Behälter stecken. Aber ob viele davon Anknüpfung in den verwandten Sprachen finden würden, ist sehr die Frage, da wir ja auch bei den bisherigen wenig Verbindung mit den übrigen indogermanischen Sprachen herstellen konnten. Auf keinem Wortgebiet ist nun so viel entlehnt wie gerade auf diesem (siehe unten), und daher könnte in manchem der erwähnten Wörter wohl noch ein Fremdwort stecken. Diese Herübernahme hängt zweifellos damit zusammen, daß man gern jedem Gefäß in neuer Form einen neuen Namen gibt.

2. ENTLEHNUNGEN.

In der ältern Zeit werden entlehnt: *Schemel*, ahd. *skamal* 'Schemel, Fußbank' aus lat. *scamellum*; daneben mundartlich *Schabelle*. — *Spiegel*, ahd. *spiagal* aus mlat. *speglum = speculum*. — *Teppich*, ahd. *teppich, tepid*, Umbildung von lat. *tapetum*. — *Tisch*. ahd. *tisk*, e. *dish* 'Schüssel, Gericht' aus lat. *discus* 'Schüssel', vgl. S. 216. — *Schrein*, ahd. *skrini*, e. *shrine*, lat. *scrinium*. — *Spind*, mnd. *spinde*, mlat. *spenda* 'Speisekammer, Speisekasten', also zum gleichen Stamm wie *spenden*, ahd. *spenton*, ital. mlat. *spendere* 'ausgeben', von lat. *expendere*. — *Angster* 'hohe enghalsige Trinkflasche', mhd. *angster*. mlat. *angustrum*. — *Arche*, ahd. *archa*, e. *ark*, got. *arka* 'Kasten', lat. *arca*, jetzt nur noch biblisch. — *Becher*, ahd. *behhar(i)* aus mlat. *biccarium*, das auf gr. βῖκος (*bikos*) 'Gefäß' zurückgeht. — *Becken*, ahd. *becki(n)* aus spätlat. *baccinum* 'Becken' von *bacca* 'Wasserfaß'. — *Bottich*, ahd. *botahha* aus mlat. *butica* von *buta*. — *Butte, Bütte*, ahd. *butin, butinna*, e. *butt* 'Faß' aus mlat. *butina* 'Flasche'. — *Buttel*, nd. *buddel*, dies aus mlat. *botilia*. — *Eimer*, ahd. *eimbar*, daneben *ambar*, wohl volksetymologisch umgestaltet aus gr.-lat. *amphora*. — *Flasche*, ahd. *flaska*, e. *flask* aus mlat. *flasca*. — *Gelte, Gilte*, ahd. *gellita, gellida* aus mlat. *galleta, gallida* 'Gefäß, Kübel'. — *Kelch*, ahd. *kelih* aus lat. *calic(em)*. — *Kessel*, ahd. *kezzil*, e. *kettle*, got. *katils* aus lat. *catinus* 'Napf, Schüssel'. — *Kopf* (noch in *Tassenkopf*), ahd. *kopf, kupf* 'Becher' e. *cup* 'Becher, Obertasse' aus lat. *cuppa* 'Becher' — *Korb*, ahd. *korb*, wohl aus lat. *corbem*, trotz weiter Verbreitung im Germanischen und trotz der Ablautsform mhd. *krebe* 'Korb'. — *Krause*, Art Krug. Obd. hess., mhd. *kruse*. Aus gr. κρωσσός (*krössós*) 'Wasser-, Öl-, Aschenkrug'? oder aus mlat. *crucibulus* 'Becher'? — *Kreisel*, ursprüngl. 'Krug' zu *Krause*. — *Krug*, ahd. *kruog*, *Kruke*, and. *kruka* sind wohl Entlehnungen aus unbekannter Quelle. — *Kübel*, ahd. *miluh-kubili* aus einem roman. *cubel*, prov. *cubel*, gr. κύπελλον (*kýpellon*). — *Kufe*, ahd. *kuofa*, e. *coop* 'Kufe' aus mlat. *cupa* (Nebenform von *cupa*). — *Küpe*, nd., Nebenform zu *Kufe* und wie dieses aus lat. *cupa*. — *Lägel, Legel*, ahd. *lagel(l)a*, lat. *lagena* 'Flasche'. — *Mulde*, nd. *Molle*, mhd. *multer*, ahd. *muolt(e)ra, mulktra* 'Melkgelte' aus lat. *mulctra* 'Melkkübel'. — *Ohm*, mhd. *ame*, e. *awm* aus mlat. *ama* 'Gefäß, Weinmaß'. — *Pfanne*, ahd. *pfanna*, e. *pan*, wohl aus lat. *patina*. — *Pinte*, 15. Jh., frz. *pinte*. — *Pulle*, nd. *pulle*, lat. *ampulla*. — *Sack*, ahd. *sak(h)*, e. *sack*, got. *sakkus*, lat.-gr. *saccus*, hebr. *śag*. — *Schachtel*, spätmhd. ital. *scatola*. — *Schüssel*, ahd. *skuzzila* aus lat. *scutella* 'kleine Schüssel'. — *Seidel*, spätmhd. *sidel* aus lat. *situla* 'Eimer' — *Tiegel*, ahd. *tegal* 'Schmelztiegel' aus lat. *tegula*, gr. τήγανον (*téganon*). Es steckt aber auch wohl ein echt germanisches Wort darin. — *Tonne*, ahd. *tunna*, e. *tun*, wohl aus dem Keltischen, ir. *tunna*. — *Trichter*, ahd. *trahtari* aus mlat. *tractarius*. — *Urne*, 17. Jh., lat. *urna*. — *Vase*, 1568, frz. *vase*. — *Zuber*, ahd. *zubar* 'Gefäß', dazu e. *tub*; nach Kluge aus lat. *tubus* (?).

Wenn nun auch weiter schon in mittelhochdeutscher Zeit einige Entlehnungen auf dem Gebiet des Hausgeräts erfolgten, so kommt der Hauptstrom doch erst in der Neuzeit, und es zeigt sich hier der Einfluß weiter Fernen. Wir ordnen den Stoff hier einfach alphabetisch.

Bufett, 1556, schweiz. *puffet*, frz. *buffet*, ital. *bufetto*. — *Diwan*, 1703, frz. *divan*, pers. *diwan*. — *Fauteuil*, 1727, frz. *fauteuil* aus d. **faltstuol*. — *Gardine*, 1598, aus ndl. *gardyn*, mlat. *cortina*. — *Jalousie*, 1710, frz. *jalousie*, aber in der Türkei geprägt. — *Kanapee*, Anfang des 18. Jh., frz. *canapé*, gr.-lat. *conopeum* von gr. κώνωψ (*konops*) 'Stechmücke', also 'ein mit einem Mückennetz versehenes Ruhebett'. — *Karaffe, Karaffine, Karwine*, 17. Jh., frz. *carafe*, pers. *qaraba* 'Flasche mit weitem Bauch'. — *Kasserolle*, 1715, frz. *casserole*. — *Kassette*, 1773, frz. *cassette*, ital. *cassetta*. — *Kommode*, 18. Jh., frz. *commode*, verdeutscht *Bequemlade*. — *Kredenztisch*, 1540, von *kredenzen*. — *Markise*, 1773, nach der Marquise Pompadour. — *Möbel*, 17. Jh., frz. *meuble*, lat. *mobilis*, woher auch *Mobilien* 1648. — *Ottomane*, 18. Jh., frz. *ottomane* 'die Ottomanische'. — *Phiole*, mhd. *viole*, gr.-lat. *phiale*. — *Platte*, 15. Jh., frz. *plat*. — *Präsentierteller*,

18. Jh., von *präsentieren*, mhd. *präsentiren*, frz. *présenter*. — *Rouleau*, 1741, frz. *rouleau*. — *Schatulle*, 1647, mlat. *scatula*. — *Sofa*, 1694, frz. *sopha*, arab. *suffa*. — *Tablett*, 19. Jh., frz. *tablette*. — *Tasse*, 1561, frz. *tasse*, arab. *tåsa*. — *Terrine*, 1780, frz. *terrine*. — *Vase*, 1568, frz. *vase*.

§ 139. **Geräte, Werkzeug und dergleichen.** Über die verschiedenartigen Geräte und Werkzeuge, die man in alter Zeit benützt hat, unterrichten uns die Funde. Sie zeigen eine überraschende Fülle verschiedener Formen. Damit muß die Sprache Hand in Hand gegangen sein. Es müssen zahlreiche Ausdrücke bestanden haben. Daß aber von diesen im Laufe der Zeit mit der Veränderung der Formen manche in Vergessenheit gerieten, ist eigentlich selbstverständlich. Trotzdem führt uns die Frage nach der Herkunft nicht selten über das germanische Sprachgebiet hinaus. Als besondere Eigentümlichkeit haben wir schon oben S. 118 hervorgehoben, daß viele Werkzeugnamen mit dem Suffix *-l* gebildet werden.

Vgl. dazu BRASCH, Die Namen der Werkzeuge im Altenglischen und G. WOLLERMANN a. a. O

EINHEIMISCHES SPRACHGUT.

Achse, s. o. S. 204. — *Ahle*, ahd. *åla* (e. *awl* ist ein andres Wort) zu aind. *årå* 'Pfriem, Ahle', lit. *ila* (letzteres vielleicht aus einem got. **ēlā* entlehnt). — *Angel*, ahd. *angul* 'Haken, Angel', e. *angle* 'Angelhaken' zu gr. ἀγκύλος (*ankýlos*) 'krumm'. — *Axt*, ahd. *ackus*, e. *ax*, got. *aqizi* zu gr. ἀξίνη (*axinē*), lat. *ascia* 'Beil' — *Bahre*, ahd. *båra*, e. *bier* zu *Bürde*, *gebären*, lat. *fero*. — *Band*, ahd. *bant*, e. *band* zu *binden*; dazu *Bendel*, ahd. *bentil*. — *Barte*, ahd. *barta*, eig. 'die Bärtige'. — *Beil*, ahd. *bīhal* aus **bīplom*; dazu *Bille* 'Hacke zum Schärfen der Mühlsteine', ahd. *bill* 'Schwert', e. *bill* 'Axt, Hacke', beide zu *beißen*, lat. *findere* 'spalten'. — *Bengel* 'kurzes stangenartiges Holz', mhd. *bengel* zu e. *bang* 'schlagen, prügeln' und dies vielleicht zu lit. *búožē* 'Keule'. — *Besen*, ahd. *besamo*, e. *besom*. — *Beutel* in *Loch-*, *Stechbeutel*, nd., ndl. *beitel* zu *beißen*, lat. *findo*, ai. *bhiduraḥ* 'spaltend'. — *Beutel* 'rundes Holz zum Mürbeschlagen des Flachses, nd. *bötel*, e. *beetle* zu ahd. *bōʒan* 'schlagen', e. *beat*, noch in *Amboß*. — *Beutel* 'Säckchen', nach E. SCHRÖDER bei Wollermann (s. o.) wahrscheinlich der Behälter, in dem das Kerbholz mit dem Aufgebot umging, also zu *bieten*. — *Bleuel* 'flaches Holz zum Schlagen', ahd. *bliuil* zu *bleuen*, e. *blow*, got. *bliggwan*, lat. *fligere*. — *Block*, ahd. *biloh*, gewöhnlich zu ahd. *bilūhhan* 'verschließen' gestellt. Es wäre dann der *Block*, in den die Verbrecher gesperrt wurden. — *Bohrer*, erst 1482 von *bohren*, lat. *forāre*. Dafür älter *bor*. — *Darre*, ahd. *darra* zu *dörren*. — *Dechsel* 'Breitbeil, Queraxt, wohl Krummhaue', ahd. *dehsala*, *dehsa* zu aind. *tákṣati* 'behaut', lat. *texere* 'weben', gr. τέκτων (*téktōn*) 'Zimmermann'. — *Deichsel*, s. o. S. 204. — *Döbel* 'Zapfen', ahd. *tubila*, e. *dowel*, gr. τύφος (*týphos*) 'Keil'. — *Draht*, ahd. *drāt*, e. *thread*, gr. τρητός (*trētós*) 'durchbohrt'. — *Ducht* 'Ruderbank', nd., hd. *Duft*, ahd. *dofta*. — *Egge*, s. o. S. 194. — *Falle*, ahd. *falla* von *fallan*, ahd. *fallan*, e. *fall*, lit. *púolu* 'falle'. — *Feile*, ahd. *fīhala*, e. *file*, anord. *þēl*, urgerm. **þinhlā-*. — *Felge* 'eins der krummen Holzstücke des Radkreises', ahd. *felaga*. — *Fessel*, ahd. *feʒʒil* 'Band' zu *fassen*. — *Futter*, ahd. *fuoter*, got. *fōdr* 'Schwertscheide', ai. *pātram* 'Behälter, Gefäß'. Dazu auch *Futteral*. — *Gabel*, ahd. *gabala* 'Gerät der Landwirtschaft' zu ir. *gabul* 'gegabelter Ast, Gabel'. — *Galgen*, ahd. *galgo*, e. *gallow*, lit. *žalga* 'Stange'. — *Geißel*, ahd. *geisila*, ursprüngliche Bedeutung 'Stab', daher zu *Ger*. — *Griffel*, ahd. *grifil* zu *greifen*. — *Gurt*, mhd. *gurt*, *Gürtel*, ahd. *gurtil*, e. *girdle*, got. *gairda*. Verwandt mit *Garten*. — *Hacke*, mhd. *hacke*, e. *hack*, wohl zu *hauen*, lat. *cūdo*. — *Haken*, ahd. *hāg(g)o*, *hāko*, e. *hook*. — *Halfter*, ahd. *halftra*, e. *halter* zu ahd. *halb* 'Handhabe, Stiel', e. *helve* 'Stiel' und dies zu lit. *kálpa* 'Querholz am Schlitten', apreuß. *kalpus* 'Rungenstock'. — *Hamen*, s. o. S. 186. — *Hammer*, ahd. *hamar*, e. *hammer*, ai. *áśmā* 'Stein'. — *Harfe*, ursprünglich 'ein Gerät zum Trocknen des Getreides', e. *harp*. — *Harke*. Norddeutsch, mnd. *harke*, ai. *khrgala-* 'Bürste'. — *Haspe* 'Türhaken', mhd. *haspe* 'Garnwinde', ahd. *haspa* 'soviel Garn wie auf einmal gehaspelt wird', e. *hasp* 'Riegel'. Dazu *Haspel*, ahd. *haspil*. — *Haue*, ahd. *houwa* zu *hauen*. — *Hebel*, 1432, ahd. *hefil(o)* 'Hefe' zu *heben*, ahd. *heffan*, e. *heave*, l. *capio*, gr. κώπη (*kópē*) 'Griff' — *Hechel*, mhd. *hechel*, *hachel*, e. *hatchel*, *hackle*. — *Heft* 'Handhabe', ahd. *hefti* 'Messer-, Schwertgriff' zu *haft*, lat. *captus*. — *Helm* 'Stiel eines Hauwerkzeuges', mhd. *halme* neben *halp*, ahd. *halap*, verwandt mit *Halfter*. — *Henkel*, 1480 zu *henken*, *hängen*. — *Hippe*, ahd. *heppa*, *happa* 'Sichel'. Zu gr. κοπίς (*kopís*) 'Schlacht-, Opfermesser'? — *Hobel*, mhd. *hovel*, *hobel*. Unklar. — *Hülse*, ahd. *hulsa*, e. *hull* zu *hehlen*, *hüllen*. — *Joch*, ahd. *joh*, e. *yoke*, got. *juk*, lat. *jugum*, gr. ζυγόν (*zygón*). — *Kamm*, ahd. *kamp*, *kambo*, e. *comb*, gr. γόμφος (*gómphos*) 'Zahn, Pflock'. — *Karst*, ahd. *karst*. — *Kegel*, ahd. *kegil* 'Pflock, kleiner Pfahl', abg. *žezlǔ* 'Rute, Stab'. — *Keil*, daneben auch *Keidel*, urgerm. **kīpla*. — *Kelle*, ahd. *kella*. — *Keule*, mhd. *kiule*. — *Kimme*, ags. *cimbing*. *Kiß*, *Kisse* 'langgestielte, hölzerne Scharre', ahd. *kissa*. — *Klammer*, mhd. *klamer(e)*, daneben mhd. *klampfer*. — *Klampe*, mnd. *klampe*. — *Klingel*, 1624 von *klingeln*, ahd. *klingilōn*. — *Klinke*, md. *klinke*. — *Kloben*, ahd. *klobo* zu *klieben*, ahd. *klioban*, e. *cleave*, l. *glubo*, gr. γλύφω (*glýphō*). — *Klöpfel*, *Klüpfel* zu *klopfen* und mhd. *klepfel* zu *klappen*. — *Klotz*, mhd. *kloz* zu *Kloß*, ahd. *klōʒ*, e. *cleat*, ai. *guḍah* 'Kugel'. — *Kluppe*, spätahd. *kluppa* 'Zange' zu *klieben*. — *Knebel*, ahd. *knebil* zu *Kamm* und gr. γόμφος (*gómphos*) 'Pflock, Haken'. — *Kneif* 'kurzes, gekrümmtes Messer', mnd. *knīf*, e. *knife*. — *Kneipe* 'Klemme, Zange', nd. *knīpe* zu *kneifen*. — *Knüppel*, mnd. *knuppel* zu *Knopf*. — *Knüttel*, ahd. *knutil* zu *Knoten*. — *Kolben*, ahd. *kolbo*, l. *globus*. — *Krampe*, and. *krampo* zu ahd. *krampf* 'gekrümmt', lett. *grumba* 'Runzel'. — *Krapfen*, ahd. *kräpfo* 'Haken', mit *Krampe* verwandt. — *Kräuel* 'Gabel mit Haken zum Fassen', ahd. *krawil* von *krauen*, ahd. *krouwōn*. — *Kraxe* 'Traggestell', mhd. *krechse*. — *Krempel* 'Wollkamm' zu ahd. *krampf* 'Haken'. — *Krücke*, ahd. *kruckia*, e. *crutch*. Zu ahd. *krūko* 'hakenförmiges Werkzeug'? — *Kufe*, ahd. *kuofa*, lit. *žągrė* 'Pflug'. — *Latte*, ahd. *latta*, e. *lath*, verwandt mit *Laden*. — *Leine*, spätahd. *līna*, e. *line* zu *Lein*. — *Leisten*, ahd. *leist*, e. *last*. Zu *Geleise*. — *Löffel*, ahd. *leffil* zu ahd. *laffan* 'schlürfen', lat. *lambere*. — *Lünse*, s. o. S. 204. — *Meißel*, ahd. *meizil* 'Meißel' zu ahd. *meiʒan* 'hauen, schneiden', got. *maitan* 'hauen'. — *Messer*, ahd. *mèʒʒi-rahs*, eigentlich Speise-(*mèʒʒi*)messer (*rahs* aus *sahs*), mit grammatischem Wechsel. — *Nadel*, ahd. *nādala*, e. *needle*, got. *nēþla* von *nähen*, ahd. *nājan*, s. unten. — *Nagel*, schon urgerm. in übertragener Bedeutung. Siehe oben S. 171. — *Nestel*, ahd. *nestilo*, *nestila*, lat. *nōdus* 'Knoten'. — *Niet(e)*, mhd. *niet(e)* zu ahd. *bi-hniotan* 'befestigen'. — *Ort* 'Schusterahle', ahd. *ort*, me. *ord* 'Spitze, Waffenspitze', Grundform **uzda-*. — *Pflock*, 14. Jh., mnd. *pluk*. — *Pflug*, s. o. S. 194. — *Pfriemen*, mhd. *pfrieme*, dazu ags. *prēon* 'Pfriem, Nadel', e. *preen* 'Gabelnadel'. — *Picke*, 1420 *bicke*, *Pickel*, mhd. *bickel* 'Spitzhacke' von *bicken*, *picken*, ahd. *bickan* 'angreifen, wonach stechen' zu gall.-lat. *beccus* 'Schnabel'. — *Prickel*, nd. 'Stecheisen', davon *prickeln* zu md. *priken* 'peinigen'. Vielleicht zu lit. *brēʒu* 'kratze'. — *Quirl*, ahd. *thwiril* zu ahd. *dweran* 'drehen, rühren', lat. *trua* 'Rührlöffel', gr. τορύνη (*torýnē*). — *Rad*, s. o. S. 204. — *Rahe* 'Segelstange', mhd. *rahe*, lit. *rēklēs* 'Stangengerüst'. — *Rahmen*, ahd. *rama* 'Säule, Stütze, Spanngestell beim Weben' zu got. *hramjan* 'kreuzigen', abg. *kroma* 'Rand', gr. κρέμαμαι (*krémamai*) 'hange, schwebe'. — *Raspe* aus afrz. *raspe*, das aus germ. ahd. *raspōn* 'zusammenraffen' gebildet ist, davon *Raspel*. — *Rechen*, ahd. *recho*, e. *rake* zu got. *rikan* 'anhäufen, sammeln', lat. *rogus* 'Scheiterhaufen'. — *Reff* 'Gestell', ahd. *ref*, e. *rip* 'Korb, Fischkorb', lat. *corbis*. — *Reif*, *Reifen*, ahd. *reif* 'Seil', e. *rope*, got. *skaudaraip-* 'Lederriemen'. — *Reiter* 'gröbstes Getreidesieb', ahd. *rīt(e)ra*, e. *riddle*, lat. *cribrum*. — *Riemen*, ahd. *riemo*, e. *ream*, gr. ῥῦμα (*rýma*) 'Zugseil'. — *Riffel* 'Raffkamm', ahd. *riffila* 'Säge', e. *ripple* 'Flachriffel' zu *reffen*, mhd. *reffen*. — *Riester* 'Pflugsterz', ahd. *riostar*, e. *rest* zu *reuten*? — *Ring*, ahd. *hring*, e. *ring*, abg. *kragŭ* 'Kreis'. Dazu *Rinken*, ahd. *hringa*. — *Rocken*, ahd. *rocko*, e. *rock*. — *Röhre*, ahd. *rōrra* zu *Rohr*. — *Ruder*, ahd. *ruodar*, e. *rudder*, ai. *áritrah* 'Ruder', gr.

ἐρετμόν (eretmón), lat. *remus*. — *Runge*, spätmhd., e. *rung* 'Querbalken des Schiffsbodens, Leitersprosse', got. *hrugga* 'Stab'. Vielleicht zu lat. *crux*. — *Rute*, ahd. *ruota*, e. *rod*, lat. *radius*? — *Säge*, ahd. *sega, saga*, e. *saw* zu lat. *secāre*. — *Sattel*, ahd. *satul*, e. *saddle*, abg. *sedlo* zu *sitzen*. — *Säule* 'Stechwerkzeug des Schusters', ahd. *siula* zu ahd. *siuwan* 'nähen', e. *sew*, lat. *suere, sūtor*. — *Schaft* 'Stange', ahd. *skaft*, e. *shaft*, lat. *scāpus*, gr. σκῆπτρον (skẽptron). — *Schar* in *Pflugschar*, ahd. *skara, skaro* zu *scheren*, ahd. *skeran*, e. *shear*, lit. *skirti* 'schneiden', gr. κείρω (kérö) 'schere'. — *Schaufel*, ahd. *skūfala*, e. *shovel* zu *schieben*, ahd. *skioban*, e. *shove*, abg. *skubati* 'reißen, zupfen'. — *Scheibe*, ahd. *skiba*, e. *shive*, gr. σκοῖπος (skoípos) 'Töpferscheibe'. — *Scheide*, ahd. *skeida*, e. *sheath*. — *Schelle*, ahd. *skella* zu ahd. *skellan* 'schellen'. — *Schiene*, ahd. *skina* 'Metall- oder Holzstreifen', e. *shin*. — *Schlegel*, ahd. *slegil* zu *schlagen*. — *Schleuder*, erst im 15. Jh., mnd. *sluder*. — *Schloß*, ahd. *sloʒ, sloʒ*, e. *slot, sloat* 'Riegel', *Schlüssel* zu *schließen*. — *Schnur*, ahd. *snuor*; dazu got. *snōrjō* 'Flechtwerk, Korb', ai. *snā́va* 'Band, Sehne'. — *Schwengel*, mhd. *swengel* zu *schwenken*, ahd. *swenkan* zu *schwingen*. — *Sech* 'das niederhangende Pflugmesser', ahd. *seh*, zu *Säge*. — *Segel*, ahd. *segal*, e. *sail*. — *Seil*, ahd. *seil*, got. *insailjan* 'an Seilen hinablassen', abg. *silo* 'Seil, Strick'. Dazu auch *Siele*, ahd. *silo* 'Zugriemen' und dessen Nebenform *Sill(e)*. — *Senkel* 'Haftband', ahd. *senkil* zu *senken*. — *Sense*, ahd. *segansa, segesna*, l. *sacēna*. — *Sieb*, ahd. *sib*, e. *sieve*, vielleicht zu l. *dissipāre*. — *Spachtel*, dunkel. — *Spake* 'Handspeiche', ahd. *spacka, spacko* 'Reisig' zu *spack*. — *Span*, ahd. *spān*, e. *spoon* 'Löffel', gr. σφήν (sphẽn) 'Keil' — *Spange*, ahd. *spanga*, e. *spangle* 'Flitter'. — *Sparren*, ahd. *sparro*, e. *spar*, vielleicht mit *Speer* zu lat. *sparus* 'kurzer Jagdspieß'. — *Spaten*, nd., an. *spado* 'Hacke', e. *spade*, gr. σπάθη (spáthæ). — *Speiche*, ahd. *speicha*, e. *spoke*. Zu lat. *spīca* 'Ähre'? — *Speidel, Speil*, mnd. *spile* 'Steckholz'. — *Spenadel* 'Stecknadel', unter Einwirkung von *Nadel* umgestaltet aus ahd. *spenala*. Kaum entlehnt aus lat. *spīnula*, sondern zu *Span*. — *Spindel*, ahd. *spin(n)ala*. Daneben *Spille*, ahd. *spilla* aus *spinla*. Zu *spinnen*. — *Sporn*, ahd. *sporo*, e. *spur* zu *Spur* und ahd. *spurnan* 'treten', e. *spurn*, lat. *spernere*. — *Spriet*, nd., mndl. *spriet* 'Segelstange', e. *sprit* 'Bugspriet' von *sprießen* s. u. — *Spritze*, mhd. *sprütze* zu *spritzen*, mhd. *sprützen*, und dies zu *sprießen*, mhd. *sprieʒen*, e. *sprout*. Vielleicht zu lett. *spraujuos* 'emporkommen'. — *Spule*, ahd. *spuolo*, e. *spool*. — *Stachel*, ahd. *stachil* zu *stechen*. — *Staken*, nd., mnd. *stake*, e. *stake*, lett. *stēga, stēgs* 'Stock, Stange'. — *Stange*, ahd. *stanga*, e. *stang* von e. *sting*, got. *usstiggan* 'ausstechen', vielleicht zu gr. στάχυς (stákhys) 'Ähre'. — *Stapel*, nd., mnd. *stapel* 'Säule, Pfahl', e. *staple*. — *Stelze*, ahd. *stelza* 'Holzbein zum Gehen', e. *stilt*. — *Stempel*, mhd. *stempfel* zu *stampfen*, ahd. *stampfōn*, e. *stamp*, gr. στέμβω (stémbō) 'durch Stampfen erschüttern'. — *Steuer*, nd., and. *stiorwith* 'Ring des Steuerruders' zu anord. *staurr* 'Pfahl', gr. σταυρός (staurós) 'Pfahl', lat. *restaurāre*. — *Stichel*, ahd. *stichil* zu *stechen*. — *Stift*, mhd. *stift, steft*, ahd. *steft* 'Nabe' zu *steppen*. — *Stocher*, Zahn- zu veraltetem *stochen*, das wohl mit *Stock* zusammenhängt. — *Stock*, ahd. *stoc(h)*, e. *stock*. Wohl zu lit. *stúgti* 'steif in die Höhe stehen'. — *Strahl*, ahd. *strāla* 'Pfeil', abg. *strěla*. Dazu *Strähl* 'Kamm', mhd. *strœl*. — *Strang*, ahd. *strang*, e. *string*, lat. *stringere*, gr. στραγγάλη (strangálæ) 'Strick'. — *Strick*, ahd. *strik*, ai. *sraj* 'Gewinde'. — *Takel* 'Flaschenzug', nd., mnd. *takel* 'Schiffsausrüstung'. — *Tau*, nd., mnd. *touwe* 'jegliches Gerät' zu got. *taujan* 'machen'. — *Teuchel* 'Wasserleitungsröhre' mhd. *tiuchel*. — *Wagen*, s. S. 204. — *Walze* zu *walzen*, ahd. *walzan*, got. *waltjan* 'sich wälzen'. Wohl zu *Welle*. — *Wanne*, ahd. *wanna* 'Getreide-, Futterschwinge', aus lat. *vannus* oder damit urverwandt. — *Weck*, ahd. *weggi* 'Keil', e. *wedge*, lit. *vagis*. — *Wedel*, ahd. *wadal, wadil* 'Reisbüschel zum Streichen und Peitschen im Bade'. Kaum zu *wehen*, sondern zu *wallen* (mit *ll* aus *đl*) 'in die Ferne gehen', ahd. *wallōn*, *Wadel, Wädel* 'Mondphase', ahd. *wedal* 'Neumond'. — *Wiege*, mhd. *wiege, wige*, ahd. *wiga*, gewöhnlich *waga* zu *bewegen*. — *Wirbel*, ahd. *wirfil* 'Wirbelwind' zu *werben*, ahd. *hwerban* 'sich drehen'. got. *hvairban* 'wandeln', gr. καρπός (karpós) 'Handwurzel', καρπάλιμος (karpálimos) 'schnell'. — *Wirtel*, spätmhd. *wirte(l)* zu *werden*, ahd. *werdan*, got. *wairþan*, lat. *vertere*. —

Worfel zu ahd. *wintworfa* 'Wurfschaufel' zu *werfen*. — *Würfel*, ahd. *worfel* zu *Wurf*, *werfen*. — *Zain*, *Zein* 'Weidengerte', ahd. *zein*, e. *toe* in *mistletoe*. — *Zange*, ahd. *zanga*, e. *tongs*. Zu gr. δάκνω (*dáknō*) 'beiße'. Dazu noch *zanger* 'scharf', ahd. *zangar*. — *Zupfen*, ahd. *zupfo*, e. *tap*. — *Zarge* 'Seiteneinfassung', ahd. *zarga*, e. *targe*. Zu abg. *podraga* 'Rand', gr. δράσσομαι (*drássesthai*) 'fassen'. — *Zettel* 'Aufzug eines Gewebes', spätmhd. *zettel* zu *zetten* 'streuen', ahd. *zetjan*, gr. δατέομαι (*datéomai*) 'verteile'. — *Zeug*, ahd. *giziug* 'Gerät'. — *Zaum*, ahd. *zoum*, e. *team* zu *ziehen*. — *Zügel*, ahd. *zugil* zu *ziehen*. — *Zweck* 'Holznagel', ahd. *zwec*. Dazu noch *Zwecke*, *Zwick*, *Zwickel*, mhd. *zwickel* 'Keil'

LEHNWORTE.

Köcher, ahd. *kocchar*, mlat. *cucurrum*. — *Kolter* 'Pflugmesser', 1413, afrz. *coltre*. — *Kordel* 'Schnur', mhd. *korde*, frz. *corde*. — *Kunkel* 'Spinnrocken', ahd. *konakla*, mlat. *conucula*. — *Kurbe*, ahd. *kurba*, frz. *courbe*. Dazu *Kurbel*. — *Mange*, *Mangel* 'Glättrolle für Wäsche', 15. Jh., mhd. *mange* 'Schleudermaschine' aus mlat. *manga*, *mangana* 'Steinschleuder'. — *Spatel*, 15. Jh., mndl. *spatel*, e. *spattle*, *spaddle*, l. *spathula*. — *Stöpfel*, *Stopfen*, obd. für nd. *Stöpsel* zu *stopfen*, ahd. *stopfōn* aus mlat. *stuppāre* von *stuppa* 'Werg'. — *Wanne*, ahd. *wanna* aus l. *vannus* oder damit urverwandt.

Wenn man diesen außerordentlich reichhaltigen Stoff überblickt, so fällt die geringe Anzahl der Entlehnungen auf. Bis in die neueste Zeit ist die Sprache imstande gewesen, immer neue Worte zu schaffen. Anderseits sind auch von den ältern Bestandteilen viele ganz deutlich, so daß die Zeit der Entstehung nicht allzu weit zurückliegen kann. Jedenfalls hängt wohl diese starke Entwicklung der Werkzeug- und Gerätenamen mit dem Aufkommen der Eisenzeit zusammen, in der sich die Werkzeuge und Geräte in hohem Maße vermehren konnten.

Auf eine besondere Eigentümlichkeit aller Sprachen mag hier noch hingewiesen werden. Nicht allzu selten dienen Tiernamen zur Bezeichnung einzelner Geräte oder ihrer Teile.

So haben wir einen *Hahn* am Faß und an der Flinte, während die Franzosen *chien* sagen. *Hund* bedeutet bei den Bergleuten einen offenen länglich viereckigen Kasten auf vier Rädern. Der *Reißwolf* ist eine Maschine zum Zerkleinern der Holzfasern. Der *Kran* ist nichts weiter als die unerweiterte Form von *Kranich*.

§ 140. **Die Nahrungsmittel und ihre Zubereitung. Die Kochkunst.** Es versteht sich fast von selbst, daß wir auf diesem Gebiet wenig altes Erbgut zu erwarten haben, da noch heute die Namen der Gerichte vielfach schwanken. Wohl aber sind die Ausdrücke für die mannigfachen Arten der Zubereitung sehr verschiedenartig und zum Teil uralt.

kochen, das heute üblichste Wort, ahd. *kochōn*, ist entlehnt aus lat. *coquere*, nebst *Koch*, ahd. *koch*, e. *cook*, lat. *coquus* und *Küche*, ahd. *kuchina*, e. *kitchen*, lat. *coquina*.

Alt aber sind: *backen*, ahd. *bachan*, e. *to bake* zu gr. φώγειν (*phōgein*) 'rösten'. — *Brodem*, ahd. *brādam* 'Hauch, Hitze' zu *braten*, ahd. *brātan*, vielleicht zu lat. *fretum* 'Brausen, Wallen, Hitze'. — *brauen*, ahd. *briuwan*, e. *brew* zu lat. *fervēre*. — *brühen*, mhd. *brüejen* 'mit Heißem sengen'; mit dem vorigen verwandt. — *dämpfen*, ahd. *dempfen* 'erlöschen, ersticken machen', von *Dampf*. — *rösten*, ahd. *rösten* 'auf den Rost legen, braten, rösten', Ableitung von *Rost*; entlehnt ins Romanische, frz. *rôtir*; Grundform *raustjan*. — *schmoren*, aus dem Niederdeutschen, ndl. *smoren* 'rösten, schmoren', ags. *smorian* 'ersticken'. — *sieden*, ahd. *siodan*, e. *to seethe* zu lit. *šuntù* 'schmore', lett. *sautēt* 'bähen, brühen', aind. *kvathati* 'kocht' oder zu ahd. *swedan* 'langsam und dampfend brennen', wozu *Schwaden*, mhd. *swadem*; ferner *roh*, ahd. *hrao* 'roh, ungekocht, ungebildet', e. *raw* zu lat. *crūdus*.

Es mögen die alten Namen für Speisen und Getränke folgen:

SPEISEN.

Aas 'Viehfutter', ahd. *âз* 'Speise', abg. *jadĭ*, lit. *êdis* 'Speise', also Ableitung von *essen*, lat. *edere*, gr. ἔδειν (*édēn*); daneben *Aas* 'verwesendes Fleisch', ahd. *âs* aus **êttam*, ebenfalls zu *essen*, in der Bildung mit lat. *êsus* 'Essen' zu vergleichen. — *Brei*, ahd. *brî(o)* zu lat. *friâre* 'zerreiben, zerbröckeln' oder *fervêre*? — *Brot*, ahd. *brôt(h)*, e. *bread* zu *brodeln* und im Ablaut zu lat. *dêfrutum*. — *Brühe*, mhd. *brüeje* von *brühen*. — *Fladen* 'dünner, flacher Kuchen', ahd. *flado, flada* zu lat. *puls*, gr. πόλτος (*póltos*) 'dicker Brei'. — *Futter*, ahd. *fuotar*, e. *fodder* zu ahd. *fuotian*, e. *feed* 'füttern', gr. πατέομαι (*patéomai*) 'esse', abg. *pitati* 'nähren, aufziehen'. — *Grütze*, ahd. *gruzzi*, e. *grit*, an. *grautr*. Dazu *Gries* und lat. *rûdus* 'zerbröckeltes Gestein'. — *Kuchen*, ahd. *kuocho*, e. *cake* mit Ablaut, vielleicht Wort der Kindersprache. Andere Erklärungen bei Weigand. — *Laib*, ahd. *hleib*, got. *hlaifs* 'Brot', e. in *lord* aus ags. *hlâford, hlâfweard* 'Brotwart', *lady* aus ags. *hlǣfdige* 'domina', eigentlich 'Brotverteilerin'; wohl zu lat. *lîbum* 'Kuchen, Fladen', vgl. aber Walde s. v. — *Lebkuchen*, mhd. *lëbekuoche*, vielleicht Ablaut zu *Laib*. — *Mus*, ahd. *muos* 'gekochte, besonders breiartige Speise', wohl aus **môtta-* zu got. *mats* 'Speise' (noch in *Mettwurst* und *Messer*, s. o. S. 220); Kollektivum dazu *Gemüse*, mhd. *gemüese*. — *Nudel*, erst seit dem 16. Jahrhundert belegt; unerklärt. — *Obst*, ahd. *obaз*. — *Wurst*, ahd. *wurst*, nur deutsch, aber als Wort gewiß alt; wahrscheinlich zu *wirken*, wegen *wursteln*.

GETRÄNKE.

Ein altes Wort für *Bier* steckt in e. *ale*, dän. *öl*, ags. *ealu* zu lit. *alùs* 'Bier'; von diesem Stamm vielleicht auch lat. *alûmen* 'Alaun' — *Met*, ahd. *mëtu*, e. *mead* zu aind. *mádhu* 'Honig, süßer Trank', gr. μέθυ (*méthy*) 'Trunkenheit'. — *Bier*, ahd. *bior*, e. *beer*; unerklärt.

Der *Branntwein* wird zuerst 1360 in Frankfurt a. M. erwähnt. *Schnaps* ist eine ganz junge Bildung zu *schnappen* und bedeutet eigentlich einen 'Schluck'. — *Rotspon* ist ein mecklenburgischer Ausdruck und bedeutet 'Rotwein vom Faß' (*span*).

Daß die Kunst des Bierbrauens sehr alt ist, wird durch die geschichtlichen Tatsachen erwiesen. Für das Deutsche folgt es auch aus dem Vorhandensein eines alten Wortes für *Malz*, ahd. *malz*, ein Wort, das ins Französische, Finnische, Slawische und Litauische entlehnt wurde. Es gehört zu gr. μέλδειν (*méldēn*) 'erweichen, schmelzen machen'

Ein besonderes Kapitel bilden die B i e r e und ihre Namen. Wie noch heute viele Biersorten an gewisse Orte in betreff ihrer Hervorbringung gebunden sind, so ist es auch in alter Zeit gewesen. Kluge hat in seiner Studentensprache S. 22 ff. eine solche Fülle alter Biernamen zusammengetragen, daß man billig erstaunen muß. Schon im 16. Jahrhundert bietet Fischart in seinem Gargantua S. 85 eine lange Liste, die freilich auf eine ältere Quelle zurückgeht. Von diesen alten zahlreichen Benennungen haben sich aber doch nur merkwürdig wenige erhalten, was sicher auf die gänzliche Umwandlung der Bierbereitung im 19. Jahrhundert zurückzuführen ist. Ich finde nur *Bock*, im 16. Jahrhundert *Ainbock*, eigentlich 'Eimbecker Bier' — *Broyhan* bei Fischart, wurde früher noch in Halberstadt gebraut. — *Gose*, im 18. Jahrhundert in *Goslar*. — *Mumme* im 16. Jahrhundert; noch heute in Braunschweig. — *Rastrum, Raster*, in Leipzig seit 1484 nachgewiesen, aber jetzt nicht mehr bekannt. Der Name stammt von dem Rechen, der zum Zeichen des Ausschanks herausgesteckt wurde.

Was die Herkunft der Namen betrifft, so tappen wir meistens im Dunkeln. Wenn wir sehen, wie heute die Biere nach dem Orte ihrer Herkunft benannt werden, *Münchener, Pilsener, Kulmbacher*, so wird man für die ältern Zeiten ähnliches vermuten dürfen, nur daß früher gewiß die Erzeugnisse auch nach den Häusern, in denen gebraut wurde, ihren Namen erhalten haben. In solchen Fällen kann Aufklärung freilich nur vom Zufall erwartet werden, wie wir denn zufällig wissen, um einen Fall auf verwandtem Gebiet herauszugreifen, daß der Danziger *Lachs* nach einem Hause heißt, das *Zum Lachs* benannt ist.

Es mögen hier nun gleich die Ausdrücke für *essen* usw. ihre Stelle finden:
essen, ahd. *ezzan*, e. *to eat*, lat. *edere*, gr. *ἔδειν* (*éd*ⁿ*n*). — *fressen*, ahd. *vrezzan*, e. *fret* 'zerfressen', got. *fra-itan*, eigentlich also 'ganz essen'. — *kauen*, ahd. *kiuwan*, e. *to chew*, abg. *žvati*. — *beißen*, ahd. *bîzzan*, e. *to bite*, lat. *findere* 'spalten'. — *lecken*, ahd. *lëckôn*, e. *to lick*, got. *laigôn*, gr. *λείχειν* (*lêkhên*). — *saugen*, ahd. *sûgan*, e. *to suck*, lat. *sûgere*. — *schlürfen* erst neuhochdeutsch, aber wohl alt, vielleicht zu lat. *sorbère*. — *schlucken*, ahd. **slukkôn*, gr. *λύζειν* (*lýzen*) 'den Schlucken haben' — *trinken*, ahd. *trinkan*, e. *to drink*, got. *drigkan*, sonst nicht nachzuweisen. — *saufen*, ahd. *sûfan*, e. *to sup* 'schlürfen'; nicht im Indogermanischen. — *wiederkäuen*, dafür ein alter Ausdruck ahd. *itruchu*, lat. *ructo*, gr. *ἐρεύγω* (*ereûgo*).

Dazu *satt*, ahd. *sat*, got. *saþs* zu lat. *satis*, *satur*. — *Hunger*, ahd. *hungar*, e. *hunger*, got. *hûhrus* zu lit. *kankà* 'Qual'. — *Durst*, ahd. *durst*, e. *thirst* zu *dorren* und *dürr*.

ENTLEHNUNGEN.

Auch hier zeigt sich zunächt der römische Einfluß. Zu den ältesten Entlehnungen gehört die des Wortes *Wein* und alles dessen, was sich auf den Weinbau und die Weinbereitung bezieht. Die Worte sind oben S. 195 zusammengestellt.

Weiter brachte dann das Klosterwesen mancherlei.

Speise, ahd. *spîsa*, mlat. *spêsa* aus *expensa* 'das Ausgeteilte'. — *Semmel*, ahd. *semala*, lat. *simila* 'feinstes Weizenmehl'. — *Butter*, ahd. *butera*, e. *butter*, gr.-lat. *butyrum*. — *Käse*, ahd. *kâsi*, e. *cheese*. lat. *câseus*. — *Märte* 'Mischmasch, kalte Schale', ahd. *merâta*, aus lat. *merenda* 'Vesperbrot'. — *Oblate*, ahd. *oblâte*, mlat. *oblata*. — *Brezel*, *Prezel*, ahd. *prezitella*, mlat. *bracitella* von *bracchium* 'Arm'.

Der Einfluß der französischen Kochkunst ist in mittelhochdeutscher Zeit merkwürdig gering. Nur frz. *soupe* wirkt ein.

In der Neuzeit dagegen tritt zunächst ein immer stärkerer Einfluß der französischen Küche ein, der unsere Speisekarte ganz verwelscht hat.

Biskuit, 17. Jh., frz. *biscuit*, aber schon im 16. Jh. *Biskotten*, ital. *biscotto*. — *Bonbon*, 18. Jh., frz. *bonbon*. — *Bouillon*, 1715, frz. *bouillon*. — *Dessert*, 18. Jh., frz. *dessert*. — *Filet*, 18. Jh., frz. *filet*. — *Frikandeau*, frz. *fricandeau*. — *Frikandelle*, 1715, umgestaltet aus ital. *frittadella*. — *Frikassee*, 16. Jh., frz. *fricassée*. — *Gallerte*, im 16. Jh., aber schon mhd. *galreide*. Zu *Gelee*, *Gelatine*. — *Gelatine*, 1727, frz. *gélatine*. — *Gelee*, 1715, frz. *gelée*. — *Kandis*, *Kandelzucker*, im 16. Jh., frz. *sucre candi*. — *Karbonade*, ndl. 1598, frz. *carbonnade*, ital. *carbonata*. — *Kompott*, 1801 bei Campe, im 16. Jh. *Kompost*, ital. *composta*. — *Konserve*, 1580, mlat. *conserva*. — *Kotelette*, 1715, frz. *côtelette*. — *Krem*, 1715, frz. *crême*. — *Makkaroni*, 18. Jh., venez. *macaroni*. — *Makrone*, 1700, frz. *macaron*. — *marinieren*, 1678, frz. *mariner*. — *Marmelade*, 1626, frz. *marmelade*, span. *mermelada*. — *Marzipan*, um 1500, ital. *marzapane*. — *Mayonnaise*, 19. Jh., frz. *mayonnaise*. — *Omelette*, 1715, frz. *omelette*. — *panieren*, 1739, frz. *paner*. — *Pralinés*, frz. *praline*. — *Prünelle*, 1676, frz. *prunelle*. — *Poularde*, 1739, frz. *poularde*. — *Ragout*, 1650, frz. *ragoût*. — *Remo(u)ladensauce*, frz. *rémo(u)lade*. — *Salami*, 19. Jh., ital. *salame*. — *Sauce*, 1561, afrz. *sause*. — *Torte*, 15. Jh., frz. *tarte*. — *Zervelatwurst*, 1715, ital. *cervellata*.

Erst das 19. Jahrhundert läßt auch die englischen Gerichte zu uns dringen.

Beefsteak, e. *beefsteak*. — *Flummri*, 19. Jh., e. *flummery*. — *Pudding*, 1720, e. *pudding*. — *Rumpsteak*, e. *rumpsteak*. — *Sandwich*, 18. Jh., e. *sandwich*.

Wie auf dem Gebiet der Speisen besitzen wir auch auf dem der Getränke eine große Fülle von Entlehnungen, und es ist wohl wert, sie einmal im Zusammenhang zu überblicken. Bemerkenswert bleibt, daß sich alte Entlehnungen und alte Namen fast gar nicht erhalten haben, obgleich schon die höfische Gesellschaft des Mittelalters über eine Menge von Getränken und Getränknamen verfügte.

Absinth, frz. *absinthe*, 19. Jh. — *Arrak*, um 1600, arab. *'araq*. — *Benediktiner*. — *Champagner*, 1727, nach fr. *vin de Champagne*. — *Chartreuse*, modern. — *Franzbranntwein*, 1716. — *Grog*, 19. Jh., e. *grog*. — *Kaffee*, 17. Jh., arab. *qahva*. — *Kakao*, 1628, mexik. *cacao*. — *Kardinal*, 1791, e. *cardinal*; vgl. im 18. Jh. auch *Bischof*, wie z. B. in der Jobsiade. — *Kognak*, 1787, frz. *cognac*. — *Likör*, 1776, frz. *liqueur*. — *Limonade*, 1687, frz. *limonade*, ital. *limonata*. — *Malvasier*, mhd. *malfasier* nach der Stadt Napoli di Malvasia auf Morea. — *Portwein*, 18. Jh., e. *portwine*, Wein aus Oporto. — *Punsch*, 18. Jh., e. *punch*, aind. *pañča* 'fünf'. — *Rum*, 18. Jh., e. *rum*. — *Schokolade*, 1678, mexik. *chocollatl*. — *Sekt* ist ursprünglich 'süßer Likörwein' von span. *vino seco* 'Trockenbeerenwein' (schon 1647) und hat erst seit 1830 von Berlin ausgehend die Bedeutung 'Schaumwein' erhalten. — *Tee*, 1706, aus dem Chinesischen. — *Whisky*, 1834, ir. *uisce*, eig. 'Wasser'. — *Zider*, 1753, frz. *cidre*.

Auch sonst ist es anziehend und wertvoll, die örtlichen Namen für Speisen und Getränke hinsichtlich ihrer Verbreitung zu betrachten, ihre Herkunft festzustellen. Denn es gibt bekanntlich in diesem Punkte in Deutschland unendliche Verschiedenheiten.

§ 141. Die Kleidung und ihre Herstellung.

Literatur: LILLY L. STROEBE, Die altenglischen Kleidernamen; eine kulturgeschichtliche Untersuchung; Borna-Leipzig, Heidelberger Diss. 1904.

Um die Stoffe, aus denen die Kleidung in alter Zeit hergestellt wurde, zuzubereiten, bedurfte es der verschiedensten Tätigkeiten. Das Fell mußte abgezogen und gegerbt, die Wolle gerupft, gesponnen und gewebt werden. Noch verwickelter ist die Zubereitung des Flachses. Litauische Märchen erzählen, wenn sie etwas Langes berichten wollen, von der 'Qual des Flachses', wie man ihn sät, wie er wächst und reif wird, wie er gerauft, getrocknet, ausgebreitet, geröstet, aufgenommen, in die Brechstube eingefahren und wieder getrocknet wird, wie man ihn dann bricht, ausschwingt, hechelt, spinnt, webt, bleicht, schneidet und näht. Für alle diese Tätigkeiten und Vorgänge müssen einst Ausdrücke vorhanden gewesen sein, aber es ist natürlich heute kaum noch zu ermitteln, welche ursprüngliche Bedeutung an jedem der noch vorhandenen Wörter gehaftet hat. Ich stelle zusammen, was mir hierher zu gehören scheint.

zehren, ahd. *firzëran* 'auflösen, zerstören, zerreißen', e. *to tear* 'zerreißen', got. *gatairan* 'zerstören, vernichten' zu gr. δέρειν (*dérēn*) 'schinden'. — *schinden*, ahd. *skintan* 'enthäuten' war wohl das altgermanische Wort für 'Fell abziehen'. Es ist abgeleitet von einem Wort, das noch in *Schinne* 'Schuppe' vorliegt, vgl. auch an. *skinn* n. 'Haut, Fell, Pelz, Leder'. — *gerben*, ahd. *garawen* 'bereit machen' zu *gar*, hat erst seit etwa 1300 die heutige Bedeutung angenommen und hat natürlich andere Ausdrücke verdrängt.

Leder, ahd. *lëdar*, e. *leather* ist ein gemeingermanisches Wort von altertümlicher Bildungsweise. Man stellt es zu air. *lethar*, kymr. *lledr*, die von andern als nordische Lehnworte betrachtet werden. Man kann es aus *dletrom* und weiter aus *dretrom* erklären und zu gr. δέρω (*dérō*), d. *zehren* stellen. Es wäre dann die abgezogene Haut. — Die *Wolle* (got. *wulla*, e. *wool*, lat. *lāna*) wird ursprünglich *gerupft* oder *gerauft*. *raufen*, ahd. *roufen*, got. *raupjan*. — *scheren*, ahd. *skëran* 'scheren, abschneiden', e. *to shear* 'scheren', zu gr. *κείρειν* (*keren*) 'scheren'. — *flechten*, ahd. *flëhtan*, lat. *plectere*, gr. *πλέκειν* (*plëkën*). — *spinnen*, ahd. got. *spinnan*, e. *to spin*, dazu lit. *pinti* 'flechten'. — *weben*, ahd. *wëban*, e. *weave* zu gr. *ὑφαίνω* (*hyphalnō*). — *bleuen*, Flachs bleuen, ahd. *bliuwan*, e. *blow*, got. *bliggwan* zu lat. *fligere* 'schlagen'. — *rösten*, Flachs, Hanf, ahd. *roʒʒen* 'faul werden', e. *to rot* 'faulen'; dazu auch *verrottet*. — *dechsen*, mhd. *dehsen* 'den Flachs schwingen', aind. *tákṣati* 'behaut', lat. *texere* 'weben', eigentlich 'zuschlagen'. — *nähen*, ahd. *najan*, got. *nēpla* 'Nadel', formell identisch mit lat. *nēre*, gr. *νέειν* (*nēën*), die aber 'spinnen' bedeuten. Vgl. aber gr. *νῆμα* (*nǝ̄ma*) 'Faden', air. *snāthe* 'Faden'. Man könnte also für das Germanische eine Grundbedeutung 'fädeln' ansetzen. — *schneiden*, ahd. *snīdan*, got. *sneipan*; Herkunft unbekannt. — *schroten* 'grob in Stücke schneiden, zermalmen', ahd. *skrōtan*, e. *shred* 'zerschneiden, abhauen'.

Während ursprünglich bei der Kleidung das *Nähen* die Hauptsache war und es ahd. *nātare* 'Schneider' heißt, jetzt noch *Nähterin*, wurde später das Zuschneiden bedeutungsvoller, für das man *schroten* und *schneiden* sagte. Daher der Schneider auch *Schröder* heißt. Dies geht aber verloren und nur *Schneider* hält sich.

steppen, mhd. *steppen* aus dem nd., and. *steppon* 'stechen, zeichnen'. Dazu *Stift*. — *walken*, ahd. *walkan* 'walken, schlagen, prügeln' zu aind. *válgati* 'bewegt sich heftig, hüpft, springt'. — *sticken*, ahd. *stikken* 'stechen, sticken' zu *stechen*, ahd. *stëhhan*, e. *to stitch* zu gr. *στίζειν* (*stīzën*) 'punkten, stechen', lat. *instīgāre* 'anstacheln, anreizen'. — *stricken*, ahd. *strikkan* 'schnüren, heften, flechten' von *Strick*, ahd. *strik*, das zu aind. *sraj* 'Gewinde' gehört. — *wirken*, ahd. *wirkan*, got. *waúrkjan* zu gr. *ῥέζειν* (*rézën*) 'tun', bezieht sich wohl auch teilweise auf die Tätigkeit des Webens.

Was die Kleidung selbst betrifft, so gibt es im Germanischen eine Fülle von Ausdrücken, von denen sich eine Reihe ins Indogermanische verfolgen läßt, während andere in den verwandten Sprachen fehlen, aber ein recht altertümliches Aussehen haben.

1. EINHEIMISCHES SPRACHGUT.

Daß man Kleidung trug, folgt zunächst aus dem Ausdrucke für:

nackt, ahd. *nackot*, e. *naked*, got. *naqaþs*, entsprechend lat. *nūdus* (**nogwodos*) und *bar*, ahd. *bar* 'nackt, bloß', e. *bare* zu lit. *bāsas* 'barfüßig'.

Sonst finden wir noch:

Ärmel, ahd. *armilo* zu *Arm*. — *Bast*, s. o. S. 191. — *Borte*, ahd. *borto* 'Besatz, Saum' zu ahd. *bort* 'Rand'. — *Bruch*, ahd. *bruohha*, *bruoh*, e. *breeches*. Dazu ags. *brēc* 'Steiß'; das kelt. *brāca* ist wahrscheinlich entlehnt. O. SCHRADER, ZfdW. 1, 238 vergleicht lat. *suffrāginēs* 'Hinterbug der Tiere'. — *Fahne*, ahd. *fano*, ursprünglich 'Zeugstück', e. *fane* 'Dachfahne', got. *fana* 'Zeugstück, Schweißtuch', zu abg. *opona* 'Vorhang', lit. *pinti* 'flechten'. — *Faser*, *Fasen*, ahd. *faso*, *fasa* wohl zu ahd. *fësa* 'Fruchtbalg, Spreu'. — *Filz*, ahd. *filz*, e. *felt*; dazu wohl abg. *plŭstĭ* 'Filz', l. *pilleus* 'Filzmütze', gr. *πῖλος* (*pilos*) 'Filz'. — *Garn*, ahd. *garn* 'Gespinst, Faden, Netz' *(ins Garn gehen)*, e. *yarn*, wohl zu lit. *žárna* 'Darm', eigentlich 'die aus getrockneten Därmen gedrehte Schnur'. — *Gürtel*, ahd. *gurtil*, e. *girdle*, dafür gr. *ζώνη* (*zōnē*). — *Haß*, mhd. *hæze*. — *Haube*, ahd. *hūba*, e. *hive* 'Bienenkorb', wohl zu gr. *κύπη* (*kýpē*) 'Höhle', lat. *cūpa* 'Tonne, Kufe'. — *Hemd*, ahd. *hemidi* 'langes Haus-, Unterkleid', wohl zu ahd. *hamo* 'Hülle', ags. *hama* 'Kleid'. — *Hose*, ahd. *hosa* 'Beinstrumpf von Leder oder Zeugstoff zur Bedeckung des Unterschenkels', e. *hose*, eigentliche Bedeutung 'Strumpf'. — *Hut*, ahd. *huot* 'Hut, Mütze', e. *hood* 'Haube, Kappe', daneben mit Ablaut e. *hat*; vielleicht verwandt mit lat. *cassis* 'Helm', lit. *kuõdas* 'Schopf'. — *Kittel*, mhd. *kitel*, unerklärt. Alte Entlehnung aus gr. *χιτών* (*khitōn*) halte ich nicht für unmöglich. Siehe unten *Pfeit*. — *Kleid*, mhd. *kleit*, ags. *clāþ*, e. *cloth*, anord. *klǽðe* 'Zeug, Tuch, Kleid'. — *Knoten*, ahd. *knodo*, *knoto*, e. *knot*. — *Köder*, ahd. *querdar* 'Docht'. — *Laken*, andd. *lakan*, ahd. *lahhan*, mengl. *lake*. Vielleicht zu apreuß. *lagno*

'Hosen'. — *Lappen*, ahd. *lappa* 'Lappen, niederhängendes Zeugstück', ags. *læppa*, e. *lap* 'Schoß, Zipfel am Kleid' zu gr. *λοβός* (*lobós*) 'Ohrlappen'. — *Lasche*, mnd. *las*, e. *lash* 'Schnur'. — *Loden*, ahd. *lodo* 'grobes Tuch', ags. *loða* 'Mantel, Decke'. Vielleicht zu gr. *λάσιος* (*lásios*) 'zottig'. — *Masche*, ahd. *maska*, e. *mash* zu lit. *mãzgas* 'Knoten'. — *Nestel*, ahd. *nestila* 'Bandschleife, Binde' zu lat. *nōdus* 'Knoten'. — *Riester* 'Flicken' zu *Altreis* 'Schuster'. — *Rock*, ahd. *(h)rok* 'Oberkleid, Rock'. — *Saum*, ahd. *soum*, e. *seam* zu ahd. *siuwan* 'nähen', lat. *suere*. — *Schleier*, mhd. *slei(g)er*, daneben *slogier*, md. *sloiir*, mndl. *sluyer*, mengl. *sleir*. Dunkler Herkunft. Vielleicht entlehnt. — *Schnalle* von *schnallen*, mhd. *snallen* zu *schnell*. — *Schuh*, ahd. *skuoh*, e. *shoe*, got. *skōhs*; unklarer Herkunft; ein altes Wort gr. *κρηπίς* (*krœpís*) 'Schuh', lat. *carpisculum* 'Schuhwerk', lit. *kŭrpē*, serb. *kr̃plje* 'Schneeschuh' liegt nur noch in ags. *(h)rifeling* vor. — *Strumpf*, mhd. *strumpf*, eig. 'Stumpf'. — *Troddel* von mhd. *trãde* 'Saum', ahd. *trãdo*. — *Tuch*, ahd. *tuoh* zu aind. *dhvajá-* m. n. 'Fahne'. — *Wanten* 'Seemannshandschuh', anord. *vǫttr*, vielleicht zu *winden*. — *Wat*, ahd. *wãt* zu lit. *dudž'u* 'webe'. — *Wimpel*, ahd. *wimpal* 'Stirntuch, Schleier', e. *wimple* 'Wimpel, Schleier'. — *Zwirn*, mhd. *zwirn*, e. *twine* zum Zahlwort *zwei*.

2. ENTLEHNUNGEN.

Auf dem Gebiete der Kleidung gehören Entlehnungen zum Allergewöhnlichsten. Neue Formen, neue Schnitte, neue Stoffe durchziehen die halbe Welt. So haben denn die verschiedensten Zeiten und die verschiedensten Völker dazu beigetragen, unsern Kleidern die Namen zu geben.

In alte Zeit geht zurück das got. *paida*, mhd. *pfeit* 'Gewand', wovon bayer.-österr. *Pfeidler*, aus gr. *βαίτη* (*baítœ*).

Aus dem Lateinischen stammen in der ältesten Periode:

Socke, ahd. *sok* 'Strumpf', e. *sock* 'Schuh' aus lat. *soccus*, gr. *συκχίς* (*sykkhis*). — *Sohle*, ahd. *sola* 'Fußsohle', e. *sole* aus lat. *sol(e)a*. Nicht ganz sicher. — *Schurz*, *Schürze*, mhd. *schurz* 'gekürztes Kleidungsstück, Schurz' zu ahd. *skurz*, e. *short*, dazu e. *shirt* 'Hemd' aus lat. **excurtus*, zusammengesetzt mit *curtus*. Doch ist diese Erklärung zweifelhaft.

Ferner kam viel, wenn auch nicht alles, mit dem Christentum.

Albe 'weißes Chorhemd der Geistlichen', ahd. *alba*, aus lat. *alba* 'die weiße'. — *Kutte*, mhd. *kutte* 'Mönchskutte' aus mlat. *cotta*, *cottus* 'tunica clericis propria', die aber erst aus dem Germanischen entlehnt sind, jetzt *Kotze* 'grobes Kleid', ahd. *kozza*. — *Flocke*, ahd. *flocko*, e. *flock* aus lat. *floccus* (?). — *Kappe*, ahd. *kappa*, e. *cap*, ursprünglich 'Mütze mit kurzem Mantel' aus *cappa*, das allen romanischen Sprachen gemeinsam ist und vielleicht dem Keltischen entstammt. — *Kasel*, mhd. *kasula*, mlat. *casula*. — *Mantel*, ahd. *mantal*, *mandal*, etwa im 7. bis 8. Jahrhundert aus lat. *mantellum* von span. lat. *mantum*. — *Mütze*, mhd. *mütze*, *mutze*, älter *armuz*, *almuz* 'Chorkappe der Geistlichen' aus mlat. *almucium*, *armucia*, woraus frz. *aumusse* 'Art Kapuze'.

Dazu gesellen sich später:

Pelz, ahd. *pélliz* aus mlat. rom. *pellicia* 'Pelz' (im 10. Jahrhundert). — *Tasche*, ahd. *tasca*, ital. *tasca*, dunkler Herkunft. — *Wams*, mhd. um 1200 *wambais* 'eine unter dem Panzer angezogene dicke Jacke', von byzant. *βάμβαξ* (*bámbax*) 'Baumwolle', wovon mlat. *bombasium*, *bambasium* 'gesteppte Bettdecke, der gesteppte Rock unter dem Panzer'.

An Stoffen gelangten um diese Zeit zu uns: *Seide*, ahd. (um 1000) *sīda* aus mlat. ital. *seta* 'Seide', eig. 'starkes Tierhaar, Strähne'.

Auch die spätere Zeit bringt immer Neues, und es ist wohl angebracht, einige dieser Worte nach Zeit und Herkunft zusammenzustellen.

a) Stoffe:

Atlas, im 15. Jahrhundert aus arab. *atlas* 'glattes, seidenes Tuch'. — *Batist* aus frz. *batiste*, benannt nach dem ersten Hersteller Battiste Chambray aus Cantaing. Im

18. Jahrhundert. — *Brokat*, 1717, ital. *broccato*. — *Damast*, 15. Jh., ital. *damasto*. — *Flanell*, 1715, e. *flannel*, frz. *flanelle*. — *Flor* 'dünnes, durchsichtiges Gewebe, bes. schwarz, zum Zeichen der Trauer', über ndl. *floers* aus frz. *fleurs* 'Blumen', bildlich 'die feinste dünnste Sorte', Anfang des 17. Jahrhunderts entlehnt. — *Fries*, 1663, frz. *frise*. — *Gaze*, im 17. Jahrhundert aus frz. *gaze*, benannt nach der Stadt *Gaza* in Palästina. — *Gingang*, angeblich aus dem Javanischen, 1775. — *Jute*, 19. Jh., e. *jute*. — *Kaliko*, 1773, frz. *calicot*. — *Kammertuch*, 1585, Tuch von *Cambrai*. — *Kanevas*, 1646, frz. *canevas*. — *Kasimir*, *Kaschmir*, im 19. Jahrhundert nach dem Lande *Kaschmir*. — *Kattun*, schon mhd. *cottun* über ndl. *kattoen* aus frz. *coton*, und dies aus dem Arabischen. — *Krepp*, 16. Jh., frz. *crêpe*. — *Macheier*, mnd. 1330, wohl gleich *Mohär*, e. *mohair* und *Mohr*, 1715, frz. *moire*, arab. *muchajjar* 'Zeugstoff aus Ziegenhaar' und *Moiré* 1834. — *Manchester*, 18. Jh., von *Manchester*. — *Molton*, 1773, frz. *molleton*. — *Mull*, 1783, e. *mulmul*, ind. *malmal*. — *Musselin* 'Nesseltuch', 1714, aus frz. *mousseline*, benannt nach der Stadt *Mosul* am Tigris. — *Nanking* im 18. Jahrhundert, nach der chinesischen Stadt *Nanking*, vgl. *Kittel* 'ein glattes, schmales, baumwollenes Zeug', umgewandelt aus *kitai*, dem Namen von China in Rußland. „So enthält das Wort ein Stück chinesischer Kultur, das durch die Tatarei und Rußland zu uns gewandert ist." Hildebrand, Deutsche WB. — *Plüsch*, im 17. Jahrhundert aus frz. *peluche* 'Zeug von Leinen und Kamelhaar'. — *Rasch*, 1678, spätmhd. *arras*, nach der Stadt *Arras*. — *Samt*, mhd. *samīt*, *samāt*, aus mgr. ἑξά-μιτον (*hexámiton*). — *Satin*, mhd. *satīn*, frz. *satin*. — *Schalaune*, 15. Jh., von frz. *Châlons*. — *Serge*, *Sersche*, 14. Jh., frz. *serge*, lat. *sīrica*. — *Taft*, im 16. Jahrhundert aus ital. *taffetà*, und dies aus dem Persischen. — *Trikot*, e. *tricot*, Ende des 18. Jh. — *Tüll*, 19. Jh., nach der Stadt *Tülle*. — *Vigogne*, frz. *vigogne*, span. *vicuña*.

b) Kleidungsstücke:

Babusche, frz. *babouche*. — *Barett*, 1469, aus frz. *barrette* 'Mütze'. — *Blankscheit*, 1700, frz. *planchette*. — *Bluse*, erst in neuerer Zeit aus frz. *blouse*. — *Frack*, im 18. Jahrhundert, 1774 bei Goethe Werther, über frz. *frac* aus e. *frock*. — *Galosche*, im 15. Jahrhundert *cloczen* aus frz. *galoche*. — *Gamasche*, 1714, aus frz. *gamache*. — *Glacéhandschuh*, 19. Jh., frz. *gants glacés*. — *Jacke*, 1417, aus afrz. *jacque*, dazu *Jackett*, 19. Jh., frz. *jaquette*. — *Kaftan*, 1647, aus dem Türkischen. — *Kamisol*, 1643, frz. *camisole*, ital. *camiciola*. — *Korsett*, 1715, frz. *corset*. — *Kostüm*, 18. Jh., frz. *costume*. — *Krinoline*, um 1850, frz. *crinoline*. — *Manschette*, 1703, frz. *manchette*. — *Mantille*, 1715, frz. *mantille*, span. *mantilla*. — *Muff*, *Muffe*, 1664, frz. *moufle*. — *Negligé*, 1755, frz. *négligé*. — *Paletot*, im 19. Jahrhundert aus frz. *paletot*. — *Pantalon*, im 18. Jahrhundert aus frz. *pantalon*. — *Pantoffel*, Ende des 15. Jahrhunderts aus ital. *pantofola*. — *Pelerine*, 19. Jh., frz. *pèlerine*. — *Pumphosen*, 1574, Zusammenhang mit nd. *pump* 'Gepränge', lat. *pompa*. — *Robe*, 1728, frz. *robe*. — *Schaube*, spätmhd. *schūbe*, wie *Joppe*, mhd. *jope*, *joppe*, *juppe*, mlat. *jupa*, aus dem Arabischen. — *Spenzer*, 1813, nach Lord Spencer. — *Stiefel*, mhd. *stival* im 11./12. Jahrhundert entlehnt aus ital. *stivale*. — *Weste*, im 18. Jahrhundert aus frz. *veste* von lat. *vestis*.

§ 142. Körperpflege, Reinlichkeit. Auch auf diesem Gebiet kann die Sprache manches bestätigen, was wir anderweit mit Sicherheit erschließen können. Zunächst verwenden alle einfachen Völker und auch die Germanen große Sorgfalt auf die Pflege des Haares und des Bartes. Es gibt denn auch auf diesem Gebiete eine Reihe alter Ausdrücke:

Haar, ahd. *hār*, e. *hair*. Herkunft unsicher. — *Holle*, nd. 'Haarschopf', mnd. *hulle* 'Kopftuch', also gleich *Hülle*. — *Locke*, ahd. *lok*, e. *lock* zu lit. *lugnas* 'geschmeidig, biegsam'. — *kraus*, nur mhd. *krūs*; dazu *Krolle* 'Locke', mhd. *krolle* 'Locke', mhd. *krol*, mengl. *crul* 'lockig'. — *Schopf*, mhd. *schopf* 'Haar oben auf dem Kopf', got. *skuft* 'Haupthaar'. — *Strähne*, ahd. *streno*. — *Zagel* 'Schwanz, Schweif', ahd. *zagal*, e. *tail* 'Schwanz', got. *tagl* 'Haar'. — *Zopf*, ahd. *zopf* 'Ende, Zipfel, Zopf', e. *top* 'Gipfel', mengl. *tuft* 'Locke', anord. *toppr* 'Haarbüschel'. — *Bart*, ahd. *bart*, e. *beard* zu lat. *barba*. — *Schnurrbart*, 1768, Zusammenhang mit *Schnurre* 'Maul' zu mhd. *snurren* 'rauschen, sausen'. — *Kamm*, ahd. *kamb*, e. *comb* zu gr. γόμφος (*gómphos*) 'Pflock, Zahn'. — *strählen* ist das alte Verbum für 'kämmen'; ahd. *strälen* zu *Strähl* 'Kamm', von *Strahl*. — *scheren*, ahd. *skëran*, e. *to shear* zu gr. κείρειν (*kěrěn*) 'scheren'

Auf die Reinigung bezieht sich:

Bad, ahd. *bad*, e. *bath*, altes Partizip zu *bähen*, ahd. *băen*. — *waschen*, ahd. *waskan*, e. *to wash*, wohl zu ir. *faiscim* 'quetsche, presse zusammen'. Ein anderer Ausdruck für 'waschen' liegt vor in *Zwehle*, *Quehle* 'Handtuch', ahd. *dwahila* zu ahd. *dwahan*, got. *þwahan* 'waschen', nhd. *zwagen* und dies zu ahd. *dühjan* 'drücken', und weiter vielleicht zu *zwingen*, ahd. *dwingan*, e. *twinge*. Dazu apreuß. *twaxtan* 'Badeschürze' und vielleicht gr. τήκειν (*těkěn*) 'erweichen'.

Eine sehr alte Erfindung der Nordvölker war bekanntlich die *Seife*; Plinius kennt sie bei den Kelten, das Wort ist aber echt germanisch, ahd. *seifa*, e. *soap*, vielleicht zu lat. *sēbum* 'Talg'.

In *Lauge*, ahd. *louga*, e. *lye* steckt die Wurzel von lat. *lavāre*. Vgl. anord. *laug* 'warmes Bad'.

Eine uralte Sitte der indogermanischen Menschheit war das *Tätowieren*. Dieses Wort kommt im 18. Jh. aus dem Tahitischen und weist darauf hin, daß damals die Sitte stärker in den Gesichtskreis trat. Ob die heutige weitverbreitete Tätowierung auf Erhaltung des alten Brauches unter Verstärkung durch ausländischen Einfluß beruht oder ganz neu eingeführt ist, ist schwer zu sagen. Die christliche Kirche hatte sie jedenfalls verboten, aber trotzdem kann die Sitte weiter bestanden haben. Otto Lauffer spricht sich Wörter und Sachen 6, 1 ff. für die erste Möglichkeit aus, und in der Tat gibt es vereinzelte Zeugnisse, die für die Fortdauer des Brauches zu sprechen scheinen. Ein alter einheimischer Ausdruck ist bisher nicht nachzuweisen.

ENTLEHNUNGEN.

Auf diesem Gebiet treten die Entlehnungen verhältnismäßig spät auf.

Barbier, spätmhd. *barbierer*, von *barbieren*, frz. *barbier*. Daneben mit Dissimilation *Balbier*. — *rasieren*, 17. Jh., frz. *raser*. — *frisieren*, 1673, frz. *friser*. — *Frisur*, 1694, frz. *frisure*. — Für das jung entlehnte *Friseur* sagte man im 17. Jh. *Frisierer*.

Dazu kommen: *Chignon*, 1773, frz. *chignon*. — *parfumieren*, 16. Jh., frz. *parfumer*. — *Parfum*, 1801, frz. *parfum*. — *Perücke*, 1650, frz. *perruque*. — *Pomade*, 1678, frz. *pommade*, ital. *pomata*. — *Puder*, 1669, frz. *poudre*. — *Toupet*, 18. Jh., frz. *toupet*. — *Tour*, *Haartour*, 1694, frz. *tour*.

Eines der wichtigsten Worte auf diesem Gebiete ist zweifellos Stube. Ahd. *stuba* bedeutet 'heizbares Gemach, bes. Badestube'. Dieselbe oder eine ähnliche Bedeutung zeigen auch die übrigen germanischen Sprachen, und es ist daher unbestreitbar, daß wir es hier mit einem Wort zu tun haben, das mit der Entwicklung der Warmbäder zusammenhängt. Während Heyne das Wort für echt deutsch hält, sehen andere darin ein Fremdwort. Wir finden auch im Romanischen frz. *étuve* aus volkslat. *stūfa*, prov. *estuba*. Die Herkunft dieser Wörter ist unklar.

§ 143. Kampf und Waffennamen.

Literatur: W. Schirlitz, Die deutschen Waffennamen, Programm des Gymnasiums zu Stargard, 1844. — May Leansfield Keller, The Anglo-Saxon Weapon Names, treated archaeologically and etymologically, Anglistische Forsch. 15, Heidelberg 1906.

Der Kampf der Stämme gegeneinander spielt in alter Zeit eine große Rolle, und dementsprechend sind auch Waffen und Waffennamen vorhanden gewesen. Die vollständige Umwandlung aber, die sich auf diesem Gebiet vollzogen hat, beeinflußt natürlich auch die Sprache, so daß die alten Ausdrücke verloren gehen.

Schon die Allgemeinbegriffe für *Kampf* und *Streit* zeigen eine sehr beachtenswerte Entwicklung. Eine Reihe alter indogermanischer Ausdrücke sind vollständig verloren gegangen. So gr. *ὑσμίνη* (*hysmínæ*) 'Schlacht', aind. *júdhjati* 'kämpft'; agerm. **gundja*, im Hildebrandslied *gūdea* zu lit. *gínčas* 'Streit', wurzelverwandt mit gr. *φόνος* (*phónos*) 'Mord'; noch in Eigennamen wie *Gunther, Gudrun* erhalten; ahd. *hiltia* 'Kampf', noch in zahlreichen Eigennamen wie *Hildegard, Hildegunde, Hildebrand*, ist unerklärt; aus einem germ. *wĕrra* (ahd. **werra* 'Ärgernis', mhd. *werre* 'Krieg', jetzt *Wirren* zu *wirren*, ahd. *werran* 'durcheinanderbringen') wurde frz. *guerre* entlehnt; ahd. mhd. *wīg* 'Kampf, Schlacht, Krieg' zu got. *weihan* 'kämpfen', verwandt mit lat. *vinco* (wovon das Partizip ahd. *wīgant*, d. *Weigand* bis ins 18. Jh. fortlebte); ahd. *urliugi* 'Krieg', eigentlich wohl 'Vertragslosigkeit' zu got. *liugan* 'heiraten', eig. 'versprechen'; noch in *Orlogschiff* 'Kriegsschiff'.

Erhalten hat sich *Hader*, im 14. Jahrhundert *hader*, abgeleitet von ahd. *hadu* 'Kampf' (noch in *Hedwig*), zu gr. *κότος* (*kótos*) 'Groll', ir. *cath* 'Kampf'.

Unser *Zwist*, mhd. *zwist*, ndd. *twist* 'Streit' ist eine ähnliche Bildung wie lat. *bellum* aus *duellum* 'Zweikampf'.

Streit, ahd. *strīt*, eigentlich wohl 'Anstrengung', vgl. ahd. *einstrīti* 'hartnäckig', asächs. *strīd* 'Eifer'. Man stellt es zu lat. *lis* aus **stlis*.

Kampf, ahd. *kampf* 'Zweikampf, Kampfspiel' tritt bemerkenswerterweise in Eigennamen gar nicht auf, daher hat man an Entlehnung gedacht, und zwar aus lat. *campus* (*Martius*). Auf diesem *campus* fanden die Gladiatorenkämpfe statt. Ein solcher Bedeutungsübergang ist ganz gewöhnlich. Hildebrand vertritt dagegen einheimischen Ursprung.

Erst seit mhd. Zeit haben wir *Krieg*, das ursprünglich „Anstrengung" bedeutet. Vgl. ahd. *krēg* 'Hartnäckigkeit', zu gr. *βριαρός* (*briarós*) 'stark, heftig', *ὕβρις* (*hýbris*) 'Übermut'. *Friede* schließlich ist gemeingermanisch, ahd. *fridu*. Es gehört zu got. *frijōn* 'lieben'.

Wir haben also in den Ausdrücken für K rieg zunächst eine Mehrheit von Worten; dann aber treten zweifellos neue Worte auf, die die alten verdrängen.

Die Geschichte der Waffennamen muß eine Geschichte der Waffen selbst sein. Es ist klar, daß infolge der großen Veränderungen, die sich auf diesem Gebiete vollzogen haben, nicht allzu viel Altes erhalten sein wird.

1. ALTGERMANISCHES.

Bogen, ahd. *bogo*, e. *bow*. Zu *biegen*. Eine Entsprechung des lat. *arcus* liegt in got. *arhvazna* vor. — *Strahl*, ahd. *strāla* 'Pfeil', abg. *strěla*, wovon *Strelitzen*. — *Sehne*, ahd. *senawa*, e. *sinew*, gr. *ἴνες* (*ines*) 'Sehnen'. — *Ger*, ahd. *gēr(o)* 'Spieß', gall. lat. *gaesum*. — *Speer*, ahd. *sper*, e. *spear*, wohl zu *Sparren* und lat. *sparus* 'kurzer Jagdspieß'. — *Spieß*, ahd. *spioʒ*. Verschieden von *Spieß* in *Bratspieß*, ahd. *spiʒ*, e. *spit* zu *spitz*, ahd. *spizzi*. — *Barte*, ahd. *barta* 'Axt' zu *Bart*; dazu *Hellebarde*, mhd. *helmbarte*. — *Schwert*, ahd. *swert*, e. *sword*. Herkunft unsicher. — *Helm*, ahd. *helm*, e. *helm*, got. *hilms*, ai. *śárma* 'Schutz'. — *Waffe*, ahd. *wāfan*, e. *weapon*, vielleicht zu gr. *ὅπλον* (*hóplon*) 'Werkzeug, Gerät, Kriegsgerät'. — *Gewehr*, ahd. *giwer* 'Kampfwaffe, (Treib)-Stachel', zu *Wehr* und *wehren*, ahd. *werien*, got. *warjan*, zu gr. *ἔρυσθαι* (*érysthai*) 'schützen, bewahren', lat. *operīre* 'bedecken'.

2. ERSTE ENTLEHNUNGEN.

Zunächst hat vielleicht das Keltische eingewirkt, doch können wir es dem Worte *Ger* nicht ansehen, ob es entlehnt oder urverwandt ist. Erst das römische Heerwesen bringt sichere Einflüsse.

Armbrust, mhd. *armbrust*, umgedeutet aus mlat. *arcubalista*. — *Bolzen*, ahd. *bolz*, e. *bolt*, vielleicht aus lat. *catapulta* 'Wurfmaschine', dann auch 'Wurfgeschoß'. Doch ist dies nicht ganz sicher. — *Drachen*, ahd. *trahho* aus lat. *draco* 'Kohortenzeichen'. — *Köcher*, ahd. *kohhar*, mlat. *cucurum*. — *Pfeil*, ahd. *pfil*, e. *pile* aus lat. *pīlum*. — *Pfahl*, ahd. *pfāl*, e. *pole*, *pale* aus lat. *pălus*, wohl durch den Limesbau veranlaßt. — *Wall*, mhd. *wall*, asächs. *wall*, e. *wall* 'Mauer' aus lat. *vallum*.

3. ENTLEHNUNGEN IN MITTELHOCHDEUTSCHER ZEIT.

Die Ausdrücke für den Kampf in der Ritterzeit sind durchweg aus dem Romanischen entlehnt. Das mittelalterliche höfische Epos wimmelt geradezu von französischen Ausdrücken. Das meiste davon ist freilich wieder verloren gegangen, vgl. SEILER (oben § 100) 125.

Erhalten haben sich: *Flitz* in *Flitzbogen*, 15. Jh., frz. *flèche*; auch noch in *flitzen*. — *Harnisch*, mhd. *harnas(ch)*, frz. *harnais*, mengl. *harnes* 'Rüstung', kymr. *haiarnaez* 'Eisengeräte'. — *Koller*, mhd. *koll(i)er*, frz. *collier*. — *Lanze*, 12. Jh., afrz. *lance*, gall. lat. *lancea*. — *Panzer*, mhd. *panzier*, ital. *panciera*. — *Pickelhaube*, mhd. *beckenhūbe*, Zusammenhang mit *Becken*. — *Wams* ist wohl ursprünglich eine Schutzbekleidung. Über die Herkunft s. o. S. 227.

Wiederaufgenommen ist: *Brünne*, mhd. *brünne*, ahd. *brunnia*, got. *brunjō* aus kelt. air. *bruinne* 'Brust'.

4. ENTLEHNUNGEN DER NEUZEIT.

Bajonett, 17. Jh., frz. *baïonette*. — *Degen*, 15. Jh., frz. *dague*. — *Dolch*, um 1500, lat. *dolo* 'Stockdegen'?. — *Flamberg*, frühnhd., frz. *flamberge*. — *Flinte*, 1663, ndl., zu e. *flint*, d. *Flins* 'Stein'. — *Granate*, 1616, ital. *granata*. — *Haubitze*, 15. Jh., tschech. *houfenice*. — *Kanone*, 1588, ital. *cannone*. — *Karabiner*, 1598, frz. *carabine*. — *Kartätsche*, 1691, ital. *cartoccio*. — *Kartaune*, 1489, ital. *quartana*. — *Küraß*, 15. Jh. frz. *cuirasse* 'Lederpanzer'. — *Mörser*, 15. Jh. = *Mörser*. — *Pistole*, 1664, frz. *pistole*. — *Posten* in *Rehposten*, frz. *poste*. — *Revolver*, 19. Jh., e. *revolver*. — *Säbel*, 15. Jh., ungar. *szablya*. — *Sarraß*, 18. Jh., aus dem Poln.?. — *Sponton*, 1728, ital. *spuntone*. — *Terzerol*, 1644, ital. *terzeruolo*. — *Tesching*, 1834, Gewehr von Teschen.

§ 144. Krankheit und Heilung. Auch auf diesem Gebiet kann die Sprache manches lehren, und wir würden bei eingehender Betrachtung eine ganze Entwicklungsgeschichte der menschlichen Anschauungen im Kleinen erhalten.[1]

Die wissenschaftliche Medizin hat das Bestreben gehabt, eine eindeutige Benennung einer jeden besondern Krankheit durchzuführen und hat dazu die lateinischen und griechischen Ausdrücke gewählt. Daneben bestehen aber alte, allgemeinere Ausdrücke im Volksmunde, deren erstaunliche Fülle und Verschiedenheit man jetzt bei M. HÖFLER, Deutsches Krankheitsnamenbuch, München 1899, überblickt. Dies Werk ist eine ganz hervorragende Leistung, das den überreichen Stoff der Krankheitsnamen in alphabetischer Reihenfolge darbietet. Aber freilich dieser Stoff müßte nun auch einmal systematisch zusammengestellt werden. Mit Recht sagt der Verfasser in der Vorrede: „Während die gelehrte Medizin es liebt, neue Benennungen einzuführen ..., ist das Volk bei denjenigen Bezeichnungen geblieben, die ehemals gewählt wurden, um die äußerlichen Krankheitssymptome von andern zu unterscheiden oder um die vermeintliche Ursache bezw. deren Beseitigung anzudeuten. Seine Ausdrücke sind oft sehr treffend und vom Standpunkte

---

[1] Vgl. hierzu auch J. GELDNER, Untersuchungen zu altenglischen Krankheitsnamen. Progr. Augsburg 1908.

der Kultur- und Medizingeschichte äußerst interessant. Innumerabiles morbos miraris? medicos numera! (Demokr. 11, 49). So viel ärztliche Systeme und Perioden, so viel Krankheitsnamen, die der getreue Widerhall der alten Schullehren und der volksüblichen Auffassungen über Natur und Ursache der Krankheiten sind." Hat der Verfasser durch sein Wörterbuch der Wortforschung einen unschätzbaren Dienst erwiesen, so sollte ihn die germanische Wissenschaft dadurch vergelten, daß sie diesen Stoff nach seiner Herkunft und den Anschauungen, die darin ausgedrückt sind, ordnet. Einiges darüber bei M. HEYNE, Körperpflege und Kleidung, 1903, S. 114 ff.

Zu den tief in dem Volksglauben wurzelnden Anschauungen gehört es jedenfalls, daß die Krankheit nichts Natürliches, sondern etwas von einem übernatürlichen Wesen Angehextes ist. Man heilt die Krankheit daher zunächst durch *Besprechen*. Den Rest jener alten Anschauung haben wir noch in *Hexenschuß*, schon ags. *hægtessan gescot*; *Schlag*, schon got. *slahs* als Krankheit; *Alpdrücken*, ags. *ylfa gescot*; *Neidnagel*, weil er durch Neid entsteht; *Wechselbalg*, mhd. *wechselbalc* 'ein krankes und deshalb untergeschobenes Kind'; *Tropf*, mhd. *tropfe*, auch 'Schlagfluß', vgl. Weigand. Das sind ein paar Reste alter Anschauung, die wir heute noch haben. Dem mögen sich die sonstigen Ausdrücke anreihen.

<h3 style="text-align:center">1. EINHEIMISCHES GUT.</h3>

Beule, ahd. *bulla* 'Blatter', e. *bile* 'Geschwür'. Zu *Bühel*. — *Blatter*, ahd. *blātara* 'Blase', e. *bladder*. Zu *blähen*. — *Drüse*, ahd. *druos*, *druosi* 'Drüse, eichelartige Geschwulst, Beule'. — *Eiter*, ahd. *eitar* 'Gift', e. *atter* 'Eiter, Gift'. Daneben ahd. *eiʒ* 'Eiterbeule, Geschwür', und dies zu gr. οἶδος (oidos), οἴδμα (oidma) 'Geschwür' — *faul*, ahd. *fūl* 'verwesend', e. *foul* zu lat. *pūs* 'Eiter', gr. πύον (pŷon). — *Fraisen* 'Fallsucht', ahd. *freisa* 'Gefährdung', got. *fraisan* 'versuchen', ai. ·*préṣaḥ* 'Antrieb'. — *Friesel* zu *frieren*. — *Gicht*, mhd. *giht*, ags. *gihða* 'Gliederlähmung'. — *Gnätze*, 15. Jh. *gnaz*. — *Grind*, ahd. *grint* zu *Grand*. — *heiser*, ahd. *heis*, *heisi*, e. *hoarse*. — *Husten*, ahd. *huosto*, e. (dial.) *whoost* zu aind. *kāsatē* 'hustet', lit. *kos'u* 'huste', abg. *kašlĩ* 'Husten'. — *jucken*, ahd. *jucchan*, e. *to itch*. — *Krampf*, ahd. *krampfo*, e. *cramp* zu ahd. *krimpfan* 'zusammenziehen, winden'. — *Masern*, ahd. *masala* 'Blutgeschwulst' zu *Maser*. — *Pfnüsel*, durch Vischer bekannt geworden, zu alem. *pfnüsen* 'niesen'; vgl. dazu *niesen*, ahd. *niosan*, anord. *hnjōsa*, ags. *fnēosan*, e. *to sneeze*. — *Pocke*, mnd. *pocke*. — *Qual*, ahd. *quāla*, ags. *cwalu* 'gewaltsamer Tod' zu lit. *gēlà* 'Schmerz', abg. *žalĩ* 'Leid'. — *Quese*, mnd. *quēse* wohl zu *quetschen* s. u. — *Räude*, ahd. *(h)rūda* 'Räude, scabies', anord. *hrūðr* 'Grind auf einer Wunde'. Vielleicht stammverwandt mit lat. *crūdus*. — *Ritten* 'Fieber', ahd. *rit(t)o*, ags. *hriða* 'Fieber', ursprünglich wohl 'Zittern', vgl. air. *crith* 'das Zittern'. — *Rotz*, ahd. *hroz* 'Rotz, Nasenschleim' zu gr. κόρυζα (kóryza) 'Schnupfen, Katarrh'. — *Schmerz*, ahd. *smērzo*, dazu *schmerzen*, ahd. *smērzan*, e. *to smart* 'schmerzen, leiden'. Ursprünglich 'stechen', wie aus e. *smart* 'scharf, beißend, schneidig' und dem verwandten lat. *mordēre* 'beißen', gr. σμερδαλέος (smerdaléos) 'gräßlich' hervorgeht. Ein andrer alter Ausdruck für 'Schmerz' steckt in *sehr*, ahd. *sēr* 'schmerzlich', *sēr* 'Schmerz', e. *sore* 'Schmerz, Wunde, schmerzhaft', got. *sair* 'Schmerz'. Stammverwandt mit air. *sāeth* 'Leid, Mühe, Krankheit', l. *saevus*. — *Schnupfen*, spätmhd. *schnupf* zu *schnauben*. — *Schorf*, mnd. *schorf* zu *schürfen*. — *Schwäre*, ahd. *swero* 'Krankheit, Krankheitsschmerz'. Vielleicht zu awest. *xᵛara-* 'Wunde, Verwundung'. Dazu *Geschwür*, älternhd. *Geschwär*, ahd. *giswer*. — *Sucht*, in *Schwindsucht* usw. zu *siech* 'krank'. Siehe unten. — *wund*, ahd. *wunt*, got. *wunds*, zu aind. *á-vātaḥ* 'unverletzt'. — *Zipperlein* zu *zippen* 'trippeln'. — *Zitteroch* 'Mal', ahd. *zitaroh*, e. *tetter*, ai. *dadrúḥ* 'Aussatz'. lit. *dedervinē* 'Flechte'.

<h3 style="text-align:center">2. ENTLEHNUNGEN.</h3>

Die Entlehnungen, die mit der Einwirkung der antiken Heilkunde zu uns gekommen sind, sind allmählich tief in das Volk gedrungen und können als eingebürgert gelten.

Für *Arzt* besitzen die Goten das Wort *lēkeis*, ahd. *lāhhi*, e. *leech* 'Tierarzt', das wohl aus kelt. air. *liaig* stammt. (Davon der Eigenname *Lachner*); später dringt vom fränkischen Hofe das gr. *ἀρχιατρός* (*archiatrós*), andd. *ercetere*, ahd. *arzāt* '*Arzt*' vor. Daneben kommt von den Römern zunächst: *Pflaster*, ahd. *pflastar*, e. *plaster* aus gr.-lat. *ἔμπλαστρον* (*émplastron*); *Büchse*, ahd. *buhsa* aus mlat. *buxis*, gr. *πυξίς* (*pyxis*) 'Büchse aus Buchsbaumholz, Arzneibüchse' und *Fieber*, ahd. *fiebar*, e. *fever* aus lat. *febris*.

Später sind: *Koller*, ahd. *kolero* aus lat. *cholera*, gr. *χολέρα* (*kholéra*). — *Fistel*, ahd. *fistul* 'Röhre', mnd. *vistel* 'Geschwür' aus lat. *fistula* 'tiefgehendes Röhrengeschwür'. — *Miselsucht* 'Aussatz', mhd. *miselsuht*, ahd. *misel* 'aussätzig' aus lat. *misellus*. — *Apotheke*, mhd. *apotēke* aus gr.-lat. *apothēca* 'Haus zum Kräuterverkauf'. — *Arzenei*, mhd. *arzenīe* neben *arzātīe* neugebildet. — *Pille*, mhd. *pillule* aus lat. *pillula*. — *Mixtur*, mhd. *mixtūre* 'Mischung', aus lat. *mixtūra*. — *Latwerge*, mhd. *lactwārje*, auch *electuārje* aus lat. *eclectuārium* 'dicker Heilsaft' von gr. *ἐκλεικτικόν* (*eklēktikón*) 'auszuleckendes'. — *Elixir* 'Kraft-, Heiltrank', spätmhd. *elixīre*, arab. *el iksir*. — *Lakritze*, spätmhd. *lakerize* aus mlat. *liquiricia*, gr.-lat. *glykyrriza* 'Süßwurzel'.

Die neuere Medizin bestreitet ihre Bezeichnungen im wesentlichen mit griechischem Sprachgut. Aus dem überreichen Stoff kann hier nur einiges mitgeteilt werden.

amputieren (1801), lat. *amputāre*. — *Anatomie* (1565 *Anatomey*!), lat. *anatomia*. — *Arterie* (1532), gr.-lat. *artēria*. — *Asthma* (18. Jh.), gr. *ἆσθμα* (*âsthma*). — *Chiragra* (18. Jh.), gr.-lat. *chiragra*. — *Chirurg* (frühnhd.), gr.-lat. *chirurgus*. — *Cholera* (spätmhd.), gr.-lat. *cholera*. — *Diarrhöe* (1711), gr.-lat. *diarrhoea*. — *Diät* (frühnhd.), gr.-lat. *diaeta*. — *Doktor* (15. Jh.), gr.-lat. *doctor*. — *drastisch* (18. Jh.), gr.-neulat. *drasticus*. — *Empiriker* (18. Jh.), gr.-lat. *empiricus*. — *Epidemie* (1728), gr.-lat. *epidēmia*. — *Epilepsie* (1711), gr.-lat. *epilēpsia*. — *Exkrement* (16. Jh.), lat. *excrēmentum*. — *Extrakt* (1585), nlat. *extractus*. — *Furunkel* (1588), lat. *fūrunculus*. — *gastrisch* (18. Jh) zu gr. *γαστήρ* (*gastér*) 'Unterleib'. — *Hämorrhoiden* (18. Jh.), gr.-lat. *hæmorrhois*. — *Homöopath* (18. Jh.). — *Hypochondrie* (1775), gr.-lat. *hypochondria*. — *Hysterie* (1813) zu gr. *ὑστέρα* (*hystéra*) 'Gebärmutter'. — *Influenza* (1791), ital. *influenza*. — *Karbunkel* (16. Jh.), lat. *carbunculus*. — *Katarrh* (17. Jh.), gr.-lat. *katarrhus*. — *Katheter* (17. Jh.), gr.-lat. *catheter*. — *Klinik* (18. Jh.), gr. *κλινική* (*klinikḗ*). — *Klistier*, mhd. *klistēr*, gr.-lat. *clystērium*. — *Kolik* (16. Jh.), gr.-lat. *cōlica*. — *Kur* (16. Jh.), lat. *cūra*. — *laxieren* (1571), lat. *laxāre*. — *Medizin* (15. Jh.), lat. *medicīna*. — *Melancholie* (1355), gr.-lat. *melancholia*. — *Miasma* (1712), gr. *μίασμα* (*miasma*). — *Migräne* (1727), frz. *migraine*, mlat. *hemigrania*, gr. *ἡμικρανία* (*hæmikranía*). — *Narkose* (1712), gr. *νάρκωσις* (*nárkōsis*). — *Obduktion* (1791), lat. *obductio*. — *operieren* (17. Jh.), lat. *operāre*. — *Opoldéldock*, Schöpfung des Paracelsus. — *Palliativ* (18. Jh.), nlat. *palliativum*. — *Panazee* (1595), gr.-lat. *panacēa*. — *Paralyse* (1700), gr.-lat. *paralysis*. — *Pastille* (19. Jh.), lat. *pastillus*. — *Pathologie* (1694), nlat. *pathologia*. — *Pest* (16. Jh.), lat. *pestis*. — *Pestilenz* (14. Jh.), lat. *pestilentia*. — *Phlegma* (1571), gr.-lat. *phlegma*. — *Podagra*, mhd. *pōdāgrā*, gr.-lat. *podagra*. — *Poliklinik* (1834) 'Stadtklinik'. — *Puls*, mhd. *puls*, frz. *pouls*, mlat. *pulsus*. — *Rachitis*, gr. *ῥαχῖτις* (*rhakhitis*). — *Rezept* (15. Jh.), lat. *receptum*. — *Rezidiv* (1703), lat. *recidīvus*. — *rheumatisch* (18. Jh.), gr.-lat. *rheumaticus*. — *sanguinisch* (1523), nach lat. *sanguineus*. — *Sanitätsrat*, zsg. mit *Sanität* 'Gesundheit' von lat. *sānitās*. — *Sassafras* (17. Jh.), frz. *sassafras*. — *Schanker* (1728), frz. *chancre*. — *Scharlatan* (17. Jh.), frz. *charlatan*. — *Scharpie* (18. Jh.), frz. *charpie*. — *Skelett* (17. Jh.), gr. *σκελετόν* (*skeletón*). — *Skorbut* (1703), spätmlat. *scorbutum*. — *Skrofel* (mnd. 1483), lat. *scrōfulae*. — *Sonde* (1712), frz. *sonde*. — *Spital*, mhd. *spitāl*, auch *Spittel*, mlat. *hospitale*. — *Symptom* (18. Jh.), gr. σύμπτωμα (*sýmptōma*). — *Syphilis*, 1530 erfunden, künstliche Bildung in Anlehnung an *Sipylus*, einem Sohn der Niobe. — *Therapie* (18. Jh.), gr. θεραπεία (*therapeía*). — *Tinktur* (16. Jh.), lat. *tinctūra*. — *virulent* (1813), lat. *vīrulentus*.

Diese Ausdrücke bekommen erst rechtes Leben, wenn man sie in Verbindung bringt mit den Anschauungen der verschiedenen medizinischen Schulen. Aber ich übersehe dieses Gebiet nicht. Ich erinnere nur an die vier Humores des menschlichen Körpers, die dessen Konstitution bedingen. Bei den Ausdrücken *Choleriker, Sanguiniker, Phlegmatiker* und *Melancholiker* denkt wohl kaum einer mehr daran, welche Anschauung den Worten zugrunde liegt. Die Entwicklung des Wortes *Humor* aus lat. *humor* 'Feuchtigkeit' gehört in dasselbe Gebiet. Es bedeutete die „innere Feuchtigkeit, Flüssigkeit", die den Charakter und die Eigentümlichkeit des Menschen bestimmte. So spricht noch Goethe von *gutem, bestem, üblem, schlimmem Humor*. Die Ausbildung der Bedeutung zu dem jetzigen Sinne geht aber in England vor sich, und erst durch Lessing sind wir recht mit ihr bekannt geworden.

Über die Bezeichnung für 'sterben', 'Tod' usw. siehe § 204.

§ 145. Tanz und Musik.

Literatur: DANIEL FRYKLUND, Vergleichende Studien über deutsche Ausdrücke mit der Bedeutung Musikinstrument, Upsala 1910.

Von den Künsten ist der Tanz am weitesten verbreitet. Wir finden ihn bei allen Naturvölkern, und er hat sicherlich auch bei den Indogermanen nicht gefehlt. Aber es gibt je nach Ort und Zeit sehr verschiedene Arten, es kommen immer neue Formen auf, und so ist auf diesem Gebiet die Entlehnung die Regel. An alten Ausdrücken haben wir noch, z. T. aber in stark veränderter Bedeutung:

scherzen, mhd. *schërzen* 'mutwillig, lustig springen', dazu mhd. *scharz* 'Sprung', sonst nicht vorhanden, vielleicht zu aind. *kūrdati* 'springt, hüpft', gr. σκαίρειν (*skairēn*) 'tanzen', κόρδαξ (*kórdax*) 'ein Tanz'. Wegen des späten Auftretens und der geringen Verbreitung liegt indessen der Gedanke an Entlehnung oder an eine Neubildung nahe. Man hat es zu ahd. *skern* 'Scherz, Lust' gestellt. Von der Verbreitung des Wortes zeugt die Entlehnung ins Italienische *scherzare, scherzo*. — *Leich*, entlehnt aus mhd. *leich* 'Gesang aus ungleichen Strophen', got. *laiks* 'Tanz', *laikan* 'tanzen' (umgedeutet noch in *Wetterleuchten*, mhd. *weterleih*) zu lit. *láigīti* 'wild umherlaufen'. Eins mit diesem Worte ist gr. ἐλελίζω (*elelizō*) 'mache erzittern'. Dasselbe ist *Laich* 'Fischeier' mit merkwürdiger, aber ganz deutlicher Bedeutungsentwicklung. — Echt germanisch ist auch wohl *Reihen, Reigen*, mhd. *reie*. Wohl zu *reihen* 'sich begatten'.

Sonst ist alles entlehnt. Im Althochdeutschen gebraucht man zunächst *salzōn* aus lat. *saltāre*. Im 11. Jahrhundert kommt aus frz. *danse Tanz*. Das französische Wort entstammt aber dem frk. *dansōn* 'ziehen, hinter sich dreinführen'. Dazu gesellen sich dann mehrere französische Tanznamen, von denen sich indessen nur *Firlefanz* in veränderter Bedeutung erhalten hat. Mhd. *firlefanz, firlefei* 'lustiger Springtanz' aus frz. *virelai* 'Ringeltanz'.

Was wir sonst an Tanznamen besitzen, entstammt der Neuzeit. Die Ausdrücke sind alle recht jung, und jeder weiß ja, wie rasch sich auf diesem Gebiet die Sitte und damit die Sprache verändert.

Ball, 17. Jh., ital. *ballo*, frz. *bal*. — *Cancan*, 2. Hälfte des 19. Jh., frz. *cancan* und dies aus lat. *quamquam*. — *Galopp*, wohl erst im 19. Jh., frz. *galop*. In der Bedeutung 'Sprunglauf des Reittiers' schon 1616. — *Gavotte*, 1791, frz. *gavotte*. — *Kontertanz*, 1771, e. *countrydance*. — *Kotillon*, 1791, frz. *cotillon*. — *Ländler*, Ende des 18. Jh., Bauerntanz aus dem *Oberlandl*, dem Land ob der Enns. — *Masurka* 'der masurische Tanz', findet sich 1740 am Hofe August III. von Polen und wird 1840 wieder neu belebt. — *Polka*, von tchech. *pulka* 'Halbschritt', 1835 aufgekommen, wurde in der Mitte des 19. Jahrhunderts so beliebt, daß man alles, was schön, elegant, fesch war, *Polka* nannte, und G. Keller sogar eines seiner Gedichte *Polkakirche* überschrieb. — *Polonaise*, 1781, frz. *polonaise*. — *Quadrille*, 1728, frz. *quadrille*. — *Walzer*, 2. Hälfte des 18. Jh., von Oberdeutschland vorgedrungen. Von *walzen* 'sich drehen'.

Noch heute ist ja unsere Tanzkarte im wesentlichen französisch, und die neueste Zeit hat uns schon wieder neue Tänze und fremde Worte dafür beschert.

Mit dem Tanz ist die Musik auf das engste verbunden. Einfache Musikinstrumente finden sich schon auf der niedrigsten Stufe der menschlichen Entwicklung. Über diese waren die Germanen sicher weit hinaus, wie die im Norden gefundenen mächtigen metallenen Luren beweisen. Trotzdem stehen wir auch auf diesem Gebiet im wesentlichen unter fremdem Einfluß.

Echt germanisch können sein: *Geige*, mhd. *gīge* (12. Jh.), an. *gīgja*. Vielleicht zu anord. *geiga* 'schräg gehen'. Das Wort kam ab, weil es einen obszönen Sinn erhielt, ist jetzt aber wieder üblich. — *Harfe*, ahd. *harpfa*, e. *harp*, schon im 5. Jh. als germanisches Tonwerkzeug erwähnt. — *Trommel*, erst spätmhd. *trumel*, aber doch vielleicht echt einheimisch. Vielleicht zu *Trumm* 'kurzer Baumstamm'. — *Horn* ist ein indogermanisches Wort, und gewiß wird das Horn frühzeitig auch musikalisch benutzt sein, aber wann? wissen wir nicht. — Veraltet ist jetzt *Schwegel*, *Schwiegel* 'Querpfeife', noch obd., ahd. *suegala* 'Flöte', got. *swiglja* 'Flötenbläser' Vielleicht zu lat. *sibilāre*.

Schwegel und *Harfe* sind also die einzigen sicher alten Namen für germanische Musikinstrumente. Unklar ist *Pauke*, mhd. *pūke*, vielleicht zu *Bauch*.

ENTLEHNUNGEN.

a) Im Mittelalter: *Rotte* 'Art Harfe', jetzt veraltet, ahd. *hrotta*, aus dem Kelt. — *Fiedel*, ahd. *fidula*, e. *fiddle* aus mlat. *vitula*, woher ital. *viola*, frz. *violine*. — *Pfeife*, ahd. *pfīfa*, e. *pipe*, mlat. *pīpa* 'Röhre'. — *Flöte*, mhd. *vloite*, afrz. *flaūte*. — *Posaune*, mhd. *busūne*, afrz. *buisine*. — *Schalmei*, mhd. *schalemīe*, afrz. *chalemie*. — *Trompete*, daneben *Dromete*, spätmhd. *trumet(te)*, frz. *trompette*. — *Zimbel*, ahd. *zymbala*, gr.-lat. *cymbalum*.

Vieles, was damals entlehnt wurde, ist wieder verloren gegangen.

b) In der Neuzeit.

Wir stehen noch immer in der Musik völlig unter dem italienischen Einfluß, was sich zunächst in den Namen der Musikinstrumente zeigt, die fast völlig italienisch sind.

Bratsche, 1678, ital. *viola da braccio*. — *Cello*, 1813, aus *Violoncell(o)*, 1727, ital. *violoncello*. — *Fagott*, 1616, ital. *fagotto*. — *Gambe*, 1700, ital. *viola di gamba*. — *Gitarre*, 1615, span. *guitarra*. — *Harmonika*, 1763 erfunden. — *Klarinette*, 1791, frz. *clarinette*, ital. *clarinetto*. — *Klavier*, zunächst die Tastenreihe der Orgel, so 1616, frz. *clavier*. Als Name des Instruments seit Ende des 17. Jh. vorkommend. Als ältere Namen schon Anfang des 15. Jh. *Klavizimbel*, nlat. *clavicimbalum*, und *Spinett*, 1544, ital. *spinetta*. — Eine neue Abart ist das *Pianoforte* 'Hammerklavier', im 18. Jh. erfunden. Dafür auch *Fortepiano*, gekürzt *Piano*, und seit der Mitte des 19. Jh. das Deminutivum *Pianino*. Als deutscher Ausdruck hat sich *Flügel*, Anfang des 18. Jh., eingebürgert. —

Mandoline, 18. Jh., frz. *mandoline*. — *Oboe*, 1703, frz. *haut-bois*. — *Pickelflöte*, 1809, ital. *flauto piccolo*. — *Violine*, um 1700, ital. *violino*. — *Zither*, 1678, auch schon ahd. *zitera*, gr.-lat. *kithara*.

Entsprechend dem, was wir soeben angeführt haben, zeigen auch die sonstigen Ausdrücke für Musik meistens ein fremdes Gepräge. Bekannt sind die allgemein verbreiteten italienischen Bezeichnungen für die Zeit-maße (*Tempo*, ital. *tempo*) wie *Adagio*, *Allegro*, *Andante*, *Presto*, die wir schwerlich beseitigen können, obgleich einzelne Musiker wie Beethoven in seinen letzten Jahren, Schumann u. a. manchmal deutsche Ausdrücke vorgeschrieben haben. Wir haben es hier mit technischem Stoff zu tun, an den man nicht rühren sollte. Während diese Ausdrücke doch nur dem Musiker geläufig sind, sind andere tiefer in die Sprache eingedrungen.

Arie, 17. Jh., ital. *aria*. — *Bariton* (17. Jh.), ital. *baritono*. — *bravo*, 1774, ital. *bravo*. — *Duett*, 18. Jh., ital. *duetto*. — *Fuge*, 1616, ital. *fuga*. — *Furore*, 1854, ital. *furore*. — *Kantate*, 1712, ital. *cantata*. — *Konzert*, 1650, ital. *concerto*. — *Motette*, 1556, ital. *mottetto*. — *Oper*, 1681, ital. *opera*. — *Operette*, Ende des 17. Jh., ital. *operetta*. — *Primadonna*, Ende des 18. Jh., ital. *prima donna*. — *Quartett*, 18. Jh., ital. *quartetto*. — *Quintett*, 18. Jh., ital. *quintetto*. — *Rezitativ*, 1712, ital. *recitativo*. — *Sinfonie*, 1728, ital. *sinfonia*. — *Sonate*, 17. Jh., ital. *sonata*. — *Solo*, 1712, ital. *solo*. — *Virtuose*, 1710, ital. *virtuoso*.

Alle diese Ausdrücke sind mit der italienischen Oper gekommen. Daneben stehen einige Worte französischer Herkunft: *Orchester*, 1727, frz. *orchestre*. — *Ouvertüre*, 1727, frz. *ouverture*. — *Potpourri*, 1741, frz. *pot pourri*, eigentlich ein Küchenausdruck.

Aber damit ist der fremde Sprachstoff nicht erschöpft. Älter als der italienische und französische Einfluß ist der der Kirchenmusik mit ihren lateinischen Ausdrücken, ein Einfluß, der z. T. in die mittel-, ja althoch-deutsche Zeit zurückgeht.

Akkord, 16. Jh., mlat. *accordum*. — *Chor*, mhd. *kōr* 'Sängerschar', gr.-lat. *chorus*. — *Choral*, frühnhd., mlat. *choralis*. — *Diskant*, mhd. *discante*, mlat. *discantus*, eig. 'der Gesang von zwei Stimmen'. — *Harmonie*, schon mhd. *armonīe*, lat.-gr. *harmonia*. — *Kapelle*, mlat. *capella*. — *komponieren*, 1517, lat. *compōnere*; *Komponist* bei Luther. — *Kontrapunkt*, 1571, mlat. *contrapunctum*. — *Melodie*, mhd. *mēlodīe*, woraus *Melodei*, gr.-lat. *melōdia*. — *Musik*, schon ahd. *mūsika* aus gr.-lat. *mūsica*, aber seitdem öfter aufs neue entlehnt. — *Note*, ahd. *nota* 'Neume', lat. *nota*. — *Partitur*, 1673, mlat. *partitura*. — *quinkelieren*, aus *quintelieren*, mhd. *quintieren*, eig. 'in Quinten singen', mlat. *quintare*. — *Rhythmus*, schon ahd. Dat. Pl. *ritmusen*, gr.-lat. *rhythmus*. — *Takt*, 1572, lat. *tactus*. — *Ton*, mhd. *tōn*, *dōn*, ahd. bei Notker *tonus*, gr.-lat. *tonus*.

Die Musik hat stets im Volk eine große Rolle gespielt, und es kann daher nicht wundernehmen, wenn zahlreiche musikalische Ausdrücke eine allgemeinere Bedeutung bekommen haben.

Ganz verständlich sind: *den Ton angeben*; — *die erste Geige spielen*; — *die alte Leier*; — *einem die Wahrheit geigen*; — *gelindere Saiten aufziehen*; — *seine Saiten nicht zu straff spannen*; — *der Himmel hängt ihm voller Geigen*; — *die lieben Engelchen singen hören*. Wahrscheinlich stammt auch die Redensart *etwas aus dem Effeff verstehen* von dem musikalischen Vorzeichen *ff = fortissimo*.

Bemerkenswerter sind die übertragenen Bedeutungen von *Ton*, *Takt*, *Stimmung*, bei denen die musikalische Bedeutung bei weitem die ältere ist. Auch *Harmonie* ist auf das allgemein Menschliche übertragen und hat in *harmonisch* eine besondere Bedeutung bekommen. Weniger hat sich *Dissonanz* eingebürgert, obgleich es auch häufig übertragen gebraucht wird.

Am merkwürdigsten sind aber die folgenden Ausdrücke, die ganz unverständlich geworden sind. *kunterbunt* ist sicher = *Kontrapunkt*. Die früheren Deutungen, die an mhd. *kunter* 'Ungeheuer' anknüpften, sind verfehlt. In einem Liedchen aus dem 15. Jh. (vgl. Weigand) heißt es noch:

> *Spelmon, spon du deine Saita,*
> *daß es klingt fein contrabund.*

Ähnlich geht *Larifari* auf die Tonbezeichnungen der italienischen Solmisation des Guido von Arezzo zurück, wie es denn aus dem 15. Jh. überliefert ist:

> *dä sungen sie die messe terribilis*
> *La re fa re ut in excelsis.*

Und das mundartliche *Fladuse* 'Schmeichelei' ist frz. *flûte douce* 'lieblich klingende Flöte'. Dazu gesellt sich noch *Schurrpfeifereien* zu *Schnurrpfeife* und *verfumfeien*, auch *verbumfiedeln* von nd. *Bumfei, Fidelfumfei* 'Violine, Bierfidel'.

§ 146. **Schule. Wissenschaft.** Wir werden weiter unten die Sprachen der verschiedenen Wissenschaften behandeln. Hier soll nur auf das Älteste und Einfachste hingewiesen werden. Die Wissenschaft beginnt mit dem Lesen und Schreiben. Die Ausdrücke, die sich darauf beziehen, hängen zum guten Teil mit der ältesten germanischen Schrift, den Runen, zusammen. Bekanntlich berichtet Tacitus Germ. 10: *Virgam frugiferae arbori decisam in surculos amputant eosque notis quibusdam discretos super candidam vestem temere ac fortuito spargunt. Mox, si publice consultetur, sacerdos civitatis, sin privatim, ipse pater familiae precatus deos caelumque suspiciens ter singulos tollit, sublatos secundum impressam ante notam inte, pretatur.*

Aus diesem Tatbestand erklären sich zunächst die Ausdrücke *Buch* und *Buchstabe*. Letzteres, ahd. *buohstab*, gemeingerm., ist ja nichts anderes als *Buchen-stab* (*virga frugiferae arbori decisa in surculos amputata*). Etwas schwieriger ist *Buch*, ahd. *buoh*, e. *book*. Got. bedeutet *bōka* 'Buchstabe', der Pl. *bōkōs* 'Buch, Schrift, Brief', also eigentlich 'die Buchstaben'. Got. *bōka* hängt natürlich mit *Buche* zusammen. Ein andrer Ausdruck für die Schrift ist altn. ags. *rūn*, ahd. *rūna* 'Schrift', jetzt *Rune*, aus dem Nordischen übernommen, got. heißt *rūna* 'mysterium'. Dazu noch *raunen*, ahd. *rūnēn*, urspr. wohl 'geheimnisvoll besprechen', dann etwa 'Zauber treiben', das Subst. *rūna* zunächst 'Zauber', dann 'Zauberzeichen'. Es gehört zu gr. ἐρευνᾶν (*ereunân*) 'nachspüren'. Für *schreiben* bilden sich im Germanischen aus eigenem Sprachgut verschiedene Ausdrücke. Engl. *write*, ahd. *rīʒʒan* 'scribere, exarare', jetzt *reißen*, vgl. *Reißbrett, Reißfeder, Umriß, Riß*, got. *writs* 'Strich in der Schrift, Punkt', ist eigentlich *ritzen*, also von dem Schreiben in Holz hergenommen. Ähnlich anord. *merkja, marka* 'mit einer Marke versehen'. Got. heißt es *mēljan*, unser *malen*, und anord. *fā* aus **faihjan* 'bunt machen' zu got. *faihs*, gr. ποικίλος (*poikilos*) 'bunt'. *Lesen*, ahd. *lësan*. Dies bedeutet wie noch heute 'auswählend sammeln, aufheben, lesen', e. *to lease* nur 'Ähren lesen'. Jedenfalls ist 'sammeln' die ursprüngliche Bedeutung, aus der sich, wie man meinte, die von 'lesen' auf Grund des Zusammenlesens der Runenstäbe entwickelt haben soll. Das ist indessen wahrscheinlich falsch. Vielmehr liegt hier wohl eine Nachbildung des lat. *legere*, das 'sammeln' und 'lesen' hieß, vor, was um so wahrscheinlicher ist, als unser *schreiben* aus dem Lateinischen entlehnt ist. Der Gote sagte *siggwan, us-siggwan*, eig. 'singen', was offenbar ein kirchlicher Ausdruck war, vom Vortrag des Evangeliums hergenommen, der Engländer *to read*, ags. *rædan*, d. *raten*, d. h.

'die Runen erraten'. Diese Ansätze, die aus germanischem Sprachgut die wichtigsten Ausdrücke auf diesem Gebiete schufen, wurden aber durch Entlehnungen aus dem Lateinischen, offenbar vermittelt durch die Klosterschulen, unterbrochen.

schreiben, ahd. *skrīban*, ags. *scrīfan* ist allerdings, wie HEYNE mit Recht bemerkt, ein Lehnwort, das wegen der starken Flexion aus früher Zeit stammen muß. Er meint, es knüpfe an das *scribere militēs* an und sei erst später natürlich unter dem Einfluß der eigentlichen Bedeutung von lat. *scribere* auf das Schreiben übertragen. — *Schule*, ahd. *scuola*, e. *school* aus lat. *scola*. — *Tinte*, ahd. *tinkta* aus lat. *tincta* 'gefärbt, bunt'. Daneben in Niederdeutschland *black* zu engl. *black* 'schwarz'. Engl. *ink* stammt aus gr.-lat. *encaustum* 'das Eingebrannte'.

Es kommen ferner: *Alphabet*, mhd. *alpfabēte*, gr.-lat. *alphabētum*. — *Bachant* (15. Jh.), lat. *bacchantem*. — *Brief*, ahd. *briaf* aus lat. *breve*. — *Griffel*, ahd. *grifil*, unter Anlehnung an *greifen* aus gr.-lat. *graphium*. — *korrigieren*, 1421 *korrigieren*, lat. *corrigere*. — *Linie*, mhd. *linie*, aus lat. *linea*. — *Meister*, ahd. *meistar* aus lat. *magister*. Hierher gehört auch *dichten*, ahd. *dihtōn*, *tihtōn* 'in Versen erfinden und schaffend hervorbringen' aus lat. *dictāre*. — *Papier* aus lat. *papyrum*, aber erst Anfang des 15. Jh. — *Pergament*, mhd. *permint* aus lat. *pergamenum*. — *Siegel*, ahd. *insigili*, got. *sigljō* aus lat. *sigillum*. — *Silbe*, ahd. *sillaba* aus lat.-gr. *syllaba*. — *Tafel*, ahd. *tafala* aus lat. *tabula* (*t* nicht zu *z* verschoben, also spät). — *Vers*, ahd. *vers* aus lat. *versus*.

Während im Mittelalter manches eingedeutscht wird, tritt mit der Humanistenzeit das Latein in der Lateinschule wieder in den Vordergrund und noch heute sind unsere Schulausdrücke im wesentlichen lateinisch. Ich beschränke mich hier auf die Nennung einiger Ausdrücke.

Abiturient, Akademie, diktieren, Direktor, Disziplin, elementar, Elemente, Examen, Famulus, Gymnasium, Institut, interpretieren, Interpunktion, Karzer, Katheder, Klasse, Klausur, Kollege, Kurs, Lektion, Lineal, Lyzeum, memorieren, Pensum, Prämie, präparieren, Präzeptor, Professor, Realschule, Rektor, repetieren, rezitieren, Seminar, Stipendium, Studium, Zensur.

Ähnlich steht es mit der hohen Schule, der Universität. Bekanntlich war hier die Vortragssprache durchaus lateinisch, bis Christian Thomasius die erste Vorlesung in deutscher Sprache hielt. Es kann daher nicht wundernehmen, wenn die Ausdrücke für Universitätseinrichtungen fast durchweg lateinisch sind. Es ist nicht möglich, hier des nähern darauf einzugehen. Es sei nur darauf hingewiesen, daß eine Reihe von lateinischen Ausdrücken auf verschiedenen Wegen z. T. tief in die Volkssprache eingedrungen sind.

ad absurdum führen; — *ad notam nehmen*; — *alter ego*; — *bona fide*; — *circa*; — *cum grano salis*; — *das Dekorum wahren*; — *in seinem Esse sein*; — *et cetera*; — *ex* 'aus'; — *extra* (*mir ist nicht recht extra*); — *Faktum*; — *Gaudium*; — *in nuce*; — *jemanden koram nehmen, koramieren*; — *Medium*; — *jemanden Mores lehren*; — *non plus ultra*; — *Notabene*; — *Odium*; — *per*; — *post festum*; — *prae (das Prä haben)*; — *praeter propter*; — *Punktum*; — *stante pede*; — *sub rosa*; *super (-klug, -fein)*; — *Unikum* usw.

§ 147. Rückblick. Wir haben im Verlauf dieses Kapitels eine Anzahl von Worten, nach Begriffsgruppen geordnet, an uns vorüberziehen lassen. Eine Reihe von andern wird der Leser in dem Abschnitt über die Berufssprachen finden, wo sie sich besser einordnen. Auf ausführliche Erörterungen und Folgerungen haben wir meistens verzichtet, weil der Raum beschränkt ist, und weil sie vielfach von selbst ins Auge treten. Der Leser muß natürlich immer, wenn er sich noch eingehender unterrichten will, die etymologischen Wörterbücher und die Darstellungen der Kulturgeschichte zu Rate ziehen.

Wir haben gesehen, daß neben die einheimischen Worte oft genug die fremden treten, und gerade diese sind für die kulturgeschichtliche Betrachtung außerordentlich anziehend, da wir die Entlehnung meist ihrer Zeit und ihrer Herkunft nach genau bestimmen können. In solch einer nach Kategorien geordneten Betrachtung tritt die eigentümliche Art der Entwicklung unsres Wortschatzes deutlich hervor. Hier liegt aber nun ein Feld, auf dem noch viele arbeiten können. Wir stehen noch in den Anfängen, und jeder Abschnitt verdiente eine besondere eingehende Untersuchung. Es würde der beste Lohn für meine Arbeit sein, wenn sie zu solchen Untersuchungen anregte.

Der Sprachstoff, den wir bisher betrachtet haben, bestand meistens aus Substantiven. Aber daneben steht der andere Teil des Sprachschatzes, die Adjektive, Verben, Pronomina usw. Auf diesem Gebiet haben wir es viel seltener mit Entlehnungen zu tun, sie sind indessen nicht ausgeschlossen. Die Fülle des Stoffes ist freilich zu groß, als daß sämtliche Worte vorgeführt werden könnten. Ich beschränke mich daher auf eine Auswahl des kulturgeschichtlich Wichtigsten.

§ 148. **Die Farben.** Zu den Eigenschaften der Dinge, die dem Menschen in der Natur entgegentreten, gehören vor allem die Farben. Die Völkerkunde lehrt uns, welche Vorliebe der primitive Mensch für diese Seite der Natur hat, und daß er mit Farben seinen Körper und seine Gebrauchsgegenstände schmückt. Von den alten Germanen im besondern berichtet Tacitus, Germ. 6: *scuta lectissimis coloribus distinguunt.* Tatsächlich ist denn auch die Zahl der Farbenbezeichnungen im Germanischen, die vorgeschichtlich ist, recht beträchtlich, und von manchem Ausdruck, der sich vorläufig in den verwandten Sprachen noch nicht nachweisen läßt, wird man annehmen dürfen, daß er dort verloren gegangen ist. Denn die ältere Zeit verfügte, wie man mit Sicherheit annehmen darf, über viel mehr Farbenausdrücke als die jüngere. J. Schmidt hat in seiner Kritik der Sonantentheorie sehr Bemerkenswertes über die Farbenbezeichnungen der Litauer mitgeteilt, s. o. S. 98. Und wie bei den Litauern ist es auch anderswo gewesen, überall muß eine Fülle von Ausdrücken vorausgesetzt werden.

Ich verzeichne zunächst die einheimischen Ausdrücke:[1]

blank, ahd. *blank*, e. *blank* zu *blinken*. — *blaß*, ahd. *blas* 'weiß, weißlich', eig. wohl 'leuchtend' zu e. *blaze* 'brennende Fackel'. — *blau*, ahd. *blāo*, *blāwēr*, e. *blue* (aus frz. *bleu*) nicht zu lat. *flāvus* 'gelb' wegen der verschiedenen Bedeutung, sondern aus **mlēwas* und zu gr. μέλας (*mélas*) 'schwarz', lit. *mélīnas* 'blau' zu stellen. Der Bedeutungsübergang von *blau* zu *schwarz* und umgekehrt ist nicht selten. — *bleich*, ahd. *bleih*, e. *bleak*. — *blond* ist erst um 1650 aus dem Französischen entlehnt, hier aber ein Lehnwort aus dem Germanischen. Das erschlossene urgerm. **blundaz* hat einen Verwandten in aind. *bradhnáḥ* 'röt-

---

[1] Vgl. hierzu auch E. Schwentner, Eine sprachgeschichtliche Untersuchung über den Gebrauch und die Bedeutung der altgermanischen Farbenbezeichnungen, Diss. Münster, Göttingen 1915.

lich, falb'. — *braun*, ahd. *brūn*, e. *brown*, wurzelverwandt mit lit. *beras*, aind. *babhrúḥ* 'rot-braun'; genau entspricht gr. φρύνη (*phrýnœ*) 'Kröte'. Stammverwandt ist auch *Bär*, ahd. *bëro*. — *fahl* und *falb*, ahd. *falo*; e. *fallow* zu lat. *pallidus* aus **palvidus*, gr. πολιός (*poliós*) 'grau', abg. *plavŭ* 'weiß'. — *Fehe* 'sibirisches Eichhörnchen', mhd. *vëch* 'buntes Pelzwerk', ahd. *fëh* 'bunt', got. *-faihs* zu gr. ποικίλος (*poikilos*) 'bunt'. — *gelb* und *gehl*, ahd. *gëlo*, *gëlwes*, e. *yellow* zu lat. *helvus*. — *grau*, ahd. *grāo*, *grāwēr*, e. *grey*, *gray* zu lat. *rāvus* aus **hrāvus* 'grau, graugelb'. — *greis*, mhd. *grīs*, asächs. *grīs*; vielleicht zu grau, Ablaut *grē* : *grī*. — *grün*, ahd. *gruoni*, e. *green*, gewöhnlich zu ahd. *gruoen* 'grünen', e. *grow* gestellt. — ahd. *hasan* 'grau', vielleicht in *Hase* 'der graue' vorliegend, zu lat. *cānus* aus **casnus* 'grau, aschgrau', osk. *casnar* 'senex' und vielleicht auch in gr. ξανθός (*xanthós*) 'blond'. — *rot*, ahd. *rōt*, e. *red*, got. *rauþs* zu gr. ἐρυθρός (*erythrós*), lat. *ruber*. Ursprünglich wohl vom Blut gesagt. — *schwarz*, ahd. *swarz* 'dunkelfarbig, schwarz', e. *swarthy*, got. *swarts* zu lat. *suāsum* aus **suarssom* 'rußigbrauner Fleck' und *sordēs* 'Schmutz'. — *weiß*, ahd. *hwīʒ*, e. *white*, got. *hveits* aus **hwītno* zu aind. *śvítnaḥ* 'weiß', daneben *śvëtáḥ*, *śvitráḥ* und vielleicht lat. *vitrum* 'Glas'.

Außerdem gibt es in alter Zeit noch eine ganze Reihe andrer Farbenbezeichnungen. Entlehnungen auf diesem Gebiet bringt im allgemeinen erst die Neuzeit, indem meist die Namen bestimmter Gegenstände mit ausgesprochener Farbe zur Farbenbezeichnung werden:

brünett, 17. Jh., frz. *brunet*. — *bunt*, mhd. *bunt*, lat. *punctus*. — *karmesin* 'hochrot', 1478, ital. *carmesino*. — *karmin*, 1717, frz. *carmin*, beide von *Kermes*, ai. *kṛmiḥ* 'Wurm'. — *klar*, mhd. *klār*, lat. *clārus*. — *lila*, 1791, frz. *lilas* 'Flieder'. — *orange*, 1777, eig. 'orangenfarbig' — *purpurn*, ahd. *purpurīn* zu *Purpur*, got. *paúrpura* aus gr.-lat. *purpura*. — *rosa*, 1801, mhd. *rōsenvarwe*. — *rosinfarb* 'scharlachrot', mhd. *rōsinvar* zu *Rose*, aber frühzeitig auf *Rosine* bezogen. — *ultramarin*, von jenseit des Meeres, aus dem Lasurstein gewonnen. — *violett*, 1703, frz. *violet*, also 'veilchenfarbig'. — Merkwürdig ist die Entwicklung von *blümerant*, frz. *bleumourant*, von Zesen mit *sterbeblau* verdeutscht. Jetzt nur so viel wie 'schwindlig'.

Der Allgemeinbegriff *Farbe* ist erst althochdeutsch, *farawa*, gebildet von einem Adjektivum, ahd. *faro*. Es hängt dies mit der späten Ausbildung der Allgemeinbegriffe zusammen, die wir wiederholt berührt haben.

§ 149. **Mängel der Körperbeschaffenheit.** Es muß natürlich für die Mängel an den Gliedern und den Sinnen mannigfache Ausdrücke schon in den ältesten Zeiten gegeben haben. Aber wir finden auf diesem Gebiet nicht allzuviel altes Erbgut, offenbar, weil hier die Verhüllung eine große Rolle spielt. Die alten Wörter bekommen einen harten Klang, und man drückt daher die Sache durch ein neues Wort aus. Infolgedessen ist der Herkunft derartiger Worte schwer nachzukommen, und es kommen ganz merkwürdige Bedeutungsübergänge vor, über die wir jetzt durch eine besondere Arbeit gut unterrichtet sind.[1]

scheel, *schiel*, ahd. *skëlah* gr. σκαληνός (*skalēnós*) 'hinkend, bucklig', lat. *scelus* 'Verbrechen'. — *blind*, ahd. *blint*, e. *blind* zu got. *blandan* 'mischen, trüben', lit. *blísta* 'es wird dunkel'. Got. heißt es *haihs* 'einäugig' = lat. *caecus* 'blind'. — *taub*, ahd. *toub* auch 'stumpfsinnig, närrisch, toll', e. *deaf*, got. *daufs* 'verstockt' gr. τυφλός (*typhlós*) 'blind'. — *dumm*, ahd. *tumb* 'stumm, taub, stumpfsinnig', e. *dumb*, got. *dumbs* 'stumm'. Vielleicht zu

---

[1] JAKOB OELER, Die Ausdrücke für die körperlichen Gebrechen in den idg. Sprachen, Diss. Marburg 1916.

Dampf. Die älteste Bedeutung wäre 'betäubt'. Vgl. OELER S. 48. — *stumm*, ahd. *stum*. Wohl zu *stammeln*, ahd. *stamal* 'stammelnd'. — *stottern* : *stoßen*. — *lahm*, ahd. *lam* 'gliederschwach, lahm', e. *lame*. Dazu mit Ablaut ahd. *luomi*, jetzt *lumm*, wovon *Lümmel*, nd. *lummel*. Zu abg. *lomiti* 'brechen'. — d. *schempeln*, e. *shamble* zu gr. σκαμβός (*skambós*) 'krummbeinig'. — *hinken* gr. σκάζω (*skázō*), ai. *khañʹja-* 'hinkend'. — *Krüppel*, nd. *Kröpel*, e. *cripple* : gr. γρυπός (*grypós*) 'gekrümmt'; dazu auch wohl *Kropf*. — *Hammel*, eig. 'verstümmelt', ahd. *hammēr* 'verstümmelt, gebrechlich'.

§ 150. Geschmack.

süß, ahd. *suozi*, e. *sweet*, got. *suts* zu gr. ἡδύς (*hædýs*), lat. *suā(d)uis*. — *bitter*, ahd. *bittar*, e. *bitter*, gotisch mit Ablaut *baitrs*; zu *beißen*, ist aber eine alte Bildung wegen des Ablautes und wegen des Suffixes. — *sauer*, ahd. *sūr*, e. *sour* zu abg. *syrŭ* 'roh', lit. *sūras* 'salzig'. — *herb*, mhd. *here, herwer*.

§ 151. Moralische und geistige Eigenschaften.

Eine wirklich ausreichende Darstellung der Ausdrücke für die moralischen und geistigen Eigenschaften erforderte eine eingehende Untersuchung, die nur in größerm Rahmen mit Heranziehung der Gleiches bedeutenden Wörter der verwandten Sprachen geführt werden könnte. Außerdem müßte bei jedem Wort die Entwicklungsgeschichte gegeben werden.

Vgl. dazu FRANZ SCHMIDT, Zur Geschichte des Wortes 'gut'; ein Beitrag zur Wortgeschichte der sittlichen Begriffe im Deutschen, Berlin 1898; FR. VOGT, Der Bedeutungswandel des Wortes „edel". Rektoratsrede, Marburg 1909.

gut, ahd. *guot*, e. *good*, got. *gōps* 'gut, tüchtig, schön'. Ein altes Wort, das ursprünglich 'passend' bedeutet und zu got. *gadiliggs* 'Verwandter', e. *together* 'zusammen', abg. *goditi* 'genehm sein', *godŭ* 'passende Zeit' gehört. Der alte Sinn läßt sich bis in das mittelhochdeutsche Volksepos verfolgen. — Der Gegensatz zu *gut* ist ursprünglich *übel*, ahd. *ubil* 'schlecht, böse', e. *evil*, got. *ubils* 'schlecht'; nicht erklärt. — *böse*, tritt erst spätalthochdeutsch als *bōsi* auf. Den jetzigen Sinn bekommt es eigentlich erst im Mittelhochdeutschen. Es gehört zu e. *to boast* 'prahlen'. norw. *baus* 'hitzig, heftig, übermütig'; vgl. auch ahd. *bōsa* 'Possen' — *schlecht*, ahd. *slëht* bedeutet 'gerade, glatt', got. *slaihts* 'eben, gerade', e. *slight* 'gering'. Die heute überwiegende Bedeutung ist erst neuhochdeutsch, ausgegangen wohl von der sozialen Gliederung der Stände: *schlechte Leute* sind zunächst 'einfache, geringe Leute'; dieselbe Anschauung kommt auch in Worten wie *gemein, gewöhnlich* zum Ausdruck. — *edel*, ahd. *edili*, von *Adel* abgeleitet. Ähnlich hat sich *hübsch* entwickelt, mhd. *hübesch* von *hof*, dem frz. *courtois* entsprechend. Noch heute bedeutet es in Leipzig 'fein, angenehm, artig' von Menschen. Für die Bedeutung 'pulcher' vgl. Ausdrücke wie *edle Züge*. — *bieder*, erst im 18. Jh. wieder aufgekommen, ahd. *biderbi* von Sachen 'nütze'; allmählich auf Personen beschränkt. — *fromm*, im 12. Jh. *frum*, eig. 'vorwärts gehend' zu ahd. *fruma* 'Nutzen, Förderung'; unsere jetzige Bedeutung hauptsächlich durch Luther. — *tapfer*, ahd. *tapfar* 'gewichtig' zu abg. *dobrŭ* 'schön, gut'. Das Germanische hat wohl die Grundbedeutung. Die jetzige Bedeutung erst spätmittelhochdeutsch. — *kühn*, ahd. *kuoni* 'kühn, kampflustig, stark', ags. *cēne* 'kühn, weise', e. *keen* 'scharf', anord. *kœnn* 'weise, erfahren', zweifellos zu *ich kann* 'ich weiß', also eig. 'erfahren', zu ergänzen 'im Kampf'; vgl. lat. *ignāvus* zu *(g)nōsco*. Ein anderes Wort für diesen Begriff steckt in *bald*, ahd. *bald* 'kühn, tapfer', e. *bold*, got. *balþaba* 'kühn, dreist'; verwandt mit lit. *báltas* 'weiß'; die Bedeutungsentwicklung wäre 'hell, licht, kühn, schnell'. Ebenso hat sich *schnell* entwickelt, ahd. *snell* 'tatkräftig, tapfer, schnell'; Ursprung dunkel. — *dreist*, asächs. *thrīsti* 'zuversichtlich'; Herkunft unbekannt. Zu lat. *trīstis*? Vgl. dazu an. *dappr* 'traurig' : d. *tapfer*. — *feige*, mhd. *veige*, asächs. *fēgi*, e. *fey* bedeuten 'vom Verhängnis zum Tode, zum Unglück bestimmt'. Die jetzige Bedeutung erst spät. Ein älteres Wort dafür ist *arg*, ahd. *arg* 'nichtswürdig, geizig, feige', wohl zu lit. *rãgana* 'Hexe'. —

frevel, ahd. *fravali* zu anord. *afl* 'Kraft, Stärke'. also 'sehr stark'. — *klug*, mhd. *kluoc* 'fein, zierlich, schmuck, nett, geistig fein', ndl. *kloek* 'tapfer, klug'. Das Wort ist mitteldeutsch, die Mundarten zeigen mannigfach verschiedene Bedeutung. Das Wort wird zu gr. γλῶχες (*glökhes*) 'Hecheln der Ähren', γλωχίς (*glökhis*) 'Spitze' gehören. Das ältere Wort ist *weise*, ahd. *wîs*, e. *wise*, got. *-weis*, Partizip zu *wissen*. — Für den gegenteiligen Begriff *dumm* kommen immer neue Ausdrücke auf; *dumm* siehe oben; gotisch bedeutet es 'taub'. Ein anderes Wort steckt in Tor, mhd. *tôre* 'Irrsinniger, Narr', zusammenhängend mit ahd. *tusig* 'töricht', e. *dizzy* 'schwindelicht, töricht', ndd. *duselig, Dusel* 'Geistesbetäubung'; ursprüngliche Bedeutung also 'betäubt'. Sonst sagen wir *beschränkt, einfältig*. *albern*, ahd. *álawâri* ist 'ganz wahr, gütig, freundlich, wahrhaftig'.

Anhangsweise seien noch die hierher gehörigen Substantiva besprochen: *Mut*, ahd. *muot* 'Sinn, Geist, Gemüt, Mut', e. *mood* 'Laune, Stimmung', got. *môds* 'Zorn'. — *Furcht*, ahd. *forhta*, abgeleitet von dem Adjektivum ahd. *forht*, got. *faúrhts* 'furchtsam'. — *Angst*, ahd. *angust* zu lat. *angustia* 'Enge'; Ableitung von *enge*. — *Zorn*, ahd. *zorn* zu ai. *vidírṇáh* 'geborsten, gespalten'. — *Trauer* siehe unten.

Ausdrücke für *wahr* und *falsch* sollten eigentlich uralt sein. Wenn sie es trotzdem nicht sind, so hat das seinen Grund wieder im Euphemismus.

wahr, ahd. *wâr*, *wâri* zu lat. *vêrus*, air. *fir* 'wahr' Wahrscheinlich zur Wurzel *wes* 'sein' und aus **wesro* oder **wêsro* entstanden, wie e. *sooth* 'Wahrheit', ags. *sôd* aus **sanþ* eigentlich das Partizip Präsens zum Stamm **es-* 'sein' ist, genau entsprechend lat. *(in)-sôns*. — *Lüge*, ahd. *lugin* zu *lügen*, ahd. *liogan*; dazu e. *lie*, got. *liugn* 'Lüge'; verwandt mit abg. *lŭgati* 'lügen', *lŭža* 'Lüge' — *trügen*, ahd. *triogan*; dazu ir. *droch* 'schlecht', kymr. *drwg* 'schlecht', aind. *drúhjati* 'sucht zu schaden', awest. *draog-*, apers. *draug-* 'lügen, trügen'. — *Sitte*, ahd. *situ*, got. *sidus* 'Sitte'; dazu gr. ἔθος (*éthos*) 'Gewohnheit, Sitte', lat. *sôdâlis* 'Gefährte', aind. *svadhâ* 'Eigenart, Eigenheit, Gewohnheit'. — *falsch*, mhd. *vals, valsch*, entlehnt aus lat. *falsus* unter Einwirkung von *fälschen*, ahd. *felsken, falskôn*, l. *falsificâre*.

§ 152. Sonstige Eigenschaften. Im folgenden vereinigen wir, was uns sonst von den Eigenschaftswörtern wichtig erscheint. Dabei ist ein Gesichtspunkt besonders beachtenswert. Eine Reihe von Adjektiven drücken ganz notwendige Begriffe aus, die in jeder Sprache unbedingt vorhanden sein müssen. Trotzdem lassen sich bei weitem nicht alle Ausdrücke bis in das Indogermanische zurückverfolgen. Weiter lösen neue Ausdrücke alte ab, und es finden sich sogar für ganz gewöhnliche Begriffe Entlehnungen. Alles das ist nur mit der Annahme zu erklären, daß auch auf diesem Gebiet in älterer Zeit eine größere Fülle von Ausdrücken, eine feinere Unterscheidung durch besondere Worte vorhanden war, von denen eine Anzahl verloren gegangen sind. Gegen Schlüsse aus dem Fehlen von Worten in den verwandten Sprachen werden aber diese Zusammenstellungen besonders mißtrauisch machen. Was die größere Fülle der Ausdrücke betrifft, so kann man schon manches erkennen, wenn man die Ausdrücke für die Gegensätze in Betracht zieht. Wir besitzen zu *alt* die Gegensätze *jung* und *neu*, und daraus erhellen ohne weiteres die verschiedenen Begriffe, die in dem Worte *alt* stecken. Bei der Übersetzung in fremde Sprachen kommt der verschiedene Bedeutungsinhalt der deutschen Worte auch oft zum Vorschein.

I. INDOGERMANISCHE BESTANDTEILE.

alt, ahd. *alt*, e. *old*, got. *alþeis*, Partizip zu got. *alan* 'wachsen', lat. *alere* 'nähren', eigentlich also wohl 'herangewachsen'. Der Form nach entspricht genau lat. *altus*. Dies

Wort ist wahrscheinlich ein Euphemismus, der andere Wörter verdrängt hat. Der Stamm von lat. *senex* liegt noch im Gotischen vor als *sinista* 'ältester', *sineigs* 'alt, betagt', bei uns noch in dem aus dem Französischen aufgenommenen *Seneschal*, das einem germ. **sini-skalks* 'alter Knecht' entstammt. — *dicht*, mhd. *dîhte*, e. *tight*, lit. *tánkus* 'dicht'. — *dick*, ahd. *dikki* 'dick, dicht', e. *thick* zu air. *tiug* 'dick' aus **tigu*. — *dünn*, ahd. *dunni*, e. *thin*, lat. *tenuis*, gr. ταναός (*tanaós*) zu *dehnen*. — *eng*, ahd. *engi*, got. *aggwus*, ai. *aṁhúḥ*, lat. *angustus*. — *fest*, ahd. *festi*, e. *fast*, arm. *hast*. — *finster*, ahd. *dinstar*, lat. *tenebrae*. — *frei*, ahd. *frī*, e. *free*, ai. *prijáḥ* 'lieb, wert'; aber die Bedeutungsentwicklung ist schwierig. — *garstig*, mhd. *garst(ic)* 'ranzig', lit. *grasùs* 'ekelhaft'. — *geil*, ahd. *geil* 'übermütig, üppig', got. *gailjan* 'erfreuen', lit. *gailùs* 'jähzornig, scharf'. — *gemein*, ahd. *gimeini*, e. *mean*, got. *gamains*, lat. *commūnis*. — *gering*, ahd. *ringi* 'leicht', gr. ῥίμφα (*rhímpha*) 'leicht, schnell'. — *geschwind*, mhd. *swinde*, got. *swinþs* 'stark', lit. *šveñtas*, abg. *svętŭ*, aw. *spənta* 'heilig'. — *glatt*, ahd. *glat*, e. *glad*, lat. *glaber*. — *hart*, ahd. *hart, harti, herti*, e. *hard*, got. *hardus* 'hart, streng', gr. κρατύς (*kratýs*); eine Ableitung davon ist *harsch*, e. *harsh* 'hart, rauh, streng'. — *hehr*, ahd. *hēr*, e. *hoar* 'grau', abg. *sěrŭ* 'glaucus'. — *hoch*, ahd. *hōh*, e. *high*, got. *hauhs*, lit. *kaũkas* 'Beule'. — *jung*, ahd. *jung*, e. *young*, got. *juggs* aus **juwungas* = lat. *iuvencus* 'Jüngling', ai. *juvaśáḥ* 'jung'. — *keck* = *queck*, s. d. — *kalt*, ahd. *kalt*, e. *cold*, got. *kalds*, lat. *gelidus*. — *klein*, ahd. *kleini* 'zierlich, glänzend, sauber, rein, fein', e. *clean* 'rein'; daneben eine Ablautsform mit *ī*, alem. *klīn*. Wenn die ursprüngliche Bedeutung 'glänzend' war, so vergleicht sich abg. *glěnŭ* 'Schleim', *glina* 'Ton'. — *lang*, ahd. *lang*, e. *long*, got. *laggs*, lat. *longus*. — *laß*, ahd. *laz* 'träge', got. *lats*, lat. *lassus*. Dazu *letzt*. — *laut*, ahd. *(h)lūt*, e. *loud*, gr. κλαυτός (*klautós*) 'beweint'. — *leicht*, ahd. *lîhti*, e. *light*, got. *leihts*, lit. *leñgvas* 'leicht', gr. ἐλαχύς *(elakhýs)* 'klein, gering'. — *lungern* vom Adj. ahd. *lungar* 'rasch, munter', gr. ἐλαφρός (*elaphrós*). — *mager*, ahd. *magar*, lat. *macer*, gr. μακρός (*makrós*), — *mohl, moll*, lat. *mollis*, ai. *mṛdúḥ* 'weich'. — *mürbe*, ahd. *muruwi*, air. *meirb* 'weich'; dazu *morsch*, nd. *mursch*. — *müde*, ahd. *muodi*, vielleicht zu gr. κμητός (*kmētós*). — *neu*, ahd. *niuwi*, e. *new*, got. *niujis* zu lat. *novus*, gr. νέος (*néos*). — *queck*, ahd. *quek*, e. *quick*, got. *qius*, lat. *vīvus*. — *rauh*, ahd. *rūh*, e. *rough*, ai. *rūkṣáḥ* 'rauh, trocken, mager'. — *schier*, ahd. *skiero*, e. *sheer, shire*, ir. *cír* 'rein'. — *schief*, md. *schief*, e. *skew*, vielleicht zu lat. *scaevus*. — *schitter*, ahd. *sketar*, ai. *chidráḥ* 'durchlöchert'. — *schmal*, ahd. *smal* 'klein, gering, schlank, knapp, schmal', e. *small*, got. *smals* 'klein' zu abg. *malŭ* 'klein', gr. μῆλα (*mēla*) 'Kleinvieh'. — *schön*, ahd. *skōni*, e. *sheen*, got. *skauns*, air. *cuan* 'schön, angenehm', lit. *šaunùs* 'tüchtig, gut'. — *schwanger*, ahd. *swangar*, lit. *sunkùs* 'schwer'. — *schwer*, ahd. *swāri*, got. *swērs* 'geehrt' zu lit. *svarùs* 'schwer'. Siebs hat unter Annahme eines Präfixes *s* und Ausfall eines *g* (Grundform **sgwērus*) gr. βαρύς (*barýs*), lat. *gravis* mit unserm Wort vereinigt, was nicht wahrscheinlich ist. — *stark*, ahd. *stark*, e. *stark* zu npers. *suturg* aus **strga-* 'stark'. — *starr*, erst neuhochdeutsch, aus dem Niederdeutschen, zu gr. στερεός *(stereós)* 'hart', lit. *stóras* 'dick', abg. *starŭ* 'alt'. — *steif*, mhd. *stīf*, e. *stiff*, eigentlich mittel- und niederdeutsch; zu lat. *stipes* 'Stamm, Stock, Pfahl, Stange', lit. *stiprùs* 'stark, kräftig'. — *tief*, ahd. *tiof*, e. *deep*, got. *diups* zu lit. *dubùs* 'tief, hohl', vgl. *Tobel*. — *toll*, mhd. *tol*, e. *dull*, got. *dwals*, air. *dall* 'blind'. — *voll*, ahd. *fol*, got. *fulls*, e. *full* aus **fulnaz* zu ai. *pūrṇáḥ*, abg. *plŭnŭ*, serb. *pūn*, lit. *pilnas*, altir. *lán*, mit Ablaut lat. *plēnus*, Partizipialbildung zu lat. *-pleo*, gr. πίμπλημι (*pimplēmi*) 'fülle'. — *wahn* 'leer', ahd. *wan*, got. *wans* 'mangelnd', lat. *vānus*. — *weit*, ahd. *wīt*, e. *wide* zu aind. *vītáḥ* 'gerade, geradlinig, nicht krumm'. — *wild*, ahd. *wildi*, e. *wild*, got. *wilþeis*; vielleicht zu ai. *vṛthā* 'nach Belieben'. — *zart*, ahd. *zart*, aw. *a-darətō* 'nicht achtend'.

II. GERMANISCHE BESTANDTEILE.

barsch, nd., wohl mit *Borsten, Bürste* zusammenhängend. — *blöde*, ahd. *blōdi*, got. **blauþus*. — *bloß*, ahd. *blōz* 'stolz', vielleicht zu *blutt*. — *breit*, ahd. *breit*, e. *broad*, got. *braiþs*. — *butt* 'stumpf', nd., wohl zu e. *beat* 'schlagen' (abgeschlagen). — *derb*, ahd. *derb* 'ungesäuert'. — *drall*, nd., zu *drillen*. — *dumpf*, aus *dumpfig*, ndl. *dompig* zu

16*

mhd. *dumpfe* 'Dampf' — *dunkel*, ahd. *tunkal*. — *dürr*, ahd. *durri*, got. *þaursus* zu *dorren*. — *eben*, ahd. *eban*, e. *even*, got. *ibns*. — *eitel*, ahd. *ītal* 'leer, ledig, nichtig, rein', e. *idle*. — *ekel*, mhd. *erklich* 'leidig, zuwider', e. *irk* 'verdrießlich'. — *emsig*, ahd. *emiჳჳig*. — *feist*, ahd. *feiჳit*, e. *fat*, nd. *fett*. Wohl zu gr. πιδύειν (*pidýēn*) 'aufquellen' — *feucht*, ahd. *fūhti* zu e. *fog* 'dicker Nebel'. — *fremd*, ahd. *framidi*, got. *framaþs*. — *ganz*, ahd. *ganz*. — *geheuer*, ahd. *hiuri* in *unhiuri* 'grausig, entsetzlich', verwandt mit ai. *śĭvaḥ* 'vertraut, lieb'. — *gelt* 'keine Milch gebend', ahd. *galt*, nordengl. *geld*. — *genau*, mhd. *genouwe*. — *genug*, ahd. *ginuog*, e. *enough* zu got. *ganah* 'es genügt'. — *gerade*, ahd. *girad*i, zsg. mit ahd. *hrat* 'geschwind, schnell' — *gern*, ahd. *gern*, got. *faihugairns* zu *begehren*. — *gescheit*, mhd. *gescheide* zu *scheiden*. — *glau*, ndd., ahd. *glou*, got. *glaggwō* 'genau, sorgfältig'. — *glum* 'trübe', e. *glum* 'finster, mürrisch'. — *gram*, ahd. *gram* im Ablaut zu *grimm*, ahd. *grimm(i)*. — *graß*, ahd. *graჳჳo* 'heftig'. — *grell*, mhd. *grel* 'zornig schreiend'. — *groß*, ahd. *grōჳ*, e. *great*; Herkunft unklar; ein nur westgermanisches Wort, das das ältere got. *mikils*, ahd. *mihhil* = gr. μεγαλο- (*megalo-*) verdrängt hat. Trotzdem kann es alt sein. Vielleicht zu anord. *grautr* 'Grütze', eig. 'grobkörnig'. — *halb*, ahd. *halb*, e. *half*, got. *halbs*. — *heftig*, ahd. *heiftig* zu got. *haifsts* 'Streit'. — *heikel* neben *ekel* und mit diesem unlösbar vermischt. — *hell*, ahd. *-hel* 'tönend' zu *Hall*. — *hellig* 'abgemattet', mhd. *hel* 'dürftig'. — *hold*, ahd. *hold*, got. *hulþs* 'gnädig', eig. 'geneigt', zu *Halde*. — *irre*, ahd. *irri*, got. *airzeis*. — *jach*, *jäh*, ahd. *gāhi*. — *karg*, ahd. *karag* 'traurig', e. *chary* 'vorsichtig' von ahd. *kara* 'Trauer' (*Karfreitag*). — *kaum*, ahd. *kūmo* zu ahd. *kūman* 'beklagen', gr. γοάειν (*goāen*) 'jammern'. — *keusch*, ahd. *kūsk(i)*. — *kirre*, got. *qairrus* 'sanftmütig' — *krumm*, ahd. *krumb*, e. *crump* zu *Krampf*. — *kühl*, ahd. *kuoli*, e. *cool* zu *kalt*. — *lech, leck*, nd. *leck*, ags. *hlec*. — *ledig*, mhd. *ledic*. — *leer*, ahd. *lāri*, e. dial. *leer* 'leer, leeren Magens, hungrig' Verwandte sind noch nicht gefunden, doch ist das Wort seiner Bildung nach alt. Falls *r* auf *s* zurückgeht, vielleicht zu *lesen* 'sammeln' Ein Feld, das gelesen ist, ist *leer*. — *locker* von älterm *luck*. — *los*, ahd *lōs*, got. *laus* zu *verlieren*, lat. *solvo*. — *lose*, *los*, ahd. *lōs* zu got. *liuts* 'heuchlerisch'. — *nahe*, ahd. *nāh*, e. *nigh*, got. *nēhv(a)*. — *naß*, ahd. *naჳ*, got. in *natjan* 'netzen'. — *offen*, ahd. *offan*, e. *open*. — *reif*, ahd. *rīfi*, e. *ripe*. — *schal*, mhd. *schal* 'trübe, unklar'. — *scharf*, ahd. *skarpf*, e. *sharp* zu *schürfen*. — *schlank*, md. *slank*, zu *schlingen*. — *schlau*, nd. *slū*. — *schnöde*, mhd. *snœde*, anord. *snaudr* 'entblößt, arm, dürftig'. — *schrill*, nd. *schrell*, e. *shrill*. — *schroff*, erst nhd., zu mhd. *schrof(fe)* 'Steinwand'. — *schwach*, mhd. *swach*. — *schwül*, spätmhd. *swülch* zu *schwelen*. — *seicht*, mhd. *sīht(e)* zu *seihen* — *spitz*, ahd. *spiz(z)i* zu *Spieß*. — *spröde*, 1523 *sprode* 'dürftig, schwach'. — *stat*, ahd. *stāti* zu *stehen*. — *steil*, ahd. *steigal* zu *steigen*. — *stickel* 'steil', ahd. *stekkal* zu bayer. *Stick* 'steile Anhöhe'. — *stief*, ahd. *stiuf-*, e. *step-*. — *still*, ahd. *stilli*, ai. *sthāṇúḥ* 'stehend, unbeweglich'. — *straff*, mhd. *straf* 'streng, hart'. — *stramm*, mnd. *stramm*. — *streng*, ahd. *strengi*, e. *strong* zu lett. *stringt* 'stramm werden'. — *stumpf*, ahd. *stumpf*. — *teuer*, ahd. *tiuri*, e. *dear*. — *träge*, ahd. *trāgi* zu got. *trigō* 'Trauer' — *üppig*, ahd. *ubbig* 'leer, eitel'. — *weich*, ahd. *weih*, e. *weak* zu *weichen*, ahd. *wīhan*, ai. *vijáte* 'zittert'. — *wenig*, ahd. *wēnag* 'bejammernswert, unglücklich'; wohl zu *weinen* unter Einwirkung von *weh*. — *zahm*, ahd. *zam*, e. *tame*; zu lat. *domāre*.

Betrachtet man diese Listen, so fällt dabei mancherlei auf. Zunächst, daß der eine Ausdruck indogermanisch ist, der andere für das Gegenteil nicht. Wenn *voll* bis in die indogermanische Grundsprache zurückreicht, warum dann nicht *leer*? wenn *lang* alt ist, warum dann nicht *kurz*? Und so stehen sich noch gegenüber *dünn* und *dick*, *schmal* und *breit*, *hart* und *weich*, *leicht* und *schwer* usw., von denen immer der erste Ausdruck uralt ist, der zweite nur germanisch. Diese Erscheinung braucht uns nicht weiter zu beunruhigen, sie zeigt uns nur, wie sehr wir mit dem Verlust von Wörtern zu rechnen haben, und daß es uns nie gelingen wird, den alten Wortschatz jemals völlig zu erschließen.

Der zweite Punkt, der sehr beachtenswert ist, ist der häufige Bedeutungswandel, der sich bei den Adjektiven findet, und der so stark ist, daß man manchmal an der Einheit der verglichenen Worte zweifeln möchte. Aber der Zweifel ist meistens unberechtigt, da die Endbedeutungen zwar auseinanderliegen, aber durch eine Reihe festzustellender Zwischenglieder zu verbinden sind.

III. DIE ENTLEHNUNGEN.

Da es doch bemerkenswert ist, wie es mit den Entlehnungen auf diesem Gebiet steht, so stelle ich hier das Wichtigste zusammen:

a) **Althochdeutsch**: *kahl*, lat. *calvus?* oder verwandt mit abg. *golŭ*. — *mager*, lat. *macer* oder urverwandt. — *sauber*, lat. *sōbrius*. — *sicher*, lat. *sēcūrus*. — *nüchtern*, lat. *nocturnus*. — *bunt*, *falsch*, *klar*, *kurz*.

b) **Mittelhochdeutsch**: *blond*, *fein*, *hurtig*, *matt*, *pomadig*, *quitt*, *rund*, *scheckigt*, *simpel*.

Das sind sehr wenig. Eine verhältnismäßig große Anzahl kommt in der Neuzeit:

brav (17. Jh.), frz. *brave*. — *brüsk* (1728), frz. *brusque*. — *egal* (1694), frz. *égal*. — *elegant* (18. Jh.), frz. *élégant*. — *fade* (um 1700), frz. *fade*. — *famos* (16. Jh.), lat. *fāmōsus*. — *firm* (1727), lat. *firmus*. — *frequent* (18. Jh.), lat. *frequēns*. — *frivol* (1686), frz. *frivole*. — *frugal* (18. Jh.), frz. *frugal*. — *fulminant* (1813), frz. *fulminant*. — *honett* (1714), frz. *honnête*. — *just* (16. Jh.), lat. *jūstē*. — *kokett* (17. Jh.), frz. *coquet*. — *mokant* (18. Jh.), frz. *moquant*. — *naiv* (1711), frz. *naïf*. — *nobel* (17. Jh.), frz. *noble*. — *perfid* (1795), frz. *perfide*. — *pikant* (17. Jh.), frz. *piquant*. — *platt* (1616), von frz. *plat* 'eben'. — *prompt* (1716), frz. *prompt*. — *proper* (17. Jh.), frz. *propre*. — *prüde* (19. Jh.), frz. *prude*. — *raffiniert* (1703), frz. *raffiné*. — *rar* (16. Jh.), lat. *rārus*. — *resolut* (17. Jh.), lat. *resolūtus*. — *robust* (18. Jh.), lat. *rōbustus*. — *scharmant* (17. Jh.), frz. *charmant*. — *simpel* (15. Jh.), lat. *simplus*. — *spinös*, lat. *spinōsus*. — *vag* (18. Jh.), lat. *vagus*.

Dies ist nur eine beschränkte Auswahl. Die große Masse kommt jedenfalls im 17. Jahrhundert mit der Alamodezeit und bleibt in der Sprechweise der obern Gesellschaftsschichten haften: Ohne eine eingehende Untersuchung ist aber auf diesem Gebiet nicht zur Klarheit zu kommen.

§ 153. Die Verben. Allgemeines. Neben Substantiven und Adjektiven steht noch die große Zahl der Verben. Wir haben zwar einige schon gelegentlich besprochen, aber der größte Teil ist noch übrig. Auch hier kann es sich nicht darum handeln, alles vorzuführen, wohl aber wird es nützlich sein, wenigstens einige Begriffskategorien ausführlicher zu erörtern. Bekanntlich zerfallen unsere Verben in starke und schwache. Die letztern sind meistens abgeleitet, und es müßte also bei ihnen das Grundwort vorangestellt werden, doch läßt sich das nicht glatt durchführen. Hier liegen natürlich auch viele junge Bildungen vor. Die Hauptmasse der starken Verben dagegen stammt aus der indogermanischen Grundsprache. Wenn wir für manche noch keine Verwandte in den nichtgermanischen Sprachen antreffen, so beruht das auf der Fülle synonymer Ausdrücke. Selbst unsre jetzige Sprache verfügt bei manchen Kategorien über eine geradezu erstaunliche

Menge von Synonymen. Auf diesem Gebiete zeigt sich gleichfalls die öfter erwähnte Entwicklung der Sprache in der Schaffung allgemeinerer Bezeichnungen, die in vielen Fällen durch Adverbia näher bestimmt werden. Die älteste Bedeutung der Verben zu ermitteln, ist sehr viel schwieriger als die der Substantiva und Adjektiva, da sich die Bedeutungen der Verben sehr viel leichter wandeln. So finden wir denn oft in den verwandten Sprachen sehr weit auseinandergehende Bedeutungen, und unsre Etymologen erschließen daraus einen möglichst allgemeinen Sinn. In Wirklichkeit wird der Sinn recht konkret gewesen und nach verschiedenen Seiten abgewichen sein. Weiteres siehe unter Bedeutungswandlung. Das Verbum ist bekanntlich in vielen Sprachen nicht vorhanden, und auch für das Indogermanische ist es wahrscheinlich, daß sich der Verbalbegriff aus dem Substantivbegriff entwickelt hat. Aber für die geschichtlichen Zeiten kommt dieser Umstand nicht in Betracht. In ihnen ist das Verbum völlig ausgebildet.

§ 154. Die fünf Sinne.

Literatur: J. Grimm, Die fünf Sinne; Kl. Schr. 7, 193 ff. — Fr. Bechtel, Über die Bezeichnungen der sinnlichen Wahrnehmungen in den indogermanischen Sprachen, Weimar 1879. — A. Rittershaus, Die Ausdrücke für Gesichtsempfindungen in den altgermanischen Dialekten; ein Beitrag zur Bedeutungsgeschichte I; Zürich 1899.

Die Bezeichnungen für die sinnlichen Wahrnehmungen zu untersuchen, ist, wenn auch schwierig, außerordentlich anziehend für den Sprachforscher. Zunächst finden wir eine Fülle von Ausdrücken. Wir haben noch: *blicken, gucken, schauen, spähen, lugen, sehen, wahrnehmen* und vielleicht noch andere. Außerdem gehen die Bezeichnungen des einen Sinnes leicht in den des andern über, wie schon J. Grimm a. a. O. gezeigt hat. „Wenn das Sehen ein Hören, das Hören ein Sehen, das Kiesen ein Wittern und Schmecken, das Riechen ein Schmecken, das Fühlen ein Empfinden, das Greifen ein Begreifen wird und die Ausdrücke wechseln, so ist den Dichtern von selbst das Recht gegeben, einen für den andern zu setzen." Grimm führt sehr lehrreiche Stellen an. Bei Luther steht Exod. 20, 18 *'und alles Volk sahe den Donner und Blitz und den Ton der Posaune'*; 1 Sam. 19, 20 *'und sie sahen zween Chor Propheten weissagen'*; Wieland 8, 183 *'die Gesellen des Verwundeten, da sie den Lärm sahen, hatten die Flucht genommen'*. Außerdem gehen weiter die Bezeichnungen der sinnlichen Wahrnehmungen leicht in die der geistigen über: *ich weiß* ist eigentlich 'ich habe gesehen', lat. *vidi*, *ich begreife* ist auch heute noch rein sinnlich verständlich. Ebenso *Geschmack* u. a.

Was die Ausdrücke, die wir zu behandeln haben, ursprünglich bedeutet haben, läßt sich zwar im einzelnen manchmal erklären, ein allgemeines Grundgesetz der Entwicklung läßt sich aber nicht aufstellen.

Wir ordnen den Stoff nach den einzelnen Grundbegriffen.

sehen, das älteste und verbreitetste Wort im Germanischen, ahd. *sëhan*, got. *saíhvan*, e. *to see* stimmt lautlich genau zu lat. *sequor*, gr. ἕπεσθαι (*hépesthai*) 'folgen', und man hat daher tatsächlich die beiden Worte verbunden, indem man von der Bedeutung 'mit den Augen folgen' ausging. Das ist aber infolge des Mangels aller Zwischenstufen sehr unsicher und nicht wahrscheinlich. Daher hat man an anderes gedacht und das Wort mit deutsch *sagen*, lat. *inquam*, gr. ἔννεπε (*énnepe*) 'sag an' vereinigt. Aber auch die von J. Grimm gegebene Zusammenstellung mit lat. *scio* 'in Erfahrung gebracht haben, wissen' darf nach dem gleichen Bedeutungsübergang in d. *wissen* gegenüber lat. *vidēre* als durchaus möglich gelten. Schließlich habe ich es zu *schauen* gestellt. *sehen* ist ein idg. **sekw*, *schauen* ein idg. **skou*. Die beiden Formen stehen also im Schwebeablaut zueinander. — *schauen*, ahd. *skouwōn*, e. *to show* zu gr. κοέω (*koéō*) 'merke', θυοσκόος (*thyoskóos*) 'Opferschauer', lat. *cavēre* 'sich hüten', zu *sehen*. — *blicken*, mhd. *blicken* 'Licht ausstrahlen, leuchten, glänzen, blicken' mit ahd. *blīhhan* 'leuchten' und *Blitz* zusammenhängend. — *glupen* 'von unten aufblicken', ndd.; unerklärt. — *gucken* ist spät belegt und vielleicht ein Wort der Kindersprache. Damit steht wohl nd. *kieken* in irgendeinem Zusammenhang. — *lugen*, ahd. *luogēn*, e. *to look*; gehört zu gr. λεύσσω (*leússō*) 'sehe'. — *spähen*, ahd. *spëhōn* zu lat. *specio*, ai. *spaṭ* 'Späher'. Aus dem Deutschen stammt ital. *spiare*, frz. *épier* 'spähen', frz. *espion*. — *wahrnehmen, gewahren*, ahd. *wara nëman* 'beachten, wahrnehmen' zu gr. ὁράω (*horáō*). Auch *warten*, ahd. *wartēn*, e. *ward* ist dazu zu stellen. — Der Stamm idg. *vid-* hat im Deutschen nur die Bedeutung 'wissen'. Für den Begriff 'sehen' waren schon im Indogermanischen verschiedene Ausdrücke vorhanden, vgl. das Paradigma gr. ὁράω, ὄψομαι, εἶδον (*horáō, ópsomai, êdon*).

Für den zweiten Sinn, den des *Gehörs*, hat die Sprache eine geringere Anzahl von Worten zur Verfügung.

hören, ahd. *hōren*, e. *to hear*, got. *hausjan* entspricht gr. ἀκούειν (*akūēn*) aus **akous-*, das wahrscheinlich zusammengesetzt ist aus *ak* 'scharf' und *ous* 'Ohr', also eigentlich 'ein scharfes Ohr haben' Abgeleitet davon ist *horchen*, spätahd. *hōrehhen*, e. *to hark*. — *laustern* 'das Ohr spitzen, scharf aufhorchen', mhd. *lūstern*, e. *listen* zu alem. *losen*, ahd. *(h)losēn*, gr. κλύω (*klýō*). — *lauschen* dagegen, das man gern damit in Verbindung bringt, bedeutet 'lauern', ahd. *lōskēn* 'verborgen sein' und gehört also wohl zu *lauern* mhd. *lūren*, e. *lower* 'düster blicken'. Zu dem Stamme *klu* stellt sich noch *Leumund*, zweifelhaft ob auch *laut*, ahd. *hlūt*, e. *loud*, das eher zu gr. κλαίω (*klaíō*) 'weine, schreie' gehört.

'*Geruch* und *Geschmack* sind bekanntlich auch physiologisch eng verbunden, und das zeigt sich ebenfalls in der Sprache, indem die Ausdrücke in ihrer Bedeutung ineinander übergehen.

riechen, ahd. *riohhan* 'rauchen, dampfen, duften', e. *reek* mit *Rauch*, ahd. *rouh*, e. *reek* zusammenhängend und ursprünglich intransitiv. — *wittern*, mhd. *witeren* 'etwas als Geruch in die Nase bekommen', zu *Wetter*, wie e. *to wind* 'wittern' zu *Wind*, also ein Jagdausdruck. — *schmecken*, ahd. *smëcken* 'schmecken, Geschmack empfinden', mhd. auch 'riechen' *(der smac der bluomen)*, e. *to smack*. Dazu lit. *smagur'aī* 'Leckerbissen'. Dazu *Geschmack*, e. *smack* und wohl auch *schmachten*, ahd. *gasmahtōn* 'schwach werden'. — *stinken*, ahd. *stinkan* 'einen Geruch von sich geben', e. *to stink* wohl zu got. *stigqan* 'stoßen', ags. *stincan* 'stauben, sich erheben'. — *kiesen*, ahd. *kiosan* 'prüfen, prüfend kosten, schmeckend prüfen', e. *to choose* 'wählen' zu gr. γεύειν (*geúēn*), lat. *gustāre.* Dazu *küren, kosten*.

Für den letzten Sinn haben wir gar keine alten Ausdrücke.

fühlen, ahd. *fuolen*, e. *to feel*. Wohl von demselben Stamm wie lat. *palma*, gr. παλάμη (*palámæ*) 'flache Hand', vgl. anord. *falma* 'unsicher tasten' und zu lat. *palpāre*. Das Wort ist md., obd. dafür *empfinden*, ahd. *intfindan*, aus *ent* und *finden*. — *spüren*, ahd. *spurien*, eig. 'auf der *Spur* (des Wildes) sein'. Also aus der Jägersprache. — *merken*, ahd. *mërken* 'wahrnehmen, verstehen, merken', gehört zu *Marke*. Dies wird zwar erst im 17. Jh. aus frz. *marque* entlehnt, geht aber auf ahd. *marka* 'Bezeichnung, Aufschrift' zurück. — *tasten*, mhd. *tasten* aus afrz. *taster*.

§ 155. Geistige Wahrnehmung und Verwandtes.

Samuel Kroesch, The semasiological development of words for 'perceive, understand, think, know' in the older germanic dialects. Diss. Chicago 1911. Reprinted from Modern Phil. VIII Nr. 4.

Von den Ausdrücken für die geistige Wahrnehmung sind einige alt, während andere erst in verhältnismäßig junger Zeit neu entstanden sind und ihre Herkunft deutlich verraten; so *einsehen* bei Luther, aber schon bei den Mystikern *das Einsehen*; *begreifen*, bei den Mystikern, ahd. *bigrîfan* 'fühlend betasten'; *verstehen*, ahd. *firstân* ist wohl 'um etwas herumstehen'. Daneben ahd. *instantân* eig. 'hineintreten', e. *understand*, eig. 'dazwischentreten'.

denken, ahd. *denken*, e. *to think*, got. *þagkjan*; dazu mit Ablaut *dünken*, ahd. *dunken*, e. *to think*, got. *þugkjan*; ein verwandter Stamm in lat. *tongēre* 'kennen', pränestinisch *tongitio* 'Kenntnis', oskisch *tanginûd* 'Meinung'. — *kennen*, ahd. *kennen* von ahd. *ich kan* 'ich weiß'; dazu e. *io know*, got. *kan* zu lat. *nôsco*, gr. γιγνώσκω (*gignöskö*). — *meinen*, ahd. *meinan* 'meinen, denken, sagen, erklären', e. *to mean*; abg. *mĕniti* 'meinen' ist vielleicht entlehnt. Hierher auch wohl gr. μενοινᾶν (*menoinân*) 'im Sinne haben, gedenken'. — *mahnen*, ahd. *manôn*, *manēn* 'erinnern, ermahnen, auffordern', lat. *monēre*. — *erinnern*, frühnhd., ahd. *innarôn*, hat andere Wörter verdrängt. — *glauben*, ahd. *gilouben*, e. *believe*, got. *galaubjan*; dazu got. *galaufs* 'schätzbar, wertvoll'; so daß *glauben* wohl bedeutet 'für wertvoll halten'. — *wissen*, ahd. *wizzan*, *weiʒ*, e. *wot*, got. *wait* 'ich weiß', gr. οἶδα (*oida*), lat. *vîdî* 'habe gesehen'. Dazu *weise*, ahd. *wîs(i)*, e. *wise*, got. *unweis* 'unwissend'. — *sinnen*, mhd. *sinnen*; ahd. *sinnan* 'reisen' kann zwar von demselben Stamm herrühren, ist aber wohl nicht die Vorstufe des mhd. Wortes; *sinnen* läßt sich mit lat. *sentîre* verbinden. Besser aber *Sinn*, ahd. *sin*, *sinnes* zu gr. νοῦς (*nûs*) aus *snowos*, während *Sinn* auf *senwos* zurückgeht.

§ 156. Der Wille.

begehren, ahd. *gerôn*, dazu *gern*, zu gr. χαίρειν (*khairēn*) 'sich freuen', umbrisch *heriest* 'er wird begehren oder wollen', aind. *hárjati* 'er hat gern, begehrt'. Dazu *Gier*, ahd. *girî* und *gern*, ahd. *gerno*, got. *faihugairns* 'habgierig'. — *forschen*, ahd. *forskôn*, lat. *poscere*. — *fragen*, ahd. *frāgēn*, got. *fraihnan* zu lat. *precâri* 'bitten', *procus* 'Freier'. — *heischen*, an *heißen* angelehnt, ahd. *eiskôn* 'forschen, fragen, fordern', e. *to ask*, aind. *iččháti* 'er sucht', lat. *aeruscâre* 'bitten'. — *locken*, ahd. *lockôn* 'locken, anlocken, verlocken', daneben *lucken*, anord. *lokka* 'locken', dazu lit. *lugoti*, lett. *lū'gt* 'bitten'. — *bitten*, ahd. *bitten*, e. *to bid*, got. *bidjan*, zu aind. *bádhate* 'drängt, bedrängt, verdrängt'. Dazu *Bede* nd., ahd. *beta* 'Bitte'. — *wollen*, ahd. *wellan*, e. *will*, got. *wiljan*, lat. *velle*. Dazu *Wille*, ahd. *will(i)o*, e. *will*, abg. *volja*. — *wünschen*, ahd. *wunsken*, e. *to wish*, aind. *vânčhati* 'wünscht'. *Wunsch*, ahd. *wunsk*, ai. *vânčhā́*. — *geizen*, mhd. *gîtesen* 'gierig, habgierig sein', ags. *gîtsian* 'begehen' zu ahd. *gît* 'Gier, Habgier, Heißhunger', got. *gaidw* 'Mangel', lit. *geisti* 'begehren', abg. *židati* 'erwarten'.

§ 157. Gemütsbewegung und Verwandtes.

lachen, ahd. *hlahhan*, got. *hlahjan*, e. *to laugh* zu gr. κλώσσω (*klössö*) 'glucke'. Für diesen Begriff gibt es noch eine Reihe meist dialektischer Ausdrücke, die zum Teil unaufgeklärt sind: ndd. *schmielen*, e. *to smile* zu aind. *smájatē* 'lächelt', gr. μει-δάω (*meidâö*); — ndd. *grînen*, obd. *greinen* 'lachend oder weinend den Mund verziehen', e. *to groan* 'stöhnen, grinsen' zu aind. *jihrēti* 'schämt sich'; eine Ableitung davon ist *grinsen*; — *schmunzeln*, niederdeutsch, obd. *schmutzeln*, mhd. *smutzen* 'lächeln', mhd. *smuz* 'Kuß'.

weinen, ahd. *weinôn*, ags. *wānian*, anord. *veina*, vielleicht Ableitung zu *weh*, got. *wai* unter Einfluß eines verlorenen zu got. *qainôn* gehörigen Wortes. Daneben stehen in den Mundarten andere Ausdrücke: *greinen*, siehe oben. *flennen*, ahd. *flannēn* 'das Gesicht verziehen', *kreischen*, *schreien*, *rohren*, *heulen*, bei denen meist deutliche Übertragungen vorliegen. Ein indogermanisches Wort fehlt also. Dagegen gibt es sogar zwei Ausdrücke für *Träne*, das sicher alte *Zähre*, ahd. *zahar*, e. *tear*, got. *tagr* zu gr.

δάϰϱυ (*dákry*), lat. *lacruma* (aus **dacruma*), kymr. *daigr*, air. *dèr* und *Träne*, ahd. *trahan*, dessen Herkunft dunkel ist. Man kann sich aber dem Eindruck nicht entziehen, daß germ. **trahn-*, idg. **drakn-* aus **dakru* umgestaltet ist. Eins damit ist *Tran*, mnd. *trän*. — *trauern*, ahd. *trūrēn*, dazu ags. *drēorig*, e. *dreary* 'traurig'. Ahd. *trūrēn* bedeutet 'die Augen niederschlagen'; daher vielleicht zu got. *driusan* 'fallen'. — *freuen, Freude*, ahd. *frouwen*, *frewida*, Ableitungen von *froh*, ahd. *frō*, auch 'schnell', anord. *frār* 'hurtig, flink'. Dies scheint die ursprüngliche Bedeutung zu sein, und man kann daher aind. *právate* 'springt auf, hüpft, eilt', *praváḥ* 'flatternd, schwebend, fliegend' vergleichen. Vergleiche auch *frohlocken*, mhd. *vrōlocken*, bei dem der zweite Bestandteil zu unserm *löken* 'ausschlagen' gehört. — *hoffen*. Die Worte für *hoffen* sind in ihrer Entwicklungsgeschichte sehr lehrreich. *hoffen* ist der jüngste der Ausdrücke. Es taucht erst im 13. Jahrhundert auf, steht aber noch nicht bei den großen Dichtern. Es ist im wesentlichen niederdeutsch-englisch und gehört zu *hüpfen*. Es bedeutet eigentlich 'aufspringen'; vergleiche den Ausdruck der Jägersprache *der Hirsch verhofft* 'sieht sich um, stutzt'. Aus einer solchen Grundbedeutung läßt sich dann die von *hoffen*, zunächst 'erwarten', wohl erklären. Mittelhochdeutsch herrscht für *hoffen dingen, gedingen*, ahd. *dingen*, das wohl zu *Ding, dingen* gehört. *gedingen* würde heißen 'einen Vertrag festsetzen' und dann 'erwarten'. Eine etwas andere Bedeutungsnuance zeigt *trauen*, ahd. *trūēn* 'glauben, trauen', got. *trauan* 'vertrauen' zu *Treue* und *treu*, die eigentlich 'fest' bedeuten. Verwandt sind apreuß. *druwi(s)* ·Glaube', *druwīt* 'glauben'. Dazu die Ableitung *Trost*, ahd. *trōst*, npers. *durušt* 'hart, stark'. *Wahn*, ahd. *wān*, ursprünglich ohne den ungünstigen Nebensinn, got. *wēns* 'Hoffnung'. Man hat es zu lat. *vēnāri* 'jagen' und zur Wurzel *wen* s. u. gestellt.

harren, mhd. *harren*, eigentlich mitteldeutsch. — *beben*, ahd. *bibēn* zu abg. *bojǫsę* 'ich fürchte mich'. — *zittern*, ahd. *zittarōn*, anord. *titra* 'zwinkern', eigentlich ein reduplizierendes Verbum, könnte zu gr. ἀπο-διδϱάσϰειν (*apodidrāskēn*) 'fortlaufen' gehören. — *schämen*, ahd. *skamēn*, got. *skaman*. Dazu ahd. *skama*, e. *shame* 'Scham'. Man stellt dies Wort zu got. *hamōn* 'bedecken', ahd. *hamo* 'Gestalt'; got. *skaman sik* wäre 'sich bedecken'. Mir nicht einleuchtend. Zu diesem Stamm gehört auch wohl *Schande*, ahd. *skanta*.

§ 158. Körperfunktionen und körperliche Zustände.

gähnen, ahd. *ginēn, ginōn*, gr. χαίνειν (*khainēn*), lat. *hiāre*. Dazu auch *Gienmuschel*. — *schwitzen*, ahd. *swizzen*, aind. *svidjati* 'schwitzt', gr. ἰδίειν (*idíēn*). Dazu *Schweiß*, ahd. *sweiz*, e. *sweat*, lat. *sūdor*. Da das Wort auch 'Blut' bedeutet, gehört *schweißen* dazu. — *fisten*, lit. *bezdù*, gr. βδέω (*bdéō*), lat. *pēdere*. — *farzen*, ahd. *fērzan*, e. *to fart*, gr. πέρδειν (*pérdēn*), lit. *pérsti*, russ. *perdétĭ*. — *speien*, ahd. *spīwan*, e. *to spew*, got. *speiwan*, lat. *spuere*, gr. πτύειν (*ptýēn*); *spucken* ist erst neuhochdeutsch, 1482 *spucken*. — *schlafen*, ahd. *slāfan*, e. *to sleep*, got. *slēpan* zu lat. *lābi* 'wanken, gleiten'. — *wachen*, ahd. *wahhēn*, e. *to wake, to watch*, got. *wakan* 'wach sein, wachen' zu lat. *vegēre* 'munter sein', aind. kausat. *vājájati* 'treibt an'. — *träumen*, ahd. *troumen* von *Traum*, ahd. *troum*, e. *dream*. Man stellt es zu *trügen*, ahd. *triogan*. Vgl. as. *gidrog* 'Erscheinung, Trugbild', anord. *draugr* 'Gespenst'. — *atmen*, ahd. *ātumōn* von ahd. *ātum, ādum* 'Atem, Odem' zu aind. *ātmá* 'Hauch, Atem, Geist'. — *leben*, ahd. *lëbēn*, e. *to live*, got. *liban*. Da anord. *lifa* 'leben' und 'übrig sein' bedeutet, so kann man klar erkennen, wie das Wort zu seiner Bedeutung gekommen ist. Es ist ausgegangen von Kämpfen, in denen wenige übrig bleiben. Es gehört zu *bleiben*, ahd. *bi-līban*, das zu lit. *lipti* 'kleben, bleiben', gr. λίπος (*lipos*) 'Fett', λιπαϱός (*liparós*) 'fett, glänzend' gestellt wird. — *sterben* ist Euphemismus, siehe unten. — *dürsten, hungern*, s. o. S. 224. — *dulden*, ahd. *dulten* von *Geduld*, das von einem Verb stammt: ahd. *dolēn*, got. *þulan*, lat. *tollere, tulī, tolerāre*, gr. τλῆναι (*tlênai*). — *schmerzen*, ahd. *smërzan*, e. *to smart*, lat. *mordēre*, gr. σμεϱδϱός (*smerdnós*), σμεϱδαλέος (*smerdaléos*) 'gräßlich'. — *leiden*, ahd. *līdan*. Ahd. *līdan*, got. *leiþan* bedeuten 'gehen'. Daß die Worte zusammenhängen, ist unwahrscheinlich. Vielmehr gehört zum letzten *leiden* in der Bedeutung 'geschehen lassen', während dem andern das Adjektivum *leid*, ahd. *leid*,

e. *loath* 'abgeneigt' zugrunde liegt, das zu ahd. *lēwes* 'leider', gr. λοιμός *(loimós)* 'Pest' zu stellen ist. — *blasen*, ahd. *blāsan* 'hauchen, schnauben', got. *blēsan*, lat. *flāre*. — *wachsen*, ahd. *wahsan*, e. *to wax*, got. *wahsjan*, gr. ἀέξειν *(aéxen)* 'stärken, mehren, wachsen'; — ein anderes Wort ist got. *liudan*, ahd. *leodan* 'wachsen' zu gr. ἐλευθ- *(eleuth-)* in ἐλεύσομαι *(eleúsomai)* 'werde kommen'.

§ 159. **Bewegung und Ruhe.** Für die verschiedenen Arten der Bewegung und was damit zusammenhängt, besitzt unsere Sprache noch heute eine bedeutende Anzahl von Ausdrücken. Vielleicht sind es aber in alter Zeit noch mehr gewesen. Ich ordne den Stoff alphabetisch.

BEWEGUNG.

bewegen, ahd. *biwegan* 'aus dem Zustand der Ruhe bringen, wägend prüfen', got. *gawigan* 'bewegen', lat. *vehere*. Dazu *Wage*, ahd. *waga*, e. *weigh*, wovon wieder *wagen*, erst im 12. Jh. *wagen*, ein Wort der mhd. Dichtersprache; — *wägen*, *erwägen*, mhd. *erwegen*, *wiegen*, *Gewicht*, mhd. *gewicht(e)*, e. *weight*, *Woge*, ahd. *wag*, got. *wēgs* 'Sturm', *Wagen*. — *bringen*, ahd. *bringan*, e. *to bring*, got. *briggan* zu kymr. *he-brwng* 'herbeibringen'. — *dringen*, ahd. *dringan*, got. *þreihan* 'drängen' zu lit. *treñkti* 'dröhnend stoßen'. — *eilen*, ahd. *īlen*. Vielleicht zu anord. *īð, il* 'Studium', also aus *idlo. — *fahren*, ahd. got. *faran*, e. *to fare*, gr. περάειν *(peráen)* 'durchdringen', aind. *piparti* 'führt hinüber'. — *fallen*, ahd. *fallan*, e. *to fall* zu lit. *pùlti* 'fallen' — *fliegen*, ahd. *fliogan*, e. *to fly*, got. in *usflaugjan* 'emporfliegen machen'. — *fliehen*, ahd. *fliohan*, e. *to flee*, got. *þliuhan* zu lit. *lēkti* 'fliegen'? — *folgen*, ahd. *folgēn*, auch *folagēn*, andd. *fulgangan*, e. *to follow*. — *führen*, ahd. *fuoren*, Faktitivum zu *fahren*. — *gegangen*, ahd. Prät. *giang*, got. *gaggan* zu lit. *ženg'ù* 'ich schreite'. — *gehen*, ahd. *gēn, gān*; unerklärt. — *gleiten*, mhd. *glīten*, e. *glide*. — *hasten*, junge Bildung von *Hast*, annd. *hast* aus afrz. *haste*, jetzt *hâte*. — *hetzen*, ahd. *hezzen* von *Haß*, ahd. *haz*, e. *hate*, got. *hatis*, gr. κῆδος *(kẽdos)* 'Kummer, Trauer'. — *hinken*, s. o. § 149. — *hüpfen*, mhd. *hüpfen*, e. *to hip*. Daneben mnd. *hoppen*, e. *hop*, gr. κυβιστάειν *(kybistáen)* 'tanzen'. — *jagen*, ahd. *jagōn*, anord. *jaga* 'vertreiben', zu ai. *jahūḥ* 'rastlos'. — *klettern* ist jung, zu *Klette*. — *klimmen*, ahd. *klimban*, e. *to climb*; dazu ohne Nasal anord. *klīfa*. — *kommen*, ahd. *quëman*, e. *to come*, got. *qiman*, lat. *venīre*, gr. βαίνειν *(baínēn)*. — *kriechen*, ahd. *kriochan*, e. *crouch* 'sich niederbücken'; daneben ndl. *krūipen*, e. *creep* zu gr. γρυπός *(grȳpós)* 'krumm'. — *laufen*, ahd. *hlouffan*, e. *to leap* 'springen, hüpfen', got. *hlaupan* 'laufen'; vielleicht zu gr. κάλπη *(kálpæ)* 'Trab'. — *Leich*, mhd. *leich* 'Gesang', got. *laiks* 'Tanz', *laikan* 'tanzen' zu lit. *láigīti* 'wild umherlaufen'. — *leisten*, ahd. *leisten* 'ein Gebot befolgen und ausführen', got. *laistjan* 'nachfolgen, nachgehen', e. *to last* 'dauern, bleiben, sich halten' zu got. *laists* 'Fußspur'. — *leiten*, ahd. *leiten*, e. *to lead*, Kausativum zu einem ahd. *līdan*, got. *leiþan* 'gehen', s. o. S. 259. — *rächen*, ahd. *rëhhan*, e. *to wreak*, got. *wrikan* 'verfolgen' zu lat. *urgēre* 'bedrängen'. — *reisen* von *Reise*, ahd. *reisa* 'Aufbruch' zu ahd. *rīsan* 'steigen, fallen', e. *to rise* 'sich erheben'. — *reiten*, ahd. *rītan* 'sich fortbewegen', e. *to ride* 'reiten, fahren' zu air. *riadaim* 'ich fahre', altgall. *rēda* 'Wagen'. — *scherzen*, mhd. *schërzen*, vielleicht zu aind. *kūrdati* 'springt, hüpft', gr. κραδάειν *(kradáen)* 'schütten, schwingen'. — *schleichen*, ahd. *slīhhan* 'leise schleichend gehen, schleichen', mengl. *sliken*. — *schleunig*, ahd. *slūnīg*, daneben *sniumo*, got. *sniumundo* 'eilends', got. *sniumjan*, *sniwan* 'eilen'. — *schlüpfen*, ahd. *slupfen*, Intensivum zu obd. *schliefen*, ahd. *sliofan*, got. *sliupan* 'schlüpfen' zu lat. *lubricus* 'schlüpfrig'. — *schreiten*, ahd. *skrītan*, anord. *skrīða* 'kriechen, gleiten', lit. *skristi* 'fliegen, schnell laufen'. — *schweifen*, ahd. *sweifan* 'schwingen, sich schlängeln', e. *to swoop* 'stürzen', *to sweep* 'fegen' zu *schweben*. — *schwimmen*, ahd. *swimman*, e. *to swim*. — *schwingen*, ahd. *swingan* 'schwingen, schleudern, schlagen, geißeln, sich schwingen, fliegen, schweben', e. *to swing*; dazu *schwenken*, ahd. *swenkan* und lit. *sùkti* 'drehen'. — *springen*, ahd. *springan*, e. *to spring*, ohne Nasal gr. σπέρχεσθαι (*spérkhesthai*) 'eilen'. — *sputen*, aus dem Niederdeutschen, e. *speed* 'eilen' von ahd. *spuoen* 'gelingen, Erfolg haben', abg. *spěti* 'vonstattengehen', lat. *spēs*. — *stampfen*, ahd. *stampfōn*, e. *to stamp*, gr. στέμβειν (*stémbën*) 'mit Füßen treten'. — *steigen*, ahd. *stīgan*, e. *to sty*, gr. στείχειν (*stekhen*) 'gehen'. — *stürzen*, ahd. *sturzen* 'stürzen, wenden, umwendend bedecken'; dazu wohl e. *to start* 'aufspringen'. — *taumeln*, ahd. *tumalōn* 'sich drehen' von *tūmōn* 'kreisen'. Vielleicht zu lat. *fūmus*. Damit eins *tummeln*, mhd. *tümeln*. — *treiben*, ahd. *trīban*, e. *to drive* 'treiben, eilen, laufen, fahren, hetzen', got. *dreiban* 'treiben'. Dazu vielleicht gäl. *drip* 'Hast'. — *treten*, ahd. *trětan*, e. *to tread*, got. *trudan*. — *waten*, ahd. *watan* 'waten, gehen, schreiten', e. *to wade*, lat. *vādere*. — *weichen*, ahd. *wīhhan*, gr. εἴκειν (*ēkēn*). — *werben*, ahd. *werban* 'sich drehen, etwas betreiben', got. *ƕairban*; dazu *Wirbel*. — *werden*, ahd. *wěrdan*, got. *wairþan*, lat. *vertere* 'drehen'. — *ziehen*, ahd. *ziohan*, lat. *dūcere* 'führen'.

RUHE.

hocken, mhd. *hucken*, wohl von *Hocke* abgeleitet und dies zu lit. *kūgis*, lat. *cumulus* 'Haufe'. — *kauern*, e. *cower*, vielleicht zu gr. γῦρός (*gyrós*) 'krumm'. — *lehnen*, ahd. *hlinēn* zu gr. κλίνειν (*klinēn*), lat. *inclināre*. — *liegen*, ahd. *liggen*, e. *to lie*, vgl. lat. *lectus*, gr. λέχος (*lékhos*) 'Bett'. — *ruhen*, ahd. *ruowen*, von *Ruhe*, ahd. *ruowa*, gr. ἐρωή (*eröǟ*). — *sitzen*, ahd. *sizzen*, e. *to sit*, got. *sitan*, lat. *sedēre*, gr. ἕζεσθαι (*hézesthai*). — *stehen*, ahd. *stēn, stān*, e. *to stand*, lat. *stāre*, gr. ἵστημι (*histǟemi*). —

§ 160. **Singen und sagen.**[1]) Die Ausdrücke für die Mitteilungen durch die Stimme oder das bloße Ertönenlassen der Stimme sowie für die verschiedenen Geräusche werden auch heute noch durch zahlreiche sehr verschiedene Stämme ausgedrückt. Viele sind aus dem Indogermanischen ererbt, andere sind im Laufe der Zeit dazu gekommen. Unter den Worten, die hierher gehören, gehen viele neuere zweifellos auf Nachahmung zurück, wie wir schon in dem Kapitel über Urschöpfung gesehen haben, und man wird dasselbe auch für die älteren Bestandteile teilweise voraussetzen dürfen. Ich ordne auch hier nach der Buchstabenfolge.

brüllen, mhd. *brüelen*, daneben dial. *brallen* 'schreien', mhd. *prülen* 'lärmend großtun, schreien', jetzt *prahlen*, e. *to brawl* 'lärmen, zanken'. — *brummen*, mhd. *brummen*, daneben ahd. *brěman* 'brummen, brüllen'; dazu *Bremse*. Wahrscheinlich zu lat. *fremere* 'rauschen', gr. βρέμειν (*brémēn*). — *erwähnen*, ahd. *giwahannen*; der Stamm *wah* gehört zu lat. *vōx*, gr. ἔπος (*épos*), aind. *vač* 'sprechen, sagen'. — *jehen* (noch in *Beichte* und *Gicht* noch im 18. Jh. 'Aussage'), von ahd. *bi-jehan* 'bekennen'. — *kedern* und *quatschen*, zwei Dialektausdrücke, die zu ahd. *quědan*, e. *quoth*, got. *qiþan* 'sagen' gehören; vielleicht ist lat. *vetāre* verwandt. — *klagen*, ahd. *klagōn*, von ahd. *klaga*, eigentlich 'Geschrei', kaum zu gr. βληχή (*blēkhǟ*) 'Geblök', sondern zu aind. *gárhati* 'klagt, klagt an, beschuldigt'. — *lallen*, mhd. *lallen*, gr. λαλεῖν (*lalên*), lat. *lallāre*, vgl. o. S. 88. — *murmeln*, ahd. *murmulōn, murmurōn* aus lat. *murmurāre*; *murren* im 15. Jh., mnd. *murren*, anord. *murra*. — *poltern*, spätmhd. *buldern* zu gleichbedeutendem lit. *bildéti*. — *reden*, ahd. *rěd(i)ōn* von *Rede*, ahd. *red(i)a* 'Rechenschaft, Rede und Antwort', got. *raþjō* 'Zahl, Rechnung' zu lat. *ratio* (oder daraus entlehnt?). Jedenfalls hat das Wort durch die Gerichtssprache hindurch seine heutige Bedeutung angenommen. — *rufen*, ahd. *ruofan, ruofen*, got. *hrōpjan*. Vielleicht zu lit. *skrebéti* 'rascheln', abg. *skrobotŭ* 'Geräusch'. — *sagen*, ahd. *sagēn*, e. *to say* zu lit. *sakíti* 'sagen', lat. *insece, inquam* aus **in-squam*, gr. ἔν-νεπε (*énnepe*) aus **ensepe*. — *schreien*, ahd. *skrīan*, vielleicht zu lat. *crīmen*, eig. 'Geschrei'. — *singen*, ahd. *singan*, e. *to sing*, got. *siggwan* zu gr. ὀμφή (*omphǟ*) 'Stimme, Rede,

---

[1]) Vgl. D. C. Buck, Words of speaking and saying in the indo-european languages. Am. Journ. of Phil. 36, 1—18.

Orakel'. — *spellen*, noch in *Beispiel*, ahd. *bispel*, von ahd. *spëll* 'Erzählung, Fabel, Gerede', e. *spell* 'Erzählung, Fabel', vgl. *gospel*, got. *spill* 'Sage, Fabel', vielleicht zu lat. *ap-pellare*, *inter-pellare*. — *sprechen*, ahd. *sprёhhan*, ags. *sprёcan* (e. *to speak* ist wohl ein anderes Wort) zu aind. *sphūrj-* 'rauschen', gr. σφαραγέομαι (*spharagéomai*) 'prassle, zische', lat. *fragor*. — *stöhnen*, aus dem Niederdeutschen, ndl. *stenen*, ags. *stunian* zu gr. στένειν (*sténen*) 'stöhnen, brausen'. — *zeihen*, ahd. *zîhan* 'beschuldigen', got. *gateihan* 'anzeigen, verkünden', lat. *dicere*, gr. δεικνύναι (*deknýnai*). — *zischen*, erst neuhochdeutsch, ist wohl lautnachahmend. — *zwitschern*, ahd. *zwizzirōn*, e. *twitter*.

Ich habe hier nur eine beschränkte Auswahl angeführt. In der Gemeinsprache und vor allem in den Mundarten gibt es noch eine Unzahl von Ausdrücken, die zum guten Teil lautnachahmend sind. Eine Zusammenstellung derer, die den Vokal *a* enthalten, hat O. WEISE, ZfdU. 19, 518, gegeben. Vgl. auch SCHWIETERING, F., Singen und Sagen, Göttingen 1908.

§ 161. **Tätigkeiten.**[1]) Die Indogermanen und Germanen lebten im wesentlichen in der Wirtschaftsform der sogenannten geschlossenen Hauswirtschaft, das heißt, es wurde alles, was zur Leibesnahrung und Notdurft gehörte, im Hause selbst hergestellt. Das ergibt eine unendliche Fülle von Tätigkeiten, für die natürlich auch die entsprechenden Ausdrücke bestanden haben müssen. Nach dem schon öfter berührten Gesetze der Sprachentwicklung werden in älterer Zeit mehr Ausdrücke wie in späterer vorhanden gewesen sein. Einige von diesen gehen verloren, andere nehmen eine allgemeinere Bedeutung an. Eine Hauptaufgabe der Wissenschaft, die bisher kaum in Angriff genommen ist, wird es sein, die ursprüngliche Bedeutung einer jeden Sippe festzustellen. Das kann freilich nur geschehen, wenn sich mit der sprachlichen Schulung eine ausgedehnte Kenntnis der Realien verbindet. Wir werden auf diesen Punkt unten § 192 zurückkommen. Hier können wir nur den Stoff nach gewissen Begriffsgruppen geordnet vorführen.

1. **Dehnen, ziehen usw.:**

dehnen, ahd. *dennen*, got. *uf-þanjan* zu gr. τείνειν (*tenēn*), lat. *tendere*. — **dinsen* 'ziehen', noch in *aufgedunsen*, ahd. *dinsan*, got. *at-þinsan* 'heranziehen' zu lit. *tęsti* 'durch Ziehen dehnen'. — *biegen*, ahd. *biogan*, e. *to bow*, got. *biugan* zu aind. *bhuj̃* 'biegen', lat. *fugere*, gr. φεύγειν (*phéugēn*) mit abweichendem Auslaut. — *recken*, ahd. *rёcken* 'ausstrecken, ausdehnen', e. *to rack*, got. *ufrakjan* 'ausstrecken' zu gr. ὀρέγειν (*orégēn*), lat. *porrigere*. — *spannen*, ahd. *spannan*, e. *to span* zu gr. σπάειν (*spáēn*) 'ziehen'. — *zerren*, ahd. *zerran*, e. *to tear* 'zerreißen', got. *gatairan* 'zerstören, vernichten', eigentlich 'zerreißen' zu gr. δέρειν (*dérēn*) 'schinden'; dazu auch *verzehren*, ahd. *firzeran* 'auflösen, zerstören, zerreißen'. — *ziehen*, ahd. *ziohan*, got. *tiuhan*, lat. *ducere*. — *streichen*, ahd. *strîhhan*, e. *to strike* zu lat. *stringere* 'abstreifen, berühren, streichen'. — *tragen*, ahd. *tragan*, got. *dragan*; daneben anord. *draga*, ags. *dragan*, e. *to draw* 'ziehen', lat. *trahere*, lett. *dragāt* 'reißen'.

2. **Verbinden, trennen u. a.:**

binden, ahd. *bintan*, e. *to bind*, got. *bindan* zu lat. *of-fendimentum* 'Binde', gr. πεῖσμα (*pêsma*) 'Tau' aus **penthsma*. — *brechen*, ahd. *brehhan*, e. *to break*, got. *brikan* zu lat. *frangere*. — *fügen*, ahd. *fuogan*, e. *to fay* 'passen, verbinden' zu lat. *pacisci*, gr. πηγνύναι (*pāgnýnai*). — *klauben*, ahd. *klūbōn* 'zerpflücken, zerspalten' von *klieben*,

---

[1]) Vgl. hierzu auch GEN-ISCHIRO YOSHIOKA. A semantic study of the verbs of doing and making in the indo-europaean languages. Chicagoer Diss. Tokyo 1908.

ahd. *klioban* 'spalten', e. *to cleave* zu gr. γλύφειν (*glýphēn*) 'aushöhlen, stechen', lat. *glubere* 'abschälen'. — *lösen*, ahd. *lösen*, got. *lausjan* von *laus* 'los' zu gr. λύειν (*lýēn*), lat. *so-lvere*; dazu *verlieren*, ahd. *fir-liosan*, got. *fra-liusan*. — *scheiden*, ahd. *skeidan* 'scheiden, trennen' usw., e. *shed* 'Trennung, Unterschied', got. *skaidan* zu lat. *scindere*, gr. σχίζειν (*skhizēn*). — *trennen*, ahd. *trènnen*, Kausativum zu mhd. *trinnen* 'sich absondern' zu *zerren*. — *schleißen*, ahd. *slīʒʒan*, e. *to slit* 'spalten, schleißen'; dazu auch *schlitzen*. Vielleicht zu lat. *laedere*. — *schroten*, ahd. *skrōtan* 'schneiden, hauen, kahl scheren', e. *to shred* 'zerreißen'; dazu e. *shroud* 'Tuch' zu lat. *scrautum, scrōtum*. — *spalten*, ahd. *spaltan* zu aind. *sphuṭáti* (*ṭ* aus *lt*) 'reißt, springt auf, spaltet sich'.

3. Stoßen, stechen, drehen usw.:

stechen, ahd. *stëhhan* zu gr. στίζειν (*stizēn*) 'mit einem spitzen Werkzeug Flecken machen', lat. *instigāre*. — *stoßen*, ahd. *stōʒan*, got. *stautan* zu lat. *tundere*. — *bohren*, ahd. *borōn*, e. *to bore* zu lat. *forāre* 'bohren', gr. φαράειν (*pharáēn*) 'pflügen'. — *drehen*, ahd. *drāen*, e. *to throw*, gr. τερεῖν (*terēn*) 'bohren, drechseln', lat. *terere*. Dazu auch *Draht* und *Drechsler*, spätmhd. *drehsler* und z. T. auch *drillen*, e. *thrill*. — *ringen*, ndd. *wringen*, ahd. *(w)ringen*, e. *to wring* 'drehen, pressen'. Eine im Germanischen sehr verbreitete Wurzel. Wohl mit Nasalierung zu *würgen*, ahd. *wurgen* zu lit. *verž̃ù, verž̃ti* 'schnüren, einengen, pressen', abg. *vrǐzą* 'fessele, binde'. — *werden*, s. o. — *winden*, ahd. *wintan*, e. *to wind*, got. *windan*. Zu ai. *van-dhúram* 'Wagenkorb', umbr. *ahavendu* 'er soll abwenden'.

4. Schlagen, hauen u. a.:

bleuen 'heftig schlagen', s. o. S. 226. — *bosseln* 'in Kleinigkeiten arbeiten, zusammenflicken, künsteln', wohl abgeleitet von ahd. *bōʒan* 'schlagen, stoßen' (noch erhalten in *Amboß*), e. *to beat* zu lat. *con-fūtāre* 'niederschlagen', *fūstis* 'Knüttel'. — *hauen*, ahd. *houwan*, e. *to hew* zu abg. *kovati* 'schlagen, schmieden', lat. mit *d* erweitert *cūdere*. — *schlagen*, ahd. *slahan*, e. *to slay*, got. *slahan*. — *kneten*, ahd. *knëtan*, e. *to knead* zu abg. *gnetą, gnesti* 'zerdrücken, kneten'. — *drücken*, ahd. *drucken* zu anord. *þrūga* 'drücken', lit. *trãkti* 'entzweireißen'. — *quetschen*, mhd. *quëtzen, quetschen*. Zu lit. *gendù* 'gehe entzwei'.

Ein altes Wort für 'kneten' steckt noch in *Teig*, ahd. *teig*, e. *dough*, von got. *deigan* 'aus Ton bilden' zu lat. *fingere*, gr. τεῖχος (*têkhos*). — Hierher auch *machen*, von MERINGER, Idg. Forsch. 17, 146 zu gr. μάγειρος (*mágēros*) 'Koch', μάσσειν (*mássēn*) 'drücken, kneten' gestellt. Ursprüngliche Bedeutung 'kneten'.

5. Auf den Ackerbau Bezügliches siehe oben S. 194.

6. Auf das Kochen Bezügliches siehe oben § 140, S. 222.

7. Auf die Kleidung Bezügliches siehe oben § 141, S. 225.

Weiterer Stoff ließe sich leicht zusammenbringen. Die Hauptaufgabe aber ist es, durch genaue Beobachtung der Worte die ursprüngliche Bedeutung festzustellen.

Zehntes Kapitel.
Die allgemeine Entwicklung des deutschen Wortschatzes.

§ 162. Allgemeines. Was wir bisher kennen gelernt haben, war die Herkunft und Entwicklung des deutschen Wortschatzes in einigen allgemeinen Wortgruppen. Aus einer solchen Betrachtungsweise kann man mancherlei kulturgeschichtliche Aufschlüsse entnehmen, aber ein wirkliches Bild der Entwicklung werden wir nicht aus ihr erhalten. Wenn man sich bemüht hat, die verschiedenen Schichten des Wortschatzes, indogermanische, gemeingermanische, westgermanische Bestandteile, zu unterscheiden, so hat das, wie wir gesehen haben, so gut wie keinen Wert. Einen wirklichen Einblick in die Geschichte des Wortschatzes erhalten wir erst mit dem Beginn der geschichtlichen Überlieferung. Alles, was vor dieser liegt, können wir als vorgeschichtliche Bestandteile zusammenfassen. Während aber die Untersuchung dieser ziemlich einfach erscheint — es könnte sich da nur um die Aufgabe handeln, alle Worte des Deutschen, die auch in andern Mundarten und Sprachen erscheinen, zusammenzustellen —, werden beim Eintreten der wirklichen Überlieferung die Verhältnisse sehr verwickelt. Denn nicht nur treten uns von Anbeginn Verschiedenheiten des Wortschatzes nach den Mundarten entgegen, sondern wir haben es auch im 8. Jahrhundert nicht mehr mit einfachen gesellschaftlichen und wirtschaftlichen Verhältnissen zu tun. Das Volk ist vielmehr in Stände gegliedert, und infolgedessen müssen wir auch Verschiedenheiten in der Sprache dieser Stände antreffen. Sind diese auch anfangs gewiß nicht bedeutend gewesen, vorhanden waren sie unter allen Umständen, und sie werden um so stärker, je weiter wir in der Zeit fortschreiten. So wären denn eigentlich von Anfang an die mundartlichen Verschiedenheiten und die Eigentümlichkeiten der Sondersprachen zu berücksichtigen. Wir können dies aber nur in getrennten Abschnitten tun und müssen uns hier auf das Allgemeine beschränken. Aber eben für das Allgemeine fehlen bis jetzt so gut wie alle Vorarbeiten. Fast nirgends ist der Wortschatz eines Schriftstellers in seiner Eigenart dargestellt, nirgends gibt es Zusammenstellungen darüber, welche Worte in einem abgemessenen Zeitraum neu aufgekommen sind. Diese Lücken kann natürlich auch meine Arbeit nicht ausfüllen. Ich kann hier nur auf die allgemeinen Gesichtspunkte hinweisen und einiges besonders erörtern.

§ 163. **Das Mittelalter.** Erst im 8. Jahrhundert fangen die Deutschen an zu schreiben, und wir können erst von dieser Zeit an die Verwendung des Wortschatzes beurteilen. Da treten uns denn sofort zwei bemerkenswerte Erscheinungen entgegen. Auf der einen Seite eine große Leichtigkeit in der Verwendung der dichterischen Sprache. Man sieht, wie es gar keine großen Schwierigkeiten bietet, selbst einen fremden Stoff, wie die Lebensgeschichte Christi, in den altüberlieferten epischen Formen darzustellen. Der Dichter des Heliand verfügt frei über einen ihm durchaus geläufigen Wortschatz, weil er noch den Stabreim verwendet. Offenbar lag hier eine jahrhundertelange Übung vor. Vgl. darüber auch GDS. 150. Bei weitem mehr hat Otfrid, der denselben Stoff in den Reimvers gießt, mit der Sprache zu kämpfen. Und noch ganz anders steht es mit der Prosa. Hier handelt es sich um Übersetzungen aus dem hochentwickelten Lateinischen. Wir empfinden es noch sehr wohl, wie schwer es den alten Mönchen geworden sein muß, den reichen Wortschatz ihrer lateinischen Vorlagen ˙mit ihrem nicht einfachen Inhalt im Deutschen wiederzugeben. Für viele lateinische Worte fehlten ihnen Entsprechungen und so mußten sie notwendigerweise neue Worte schaffen. Vor allem sind zahlreiche Allgemeinausdrücke damals erst neu gebildet worden. Sie treten einmal auf, und sie sind dann rasch wieder verschwunden. Wir treffen sie häufig in der althochdeutschen Übersetzung des Isidor, vermissen viele davon aber in späterer Zeit. Wenn sie nicht in der Sprache fortlebten, so weist das darauf hin, daß die Worte Neuschöpfungen waren.

Daneben stehen aber auch andere Worte, die erhalten blieben, wenn auch zum Teil in stark veränderter Bedeutung. Wir haben wiederholt darauf hingewiesen, daß die Bildung von Worten für Allgemeinbegriffe verhältnismäßig spät ist. Wenn wir solche Worte nur im Althochdeutschen und nicht in den verwandten germanischen Sprachen treffen, so können diese sehr wohl erst in dieser Zeit gebildet sein. An der Hand von Kluges Chronologischer Darstellung des neuhochdeutschen Wortschatzes in seinem etymologischen Wörterbuch und meinen eigenen Sammlungen stelle ich einige derartige Worte zusammen, die erst in althochdeutscher Zeit aufgekommen zu sein scheinen.

Hierher gehören: *Andacht, Beichte, Demut, entbehren, Farbe, Freude, Frevel, Gebäude, Gebärde, Gebäu, Gebein, Gebilde, Gebirge, Gebiß, Gedächtnis, Gedärm, Gedränge, Geduld, Gefäß, Gefecht, Gefilde, Gefolge, Gegenwart, Geheiß, Gekose, Gelände, Gelübde, Gelüst, Gemächt, Gemahl, Gemeinde, Gemüll, Gemüt, Genossame, Genüge, Gerät, Gericht, Gerücht, Gesang, Gesäß, Geschäft, Geschirr, Geschlecht, Geschmack, Geschmeide, Geschoß, Geschrei, Gesetz, Gesicht* (Notker)*, Gespenst, Gespräch, Gestirn, Gestühl, Gesuch, Getreide, Gevögel, Gewächs, Gewähr, Gewand, Gewehr, Gewinn, Gewissen, Gewohnheit, Gewölbe, Gier, Gleichnis, Glimpf, Heimat, herrlich, Herrschaft, herrschen, Hilfe, Huld, Hülle, Imbiß, inständig, Klage, Meinung, Mittag, Nähe, Öde, Ohnmacht, Rache, Schimpf, Schmach, Schöpfer, Schöpfung, Sprache, Tracht, Tränke, Traufe, Unrat, Urkunde, Urlaub, Ursprung, Verlust, Vernunft, Wahnwitz, Wechsel, Widersacher, Wohltat, Würde, Zierde, Zugang, Zuversicht* usw.

Anmerkung. Sehr dankenswert ist eine Dissertation von Otto Schenk Zum Wortschatz des Keronischen Glossars, Heidelberg 1912, in der die Worte des Keronischen Glossars zusammengestellt werden, die teils nur in diesem, teils nur in althochdeutscher Zeit vorkommen. Zu der ersten Gruppe gehören 695 Wörter. Es sind sicher zahlreiche Augenblicksbildungen darunter.

Als größter Prosaschriftsteller der althochdeutschen Zeit ist zweifellos Notker Labeo anzusehen. Er hat eine große Anzahl von Werken und darunter auch bedeutsame philosophische Schriften aus dem Lateinischen übersetzt. Mit Recht hat man seine Übersetzertätigkeit gepriesen. Eucken widmet ihm in seiner Geschichte der philosophischen Terminologie 1879 S. 116 als dem ersten Schöpfer der deutschen philosophischen Ausdrücke einen besonderen Abschnitt. Leider haben Notkers Arbeiten keine Nachfolge gefunden, und so sind viele seiner vortrefflichen Neubildungen vergessen worden. Manches aber lebt fort. Ich erinnere nur an die bedeutsame Schöpfung *Ehe* im Sinne von 'matrimonium', das ursprünglich in ahd. *ewa* 'Ewigkeit, endlos lange Zeit', dann 'Recht, Gesetz, Vertrag' bedeutet, noch erhalten in *echt*: ahd. *éhaft*, eigentlich 'rechtsgültig' und das Notker in dem bestimmten Sinne festlegte.

Zur Zeit des Mittelhochdeutschen überwiegt in der Literatur die Dichtung, und daher kennen wir auch im wesentlichen nur die Sprache der Dichtung und den dichterischen Wortschatz, allerdings in den verschiedenen Abstufungen des höfischen und des Volksepos. Die Sprache der Prosa war das Lateinische, bis endlich die Prediger anfingen, deutsch zu sprechen und deutsch zu schreiben. Über ihren Anteil an der Ausbildung des deutschen Wortschatzes siehe unten § 184.

Der Wortschatz der beiden erwähnten Dichtungsarten läßt sich dahin unterscheiden, daß die Volksdichtung im wesentlichen das Alte beibehielt. Das Neue müssen wir in der höfischen Poesie suchen. Sie hat zweifellos viele neue Worte geschaffen oder verbreitet. Vieles hat sich erhalten, anderes ist verloren gegangen, als die Dichtung abstarb — ein Beweis dafür, daß sie eben über einen besondern Wortschatz verfügte. Da diese Dichtungen Erzeugnisse eines besondern Standes waren, so müssen sich auch in ihrem Wortschatz die Anschauungen, Sitten und Gebräuche des Standes niederschlagen. Manches hat sich bis in unsere Zeit, wenn auch in veränderter Bedeutung gerettet. Für den Gegensatz des edlen feinen Rittertums zu dem bäuerischen Wesen verwendete man den Ausdruck *hübsch*, eigentlich 'höfisch', zu *Hof* gehörig, und *dörper* 'Bauer, roher Mensch', aus dem sich unser *Tölpel* entwickelt hat. Übrigens hat *hübsch* seine Bedeutung 'fein, gut' in den Volksdialekten zum Teil noch heute bewahrt (so z. B. im Obersächsischen), die Bedeutung 'gut aussehend' entwickelt sich erst im 16. Jahrhundert auf leicht verständlichem Wege. Auch *fin*, *fein* scheint ein Wort der höfischen Schichten zu sein. Das Wort stammt aus lat. *finitus*. Unser *Art* tritt erst in mhd. Zeit in der Bedeutung 'Herkunft, Geschlecht, edles Geschlecht, Natur' auf. Daneben erscheint schon ahd. ein *art* 'Bepflügung'. Nach den Darlegungen im DWB. unter *Unart* steht es sicher, daß die beiden Worte eins sind, und daß wir die übertragene Bedeutung von *Art* dem Rittertum zuzuschreiben haben.

Ein Verzeichnis der Worte, die erst im Mittelhochdeutschen auftreten, bietet wieder KLUGE im Anhang zu seinem Wörterbuch. Freilich ist auch dies wieder unvollständig, da KLUGE ja in seinem Wörterbuch nur eine beschränkte Zahl von Ableitungen und Zusammensetzungen bietet, und es ist daher für wirkliche Erkenntnis nicht zu gebrauchen. Hier muß erst eine besondere Untersuchung einsetzen. Vgl. auch E. TANZER, Der deutsche Sprachschatz nach Fr. Kluges Etymologischem Wörterbuch der deutschen Sprache. Programm der Staats-Realschule in B. Leipa 1903—4, 1904—5.

§ 164. **Die Neuzeit.** Seit der Erfindung der Buchdruckerkunst steht uns ein reicher Schatz von Literaturdenkmälern zur Verfügung. Es beginnen die Wörterbücher zu erscheinen, und die Möglichkeit, das Auftreten der Worte zu bestimmen, liegt hier recht günstig. Aber dieser glückliche Stand ist nicht ausgeschöpft, und ehe wir nicht Sonderwörterbücher haben, wird sich keine sichere Erkenntnis erringen lassen. Das 16. Jahrhundert könnte uns in seinem Wortschatz recht gut bekannt werden, denn die literarische Tätigkeit war überaus rege. Man denke nur an die Schriften eines Mannes wie Luther. Aber ein Wörterbuch des 16. Jahrhunderts fehlt, und das Lutherwörterbuch von PH. DIETZ ist im zweiten Band stecken geblieben (Wörterbuch zu Dr. Martin Luthers deutschen Schriften 1. Bd.; 2. Bd. 1. Lief. 1870—72 bis *H*). Zu andern Schriftstellern gibt es zwar vereinzelt Wörterverzeichnisse, aber sie beschränken sich auf eine Auswahl der Abweichungen vom heutigen Sprachgebrauch. Spezialwörterbücher zu einzelnen Schriftstellern wie Fischart, Rollenhagen, Grimmelshausen wären dankenswerte, nicht zu schwierige Aufgaben. Außerdem müßte zweifellos ein großes Wörterbuch des 16. Jahrhunderts in Angriff genommen werden.

Dasselbe, was vom 16. Jahrhundert gilt, gilt auch von den übrigen. Zwar nehmen nunmehr die Wörterbücher an Umfang und Gediegenheit zu, aber sie sind weit davon entfernt, die Sprache ihrer Zeit vollständig zu verzeichnen. Es wäre wiederum eine dankenswerte Aufgabe, die einzelnen Werke nach dem Gesichtspunkt, welche Worte in ihnen neu auftreten, zu vergleichen und den Stoff zusammenzustellen.

Ich habe die Absicht gehabt, an der Hand des Weigandschen Wörterbuches, das zwar den Wortschatz auch nicht vollständig, aber doch ziemlich reichhaltig bietet und das erste Auftreten der Worte verfolgt, hier eine Liste der in den verschiedenen Abschnitten der Neuzeit neu auftretenden Wörter zu geben. Aber es würde sich doch nur um eine tote, viel Raum verschlingende Aufführung von Worten handeln, bei der nach meiner Ansicht zunächst kein Vorteil herausspränge. Wie sehr auf unserem Gebiet alles im argen liegt, zeigt das kleine Gottsched-Wörterbuch von E. REICHEL, Berlin 1902. Der Verfasser tritt mit großer Begeisterung für Gottsched ein, und um dessen Bedeutung auch als Sprachschöpfer zu zeigen, hat er dieses Wörterbuch angelegt, in dem die Worte verzeichnet sind, die angeblich bei Gottsched zuerst vorkommen. Aber bei genauerer Untersuchung zeigt sich, daß unendlich viel davon schon früher gebraucht worden ist. Namentlich wird man bei Thomasius und Wolff viel finden können, obgleich auch diese uns oft Wortschöpfer zu sein scheinen, wo sie es nicht sind. Wolffs Sprache hat neuerdings PIUR gewürdigt, vgl. § 199, aber freilich auch nicht eingehend genug.

Neues Leben entstand durch die literarische Bewegung, die die Geister im 18. Jahrhundert erfaßte. Man drängte nach neuem Inhalt, neuen Formen und neuen Worten und hat wirklich unendlich viel Neues geschaffen. In der Sprache steht es wie in der Natur. Wie die Natur unendliche Keime ausstreut, damit einige wenige emporkeimen und hundertfältige Frucht bringen, so müssen auch unzählige Worte neugeschaffen werden, wenn die Sprache mit einigen dauernd bereichert werden soll. Wir sind in der glücklichen Lage, einige Werke zu besitzen, die uns von der Schöpferkraft der damaligen Zeit Kenntnis geben. Der Freiherr CHRISTOPH VON SCHÖNAICH veröffentlichte im Jahre 1754 sein Buch: die ganze Ästhetik in einer Nuß, von A. KÖSTER, Berlin 1900, neu herausgegeben. SCHÖNAICH kritisiert die Sprache der damaligen Dichter, die nicht zur Gottschedschen Schule schworen, namentlich die der Schweizer. „Was alles dem Ohr des Sachsen und des Lausitzer fremd klang," sagt der Herausgeber, „das lernt man aus dem neologischen

Wörterbuch." Daher ist es denn eine Quelle ersten Ranges. Wie fremdartig die neue Sprache erschien, zeigt uns auch Schönaichs Epigramm auf Haller:

> „Nun kann der Franzen Witz an Haller sich ergetzen,
> Ach! wollt' ihn einer uns ins deutsch erst übersetzen.‟

Schönaich ist von Lessing hart mitgenommen worden, und er war ja sicher kein bedeutender Mann. Wenn man aber das neologische Wörterbuch durchmustert, so findet man einen nur bescheidenen Teil von Worten, bei denen die Nachwelt Schönaich nicht recht gegeben hat, das heißt die von ihm verspotteten Worte aufgenommen hat. In der überwiegenden Mehrzahl der Fälle sind die Neuschöpfungen, die er tadelt, auch bald wieder verschwunden.

Anmerkung 1. Ich merke hier an, was sich an derartigen damals als neu und ungewöhnlich empfundenen Worten erhalten hat: *Abbild, Abhang* 'Seite des Berges', *Abglanz der Gottheit, Ahne* statt *Ahnherr, das All, Altvordern.* „Man sehe nur Nimrod S. 660. So kann man auch *Junghintern* anstatt 'Enkel' sagen. Ich bekenne es, keine Sprache ist geschmeidiger als die deutsche und läßt sich mehr hänseln.‟ *Anblick, anstarren* statt *anschauen, Busensfreund* statt *Herzensfreund, Endzweck, sich entfalten* statt *sich entwickeln, Gemengsel* 'ein neues und sehr edles Wort', *Grat* 'der Berge', *Trupp* „man merke sich das deutsche Wort 'Trupp', dem der Herr Rath das Bürgerrecht in der Bodmerischen Sprache verleihet‟, *Unbill* „ein allerliebstes Wort. Wir sind noch nicht so weit, es zu verstehen‟, *verschämt.*

Anmerkung 2. Außerdem hat GOTTSCHED selbst das Wort ergriffen. Was er und andere seiner Zeit tadeln, hat KARL MÜLLER, Gottschedliche Wortverbote, ZfdU. 19, 745, zusammengestellt. Dahin gehören: *unerfindlich, Beeinträchtigung, Wohlgesinntheit, Fahrlässigkeit, wörtlich, vergriffen, Sammler, Stimmenmehrheit, Völkerwanderung, Urbild* (für Original), *zerstreut* (frz. *distrait*), *Mitglied.*

Eine weitere wichtige Quelle ist dann J. F. HEYNATZ, Versuch eines deutschen Antibarbarus oder Verzeichnis solcher Wörter, deren man sich in der reinen deutschen Schreibart entweder überhaupt oder doch in gewissen Bedeutungen enthalten muß, nebst Bemerkung einiger, welche mit Unrecht getadelt werden. Berlin 1796. Was der Verfasser will, sieht man aus der Inhaltsangabe, und so brauche ich mich über sein Werk nicht weiter auszulassen. Es ist auch zu umfangreich, als daß der Stoff an dieser Stelle dargeboten werden könnte.

Der Versuch, den Anteil unserer großen Dichter an der Neubildung oder Neueinführung von Worten zu bestimmen, kann heute auch noch nicht zu gesicherten und vollständigen Ergebnissen führen. Es bedarf auch dazu erst der Sonderwörterbücher zu jedem einzelnen sowie eingehender Untersuchungen. Hier ist die Mitarbeit vieler erwünscht, die leider fehlt und doch so dankenswert und lohnend wäre.

Anmerkung 3. Auch KINDERLING, Über die Reinigkeit der deutschen Sprache, Berlin 1795, bietet S. 349 den „Versuch eines Verzeichnisses neuer (guter und schlechter) Wörter der Prosaisten und Dichter, größtenteils des achtzehnten Jahrhunderts.

Schließlich hat dann das 19. Jahrhundert eine Fülle neuer Worte hervorgebracht. Für diese Zeit würde eine Vergleichung des heutigen Wortschatzes mit dem von CAMPE verzeichneten zu recht bemerkenswerten Ergebnissen führen.

Anmerkung 4. Es dürfte angebracht sein, einige der Arbeiten, die Beiträge zur Geschichte des deutschen Wortschatzes in der neuern Zeit liefern, hier anzuführen. Für

Vollständigkeit kann ich freilich nicht bürgen. Beiträge zu einem Goethe-Wörterbuch, Beiheft zum 6. Band der ZfdW., enthält W. KÜHLEWEIN, Präfixstudien zu Goethe; P. TH. BOHNER, Präfix *un-* bei Goethe, Die Negation bei Goethe; 192 Seiten. — O. BRAHM, Deutsches Ritterdrama des 18. Jahrhunderts; Quellen und Forschungen, Heft 40. — C. PFÜTZE, Die Sprache in J. M. R. Lenzens Dramen; Leipziger Diss. 1890; S. 45 ff. über den Wortschatz. — ERICH SCHMIDT, Richardson, Rousseau und Goethe, 1875, S. 256 ff. — WÜRFL, Über Klopstocks poetische Sprache, Leipzig 1882. — W. PFLEIDERER, Die Sprache des jungen Schiller in ihrem Verhältnis zur neuhochdeutschen Schriftsprache; Btr. 28, 273 ff., über den Wortschatz S. 412 ff. — FRIEDRICH M. E. KASCH, Mundartliches in der Sprache des jungen Schiller, Greifswalder Diss. 1900. — K. TOMANETZ, Bemerkungen zu Grillparzers Wortschatz, Ztschr. f. d. österr. Gymnasien 44, 289 ff. — H. KÜCHLING, Studien zur Sprache des jungen Grillparzer mit besondrer Berücksichtigung der Ahnfrau; Leipziger Diss. 1900, besonders S. 40 ff. H. PETRICH, Drei Kapitel vom romantischen Stil; ein Beitrag zur Charakteristik der romantischen Schule, ihrer Sprache und Dichtung, mit vorwiegender Rücksicht auf Ludwig Tieck; Leipzig 1878. — GEORG BORMANN, Beiträge zum Wortschatze Höltys; Greifswalder Diss. 1917. — FELIX OTT, R. Wagners poetischer Wortschatz; Diss. Gießen 1917.

§ 165. Wiederbelebung alter Worte.

Literatur: KARL MÜLLER, Die Wiederbelebung alter Worte; WB. z. ZADSV. 2, 57.

Neben der Neuschöpfung der Worte oder der Herübernahme dialektischer Ausdrücke in die Schriftsprache dient aber seit dem 18. Jahrhundert auch die Neubelebung alter, untergegangener Worte zur Bereicherung unsres Wortschatzes. Worte vergehen. Das ist eine altbekannte Tatsache. Wird eine Sprache nicht schriftlich niedergelegt, so sind derartige Worte unwiederbringlich verloren. Anders steht es, wenn geschriebene oder gedruckte Denkmäler vorhanden sind. Dann lernt man die ausgestorbenen Worte durch das Lesen wieder kennen und kann sie natürlich auch wieder verwenden. Das geschieht nicht selten mit Absicht. Schon LEIBNIZ empfiehlt in den 'unvorgreiflichen Gedanken' § 63 „die Aufsuchung guter Wörter, die schon vorhanden, aber itzo fast verlassen, mithin zur rechten Zeit nicht beifallen", wie auch ferner „Wiederbringung alter verlegener Worte, so von besondrer Güte".

Nun besaß man im 18. Jahrhundert ein älteres Literaturdenkmal, das man immer wieder las, und durch das daher viele alte Worte bewahrt blieben oder stets wieder aufgefrischt wurden, das war Luthers Bibelübersetzung. Dem 17. und 18. Jahrhundert schienen viele Worte darin veraltet. Manche sind es geblieben, aber viele sind heute wieder gut gangbare Münze. Ich habe eine Anzahl in dem Abschnitt über die Sprache der Religion, § 184, verzeichnet und bemerke hier nur, daß viele vielleicht nicht unmittelbar, sondern durch die Dichtersprache wieder aufgefrischt sind. Denn die Dichter des 18. Jahrhunderts stiegen ja zum Teil mit heller Begeisterung in den Schacht der ältern deutschen Sprache.

Anmerkung. Über den Einfluß der Bibel auf Schiller vergleiche BOXBERGER, Die Sprache der Bibel in Schillers Räubern, Erfurt 1867, und J. SCHLURIK, Schiller und die Bibel, Leipzig, Programm des Albert-Gymnasiums 1895.

Wie es mit den veralteten Wörtern steht, möge folgendes zeigen. STEINBACH bezeichnet 1734 in seinem deutschen Wörterbuch folgende Worte als veraltet: *Ammer* 'Herzkirsche', *Au, Aue, Banner, baß, bieder, Brosam, Buhle, Dirne, Dung, Fehde, Fladen, Forst, Franze* 'Franzose', *Gaul, Hain, hausen* 'wohnen', *Hippe, Hirn* wird als überhaupt nicht mehr vorhanden bezeichnet, *Hort, Feierkleid* usw. ADELUNG warnte vor folgenden veralteten und z. T. von ihm als „lächerlich" bezeichneten Worten: *anheben, Abenteuer, Absage, beginnen, behagen, behaglich, bieder, Blachfeld, Degen, Fehde, frommen, fürbaß, gehaben, Hüne, Kämpe, Knappe, Meisterschaft, Recke, Minne, abhold, Gau, Drang, Wonne, weiland, gebaren, hehr, sühnen, wundersam, Zier, zierlich.* Fast alle sind wohl nicht recht volkstümlich, den Gebildeten aber geläufig. Sie haben meist noch einen höhern Wert, stammen also aus der Dichtersprache.

Unsere Dichter lasen aber nicht nur die ältern Schriften, sondern stellten auch selbständige Untersuchungen an. So hat sich LESSING mit der ältern Literatur beschäftigt, er hat den Logau herausgegeben und auch ein Logauwörterbuch angelegt. Hier sagt er (Hempelsche Ausgabe 12, 222):

„Auf diese veralteten Wörter haben wir geglaubt, daß wir unser Augenmerk vornehmlich richten müßten. Wir haben alle sorgfältig gesammelt, so viele derselben bei unserm Dichter vorkommen, und haben dabei nicht allein auf den Leser, der sie verstehen muß, sondern auch auf diejenigen von unsern Rednern und Dichtern gesehen, welche Ansehen genug hätten, die besten derselben wieder einzuführen. Wir brauchen denselben nicht zu sagen, daß sie der Sprache dadurch einen weit größern Dienst tun würden als durch die Prägung ganz neuer Wörter, von welchen es ungewiß ist, ob ihr Stempel ihnen den rechten Lauf so bald geben möchte."

Diese Hoffnung ist bei Logaus Worten nur selten in Erfüllung gegangen.

Ich finde *Bankart*, jetzt *Bankert, Besonnenheit, bieder, Bruch* (Hose), *Degen* (Held), *eignen, eitel* (nichts als), *entjungfern, erkunden, ernüchtern, feiern* (aufhören zu arbeiten), *frommen, fürlieb* (statt *vorlieb*), *Genoß, kosen* (reden), *das Lieb, Ramme, reisig* (reitermäßig), *selbander, Städter, Stänker, torkeln, wallen, Wegelagerer, Windei, Windlicht.*

In den „Beiträgen zu einem deutschen Glossarium" (Hempel 12, 719 ff.) stehen eine Reihe andrer alter Worte, von denen einige wieder aufgenommen sind.

Im 18. Jahrhundert ist auf diese Weise durch die bewußte Arbeit der Dichter vielerlei wieder belebt worden, indem sie einzelnes wieder hervorholten. Zu einem besondern Kunstgesetz wird die Wiederaufnahme alter Wörter in der Romantik. Vergleiche die oben S. 259 angeführte Arbeit von PETRICH S. 43. Es ist wohl nur der geringen Verbreitung ihrer Dichtungen zuzuschreiben, wenn nicht vieles von dem, was sie gebrauchen, durchdringt. Mit größerem Glück hat UHLAND manches erneuert. J. GRIMM hat in seiner Begeisterung für das Altertum viele Worte wieder neu einzuführen versucht, und R. WAGNER ist zweifellos oft mit Erfolg in den unerschöpflichen Schatz der alten Sprache hineingestiegen.

Anmerkung. K. BERGMANN, Der deutsche Wortschatz, Gießen 1912, hat nach Weigands Wörterbuch die neubelebten Worte verzeichnet. Es sind: *Aar, Absage, Altvorderen, Ansicht, bangen, befehden, bieder, Brünne, daheim, Degen* 'Held', *Eindruck, Elch, Fehde, Feme, Feuerzauber, frommen, frondieren, Gastfreund, gastlich, Gau, Gebilde, Geschehnis, Halle, haselieren, hehr, Heim, Inschrift, Kämpe, kosen, künden, kündigen, Leich, Lindwurm, lugen, Minne, Mummenschanz, Recke, Stör* 'Handwerkerarbeit', *sühnen, Tafelrunde, tagen, tosen, Trutzbündnis, Vaterschaft, Wagnis, Wehrmann, Wonne, wundersam, zog.*

§ 166. **Modewörter und Schlagwörter.** In der neuesten Zeit ist man noch auf einige Besonderheiten aufmerksam geworden, die für die Sprachgeschichte, das Alter und das Aufkommen der Wörter von besondrer Wichtigkeit sind. Man spricht heute viel von Modewörtern und Schlagwörtern. Über Modeworte besitzen wir eine kleine Studie von HANS BRENNERT, Modeworte; aus dem Mitteleuropäischen; Berlin 1898.

„Mit Modeworten," sagt der Verfasser, „sind nicht die 'geflügelten Worte' gemeint, die aus Zitaten dichterischer Sentenzen oder Redensarten und Sprichwörtern bestehen. Vielmehr jene Worte, die unserm Sprachschatz längst angehören, aber plötzlich in Mode kommen und zu Lieblingsworten werden, weil ihnen der unermüdliche Gebrauch die erhoffte erheiternde Wirkung schließlich erwirkt hat. Aber auch ernste Modeworte gibt es, die aber von ihrer feierlichen Höhe schließlich doch herunterpurzeln und am Ende nur mitleidiges Lächeln wecken, nachdem sie zuerst von allen Gebildeten der Nation in Andacht vernommen waren."

H. Brennert gibt eine kleine Sammlung derartiger Modewörter aus der neuesten Zeit. Andere hat Wustmann in seinen Sprachdummheiten verzeichnet. Für das 18. Jahrhundert hat W. Feldmann, ZfdW. 6, 101, eine Reihe von Ausdrücken zusammengestellt. Wenn man Schriften früherer Zeiten liest, wird man gelegentlich auf Bemerkungen über derartige Modewörter stoßen. So bietet z. B. Grabbe ein Beispiel in Scherz, Satire, Ironie und tiefere Bedeutung. 1, 3: „Die Wörter *genial, sinnig, gemütlich, trefflich*' werden so ungeheuer gemißbraucht, daß ich schon die Zeit sehe, wo man, um einen entsprungenen, über jeden Begriff erbärmlichen Zuchthauskandidaten vor dem ganzen Lande auf das unauslöschlichste zu infamieren, an den Galgen schlägt: N. N. ist sinnig, gemütlich, trefflich, genial." Die Kenntnis der Modewörter ist natürlich für das Verständnis der Schriftsteller einer Zeit von großer Bedeutung, und es ist unbedingt nötig, ihnen die Aufmerksamkeit zuzuwenden. Natürlich hat auch jeder Schriftsteller, was man damit vergleichen kann, gewisse Lieblingswörter. Auch deren Geschichte führt bei genauerer Betrachtung zu bemerkenswerten Ergebnissen. Ich erinnere nur an das Goethesche *Dumpfheit*.

Anmerkung. Feldmanns Untersuchung sollte fortgesetzt werden. Er verzeichnet und bespricht folgende Ausdrücke: *ätherisch, alltäglich, Alltags-, Ansicht* 'Meinung', *Aufklärung, von Belang, Deutschheit, Eigenheit, Entsagung, Geschichte, Glaube an uns selbst, Grazie, Humanität, Jahrtausend, Kerl, Klarheit, Kleinmeister, Lektüre, Mucker, Mutter Natur, Mutter Erde, Natur, Pflanze* 'geistig minderwertiger Mensch', *Schlachtendenker, Spleen, Sturm und Drang, sympathetisch, Toleranz, unendlich, vernünftig, Weltgeist*. Dazu kommen eine Reihe von andern, die Feldmann künftig behandeln will, wie *Empfindsamkeit, Gefühl, schöner Geist, schöne Seele, starker Geist, Weiblichkeit, Weltbürger*. Die Geschichte des Wortes *Genie*, das auch hierher gehört, hat Hildebrand im Grimmschen Wörterbuch auf 53 Spalten dargestellt und in diesem Aufsatz ein vollständiges Kulturbild entrollt. Über *schöne Seele* vgl. E. Schmidt, Richardson, Rousseau und Goethe, S. 318 ff.

Noch bedeutender als die Modewörter sind die Schlagwörter, auf die zuerst Richard M. Meyer die Aufmerksamkeit gelenkt hat. Unter dem Titel 'Vierhundert Schlagworte' hat er in den Neuen Jahrbüchern für das klassische Altertum aus dem 19. Jahrhundert Beispiele gesammelt für Worte, die einmal im besondern Sinn gebraucht, damit eine besondere Bedeutung bekommen. Es haben sich viele dieses wichtigen und anziehenden Gebietes angenommen und Otto Ladendorf hat schließlich in seinem 'Historischen Schlagwörterbuch', Straßburg 1906, den Stoff alphabetisch gesammelt und dabei die bisherigen Arbeiten über dieses Gebiet verwertet. Sein Werk bildet eine lehrreiche Ergänzung zu jedem Wörterbuch. Dazu kommen eine Reihe kleinerer Abhandlungen: A. Gombert, Ergänzende Bemerkungen über

einige Schlagworte, ZfdW. 7, 1; A. GOMBERT, Beiträge zur deutschen Wortgeschichte, Beigabe zu der Schulnachrichten des König Wilhelm-Gymnasiums
zu Breslau 1908; O. LADENDORF, Schlagworte und Verwandtes, ZfdW. 9, 279 ff.;
W. FELDMANN, Randglossen zum Ladendorf, ZfdW. 9, 288; O. LADENDORF, ZfdW.
5, 105 ff., 6, 46 ff.; ZfdU. 24, 481 ff., 560 ff. Der Begriff des Schlagwortes läßt
sich nicht genau begrenzen. Ladendorf versteht darunter „solche Ausdrücke
und Wendungen, denen sowohl eine prägnante Form wie auch ein gesteigerter Gefühlswert eigentümlich ist, insofern sie nämlich entweder
einen bestimmten Standpunkt wider ein Streben, eine Einrichtung, ein Geschehnis nachdrücklich betonen oder doch wenigstens gewisse Untertöne
des Scherzes, der Satire, des Hohnes und dergleichen deutlich mit erklingen
lassen." Besser noch als diese Ausführungen zeigen Beispiele, was Ladendorf meint. Man denke an Nietzsches *Bildungsphilister, Übermensch,
Herdentier*, an *Heimatkunst, Fin de siècle, die Moderne*. „So
sind", sagt Ladendorf VIII, „auch die Bezeichnungen großer literarischer
Strömungen, des Sturms und Drangs, der Romantik, des Jungen Deutschlands, des Realismus und Naturalismus, der Décadence und Heimatkunst
nicht nur selbst zu Schlagworten geworden, sondern haben auch noch
zahlreiche andere im Gefolge gehabt. Nicht anders steht es bei tiefgehenden
künstlerischen Prinzipienstreiten. Neue Erkenntnisse und technische Fortschritte verlangten immer gebieterisch nach entsprechenden sprachlichen Ausdrücken, deren Schlagkraft um so größer zu sein pflegte, je erbitterter die
Gegnerschaft war: *Impression, Sezession, Jugendstil* mögen zeugen für
viele." Derartige Schlagworte hat es nun schon seit langen Zeiten gegeben.
Will man sie für die Sprachgeschichte verwerten, so ist die Anordnung
nach der Zeit des Auftretens, wie sie R. MEYER geboten hat, die einzig
richtige. Die Ordnung nach der Buchstabenfolge bei Ladendorf ist ja zum
Nachschlagen sehr bequem, aber ihr mangelt doch eben das, was am
meisten anzieht, der Überblick über die zeitliche Aufeinanderfolge. Ein
einfaches Verzeichnis der Worte, geordnet nach ihrem Auftreten am Schluß,
würde diesem Mangel leicht abhelfen.

Modewörter wie Schlagwörter können natürlich wieder vergehen und
in Vergessenheit geraten, und dann stehen wir solchen Worten verständnislos
gegenüber. Wer kann sich bei einem Gedichte G. Kellers, das er *Polkakirche* überschrieben hat, etwas denken? R. Meyer hat gezeigt, daß *Polka*
damals in Berlin und Norddeutschland ein Modewort war, um alles zu bezeichnen, was schön und elegant war, vielleicht das, was man jetzt *tip-top*
nennt. Und in diesem Sinne gebraucht es auch Keller, also 'feine, elegante
Kirche'. Anderseits kann ein Wort lange bestehen, ehe es zum Schlagwort
wird. So taucht *Übermensch* bereits 1527 in der theologischen Literatur
auf, wird dann ein Lieblingswort Herders, von dem es Goethe übernimmt
und zweimal gebraucht. Grabbe wendet es an, aber erst durch Nietzsche
wird es zum programmatischen Schlagwort. — „*Ultramontan* ist als

geographischer und kirchenpolitischer Ausdruck dem 18. Jahrhundert schon ganz geläufig," wird aber doch erst im 19. zum wirklichen Schlagwort.

Für alles Weitere sei auf die Schrift von Meyer selbst verwiesen.

Nötig wäre es, jede Zeit gesteigerter geistiger Regsamkeit besonders zu untersuchen. Einen Anfang nach dieser Richtung macht Fr. Lepp in seiner Freiburger Dissertation Schlagwörter des Reformationszeitalters, Leipzig 1908. Vieles, was damals geprägt ist, ist rasch wieder verschwunden. Zu den Wörtern, die sich erhalten haben, gehören: *Reformation* (15. Jh.), *reformieren*, *Pharisäer*, *Sophist*, *sophistisch*.

Diesem schließt sich an Fritz Schramm, Schlagworte der Alamodezeit, ZfdW., Beiheft zum 15. Band, Straßburg 1914. Die Alamodezeit ist das 17. Jahrhundert. Sie ist gekennzeichnet durch eine „umständliche, bewußt gekünstelte, abgeschmackte Form des Ausdrucks, die man nicht mit Unrecht mit dem gleichzeitigen Barockstil in der Baukunst verglichen hat. Literarisch tritt dieser Stil bekanntlich am ausgeprägtesten in der berüchtigten Lyrik der sog. zweiten schlesischen Schule am Ende des Jahrhunderts zutage." (Schramm S. 1.)

„Das wesentliche Charakteristikum der alamodischen Sprache", sagt Schramm S. 8 weiter, „ist der übertriebene Gebrauch der Fremdworte", und man darf daher vermuten, daß die Mode- und Schlagworte dieser Zeit im wesentlichen Fremdworte sind. Das weist denn auch Schramm an ausgewählten Beispielen nach. Zunächst kommt das Wort *Mode* selbst, das zuerst in der Form *alamode* auftritt und geradezu als das Kennwort dieser Zeit bezeichnet werden kann. Weiter erhalten wir in dieser Zeit oder es werden besonders üblich: *Kavalier*, zunächst aus italienisch *cavalliere*, *Monsieur*, *Galan* aus dem Spanischen, *Dame*, *Madame*, *Mätresse*, *Kompliment*, das mundartlich noch vorhandene *Baselman* aus span. *beso las manos* 'ich küsse die Hände', *Reputation*. Es ist sehr bemerkenswert, daß eine Reihe dieser Ausdrücke z. T. mit verschlechterter Bedeutung tief in die Volkssprache eingedrungen sind. *Mosjö* ist obersächsisch und norddeutsch und hat eine geringschätzende Bedeutung. *Madam* und *Mumsell* sind gleichfalls heruntergestiegen, und *Baselman* lebt am Rhein und im Niederdeutschen in der Bedeutung 'Verbeugung' fort.

Elftes Kapitel.

Verbreitung der Wörter nach Gegenden.

§ 167. **Allgemeines.** Die deutsche Schriftsprache, mit der sich alle Gebildeten verständigen, hat einen großen gemeinsamen Wortschatz; er besteht aus den Worten, die jedermann geläufig sind, und die man beim Schreiben, Reden, Vortragen usw. anwendet. Aber daneben besitzt doch fast jeder seine besondere Sprache, indem er, wenigstens im Umgange, Ausdrücke gebraucht, die nur in seiner Heimat oder deren engrer oder weitrer Umgebung üblich sind. Das sind die sogenannten Provinzialismen. Da die Zeitungen namentlich in ihrem Anzeigeteil diese Umgangssprache aufweisen, so ist das Lesen von Zeitungen aus einer Gegend, der man nicht selbst angehört, höchst belehrend. Aber derartige örtlich beschränkte Ausdrücke haben von jeher auch Eingang in die Literatur gefunden und finden ihn heute noch. Wer neuere Schriften liest und auf die örtlichen Verschiedenheiten zu achten gelernt hat, dem wird es selten lange verborgen bleiben, ob ein nord- oder ein süddeutscher Schriftsteller zu ihm spricht. Namentlich hat infolge der politischen Entwicklung heute schon das österreichische Deutsch eine besondere Färbung angenommen. Selbst in den Werken einer MARIE VON EBNER-ESCHENBACH tritt sie hervor. Ebenso findet sich eine starke Sonderentwicklung in der Schweiz, und GOTTFRIED KELLER zeigt ihm und seiner Heimat eigentümliche, nicht allgemein gebräuchliche Worte, die ihm freilich wahrscheinlich ohne Absicht in die Feder gekommen sind, z. B. *der Aufrechte* in *das Fähnlein der sieben Aufrechten*, *äufnen* 'in die Höhe bringen', *Gegenschwäher*. Betrachten wir Dialektschriftsteller wie JEREMIAS GOTT-HELF, ROSEGGER, so steht es mit dem Wortschatz wesentlich anders. Bei ihnen finden wir Abweichungen vom schriftsprachlichen Gebrauch auf Schritt und Tritt. Noch stärker werden diese in den unverfälschten Mundarten. Da bestehen die größten Verschiedenheiten im Wortschatz.

Unterschiede im Wortschatz einer Sprache hat es zu allen Zeiten gegeben. Man nimmt sie schon für das Indogermanische an, und das ist durchaus notwendig und eigentlich selbstverständlich. Aber wir können kaum etwas mit Sicherheit nachweisen. Auch hier bekommen wir erst wieder sichern Boden unter den Füßen, wenn wir uns zu den Zeiten mit schriftlicher Überlieferung wenden. Es ist bekannt, daß innerhalb des germanischen Dialektgebietes schon in der ältesten Zeit Verschiedenheiten bestehen. Das Gotische sagt *taujan* für d. *tun*, *aipei* für *Mutter*, *atta* für *Vater* usw. Und ebenso ist es innerhalb des Deutschen. Wir haben in althochdeutscher Zeit ein Stück Neuen Testamentes bei Tatian und in dem Monsee-Wiener Fragmente. Hier finden sich bemerkenswerte Unterschiede: *sprihhit — quidit*, *īwīn — zuowartūn* 'Ewigkeit', *tuon — wurken* usw. Eine tiefgehende Untersuchung nach dieser Richtung unternimmt jetzt E. GUTMACHER, Der Wortschatz des althochdeutschen Tatian in seinem Verhältnis zum Altsächsischen, Angelsächsischen und Altfriesischen, PBr.Btr. 39, 1—83, 229—289. Er weist nach, daß der Wortschatz Tatians in vielen Fällen nicht zum Oberdeutschen, sondern zum Niederdeutschen und vor allem zum Angelsächsischen stimmt. Trotzdem handelt es sich dabei nicht etwa um einen Einfluß des Angelsächsischen, sondern, wie der Verfasser richtig bemerkt, um ein Problem der westgermanischen Wortgeographie. — Besonders bemerkenswert sind die Worte, die bei Tatian fehlen, uns aber geläufig sind, und umgekehrt die, die Tatian hat, die aber dem Oberdeutschen fremd sind. Zur ersten Gruppe gehören: *erkennen*, T. *inkennen*, *Demut*, T. *ōdmuoti*, *dulden*, T. *tholēn*, *freuen*, T. *gifehan*, *Freude*, T. *gifeho*, *Schatten*, T. *scūwo*, *schelten*, T. *increbōn*, *Schöne*, T. *fagari*, *Trost*, T. *fluobra*, *trösten*, T. *fluobiren*, *trauern*, T. *truobēn*, *zeigen*, T. *zougen*, *zweifeln*, T. *gizunetōn*, *machen*, T. *tuon*. Man darf wohl annehmen, daß wir mit diesen Worten oberdeutsches Sprachgut in unsre Schriftsprache aufgenommen haben.

Der Unterschied zwischen dem Wortschatz der Schriftsprache und dem der Mundart ist aber nicht nur der, daß die Schriftsprache gewisse Ausdrücke der Mundarten nicht kennt, oder daß die Mundarten andere Ausdrücke für unsere gewöhnlichen haben, sondern es ist noch eine ganz wesentliche Artverschiedenheit vorhanden. Die Schriftsprache besitzt in viel höherm Maße als die Mundart Ausdrücke für Allgemeinbegriffe, während diese vielfach auf dem oben S. 98 geschilderten ältern Zustand, in dem man noch über viele Einzelausdrücke verfügt, beharrt. Auf der andern Seite hat die Schriftsprache nicht selten Neubildungen eingeführt, um gegenüber der Vielheit und Verschiedenheit der mundartlichen Ausdrücke verständlich zu werden. So gilt in der Schriftsprache *Hündin*, was eigentlich dem ganzen Sprachcharakter widerspricht. Denn bei den Haustieren wird das Weibchen meist durch ein besonderes Wort bezeichnet, wie denn auch die Mundarten verschiedentlich derartige selbständige Worte für *Hündin* besitzen. Für *Schmetterling* gibt es zahlreiche mundartliche Ausdrücke,[1]) ebenso für einzelne Fische, Vögel usw. Kurz der Dialekt übertrifft die Schriftsprache durch die Fülle alter Ausdrücke für die einzelnen konkreten Begriffe. Vgl. auch Behaghel, Schriftsprache und Mundart S. 9 (Gießen 1906): „Unsere deutschen Mundarten gehen in einem Teil ihres Wortbestandes sehr stark auseinander, in einem andern stimmen sie überein. Und zwar: je sinnlicher, je greifbarer die Anschauungen, desto größer die Verschiedenheiten; je verblaßter die Vorstellungen, um so weiter reicht die. Gleichheit.“

Wenn wir in der Schriftsprache unsrer Gebildeten heute eine verhältnismäßig große Einheitlichkeit finden, so ist das erst das Ergebnis einer langen Entwicklung, der Arbeit einer Reihe von Grammatikern und Lexikographen und des Einflusses bedeutender Schriftsteller. Diese Einheitlichkeit ist verhältnismäßig jung. Noch im 16. Jahrhundert stand neben dem Mitteldeutschen, aus dem unsere Schriftsprache erwachsen ist, das Oberdeutsche, wie sich heute noch das Niederdeutsche erhalten hat, und nur eine Reihe besondrer Umstände haben dem Mitteldeutschen zum Siege verholfen.

Aber wenn auch unser Wortschatz zum großen Teile mitteldeutsch ist, so hat er doch daneben genug Worte aus den andern Dialektgebieten aufgenommen. Noch heute gibt es ja überall neben der Schriftsprache die Volksmundarten mit ihrem abweichenden Wortschatz, und sehr leicht gebraucht man Ausdrücke des Heimatdialektes. Das geht jedem so. Wenn nun ein Schriftsteller viel gelesen wird, so kann es natürlich leicht kommen, daß manches seiner Worte, das ursprünglich nur einer bestimmten Gegend angehörte, allgemein üblich wird. Man braucht nur an Frenssen zu erinnern, durch dessen Schriften zahlreiche niederdeutsche Worte bekannt geworden sind.

Seit wann beginnt nun die Einwirkung des mundartlichen Wortschatzes auf die Schriftsprache? „Er beginnt von dem Augenblick,“ sagt Behaghel, „wo es eine Schriftsprache gibt, dies Wort im eigentlichsten Sinne genommen, in dem einer Sprache, die geschrieben wird. Denn das Schreiben ist eine schwere Kunst, und man schließt sich in allen Dingen, in der Schreibung und im Ausdruck, gern an die vorhandenen Muster an.“ Je stärker eine Sprache zum schriftlichen Gebrauch verwendet wird, um so stärker mischt sich auch der Wortschatz der Mundarten. In seiner be-

---

[1]) Er heißt *Müllermaler, Sommervogel, Baufalter, Weifalter, Fledermaus, Flatter-maus, Milch-* oder *Molkendieb, Smantlecker, Buttervogel, Butterfliege.*

deutungsvollen Rektoratsrede 'Schriftsprache und Mundart' hat Behaghel
auf die richtige Tatsache hingewiesen, daß aus Norddeutschland gebürtige
Schriftsteller im Mittelalter sich den Wortformen und dem Wortschatz des
Hochdeutschen anbequemen, G. Roethe hat dies dann in seinem Buche
Die Reimvorreden des Sachsenspiegels weiter ausgeführt. Diesen Einflüssen
und dieser besondern Herkunft der Worte nachzugehen, ist gewiß eine der
anziehendsten Aufgaben der Wortforschung.

§ 168. **Einfluß der Mundarten auf die Entwicklung des deutschen Wortschatzes.**
Unser Deutsch zerfällt bekanntlich in drei große Dialektgebiete: Oberdeutsch,
Mitteldeutsch und Niederdeutsch. Während nun die beiden ersten in laut-
licher Beziehung gegenüber dem Niederdeutschen als eine Einheit charak-
terisiert sind durch die sogenannte hochdeutsche Lautverschiebung, steht es
bei dem Wortschatz anders. In diesem Punkte stimmt das Mitteldeutsche
in viel stärkerm Maße zum Niederdeutschen als zum Oberdeutschen. Ja
wir finden die Verwandten der mitteldeutschen Worte oftmals eher im Englischen als im Oberdeutschen. Das wird für die althochdeutsche Zeit durch
die oben erwähnte Arbeit von Gutmacher auf das schlagendste erwiesen.
Btr. 39, 275 faßt er seine Ergebnisse dahin zusammen: „Von zirka 2030 Worten,
die im Tatian vorkommen, sind 280 den übrigen ahd. Quellen fremd, es
kehren von ihnen 120 im Angelsächsischen, bezw. im Altsächsischen, Mittelniederdeutschen und Mittelniederländischen wieder." Allerdings haben wir
heute nur wenige davon. Dieser Gegensatz im Wortschatz trat den Beteiligten
besonders stark in den Zeiten der Reformation entgegen. Luther schrieb
mitteldeutsch und gebrauchte natürlich den mitteldeutschen Wortschatz. Mit
ihm trat das Mitteldeutsche selbständig neben das Oberdeutsche, ja dieses
verlor seine führende Stelle. Was man damals schon deutlich erkannt hat, das
wird durch die Sprachdenkmäler des 16. Jahrhunderts auf Schritt und Tritt
bestätigt. In seinem Buche 'Von Luther bis Lessing' 4. Auflage, 1904, S. 86
hat Fr. Kluge auf eine Reihe wichtiger Tatsachen aufmerksam gemacht.

Die Luthersche Bibelübersetzung war in Oberdeutschland einfach nicht
verständlich, und wenn man auch die Übersetzung im allgemeinen anerkannte, so änderte man doch in Oberdeutschland viele Worte. Besonders
wichtig „ist die Ingolstädter Bibel, die von Luther und Emser ausgeht, die
aber Eck nach den Angaben seiner Vorrede durch absichtliche Änderungen
von der mitteldeutschen Bibel entfernt hat, um sie der Mundart der Donau-
lande, namentlich auch im Wortschatze, anzupassen". Als weitere Vergleiche
hat Kluge a. a. O. die Zürcher Bibel von 1530 und die Wormser Propheten-
übersetzung von 1527 herangezogen. Es zeigte sich dabei, daß diese drei
zwar in zahlreichen Fällen gegen Luther übereinstimmen, daß aber trotzdem in den allermeisten Fällen der Luthersche Ausdruck gesiegt hat.
Genaueres findet man außer in der angeführten Schrift noch bei Lindmeyer,
Der Wortschatz in Luthers, Emsers und Ecks Übersetzung des Neuen
Testamentes, Straßburg 1899, und bei Byland, Der Wortschatz des Zürcher

Alten Testaments von 1525 und 1531 verglichen mit dem Wortschatz Luthers, Berlin 1903.

Anmerkung 1. Anmerkungsweise möchte ich wenigstens einiges aus dem reichen Stoff anführen. Der erste Ausdruck steht bei Luther, der zweite ist oberdeutsch. *Abend* 'Himmelsgegend' — *Niedergang der Sonnen; äffen — betriegen; afterreden — nachreden; ähnlich,* bei Eck die Randglosse *gleich; alber — unartlich; anbeißen — essen; anleiten — underweißen; aufdecken — entdecken; bang — angst; bedenken — beschließen; bekennen* (die Sünde) *— beichten; bersten — brechen; Bescheid — Ermanen; Beutel — Seckel; borgen — lehen; Born — Brun; brausen — rauschen; brennen — brinnen; Brunst — Begird; Buhler — Unkeuscher; darben — notleiden, bedürfen; darbieten — darreichen; dumm* (vom Salz) *—* bei Eck erläutert durch *Ungeschmach; Erdbeben — Erdbidem; fett — feist; Flasche — Lägel; flugs — bald; freien — heiraten; fühlen — empfinden, greifen, wissen; Gefäß — Geschirr; gehorchen — hören, zuhören; Gelte — Eimer; Getreide — Frucht; Grenze — Gegend, Ende; Hälfte — Halbe; Halle — Kapelle; haschen — greifen; Haushalter — Außtailer; heucheln — Gleißnerei treiben; Heuchler — Gleißner; Hippe — Sichel; Hügel — Bühel; Hürde — Pferrich; es jammert — es erbarmt; jucken — krauen; Kahn — Nachen; keltern — treten; Kluft — Schlundloch; klug — witzig, weiß; Klugheit — Vernunft; knirschen — grissgramen; Kriegsknecht — Söldner; Küchlein — Hünle; lauern — aufsetzig sein; löken* (wider den Stachel) *— treten; Lippe — Lefze; Lotterbube — Schwetzer; Mahl — Wirtschaft; mieten — bestellen, dingen; Morgen* (Himmelsgegend) *— Aufgang* (der Sonnen); *Motten — Schaben; Mücke — Schnacke; Otter — Natter; Pfuhl — Teich; prüfen — bewähren; Rabe — Rape; Rätsel — Rätersch; rechten* (streiten) *— vor Gericht zanken; Schalksknecht — schalkhaftiger Knecht; Schaubrot — Opferbrot; scheel — schellig; Scherflein — Heller, Ortlin; Scheffel — Metze; schenken — begaben; Scheune — Scheuer; Scheusal — Anstoß; schmecken — versuchen; Seuche — Siechtum; sichten — räden; Stange — Kolben; Splitter — Agen(e); Sperling — Spatz; Stätte — Statt; stäupen — schlagen; Steig — Weg; steinigen — versteinen; sich stellen — gebaren; störrig — unfriedlich; Stufe — Staffel; Südwind — Mittagswind; tauchen — eintunken; täuschen — betriegen; Träne — Zäher, Träher; Ton — Hall; Töpfer — Hafner; Ufer — Gestade* usw. Nicht alle Wörter indes, die in den oberdeutschen Bibeln ersetzt werden, sind dem Oberdeutschen ganz fremd gewesen, vgl. v. BAHDER, Zeitschrift für hochdeutsche Mundarten 1, 299, wo er *ähnlich, Eifer, heucheln, Trödel* bespricht.

Da die Luthersche Bibelübersetzung in protestantischen Kreisen ein so großes Ansehen genoß, so wagte man teilweise auch in oberdeutschen Nachdrucken die Wortwahl nicht zu ändern, und man konnte der Hoffnung Ausdruck geben, man werde sich leicht an den fremdartigen Sprachgebrauch gewöhnen. Um die Schwierigkeiten des Verständnisses zu erleichtern, „ersann ein Basler Buchdrucker Adam Petri, der eine Zeitlang die oberrheinischen Lande mit zahlreichen Nachdrucken des Neuen Testaments versah und so die Reformation kräftig förderte", das Auskunftsmittel, dem Abdruck ein Wortregister beizugeben, das „die ausländischen Wörter auf unser (Baslerisches) Teutsch anzeigt": *„So ich gemerckt hab, daß nitt yederman verston mag ettliche wörter im yetzt gründtlichen verteutschten neuwen testament; doch die selbigen wörtter nit on schaden hetten mögen verwandlet werden, hab ich lassen die selbigen auff unser hoch teutsch außlegen und ordenlich in ein klein register fleißlich verordnet."*

Dieses Verzeichnis, wenn auch voller Mängel, ist sehr beachtenswert, weil daraus hervorgeht, welche Worte man nicht verstand. Manche Worte sind ja jetzt auch für uns veraltet, oder außer Gebrauch gekommen, aber sehr viele, ja die allermeisten haben sich erhalten und allgemeine Geltung in der Schriftsprache bekommen.

Anmerkung 2. Die oberdeutschen Bibelglossen und ihr Verhältnis zueinander sind von FRITZ DAUNER, Die oberdeutschen Bibelglossen des XVI. Jahrhunderts, Freiburger Diss., Darmstadt 1898, untersucht worden. Auch aus diesem Glossar mögen einige Belege hier folgen, wobei die schon angeführten nicht weiter erwähnt werden. Das zweite Wort gibt die Erklärung des Lutherschen. *Anstoß — Ergernuß, Strauchlung; Aufschub — Verzug; besudlen — verunreinen, beflecken; beteuben — trunken, kraftlos machen; deutlich — offentlich, merklich; empören — erheben, strensen; entkamen — entrunnen, entliefen; ernten — schneiden; Eifer — Ernst; Feldweg — Rast, Roßlauf; flehen — bitten, ernstlich begehren; flicken — bletzen; Frümmen — Nutz, Gewinn; Gebühr — billich, gemäß; gedeihen — wachsen, zunehmen; Gegend — Landschaft; Geheimnis — Heimlichkeit, Sakrament; Gerücht — Geschrei, Leumed; Getümmel — Ungestüm, Aufruhr; getüncht — geweißt; harren — warten, beiten; hauchen — blasen, wehen; härmen — bekümmern; heiraten — mannen, ehelichen; höhnen — spotten schenden; Kehricht — Staub, Kutter; kostet — versuchet, schmackt; Lappen — Stuck, Pletz, Lump; lenken — umkehren, umwenden; malmen — zermalmen; Markt — Fleck, Dorf; Meuchelmörder — heimlich Mörder; Narben — Wunden, Malzeichen; Panier — Banner; Preis — Lob, Ruhm; Qual — Pein, Krankheit; quälen — peinigen, quetschen; rasen — toben, unsinnig; rasseln — braspeln, rauschen; Raum — Weite, Platz; rügen — schenden, schand entdecken; ruchtpar — ausgerüfft, lautprecht; Rüstzeug — Werckzeug; Schaubrot — heilig Brot, gewicht Brot; schautragen — öffentlich tragen; scheel — schielen, übersichtig; Schlachttag — Metzeitag, Tag der Wirtschaft; schmucken — zieren, aufmutzen; Schwelgerei — Überfluß in Essen und Trinken; schwulstig — aufgeblasen; Soller — Saal, Summerlaub; Spaltung — Zanck, Zwitracht; Stachel — eisene Spitz an der Stangen; tadlen — strafen, nachreden; taugt nit — ziemt nicht, ist unbillich; verhüllet — verbunden, umwickelt; verschmachten — verkamen, verderben; undeutlich — unverständlich; untüchtig — ungeschickt, unnütz; untadelich — unsträflich; unverwelklich — allweg grünend, nit welk; wetterwendisch — unstet weiland — etwen, vor Zeiten; wichtige — schwere, lastig; Ziegenfell — Geißfell, Kitzenfell; zerschellen — zerkloben, zerspalten.* Vgl. auch noch ANDREAS SCHÖLL, Adam Petris Bibelglossen, Freib. Diss. 1908.

Seit wir demnach eine gedruckte, viel gelesene Literatur besitzen, haben sich die Fälle immer stärker gemehrt, in denen Worte eines Schriftstellers nicht aus der heimischen Mundart stammen, sondern wo sie aus der Literatur übernommen eigentlich ganz wo anders heimisch waren. Je bedeutender ein Schriftsteller ist, um so mehr wird sein mundartlicher Wortschatz für andere maßgebend werden, und dementsprechend werden wir zu verschiedenen Zeiten verschiedene Landschaften den Wortschatz der Schriftsprache beeinflussen sehen. So herrschte im Mittelalter zweifellos das Oberdeutsche, und die niederdeutschen Schriftsteller nahmen gern hochdeutsche Worte auf. Dann wurde durch Luther der mitteldeutsche Wortschatz maßgebend, und der Leipziger Diktator Gottsched hat sicher diesen Einfluß noch verstärkt. Aber durch Leute wie Wieland, Schiller und auch Goethe haben wir wieder eine Reihe oberdeutscher Ausdrücke erhalten. FR. KLUGE hat neuerdings auf diesen oberdeutschen Einschlag in unserm Wortschatz hingewiesen. Wenn er auch ziemlich bedeutend ist, so wird er doch mit der Zeit von dem niederdeutschen immer mehr übertroffen. Eine ganze Reihe von Schriftstellern des 18. Jahrhunderts, wenn auch nicht allerersten Ranges, so doch von andauernder Wirksamkeit stammten aus Norddeutschland. Man braucht nur an Bürger, Voss, Campe zu denken. Und dieser Einfluß hat sich im Laufe des 19. Jahrhunderts noch verstärkt. Hervorragende Dichter und Schriftsteller wie Hebbel, Storm, Fontane, Mommsen, Geibel, Raabe, Ranke sind Niederdeutsche. Wenn bei einzelnen auch die mundartlichen Elemente sehr zurücktreten, manche wie Fontane lassen doch die Umgangssprache stark zu ihrem Recht kommen, und viele niederdeutsche Worte gehen dadurch in den allgemeinen deutschen Wortschatz über. Man darf in neuerer Zeit auch die Zeitungen nicht übersehen. In diesem Punkt herrscht Berlin, also Niederdeutschland. So wird zweifellos der Wortschatz immer mehr verniederdeutscht werden. Man wird dies nicht als Unglück betrachten dürfen, vielmehr ist es ja vielleicht überhaupt zu bedauern, daß nicht das Niederdeutsche die Grundlage unsrer Schriftsprache geworden ist.

§ 169. **Hilfsmittel zur Bestimmung der Herkunft der Wörter.** Es ist nun eine der wichtigsten Aufgaben der Wortforschung, der Zusammensetzung unseres Wortschatzes in dieser Beziehung nachzugehen, und auch für den Unterricht ist es von großer Bedeutung, den Schüler darauf aufmerksam zu machen, ob ein Wort bodenständig ist, das heißt der heimischen Mundart angehört, oder ob es dort ganz unbekannt ist. Natürlich muß, wenn das Wort nicht einheimisch ist, die Frage aufgeworfen werden, welches Wort die Mundart dafür gebraucht. Mit Notwendigkeit führt das dann auf literar- wie kulturgeschichtliche Fragen.

Hier kann freilich wieder nicht der ganze Stoff vorgeführt werden, sondern es kann sich nur um die Erörterung der Mittel und Wege handeln, mit und auf denen wir die mundartliche Herkunft der Wörter unsrer Schriftsprache enthüllen können.

An Hilfsmitteln gibt es folgende:

§ 170. **1. Die Form der Wörter.** Die Entwicklung der einzelnen Laute ist im Deutschen nicht überall gleichmäßig vor sich gegangen, sondern wir finden mannigfache Verschiedenheiten. Die meisten Wörter zeigen nun, entsprechend der Herkunft unsrer Schriftsprache, den mitteldeutschen Lautstand, dessen allgemeine Entwicklung oben S. 25 ff. kurz dargestellt ist. Wörter also, die aus einem andern Gebiet stammen, werden nicht selten auch eine besondere lautliche Gestaltung zeigen, durch die allein schon ihre Herkunft enthüllt wird. Dabei ist freilich nicht zu vergessen, daß Wörter auch fremd sein können, ohne etwas Besonderes in ihrer äußern Gestalt zu zeigen. Daß *Heimweh* ein Schweizerwort ist, kann man aus lautlichen Gründen nicht erkennen.

Die folgende Zusammenstellung stützt sich auf die beiden besten Darstellungen der deutschen Grammatik, auf W. Wilmanns' deutsche Grammatik

Bd. 1 und O. BEHAGHEL, Geschichte der deutschen Sprache, 2. Aufl. Sonderabdruck aus der zweiten Auflage von Pauls Grundriß der germanischen Philologie, Straßburg 1905, 4. Aufl. 1916 sowie auf K. v. BAHDERS Grundlagen des
neuhochdeutschen Lautsystems, Straßburg 1890, wo Genaueres zu finden ist.

A. VOKALISMUS.

1. Unter dem Einfluß von Labialen, vor *l* und *sch*, vor Affrikaten und sonst
werden *e, ei, i* zu *ö, eu, ü* gerundet, namentlich im Ostfränkischen und
Südthüringischen (auch im Schweizerischen), und es sind daher eine Reihe
von Worten mit dieser Lautform in die Schriftsprache aufgenommen worden:

dörren, ahd. *derren*; — *erlöschen*, ahd. *irleskan*; — *Flöz*, ahd. *flezzi*; — *Hölle*, ahd.
hella, e. *hell*; — *löcken* 'mit den Füßen ausschlagen', mhd. *lecken*, gr. λάγδην (*lágdēn*)
'mit den Füßen ausschlagend'; — *Löffel*, mhd. *leffel*; *Rotzlöffel* zu *Laffe*; — *löschen*,
ahd. *leskan*; — *Löwe*, mhd. *lewe*; — *nörgeln* neben *nergeln*; — *schwören*, mhd. *swern*,
e. *swear*; — *Schöffe*, ahd. *skeffeno*; — *schöpfen*, mhd. *schepfen*; — *Geschöpf*, bei Luther
Geschepffe; — *schröpfen*, mhd. *schrepfen*; — *stöhnen*, mhd. *stenen*; — *wölben*, mhd. *welben*; —
zwölf, e. *twelve*, got. *twalif*; — *gewöhnen*, mhd. *gewenen*; — *Wört*, mhd. *wert*, ahd.
warid; — *pökeln*, nd. *pekeln*; — *ergötzen*, mhd. *ergetzen* (noch Adelung verlangt *e* und
daher auch bei Goethe Ausgabe letzter Hand); — *Gewölle*, mhd. *gewelle*; — *Kröte*, ahd.
kreta; — *Köder*, ahd. *querdar*; — *Schönbart*, mhd. *schemebart* zu mhd. *scheme* 'Schatten'; —
Möwe, ahd. *mēh*, e. *mew*; — *rö(h)ren* 'laut schreien', ahd. *rēren*, e. *roar* 'blöken, brüllen'; —
Höhrauch aus *hērauch*, jetzt amtlich wieder *Herauch* geschrieben; — *Würde*, ahd. *wirdi*; —
flüstern, noch im 18. Jh. *flistern*, ahd. *flistiran* 'liebkosen'; — *rüffeln*, 'einen durch die
Riffel, e. *ripple*, ziehen'; — *Würze* 'das noch nicht gegorene Bier', ahd. *wirz* 'Birnenmost',
e. *wort* 'Bierwürze'; — *abgeführt* aus *abgeviert*; — *Wetterleuchten*, mhd. *weterleih* 'Wetterspiel' durch Volksetymologie. — Die Aussprache *geschieut*, mhd. *geschude* war sehr verbreitet.
Die neue Orthographie kennt sie nicht mehr. — Vgl. hierzu noch E. SCHRÖDER, AnzfdA.
24, 31. — Dagegen ist *Reuter* ein anderes Wort als *Reiter*.

2. Umgekehrt entrunden die meisten Mundarten mit Ausnahme der
eben erwähnten die Laute *ü, üe, öu, eu* und es dringen daher auch wieder
Formen dieser Art in die Schriftsprache ein.

a) *ü > i*: *Bingelkraut* zu *Bunge*; — *Findling* in Anpassung an *finden*, aber noch Möser,
Wieland, Schlegel schreiben *Fündling*; ebenso im 15. Jh. *Fündelhaus* und mhd. *vündec*
Findling, mhd. *vundelinc*, e. *foundling*; — *Gimpel*, mhd. *gümpel* zu mhd. *gumpen*, e.
to jump; — *Kitt*, mhd. *kütt*; — *Spritze, spritzen*, noch bei Schiller *Sprütze*, mhd. *sprütze*
zu *sprießen*; — *Schlingel*, bei Luther *Schlüngel*; — *Kissen*, noch im 18. Jh. *Küssen*, mhd.
küssen aus afrz. *cuissin*, woher auch engl. *cushion*; — *Pilz*, mhd. *bülz*, ahd. *buliz*, aus
gr.lat. *bolētus*; — *Gespinst*, mhd. *gespunst*; — *spitzfindig* zu *Fund*; — *Schippe*, bayer.
neben *Schüppe* zu *Schaufel*. In *gültig* ist jetzt wieder *ü* zu schreiben; — *wirken* für *würken*.

b) *üe > i*: *Mieder*, mhd. *muoder, müeder*.

c) *öu > ei*: *Ereignis, ereignen* von mhd. *eraugen, eröugen* 'vor Augen stellen, zeigen'; —
streifen, mhd. *ströufen* 'die Haut abziehen'; — *Schleife*, älternhd. *Schläufe* zu mhd. *sloufen*,
slöufen 'sich anziehen'.

d) *iu > ei*: *Steiß*, ahd. *stiuz*; — *Kreisel*, mhd. *kriusel*; — *spreizen*, mhd. *spriuzen*
'stemmen'; — *Altreis* 'Schuhflicker', mhd. *altriuze*.

3. *u* und *ü* werden in mitteldeutschen Mundarten namentlich vor *Nasal*
zu *o* und *ö*. Unsere Schriftsprache hat diesen Lautwandel häufig, aber nicht
ausnahmslos.

Sohn, e. *sun*; — *Sonne*, e. *sun*; — *Nonne*, e. *nun*; — *Wonne*, ahd. *wunna*; —
Tonne, e. *tun*; — *begonnen*, mhd. *begunnen*; — *geronnen, gesponnen, gesonnen, ge*

wonnen; — *Bronnen, Heilbronn* neben *Brunnen*; — anderseits *und, unter, Wunde, Wunder, Wunsch, Trunk*, aber *sonder, sondern, sonst.*

Vor *m* steht *u* in *dumm, krumm, Hummel, Kummer*, aber *fromm*, mhd. *frum*; — *Sommer*, e. *summer*; — *geglommen, geklommen, gekommen, geschwommen*; — *Rohrdommel*, mhd. *rōrtumel.*

Entsprechend wird *ü* behandelt: *können, gönnen, König*, mhd. *künec, Mönch*, aber *München.*

4. *o* zu *a* war obersächsisch. Luther schreibt zunächst noch *dach, nach, ab* für *doch, noch, ob.* Man nahm an, daß ein solches *a* in *Aberglaube*, ndl. *overgeloof* vorliege, doch ist dies nicht richtig, dagegen liegt der Lautwandel `in Endsilben vor wie *Heimat*, mhd. *heimōte*; — *Monat*, mhd. *mānōt*; — *Zierat*, mhd. *zierōt*; — *Bräutigam*, mhd. *briutegome*; — *Sommerlatte*, ahd. *sumarlota*; — *Radehacke* zu *roden*; — *Rakete*, ital. *rocchetta.*

5. *ā* ist in deutschen Mundarten häufig zu *ō* geworden, doch ist dieser Lautwandel nicht genau zu begrenzen.

Argwohn, mhd. *arcwān* neben *Wahn*, got. *wēns*; — *Brodem*, mhd. *brādem* 'Dunst', e. *breath*; — *Brombeere*, mhd. *brāmber*, e. *bramble*, eig. 'Dornstrauchbeere'; — *Docht*, ahd. *tāht*; — *Dohle*, mhd. *tāle* aus *tahele*; — *Drohne*, asächs. *drān*, e. *drone*; — *Kot*, mhd. *quāt, kāt*; — *lochen* 'einen Baum bezeichnen', neben *lachen*, mhd. *lāchen*; — *Mohn*, mhd. *māhen*, gr. μήκων (*mḗkōn*); — *Monat*, ahd. *mānōd*, e. *month*; — *Mond*, ahd. *māno*, e. *moon*; — *Odem* neben *Atem*; — *Ohm*, mhd. *āme*, e. *awm*, aus gr.lat. *ama*; — *Ohm(e)t* 'Nachschur des Grases', mhd. *āmāt* (*ā* 'übrig'); — *ohne*, mhd. *āne*; — *Otter*, aus ahd. *nātara*, e. *adder*; — *Rosenmontag*, eig. 'rasender Montag'; — *Roß* 'Honigwabe', mhd. *rāz*; — *Rotspohn* zu *spān*; — *Schlot*, mhd. *slāt*; — *Ton*, mhd. *tāhe*, got. *þāhō* 'Ton'; — *Troddel* von mhd. *trāde* 'Saum', ahd. *trādo*; — *wo*, mhd. *wā*, noch in *warum*; — *Woge*, mhd. *wāc*, got. *wēgs*; — *woben, wogen*, mhd. *wāben, wāgen*; — *Zofe* zu mhd. *zāfen* 'schmücken'.

6. In dem größten Teil des Mittelfränkischen und Teilen des Ostfränkischen sind *ie* und *uo* des Mittelhochdeutschen (nhd. *ī* und *ū*) zu *ē* (*ei*) und *ō* (*ou*) geworden.

Wir haben diesen Lautwandel in *Demant* neben *Diamant*, frz. *diamant*; — *Demut*, mhd. *diemuot*, eig. 'Knechtssinn'; — *Almosen*, mhd. *almuosen*; — *versöhnen* neben *Sühne*, mhd. *süene*. — *Moor*, mhd. *muor, bohnen*, mhd. *būenen* stammen aus dem Ndd., wo altes *ō* blieb.

7. Der Umlaut des *u* unterbleibt vor *ck* auf oberdeutschen und auf mitteldeutschen Gebieten (südfränkisch und schlesisch). Wir haben daher teils Doppelformen, teils hat die Form mit *u* gesiegt.

Drucken und *drücken* werden noch im 18. Jh. ohne Unterschied der Bedeutung gebraucht; doch wurde schon seit dem 15. Jh. *drucken* für den Buchdruck angewandt, weil er in Süddeutschland zu Hause war; — *ducken*, mhd. *tucken, tücken*; dazu *Tücke*; — *jucken*, daneben *jücken*, e. *itch*; — *luck* und *lück* 'unfest zusammenhängend'; — dial. *Lucke* neben *Lücke* zu *Loch*; — *Mucke* 'Laune' vielleicht zu *Mücke*; — *rucken* neben *rücken*; — *Rucksack* (bayer.) neben *Rücken*, e. *ridge*.

Dazu kommen noch eine Reihe von Fällen mit andern Bedingungen: *purzeln* neben *Bürzel*; — *Wonne*, mhd. *wünne*; — *hupfen* und *hüpfen*; — *lupfen* und *lüpfen*; — *rupfen*, mhd. auch *rüpfen*; — *schuppen, schupfen*, mhd. auch *schüpfen*; — *schlurfen* und *schlürfen*; — *stupfen*, mhd. auch *stüpfen*; — *rutschen* neben mundartl. *ritschen*; — *kundig*, mhd. *kündec*; — *um*, mhd. auch *ümbe, üm*; — *tupfen* neben nd. *tippen*; — *suchen*, mhd. selten auch *süechen*, got. *sōkjan*, e. *beseech*. Zum Teil handelt es sich in diesen Fällen wohl nicht um lautliche Entwicklung, sondern um analogische Beeinflussung, wie z. B. in *nutz* und *nütze*.

Gleicherweise ist der Umlaut des *au* in einer Reihe von Worten, namentlich vor Labialen, unterblieben.

So *glauben*, got. *galaubjan*; — *Haupt*, ahd. *houbit*; — *raufen*, got. *raupjan*; — *taufen*, got. *daupjan*; — *Gau*, aber *Allgäu*; — *erlauben, raufen, kaufen, Laube, zaubern*. Luther dagegen hatte den Umlaut: *Heubt, gleuben, erleuben, teufen, keufen*, den man auch vielfach noch hört, namentlich in *du käufst*. Beim jungen Schiller steht *glaubig, betaubt* (Btr. 28, 297).

8. Der alte Diphthong *iu* hat sich im Neuhochdeutschen normalerweise zu *eu* entwickelt. Frühzeitig ist aber in einem Teile des Mitteldeutschen, bes. in Hessen, im nördlichen Thüringen, im Altenburgischen daraus *û* und nhd. *au* geworden. Am deutlichsten ist dieses Gesetz an Ortsnamen mit *Nau* zu erkennen, *Nauheim, Naumburg*, die sich vom Rhein bis nach Schlesien erstrecken.

Wir finden auf der einen Seite: *blauen*, mhd. *bliuwen*, e. *blow*, woneben *plauen* bei Goethe Götz erste Fassung; dazu *Bleuel* und daneben früher *Blauel*; — *Greuel*, mhd. *griuwel* neben *grauein*, mhd. *griuwein*; — *Knäuel* neben md. *Knaul*, mhd. *cliuwelin*; — *widerkäuen* neben *kauen*, mhd. *kiuwen*; — *Neuenburg* neben *Naumburg*; — *Reue*, mhd. *riuwe*; *Treue* neben *traun*, eig. Dat. Plur., mhd. *entriuwen*. Durchgedrungen ist *au* in: dial. *aut* oder *naut*, mhd. *iut*, ahd. *eowiht, neowiht*; — *Durchlaucht : leuchten*; — *verlautbaren*, zu ahd. *liutbaro*; — *verlauten*, mhd. *verliuten*; — *bedauern, mich dauert*, mhd. *betiuren* zu *teuer*.

9. Die Schreibung *ai* war oberdeutsch. Die Worte mit *ai* stammen aus der bayerischen Kanzlei.

Bayern, Kaiser, Maid, Maiß 'Holzschlag', *Laib, Laich, Rain*.

10. Das alte Umlauts-*e* ist in einer Reihe von Fällen zu *i* geworden.

Gitter, mhd. *geter*; — *Himten*, md. *hemmete*; — *Hippe*, mhd. *heppe*; — *Ilme*, mhd. *elme*; — *kichern* zu mhd. *kachen*; — *Trichter*, mhd. *trehter*; — *wichsen* 'mit *Wachs* bestreichen'.

11. Vereinzelte Eigentümlichkeiten des Vokalismus sind:

a) *e* für *ei* in *Lehm*, obd. *Leim, Leimen*, ahd. *leimo*, e. *loam*; *Feldwebel : Weibel*; — *fett* zu *feist*; — *heftig*, spätahd. *heiftig*, got. *haifsts* 'Streit, Zank'; — *Reede, Rhede* zu *reiten*; — *Reep* 'geteertes Tau', d. *Reif*; — *Rennsteig* aus *rain* 'Grenze' ist md. ndd. Einfluß zuzuschreiben.

Sense ist aus mhd. *seinse, segense*; — *-gen* aus *gein, gegen* entstanden.

b) *ö* für *au* in *Strom*, mhd. *stroum*, e. *stream*.

c) *u* für *ou* in *Rahm*, mhd. *roum*, schott. *ream*, zu awest. *raogna-* 'Butter'; — *Bake*, nd. aus fries. *baken*, ahd. *bouhhan*, e. *beacon*.

d) *â* wurde in Teilen des Schwäbischen und sonst zu *au*. Daher *anberaumen* aus *anberamen*, so noch Adelung 1793, mhd. *râmen* 'zum Ziel nehmen'.

B. KONSONANTISMUS.

Noch viel häufiger und meistens auch charakteristischer sowie besser der Herkunft nach festzulegen sind die Störungen im Konsonantismus.

1. *w*. Wörter mit dem Anlaut *wr* sind nicht oberdeutsch, da *w* hier verloren geht. Die wenigen Worte, die wir mit diesem Anlaut haben, stammen aus dem Niederdeutschen:

Wrack, nd. *wrak* 'Untaugliches', e. *wreck* 'Wrack'; — *wribbeln* neben *ribbeln*; — *wricken* 'mit einem Ruder rudern'; — *wringen* ist *ringen*; — *Wruke* 'Kohlrübe' aus poln. *brukiew*; — *Wruge* 'vom Rugengericht erkannte Buße'. — Vgl. auch den Namen *Wrangel*.

In *Brack* 'Ausschuß' ist *w* zu *b* geworden. Das Wort ist eins mit *Wrack*. Ebenso in *Baldrian* aus *valeriana*.

In ein paar Fällen erscheint *w* im Auslaut als *b*: *Hieb* zu *hauen*; — *Wittib* zu *Witwe*; — *Löb* Eigenname zu *Löwe*; — *Eibe*, ahd. *îwa*.

In der Verbindung *kw* ist *w* im Alemannischen geschwunden.

*Daher *Keck* neben *Quecksilber*; — *Köder*, älternhd. *Querder*.

2. *j. j* ist oberdeutsch vor hellen Vokalen zu *g* geworden und in dieser Form in einigen Fällen in die Schriftsprache aufgenommen worden:

gären, ahd. *jesan*, gr. ζέω (*zéō*); dazu *Gischt*; — auch *gäten* statt *jäten* war und ist sehr häufig. Auch *Gauner* hieß ursprünglich *jauner*. Umgekehrt haben wir *jach, jäh*, ahd. *gāhi*; — *jappen*, obd. *gappen* zu *gaffen*, aus dem Niederdeutschen.

Abgefallen ist *j* in *Ingwer*, ahd. *gingebero*, frz. *gingembre*.

Nach *r* hat sich *j* im Oberdeutschen erhalten und ebenfalls zu *g* entwickelt: *Ferge*, ahd. *ferio*; — *Scherge*, ahd. *skerio*; — *St. Märgen* aus *St. Marien*; — *Storger* aus *historier*.

Ein später aufgekommenes *j* hat sich auch nach andern Konsonanten erhalten (*Metzger*, mhd. *metzjære*, lat. *matiārius*; — *Dönges* aus *Antonius*) oder zu *ig* entwickelt: *Käfig*, mhd. *kefje*, ahd. *kevia* aus *cavea*; — *Mennig*, mhd. *menje*, lat. *minium*.

3. Auf niederdeutschem und mitteldeutschem Gebiet ist *r* häufig umgesprungen.

Daher *Born* neben *Brunnen*; — *Bernstein* für *Brennstein*; — *bersten* neben *bresten*; — nd. *börnen* neben *brennen*; — *Albert* neben *Albrecht* und überhaupt häufig in Eigennamen. Der umgekehrte Fall liegt in nd. Ortsnamen mit *-drup* vor, z. B. *Ordruf*.

Von zwei *r* ist das eine gelegentlich durch Dissimilation geschwunden.

Köder, ahd. *querdar*; — *Bord* 'Rand', ahd. *brort*, abg. *brazda* 'Furche, Rand'; — *Polier* aus *parlier*, frz. *parler*; — im 18. Jh. häufig *fodern* neben *fordern*; — *Queder* 'Bund an Hemdsärmeln', mnd. *querder* 'Randeinfassung'.

Im Alemannischen ist *r* vor *ch* zu *l* geworden: *Kilche* für *Kirche*; *Kilbi* aus *kilchweih*; daher *Felchen* aus **ferchen*, ahd. *forhana* zu *Forelle*.

4. *m* in vortoniger Silbe geht in *b* über in mittelfränkischen Dialekten, vgl. J. Meier, Einleitung zur Jolande XXXIX, Frank, AfdA. 35, 383. Wir haben aus dem Niederländischen *Besánmast, -segel* aus ital. *mezzana* zu lat. *medius*, also eigentlich 'Mittelmast'.

5. Nasal schwindet vor den Spiranten *f, s, þ* im Niederdeutschen.

Wir haben den Schwund durchgeführt in *Süden*, ahd. *Sundwint*; dazu auch *Sauerland* aus *süer, südarland*; — *sacht* zu *sanft*. Umgekehrt schieben die Mundarten öfter einen Nasal ein, allerdings, wie es scheint, nur, wenn ein Nasal vorausgeht. Eine Reihe von Formen sind so in die Schriftsprache gedrungen: *sonst*, mhd. *sus*, wahrscheinlich in *umsonst* entstanden (Behaghel, Geschichte der deutschen Sprache⁴ 155); — *genung* für *genug*, jetzt veraltet, aber noch bei Goethe; — *nun* aus *nu*.

6. Die urdeutschen Tenues *p, t, k* werden nicht überall gleichmäßig verschoben, und das ist für die Herkunft der Wörter unsrer Schriftsprache wichtig.

a) *p* im Anlaut und zwischen Vokalen ist niederdeutsch, im Anlaut aber auch mittel- und rheinfränkisch. Worte mit anlautendem *p* statt *pf* stammen aber wohl meist aus dem Niederdeutschen.

Padde, e. *paddock*; — *Park*, e. *park*; — *Pegel*, e. *pail* 'Weingefäß'; — *Pesel*, ahd. *pfiesal*; — *petzen*, obd. *pfetzen*; — *Pinne*, mhd. *pfinne*; — *Pips*, obd. *Pfipfs*; — *plump*, obd. *pflumpf*; — *Pocke*, obd. *Pfoche*; — *Pranger*, mhd. *pfrengen* 'drücken'; — *pusten*, bayer. *pfausten*; — *Kneipe, kneipen*, obd. *kneifen*; — *Stapel*, obd. *Staffel*.

In ein paar Fällen hat sich *pf* weiter zu *f* entwickelt. *Fench* 'Art wilder Hirse', mhd. *pfenech*; — *Finne* 'kleiner spitzer Nagel', mhd. *pfinne*, ndl. *pin*; — *Flaum*, mhd. *pflūme* aus lat. *plūma*; — *Fragner*, mhd. *pfragener*.

b) Mit *pp* und *mp* hat es eine besondere Bewandtnis. Sie sind erhalten geblieben im Schlesischen, Obersächsischen, dem größten Teil des Thüringischen, im Rhein- und Mittelfränkischen. Nach andern Konsonanten bleibt *p* in den übrigen Teilen des Fränkischen ebenfalls unverschoben. Es kann daher nicht wundernehmen, daß unsere Schriftsprache in diesen Punkten sehr verschiedene Gestalten der Wörter aufweist.

Wir finden *dumpf, Rumpf, rümpfen, Sumpf*, aber *Klumpen, Humpen, Stempel* neben *stampfen*; — *Lumpen*; — *Stümper* neben *stumpf*; — *Krampe : Krampf*; — *Kämpe* neben *Kampf*; — *Schnepfe : Schneppe*; — *Schnupfen Schnuppe*; — *Hopfen*; — *hüpfen*; — *Schleppe*; — *Lippe*; — *knapp*; — *Krüppel*; — *Lappen*; — *schnippeln*; — *Klepper*; — *Stoppel*, mhd. *stupfel*; — *Schuppen*, öst. *Schupfen*; — *rumpeln*, e. *rumble*.

c) *t* ist überall im Hochdeutschen zu *z, s* verschoben. Wörter mit *t* (statt *z, s*) sind also niederdeutsch.

Tadel, mhd. *zadel* 'Mangel'; — *Takel*, e. *tackle*; — *Talg*, e. *tallow*; — *Tau*, ndl. *tou(we)*; — *Tebe* 'Hündin', ndl. *teef*; — *Teer*, e. *tar*; — *Top*, eins mit *Zopf*; — *Torf*, e. *turf*; — *Tuder, Tüder* 'Strick zum Anbinden von Vieh auf der Weide', e. *tedder*, bayer. *Zieter*; — *Tülle, Tute*, obd. *Zotte, Zeute* 'Ausgießer an einem Gefäß'; — *Beute*, ndl. *buit*; — *Boot*, e. *boat*; — *Fant*, obd. *Fanz*; — *flott* zu *fließen*; — *fett* zu *feist*.

d) *k* ist zwischen Vokalen und im Auslaut hochdeutsch zu *ch* verschoben. Niederdeutsche Lehnwörter sind also:

Bake, e. *beacon*; — *Block*, obd. *Bloch* (?); — *Laken*, mhd. *lachen*, vgl. *Scharlach*; — *Luke*, ndl. *luik*; — *Schmöker* zu *schmauchen*; — *Schnake* 'lustige Erzählung', e. *snake*; — *Spuk*, e. *spook*; — *mäk(le)n, Makler* zu *machen*; — *Küken*, obd. *Küchlein*.

Nach *l* und *r* findet sich *k* und *ch* nebeneinander. *Milch*, e. *milk*; — *Storch*, e. *stork*; — *horchen*, e. *hearken, hark*, aber *Birke, Borke* usw.

7. Germanisch *d* ist hochdeutsch regelrecht zu *t* geworden. Eine Reihe von Worten, die unregelmäßig *d* haben, stammen aus dem Niederdeutschen und Teilen des Fränkischen.

dahlen, hochd. *tallen*, e. *dally* 'tändeln'; — *Damhirsch*, mhd. *tâme*, e. *doe* 'Rehkuh'; — *dämisch*, obd. *tämisch*; — *Damm*, mhd. *tam*, e. *dam*; — *Daune*, e. *down*; — *deftig*, e. *deft* 'niedlich, geschickt'; — *Deich*, eins mit *Teich*, e. *dike, ditch*; — *dengeln*, e. *ding*, obd. *tengeln*; — *dill*, mhd. *tille*; — *Döbel*, ahd. *tubila*, e. *dowel*; — *Docke*, mhd. *tocke*; — *Dogge*, e. *dog*; — *Dotter*, ahd. *totoro*, e. *dot* 'Punkt'; — *Drohne*, obd. *trene*, e. *drone*; — *dröhnen*, got. *drunjus* 'Schall'; — *dumm*, e. *dumb*.

8. Germanisch *þ* hat sich zu *d* gewandelt; im Oberdeutschen und zum Teil im Mitteldeutschen ist dieser Laut dann stimmlos geworden, und er wurde infolgedessen mit *t* bezeichnet. In einer Reihe von Fällen ist diese Schreibung und Aussprache durchgedrungen.

tauen, e. *thaw*; — *tausend*, e. *thousand*; — *Thüringen*, mhd. *zen Düringen*; — *Tölpel*, mhd. *dörpere*; — *Ton*, got. *þahô*; — *tosen* zu ags. *þys* 'Sturm'; — *traben*, ags. *þrafian* 'antreiben'; — *Traube*, and. *thrûfo*; — *Truhe*, ags. *þrûh* 'Trog, Kasten, Sarg'; — *Trumm, Trümmer*, e. *thrum*; — *tunken*, ahd. *dunkôn*.

9. *þw* wird zu *dw*, dann *tw*; weiter wird es noch zu *zw* verschoben. Daneben aber entwickelt sich im Niederdeutschen und im Mitteldeutschen auch *kw*.

Es stehen demnach nebeneinander:

Qualm, ahd. *twalm*; — *Quark*, mhd. *twarc* aus poln. *twaróg*; — *Quehle* 'Handtuch', *Zwehle, zwagen*; — *quer, zwerch*; — *Quinger* (Luther), *Zwinger*; — *quengen* verwandt mit *zwingen*; — *Quirl*, bayer. *Zwirl*; — *Querg* neben *Zwerg*; — *Quetsche, Zwetsche*.

10. *b* und *g* sind oberdeutsch und zum Teil auch mitteldeutsch stimmlos geworden, und man schrieb daher auch *p* und *k*. In einer ganzen Reihe von Worten hat unsere Schreibung geschwankt.

a) *p* ist fest geworden in folgenden Fällen:

zu Paaren treiben, eig. 'zum *Barn* (Krippe)'; — nordd. *Pakásche* 'Lumpengesindel' für *Bagage*; — *paffen* und *baffen*; — *Paias* aus *Bajazzo*; — *Pabst*, mhd. *bâbest*; — *patzig* zu *Batzen*; — *durchpausen*, frz. *ébaucher*; — *Peitsche*, poln. *bicz*; — *Petz*, Koseform zu *Bär*; — *Pickelhaube* zu *Becken*; — *Pilz*, ahd. *buliz* aus lat. *bôlêtus*; — *Pinge* und *Binge* zu anord. *bingr* 'abgeteilter Raum'; — *plänkeln*, mhd. *blenkeln* '(schlagend) wiederholt erklingen oder erschallen machen' zu *blinken*; — *plärren*, nd. *blarren*, e. *blare* 'brüllen'; — *Plätzchen* 'dünner Kuchen' zu *bletzen* 'flicken'; — *Plaue* gleich *Blahe*; — *plentern* 'gemischten Waldbestand durch Aushauen einzelner Bäume lichten', eig. *blendern*; — *Plinse*, russ. *blinéc* 'Pfannkuchen'; — *Pokal* aus ital. *boccale* 'Krug, Becher', gr. βαύκαλις (*baúkalis*) 'enghalsiges Gefäß'; — *Polster*, e. *bolster*; — *poltern*, ndl. *bulderen*; — *Posaune*, gr.-lat. *bûcina*; — *Posse*, frz. *bosse* 'Beule, Erhabenheit'; — *Pracht*, asächs. *braht* 'Lärm'; — *prägen*, ags. *âbracian* 'eingraben' (?); — *prahlen*, e. *brawl* 'lärmen'; — *prangen*, mhd. *brangen*; — *Pranke* und *Branke*, ital. *branca*; — *prasseln* zu ahd. *brastôn*; — *prassen*, ndl. *brassen*; — *Pratze* und *Bratze* aus ital. *braccio*; — *preschen*, eins mit *birschen*; — *preßhaft* für *bresthaft*; — *Prieche* zu *Brücke*; — *Pritsche*, *Britsche* zu *Brett*; — *Protze*, aus venet. *birozzo* 'zweirädriger Wagen'; — *Prudel* zu *brodeln*; — *Prügel* zu *Brücke*; — *prusten* vielleicht zu *brausen*; — *Puckel*, nordd. für *Buckel*; — *Purzel-*, *Burzelbaum* zu *Burzel*; — *putzig* zu *Butzemann*; — *empor*, ahd. *in bor* 'in die Höhe'.

b) *b* ist fest geworden in folgenden Fällen:

Bertram 'Geiferwurz', umgestaltet aus lat. *pyrethrum*; — *Bimsstein*, lat. *pûmex*; — *Binetsch*, ital. *spinaccio*; — *Birne*, lat. *pirum*; — *Bischof*, gr.-lat. *episkopus*; — *Brente*, *Brinte* zu ndl. *prenten*, e. *print* 'drücken'; — *Bricke*, mnd. *pricke*; — *Büchse*, gr.-lat. *pyxis*; — *Buse* 'Katze', e. *puss*. Diese Wörter sind wohl alle oberdeutsch.

c) *k* findet sich in folgenden Fällen:

Kalosche neben *Galosche*, frz. *galoche*; — *Kamasche* neben *Gamasche*, frz. *gamache*; — *Kiebitz*, obd. bayer. *Geibitz*; — *Knan*, *Knän*, mhd. *genanne* 'Gleichnamiger'; — *Knote*, nd. *genôte* 'Genosse'; — *kokeln* gleich *gaukeln*. Hier gibt es also wenig Beispiele.

d) *g* hat sich festgesetzt in folgenden Wörtern:

Galmei, mhd. *kalemîne* aus frz. *calamine*, gr.-lat. *cadmia*; — *Gamander*, ital. *calamandrea*; — *Gant*, ital. *incanto*, lat. *in quantum* 'für wie viel, wie hoch'; — *Ganter*, ital. *cantiere*; — *Gardine*, ital. span. *cortina* 'Vorhang'; — *Gemse*, ital. *camizza*; — *Glocke*, mlat. *clocca*; — *Glucke*, mnd. *klucke*; — *Gockel*, e. *cock*.

11. Die Lautgruppen *bb* und *gg* weisen meist auf niederdeutsche Herkunft.

babbeln, e. *babble*; — *baggern*, ndl. *bagger* 'Schlamm'; — *Dogge* aus e. *dog*; — *Ebbe*, nd. *ebbe*; — *Egge* 'Selbende' = obd. *Ecke*, asächs. *eggia*, e. *edge*; — *Flagge*, e. *flag*; — *flügge*, mhd. *vlücke* zu *Flug*; — *knabbern*; — *Knagge*, e. *knag*; — *Knubbe*; — *Krabbe*, e. *crab*; — *krabbeln*, e. *grabble*; — *kribbeln*; — *Padde*, e. *paddock*; — *quabbeln*; — *Quaddel*; — *quaddern*; — *Quabbe*; — *rabbeln*, e. *rabble*; — *Robbe*; — *Roggen*, e. *rye*; — *wabbeln*, e. *wabble*.

12. Urgerm. *ƀ* blieb im Niederdeutschen und großen Teilen des Mitteldeutschen spirantisch, während im Oberdeutschen Verschlußlaute entstanden waren. Kamen nun Worte mit *ƀ* ins Oberdeutsche, so wurde *ƀ* durch *f* ersetzt.

Hafen, e. *haven*; — *Hafer* neben *Haber*; — *Hufe* neben *Hube*, gr. κῆπος (*kêpos*); — *Kofen* neben *Koben*, e. *cove*; — Luther schrieb *Pöfel* für *Pöbel* und *Buffe* für *Bube*.

13. *ft* ist im Ripuarischen und dem nordwestlichen Niederdeutschen zu *cht* geworden. Wir haben eine Reihe derartiger Fälle in der Schriftsprache.

Ducht 'Ruderbank', ahd. *ðofta*; — *echt* aus *êhaft* 'gesetzlich'; — *Juchten* aus russ. *juft*; — *Lachter* 'Klafter', obd. *Lafter*; — *Nichte*, ahd. *nift*, zu lat. *neptis*; — *ruchbar*,

Gerücht, berüchtigt zu rufen; — sacht neben sanft, e. soft; — Schacht, e. shaft; — Schachtelhalm aus Schafthalm; — sichten zu Sieb, e. sift; — beschwichtigen zu ahd. giswiston 'stille sein, schweigen'; — Schlucht neben Schluft zu mhd. sliefen, d. schlüpfen.

14. Aus den Lautgruppen *agi, egi, igi, ogi* entstehen in großen Teilen der deutschen Dialekte die Diphthonge *ai, ei, i, oi.*

Meister, lat. *magister;* — *Maid,* ahd. *magad;* — *Eidechse,* ahd. *egidehsa;* — *Getreide,* ahd. *gitregidi;* — *verteidigen,* zu ahd. *tageding;* — *Hain,* mhd. *hagen;* — *Mainz* aus *Maginza;* — *Einhart, Meinhart, Reinhart* aus *Eginhart* usw.; — *Seifrit* aus *Sigifrid;* — *Beichte* aus ahd. *bigiht.*

Besonders zeigen Eigennamen die lautgesetzliche Form. Voit aus vogel; — Raimund aus regin-, ebenso Reinhart, Reineke.

15. Bei dem *s* zeigen sich folgende Veränderungen:

a) *rs, rʒ* ist meist zu *rš* geworden; im Niederdeutschen, aber auch in Teilen des Alemannischen geblieben.

Wir haben meist rš, wie in birschen, Kirsche, aber rs in Börse, Ferse, Hirse, Lerse, und besonders, wenn t folgt: Borste, Durst.

b) In einer Reihe oberdeutscher Dialekte ist *s* auch sonst zu *š* geworden.

Daher Gischt : gären; — falsch, l. falsus; — feilschen, mhd. veilsen; — Groschen, mhd. grosse, lat. grossus; — Harnisch, mhd. harnas.

Man sieht also, daß sich aus dem rein Lautlichen mancherlei ermitteln läßt, und daß auch für die Geschichte unsres neuhochdeutschen Wortschatzes die Lautlehre von größter Bedeutung ist. Natürlich fehlt ein Wort darum, weil es sich in einer bestimmten Form festgesetzt hat, nicht auch notwendig den andern Mundarten. Aber es muß durch besondere Umstände, meistens durch die Bedeutung eines Schriftstellers, der das Wort gebraucht hat, in der betreffenden Form in die Schriftsprache gekommen sein. Vor allen Dingen verdanken wir so Luthers sprachgewaltiger Persönlichkeit manche Worte, aber es ist darauf hinzuweisen, daß seine Formen nicht in allen Fällen gesiegt haben. Für die spätern Zeiten werden dann mehr und mehr die Grammatiker maßgebend, als deren letzter wohl Adelung anzusehen ist. Sein Wörterbuch wurde die Norm, nach der selbst Männer wie Goethe ihre Schriften korrigieren ließen.

§ 171. **2. Die Überlieferung.** Außer der Lautform kommen für den Nachweis mundartlicher Herkunft die Angaben der Grammatiker und Wörterbücher teils unmittelbar, teils mittelbar in Betracht. Diese merken zum Beispiel an, daß ein Wort nicht überall gleich gebräuchlich sei, sondern aus einer bestimmten Gegend stamme. Im allgemeinen sind diese Angaben sehr wertvoll, da uns das eigene Sprachgefühl meist am sichersten führt. Freilich können dabei Irrtümer unterlaufen. Mittelbar sind die Lexikographen insofern von Bedeutung, als sie Wörter nicht verzeichnen, die ein gleichzeitiger Lexikograph oder Schriftsteller verwendet. Dann wird das Wort auch in der Heimat des Verfassers nicht bekannt gewesen sein, während er umgekehrt Worte gebraucht, die andere nicht verzeichnen.

Ich begnüge mich hier, eine Reihe von Fällen nach den unmittelbaren Angaben der Wörterbücher anzuführen. Im allgemeinen wird man hier nicht viel anders als oberdeutsch und niederdeutsch unterscheiden können. Zweifellos würde sich aus den verschiedenen Grammatiken und Wörterbüchern ein großer Stoff zusammenbringen lassen. Natürlich überwiegen in älterer Zeit die oberdeutschen Einflüsse, während in neuerer die niederdeutschen zunehmen.

STEINBACH hat in seinem 1734 erschienenen Wörterbuch die dialektischen Wörter angezeichnet. Unter ihnen finden sich: *Barre, barsch, Base, fürbaß, Binse, Birsch, Block, blutarm, Braß, Bücherey, düster, Esse, flott, gefoppet, Gäck (Geck), gähe, ungar, Gauch, Gilde, behagen, Janhagel, gehapert, Harke, Hast, hastig, barhaupt, hübsch, Jacke, Kaff, Kanten, Karre, Karst, Kautz, Kefich, kirchlich, Knicks, krauen, verkümmert, Kuppe, Lache, Laaken, Gelaß, Urlaub, Gelehrtheit, überlistet, Mangel f., Amman, ausmerzen, Steinmetz, Mejer, munckeln, Muße, genesen eines Kindes, Nestel, Pocken.*

Als oberdeutsch wurden am Ausgang des 18. Jahrhunderts noch folgende Ausdrücke empfunden, die heute mir, einem Niederdeutschen, völlig geläufig sind, d. h. der allgemeinen Schriftsprache angehören:

abhanden (Ad[elung]), *abschweifen* (Ad.), *abstimmen* (Hey[natz]), *Ahn* (Ad.), *allgemach* (Ad.), *Ampel* (Ad.), *ausstellen* (Ad.), *Ausstand* (Ad. 1796), *auskömmlich* (Ad. 1774), *Anleihe* (Ad. 1774), *anbei* (Ad. 1793, Hey.), *Anbetracht* (Ad. Hey.), *beiläufig* (Hey.), *Bein* (Hey.), *befehligen* (Ad.), *Begebnis* (Ad.), *beeinträchtigen* (Ad.), *behelligen* (Ad.), *behende* (Ad.), *behindern, deuten, dumpf, Eigenschaft, ergrauen, förderlich, fortan, gemeinsam, gestalten, gewahren, Hader, hätscheln, klaffen, kosen, kostspielig, lugen, mehrmals, unbefangen, Unbill, vergeuden, versteigern, weitschichtig.*

Heute hat die Bekanntschaft mit den Alpen infolge des jetzigen Fremdenverkehrs eine Fülle bayerischer und schweizerischer Worte in die allgemeine Umgangssprache eingeführt.

Dahin gehören: bayer. *Alm, Fex, jodeln, Klamm, Marterl, kraxeln, rodeln, Sommerfrische, Schwemme,* schweiz. *Firn, Fluh, Wildheuer.*

Recht stark ist auch der Einfluß Wiens, auf den folgende Worte zurückzuführen sind: *Fasching, fesch, Gigerl, Ländler, Schlager, Spitzel, Trottel.*

Von der Schweiz aus haben sich außerdem verbreitet: *Töchterschule,* von schweiz. *Tochter* 'junges Mädchen', *Putsch, tagen, Heimweh, unheimeln, aufbegehren, Faulpelz, Käppi, staunen* aus frz. *étonner, unentwegt, vertagen, Wächte, Zerwürfnis* u. a.

Als niederdeutsch bezeichnet ADELUNG mit Recht folgende Wörter, von denen ich freilich nicht zu sagen weiß, wieweit sie dem Oberdeutschen geläufig sind.

abmarachen, abrackern, Abort, abschurren, Abstecher (Hey.), *aufkrämpen, auflehnen, Altenteil. ampeln, Ärger, binnen, blaken, blank, bißchen, bisweilen, Bettstelle* (Ad.), *Stechbeutel, beschwichtigen* (noch nicht bei Ad. 1793, Wieland 1797), *beschuppen* (Ad. 1774), *beschummeln, bersten* (durch Luther aus dem Niederdeutschen), *benauen, bekunden* (niederdeutsche Rechtssprache), *beklommen* (niederdeutsch statt *beklemmt*), *Behörde, begehrlich* (Hey.), *Bauten* (Ad.), *Ansicht* (in der übertragenen Bedeutung), *blank, Bucht, dicht* 'nahe', *düster, ebben, flau, flink, flott, flugs, hapern, hastig, Hast, hasten, Laken, prunken, sacht, schmuck, schnippisch, verblüffen, Wirrwarr.*

Als Provinzialwörter bezeichnet KINDERLING S. 37 ff.: *beiläufig* für *ungefähr* (öst.); *Truhe* für *Lade; Ansprache* für *Besuch* (sächs.); *Morgenstern* 'eine Waffe'; *Diele* für *Tenne; quieken* für *schreien.*

§ 172. 3. Die gelehrte Forschung. Neben dem Auftreten bei den Lexikographen geht das Erscheinen in der Literatur einher. Hier können wir oft-

mals durch eingehende Untersuchung feststellen, welchen Weg ein Wort
zurückgelegt hat. Eine ganze Reihe wichtiger Arbeiten liegen in Einzel-
artikeln vor, unendlich vieles steckt natürlich im Grimmschen Wörterbuch.
Auch hier nur einige Beispiele.

Das Wort *Heimweh* ist schweizerisch; das *Heimweh* ist eine Schweizer-
krankheit, die zuerst 1688 beschrieben und benannt wurde. Das Wort drang
erst ganz allmählich vor, vgl. KLUGE, ZfdW. 2, 234. Aus der Schweiz haben
wir außerdem, wie KLUGE, Unser Deutsch S. 51, ausführt, noch erhalten:
staunen, *entsprechen* (von Gottsched und seiner Schule lebhaft bekämpft, aber von Lessing empfohlen), *tagen* 'verhandeln' (Schillers Tell:
So laßt uns tagen nach den alten Bräuchen), *anstellig*, *geistvoll*,
kernhaft, *Unbill*. Umgekehrt ist *Kneipe* nieder- oder mitteldeutsch.
Was oben über den Gegensatz der Lutherschen und oberdeutschen Wortwahl gesagt worden ist, gehört ja auch hierher.

Anmerkung. Eine wichtige Quelle für die Erkenntnis des mitteldeutschen Wortschatzes ist ADAM SIBERS, Bearbeitung des 'Nomenclator H. Junii', in dem die neu eingefügten
obersächsischen Worte mit einem Stern versehen sind. Vgl. die Freiburger Dissertation von
FRITZ LUDIN, Adam Sibers Bearbeitung des 'Nomenclator H. Junii'; lexikalisch erläutert.
(Als Beitrag zur Lokalisierung des neuhochdeutschen Wortbestandes.) Karlsruhe 1898.

§ 173. 4. **Die Dialektforschung.** Als vierter, letzter, aber auch wichtigster
Punkt kommt die unmittelbare Untersuchung des Wortschatzes der Mund-
arten in Betracht, das heißt die Frage, in welchen Mundarten kommt ein
Wort der Schriftsprache wirklich als einheimisch vor, in welchen nicht.
Um das beurteilen zu können, müssen wir natürlich den Wortschatz der
Mundarten erst einmal kennen. Da aber die Erforschung der Mundarten
auch an und für sich von größter Bedeutung ist, so muß hier etwas näher
darauf eingegangen werden.

Die Erforschung der Mundarten und ihres Wortschatzes geht andere
Wege als die sonstige Geschichte der germanischen Philologie, Wege, die
abseits von denen führen, die in J. GRIMMS Tätigkeit ausmünden. Es macht
sich dabei wie in der Dialektdichtung ein lokalpatriotisches Element geltend.
Man wurde auf das aufmerksam, was die heimische Mundart Abweichendes
von der Schriftsprache bot, und man verzeichnete zunächst nur dies, während
man auf die Übereinstimmungen wenig Wert legte.

Auch auf diesem Gebiet gab LEIBNIZENS großer Geist Anregungen,
während etwas später besonders FRISCH hervorgetreten ist.

Erste handschriftliche oder gedruckte Versuche von Dialektwörterbüchern finden wir
schon im 17. Jahrhundert; erst das 18. aber brachte ein größeres Unternehmen, das
Idioticon Hamburgense von MICHAEL RICHEY 1743, ²1755. Doch wurde dieses Werk
bald durch eine bedeutendere Leistung übertroffen, den Versuch eines bremisch-
niedersächsischen Wörterbuches, herausgegeben von der bremischen deutschen Gesellschaft, 1767—1771. Ein sechster Band erschien als zweiter Nachtrag 1869. Dies Werk
berücksichtigt auch die ältern schriftlichen Denkmäler und ist bis in die neuere Zeit hinein
das beste Hilfsmittel zum Verständnis des Mittelniederdeutschen gewesen.
Unter den übrigen ältern Arbeiten sind noch hervorzuheben:
DÄHNERT, Plattdeutsches Wörterbuch nach der alten und neuen pommerschen und

rügischen Mundart, Stralsund 1781. — ZAUPSER, Versuch eines baierischen und oberpfälzischen Idiotikons, München 1789. — SCHMID, Versuch eines schwäbischen Idiotikons, 1795.

Der eigentümlichste unter den Dialektforschern des 18. Jahrhunderts war FRIEDRICH KARL FULDA 1724—1788. Er schrieb: Sammlung und Abstammung germanischer Wurzelwörter, nach der Reihe menschlicher Begriffe, Halle 1776, und Versuch einer allgemeinen teutschen Idiotikensammlung, Berlin und Stettin 1788. Auf Anregung Fuldas gehen dann die Arbeiten des Schweizer Pfarrers STALDER zurück, der den Versuch eines schweizerischen Idiotikons, Aarau 1812, veröffentlichte, der sehr reichhaltig ist, sich aber auch auf die in der Schriftsprache nicht vorkommenden Worte und Bedeutungen beschränkte.

Weit über Stalder hinaus gehen indessen die Leistungen eines Mannes, der zu den bedeutendsten Forschern seiner Zeit gerechnet werden muß. JOH. ANDREAS SCHMELLER (1785—1852) gab 1827—33 sein Bayerisches Wörterbuch heraus, in dem zum ersten Male der gesamte Wortvorrat eines Dialektgebietes dargestellt wurde. Die zweite Ausgabe dieses monumentalen Werkes wurde 1869—78 durch FROMMANN besorgt.

Mit Schmellers Werk hat die streng wissenschaftliche Bearbeitung der deutschen Mundarten begonnen, aber wir sind noch weit davon entfernt, für alle Gebiete der deutschen Sprache genügende Darstellungen des Wortschatzes zu besitzen. Arbeiten über einzelne Gegenden mit mehr oder minder vollständiger Aufführung des Materials sind sehr zahlreich und können deshalb hier nicht alle aufgeführt werden.

Die Literatur ist verzeichnet bei: V. BAHDER, Die deutsche Philologie im Grundriß, 1883 (bis 1881). — MENTZ, Bibliographie der deutschen Mundarten. Forschung für die Zeit des 18. Jahrhunderts bis zum Ende des Jahres 1889. Leipzig 1892. Auch unter dem Titel Sammlung kurzer Grammatiken deutscher Mundarten, Herausgegeben von Otto Bremer, Bd. 2. — FR. KAUFFMANN, Deutsche und niederländische Mundarten in Pauls Grundriß der germ. Phil. 1². Weitere Angaben in dem Jahresbericht für germanische Philologie und in den unten erwähnten Zeitschriften.

Im folgenden gebe ich die wichtigsten Werke und zwar nach den Landschaften geordnet:

A. OBERDEUTSCH.

1. Bayerisch-Österreichisch.

J. A. SCHMELLER, Bayerisches Wörterbuch, 2. Ausgabe bearbeitet von Frommann, 2 Bände, München 1872—1877. — M. HÖFER, Etymologisches Wörterbuch der in Oberdeutschland, vorzüglich aber in Österreich üblichen Mundarten, 3 Bände, Linz 1815. — J. B. SCHÖPF, Tirolisches Idiotikon, Innsbruck 1886. — J. F. CASTELLI, Wörterbuch der Mundarten in Österreich unter der Enns, Wien 1847. — HÜGEL, Der Wiener Dialekt, 1873. — ED. M. SCHRANKA, Wiener Dialekt-Lexikon, Wien 1905. — M. LEXER, Kärntisches Wörterbuch, Leipzig 1862. — H. GRADL, Egerländer Wörterbuch, Bd. 1, Eger 1883. — Steirischer Wortschatz als Ergänzung zu Schmellers Bayerischem Wörterbuch gesammelt von THEODOR UNGER, für den Druck bearbeitet und herausgegeben von Dr. F. KHULL, Graz 1903. — J. v. ZINGERLE, Lusernisches Wörterbuch, Innsbruck 1869 (Südtirol). — J. BACHER, Die deutsche Sprachinsel Lusern, Innsbruck 1905; auch unter dem Titel: Quellen und Forschungen zur Geschichte, Literatur und Sprache Österreichs, X. — K. J. SCHRÖER, Wörterbuch der Mundart von Gottschee, Sitzungsberichte der K. Akademie der Wissenschaften in Wien 1868 und 1870.

2. Alemannisch.

a) Schweizerisch. Auf alemannischem Boden ist zunächst das ganz hervorragende Schweizerische Idiotikon zu nennen, Wörterbuch der schweizerdeutschen Sprache. Gesammelt auf Veranstaltung der antiquarischen Gesellschaft in Zürich unter Beihilfe aus allen Kreisen des Schweizervolkes. Bearbeitet von F. Staub, L. Tobler und andern, Frauenfeld 1881 ff. Vgl. darüber KLUGE, Bunte Blätter 165.

Kleinere Arbeiten sind: G. A. SEILER, Die Basler Mundart; ein grammatisch-lexikalischer Beitrag zum schweizerdeutschen Idiotikon, Basel 1879. — J. HUNZIKER, Aargauer Wörterbuch in der Lautform der Leerauer Mundart, Aarau 1877. — T. TOBLER, Appenzellischer Sprachschatz. Eine Sammlung appenzellischer Wörter, Redensarten, Sprichwörter, Rätsel, Anekdoten, Sagen usw., Zürich 1837. — M. Tschumpert, Versuch eines bündnerischen Idiotikons, Chur 1881 ff. — E. Walthard-Hopf, Wörterbuch der Mundart von Habkern; Zschr. für deutsche Mundarten 1907 S. 52 ff., 289 ff. (Habkern liegt bei Interlaken).

b) Schwäbisch:

Das Hauptwerk, durch das wir nach Vollendung ein vortreffliches Hilfsmittel für die Kenntnis des schwäbischen Wortschatzes haben werden, ist H. Fischers Schwäbisches Wörterbuch, Tübingen 1901 ff., das rasch fortschreitet und in absehbarer Zeit vollendet sein wird.

Ältere und kleinere Werke sind: J. C. Schmid, Schwäbisches Wörterbuch mit etymologischen und historischen Anmerkungen, 2. (Titel-) Auflage, Stuttgart 1844. — A. Birlinger, Schwäbisch-Augsburgisches Wörterbuch, München 1864. — A. Kaiser, Lautlehre der Mundart von Todtmoos-Schwarzenbach. Bonn, Georgi, 1910. Freiburger Diss., ist auch lexikalisch wertvoll.

c) Elsässisch. Die älteren Werke sind ersetzt durch das Wörterbuch der elsässischen Mundarten, bearbeitet von E. Martin und H. Lienhart. 2 Bde. Straßburg 1899 ff.

Zu erwähnen wäre noch: Historisches Wörterbuch der elsässischen Mundart mit besonderer Berücksichtigung der frühneuhochdeutschen Periode. Aus dem Nachlasse von Charles Schmidt. Straßburg 1901.

Nach Abschluß des Schweizer Idiotikons und des Fischerschen Werkes wird, wie man sieht, das Oberdeutsche vortrefflich bekannt sein. Nur das Badische fehlt noch. Man kann nicht sagen, daß es mit den übrigen Teilen unsres Vaterlandes gleich gut steht.

B. MITTELDEUTSCH.

Während wir in Bälde über den oberdeutschen Wortschatz ausgezeichnet unterrichtet sein werden, steht es auf mitteldeutschem Boden bei weitem nicht so gut. Größere Werke liegen hier noch gar nicht vor, und es ist höchste Zeit, daß die Forschung ans Werk geht. Dieser Mangel hängt natürlich mit der Entstehung unsrer Schriftsprache zusammen. Da sie mitteldeutsch ist, empfand man in Mitteldeutschland nicht das Bedürfnis, den Wortschatz aufzuzeichnen, da dieser von dem schriftsprachlichen Gebrauch nicht in der Weise abweicht wie der oberdeutsche. Erfreulicherweise regt sich aber auch hier die Wissenschaft, um das Fehlende nachzuholen. Für Thüringen ist jetzt ein großes Idiotikon in Angriff genommen.

1. Rheinfränkisch-Hessisch. Autenrieth, Pfälzisches Idiotikon; ein Versuch; Zweibrücken 1899. — Othmar Meisinger, Wörterbuch der Rappenauer Mundart, Dortmund 1906. — A. F. C. Vilmar, Idiotikon von Kurhessen, Marburg und Leipzig 1868, neue Ausgabe 1883. Nachträge (1886) und erstes und zweites Ergänzungsheft dazu durch Hermann von Pfister, Marburg 1889, 1894. — W. Crecelius, Oberhessisches Wörterbuch, Darmstadt 1890—1899. — G. Schöner, Spezialidiotikon des Sprachschatzes von Eschenrod (Oberhessen); Zeitschr. f. hochd. Mundarten 3, 225—273; 328—354. — Ph. Lenz, Der Handschuhsheimer Dialekt I; Wörterverzeichnis; Beil. z. Progr. d. Grh. Bad. Gymn. zu Konstanz, Konstanz 1887. — Ph. Lenz, Vergleichendes Wörterbuch der neuhochdeutschen Sprache und des Handschuhsheimer Dialekts, Baden-Baden 1898, Selbstverlag.

2. Moselfränkisch. Gangler, Lexikon der Luxemburger Umgangssprache. — Wörterbuch der Luxemburgischen Mundart, Luxemburg und Leipzig 1906. — Dem Luxemburgischen steht bekanntlich das Siebenbürgische am nächsten. Vgl. dazu G. Kisch, Vergleichendes Wörterbuch der Kösner und mosel-fränkisch-luxemburgischen Mundart, Hermannstadt 1905.

Im Erscheinen ist: Siebenbürgisch-sächsisches Wörterbuch; mit Benutzung der Sammlungen Johann Wolffs herausgegeben vom Ausschuß des Vereins für siebenbürgische Landeskunde, 1. Lieferung, Straßburg 1908.

M. F. Follmann, Wörterbuch der deutsch-lothringischen Mundarten. Leipzig 1909. — K. Chr. L. Schmidt, Westerwäldisches Idiotikon oder Sammlung der auf dem Westerwalde gebräuchlichen Idiotismen, Hadamar und Herborn 1800. — [J. Wegeler,] Wörterbuch der

Koblenzer Mundart; Rhein. Antiquarius III, 14 S. 698—759; auch besonders erschienen Koblenz 1869.

3. **Ripuarisch.** Jos. Müller und W. Weitz, Die Aachener Mundart; Idiotikon nebst einem poetischen Anhange, Aachen und Leipzig 1836. — Fritz Hönig, Wörterbuch der Kölner Mundart, Köln 1877; 2. vermehrte Auflage 1905. — Erich Leihener, Cronenberger Wörterbuch (mit ortsgeschichtlicher, grammatischer und dialektgeographischer Einleitung), Marburg 1908. Cronenberg ist eine niederdeutsch-ripuarische Grenzmundart.

4. **Ostfränkisch.** O. Böhme, Beiträge zu einem vogtländischen Wörterbuche; 38. JBer. der Realschule mit Progymnasium zu Reichenbach im Voigtlande, 1884. — F. W. Reinwald, Hennebergisches Idiotikon, Berlin und Stettin 1793, 1801. — B. Spiess, Volkstümliches aus dem Fränkisch-Hennebergischen, Wien 1869; enthält ein Idiotikon. — B. Spiess, Beiträge zu einem Hennebergischen Idiotikon, Wien 1881, auch in den „Deutschen Mundarten" von Frommann 7, 129—176, 257—304.

5. **Thüringisch-Obersächsisch-Ostmitteldeutsch.** L. Hertel, Thüringer Sprachschatz, 1895. — M. Schultze, Idiotikon der nordthüringischen Mundart, Nordhausen 1874. — R. Jecht, Wörterbuch der Mansfelder Mundart, Görlitz 1888. — K. Hentrich, Wörterbuch der nordwestthüringischen Mundart des Eichsfeldes, Göttingen 1912. — K. Albrecht, Die Leipziger Mundart, Leipzig 1881. — K. Müller-Frauenreuth, Wörterbuch der obersächsischen und erzgebirgischen Mundarten, Dresden 1908—1914. — O. Philipp, Zum Wortschatz der Zwickauer Mundart; Zeitschr. für hochdeutsche Mundarten 5, 6—12; 6, 40—52, 209—227, 305—319. — J. G. Berndt, Versuch zu einem schlesischen Idiotikon, Stendal 1787. — K. Weinhold, Beiträge zu einem schlesischen Wörterbuche; Sitzber. d. Kais. Akad. d. Wiss. in Wien 14 (1855), Beilage S. 1—56 und 15 (1855), Beilage S. 57—110; auch besonders Wien 1855. — K. J. Schröer, Beitrag zu einem Wörterbuche der deutschen Mundarten des ungarischen Berglandes, Sitzber. d. Kais. Akad. d. Wiss. in Wien 25 (1857) 213—272, 27 (1858) 174—218; auch besonders Wien 1858; Nachtrag dazu ebenda 31, 245—292.

C. NIEDERDEUTSCH.

Auch mit den Idiotiken Norddeutschlands ist es schlecht bestellt. Über Richey und das bremische Wörterbuch siehe oben S. 278. — J. G. L. Kosegarten, Wörterbuch der niederdeutschen Sprache älterer und neuerer Zeit, Greifswald 1855—1860; nur A—Angetoget. — H. Berghaus, Der Sprachschatz der Sassen; ein Wörterbuch der Plattdeutschen Sprache in den hauptsächlichsten ihrer Mundarten I, A—H, Brandenburg 1880; II, J—N, Berlin 1883; 21. Heft O—Paddeln. — H. Molema, Wörterbuch der Groningenschen Mundart im 19. Jahrhundert, Norden und Leipzig 1888. — Wörterbuch der Elberfelder Mundart nebst Abriß der Formenlehre und Sprachlehre, Elberfeld 1910. — Diederichs, Beiträge zu einem Wörterbuch der Remscheider Mundart, Remscheid 1910. — J. C. Strodtmann, Idioticon Osnabrugense, Leipzig und Altona 1756. — F. Woeste, Wörterbuch der westfälischen Mundart, Norden und Leipzig 1882. — K. Bauer, Waldeckisches Wörterbuch nebst Dialektproben; herausgegeben von H. Collitz; Norden und Leipzig 1902. — P. F. Weddigen, Ravensbergisches Idiotikon (Weddigens historisch-geographisch-statistische Beschreibung der Grafschaft Ravensberg II), Leipzig 1790. — H. Beck, Idiotikon von Nordsteimke bei Vorsfelde; Jahrb. f. ndd. Sprachf. 23, 131 ff.; 24, 113 ff. — G. Schambach, Wörterbuch der niederdeutschen Mundart der Fürstentümer Göttingen und Grubenhagen oder Göttingisch-Grubenhagensches Idiotikon, Hannover 1858. — R. Sprenger, Versuch eines Quedlinburger Idiotikons; Niederd. Jahrbuch 29, 139—162; 30, 1—32. — R. Block, Idiotikon von Eilsdorf bei Halberstadt, Nd. Jb. 34, 35—102; Nachträge dazu Nd. Jb. 36, 146—148. — Krause, Wörterverzeichnis der Mundarten im Kreise Jerichow; Jahrbuch für ndd. Sprachforschung 22, 25; 26, 64. — J. ten Doornkaat-Koolmann, Wörterbuch der ostfriesischen Sprache, Norden 1879—1884. Ein Verzeichnis der darin fehlenden Wörter bietet C. Dirksen, Jahrb. f. ndd. Sprachf. 25, 97 ff. — Joh. Fr. Schütze, Holsteinisches Idiotikon, Hamburg 1800—1806. — K. Müllenhoff, Glossar nebst Einleitung zu Klaus Groths Quickborn, 1854. — Colmar

SCHUMANN, Der Wortschatz von Lübeck; Probe planmäßiger Durchforschung eines mund-
artlichen Sprachgebietes; Beih. zu ZfdW. Bd. 9; Straßburg 1907. — F. FREUSE, Wörterbuch zu
Fritz Reuters sämtlichen Werken, Wismar, Rostock und Ludwigslust 1867. — MI (C. G. Sibeth),
Wörterbuch der mecklenburgisch-vorpommerschen Mundart, Leipzig 1876. — J. C. DÄHNERT,
Platt-deutsches Wörterbuch, nach der alten und neuen pommerschen und rügischen Mundart,
Stralsund 1781. — J. F. DANNEIL, Wörterbuch der altmärkisch-plattdeutschen Mundart. Salz-
wedel 1859. — H. FRISCHBIER, Preußisches Wörterbuch; ost- und westpreußische Provinzia-
lismen in alphabetischer Folge, Berlin 1882, 1883. Ältere Werke für dieses Gebiet sind
BOCK, Idioticon Prussicum, Königsberg 1759, und HENNIG, Preußisches Wörterbuch, Königsberg 1785. — W. VON GUTZEIT, Wörterschatz der deutschen Sprache Livlands, 4 Bände,
Riga 1864 ff. Älter ist HUPEL, Livländisches Idiotikon, 1795. In Ostpreußen zum Teil und
ganz in den russischen Ostseeprovinzen herrscht der hochdeutsche Lautstand. Man bezeichnet diese Sprache nebst der hochdeutschen Umgangssprache in den norddeutschen
Städten als norddeutsch.

Wichtig für die Geschichte des deutschen Wortschatzes ist auch die jüdisch-deutsche
Sprache, d. h. die Sprache der Juden in Osteuropa. Diese Juden sind seit dem 14. Jahrhundert nach Osten abgewandert und haben das Deutsche, das sie damals sprachen, bewahrt. Daher findet sich in ihrer Ausdrucksweise manches altertümliche, sonst verloren
gegangene Wort. Eine erste Darlegung bietet J. GERZON, Die jüdisch-deutsche Sprache;
eine grammatisch-lexikalische Untersuchung ihres deutschen Grundbestandes, Heidelberger
Dissertation 1902, Frankfurt a. M. 1902. Dazu SAINÉAN, Das Jüdisch-Deutsch in Osteuropa.

Am Schluß seien hier noch die Zeitschriften genannt, in denen ein gewaltiger Stoff
für die Erforschung der Mundarten aufgespeichert ist. Leider ist den Zeitschriften meist
das Schicksal beschieden gewesen, nach wenigen Jahren wieder einzugehen. Die jüngste
hat allerdings der Allgemeine deutsche Sprachverein unter seine Fittiche genommen, und
so darf man hoffen, daß ihr unter diesem machtvollen Schutz eine lange Dauer beschieden
sein wird.

K. FROMMANN, Die deutschen Mundarten. Eine Monatschrift. Bd. 1—6. Nürnberg
1854—59. Bd. 7. Halle 1877. — J. W. NAGL, Deutsche Mundarten. Zeitschrift für Bearbeitung
des mundartlichen Materials. Bd. 1. Wien 1898—1901. Enthält auch die Bibliographie für
1890—99. — O. BRENNER und A. HARTMANN, Bayerns Mundarten. Bd. 1 u. 2. München
1892—95. — O. HEILIG und PH. LENZ, Zeitschrift für hochdeutsche Mundarten. Bd. 1—6.
Heidelberg 1900—1905. Seitdem heißt sie Zeitschrift für deutsche Mundarten. Im Auftrage
des Vorstandes des Allgemeinen deutschen Sprachvereins herausgegeben. Berlin 1906 ff.
Sie trägt keine Bandzahl. — Dazu kommt das Jahrbuch des Vereins für niederdeutsche
Sprachforschung. Bd. 1 ff. Bremen 1876 ff.

§ 174. **Aufgaben und Bedeutung der Mundartenforschung.** Die Mundartenforschung ist ein Kind der Lokalgeschichte. Man wurde in einer Gegend
auf die Abweichungen des Wortschatzes von dem der allgemeinen Schriftsprache aufmerksam und zeichnete diese auf. Ganz natürlicherweise merkte
man nur die Abweichungen an; und so sind die ältern Idiotika weit davon
entfernt, den ganzen Wortschatz zu bieten. Auch die zahlreichen Schul-
programme, die sich mit dem Wortschatz einer Mundart beschäftigen, haben
immer nur die Sonderbarkeiten ins Auge gefaßt. So dankenswert auch alle
Arbeiten sind, heute kann das nicht mehr genügen. Die Aufgabe der
Mundartenforschung ist die geworden, den Wortschatz ohne Rücksicht auf
die Schriftsprache aufzuzeichnen. Ja, es wird sogar angebracht sein, aus-
drücklich zu bemerken, wenn ein Wort der Schriftsprache nicht in der
Mundart vorkommt, da eine wirkliche Angabe immer besser ist als das

bloße Fehlen des Wortes, das schließlich auf einem bloßen Versehen beruhen kann. Insonderheit wäre es eine dankenswerte Aufgabe, den Wortschatz einer kleinen Verkehrsgemeinschaft, z. B. eines Dorfes oder einer kleinen Stadt einmal völlig aufzuzeichnen, schon um zu sehen, mit welchen und wie vielen Worten eine bestimmte Gruppe von Menschen auskommt.

Wo geschichtliche Quellen der Mundart vorliegen, wird es sehr erwünscht sein, diese heranzuziehen, und ebenso ist nach dem Lautstand der Mundart zu bestimmen, ob ein Wort dort einheimisch ist oder nicht.

Welche Bedeutung hat aber die Mundartenforschung für unsere Zwecke, die Geschichte des deutschen Wortschatzes? Nun, zunächst tritt jener obenerwähnte Unterschied psychologischer Art zutage, die größere Anzahl der Ausdrücke für die konkreten Begriffe. Dann aber wird sich nicht selten durch genaue Beobachtung des Wortschatzes der Mundarten entscheiden lassen, ob ein Wort entlehnt ist oder nicht. Oft genug lassen uns bei der Frage der Entlehnung die lautlichen Entscheidungsgründe im Stich. In solchem Falle wird die Verbreitung in den Mundarten von ausschlaggebender Bedeutung sein. Ein Wort, das überall bodenständig ist, unterliegt dem Verdacht, entlehnt zu sein, weit weniger als eines, das nur in einem bestimmten Mundartengebiet vorkommt. Romanische Lehnworte beschränken sich vielfach auf den Süden und Westen Deutschlands, slawische, wie *Schöps* und *Grenze*, auf den Osten. Den Gebildeten sind diese und andere Worte geläufig, und durch deren Sprache läßt sich nichts entscheiden. Wenn wir aber die Mundarten kennen, in denen diese Worte leben, so stoßen wir damit vielleicht auf die Grenze der alten Verbreitung der Slawen.

Aber auch abgesehen von den Fremdwörtern ist die genaue Angabe, wo einzelne Wörter gesprochen werden, von hervorragender Bedeutung für die Festlegung der alten Mundartengrenzen. Wir bestimmen diese im allgemeinen durch die Lautübergänge, wissen aber, daß in dieser Hinsicht ganz bedeutende Verschiebungen stattgefunden haben. Oft genug hat sich aber trotzdem die Verbreitung der Worte in den alten Grenzen erhalten. Leider wird in der letzten Zeit auf diesen Punkt gar nicht mehr geachtet. Nachdem L. Tobler in seiner Abhandlung über die lexikalischen Unterschiede der deutschen Dialekte, Festschrift zur Begrüßung der 39. Versammlung deutscher Philologen, dargeboten von der Universität Zürich 1887, eine Reihe von Bemerkungen gegeben hatte, die aber keine rechte Beachtung mehr gefunden haben, hat neuerdings K. Bohnenberger, ZfdW. 2, 1 ff. auf diese arg vernachlässigte Frage und ihre hohe Bedeutung hingewiesen. Durch den Fischerschen Sprachatlas von Württemberg kennen wir eine Reihe derartiger Wortgrenzen, z. B. die von *Zinstag* gegen *Dienstag*, von *Erchtag* und *Pfinztag*, *Aftermontag*. „Weiter sind von interessanten Wörtern und Wortformen geographisch bestimmt *Kirsche* und *Kriese*, *Kirche* und *Kilche*, *Keller = Ker* und *Kern*, *Scheuer* = Stadel und *Tenne*, *Kamm* und *Strähl*, *leihen* und *lehnen*, *schieben* = schalten und *stoßen*, die Grenzen der verschiedenen Bezeichnungen für Zuchtstier (*Hummel, Heime, Ochs, Hagen, Hägel, Heigel, Stier*), Eber (*Eber, Bär, Beiß, Häckel*), Schurz (*Schoß, Fürfleck, Fleck, Fürtuch*), Flachs (Werg, Haar), die Grenzen von *fel* = Mädchen." Ebenso läßt sich aus den Karten des Wenkerschen Sprachatlasses manches entnehmen.

Derartige Doppelheiten der Benennung gibt es Hunderte. Ich erwähne nur *Metzger — Fleischer — Knochenhauer, Klempner — Spengler, Tischler — Schreiner, Töpfer — Hafner.*

Zwischen meinem Heimatsort Magdeburg und Leipzig, die nur 120 Kilometer voneinander entfernt liegen, gibt es eine Unsumme von Verschiedenheiten, doch ist das nicht weiter wunderbar, da zwischen beiden Orten die niederdeutsche Sprachgrenze liegt. Ich erwähne nur folgende: In Magdeburg spielen die Jungen *kriegen*, dort *haschen*, in Magdeburg sagt man *kieseln*, dort *kreiseln*; in Leipzig tragen die Jungen einen *Ranzen*, in Magdeburg eine *Mappe*; dort sagt man *Lendenbraten, Schoß, Plättstahl, Schmeer, Aschkuchen, Bemme*, hier *Filet, Rostbeef, Plätte, Flomen, Topfkuchen, Stulle*. In Magdeburg *schlittern* die Jungen, in Leipzig *schusseln* oder *glandern* sie. Untersuchungen wie die von C. SCHUMANN, Der Wortschatz von Lübeck (s. o. S. 282), werden hoffentlich bald Nachfolge finden und dadurch zur Kenntnis der Wortgrenzen beitragen. Dieser in der ersten Auflage ausgesprochene Wunsch hat seitdem eine erfreuliche Erfüllung erfahren durch PAUL KRETSCHMER, Wortgeographie der hochdeutschen Umgangssprache, Göttingen 1916—18, indem er nicht nur auf die allgemeinen Verschiedenheiten des Wortschatzes in der Umgangssprache hinweist, sondern auch an einer Fülle von Beispielen diese Verschiedenheit zeigt. Dieses Buch wird hoffentlich dazu beitragen, diesem lang vernachlässigten Gebiet die Aufmerksamkeit der Forscher und Lehrer zuzuwenden. Vgl. auch W. BRAUNE, Btr. 43, 364.

Außerordentlich reich sind die Mundarten an Wörtern, die einst vorhanden waren, jetzt aber in der Schriftsprache aufgegeben sind. Natürlich ist das meiste mittelhochdeutsches Sprachgut, aber auch manches urgermanische, ja indogermanische Wort hat sich nur in den Mundarten erhalten. So leben im heutigen Bayerischen in *ös* und *enk* die gotischen Dualformen **jut* und *igqis* fort. Bayer. *Dult* ist got. *dulþs* 'Fest'; österr. *Pfeidler* 'Althändler' ist von *Pfeid* abgeleitet, got. *paida* 'Kleid', das aus gr. *βαίτη* entlehnt ist. Aus dem Buchstaben *b, p* des Wörterbuchs der obersächsischen und erzgebirgischen Mundarten kann man folgendes anführen:

batten 'Profit geben', mhd. *baten* 'nützen', *beniemen* 'Namen geben', mhd. *benüemen*, *besüfern* 'beschmutzen', mhd. *besülwen*, *Beute* 'Backtrog', got. *biuds* 'Tisch', *biesen* 'wild umherrennen', mhd. *bisen*; *Bilwiß* 'Kobold', mhd. *bilwiz, bis* 'sei', mhd. *bis*, *Polze* 'gerösteter Kartoffelbrei', ahd. *polz, Bornkinnel* 'Christkind in der Krippe' zu mhd. *barn* 'Krippe'.

Aus dem kurhessischen Idiotikon nenne ich aus den Buchstaben *i, j, k* folgendes:

Jäne 'Reihe, Linie, Strich Arbeit', mhd. *jân*, mlat. *janus* 'Bezirk' verwandt mit ai. *jānah* m. 'Bahn', *jānam* n. 'Gang'. *Immes* 'die Kerbe im Ganzjoch, in welche die Deichsel gefügt wird', daneben *Emes*, sicher alt, wenn auch nicht genügend erklärt. *Kabe* 'Spreu' zu nd. *kaff*, *Kak* 'Schandpfahl' zu lit. *žagaras* 'dürrer Ast'. *Kandel*, *Kanel* 'Röhre' aus lat. *canālis*, schon ahd. *kánali*. *Kar* 'Gefäß' zu got. *kas*. *Kaute* 'Grube', ndd. *kute*, mhd. *kūte*, Herkunft dunkel. *Kelber* f. 'weibliches Lamm, Mutterlamm' ist ahd. *kilburra*. *Kelch* 'Fetthaut zwischen Kinn und Hals', ahd. *chelch*, an. *kjalki* 'Kinnlade' von ahd. *kela*. *Kerne* 'Butterfuß' gemeingermanisch, e. *churn*, anord. *kirna*. *Kluppe* 'Klemme' zu *klieben*. *Kneif* 'Messer', e. *knife*. *Knust* zu *knorren*. *Kogel* 'Kapuze', ahd. *cucula*, *cugula* aus lat. *cuculla* 'Kapuze'. *Kreppel* zu *Krapfen*. *Kregel* 'beweglich, munter', zu *Krieg*. *Krolle* 'Haarlocke', vielleicht mit *kraus* verwandt. *Krause* 'Krug', alt, aber dunkler Herkunft.

Es ließe sich nach dieser Richtung, wie man leicht sieht, ein großer Stoff zusammenbringen. Sicher wird eine Heranziehung des mundartlichen Wortschatzes im Unterricht reiche Anregung bringen. Vgl. hierzu A. FUCKEL, ZfdU. 24, 409 ff.

Zwölftes Kapitel.

Die Sondersprachen.

§ 175. Allgemeines. Wir haben im vorhergehenden Abschnitt gesehen, wie mannigfach die verschiedenen Gegenden unseres Vaterlandes an der Ausbildung unsres Wortschatzes beteiligt sind, wie hier ein oberdeutsches, dort ein niederdeutsches Wort in die allgemeine Umgangssprache eingedrungen ist und eindringt.

Aber die Sprache ist nicht nur räumlich und zeitlich verschieden, sondern sie ist auch in sich gegliedert entsprechend dem ganzen Aufbau eines Volkes. Es ist jedem bekannt, daß die einzelnen Gesellschaftskreise, Stände oder Berufe einen besondern Wortschatz besitzen; die Aufmerksamkeit der Gelehrten wie der Laien ist auf diese Eigentümlichkeiten der Jäger-, Bergmanns-, Schiffersprachen usw. früh gelenkt worden. Wir besitzen Angaben darüber schon aus der frühneuhochdeutschen Zeit. Auch J. GRIMM hat sie in seinem Wörterbuch 1, XXX wohl beachtet; aber zusammenfassende, wissenschaftliche Arbeiten über dieses Gebiet stammen erst aus neuster Zeit, und man kann nicht sagen, daß es irgendwie erschöpft sei. An dieser Stelle soll das bisher Erreichte geordnet dargestellt werden, woraus sich dann sehr leicht die noch bestehenden Lücken erkennen lassen werden. Zunächst einiges Allgemeine.

In den Standessprachen gibt es, wie BEHAGHEL, Die deutsche Sprache⁶ 77, ausführt, zahlreiche Worte, die der Allgemeinheit völlig unbekannt sind. Der Seemann spricht von *sichtigem Wetter*, von *raumem Winde*, der Setzer von *Tentorium* und *Tentakel*, der Börsenmann vom *Diskont*, von *Tratten* usw. Anderseits gibt es aber auch ganz gewöhnliche Worte, die nur in den Standessprachen eine besondere Bedeutung haben. So versteht der Jäger unter *Schweiß* das Blut der Tiere, unter *Löffel* die Ohren des Hasen, der Soldat unter *Affe* seinen Tornister, und der Setzer redet von *Leichen* und *Hochzeiten*, um damit gewisse Satzfehler zu bezeichnen. Wirft man einen

Blick in den Handelsteil einer Zeitung, so wird man dort, wenn man diesen Dingen fernsteht, z. T. ganz unverständliche Nachrichten finden.

Die Ausbildung von Berufssprachen hängt natürlich mit der ganzen wirtschaftlichen Entwicklung zusammen. Je größer die soziale Gliederung, um so größer auch die Verschiedenheit der Sprache. In der ältern Zeit, als die sogenannte Hauswirtschaft bestand, gab es kaum ein besonderes Handwerk. Jeder verfertigte die Sachen, die er brauchte, selbst. Aber diese Zeit ist längst vorüber. Seit Jahrhunderten haben wir eine ausgeprägte Gliederung.

Die sprachlichen Eigentümlichkeiten der Standessprachen beruhen nun im wesentlichen auf folgenden Punkten: 1. Man hat für die besondern Bedürfnisse des Standes neue Ausdrücke geschaffen, wie z. B. *Kontrahage* bei den Studenten, oder 2. man hat Wörter der allgemeinen Sprache mit einem besondern Sinn versehen, und 3. bewahren die Standessprachen alte Worte und Bildungen, die sonst längst untergegangen sind. So findet sich bei den Seeleuten der Ausdruck *Wanten* für 'gestrickte Handschuhe'. Das ist ein altes Wort, welches die Romanen entlehnt haben, frz. *gant*, ital. *guanto*. „In der Sprache des Jägers", sagt BEHAGHEL a. a. O. 78, „bedeutet *absprossen* 'die Knospen abbeißen', von mhd. *broʒ* 'die Knospe'; *rahmen* ist 'überholen', von ahd. *ramen* 'nach etwas streben', *wölfen* 'gebären, Junge werfen', von mhd. *welf* 'Junges von Hunden oder von wilden Tieren'. In *Fehrücken*, *Fehwamme*, Ausdrücken der Kürschnersprache, steckt ein altdeutsches Wort *feh* 'bunt', verwandt mit gr. ποιχίλος (*poikílos*)." Noch heute gebrauchen die Pelzhändler den Ausdruck *Decher* für 10 Stück, der in früher Zeit aus lat. *decuria* entlehnt ist.

Das sind wohl die wesentlichen und wichtigen Punkte, durch die sich die Standes- und Berufssprachen von den übrigen unterscheiden. Sie allein dürften schon·genügen, um die eingehende Beschäftigung mit ihnen, die jetzt herrscht, berechtigt erscheinen zu lassen. Aber ihre Hauptbedeutung für uns beruht darauf, daß die Schriftsprache aus ihnen zahlreiche Worte aufgenommen hat, die in ihr ihrer Herkunft nach ganz unverständlich sind. Nur wenn man auf die Standessprachen zurückgeht, wird man in manchen Fällen die eigentümliche Bedeutung der Worte ermitteln können. Die folgende Darstellung wird also darauf ihr Hauptgewicht legen, die aus den Standes- und Sondersprachen in die allgemeine Schriftsprache eingedrungenen Worte anzuführen, was aber nur möglich ist, wenn wir eine allgemeine Übersicht über die Sondersprachen geben.

Im allgemeinen spricht man von Standessprachen, ich habe aber als Überschrift den Ausdruck Sondersprachen gewählt, um etwas weiter gehen zu können, als man gewöhnlich tut. Denn wir haben es nicht nur mit Standes- und Berufssprachen zu tun, sondern auch mit den verschiedenen Sprachen der Geschlechter und der Altersklassen. Dazu kommt, daß der Gebildete von heute über einen merkwürdig gemischten Wortschatz verfügt. Wir gebrauchen andere Ausdrücke im gewöhnlichen Leben, andere in öffentlicher Versammlung. In einem Briefe kann man manches Wort anwenden, das in einem Buche nicht angebracht wäre. Die Lexikographen des 18. Jahrhunderts unterscheiden denn auch mit Recht eine höhere und niedere Schreibart, sie sprechen von dem Adel der Wörter, und wenn J. GRIMM von dieser Unterscheidung nichts wissen wollte, so hatte er nur insoweit recht, als für den Sprachforscher beide Abteilungen gleich wichtig sind, genau wie wir heute den Mundarten wissenschaftlich ebensoviel Wert beilegen als der Schriftsprache. Die Wortforschung muß aber ihr Augenmerk gerade auf diesen Punkt richten und die Verschiedenheiten des Wortgebrauchs auch in der allgemeinen Verwendung feststellen. Es handelt sich hier um Verschiedenheiten, die mit der Scheidung der Stände zusammengehen. Die obern Stände haben oft das Bestreben, sich gewählt auszudrücken und dementsprechend neue Ausdrücke zu gebrauchen, während die untern sich bemühen, deren Sprache nachzuahmen. Es steht hier wie sonst auf den Gebieten der Kunst. Das Neue kommt in den obern Kreisen auf und sickert nach unten durch. Aus allen diesen Gründen scheint mir der Ausdruck „Sondersprachen" mehr am Platz.

Anmerkung. Es läßt sich am besten an den Fremdworten zeigen, daß die Wörter gleichsam durch die verschiedenen Volksschichten durchsickern. Denn zweifellos sind viele Fremdworte in den obern Schichten aufgenommen. Wenn sie sich heute vielfach in der Alltagssprache und der Volksmundart finden, so können sie nur aus der Sprache der obern Kreise gekommen sein. Sehr bemerkenswert sind die oben schon erwähnten Fremdwörter der Alamodezeit, wie *Mosjö*, *Madam*, *Mamsell*, *Baselman*, bei denen dies sicher der Fall ist. Aus MÜLLER-FRAUENREUTH, Wörterbuch der obersächsischen Mundarten, entnehme ich folgende, in der Mehrzahl sicher von oben her durchgesickerte Fremdwörter: *adjé*, *akkurat*, *Akzise*, *allabonnör*, *allemarsch*, *allong!*, *Allüren*, *Ambition*, *Ami*, *veranimieren*, *Animus*, *apart*, *à propos*, *Babuschen*, *Bachus*, *Baiser*, *Bammelasche*, *parforsch* (par force), *parierlich* 'rüstig', *Parlaatsch* 'Gerede', *parler*, *partout*, *Passelteng* 'Zeitvertreib' aus frz. *pour passer le temps*, *Bataille* 'Plage, Arbeit, Mühsal', *patent* 'ausgezeichnet', *pensif* 'nachdenklich', *perschee* 'per se', *Pieke* 'Groll', frz. *pique*, *Pikottchen* 'kleine Spitzen', frz. *picot*, *Blamasche*, *Pli*, *blümerant*, *Point*, *Portschäse*, *Potage*, *Pottschamper* (pot de chambre), *power* 'kraftlos, schwach und gebrechlich', *powertee* 'Armut', *Prä* 'die erste Rolle', *Prilludig* 'Vorrede', *Bredullche* 'Verlegenheit', *Chaise*, *Schanksen haben*, *comme il faut*, *complaisant*, *Kontewitte*, *Kontenangs*, *au contraire*, *Kulör*.

1. FRAUEN- UND MÄNNERSPRACHE.

§ 176. Allgemeines. Solange ein Volk in seinen sozialen Verhältnissen im wesentlichen einheitlich ist, so lange werden wir auch einen im wesentlichen gleichmäßigen Wortschatz voraussetzen dürfen. Aber eine Einheitlichkeit, wie man sie annehmen möchte, hat wahrscheinlich nie bestanden, da schon die einfachsten Formen der Gesellschaft gewisse Verschiedenheiten enthalten. Es scheiden sich die Männer und die Frauen, und auf der andern Seite die verschiedenen Altersklassen, vor allem sondern sich die Jungen von den Alten ab, sie bilden abgeschlossene Verbände für sich. Derartige Scheidungen müssen aber auch notwendigerweise auf den Wortschatz abfärben. Weiter haben wir nicht nur die äußere Gliederung in Männer und Frauen, sondern wir haben auch eine Männer- und Frauenarbeit. Soweit wir auch in der Geschichte zurückkommen, so finden wir, daß den Frauen gewisse Tätigkeiten zufallen und andere den Männern, und daher gelingt es auch der Frau von allem Anfang an, besondere Fertigkeiten zu entwickeln und ihrerseits Fortschritte und Erfindungen zu machen. Für diese wird und muß sie neue, besondere Ausdrücke prägen, die den Männern nicht bekannt zu werden brauchen. So fällt die Arbeit des Webens fast allgemein den Frauen zu. Für die mannigfachen verschiedenen Tätigkeiten dabei müssen Ausdrücke vorhanden sein, und es ist sehr wohl denkbar, daß der Mann eine ganze Reihe davon nicht gekannt hat. Außerdem haben die Frauen noch sehr viele andere Künste ausgeübt (vergleiche darüber HIRT, Die Indogermanen passim), so daß wir dementsprechend auch eine gewisse Besonderheit ihres Wortschatzes vorauszusetzen haben. Leider haben wir darüber bis jetzt keine handgreiflichen Nachrichten, da man selbst bei den Naturvölkern wenig auf diesen Punkt geachtet hat.

Heute ist diese Teilung der Arbeit und damit auch die sprachliche Scheidung nach dieser Richtung verwischt, dafür haben sich aber andere Eigentümlichkeiten geltend gemacht.

Zunächst zeigt sich die vielfach beobachtete Tatsache, daß die Frauensprache in manchen Gegenden infolge der größern Abgeschlossenheit, in der die Frauen leben, in Lauten und Formen einen altertümlichen Zug hat.[1]) Dasselbe dürfte vom Wortschatz gelten. Auch da wird man sonst untergegangene Worte noch im Munde der Frauen antreffen. Das ist bei der Aufnahme des Wortschatzes der heutigen Mundarten zu beachten. Anderseits kennen die Frauen vielfach die Berufsausdrücke des Mannes nicht. Die größte Zahl der technischen Ausdrücke in den Wissenschaften ist ihnen fremd. Schließlich meiden schon unter einfachen Verhältnissen die Frauen gewisse Ausdrücke, die der Mann gebraucht. Ich habe das bei den Serben beobachtet. Heute kennen sicher unsre gebildeten Frauen eine ganze Reihe von Worten nicht, weil man sie nicht in ihrer Gegenwart ausspricht, weil sie auch nur selten gedruckt werden, oder die Werke, in denen sie stehen, Frauen nicht zugänglich werden. Ich meine natürlich die Ausdrücke, die an die tierische Seite des Menschen erinnern. Als Goethe seinen Götz an Gotter schickte, da schrieb er ihm eine poetische Epistel (Briefe 2, 93), in der er „all die garstigen Wörter zu lindern" bittet.

Von katholischer Seite wurde Luther vorgeworfen, daß er überhaupt freche und ärgerliche Worte gebrauche, ohne auf die Jungfrauen und unschuldigen Herzen Rücksicht zu nehmen (KLUGE, Von Luther bis Lessing[4] S. 47). Wir dürfen also auch für die damalige Zeit eine Vermeidung gewisser Ausdrücke voraussetzen.

Dieser Zug der Verschleierung ist aber gewiß noch älter als Luthers

---

[1]) Das hat schon Plato beobachtet. Kratylos 418 B sagt er: „Du weißt, daß unsere ältere Generation das Jota und Delta häufig anwandte, und nicht zum wenigsten die Frauen, die überhaupt am meisten die alte Aussprache erhalten."

Zeit. Sicher hat er zur Veränderung des Wortschatzes unsrer Sprache in ausgedehntem Maße beigetragen. Namentlich werden sich viele Fälle des sogenannten Euphemismus aus Rücksichten auf die Frauen erklären. Es tritt sehr häufig der Fall ein, daß man Worte für Begriffe, die man nicht entbehren kann, durch neue ersetzt, und daß die alten dadurch allmählich abkommen. So darf man die Worte *Hose*[1]) und *Strümpfe* in guter Gesellschaft nicht mehr gebrauchen, man nennt erstere *die Beinkleider, die Unaussprechlichen*, während der Engländer noch weiter geht und zu dem Ausdruck *my do'nt mention it* gelangt ist. Natürlich gilt auch hier das Wort: andere Zeiten, andere Sitten, und es hat sicher Zeiten gegeben, in denen den Frauen auch die gewöhnlichsten Wörter ebenso geläufig waren als den Männern.

Ob es gelingen wird, den Einfluß, den diese Dinge einmal auf die Sprache gehabt haben, auch nur einigermaßen klarzulegen, darf man billig bezweifeln, und es ist nur zu hoffen, daß man der Frage für die Gegenwart einige Aufmerksamkeit zuwendet.

2. DIE SPRACHE DER ALTERSKLASSEN.

§ 177. **Allgemeines.** Es ist das Verdienst von USENER (zuerst in einem Vortrag der Wiener Philologenversammlung 1893, Verhandlungen S. 22 ff., abgedruckt in der Beilage zur Münchener Allgemeinen Zeitung 1893 Nr. 148 und 158, und in den Hessischen Blättern für Volkskunde, 1, 198—228, und danach in seinen Vorträgen und Aufsätzen, Leipzig 1907, S. 105) und von H. SCHURTZ (Altersklassen und Männerbünde, eine Darstellung der Grundformen der Gesellschaft, Berlin 1902), die hohe Bedeutung der Altersklassen für die kulturelle Entwicklung dargelegt zu haben. Daß sich die Gleichaltrigen, insbesondere die Jugend, in natürlichem Gefühl füreinander zusammenfinden, ist eine allbekannte und verständliche Erscheinung, daß aber diese Verbände von so hoher Bedeutung gewesen sind, ahnte man früher nicht. Was sich so deutlich von Wert für die kulturelle Entwicklung zeigt, dem kann auch eine Einwirkung auf die Sprache nicht mangeln. Schließen sich die Gleichaltrigen zu besondern Verbänden zusammen, so müssen sie auch einen besondern Wortschatz ausbilden. Leider ist nur noch wenig von den alten Zuständen in der Gegenwart zu spüren, aber es lassen sich doch drei Gruppen anführen, die unter dem Gesichtspunkt der Sprache der Altersklassen zu behandeln sind; es sind: 1. die früheste Kindersprache, die sogenannte A m m e n s p r a c h e, 2. die S c h ü l e r s p r a c h e und 3. die S t u d e n t e n s p r a c h e.

§ 178. **A. Die Ammensprache.**
Literatur: WUNDT, Völkerpsychologie I, 1, 267 ff. — MERINGER, Aus dem Leben der Sprache. Versprechen. Kindersprache. Nachahmungstrieb. Berlin 1908.

Wir können uns an dieser Stelle nicht mit der Entstehung der Sprache beim Kinde befassen, zumal es feststeht, daß von einer Worterfindung beim

---

[1]) Campe sagt in seinem Fremdwörterbuch 1801 S. 598b: „Allein da die Wörter *Hose* und *Lende* zu denen gehören, die man in feinen, besonders in Frauenzimmergesellschaften gern vermeidet...".

Kinde nicht die Rede sein kann. Ich verweise hierfür auf die Schrift von W. PREYER, Die Seele des Kindes, 4. Auflage, und auf WUNDT a. a. O. Hier handelt es sich nur um die Frage, wie weit die Kindersprache des ersten Alters von Einfluß auf die Sprache im allgemeinen und im besondern auf unser Deutsch gewesen ist.

Das Kind fängt bekanntlich an zu lallen, d. h. Laute ohne damit verbundenen Sinn hervorzubringen. Den häufiger wiederkehrenden Lallsilben wird von den Erwachsenen, in erster Linie von der Mutter, eine bestimmte Bedeutung untergelegt. Dazu gehören *ma*, *na*, *pa*, *ta*. Es kann kein Zufall sein, daß die meisten Sprachen mit diesen Lauten die Begriffe 'Mutter' und 'Vater' verbinden, und zwar haftet der erstere mehr an den Silben *ma*, *na*, der letztere an *pa*, *ta*.

Darauf beruhen unser *Mama*, *Papa*, got. *atta* 'Vater', während die übrigen indogermanischen Sprachen auch andere Silben zu Worten umbilden. Möglicherweise enthalten auch die indogermanischen Worte **pater*, d. *Vater*, und **mater*, d. *Mutter* diese Lallsilben. Ebenso geht unser *Muhme* auf ein älteres *mōmō* zurück (s. o. S. 87). Weiter lassen sich anführen: schwäb. *dot* für 'Patin', vgl. ahd. *toto* 'Vater'; schwäb. *ätti* zu got. *atta*; *Amme*, ahd. *amma* f., *Bube* (s. o. S. 87), e. *boy* (auch e. *baby* gehört hierher); *Buhle*, Urform **bōlō*, **bula*, ursprünglich vielleicht 'Bruder' bedeutend und eine Kinderform dazu, vgl. lit. *brōlis* 'Bruder' und lett. *bāleliṇš* 'Brüderchen'; *Baas* 'Meister', ursprünglich vielleicht 'Vater', dazu *Base*. *Kuchen*, ahd. *kuocho* führt auf ein urgerm. **kōkō*, weiter **kākā*, was vielleicht ebenfalls hierher gehört. Im Ablaut dazu steht e. *cake*.

Die Kindersprache hat die Eigentümlichkeit, die Silben gern zu wiederholen, sie zu reduplizieren, und so hat man die Erscheinung der Reduplikation überhaupt auf die Kindersprache zurückgeführt, vielleicht nicht ganz mit Recht, da auch Erwachsene diese Form gern anwenden, vergleiche *Töfftöff*. Jedenfalls stehen eine ganze Reihe reduplizierter Wörter, namentlich auch Bezeichnungen für Tiere, im Verdacht, aus der Kindersprache zu stammen. Das ist sicher für *Wauwau*, *Hotto* und kann demnach auch gelten für *Kuckuck*, *Pappe* 'Brei' (siehe oben S. 88), *Bonbon* u. a. Hierher dürften auch die reduplizierenden Kosenamen, wie *Mimi*, *Lulu*, *Lolo* und auch manche andere wie *Benno* für *Bernhard*, *Anno* für *Arnold*, *Eppo* für *Eberhard* gehören, kommt doch bei ihnen das Gesetz, schwierigere Lautgruppen durch einfache wiederzugeben, deutlich zur Geltung. Besonders beweisend ist es, daß in diesen Koseformen der Laut *r*, der bekanntlich für die Kinder schwierig ist, vermieden wird. Vgl. noch e. *Fanny* für *Frances*, *Floss* für *Florence*, *Kit* für *Christopfer*, *Tina* für *Katerina* bei E. BJÖRKMAN, IF. 30, 274. Natürlich verfügt die Kindersprache über eine große Anzahl von Lautgruppen, die nicht in die allgemeine Sprache übergehen, es sind vielmehr immer nur einige gewesen, die sich von diesem Urboden losgerissen haben. Aber im Laufe der Zeit kommen schließlich doch nicht wenige auf diesem Wege entstandene Wörter zusammen.

Anmerkung. Es gibt in den indogermanischen Sprachen eine ganze Reihe von Fällen, in denen einfacher Konsonant einer Gruppe Konsonant +*r* gegenübersteht. Vgl. e. *to speak* : d. *sprechen*; gr. *(F̣)ἄγνυμι* : *(F̣)ῥήγνυμι* 'brechen', d. *Wrack*; ai. *bhanakti* 'bricht' : lat.

frango, d. *breche*; *Strumpf* : *Stumpf*; *Schrank* : *Schank*, ahd. *skank* 'Geschirrgestell'; *brauchen*, lat. *fruor* : aind. *bhunájmi*, lat. *fungor* 'genieße, gebrauche'; *Rasen*, mnd. *wrase* : obd. *Wasen*; *Buhle*, mnd. *bōle*, *bōleken* 'leibliche Geschwister', s. o. Zahlreiche weitere Beispiele bei Noreen, Abriß der urgermanischen Lautlehre 219 ff. Man könnte daran denken, solche Worte aus der Kindersprache herzuleiten. Denn es ist merkwürdig, daß gerade *r* so häufig zu fehlen scheint.

§ 179. **B. Die Sprache der Jugend.** Wir mit unserm Schulzwang können uns kein rechtes Bild mehr davon machen, wie die Kinder in frühern Zeiten aufgewachsen sind. Jedenfalls bildete die unerwachsene Jugend eines Dorfes eine Gesellschaft für sich. Diese ist nicht darum wichtig für unsere Zwecke, weil sie einen besondern Wortschatz ausgebildet hätte, wohl aber ist das Dasein dieser Gruppe deshalb von Bedeutung, weil in ihr zweifellos die Bedingungen für den Bedeutungswandel und den Verlust der Worte liegen. Das junge Geschlecht lernt nicht alle Worte und nicht alle Bedeutungen, und es sind daher alle Bedingungen dafür vorhanden, daß bei ihr eine neue Sprache entsteht. Leider fehlt uns vorläufig aller Stoff, um hier die Grundlinien der Entwicklung zu ziehen. Man kann nur hoffen, daß uns die ethnologische Forschung Stoff schafft. Bei den Untersuchungen der ältern Sprachzustände dürfte sich aber wohl da etwas ergeben, wo wir ein genau datierbares Material, wie bei den griechischen Inschriften, vor uns haben. Als Beispiel kann man schließlich auch das Aussterben einer Sprache anführen, wie wir es im Slowinzischen treffen, wo Lorentz festgestellt hat, daß nur noch Leute über fünfzig Jahre die alte slawische Sprache sprechen. Vgl. GDS. 178.

Für die mittelalterlichen Handschriften, die bei den Abschriften doch auch im Wortschatz modernisiert wurden, dürfte eine genaue Untersuchung manches ergeben, vgl. darüber unten § 187.

Jedenfalls kommt es einem gerade bei diesem Punkt so recht lebhaft zum Bewußtsein, daß die Sprache an die Gesellschaft gebunden ist, und daß wir sie niemals losgelöst von jenem Faktor betrachten dürfen, wenn wir ihr Leben verstehen lernen wollen. Als Ersatz für dieses nicht mehr erkennbare Gebiet kann man die Schülersprache heranziehen, obgleich diese starken äußern Einflüssen ausgesetzt ist.

§ 180. **C. Die Pennälersprache.**

Literatur: K. Schladebach, Die Dresdener Pennälersprache, ZfdU. 18, 56; R. Eilenberger, Pennälersprache, Entwicklung, Wortschatz und Wörterbuch, Straßburg 1910, wo noch weitere Literatur. Außerdem Wocke, Mitt. d. Schles. Ges. f. Volksk. 20, 215.

Daß die Schüler unsrer höhern Lehranstalten eine besondere Sprache sprechen, ist jedem bekannt, der eine höhere Schule besucht hat. Man hat sie aber wenig beachtet. Auf meine Anregung hin hat es Eilenberger unternommen, den Stoff zu sammeln, und wir haben ein recht nettes Büchlein erhalten, das hoffentlich dazu beiträgt, weiteren Stoff herbeizuschaffen und weitere Untersuchungen zu zeitigen. Vor allem wären Mitteilungen aus frühern Zeiten sehr zu begrüßen. Denn zweifellos hat die Pennälersprache ein hohes Alter und geht im letzten Grunde auf die Klostersprache des

Mittelalters zurück. Das zeigt sich in ein paar Fällen auch noch in der Sprache. So finden wir *Zönakel* 'Speisesaal in Alumnaten', *informieren* 'essen', *karieren* 'strafweise fasten müssen', *Novize* 'Tertianer' (in den Fürstenschulen ist die Tertia die unterste Klasse), *valedizieren* 'abgehen'.

Im wesentlichen geht aber die Pennälersprache auf die Studentensprache zurück, was nach dem ganzen Gang der Entwicklung eigentlich selbstverständlich ist. Beachtenswert ist, daß sich in ihr Ausdrücke erhalten, die die Studentensprache selbst wieder aufgegeben hat, wie *Pennal* 'Schule', ursprünglich 'Student im ersten Semester' nach dem mlat. *pennale* 'Federbüchse'; *schassen*, frz. *chasser*, *poussieren* 'den Hof machen' (jetzt wohl allgemein üblich), frz. *pousser*, *Wilder* 'Schüler, der das Abitur macht, ohne auf der Schule gewesen zu sein'

Im großen und ganzen ist die Pennälersprache wenig selbständig, wie das nach Lage der Dinge kaum anders zu erwarten ist, und demnach hat sie auch kaum auf die Allgemeinsprache eingewirkt. Vgl. noch § 67 und den Aufsatz von WOCKE, s. oben.

Anmerkung. Zu den Quellen der Pennälersprache kann man nach dem Nachweis von W. FABRICIUS, ZfdW. 3, 91 VOLLMANN, Burschikoses Wörterbuch, Ragaz 1846, rechnen.

§ 181. **D. Die Studentensprache.** Zweifellos haben wir es in der Studentensprache mit der Sprache einer bestimmten Altersklasse und zugleich eines bestimmten Standes zu tun. Sie übertrifft an Bedeutung die bisher genannten Sondersprachen bei weitem und hat auch weit mehr als diese auf unsere Schriftsprache eingewirkt.

Die Besonderheiten der Studenten- oder Burschensprache haben schon früh die Aufmerksamkeit auf sich gelenkt. Wir besitzen teils systematische Darstellungen von ihr, teils wird sie in der Literatur verwendet. Hier sind vor allem zu nennen Kortums Jobsiade, Zachariäs Renommist, Goethes Dichtung und Wahrheit und Heines Harzreise. Zachariä sagt gleich im Anfang seines Renommisten:

> *Laß in dein Heiligtum die scheue Muse sehen*
> *Und laß sie den Gebrauch der jenschen Welt verstehen,*
> *Daß sie die Sprache faßt, die der Student nur spricht*
> *Und nie entweihet ward vom komischen Gedicht.*

Anmerkung. An systematischen Darstellungen finden wir: Vergnügte Abendstunden, Erfurt 1749, 2, 69. 353. Diese Zeitschrift enthält ein kompendiöses Handlexikon der unter den Herrn Purschen auf Universitäten gebräuchlichen Kunstwörter von Salmasius mit Nachträgen von Prokax. — Studenten-Lexicon. Aus den hinterlassenen Papieren eines unglücklichen Philosophen, Florido genannt, ans Tageslicht gestellt von Chr. W. Kindleben, Halle 1781; Neudruck Leipzig 1899. — [Augustin], Bemerkungen eines Akademikers über Halle und dessen Bewohner in Briefen nebst einem Anhange, enthaltend die Statuten und Gesetze der Friedrichs-Universität, ein Idiotikon der Burschensprache und den sogenannten Burschenkomment, Germanien 1795; Neudruck des Idiotikons Halle 1894. — Der Göttinger Student oder Bemerkungen, Ratschläge und Belehrungen über Göttingen und das Studentenleben auf der Georgia Augusta, Göttingen 1813. — Das Leben auf Universitäten oder Darstellung aller Sitten und Gebräuche usw. nebst einem Verzeichnis aller burschikosen Ausdrücke usw., Sondershausen 1822. — Studentikoses Conversationslexikon oder Leben, Sitten, Einrichtungen,

Verhältnisse und Redensarten der Studenten, beschrieben, erklärt und alphabetisch geordnet, Leipzig 1825. — Der flotte Bursch von C. B. von Rag ... y, Leipzig 1831. — Studentikoses Idiotikon, Jena 1841. — Allgemeine deutsche Studentensprache; herausgegeben von A. H.; zweite vermehrte Auflage, Jena 1860. — Andere neuere Werke sind von keiner besondern Bedeutung mehr.

Eine wissenschaftliche Behandlung der Studentensprache verdanken wir erst der neuern Zeit, und zufällig haben wir gleich zwei Bearbeitungen erhalten; die eine von JOHN MEYER behandelt 'Die Hallische Studentensprache', Halle 1895, während FR. KLUGE 1895 ein Büchlein 'Deutsche Studentensprache' veröffentlicht hat, nachdem er schon 1892 in Beilage Nr. 297 der Münchener Allgemeinen Zeitung einen Vortrag über diese Sprache bekannt gemacht hatte. Diese Werke enthalten auch Angaben über die frühere Literatur.

Anmerkung. Dazu kommen noch S. KLEEMANN, ZfdW. 1, 39 ff.; E. SCHMIDT, Zeitschrift des Vereins f. Volkskunde 5, 225, ZfdW. 2, 292; W. FABRICIUS, ZfdW. 3, 91 ff.; OTTO LADENDORF, ZfdW. 4, 309 ff.; K. MÜLLER, ZfdW. 4, 314; K. KONRAD, Ergänzungen zu Friedrich Kluges 'Deutscher Studentensprache', ZfdW. 12, 271 ff.; JOHN MEYER, Baseler Studentensprache, Basel 1910.

Die Studenten- oder Burschensprache, wie sie genannt wird, läßt wie in einem Spiegel die Entwicklung des Studentenwesens und der Studentenbildung erkennen. Bei der großen Bedeutung, die die studentischen Kreise für unser ganzes Volk gehabt haben, ist es nur zu natürlich, daß wir viel aus ihr aufgenommen haben. In den Ferien kehrte der Student in die Heimat zurück, und dann ahmte auch der Philister, wie man die Nichtstudenten nannte, die Sprache der Burschen nach. Natürlich ist es schwer zu sagen, in welche Schichten die Worte wirklich eingedrungen sind, aber in der Umgangssprache der Gebildeten steckt sicher ein gut Teil und auch auf unsere Literatur hat manches abgefärbt. Die Burschensprache enthält eine Reihe ganz verschiedener Bestandteile, und es war angebracht, wie dies KLUGE getan hat, sie nach diesen Elementen zu behandeln.

1. Antike Bestandteile. Unter diesen tritt uns zunächst das Latein entgegen. Es war ja bis in das 18. Jahrhundert die herrschende Vortragssprache, und so gebraucht sie der Student in allen Lebenslagen. Vermengt mit dem Deutschen führt dies zu der sogenannten makkaronischen Poesie, in der deutsche und lateinische Wörter vermischt werden. So sagte man *qui bibit ex neigis, ex frischibus incipit idem*, oder *sic jacet in drecko, qui modo reuter erat*.

Man flektierte aber auch die Worte und bildete Ablativa Plur. wie *in baaribus, in floribus*. Daneben stehen Bildungen mit dem Gen. Plur. auf *-orum*. So finden wir *Buckelorum* zur Benennung eines 'Bucklichten' noch heute in Hessen, und der *Hallore* heißt um 1700 *Hallorum*, woraus der studentische Ursprung der Bildung klar erhellt. Neuerdings sagt man auch *kennimus*.

Durch die Vermittlung der Studentensprache ist dann mancherlei lateinisches und griechisches Sprachmaterial zu uns gekommen. So die Ausdrücke *die Moneten* 'Geld', lat. *monetae, zu olims Zeiten* (1678), lat. *olim* 'einst', *sidi bene tun* (16. Jh.). Unser *fidel* ist das lat. *fidēlis* 'treu', das im 18. Jahrhundert nach mancherlei Wandlungen die jetzige Bedeutung annimmt. Hierher gehören weiter *Jucks* 'Spaß' aus lat. *jocus*, *fix* 'schnell, gewandt' aus lat. *fixus* (ursprünglich wurde es in der Alchimie gebraucht), *kurios* aus lat. *cūriōsus*, *kraß* aus lat. *crassus*, *Kommers* aus lat. *commercium*.

Schon im 18. Jahrhundert wurden die Universitätsstädte *Athen* genannt, unter Hinzufügung des Flusses, an dem sie lagen. So finden wir *Saalathen, Pleißathen*; die Studenten selbst hießen *Musensöhne*.

Weiter erhalten wir dann, zum Teil wohl unter Einwirkung der makkaronischen Poesie, eine Reihe lateinischer Endungen an deutschen Worten. So haben wir *-ikus* aus lat.-gr. *-icus* in *Politikus, Pfiffikus, Luftikus, Schwachmatikus*. Aus lat. *-itas* wurde *-ität*. Es gab viele Bildungen mit diesem Suffix, wir besitzen aber nur noch das von Bürger eingeführte *Schwulität*. Sicher verdanken wir den lateinischen Matrikeln unsere leidigen *-enser* und *-aner* in Herkunftsbezeichnungen wie *Hallenser, Jenenser, Weimaraner*. Glücklicherweise fängt man jetzt allmählich an, sie zu vermeiden, nachdem schon Campe dagegen geeifert hatte. Auch die Endung *-iade* verbreitete sich sehr in der Studentensprache und wurde durch Kortums *Jobsiade* allgemein bekannt.

Schließlich ist sogar ein griechischer Bestandteil auf diesem Wege in unsere Schriftsprache eingedrungen. Die griechische Endung -ικῶς (*-ikôs*) wird im 17. und 18. Jahrhundert sehr häufig gebraucht und sogar mit griechischen Lettern gedruckt. So liest man *student-ικῶς* und daneben tritt zu Anfang des 18. Jahrhunderts *bursch-ικῶς*, das durch Schillers Wallenstein Literaturrecht bekam:

> *Zu Altdorf im Studentenkragen*
> *Trieb er's — mit Permiß zu sagen —*
> *Ein wenig locker und burschikos.*

Es mag hier gestattet sein, auf noch einige antike Elemente hinzuweisen, die durch die Vermittlung der lateinischen Universitätssprache oft mit ganz merkwürdiger Bedeutungsentwicklung zu uns gekommen sind.

Das frz. *cancan* geht auf lat. *quamquam* zurück, das zunächst für „Universitätsrede" gebraucht wurde, weil diese meist mit *quamquam* begannen. — Ähnlich steht es mit *Quodlibet*. Auf einigen deutschen Hochschulen gab es im 16. Jh. jährlich eine *disputatio de quolibet*, auch *concertatio quodlibetica* genannt 'über alles mögliche', in die als belustigende Intermezzos scherzhafte Reden eingeschoben wurden (ZfdA. 9, 120). — *Tandem* 'leichter Wagen mit zwei Pferden hintereinander' geht auf e. *tandem* zurück, von lat. *tandem* 'endlich', das im mittelalterlichen Latein die Bedeutung 'in der Länge' annahm. — *Rebus* ist der lat. Dat. Abl. Plur. von *rês* 'Sache'. Um 1600 stellten die Studenten in der Pikardie die Stadtereignisse als Fastnachtsscherz in Bildern dar. — *Sparte* 'Amt, Pfründe' geht auf einen Vers aus dem Telephos des Euripides zurück, bei Erasmus *Spartam nactus hanc adorna* 'du hast Sparta erlangt, dieses versorge'. Nach dieser Analogie ist es auch nicht unmöglich, daß *Fidibus* nach M. HAUPT aus dem Vers des Horaz entstanden ist *et ture et fidibus juvat placare deos* 'mit Weihrauch und Saitenspiel die Götter besänftigen'.

Weiter gehen auf die frühere Studentensprache zurück: *Pennal*, ursprünglich im 17. Jh. Student im 1. Semester, mlat. *pennale* 'Federbüchse', — *Studio*, im 18. Jh. *Bruder Studium*; — *Bacchant*, Anfang des 15. Jh., lat. *bacchans* 'umherstreifend'; — *Kalfakter*, 16. Jh., mlat. *calefactor* 'Einheizer' u. a.

2. Französische Bestandteile zeigen sich seit der Zeit, da auf einigen Hochschulen ein neuer Geist zu herrschen begann, seit dem Anfang des 18. Jahrhunderts. Auch in diesem Fall werden soviel Worte herübergenommen, daß schließlich ihre Endungen ganz geläufig werden und weiter wuchern, so finden wir *-ier* in *Kneipier, Suitier* und *Schwitier*, *-age* in *Renommage, Pussage, Kleidage*, *-ös* in *malitiös, pechös, philiströs, schauderös*.

3. Besonders stark ist der Einfluß des Rotwelschen (siehe unten), der Gaunersprache, auf die Studentensprache gewesen, und zahlreiche Worte sind durch ihre Vermittlung in unser Neuhochdeutsch gedrungen, ich nenne nur *berappen, blechen, brummen, foppen, Kaffer, keilen, Kneipe, Kniff, mogeln, pumpen* (siehe unten die Gaunersprache).

4. Die Studentensprache hat natürlich auch sonst noch besondere Eigentümlichkeiten. Zu ihnen gehört vor allem die häufige Anwendung von Tierbezeichnungen für Menschen. Kluge hat daher ein Kapitel 'Burschikose Zoologie' überschrieben. Der Gymnasiast ist ein *Frosch*, er wird zum *Mulus* 'Maultier oder Maulesel', und schließlich zum *Fuchs*. Diese Bezeichnung scheint schon im 16. Jahrhundert belegt zu sein. Wir wissen aber nicht, wie die Bedeutungsübertragung zustande gekommen ist. Studenten, die keiner Verbindung angehören, heißen an einigen Orten *Finken*, an andern *Kamele*. Auch der Ausdruck *Pechvogel* ist wohl studentisch, obgleich er zunächst aus der Jägersprache stammt und den Vogel bezeichnet, der an der *Leim-* oder *Pechrute* hängen geblieben ist. Wie der Ausdruck *Salamander* zu erklären ist, steht noch aus, vgl. darüber Kluge, Studentensprache 54 und Bunte Blätter S. 94. Daß man von *Bierfischen* redet, ist verständlich, wie aber *Spitz, Kater, Affe* ihre Bedeutung bekommen haben, ist unklar. Ebensowenig verstehen wir den Ausdruck *Hecht* 'dicker Tabaksrauch'. Das weibliche Geschlecht wird gleichfalls sehr häufig mit Ausdrücken aus dem Tierreich belegt, vgl. *Dohlen, Schnepfen, Grasmücken, Meisen*. Schließlich ist auch die Bezeichnung *Fisch* nebst *Backfisch* studentisch.

5. Auch manches Theologische hat auf die Sprache der Studenten abgefärbt. So wird der Name der Sekte der *Manichäer* wohl unter Anlehnung an *mahnen* zur Bezeichnung des 'Gläubigers'. Über die Herkunft des Ausdruckes *Philister* sind die Akten noch nicht geschlossen.

6. Andere Worte, die zuerst in der Studentensprache auftreten, sind *Ehrenhandel*; *flott* in *flott leben*, aus dem Niederdeutschen, wo es als Schifferwort vorkommt; *Knote*, niederdeutsch für *Genosse*; *ledern* in übertragenem Sinne; *Mucker*, ursprünglich Bezeichnung der Pietisten in Jena; *Besen* für 'Dienstmädchen'; *(Einfalts)-pinsel*, älteste Form ist *Pinn-suhl* 'Schusterahle' und 'Knauser', *Salbader*(?) (im 17. Jh. belegt), *Schwager* 'Postillon'. Bei manchen ist der Ursprung noch nicht recht aufgeklärt.

7. Endlich sind noch ein paar Ausdrücke anzuführen, die sich aus alten studentischen Sitten erklären. Im 16. Jahrhundert entwickelte sich der Brauch der Deposition auf den Universitäten, d. h. mit der Aufnahme auf die Universität waren eine Reihe von 'symbolischen' Gebräuchen verbunden, die andeuten sollten, daß der Bruder Studio einen neuen Menschen anziehen werde. So wurde ihm ein Hut mit *'Hörnern'* aufgesetzt, die er sich *ablaufen* mußte, er wurde *gehobelt*, daher *ungehobelt* und *ungeschliffen*, es wurde ihm der Bacchantenzahn ausgezogen. Vgl. darüber Fabricius, Die akademische Deposition, Frankfurt 1895. So erklärt sich denn wohl auch Luthers Ausspruch: *eine Antwort, die weder Hörner noch Zähne hat.*

3. STANDESSPRACHEN ALLGEMEINER ART.

§ 182. Allgemeines. Auch unser Volk zerfällt seit langer Zeit in verschiedene Stände. Schon Tacitus berichtet von ihnen. Demnach müssen sich frühzeitig Verschiedenheiten der Sprache und des Wortschatzes eingestellt haben. Freilich wissen wir darüber für die althochdeutsche Zeit gar nichts und für die mittelhochdeutsche kaum etwas. Man kann für diese nur anführen, daß die Sprache des höfischen und des Volksepos in einigen Punkten verschieden war. So gebraucht man im höfischen Epos gewisse Ausdrücke nicht, die das Volksepos noch kennt. Aber z. T. mag es sich hier um veraltete Ausdrücke handeln, die das Volksepos aus der Überlieferung schöpfte, während sie die natürliche Umgangssprache, auf der das höfische Epos beruhte, nicht mehr verwendete. Außerdem kann man sich aber dem Eindruck nicht verschließen, daß wir es in der Sprache des höfischen Epos mit der Sprache eines Standes zu tun haben, eines Standes, der die höchste Stellung im Staat einnimmt. Wir können hier also von einer höhern Sprache reden, und damit tritt uns eine Erscheinung entgegen, die in der Neuzeit immer mehr an Bedeutung gewonnen hat.

§ 183. **A. Höhere und niedere Sprache.** Wir besitzen, worauf schon oben hingewiesen wurde, einen merkwürdig verschiedenen Wortschatz, einen höhern und einen niedrigern, den wir je nach Gelegenheit anwenden. Wir können auch von edlen und unedlen Ausdrücken reden, und es ist schon mancher darum getadelt worden, weil er einen Ausdruck gebraucht hat, den andere für unedel hielten. Diese Unterschiede treten schon sehr stark im 17. Jahrhundert hervor, wo man sich bemühte, das Unedle zu vermeiden. So sagt KASPAR STIELER in seinem Teutschen Sprachschatz 1b:

Da gehöret zu einer Kunstrede ein reicher Wortvorraht, eine kluge Wahl auserlesener, wohlklingender Redarten, eine ungezwungene, leichtfließende Deutlichkeit in Ausdrückung hoher Gedanken, und ist ie einem Gelehrten allerdings unverantwortlich und hödist nadteilig, wenn er mit der Sprade, so ihm angeboren, beßer nidit, als der gemeine Pöfel umzugehen gelernt hat.

Wir haben also hier die Unterschiede und Eigentümlichkeiten, die auch anderswo zu Scheidungen in den Sprachen geführt haben. Natürlich kann ein Wort seinen Adel ändern, es kann steigen oder sinken, und es wäre zu untersuchen, welche Worte das getan haben. Der Stoff, den die Wörterbücher des 17., vor allem aber des 18. Jahrhunderts für die Unterscheidung des Wortschatzes der höhern und niedern Sprache aufgespeichert haben, verdiente eine eingehende Untersuchung. Hier kann nur auf die Wichtigkeit dieser Frage hingewiesen werden.

Als höchste und edelste Schreibart gilt die Dichtersprache, über die wir weiter unten ausführlicher handeln werden. Die Dichtersprache wählt häufig seltene, ungewöhnliche Worte. Ändert ein Wort aber seine Gebrauchsweise, so daß es diesen Anforderungen der Seltenheit nicht mehr entspricht, so können wir den dichterischen Ausdruck nicht mehr nachempfinden. Wir sind verletzt, wenn wir in Dichtungen ältrer Zeiten Ausdrücke finden, die heute der poetischen Sprache nicht mehr angehören. Wenn heute jemand das *Fell* seiner Geliebten besingen würde, so würden wir das als unmöglich ansehen. Auch der Ausdruck *Weib* kann heute in der Dichtersprache nur mit großer Vorsicht benützt werden, und Goethes: *Mein schönes* Fräulein, *darf ich's wagen* bietet uns nichts Besonderes, während es seinerzeit einen ganz besonderen Klang hatte.

Während uns die Worte der höhern Schreibart und der Umgangssprache zur Genüge bekannt sind, gilt das weniger von denen der niedern Sprache. Sie sind meist auf einen kleinen Kreis beschränkt und bereiten daher dem weitern Verständnis Schwierigkeiten. Sie sind aber für die Wortgeschichte nicht minder wichtig. Es steckt viel dialektisches und z. T. auch recht altes Sprachgut in diesen Worten. Eine ganz nette Skizze hat SÖHNS geschrieben: Die Parias unsrer Sprache. Eine Sammlung von Volksausdrücken, Heilbronn

1898. Vgl. auch A. Genthe, Deutsches Slang. Eine Sammlung familiärer Ausdrücke und Redensarten, Straßburg 1892.

Vielfach werden derartige Worte ganz verloren gehen, weil sie eben immer tiefer sinken, aber zuweilen heben sie sich auch und werden literaturfähig. So ließ z. B. Goethe das Wort *Dreck* nicht drucken, und viele werden es heute noch als so gewöhnlich empfinden, daß sie es nicht brauchen werden. Dagegen ist es in der norddeutschen Stadtsprache ganz gewöhnlich für *Schmutz*, ebenso wie *dreckig* für *schmutzig*. Es ist möglich, daß es noch weiter steigt.

Derartige Fälle sind indessen immerhin selten; viel häufiger ist das Umgekehrte, daß ein Wort seine Bedeutung verschlechtert; siehe darüber weiter unten.

§ 184. **B. Die Sprache der Religion.** In allen religiösen Handlungen, namentlich den Kultvorgängen, kommt es darauf an, nichts zu versehen, d. h. genau nach altem Brauch zu verfahren. Da bei allem Religiösen das Wort eine große Rolle spielt, so erhalten sich in der Sprache des Kultus leicht alte Wortformen und Wortformeln, die z. T. ganz unverständlich sein können. So scheint das alte Arvallied den Römern kaum noch recht klar gewesen zu sein. Die Neugriechen halten mit Fanatismus an der Sprache des Neuen Testamentes fest und weisen jeden Erneuerungsversuch mit großer Entrüstung zurück. Bei den Indern sind die heiligen Lieder des Weda mit größter Sorgfalt überliefert worden. Nicht anders steht es bei uns. Zwar die Formeln unserer heidnischen Religion sind verloren gegangen, dafür aber tritt das Christentum ein, in dessen religiösen Urkunden sich· das gleiche Bestreben zeigt, Altes, selbst unverständlich Gewordenes zu erhalten. In unsern Gesangbüchern herrscht eine durchaus altertümliche Sprache, wovon man sich durch eine kurze Einsicht leicht überzeugen kann.

Ebenso bestehen bei uns heftige Kämpfe, ob und wie weit man den zweifellos an vielen Stellen veralteten Text der Lutherschen Bibelübersetzung ändern darf. Ob sie mehr oder minder veraltet ist, darauf kommt es schließlich wenig an, wir lesen sie in der Hauptsache in der Sprache des 16. Jahrhunderts.

Die natürliche Entwicklung der germanischen Religion wurde durch die Einführung des Christentums jäh unterbrochen, und dadurch wurde auch die Sprache stark beeinflußt. Die eindringenden Bekehrer mußten selbstverständlich das Christentum in der Landessprache verkünden, in einer Sprache, die für die Begriffe, die sie lehrten, sicher oft genug keine Ausdrücke hatte. Die Lehrer des Christentums haben nun eine Reihe von Ausdrücken für die neuen Begriffe neugeschaffen, andere haben sie aus dem Lateinischen und Griechischen herübergenommen, und diese sind dann auch in die Volkssprache eingedrungen.

Anmerkung. Das alte Erbgut unsrer Sprache auf dem Gebiet der Religion ist nicht allzu reichhaltig. Es sind vor allem Ausdrücke, die sich auf den einfachen Volksglauben, die sogenannte niedere Mythologie beziehen. Ich stelle auch hier den Stoff alphabetisch zusammen, dem ich auch das hinzufüge, was in neuerer Zeit aus dem Nordischen zu uns gekommen ist.

Alp, mhd. *alp*, anord. *alfr*, jetzt 'brustbeklemmende Traumgestalt', ursprünglich 'gespenstiges Wesen'. Vielleicht zu ai. *ŗbhúh* Name von drei kunstreichen Elfen, eig. 'kunstreich, Bildner'. Dasselbe Wort ist *Elfe*, das aus dem Englischen durch Wielands Übersetzung des Sommernachtstraum zu uns gekommen ist, und ebenso steckt es in *Erlkönig*, das Herder nach dän. *elle(r)konge* bildete, wobei er *elle* statt als *Elfe* für *Erle* nahm. Auf diesem dän. Wort beruht auch vielleicht *Harlekin* aus frz. *arlequin*, älter *hellequin*. — *Alraun*, ahd. *alrūna*, eig. 'Benennung des weissagenden Geistes, der aus der Wurzel der Pflanze geschnitten wird, zu ahd. *rūna* 'Geheimnis'. — *Berserker*, aus dem anord. *berserkr* 'Bärenkleid, ein Mann, der ein Bärenkleid trägt', auf ähnlicher Anschauung beruhend wie *Werwolf*. — *Butzenmann*, zsg. mit mhd. *butze* 'Polter-, Klopfgeist' zu ahd. *bōzan* 'schlagen', noch in *Amboß*. — *Drude*, vielleicht zu an. *þrūdr* 'göttliches Wesen, Walküre'. — *Gespenst*, zu ahd. *gispanst* f. 'Verlockung' zu ahd. *spanan* 'locken, reizen', gr. σπάειν (*spáen*) 'ziehen'. — *Heinzelmännchen*, mhd. *heinze* 'Hauskobold', Koseform zu *Heinrich*.[1]) — *Hexe*, ahd. *hagazussa*. Herkunft unsicher. — *Hölle*, ahd. *hellia*, e. *hell*, got. *halja*, eig. 'Reich der Todesgöttin', anord. *Hel* zu *hehlen*. — *Hüne*, obd. *Heune*, ahd. *Hūni*, vielleicht auf den Volksnamen der *Hunnen* zurückgehend. — *Klabautermann* 'Schiffskobold', dunkler Herkunft. — *Kobold* 'unheimlicher Hausgeist', md. *kobolt*, gewöhnlich aus *kob* *koben* und *wald* 'Walter', also 'Hausgeist' erklärt. — *Mahr* 'drückender Nachtgeist', ahd. *mara*, e. *nightmare*. Dazu air. *mör(r)īgain*, eig. 'Alpkönigin', poln. *mora* und auch wohl aind. *marut* 'Sturmgott'. Entlehnt frz. *cauche-mar*. — *Nix* m. 'Wassergeist', ahd. *nichus* 'Krokodil' (Wasserungeheuer), e. *nix* 'Teufel'. Dazu *Nixe*, ahd. *nicchessa*. — *Norne*, durch Klopstock aus anord. *norn* eingeführt. — *Popanz* 'Schreckgestalt', erst nhd., wohl zu der Interjektion *bobó*. — *Puck*, aus engl. *puck*. — *Rübezahl*, eig. 'Rübenschwanz'. — *Schrat*, *Schretel* 'Waldteufel', ahd. *skrat(o)*, anord. *skrat(t)i* 'Riese, böser Geist, Zauberer', vielleicht zu norw. *skratta* 'laut lachen'. — *Troll*, mhd. *trol(le)* 'gespenstiges Ungetüm, Kobold'. Dazu anord. *troll* und vielleicht auch *Trulle*. — *Trug* und *trügen* haben wohl auch mythologischen Sinn, da anord. *draugr*, das dazu gehört, 'Gespenst' bedeutet. — *Unhold* 'feindliches, böses Wesen', ahd. *unholdo* 'böser Geist', got. *unhulþa* 'Teufel'. Dazu gehört auch der Name der *Frau Holle*. — *Walküre*, im 18. Jh. aus an. *valkyrja*, zsg. mit *Wal* in *Walstatt*, ahd. *wal* 'Niederlage', an. *valr* 'die Erschlagenen auf dem Schlachtfeld', und einer Ableitung von *kiesen* 'wählen'. — *Werwolf*, mhd. *werwolf*, der Mann als Wolf, gr. λυκάνθρωπος (*lykánthropos*). — *Zauber*, ahd. *zoubar*, ags. *téafor* '(rote) Farbe, Mennig', e. *tiver* 'Ocker'. Mit roter Farbe wurden die Runen eingeritzt, und so erklärt sich die Bedeutungsentwicklung. Doch weiß man nicht, welche Bedeutung die ältere ist. Weitere Anknüpfung fehlt. — *Zwerg*, ahd. *getwerk*, e. *dwarf* zu ai. *dhrúh* f. 'weibliches Gespenst, Unholdin'.

Dazu kommen die Ausdrücke für höherstehende Wesen: *Gott*, ahd. *got*, e. *god*, got. *guþ* ist ursprünglich Neutrum und noch nicht genügend erklärt. Wegen des damit in Zusammenhang stehenden *Götze* nimmt man als ursprüngliche Bedeutung 'Bild, Bildstock' an. Zu *Gott* gehört auch obd. *Gote* 'Pate', ahd. *gota*.

Einzelne Götternamen haben sich in den Namen der Wochentage erhalten: obd. *Ziestag* zu ahd. *Ziu*, lat. *divos*, gr. Ζεύς (*Zeús*), e. *Wednesday* ist *Wodanstag*, dessen Name auch noch in *wütendes Heer* vorliegt, *Donnerstag* zu ahd. *Donar*, anord. *þörr*, *Freitag* zu ahd. *Frīja*, anord. *Frigg*.

Ferner nenne ich noch *weihen*, ahd. *wīhan* 'heiligen' von ahd. *wīh*, got. *weihs* 'heilig', noch in *Weihnachten*, vielleicht zu lat. *victima*.

Auf dem Gebiet der christlichen Ausdrücke sind wir zunächst in der glücklichen Lage, Wulfilas sprachliche Tätigkeit würdigen zu können. Vgl.

---

[1]) Vgl. hierzu H. Güntert, Kalypso 124 ff.

K. Weinhold, Die gotische Sprache im Dienste des Christentums, Halle 1870. Wulfila hat verhältnismäßig wenig Fremdwörter beibehalten, für die meisten fremden Begriffe hat er alte einheimische Ausdrücke verwendet oder neue gotische Worte geschaffen. Über die Tätigkeit der althochdeutschen Mönche ist schon oben kurz berichtet worden.[1]) Trotzdem sie manches verdeutscht haben, besitzen wir gerade auf kirchlichem Gebiete eine Fülle von Fremdwörtern. Manche von ihnen sind aber aus der engen kirchlichen Bedeutung herausgetreten und mit allgemeiner Bedeutung in die Gemeinsprache übergegangen. Im folgenden stelle ich die wichtigsten Lehnwörter auf diesem Gebiete zusammen.

Abt, ahd. *abbat*, e. *abbot* aus lat. *abbatem*; — *Almosen*, ahd. *alamuosan*, e. *alms* aus lat.-gr. *eleēmosyna*; — *Altar*, ahd. *altari* aus lat. *altāre*; — *Ampel*, ahd. *ampla*, *ampulla* 'Lampe, Gefäß', aus lat. *ampulla* 'Fläschchen'; — *Bischof*, ahd. *biskof*, e. *bishop* aus gr.-lat. *episkopus*; — *Dechant*, ahd. *tēchant*, e. *dean* aus lat. *decānus*; — *Engel*, ahd. *engil*, e. *angel*, got. *aggilus* aus lat.-gr. *angelus*; — *Erz-*, ahd. in *erzibischof*, e. *archbishop* aus lat.-gr. *archi-*; — *Feier*, ahd. *fīra* aus mlat. *fēria*; — *firmeln*, ahd. *firmōn* aus lat. *firmāre*; — *Heide*, siehe S. 139; — *Kanzel*, ahd. *kancella* aus lat. *cancellus, cancelli* 'Gitter'; — *Kapelle*, ahd. *kapella* aus mlat. *capella* (daneben mit echtdeutscher Betonung der Ortsname *Kappel*); — *Kaplan*, mhd. *kappelän* aus mlat. *capellānus*; — *kasteien*, mhd. *kastīgen*, ahd. *kēstigōn* aus lat. *castigāre*; — *Kirche*, ahd. *kiricha*, e. *church* aus gr. *κυριακόν* (*kyriakón*), mit Geschlechtswechsel; — *Klause*, ahd. *klūsa* 'Einsiedelei, Klause' aus lat. *clūsa, clausa*; — *Kloster*, ahd. *klōstar* aus lat. *claustrum*; — *Kreuz*, ahd. *krūzi* aus lat. *crūcem*; — *laben*, ahd. *labōn* 'waschen, erquicken' aus lat. *lavāre*; — *Marter*, ahd. *martira, martera* von lat. *martyrium*; — *Messe*, ahd. *messa*, e. *mass*, lat. *missa* 'Entlassung'; — *Mette*, ahd. *mettīna* aus lat. *mātutīna (hora)* 'Frühstunde'; — *Mönch*, ahd. *munih*, e. *monk* aus lat. *monachus*; — *Münster*, ahd. *munistri*, e. *minster* 'Klosterkirche' aus lat.-gr. *monāstērium*; — *Mütze*, spätmhd. *mütze, mutze* aus mlat. *almutia, armutia, almutium* 'amictus quo canonici caput humerosque tegebant'; — *None*, ahd. *nōna*, e. *noon* 'Mittag', aus lat. *nōna*; — *Nonne*, ahd. *nunna*, e. *nun* aus lat. *nonna*; — *nüchtern,* ahd. *nuohtarnīn* aus lat. *nocturnus*; — *Oblate*, ahd. *oblāte*, mlat. *oblāta*; — *opfern*, ahd. *opfarōn*, Herkunft nicht ganz klar; — *Orden*, mhd. *orden*, ahd. *ordena* aus lat. *ordinem*; — *Orgel*, ahd. *orgela, organa* aus lat. *organum*; — *Pein*, ahd. *pīna*, e. *pine* aus lat. *poena*; — *Petter*, obd. *Pfetter* 'Pate', lat. *patrīnus*; — *Pfaffe*, ahd. *pfaffo* aus gr. *παππᾶς* (*pappás*), siehe oben S. 139; — *Pfarre*, ahd. *pfarra?*; — *Pfingsten*, got. *paintēkustē* aus gr. *πεντηκοστή* (*pentcekostē*); — *Pfründe*, ahd. *pfruonta* 'Nahrung, Unterhalt' aus mlat. *provenda*; — *Plage*, ahd. *plāga* aus lat. *plāga*; — *Propst*, ahd. *probast* aus lat. *prōpositus*; — *Samstag*, siehe oben S. 157; — *segnen*, ahd. *seganōn*, lat. *signāre*; — *Sigrist*, ahd. *sigiristo*, mlat. *sacrista* 'Küster', wovon auch später *Sakristei*, mhd. *sacristīe*; — *Teufel*, siehe oben S. 139; — *Vesper*, ahd. *vēspera* aus lat. *vespera*.

In etwas späterer Zeit treten dann noch auf:

Absolution, spätmhd., lat. *absolūtio*; — *absolvieren*, mhd., lat. *absolvere*; — *benedeien*, mhd. *benedīen*, lat. *benedīcere*; — *Hostie*, mhd. *hostie*, lat. *hostia*; — *Kollekte*, mhd. *collecte*, mlat. *collecta*; — *Laie*, ahd. *leigo*, gr.-lat. *laïcus*; — *lamentieren*, 1550, lat. *lāmentāri*; — *Letter* 'Lesepult in der Kirche', ahd. *lector*, mlat. *lec-*

---

[1]) Vgl. hierzu noch den bedeutsamen Aufsatz von W. Braune, Btr. 43, 362 und anschließend daran den von E. Ochs, Btr. 44, 315. Braune weist darauf hin, daß in den deutschen christlichen Benennungen verschiedene Strömungen miteinander gekämpft haben, eine ältere hochdeutsche und eine etwas spätere mitteldeutsche, die unter angelsächsischem Einfluß stand.

torium; — *Litanei*, mhd. *letanie*, gr.-lat. *litania*; — *Makel*, mhd., lat. *macula*; — -*maledeien*, mhd. *vermaledien*, lat. *maledicere*; — *Mirakel*, mhd., lat. *miraculum*; — *Patron*, mhd. *patron(e)* nur von Christus, lat. *patronus*; — *Pastor*, 14. Jh., lat. *pastor*. — *Person*, mhd. *person(e)*, ursprünglich von jeder der drei Personen der Gottheit gebraucht; — *prophezeien*, mhd. *prophezien* von mhd. *prophetie*, gr.-lat. *prophetia* 'Prophetenamt'.

Wie man sieht, sind eine große Anzahl dieser Wörter teilweise oder ganz aus ihrem engern Bedeutungskreis herausgetreten, wie *Ampel*, *Feier*, *laben*, *nüchtern*, *Pein*, *Plage*, *Laie*, *Makel*, *Patron*, *Person* usw.

Auf die Sprache des Mittelalters konnte im weitern Verlauf die Kirchensprache allerdings nur wenig einwirken, weil sie noch lateinisch war. Erst die Mystiker‧ haben die deutsche Sprache wesentlich bereichert, indem sie eine ganze Reihe neuer und fruchtbarer Ausdrücke neu geprägt haben. Ihr Anteil an der Ausbildung unseres Wortschatzes ist noch nicht hinreichend untersucht worden, und ich kann daher hier nur einige Worte nennen, die wahrscheinlich von ihnen herstammen: *Angedenken*, *beschaulich* 'contemplative', *begreifen* in übertragener Bedeutung, *Begriff*, *einbilden*, *Einbildung*, *Eindruck* in übertragenem Sinne, *Einfall* 'unerwarteter Gedanke', *innere Einkehr*, *einsehen*, *Sinnlichkeit*, *unergründlich*, *Wesenheit*, *Wirklichkeit*, *Wirkung*, *Zufall* usw. Eine wortgeschichtliche Untersuchung über diesen Teil unsrer Sprache wäre eine sehr dankenswerte Aufgabe.

Ganz anders wurde es seit der Reformation, weil wir in Luthers Bibelübersetzung ein Werk erhielten, das sich sehr bald kanonischen Ansehens erfreute. Luther gebrauchte den mitteldeutschen Wortschatz, und wir haben schon oben gesehen, wie man anfangs in Süddeutschland die mitteldeutschen Ausdrücke Luthers, die dem Süden fremd waren, übersetzte, daß man sie aber später stehen ließ und durch ein Wörterbuch das Verständnis erleichterte. Dadurch wurde natürlich der Wortschatz Luthers auch andern Gegenden durchaus geläufig, er verbreitete sich in ungeahnter Weise, und es ist bis heute kaum ganz klarzustellen, wie er gewirkt hat. Schon oben sind die mitteldeutschen und die entsprechenden oberdeutschen Ausdrücke nebeneinandergestellt, und es hatte sich gezeigt, daß fast in allen Fällen die mitteldeutschen Ausdrücke, offenbar unter dem andauernden Einfluß der Bibel, gesiegt haben. Vgl. noch K. BACHMANN, Der Einfluß von Luthers Wortschatz auf die schweizerische Literatur des 16. und 17. Jahrhunderts. Im Anschluß an Adam Petris Bibelglossar. Diss. Freiburg 1910.

Wir haben es aber bei der Bibelsprache noch mit einer ganz besondern Eigentümlichkeit zu tun. Sie wirkte nicht nur für die Zeit ihrer Entstehung, sondern auch für die spätern Zeiten. Wenn die Worte, die sie gebrauchte, im Volksmunde ungebräuchlich geworden waren, so konnten sie doch durch das immerwährende Lesen in der Bibel wieder neu aufleben. Im 18. Jahrhundert war die Bibel ein Hausbuch, und es ist nur zu leicht verständlich, wie stark sich unsere großen Dichter, vor allem Schiller und Goethe, durch die kernige Sprache Luthers beeinflussen ließen. Wie weit dieser Einfluß geht, ist noch nicht genügend untersucht, doch ist er, wie anerkannt, beim jungen Schiller sehr beträchtlich.

Luthers Sprache hat natürlich frühzeitig die Aufmerksamkeit auf sich gelenkt, und es gibt manche Bemerkungen darüber, aber noch immer fehlt uns ein ausreichendes Wörterbuch, an dem wir erst ihren Einfluß recht würden abschätzen können. Die Arbeit von PH. DIETZ, Wörterbuch zu Dr. Martin Luthers deutschen Schriften, ist leider nur bis *H* gediehen. Solange die große Weimarer Ausgabe von Luthers Werken nicht fertig ist, hat auch eine neue Wörterbucharbeit wenig Zweck.

Da jenes Werk nicht vollendet ist, so sind die ältern Arbeiten nicht wertlos. Ich kenne folgende Schriften: PH. SALTZMANN, Sonderbare Worte, welche entweder veraltet, oder neu erdichtet, oder sonsten ein feines Nachsinnen verursachen. Aus denen Schrifften des Herrn Martini Lutheri zusammengetragen. Naumburgk 1664. Leider läßt sich aus den Angaben des Verfassers nicht erkennen, welche Worte damals veraltet waren. Da die Worte, die der Verfasser verzeichnet, ihm immerhin nach einer Richtung auffielen, so gebe ich die an, die uns ganz geläufig sind:

abmergeln, aburteilen, Abweg, achtsam, allmehlig, Amptmann, Aschenbrödel, Aufgeblasenheit, Ausbund, auswehlen, Banckerot, barhaupt, behagen, benedeien, Beschauligkeit, bevheden, Biddermann, Bilger, Bintze (Binse), *Blindckue spielen, Blutdurst, Bluthund, Bockshorn, bößlich, böswillig, Botenbrod, botz, Bule, Caplan, casteyen, Cüster, einbleuen, Eisenfresser, empfenglich, entsetzlich, Eseley, Faustrecht, Fehde, Filosoff, Fratzen, furchtloß, Galgenfrist, geiffern, geldgierig, gemanen, gemeinnützig, Gerumpel, Gewarsam, Gewirre, girig, glutroth, Gnatz, greßlich, grob, gröblich, größlich, Handtuch, harthertzig, hartköpffig, Hasenpanier, hastig, Hayn, hehr, Hescher, Hippe, hochsinnig, hofiren, Hofschrantzen, hohnlecheln, Holtzweg, horchen, Hungertuch, immer und immer, Irrewisch, jugentlich, Kaff, Kampfplatz, Kautz, Katzbalgen, kecklich, Kerle, Kilkropp, klaffen, Kleffer, Knapsack, Kölerglauben, Korn-Wurm, Kretzschmer, kreyschen, kriebeln, Kübel, Kutten, Lästermaul, Laun, leichtgläuhig, Leichnam, leppisch, Lotterbuben, Luderleben, Maulaffe, Memme, Metze, missebrauchen, Monkalb, Mordgir, mucken, munckeln, mustern, nachohmen, Naseweiß, Newigkeit, Oelgötze, Raserey, retlich, Rotwurst, Sang* (für *Gesang*), *Schelm, schicklich, schmehlich, schwechlich, schwülstig, sittlich* (moralis), *sondern, Spitzbuben, spornen, Spötterey, störrig, Stotterer, Strauchdieb, Sudler, Teuffling, Tochterkirche, Tölpel, überraschen, vergeuden, ungeheuer, unredlich, unrümlich, unfrey, unverblümbt, Wechselbalg, wimmeln, Wüterey, zagen, Zetergeschrey, Zwickmühle.*

Zu diesen Worten würden wir in der Hauptsache heute keine Bemerkungen hinzufügen. Zum Teil handelt es sich sicher um volkstümliche Ausdrücke, die aber der Zeit Saltzmanns ungeläufig waren.

Weitere Schriften sind folgende: DIEDERICH VON STADE, Erläuter- und Erklärung der vornehmsten deutschen Wörter, deren sich D. Martin Luther in Übersetzung der Bibel in die deutsche Sprache gebrauchet, Stade 1711. 2. Auflage, die mir allein zugänglich ist, Bremen 1724. Dieses Werk verfolgt mehr etymologische Zwecke und stellt oft den Wortlaut der verschiedenen Bibelübersetzungen nebeneinander. W. A. TELLER, Vollständige Darstellung und Beurteilung der deutschen Sprache in Luthers Bibelübersetzung. 1. 2. Berlin 1794/95. Teller gibt S. 49 ein Verzeichnis der Wörter,

„welche entweder ganz veraltet oder doch nach der beygefügten Bedeutung in der guten Schreibart nicht mehr üblich sind". Es ist lehrreich, aus diesem Verzeichnis die herauszuheben, die heute wieder gebräuchlich sind:

angelegen sein 'am Herzen liegen', *anheben* 'anfangen', *auferwecken, beginnen* 'anfangen', *blecken* 'die Zähne', *entbieten, entweichen* 'sich wegbegeben', *ereilen, erkunden, frommen* 'nützlich sein', *hausen* 'wohnen', *heischen* 'fordern', *löcken, quit sein* 'frei sein', *raunen, vertrauen* 'hoffen', *wähnen* 'denken, meinen', *walten* 'herrschen', *allermeist, Anbeginn, auf daß, Creyß* 'Landesabteilung', *da* 'wo', *dieweil, etlicher* 'mancher', *Filz* 'Geizhals', *Fischreusen, flugs* 'geschwind, sogleich', *fürbaß, für und für, gäng und gebe, Hader, Händler* 'Handelsleute', *Heerschaaren, hehr, Heiland, Hippe, hui* 'geschwind'. *Junker, Kebsweib, keusch* 'rein', *klärlich* 'deutlich', *Krieger, Kriegsknecht, Laib, Leute, Loch* 'Gefängnis', *Lotterbube, Mähre* 'Pferd', *Meister* 'Künstler', *meuchlings, Nächsten* 'Verwandte', *nimmer* 'nie mehr', *Pöbel, Prüfstein, redlich, Regiment* 'Regierung', *Reisige* 'Reiterei', *Rotte, sammt* 'mit', *Satzungen* 'Vorschriften', *Schalksknecht, Scharwache, Schemen, Scherge, scheußlich, Schicht, sich schicken, Schulmeister, selbander, Sitten, sonderlich, Speer, Spruch, störrig* 'widerspenstig', *stracks* 'gerade', *Streit* 'Krieg', *zum Streit ziehen* 'sich zum Streit rüsten', *Wandel, Weibsbild, weidlich, weiland, Weile* 'Zeit', *Zetergeschrey*.

Weiter sind noch zu nennen: PISCHON, Erklärung der hauptsächlichsten veralteten deutschen Wörter in Dr. Luthers Bibelübersetzung; Einladungsschrift der preußischen Hauptbibelgesellschaft zur dreißigjährigen Stiftungsfeier der Gesellschaft; Berlin 1844. — BECK, Wörterbuch zu Luthers Bibelübersetzung. Siegen und Wiesbaden 1846. — BEELITZ, Lexilogus zur Lutherischen Bibelübersetzung des Neuen Testaments für Gymnasien; Programm von Stendal 1857. — JÖTTING, Biblisches Wörterbuch, enthaltend eine Erklärung der altertümlichen und seltenen Ausdrücke in Martin Luthers Bibelübersetzung, Leipzig 1864.

Von den oben angeführten Worten sind nun zweifellos nicht wenige durch die eifrige Beschäftigung mit unsrer Bibel wieder aufgenommen worden, andere haben im Volk weiter gelebt und können auch von dorther gekommen sein. Jedenfalls zeigen sie uns die gewaltige Macht, die von einem einzigen Literaturdenkmal ausgegangen ist.

Jahrhundertelang hat die Luthersche Bibel schon auf unser Volk gewirkt. Sie ist zwar nicht unverändert geblieben, sondern die Wortformen, die Schreibung und sonstige Eigentümlichkeiten sind unmerklich geändert worden; an den Wortschatz hat man aber am wenigsten getastet. Vieles ist ganz und gar unverständlich geworden und bedarf daher der Erneuerung, denn man muß verlangen, daß die Bibel in einem allgemein verständlichen Gewande dargeboten wird. Ist diese Erneuerung durchgeführt, so wird ihr sprachlicher Einfluß etwas geringer werden, aber aufhören wird er nie.

Auf die kirchlichen Sitten und Gebräuche gehen noch eine Reihe von Ausdrücken zurück. Der Ausdruck *blauer Montag* stammt von dem durch blaue Altarumhänge ausgezeichneten Montag vor Fastnacht, den man jetzt *Rosenmontag* (rasender Montag) nennt. Die Haupteigentümlichkeit an diesem Montag war, nicht zu arbeiten, und so ist allmählich die heutige Bedeutung entstanden. *Stein und Bein schwören* heißt wohl auf die Beine (Knochen) der Heiligen und die Steine der Reliquienkästen schwören. Anders Borchardt-Wustmann 1138. *Ausposaunen* stammt aus Matth. 6, 2. *Am Hungertuch nagen* ist eine Verdrehung für *am Hungertuche näjen* (nähen). Das Hungertuch war ein blaues oder schwarzes Tuch, womit in katholischen Kirchen zur Advents- und Fastenzeit die Altarbilder verdeckt wurden.

Aus der Bibel selbst sind zahlreiche Redensarten entlehnt: *den alten Adam ausziehen*

(Kol. 3, 9); *ohne Ansehen der Person* (Röm. 2, 11); *ein Stein des Anstoßes sein* (Jes. 8, 14); *babylonische Sprachverwirrung* (1. Mos. 11); *Berge versetzen* (Hiob 9, 5); *eine aus der siebenten Bitte; die Böcke von den Schafen sondern* (Matth. 25, 32); *einem ein Dorn im Auge sein* (4. Mos. 33, 55); *wahre Enakssöhne* (4. Mos. 13, 29); *ägyptische Finsternis* (2. Mos. 10, 22); *sich nach den Fleischtöpfen Ägyptens sehnen* (2. Mos. 16, 3); *ein Koloß auf tönernen Füßen* (Dan. 2, 31—34); *die Gottlosen bekommen die Neige* (Ps. 75, 9); *jemand eine Grube graben* (Spr. Sal. 26, 27); *jemand auf den Händen tragen* (Matth. 4, 6); *Hiobspost* (Hiob 1, 14—19); *alle Jubeljahre einmal; Judaskuß* (Math. 26, 48); *Kainszeichen* (1. Mos. 4, 15); *das goldene Kalb anbeten* (2. Mos. 32); *feurige Kohlen auf jemandes Haupt sammeln* (Röm. 12, 20); *Rotte Korah* (4. Mos. 16); *Krethi und Plethi* (2. Sam. 8, 18); *ein Herz und eine Seele* (Apostelg. 4, 32); *sein Licht unter den Scheffel stellen* (Matth. 5, 15); *Linsengericht; dem Mammon dienen* (Matth. 6, 24); *Matthäi am letzten; Menetekel* (Daniel 5, 25); *so alt wie Methusalem* (1. Mos. 5, 27); *Mücken seigen und Kamele verschlucken; dem Ochsen das Maul verbinden* (5. Mos. 25, 4); *Perlen vor die Säue werfen* (Matth. 7, 6); *ein Pfahl im Fleische* (2. Kor. 12, 7); *von Pontius zu Pilatus schicken; nicht wert sein, einem die Schuhriemen aufzulösen* (Mark. 1, 7); *ein Buch mit sieben Siegeln* (Off. Joh. 5, 1); *Splitterrichter* (Matth. 7, 3—5); *einen Stein auf jemand werfen* (Joh. 8, 7); *der Sündenbock sein* (3. Mos. 16); *jemand zum Tempel hinauswerfen* (Matth. 21, 12); *Uriasbrief* (2. Sam. 11, 14); *zu seinen Vätern versammelt werden* (1. Mos. 25, 8); *den Weizen von der Spreu sondern* (Matth. 3, 12); *ein Wolf in Schafskleidern* (Matth. 7, 15).

Zu untersuchen wäre auch noch, was die einzelnen kirchlichen Bewegungen, die wir seit der Reformation zu verzeichnen haben, an neuen Ausdrücken geschaffen haben. Die Ausdrücke *Pietist* und *Mucker* erinnern an die Bewegung des Pietismus, und den Herrenhutern verdanken wir den Ausdruck *gemütlich*, den Goethe aufnahm, der aber, wie so mancher andere, im 19. Jahrhundert ganz verflacht wurde.

§ 185. C. Die Rechtssprache.

Literatur: ROETHE, Die Reimvorreden des Sachsenspiegels S. 88 f. — L. GÜNTHER, Deutsche Rechtsaltertümer in unsrer heutigen deutschen Sprache, Leipzig 1903. — J. GRIMM, Deutsche Rechtsaltertümer, 4. Auflage, Leipzig 1899. — Beiträge zum Wörterbuch der deutschen Rechtssprache, Weimar 1908. — FR. KAUFFMANN, Aus dem Wortschatz der Rechtssprache, ZfdPh. 47, 153.

Einen besondern Richterstand hat es bei den alten Germanen noch nicht gegeben, wohl aber gab es eine Rechtsüberlieferung, in der die rechtlichen Vorgänge durch eine Reihe von Formeln und Ausdrücken genau festgelegt waren. Ebenso wie bei den gottesdienstlichen Vorgängen kommt es im Recht genau darauf an, daß alles Nötige peinlich genau beobachtet wird. Noch heute sind Entscheidungen ungültig, wenn Verstöße gegen das Verfahren stattgefunden haben. Es ist daher begreiflich, daß sich auch im Wortschatz der Rechtssprache ein besondrer Zug geltend macht. Er besteht einmal in der Bewahrung alter Formeln, dann aber muß jedem Vorgang im Recht ein festgeprägtes Wort entsprechen. R. M. MEYER sagt Idg. Forsch. 12, 51:

„Es ist z. B. nicht auffallend, daß die Rechtssprache Ausdrücke wie 'Vertrag, Frist, Schenkung' verwendet — alle Welt verwendet sie. Das Charakteristische ist vielmehr, daß für sie eben nur diese Ausdrücke existieren, und alle im gewöhnlichen Sprachgebrauch vorhandenen gleichbedeutenden Worte abgestoßen werden. Ich kann zu einem Freund sagen: wir wollen das so abmachen oder so ausmachen oder wie sonst; vor dem Notar muß ich sagen: ich will einen Vertrag abschließen. Ich mag mündlich erklären: ich hinterlasse mein gesamtes Vermögen dem und dem; beim Testament soll ich nur sagen: ich setze zum Universalerben ein. Die bewußte Vermeidung aller Ausdrücke mit Ausnahme

des einen, den das Gesetzbuch sanktioniert, macht die Rechtssprache schon rein lexiko-
logisch zu einer künstlichen Sprache. Sie gehört freilich auch hinsichtlich der Wortfügung
zu den normalisierten Sprachen. G. Roethe (Die Reimvorreden des Sachsenspiegels S. 88 f.)
hat neulich glänzend in erschöpfender Darstellung die Entstehung einer individuellen
Rechtssprache, derjenigen Eikes von Repkow, vorgeführt. Wir finden auch hier den feierlichen Gebrauch altertümlicher Worte (S. 89), auch hier die Sanktion eines einzelnen Syno-
nyms für bestimmte Rechtsformeln (*mit erven gelove*), während Eike sonst in der Regel
urloub sagt.*

Die Rechtssprache ist also sehr wichtig, und man kann es verstehen,
wenn jetzt in gemeinsamer Tätigkeit ein Wörterbuch der deutschen Rechtssprache in Angriff genommen wird.

Aus der Rechtssprache fließen aber nun anderseits eine Fülle von Ausdrücken, Worten und Redensarten in die Schriftsprache, Worte, die dort
ihre besondere Bedeutung angenommen haben, jetzt aber allgemein gebraucht werden. L. Günther hat in dem oben erwähnten Buche den ganzen
Stoff anregend dargestellt. Er ist aber zu reichhaltig, als daß hier mehr
als ein kurzer Auszug geboten werden könnte.

Wir stellen hier zunächst die Worte zusammen, die ursprünglich eine
rechtliche, jetzt aber eine allgemeine Bedeutung angenommen haben.

Ding, ahd. *ding*, e. *thing*, anord. *þing* 'Gerichtsverhandlung', got. *þeihs* 'Zeit' bedeutet wohl ursprünglich 'Zeit, festgesetzte Zeit', woraus sich dann der Sinn 'Verhandlung
zu dieser Zeit, Gerichtsverhandlung' ergeben hat. Heute erscheint die alte Bedeutung
'Gerichtsverhandlung' noch in *dingliches Recht, dinglicher Anspruch*, ahd. *dinklih* 'ge-
richtlich', *dingen*, ahd. *dingōn* 'vor Gericht verhandeln', *bedingen, dingfest machen*
(erst 1830), *Leibgedinge*, mhd. *lipgedinge, aller guten Dinge sind drei*. Schließlich ist
auch *verteidigen* aus *tagedingen* mit *ding* zusammengesetzt. Welche mannigfaltige Bedeutung hat *Ding* heute angenommen!

Sache. Die ursprüngliche Bedeutung ist 'Streit, Streit vor Gericht', ahd. *sahha*, as. *saka*
'Streit, Streitsache, Rechtshandel, Sache, Ursache', ags. *sacu* 'Streit, Fehde', e. *sake* 'Ursache', an. *sök* 'Rechtssache, Streit', got. das Verb. *sakan* 'streiten, rechten'. Das Wort gehört wohl zu *suchen*, bedeutet also nichts weiter als 'das Aufsuchen'. Es ist dann auf das
Aufsuchen vor Gericht beschränkt worden. Aus der Gerichtssprache ist es zurückgekehrt
in die allgemeine Sprache. Heute besitzen wir die alte Bedeutung noch in folgenden
Fällen: *eine Sache miteinander oder widereinander haben* (Luther), *Sachen-
recht, er macht seine Sache gut, eine böse Sache, das tut nichts zur Sache, in
Sachen seines Vaters, Widersacher* (15. Jh.), ahd. *widersacho* (Notker), *Sachwalter*,
mhd. *sachwalt(e), Zivilsachen, Strafsachen*.

Rede, ahd. *redea* 'Rechenschaft, Rede und Antwort, Rede, Erzählung', got. *raþjō*
'Zahl, Rechnung', urverwandt mit oder entlehnt aus lat. *ratio*, hat gleichfalls einen Teil
seiner Bedeutungen durch die Rechtssprache erhalten, so in *Rede stehen, jemand zur
Rede stellen oder setzen, Rede und Antwort geben, eines Mannes Rede ist
keine Rede.*

echt erscheint erst im Neuhochdeutschen als Lehnwort aus dem Niederdeutschen,
wo *echt* aus *ehaft* regelrecht entwickelt ist. *e* bedeutet hier 'Gesetz, Recht' und ist dasselbe Wort wie unser *Ehe*; *ehaft* ist also, was vor dem Gesetz standhält. Durch die aus
dem Sachsenspiegel fließenden Rechtsbücher drang das niederdeutsche Adj. ins Mitteldeutsche (aber erst nach Luther) und sogar in oberdeutsche Mundarten des bayerisch-
österreichischen Gebietes. *Ehe* selbst, ahd. *ēwa* ist von Notker in unsrer Bedeutung festgelegt, während es sonst ahd. 'Ewigkeit, endlos lange Zeit, Recht, Gesetz, Vertrag' be-

deutet. Dazu got. *aiws*, lat. *aevum*, gr. αἰών (*aiōn*) 'Ewigkeit'. Diese alte Bedeutung 'lange währende Zeit' steckt noch in *ewig*, ahd. *ēwīg, je*, ahd. *io* 'immer', *immer*, ahd. *iomēr*, *jeder*, ahd. *iohwedar* 'jeder von beiden', *jemand*, ahd. *ioman, irgend*, ahd. *iowergin*, *jeglich*, ahd. *eogalīh* 'jeder', *jemals* und den entsprechenden verneinenden Bildungen *nie*, ahd. *nio, niemals, niemand*, ahd. *nioman, nimmer*, ahd. *niomēr, nirgend*, altniederfrk. *niewergin*.

Kampf ist ein sehr merkwürdiges Wort. Es tritt verhältnismäßig spät auf und soll auf lat. *campus (Martius)*, das Feld, auf dem die Wettkämpfe stattfanden, zurückgehen. Im Deutschen tritt dann die Bedeutung 'gerichtlicher Zweikampf' stark hervor.

Schuld, ahd. *skuld* heißt überall 'zu leistende Verpflichtung'. Verblaßter ist die Bedeutung in dem dazugehörigen *sollen*, ahd. *skolan*, e. *shal*, got. *skulan*. Schon J. GRIMM zog zur Aufklärung afrs. *skalin* 'getötet, erschlagen' und lit. *skilti* 'spalten' heran, mit der Bedeutungsentwicklung 'ich habe getötet und bin daher zu Wergeld verpflichtet'. Das ist eine sehr ansprechende Erklärung, wenn sie auch nicht ganz sicher steht.

Ähnlich stammt *überführen* wohl von der alten Sitte, den vermuteten Mörder an der Leiche des Erschlagenen vorüberzuführen.

Das sind ein paar bezeichnende Ausdrücke, die aus der Rechtssprache stammen, denen man aber ihren Ursprung nicht ansieht.

Sehr viel größer ist die Zahl der Redensarten, die ursprünglich einen rechtlichen wirklichen Vorgang bezeichnen, während sie heute meist nur noch bildlich verstanden werden.

Vermählen bedeutet 'feierlich zusammensprechen', ahd. *mahalian* 'reden, sprechen'; ebenso *verloben* 'feierlich geloben'; *unter die Haube kommen* rührt von der Haube her, die die junge Frau nach der Hochzeit anlegte; *widmen* stammt aus dem Eherecht und bedeutet 'mit dem *Wittum*, ahd. *widamo* (mit gr. ἕεδνον [*éednon*] 'Brautgeschenk' zusammenhängend) ausstatten'; *auf den Schild erheben*. Noch 1204 wurde Balduin von Flandern bei seiner Wahl zum griechischen Kaiser auf den Schild gehoben. Ebenso *auf den Thron erheben* und *vom Throne stoßen*. *Das Tischtuch entzwei schneiden* war die rechtssymbolische Handlung der Scheidung; *jemand für vogelfrei erklären* (mhd. *vogelvri*) stammt aus der Zeit der Friedlossetzung; *in die Brüche gehen* gehört vielleicht zu ndd. *bröke, broke* 'Geld-, Viehbuße', früher *jemand in die Brüche nehmen*. Doch kann die Redensart auch anders erklärt werden.

Eine Anzahl andrer Ausdrücke stammt aus dem ältern Gerichtsverfahren, dem Gottesurteil, der Folter usw.

a) Gottesurteil: *die Feuerprobe bestehen, (wie) auf (glühenden) Kohlen sitzen, durchs Feuer gehen für jemand, Gift auf etwas nehmen*.

b) Folter: *Folter* selbst ist 1468 als *voltergeräst* 'eculeus' belegt und stammt aus mlat. *poledrus* 'Fohlen, Füllen', dann 'Marterwerkzeug in Gestalt eines Pferdchens'. An Redensarten gehören hierher: *auf die Folter spannen, Folterqualen leiden, Daumschrauben ansetzen, in spanische Stiefel einschnüren, jemand schrauben* (1691), *ihn aufziehen, sich wie gerädert fühlen, triezen*, eig. 'an einer *Trieze* 'Winde' hochziehen'.

c) Sonstiges: *über jemand den Stab brechen, mit gebundenen Händen zusehen* oder *dastehen, den Gnadenstoß geben, Spießruten laufen; an den Pranger stellen; einem auf das Dach steigen*. Man stieg in früherer Zeit einem tatsächlich auf das Dach und deckte es ab, namentlich Ehemännern, die sich von ihren Frauen hatten schlagen lassen. *Hand und Fuß haben*.

Allerdings kommt schon im Lateinischen *nec caput nec pedes nec cor habere* in der Bedeutung 'gar nichts taugen' vor, trotzdem geht die Redensart wohl auf die Sitte zurück, dem Verbrecher eine Hand und einen Fuß abzuhauen, vgl. Meier Helmbrecht 1690: *Man rach die muoter, daz man im sluoc abe die hant und einen fuoʒ.*

brandmarken 1678; — *die Hände sind einem gebunden*; — *Haberfeld-treiben* in Bayern; — *unter den Hammer kommen*; — *Fersengeld geben*; — *radebrechen*, ursprünglich 'auf dem Rad hinrichten'; — *überhandnehmen*, wohl 'Gewalt über eine Sache nehmen'; — *Halsgericht, es geht einem an den Hals* oder *an den Kragen* (*Kragen*, ursprünglich 'Hals'); — *zeter schreien* und *zetermordio*; — *Galgenfrist, Galgengesicht, Galgenphysiognomie, Galgenhumor, Galgenschwengel*; — *Henkersmahlzeit*; — *Wergeld*, ahd. *wergelt*, eig. 'Geld für den (erschlagenen) Mann'; — *Steckbrief*, ursprünglich 'Ladebrief eines Femgerichts, der dem Beklagten in den Torriegel seines Hauses gesteckt wurde'.

Die eigentliche Rechtssprache ist uns ja auch z. T. bekannt, und auch in ihr spiegelt sich die Geschichte des deutschen Volkes. Wir haben eine Anzahl einheimischer Ausdrücke. Schon früh kamen einzelne Lehnwörter dazu, die sich mit Eindringen des römischen Rechtes gewaltig vermehrten, und sich eigentlich erst mit der Herstellung des bürgerlichen Gesetzbuches vermindert haben, in dem die deutsche Sprache wieder zu ihrem Recht gekommen ist.

<h3 style="text-align:center">A. EINHEIMISCHE BESTANDTEILE.</h3>

Beracht, mndd. *overachte*, zsg. mit *Acht*, ahd. *âhta* 'Verfolgung' aus **anhtô*, wohl zu gr. ἀνάγκη (*anánkæ*) 'Zwang'; — *ahnden*, ahd. *andôn* 'strafen'; — *Altenteil*, nordd.; — *Anerbe*, mhd. *anerbe*; — *anerkennen*, 1774; — *Anspruch*, mhd. *anspruch* 'rechtliche Forderung'; — *Anwalt*, ahd. *anwalto*; — *Anwartschaft*, 1641; — *Aufgebot*; — *auflassen*, mnd. *uplâten*; — *Bann*, ahd. *ban*, e. *ban* zu lat. *fâri* 'sprechen'; — *beeinträchtigen*, von älternhd. *Eintracht* statt *Eintrag* 'Querfäden des Gewebes', von Frisch als ein seltsames Juristenkompositum bezeichnet; — *Behelf*, spätmhd. *behelf*; — *beistehen*, ahd. *bistandan*; — *Beleg*, ursprünglich die unter die Grenzsteine gelegten dauernden Zeichen der Markmeister und Feldgeschworenen; — *bemänteln*, frühnhd., der *Mantel* ist das Sinnbild des gewährten Schutzes; — *berüchtigt* zu mnd. *beruchtigen*; — *Bescheid*, mhd. *bescheit*; — *Bürge*, ahd. *burgio* zu *bergen*; — *Burgfriede*, mhd. *burc-vride*; — *Buße*, ahd. *buoza*, e. *boot* 'Nutzen, Vorteil' zu *baß, besser*; — *Büttel*, ahd. *butil*, e. *beadle* zu *bieten*; — *Dieb*, ahd. *diob*, e. *thief*, got. *þiufs*; — *Ehehaften* 'rechtsgültiges Hindernis', ahd. *êhaftî* 'Recht, Pflicht' zu ahd. *êhaft* 'gesetzmäßig, rechtsgültig' (s. *echt*); — *Eintrag*, im 15. Jh., s. *beeinträchtigen*; — *einwenden*, 17. Jh.; — *Einwurf*, frühnhd.; — *Erbe* n., ahd. *erbi*, got. *arbi*, eig. 'bewegliche Hinterlassenschaft', zu lat. *orbus*, gr. ὀρφανός (*orphanós*) 'Weise'; — *Erbschlichter*, Luk. 12, 14; — *Errungenschaft*, 1663; — *erstehen*, mhd., 'durch Stehen vor Gericht erwerben'; — *fähig*, frühnhd., zu *fahen*; — *fahrlässig*, mhd. *verlæzec* von *verlîz* 'Lässigkeit, Versäumnis' — *Fehde*, ahd. *gafëhida* von ahd. *gifëh* 'feindselig' zu got. *bifaihôn* 'übervorteilen', air. *oech* 'Feind'; — *Feme*, mhd. *veime*, vgl. Weigand; — *Fürsprech*, schweiz., ahd. *furisprehho*; — *Gefängnis*, mhd. *gevencnisse*; — *Gerade*, im Sachsenspiegel *gerâde* zu *Rat, Vorrat*; — *gerecht*, ahd. *gireht*, got. *garaihts*; — *Gericht*, ahd. *girihti*; — *Gesetz*, ahd. *gisezzida*; — *Gespilderecht* 'Vorkaufsrecht' zu *spalten*; — *Gewähr*, ahd. *giweri* 'Einkleidung in den Besitz' zu ahd. *giwerjan*, got. *wasjan* 'kleiden, bekleiden', lat. *vestîre*, wohl Übersetzung von mlat. *investitura*; — dazu *Gewährschaft*, mhd., und *Gewährsmann*, mhd. *werman*; — *gewaltsam*, 15. Jh.; — *Haft*, andfrk. *hafta* 'Gefangenschaft, Gefängnis'; — *handhaft*, mhd. *handhafte tât* 'bei der der Täter noch die Waffe in der Hand hat'; — *Henkersmahlzeit*, 16. Jh.; — *hinrichten*, Luther; — *Hochgericht*, 1256; — *hochnotpeinlich*, 17. Jh.; — *Justizmord*, 1782 gebildet; — *Kammergericht*, 15. Jh., eig. 'Gericht in der Kammer des Fürsten'; — *Klage*, ahd. *klaga* zu ai. *gárhati* 'klagt, klagt an'; — *laden*, ahd. *ladôn, ladên*, got. *laþôn* 'einladen, berufen', eig. 'mit dem Ladebrett berufen'; — *Märkerding* 'Rügegericht der *Mark*genossen'; — *minderjährig*,

16. Jh., Übersetzung von *minorenn*; — *Morgengabe*, ahd. *morgengeba*; — *Mund* 'Schutz' (*Vormund*), ahd. *munt*, wohl zu lat. *manus* 'Hand'. Dazu *Mündel*, im 8. Jh. *mundilio*; *mündig*, mhd. *mündic*; — *Nacherbe*, 14. Jh.; — *Nachrichter*, mhd. *nâchrihter*; — *Nagelmage*, mhd. *nagelmâc*; — *Näherrecht*, 1691; — *Nießbrauch*, im 17. Jh. nach lat. *usus fructus* gebildet; — *Niftelgerade*, 1624; — *Notzucht*, 15. Jh., ahd. *nôtnumft* 'Raub'; — *Nutznießung*, 16. Jh.; — *Pfahlbürger* 1353; — *Pfand*, ahd. *pfant*; — *Pranger*, 1270, zu nd. ndl. *prangen* 'drücken, pressen', got. *anapraggan* 'bedrängen'; — *Recht*, ahd. *reht*, e. *right* zu *recht*, ahd *reht*, e. *right*, got. *raihts*, lat. *rectus*, ir. *recht* 'Gesetz' dazu *rechten*, mhd. *rehten*; *Rechtsanwalt*, 18. Jh. usw — *redlich*, ahd *redilih* 'verständig'; — *Richter*, ahd. *rihtari*; — *Sachsenspiegel*, das alte Rechtsbuch der Sachsen; — *Schöffe*, ahd. *skeffeno* zu *schaffen, schöpfen*, eig. 'der Recht schafft'; — *Spitzbube*, 16. Jh., zu *spitzen* 'auf etwas lauern'; — *stehlen*, ahd. *stelan*, e. *steal*, got. *stilan*, lat. *stellio* 'ränkevolle Person'; — *Strafe*, mhd. (selten) *strâfe*; — *überhandnehmen*, mhd., wohl zu mhd *hant* 'Hand' als Rechtsausdruck 'Besitz, Gewalt über eine Sache' wie mndl. *overhant* 'Obergewalt'; — *überzeugen*, mhd. *überziugen* 'durch Zeugen überführen'; — *Umstand*, eig. 'die umstehenden Personen', noch els. bayer. *Gerichtsumstand* 'die Zuschauer beim Gericht'; — *unbescholten*, mhd.; — *Unbill*, schweiz.; — *Ungebühr*, 17. Jh.; — *ungeschoren*, mhd. *ungeschorn lân*; — *Unterpfand*, mhd. *unterpfant*; — *Urgicht*, mhd. *urgiht* 'Sündenbekenntnis' zu ahd. *jehan* 'sagen'; — *verantworten*, mhd.; — *Verbrecher*, mhd., zu *verbrechen*, ahd. *farbrehhan*; — *verfangen*; — *verhaften*, mhd. *verheften* zu *Haft*; — *verjähren*, mhd. *verjæren*; — *verklagen*, 15. Jh.; — *Verlassenschaft*, 16. Jh.; — *vermachen*, 14. Jh.; — *verschollen* (1780) zu *verschallen* 'aufhören zu schallen'; — *verstockt*, mhd.; — *verwandt*; — *Vollmacht*, 1372, Übersetzung von mlat. *plenipotentia*; — *Vormund*, ahd. *foramundo*. s. *Mund*; — *Wahrspruch* (um 1840), Übersetzung von *Verdikt*; — *Weistum*, ahd. *wistuom*, e. *wisdom*; — *Widerpart*, mhd. *widerpart(e)*; — *zeugen*, ahd. *giziugôn* zu *ziehen*; — *zierlich*, in der ältern Rechtssprache 'förmlich, feierlich'.

B. LEHNWÖRTER.

An Lehnwörtern ist die Rechtssprache natürlich sehr reich, und es kommt dabei wesentlich der lateinische Sprachstoff in Betracht, neben dem nur in verhältnismäßig wenigen Fällen das Französische eingewirkt hat. Der Raum mangelt, um hier den Stoff anzuführen.

§ 186. D. Die Kanzleisprache. Die Sprache der Kanzlei, die sich seit dem 15. Jahrhundert entwickelt, hat gewisse Ähnlichkeiten mit der Rechtssprache. Auch bei ihr kommt es darauf an, die angegebene Meinung ganz bestimmt auszudrücken, und man wählt daher immer wieder denselben Ausdruck. Weiter arbeitet aber die Kanzlei mit Formularen. Was einmal geschrieben ist, liegt ja noch vor, und man schreibt es daher wieder ab. So erhalten sich Ausdrücke, die längst keiner mehr spricht. Die Kanzlei neigt ferner zu Umständlichkeit, was nicht wundernehmen kann, da das Schreibwerk nach der Elle bezahlt wird. Anfangs liebte sie auch die Fremdworte; dagegen hat man früh geeifert, was freilich nur bis zu einem gewissen Grade genützt hat.

Hier stelle ich eine Anzahl von Worten zusammen, die wohl aus der Kanzleisprache stammen dürften. Bei vielen empfindet man noch heute den Aktenstaub.

ablehnen, abmüßigen, abnehmen, Akten, allenfallsig, anbei, anbelangen, anberaumen, in Anbetracht, anderweit, Anerbieten, anhängig, anheimstellen, -geben, -fallen, anher, anitzt, anläßlich, annoch, Anrecht, anstatt, Ansuchen; Anzeige, approbieren, Auflage 'amtlicher Auftrag', *aufwiegeln, Ausflucht, aushändigen, äußern, Ausweis, Bedarf, Bedenken, Beding, beendigen, befehligen, befremden, behändigen, beherzigen, Behörde, Behuf, beimessen, beipflichten, Belang, bemängeln* (obd.), *benebst, Benehmen, besage, beseitigen, Betracht, Betreff, bezichtigen, bislang, darleihen, dazumal, demnach, dergestalt, derjenige, dermaßen, dero, desfalls, diesfällig, ehest, einschreiten, Einverständnis, sich entschließen, erbötig, ermessen, Errungenschaft, ersprießlich, ersuchen, fahnden,* ahd. *fantōn* 'durchforschen', *gewierig,* Ew. *Liebden, unbeschadet, verausfolgen, vorstellig werden, Wagnis, Weiterung.* Vgl. dazu noch GDS. 243.

§ 187. **E. Die Dichtersprache.** Daß die Sprache der Dichtkunst von der der Prosa abweicht, ist allgemein bekannt, aber worin diese Unterschiede bestehen, ist nicht ohne weiteres klar. Sie lassen sich aber in aller Kürze dahin zusammenfassen, daß die Dichtersprache wie Janus zwei Gesichter zeigt, ein vorwärts gekehrtes und ein rückwärts gewandtes.

Das rückwärts gewandte erkennen wir sehr leicht. Überblickt man irgendwelche Zusammenstellungen des Wort- und Formenschatzes der Dichtersprache, so stellt sich sofort klar heraus, daß wir es in der Hauptsache mit einer ältern Sprachstufe zu tun haben. Die Dichtersprache hat im allgemeinen einen altertümlichen Sprachcharakter, ja sie kann sich zu einer neben der lebenden stehenden ganz besondern Sprache entwickeln. Bei den Griechen hatte ja jede Dichtungsart, das Epos, die Elegie, die Lyrik, das Drama, seine besondere Sprachform und seinen besondern Wortschatz, und noch lange nach Homer, selbst in byzantinischer Zeit dichtete man jedes Epos in homerischer Sprache.

Diesen auf griechischem Boden deutlich hervortretenden Grundzug darf man aller Wahrscheinlichkeit nach auch auf andern Sprachgebieten erwarten, und man findet ihn tatsächlich auch im Deutschen. Die Ursache liegt natürlich darin, daß die Dichtungen im Munde des Volkes oder der Sänger fortleben, und daß sich dadurch ganze Redensarten und Verbindungen fest dem Gedächtnis einprägen und daher zu jeder Zeit wieder verwendet werden können, daß also, wie Schiller treffend gesagt hat, die Sprache für den Dichter dichtet und denkt. In diesen Abweichungen vom gewöhnlichen Sprachgebrauch liegt zu einem guten Teil der Reiz der dichterischen Sprache begründet. Selbstverständlich können Worte aus der Dichtersprache wieder in die Prosa aufgenommen werden und dort eine solche Verbreitung gewinnen, daß sie nicht mehr als poetisch empfunden werden.

Die Dichtersprache ist also in hohem Grade formelhaft, und nicht selten führt die natürliche Entwicklung jenen Weg, den die Griechen eingeschlagen haben, zu den Sprachen besonderer Dichtungsgattungen. Bei uns hat sich dieser Entwicklungsgang glücklicherweise nicht vollzogen, weil zu allen Zeiten Dichter mit neuen Dichtarten aufgetreten sind, die den Bann der Überlieferung gebrochen und die Dichtersprache wieder natürlich gestaltet haben. Man denke an die Sturm- und Drangperiode. Aber auch sonst greifen verschiedene Zeiten wieder auf die natürliche Sprache zurück.

Auf der andern Seite richtet die Dichtersprache den Blick nach vorwärts und schafft neue Worte und Ausdrücke, da sie möglichst die Ausdrücke der gewöhnlichen Umgangssprache zu vermeiden sucht. Am meisten und fruchtbarsten wirkt natürlich auf diesem Gebiet das Genie, das durch seine Tätigkeit die Sprache wirklich bereichert.

Weiter hat es immer Vereinigungen von Dichtern gegeben, die gewisse Kunst- und Sprachgesetze auf ihre Fahnen geschrieben haben, und die dann bewußt eine neue Dichtersprache schaffen. Meist verfällt auch sie wieder dem Los, formelhaft zu werden.

Will man auf diesem Gebiet zur Klarheit kommen, so muß man von den einzelnen Dichtgattungen der Zeit und der Art nach ausgehen. Obgleich schon mancherlei auf diesem Gebiet gearbeitet ist, so ist doch alles nur ein Anfang, und es wird noch lange dauern, ehe wir über die Entwicklung der Dichtersprache und über ihren Einfluß auf unsern neuhochdeutschen Wortschatz klar sehen.

Am Anfang unsrer Dichtung steht eine allen germanischen Stämmen eigene volkstümliche Poesie, deren metrische Eigentümlichkeit der stabreimende Vers bildet. Wie längst erkannt ist, enthält sie einen großen Schatz von Formeln. Diese müssen natürlich wieder aus älterer Zeit stammen, ja man hat versucht, sie bis in die indogermanische Urzeit zurückzuverfolgen. Im zweiten Merseburger Zauberspruch liegt die Verbindung vor

bēn zi bēna, bluot zi bluoda, lid zi giliden.

Ganz ähnliche Ausdrücke kehren, wie A. KUHN gezeigt hat, auf indischem Boden wieder. Im Atharwaweda 4, 2 heißt es:

„Zusammen werde Mark mit Mark und auch zusammen Glied an Glied,
Was dir an Fleisch vergangen ist und auch der Knochen wachse dir,
Mark mit Marke sei vereinigt, Haut mit Haut erhebe sich."

Die grundsätzliche Annahme, daß solche Formeln bis in die indogermanische Urzeit zurückgehen können, ist gewiß nicht zu leugnen. So kehrt die Verbindung *Nacht und Tag* in der Weise, daß der Begriff *Nacht* vorangeht, in den verschiedensten Sprachen wieder. Sie war in dieser Reihenfolge sicher indogermanisch. Uralt ist z. B. auch die Verbindung *Zweifüßer und Vierfüßer*, aind. *dvipād* und *čatuṣpād*, welche Verbindung sich auch im Umbrischen ganz entsprechend als *dupursus peturpursus* findet.

Die Formelhaftigkeit der altgermanischen Alliterationspoesie ist außerordentlich groß, so groß, daß es bei guter Bekanntschaft mit diesen Formeln nicht schwer ist, Verse in dieser Dichtart zu machen. Natürlich haben diese Formeln frühzeitig die Aufmerksamkeit auf sich gezogen, und sie sind gesammelt worden.

Anmerkung 1. Vgl. JAKOB GRIMM, Andreas und Elene, Einleitung S. 40 ff. — L. WEINHOLD, Spicilegium formularum, Halle 1847. — R. HEINZEL, Über den Stil der altgermanischen Poesie, Straßburg 1878. — SIEVERS in dem Anhang zu seiner Ausgabe des Heliand, Halle 1878. — OTTO HOFFMANN, Reimformeln im Westgermanischen, Darmstadt 1885. — R. M. MEYER, Die altgermanische Poesie nach ihren formelhaften Elementen beschrieben, Berlin 1889. — ALBERTA JOHANNA PORTENGEN, De oudgermaansche dichtertaal in haar ethnologisch verband. Proefschrift, Leiden 1915.

Der Entwicklungsgang unsrer alten Dichtkunst wurde dadurch unterbrochen, daß mit dem Reim ein ganz neues Kunstmittel eingeführt wurde, und diese neue Dichtart, deren erster großer Vertreter Otfried war, verlangte auch eine neue Ausdruckweise. Hier fehlte also die Überlieferung, und naturgemäß mußte daher der Dichter in ganz andrer Weise wortschöpferisch auftreten als ein Dichter der alten Art. Man merkt Otfrieds Poesie auch das Neue im Wortschatz an.

Die alte Art ist indes nicht ausgestorben. Die Spielmannspoesie und das mittelhochdeutsche Volksepos haben zweifellos an den Stil der alten alliterierenden Poesie angeknüpft, und so zeigen sie beide tatsächlich einen großen Schatz an Formeln und sogar an alliterierenden Verbindungen. OSWALD BERGER hat, Beiträge 11, 371, für das Oswaldgedicht eine Reihe derartiger alliterierender Verse zusammengestellt. Es würde sich dasselbe für jedes einigermaßen volkstümliche Gedicht des Mittelalters ebenfalls ergeben.

Die Kudrun wimmelt geradezu von Stabreimen und stabreimenden Formeln, z. B. *schirmen unde schiezen; man unde mägen; die minniclichen meit; — kömen heim ze hove; — die vremeden zuo den vriunden; — des wirtes wille; die liute begunden lachen; — allez über al.* Ja, es lassen sich regelrechte Stabreimverse herausschälen oder mit leichter Mühe wieder herstellen, z. B.:

> *der was nu zergangen   mit grôzer arbeit* 14, 2
> *allen die ir gerten,   den gap man ir genuoc* 40, 2
> *die brâhten liehte schilde   unde schefte rîche* 42, 3
> *manegen gast mit willen,   die sie ouch gerne sähen* 46, 3
> *daz im die vogele kunden   vliegende niht entrinnen* 97, 3
> *dô sach er vil der tiere   vrevele unde balt* 100, 2
> *Hetele der rîche* (l. *herre*)   *ze Hegelingen saz* 207, 1
> 　　　　　*Hilde die rîchen*
> *des wilden Hagenen tohter* 226, 3. 4
> *ze Hilden und ze Hagenen   hin ze hove gân* 258, 3
> *dô bewant man diu ruoder   rôt alsam ein gluot* 265, 2
> *ir ankerseil wurden   da her von Arabē*
> 　*gevüeret harte verre* 266, 1. 2
> *swie sô was ir wille   ûf dem wilden sē*
> *sô was in etewenne   von ungemache wē.*
> *swer die ünde bouwet   der muoz mit ungemache wesen* 287, 1. 2. 4
> *mit mînem silber sende   zwelf soumære* 595, 3
> *und muost diu kleider waschen   in den küelen winden* 1064, 3.

Anmerkung 2. Auch wir haben, was kein Wunder nehmen kann. in unsrer heutigen Sprache noch manche alliterierende oder reimende Formel bewahrt, und wenn sie zum Teil auch nicht allzu alt sind, so zeigen sie doch jenen uralten Zug der Dichtersprache. Ich nenne: *Schimpf und Schande; samt und sonders; Küche und Keller; Koch und Kellner; bitterböse; der wilde Wald; seine sieben Sachen; in Bausch und Bogen; durch Disteln und Dornen; drehen und deuteln; an allen Ecken und Enden; Feuer und Flamme; Freund und Feind; Fisch noch Fleisch; gang und gäbe; Geld und Gut; weder Gicks noch Gacks; Gift und Galle; Glück und Glas; Haus und Herd; Haus und Hof; mit Haut und Haar; hoffen und harren; Kind und Kegel; Kisten und Kasten; Kopf und Kragen; Land und Leute; wie er leibt und lebt; Licht und Luft; los und ledig; Lust und Leid; Lust und Liebe; Mann und Maus; bei Nacht und Nebel; ohne Rast und Ruh; Roß und Reiter;*

Seele und Seligkeit; singen und sagen; gestiefelt und gespornt; über Stock und Stein; mit Stumpf und Stiel; vor Tag und Tau; Tor und Tür; Tod und Teufel; tun und treiben; nicht wanken und nicht weichen; eine gute Wehr und Waffen; Wind und Wetter; Witwen und Waisen; Wohl und Wehe; Zaum und Zügel; zittern und zagen; Zweck und Ziel usw.

Ebenso haben wir alte Reimformeln: *mit Ach und Krach; unter Dach und Fach; dann und wann; echt und recht; aut oder naut; Freud und Leid; Handel und Wandel; kein Hind und kein Kind; Lug und Trug; holl und voll; Sang und Klang; Wahl macht Qual; mit Rat und Tat; in Saus und Braus; Stein und Bein; nach bestem Wissen und Gewissen; über Stock und Block; ohne Ruck und Muck; Mucken und Tucken; in Hülle und Fülle; schlecht und recht; mein und dein; langen und bangen; sterben und verderben; geschniegelt und gebügelt; gerüttelt und geschüttelt* usw. Weitere Beispiele bei BORCHARDT-WUSTMANN, Die sprichwörtlichen Redensarten im deutschen Volksmunde, 5. Aufl., S. 8 ff.

Zum Teil stammen diese Verbindungen auch aus der Rechtssprache und dem Sprichwort; die Dichtersprache ist indessen die Grundlage. Im übrigen wirkt der Stabreim auch in der neuern Poesie nach, und selbst Goethe hat ihn häufig genug verwendet, vgl. W. EBRARD, Alliterierende Wortverbindungen bei Goethe, Programm, Nürnberg 1900.

Eine Untersuchung über das erste Auftreten dieser formelhaften Verbindungen, deren hohes Alter sich schon daraus ergibt, daß in manchen von ihnen sonst verloren gegangene Ausdrücke enthalten sind, wäre eine dankenswerte Aufgabe.

Zeigt sich also schon in den Stabreimen der mittelalterlichen Volksdichtung die Abhängigkeit von den älteren Vorbildern, so wird dies auch noch durch etwas anderes erwiesen. Sie war auch von abgestorbenen, sonst überhaupt nicht mehr oder höchstens in den Mundarten lebenden Worten durchsetzt. Wir erkennen das daraus, daß das Volksepos eine ganze Reihe von Ausdrücken gebraucht, die das höfische Epos gar nicht oder nur spärlich verwendet.

Zu diesen Ausdrücken gehören: *balt* 'kühn', *barn* 'Kind', *berht* 'glänzend', *blīde* 'freundlich', *bræde* 'gebrechlich', *brogen* 'sich in die Höhe richten', *degen* 'Kriegsmann', *dürkel* 'durchbohrt', *durnehte* 'vollständig', *ecke* 'Schneide einer Waffe', *ellen* 'Mannheit', *ellenthaft* 'mannhaft', *gemeit* 'froh, freudig', *gēr* 'Wurfspieß', *helt, hervart, küene, marc* 'Streitroß', *mǣre* 'berühmt', *milte* 'freigebig', *raste* 'Ruhe', *recke, sarwāt* 'Kriegsgewand', *snël* 'tapfer', *urliuge* 'Krieg', *veige* 'dem Tode verfallen', *vermezzen* 'kühn', *verschrōten* 'zerhauen', *vrëch* 'kühn', *vrevel* 'mutig, kühn', *wal* 'Schlachtfeld', *wætlich* 'schön, stattlich', *wīgant* 'Krieger, Held', *wīc* 'Kampf'. Vgl. darüber E. STEINMEYER, Über einige Epitheta der mittelhochdeutschen Poesie, Erlangen 1889.

Wir können weiter verfolgen, wie eine Reihe von Ausdrücken in den Handschriften allmählich durch andere ersetzt werden, d. h. also ungebräuchlich geworden waren. Vgl. darüber P. ABEL, Veraltende Bestandteile des mittelhochdeutschen Sprachschatzes, Erlangen 1902, und ALICE VORKAMPFF-LAUE, Zum Leben und Vergehen einiger mittelhochdeutscher Wörter, Halle a/S. 1906.

Dasselbe Schicksal, das die Volkspoesie traf, mußte auch der höfischen Poesie zuteil werden. Ging sie zunächst ihre eigenen Bahnen, für die sie eine neue Ausdrucksweise schuf, so konnte es doch nicht ausbleiben, daß ihre großen Dichter ihrerseits in ihrem Wortschatz wieder vorbildlich wirkten.

Die Untersuchungen über alle diese Verhältnisse liegen noch sehr im argen, wie es denn überhaupt kaum Arbeiten über den Wortgebrauch im Mittelalter gibt.

In der neuern Zeit liegen die Dinge im Grunde ganz gleichartig. Die Dichtkunst erstarrte oft in gewissen Formen und Formeln. Zeitweise finden wir eine gekünstelte Sprache, dann aber näherte sich auch die Dichtersprache der Prosa wieder außerordentlich, und im 17. Jahrhundert ist der Unterschied am geringsten. Als Beispiel führt BEHAGHEL Brockes an, dessen Sprache uns allerdings arg prosaisch klingt, z. B.:

> *Kann man also leicht erweisen,*
> *Daß die Luft nicht einerley,*
> *Sondern in verschiedenen Kreisen*
> *Gleichsam abgesondert sey.*
> *Wie denn dieß die Wolken zeigen,*
> *Die bald sinken und bald steigen,*
> *Bloß nachdem sie dünn und feucht,*
> *Frey, gepresset, schwer und leicht.*

Ein neues Leben begann mit dem Erwachen der Geister im 18. Jahrhundert. Man wollte etwas Neues bieten. Man näherte sich einmal der volkstümlichen Rede und griff tief in den Wortschatz der Mundarten hinein, anderseits suchte man nach neuen Ausdrücken, und da die Wortschöpfung nicht selten etwas Bedenkliches hat, so ging man auf die literarisch überlieferte Sprache, sogar die des Mittelalters zurück und erneuerte zahlreiche tote Worte, vgl. oben S. 259. Viele von ihnen sind vollständig wieder eingebürgert, ja sogar in die Umgangssprache vorgedrungen. Ganz bewußt hat R. WAGNER auf die alte Sprache zurückgegriffen, und bei der Verbreitung seiner Werke ist es nicht wunderbar, wenn auch die Umgangssprache davon berührt wird. Vgl. auch FELIX OTT, R. Wagners poetischer Wortschatz. Diss. Gießen 1917.

4. DIE SPRACHE DER EINZELNEN BERUFE.

§ 188. **Allgemeines.** Neben den bisher behandelten Sondersprachen allgemeiner Art stehen außerdem noch die Sprachen der in unserm heutigen Leben so stark verzweigten Berufe, die des Landmanns, des Bergmanns, der Buchdrucker, der Jäger, der Schiffer und Seeleute usw. Sie alle haben ihre besondere Sprache. Dazu kommen noch die verschiedenen Ausdrucksweisen der Wissenschaft. Auch bei diesen liegen die Grundfragen so wie bei den oben besprochenen Gebieten. Einerseits fragt es sich, wie sich alle diese Sprachen mit ihrem eigentümlichen Wortschatz entwickelt haben, und anderseits, welche Einflüsse sie auf den Wortschatz unsrer Allgemeinsprache ausgeübt haben.

§ 189. **A. Die Sprache des Ackerbauers.** Die landwirtschaftliche Tätigkeit war ursprünglich die Grundlage der ganzen wirtschaftlichen Ordnung. Ackerbau und Viehzucht sind schon die Grundpfeiler der Wirtschaft bei den Indogermanen gewesen, sie bleiben es lange Zeit bei den Germanen und den Deutschen, und erst in neuerer Zeit hat sich dies bis zu einem gewissen Grade geändert. Grund genug also dafür, daß wir bei vielen Worten ihre ursprüngliche Bedeutung in dieser Richtung suchen müssen, d. h. daß viele Worte mit allgemeiner Bedeutung einst eine engere gehabt haben, die sich auf die Landwirtschaft bezog. Da die Landwirtschaft noch jetzt allgemein verbreitet ist, so ist nicht anzunehmen, daß gerade sehr viel Worte in neuerer Zeit aus ihr in die Schriftsprache geflossen sind, es wird sich vielmehr meist um eine eigenartige Bedeutungsentwicklung handeln.

Es gehört zu den noch heute weitverbreiteten, sicher aber falschen Annahmen, daß die Indogermanen Wanderhirten waren. Man stützt sich dafür auf Wörter wie *Trift*, zu *treiben* und *Acker*, lat. *ager*, gr. ἀγρός (*agrós*) zu lat. *agō*, gr. ἄγω (*ágō*). Aber dieses kann nichts beweisen, da es eben 'Acker, Feld' bedeutet und vielleicht mit *agō* gar nicht zusammenhängt. Und *Trift* ist eben der Ort, wo man das Vieh getrieben hat. Auch aus der ursprünglichen Bedeutung von *Rast*, got. *rasta* 'Meile', anord. *röst* 'Wegstrecke' läßt sich nichts erschließen, da man zu allen Zeiten gereist ist. Man brauchte diese Ansichten gar nicht anzuführen, wenn sie nicht in Kluges verbreitetem Wörterbuch von Auflage zu Auflage wiederholt würden.

Dagegen entwickelt sich der Begriff des Vermögens, nicht des Eigentums, an dem Vieh, wofür das bekannte lat. *pecūnia* von *pecu* 'Vieh' ein Beispiel ist. Im Deutschen haben wir unser *Schatz*, got. *skatts* 'Geldstück, Geld'. Dies bedeutet aber im afries. *sket* noch 'Vieh', und diese Bedeutung zeigt auch abg. *skotŭ* 'Vieh'; e. *fee* = got. *faihu* 'Vieh' bedeutet 'Trinkgeld'; — *abgedroschen* ist vielleicht eine Nachbildung des lat. *verba trita*.

Sonst bemerke ich noch folgendes: *das Gut* ist ursprünglich 'etwas Gutes', dann 'Vermögen, Besitz, Landbesitz', und wird nun aus der Sprache der Landwirtschaft mit dieser besondern Bedeutung allgemein üblich; — *ausmerzen* wird zunächst von den Schafen gebraucht; — *ausgelassen* ist das Vieh, das nach dem langen Stallaufenthalt im Winter herausgelassen wird und nun seinem Übermut Luft macht; — *der Stall* ist der Ort, wohin etwas gestellt wird, vgl. mhd. *burcstal*, der Platz, auf dem eine Burg gebaut ist.

Derartiger Beispiele lassen sich noch manche anführen. Unsere Erkenntnis auf diesem Gebiet ist aber durch mehrere hochbedeutsame Aufsätze MERINGERS, Idg. Forsch. 17, 100, sehr erweitert worden. In diesen hat er gezeigt, daß eine Reihe weitverbreiteter und in ihren Bedeutungen stark verzweigter Wortsippen leicht verständlich werden, wenn man von der Grundbedeutung *ackern* oder *pflügen* ausgeht.

So sucht Meringer darzulegen, daß unser Wort *Pflug*, ahd. *pfluok* ganz regelrecht zu *pflegen* gehört. Während das Substantiv seine alte Bedeutung bewahrt hat, ist die des Verbs abgewichen. Von der Bedeutung 'ackern' kommt man zu 'wohnen', und von 'wohnen' zu 'gewöhnen, gewöhnt sein, pflegen' ist kein weiter Schritt. Was hier nun vorliegt, kann man auf den Stamm von *wohnen* selbst anwenden. Der Stamm *wen* ist in den indogermanischen Sprachen sehr verbreitet. Wir haben *wohnen*, *gewöhnen*, ahd. *winnan* 'arbeiten', jetzt *gewinnen* 'durch Arbeit erlangen'. Den Mai nannte Karl der Große *winne-*, d. i. *Weide*-monat, so daß also *win / wen* auch 'Weide' bedeutet. Auch bei diesem Wort zeigt Meringer, daß man von der Bedeutung 'pflügen, ackern' ausgehen muß; s. unten. — Ferner bezieht sich unser *üben*, verwandt mit lat. *opus, operāri* zweifellos auf den Ackerbau. Wir finden im Althochdeutschen noch *uobo* 'colonus'. — Die Wurzel *bhū* ist in verschiedenen Sprachen zum reinen Hilfszeitwort herabgesunken, aind. *bhávati*, lat. *fuit*, d. *ich bin*. In unserm *bauen, Bauer* haben wir wiederum noch die sinnliche auf den Ackerbau bezügliche Bedeutung, die dann erst auf den Hausbau und ähnliches übertragen worden ist. — Unser Wort *Art* tritt erst im Mittelhochdeutschen in der Bedeutung 'angeborene Eigentümlichkeit, Natur, Beschaffenheit, Art' auf. Deshalb dürfte es wohl bedenklich erscheinen, das Wort unmittelbar mit lat. *ars, artis* zu vergleichen. Da vielmehr im Althochdeutschen und noch im Mittelhochdeutschen ein *art* 'das Pflügen' zu lat. *arāre* neben jenem *art* steht, so wird es keinem Bedenken unterliegen, dieses von jenem abzuleiten. — Ebenso gehört ja zweifellos *Adel*, ahd. *adal* 'Geschlecht, bes. edles', asächs. *aðali* 'edles Geschlecht, die Edelsten, der Adel' zu ahd. *uodil*, *uodal* 'Erbsitz, Heimat', asächs. *ōðil*, ags. *ēðel* 'Erbsitz, Heimat', noch erhalten in *Ulrich*, ahd. *Uodalrīch*. Der Grundbesitzer nahm eben eine besondere Stellung ein. Die ursprünglichste Bedeutung von *Gabel* war 'Mistgabel, Heugabel'.

Unsere jetzige wesentlichste Bedeutung stammt erst aus dem 16. Jahrhundert. — *Joch*, ahd. *joh*, e. *yoke*, got. *juk* zu lat. *jugum*, gr. ζυγόν (*zygón*) hat zwar seine alte Bedeutung bewahrt, wird aber in mannigfacher bildlicher Verwendung gebraucht, in der Hauptsache wohl unter biblischem Einfluß.

Man wird aus den behandelten Worten erkennen, wie oft man genötigt ist, auf die einfachsten wirtschaftlichen Verhältnisse bei der Erklärung der Worte zurückzugehen, und daß es daher auch unbedingt nötig ist, sich mit diesen genau vertraut zu machen.

Anmerkung 1. Die heutigen landwirtschaftlichen Ausdrücke werden, was kaum hervorgehoben zu werden braucht, häufig genug übertragen gebraucht, vgl. *ernten, Saat, Ertrag, Frucht, fruchtbar, der Weizen jemandes blüht, mit fremdem Kalbe pflügen* u. a.

Anmerkung 2. Der Ackerbau ist oft genug auch Zwangsarbeit der unterworfenen Bevölkerung gewesen, und es findet sich daher leicht der Bedeutungsübergang von *ackern* zu *ackern müssen*. So haben wir in dem aus dem Slawischen entlehnten *Robott* ein Wort, das ursprünglich 'Arbeit' bedeutet. Unser *Arbeit* könnte sich ähnlich entwickelt haben. Jedenfalls bedeutet es zunächst 'Knechtes Arbeit', dann 'Mühsal'. *Arm* stellt MUCH bei Meringer, Idg. Forsch. 18, 246, zu lat. *arāre* 'pflügen'. Die Grundbedeutung ist 'elend, jammervoll', die älteste wäre 'pflügend'.

§ 190. B. **Die Jägersprache.** Die Jagd ist, da die Indogermanen und Germanen keine Jägervölker mehr waren, schon früh eine „noble Passion" geworden, die gewissen Kreisen, den Herren, vorbehalten blieb. Die Fürsten betrieben das Weidwerk, der Bauer wird sich höchstens mit dem Fangen in Gruben und Schlingen befaßt haben. So ist also die Jagd an einen bestimmten Stand gebunden, der schon an und für sich dazu neigt, eine besondere Sprache auszubilden, und wir brauchen uns daher nicht zu wundern, daß wir sehr bald eine eigene Jägersprache antreffen. Allerdings aus althochdeutscher Zeit sind keine Nachrichten vorhanden. Erst in der Blütezeit der mittelhochdeutschen Literatur, in Gottfrieds von Straßburg Tristan lernen wir die eigentliche Jagd und die Jägersprache kennen. Aber diese ist nicht deutsch, sondern französisch. Sie hat freilich wenig Spuren im Deutschen hinterlassen. Es stammen aus dieser Zeit etwa *Panzen* 'Magen', mhd. *panze*, *Lummel*, mhd. *lumbel* 'Lendenbraten', *Ziemer*, mhd. *zimere* aus frz. *cimier* 'Helmzier, der lange Haarbüschel am Gliede des Hirsches', *birschen*, mhd. *birsen* aus afrz. *berser* 'mit dem Pfeil jagen', *Koppel* von frz. *couple*, und davon *kuppeln*. Daneben stehen große Dichtungen wie HADAMAR VON LABERS Jagd aus der Mitte des 14. Jahrhunderts, in der das ritterliche Leben unter der Allegorie einer Jagd dargestellt wird, ein kurzes Gedicht von HUGO VON MONTFORT, PETER SUCHENWIRTS „Gejaid", der Minne Falkner, der Minne Jagd und die Königsberger Jagdallegorie. „Alle diese Dichter", sagt Lembke, ZfdU. 12, 236, „schöpften in reichem Maße aus der Jägersprache, so daß sie für die Feststellung ihres damaligen Bestandes von großer Wichtigkeit sind." Weiter ist dann beachtenswert „die Abhandlung von den Zeichen des Rothirsches" aus dem Ende des 14. Jahrhunderts, abgedruckt in Karajans Ausgabe von „Kaiser Maximilians I. geheimem Jagdbuch", Wien 1858.

In der Neuzeit besitzen wir vom 16. Jahrhundert an zahlreiche reinsprachliche Aufzeichnungen über die Jägersprache. Das älteste stammt von dem Grammatiker Meichsner, der in seinem 1549 erschienenen Lehrbuch der deutschen Sprache „etliche zierliche und artliche Wörter" verzeichnet, „deren man sich uff und zu dem Waidwerk gebraucht". Kluge, Unser Deutsch S. 131 hat das sehr wichtige Denkmal wieder abgedruckt, und es ist überaus lehrreich, diese Angaben zu lesen. Aus Meichsners Verzeichnis übernimmt Gesner seine Angaben über Jagdausdrücke. Schon hier tritt uns eine bereits erwähnte Eigentümlichkeit entgegen, die die Weidmannssprache bis zum heutigen Tage bewahrt hat, der Mangel an übergeordneten Begriffen und die Spezialisierung der Ausdrücke. Die Glieder der Tiere werden nicht mit einem allgemeinen Ausdruck bezeichnet, sondern für jedes Tier und seine Glieder bestehen besondere Worte, *der Hirsch hat Läuf oder Klauen, die Schweine haben Läuf oder Hammen, des Bärs Fuß heißen Tatzen, der Fuchs hat Klauen, der Has Läufe, der Wolf Klauen. Die Flügel des Falken heißen Schwingen."* Ähnliches gilt ja noch in mancher Beziehung für die Haustiere. Schon J. Grimm, Gesch. d. deutschen Sprache 317 bemerkte: „Uns reicht *trächtig*, dem Römer *feta, praegnans, inciens* von allen Tieren der Herde aus, doch gilt ihm für die Kuh *horda* oder *forda*. Die Slawen verfahren aber so, daß sie aus der Präposition *s* und dem Namen des jungen Tiers ein eigenes Wort für die tragende Mutter bilden, der Litauer fügt dem Namen des Jungen die Endung *-inga* hinzu und bezeichnet damit das trächtige Weibchen... Auf ähnliche Weise wird mit dem Namen des jungen Tieres auch das Werfen desselben bezeichnet, wir sagen: *die Stute fohlt, die Kuh kalbt, das Schaf lammt, die Gais zickelt, die Sau frischt, die Hündin welft."* 1560 erscheint Noë Meurers Jag- und Forstrecht, wo in einem besondern Anhang, betitelt: Wie weydmannisch von allem Weydwerk zu reden, verschiedene Jagdausdrücke, nach den einzelnen Wildarten geordnet, zusammengestellt werden. Eine weitere Auflage dieses Werkes aus dem Jahre 1576 enthält außerdem noch eine Sammlung von Weydschreien, Sprüchen und jägerischen Dialogis durch weyland Kaiser Friedrichs des dritten Forstmeister beschrieben. Lembke, ZfdU. 12, 237. Vom Jahre 1682 stammt Johann Tänzers, Der Dianen hohe und niedere Jagtgeheimnis, Kopenhagen, dem ein kurzes Wörterbuch vorausgeht. Darauf beruht dann Flemings, Der vollkommene Teutsche Jäger, Leipzig 1719. Außerdem enthält Joh. Christoph Nehrings Historisch-Politisch-Juristisches Lexikon, 2. Aufl. 1710 in dem vierten Anhang einen Abschnitt: der Jäger-Terminorum oder Wörter vom Weide-Werk. Weiter finden wir noch: Grosskopf, Neues und wohl eingerichtetes Forst-, Jagd- und Weidwerks-Lexikon, Langensalza 1759; — Chr. W. von Heppe einheimisch- und ausländischer wohlredender Jäger oder nach alphabetischer Ordnung gegründeter Rapport derer Holz-, Forst- und Jagd-Kunstwörter, Regensburg 1763, 2. Aufl. 1779. — Vollständiges Forst-, Fisch- und Jagdlexikon, 3 Bde., Frankfurt und Leipzig 1772—73.

Von neuern Werken sind zu nennen: J. und F. Kehrein, Wörterbuch der Weidmannssprache, Wiesbaden 1871. Neue Ausgabe 1898. Mit Literaturverzeichnis (unvollständig). — E. von Dombrowski, Deutsche Weidmannssprache, mit Zugrundelegung des gesamten Quellenmaterials für den praktischen Jäger bearbeitet, 2. verm. und verbesserte Aufl., Neudamm 1897. — Theodor Imme, Die deutsche Weidmannsprache nach ihrer Eigenart und ihren Wechselbeziehungen zum Gemeindeutsch sprachwissenschaftlich beleuchtet. Neudamm, J. Neumann, bespr. Arch. f. Kult.Gesch. 7, 241. — H. Schmidt, Die Terminologie der deutschen Falknerei, Freib. Diss. 1910 oder 1911.

Eine fast vollständige Bibliographie über die Jägersprache findet sich bei Souhart, Bibliographie des ouvrages sur la chasse, Paris 1886.

An wissenschaftlichen Untersuchungen über die Weidmannssprache sind zu nennen P. Lembke, Studien zur deutschen Weidmannssprache, ZfdU. 12, 233 ff. — F. Kluge, Neue Jahrb. f. d. klassische Altert. 4, 692 ff. — Unser Deutsch 59 ff., 127 ff. Ersterer verzeichnet eine Menge von Ausdrücken, die aus der Jägersprache in die Schriftsprache eingedrungen sind.

Zweifellos wird man mit Ausdrücken der Jägersprache schon für sehr alte Zeiten zu rechnen haben. So haben wir im Gotischen ein Präteritopräsens *lais* 'ich weiß', zu dem unser *lehren*, *List* u. a. gehören. Man verbindet dies mit got. *laists* 'Spur', d. *Gleis*, lat. *lira* 'Furche'. Es würde also bedeutet haben 'Ich bin auf der Spur gewesen und weiß nun'. Ganz Entsprechendes zeigt sich bei *spüren*, das, von *Spur* abgeleitet, in allen germanischen Sprachen die übertragene Bedeutung hat. Es gehört mit *Sporn* zusammen und weiter zu lat. *spernere*. Weiter: *hetzen*, schon mittelhochdeutsch in übertragener Bedeutung; *Luder*, mhd. *luoder*, 'Lockspeise, Schlemmerei, lockeres Leben, liederliche Weibsperson', aus der Sprache der Falkner; *nachhängen*, eigentlich dem Leithunde das Seil locker hängen lassen zur Aufspürung des Wildes; *vorlaut* ist der Hund, der zu früh *laut* wird; *Rudel*; *Dickicht*, abgeleitet von *dick* in der alten Bedeutung 'dicht'; *bärbeißig* ist abgeleitet von *Bärenbeißer*, womit schon Täntzer eine Art schwerer Hunde bezeichnet, die besonders gern zur Hetze auf *Bären* benutzt werden; *unbändig*: *bändig* heißt der Hund, der sich gut am Seil führen läßt; *naseweis*, mhd. *nasewise* 'spürkräftig' Noch Geßner in seinem Tierbuch 1563 gebraucht es in diesem Sinne; *Wildfang* ist nach Fleming ein junger, wilder Falke, der schon auf Raub ausgeht; *Hundejunge*, weidmännische Bezeichnung für einen Jägerlehrling im ersten Lehrjahr; *wittern* bedeutet ursprünglich 'Geruch haben'; *stöbern* stammt von *Stöber* oder *Stöberhund*, dem Namen eines Jagdhundes, der in der Nähe des Jägers zu suchen hat; *durch die Lappen gehen* kommt durch studentische Vermittlung aus der Jägersprache, wo das *Lappen* eine besondere Art der Treibjagd darstellt; ebenso *auf den Strich gehen*: *Strich* ist der *Schnepfen-* oder *Lerchenstrich*; *prellen*: *geprellt* wird ursprünglich der Fuchs. Über das Vorgehen dabei siehe LEMBKE, ZfdU. 12, 273; den Ausdruck *Kesseltreiben* übersah noch HILDEBRAND in DWB.; *erpicht* ist eigentlich der Vogel, der an der Pechrute hängen geblieben ist; *berücken* heißt ursprünglich 'das Netz über die gefangenen Vögel rücken', *Fallstrick*, *umgarnen* und *sich verstricken* sind klar; — ebenso wird *nachstellen* zuerst vom Jäger und Vogelsteller gebraucht. *Meute*, 1746 auf frz. *meute* 'Jagdzug' ist insofern bemerkenswert, als *Meuter* und *Meuterei* zu demselben Stamm gehört. Zahlreich sind die sprichwörtlichen Redensarten, die aus der Jägersprache stammen: *man klopft auf den Busch, ist auf dem Sprunge* (vom Luchs gesagt), *man bringt (einen Gegner) zur Strecke, kommt ins Gehege, ist auf falscher Fährte, auf der Spur, bekommt Wind von etwas, ist mit allen Hunden gehetzt; man läßt jemand anlaufen*, eigentlich *das Wild*; *aufschneiden*, zuerst in der Redensart: *mit dem großen Messer aufschneiden*, usw. Von der Hasenjagd stammen: *das Hasenpanier ergreifen, man weiß nicht, wie der Hase läuft*. In *einem den Rang ablaufen* gehört *Rang* zu *Rank*, mhd. *ranc* 'Krümmung'.

§ 191. **C. Die Bergmannssprache.** Auch die Bergmannssprache verdient unsere Aufmerksamkeit, da sich der Stand der Bergleute und damit ihre Sprache sehr früh entwickelt hat. Über die Anfänge sind wir im dunkeln. Aber sie müssen in ziemliche Fernen zurückgehen, da uns die Bergmannssprache schon im 16. Jahrhundert wohlausgebildet entgegentritt.

Die ältesten Werke, die die reichen Schätze der Bergmannssprache in lebendigem Zusammenhange zeigen, sind das Freiberger Stadtrecht und die Sarepta des Predigers JOH. MATHESIUS. Diese Sarepta oder Bergpostille stellt einen Zyklus von sechzehn Predigten dar, die in Joachimstal meist in Gestalt von Fastnachtsreden gehalten sind. Das Werk ist verschiedentlich aufgelegt worden. E. GÖPFERT hat ihr jetzt eine eingehende Arbeit gewidmet 'Die Bergmannssprache in der Sarepta des Johann Mathesius', ZfdW. 3. Beiheft.

Seit dem 16. Jahrhundert sind dann die Ausdrücke wiederholt verzeichnet oder in Schriften angewandt worden, so z. B. bei P. ALBINUS, Meißnische Bergchronika, 1590; 1710 bei NEHRING im Anhang zu seinem Lexikon, s. o. S. 315. Ferner CH. HERTTWIG, Neues und vollkommenes Berg-Buch, Dresden und Leipzig 1750. — CHR. MELTZER, Beschreibung der Churf. Sächß. Bergkstadt Schneebergk, Schneeberg 1684. — Neues und wohleingerichtetes Mineral- und Bergwercks-Lexikon von Minerophilo (Zeisig, Ratsherr in Freiberg), Chemnitz 1743. — Abraham von Schönberg, Ausführliche Berg-Information, Zwickau 1693. — Bergmännisches Wörterbuch, darinnen die deutschen Benennungen und Redensarten erkläret und zugleich die in Schriftstellern befindlichen lateinischen und französischen angezeiget werden. Chemnitz 1778. — H. Veith, Deutsches Bergwörterbuch, Breslau 1871, mit Literaturverzeichnis.

Über die Eigentümlichkeiten der Bergmannssprache vergleiche Th. Imme, Die Eigentümlichkeiten und Vorzüge der deutschen Bergmannssprache. Wiss. Beih. z. ZADSV., 5. Reihe, Heft 31, und ZADSV. 23, 32—38.

Viele Ausdrücke der Bergmannssprache sind dem Gebildeten geläufig, aber nur wenige sind so in die Schriftsprache eingedrungen, daß ihre ursprüngliche Bedeutung verloren gegangen wäre. Ich erwähne daher die Worte, die mir bei der Durchsicht des Stoffes aufgefallen sind. Bergmännisch sind: *Ausbeute*, ein altes Wort, das früher allgemein gebraucht wurde, jetzt meist nur vom Ertrag der Bergwerke, Salzwerke und Fischereien; *bestechen*, eigentlich 'rings um etwas stechen, einstechend versuchen'; *Bremse* 'Hemmungswerkzeug'; *fördern*; *Fundgrube*, in die gelehrte Sprache besonders als Titel eingedrungen; *Grubenlicht*; *den Hund anhängen* (*Hund* bedeutet bergmännisch eine Art kleiner Förderwagen); *Hütte*; *Katzensilber*; *Kerbholz*; *Kuks*; *Korn* in *Schrot und Korn*; *Schrot* bedeutet das Gewicht, *Korn* den Feingehalt der Münze; *Kote*; *muten*; *Raubbau*; *Schacht*; *Schicht*, besonders *Schicht machen*; *Schlacke*; *Seife*; *Silberblick*; *Stichprobe*; *Stollen*; *umschichtig*; *verwittern*; *Zeche*; *Zubuße*. Wie man sieht, ist dies nicht allzuviel.

§ 192. **D. Die Buchdruckersprache.** Über die Buchdruckersprache besitzen wir eine besondere Untersuchung von H. Klenz, Die deutsche Druckersprache, Straßburg 1900, mit sehr lehrreichen Ausführungen. „Die deutsche Druckersprache," sagt Klenz S. 1, „hat sich unter dem Einfluß der lateinischen Gelehrtensprache gebildet. Die Geschichte der Buchdruckerkunst zeigt, in wie naher Beziehung die Buchdrucker der ersten Zeit zu den Gelehrten gestanden haben. Die Buchdruckerherren waren meist selbst Gelehrte; die Buchdruckerlehrlinge ließen sich, wenn eine Universität am Ort war, nicht selten in der Artistenfakultät derselben immatrikulieren. So kam es, daß die Buchdrucker studentische Gebräuche annahmen (z. B. den der Deposition, siehe oben S. 295) und sich der lateinischen Sprache vielfach bedienten, in der damals noch alle Vorlesungen gehalten und die meisten Bücher gedruckt wurden. Hieraus erklärt sich die große Anzahl lateinischer Benennungen im Wortschatz der deutschen Druckersprache. Noch heute sagt der Setzer nicht *Seite*, sondern *Kolumne*; nicht *Absatz*, sondern *Alinea*; nicht *(runde) Klammer*, sondern *Parenthese*, nicht *Bindestrich*, sondern *Divis*, nicht *Anmerkung*, sondern *Note* usw. Er befestigt das *Manuskript* des *Autors* am *Tenakel* mit dem *Divisorium*.

Es kann daher nicht wundernehmen, wenn fast die ganze Benennung lateinisch ist, neben der sich nur wenige französische Wörter Eingang verschafft haben.

Abbreviatur, mlat. *abbreviatūra*; — *Faksimile*, nlat. *fac simile*; — *Folio* aus lat. *in folio* 'in Blattgröße'; — *Format*, lat. *formātum*; — *Fraktur*, lat. *fractūra*; — *illuminieren* 'mit Farben ausmalen', lat. *illumināre*; — *illustrieren*, lat. *illustrāre*; —

Initialen, lat. *initiālis;* — *Klisdiée,* frz. *clidiée;* — *Kodex,* lat. *cōdex;* — *Korrektor,* lat. *corrector;* — *Korrektur,* lat. *correctūra;* — *Letter,* frz. *lettre;* — *Matrize,* frz. *matrice;* — *Oktav,* lat. *in octāvo;* — *Pagina,* lat. *pagina;* — *Presse,* mlat. *pressa;* — *Type,* frz. *type;* — *Vignette,* frz. *vignette.*

Auf der andern Seite hat die Druckersprache auf die allgemeine Schriftsprache nicht sehr abgefärbt. Wenn auch dem Gelehrten viele Worte der Drucker geläufig sind, so sind diese doch nicht in die Allgemeinheit eingedrungen. Folgende Worte etwa sind beachtenswert. Im 17. und noch im 18. Jahrhundert wurden *drucken* und *drücken* gleichbedeutend nebeneinander gebraucht, bis sich beide endlich in bestimmter Bedeutung festgesetzt haben. *Verleger* und *Verlag* sind ursprünglich allgemeine Ausdrücke. *Verleger* bezeichnet den, der auf seine Kosten etwas unternimmt, die Kosten verlegt. Dies bekommt dann seine besondere Beziehung auf den Buchhandel, und so hat das Wort lange Zeit gegolten, bis in der neuern Zeit sich auch der *Bierverleger* aufgetan hat. *Makulatur,* ursprünglich 'Schmutzpapier' aus mlat. *maculatura* von lat. *maculāre* 'fleckig machen, beflecken' hat jetzt einen allgemeinern Sinn bekommen. *Fraktur* in der Redensart *Fraktur schreiben* ist seit 1848 Schlagwort geworden. Vor allem aber stammt der Ausdruck *Presse* aus der Buchdruckersprache.

§ 193. **E. Die sonstigen Handwerkersprachen.** Über die sonstigen Handwerkersprachen, ihre technischen Ausdrücke und Besonderheiten sind wir bis jetzt noch schlecht unterrichtet. Es ist aber zu hoffen, daß sich diese Lücken allmählich ausfüllen lassen, und daß wir auch mit der Zeit klarer sehen. Im Hinblick auf künftige Forschung verzeichne ich hier zunächst die mir bekannte Literatur.

An lexikalischen Arbeiten früherer Zeiten kenne ich: ADRIAN BEIER, Handwercks-Lexicon, 1722. — LUKAS VOCH, Allgemeines Baulexicon oder Erklärung der deutschen und französischen Kunstwörter in der bürgerlichen, Kriegs- und Schiffsbaukunst wie auch der Hydrotechnik und Hydraulik, Augsburg und Leipzig 1781. — G. S. BENZLER, Lexikon der beym Deich- und Wasserbau auch beym Deich- und Dammrecht vorkommenden fremden und einheimischen Kunstwörter und Ausdrücke, Leipzig 1792.

An Einzelarbeiten sind noch heranzuziehen: WILHELM KLUMP, Die altenglischen Handwerkernamen, sachlich und sprachlich erläutert, Angl. Forsch. 24. — JOS. BRÖCHER, Die Sprache des Schmiedehandwerkes im Kreise Olpe auf Grund der Mundart von Rhonerd, Diss. Münster, Berlin, R. Frenkel, 1907.

Das Handwerk mit seinen Zünften hat in unserm Mittelalter und bis in das 18. Jahrhundert hinein eine wichtige Rolle in der wirtschaftlichen Entwicklung gespielt und es ist kein Wunder, daß sich diese Zustände auch in der Sprache niedergeschlagen haben. Das Wort *Handwerk* ist schon ahd. belegt. Die Handwerker verbanden sich zu Zünften und Innungen. *Zunft,* mhd. *zunft,* ahd. *zumft* gehört zu *ziemen* und bedeutet eigentlich 'Bindung'. *Innung* ist erst im 13. Jahrhundert belegt und gehört zu ahd. *innōn* 'in sich, in eine Verbindung aufnehmen' Die Worte *Meister* und *Geselle* (ahd. *gisello* 'Saalgenosse'), die einst einen allgemeinen Sinn hatten, haben in Handwerkskreisen ihre heute herrschende besondere Bedeutung gewonnen.

Das Handwerk ist eine Entwicklungsform der menschlichen Wirtschaft, die sich wesentlich erst im Mittelalter und da besonders in den Städten ausgebildet hat, und hier finden sich denn auch die sprachlichen Spuren am stärksten. Zunächst gab es eine Fülle von Bezeichnungen für die Handwerke selbst, und da die Ausbildung der Namen verhältnismäßig spät ist, so kann es nicht wundernehmen, wenn wir in den einzelnen Teilen Deutschlands verschiedene Bezeichnungen finden.

So haben wir z. B. *Bäcker, Pfister; — Binder, Böttcher, Küfer, Büttner; — Fleischer, Metzger, Fleischhauer, Knochenhauer; — Hafner, Töpfer; — Altreis, Schuster, Schuhmacher; — Leiendecker, Schieferdecker, Ziegeldecker; — Spengler, Klempner, Blechschmied; — Schreiner, Tischler; — Maler, Weißbinder; — Schneider, Schröder.*

Zum Teil rühren diese allerdings auch von einer früher vorhandenen größern Sonderung der einzelnen Handwerke her.

Manche von diesen Bezeichnungen sind heute verloren gegangen, sie leben aber fort in den zahlreichen nach Gewerken benannten Straßenbezeichnungen, die wir § 228 besprechen werden, dann aber auch in vielen unsrer Personennamen, was in § 217 ausgeführt werden wird. Eine reichhaltige, den Stoff außerordentlich fördernde Darstellung gibt jetzt KARL BÜCHER, Die Berufe der Stadt Frankfurt a. M. im Mittelalter, Abh. d. phil.-hist. Klasse der königl. sächsischen Gesellschaft der Wissenschaften 30, 3, Leipzig 1914.

Wir kommen nun zu den zahlreichen bildlichen Ausdrücken und Redensarten, die wir aus den Handwerkersprachen übernommen haben. Ich gebe im folgenden eine sicher nicht vollständige Liste, geordnet nach den einzelnen Gewerken.

Barbier: über den Löffel barbieren; Schaumschlagen, Schaumschläger. — Böttcher: außer Rand und Band; dem Faß den Boden ausschlagen. — Brauer: an dem ist Hopfen und Malz verloren. — Fleischer: Fleischergang; in die Pfanne hauen; zur Bank hauen. — Gerber: einem das Fell gerben; den Pelz waschen; sich abäschern. — Goldschmied: die Feuerprobe bestehen. — Kupferstecher: schreiben wie gestochen. — Müller: Oberwasser haben; Wasser auf seine Mühle. — Scherer: alles über einen Kamm scheren. — Schmied: anfachen; vor die rechte Schmiede gehen; gut beschlagen sein. — Schneider: etwas an den Nagel hängen; etwas aufstecken. — Schuster: versohlen; einschustern; über einen Leisten schlagen; umgekehrt wird ein Schuh draus. — Weber: rüffeln; durchhecheln; anzetteln; Eintrag tun; beeinträchtigen. — Zimmermann: absägen; hobeln; über die Schnur hauen; verbohren; mit jemanden in dieselbe Kerbe hauen; die Sache ist im Lote; einen Sparren zu viel haben; vernagelt; verbohrt.

Die einzelnen Handwerke haben sich nicht selten mit größerm oder geringerm Humor verspottet oder auch mit bitterm Ernst gescholten. Besonders die unzünftigen Leute wurden grimmig verfolgt, wovon die Ausdrücke *Bönhase* (aus dem Ndd., 1568 belegt, eig. 'der Hase auf dem Boden'), *Pfuscher* (16. Jh.) noch Kunde geben. Ausführlich über dieses Gebiet handelt H. KLENZ in seinem Schelten-Wörterbuch. Die Berufs-, besonders Handwerkerschelten und Verwandtes, Straßburg 1910.

Handwerker und Gewerbetreibende als besondre Stände treten verhältnismäßig spät auf. Aber wenn es die Stände nicht gab, so gab es doch natürlich die verschiedensten Tätigkeiten und Fertigkeiten. Jedermann war eben sein eigener Handwerker. Dem ganzen Weg der sprachlichen Entwicklung gemäß wurde jede Tätigkeit unterschieden und benannt. Derartige begrifflich genau bestimmte Ausdrücke haben vielfach im Laufe der Zeit eine allgemeine Bedeutung angenommen. Will man die wahre Herkunft so mancher Worte mit allgemeiner Bedeutung ermitteln, so wird man notwendigerweise zunächst an eine viel engere, ganz bestimmte Bedeutung denken müssen. Wie sich die sprachliche Entwicklung nach dieser Richtung vollzogen hat, das hat neuerdings MERINGER in den schon erwähnten Aufsätzen gezeigt, Idg. Forsch. 16, 101; 17, 100; 18, 204. Mag man die Richtigkeit einzelner seiner Aufstellungen bezweifeln, seine Grundgedanken und ihre Bedeutsamkeit muß man anerkennen.

Wir geben hier einzelne Proben. Zunächst war die Tätigkeit des Flechtens außerordentlich verbreitet. Ich habe in meinen Indogermanen S. 674 ausgeführt, was man alles durch Flechtwerk herstellte. Selbst die Hauswand wird geflochten, wie man das noch heute an jeder Hürde sehen kann, und so hat man ohne Bedenken *Wand* zu *winden* gestellt, wie *Band* zu *binden*. Man mache sich aber nur einmal klar, was von *winden* noch abgeleitet ist: *gewunden* (*eine gewundene Erklärung*), *etwas verwinden, sich unterwinden*. Von *flechten* kommt *einflechten* im übertragenen Sinn. Das Wort *weben* hat ebenfalls seine Bedeutung weit ausgedehnt und hat zum Teil einen ganz allgemeinen Sinn bekommen: *er lebt und webt darin*. Noch viel allgemeiner ist *spinnen* in *entspinnen, umspinnen, sich abspinnen, anspinnen, einspinnen*. Auch *schmieden, gerben* haben übertragene Bedeutung angenommen.

In allen diesen Fällen ist der alte, konkrete Sinn noch lebendig. Aber dieser kann natürlich auch leicht verloren gehen, und dann ist das Ursprüngliche nicht immer leicht zu erkennen. Zur Aufhellung solcher Fälle hat Meringer viel beigetragen. Er bezieht, Idg. Forsch. 17, 153, *wirken, Werk*, gr. ῥέζω (*rézō* aus **régjō*), ἔργον (*érgon*) auf die Tätigkeit des Webens. Tatsächlich ist *wirken* ein Wort der Handwerkersprachen, vgl. die *Salzwirker, der Bäcker wirkt den Teig, der Schmied den Huf*, besonders aber wird es vom Weben und Sticken gebraucht. Mhd. *wirkermeister* ist 'Webermeister', *wirken-garn* 'Webergarn', *wirkenlōn* 'Weberlohn' Unser *machen*, ahd. *mahhōn*, e. *to make*, das noch abstrakter ist als *wirken*, hat er a. a. O. 147 mit Recht zu gr. μάγειρος (*mágēros*) 'Koch', μαγεύς (*magéus*) 'Bäcker', μαγίς (*magis*) 'geknetete Masse, Teig', μᾶζα (*mâza*) 'Teig', Gerstenbrot', μάσσειν (*mássēn*) 'drücken, kneten', lat. *maceria* 'Lehmmauer', abg. *mazati* 'schmieren' gestellt. Man muß von einer Bedeutung 'kneten' ausgehen, aus der sich dann die von 'Teig kneten, backen, kochen' und die von 'Lehm kneten, bauen, machen' entwickelt hat. Aus dem Deutschen entlehnt ist frz. *maçon* 'Maurer', das noch auf eine ältere Bedeutung weist.

Unser *Wette*, ahd. *wetti* 'Pfandvertrag, Rechtsverbindlichkeit, Pfand' ist got. *wadi* 'Handgeld, Unterpfand' und gehört weiter zu lat. *vas, vadis* 'Bürge', *vadimōnium* 'Bürgschaft', lit. *vadúoti* 'Pfand einlösen'. Es war also diese Bedeutung schon indogermanisch. Wir können es aber aus einer ältern herleiten. Got. *gawidan* übersetzt gr. συζευγνύναι τι (*syzeugnýnai ti*), also 'verbinden'. Dazu ahd. *wetan* 'verbinden', was noch heute in *Wettung, Wettköpfe* 'die über die Kreuzungsstelle der Balken hinausragenden Enden' fortlebt. Von 'binden' kommt man leicht zu 'Vertrag, Verpflichtung'. Siehe Idg. Forsch. 16, 177.

recht, ahd. *rëht*, e. *right*, got. *raihts* ist lat. *rectus*, und dies wieder Partizip zu *rego*. Idg. **rektos* heißt ursprünglich 'aufgerichtet', und stammt wohl ebenfalls von der Tätigkeit des Bauens. Diese ursprüngliche Bedeutung liegt auch noch in lat. *rogus* 'Scheiterhaufen', sizilisch-gr. ῥογός (*rogós*) 'Getreidescheune' vor. Auch hier ist die Bedeutung ursprünglich eine rein sinnliche.

Auch unser *werden* hat eine sinnlichere Bedeutung gehabt, wie lat. *vertere* 'drehen, wenden', d. *Wirtel* 'Spinnwirtel' zeigen. Ob es freilich ursprünglich auf das Weben ging, ist nicht sicher.

Diese Beispiele mögen genügen, um die hohe Bedeutung der Handwerksausdrücke für die Wortforschung zu erhärten. Es ist sehr zu bedauern, daß auf diesem Gebiet die Sonderuntersuchungen der heutigen Handwerkersprachen noch ganz fehlen, und wer durch irgendwelche Umstände Kenntnis von der Sprache eines Handwerks hat, sollte sie zusammenstellen und veröffentlichen.

§ 194. F. Die Kaufmannssprache.

Literatur: B. Fehr, Die Sprache des Handels in Altengland, St. Gallen 1909. — P. Nolte, Der Kaufmann in der deutschen Sprache und Literatur des Mittelalters, Göttinger Diss. 1909. — A. Schirmer, Zur Geschichte der deutschen Kaufmannssprache, Leipz. Diss. Straßburg 1911. — A. Schirmer, Wörterbuch der deutschen Kaufmannssprache auf geschichtlichen Grundlagen mit einer systematischen Einleitung, Straßburg 1911.

Die Darstellung der Kaufmannssprache in der ersten Auflage dieses Buches konnte nur dürftig ausfallen, da durchaus keine Vorarbeiten vorlagen. Um so erfreulicher ist es, daß nicht nur die beiden erstgenannten Arbeiten erschienen sind, sondern daß wir in dem Werke von Schirmer eine gründliche und tief eindringende Untersuchung und Darstellung dieses Gebietes vor uns haben, dem ich in allen wesentlichen Punkten folgen kann.

Unter einfachen wirtschaftlichen Verhältnissen, wie wir sie für die Indogermanen und Germanen vorauszusetzen haben, kann von einem Kaufmannsstande innerhalb des Volkes nicht die Rede sein. Der notwendige Austausch der Güter vollzog sich im Wege des Geschenkhandels, später des Marktverkehrs. Indessen ist es doch bemerkenswert, daß wir eine indogerm. Gleichung für 'Kaufpreis' besitzen, die im Germanischen allerdings fehlt.[1]

An einheimischen Ausdrücken, die sich auf den Handel beziehen, finden wir nur:

Kram, mhd. ahd. *krām*, ursprünglich wohl 'Bude, Zelt'. Man vergleicht aind. *grāmaḥ* 'Schar, Haufe, Gemeinde, Dorf' und weiter lat. *grĕx* 'Herde'. Dann wäre auch die Bedeutung 'Zelt' jung. Die Ableitung *Krämer* taucht schon im Althochdeutschen auf, *krāmari*. Es hat heute einen etwas verächtlichen Sinn gegenüber *Kaufmann*. *Kramen* im Sinne von 'einkaufen' ist noch süddeutsch. In Norddeutschland hat es eine übertragene Bedeutung; — *Wechsel*, ahd. *wehsal* 'Handel, Tausch', lat. *vicēs*; — *leihen*, ahd. *līhan*, got. *leihvan*, lat. *linquere*; — *Wandel* in *Handel* u. W., ahd. *wantal*; — *Wucher*, ahd. *wuochar* 'Gewinn, Ertrag von ausgeliehenem Geld', got. *wōkrs* 'Zins' zu *wachsen*; — *Geld*, ahd. *gelt*, got. *gild* 'Steuer, Zins' zu *gelten*, ahd. *geltan* 'zurückerstatten, bezahlen, opfern, vergelten', e. *gield*, got. *fragildan*, vielleicht zu gr. τέλθος (*télthos*) 'schuldige Gebühr'; — *feil*, ahd. *feili*, daneben mit Ablaut *fali*, anord. *falr* zu gr. πωλεῖν (*pōlên*) 'verkaufen'. — Ein paar alte Ausdrücke hat das Englische, nämlich *to buy* 'kaufen', got. *bugjan* und *to sell* 'verkaufen', got. *saljan* 'opfern', eigentlich also wohl 'hingeben'.

Erst durch die Römer lernten die Germanen einen eigentlichen Handel kennen. Bemerkenswert ist, daß got. *kaupōn* 'Handel treiben', ahd. *koufōn*,

---

[1] Lat. *vēnum* in *vēnumdare*, gr. ὦνος (*ônos*) 'Kaufpreis', ὠνή (*ōnḗ*) 'Kauf', ὠνέομαι (*ōnéomai*) 'kaufe, lasse mir verkaufen', arm. *gin* 'Ankaufspreis', ai. *vasnáḥ* 'Kaufpreis', *vasnám* 'Lohn', *vasnajati* 'feilscht'.

d. *kaufen* wahrscheinlich von lat. *caupo* 'Schankwirt' abgeleitet ist. Auf lat. *caupo* geht ahd. *koufo* zurück, später *koufman*, ags. *céapmon*, e. *chapmon*. Trotz der Bedenken Hildebrands und Francks (AnzfdA. 21, 291) besteht diese Erklärung wohl zu Recht. Das Wort muß sehr früh zu uns gekommen sein, da es schon im Gotischen vorkommt, und von diesen zu den Slawen gewandert ist.[1])

Ein anderes etwas später übernommenes Wort ist ahd. *mangāri*, mhd. *manger*, *menger* 'Händler' aus lat. *mango* 'ein Händler, der seine Waren betrügerisch herausputzt', das seinerseits aus dem Griechischen stammt. Das Wort lebt noch in e. *cheesemonger, ironmonger*, und hat sich als *menge, menger* bis ins 16. Jahrhundert bei uns erhalten. Auch in den Mundarten ist es wohl geschwunden, es lebt aber noch im Rotwelschen. Vgl. dazu noch E. Schröder, ZfdA. 44, 229².

Ferner kommen aus dem Lateinischen: *Zoll*, ahd. *zoll*, e. *toll* aus lat. *telonium*; — *Zins*, ahd. *zins* 'Abgabe' aus lat. *census*; — *Markt*, ahd. *marc(h)at* 'Handelsmarkt. Marktplatz', e. *market* aus lat. *mercatus*; — *Speicher*, ahd. *spichari* aus spätlat. *spicarium* 'Kornhaus'; — *Kosten*, mhd. *kosten* aus lat. *co(n)stare* 'im Preise zu stehen kommen'; — *Pfand*, ahd. *pfant* aus lat. *pannus* 'Tuch'?. — Dazu gesellen sich Namen für röm. Münzen, wie *Münze*, ahd. *muniz(a)*, e. *mint* aus lat. *moneta* 'Münzstätte'; — *Pfund*, ahd. *pfunt*, e. *pound* aus lat. *pondus*. Das Geld wurde ursprünglich gewogen, noch heute e. Pfund Sterling; — *Unze*, ahd. *unza* aus lat. *uncia* '¹/₁₂ As'

Möglicherweise haben wir auch Worte von der untern Donau her bekommen. *Maut*, ahd. *mūta* stammt aus got. *mōta* 'Zoll'. Bayer.-österr. *Fragner* 'Kleinhändler', ahd. *pfragenari* 'Marktmeister' leitet Kluge, Btr. 35, 152 ff. von gr. πραγματεύομαι (*pragmateúomai*) her.

Mit Recht weist Schirmer darauf hin, daß wir den kaufmännischen Wortschatz der alten Zeit nicht genügend kennen, da die geschäftlichen Aufzeichnungen, soweit sie überhaupt vorhanden waren, lateinisch abgefaßt wurden. Immerhin finden wir doch in der Zeit bis 1400 eine ganze Reihe von Ausdrücken, deren Bedeutung durch die kaufmännische Verwendung eingeengt worden ist. Eine ganze Anzahl haben sich seit dieser Zeit, wie es scheint, gehalten; vgl. Schirmer S. XVII.

Auch Lehnwörter kommen in dieser Zeit zahlreich, meistens wohl aus dem Latein der städtischen Kanzleien:

so *quitt* aus mlat. *quittus* von lat. *quietus* 'ruhig, frei', und dazu *quittieren*; *Rente* mhd. *rent(e)* aus mlat. *rend(it)a* 'Zurückgegebenes', *Datum*, *Register* aus mlat. *registrum* 'Verzeichnisbuch', *Summa*, *Summa Summarum*, *nota*, *minus*, *Kopie* aus lat. *copia*, eig. 'Vorrat an hergestellten Büchern', dann 'Abschrift', *Privilegium*, lat. 'Ausnahmegesetz'.

Noch bemerkenswerter sind aber die Lehnwörter, die auf die alten Wege des Handels weisen. Im Mittelalter war Italien ein Hauptsitz des Handels, und von Oberitalien kamen zahlreiche Handelsausdrücke nach Süddeutschland und von da weiter.

Der italienische Kaufmann hieß schon im 13. Jahrhundert *Lumpart*, d. h. 'Lombarde', und daraus hat sich das heutige Wort *Lombard* 'Pfand, Beleihung', *lombardieren* 'be-

---

[1]) Die Bedenken liegen weniger in der Bedeutung als in der lautlichen Beschaffenheit. Lat. *caupo* wurde doch wahrscheinlich vielfach *kōpo* gesprochen, wie die häufig vorkommende Schreibung beweist.

leihen' entwickelt. — Aus dem bei Versteigerungen üblichen *inquanto* 'bis wie hoch'. nämlich 'bietet ihr', ging ein Substantivum hervor, das in England und Frankreich als *cant*, bei uns in Oberdeutschland als *Gant* 'Versteigerung' fortlebt. *krempeln* 'Kleinhandel treiben, trödeln', mhd. *grempeln, grempen* stammt wohl von ital. *comprare* 'kaufen' aus lat. *comparāre*. *Tara* ist aus ital. *tara* entlehnt und dies aus dem Arabischen. Unser *Bank* 'Haus für Geldgeschäfte' kommt im ausgehenden Mittelalter zunächst als *banco*, auch in der Bedeutung 'Münzfuß' (daher hamburgisch *Mark Banko*) herüber. Dieses Wort ist unser deutsches *Bank*, das eine ähnliche Bedeutung durchgemacht hat wie das gr. τράπεζα (*trápeza*) 'Tisch, Wechselbank'. Weiter kann man nennen *dito, Kollo* 'Warenpack', *Konto, Konterbande, netto, sporko* noch heute öst. statt *brutto, percento*, noch öst. *Perzent, Akkord* 'Vergleich', *Avis(o), avisieren, Bankier, Bankerott* (aus ital. *banco rotto* 'gebrochene Bank'; dem Zahlungsunfähigen wurde seine Bank zerbrochen); *Bilanz, Deposito, Falliment, fallieren, Kapital, Kassa, Kontokorrent, Risiko, saldieren, Saldo, Sensal* 'Makler', *Sorte, sortieren, Skontro, Valuta, Vista, Agio, Delkredere, Diskonto, firm, franko, frankieren, Giro, Indosso, indossieren, Obligo, Pari, Police, Porto, Prokura, Rabatt, Rimesse, Skonto, Solawechsel, Sortiment, spedieren, Spedition, Spesen, Transport, Tratte, trassieren* usw.

Neben dem Italienischen wirkt auch jetzt wie später immer noch das Latein.

Arrest, Auktion, datieren, expedieren, Folio, Formular, disponieren, Hypothek, Interesse, Inventar, Junior, Senior, kalkulieren, Kaution, konfiszieren, Konsul, Kontrakt, Monopol, Obligation, offerieren, per, pro, plus, Portion, protestieren (einen Wechsel), *Rate, Salär, Taxe, Termin.*

Schon im 17. Jahrhundert macht sich dann ein starker französischer Einfluß geltend, der z. T. die italienischen Wörter umgestaltet, z. T. aber auch neue Worte bringt.

So finden wir *à* 'zu' (vor Preisen), *adressieren, Adresse, Agent, Appoint* 'Abschnitt, Wechsel', *Artikel* 'Ware', *assortieren, Billet, Courtage* 'Maklergebühr' *Effekten* 'Wertpapiere', *emballieren, Emballage, Fabrik, fabrizieren, Fonds, Galanteriewaren, Garantie, Kapitalist, Kommandite, Kommis, Kommissionär, comptant* (älter ital. *contante*), *Korrespondent, Manufaktur, Ordre, prompt, retour, retournieren, riskieren, Trafik.*

Einen tiefgehenden Einfluß erfährt die Kaufmannssprache auch von seiten des Niederländischen. Denn in den Niederlanden blühte seit dem 17. Jahrhundert der Handel mächtig auf.

Dorther stammen: *Börse* 'Versammlungsraum der Kaufleute', eigentlich das Haus der Brügger Kaufmannsfamilie *van der Burse*, die im Wappen drei Geldbeutel führte; — *Aktie* 'Anteilschein' im 17. Jh. aus ndl. *actie* und dies aus lat. *actio*; — *Leckage* 'Rinnverlust bei flüssigen Waren'; — *Lotterie* im 17. Jh. aus ndl. *loterije* von ndl. *lot*, d. Los; — *Niete* im 17. Jh. aus ndl. *niet*, eig. 'das Nichts' zu d. *Nichts*; — *pik* in *pikfein* aus ndl. *puick* 'fein', ursprünglich beim Heringshandel üblich; — *Preiskurant* ist wohl (nach Schirmer) eine Nachbildung des ndl. *prijs curant* von frz. *prix courant* 'laufender Preis'.

In neuerer Zeit, seit dem Ausgang des 18. Jahrhunderts macht sich mehr und mehr englischer Einfluß geltend.

So erhalten wir *Partner, Banknote, Jobber, Schwindler, Patent, Lloyd, Konsols, Scheck, via, Run, Safe* 'Stahlkammer'.

Aus Amerika stammen: *Ring, Trust, Humbug, smart, Telegramm.*

Die Kaufmannssprache hat natürlich auch unsere allgemeine Schriftsprache beeinflußt, wenn auch vielleicht nicht in dem Maße wie andere

Sondersprachen. Immerhin ist der Einfluß groß genug. Abgesehen davon,
daß viele kaufmännische Ausdrücke wie *Aktie, Lombard, Wechsel* dem Gebildeten geläufig sind, werden viele Ausdrücke in übertragenem Sinn verwendet.

Wir geben auch hier eine Liste des Bemerkenswerten: *seine Aktien steigen;* —
Ausbund, eig. 'außen auf das Warenstück gebundener Probeabschnitt' (16. Jh.); —
Bankerott; — *Barschaft* (1363); — *in Bausch und Bogen*; — *billig*, ahd. *billîh*
'ebenmäßig, angemessen, geziemend'; — *buchen*, 18. Jh.; — *Defizit*, 18. Jh., lat. *deficit*
'es fehlt'; — *extra*; — *Finanz*, mlat. *finantia* 'Schlußleistung, Geldleistung'; — *Gläu-*
biger, 15. Jh.; — *handeln*, ahd. *hantalôn* 'mit der Hand begreifen'; — *Haus*, altes; —
Interesse; — *Krach*; — *kramen*; — *Ladenhüter*; — *Messe* (1329); — *Muster*; —
patent 'fein' aus der Verbindung *Patentwaren* entwickelt; — *pickfein*, holl. *puik*; —
Ramsch, 1663; — *Risiko*, 16. Jh.; — *solid*, 17. Jh., frz. *solide*; — *Soll und Haben*; —
spottbillig; — *überhaupt*, zunächst in der Redensart *überhaubt kaufen*, d. h. 'in
Bausch und Bogen'.

Mit dem Handel hängt das Geld auf das engste zusammen, und da
die deutschen Münznamen manches Bemerkenswerte bieten, so seien sie
hier nach ihrer Herkunft zusammengestellt. Auch hier bietet sich erst der
wahre Einblick in die Sache, wenn man die Geschichte der gesamten
Münznamen überblickt. Doch ist es nicht möglich, diese hier auszuführen.
Als Ergänzung möge man heranziehen E. SCHRÖDER, Heinrich Bünting, der
Verfasser des Anhangs zum Bergschen Münzbuch, Zschr. d. hist. Vereins für
Niedersachsen 1910, 430.

Albus 'Weißpfennig', 1360, zuletzt kurhessisch, lat. *albus*. — *Angster* 'kleinste
Schweizer Scheidemünze', 14. Jh., wohl aus lat. *angustus*. — *Batzen*, um 1492 Münze
von Bern mit dessen Wappen, dem *Bären (Petz)*, und davon benannt. — *Deut*, ndl.
duit aus anord. *þveit* 'eine kleine Münze' von *þvîta* 'schneiden'. — *Dublone*, um 1600
aus span. *doblon*, von *double* 'doppelt'. — *Dukaten*, spätmhd. *ducate* aus ital. *ducato*,
von *duca* 'Herzog'. — *Florin*, abgekürzt *fl*, ital. *fiorino*, franz.-span. *florin*, ist eine zuerst in Florenz mit dem Wappen der Stadt, der Lilie (*fior* aus lat. *flos*), geprägte Goldmünze. Anfang des 14. Jh. in Deutschland. — *Frank* 'der Franzose', schon 1385 *franke*. —
Groschen, mhd. (14. Jh.) *gros, grosse* aus mlat. *grossus* 'der Dicke'. — *Gulden*, eig.
'der goldene', mhd. *guldîn pfenninc*, lat. *denarius aurius*. — *Heller*, mhd. *hallære, haller*,
heller, Münze zu Schwäbisch-Hall geprägt. — *Karolin*, Goldmünze, 15. Jh., von einem
Fürsten *Carolus*. — *Kreuzer*, im 12. Jh. *kriuzer*, eig. Silbermünze mit aufgeprägtem
Zeichen des Kreuzes, lat. *denarius cruciatus*. — *Krone*, im 16. Jh., Münze mit der Krone
über dem Wappen. — *Mark*, mhd. *marc* 'halbes Pfund Silbers oder Goldes', mlat. *marka*
schon im 9. Jh., anord. *mörk* 'halbes Pfund Silber'. Wohl zu *Marke*, d. h. die bestimmte
Marke auf dem Wagebalken. — *Pfennig*, ahd. *pfénninc* 'denarius, eine Silbermünze,
$\frac{1}{12}$ Schilling', dazu ags. *penning, pending*, e. *penny*, anord. *pen(n)ingr*; unerklärt. —
Plappert, Blaffert, 15. Jh., wohl aus frz. *blafard*. — *Rappen*, Name einer Münze
mit dem Rabenkopf, dem Freiburger Wappen; mhd. *rappe*. — *Rosenobel*, ehemalige
engl. Goldmünze, 14. Jh. — *Scherf, Scherflein* '½ Heller', mhd. *scherpf* zu *Scherbe*. —
Schilling, ahd. *scilling*, e. *shilling*, got. *skilliggs*. der verbreitetste germanische Münzname;
unerklärt. Das Suffix -*ing* kommt in alter Zeit bei Münznamen ein paarmal vor, vgl. *Pfennig*,
e. *farthing*, ahd. *keisur-ing*. — *Sterling*. e., mhd. *sterlinc*. — *Taler* ist *Joachimsthaler*
'Gulden aus Joachimsthal in Böhmen'. Seit 1519. Daher auch engl.-amerik. *dollar*.

Dazu kommt der Ausdruck *prägen*, ahd. *giprähhan*. Dunkler Herkunft.

§ 195. G. Die Seemannssprache. Die Schiffahrt kann nach der Natur der
Dinge nicht allerorten bestehen. Dazu tritt die Flußschiffahrt gegenüber

der Seeschiffahrt stark zurück. Die Seeleute aber entwickeln sehr früh eine besondere Sprache, die nicht weit ins Binnenland hineingehen kann. Da gewisse Stämme der alten Germanen an der See saßen und Seeschiffahrt betrieben, andere nicht, so mußte sich schon in früher Zeit eine Verschiedenheit des Wortschatzes ausbilden, je nachdem ein Stamm Schiffahrt betrieb, ein andrer nicht. Anderseits ist die Seeschiffahrt von altersher sozusagen international. Am Mittelmeer treffen wir die verschiedensten Sprachstämme, und ebenso an der Nord- und Ostsee. Daß da ein Austausch stattfinden muß, daß wir also überall in der Seemannssprache Lehnworte zu erwarten haben, ist selbstverständlich, ebenso, daß sich die Fortschritte, die auf einem Gebiete gemacht werden, leicht auf das andere übertragen.

Die lexikalischen Aufzeichnungen über die Seemannssprache gehen bis ins 16. Jahrhundert zurück. Der Nomenclator Saxonicus von NATHAN CHYTRÄUS, Lemgo 1590, enthält auch einige Seemannsausdrücke. Das maßgebende Werk aber ist JOHANN HEINRICH RÖDING, Allgemeines Wörterbuch der Marine in allen europäischen Seesprachen nebst vollständigen Erklärungen, Hamburg 1793—98. Die Einleitung enthält eine reiche Bibliographie. Über sein Werk sagt der Verfasser S. V: „In dem Hauptwerke ist die deutsche Sprache zum Grunde gelegt, und bey jedem Kunstwort befindet sich ein gleichbedeutender Ausdruck in der Holländischen, Dänischen, Schwedischen, Englischen, Französischen, Italienischen, Spanischen und Portugiesischen Sprache; auch ist das Genuesische, Neapolitanische, Venetianische und andere Italienische Dialekte angeführt, wenn sie nämlich vom eigentlichen Italienischen oder Toscanischen abweichen." Eine historische Erklärung bietet er nicht, wohl aber ein reiches Material.

In der neuern Zeit sind noch erschienen GOEDEL, Etymologisches Wörterbuch der deutschen Seemannssprache, Kiel und Leipzig 1902. — A. STENZEL, Deutsches Seemännisches Wörterbuch, Berlin 1904. — Die neueste Erscheinung ist: Seemannssprache. Wortgeschichtliches Handbuch deutscher Schifferausdrücke älterer und neuerer Zeit, herausgegeben von FR. KLUGE, ein Werk, das einen reichen geschichtlichen Stoff verarbeitet und allen Anforderungen entspricht, die man stellen kann. — Eine allgemeine Übersicht bietet KLUGE, Westermanns Monatshefte 1911, 872.

Sonstige Literatur: BREUSING, Jahrbuch für niederdeutsche Sprachforschung 5, 1. — KLUGE, Neue Jahrbücher für klass. Phil. 4, 699; Unser Deutsch 63; 110.

Wir haben bereits oben S. 103 gesehen, daß sich die Ansicht, die Germanen wären zu einer Schiffahrt erst gekommen, seit sie sich von den übrigen Indogermanen getrennt und an der Nord- und Ostsee niedergelassen hätten, aus der Sprache nicht beweisen läßt; vielmehr ergab es sich als wahrscheinlich, daß schon die Indogermanen die See befahren haben. Der Grundstock der Schiffahrtsausdrücke ist denn auch gemeingermanisch, d. h. sie kehren im Englischen, Niederdeutschen und Skandinavischen wieder; sie fehlen aber bezeichnenderweise vielfach bei den Oberdeutschen. Das kann nicht wundernehmen. Saßen diese doch vom Meere entfernt, in einem Gebiete, das selbst an schiffbaren Flüssen arm ist. Wir können verfolgen, wie so manches Wort dieses Begriffsgebiets vom Norden nach dem Süden vordringt. Noch heute hat das Wort *Süden* niederländische Lautform, das Althochdeutsche hat in *sundana* den Nasal bewahrt, der sich noch in zahlreichen Ortsnamen wie *Sundgau*, *Sundhausen*, *Sundheim*, *Sundhofen* u. a. zeigt. *Hafen* kennt das Mittelhochdeutsche kaum. Das eigentlich niederdeutsche *Ufer* ist noch heute dem bayerischen Volke fremd. Es wird mittelhochdeutsch volksetymologisch zu *ur-var* umgestaltet. Ebenso fehlen dem Oberdeutschen Worte wie *Strand*, *Boot*, *Klippe*, *Ebbe*, *Düne*, obgleich wir es hier mit altem Sprachgut zu tun haben.

An sonstigen Ausdrücken nenne ich noch:

Backbord, schon ags. *bæcbord*, eig. 'die Rückenseite'. Die Benennung erklärt sich daraus, daß das Steuer früher nicht hinten, sondern an der rechten Seite angebracht war, so daß der Steuermann der linken Seite den Rücken zukehrte. — *baggern* aus ndl. *baggeren* 'ausschlämmen' von ndl. *bagger* 'Schlamm' — *Bake* 'sichtbares Schifferzeichen' aus frs. *baken* = e. *beacon*, ahd. *bouhhan*. — *Boot*, 13. Jh., aus e. *boat*. — *Bord*, ahd. *bort*, e. *board* 'Schiffsrand' — *Bramsegel* u. a. Zusammensetzungen, ndl. *bramzeil*. — *branden*, 18. Jh., aus ndl. *branden*. — *Brigg*, 18. Jh., e. *brig*, gekürzt aus ital. *brigantino*. — *bugsieren* über ndl. *boegseeren*, wohl aus portug. *puxar* 'schleppen'. — *Bugspriet*, aus ndl. *boegspriet* zu *Bug* und *sprießen*. — *Dock* aus e. *dock*. — *Ewer*, 1252 *envare*. also 'Einfahrer'?. — *Faden*, noch seemännisch als Maßbezeichnung, e. *fathom*. — *Fallreep* aus *fall* und *Reif*, hier gleich 'Schiffsleiter'. — *Flagge*, nd., e. *flag*. — *Flotte*, 17. Jh., im letzten Grund über ndl., frz. zurückgehend auf anord. *floti* 'Wasserfahrzeug' zu *fließen*. — *Fock*, nd., ndl. *vocken* 'wehen'. — *Gaffel*, eins mit *Gabel*. — *Gangspill*, 1794, eig. 'Gangspindel'. — *Geschwader* eins mit *Schwadron*. — *Hängematte*. — *Heck* 'Teil des Hinterschiffs', mnd. *heck* = *Hecke*. — *Helling*, mnd. *hellinge* zu *Halde*, eig. 'geneigte Fläche'. — *heuern*, e. *hire*. — *hissen*, 18. Jh., an der See allgemein verbreitet. — *Jacht*, 16. Jh., zu *jagen*. — *Jolle*, 18. Jh., wird als russisches und dänisches Fahrzeug bezeichnet. — *Kaper*, 17. Jh., aus ndl. *kaper*. — *Kauffahrteischiff*, 17. Jh. — *kentern* zu *Kante*. — *Klüver*, 1793, ndl. *kluiver* wohl zu *klieben* 'spalten'. — *Knoten* als Maß beruht auf den in der Logleine angebrachten Knoten. — *kreuzen*, 17. Jh. — *Kreuzer*, 1716. — *landen* statt obd. *länden*. — *leck*, ags. *hlec* zu *lechen*, *lechzen*. — *Lee* zu ags. *hlēow* 'Schutz, Zufluchtsort'. — *Leichter*, nd. *lichter* zu *lichten*, eig. 'leicht machen'. — *löschen* zu *los*. eig. 'leer machen'. — *Lotse*, mnd. *lootsman* zu e. *load* 'Gang' zu *leiten*. — *Luv*, mnd. *löf* 'Windseite'. — *Maat*, e. *m..e* zu ahd. *gimazzo* 'Speisegenosse' zu got. *mats* 'Speise' *Mahlstrom*, ndl. *malstroom*. — *Rahe*, mnd. *rā*. — *Reede*, mnd. *re(i)de*, e. *road* zu *bereit*. — *reffen*, nd. *reffen*. — *Reling* von nd. *regel* 'Riegel, Stange, Latte'. — *Schote*, mnd. *schōte*, e. *sheats* zu *Schoß*. — *Schott*, 18. Jh., zu d. *Schoßgatter*. — *Schute*, *Schüte*, mnd. *schut(t)e*, an. *skūta* zu *schießen*. — *Speigatt*. 17. Jh., *gatt* ist e. *gate*, d. *Gasse*, eig. 'Loch zum Ausspeien des Wassers'. — *Steven*, mnd. *steven* zu *Stamm*. — *Topp* in *Toppmast* = *Zopf*.

Anderseits hat nun die deutsche Seemannssprache außerordentlich viel fremdes Gut aufgenommen. Was in vorgeschichtlicher Zeit, etwa von den Kelten, deren Vertrautheit mit dem Meere Cäsar schildert, entlehnt ist, läßt sich nicht sagen. Sprachlich macht sich zunächst der Einfluß der Römer bemerkbar, deren Ausdrücke zum guten Teil allerdings auf dem Griechischen beruhen.

Zu diesen ältesten Ausdrücken gehören *Anker*, ahd. *ankar* aus lat. *ancora*, den oberdeutschen Mundarten noch heute meist fremd; — *Riemen* 'Ruder', ahd. *riemo* aus lat. *rēmus*, am Rhein und in Norddeutschland; — dagegen ist *Nawe*, mhd. *nāwe*, *næwe* aus lat. *nāvis* schweizerisch, und ist also auf einem andern Wege zu uns gekommen als jene Worte; — *Strippe*, hochd. *Strupfe*, eigentlich 'Riemen zum Anbinden der Ruder' aus lat. *struppus, stroppus*; — auch lat. *canalis* ist damals aufgenommen worden, aber wieder verloren gegangen.

Die Kühnheit der germanischen Seefahrer war bereits früh ganz bewundernswert. Schließlich hielten sie sich nicht mehr in den nördlichen Meeren auf, sondern sie drangen um Spanien herum nach dem Mittelländischen Meere vor. Die Germanen lernten hier manches Neue kennen und erhielten eine Fülle von Ausdrücken, von denen allerdings nur einige erhalten sind. Später mehren sich die Einflüsse, und wir haben Worte fast aus aller Herrn Länder bekommen, lateinische, griechische, arabische, französische, italienische.

In die Zeit des Mittelalters fallen noch:

Barke, mhd. *barke*, e. *bark* aus spätlat. *barca*, das dem Koptischen *bari* entstammt; — *Büse* 'Boot zum Heringsfang', erst in neuerer Zeit aus ndl. *buis*, aber schon einmal im Althochdeutschen als *būzo* herübergenommen; — *Kabel* 'Ankertau', mhd. *kabel* aus frz. *câble*.

Da es vorläufig unmöglich ist, die weitern Entlehnungen der Zeit und dem Raum nach genügend zu sondern, so begnüge ich mich hier damit, eine Anzahl von ihnen mit Angabe der Herkunft und der Zeit des ersten Auftretens zu verzeichnen.

Admiral, arabisch, um 1500, aber schon einmal mittelhochdeutsch; — *Arsenal*, arabisch, im 16. Jahrhundert; — *Aviso*, 1712, ital. *barca d'aviso*; — *Bai*, auf lat. *Bajae* zurückgehend, Ende des 16. Jahrhunderts; — *Besanmast*, 16. Jahrhundert, aus ital. *mezzana*, — *Blockade*, 17. Jahrhundert, ital. *bloccata*; — *Boje*, lat., 17. Jahrhundert; — *Boot*, im 16. Jahrhundert aus e. *boat*; — *Brasse*, im 17. Jahrhundert, frz. *bras*; — *entern*, im 17. Jahrhundert, lat. *intrāre*; — *Fregatte*, 16. Jahrhundert, frz. *frégate*; — *Golf*, im 15. Jahrhundert, frz. *golfe*, lat. *colpus*; — *Harpune*, im 18. Jahrhundert, frz. *harpon*; — *Havarie*, im 16. Jahrhundert, arabisch (?); — *Kabine*, 19. Jahrhundert, e. *cabin*, frz. *cabine*; — *Kabuse, Kambüse*, im 15. Jahrhundert, unklar; — *Kai*, mnd. *kaie*, frz. *qui*; — *Kajüte*, im 15. Jahrhundert, Herkunft dunkel; — *kalfatern*, ndl. *kalefateren* aus mgr. καλαφατεῖν (*kalaphatēn*) und weiter aus arab. *qalafa* 'ein Schiff verkitten'; — *Kap*, im 17. Jahrhundert aus ital. *capo*; — *Kapitän*, 16. Jahrhundert, frz. *capitaine*; — *Koje*, um 1600, letzte Quelle lat. *cavea*; — *Kompaß*, 15. Jahrhundert, ital. *compasso* 'Zirkel'; — *Korvette*, 18. Jahrhundert, frz. *corvette*; — *Kurs*, im 15. Jahrhundert, lat. *cursus*; — *Küste*, im 17. Jahrhundert, über das Ndl. aus lat. *costa*; — *Kutter*, 1791, e. *cutter*; — *lavieren*, im 16. Jahrhundert aus ndl. *laveeren*; — *Marine*, 17. Jahrhundert, frz. *marine*; — *Mars* 'Mastkorb', ndl. *mars* aus l. *merc(em)* 'Ware'; — *Matrose*, im 17. Jahrhundert, aus *matroos* und dies aus frz. *matelots*, das dem anord. *mōtunautr* 'Speisegenosse' entstammt (zu got. *mats* 'Speise' und *genießen*); — *Messe*, aus e. *mess*; — *Mole*, 18. Jahrhundert, frz. *mole*, ital. *molo*; — *Pilot*, im 16. Jahrhundert, aus dem Niederländischen; — *Pinasse*, 1600, frz. *pinasse* zu lat. *pīnus* 'Fichte'; — *Quarantäne*, 17. Jahrhundert, frz. *quarantaine*; — *Schaluppe*, 17. Jahrhundert, frz. *chaloupe*; — *Schleuse*, im 16. Jahrhundert, aus dem Niederländischen, letzte Quelle mlat. *exclūsa*; — *Schoner*, 18. Jahrhundert, e. *schooner*, zuerst in Amerika; — *Torpedo*, lat. *torpēdo* 'der Zitterrochen'; — *Trosse*, frz. *trosse*.

Eine Anzahl dieser Worte wird ja noch in ihrem eigentlichen Sinn gebraucht, aber bei nicht wenigen hat doch schon die Übertragung eingesetzt. So gebrauchen wir: *lavieren, Kurs, Kabel, steuern, stranden* und manches andere.

Bei andern ist aber der seemännische Ursprung ganz verloren gegangen.

Ich erinnere an den *roten Faden*, der sich durch alles zieht, d. h. durch das Tauwerk der englischen Marine — Goethe hat dies Bild in den Wahlverwandtschaften eingeführt; — *Abstecher* in der Bedeutung 'kleine Reise' von seem. *abstechen* 'sich mit einem Boot von einem Schiff entfernen'; — *Ballast*, nd. *ballast*, e. *ballast*; — *Eiland*, wohl aus dem Fries., vgl. *Nordern-ey* und in seinem ersten Bestandteil eins mit *Aue*; — *flott*, nd. zu *fließen*; — *Janhagel*, Spottname der norddeutschen Bootsleute; — *Mundraub*, 1732; — *eine gute Prise* aus frz. *prise*; — *ramponiert* 'durch Seeschaden beschädigt'; — *Takel*, eig. 'die Schiffsausrüstung'; — *Tau* 'Schiffsseil' zu got. *taujan* 'machen'.

Bei der gesteigerten·Anteilnahme, die heute für das Seewesen herrscht, werden wir sicher immer mehr Seemannsausdrücke in unsere Schriftsprache aufnehmen.

§ 196. H. Die Soldatensprache.

Literatur: P. Horn, Die deutsche Soldatensprache, zweite wohlfeile Ausgabe, Gießen 1905. Vgl. dazu die Anzeige von J. Meier, ZfdPh. 32, 15 ff. — Franz Helbling, Das militärische Fremdwort des 16. Jahrhunderts, ZfdW. 14, 20 ff. — G. Stucke, Deutsches Heer und deutsche Sprache. Wortgeschichtliche Skizzen über Ausdrücke unseres Heereswesens alter und neuerer Zeit. Rastatt 1915.

Die Entwicklung des Heerwesens im Laufe unsrer Geschichte zeigt sich auch in der Sprache. In frühern Jahrhunderten gab es nur das Söldnerheer, dessen Angehörige den Soldatenstand als Beruf erwählt hatten, dann entwickelte sich das Volksheer, womit wir wieder an die Zustände der ältesten Zeiten angeknüpft haben. Zwischen diesen beiden besteht innerlich kein Zusammenhang, und so ist auch der sprachliche sehr gering. Die Überlieferung ist hier unterbrochen worden, und was wir unter Soldatensprache verstehen, ist eine verhältnismäßig junge Erscheinung, die allerdings in ihrem Grundcharakter eine gewisse Ähnlichkeit mit der ältern Stufe aufweist.

Ehe wir aber auf die Eigentümlichkeiten dieser Sprache eingehen, wollen wir den Wortschatz, der sich auf das Heerwesen bezieht und der doch schließlich auch hierher gehört, im allgemeinen mustern.

Anmerkung. Es gibt natürlich eine ganze Reihe von Werken, in denen die Ausdrücke der Kriegskunst schon in früheren Zeiten verzeichnet sind. Ich nenne hier: Fronsperger, Fünff Bücher von KriegßRegiment unnd Ordnung, 1555. — Fronspergfr, Kriegßbuch I, II, III. 1571, 1573. — Albertinus, Der Kriegßleuth Weckuhr. München 1601. — von Schwendli, Kriegßdiscurs. Frankfurt 1605. — J. von Wallhausen, Kriegßkunst zu Fuß. Straßburg 1615; Kriegßkunst zu Pferde. Oppenheim 1616; Corpus militare. 1617. — J. von Egger, Neues Kriegs-, Ingenieur-, Artillerie-, See- und Ritterlexicon. Dresden und Leipzig 1757.

Als alter Ausdruck ergibt sich *Heer*, ahd. *hari, heri,* ags. *here,* gemeingermanisch; dazu apreuß. *karjis*, lit. *karias* 'Heer' von *karas* 'Krieg', air. *cuire* 'Heer, Schar' und gr. κοίρανος aus *korjanos; dazu *Herzog*, ahd. *herizogo, -zoho* 'Heerführer', dessen zweiter Teil in lat. *dux* wiederkehrt. Damit ist aber auch der alte Sprachstoff erschöpft. Es wirkt dann das römische Heerwesen etwas ein. Schon im Gotischen ist *militön* 'Kriegsdienste tun', ahd. *milizza* 'Soldaten' belegt. Aber eine wesentliche Bereicherung erfährt die Sprache nicht. Seit dem 12. Jahrhundert entwickelte sich das Söldnerwesen, und nun kommen eine Reihe französischer Worte: *Sold* aus frz. *solde* (von lat. *solidus*), davon mhd. *soldenier* oder *soldenœre*; — *sarjant* 'Diener des Ritters, Knappe, Fußknecht' aus frz. *sergent* von lat. *serviens* 'Diener' (*Sergeant* ist eine neuere Entlehnung); — *Rotte*, mhd. *rote, rotte,* *rot* 'Schar, Abteilung, Rotte' aus frz. *rote* vom lat. *rupta* 'Abteilung', eigentlich 'Bruchteil eines Heeres'; — *Standarte*, mhd. *stanthart* aus frz. *estendard* vom lat. *extendere* 'ausbreiten, entrollen'. Daneben aber benutzte man vielfach den deutschen Sprachstoff: *Hauptmann*, mhd. *houbetmann* 'der Anführer im Kriege, Oberbefehlshaber', 1480 'Befehlshaber über ein Fähnlein'; — *Fähnrich*, mhd. *vanere*; — *Feldwebel*, im 16. Jahrhundert; — *Feldherr*, 1537; — *Feldscherer*, im 16. Jahrhundert; — *Feldzeichen*, bei Luther; — *Feldzeugmeister*, im 16. Jahrhundert; — *Feldzug*, 1545; — *Kriegsknecht*, 16. Jahrhundert; — *Kriegsmann*, 15. Jahrhundert; — *Landsknecht*, in den achtziger Jahren des 15. Jahrhunderts; — *Oberst*, in der Mitte des 16. Jahrhunderts; — *Wachtmeister*, im 16. Jahrhundert; — *Gefreiter* 'vom Schildwachestehen befreiter Soldat', 1617; — *Zeughaus*, 1537.

Die Geschichte dieser militärischen Ausdrücke muß noch geschrieben werden.

Neben diesen deutschen Bildungen aber ergießt sich über die Sprache eine unendliche Fülle fremder Ausdrücke. Einiges kommt schon im Mittelalter, dann bringt uns das 16. Jahrhundert manches Neue, obgleich in dieser Zeit die Ausdrücke noch wesentlich deutsch sind. Die Hauptmasse der Fremdwörter bringt der Anfang des 17. Jahrhunderts und der Dreißigjährige Krieg. Von dem, was damals entlehnt wurde, ist zwar manches untergegangen, die Hauptmasse hat sich aber bis zum heutigen Tag erhalten. Ich verzeichne im folgenden eine Anzahl von Worten nach ihrem zeitlichen Auftreten. Die Quelle ist meistens das Französische und ist gewöhnlich nicht weiter angegeben. Näheres findet der Leser in Weigands Wörterbuch.

Truppenarten: *Arkebusier*, 16. Jahrhundert; — *Artillerie*, seit 1500; — *Dragoner*, um 1600; — *Füsilier*, um 1700; — *Garde*, 1474 die burgundische Truppe im Heere Karls des Kühnen; — *Gendarme*, in Frankreich im 15. Jahrhundert; — *Grenadier*, 1694; — *Husar*, 1534; — *Infanterie*, 1616; — *Ingenieur*, 1616; — *Kanonier*, 1617; — *Kavallerie*, um 1600; — *Konstabler*, 1650; — *Kürassier*, 1476; — *Peloton* 'Abteilung von 20—40 Mann', 1710; — *Pionier*, um 1700; — *Rekrut*, 1617; — *Train*, 1621; — *Truppen*, 1616; — *Ulan*, im 18. Jahrhundert.

Truppenteile: *Armee*, um 1600; — *Bataillon*, 1616; — *Brigade*, zuerst in Gustav Adolfs Heer; — *Division*, 1716; — *Eskadron*, 30jähriger Krieg; — *Geschwader*, 16. Jahrhundert, ital. *squadra*; — *Kompagnie*, 1616; — *Korps*, 17. Jahrhundert; — *Regiment*, 16. Jahrhundert; — *Schwadron*, 1616; — *Furier*, 16. Jahrhundert.

Befehlshaber: *General*, Mitte des 16. Jahrhunderts; — *Kommandör*, 1617; — *Kornett*, 1616; — *Korporal*, 1616; — *Leutnant*, 16. Jahrhundert; — *Major*, 1577; — *Marschall*, um 1600; — *Offizier*, Ende des 16. Jahrhunderts; — *Profos*, 1504, ndl. lat. *propositus*; — *Sergeant*, 1616.

Waffen: *Armatur*, um 1600, ital. *armatura*; — *Bajonett*, im 17. Jahrhundert; — *Batterie*, 1616; — *Bombe*, 1678; — *Büchse*, 14. Jahrhundert; — *Degen*, im 15. Jahrhundert; — *Flinte*, 1663; — *Granate*, 1616; — *Haubitze*, im Hussitenkriege; — *Kanone*, 1616; — *Karabiner*, 1598; — *Kartätsche*, 1691; — *Kartaune*, 16. Jahrhundert, ital. *quartana*; — *Lafette*, 1616; — *Munition*, 1534; — *Muskete*, 1575; — *Pallasch*, 1640; — *Patrone*, 1642; — *Petarde*, 1617; — *Pike*, 17. Jahrhundert; — *Pistole*, um 1600; — *Protze* aus *Protzwagen* usw. gekürzt (*Protzräder* im 16. Jh.), venet. *birozzo* 'zweirädriger Wagen'; — *Rapier*, 1534; — *Schrapnell*, 1803 erfunden.

Befestigung: *Barrikade*, spätes 17. Jahrhundert; — *Bastei*, spätmhd. *bastie*, ital. *bastia*; — *blockieren*, 1617; — *Bresche*, 1617; — *Flanke* 'Seitenwerk einer Festung', 1616, aus frz. *flanc*; — *Glacis*, 1712; — *Kaserne*, 1703; — *Palisade*, 1617.

Sonstiges: *alert*, 17. Jahrhundert, frz. eig. *à l'erte* 'auf der Hut, auf der Höhe'; — *Alarm*, 15. Jahrhundert; — *attackieren*, 1617; — *Bagage*, 1600; — *Disziplin*, 16. Jahrhundert; — *Etappe*, 1728; — *exerzieren*, um 1600; — *Front*, 1616; — *Kamerad*, 30jähr. Krieg; — *Kampagne*, 30jähr. Krieg; — *kampieren*, 1617; — *kapitulieren*, 1703; — *Kommando*, ital. span. 1639; — *Kommiß*, 16. Jahrhundert; — *Kontingent*; — *Kordon*, 1791; — *Liste*, 1616; — *Manöver*, 18. Jahrhundert; — *Marketender*, 16. Jahrhundert, ital. *mercatante*; — *marode*, frz. *maraud* 'unerlaubte Plünderung', 30jähr. Krieg; — *Marsch*, 30jähr. Krieg; — *marschieren*, 1617; — *Meuterei*, 1517; — *Mine*, 1601, frz. *mine*, kelt. *mein-*, *meinn-* 'rohes Metall'; — *Militär*, 18. Jahrhundert; — *mustern*, 1449; — *neutral*, 16. Jahrhundert; — *offensiv*, 1617; — *Parade*, 1615; — *Pardon*, 1663, auch *Perdon* aus ital. *perdono*; — *Parole*, 1617; — *Parteigänger*, 1650; — *Patrouille*, 1709; — *Proviant*, 1556; — *Quartier*, 1529; — *Rang*, 30jähr. Krieg; — *Rapport*, 1617; — *Ration*, 1716; — *rebellieren*, 1551; — *rekognoszieren*, 1617; — *Remonte*, 1728; — *Retirade*, 1616; — *Reveille*, 1716; — *Revolte*, 17. Jahrhundert; — *Ronde*, 1617; — *Route*, 1703 (lat. *via rupta*); — *Salve*, 1648, frz. *salve*, lat. *salve!*; — *Sappe*, 1728; — *Schamade*, 1703 (zu lat. *clamare*); — *Signal*, 1694; — *Soldat*, 1550, ital. *soldato*; — *Spion*, 1615, frz. *espion* aus ahd. *speha*; — *Tornister*, 17. Jahrhundert, byz. ταγίστρον (*tágistron*); — *Traktament*, 18. Jahrhundert; — *Troß*, 15. Jahrhundert, mlat. *trossa*; — *Uniform*, 18. Jahrhundert; — *Vedette*, 1727 (ital. *vedere* 'sehen'); — *Veteran*, 18. Jahrhundert; — *zernieren*, 18. Jahrhundert; — *Zickzack*, um 1700, aus frz. *zigzag* (1680).

Im 16. Jahrhundert oder vielleicht noch früher muß sich nun eine eigene Soldatensprache entwickelt haben, die sogenannte Feldsprache, die Sprache der Landsknechte, die sich zu Parteien vereinigt hatten und im Lande herumzogen. Gleich dem fahrenden Volke hatten sie allen Anlaß, ihr Tun und Treiben vor dem Licht zu verbergen, und sie nahmen daher auch die heimliche Sprache der „Stromer" an. Diese war meist aus Gaunerworten zusammengesetzt und dem Uneingeweihten völlig unverständlich. Fahrende Leute erkundschafteten den raubenden Landsknechten, mit denen sie im Einverständnis waren, günstige Gelegenheiten, wo man Beute machen konnte und sandten ihnen Botschaften, die man Feldtauben nannte.

Die ersten Nachrichten über diese Feldsprache treffen wir bei dem Satiriker Moscherosch (1601—1669), der 1640 unter dem Namen Philanders von Sittewald ein 'Soldatenleben' schrieb (in seinen 'Gesichten' sechstes Gesicht des andern Teiles). Wir haben es hier aber mit einer Abart der Gaunersprache zu tun, und das Glossar, das Moscherosch bietet, ist aus dem liber vagatorum (siehe unten) abgeschrieben. Vgl. KLUGE, Rotwelsch I, 152. Die weitere Entwicklung liegt noch ganz im Unklaren.

Die neuere Soldatensprache hat P. HORN ausführlich behandelt. Ich verweise den Leser auf dieses Buch, da es uns hier nur angeht, was aus dem militärischen Leben an Worten und Redensarten in die Schriftsprache geflossen ist.

Hierher gehören: *abgebrannt*, im Dreißigjährigen Kriege aufgekommen; *heller Haufen*, eigentlich 'der Kern des Heeres', schon im 16. Jh.; *Kommiß* im 16. Jh.; *abblitzen*; *hinter dem Berge halten*; *Spießruten laufen*; *sein Absehen auf etwas richten* (*Absehen* 'die Kerbe am Gewehr'); *zur großen Armee abgehen*; *blank mit einem stehn*; *in die Bresche treten*; *dem Feinde goldene Brücken bauen*; *unsichrer Kantonist* (aus der Zeit Friedrich Wilhelms I.); *Fersengeld geben*; *zwischen zwei Feuer kommen; die Flinte ins Korn werfen; grobes Geschütz anfahren; das Hasenpanier ergreifen; ins Hintertreffen kommen; dem Kalbfell* (Trommel) *folgen; einen über die Klinge springen lassen; etwas aufs Korn nehmen; den Kuhfuß* (Gewehr) *tragen; fluchen wie ein Landsknecht; mit jemand eine Lanze brechen* (aus dem mittelalterlichen Turnierwesen); *Lärm schlagen; Lunte riechen; einem den Marsch machen* (oder) *blasen; seine Pappenheimer kennen* (Schiller Wallenstein); *einem den Paß verlegen; etwas auf der Pfanne haben; von der Pike auf dienen; wie aus der Pistole geschossen; auf dem Platze bleiben; Posto fassen; mit jemand auf dem Quivive stehen; etwas auf dem Rohre haben; jemand auf den Sand setzen* (aus dem Turnier); *ebenso einen aus dem Sattel heben; eine Scharte auswetzen; etwas im Schilde führen; einem vor den Schuß kommen; den Spieß umkehren; Spießbürger; Spießruten laufen; einem die Spitze* (des Schwertes) *bieten; sich die Sporen verdienen; Stich halten* 'den Stich des Gegners aushalten'; *jemand überflügeln; mit offenem Visier kämpfen; einem in den Wurf kommen; den Zapfenstreich schlagen; übers Ziel schießen.*

Ihren Ursprung im Soldatenleben haben ferner:

Handgeld, 1616; — *Handgemenge*, 1631; — *Fehdehandschuh*, im Mittelalter diente der Wurf des Handschuhs als Aufforderung zum Kampf; — *Hinterhalt*, 1480; — *Lauffeuer*, 18. Jh.; — *plänkeln*, 1763 als Jägerausdruck; — *schlagfertig*; — *Schar*, ahd. *scara* 'Heeresabteilung'; — *Spießgeselle*, 1556; — *Standrecht*, 1641; — *Wagenburg*, aus der Zeit der Hussitenkriege.

Anmerkung. Die lange Kriegszeit hat natürlich die Aufmerksamkeit auf die Soldatensprache in besonderm Maße gelenkt und manche Schriften hervorgerufen. Ich nenne hier noch: K. BERGMANN, Wie der Feldgraue spricht. Scherz und Ernst in neuester Soldatensprache. Gießen 1916. — TH. IMME, Der Humor in der deutschen Soldatensprache, Zfrhw. Volksk. 13, 26. — Ders., Die deutsche Soldatensprache und ihr Humor. 1917. — HANNS BÄCHTOLD, Aus Leben und Sprache des Schweizer Soldaten. Basel 1916.

§ 197. J. Die Gaunersprache.

Literatur: POTT, Charakteristik der Gaunersprachen in seinen Zigeunern, Band 2, Einleitung; Halle 1845. — AVÉ-LALLEMENT, Das deutsche Gaunertum, 4 Bände, Leipzig 1858 —1862. — ANTON, Wörterbuch der Gauner- und Diebessprache, 3. Auflage, Berlin 1859. — JOS. MAR. WAGNER, Die Literatur der Gauner- und Geheimsprachen seit 1700, in Petzholdts Neuem Anzeiger für Bibliographie, 1861, S. 69—75. — Derselbe, Rotwelsche Studien; Archiv für das Studium der neuern Sprachen 33, 197—246. — H. STUMME, Über die deutsche Gaunersprache und andere Geheimsprachen, Leipzig 1903. — L. GÜNTHER, Das Rotwelsch des deutschen Gauners, Leipzig 1905; gut. — F. KLUGE, Rotwelsch; Quellen und Wortschatz der Gaunersprachen und der verwandten Geheimsprachen. 1. Rotwelsches Quellenbuch; Straßburg 1901. — Das Hauptwerk über Gaunersprache bilden jetzt die von Prof. L. GÜNTHER seit 1909 veröffentlichten Abhandlungen über die Gaunersprache. I. Das Geld und die Münzen. Archiv für Kriminalanthropologie und Kriminalistik. Bd. 33, 219—322. II. Die Stände, Berufe und Gewerke. Arch. 38, 193—288; 42, 1—89; 43, 1—71; 46, 1—31; 46, 289—314; 47, 131—154; 47, 209—231; 48, 311—351; 49, 331—358; 50, 137—159; 50, 341—370; 51, 137—168; 54, 148—191; 54, 310—339; 55, 148—181; 56, 41—71; 56, 158—185. Dazu ist gekommen L. GÜNTHER, Die deutsche Gaunersprache und verwandte Geheim- und Berufssprachen. 1919. Ein vortreffliches, zusammenfassendes Werk.

Eine besondere Stellung allen bisher behandelten Sondersprachen gegenüber nimmt die Gaunersprache oder das Rotwelsch ein, als eine der anziehendsten Erscheinungen im Leben der Sprache. Das lichtscheue Gesindel der fahrenden Leute, der Verbrecher, Diebe und Hehler, das früher noch in ganz andrer Weise verbreitet war als heute, hatte allen Anlaß, sein Treiben vor den Augen der Welt zu verbergen. Der Kampf, den der Staat und die Gesellschaft gegen es führt, läßt Kampfmaßregeln entstehen, und zu diesen gehört die Erfindung einer Geheimschrift, der sogenannten Gaunerzinken, die man noch heute an vielen Haustüren sehen kann, und die Erfindung einer Geheimsprache, der sogenannten Gaunersprache oder des Rotwelschen. Der Ausdruck Rotwelsch kommt schon um 1250 im Passional und zwar in übertragenem Sinne vor, so daß er schon lange Zeit eingebürgert zu sein scheint.

Später mehren sich dann die Zeugnisse, bis wir um 1510 den Liber vagatorum erhalten, in dem ausführlich von den fahrenden Leuten berichtet wird, und der auch ein Glossar des Rotwelschen als dritten Teil enthielt. Welche Bedeutung man dem Buch beimaß, erhellt daraus, daß kein geringerer als Martin Luther es 1528 neu herausgegeben hat. Von dieser Zeit an nimmt die Überlieferung zu, die jetzt in der KLUGEschen Ausgabe jedermann leicht zugänglich ist.

Die besondern Eigentümlichkeiten des Rotwelschen bestehen nun in folgenden Punkten:

1. enthält es eine Reihe eigentümlicher Ausdrücke, von denen eine große Anzahl aus dem Hebräischen, d. h. natürlich aus dem Jüdisch-deutschen stammt. Es wirft dies klares Licht darauf, aus welchen Kreisen die Gauner stammten oder mit wem sie zu tun hatten. Andere Ausdrücke stammen aus dem Zigeunerischen; sehr viel geringer ist der Einschlag des Lateinischen, sehr bescheiden der des Französischen und ganz unbedeutend der englische;

2. bildet man aus deutschem Sprachgut durch Umschreibungen, bildliche Ausdrücke, Zusammensetzungen, Ableitungen neue Worte, z. B. *Trittlinge* 'Schuhe', *Streiflinge* 'Strümpfe', *Ober-Mann* 'Hut', *Spitzlinge* 'Nähnadeln' und

3. macht man die Worte unverständlich durch Einschieben von Silben, Umkehrung, Anfügung von Lauten. Dahin gehört die sogenannte *pi*-Sprache, die schon oben S. 90 erwähnt ist, und anderes, worüber die Quellen ausführlich berichten.

Das Rotwelsch hat nun in ausgedehntem Maße auf unser Deutsch eingewirkt, indem eine große Anzahl teils allgemein verbreiteter, teils dialektischer Worte in unserm heutigen Deutsch auf diese Quelle zurückgehen, und zwar zuweilen direkt, indem die Worte aus dem Dialekt allmählich emporgestiegen sind, oft indirekt durch Vermittlung der Studentensprache.

Ich gebe im folgenden ein Verzeichnis der mir geläufigen oder in unsern Wörterbüchern angeführten Worte mit Angabe des ersten Beleges nach KLUGES Quellenbuch und der Herkunft, soweit sie bekannt ist. Dabei hat mich mein Kollege STUMME, der auch das Buch von GÜNTHER auf seinen sprachlichen Teil durchgesehen hat, dankenswert unterstützt.

adteln 'essen', 1510, hebr. *ākhál* 'essen'. — *anschmusen, schmusen*, 1791, von hebr. *šĭmā̆ʿ ōt* (jüdisch *šmuōs*) 'Gehörtes, Gerücht, Nachricht'. — *Baldober* 'Angeber',

1735, aus hebr. *ba ál dābār* (jüdische Aussprache *dōwōr*) 'Herr der Sache'. — *Bas* 'Mann',
1510, deutsch, mit *Base* zusammenhängend. — *benschen* 'segnen', 1737, aus lat. *bene-
dicere*. — *berappen* 'bezahlen', 1814; mit *Rappen* bezahlen. — *beschuppen* 'betrügen',
1687; deutsch. — *beschwuddern, sich* 'sich betrinken', 1750; wohl deutsch. — *besebeln*
'betrügen', 1510 *sefeln* 'scheißen', zu hebr. *zebel* 'Mist, Kot'. — *betucht* 'leise, still, ver-
schwiegen', hebr. *bātuāch* 'Vertrauen habend, sicher' — *Blech* 'Geld', 1510; nach den
Münzen aus 'Gold- oder Silberblech'. — *Bovel, Babel, Bafel* 'alte verlegene Ware',
1755, von der Stadt *Babel* 'Babylon', da *Bōfel* die jüdische Aussprache des hebr. *bābel*
ist. — *Dalles* 'Unglück, Verderben, Armut, Geldmangel'; wohl von hebr. *dallūth* 'Armut' —
Dallinger 'Henker', hebr. *tāláh* 'aufhängen', 1510. — *Finkeljochem* 'Branntwein', 1687;
fünkeln ist 'funkeln, brennen', *jochem* von hebr. *jājin* (jüd. *jōjin*) 'Wein'. — *foppen* 'zum
besten haben', 1510. Aber schon 1343 *fopperin* 'die nement sich unsinne an und ver-
sagens'. — *Füchse* 'Dukaten' 1652; übertragen von Fuchs. — *Funke* 'unsteter, leicht-
fertiger Mensch', nach gaun. *Funk* 'Flamme'. — *ganfen* 'stehlen', 1510, aus hebr. *gānáb*
(jüdisch *gōnáf*) 'stehlen'. — *Gauner*, im 15. Jahrhundert *joner* 'Spieler, Falschspieler',
von jüd. *jōnéh* 'Spieler'. — *Heu* 'Geld', 1733; wohl das deutsche *Heu*. — *Hochstapler*
'ein berühmter Dieb', 1753, eigentlich 'der hoch stapft'; schon früher *Stappler, Stapplerin*. —
Jochem 'Wein', hebr. *jājin*, im 15. Jh. — *Kabrusche* 'Kameraden, besonders zu Schlech-
tigkeiten', 1753; aus dem Hebr. — *Kaffer* 'Bauer', 1714, aus rabbinisch *kaphri* 'Dorf-
bewohner, Bauer'; von hebr. *kāphār* 'Dorf'. — *Kafiller* 'Schinder', von talmudisch *kephál*
'abdecken, abziehen', 1510. — *Kalatschen* 'Kuchen', 1753, aus dem Slawischen, z. B.
tschech. *koláč*. — *kapores* 'tot, zugrunde gerichtet', 1783 *kaporen gan* 'sterben müssen',
aus hebr. *kappōreth* (jüd. *kappōres*) 'Versöhnung, Sühnopfer'; vgl. Weigand. — *Kassiber*,
jüd. *kesīwō* 'Geschriebenes, Brief', 19. Jh. — *Kasten* 'schlechtes Haus', 1755; aus dem
deutschen *Kasten*. — *Kies* 'Geld', schon mhd.; es könnte eine Übertragung von d. *Kies*
sein, anderseits aber auch aus hebr. *kīs* 'Beutel, Geld' stammen. — *Kippe machen* 'Gemeinschaft machen'. — *Kittchen* 'Zuchthaus', 1811. — *Klepper* 'Pferd', 1807; schon im
15. Jh. im Deutschen. — *Kluft* 'Kleidung', älteste Form *Klaffot* 1510, aus hebr. *kalīfōt*
'Feierkleider'. — *Kneipe* 'Diebswirtshaus', 1755, deutsch. — *Kohl machen* 'einen blauen
Dunst machen', 1753, wohl von hebr. *qōl* 'Stimme, Gerücht, Schall'; davon *kohlen* 'viel
durcheinander reden'; die erste Bedeutung wohl davon, daß die Taschenspieler viel reden. —
koscher, 1737, aus hebr. *kōšer* 'recht, gesetzmäßig' — *Kümmelblättchen* 'gaunerisches
Hasardspiel mit drei Karten', von hebr. *gimél* 'drei'. — *Löffel* 'Ohren', 1733; aus der
Jägersprache. — *Mäckler* 'Unterhändler', 1737; schon früher im Deutschen belegt; jetzt
Mäkler, Makler, wohl zu *machen*. — *Masematten* 'Geschäfte', 1737, aus hebr. *missab
umittan* 'nehmen und geben', einer Redensart, die für 'Geschäft' schon im Altbabylonischen
vorkommt. — *mogeln*, gaun. *mohel sein* 'beschneiden'. — *Moos* 'Geld', 1750, aus späthebr. *mā'ōt*, jüd. *mō'ōs* 'kleine Münzen, Geld'. — *mopsen* 'stehlen', Kundensprache
Kluge I, 427. — *Päger* 'vergifteter Kuchen', 1812, zu hebr. *peger* 'Leichnam'. — *paschen*,
1755, gaun. *passen*. — *pletzen* 'flicken', 1755; deutsch. — *Pracherin*, 1727, zu ndl.
prachern 'zudringlich fordern, betteln'. — *pumpen* 'borgen', 1687; wohl übertragen von
deutsch *pumpen*. — *Rantz* 'Sack', 1510, jetzt *Ranzen*; nicht sicher erklärt. — *schachern*
'handeln', 1753, aus hebr. *sāchar* 'handelnd umherziehen'. — *schäkern* 'lügen', 1817, von
hebr. *šeker* 'Lüge, Trugrede'. — *Schicksel* 'Meidlin, Jungfrau', 1753, von aramäisch *šigçā*
'Greuel, Götzenbild'. — *Schlamassel* 'Unglück', 1737, aus hebr. *māzzāl* 'Glück' und der
Verneinung *šellō*. — *Schmiere stehn*, 1714, von späthebr. *šemīrā* 'Beaufsichtigung, Be-
wachung'. — *Schwänzelpfennige*, 1715. — *schwänzen*, 1724. — *Sefel*, siehe *be-
sefeln*. — *stanzen* 'jem. wozu treiben' — *Stromer*, 1350.

§ 198. K. **Die Sprache der Wissenschaft.** Mit der Gaunersprache stehen
wir nun am Ende der zahlreichen Sondersprachen, die wir betrachtet haben.
Alle haben mehr oder minder, früher oder später auf den Wortschatz unsrer

allgemeinen deutschen Schriftsprache eingewirkt, während sie in sich selbst eine besondere Entwicklung zeigen. Aber es bleibt außerdem noch ein Gebiet übrig, das wir zwar auch nicht völlig erschöpfend darstellen können, auf dessen Wichtigkeit wir indessen aufmerksam machen müssen, das ist die Sprache der gelehrten Berufe und der Wissenschaften.

Eine jede Wissenschaft verfügt, wie allgemein bekannt, ebenfalls über einen besondern Wortschatz, und auch dieser ist der Beachtung wert und der Untersuchung bedürftig. Freilich bedienen sich die meisten Wissenschaften noch heute vorwiegend der lateinischen und griechischen Ausdrücke, und es scheint, als ob keine auf die zu neuen Bildungen so geeigneten klassischen Sprachen ganz verzichten könnte. Aber wenn uns deren Benutzung notwendig zu sein scheint, so möge man bedenken, daß auf einzelnen Gebieten, teilweise wenigstens, deutsche Bezeichnungen vorhanden sind, Bezeichnungen, die man meistens dem bewußten Vorgehen einzelner Männer verdankt, gegen die man aber seinerzeit ebenso geeifert hat, wie man jetzt gegen einen Präger neuer deutscher Ausdrücke eifern würde.

In der Hauptsache sind es drei Gebiete, auf denen die deutschen Ausdrücke ziemlich weit verbreitet sind, die Philosophie, die Mathematik und die Sprachwissenschaft.

Ehe wir aber auf diese eingehen, seien hier ein paar Bemerkungen eingefügt über eine Wissenschaft, die zwar immer noch der bedeutendsten eine ist, die aber in früherer Zeit die Gemüter der Menschen ganz anders beschäftigt hat als heute, das ist die Chemie oder wie man früher sagte die *Alchimie*. Dies Wort selbst kommt schon im Mhd. als *alchemie* vor und stammt aus arab. *alkimijā*, das das mit dem arab. Artikel *al* versehene gr. χημεία (gesprochen *kimia*) ist. Von den Arabern gelangte es zu den Spaniern, weiter zu den Franzosen und schließlich zu uns.

Auf die vielen Ausdrücke für chemische Instrumente und Chemikalien kann ich hier nicht eingehen, sondern ich will nur die Ausdrücke hervorheben, die in die allgemeine Sprache übergegangen sind.

Man suchte vor allem den *Stein der Weisen* oder das *Elixier*, spätmhd. *elixire* aus arab. *el iksir* 'Stein der Weisen'. Ein außerordentlich wichtiger Stoff war das *Quecksilber*, das ja die Metalle auflöst. Diese Verbindung von Metallen mit Quecksilber heißt *Amalgam* (16. Jh.) aus span.ital. *amálgama* von gr. μάλαγμα (*málagma*) 'Erweichungsmittel'. Bemerkenswert ist der volkstümliche Ausdruck *sich veramalgamieren* 'sich vereinigen, sich mit jemand abgeben', der offenbar recht alt sein muß. Dieselbe Bedeutungsentwicklung zeigt *verquicken*, das Adelung nur in der chemischen Bedeutung 'vermittelst Quecksilber auflösen' kennt, das aber jetzt ganz allgemein gebräuchlich ist. — Ebenso kommt der Ausdruck *Wahlverwandtschaft* (1779) als Übersetzung des lat. *attractio electiva* aus der Chemie, doch hätte er ohne Goethe wohl nicht seine Verbreitung gewonnen. — *Spiritus* bezeichnete im 16. Jh. bei den Alchemisten 'eine durch Destillation gewonnene wesenhafte Flüssigkeit von Körpern', wonach wir dann im 18. Jh. *Weingeist* als Übersetzung von *spiritus vini* gebildet haben und von *geistigen Getränken* sprechen. — *Essenz*, das lat. *essentia*, kommt im 16. Jh. auf. Besonders hat sich der Ausdruck *Quintessenz* aus mlat. *quinta essentia* 'der Äther' von seinem Ursprungsgebiet ganz losgelöst.

Weitere alchemistische Ausdrücke sind *reagieren, Reaktion* (im politischen Sinn erst im 19. Jh.), *Tinktur* (Paracelsus), *elementar* in *Elementargeister, Extrakt* (1585) und gewiß noch manche andere.

§ 199. L. Die Sprache der Philosophie.

Literatur: R. EUCKEN, Geschichte der philosophischen Terminologie im Umriß, Leipzig 1879. — B. A. WAGNER, Christian Thomasius; ein Beitrag zur Würdigung seiner Verdienste um die deutsche Sprache. Berliner Programm 1872. — P. PIUR, Studien zur sprachlichen Würdigung Christian Wolffs, Halle 1903. — J. KELLE, Die philosophischen Kunstausdrücke in Notkers Werken, München 1886. — JULIA WERNLEY, Prolegomena zu einem Lexikon der ästhetisch-ethischen Terminologie Friedrich Schillers. Untersuchungen zur neueren Sprach- und Literaturgeschichte, hrsg. von Waltzel. Neue Folge. 10. Heft. Leipzig 1909. — W. MEISE, Beiträge zu einer ethischen Terminologie Schillers, Greifswald 1916.

Die Sprache der Philosophie war natürlich bis in die Neuzeit lateinisch, und EUCKEN hat über sie eine kurze Übersicht gegeben. Erst im 18. Jahrhundert ringen sich deutsche Ausdrucksweisen durch. Anfänge und Versuche dazu sind freilich viel früher da, aber es hat kein guter Stern über ihnen gewaltet, sie vermochten sich nicht durchzusetzen, und sie sind nicht einmal genügend untersucht. Was Eucken bietet, hat bisher noch keine Fortsetzung und Erweiterung gefunden.

Der erste große Übersetzer der Deutschen, Notker, der sich an schwierige Stücke lateinischer Herkunft wagte, scheute nicht vor einer Übertragung der fremden Worte zurück.

„Mit Geschick sind einmal Ausdrücke der Volkssprache zur Vermittlung des Fremden herangezogen; wo eigene Bildungen zu unternehmen waren, ist das Fremde möglich getreu in der deutschen Sprache wiedergegeben (z. B. *individuus — unspaltig*), und wenn dabei zunächst die Biegsamkeit dieser zum Ausdruck kommt, so verdient auch Umsicht und Takt des Autors volle Anerkennung. Nur selten fehlt ihm ein genau entsprechender Ausdruck, dann muß entweder ein allgemeiner Begriff oder eine Umschreibung aushelfen, schlimmstenfalls wird das Fremdwort unverändert beibehalten." Eucken S. 116.

Von seinen Verdeutschungen seien hier einige angeführt:

aeternus — ewig; comprehendere — ervaren, begrîfan; confusus — vcrworren; confusio — ununderskeit; continuus — zesamin, zesamine habig; contrarius — widerwartig; convertere — umbewenden; finis — ende; forma — bild; infinitus — unentilih; intelligere — vernemen; liberum arbitrium — selbwaltigi; mens — muot; mundus — werlt; necessarius — nothaft, notmachig; necessitas — nōt, notegunga; perpetuus — werig; possibile — mahtlich; principium — anegenge; proprius — eigenhaft; singularis — sunderig; subjectum — daʒ undere; tempus et locus — zit unde stat; dazu kommen Ausdrücke wie *ewigheit, saligheit, wiʒentheit, anscouunga, fliht* 'Fürsorge, Aufgabe, Gebot', *merheit, minnirheit, pildunga, rihtig, scîn, scînbare, vernumenstig* 'vernünftig', *vernunft* u. a.

Notkers Bestrebungen fanden aber keine Nachfolge. Er steht einsam da, und die meisten seiner Übersetzungsversuche sind untergegangen. Ein neues Streben nach Verdeutschung eines umfassenden Gedankenkreises ging erst wieder von der deutschen Mystik aus, und vor allem hat hier Meister Eckhart manchen philosophischen Ausdruck gut verdeutscht. Aber auch andere sind daran beteiligt gewesen. Leider sind wir über seine Tätigkeit noch nicht genügend unterrichtet. Eine kurze Skizze gibt E. KRAMM, Meister Eckeharts Terminologie in ihren Grundzügen dargestellt, ZfdPh. 16, 1 ff.

Über Eckharts Bedeutung ist man sich allgemein einig. „Gar manches,“ sagt Eucken 118, „was wir der deutschen Sprache als Naturgabe zuschreiben möchten, verdankt sie vor allem Eckhart. Wie sich seine Persönlichkeit in ihrer Hoheit, Innigkeit und Macht auch in der Sprache bezeugt, wie gewaltig er das Vorhandene bewegt, um es zum Ausdruck seiner Geisteswelt zu bilden, wie selbständig und kühn er auch mit Neuschöpfungen vorangeht, das verdiente in der Tat eindringende Untersuchung.“ Kramm fügt dem hinzu (S. 3): „Und fürwahr! Wer mit Eckehart sich beschäftigt hat, weiß, wie sein geistiger an die den Himmel stürmenden Titanen erinnernder Riesenlauf auf das treueste in des Meisters Sprache sich spiegelt; Eckehart schwelgt förmlich in dem Genusse, die Muttersprache zum ersten Male mit sich zu führen hinab in die Tiefen seiner spekulativen Erörterung und hinauf in die Höhen intellektuellen Schauens.“ Ein etwas glücklicherer Stern als über Notker hat über Eckhart gewaltet. Manche seiner Worte sind geblieben.

Charakteristisch sind für ihn die vielen Ausdrücke auf -*heit*: *einekeit, einvaltekeit, enpfindlidieit, ewikeit, friheit, gotheit, gruntlosekeit, klarheit, hoheit, innekeit, liplidieit, üterkeit, manicvaltekeit, mensdiheit, mügelidieit, natiurlidieit, sinnelidieit, unbegrifelidieit, ursprunglidieit, verstendikeit, verworrenheit, vollekommenheit, weltlidieit, wesentheit, würklidikeit* 'ἐνέργεια', *zitlicheit.* Dazu kommen aber noch andere charakteristische Ausdrücke: *angeborn, begirde, begrif, begrifunge* 'Inbegriff, Umfang', *bezeidienunge, bild* 'forma, species', *bildung, eigenlidi, eigentuom, ersdunen, fürsatz, enpfinden, gruntlos, hindernüsse, inbilden* und *üzbilden, inbildung, indruc, influz, innewendig, üzwendig, miteliden* 'gemeinsames Leiden', *neigung, sdiöpfung, unsinn, unvernunft* u. a.

Wenn viele dieser Worte noch heute fortleben, so hat doch natürlich manches eine andere Bedeutung angenommen.

In der Folgezeit setzt sich die Verdeutschungstätigkeit fort.

Durch Luther ist manches neu geschaffen, vor allem das Ältere erst allgemein verbreitet worden. Wir finden bei ihm: *Bedingung, Bildnis, Empfindung, folgen, Freiwille, freiwillig, Gelegenheit* 'opportunitas', *Gewissen, Pflidit* 'rechtliche Verbundenheit', *deutlidi, Erfahrung, Ersdieinung, Fühlen, angeboren, eingeboren* u. a. Wenig bedeutend als Sprachschöpfer erscheint Paracelsus. „Am bemerkenswertesten dürfte sein, daß er den Terminus *Erfahrung* zu spezifisch wissenschaftlicher Verwendung bringt. Die Ausdrücke *Verstand* und *Vernunft* scheiden sich so, daß jener, als dem mittelalterlichen *intellectus* entsprechend, übergeordnet wird. *Ort* steht hier im neuern Sinn; ferner erscheinen *Auszug* = Extrakt, *erfolgen* (kausal wie bei Luther), *notwendig*.“ Eucken 125. Dazu kommen durch ihn eine Reihe von Fremdwörtern aus der Scholastik: *Argument, Zentrum, Kriterium, Doktrinen, Experiment, Fantasey, Massa, medianisdi, Mikrokosmos, Praktik* und *Theorik, Proba, Prozeß, Sophist, Spekulation, Substanz, quinta essentia.*

Weiter ist unsere Kenntnis der philosophischen Sprache durch eine Abhandlung PRANTLS, Abhandlungen der kgl. bayer. Akademie der Wissenschaften, I. Klasse, VIII. Band, 1. Abteilung, München 1856, bereichert worden. Prantl hat die beiden ältesten Kompendien der Logik in deutscher Sprache, das eine von Fuchsperger (F.) 1533, das andere von Bütner (B.) 1576, untersucht. Nach einer Charakteristik beider Werke stellt er ihre Terminologie zusammen und fügt zur Vergleichung nicht nur die entsprechenden Ausdrücke Notkers hinzu, sondern auch die der deutschen Rhetoriken, die seit den letzten Jahrzehnten des 15. Jahrhunderts im Interesse der juristischen Praxis zahlreich verfaßt wurden.

Alle vier haben: *communis — gemein.* N. Rh. F.: *contrarius — widerwertig;* *significare — bezeichnen.* Rh. F. B.: *circumstantiae — Umstand; compositio — Zusammensetzung; definitio — Beschreibung; impossibile — unmöglich; qualitas — Eigenschaft; quantitas — Größe.* F. Rh.: *accidens — zufellig Aygenschafft; argumentum — Anzug; causa efficiens — würcklich Ursach; causa materialis — materlich Ursach; convertere — umbkeren; conversio — umbkerung; effectus — Volge; exemplum — Beispiel; finitio —· Beschreibung; substantia — aigentlich Wesen.* F. B.: *necessarius — notwendig.* Die Rh. haben für sich: *inductio — Erfahrung.* An aufgenommenen Fremdwörtern hat F. *probieren* B. *Maximen.*

Ein sehr bedeutsamer, kräftig wirkender Geist tritt uns in Jakob Böhme entgegen, dem wir sprachlich mancherlei verdanken. Hier tritt *Zweck* zuerst in philosophischer Verwendung auf, *Auswicklung* und *sich auswickeln* im Sinne unseres *entwickeln. Begriff* ist oft 'Vorstellung' im neuern Sinn; *Begreiflichkeit, Umstände* 'species, Qualitäten', *Unendlichkeiten, Ungrund, Vielheit, Naturrecht, Natursprache, Vernunftschlüsse, Wohltun, Wohlwollen.* An fremden Ausdrücken führt er ein: *theosophisch, historischer Glaube, qualifizieren.*

Was bis zum Schlusse des 17. Jahrhunderts geleistet war, findet man im wesentlichen bei STIELER verzeichnet. Eucken merkt aus ihm folgende Ausdrücke an:

ableiten, Beschaffenheit 'qualitas', *Beziehung, Deutlichkeit, Einteilung, entwickeln, Fertigkeit, das Gefüle, Gegensatz* (nicht technisch logisch), *Gegenstand* 'oppositum, pars adversa, objectum', *Gemeinwesen, Gemütsbewegungen, Gemütskräfte, Genauigkeit* 'Sparsamkeit', *Kunstwort* 'terminus technologicus', *Leidenschaft, Mitleiden, Schluß, schließlich, Schlußsatz* 'conclusio', *schlechtweg, Sinnbild, Stoff, Urbild, Urwesen* 'Element, Natur', *Unlust. Vernunftschluß, verursachen, vorstellen, Vorstellung* (aber noch nicht in der spätern psychologischen Bedeutung), *wahrscheinlich, Wahrscheinlichkeit, Endursache* 'causa finalis'.

Auch Leibnizens ist hier zu gedenken, der durch seine „Unvorgreiflichen Gedanken betreffend die Ausübung und Verbesserung der deutschen Sprache" 1697 seine Liebe zur Muttersprache bekundete. Seine deutsche philosophische Sprache verdiente eine besondere Untersuchung.

An neuen Worten scheinen bei ihm zuerst aufzutreten: *Beweisformen, Endzweck, Gesicht-Punkt, Grundbeweis, Schlußfolge, Schlußformen, Selbstwesen* 'Substanz', *Verhaltung* 'proportio'. *Naturell* wird eingebürgert und *Idee* im neuern Sinn, ähnlich *Umstand, Geschlecht, Unterschied, Lust* und *Unlust, Vernunft-* und *Erfahrungsgründe, Urteil, Begränzung* 'definitio', *Logik = Vernunftkunst* oder *Denkkunst, Ontologie = Wesenlehre.*

Chr. Thomasius hat eine unvergeßliche Bedeutung für die deutsche Sprache, da er zuerst Vorlesungen in deutscher Sprache hielt. Daß er dabei notwendig zu neuen deutschen Ausdrücken geführt wurde, versteht sich von selbst. Aber was er geleistet hat, läßt sich bis heute noch nicht klar erkennen. Er schwankt vielfach hin und her zwischen verschiedenen Ausdrücken für den gleichen Begriff, und das ist zweifellos ein Hindernis für einen sichern Erfolg. ·Eucken führt als bei ihm auftretend an: *Einbildungs-*

kraft, Gemüts-Neigungen, Weltweisheit, Absicht, Motive, gesunde Vernunft.

Unbestritten und unbestreitbar ist aber die Stellung, die Christian Wolff in der Verdeutschung und Festlegung der philosophischen Ausdrücke einnimmt. Wenn Wolff als selbständiger Philosoph keine besondere Bedeutung hat, so war er doch seinerzeit eine Größe, der man begeisternd huldigte, und deren Anschauungen man folgte. Wolff war eben maßgebend, und da er klar und folgerichtig seine fremden und seine deutschen Ausdrücke wählte, da er Bücher über Bücher schuf, so ist es kein Wunder, daß er einen starken Einfluß ausübte. Über Wolffs Sprache besitzen wir die anziehende Studie von Piur. Dieser sagt S. 20: „Wie Wolffs gesamte Philosophie eine großartige Systematisierung der verschiedensten philosophischen Richtungen, so ist auch seine Sprache und Terminologie ein Erzeugnis, das zum größten Teil auf früheren Versuchen beruht, nur daß er hier doch selbständiger erscheint als in der Philosophie. Wolff hat wenig deutsche Termini neu geschaffen, und doch gebührt ihm der hervorragendste Anteil an der Schöpfung der wissenschaftlichen deutschen Sprache. Gerade die Vermeidung der Einführung neuer willkürlich geschaffener Ausdrücke, ein Mißgriff, an dem so viele Bemühungen der Sprachgesellschaften gescheitert sind, gerade der Umstand, daß er den vorhandenen Sprachschatz für die Bildung wissenschaftlicher Termini benutzt, gerade das machte ihn so groß und ermöglichte einzig und allein seine Wirkung. Was die Sprache der Scholastik und Mystik an brauchbaren deutschen Ausdrücken aufwies, was die Theosophen des 17. Jahrhunderts, was die Sprachgesellschaften in kühnen Anstrengungen versucht hatten, was zum Teil längst verschollen war oder hier und da unter der Asche nur noch glimmte, das hat er hervorgeholt, teils in der alten Bedeutung gelassen, meist aber mit neuem Inhalt erfüllt und so, wie es Leibniz in den 'Unvorgreiflichen Gedanken' wünscht, die alten Worte und Reden als guldene Gefäße der Egypter ihnen abgenommen, von der Beschmutzung gereinigt und zu dem rechten Gebrauche gewidmet. Was Leibniz an deutschen Worten geschaffen, ohne daß ihm ein Echo entgegenscholl, was der buntschillernde Thomasius durch sein wunderbar reiches sprachschöpferisches Talent spielend hervorgebracht hatte, allerdings nie greifbar und in seinen Ausdrücken stets variierend, alles das macht sich Wolffs umsichtiges Sprachgeschick zunutze, indem es auch hier manche Ausdrücke fallen läßt, manche annimmt, manche neu fixiert. Was endlich in der Sprache der Literatur jener Zeit vorhanden war, benutzt er, um ihm einen technischen Inhalt, 'eine abgemessene Bedeutung', wie er es selbst nennt, zu geben oder etwaige Synonyma gegeneinander abzugrenzen, oder was einen spezifisch technischen Inhalt hatte, in allgemeinerem Sinne zu verwenden. Überall tut sich ein entschiedenes und feinfühliges Verständnis der deutschen Sprache kund." Wie bedeutend Wolffs Einfluß den Zeitgenossen erschien, erhellt schon daraus, daß 1737

Heinrich Adam Meissner ein Philosophisches Wörterbuch herausgab, „darinnen die Erklärungen und Beschreibungen Herrn Christian Wolffens sorgfältig zusammengetragen", Bayreuth und Hof.

Bei dieser Bedeutung Wolffs hat es aber keinen Zweck, hier Einzelheiten anzuführen, in betreff derer ich vielmehr auf Piur verweise.

Je mehr sich nun in der folgenden Zeit die Philosophie und die philosophische Bildung verbreitet, um so genauer wird ihre Sprache festgelegt, und es sind natürlich eine ganze Reihe von Männern sowie alle großen Philosophen an der Ausbildung beteiligt. Von Baumgarten stammt *Ästhetik* für 'Lehre vom Schönen', er verwendet *Erscheinung* im weitern technischen Sinn, *subjektiv* und *objektiv* beginnen hier die neuere Bedeutung anzunehmen, *Absicht*, *Zweck* und *Endzweck* werden voneinander geschieden. „Tetens verdanken wir die systematische Durchbildung und Befestigung der psychologischen Terminologie, auf den hier festgelegten Grundlagen ist bis zur Gegenwart fortgebaut." Andere neue Ausdrücke des 18. Jahrhunderts, die auch in philosophischem Sinne gebraucht werden, ohne daß ihr Urheber feststeht, sind: *Ausdruck*, *Bildung* (auf den Geist übertragen), *Einheit*, *sich ergeben* (kausal), *Ergebnis*, *Folgerung*, *Fortschritt*, *Gesinnung*, *Hinsicht*, *Mitleid*, *Nachsicht*, *nachsichtig*, *das Ohngefähr*, *Reiz*, *Tendenz*, *Tatsache*, *Zustand*. Die weitere Entwicklung der philosophischen Ausdrucksweise zu verfolgen müssen wir hier unterlassen. Dank den bisherigen Untersuchungen sehen wir hier klarer als auf andern Gebieten, aber doch fehlt noch außerordentlich viel, eh alles aufgehellt wäre. Sicher aber ist die Geschichte der philosophischen Termini ein Teil der Philosophie selbst, und man kann gerade auf diesem Gebiete so recht die Bedeutung und Bedeutsamkeit der Wortforschung erkennen.

§ 200. M. Die Sprache der Mathematik.

Literatur: Felix Müller, Zur Terminologie der ältesten mathematischen Schriften in deutscher Sprache; Abhandlungen zur Geschichte der Mathematik. Zeitschr. f. Mathematik und Physik, Band 44, 1899, Supplement. Festschrift für Cantor S. 303—333. — Piur, Studien zur sprachlichen Würdigung Christian Wolffs S. 36. — Alfred Schirmer, Der Wortschatz der Mathematik nach Alter und Herkunft untersucht. Beiheft zum 14. Bd. der ZfdW. Straßburg 1912. Dies ist eine Darstellung in lexikalischer Form mit reichen Belegen. — A. Götze, Anfänge einer mathematischen Fachsprache in Keplers Deutsch. (Germ. Studien hrsg. von E. Ebering, Heft 1, Berlin 1919.) Vgl. dazu H. Wocke, Neue Jahrb. II. Abt. Bd. 46, 93 ff.

Die mathematischen Ausdrücke sind ursprünglich nicht deutsch, sondern, der Entwicklung der Mathematik entsprechend, griechisch, lateinisch, arabisch, italienisch, französisch, englisch. Seit alten Zeiten werden indessen Versuche gemacht, diese fremden Ausdrücke zu verdeutschen. Manches ist verloren gegangen, anderes hat sich erhalten, und heute ist wenigstens die Schulmathematik erstaunlich weit in der Verdeutschung gekommen. Was in älterer Zeit versucht und geleistet ist, darüber gibt Müllers Abhandlung gute Auskunft.[1] Soviel aber auch an Verdeutschungen vorlag, durchsetzen konnten sich diese nicht, und es blieb auch hier wieder Chr. Wolff vorbehalten, zwar nicht die deutsche mathematische Bezeichnungsweise zu schaffen, aber doch fest zu begründen. Außer durch seine Schriften wirkte er durch sein mathematisches Lexikon, darinnen sämtliche zur Mathematik gehörige Worte erklärt werden, Leipzig 1716. Ein umfangreicheres Werk auf

---

[1] Über die Bedeutung Keplers s. die beiden letztgenannten Aufsätze.

Grund von Wolffs Buch, aber nicht von Wolff verfaßt, ist das vollständige mathematische Lexikon, Leipzig 1742, 1747.

Wolffs Vorgehen auf dem Gebiete der Mathematik entspricht ganz dem in der Philosophie. So übernimmt er aus ältern Werken die Ausdrücke: *Nenner, Zähler, Punkt, Linie, Winkel, Ebene, Maßstab, verjüngter Maßstab, Bogen, Senne (= Sehne), Würfel, Kegel, Kugel, Dreieck, Viereck, Halbmesser, Grundlinie, Grundfläche, Durchschnitt,* oder er trifft unter verschiedenen Ausdrücken eine Auswahl, und der von ihm bevorzugte Ausdruck bleibt, so *Durchmesser, Umfang, Oberfläche.* Bei andern behält er die lateinische Form bei, und wir sind ihm darin gefolgt: *Zylinder, Peripherie, Quadrant, Parabel, Quadrat, Trapez, Rhombus, Fixstern, Planet, Mathematik.* Er übernimmt aber mit genauerer Beschränkung der Bedeutung *Lehrsatz, Aufgabe, Verhältnis.* Andere Ausdrücke übersetzt er neu: *Ausschnitt, Abschnitt,* und eine Anzahl scheint er auch neu geschaffen zu haben: *Nebenwinkel, Wechselwinkel, Gleichung, höhere Gleichung, Größe, Glied, Einfallswinkel, Einfallslinie, Brechungswinkel, Brennpunkt, Ruhepunkt, Schwerpunkt, Strahlenbrechung, Abweichung* (der Magnetnadel), *Wasserstand, Gefälle.* Eine ganze Anzahl von Ausdrücken dringen erst seit Wolff durch: *Versuch* 'experimentum', *Ausdehnung* 'extension', *Hebel, Flüssigkeit, Geschwindigkeit, Wärme, Gesetz, Erdferne, Bahn* (der Körper), *Breite, Länge, Entfernung, Abstand, Lage, Gesichtskreis, Aufriß, Umriß, Abriß, Wohlgereimtheit, Schnörkel, Spielraum, Böschung, Abdachung, Angelpunkt, Frühlings-* und *Herbst-Nachtgleiche, Polhöhe, Tagesanbruch, Abenddämmerung, Berührungspunkt, Gesichtslinie.* Noch wichtiger sind „eine Reihe allgemeiner mathematischer und physikalischer Begriffe, die bisweilen zwar auch auf älteren gelegentlichen Gebrauch zurückgehen, zumeist aber erst jetzt durch den Aufschwung der mathematischen Wissenschaften als bestimmte mathematische Termini Geltung erlangen konnten". Hierher gehören: *Schwere, Kraft, Last. Raum, Zeit, (geometrischer) Ort, Bewegung, Größe, Ähnlichkeit, Einheit, Verhältnis, Aufgabe, Auflösung, Beweis, Zusatz, Lehrsatz, Satz, Grundsatz, Bedingung, Aussage.*

Seitdem ist an Verdeutschungen ja noch einzelnes hinzugekommen, wie *Ankreis, Ansatz, Ast* oder *Zweig* einer Kurve, Hyperbel, *Außenwinkel, echter Bruch, erweitern* (einen Bruch), *goldener Schnitt, Kettenbruch, Lot, Gleisen* (Parallelen), *Posten* (Summand), *Vorzeichen,* aber es ist das wenig im Verhältnis zu den Leistungen der frühern Zeit. Weit bedeutender als Sprachschöpfer als Wolff ist jedenfalls Sturm in seinen verschiedenen Werken. Aber trotzdem bleibt es bestehen, daß erst durch Wolff die mathematischen Ausdrücke festgeworden sind.

§ 201. N. Die Sprache der Grammatik.

Literatur: R. VORTISCH, Grammatische Termini im Frühneuhochdeutschen, Freiburger Diss., Basel (1910). — ERNST LESER, Geschichte der grammatischen Terminologie im 17. Jh., Freiburger Diss., Lahr (Schauburg) 1912. — Derselbe, Fachwörter zur deutschen Grammatik von Schottel bis Gottsched. 1641—1749. ZfdW. 15, 1—98. — G. KRÜGER, Die Fachbezeichnungen der Sprachlehre und ihre Verdeutschungen. SA. aus Verf. Syntax der englischen Sprache? 1917.

Als sich die ersten Versuche regten, auch das Deutsche grammatisch zu behandeln, zwängte man es in das Prokrustesbett der lateinischen Grammatik und behielt natürlich auch die lateinischen Ausdrücke bei. Aber auch hier zeigte sich bald Besserung, und die deutschen Grammatiker haben versucht, deutsche Ausdrücke zu schaffen. Solange es nur gelehrte Schulen gab, an denen selbstverständlich Latein gelehrt wurde, konnte man sich die lateinischen Ausdrücke zur Not gefallen lassen; seitdem aber auch die den grammatischen Unterricht genossen, die keine fremde Sprache erlernten, mußte man zu deutschen Ausdrücken greifen, und heute sind diese in unsrer Volksschule vollständig durchgeführt. Nur in den Gymnasien hält sich noch die lateinische Ausdrucksweise, die deutsche ist so gut wie unbekannt. An der Schaffung der deutschen Ausdruckweise haben eine ganze Reihe Grammatiker mitgewirkt, über deren Tätigkeit wir jetzt durch die Arbeit von Leser gut unterrichtet sind. So anziehend es wäre, die Entwicklung auf diesem Gebiete darzustellen, so verzichte ich doch darauf, hier näher darauf einzugehen, da mir der Raum fehlt. Zu bemerken wäre nur, daß auch auf diesem Gebiet die verschiedensten Verdeutschungen versucht sind, bis der rechte Ausdruck gefunden wurde. Was wir heute davon haben, wie *Hauptwort, Zeitwort, Eigenschaftswort*, das ist nicht gleich auf den ersten Anlauf gefunden, sondern hat meistens eine lange Geschichte. Jedenfalls muß weiter auf diesem Gebiet gearbeitet werden. Vgl. hierzu Kl. Bojunga, Einheitliche deutsche Fachwörter zur Sprachlehre, ZfdU. 28, 417 ff.

Die neuere sprachwissenschaftliche Grammatik hat leider ihre Aufgabe hinsichtlich der Terminologie nur schlecht erfüllt. Sie ist nicht den Spuren Jak. Grimms gefolgt, der den trefflichen Ausdruck *Ablaut* geschaffen hat, sondern sie hat die wissenschaftlichen Werke mit einer Fülle fremder Ausdrücke überschwemmt. Die Inder, deren Sprache sich als ein so wertvolles Glied des Indogermanischen erwies, haben das Bedeutendste auf dem Gebiete der Grammatik geleistet, und da das Studium des Sanskrit eine Zeitlang fast Modesache war, da mindestens jeder Sprachforscher Sanskrit gelernt haben mußte, so war es kein Wunder, daß man eine Fülle von grammatischen Ausdrücken des Sanskrit herübernahm. Man sprach von *Svarabhakti* 'Vokalentfaltung zwischen Konsonanten', *Sandhi* 'Beeinflussung der im Auslaut stehenden Laute durch das folgende Wort', *Dvandva-, Bahuvrihi*-Komposita usw. Glücklicherweise ist diese Zeit vorüber. Freilich braucht die Sprachwissenschaft noch immer neue Ausdrücke. Wer aber nötig hat, ein neues Wort zu bilden, der sollte daran denken, daß auch mit deutschem Sprachgut neue und gute Ausdrücke geschaffen werden können.

Damit stehen wir am Ende der Betrachtung, die den Sondersprachen gewidmet war. Je mehr sich unser Volk im Laufe der Zeit in einzelne Berufe und Stände verzweigt hat, um so mehr hat sich auch der Wortschatz verzweigt, und es erhellt wohl aus dem Angeführten zur Genüge, daß nur eine eingehende Untersuchung jedes einzelnen Gebietes uns zu dem Ziel führen kann, das die Wortforschung im Auge haben muß, die allmähliche

Entstehung des deutschen Wortschatzes aufzuhellen. Es muß noch viel Arbeit geleistet werden, eh dies auch nur notdürftig geschehen ist, aber ich glaube gezeigt zu haben, daß hier eine dankenswerte und auch eine den Forschenden befriedigende Aufgabe vorliegt. Mögen diese Ausführungen zu neuen Untersuchungen anregen. Gern wäre ich auch auf die Sprache der Naturwissenschaften eingegangen, die nicht wenige Ausdrücke neu geschaffen hat, aber mir fehlt ein Einblick in die Verhältnisse dieser Wissenschaften.

Manches ist auch übergegangen, was vielleicht Beachtung verdient hätte. So hat das Parlament seine besondere Sprache, über die in der Frankfurter Zeitung Nr. 325 vom 24. 11. 1910 und Nr. 329 vom 28. 11. 1910 gehandelt ist. Da wir in unsrer Entwicklung auf diesem Gebiet von England und Frankreich abhängig sind, so kann es nicht wundernehmen, wenn wir in unsern Ausdrücken von den Sprachen dieser Länder abhängig sind.

Zum größten Teil handelt es sich um Übersetzungslehnworte: *Tagesordnung,* frz. *ordre du jour;* — *Vertagung,* e. *adjournement;* — *zur Ordnung rufen,* frz. *rappeler à l'ordre;* — *Thronrede,* e. *speech from the throne;* — *der Tisch des Hauses,* e. *table of the house;* — *ein Gesetz einbringen,* e. *introduce a bill;* — *Jungfernrede,* e. *maidenspeach.*

Die besondern Ausdrücke für das Turnen verdanken wir im wesentlichen Jahn. Von ihm stammt ja vor allen Dingen das Wort *turnen* selbst. Er schuf es nach dem bei Moscherosch vorkommenden *Turner* 'junger Soldat, ein frischer, junger Gesell', das im letzten Grunde auf das mittelhochdeutsche *Turnier* zurückgeht. Weiter hat er dann *Barren, Hantel, Reck* und andere Worte gebildet.

Über die Dienstbotensprache hat H. Klenz, ZfdW. 11, 225—235 eine kleine lehrreiche Abhandlung geschrieben. Die Sprache des modernen Arbeiters behandelt O. Basler, ZfdW. 15, 246.

Dreizehntes Kapitel.

Kulturgeschichtliches in unsrer Sprache.

§ 202. **Überblick.** Auf die reichen kulturgeschichtlichen Niederschläge, die wir in unserm Wortschatz antreffen, haben wir fast in allen frühern Abschnitten aufmerksam gemacht, und es ist geradezu erstaunlich, wie viel sich von den Zuständen und Einrichtungen durch die Sprache erkennen läßt. Diese kulturgeschichtliche Bedeutung ist denn auch längst beachtet worden. Sie hat auf viele stets eine lebhafte Anziehungskraft ausgeübt. Ich hoffe, daß auch mein Buch dazu dienen wird, diese zu vermehren.

Wir kommen hier auf diesen Gegenstand noch einmal zurück, weil es nicht wenige Tatsachen gibt, die sich in dem Rahmen der frühern Abschnitte nicht unterbringen ließen, und daher sei an dieser Stelle noch auf einige Punkte, besonders aber auf einige Bücher hingewiesen, in denen man nach dieser Richtung Belehrung findet.

Auf den hohen Wert, den die kulturgeschichtlichen Reste in der Sprache für den Unterricht haben, hat schon R. HILDEBRAND, Vom deutschen Sprachunterricht[3] S. 89 ff., hingewiesen. Besonders viel Altertümliches steckt in den sprichwörtlichen Redensarten. Diese sind behandelt von BORCHARDT-WUSTMANN, Die sprichwörtlichen Redensarten im deutschen Volksmunde nach Sinn und Ursprung erläutert, 5. Auflage, Leipzig 1895. Das Buch bietet vortrefflichen Stoff mit guten Erklärungen. Es berührt sich im Stoffgebiet eng mit den beiden Büchern von H. SCHRADER, Der Bilderschmuck der deutschen Sprache in Tausenden volkstümlicher Redensarten, 2. Auflage, Weimar 1894, und Aus dem Wundergarten der deutschen Sprache, Weimar 1896. Einen kurzen Überblick mit manchem Beachtenswerten bietet G. BLUMSCHEIN, Kulturgeschichtliches in unsrer Sprache, WB. z. ZADSV. 1, 108 ff., 145 ff. Auch FR. HARDER, Werden und Wandern unserer Wörter. Etymologische Plaudereien, 3. Auflage, Berlin 1906, sei hier genannt. Das Buch behandelt nach sachlichen Gesichtspunkten geordnet eine Reihe von Wörtern der heutigen Sprache ihrer Herkunft nach. Ferner O. WEISE, Unsere Muttersprache, ihr Werden und ihr Wesen, Leipzig 1895 und öfter.

Betrachten wir unsere heutigen Zustände, so sind wir unzweifelhaft die Erben der ältern Vergangenheit, und wenn man das 19. und 20. Jahrhundert voll verstehen will, muß man in die fernsten Zeiten zurückgehen. Wir haben uns nicht allein aus den Zuständen des Mittelalters heraus entwickelt, sondern wir stehen auch auf den Schultern der Griechen und Römer, ja des alten Orients. Dieser hat uns ja dementsprechend auch manches Lehnwort gespendet.

Es wäre eine dankenswerte Aufgabe, die ganzen geschichtlichen Einwirkungen dieser Art, die sich in unsrer Sprache niedergeschlagen haben, in ihrer Folge darzulegen. Indessen müßte dabei vieles Gesagte wiederholt werden, und wir greifen daher hier nur einige Punkte heraus, die noch nicht zur Sprache gekommen sind, geben aber doch auch einige allgemeine Bemerkungen.

Mit Hilfe des Wortschatzes ist es möglich, die Kultur der Indogermanen zu erschließen, und wir haben nach dieser Richtung in dem genannten Kapitel einige Andeutungen gegeben, obgleich diese Frage ja eigentlich über den Rahmen dieses Buches hinausführt. Klarer tritt uns dann an der Hand des Wortschatzes die gar nicht geringe Kultur der Germanen entgegen.

Deutlicher konnten wir den kulturellen Einfluß der Griechen und Römer an der Hand der Lehnworte nachweisen. Besonders bemerkenswert ist hier die durch die Goten vermittelte Einwirkung des griechischen Wortschatzes, der uns einen Einblick in die Bedeutung der gotischen Kirche bietet und zugleich Aufschlüsse gewährt, von der keine Geschichte meldet.

In den geschichtlichen Zeiten werden solche überraschende Aufschlüsse freilich seltener, aber sie fehlen natürlich niemals ganz.

Daß die antiken Sitten und Anschauungen noch mehrfach bei uns nachwirken, wird bei den Ausdrücken für Sterben (unten § 204) zur Sprache kommen. Das Bild des *Lebensfadens* ist griechisch. Von den römischen Gladiatorenspielen stammt die Redensart: *jemand den Daumen halten.* Sollte der verwundete Gladiator am Leben bleiben, so kniff man den Daumen ein und hielt die vier andern Finger in die Höhe. *Zankapfel* ist nach dem *pomum Eridis* im 16. Jahrhundert gebildet. Wir sprechen von *Achillesferse, Danaergeschenk, Pyrrhussieg, Sisyphusarbeit, Tantalusqualen* usw. Aus unsrer eigenen primitiven Vorzeit rührt noch die Redensart: *die Tafel aufheben,* älter *den Tisch aufheben* her. Die Tische wurden tatsächlich hinausgetragen. Derartiges haben wir schon verschiedentlich kennen gelernt. Wir wollen hier nur noch einige allgemeine Gebiete berühren, die bisher nicht zur Sprache gekommen sind. Aus dem Kreis der Zauberei stammen die Redensarten: *einem blauen Dunst vormachen, sein blaues Wunder sehen. Etwas aus dem Ärmel schütteln* rührt vom Taschenspieler her. Über die mittelalterlichen Schützenfeste und ihre Nachklänge in der Sprache spricht BLUMSCHEIN a. a. O. 150 f. Das Wort *Zweck*, eigentlich 'Zielpflock' hat sicher seine übertragene Bedeutung von dem Scheibenschießen aus erhalten. Er heißt noch bei Fischart *er schoß zum Zweck*. Ebendahin gehören *ins Schwarze treffen, den Vogel abschießen*. Der Hauptpreis hieß *das Beste*, und damit hängt sicher unser *zum besten geben*, eigentlich 'als Preis aussetzen' zusammen.

Welche Nachwirkungen aus der Sprache der Künste noch jetzt zu finden sind, ist noch nicht genügend untersucht. Aus der Malerei stammen *kaschieren* und *vertuschen*. Über die Musik ist oben gesprochen worden.

Auch das Kartenspiel ist von Wichtigkeit. Wenn man bedenkt, daß jetzt schon aus dem doch jungen Skatspiel volkstümliche Redeweisen wie *etwas in den Skat legen* oder *im Skat liegen* geflossen sind, so wird man gleiche Einwirkungen auch für die ältern Zeiten voraussetzen dürfen. Wir gebrauchen ganz gewöhnlich in übertragenem Sinne: *abtrumpfen, übertrumpfen, einen Trumpf darauf setzen, sich nicht in die Karten sehen lassen, va banque spielen, Farbe bekennen*. Unverständlich aber ist schon *einen labet machen*, worin frz. *faire la bête* steckt. Vor allem aber geht *die böse Sieben* auf das Kartenspiel zurück. In *des Teufels Karnöffelspiel*, einem Spiel des 16. Jh., war die Sieben eine Freikarte, die von keinem Blatt gestochen werden konnte und die der Teufel oder 'die böse Sieben' hieß. Man hat später das Bild einer Frau darauf angebracht, und so ist unsere heutige Gebrauchsweise entstanden. Über weitere Ausdrücke vgl. H. SCHRADER a. a. O. 448. Die außerordentlich hohe Bedeutung des Schachspiels zeigt sich darin, daß der Ausdruck *matt*, ja sogar *schachmatt* herübergenommen wurde.

Das sind nur noch einige Beispiele zu dem früher bereits Angeführten. Erschöpfend kann der Stoff überhaupt nicht vorgeführt werden. Jeder Band, ja jede Seite eines ausführlichen Wörterbuches bietet neue Belege. Es ist aber nicht immer leicht, der ursprünglichen Herkunft eines Wortes nachzukommen. Oft wird sie nur durch den Zufall aufgedeckt. Wenn wir heute *Jalousie* gebrauchen, so empfindet man wohl, daß es das französische *jalousie* 'Eifersucht' ist, und da wir nicht so eifersüchtig sind, um unsere Frauen hinter vergitterten Fenstern einzuschließen, so wird man naturgemäß nach dem Orient geführt, wo diese Vergitterung für das Frauengemach üblich war. Wir würden aber dennoch im Dunkeln tappen, wenn wir nicht eine Bemerkung bei NEHRING 1710 fänden, in der es heißt: „In dem Divan zu Constantinopel über dem Haupt des Großveziers ist ein Fenster mit einem eisernen Gitter, durch welches der Großsultan alles was im Divan passiert, sehen kann, welches man la Jalousie nennet."

Wir werden unten eine große Anzahl von Worten anführen, die, aus Eigennamen entstanden, heute eine allgemeine Bedeutung angenommen haben. Welche Rolle dabei der Zufall spielt, liegt klar zutage. Man hat aber diese Worte nur soweit aufzuklären vermocht, als die geschichtliche Überlieferung uns die allmähliche Entstehung des Wortes verfolgen läßt. So kennen wir die Herkunft des Ausdrucks *Röntgenstrahlen*, wir wissen, woher *Chassepot, Mausergewehr* stammen. Was aber heute möglich ist, näm-

lich daß Sachen nach Individuen benannt werden, das hat auch früher geschehen können. In solchen Fällen versagt dann aber die Möglichkeit
der Erklärung und darum bleiben noch so manche Wörter völlig dunkel.

Vierzehntes Kapitel.

Aufgeben alten Sprachgutes. Sprachliche Versteinerungen.

§ 203. Das aufgegebene Sprachgut. In unsrer Sprache herrscht nicht nur
ein Leben, das immerfort neue Wörter schafft, sondern in gewissem Sinne
auch ein Verfall, es sterben Wörter aus. Schon das Mittelhochdeutsche zeigt
uns zum Teil einen Sprachschatz, den wir heute nicht mehr besitzen.

Anmerkung. Vgl. hierzu auch die Arbeit von ALICE VORKAMPFF-LAUE, Zum Leben
und Vergehen einiger mhd. Wörter. Halle (Niemeyer) 1906. — P. ABEL, Veraltende Bestandteile des mhd. Wortschatzes. Diss. Erlangen 1902. — BERNT, Ausgabe der Werke Heinrichs
von Freiberg. Halle 1911, Einleitung S. 11 ff.

Noch größer ist unser Verlust gegenüber dem Althochdeutschen und
Gotischen.

Aus dem einen gotischen Buchstaben *b* sind folgende verlorene Wortstämme zu
nennen: *baidjan* 'zwingen', *bairan* 'tragen', *bairhts* 'hell, offenbar', *balwa-* 'böse', *banja*
'Wunde', *barizeins* 'gersten', *barms* 'Busen, Schoß', *barn* 'Kind', *barusnjan* 'verehren',
ufbauljan 'aufblasen', *baups* 'stumm', *beidan* 'warten', *beist* 'Sauerteig', *bērusjōs* 'Eltern',
biuhts 'gewohnt', *biups* 'Tisch', *blandan* 'vermischen', *bleips* 'barmherzig', *blōtan* 'verehren',
bnauan 'reiben', *brulv-* 'Blick', *brakja* 'Ringen', *bugjan* 'kaufen'.

Anmerkung. Dank der Dissertation von SCHENK (oben S. 255) können wir auch
etwas über den althochdeutschen Wortschatz sagen. Er verzeichnet 58 Wörter, die außer
im keronischen Glossar noch in Glossensammlungen und zusammenhängenden Sprachdenkmälern des 8. und beginnenden 9. Jahrhunderts belegt sind. 96 Wörter sind außerdem
noch im 9. und 10. Jahrhundert, insbesonders bei Otfrid und Tatian nachzuweisen, dann
aber verloren gegangen. Hier treffen wir sehr viel altes Erbgut.

Sicher ist demnach auch viel altes indogermanisches Erbgut verloren
gegangen. Zweifellos ist das der Fall, wenn die in andern indogermanischen
Sprachen fortlebenden Wörter in einer germanischen Mundart noch vorhanden sind oder vorhanden waren. Dahin gehören z. B. aus dem Buchstaben *a* des Lateinischen:

lat. *ad*, noch got. *at*, ahd. *az*; lat. *aedes* 'Zimmer', eig. 'Feuerstätte', ahd. *eit* 'Scheiterhaufen'; lat. *agnus* 'Lamm', gr. ἀμνός (*amnós*) noch in ags. *ēanian*, e. *to yean* 'lammen';
lat. *ago* 'führe' noch in an. *aka* 'fahren'; lat. *albus*, gr. ἀλφός (*alphós*) 'weiß' in ahd. *albiz*
'Schwan'; lat. *alius*, gr. ἄλλος (*állos*) 'anderer' in got. *aljis*, jetzt noch in *Elend*; lat. *annus*
'Jahr' in got. *apn*; lat. *antae* 'die frei endigenden und von etwas verstärkten Wände, die
den Pronaos eines Tempels oder die Prostas eines Hauses einschließen' noch in an. *ōnd*
'Vorzimmer'; lat. *aqua* 'Wasser' in got. *ahva*; lat. *arātrum* 'Pflug' in an. *arđr*; lat. *arcus*
'Bogen' in got. *arhvazna* 'Pfeil'; lat. *ardea* 'Reiher' in an. *arta* 'ein Vogel'; lat. *arduus*
'hoch' in an. *ōrđugr* 'steil'; lat. *armentum* 'Großvieh' in an. *jörmuni* 'Rind, Pferd'; lat. *aro*
'pflügen', ahd. *erran*; lat. *at* 'aber', got. *appan* 'aber'; lat. *augēre* 'vermehren', got. *aukan*
'wachsen'; lat. *avus* 'Großvater', got. *awō* 'Großmutter'.

Das ist eine recht beträchtliche Zahl. Aber wenn auch im Germanischen jede Spur eines sonst auftretenden Wortes fehlt, so kann man doch mit Sicherheit annehmen, daß es auch bei uns einst vorhanden war.

So viel ich sehe, ist Förstemann, Geschichte des deutschen Sprachstammes 1, 458 ff., der einzige gewesen, der den einschlägigen Stoff zusammengestellt hat. Seine Liste, die freilich heute durchaus nicht mehr zutreffend ist, gibt wenigstens einigen Anhalt, und es ist wohl angebracht, hier ein paar Worte anzuführen, die sonst in den indogermanischen Sprachen mehr oder minder weit verbreitet sind, im Germanischen aber fehlen. Es wäre eine dankenswerte Aufgabe, sie einmal vollständig zu sammeln.

Dahin gehören: aind. *ṛkṣaḥ*, lat. *ursus*, gr. ἄρκτος (*árktos*), dafür bei uns Bär; ai. *nar-*, gr. ἀνήρ (*anḗr*), sabin. *ner-* 'Mann'; gr. ποιμήν (*poimēn*), lit. *piemuõ*, dafür *Hirt*; aind. *ās*, lat. *ōs*, dafür *Mund*; gr. ἔαρ (*éar*), lat. *asser*, dafür *Blut*; gr. βάλανος (*bálanos*), lat. *glans*, dafür *Eichel*; ai. *javaḥ*, gr. ζειά (*zeá*) 'Gerste'; gr. μελίνη (*melínē*), lat. *milium* 'Hirse'; aind. *jūṣa-*, lat. *jūs* 'Brühe'; aind. *agniḥ*, lit. *ugnis*, lat. *ignis* 'Feuer' usw. Auf sonstige Fälle ist schon gelegentlich aufmerksam gemacht worden, und zweifellos ließe sich diese Liste leicht vermehren.

§ 204. **Die Gründe für das Aufgeben der Worte.**[1]) Die Gründe, die zum Verlust alten Sprachgutes führen, sind völlig wohl nicht klarzulegen, aber eine ganze Reihe von Ursachen lassen sich erkennen.

1. Zunächst bestehen für eine große Anzahl von Begriffen mehrere Ausdrücke. Es war, wie wir gesehen haben, in früherer Zeit alles mehr durch einzelne Wörter ausgedrückt, vgl. oben S. 98 f. Der Zug der geistigen Entwicklung, der an die Stelle der Vielheit immer mehr die Verallgemeinerung setzt, bedarf des einen und des andern Wortes nicht mehr und gibt es auf, sobald die Bedeutungen zusammengefallen sind. So haben wir im Indogermanischen zwei Worte für *Feuer*, aind. *agniḥ*, abg. *ognī*, lit. *ugnis*, lat. *ignis* und gr. πῦρ (*pŷr*), umbr. *pir*, arm. *hur*, ahd. *fiur*, e. *fire*. Soviel ich sehe, hat keine Sprache beide Ausdrücke bewahrt. Sie waren aber beide im Indogermanischen vorhanden, wie daraus hervorgeht, daß das Umbrische den einen, das Lateinische den andern kennt. Ursprünglich haben sie höchstwahrscheinlich etwas Verschiedenes bedeutet, wie etwa heute *Feuer* und *Glut*.

Ferner gab es mehrere Ausdrücke für Gerste: lat. *hordeum*, d. *Gerste*; lat. *far*, ags. *bere*, e. *barley*; ai. *javaḥ*, lit. *javaĩ*, gr. ζειά (*zeá*). Davon behielt man nur einen bei, hatte aber im Urgermanischen noch mindestens zwei, e. *barley* und d. *gerste*. Eine Entsprechung des lat. *agnus* 'Lamm' war im Urgermanischen noch vorhanden, wie ags. *ēanian*, e. *to yean* 'lammen' beweist, es wurde durch *Lamm* verdrängt, das auch alt ist, da es mit gr. ἔλαφος (*élaphos*) 'Hirsch' verwandt ist. — Neben idg. **sūnus* stand noch das in lat. *filius* vorliegende Wort, von dem das Deutsche keine Spur bewahrt. Selbst wir haben ja noch eine ganze Fülle verschiedener Ausdrücke für diesen Begriff *Junge, Kind, Sohn* mit einer gewissen Bedeutungsverschiedenheit, und so wird es auch in alter Zeit gewesen sein. mhd.

[1]) Literatur: A. Noreen, Ordensdöd in Spridda Studier, Stockholm 1903, S. 126—137. — Br. Liebich, Btr. 23, 228 ff. — F. Holthausen, Vom Aussterben der Wörter. Wörter und Sachen 7, 184 ff. — E. Hemken, Das Aussterben der Wörter im Englischen. Diss. Kiel 1906. — Offe, Das Aussterben alter Verba im Englischen. Diss. Kiel 1908. — Oberdörffer, Das Aussterben altenglischer Adjektiva und ihr Ersatz. Diss. Kiel 1908. — Fr. Teichert, Über das Aussterben alter Wörter im Verlaufe der englischen Sprachgeschichte. Diss. Kiel 1912.

tougen und *heimlich* waren ursprünglich verschieden in der Bedeutung. Als sie zusammen-
fielen, wurde *tougen* aufgegeben. Dasselbe gilt von mhd. *michel* und *grōȝ, lützel* und
klein. Für „Schwan" gab es noch mittelhochdeutsch zwei Ausdrücke *swan* und *elbiz,* von
denen der zweite fast überall verloren gegangen ist und nur noch im Bernischen fortlebt.
Beispiele dieser Art lassen sich noch viele anführen.

2. Verlust von Worten infolge lautlichen Zusammenfalls. Im
Laufe der Sprachentwicklung tritt der Fall sehr oft ein, daß Worte verschiedener Form lautlich zusammenfallen. Da sich dann leicht Mißverständnisse einstellen können, so verwendet man für das eine Wort gern ein
gleichbedeutendes, und dann stirbt es aus.

Ein wichtiges Beispiel bietet das alte Wort für 'Pflug' im Indischen.
Dem gr. ἄροτρον (*árotron*), lat. *arātrum* sollte im Indischen *arítram* entsprechen. Da aber dies auch 'Ruder' bedeutet, einer Ablautsform zu unserm
deutschen *Ruder,* so ist die Bedeutung 'Pflug' verloren gegangen.

In ähnlicher Weise dürfte das Wort für 'Schwiegertochter' ahd. *snura* wegen des
Zusammenfalls mit *die Schnur* aufgegeben worden sein. Vergleiche ferner *Acht,* nur noch
in *Acht geben* u. a. und *Acht* (zu *ächten*); *Art* 'gepflügtes Feld' und *Art* 'Art und Weise';
Aue 'Mutterschaf' und *Aue* 'Land'; *Bär* 'Zuchteber' neben *Bär* 'ursus'; *Beutel* in *Stechbeutel* neben *Beutel* 'Säckchen'; *Beute* 'hölzernes Bienenfaß' neben *Beute* 'Gewinn'; *Latte*
'schmales Holz' und *Latte* 'jung aufgeschossener Baum'; *lecken* 'lambere' und *lecken* 'mit
dem Fuß ausschlagen'; *mäkeln* 'bekritteln' und *mäkeln* 'den Unterhändler machen'; *englisch* 'engelhaft und den Engländern zugehörig'. Die erstere Bedeutung ist heute fast ungebräuchlich und Goethes

> *sie stellen wie vom Himmel sich gesandt*
> *und lispeln englisch, wenn sie lügen.* Faust 1141

bedarf der Erklärung. Neben *Schoß* in der Bedeutung 'Mutterleib' usw. konnte sich *Schoß*
'Geldabgabe' nicht halten. Zahlreiche Beispiele kann man aus Weigands Wörterbuch ent-
nehmen, wo sich sehr viele Doppelartikel finden. Gewöhnlich ist das eine der angeführten
Wörter heute nicht mehr recht üblich.

3. Verlust an Worten durch Euphemismus.
Literatur: SCHEFFLER, Der verhüllende oder euphemistische Zug in unserer Sprache.
WBzZADS. 14. 15 (1898). — NYROP-VOGT, Das Leben der Wörter. 1. Euphemismus. Leipzig
1903. — HANS SCHULZ, Frühneuhochdeutsche Euphemismen. ZfdW. 10, 129 ff.

Einen dritten Grund kann man als Euphemismus bezeichnen. Man
will und darf das Ding nicht beim rechten Namen nennen. Dabei lassen
sich wieder mehrere Unterabteilungen unterscheiden.

Zunächst haben wir abergläubische Scheu vor bösen Mächten oder die Ehrfurcht vor
dem Erhabenen. Bekanntlich dürfen die Israeliten den Namen *Jehova* nicht aussprechen
und ersetzten ihn durch *Adonai.* Es kann auf einem ähnlichen Grund beruhen, wenn der
Ausdruck für 'Gott', idg. **deiwos* in so vielen Sprachen durch neue Worte ersetzt wird,
so daß wir im Griechischen θεός (*theós*), im Lat. *deus,* im Germanischen got. *guþ,* im
Slawischen *bogŭ* finden. In späterer Zeit wird *Gott* auch bei uns ausgelassen, wir sagen
behüte, bewahre oder wandeln das Wort um in *Potz Wetter, Potz Blitz.* Man soll auch
den Teufel nicht an die Wand malen, und es treten daher eine Fülle neuer Namen für
ihn auf, wie *der Böse, der Versucher, der Schwarze, der alte böse Feind.*

Mit der linken Seite war das Unglück verbunden, und daher wird das Wort dafür
vermieden. Während das Wort für *rechts* fast durch alle indogermanischen Sprachen hindurchgeht, ai. *dakṣinaḥ,* abg. *desinŭ,* lit. *dešinē,* alb. *djaptə,* gr. δεξιός (*dexiós*), lat. *dexter,* got.

taihswô, finden wir für *links* eine Fülle von Ausdrücken, nämlich aind. *savjáḥ*, abg. *šuj*; gr. λαιός (*laiós*), lat. *laevus*, abg. *lěvu*; gr. σκαιός (*skaiós*), lat. *scaevus*; ir. *clé*, got. *hleiduma*, die sich infolge ihrer Übereinstimmung in verschiedenen Sprachen als alt erweisen. Daneben stehen offenbare Neubildungen. Gr. ἀριστερός (*aristerós*) heißt 'die bessere', lat. *sinister* vielleicht etwas ähnliches, ahd. *winistar* gehört zu *wini* 'Freund'; so wird also auch *links* ein Euphemismus sein, wenn wir das Wort auch vorläufig nicht erklären können.

Ein alter Reim sagt:

Wenn man den Wolf nennt,
kommt er gerennt.

Man hat es also vermieden, das Wort auszusprechen. Indessen hat sich hier das alte Wort bis zum heutigen Tage erhalten.[1]) Das Wort für *Bär*, lat. *ursus*, gr. ἄρκτος (*árktos*), aind. *ṛkṣaḥ* ist dagegen im Germanischen und Slawischen verloren gegangen, hier durch *medvědi* 'Honigesser', dort durch *Bär*, ahd. *běro*, eigentlich 'der Braune', verdrängt worden. Daneben besteht in den Dialekten der Ausdruck *Betz* oder *Petz*, eine Koseform zu *Bär*. Es ist möglich, wenn auch nicht sicher, daß abergläubische Scheu diese Namen geschaffen hat. Vgl. MEILLET, Interdictions dans les langues indo-européennes, A. J. Vendryes zum 3. Juli 1906 gewidmet, Chartres 1906, und H. SCHULZ, ZfdW. 10, 167 ff.

Von Tod und Krankheit hören noch heute viele Leute nicht gern sprechen, und so wird es schon in alten Zeiten gewesen sein. Fast auf keinem Gebiet können wir Umschreibungen und neue Worte für die Begriffe so gut nachweisen wie gerade hier. Für *Tod* und *sterben* sagt man: *scheiden, eingehen zu einem bessern Leben, hinscheiden, zu seinen Vätern versammelt werden, entschlafen, der Verklärte, Gott hat ihn zu sich genommen* usw.; für *krank unpäßlich, leidend, unwohl* u. a. Derartige Umschreibungen, wie sie in allen Sprachen wiederkehren, vgl. NYROP-VOGT, Das Leben der Wörter, Leipzig 1903, S. 16 ff., weisen uns den Weg zur Erklärung der ältern Ausdrücke.

Anmerkung 1. Den verschiedenen Ausdrücken für *sterben* liegen natürlich verschiedene religiöse und philosophische Anschauungen zugrunde. Diese sind untersucht von FRIEDRICH WILHELM, Die Euphemismen und bildlichen Ausdrücke unsrer Sprache über Sterben und Totsein und die ihnen zugrunde liegenden Vorstellungen; Alemannia 27, 73 ff. Er zeigt, daß eine Reihe von Ausdrücken wie *seine Seele fliegt zum Himmel, entseelt, entleibt, abscheiden, den Weg alles Fleisches gehen, durch den Tod erlöst werden* auf die katholische Kirche des Mittelalters und auf die Mystiker zurückgehen. Die meisten Euphemismen sind dann durch die Bibel und den Protestantismus hervorgerufen, so: *in die Ewigkeit abrufen, in ein besseres Jenseits, in die ewige Heimat; zu Staub, zu Erde werden; in den Himmel, in Abrahams Schoß eingehen; den Kampf der Leiden auskämpfen, zu seinen Vätern versammelt werden* u. a. Weiter wirken die antiken Anschauungen ein: *das Lebenslicht ausblasen, entschlafen, den Geist aufgeben, den Lebensfaden abschneiden.* Die Volkssprache dagegen ist sehr viel derber. Sie sagt: *zur großen Armee abberufen werden, die Reisestiefel anziehen, abfahren, um die Ecke gehen, ins Gras beißen*; vgl. über letzteres PISCHEL, SB. der preuß. Akad. der Wiss. 1908, 445 ff. Auf die Kriegs- und Rechtssprache des Mittelalters weisen Ausdrücke wie: *das Leben lassen, verlieren; es geht an sein Leben, es kostet ihm sein Leben, er bezahlt etwas mit seinem Leben.* Dichterisch und erst neuhochdeutsch sind: *sein letztes Stündlein hat geschlagen, seine Uhr ist abgelaufen.*

Unser *sterben*, ahd. *stěrban*, e. *to starve* 'umkommen, besonders vor Hunger oder Kälte' findet keine Entsprechung in den verwandten Sprachen. Da sich aber im Altnordischen ein *starf* n. 'Arbeit, Mühe, Anstrengung' findet, dazu *starfa* 'sich mühen', so könnte *streben*, mhd. *strěben* 'sich heftig bewegen, sich abmühen, ringen' verwandt sein.

---

[1]) H. SCHULZ, ZfdW. 10, 167 ff. handelt über die Ersatzausdrücke für Wolf. Er heißt im 16. Jh. *Untier, Hölzing, Wul, der Hennicke, Unflat, Ungeziefer, Grauhans, Graustiel, Holzgangel.* Nach dem Aberglauben der Schäfer durfte man den Namen des Wolfes nicht in den zwölf Nächten nennen.

Man vergleiche gr. *οἱ καμόντες* (*hoi kamóntes*) 'die Verstorbenen' zu *κάμνειν* (*kámnēn*) 'sich mühen'. Anderseits hat man auch lat. *torpēre* 'betäubt sein' herangezogen, vergleiche *ersterben*, anord. *stjarfe* 'Starrkrampf'. Welche Ableitung richtig ist, läßt sich nicht sagen. Das gr. *θάνατος* (*thánatos*) gehört zu aind. *dhvan-* 'erlöschen, schwinden, dunkeln'.

Tod, ahd. *tōd*, e. *death*, got. *dauþus*, *tot*, ahd. *tōt*, e. *dead*, got. *dauþs*, also mit grammatischem Wechsel und daher alt, stellt sich zu lit. *dóviti* 'quälen', abg. *daviti* 'erwürgen'.

Mord, ahd. *mord* ist auch charakteristisch. Es gehört zu lat. *mortuus*, gr. *βροτός* (*brotós*) aus **mrotós* und den entsprechenden Worten der verwandten Sprachen, die überall nur 'Tod' bedeuten. Die Bedeutungsverengerung zu 'gewaltsamer Tod' deutet darauf hin, daß dieser in altgermanischer Zeit sehr gewöhnlich gewesen sein muß.

Für den Begriff 'toter Körper' haben wir den Ausdruck *Leiche*, mittelhochdeutsch mit dem Sinn 'Leib, Körper'. Die ursprüngliche Bedeutung steckt noch in *Leichdorn* 'Hühnerauge', d. h. 'Dorn im Körper'; ebenso in *Leichnam*; denn ahd. *līhhinamo*, daneben *līhhamo*, ist eine Umschreibung; die ursprüngliche Bedeutung war 'Hülle des Körpers'. Es ist dies wahrscheinlich ein Ausdruck der Dichtersprache, wie ags. *flæschoma* 'Fleischhülle', *bānfæt* 'Knochengefäß', *bānhūs* 'Knochenhaus'.

Unser Wort *krank*, das mittelhochdeutsch noch 'schmal, gering, kraftlos' bedeutet, hat das gemeingermanische Wort *siech*, ahd. *sioh*, e. *sick*, got. *siuks* verdrängt. In den Ableitungen *Seuche* und *-sucht*, *Schwindsucht* ist es noch allgemein vorhanden. *siech* könnte als Ablautsform zu *schwach*, mhd. *swach* gehören.

Anmerkung 2. Auch *leben*, ahd. *lebēn*, e. *to live*, got. *liban* ist seiner Herkunft nach sehr bemerkenswert. Das indogermanische Wort lat. *vivus*, gr. *βίος* (*bios*) ist nur noch in *queck* (*Quecksilber*), *keck* erhalten. *leben* hat es im wesentlichen verdrängt. Altnordisch bedeutet *lifa* 'leben' und 'übrig sein', und daher ist der Zusammenhang mit *bleiben* sicher. Wenn man sich an die Schilderungen der nordischen Sagas erinnert, wie so oft durch einen feindlichen Überfall eine ganze Familie vernichtet wurde, oder an die heftigen Schlachten, aus denen nur wenige davon kamen, so wird man die Bedeutungsentwicklung von 'übrig bleiben' zu 'leben' verstehen.

Weiter vermeidet man überhaupt, die Dinge beim rechten Namen zu nennen. Für die geistige Beschränktheit oder *Dummheit* sagt man heute schon *einfältig, anspruchslos, harmlos, unschuldig*. *Beschränkt* ist selber ein Euphemismus, wie *wahnsinnig, wahnwitzig* 'ohne Sinn, ohne Verstand'. Vielfach treten da in neuerer Zeit die Fremdwörter ein. Ferner unterläßt man es schon seit langem, gewisse natürliche Vorgänge und gewisse Teile des menschlichen Körpers zu benennen. Wo man sie doch bezeichnen muß, verwendet man Umschreibungen und Ersatzausdrücke. Das Wort, das Luther mit 'lateinische Kunst' umschrieb, ließ Goethe nicht mehr drucken. Es entspricht bekanntlich dem gr. *ὄρρος* (*órros*), und es ist einigermaßen auffällig, wie es sich so lange erhalten hat. Aus *scheiden* 'ausscheiden' bildet man ein Wort für eine notwendige Verrichtung, während das gr. *χέζω* (*chézō*) verloren gegangen ist. Das Wort *Wasser* wird gebraucht, um eine andere Ausscheidung des Körpers zu bezeichnen, wie denn auch lat. *ūrīna* ursprünglich nichts anderes bedeutet, da es dem aind. *vār* 'Wasser' entspricht. Die bessere Gesellschaft vermeidet heute das Wort *schwitzen*, während *transpirieren* erlaubt ist.

Auf ähnliche Grundanschauungen führt es, wenn der Ausdruck für *Gift* immer durch neue abgelöst wird. Es gab dafür einen indogermanischen Ausdruck, der in lat. *vīrus*, gr. *ἰός* (*iós*) vorliegt. Daneben steht lat. *venēnum*, wohl aus **venesnom* 'Liebestrank'. Im ältesten Germanischen finden wir got. *lubja-* 'Gift', ahd. *luppi*, mhd. *lüppe*, das vielleicht ursprünglich 'Zaubertrank' bedeutet hat und zu gr. *ἐλεφαίρομαι* (*elephairomai*) 'täuschen', lit. *vilbinti* 'beschwichtigen' oder zu d. *Liebe* gehört. Dies Wort wird dann durch das schon althochdeutsch auftretende *gift*, ursprünglich Femininum, verdrängt, das zu *geben* gehört und einfach 'die Gabe' heißt, vgl. frz. *poison* aus lat. *potio* 'Trank'.

Unendlich groß ist die Zahl der Umschreibungen für 'betrunken'. Diese hat schon LICHTENBERG, Verm. Schr. 3, 73 ff. (Göttingen 1844) gesammelt. Von seinen Ausdrücken sind manche heute schon wieder ungebräuchlich geworden oder verloren gegangen, während sich viele neu eingestellt haben.

Welche Wege die Ersetzung anstößiger Ausdrücke durch Euphemismen geht, ist im einzelnen natürlich nicht zu sagen, und darum ist eine Arbeit wie die von H. Schulz, die die Sache im einzelnen verfolgt, höchst dankenswert. Es sei daher einzelnes daraus angeführt. Um im Druck das Anstößige zu vermeiden, setzt man . . . . oder —, oder schreibt auch *etcetera*, und dieses kann nun bedeuten 'Podex, crepitus ventris, Teufel, Dreck, cacare, Hundsfott, Schuft, Hure'. Oder man sagte *der Ungenannte*, was schon früh für eine Fingerkrankheit, den sogenannten *Wurm* steht. Dem entspricht heute *die Unaussprechlichen*, was allerdings ein Übersetzungslehnwort von engl. *inexpressibles* ist. Sehr bemerkenswert ist der Ausdruck *Produkt* für eine Tracht Schläge. Die Sache ist erst von A. Götze, ZfdW. 10, 203 aufgeklärt. Die Zahl der Schläge betrug häufig, so muß man annehmen, zwölf, und so sagte man dafür *Schilling*, das den Sinn von Dutzend bekam. Dafür stellte sich aber auch, offenbar in der Schulsprache, *Produkt* ein, da man ja für zwölf auch das Produkt 3 × 4 gebrauchen kann.

4. Kulturgeschichtliche Gründe. Auch die Entwicklung und Veränderungen der Kultur bedingen den Verlust von Wörtern. Wird ein Ding wesentlich verändert, so kann dafür ein neuer Ausdruck aufkommen und der alte verloren gehen, oder es können überhaupt alte Wörter aufgegeben werden, weil die Begriffe, die sie bezeichnen, nicht mehr vorhanden sind.

Letzteres zeigt sich vor allem bei den Verwandtschaftsnamen. Die ältere gesellschaftliche Ordnung baute sich auf der Familie und der Sippe auf. Hatte die Verwandtschaft die größte Bedeutung, so war es nur natürlich, jeden Grad nach der männlichen wie nach der weiblichen Seite durch einen besondern Ausdruck zu bezeichnen. Tatsächlich besaß man im Indogermanischen eine große Anzahl von Ausdrücken für Verwandtschaftsgrade, von denen wir die meisten aufgegeben haben. Man unterschied den Schwiegervater, die Schwiegermutter des Mannes und der Frau, den Bruder, die Schwester des Vaters und der Mutter durch besondere Ausdrücke. Die Frauen zweier Brüder bezeichneten sich mit einem besonderen Namen, ebenso wohl auch die Männer zweier Schwestern, siehe oben S. 209. Wir haben mehr als die Hälfte dieser Worte aufgegeben. Uns genügen *Schwiegervater*, *-mutter*, *-tochter*, *-sohn*, *Schwager*, *Schwägerin*, *Onkel*, *Tante*, *Vetter*, *Kusine*, und von diesen sind die meisten neu.

Nur selten hat sich das Bedürfnis geltend gemacht, einen neuen Ausdruck zu schaffen, wie wir ihn in *Gegenschwäher* haben.

Von den zahllosen frühern Benennungen für Handwerke und Gewerbe sind viele verloren gegangen, weil diese selbst aufgegeben worden sind. Mit den *Schwertern* kamen die *Schwertfeger* ab, mit dem *Bogen* die *Bogner*, mit der *Armbrust* die *Armbruster*, mit den *Harnischen* die *Platner*, eig. Plattenmacher.

Für verbesserte Dinge erscheinen neue Bezeichnungen. So wird das alte Wort für 'Mühle' got. *qairnus* durch das aus dem Lateinischen entlehnte *Mühle* ersetzt. Jenes war die Handmühle, die wir nicht mehr haben, dieses die Wassermühle.

Bei dem Wagenbau vollziehen sich immer neue Fortschritte und Veränderungen, und so kommen immer neue Ausdrücke auf, die allerdings das alte Wort nicht zu verdrängen vermögen, vgl. oben S. 204.

Wenn das alte Wort für 'Pferd', lat. *equus*, gr. ἵππος (*hippos*), durch neue Worte ersetzt wird, so mag daran auch die Einführung andrer Rassen und eine neue Verwendungsweise schuld sein. Unser Wort *Pflug*, ahd. *pfluoc*, bezeichnete jedenfalls gegenüber dem durch lat. *arātrum*, gr. ἄροτρον (*árotron*), gegebenen Wort eine neue verbesserte Form, wie denn die Serben noch heute *ralo* (= lat. *arātrum*) und *plug* für verschiedene Formen verwenden.

Man könnte nach dieser Richtung noch viel Stoff anhäufen, doch werden die Beispiele genügen, um den angedeuteten Gesichtspunkt hinreichend zu würdigen.

5. **Modegründe.** Auch die Mode spielt bei dem Verlust alter Worte mit. Die obern Stände, die Dichter u. a. suchen nach neuen Ausdrücken, um das Gewöhnliche ungewöhnlich zu sagen. Sie wollen sich von dem niedern Volke und dessen Sprache auch in ihren Ausdrücken unterscheiden, während dieses seinerseits das Bestreben hat, jenen nachzuahmen.

In der neuern Zeit spielt im Geschäftsleben dieselbe Erscheinung ihre Rolle. Man will etwas Neues bieten, die Aufmerksamkeit auf sich ziehen, und dafür ist das alte Wort nicht gut genug. So wird *Gast-* oder *Wirtshaus* allmählich ungebräuchlich und wird durch *Hotel* ersetzt. 'Bessere Häuser' nennen sich schon *Grandhotel*. *Schenke* ist eigentlich nur noch dichterisch und mundartlich, man gebraucht dafür *Restaurant*. Über dem kleinsten Zigarrenladen kann man jetzt *Cigarrenimport* lesen. Diesen Einflüssen auf die Umwandlung des Wortschatzes nachzugehen, wäre eine sehr dankenswerte Aufgabe.

Am Hofe der fränkischen Könige nannte sich der Leibarzt (vgl. Gregor von Tours 5, 14) mit dem griech.-byzantinischen Titel *archiatrós*, und diesem Ausdruck mußte der einheimische got. *lēkeis*, ahd. *lāchi* (noch engl. *leech* 'Wundarzt') weichen. Jetzt besteht nicht nur *Arzt*, sondern auch zahlreiche Ableitungen.

§ 205. **Sprachliche Versteinerungen.** Wie wir gesehen haben, gibt es eine ganze Reihe von Gründen, die zum Verlust alten Sprachgutes geführt haben und noch täglich führen. Dieser Verlust tritt natürlich nicht plötzlich ein, sondern so, daß ein Wort erst seltener gebraucht wird, bis es dann, vielleicht erst nach Generationen, völlig untergegangen ist. Worte werden aber nicht einzeln, sondern fast immer nur in bestimmten Verbindungen gebraucht. Diese werden gedächtnismäßig überliefert, und es ist nicht unbedingt nötig, daß gleichzeitig alle Verbindungen verloren gehen. Vielmehr bleiben des öftern einzelne erhalten, und damit lebt ein sonst längst ungebräuchlich gewordenes Wort noch fort. Behaghel hat derartige Worte treffend 'sprachliche Versteinerungen' genannt.

Wir können dabei mehrere Fälle unterscheiden. Es kann das Wort ganz ungebräuchlich geworden sein und nur in bestimmten Redensarten noch vorliegen, oder es hat sich eine bestimmte Bedeutung in der Versteinerung erhalten.

a) Das Erste haben wir in folgenden Fällen: *in Anbetracht; — anheim* in *anheimfallen, -geben, -stellen; — armen* 'arm machen' in *Almosen geben armet nicht; — Aschkuchen; — Aufhebens machen; — in Bälde; — mit dem Beding; — bemoostes Haupt; — sich bene tun; — Fug* in *mit Fug und Recht; — Guck* in *auf einen Guck kommen; — Hehl* in *kein Hehl aus etwas machen; — Irre* in *in die Irre gehen; — Deut* 'kleinste Münze' in *keinen Deut darum geben; — Kippe* in *auf der Kippe stehen; — Nutz* in *zu Nutz und Frommen; — das Ach* in *Ach und Weh; — Saus* in *in Saus und Braus; — weder Gicks noch Gacks; — Kind und Kegel; — gang und gäbe; — klipp und klar; — sich anheischig machen wozu; — einen beim Schlafittchen kriegen.*

b) Eine jetzt nicht mehr vorhandene Bedeutung liegt vor in: *Abbruch tun; — abgebrüht; — Akt nehmen; — mit einem anbinden; — Bein* 'Knochen' in *Stein und Bein schwören, Mark und Bein, es friert Stein und Bein; — der helle Haufen; — Brief und Siegel (Brief* 'Urkunde'); — in Bausch und Bogen,* eigentlich mit auswärts sich dehnender Grenzfläche (*Bausch*) und mit einwärts biegender (*Bogen*); — *Ding* 'Ge-

richt' in *dingfest machen*; — *Fach* 'Wand' in *unter Dach und Fach*; — *bieten* 'gebieten'
in *Feierabend bieten*; — *grün* 'frisch' in *grüne Heringe*; — *sich schlagen* 'sich werfen,
sich rasch begeben' in *sich ins Mittel schlagen*; — *sein Absehen auf etwas richten*; *Absehen* bezeichnete auch 'das Visier an Meßwerkzeugen und Gewehren', die Redensart bedeutet also 'auf etwas zielen'; *Leichdorn* 'Dorn im Körper'.

§ 206. **Verdunkelte Zusammensetzungen.** Es steht mit den sprachlichen
Versteinerungen im Satzzusammenhang ganz auf einer Linie, wenn ein Wort
nur noch in der Zusammensetzung vorliegt. Da in diesen verdunkelten
Bildungen zum Teil sehr altes und wichtiges Sprachgut steckt, führe ich
hier zahlreiche Beispiele an. Man könnte auch hier verschiedene Möglichkeiten unterscheiden, Verdunklung des ersten oder des zweiten Gliedes
oder beider, und schließlich Veränderung der Bedeutung, doch nehme ich
darauf weiter keine Rücksicht und gebe den Stoff nach der Reihenfolge
der Buchstaben und führe dabei auch einige Beispiele an, deren Bestandteile sonst in der Sprache noch erhalten sind.

Adebar, ndd. 'Storch', ahd. *odobero*; der zweite Teil gehört zu ahd. *bëran* 'tragen,
bringen', lat. *fero*, gr. φέρω (*phérō*), der erste wird gewöhnlich zu as. *ōd* 'Besitz, Gut'
gestellt. — *Adler*, aus ahd. *adali* 'edel' und *aro* 'Aar' — *Allmende*, mhd. *almeinde*
aus *algemeinde*. — *Allod* 'das echte Eigentum', ahd. *alōt* aus *al-* und *ōt* 'Besitz'; dieses
zu got. *auda-hafts* 'beglückt'. Wir haben das Wort nur in Eigennamen, wie e. *Edward*
aus *ēad-ward*, ital. *Odo-ardo*. — *Alraun*, ahd. *al-rūna* zu *rūna* 'Geheimnis'. — *Amboß*,
ahd. *ana-bōʒ* zu *bōʒan* 'schlagen', e. *to beat*, lat. *confutāre*. — *Ammann* aus ahd. *ambaht-
mann*, also dasselbe wie *Amtmann*. — *anderweit*, mhd. *anderweide*, eigentlich 'zum
zweiten Male', mhd. *weide* 'Fahrt, Reise'. — *Antlitz*, mhd. *antlitze*, daneben *antlütze*,
ahd. *antluzzi*, *antlutti*. Im ersten steckt got. *wlits* 'Angesicht, Anschen, Gestalt'; im zweiten
got. *ludja* 'Gesicht'. — *Auerhahn*, ahd. *orrehuon* zu schwed. *orre* 'Birk-, Wasserhuhn'. — *Auerochs*, ahd. *ūr*; siehe oben S. 175. — *Bachbunge*, eine Pflanze, aus
Bach und *bunge*, ahd. *bungo* 'Pflanzenknollen', zu gr. παχύς (*pakhýs*) 'dicht'. — *Bachstelze*, ahd. *waʒʒarstelza*; *stelza* ist 'Stelzengängerin'. — *Bärlapp*, aus *Bär* und *lapp*,
ahd. *lappo* 'Ruderschaufel', eigentlich 'Hand, Tatze'. — *beide*, aus *bai-þai* zu lat. *am-bo*. —
Bibergeil zu mhd. *geil, geile* 'Hode'. — *Bilsenkraut*, ahd. bloß *bilisa*, zu russ. *belená*. —
Bims-stein, ahd. *bumiʒ* aus lat. *pūmex*. — *Bingelkraut*, zu ahd. *bungil* von *bungo*,
siehe *Bachbunge*. — *Blachfeld*, *Blachfrost* zu *flach*. — *blutrünstig*, von mhd. *bluotruns* 'Abrinnen des Blutes', zu *rinnen*. — *Boll-werk*, mhd. *bole-werc*, von mhd. *boln*
'schleudern, werfen'. — *Borkirche* zu ahd. *bor* 'Höhe, oberer Raum'. — *Brack-wasser*,
brack noch in *brackig* 'salzig'. — *Bram-segel, -stange*, zusammengesetzt mit ndl.
bram 'Bramsegel, Segel am Obermast'. — *Bräutigam*, ahd. *brūti-gomo*; *gomo* = lat.
homo, also 'Mann der Braut'. — *Brom-beere*, ahd. *brām-beri* zu *brāmo* 'Dornstrauch'. —
Bug-spriet, aus ndl. *boeg-spriet*, *spriet* 'schräg gehende Segelstange am Maste', *bug*
'Vorderteil des Schiffes'. — *Demut*, ahd. *dio-muoti* zu ahd. **thio* Adj. 'dienstwillig' und
das zu ahd. *deo*, got. *þius* 'Knecht'. Vgl. Btr. 43, 39 f. — *Diebstahl*, ahd. *stāla* von
stehlen, also 'Stehlen des Diebes'. — *Duck-mäuser*, von spätmhd. *tockel-mūsen* 'Heimlichkeiten treiben', zu mhd. *mūsen* 'langsam und leise gehen'. — *Eidergans*; *Eider* ist
entlehnt aus dem isländischen *ædr*, gesprochen *eiþer*, das schon 'Eidergans' bedeutet; dies
noch in *Eiderdaunen*. — *elend*, ahd. *elilenti*, eig. 'im andern Land', zsg. mit *eli*, got.
aljis, lat. *alius*, gr. ἄλλος (*állos*). Dazu auch *Elsaß* zu ahd. *Elisāzo*. — *Elen-tier*; *Elen*
stammt aus lit. *élnis* 'Hirsch'. — *Elfenbein*, ahd. *helfantbein* 'Elefantenknochen'; *bein*
noch im Sinne von 'Knochen'. — *Essigmutter* 'dicker Bodensatz im Essig'; der zweite
Teil zu ndd. *mudder, modder* 'Schlamm', e. *mud* 'Schmutz'. — *Faselschwein*, mhd.
fasel 'Zucht-', wahrscheinlich zu mhd. *fisel* 'penis' zu gr. πέος (*péos*). — *Fech-, Feh-*

distel, mhd. *vēdidistel*; *vēch* 'bunt', got. *-faihs* gehört zu gr. ποικίλος (*poikilos*). — *Fehwamme*, zsg. mit *Fehe* 'das sibirische graue Eichhörnchen', was zum vorigen gehört. — *Feldwebel*; *-webel*, älter *weibel* zu mhd. *weiben* 'sich hin- und herbewegen', zu lat. *vibrāre*. — *Firnewein*, zsg. mit *firn* 'alt', ahd. *firni*, got. *fairneis*, lit. *pérnai* 'im vorigen Jahr'. — *Fledermaus*, ahd. *fledar mus* zu ahd. *fledirōn*, verwandt mit *flattern*. — *Flitzbogen*, zusammengesetzt mit älternhd. *flitsch* aus frz. *flèche* 'Pfeil'. — *Freitag*, ahd. *frīatag*, e. *Friday* ‚dies Veneris, Tag der Freia' — *frohlocken*; *locken* wahrscheinlich 'springen', zu got. *laikan* 'hüpfen'. — *Fronleichnam* u. a.; *fron*, ahd. *frōno*, Gen. Plur. von *frō*, got. *frauja* 'Herr'; das Femininum dazu ist *Frau*. — *Gaudieb*, zusammengesetzt mit nd. *gau* 'geschwind, gewandt'. — *Griesgram*, mhd. *grisgram* 'Zähneknirschen', mhd. *gris-grammen*, asächs. *gristgrimmo*. Der erste Bestandteil zu mhd. *gristen* 'zerreiben', der zweite zu *Gram*, *Grimm*. — *Grummet* aus *Grünmahd*. — *Grünspan*, älternhd. auch *spansch-grün*, also von *spanisch*. — *Habergeiß* 'Heerschnepfe'; der erste Teil ist ein *haber*, das dem lat. *caper* 'Bock' entspringt; der Vogel ist so benannt, weil er zur Begattungszeit einen meckernden Ton hören läßt. — *Heirat*, ahd. *hīrāt*, eigentlich 'Zurüstung' (*rat*) für die Familie (*hī-*, got. *heiwa-frauja* 'Hausherr', verwandt mit lat. *cīvis*). — *Hellebarde*, mhd. *helm-barte*, also *Barte* 'Beil' zum Durchhauen des Helms. — *Herberge*, ahd. *heri-berga* 'ein das Heer bergender Ort, Heer-, Feldlager'. — *Hifthorn*; der erste Bestandteil ist *Hift* 'Stoß ins Jagdhorn', zu got. *hiufan* 'klagen'. — *Him-beere*, ahd. *hint-beri*, eigentlich *Hindebeere*, vgl. Löwe oben S. 189. — *Jubeljahr*, mhd. *jūbeljār*; der erste Teil von hebr. *jōbēl* 'Horn zum Blasen im Halljahr'. — *Jungfer* aus *Jungfrau*. — *Junker*, mhd. *juncherre*. — *Kammertuch*, Leinwand aus *Cambray*. — *Karfreitag*, *kar* ist ahd. *kara* 'Klage'. — *Kauderwelsch*; *kauder* ist wohl schwäbisch *kauderer* 'Werg-, Flachshändler', und *welsch* 'fremdsprachlich, unverständlich'. — *Kaul-barsch*, *Kaulquappe*; *kaul* ist mhd. *kūle* aus *kugele*, also 'Kugelbarsch'. — *Klippschule*, ndd.; *klipp* bedeutet hier 'klein, unbedeutend'. — *Knob-lauch*, ahd. *klobo-louh*, zu *kloben*, e. *clove* 'Zehe des Knoblauchs'. — *Kroppzeug*, ndd. *krop* 'schlechtes, nichtsnutziges Volk', wohl zu *krupen* 'kriechen'. — *Langwiede* 'den Wagen durchziehender Baum, der das hintere Gestell mit dem vorderen verbindet' zu ahd. *witu*, e. *wood* 'Holz, Baum', das auch in *Wiedehopf* steckt und zu ir. *fid* 'Baum' gehört. — *langwierig* zu *währen*. — *Laubrüst* 'Laubhüttenfest', mhd. *laupbrost* 'Laubfall, Laubfallszeit' zu *bresten* 'brechen'. — *Lebermeer* 'geronnenes Meer' zu *geliefern* 'gerinnen', ndd. *Glibber* 'geronnene Masse', *Lab*. — *Lebkuchen* 'dünner Honigkuchen', zsg. mit *Leb* einer Ablautsform zu *Laib* 'Brot'. Ebenso *Lebzelt* 'Lebkuchen', dessen zweiter Teil ahd. *zelto* 'Kuchen' ist. — *Leichnam*, ahd. *līhhinhamo*, eig. 'Gestalt des Körpers': *hamo* zu *Hemde*. — *Leikauf*, mhd. *lītkouf*, zsg. mit *lit* 'Obstwein', got. *leiþu-*, also so viel wie *Weinkauf*, dasselbe *līt* steckt in obd. *Leutgeb* 'Schenkwirt'. — *Leilach* 'Leintuch' aus ahd. *lī(n)lahhan* 'Leinlaken'. — *Lenz*, ahd. *lengizin*, ags. *lengten*, e. *lent* 'Fastenzeit' enthält ein germ. **tīna-* 'Tag', got. *sin-teins* 'täglich' zu lat. *nundinae* 'neun Tage'. — *lichterloh* aus Gen. *lichter Lohe* 'mit heller Flamme'. — *Liedlohn* 'Taglöhnerlohn', mhd. *litlōn* zsg. mit *litus*, *lidus*, *lito* 'höriger Diener'. — *Lindwurm*, zsg. mit ahd. *lint*, anord. *linnr* 'Schlange'. — *Lochtaube* 'Waldtaube', zsg. mit *loch* 'Wald', lat. *lūcus*, das noch in Ortsnamen fortlebt. — *Lorbeer*, ahd. *lōrberi*, eigentlich 'die Beere des Lorbeers', lat. *laurus*. — *Magsame* 'der Same des Mohns, Mohn', zsg. mit *mag*, einer Nebenform von *Mohn*. — *Mahlschatz*, eig. 'das Kaufgeld für die Braut', zu *vermählen*, *Gemahl*. — *Mahlstatt*, ahd. *mahalstat* 'Gerichtsstätte' zu ahd. *mahal* 'Gerichtsversammlung' zu ahd. *mahaljan* 'sprechen', got. *mapljan* 'öffentlich reden'. — *Mallepost* 'Briefpost' zu ahd. *malaha*, mhd. *malhe* 'Ledertasche, Mantelsack, Reisesack' zu gr. μολγός (*molgós*) 'Sack von Rindsleder'. — *Marschall*, *Marstall* enthalten im ersten Teil ahd. *marha* 'Mähre, Pferd', *schall* ist *schalk* 'Knecht', got. *skalks*. — *Maßleid* 'Essensüberdruß', zsg. mit ahd. *maz*, got. *mats* 'Speise'. — *Maulbeere*, ahd. *mūlberi*; der erste Teil ist dissimiliert aus *mūr-*, lat. *mōrus* 'Maulbeerbaum'. — *Meineid*, zsg. mit ahd. *mein(e)* 'falsch' zu lit. *mainas* 'Tausch' — *Messer*, ahd. *mezzirahs*, zsg. aus *mezzi-* 'Speise', s. *Maßleid*, und *rahs*, das mit grammatischem Wechsel aus *sahs* 'Messer', lat. *saxum* 'Fels' entstanden ist. — *Mettwurst*, ndd., zsg. mit asächs. *meti* 'Speise', s. *Messer*. — *Mißpickel* 'Arsenikkies', vielleicht zu *Buckel*. — *Montag*, ahd. *mānotag*, enthält den alten Stamm ahd. *mano*, e. *moon*, got. *mēna* 'Mond', ohne das angetretene *d* von *Mond*. — *Mörbraten*, enthält *mürbe*. — *Mummenschanz* enthält *Mumme* 'Verkleidung', noch in *vermummen*, und *schanz* 'Spiel' (*Schanze*). — *Mumpitz*, wohl entstanden aus oberhess. *Mombutz* 'Gespenst, Schreckgestalt', zsg. aus *Mumme* s. o. und *butze* 'Poltergeist, Lärm'. — *Mußteil*, gehört zu *Mus*, ahd. *muos* 'gekochte Speise' aus **mōtta-* und mit got. *mats*, s. *Mettwurst*, zusammenhängend; *Musteil* ist also 'Speiseteil'; man versteht darunter das, was am dreißigsten Tage nach dem Tode eines Mannes an Speise und zu Speise dienendem vorhanden ist; die Hälfte erhält die Witwe. — *mutschieren* 'mit Beibehaltung des Gesamteigentums die Nutzungen teilen', von md. *mūtschar*, zgs. aus *muot* 'Verlangen' und *schar* 'Teilung'. — *Nach-bar*, ahd. *nāh-gibūr*, e. *neighbour*, also 'naher Bauer' (Wohnender). — *Nachti-gall*, ahd. *nahti-gala* zu asächs. *galan* 'singen'. — *nahrhaft*, zusammengesetzt mit ahd. *nara* 'Rettung, Er-, Unterhaltung'. — *Narrenteiding* 'Narrheit', zsg. mit mhd. *tagedinc* 'Verhandlung'. — *Nasen-stüber*; *stüber* ist 'Schneller', zusammenhängend mit *stieben*. — *nein*, ahd. *ni ein*, lat. *ne*; *nicht*, ahd. *ni-wiht*, e. *nought*, got. *ni waihts* 'nichts', zsg. mit *ni* und *wiht* 'Geschöpf, Wesen', e. *wight*, abg. *vešti* 'Ding, Sache'. — *Nickfänger* zu *Genick*. — *Nießbrauch*, gebildet nach lat. *usus fructus*, zsg. mit älternhd. *Nieß* 'Ertrag'. — *Nipp-sache*, zsg. mit frz. *nippe* 'Putz'. — *Norwegen* enthält *Nord* und anord. *vegr* 'Weg, Strecke, Strich'. — *nur*, ahd. *niwāri* 'es wäre nicht'. — *Öhmd*, *Ohm(e)t*, ahd. *āmād* enthält die ahd. Präposition *ā* 'übrig', ai. *ā*. — *Orlogschiff* 'Kriegsschiff' aus ndl. *oorlogschip* enthält ein Wort, das mit ahd. *urliugi* 'Krieg', eigentlich 'Vertragslosigkeit' zusammenhängt. — *Paßgang*, zsg. mit *Paß* 'Schritt', frz. *pas*, lat. *passus*. — *Pauschquantum*, zsg. mit *Pausch*, *Bausch*, das noch in '*in Bausch und Bogen*' vorliegt. — *Pfennigfuchser*, zu *fuchsen* 'betrügen'. — *Pfinztag*, bayer. 'Donnerstag' aus gr. πέμπτη (*pémptē*) 'fünfte'. — *Pimpernuß*, eigentlich 'Klappernuß' zu mhd. *pümpern* 'klappern'. — *Pinsel* 'Einfaltspinsel', ndd. *Pinn-suhl* 'Schusterpfriem', zsg. aus *Pinne* und *-suhl*. Der zweite Bestandteil hängt mit ahd. *siula* zusammen, nhd. *Säule* 'Stechwerkzeug des Schusters' zusammen, das zu lat. *suere* gehört. — *Plerrauge* 'mit einer Augenkrankheit behaftetes Auge', zu e. *bleareyed* 'triefäugig'. Die Herkunft von *Plerr* ist dunkel. — *Pluderhosen*, zsg. mit *pluder*, *bluder* 'blasebalgartig aufgeblähte Weite', verwandt mit *plaudern*. — *Preiselbeere*, aus tschech. *brusnice*, *brusina*. — *preisgeben*, zsg. mit *preis*, älter *pris*, frz. *prise*. Ebenso *preismachen*. — *Pumphosen*, zsg. mit nd. *pump* 'Gepränge' aus lat. *pompa*. — *Quack-salber*; der erste Teil zu ndd. *quäken* 'schreien, schwatzen', der zweite ahd. *salbari* 'Salbenverkäufer'. — *Quickborn*, zsg. mit *quick* 'frisch, gesund', lat. *vīvos*. — *Radehacke* von md. *roden* 'ausreuten'. — *Rädelsführer*, *Rädel* war bei den Landsknechten 'der Ring, Kreis der Soldaten', zu *Rad*. — *Raps*, aus *Rapsaat*. — *Ratonkuchen*, obhess. *Radánkuchen*, Art Kuchen, zsg. mit frz. *raton* 'ein klein rund Küchlein wie eine Maus' von frz. *raton* 'kleine Ratte'. — *Rauch-werk*, mhd. *rūchwerc*, enthält eine Nebenform von *rauh*, die sich zu dieser verhält wie *hoch* zu *hoh*. — *Rausch-gelb* 'geschwefelter Arsenik', *rausch* von lat. *russus*, ital. *rosso* 'rot'. — *Renn-tier*, e. *raindeer*; der erste Teil ist entlehnt und gehört zu ags. *hrān*, anord. *hreinn* 'Renntier'. — *Riegelhaube* 'eine Art kleiner gestickter Hauben', zsg. mit mhd. *rigel* 'Schleier, Haube', entlehnt aus lat. *ricula* 'Häubchen'. — *rot-welsch*, zu *rot* 'Bettler', also das *Welsch* 'fremde Sprache' der Bettler, siehe oben S. 331. — *Rübezahl*, *Zahl* ist *Zagel* 'Schwanz'; — *Rübsen* aus *Rübsamen*. — *ruch-los*, mhd. *ruoche-lōs* 'unbekümmert' zu mhd. *ruoche* 'Sorge, Sorgfalt', das mit *geruhen* zusammenhängt. — *Runkelrübe*, zsg. mit *Runken*. — *Sal-bader*, die Herkunft des ersten Teils ist dunkel. — *Sal-buch*, mhd. *sal-buoch* 'Urkundenbuch' zu mhd. *sal* 'rechtliche Übergabe eines Gutes'; dazu ahd. *sellen*, ags. *sellan* 'übergeben', noch in e. *to sell* 'verkaufen'. — *Salweide*, zsg. mit *Sal*, aus ahd. *salaha* zu lat. *salix* 'Weide'. — *Sams-tag*, ahd. *samba3-tag*, aus einer Form gr. σάμβατον (*sámbaton*), die neben σάββατον (*sábbaton*) stand. — *Schaber-nack*, mhd. *schaber-nac* 'neckender Streich, Spott, Hohn'; unerklärt. — *Schell-fisch*, wohl 'Spaltefisch', d. h. 'Fisch, dessen Fleisch sich spaltet', zu anord. *skilja* 'teilen'. — *Schell-hengst*, ahd. *skёlo* 'Beschäler' steckt im ersten Teil. — *Schermaus* 'Maulwurf', zsg. mit ahd. *skero* 'Maulwurf' zu *Schar* in *Pflugschar* gehörig. — *Schild-patt*, aus ndd. *schild-pad* 'Schildkröte' und 'Schildkrötenschale'; *pad* ist ndd. *padde* 'Kröte'. — *Schillebold* 'Libelle' zu *schielen* 'schillern' und mnd. *bolte* 'Bolzen'. — *Schlafittich* wird aus *Schlag-fittich*, 'Schwungfedern des Flügels', dann 'Rockschoß' erklärt, was aber sehr unsicher ist. — *Schlar-affe*, mhd. *slūr-affe* zu mhd. *slūr* 'Faulenzerei, Fauler'. — *schlohweiß*, wohl aus nd. *slōtewitt* 'weiß wie eine Schloße'. — *Schnurrbart*, zsg. mit *Schnurre* 'Nase, Schnauze, Maul'. — *Schornstein*, mhd. *schor(n)stein*, zu ndl. *schoor* 'Stütze, Strebebalken'? — *Schoßgatter* 'Fallgatter im Tor' zu *schießen* 'schießend niederfallen'. — *Schoßkelle* zu *Schoß* 'Schublade'. — *Schultheiß*, ahd. *skulthei33o* 'Verpflichtungen oder Leistungen Befehlender', zú *heißen*. Gekürzt *Schulze*. — *Sedelhof* 'Edelsitz', zsg. mit mhd. *sedel* 'Landsitz' zu *siedeln*. — *semperfrei* 'reichsunmittelbar, zu Ratsstellen in den Städten wählbar', zsg. mit mhd. *sent-pёre* 'zur Teilnahme am *Send* berechtigt'. Letzteres aus gr.-lat. *synodus*. — *Seneschall* aus frz. *sénéchal* und dies aus deutsch-mlat. *seniscalcus*, zsg. mit *seni* 'alt' zu lat. *senex*, und *Schalk* 'Knecht'. — *Singrün*, zsg. mit *sin* 'immer', zu lat. *sem-per*. Ebenso *Sin(n)au* 'alchemilla vulgaris', mnd. *sindouwe* zu *Tau*. — *sintemal* aus mhd. *sint dem māle. sint* = *sīt*. — *sinwell* 'völlig rund', zsg. aus *sin*, s. *Singrün*, und *well*, das zu *Welle* gehört. — *Sommerlatte*. Der zweite Teil zu *lode* 'Schößling' zu got. *liudan* 'wachsen'. — *Spanferkel*; der erste Teil ist mhd. *spёn* 'Brust, Milch', zu lit. *spenīs* 'Zitze'. — *Sparkalk* 'aus Gips gebrannter Kalk', zsg. mit spätmhd. *spar, sper, spor* 'Gips' zu ags. *spærstān* 'Gips, Kalk'. — *Speichernagel* 'langer, schmaler eiserner Nagel mit einem Kopf', zsg. mit md. *spīcher* 'Nagel', ndl. *spijker*, e. *spike* 'spitzer Pflock'. — *Sperber*, ahd. *sparwari*, zsg. aus ahd. *sparo* 'Sperling' und *Aar*. — *Spessart* aus *spechtes hart. Hart* ist Wald. — *Stegreif*, ahd. *stegareif* 'Steigbügel' zu ahd. *stegōn* 'steigen'. — *Steinmetz*, ahd. *steinmezzo* zu got. *maitan* 'hauen', d. *Meißel*. — *Tarnkappe*, der erste Teil zu ahd. *tarnen* 'verbergen'. — *Tauner*, schweiz., spätmhd. *tagewaner* zu *tagewan* 'Tagwerk', worin *wan* zu *gewinnen* gehört. — *Truch-seß*, ahd. *truh-sā33o* zu ahd. *truht* 'Schar, Kriegsschar'. — *Trut-hahn*, unerklärt, *trūt* muß ein selbständiges Wort gewesen sein. — *Turtel-taube*, ahd. *turtul-tūba*; das erste Glied aus lat. *turtur*. — *Unflat*, mhd. *unvlāt*, zsg. mit mhd. *vlāt* 'Sauberkeit. — *ungestüm*, ahd. *ungistuomi* zur Wurzel *stehen*. — *unmustern* 'aus Unwohlsein unbehaglich' zu mhd. *unmunst* 'Unfreudigkeit'. — *Unter-schleif*, mhd. *under-sluof* zu *schlüpfen*. — *unweigerlich*, mhd. *unweigerliche* zu *weigern*. — *unwirsch*, mhd. *unwirdisch* zu *unwert*. — *vierschrötig*, mhd. *vierschrœtic* 'viereckig zugehauen', zu *Schrot* 'abgeschnittenes Stück', ahd. *skrōt*, e. *shred* zu *schroten*, ahd. *skrōtan*, e. *shred* zu lat. *scrautum, scrōtum*. — *Vormund*, ahd. *fora-munto* zu *Mund* 'Schutz'. — *Wal-nuß*, ndl. *walnoot*, e. *walnut* aus *walh-* 'wälsch'. — *Wal-statt*, ahd. *wal* 'Kampfplatz', anord. *valr* 'Leichen auf dem Schlachtfelde'. — *Wankel-mut*, zsg. mit ahd. *wankal* 'schwankend, unbeständig'. — *Weich-bild*, mhd. *wīch-bilde* 'Stadtgebiet, Gerichtsbarkeit darüber'; *wīch* zu asächs. *wīk* 'Flecken, Ort'. — *Weichsel-kirsche*, ahd. *wīhsila* 'Weichselkirsche' zu gleichbed. abg. *višnja*. — *Wellfleisch*, zsg. mit *wellen* 'aufkochen lassen'. — *Wer-wolf, Wer-geld*, enthalten das Wort *wer* 'Mann' zu lat. *vir*. — *Westerhemd* 'Taufhemd', mhd. *wester* 'Taufkleid' zu got. *wasti* 'Kleid', lat. *vestis*. — *Wildbret*, enthält *Braten*. — *Willkür*, zsg. mit *Kür* 'Wahl'. — *Wimper*, ahd. *wintbrāwa*, worin *wint* vielleicht zu air. *find, finn* 'Haar' gehört. — *Zaspel*, älteres Garnmaß, aus *zalspille* aus *Zahl* 'Garnmaß' und *Spindel*. — *Zeiselwagen* 'Leiterwagen', zu bayer. *zeiseln* 'eilen'. — *zwar*, ahd. *zi wāru* 'in Wahrheit'. — *Zwerch-fell* enthält ahd. *dwёrah* 'quer'.

Fünfzehntes Kapitel.
Volksetymologie.

§ 207. Das Wesen der Volksetymologie. Den Namen Volksetymologie hat FÖRSTEMANN, KZ. 1, 1 ff. in die Wissenschaft eingeführt. Man kann damit das Bestreben bezeichnen, zwei etymologisch in der Regel ganz unverwandte Worte miteinander zu verknüpfen, wobei sich leicht Umgestaltungen der eigentlichen Lautform einstellen. Das naive Sprachgefühl nimmt eine solche Verbindung sehr häufig bei vereinzelten Worten vor, und es werden daher verdunkelte Zusammensetzungen und Fremdwörter davon betroffen. Die Volksetymologie ist natürlich in allen Sprachen zu finden, in geschichtlichen wie vorgeschichtlichen Zeiten, nur ist da, wo die Überlieferung im Stich läßt, die Umwandlung durch die Volksetymologie nicht sicher nachzuweisen. K. G. ANDRESEN hat eine Fülle von Beispielen in seinem Buche über deutsche Volksetymologie, 6. Aufl., Leipzig 1899 zusammengestellt. Dort möge man Weiteres nachlesen.

Grundsätzlich kann man unterscheiden zwischen Bildungen, die nur eine zeitliche oder örtliche Verbreitung haben, und solchen, die Bürgerrecht in unsrer Sprache erlangt haben. Das Verbreitungsgebiet der erstern ist besonders die Volkssprache und die Mundart, und es sind hier vor allem die Fremdwörter, die im Volksmund umgestaltet werden.

Aus MÜLLER-FRAUREUTH, Wörterbuch der obersächsischen Mundarten, entnehme ich folgende Beispiele: *römische Strahlen* für *Röntgenstrahlen*; *rattenkahl, ratzekahl* für *radikal*; *Magneten* für *Moneten*; *Mordhäuser* für *Nordhäuser*; *Moritz lehren* für *Mores lehren*; *ungewendeter Napoleum* für *unguentum Neapolitanum*; *Ölumination* für *Illumination*, *Armelatten* für *Omeletten*; *reene Knoten* für *Reineclauden*; *Rehpulver* für *Revolver*; *Reißmatismus* für *Rheumatismus*; *Sachsenfrage* für *Saxifraga*. Manches wird auch bewußt geschaffen, wie z. B. Luthers *Lugende* für *Legende* und ähnliches.

§ 208. Beispiele. Wir wenden uns nunmehr zu den Fällen, die im allgemeinen Sprachgefühl zu einer Umgestaltung oder volksetymologischen Anlehnung geführt haben. Natürlich sind manche Fälle unsicher, da man über die psychologischen Fäden nicht immer richtig urteilen kann.

Abenteuer, mhd. *aventiure* 'Begebenheit, wunderbares Ereignis', aus frz. *aventure*, mlat. *adventura* von *advenire* 'hinzukommen, sich ereignen', angelehnt an *Abend*. — *Aberacht* 'die über andrer Acht stehende kaiserliche, als vogelfrei erklärende Acht', aus mhd. *oberahte*, eig. 'die Überacht'. — *Aberraute*, mit Anlehnung an *Raute* aus gr.-lat. *abrotanum*. — *abgebrüht*, gehört zu mhd. *brüen* 'coire', angelehnt an *brühen*. — *abgeführt*, aus *abgeviert* 'viereckig wie ein Würfel'. — *Abseite*, mhd. *absīte*, ahd. *absīta* aus gr.-mlat. *absida*, gr. ἁψίς *(apsis)* 'Gewölbe', angelehnt an *Seite*. — *abspannen* 'Gesinde durch Verlockung an sich ziehen', für mhd. *abspenen* 'abziehen'. — *Abzug*, *-zucht* 'Ableitung für unreine Wasser' unter Anlehnung an *abziehen* aus lat. *aquaeductus*. — *Ackerwurz*. Hier wird *Acker* auf d. *Acker* bezogen, während es auf lat. *acorus* zurückgeht. — *Affodill* 'lilienartiges Gartengewächs', unter Anlehnung an *Affe* und *Dill* aus gr.-lat. *asphodilus*. — *allmählich* aus mhd. *all(ge)mechlich* unter Anlehnung an *Mal*. — *anberaumen* unter Anlehnung an *Raum* aus *anberamen* (so noch Adelung 1793), mhd.

rämen 'zum Ziel nehmen' — *anheischig* durch Einwirkung von *heischen* aus mhd. *antheizec* 'durch Versprechen schuldig' zu *heißen*. — *anrüchig*. Hier gehört *ruch* zu *Gerücht*, weiter zu *Ruf*. Es ist an *riechen* angelehnt. — *Armbrust* aus mlat. *arbalista* *arcubalista* 'Bogenwurfmaschine' (zsg. aus *arcus* 'Bogen' und einer Ableitung von gr. βάλλειν [*bállēn*] 'werfen'); an *Arm* und *Brust* angelehnt. — *Aschlauch*, ahd. *asklouh* aus *ascalonia* nach der Stadt *Askalon* in Palästina. — *Attentäter* von *Attentat* in Anlehnung an *Täter*. — *ausmerzen*, nicht zu *März*, sondern aus *merkzen*. — *Bakkalaureus* mit Anlehnung an *laureus* 'Lorbeer' aus mlat. *baccalarius*. — *bärbeißig* aus *bernbeißig* zu *Bern* 'Krippe'. *Batengel* aus mhd. *batonie, batenie, batenge*. — *baumeln* unter Anlehnung an *Baum* aus *bammeln*. — *Baumschlag*. Hier bedeutet *schlag* 'Art und Weise' zu ahd. *slahan* 'arten, nacharten, nach jem. schlagen'. — *Beifuß* aus mhd. *bivōʒ, bibōʒ* zu ahd. *bōʒan* 'stoßen, schlagen', also wohl 'zu stoßendes Kraut', angelehnt an *Fuß*. — *Beispiel*, mhd. *bīspel* 'Nebenerzählung', angelehnt an *Spiel*. — *Beißker* mit Anlehnung an *beißen* aus poln. *piskorz*. — *Bertram*, ahd. *berhtram* unter Anlehnung an den Mannesnamen aus gr.-lat. *pyrethrum*. — *Bibernell*, mhd. *bibernelle* mit Anlehnung an *Biber* aus mlat. *pipinella*. — *Blankscheit* aus frz. *planchette*. — *bleuen* 'heftig schlagen', mhd. *bliuwen* zu lat. *flīgere*, hat mit *blau* nichts zu tun. — *blümerant* unter Anlehnung an *Blume* aus frz. *bleu mourant* 'sterbeblau'. — *blut-* in Zss. hat manchmal nichts mit *Blut* zu tun, sondern ist eigentlich *blutt* 'bloß, kahl'. Hier gehört *blutarm, blutfremd, blutjung, blutsauer, blutwenig*. — *Bockbier*, eig. *Eimbeckerbier*. — *Bocksbeutel* 'steif bewahrter Brauch' geht auf nd. *boksbüdel* 'Buchbeutel' zurück. — *Bofist*, aus *vohenfist* 'Füchsinfist', angelehnt an *Bube* oder *Pfau* (*Bubenfist, Pfauenfist*). — *Brente* 'Gebäck mit eingedrückter Figur', unter Anlehnung an *brennen* aus *Prente* zu lat. *premere* 'drücken'. — *Brosame* ist entstanden aus ahd. *brōsma*, asächs. *brōsmo* 'Brocken'. — *büffeln*, eig. wohl Diminutivum zu mhd. *buffen* 'schlagen', an *Büffel* angelehnt. — *bürsten* 'trinken' zu *Burse*. — *Bussard* aus frz. *busard*, erscheint teils als *Bußhort*, teils als *Bußaar*. — *Dänisch Leder* ist mhd. *tenisch* von afrz. *daine* 'Damhirschkuh'. — *Degen* 'Kriegsmann' ist an *Degen* 'Waffe' angelehnt, wie *Hau-, Raufdegen* zeigen, obgleich die Worte nichts miteinander zu tun haben. — *deichseln* 'bearbeiten, fertig bringen' steht für *dechseln* zu lat. *texo* 'webe' unter Anlehnung an *Deichsel*. — *Dickbein* 'Bein von der Hüfte bis zum Knie', aus mhd. *diechbein* von mhd. *diech* 'Schenkel' zu lit. *taukaī* 'Fett'. — *Dienstag* hat nichts mit *Dienst* zu tun, sondern steht für *dingestag* nach *Thingsus*, einem Beiwort des *Ziu*. — *ehender* 'eher' mit Anlehnung an *ehe* zurückgehend auf mhd. *end, ent* 'bevor'. — *Ehren-* vor Namen, z. B. *Ehren Loth* bei Bürger geht auf mhd. *ern* aus *herren* zurück. *Eichhorn*, ahd. *eihhorn*, ags. *ācwern*, an. *īkorni* hat nichts mit *Eiche* und *Horn* zu tun. — *Eiland*, mhd. *ei-* und *einlant* ist an *ein* und *Ei* angelehnt, es steckt aber darin ein Wort für 'Insel', das wir auch in *Nordern-ey* haben. — *Eimer*, ahd. *eimbar*, also 'Gefäß mit *einem* Griff', ist aus gr.-lat. *amphora* umgestaltet. — *Einöde* unter Anlehnung an *öde* aus ahd. *einōdi*, worin *ōdi* wohl zu *Adel* gehört und 'Grund und Boden' bedeutet. *Einöde* ist eigentlich 'Einzelgut'. — *Eintracht* steht für *eintraft* zu *treffen*, also eig. 'das Treffen *eines* Zieles', wird jetzt auf *tragen* bezogen. — *Eisbein*, wohl sicher volksetymologisch umgestaltet, doch die Entwicklung unklar. — *Ekelname*, mit Anlehnung an *Ekel* aus nd. *ökelname*, wozu an. *aukanafn*, zsg. mit as. *ōkian* 'mehren' zu lat. *augēre*, also eig. 'Zuname'. — *Enterich* unter Anlehnung an *rich* (daher auch *Entreich*) aus ahd. *antrehho*, worin *ant* 'Ente' und nd. *drake*, e. *drake* 'Enterich' steckt. — *ereignen* unter Anlehnung an *eigen* aus mhd. *eröugen*, ahd. *irougen* 'sehen lassen' zu *Auge*. — *fahnden* mit Anlehnung an *fahen* aus ahd. *fantōn* 'durchforschen, aufsuchen, ausspüren', das wohl zu *finden* gehört. — *fahrlässig*, kaum aus *fahren lassen* gebildet, sondern unter Anlehnung an *fahren* aus mhd. *verlæzec* 'lässig', abgeleitet von *verlāʒ* 'Lässigkeit, Versäumnis'. Vgl. *nachlässig*. — *Feldstuhl* entstellt aus *Faltstuhl*. — *Felleisen* unter Anlehnung an *Fell* und *Eisen* aus mhd. *velis* von frz. *valise*. — *Fettmännchen* 'kölnische Münze' entstanden aus *Fettmönch*. — *Firlefanz* unter Anlehnung an *Firl* 'Kreisel' und *Fanz* 'Possen' aus mhd. *firlafei*, von frz. *virelai* 'Ringeltanz'. — *Flamberg* aus frz. *flamberge*, das unter Anlehnung an *flambe* 'Flamme' aus *Floberge*, dem Eigennamen eines Schwertes, entstanden ist. — *Flederwisch* aus mhd. *vederwisch* durch Anlehnung an *fledern*. — *Flittich* aus *Fittich* unter Anlehnung an *fliegen*, *Flügel*. — *flöten gehen* aus nd. *fleuten gahn*, das aus jüd.-deutsch *pleite gehn* 'flüchtig sich davonmachen' entstanden ist, von jüd. *plëtö* 'Flucht'. — *freudig* steht verschiedentlich für *freidig* 'mutig, kühn'. — *Friedhof*, mhd. *vrithof* von ahd. *vriten* 'begünstigen, hegen'. — *Fußtapfe* aus mhd. *vuoʒstapfe* zu *stapfen* unter Anlehnung an *Tappe*. — *Gewürz* gehört nicht zu *würzen*, sondern zu *Wurz*. — *Gottlieb*, ahd. *Gotleip* unter Anlehnung an *lieb*, *-leib* gehört zu *bleiben* und heißt 'der Zurückgelassene, der Sohn'. — *Griffel* mit Anlehnung an *Griff* und *greifen* entlehnt aus gr.-lat. *graphium* von gr. γράφειν (*gráphein*) 'schreiben'. — *Grobgrün* aus *Grobgrän*, frz. *gros grain*, ital. *grosso grano* 'dickes Korn'. — *Grobzeug* umgedeutet aus *Kropzeug*. — *Gruft*, mhd. *kruft* aus gr.-lat. *crypta* 'Gewölbe, Gruft' unter Anlehnung an *Grube*. — *Grünspan* ist *spanisch Grün*. — *Grütze* in der Bedeutung 'Verstand' ist aus älternhd. *Kritz* 'Verstand' umgedeutet. — *Gundermann* umgebildet aus *gunderam*, spätahd. *gundram*. — *gut Geschirr machen* 'ausgelassen, lustig sein' ist umgedeutet aus frz. *faire bonne chère*. — *Hagestolz*, mhd. *hagestalt* 'der im Hag sitzt, allein lebt'. — *handlangen* wohl umgestaltet aus mhd. *andelangen* 'überantworten'. — *Hängematte* aus ndl. *hangmat*, *hangmak*, das durch Anlehnung an *hängen* und *matte* aus *hamaca*, einem Wort einer Indianersprache, stammt. — *hantieren* aus frz. *hanter* 'oft besuchen, hin- und herziehen' unter Anlehnung an Hand. — *haselieren* unter Anlehnung an *Hase* 'Narr' entlehnt aus frz. *harceler* 'reizen, plagen, necken'. — *Havarie* aus frz. *avarie* wohl mit Anlehnung an *Hafen*. — *Hebamme* unter Anlehnung an *Amme* aus ahd. *hevanna*, *hevianna*. — *Hederich* unter Einwirkung von *Wegerich* umgebildet aus lat. *hederaceus*. — *herrisch*, *herrlich* an *Herr* angelehnt, ursprünglich aber von *hehr* abgeleitet. — *Höcker* unter Einfluß von *hocken* aus *hofer* umgebildet. — *Höhenrauch* ist aus *herauch* umgebildet, das aus *hei* 'trocken' und *Rauch* zusammengesetzt ist. — *hohnecken* wohl umgestaltet aus *holhippeln* unter Anlehnung an *Hohn*. — *Kalauer* umgestaltet aus frz. *calembour(g)* unter Anlehnung an den Namen des Städtchens *Kalau* bei Berlin. — *Kälberkern* umgedeutet aus *Kälberkerbel*. — *Kämpfer* 'Kragstein, Balkenkopf', umgebildet aus *Käpfer* von lat. *capreolus* 'hervorragender Strebe- und Stützbalken'. — *Kanone, unter der* 'unter allem Maß', scherzhafte Umbildung von *Kanon*. — *Kapphahn* für *Kapaun*, mhd. *kappe* aus lat. *cäpo* unter Anlehnung an *Hahn*. — *Kappzaum* mittels Anlehnung an *Kappe* und *Zaum* aus frz. *caveçon*. — *Karfunkel* mit Anlehnung an *funkeln* aus lat. *carbunculus*. — *Kater* 'Katzenjammer' wohl umgebildet aus *Katarrh*. — *Kette* 'Volk jagdbarer Hühner' geht auf ahd. *kutti* 'Herde' zurück. — *Keuschlamm*, Übersetzung des lat. *agnus castus*. — *Kohlmeise* 'Meise mit kohlschwarzem Schnabel', also zu *Kohle*, nicht zu *Kohl*. — *kostspielig*. Der zweite Teil ist ahd. *spildig* 'verschwenderisch', angelehnt an *Spiel*. — *Kreisel*, angelehnt an *Kreis* und *kreisen* aus *Kräusel* zu ndd. *Krüsel* 'Wirbel'. — *kritteln* aus *gritteln* unter Anlehnung an *Kritik*. — *Küchenschelle* 'anemona pulsatilla' aus frz. *coquelourde*. — *Kümmelblättchen*, der erste Teil aus gaunerisch *gimmel* 'drei'. — *kunterbunt*, im 15. Jh. *contrabund* aus *Kontrapunkt*. — *Lambertsnuß*, eig. 'lombardische Nuß', von *Lamparten* 'Lombardei' — *Landsknecht*, wird vielfach auf *Lanze* bezogen, gehört aber zu *Land*. — *Laube*, nicht zu *Laub*, sondern zu anord. *lopt* 'Zimmerdecke'. — *Leichdorn* ist 'Dorn im Körper' zu ahd. *lih* 'Körper', nhd. *Leiche*. — *Leinwand* mit Anlehnung an *Gewand* aus mhd. *linwät*. — *zu guter Letzt*. *Letzt* gehört zu mhd. *letze* 'Abschied, Abschiedsgeschenk', von *letzen* 'erfreuend aufrichten, laben'. — *Leumund*, ahd. *(h)liumunt* ist keine Zusammensetzung, sondern eine Ableitung vom Stamme *hliu-* zu gr. κλέος (*kléos*) 'Ruhm'. — *Liebstöckel* 'ligusticum levisticum' aus mlat. *levisticum* unter Anlehnung an *lieb* und *Stöckel*. — *liederlich*, unter Anlehnung an *Luder* oft *lüderlich* gesprochen und geschrieben. — *Majoran*, *Meiran* mit Anlehnung an *maior* umgebildet aus gr.-lat. *amäracus*. — *Manichäer* unter Anlehnung an *mahnen* umgedeutet aus lat. *Manichaeus* 'Anhänger des Mani'. — *Maßholder* mit Anlehnung an *Holder* 'Holunder' aus mhd. *mazalter*. — *Maulwurf* umgedeutet aus mhd. *moltwerf* 'Erdwerfer'. — *Meerrettich*, eig. wohl 'Sumpfrettich' von *Meer* 'Sumpf, Graben'. — *Meltau* aus mhd. *miltou*, in dem *mil* zu got. *miliþ* 'Honig', lat. *mel*, gr. μέλι (*méli*) 'Honig' gehört, angelehnt an *Mehl*. — *mergeln* 'kraftlos machen' von *Mark*, aber angelehnt an *Mergel*. — *Meßner*, kommt nicht von *Messe*, sondern ist entlehnt aus mlat. *mesenarius*, älter *mansionarius* 'Türhüter des Tempels' von lat. *mansio* 'Wohnung, Haus'. — *Miniatur* aus ital. *miniatura* 'kleines Gemälde' von lat. *miniāre* 'mit Mennig färben', wird mit *minder* zusammengebracht. — *mundtot*, gehört zu dem veralteten *Mund* 'Schutz' in *Vormund*. — *Murmeltier*, umgebildet aus mhd. *mürmendīn*, ahd. *murmenti*, entlehnt aus lat. *mūrem montis* 'Bergmaus'. — *Muskedonner* unter Anlehnung an *Donner* umgebildet aus frz. *mousquéton*. — *Mutter* 'dicker Bodensatz, Hefe', eins mit *Moder*, aber umgedeutet auf *Mutter* als Grundstock des gärenden Getränkes. — *Mutterkrebs*, gehört zu *mutern*, ndd. Form für *mausern*, also 'sich mausernder Krebs'. — *Nachdruck* 'das Wiederkäuen' (vom Rotwild), umgebildet aus *Nachruck*, worin *ruk* 'kauen' bedeutet, zu lat. *ructāre*. — *Nigromantie* 'Schwarze Kunst' aus lat. *nicromantia*, in dem *nicro* auf gr. νεκρός (*nekrós*) 'Toter' zurückgeht, das aber auf lat. *niger* 'schwarz' bezogen wurde. — *Odermennig*, umgebildet aus lat. *agrimōnia*. — *Ohnmacht*, ahd. *āmaht*, zsg. mit der Präposition *ā* 'un', umgebildet nach *ohne*. — *Ohrfeige*. Der zweite Bestandteil gehört zu ndl. *veeg* 'Schlag, Streich'. — *Oleander*, durch mannigfache Anlehnungen umgestaltet aus gr.-lat. *rhododendron*. — *Orange* aus frz. *orange* unter Anlehnung an *or* 'Gold' umgestaltet aus ital. *arancia*, das im letzten Grunde auf aind. *nāraṅga-* 'Orangenbaum' zurückgeht. — *Osterluzei* aus mlat. *aristolocia* durch Anlehnung an *Ostern*. — *Oxhoft* aus engl. *hogshead* 'Schweinskopf', noch mehr verdeutlicht *Oxenhaupt*. — *zu Paaren treiben*, umgedeutet aus *zum parn bringen* 'zur Krippe (*barn*) treiben'. — *Pappenstiel* aus *Pappelstiel* unter Anlehnung an *Pappe*. — *Petschaft* unter Anlehnung an *schaft* umgebildet aus mhd. *petschat* und dies aus tschech. *pečet* — *Pfeifholter* durch Anlehnung an *pfeifen* aus mhd. *vīvalter*. — *Pickelhaube* aus mhd. *bechinhūbe* 'Kriegshaube in Form eines Beckens'. — *Pirol* wohl nach dem Ruf des Vogels, umgedeutet in *Bierhold*, *Bierholer*, *Vogel Bülow*. — *Rainblume* und *Rainschwalbe* gehören beide nicht zu *Rain*, sondern zu *Rhein*. — *Reitersalbe* 'Salbe zur Heilung der Räude', umgedeutet aus ndl. *ruitzalve* von ndl. *ruit* 'Räude'. — *Rempter*, mhd. *revent(er)* mit zahlreichen Nebenformen, vielleicht umgestaltet aus mlat. *refectorium*. — *Rennsteig*, umgedeutet aus *Rainsteg* 'Grenzstieg'. — *Ridikül* aus glbed. frz. *ridicule* für *réticule* aus lat. *reticulum* 'kleines Netz'. — *Rohrdommel* mit Anlehnung an *Rohr* aus ahd. *horodumil* von ahd. *horo* 'Schmutz'. — *Rosenmontag* aus *rasender Montag*. — *rösten* 'die Stengel des Flachses mürbe machen' durch Einfluß von *rösten* aus mhd. *ræʒen* 'mürbe machen', das zu *verrotten* gehört. — *ruchbar* gehört nicht zu *riechen*, sondern zu mhd. *ruoft* 'Ruf, Leumund', das zu *rucht* wurde. — *Rundteil* umgedeutet aus mlat. *rondellum* 'Runde, Kreis'. — *Saflor* umgebildet aus ital. *asfiori*. — *Salband* 'das Zettelende', umgebildet aus mhd. *selbende* 'das eigene, nicht angesetzte Ende des Gewebes'. — *Salweide* enthält ahd. *salaha* 'Weide'. — *Schäl-*, *Schellhengst*, ahd. *skelo*, mit *beschälen* zu ai. *śalabháḥ* 'Heuschrecke', eig. 'Springer'. — *Schanze*, *in die Sch. schlagen* ist frz. *chance*. — *Scharlach* mit Anlehnung an *Lachen* 'Laken' aus mlat. *scarlatum*. — *Schellkraut* mit Anlehnung an *Schelle* umgebildet aus mlat. *chelidonia*. — *schimpfieren* unter Anlehnung an *Schimpf* aus afrz. *desconfire* 'völlig besiegen'. — *Schlagetot* ist z. T. volkstümliche Umgestaltung von *Soldat*. — *Schlittschuh* aus älternhd. *Schrittschuh* unter Einfluß von *Schlitten*. — *Schnake* 'lustiges Gerede' wird im Hinblick auf *Grillen*, *Mucken* mit *Schnake* 'Mücke' in Verbindung gebracht. — *schnippisch* aus ndl. *snebbig* 'maulgewandt' von *sneb* 'Schnabel' unter Anlehnung an *schnippen* 'ein Schnippchen schlagen'. — *Schönbartspiel* 'von Maskierten aufgeführtes Fastnachtsspiel' ist aus mhd. *schemebart* 'bärtige Maske' umgedeutet, zsg. mit mhd. *scheme* 'Schatten, Larve'. — *Schuppenpelz* 'Pelz aus Waschbärfellen', umgedeutet aus russ. *šuba* 'Pelz' — *schurigeln* unter Anlehnung an *Schuh* umgebildet aus *schurgeln*, einer Ableitung von *schürgen* 'stoßen, schieben'. — *Schütze* 'öffentlicher Wächter, Flurschütz' ist Ableitung von *schützen*, wird aber mit *Schütze* 'der Schießende' zusammengebracht. — *Schwabe* 'Mehlkäfer' aus *Schabe* durch Anlehnung an den Volksnamen *Schwabe*. — *schwadronieren* umgebildet aus *schwadern* 'viel schwatzen' durch Anlehnung an *Schwadron*. — *Schwarte* 'Redefluß' umgebildet aus *Schwade*. — *Schwein* 'Hirt, bes. Schweinehirt' ist mhd. ahd. *swein*, verwandt mit lit. *svainis* 'der Gattin Schwestermann', angelehnt an *Schwein* 'sus'. — *Schwibbogen* aus mhd. *swiboge* durch Anlehnung an *schweben*. Ursprünglich hieß es *swibibogo* 'Schwebebogen'. Es ist also hier das Richtige getroffen. — *schwieri-* mhd. *sweric*, eig. 'voll Schwären', an *schwer* angelehnt. — *Seidelbast*, aus mhd. *zidelbast*, zsg. mit ahd. *zidal* 'Honig'. Anlehnung an *Seide*. — *Sorbet* aus ital. *sorbetto*, das mit Anlehnung an ital. *sorbiré* aus türk.-pers. *šerbet* 'süßer Kühltrank' entlehnt ist. — *Sucht* 'krankhaftes Verlangen' gehört nicht zu *suchen*, sondern mit Ablaut zu *siech*. — *Sündflut*, umgedeutet aus mhd. *sin(t)fluot* 'andauernde Flut'. — *Teerjacke* 'Matrose', umgedeutet aus engl. *Jack-tar*. — *Theriak*, aus gr.-lat. *thiriacus* 'wider Schlangenbiß dienlich', ist volkstümlich mannigfach umgestaltet zu *Dreiacker, Trujak, Dringes*. — *Trampeltier*, umgestaltet aus *Dromedar*. — *Tuffstein* ist auch umgebildet zu *Duckstein, Tauchstein*. — *Ungeld* '(lästige) Abgabe von Einfuhr und Verkauf von Lebensmitteln usw.', wohl Übersetzung des lat. *indebitum*, wird umgebildet zu *Ohmgeld*, mhd. *umbgeld*. — *Unterschleif*, mhd. *undersleipf* neben *underslouf* 'Versteck', gehört wohl eigentlich zu mhd. *undersliefen* 'hintergehen, betrügen' mit Anlehnung an *schleifen*. — *unverzüglich*, ursprünglich zu *verziehen* gehörig, jetzt zu *Verzug* gestellt. — *Vielfraß* 'gulo', vielleicht umgedeutet aus norw. *fjeldfross* 'Bergkater' — *Wacholder* aus ahd. *wechalter* unter Anlehnung an *Holder*. — *Wahnsinn*, *Wahnwitz* enthält ein Adjektivum *wahn* 'leer', zu lat. *vanus*, wird aber auf *Wahn* bezogen. — *Wahrzeichen*, bei Notker *wortzeichen*, asächs. *wordtêkan*, also 'Erkennungswort', aber an *wahr* angelehnt. — *Weichbild*, mhd. *wîchbilde* 'Stadtgebiet' zu *wîch*, *wîk* 'Stadt'. — *weismachen*, mhd. *einen wîs machen* 'einen kundig machen'. — *weissagen*, ahd. *wîʒagôn* von *wîʒago* 'Wahrsager', einer Ableitung von *wissen*, jetzt mit *weise* und *sagen* zusammengebracht. — *Wetterleuchten*, spätmhd. *wetter laichen* von *wetterleich* 'Wetterspiel'; *leich* zu got. *laiks* 'Spiel'. — *Wiedehopf*, ahd. *wituhopfa* 'Holzhüpfer', das aber wohl eine Umgestaltung eines Wortes ist, das den Ruf des Vogels nachahmt, d. *Hupphupp*, lat. *upupa*, gr. ἔποψ (*épops*). — *Wildschur* 'Wolfspelz', umgebildet aus poln. *wilczura* 'Wolfspelz' zu poln. *wilk* 'Wolf'. — *Windmonat* 'November', ursprünglich *windumemânôth* ‚Weinlesemonat (Oktober)' von lat. *vindemia* 'Weinlese'. — *Windsbraut*, schon ahd. *wintesprût*. Doch steckt kaum *Braut* in dem zweiten Bestandteil. — *Wonnemonat*, ahd. *winne-, wunnimânôth* bedeutet 'Weidemonat', zu ahd. *wunnia* 'Weide'. — *zerknirschen*, ahd. *zeknusen* von ahd. *knussan* 'stoßen, schlagen'. — *Zierat*, bei Stieler *Zierrat*, weil er darin eine Zusammensetzung mit *rât* sah. *-at* ist aber Ableitungssilbe, mhd. *zierôt*. — *Zwiebel*, ahd. *zwibollo* unter Anlehnung an *Bolle* umgestaltet aus lat. *caepula*.

Sechzehntes Kapitel.

Die Bildung der Eigennamen.

§ 209. **Allgemeines.** Unter den vielen Gebieten der Wortforschung ist vielleicht eines der anziehendsten, aber sicher auch eines der schwierigsten, die Untersuchung der Eigennamen. Namen stehen vielfach nicht mehr in deutlich erkennbarem etymologischem Zusammenhang mit andern Wörtern, und daher setzt hier das Bedürfnis, Aufklärung zu erhalten, früh ein. Es kommt die persönliche Anteilnahme hinzu, die jeder an den Namen hat, die ihn umgeben. Man möchte wissen, was der Name, den man selber führt, der Name des Ortes, in dem man wohnt, des Flusses, den man sieht, eigentlich bedeutet. Eine Reihe von Fällen sind ja ohne weiteres klar. Namen wie *Schneider, Schuster, Müller, Hirt, Sattler* bedürfen zunächst keiner Erklärung; ebensowenig andere wie *Thüringer Wald, Erzgebirge, Magdeburg, Regensburg, Neustadt*. Aber die große Masse ist undeutlich, und bedarf daher der Untersuchung und Erläuterung. Die Sprachforschung hat bisher das Ihrige dazu beigetragen, dieses immerhin dunkle Gebiet aufzuhellen. Die Anzahl der Arbeiten, die sich mit der Deutung einzelner Lokalnamen beschäftigen, ist geradezu unabsehbar. An dieser Stelle kann es sich nur darum handeln, die hauptsächlichen und grundsätzlichen Ergebnisse der bisherigen Forschung zusammenzustellen und mit den nötigen Beispielen zu belegen. Auf eine vollständige Anführung der Literatur muß verzichtet werden. Unser Gebiet zerfällt in die Eigennamen für lebende Wesen (Personen-, Völker- und sonstige Namen) und die örtlichen Namen (Gebirgs-, Fluß-, Orts-, Straßen- und Häusernamen).

A. DIE PERSONENNAMEN.

§ 210. Allgemeines. Über die Grundgesetze der Deutung der Personennamen ist man seit langem im klaren, aber in den Einzelheiten ist noch vieles unsicher, und es ist merkwürdig, wie wenig wahrhaft fördernde Arbeiten wir besitzen bei der großen Menge von Schriften, die sich mit der Frage nach der Herkunft der Personennamen beschäftigen. Vor allem fehlten genaue geschichtliche Untersuchungen so gut wie ganz. Erst neuerdings ist ein großes Werk erschienen, das die oberrheinischen Verhältnisse in trefflicher Weise behandelt: A. SOCIN, Mittelhochdeutsches Namenbuch; nach oberrheinischen Quellen des 12. und 13. Jahrhunderts, Basel 1903. Für die althochdeutsche Zeit bietet E. FÖRSTEMANN das Material in seinem Altdeutschen Namenbuch: 1. Personennamen, Nordhausen 1854; 2. Auflage 1901.

Anmerkung. Aus der übrigen Literatur hebe ich nur hervor, was heute noch einigermaßen von Wert und Bedeutung ist: W. WACKERNAGEL, Die germanischen Personennamen, Schweizerisches Museum für historische Wissenschaft 1 (1837), 96—119. — H. F. O. ABEL, Die deutschen Personennamen, Berlin 1852, 2. Auflage 1890. — POTT, Die Personennamen, insbesondere die Familiennamen und ihre Entstehungsarten, Leipzig 1853, 2. Auflage 1859. — VILMAR, Deutsches Namenbüchlein, Frankfurt a. M. 1863, ⁶ 1896. — M. HEYNE, Altniederdeutsche Eigennamen aus dem 9. bis 11. Jahrhundert, Halle 1867. — L. STEUB, Die oberdeutschen Familiennamen, München 1870. — K. G. ANDRESEN, Die altdeutschen Familiennamen in ihrer Entwicklung und Erscheinung als heutige Geschlechtsnamen, Mainz 1873. — K. G. ANDRESEN, Konkurrenzen in der Erklärung der deutschen Geschlechtsnamen, Heilbronn 1883. — ALB. HEINTZE, Die deutschen Familiennamen geschichtlich, geographisch, sprachlich; Halle 1882, ⁴ 1914; dieses Werk bietet augenblicklich die beste Übersicht. — FR. KLUGE, Deutsche Namenkunde, 1917. — A. BÄHNISCH, Die deutschen Personennamen, 1914. — KHULL, Deutsches Namenbüchlein, Braunschweig 1891. — TETZNER, Namenbuch, Leipzig ² 1895. — TOBLER-MEYER, Deutsche Familiennamen nach ihrer Entstehung und Bedeutung mit besondrer Rücksicht auf Zürich und die Ostschweiz, Zürich 1894. — H. GLOËL, Die Familien-namen Wesels, Wesel 1901. — KARL HEINRICHS Studien über die Namengebung im Deutschen seit dem Anfang des 16. Jahrhunderts, Straßburg 1908. — H. REICHERT, Die deutschen Familiennamen nach Breslauer Quellen des 13. und 14. Jahrhunderts, Breslau 1908. — E. SCHRÖDER, Die deutschen Personennamen, Göttingen 1907. — F. VETTER, Über Per-sonennamen und Namengebung in Bern und anderswo. Rektoratsrede. Bern 1910. — G. WERLE, Die ältesten germanischen Personennamen,, Straßburg 1910. Beiheft zu ZfdW. 12. Derselbe, Mainzer Ztschr. 5, 54—66. — M. SCHÖNFELD, Wörterbuch der altgermanischen Personen-und Völkernamen. Nach der Überlieferung des klassischen Altertums bearbeitet. Heidelberg 1911. — Weiteres bibliographisches Material bei VON BAHDER, Die deutsche Philologie im Grundriß 145, Internationale Zeitschrift für allgemeine Sprachwissenschaft 1, 33 und für die letzten Jahre im Jahresbericht für germanische Philologie.

In der Entwicklung der germanischen und deutschen Personennamen muß man zwei Abschnitte unterscheiden, erstens den ältern, in dem es keine festen Familiennamen gab, sondern jeder Mensch nur einen Namen hatte, und zweitens den jüngern, in dem sich die Familiennamen ausgebildet haben.

Während auf diesem Gebiet manches ohne weiteres klar war, herrschte über die Bildung und Herkunft der altgermanischen Personennamen Un-klarheit, bis das Grundgesetz der germanischen Namengebung von ver-schiedenen Seiten aufgedeckt wurde, von K. STRACKERJAHN, Die jeverländischen Personennamen mit Berücksichtigung der Ortsnamen, Jever 1864; FR. STARK, Die Kosenamen der Germanen; zuerst in den Sitz.Ber. der Wiener Akad. 52 (1866), dann als Buch Wien, 1868; A. FICK, Die griechischen Personennamen, 1. Aufl. 1874; in der zweiten Auflage fehlt der betreffende Abschnitt.

Für das Folgende bemerke ich, daß es den Zwecken dieses Buches entsprechend nur darauf ankommt, die Bildungsgesetze und die Herkunft der Namen darzustellen, während die allmähliche Ausbildung und das Fest-werden der Familiennamen zu verfolgen nicht in unsere Aufgabe fällt.

§ 211. **1. Die indogermanischen und altgermanischen Personennamen.** In den ältesten uns bekannten Zeiten bis in das 12. Jahrhundert und weiter trägt jeder Deutsche nur einen Namen, der ihm bei der Geburt beigelegt wird und der mit seinem Tode erlischt. Ich erinnere an *Arminius, Segestes, Sigfrid, Sigmund, Theodorich (Dietrich)*. Diese Art stammt aus der indogermanischen Zeit, da eine ganze Reihe der verwandten Völker dieselbe Weise mit den-selben Bildungsgesetzen anwendet, vgl. HIRT, Die Indogermanen 2, 718 ff.

Da aber auch in alter Zeit oft die gleichen Namen vorkamen, so fügte man als besonderes Kennzeichen den Namen des Vaters hinzu. So heißt *Agamemnon* der Sohn des *Atreus, Odysseus* der Sohn des *Laërtes*. Im Griechischen blieb es bei dieser Art der Benennung, und die Russen haben sie noch heute bewahrt. Wenn es dort jetzt auch Familiennamen gibt, so wird doch jeder im Umgang mit seinem Vornamen und einer Ableitung vom Vor-namen seines Vaters bezeichnet. So hieß der letzte Zar *Nikolaj Alexandrowić*, d. h. Sohn des *Alexander*. In jedem russischen Roman kann man diese Namengebung antreffen, die uns manchmal das Verständnis etwas erschwert. Auch bei uns galt dieselbe Benennungsweise. Im 'Hildebrandslied heißt

Hiltibrant Heribrantes sunu und sein Sohn *Hadubrant Hiltibrantes sunu.* Jahrhundertelang haben sich so die Deutschen genannt, und in gewissen Gegenden ist diese Art erst im 18. Jahrhundert durch staatlichen Zwang beseitigt worden.

Aber auch unsere jetzigen Familiennamen sind zum großen Teil nichts als jene altgermanischen Individualnamen, die sich in gewissen Geschlechtern als Familiennamen festgesetzt haben.

Nun scheinen die indogerm. Personennamen außerordentlich mannigfach zu sein, aber sie gehorchen doch einem einfachen Grundgesetz, das von den obengenannten Forschern unabhängig voneinander entdeckt worden ist.

Die indogermanischen Personennamen waren Zusammensetzungen aus zwei Stämmen, wie wir es noch haben in *Sig-frid* (*Sieg* und *Friede*), *Lud-wig* (*hlud* 'berühmt' zu gr. κλυτός und *wīg* 'der Kampf'), *Fried-rich* (*Friede* und *reich*), *Lot-har* (*hlot* = *hlud*, siehe oben, und *hari* 'Heer'), *Günt-her* (*gunt* 'Kampf' und *hari*), *Diet-rich* (*diot* 'Volk' und *rīch*); ferner *Rüdi-gēr*, *Volk-mār*, *Rein-hart*, *Arn-wald* 'Arnolt' usw.

Es ist vorauszusetzen, daß ursprünglich einmal diese Zusammensetzungen bedeutungsvoll gewesen sind. Aber das hat schon früh aufgehört, da sich die Sitte schon als indogermanisch nachweisen läßt, in dem Namen des Sohnes einen Teil des Vaternamens zu wiederholen. Vgl. *Sigfrid*, Sohn des *Sigmund*, *Hadubrant*, Sohn des *Hildebrant*, und dieser Sohn des *Heribrant* u. a. Natürlich schließt das nicht aus, daß man gewisse Namenbestandteile mit besondrer Vorliebe wählte. Tatsächlich können wir im Germanischen eine Vorliebe für Wörter wie *Ruhm*, *Sieg*, *Kampf* feststellen.

In den verwandten Sprachen finden wir nicht nur dasselbe Grundgesetz der Namengebung, sondern es finden sich sogar dieselben Worte zur Bildung verwendet, so daß wir eine ganze Reihe indogermanischer Namen und Namenbestandteile erschließen können.

Ich stelle im folgenden das Wichtigste zusammen.

Idg. **kluto-* 'berühmt': aind. *Śruta-maghaḥ*, gr. Κλυτο-μήδης (*Klyto-mēdēs*), gall. *Cluto-rīx*, ags. *Hlophere*, ahd. *Lot-hari*, *Lothar*, *Hlud-olf*, *Ludolf*, ahd. *Hludwīg*, lat. *Chlodovicus*, *Ludwig*. — Idg. **segho-* 'Kraft, Sieg': aind. *Saha-jaḥ*, gr. Ἐχέ-φρων (*Ekhé-phrōn*), gall. *Sego-vesus*, germ. *Sigimĕrus*, *Siegmar*, *Sigimundus*, *Sigmund*, *Siegfried*. — Idg. **wḷko-* 'Wolf': ai. *Vṛka-karman*, gr. Λυκό-φρων (*Lykó-phrōn*), *Wolf-gang*, *Wolf-ram* und als zweites Glied in *Ludolf*, *Rudolf*, ags. *Hrōđ-wulf*. — Idg. *leuto-* 'Volk': hom. Τευτα-μίδαο (*Teuta-mídao*), gall. *Toutorix*, ahd. *Diot-rīh*, *Dietrich*, lat. *Theodericus*, *Dietmar*. — Idg. **kerəti-* 'Ruhm': ai. *Kīrti-dharaḥ*, *Su-kīrtiḥ*, ahd. *Hruod-berht*, *Robert*, *Rupert*, *Ruprecht*, ahd. *Ruodarīh*, *Roderich*, ahd. *(H)ruodolf*, *Rudolf*. — Idg. **katu-* 'Kampf': gall. *Catu-rīx*, *Catu-gnātos*, ahd. *Hadu-bald*, *Hadu-brant*, *Hedwig*. — Idg. **wesu-* 'gut': ai. *Vasu-dattaḥ*, gr. Εὐ-μενής (*Eu-menēs*), kelt. *Visu-rix*, illyr. *Ves-clevis*, ahd. *Wisu-mār*. — Idg. **koitu-* 'Gestalt, Glanz': aind. *Ketu-dharman*, ahd. *Heid-berht*, ahd. *Adalheit*, *Adelheid*.

Bei weiterer Untersuchung dürften sich noch mehr derartige Stammwörter ergeben.

Anmerkung. Die germanischen Personennamen stimmen z. T. ganz mit keltischen überein. Da sich unter diesen auch solche mit **rīks* 'reich' befinden, dieses Wort aber aus dem Keltischen entlehnt ist, so liegt die Vermutung nahe, daß die ganzen Namen herübergenommen sind. Das führt aber mit Notwendigkeit zu der Annahme, daß die Kelten einst das höherstehende, herrschende Volk waren, und diese läßt sich auch durchaus mit den geschichtlichen Tatsachen vereinigen. Vgl. O. Bremer, Ethnographie d. germ. Stämme S. 53.

Zu den in den germanischen Personennamen sonst noch auftretenden verlorenen Stämmen gehören noch folgende:

ahd. *hiltia* 'Kampf' in *Hildebrand*, *Hildegard*, *Hildegunde*; — ahd. *gund* 'Kampf', lit. *giňťas* 'Streit' in *Günther, Gunther*; — ahd. *wig* 'Kampf' zu lat. *vinco* in *Ludwig*; — ahd. *magin, megin* 'Kraft' zu *mögen* in *Meinhard*; — got. *ragin* 'Rat' in *Reinhard* u. v. a.

Aus diesen alten zweistämmigen Namen sind nun im Laufe der Zeiten zahlreiche deutsche Familiennamen entstanden, indem diese Namen zu Familiennamen wurden. Je nach der Verschiedenheit der Gegend wechselt die lautliche Form etwas. Andere aber nicht ins Gewicht fallende Unterschiede sind durch die Orthographie geschaffen.

Grundform ahd. *Sigu-frid* wird zu *Siefert, Sifard, Siffert, Seffert, Seifried, Seifert, Seyfahrt, Seifhardt, Seiffer, Senffert, Seefrid* und in genitivischer Form *Siefers, Seifritz*. — *Sigibald* wird zu *Siebold, Siebel, Sybel, Sebald, Seepolt, Seybold, Seibeld, Seibel, Seyppel, Seibt, Senbel, Siebold, Siebelis*. — *Hari-berht* wird zu *Harprecht, Harbert, Harbart, Herbrecht, Herbert, Herbart, Herborth*. — *Hari-man* wird zu *Harmen, Hermann, Hörmann*. Gen. *Harmans, Harms, Herms*. — *Hario-walda* wird zu *Harold, Herwald, Herold, Herholdt, Herbt, Herlt, Hörold*, Gen. *Herholz, Hörholz*. — *Agi-berht* wird zu *Eggebrecht, Eggebert, Eckebrecht, Eckenbrecht, Eckbert, Eckert, Eichhardt* usw.

Sicher gehen Tausende von deutschen Familiennamen auf diese alten Vollnamen zurück.

Noch häufiger ist eine Art Abkürzung, die sogenannte Koseform, die schon im Indogermanischen üblich war. Die zweistämmigen Namen wurden als zu lang empfunden, man verkürzte sie, besonders im täglichen Gebrauch, ähnlich wie wir *Fritz* für *Friedrich*, *Heinz* für *Heinrich* gebrauchen. Als Grundgesetz gilt dabei, nur einen Teil des Vollnamens zu verwenden.

1. Eine der gewöhnlichsten ist die, daß statt des schließenden Konsonanten die Doppeltenuis eintrat. Sie wurde nach den Regeln der Lautverschiebung im Hochdeutschen verschoben und später dann je nach dem Ort noch mannigfach verändert.

So entstand: *Dietz, Dietze, Tietz* aus *Dietrich*; — *Fritz, Fritze, Fritsche* aus *Friedrich*; — *Götz, Götze* aus *Gotfrid*; — *Bartsch, Partsch, Pertsch* aus *Berthold*; — *Ruetz, Rietz* aus *Rüdiger*; — *Lutz* aus *Ludwig*. Belege aus den Urkunden gibt Socin 192: *Liuzo = Liudprand, Luzo = Liuderih, Azo = Adelbertus, Nizo, qui et Nithardus, Reinzo = Reginald, Sizzo — Sigebert, Wetzel = Wernher*.

Da dieses *tz* sehr häufig war, so wurde es auch auf Formen übertragen, denen es eigentlich nicht zukommt, so in *Heinz, Heinze, Hentze* zu *Heinrich*; *Seitz* zu *Sigfrid*.

Doppeltes *p* finden wir in *Ebbo = Eberhardus, Geppa = Gerberga*, doppeltes *k* in *Buggo* (*ego Burchardus qui et Buggo nominor*, Socin 193), *Sicco = Sigibert* usw.

Anmerkung. Ähnlich finden wir im Griechischen Τέλλις neben Τέλιππος, Τέλλος neben Τελέδημος usw.

2. Diese Verdoppelung des letzten Lautes war indessen nicht unbedingt nötig. Ebenso beliebt war es, das erste Glied der Zusammensetzung zu nehmen und daran Suffixe zu fügen. Das gewöhnlichste und schon indogermanisch verwendete ist -*n*, mit dem Nominativ althochdeutsch auf -*o*, vgl. gr. -ων (-*on*), lat. -*o*.

Daher stammt dann die Fülle eingliedriger Personennamen auf -*e*, wie *Bode* zu *Bodomar*.

Sehr gewöhnlich war auch das Suffix -*l*- oder -*lo*-, das einen kosenden, diminuierenden Sinn hatte, vgl. gr. Αἰσχύλος (*Aiskhylos*). So heißt denn der Gotenbischof *Wulfila* jetzt *Wölfel*. Es ist das die Koseform eines mit *Wolf* zusammengesetzten zweistämmigen Namens, aus dem sich der Name *Wolf* entwickelt hat.

3. Doch ist dieses Suffix nur noch in Oberdeutschland vorhanden als
-el, -le, -lein, -lin, während in Nieder- und Mitteldeutschland *-ken, -ke, -chen*,
-gen herrscht. Es ist derselbe Unterschied, der sich in den Worten *Mädel*,
Mägdlein gegenüber *Mädchen, Mäken* zeigt. So haben wir also die oberdeutschen Namen *Böckel, Böcklin, Tröndlin, Oberlin, Köchlin, Merkle, Eberle*,
Enderle, während nieder- und mitteldeutsch die zahlreichen Namen auf *ke*
und *-ken* sind. Die beiden letzten Formen sind übrigens auch wieder land-
schaftlich verschieden. *-ken* herrscht im Westen, während im östlichen
Niederdeutschland das *n* abgefallen ist.

So entwickelt sich also aus *Heinrich: Heinike, Hennike, Henke, Hink*, und auf der
andern Seite *Heinel, Heindl, Hähnel, Henle*. Beide Suffixe sind vereinigt in *Henckel*,
Hinckel. — Aus *Meinhart* entsteht *Meineke, Menken*; aus *Ludwig Lüdeke, Lüdken*; aus
Wilhelm Wilken, Wilke; aus *Wernher Werneke* usw.; aus *Gisebrecht Giseke*.

Seit idg. Zeit fügte man nun zu dem eigentlichen Namen den des Vaters hinzu, und
man mußte dies tun, wenn eine Verwechslung möglich war. Natürlich konnte auch diese Be-
nennnng zum Familiennamen werden. So nannte man den Betreffenden mit nachgestelltem
Sohn: schwed. *Torstenson*, norw. *Björnson*, engl. *Wilson, Robinson, Thomson* oder abgeschwächt *-sen Wilmsen, Frenssen, Hinrichsen, Volquardsen*. Man kann mit Sicherheit sagen,
daß alle derartige Namen aus Niederdeutschland stammen. Oder das *-sen* kann auch weg-
bleiben, und es kann der bloße Genetiv eintreten, der teils auf *-s*, teils auf *-en* ausgeht.
So heißt es z. B. in alten Urkunden *Henricus dictus Arnoltz*. Hierher gehören also Namen
wie *Diederichs, Hermanns, Gompertz, Reinholz* oder *Thielen, Otten*. Selbst der lateinische
Genetiv wird in solchen Fällen gebraucht. Da das Latein die Sprache der Urkunden war,
kann es nicht wundernehmen, daß sich Namen wie *Arnoldi, Friederici, Heinrici, Bernhardy* festgesetzt haben.

Neben dieser Bezeichnung schuf der Volksmund auch andere Unterscheidungen, indem er dem Namen irgendein Kennwort hinzufügte, z. B. *Ackerkurt, Jungkurt, Kurzkurt*,
Großkurt, Hofkurt.

Überblickt man das gesamte Namenmaterial, so tritt uns die überraschende
Tatsache entgegen, daß noch heute der größte Teil unsres Volkes die alten germanischen Namen trägt. Es gab hier so viel verschiedene Stämme, so viel verschiedene Abkürzungen und Sonderentwicklungen, daß gewöhnlich nicht allzuviel Träger des gleichen Namens vorhanden waren, und dadurch die in jeder
Weise wünschenswerte Verschiedenheit der Namen von selbst erreicht worden ist.

§ 212. **2. Die christlich-biblischen und antiken Namen.** Neben die große
Schicht altgermanischer Benennungen treten seit Einführung des Christentums und dem Eindringen der antiken Bildung die fremden Namen, die
man aus der Bibel und sonstigen Schriften kennen lernte. Auch bei ihnen
ist das Grundgesetz dasselbe. Der Mensch bekommt nur einen Namen.
Wie die echt germanischen Namen erbten sich auch diese in den Familien
fort, und so wurden auch sie vielfach zu Familiennamen. Dabei ist eine
Bemerkung über die lautliche Gestaltung vorauszuschicken. Das Altdeutsche
legte auch bei den fremden Namen den Ton zunächst auf die erste Silbe.
Das erkennen wir deutlich aus ihrer Verwendung im Alliterationsvers. Im
Heliand heißt es:

Lûkas endi Jôhannes   sie wârun gode lieba.

Hier reimen die ersten Buchstaben der Namen kreuzweis mit *gode lieba*. Da indessen durch den immerwährenden Einfluß der lateinischen Sprache der ursprüngliche Ton manchmal wieder sein Recht erhielt, so entstehen vielfach Doppelformen, die echt volkstümlichen mit dem Ton auf der ersten Silbe, und die mehr gelehrten mit dem lateinischen Akzent. So hat sich *Jóhannes* zu *John, Jahn, Johánnes* zu *Hans* entwickelt. Aus *Bartholomaeus* wird *Bartel* und *Mewes* (*Möbius*), aus *Andreas Enders* und *Drewes*, aus *Nikolaus Nickel* und *Klaus*.

Auch diese fremden Namen sind sehr verbreitet, am meisten wohl *Johannes*, z. B. *Johannes, Johanns, Joanni, Johansson*, westfäl. *Aldejohann, Engeljohann, Jungjohann, Kochjohann, Lüttjohann, Joanning*; dann *John, Johns, Johnen, Jonke, Jöhnke, Jahn, Jans, Jäns, Fuhljahn, Grotjan, Ottenjan, Schmidtjan, Janson, Jansen, Janssen, Jenssen, Janeke, Jänicke, Jänichen* usw. Auf der andern Seite *Hannes, Althans, Großhans, Junghans, Kleinhans, Langhans, Langerhans, Schwarzhans* u. a.

§ 213. **3. Die Herkunftsbezeichnungen.** Spät im 10. Jahrhundert tauchen die ersten Belege dafür auf, daß man dem Namen die Herkunft hinzufügte. 1044 finden wir in einer Urkunde ausgestellt zu Embrach im Zürichgau *Uodalrich de Ustra, Bernger de Unowa, Herhart de Wihenanc, Berchtoldt et Uuodalrich de Toccanburg* usw., Socin 233. Diese Sitte kommt zuerst beim alten Adel auf und erst später beim Dienstadel. Hierin liegt zweifellos die erste deutliche Bildung von Geschlechtsnamen, wenn auch anfänglich der Name nicht stets hinzugefügt wurde. Die Verwendung von *de* ist übrigens auch beim Adel nicht unbedingt nötig; die Zahl der Adligen, die im 13. Jahrhundert kein *de* bei ihrem Namen haben, ist verhältnismäßig groß, während umgekehrt auch viele Bürgerliche ein *de* vor ihrem Namen tragen. Erst im 17. Jahrhundert ist *von* als Vorrecht des Adels durchgedrungen. Der bloße Ortsname, den wir schon früh als Namen antreffen, ist aus dem Ortsnamen mit *von* verkürzt. Sobald der Zuname eine größere Rolle zu spielen anfing, mußte sich die Unbequemlichkeit des *von* im Satzgefüge merkbar machen, und so ließ man es einfach weg. Vgl. Socin 347. Derartige einfache Ortsnamen als Familiennamen sind im 13. Jahrhundert schon häufig und leben noch heute oft genug fort. Je mehr man in deutschen Landen herumwandert, um so mehr staunt man über die Fülle von Ortsnamen, die zu Personennamen geworden sind, z. B. *Lichtenberg, Hundshagen, Viereck, Brockhaus, Wachenhusen, Möllhausen, Buchholz, Scharnhorst, Karlstadt* usw. Daneben stehen Ableitungen auf *-er* wie *Bachheimer, Baldinger, Basler, Berner, Brender, Cappeller, Hasuler, Horburger, Oltinger, Sempacher*. Diese verschiedenen Arten sind aber nicht fest. „Derselbe Mann", sagt BÜCHER, Frankfurts Bevölkerung im 14. und 15. Jahrhundert S. 74, „der 1390 *Heincz von Buczpach* genannt wird, heißt 1389 an derselben Stelle *Heincz Buczpach* und 1388 *Heincz Buczbecher*", und es dauert geraume Zeit, bis einer dieser Namen zur ständigen Bezeichnung wird. Die Benennungen, die von der Herkunft ausgehen, finden sich natürlich vornehmlich in den Städten, nach denen eine große Zuwanderung aus der nähern Umgebung stattfand. Nach Bücher machen die Namen mit Herkunftsangabe beinahe ein Drittel sämtlicher Familiennamen aus.

Familiennamen nach der Wohnstätte, d. h. abgeleitet vom Namen des Hauses, oder von einem Flurnamen kommen seit der Mitte des 12. Jahrhunderts vor. Im Unterschied zu den eigentlichen Ortsnamen können bei ihnen auch andere Präpositionen als *de* allein zur Verwendung kommen und zwar fast immer mit dem Artikel. Weiter kann dafür auch der Name ohne Präposition und die Ableitung mit -er gesetzt werden. Neben *Heinrich im Bongarten* finden wir auch *Johannes dictus Bongarte, Burchart der Bongarter* und *Heini Bongarter*. Weitere Beispiele sind *imme Engillo* = *Engillo, ze Herde* = *Herde, am Herwege* = *Herweg, zer Hurst* = *Hurst, zem Rebstocke* = *Rebstock, zem Sperwer* = *Sperwer, im Steinhaus* = *Steinhaus, am Büle* = *Buler, ad Rosam* = *Resler, in dem Winkel* = *Winkler*. Auf der andern Seite ist nicht selten die Präposition auch festgeworden, z. B. *Am-bronn, ten Brink, von der Ohe, Zum-steg, Im-hoff, Am-rain*. Vergleiche dazu die Schweizer Namen in Schillers Tell: *Hans auf der Mauer, Jörg im Hofe, Burkhart am Bühel, Klaus von der Flüe*.

In derartigen Namen steckt oft genug Sprachgut, das wir nicht mehr besitzen. So stammt *Blatter* von *zir Blattun* 'flache Anhöhe', *Bolle* von *auf dem Bolle* 'runder Erdvorsprung', *Hosang* ist *Hoch sang* 'Rodung', die durch Brennen erzielt wird.

Die natürlichen Verhältnisse machen sich hier insoweit geltend, als die Städter nach den Häusern, die Bauern nach der Flur oder sonstigen Örtlichkeiten genannt werden. In den Städten gibt es ursprünglich keine Straßennamen und noch viel weniger Nummern der Häuser. Heißt nun auch das Haus vielfach nach seinem Besitzer, so ist doch auch der umgekehrte Fall nicht selten, daß der neue Besitzer nach dem Haus, das schon einen Namen hatte, genannt wird.

Wenn jemand aus seiner Heimat fortgewandert ist, so kann er in der Fremde nach seinem Heimatslande benannt werden. So haben wir *Schwabe, Baier, Franck, Hesse, Preuß, Sachs, Westfal, Flemming, Polender, Ungar, Schweizer, Böhm, Oestreich, Meißner, Düring, Friese, Vogtländer*. Diese Namen sind nicht jung, sie kommen seit dem 14. Jahrhundert vor und sind in neuerer Zeit nicht mehr gebildet worden, so daß die neuen Ländernamen wie *Rheinlande, Baden* in den Benennungen nicht vorkommen, wohl aber *Franzos*. Daneben stehen dann auch Bezeichnungen, die von der Richtung hergenommen sind, aus der jemand gekommen ist: *Nordermann (Nordmann), Westermann, Sudermann, Ostermann, Österling, Österlei*.

§ 214. 4. **Die Übernamen.** Übernamen sind Bezeichnungen, die einem Menschen wegen einer besondern Eigenschaft als Auszeichnung, im Scherz, zum Spott gegeben werden. Sie sind gewiß alt, denn etwas derartiges kehrt bei allen Völkern wieder, vgl. lat. *Cicero, Piso* usw., und wir haben Belege im Germanischen schon aus früher Zeit. „Schon in einer runischen

Bracteateninschrift aus Seeland kommt der Beiname *Favavisa* 'der wenig
Erfahrene' vor." Der Name des Gotenkönigs *Wamba* bedeutet 'Bauch';
zum Jahre 509 ist ein Ostgote *Mammo*, d. i. 'Fleisch' erwähnt. Gregor von
Tours zitiert einen fränkischen Herzog *Guntchramnus Boso* 'böse'. Beda,
Hist. eccl. 5, 10, berichtet von zwei Glaubenspredigern: *uterque eorum
appellabatur Hewald, ea tamen distinctione, ut pro diversa capillorum
specie unus niger Hewald, alter albus Hewald diceretur* usw." Socin
S. 457. Derartige Übernamen wurden zu Familiennamen wie alle übrigen
auch. Schon im 12./13. Jahrhundert ergibt sich nach Socin 452 die Erb-
lichkeit als die Regel, die Beziehung auf ein einziges bestimmtes Indivi-
duum als Ausnahme. Die Zahl der Übernamen ist so groß, daß sie auch
nicht annähernd hier angeführt werden können. Wir geben daher nur eine
kleine Auswahl aus Socins Zusammenstellungen.

a) **Adjektivnamen** (immer in der schwachen Form): *Böse, Brune, Crumbo, Frische,
Grawe, Groze, Gute, Harte, Hohe, Junge, Kurze, Lunge, Lise, Lose, Rote, Starke, Swarze,
Veizte, Watze, Wilde, Wize, Zeisse.*

b) **Körperliche, geistige, moralische, soziale Eigenschaften, Eigentüm-
lichkeiten und Zufälligkeiten, Gestalt, Aussehen, Auftreten:** *Bart, Bertlin,
Geizebart, Bidermann, Blinthaso, Bocschedel, Bonstengel, Bube, Büler, Durrevinger,
Fromman, Fränt, Refus, Geilfůz, Gensecoph, Gůtkneht, Hendelin, Houpt, Knode, Kurzaten,
Lieber, Liebermann, Loseman, Man-ezzo, Mörder, Nachgebure, Nase, Rennhase, Rippe,
Rotman, Schatz, Schedel, Schönherre, Schönman, Stamler, Strubel, Zan, Zopf* u. a.

c) **Tiere und tierische Merkmale; Pflanzen und deren Bestandteile, Ge-
wächse, Produkte, Früchte, Gesteine:** *Adler, Ber, Biber, Boch, Egel, Eichorn, Esel,
Frösch, Fuchs, Hano, Hase, Hasenbein, Hering, Hirz, Hirceman, Hunt, Kalb, Krebs, Löwe,
Ochse, Rephůn, Schimelli, Störe, Struz, Sunnunchalbus, Valke, Vinke, Wolf, Rezugel;
Boumilin, Berenlap, Bůchecker, Chienast, Clobeloudh, Hirsekorn, Hanfstengel, Harz,
Hederich, Holzapphel, Margelstein, Pfefferkorn, Retich, Salz, Tanris, Zwigelin.*

d) **Eßlust, Eßwaren:** *Bratschenkel, Brotvraz, Lambervras, Melmůs, Schönbrot,
Sniz, Weckelin, Zweibrot.*

e) **Kleidung, Schmuck, Waffen, Ausrüstung, Instrumente, Werkzeug,
Geräte, Manufaktur, Wohnung und Einrichtung, Fahrzeug:** *Belz, Breithůt,
Colbe, Krantze, Gennsveder, Guldenfůs, Harnesch, Holbein, Holtzschuch, Kalbvel, Kessel-
huot, Klingelfůs, Kupfernagel, Lamphel, Mörser, Nagel, Pflůg, Rucstůl, Schanz, Slegel,
Snabeler, Spies, Stegereif, Stival, Wagen, Watsack.*

f) **Auffallende Beschäftigung oder Handel, Liebhaberei, vorübergehende
Funktion oder Stand:** *Bettelere, Chorntahs, Criec, Chriegere, Drůman, Reke, Rössel-
mann, Schade, Lantschad, Schedelin, Senger, Tanz, Tenzer, Vilhecker.*

g) **Glaube und Religion, Kirche, Obrigkeit:** *Bögge* (Popanz), *Engel, Geist,
Helrigel, Tůvel, Wicht; Babest, Crůcer, Pfaffe, Waller; Fursto, Grave, Herzoge, Keiser,
Küng, Lantvogt, Prince.*

h) **Alter und Verwandtschaft:** *Brůdir, Juncherre, Chint, Niukint, Knabe, Man,
Vetterli.*

i) **Münze, Maß und Gewicht:** *Ame, Helbelinc, Örtellin, Phenning, Schillinc, Silbersack.*

k) **Jahr, Woche, Tageszeit:** *Sumer, Herbst, Winter, Hornunc, Mercze, Meige,
Vasenaht, Ostertag, Zistag, Fritac, Virabint.*

l) **Abstraktwörter:** *Angist, Anlas, Arbeit, Ding, Fride, Frost, Hits, Hunger, Rat,
Richtům, Schlaf, Site, Sorge, Strit, Sweiz, Tot, Trost, Unnuz, Vreisi, Welt, Bözwelt,
Wirtschaft, Wolleben, Zorn.*

Jeder wird unter diesen Übernamen eine Reihe von Bekannten treffen und anderseits wird er aus dem ihm vertrauten Namenkreis neue Beispiele hinzufügen können.

Eine Reihe von Erläuterungen mögen noch hinzugefügt werden. 1. Die Farbennamen: *Weiße, Rote, Schwarze, Grau* stammen von der Haarfarbe, was daraus hervorgeht, daß *blau, grün, gelb* in alter Zeit nicht vorkommen. 2. Ein Name wie *Bart* ist im allgemeinen aus einer längern präpositionalen Verbindung entstanden, vergleiche den Namen *Fridericus Mittemmunde* um 1190 = *Fr. Munt* ca. 1160. 3. Besonders beliebt waren die Übernamen bei dem Volk der fahrenden Leute, vgl. *Spervogel, Heinrich der Glichesaere, Morolt* nennt sich *Stolzelin*. Auch *Vridanc* und *Frowenlop* gehören hierher. Ich erinnere noch an die Dichtung vom Meier Helmbrecht, in dem Helmbrecht den Namen *Slintezgeu* bekommt, während seine Spießgesellen *Lemberslint, Slickenwider, Hellesac, Rütelschrin, Küefräz, Müschenkelch, Wolvesguome, Wolvesdrüzzel, Wolvesdarm* heißen. Es handelt sich hier um absichtliche Namengebung, wie wir sie weiter bei den Ordensleuten und den Handwerkern finden. Bei einigen Handwerken mußten die Lehrlinge, wenn sie in die Reihe der Gesellen eintraten, besondere Benennungen annehmen, mit denen sie nachher als solche und zum Teil auch noch als Meister von ihren Gewerbsgenossen genannt wurden.

§. 215. 5. **Satznamen.** Eine besondere Abart der eben behandelten Übernamen bilden die Satznamen, d. h. Namen, die aus einer syntaktischen Verbindung entstanden sind. Solche tragen z. B. teilweise die Spießgesellen des Helmbrecht und er selbst. Ihrer Bildung nach zerfallen sie:

a) in Imperativnamen: *Habe-niet, Hebe-strit, Henge-nach, Lösch-für, Schür-brant, Lösch-brant, Höwen-schilt* 'Hau den Schild', *Haltichfrisch* 'Halt dich frisch', *Schis-in-garten.* Vgl. noch *Störenfried, Springinsfeld*;

b) in Redensarten: *Ane-sorge, Durch-len-walt, Lipundgüt, Mornen-weg, Nidanc, Thusentmarch* (vgl. *Dusentschön* bei Frenssen), *Verloren-güt.*

Die frühesten derartigen Namen sind aus dem Anfang des 13. Jahrhunderts belegt, ihre eigentliche Blütezeit erlebten sie aber erst im 15. Jahrhundert, während sie heute wieder sehr zurückgetreten sind.

§ 216. 6. **Namen von Amt und Stand.** Da sich Amt und Stand häufig vererbten, so ist wiederum nicht zu verwundern, daß derartige Namen Familiennamen werden. „Die Amtsnamen umfassen alle Stufen vom ritterlichen Marschall und Truchseß bis hinab zum Totengräber, Schweinehirten, Jäter und Schärmauser." Auch hier dürfte eine kurze Übersicht willkommen sein.

a) Amtsnamen: 1. Hofämter: *Marschalc* (*Marschalk, Mareschall, Marschall*), *Truhsesze* (Truchseß, ndd. *Droste*), *Schenke* (*Schenk*), *Butelarius, Kamerer* (*Cammerer, Kämmerer*), *Seneschalc, Kuchinmeister* (*Küchenmeister*), *Koch* (*Koch, Cochius, Coccejus,* schwäb. *Köchle,* schweiz. *Köchly, Köchlin,* nd. *Kock, Koock, Kok,* Gen. *Kochs, Kox,* ndrhein. *Cox*), *Spender, Spiser, Valkener* (*Falkner,* obd. *Falchner, Felkner*).

2. Gericht und Polizei: *Vogt* (*Voget, Vogt, Voogd, Voght, Voit, Voitus, Voigt, Voigdt,* nd. *Vagd,* Gen. *Voigts, Vögting, Voigtel, Vögtlin,* Zss. *Dreisvogt, Hünervogt, Landvoigt, Waldvoigt, Slevoigt, Schleevoigt, Schleenvoigt; Voigtmann*), *Schultheize* (*Schultheiß,*

Schultheß; Schultes, Schults, Schul(t)ze; Schul(t)z; Gen. *Schulzen; Scholz(e); Scholzen;* ndd. *Schulte,* Gen. *Schulten; Schultens, Scholten;* lat. *Scultetus,* Gen. *Scultety,* übersetzt *Prätorius), Stulmeister, Eider, Dritman, Drüman, Sehser, Salman (Sahl-, Seelmann), Leister, Gelter, Meyer* (südd. *Majer, Mayer, Mayr, Maier, Mair,* nordd. *Meyer, Meier, Mejer, Meyr, Meir,* Gen. *Maiers, Mayers, Meyers, Mayern, Meyern* mit unendlich vielen Zusammensetzungen, sie füllen bei Heintze 4¼ Spalten), *Amman,* ahd. *ambahtman (Ammann, Amann, Amon), Weibel, Turner, Wechter,* ahd. *wahtāri (Wächter, Wachter), Wahtmeister, Wartmann (Wart-, Wortmann), Werter, Stocwerter* 'Gefangenenwärter'.

3. **Verwaltung:** *Viztûm* aus lat. *vicedominus (Vicedomini, Vi(t)zthum), Burcgrave* 'Stadtrichter' *(Burggraf), Waltprobst, Probst* aus lat. *propositus, Waltbote, Schaffener, Sorgere, Kelner,* ahd. *kelnāri* aus mlat. *cellenarius* 'Kellermeister', daneben *Keller* aus lat. *cellarius (Keller, Cellarius, Kellerer, Kellermann), Münzer,* ahd. *munizāri* aus lat. *monetarius (Münzer,* nd. *Münter), Münzmeister, Brotmeister, Zunftmeister, Brunnmeister, Weremeister, Wagenmeister, Zolner,* ahd. *zollanāri,* daneben *Zoller (Zoll(n)er, Zöll(n)er,* nd. *Töllner, Tolner, Toller), Zehender* 'der Zehntenerheber' *(Zehender, Zehnter, Zehnter), Zeler, Treger,* ahd. *tragāri (Trager, Träger), Tesselman, Sinner, Spichwerter, Kornmesser, Stricher, Salzman, Füller, Herberger, Loufer (Laufer, Läufer), Kündiger, Rûfer.*

4. **Ländliche Ämter:** *Ringreve, Heinbürge, Banwart, Marcher, Forster, Waldener, Harder, Hegeman, Hegener, Heyer, Brenner, Nûwer, Rûther, Vronvischer, Hofmeister, Schürer, Schürman, Gömer, Hütere, Pastor, Herter, Kuehirte, Rinder, Bürzeler, Muser.*

5. **Kirchendienst:** *Parrocher, Capellanus, Scolasticus, Senger, Schriber, Kanzeler, Spittaler, Oblarius, Kilchmeier, Kilwart, Kuster, Sigrist, Greber.*

b) !**Namen vom Stand:** *Ritter, Templer, Knappe, Waffeler, Schüler, Edelman, Edel, Vrie, Vriman, Burger, Meister, Helfer, Lerknecht, Muntman, Ackerman, Buman, Hofer, Hofman, Hûber, Widemer, Haldende, Lenman, Leiner, Man, Albansman, Fronman, Geburo, Hülseler, Husman, Selder, Scler.*

§ 217. **7. Namen vom Beruf.** Mit dieser Abteilung betreten wir den kulturhistorisch vielleicht wichtigsten Teil der Namengebung, insofern sich in den heutigen Namen eine Fülle alter Gewerbenamen erhalten haben. Die Gewerbe waren im Mittelalter bekanntlich außerordentlich spezialisiert, anderseits aber von höchster Bedeutung. Zu festen Innungen zusammengefügt bildeten die Handwerker eine bedeutsame Klasse in den Städten. Über die Entwicklung dieser Namen sagt Socin 546: „Die Namen aus dem Beruf stellen zeitlich die letzte Bildungsphase der Doppelnamigkeit vor. In der Seltenheit der Gewerbebezeichnungen im 12. und ihrer Häufigkeit in der zweiten Hälfte des 13. Jahrhunderts spiegelt sich eine im Laufe des 13. Jahrhunderts vollzogene gewaltige soziale Umwälzung. Was wir seit ungefähr 1850 durchmachen, die Umwandlung der jahrhundertlang gleichgebliebenen Provinzialstädte zu industriellen Großstädten, das ist, vergleichsweise, von 1250—1300 schon dagewesen."

Viele Gewerbe leben heute noch fort, und es sind daher auch Familiennamen wie *Müller, Schmid, Bäcker* durchaus verständlich. Aber viele sind auch ausgestorben, und so dürfte eine Erklärung und Sammlung angebracht sein.

Altbußer 'Schuhflicker', *Armbruster, Ayrer* 'Eierhändler', *Bader, Bedrerer, Becker,* auch *Beck* nebst *Fladenbeck, Schwarzpeck, Wasserbeck, Brodbeck.* Die Süddeutschen haben daneben das lateinische Wort *pistor* entlehnt, und es lebt daher auch der Name *Pfister* noch fort. *Beischer* 'Peitschenmacher', *Benggeler* 'Bankier' (?), *Benner* 'Kärrner' (?), *Bettere* 'Bettmacher', *Beutler, Bötticher* (daneben *Binde, Binder, Küfer, Küper, Scheffler), Bögler* 'Bogenmacher', *Boner* 'Bohnenpflanzer', *Bretere* 'Bretschneider', *Brezzeler* 'Bretzelbäcker', *Büchsen-schmidt, Büchner, Buchner, Bucher* 'Buchmacher', *Burdiner* 'Lastträger', *Büttner* 'der die Bütten macht', auch *Bütricher, Böttrich, Chamber* 'Kammacher', *Carpenter* 'Zimmermann', *Decker, Drechsler, Drescher, Eicheler, Enteler* 'Entenzüchter', *Falkner, Färber, Fleischer,* auch *Fleischhauer, Fleischhacker, Knochenhauer, Beinhauer, Pfotenhauer, Metzger; Flöter, Förster, Forster, Forstner, Fröweler* 'Frauenwirt', *Gabeler, Garenwinder, Gartener, Gepeller* 'Verfertiger von Gäbelchen', *Gernler* 'Netzflechter', *Gerber, Gerwer, Gießer, Gipser, Glaser, Goltsleger, Goltsmit, Gratücher* 'pannifex', *Grempe* 'Trödler', *Gürtler, Haberer, Hafner, Harer* 'Flachshändler', *Hechler, Helmer* 'Helmschmied', *Hentheler* 'Verfertiger von Faust-handschuhen', *Hoser* 'Strumpfwirker', *Holzschuher, Huller* 'Mützenmacher', *Hüter, Jeger, Irker* 'Weißgerber', *Isener* 'Eisenhändler', jetzt *Eißner, Käser, Kandelmacher, Kaltschmit, Karrecher* 'Kärrner', *Kempfe* 'der für Miete gerichtliche Zweikämpfe ausficht', *Kannegießer, Kästner* 'Kastenmacher', *Kesseler, Kleiber* 'Lehmdecker', *Kouffman, Koler, Körber, Korn-man, Korman, Korner* 'Kornhändler', *Kramer, Kubler, Kuderer (Kuder* 'Werg'), *Küfer, Kupfersmit, Kürbler* 'Schleifsteinverfertiger', *Kürsener, Kürschner, Kutteler* 'triparius', *Legeller, Lezser* 'Aderlasser', *Leiendecker* 'Schieferdecker', *Linweter, Löfler, Lohgerber, Mäder, Metzger, Menger* 'Händler', *Messerer, Messerschmid, Metter* 'Metsieder', *Mulner, Müllner, Müller, Mülteler* 'Muldenmacher', *Maurer, Mutzener* 'Wamsschneider' (?), *Nadler, Nagler* 'Nagelschmied', *Nestler* oder *Senkler, Nüsseler* 'Nußölbereiter oder Nußhändler', *Neier* 'Näher', *Öler, Ofner, Ölschläger, Paternosterer, Permenter, Perlenhefter, Pfister, Plattener* 'Panzerschmied', *Preiswerk* 'Posamentierer', *Rademacher, Reber* 'Rebenpflanzer', *Rebeknecht, Rebman, Reseler* 'Schuhflicker', *Riemer, Rintköf* 'Viehhändler', *Roller, Schaber, Schefter, Schedeler* 'Kübler', *Schefer, Scheler* 'Eichenschäler', *Scherer, Schiffer, Schilter, Schindeler; Schröder, Schrader, Schröter* 'Schneider', *Schwertfeger, Schuster,* mittelhoch-deutsch hieß der Schuhmacher *Schuohworhtære.* Daraus hat sich eine Fülle heute nicht mehr erkennbarer Namen entwickelt, in Süddeutschland *Schubert, Schubart,* in Norddeutsch-land *Schuchhardt, Schuhardt, Schuhwirt,* ferner *Schumann, Schuhmacher; Seiler, Seiden-sticker, Seigermacher, Sporer, Simeler* 'Händler mit Semmelmehl', *Schlosser, Stellmacher, Schmid, Schnezzer* 'Schnitzler', *Schneider, Soler, Spengeler, Spiegeler, Spilman, Spinneler, Steinler* 'Steinklopfer', *Steinmetz, Stengler* 'Stangenschmied', *Stöllare, Streler* 'pectinarius', *Suter, Suterli, Swerter, Teller, Tescher* 'Täschner', *Tücher, Tuchscherer, Töpfer,* auch *Hafner, Euler, Potter; Vazzare, Vazbinder, Verwer, Vesere* 'Spreuhändler', *Vischer, Vogler* 'Vogel-steller', *Vuller* 'Walker', *Wagener, Walher, Weber, Weggiler* 'Weckenbäcker', *Wehseler, Weideman* 'Weidner', *Weller* zu *welle* 'Reisigbündel', *Wescher, Wirt, Wücherer, Winkler* 'Kleinverkäufer', *Zideler, Zeidler* 'Bienenzüchter', *Zimmermann.*

§ 218. 8. Latinisierungen. Seit der Wiederbelebung der klassischen Studien zur Zeit der Renaissance suchte der Gelehrte in den lateinischen Schriften die deutschen Namen zu vermeiden. Man konnte eine lateinische Endung anfügen, aber noch besser war es, sie zu übersetzen.

Anmerkung. Bekannt ist die Stelle in Goethes Götz:

Liebetraut. Ihr seid von Frankfurt! Ich bin wohl da bekannt... Euer Name ist Olearius? Ich kenne so niemanden.

Olearius. Mein Vater hieß Öhlmann. Nur, den Mißstand auf dem Titel meiner lateinischen Schriften zu vermeiden, nenn' ich mich, nach dem Beispiel und auf Anraten würdiger Rechtslehrer, Olearius.

Aus dieser Zeit stammen also die Namen wie *Avenarius* 'Habermann', *Xylander* 'Holzmann', *Oekolampadius* 'Hausschein', *Melanchthon* 'Schwarzert', *Lipsius, Faber, Sartor(ius)* 'Schneider', *Pistor(ius)* 'Bäcker'. Auch die Vornamen des Vaters werden in latei-nischer Genitivform Personennamen: *Friederici, Bernhardy.* Derartige Namen waren in Sachsen, der Pfalz, in Basel, vor allem aber am Hofe des Landgrafen Philipps des Groß-mütigen verbreitet.

24*

§ 219. **9. Fremde Namen.** Die geschichtliche Entwicklung hat uns eine bedeutende Schicht fremder Volksbestandteile zugeführt und damit auch deren Namen. Wir finden solche aus aller Herrn Ländern. Sie im einzelnen durchzugehen, würde hier zu weit führen, vielmehr kann ich nur auf die Hauptgruppen hinweisen. Durch die Einwanderung der französischen Hugenotten haben wir ein gut Teil französischer Namen bekommen, die im allgemeinen leicht erkennbar sind. Wie weit wir im Süden etwa italienische Namen antreffen, entzieht sich meiner Beurteilung.

Den wichtigsten fremden Stamm bilden die Slawen, die einst ganz Ostdeutschland inne hatten und bis über die Saale und Elbe vorgedrungen waren. Sie sind nicht vernichtet, sondern zum größten Teil nur germanisiert worden, während sich die Sorben in der Lausitz als Enklave, die Polen, Kaschuben im Osten als zusammenhängende Masse erhalten haben. Bis in den Anfang des 18. Jahrhunderts lebte noch die Sprache der alten Elbslawen im Lüneburgischen. Daß wir also slawische Namen in Hülle und Fülle haben, ist kein Wunder. In neuerer Zeit dringt das slawische Volkselement auch in rein deutsche Gegenden vor, und namentlich die Großstädte üben eine nicht geringe Anziehungskraft. Daher weist denn auch das Adreßbuch von Berlin zahllose slawische Namen auf. Es wird allerdings weit von dem Wiens übertroffen, wo man seitenweis nur slawische Namen findet. Die Grundgesetze der slawischen Namengebung sind die gleichen wie bei den deutschen. Aber hierbei ist ein Punkt zu beachten. Die Ortsnamen Ostdeutschlands sind größtenteils slawisch. Viele Menschen sind danach benannt, wie *Cammin*, *Schwerin*, *Bublitz*, *Dewitz*, *Nemitz*, *Flotow*, *Grabow*, *Vangerow*, *Virchow*, womit aber nicht gesagt ist, daß Leute, die solche Namen tragen, slawischer Herkunft sind. Auf der andern Seite sind die auf Berufsnamen erwachsenen slawischen Namen der Beachtung wert. Ich nenne hier nur einige sehr bekannte: *Kretschmar* 'Wirt' von *krečam* 'Schenke, Kneipe', *Pahnke* 'kleiner Herr, Junker', *Pigorsch* 'Bäcker'.

Im alten Preußenlande saßen die alten Preußen und in Ostpreußen finden wir noch heute die Litauer, beide Reste eines selbständigen indogermanischen Sprachstammes. Ihre Namen sind durchaus eigenartig gebildet, und mancher Deutsche trägt einen davon.

Am spätesten haben die Juden Familiennamen angenommen. In Österreich wurden sie erst unter Joseph II., in Preußen durch Hardenbergs Edikt vom 11. März 1812 dazu gezwungen. Da es sich hier also nicht um einen natürlich gewordenen Zustand, sondern um ein künstliches Erzeugnis handelt, so tragen die Namen vielfach dies deutlich zur Schau. Man kann folgendes unterscheiden.

1. Auch hier werden die Vornamen zu Familiennamen, wie *Abraham, Cohn, David, Jakob, Levy, Moses, Salomon, Simon, Simson*, oder es wird der Sohn nach dem Vater benannt: *Abrahamsohn, Levysohn*, zum Teil auch mit lateinischer Genitivendung, wie *Jakoby*, oder unter Beibehaltung des hebräischen *Ben-* 'Sohn', *Ben-ary, Ben-fey*.

2. Man legte sich deutsche Eigenschaftswörter als Namen bei: *Aufrecht, Edel, Ehr-*

lich, Treu, oder man griff zu Tiernamen, wobei besonders *Adler, Hirsch, Löwe, Leo, Wolf* gewählt wurden, wohl unter dem Einfluß der alttestamentlichen Sprache.

3. Man benannte sich nach Orten: *Cassel, Falkenstein, Friedländer, Wronker, Exiner, Meseritzer.* Zum Teil wählte man aber rein erdachte Ortsnamen, wie *Lilienthal, Veilchenfeld, Cohnfeld, Cohnstein, Cohnheim, Eulenburg.*

4. Sehr häufig sind auch schönklingende Namen, die mit *Löwe, Rose, Lilie, Veilchen, Gold, Silber* zusammengesetzt sind. So *Löwenstamm, Löwenthal, Rosendorf, Rosenberg, Goldader, Goldberg, Goldberger, Goldfinger, Goldmann, Goldstein, Goldtreu, Goldzieher.*

5. Am schlimmsten ging es den galizischen Juden. Da sie sich nicht dazu verstehen wollten, Familiennamen anzunehmen, so wurden ihnen Namen von den Behörden gegeben. Diesen war vorgeschrieben, „solche Namen zu wählen, die möglichst große Besonderheit hätten; auch sollte man wiederholte Wahl desselben Namens in dem Bezirk vermeiden." So kamen denn Namen zustande wie: *Wohlgeruch, Veilchenduft, Schöndufter; Wohltäter, Weisheitsborn; Geldschrank, Smaragd, Saphir; Singmirwas, Küssemich; Ladstockschwinger, Pulverbestandteil, Maschinendraht, Nußknacker, Schulklopfer, Reinwascher; Temperaturwechsel, Maulwurf, Nachtkäfer, Rebenwurzel; Notleider, Hungerleider, Schnapser, Eselskopf, Ochsenschwanz, Drachenblut; Stinker, Kanalgeruch; Galgenvogel, Galgenstrick, Taschengreifer, Hirschtöter, Wanzenknicker, Saumagen, Groberklotz* usw. Vgl. Heintze, Die deutschen Familiennamen[2] S. 67 f. Dazu noch Ph. Stauff, Deutsche Judennamen, Berlin-Lichterfelde 1912.

§ 220. **Die Verschiedenheit der Namengebung je nach der Örtlichkeit.** Aus den frühern Ausführungen ging hervor, daß die Namenbildung von den wirtschaftlichen und sozialen Bedingungen Deutschlands abhängig war. Die Namen nach dem Handwerk oder Gewerbe waren im allgemeinen auf die Städte beschränkt. Wo große Städte fehlten, konnten diese Namen nicht aufkommen. Außerdem aber zeigen sich zwischen den einzelnen Teilen Deutschlands wesentliche Unterschiede, indem in einzelnen Gegenden die, in andern jene Namentypen vorherrschen. Das gilt noch heute, und wer viel herumgekommen ist, dem wird die Verschiedenartigkeit der Namengebung wohl aufgefallen sein. Ja dies geht so weit, daß man oft genug einem Namen ansehen kann, woher der Träger stammt.

<h3 align="center">1. Orthographische Verschiedenheiten.</h3>

Da man im deutschen Vaterlande verschieden schrieb, so wurde derselbe Name hier so, dort so geschrieben. Einiges davon ist für die Bestimmung der Herkunft des Namens wichtig.

ai — ei. Die Schreibung des alten echten Diphthongen *ei* (siehe oben S. 272) mit *ai* ist oberdeutsch, besonders ostoberdeutsch, so daß daher Namen wie *Kaiser — Keiser, Maier, Mayer — Meier, Meyer, Baier — Beier* nach diesem Gesichtspunkt zu beurteilen sind.

<h3 align="center">2. Mundartliche Verschiedenheiten.</h3>

Wir haben oben S. 270 ff. gesehen, daß wir eine Reihe von Wörtern unsrer Schriftsprache nach ihrer Lautgestalt bestimmten Gegenden zuweisen können. Waren es dort nur wenige Beispiele, so tritt dieser Gesichtspunkt bei den Namen in ganz andrer Weise hervor, muß es ja auch, da der Name eben nicht der hochdeutschen Form angepaßt wird. Eine große Anzahl von

Namen tritt in recht verschiedenen Formen auf, und man kann darauf hin teilweise ihre ursprüngliche Heimat bestimmen. So finden wir:

Küster, ndd. *Köster*; *Krüger*, bayer-österr. *Krieger*, ndd. *Kröger*; *Schulz*, *Schulze*, daneben *Scholz* (schlesisch), *Scholzen* (Trier), ndd. *Schulte*; *Müller*, bayer. *Miller*, ndd. *Moller*, *Möller*; *Fuchs*, ndd. *Voß*; *Pfeifer*, ndd. *Pieper*; *Schröter*, ndd. *Schröder*, *Schrader*, *Schröer*; *Krause*, ndd. *Kruse*; *Große*, ndd. *Groote*, *Grothe*, *Groth*; *Bürger*, ndd. *Börger*; *Teichmann*, *Deichmann*, ndd. *Dieckmann*; *Fischer*, friesisch *Visser*; *Förster*, schwäb.-bayer. *Forster* usw.

Bei andern weist der Name selbst auf die Herkunft, insofern als wir es mit Worten zu tun haben, die nur eine mundartliche Verbreitung haben, so z. B. *Knochenhauer* (ndd.); *Grotefend*; *Hafner* (obd.), *Töpfer* (md.), *Potter* (ndd.). Eine eingehende Untersuchung des gesamten Stoffes wäre sehr dankenswert.

§ 221. Die prinzipiellen Verschiedenheiten. Außer den bisher erwähnten Punkten gibt es aber noch Verschiedenheiten grundsätzlicher Art, die auf alte Kulturverschiedenheiten zurückgehen. Auch diese ermöglichen es uns oft, die Herkunft eines Namens ziemlich genau zu bestimmen. Eine Übersicht über diesen Punkt bietet A. HEINTZE S. 73.

1. Namen auf *-a*, eigentlich Gen. Plur. alter Patronymika finden sich nur in Ostfriesland: *Wiarda*, *Bójunga*, *Ébbinga*.

2. Genitivische Namen nach der starken Deklination (auf *-s*) oder der schwachen (auf *-en*) sind ostfriesisch (Aurich, Emden, Leer, Jever, Papenburg), oldenburgisch, holsteinisch; wir treffen sie weiter in Westfalen und am Niederrhein, also in allen Teilen des westlichen Norddeutschlands, auch noch in Koblenz und Trier.

3. Namen nach der Örtlichkeit (eigentlich dem Einzelhofe), mit den Endungen *hövel* 'Hügel', *brink* 'Grasfläche', *diek* 'Teich', *brok* 'Bruch', *loh*, *holt, horst, kamp* sind charakteristisch für Westfalen und das östliche Hannover.

4. Die Verkleinerungsformen auf *-ke* sind besonders in Nordostdeutschland heimisch.

5. Die Verkleinerungsformen auf *-el, -lein*, *-le* sind oberdeutsch, zum Teil mitteldeutsch usw.

Gewisse Namenbildungen sind also auf gewisse Gegenden beschränkt. Daß wir im Norden die genitivischen Namen finden, hat seinen Grund darin, daß man hier am längsten an der altgermanischen Art der Einnamigkeit festhielt.

B. DIE VÖLKERNAMEN.

Literatur: Die Sammlung des Stoffes bei M. SCHÖNFELD, Wörterbuch der altgermanischen Personen- und Völkernamen, Heidelberg 1911.

§ 222. Allgemeines. Ebensosehr wie die Untersuchung der Personennamen hat die Forschung die Aufhellung der Völkernamen gelockt, und fast alle hervorragenden Germanisten haben sich mit dieser Seite der Wortforschung beschäftigt, leider nicht immer mit Glück, wie man offen eingestehen muß. In frühern Zeiten handelte es sich eigentlich immer nur um die Herleitung einzelner Namen, und diese Deutungen sind oft genug, wenn sie durch Namen wie Jak. Grimm oder Müllenhoff gedeckt waren, in weite Kreise und selbst in die Schulbücher vorgedrungen. Gerade auf diesem schwierigen Gebiete ist es aber nötig, genau wie auf dem der Personennamen, erst einmal die Grundlinien der Deutung aufzudecken. Versuche, diese festzustellen, sind in neuerer Zeit von verschiedenen Seiten gemacht worden, so von L. LAISTNER, Germanische Völkernamen, S.A. aus den Württembergischen Vierteljahrsheften für Landesgeschichte, Neue Folge, 1892, von R. MUCH, Beitr. 17, 1 ff. passim. Letzterer hat namentlich Spott-, aber auch Tiernamen in dem germanischen Material gefunden. Es hat sich zwischen ihm und dem Verfasser eine Fehde über die prinzipielle Berechtigung seiner Deutungsversuche entsponnen, vgl. Beitr. 18, 511; 20, 1 ff.; 21, 125 ff. Ich habe zuerst auf der Bremer Philologenversammlung eine grundsätzlich andere Auffassung zur Geltung zu bringen versucht, die ich dann in meinen Indogermanen 2, 708 etwas ausführlicher dargestellt habe.

Zunächst ist darauf aufmerksam zu machen, daß gewisse germanische Völkernamen älter zu sein scheinen als die germanische Sonderentwicklung, weil sie auch in andern indogermanischen Sprachen auftreten. So entspricht der Name *Ambrones* lautlich genau dem ital. *Umbri*, unser *Hessen* dem gall. *Cassi*, germ. *Marsi* und *Marsingi* dem ital. *Marsi*, *Burgundiones* dem kelt. *Brigantes*; der Name der *Veneter* in Oberitalien kehrt als Ἐνετοί (*Enetoi*) in Kleinasien, als *Veneter* in Gallien, als *Venedi* in Ostdeutschland als Bezeichnung der Slawen wieder. Das weist darauf hin, daß diese Namen aus indogermanischem Sprachgut hergeleitet werden müssen.[1]) Aber selbst wenn wir diesen Grundsatz festgelegt haben, sind wir nicht viel besser daran, denn wir wissen nicht, was die Namen bedeuten, und wir würden bei jedem Versuch, sie zu erklären, auf dieselben Abwege geraten, die sich bei den Versuchen, indogermanische Worte zu etymologisieren, ergeben haben, vgl. oben S. 7. Anklänge an andere Worte sind natürlich immer vorhanden, aber irgendwelche Sicherheit können wir nicht erlangen. Immerhin gibt es aber doch zwei Wege, die uns weiter führen, den einen weist die Sprache selbst, den andern die Kulturgeschichte.

Die Kulturgeschichte lehrt uns, daß die Sippe und der Sippenverband die Grundlage der sozialen Ordnung in der ältern Zeit war. Der Stamm ist in älterer Zeit schließlich nichts weiter als eine große Sippe. Eine Sippe aber benennt sich gewöhnlich nach einem Ahnherrn. Sie nennen sich die Leute eines N. N., wie wir dies im Nordischen finden. Im Indogermanischen haben wir nun eine eigentümliche Verwendung des Duals, den sogenannten elliptischen Dual, der neuerdings rege Aufmerksamkeit erregt hat. Wenn ein Paar von zusammengehörigen Dingen genannt werden soll, so kann

---

[1]) Es hat selbstverständlich schon indogermanische Völkernamen gegeben, und ebenso selbstverständlich liegt die Vermutung nahe, daß die Stämme gleichen Namens ursprünglich eins waren. Wenn wir in Oberitalien die keltischen Stämme der *Cenomani, Lingones, Senones* finden und ebenso in Gallien und zwar hier nicht weit voneinander, so wird kaum jemand zweifeln, daß die Stämme einst eins waren. Die *Volcae* in Südfrankreich hängen mit den *Volcae* in Deutschland zusammen. Aber für jene ältern Zeiten steht die Sache natürlich insofern schlecht, als uns mit der Annahme der ursprünglichen Einheit nicht weiter geholfen wird.

der eine Ausdruck in den Dual treten, während der andere fortbleibt. So haben wir ai. *pitárā* 'Vater und Mutter', eig. 'die beiden Väter', gr. *Αἴαντε* (*Aiánte*) 'Aias und sein Bruder Teukros', im Lateinischen, wo der Plural statt des Duals eingetreten ist, *Castores* für *Castor* und *Pollux*. Ebenso konnte nun meines Erachtens im Indogermanischen der Plural verwendet werden, um einen Mann und seine Söhne, einen Ahnherrn und seine Sippe zu bezeichnen, und ich nehme daher an, daß die Völkernamen zum guten Teil nichts weiter als Plurale von Personennamen sind. Denn in den Völkernamen finden wir tatsächlich genau dieselben Bildungsweisen, die wir bei den Personennamen kennen gelernt haben, teils Vollnamen, teils Suffixe, die auch Personennamen ableiten, oder Suffixe, die deutlich die Herkunft von einem Manne bezeichnen.

Zum Überfluß lassen sich die Stammesnamen auch vielfach als Personennamen nachweisen. KLUGE hat ZfdW. 8, 141 eine Anzahl von Fällen zusammengestellt, in denen Völkernamen als erste Glieder von Personennamen vorkommen. Nur hat er fälschlich das Verhältnis gerade umgekehrt. Er sieht in dem Volksnamen das Ursprüngliche, in dem Personennamen das Abgeleitete. In einzelnen Fällen ist das ja möglich, aber in der Hauptsache nicht, wie die nachfolgende Zusammenstellung zeigen wird.

Wir finden unter den Volksnamen also folgendes:

A. Vollnamen, verhältnismäßig selten, so in *Hermunduri, Langobardi, Austrogothae, Wisigothae, Sugambri,* vielleicht *Usipites.*

B. Kosenamen:

1. Suffix *-n, Herminones; Hermino* wird die Kurzform zu *Hermundurus, Hermanricus* sein, vgl. afränk. *Ermenmar; Aviones,* vgl. westgot. *Avemarus,* anord. *Eymundr, Eysteinn, Eyulfr,* ahd. *Awigaoz, Aujulf;* — *Eburones,* vgl. *Eburhart, -helm, -hram, -wart;* — *Inguaeones,* vgl. *Inguiomĕrus,* ahd. *Inghard, -hram, -mär;* — *Saxones,* vgl. ahd. *Sahsberaht, -ger, -helm, -mär, -munt, -rīh,* ags. *Seaxwulf, -bald;* — *Teutones.* Ihr König oder der Kimbernkönig heißt *Teutobodus.* Wir finden ferner *Dietrich, Teutomeres.* In *teuto* steckt ein Wort, das zwar mit got. *þiuda* 'Volk' dem Stamme nach zusammenhängt, als Namenelement aber vielleicht eine andere Bedeutung hatte und wohl schon indogermanisch war. Kommt doch in der Ilias B 843 schon ein *Τευταμίδας* vor, als Name eines alten Pelasgers. Ferner finden wir im Illyrischen den Namen *Teuta,* in Thrakien *Τιοῦτα* und auch den Ortsnamen *Tiutiamenos.* Der oben erwähnte pelasgische Namen ist höchst wahrscheinlich identisch mit *Tautomedes dux Daciae ripensis,* vgl. TOMASCHEK, Die alten Thraker II, 2 S. 38. Daß in diesem Fall in dem Personennamen der Volksname stecke, wie Kluge annimmt, ist ganz unmöglich.

2. Der bloße o-Stamm steht in *Amali,* vgl. *Amala-berga, -suintha, -rīcus;* — *Angili,* vgl. ahd. *Engil-bald, -beraht, -frid, -gēr, -hart;* — *Balthae,* vgl. ahd. *Bald-ger, -hart, -heri;* — *Bardi,* vgl. *Barthart, -heri;* — *Boi,* vgl. kelt. *Boiorix;* — *Dani,* ags. *Deneberct,* ahd. *Denihart,* westgot. *Danildus;* — *Franci,* vgl. *Francward, Francbertus;* — *Gauti,* vgl. an. *Gautrāðr, Gautstafr.;* — *Hassi,* vgl. ahd. *Hasbald, Hasberaht;* — *Chauci,* vgl. ags. *Heaberht, Heahferð;* — *Heruli,* in ahd. *Erluni* für *Erl-wini, Erla-beraht, -frid, -hard, -ulf,* langob. *Erlefredus;* — *Sciri* in ahd. *Scīrbald, Scīrolf,* ags. *Scīrbeald, Scirburg;* — *Suebi* in ahd. *Swāb-beraht, -gēr, -gast* usw.

C. Am meisten beweisen aber eine Reihe in Völkernamen auftretender Suffixe, die deutlich die Zugehörigkeit ausdrücken.

1. Das Suffix *-jo* erscheint häufig in Völkernamen und bezeichnete sicher die Zugehörigkeit, vgl. lat. *patrius* zu *pater*, got. *hairdeis* 'Hirt' zu *hairda* 'Herde', ja es wird auch in verschiedenen Sprachen zur Bildung der Patronymika verwendet, besonders im Lateinischen, *Julius*. Wir finden es im Germanischen in folgenden Völkernamen: *Harii* zu *Ariovistus*?; — *Frīsii* zu ahd. *Frēsberaht, -gēr, -wini*; — *Hessen* aus *Hassii* zu *Hasberaht* usw.; *Rugii* zu westgot. *Rugemīrus*, anord. *Rugualtr*, ahd. *Rugolf*.

2. Ganz sicher drückt das Suffix *-ing, -ung* die Zugehörigkeit aus, vgl. WILMANNS Deutsche Grammatik² 2, 372. Mit *Beowulf Scyldinga* 'Beowulf aus dem Geschlecht der *Scyldinger*' stehen auf einer Linie Namen wie: *Duringi*, vgl. *Hermunduri*; — *Greutungi*; — *Turcilingi*.

3. Dasselbe gilt von dem Suffix *-aeon* in *Ingwaiones, Istwaiones, Frisaevones*.

So erweist sich denn die patronymische Herkunft der Namen bei einer großen Anzahl als durchaus sicher. Natürlich können einige Völkernamen auch einen andern Ursprung haben, wie z. B. *Alamanni* wahrscheinlich die Gesamtheit der Männer bezeichnet. Aber diese Fälle sind doch selten.

Aus dem Vorhergehenden ergibt sich also, daß alle Versuche, die Volksnamen von bedeutungsvollen Worten abzuleiten, hinfällig sind, daß wir es bei allen Versuchen mit nichts anderm als geistreichen Einfällen zu tun haben, und daß die Wissenschaft hier gründlich auf dem Holzweg gewesen ist. Wie man es jetzt meistens aufgegeben hat, in den altgermanischen Personennamen einen wirklichen Sinn zu suchen — *Siegfried* heißt nicht so, weil er etwa durch *Sieg Friede* bringen sollte, sondern er ist so genannt, weil der Name *Sieg* in seinem Geschlecht üblich, und weil auch das Wort *Friede* in Namen beliebt war —, wie man also auf die Deutung der Personennamen verzichtet hat, so muß man die der Völkernamen erst recht aufgeben. Völker werden nicht künstlich benannt, sondern ihr Name muß erwachsen.

Zu den allergewöhnlichsten Vorgängen bei den Völkernamen gehört es weiter, daß die Namen, die ursprünglich für einen kleinern Stamm galten, allmählich etwas Weiteres, eine größere Gruppe bezeichnen. Das beruht auf der geschichtlichen Entwicklung, die von den kleinen Verbänden zu größern führt. So verschwinden denn von den vielen Namen, die am Anfang der Geschichte stehen, immer mehr, und es bleiben nur wenige übrig, *Friesen, Sachsen, Westfalen, Thüringer, Hessen, Schwaben, Bayern* usw., bis sich dann bei uns ziemlich spät der Gesamtname '*die Deutschen*' entwickelt hat. Bei diesem liegt die Entstehung glücklicherweise klar vor uns. Unser Wort *deutsch* erscheint zuerst im Jahre 788 in latinisierter Form als *theodiscus*. Es ist dies ein Adjektivum, abgeleitet von einem Wort, das in got. *þiuda*, ahd. *diot* 'Volk' vorliegt (heute nur noch in Eigennamen wie *Dietrich, Dietmar*). Es heißt also 'zum Volke gehörig'. Hätten wir nun keine Überlieferung weiter, so würde man dies leicht für einen Volksnamen halten können, den sich ein Stamm beigelegt hätte, er hieße 'die Volksleute'. Tatsächlich hat man für andere Namen solche Deutungen vorgeschlagen. In Wirklichkeit bezieht sich dieses *theodiscus* nur auf die Sprache, d. h. die Volkssprache im Gegensatz zur gelehrten Sprache, dem Latein. Die weitere Entwicklung zu verstehen, bietet dann keine Schwierigkeiten mehr.

Wenn ich oben sagte, daß Volksnamen von selbst entstehen, so ist dabei noch ein Punkt zu beachten. Eine Gemeinschaft benennt sich mit irgendeinem Namen, ob aber die Nachbarn diesen Namen gebrauchen, ist eine andere Frage. Bei denen können andere umgehen, es kann dabei der Spott eine Rolle spielen und sonstiges, aber es ist die Frage, wie weit sich diese Benennungen durchsetzen. Möglich ist es natürlich, aber ich kenne keinen sichern Fall.

Das Bedürfnis für einen Gesamtnamen mehrerer die gleiche Sprache sprechender Stämme macht sich bei diesen selbst meist verhältnismäßig spät geltend. Anders steht es bei den fremdsprachlichen Nachbarn. Für diese ist die Sprachgrenze eine außerordentlich wichtige Erscheinung. Alles, was jenseits dieser Grenze liegt, benennen sie mit einem Gesamtnamen. Das Nächstliegende ist dabei, den Namen des ersten fremdsprachlichen Stammes auf die Gesamtheit zu übertragen. So nennen uns die Franzosen *Allemands* nach den *Alemannen*, die Slawen *Němci*. Man deutet dies gewöhnlich als 'Stumme'. Das gibt aber kaum einen Sinn. Sehr viel wahrscheinlicher ist es, daß darin der alte Volksname der *Nemetes* steckt. Wir unserseits nennen die Franzosen ursprünglich *Walhe*, wovon *walhisk* 'welsch' abgeleitet ist. Auch dies Wort ist nichts weiter als der Name des keltischen Stammes der *Volcae*, der offenbar einst den Germanen benachbart war. Die Slawen dagegen heißen seit uralter Zeit *Wenden* (*Venedi* bei Tacitus). Wenngleich sich kein slawischer Volksstamm selbst so nennt, so steckt doch darin auch der Name eines Volksstammes. Wir kennen *Veneti* in Oberitalien, in der Bretagne, Ἐνετοί (*Enetoi*) in Paphlagonien, und die Vermutung ist nicht zu kühn, daß östlich der Germanen einst ein Volksstamm mit Namen *Veneti* saß, dessen Namen die Germanen auf all ihre Ostnachbarn übertragen haben.

Über die Herkunft des Namens *Germani* wird viel gestritten. Ich kann auf die vielen Deutungsversuche, sowie auf die Interpretation der bekannten Tacitusstelle nicht weiter eingehen, vgl. KOSSINNA, Beitr. 20, 257, und bemerke nur so viel, daß es mir aus den oben entwickelten Gedanken heraus völlig ausgeschlossen erscheint, den wahren Sinn des Namens zu ermitteln. Ich glaube nicht, daß es sich um einen Übernamen handelt, bin vielmehr der Ansicht, daß ein Stammesname vorliegt, der sich ewig der Deutung entziehen wird, weil er eben keinen wirklichen Sinn gehabt hatte.

C. SONSTIGE BENENNUNGEN (VON TIEREN UND LEBLOSEN GEGENSTÄNDEN).

§ 223. **Übersicht.** Außer den Menschen finden wir aber auch die Tiere, die den Menschen als Hausgenossen umgeben, benannt, und weiter eine Reihe von Gegenständen, wie vor allem Schwerter und Schiffe, die damit sozusagen in die Reihe der Lebenden eintreten. Diese Sitte ist zweifellos uralt, da sie bei den verschiedensten Völkern anzutreffen ist und zu den verschiedensten Zeiten wiederkehrt. Wunder kann uns das nicht weiter nehmen, denn der primitive Mensch kennt keine Grenze zwischen Mensch und Tier.

Schon in der Ilias finden wir Pferdenamen, und des Odysseus Hund Ἄργος (*Argos*) ist allen bekannt. Auf germanischem Boden ist die Überlieferung nicht alt, was aber nur darauf beruhen kann, daß diese Dinge zufällig in der ältern Zeit nicht erwähnt werden. An dem hohen Alter der Tierbenennungen auch bei uns ist nicht zu zweifeln.

Die Forschung ist an diesen Namen nicht vorübergegangen, aber es fehlen uns doch noch immer ausreichende Sammlungen, und den Vereinen für Volkskunde böte sich eine dankbare Aufgabe, wenn sie die Benennungen der Haustiere, vor allem der Hunde, Rinder, Schafe in den verschiedenen Gegenden unsres Vaterlandes, sammeln würden.

Anmerkung. An Literatur verzeichne ich: W. Wackernagel, Germania 3, 146; 4, 129 ff.; 5, 290 ff. (= Kleine Schriften 3, 59 ff.); B. Kahle, Altwestnordische Namenstudien, Idg. Forsch. 14, 133 (hat den im Altnordischen vorliegenden Stoff gesammelt und verarbeitet); F. Kluge, ZfdW. 7, 38 (Hundenamen), weist darauf hin, daß Namen wie *Wasser, Strom, Rin, Donau, Neckar, Birs* als Hundenamen vorkommen. Es scheint mit diesen Namen eine besondere Bewandtnis zu haben. Hunde mit derartigen Namen können nicht behext werden. Fr. Branky, Moderne Hundenamen, ZfdW. 9, 229, mit Literaturangaben und einer reichhaltigen Sammlung; A. Gysin, Schwarzwälder Kuhnamen, ZfdW. 11, 304; O. Heilig, Tiernamen und Verwandtes in der Mundart von Ballenberg, ZfdMa. 1910, 359; A. Brunner, Über Pferdenamen, ZADSV. 30, 369.

Auch diese Namen sind in ihrer geschichtlichen Entwicklung bemerkenswert und geben bei tieferm Eindringen kulturgeschichtliche Aufschlüsse. Branky a. a. O. 232 führt dafür folgende Stelle aus einer Zeitung an:

„Der Wechsel des Geschmacks und der Wandel des Stils spiegelt sich wie in der Architektur und in der Zimmereinrichtung, wie in der Gestaltung unsrer Gärten und unsrer Gewandung auch in den Namen, die wir unseren Lieblingen, den Haushunden, geben. In einer klassisch angehauchten Zeit zog man Namen wie *Cäsar, Nero, Kastor, Hektor* vor; als das Barock herrschte, kamen die *Karo, Blanca, Stella* auf; die Vorherrschaft des Rokoko und des Stils Ludwig XIV. brachten uns die *Ami, Chéri, Bijou, Joli*; und in einer germanistisch angehauchten Zeit waren die *Frithjof, Tell, Freia, Fafner* in Mode. Es ist sehr interessant, das Vorwiegen der einen oder andern Kategorie mit den Zeitverhältnissen in Beziehung zu setzen und zu beobachten, wie dieser oder jener Name in einen bestimmten geschichtlichen Zeitabschnitt zurückweist. Oft spiegeln sich politische Konstellationen und Stimmungen in den Namen der Hunde wider, indem sich ein satirischer aggressiver Zug in die Namengebung mischt; solche Namen sind *Boulanger, Caprivi, Bebel, Roberts*, die alle politischer Abneigung ihre Entstehung verdanken, während *Cronje, Wrangel, Kosziusko, De Wet* politische Sympathien bekunden.“

Ebenfalls verdienten andere Namen unsrer Zeit, wie die von Schiffen, Lokomotiven, eine Sammlung. Sie würden uns gleichfalls in die Anschauungen unsrer wie auch vergangener Zeiten blicken lassen. Auch die Namen der Zeitungen und Zeitschriften bieten uns ein Zeitbild. Welch tiefen Blick in die früheren Anschauungen läßt ein Titel tun, wie *Intelligenz- und Leseblatt*. Das Wort *Zeitung* selbst tritt zuerst spätmhd. auf in der Bedeutung 'Nachricht, Kunde' und ist dem mnd. *tidinge*, ndl. *tijding* nachgebildet. Zu frühest erscheint ags. *tīdung* 'Nachricht' von *tīdan* 'sich ereignen'. Daneben steht anord. *tīðindi* 'Ereignis'. Es handelt sich also um ein Wort der Nordseevölker.

D. DIE NAMEN DER ÖRTLICHKEITEN.

§ 224. **Allgemeines.** Die Erforschung der Ortsnamen ist von jeher in den einzelnen Orten selbst beliebt gewesen, sie ist aber daneben frühzeitig in den Dienst der allgemeinen Geschichte getreten. Die Ortsnamen geben uns nämlich nicht nur Kenntnis von der Siedelung der deutschen Stämme, sondern sie lehren auch, daß in gewissen Gegenden vor dem Deutschen andere Sprachen dagewesen sind, von denen wir sonst keine oder nur mangelhafte Kunde haben. Aber auch da, wo wir eine geschichtliche Überlieferung besitzen, z. B. die, daß die Länder östlich der Elbe einst von

Slawen besiedelt gewesen sind, wird diese durch die Ortsnamenforschung ergänzt und vertieft.

Wir finden unter den Ortsnamen leicht verständliche, dann andere, die erst bei dem Zurückgehen auf ältere Formen klar werden, und schließlich solche, die aus deutschem Sprachgut nicht deutbar sind. Für sie hat man frühzeitig an fremde Herkunft gedacht. Mit Feuereifer hat man dann solche Namen je nach der gerade herrschenden Richtung in der Forschung einem bestimmten Volke zugeschrieben. Man braucht ja nur an die Sucht vergangener Zeiten zu erinnern, in allem etwas Keltisches zu sehen. Derartige Versuche sind indessen vielfach gescheitert, und man ist oft genug auf Irrwegen gewandelt.

Wenn eine Deutung aus deutschem oder sonst bekanntem Sprachgut nicht gelingt, so bleibt uns weiter nichts übrig, als gleich oder ähnlich klingende Namen zusammenzustellen, um auf diesem Wege, wenn nicht die Bedeutung, so doch die Verbreitung der Namen und die Frage zu ermitteln, welchem Sprachstamm sie angehören. So haben wir z. B. die Städtenamen *Belgard*, *Belgrad*, *Stargard*, *Nowgorod*. Daß die beiden ersten gleich sind, und daß der zweite Bestandteil aller vier derselbe ist, würde man auch ohne weitern Anhalt vermuten dürfen. Tatsächlich wissen wir, daß die Namen slawisch sind, und daß das zweite Element das gleiche ist, nur umgewandelt nach den Lautgesetzen der verschiedenen slawischen Sprachen. Auf dem Gebiet, das die slawischen Völker innehatten, finden wir außerdem noch eine Fülle gleicher Namen, bald im Osten und Westen, bald im Norden und Süden, und auf Grund dieser Namen könnten wir das Verbreitungsgebiet der slawischen Sprachen feststellen, auch wenn das Slawische als Sprache zugrunde gegangen wäre.

Wenn uns also dieser Grundsatz auf einem bekannten Gebiet zu richtigen Ergebnissen führt, so kann man ihn auch anderswo anwenden. So kehrt der Flußname *Iser* in wenig geänderter Gestalt verschiedentlich wieder. Wir treffen, um nur das Allbekannte zu nennen, die *Iser* als Nebenfluß der Elbe, die *Isar* bei München und die *Isère* in Südfrankreich. Der Name der *Rhône, Rhodanus* findet sich als *Rhotanus* auch auf Korsika. Es gibt zwei *Elstern*, zwei *Mulden*, während eine ganze Reihe von *Saalen* vorhanden sind. Man wird nicht umhin können anzunehmen, daß derartige gleiche Benennungen von einem Volke herrühren.

Örtlichkeitsnamen beharren also, auch wenn die Sprache sich ändert. Diese oft zu beobachtende Tatsache tritt uns am deutlichsten in Ostelbien entgegen, wo die Ortsnamen im wesentlichen slawisch sind.

In bezug auf das Beharrungsvermögen, wie man die Fortdauer der Ortsnamen auch bei geänderter Sprache nennen kann, verhalten sich die einzelnen Arten der Namen verschieden. Die Übertragung der Namen von einer Sprache auf die andere setzt natürlich den Zusammenstoß der beiden Sprachen voraus. Wo dieser fehlt, ist Übertragung unmöglich. Umgekehrt folgt aus der Fortdauer des Namens die Berührung der Sprachen. Man führt z. B. den Namen *Schlesien*, der aus dem Slawischen stammt, auf den Stamm der germanischen *Silingae* zurück. Daraus mußte im Munde der Slawen *Silęz* — und weiter *Slez* — werden, ebenso wie aus germanisch *kuning* 'König' slawisch *knez* entstanden ist. Die vordringenden Slawen müssen also diesen Volksstamm noch angetroffen haben. Ostdeutschland kann nach der Völkerwanderungszeit nicht wüst und leer gewesen sein.

Den Zusammenstoß vorausgesetzt gilt nun folgendes. Je bedeutender die Örtlichkeit ist, um so wahrscheinlicher ist die Fortdauer des Namens, je unbedeutender, um so leichter kann ein neuer Name auftreten. Orte werden im Laufe der Zeit neu gegründet und erhalten dann den Namen von den Gründern. Die Flüsse fließen dagegen seit Ewigkeiten und können daher viel eher alte Namen tragen.

Aber auch die Völker verhalten sich in bezug auf die Herübernahme der Namen verschieden. Während die europäischen Stämme viele Namen übernommen haben, haben die Araber in Spanien, die Türken auf der Balkanhalbinsel die Flüsse vielfach neu benannt. Zum Teil mag dies mit sozialen Anschauungen zusammenhängen, mit der Verachtung, mit der die Asiaten auf die Europäer herabgesehen haben. Ganz bestimmte Regeln lassen sich daher auf diesem Gebiete nicht aufstellen.

Bei der Erforschung der Ortsnamen sind ein paar Grundsätze schlechterdings unentbehrlich. Zunächst muß man auf die ältesten belegten Quellen zurückgehen, und die Ausschöpfung des urkundlichen Materials ist erstes Erfordernis. Dabei bekommen dann die Namen oft ein ganz anderes Aussehen, und zuweilen ergibt sich die Deutung der ältesten Form ganz von selbst. Daneben ist die wirkliche Aussprache im Volksmunde von nicht geringer, vielfach sogar von ausschlaggebender Bedeutung. Denn die lautlichen Verhältnisse sind von jeder Überlieferung unbeeinflußt geblieben, während bei schriftlicher Festlegung oft Mißverständnisse unterlaufen, die sich nicht selten von Geschlecht zu Geschlecht forterben.

Wo es sich um Namen fremder Herkunft handelt, tut man gut, den Suffixen besondere Aufmerksamkeit zuzuwenden. Denn da die Ortsnamen nach gewissen allgemeinen Grundgesetzen gebildet sind, treten bei ihnen häufig die gleichen suffixalen Elemente auf.

An fremden Elementen in unsern Ortsnamen finden wir folgende:

1. Im Osten und Südosten saßen die Slawen, die sehr deutliche Spuren hinterlassen haben, siehe darüber unten.

2. Im äußersten Norden unseres Vaterlandes wohnten die alten Preußen und leben noch jetzt die Litauer.

3. Im Westen und im Süden stoßen wir dagegen in den Ortsnamen auf keltische Spuren. Nur dürftige geschichtliche Nachrichten belehren uns über die Anwesenheit von Kelten auf germanischem Boden. Die Ortsnamenforschung hat ihre alten Sitze genauer bestimmt.

4. Am Rhein und in den Alpenländern treffen wir neben den keltischen auf romanische Siedelungen und romanische Namen.

5. Daneben aber sucht man jetzt in Tirol eine noch ältere Schicht von Namen auf die Illyrier zurückzuführen, die ja einst ein mächtiges Volk gebildet haben.

6. Unter den keltischen Namen wird neuerdings aber noch eine andere Schicht vermutet, die den Ligurern angehören soll. Die Ligurer sind in den geschichtlichen Zeiten ein nur unbedeutendes und in der Kultur zurückgebliebenes Volk in den Seealpen. Daß sie zurückgedrängt sind und einst ein weiteres Gebiet innehatten, unterliegt keinem Zweifel. Auf Korsika saßen sie, und so wird *Rhodanus* (siehe oben) ein ligurisches Wort sein. Aber auch die Namen *Genna* und *Genf* (alt *Genava*) sind gleich und werden den Ligurern zugesprochen. Erst in der neuern Zeit hat man Spuren ihrer Sprache auch in Ortsnamen am Rhein zu finden geglaubt, und man wird diese Ansicht nicht so leichthin abtun können (siehe unten). Natürlich kann jede Hypothese übertrieben werden. So gut wir früher eine Keltomanie gehabt haben, die überwunden ist, so gut können wir eine Liguromanie bekommen, falls wir sie nicht schon haben. Sicher aber ist das eine: vieles, was man früher als keltisch angesehen hat, ist es nicht, sondern muß einem andern Sprachstamm angehören; ob das nun in allen Fällen der ligurische oder vielleicht noch ein andrer gewesen ist, tut zunächst nichts zur Sache.[1])

§ 225. 1. **Gebirgs- und Ländernamen.** Unsere Gebirgsnamen sind zum Teil jung und deutlich ableitbar wie *Thüringerwald, Frankenwald, Schwarzwald, Fichtelgebirge*. Andere Namen sind zunächst dunkel, werden aber beim Zurückgehen auf ältere Sprachstufen erklärbar. So ist *Spessart* der *Spechtes-hart* (über *hart* s. u.), *Elm* eigentlich der *Elmen-(Ulmen-)wald*. Der Name *hart* ist in Deutschland weit verbreitet. Wir finden ihn in *Harz, Haardt* (Neustadt an der Haardt), *Spessart* und vielleicht auch in *Haarstrang*. Die Herkunft ist nicht sicher aufgeklärt. Mhd. *hart* bedeutet 'Wald', aber auch 'fester Sandboden', und daher könnte man an Ableitung von *hart* 'fest' denken. Dieser Anklang dürfte aber doch wohl täuschen. Möglicherweise steckt darin, wenn die Bedeutung 'Wald' ursprünglich ist, ein Baumname, da auch sonst die Gebirge als *Wälder* und die Wälder wieder als Wälder einer bestimmten Baumart bezeichnet werden. So haben wir *Elm*, und sehr häufig ein *Eichicht, Büchicht*, bei den Römern überliefert *silva Caesia* zu ndd. *Heister* 'Buche', *Bacenis silva* = ahd. *Buochonia* zu *Buche* und mhd. *Virgunt*, got. *fairguni* 'Gebirge' = kelt. *herkynia silva*, abgeleitet von idg. **perqw-*, lat. *quercus*, ahd. *forha* 'Eiche', also eigentlich 'Eichenwald'.

Anmerkung 1. Die letzte Etymologie, die ich Idg. Forsch. 1, 479 vertreten habe, wird immer wieder bestritten, so von WIEDEMANN, Bezz. Btr. 28, 7, UHLENBECK, Btr. 30, 273. Die lautlichen Verhältnisse sind aber ganz klar und einfach. Aus idg. **perkw* oder **perkw* wurde im Keltischen bei Antritt des *u*-Suffixes, vgl. lit. *Perkúnas*, got. *fairguni*, regelrecht **perk* und weiter *herk*.

Anmerkung 2. Den Namen des *Mährischen Gesenkes* erklärt man aus tschech. *jesenka* zu *jesen* 'Esche', also 'Eschenwald'. Doch wird dies neuerdings bestritten.

Wir finden aber auch fremde Gebirgsnamen. So leitet man den Namen der *Finne* von kelt. *pen* 'Kopf' ab.

Einige Benennungen gehen aber noch vor die keltische Besiedelung zurück. So vor allem der Name der *Alpen*. Man bringt damit folgende Namen zusammen: die *rauhe*

---

[1]) Vgl. hierzu O. WEISE, Die deutsche Ortsnamenforschung im letzten Jahrzehnt. Germ.rom. Monatsschrift 2, 433; K. v. ETT- | MAYER, Ziele und Methoden der Ortsnamenforschung, Zschr. f. d. Realschulwesen 34, 705.

Alb, Albion (alter Name von England) und die zahlreichen italischen Stückenamen *Alba*
wie *Alba longa, Alba Augusta, Albium Intermelium, Albium Ingaunum, Alba Docilis,
Alba Pompeia*. Man hat darin ein ligurisches Wort für 'Berg, Höhe' gesehen, vgl. Hirt,
Die Indogermanen 1, 46. Jedenfalls dürften die Namen zusammenhängen und demselben
Sprachstamm angehören.

Unsere Ländernamen sind zum guten Teil alte Dative Plur. von
Volksnamen. Im Mittelalter sagte man *zen Burgonden, zen Swāben* 'bei
den Burgunden, bei den Schwaben'. *Preußen* heißt nach dem Volksstamm
der alten Preußen, deren Sprache mit der litauischen und lettischen zusammen den baltischen Zweig der indogermanischen Familie bildet; *Pommern* nach dem slawischen Namen der *Pomeriani* (eigentlich 'Meer-
anwohner'); *Rügen* nach den *Rugiern*; *Böhmen* ist 'Heim der Boier',
Bayern heißt nach den *Bajuvari*. Über *Schlesien* s. o. S. 381. Alte Volksnamen stecken auch noch vielfach in den Gaunamen.

Anmerkung. Ich stelle hier noch die Fälle zusammen, in denen sich alte Völker-
namen erhalten haben. Unsicher ist, ob *Bornholm Burgunderholm* ist. *Burgund* an der
Rhone nach den *Burgunden, Lombardei* nach den *Langobarden. Jütland* nach den *Jüten.
Normandie* nach den *Normannen. Ostfriesland* nach den *Friesen. England* nach den
Angeln. Sachsen nach den *Sachsen*.

§ 226. 2. Die Flußnamen.

Literatur: Lohmayer, Beiträge zur Etymologie deutscher Flußnamen, Göttingen
1881. — Ders., Die Hauptgesetze der germ. Flußnamengebung, Kiel 1904. Nach E. Schröder
sind diese Arbeiten nur dilettantische Spielereien. — Sammlungen des Stoffes fehlen noch.
Material findet sich bei Förstemann, Altdeutsches Namenbuch Bd. 2. Orts- und sonstige
geographische Namen. Völker-, Länder-, Siedelungs-, Gewässer-, Gebirgs-, Berg-, Wald-,
Flurnamen und dergleichen. 3. völlig neu bearbeitete, um 100 Jahre 1100—1200 erweiterte
Auflage, mit Beiträgen von E. Seelmann, hrsg. von H. Jellinghaus. Bonn 1911 ff.; — ferner
Bückmann in der Zeitschrift Niedersachsen, 17. Jahrg. Nr. 8 für die Lüneburger Heide. J. v. Zahn,
Ortsnamenbuch der Steiermark im Mittelalter. A. Küßler, Die deutschen Berg-, Flur- und
Ortsnamen des alpinen Iller-, Lech- und Sannengebietes, gesammelt und erklärt, Amberg 1902.

Systematische Auseinandersetzungen bei Müllenhoff, Deutsche Altertumskunde 2. Bd.
1887. — E. Schröder, Über deutsche Ortsnamenforschung, Quedlinburg 1908 — Ders.,
Flußnamen in Hoops Reallexikon der Germanischen Altertumskunde 2. Bd. 72 ff.

Die Flußnamen bieten der Erforschung, da sie weit zahlreicher sind,
einen sehr viel reichern Stoff als die der Gebirge, aber die Untersuchung
des Gebietes in großem Maße ist noch nicht ernstlich in Angriff genommen.

Glücklicherweise liegen hier die Tatsachen sehr günstig, weil viele
Flußnamen noch ganz klar sind. Wenden wir uns zu dem romanischen
Material, so finden wir (ich benütze das Namenverzeichnis von Andrees
Handatlas 5. Auflage) 6 *Rio claro*, 19 *Rio grande*, 15 *Rio negro*, 5 *Rio
colorado*. Entsprechend gibt es 15 türkische *Kara-su*, was 'Schwarzwasser'
bedeutet. Slaw. *Reka* heißt einfach Fluß, und man hat längst angenommen,
daß der thrakische Name *Strymon* nichts anderes ist als unser deutsches
Strom. Wir kommen also auf ganz einfache Benennungen. Und so ist es
auch im Deutschen. Da man gewöhnlich in der nächsten Umgebung seines
Wohnortes nur ein oder zwei Gewässer kennt, so ist es das Nächstliegende,
dieses mit einem Ausdruck wie *Bach, Wasser* oder ähnlichem zu belegen

und diesen Allgemeinbegriff gegebenenfalls durch ein Eigenschaftswort oder ähnliches näher zu bestimmen. Da wir nun in alter Zeit mit zahlreichen Wanderungen zu rechnen haben, so ergibt sich zweierlei. Erstens Siedler, die an einen neuen Ort und ein neues Wasser kamen, nannten dieses wie das in der Heimat, woraus sich teilweise die an vielen Orten wiederkehrenden gleichen Flußnamen erklären, und zweitens, man benannte das Gewässer, und darauf hat E. Schröder nachdrücklich aufmerksam gemacht, unbekümmert darum, ob es in einem andern Teil seines Laufes schon einen andern Namen führte. Ein Fluß oder Bach wird also nur dann einen einzigen Namen tragen, wenn die Besiedelung seinem Laufe gefolgt ist. In jedem andern Fall dürfte er mehrere haben. Beispiele für doppelte Benennung sind zur Genüge vorhanden. Das bekannteste ist der Doppelname *Istros — Danuvius* für die Donau. Andere hat E. Schröder angeführt. Sicher ist die einheitliche Benennung unserer Flüsse erst ein Werk späterer Zeit. So ist es zweifellos, daß viele Benennungen unserer Gewässer verloren gegangen sind. Wir können aber diese zum Teil wiedergewinnen in den Ortsnamen.

Wenden wir uns nunmehr zu den Flußnamen.

So finden wir häufig die Bezeichnung *Wasser*.

Es gibt ein *Landwasser* zur *Albula*, ein *Klosterwasser*, 12 × *Schwarzwasser*, 2 × *Weißwasser*, ein *Kaltewasser*.

Sehr viel häufiger ist *Bach*. Bei unzähligen Dörfern heißt das vorbeifließende Wasser *der* oder *die Bach*, und sehr groß ist die Zahl der Zusammensetzungen, wie wir noch sehen werden.

Ein mhd. *klinge* 'rauschender Waldbach' hat sich ein paarmal erhalten in *Klingbach, Klingelbach, Klingental*.

Alle aber an Zahl übertrifft ein jetzt verloren gegangenes altgerm. *ahwa*, das dem lat. *aqua* entspricht. Im Deutschen erscheint das in mehreren Formen, einmal mit verschärftem *h* als *Ache*, dann mit ausgefallenem *h* als *Aa* und schließlich als *Au* aus **agwu*.

Mit der Form *Ache* verzeichnet der Atlas folgende Flüsse und Bäche: 1. zum Inn, 2. zur Mosel, 3. zum Königssee, 4. *Rauriser-*, 5. *Brixentaler-*, 6. *Gasteiner-*, 7. *Großarler-*, 8. *Große-* (zum Chiemsee), 9. *Griesler-*, 10. *Jochberger-*, 11. *Leutaschtaler-*, 12. *Ötztaler-*, *Pillersee-Ache*. Mit der Form *Ach* gibt es folgende Namen: 1. zur Donau, 2. zum Lech, 3. zur *Aitrach*, 4. zur *Blau*, 5. zum *Halblech*, 6. zum *Schussen*, 7. zum *Sinkel*, 8. zum *Staffelsee*, 9. die *Bregenzer-*, 10. die *Fuscher-*, 11. die *Kapruner-*, 12. die *Unterach*. Dazu kommen noch zwei *Aach*, eine zum Bodensee und die *Radolfzeller Aach*.

Gleichfalls zahlreich sind die *Aa*: 1. zum Greifensee, 2. zum Ley, 3. zur kleinen Nethe. 4. in Nordbrabant, 5. zur Nordsee, 6. zum Zuid.-Will.-Kanal, 7. die *Ahauser-*, 8. *Bocholter-*, 9. *Burgsteinfurter-*, 10. *Engelberger-*, 11. *Halverder-*, 12. *Herster-*, 13. *Hopster-*, 14. *Ibbenbürer-*, 15. *Kurländer-*, 16. *Livländer-*, 17. *Münstersche-*, 18. *Sarner-*, 19. *Versmolder-*, 20. *Weerijs-*, 21. *Westfälische Aa*.

Die dritte Form *Au, Aue* findet sich in folgenden Fällen: 1. zum Barstaler Tief, 2. zur Fuse, 3. zur Ilmenau, 4. zur Lühe. 5. zur Oste, 6. bei Osterwieck, 7. zur Save, 8. zur Weser.

Unaufzählbar sind nun die Zusammensetzungen mit diesem Wort. Man kann im allgemeinen. annehmen, daß die Flüsse und Bäche auf *-a, -ach, -au* hierher gehören, wie *Schwarza, Schwarzach. Ilmenau, Fulda, Partnach*.

Mit diesen Elementen ist eine große Anzahl von Flußnamen gebildet. Es fragt sich nun, womit diese Elemente zusammengesetzt sind. Ehe ich den Stoff gebe, muß ich zweierlei bemerken. Erstens, das Element *-a* ist sehr häufig zu *e* geschwächt worden und zum Teil ganz geschwunden, so daß scheinbar gar keine Zusammensetzung vorliegt, und zweitens, zahlreiche Fluß- oder Bachnamen haben sich als solche nicht erhalten, stecken aber in Ortsnamen. Ein Ort *Lauterbach* hat seinen Namen, weil er *am Lauterbach* lag. Ich halte mich daher für berechtigt, in einzelnen Fällen, wo die Flußnamen fehlen, die Ortsnamen heranzuziehen.

Zuerst suchen wir nach romanischem Vorbild in den Flußnamen Farbenbezeichnungen.

Wir finden: *Schwarz*: 5 *Schwarza*, 7 *Schwarzach*, 2 *Schwarzau*, 10 *Schwarzbach*, 1 *Schwarzenbach*, 12 *Schwarzwasser*. — *Weiß*: 1 *Weißa*, 3 *Weißach*, 5 *Weißbach*, 4 *Weißenbach*, 2 *Weißwasser*. — *Lauter*, ahd. *hlūtar* 'rein, klar': 7 *Lauter*, 6 *Lauterbach*; dazu unzählige Ortsnamen. — *Rot*: 2 *Rotbach*, 5 *Roterbach*, 3 *Rothbach*, 1 *Rothau*, 1 *Rothach*, 1 *Rotwasser*, 1 *Röthelbach* und 6 *Roth*. — *Blau: Blau* z. Donau. — *Finster*: 1 *Finsterbach*. — *Gelb*: 1 *Gelbach*. — Dann kommen die Begriffe *kalt* und *warm*; *warm*: 2 *Warme*, 1 *Warmenau*, und außerdem *Warme Bode, Warme Mandling, Warme Moldau*. — *Lau*: 1 *Laubach* und viele Ortsnamen — *Kalt*: 1 *Kalten-Bach*, 1 *Kalter Bach*, 1 *Kalte Wasser*, *Kalte Bode, Kalte Mandling, Kalte Moldau*. — *Kühl*: 2 *Kühlbach* als Ortsname.

Sehr häufig sind auch die Zusammensetzungen mit Baumnamen: *Holz*: 2 *Holzbach*, 1 *Holzemme*. — *Birke*: 1 *Berka*, 1 *Berkach*. — *Buche*: 1 *Buchbach*, 1 *Buchenbach*, 1 *Buchebach*. — *Eiche*: 2 *Eichelbach*, 1 *Aich, Aichbach* (Ortsname). — *Else*: 2 *Else*, *Elsbach* (Ortsname). — *Erle*: 1 *Erle*, 5 *Erlenbach*, 1 *Erlbach*, 2 *Erlau*. — *Esche*: 1 *Eschen, Eschenbach* (Ortsname). — *Hasel*: 3 *Hasel*, 1 *Haslach*, 1 *Haßlach*, 5 *Haselbach*. — *Ilm*: 1 *Ilm*, 1 *Ilme*, 1 *Ilmenau*, 2 *Elm*. — *Lenne* ‚Ahorn': 2 *Lenne*. — *Linde*: 1 *Linde, Lindenbach* (Ortsname). — *Rohr*: 1 *Rohrbach*. — *Weide*: 3 *Weide*, 3 *Weida*, 3 *Weidbach*, 1 *Weidenbach*. — *Wid* 'Holz': 1 *Wied*, 1 *Wieda*, 2 *Wiedau*. — Dazu kommen ferner noch: *Salz*: 3 *Salza*, 1 *Salzach*, 4 *Salzbach*, 1 *Salzböde*, 3 *Saal*. — *Sauer*: 2 *Sauer*, 2 *Sauerbach*, 2 *Suer*. — *Breit*: *Breitenbach* (als Ortsname häufig). — *Feld*: 2 *Felde*, 1 *Feldbach* und mit Ablaut *Fulda*.

Weiter haben wir Zusammensetzungen mit Tiernamen wie *Auerbach, Fischbach, Hirzbach, Hundsbach, Katzbach, Kälbersbach, Marbach (March), Meisebach, Ottersbach, Rosbach* und natürlich auch mit Personennamen.

Zu den deutbaren Bestandteilen kommt aber, da unsere Namen zum Teil sehr alt sind, auch Dunkles, das sich zum Teil durch die Sprachwissenschaft wird aufklären lassen, zum Teil aber für immer dunkel bleiben wird. Not tut vor allem eine vollständige Sammlung des Stoffes.

Wenn man so die deutbaren Flußnamen zusammenstellt, so kommt man zu gewissen sehr einfachen Grundgesetzen, und diese wird man auch bei den unklaren Namen anwenden dürfen. Auch bei den Flußnamen, die nicht sofort klar sind, tritt uns die weite Verbreitung gewisser Namenelemente entgegen. Außer der zur Nordsee fließenden *Elbe* gibt es noch eine zur Eder, einen *Elb-Bach* und einen *Elbing*. Die uns zugängliche Bedeutung ist jedenfalls 'Fluß', denn im Schwedischen tritt uns *elf* in derselben Verwendung wie im deutschen *Ache, Aa* entgegen, vgl. *Göta-, Dal-, Torneå-, Luleå-, Piteå-, Umeå-, Ångerman-, Indals-, Ljusne-elf.* Trotzdem ist auch bei dieser Sachlage nicht ausgeschlossen, daß die ursprüngliche Bedeutung eine andere war, nämlich die von 'weiß', und daß das Wort zu lat. *albus* 'weiß', gr. ἀλφός (*alphós*) gehört. Hierher wohl auch gr. Ἀλφεῖος (*Alphéos*).

Ebenso ist es ansprechend, wenn man den Flußnamen *Iser* (*Isar* bei München, *Iser* Nebenfluß zur Elbe, *Isère* in Frankreich) zu dem idg. Adjektivum *isarós, isara* 'schnell, kräftig' (gr. ἱερός, *hierós*) stellt. Als Maskulinform könnte auch der alte Name der Donau *Istros* dazugehören.

Bei der Beurteilung derartiger weitverbreiteter Namen darf man nicht ohne weiteres fremden Ursprung annehmen. Wenn der Name *Albis* auch in Frankreich vorkommt, so kann er dorthin von Germanen gebracht sein. Da wir den Namen auch in Schweden finden, so ist an dem echt germanischen Ursprung nicht zu zweifeln, und wenn gr. Ἀλφεῖος (*Alphéos*) verwandt ist, so hätten wir es mit einem uralten indogermanischen Namen zu tun.

Ähnlich wie mit *Aube* (Albis) steht es vielleicht mit dem Namen *Rhin* in der Mark. Man kann sehr wohl vermuten, daß dieser erst von den niederländischen Kolonisten so benannt ist.

Außer einer Reihe von Flußnamen auf deutschem Boden, die ihrer Herkunft nach nicht näher zu bestimmen sind, haben wir drei Gruppen fremder Namen zu unterscheiden.

a) Die keltischen Flußnamen. Diese treffen wir in einem großen Teil von Süd- und Nordwestdeutschland. Man schließt dies daraus, daß die gleichen Namen, die wir hier finden, auch auf dem von Kelten besetzten Boden Frankreichs wiederkehren. Vgl. MÜLLENHOFF, Deutsche Altertumskunde 2, 218 ff. Bei *Rhein* trägt die älteste Form *Rhēnus* keltische Lautgebung, die Form *Sieg,* alt *Sigina* setzt Müllenhoff = *Sequana*. *Tauber* ist keltisch *dubra* 'Wasser' Eine *Ruhr* fließt auch als Nebenfluß zur *Maas*. Denselben Namen wie die *Nidda* tragen die *Nied* in Lothringen, ein Nebenfluß der *Saar* und der *Nith* bei Dumfries in Schottland usw.

Vielleicht haben wir es bei einigen dieser nichtgermanischen Namen nicht mit keltischen Benennungen zu tun, sondern mit denen einer vorkeltischen Urbevölkerung. Zu dieser Annahme gelangt man, erstens weil die Namen auch aus keltischem Sprachgut nicht immer deutbar sind, zweitens weil einige auch auf nichtkeltischem Gebiet vorkommen. Ob und wieviel auf das Geschlecht zu geben ist, vermag ich nicht zu bestimmen. Wir sagen *der Rhein, der Main, der Neckar,* aber *die Elbe, die Weser.* Aber auch die echt keltischen Flußnamen hatten eigentlich weibliches Geschlecht, vgl. *Sequana*. Demnach könnten die männlichen Flußnamen auf eine noch ältere Schicht hinweisen. Man sieht darin jetzt gern ligurische Sprachreste, und ich stehe dieser Auffassung durchaus nicht ablehnend gegenüber. Eine Sammlung der Namen (auch der Ortsnamen), die aus dem Ligurischen stammen könnten, bietet FR. CRAMER, Rheinische Ortsnamen aus vorrömischer und römischer Zeit S. 5 ff. Einige Beispiele mögen die Verbreitung dieser Flußnamen veranschaulichen. „Die *Moder,* Nebenfluß des Rheins, alt *Matra,* sowie die *Metter* (ebenfalls *Matra*), welche der württembergischen Enz zuströmt, entsprechen dem piemontesischen Bach- und Ortsnamen *Madro* sowie der *Matrona,* dem alten Namen der *Meyrone* bei Aix en Provence und ferner einer Quelle am M. Genèvre. Ebenso hieß bekanntlich die *Marne,* Nebenfluß der Seine.“ Cramer S. 12. „Die *Thur,* Nebenfluß der Ill — aus **Dura* — hat wohl denselben Namen wie die piemontesischen *Dora* (alt *Dura*) *Baltea* und *Dora*

Riparia. Zu vergleichen sind die Schweizer *Thur,* der spanisch-portugiesische *Duero* bezw. *Douro,* vielleicht auch der alte Name der *Dordogne: Durononia.*“

Aus der Verbreitung dieser und anderer Namen scheint mir hervorzugehen, daß wir es nicht mit keltischem Sprachgut zu tun haben, sondern mit Namen, die von einem andern Volk herrühren. Ob wir dieses nun Ligurer oder sonstwie nennen, ist zunächst ziemlich gleichgültig. Die Hauptsache ist, daß man auf diesem Gebiet vergleichend vorgeht. Die Frage ist übrigens bei weitem noch nicht geklärt und bedürfte einer gründlichen Untersuchung.

b) Die slawischen Flußnamen. Die Slawen sind bekanntlich nach der Völkerwanderung nach Deutschland eingewandert und bis über Elbe und Saale, ja auch nach Nordbayern vorgedrungen. Während die großen Flüsse, wie *Elbe, Saale, Oder,* ihre Namen behielten, haben sie die kleinern selbständig benannt. In Ostdeutschland ist also vieles slawisch, so bei Leipzig die *Pleiße,* die *Ritschke* (slaw. *rička* ‘Flüßchen’) usw. Ebenso *Swine, Peene, Diwenow,* der *Boberfluß* usw.

c) Im alten Preußenlande saß der baltische Sprachzweig und daher tragen hier die Flußnamen zum Teil baltisches Gepräge, wozu z. B. die Namen auf *-ap* zu rechnen sind.

Überblickt man unser deutsches Sprachgebiet in bezug auf die Flußnamen, so bleibt nur ein verhältnismäßig kleines Gebiet für die echt deutschen Namen übrig, nämlich das Flußgebiet der *Weser, Fulda, Elbe, Oder.* Diese Flüsse und ein Teil ihrer Nebenflüsse sind deutsch benannt, und sie lehren uns demnach die ursprünglichen Sitze der Germanen kennen. Abzusehen ist natürlich von den kleinen Flüßchen und Bächlein, die ihren Namen später erhalten haben.

§ 227. 3. Die Ortsnamen. Die ganze Fülle der eigentlichen Ortsnamen auch nur annähernd zu erläutern, ist unmöglich. Es kann sich nur darum handeln, einige allgemeine Bemerkungen zu geben und die Grundgesetze der Bildung klarzustellen.

Die Literatur über die Ortsnamenforschung ist unübersehbar, und ich muß mich darauf beschränken, eine Anzahl der wichtigsten Schriften zu verzeichnen. Eine vollständige Bibliographie zusammenzustellen ist mir nicht möglich.

Anmerkung. Unter den folgenden Schriften befinden sich sehr verschiedenartige, mehr oder minder wertvolle. Man tut gut, an jede Schrift über Ortsnamen zunächst mit einem gewissen Mißtrauen heranzutreten, jedenfalls auf die einzelnen Deutungen nicht allzuviel zu geben. Die ältern Schriften bis 1879 sind bei VON BAHDER, Die deutsche Philologie im Grundriß S. 151 ff. verzeichnet. Für die spätere Zeit bietet dann der Jahresbericht für germanische Philologie Jahr für Jahr eine Zusammenstellung, in der auch die Besprechungen der Schriften verzeichnet sind.

E. W. FÖRSTEMANN, Altdeutsches Namenbuch, s. o. S. 361. — E. W. FÖRSTEMANN, Die deutschen Ortsnamen, Nordhausen 1863; die einzige umfassende und noch immer brauchbare Gesamtdarstellung; S. 9 ff. eine reichhaltige Bibliographie. — W. ARNOLD, Ansiedelungen und Wanderungen deutscher Stämme zumeist nach hessischen Ortsnamen, 2. unveränderte Auflage, Marburg 1881. — F. CRAMER, Rheinische Ortsnamen aus vorrömischer und römischer Zeit, Düsseldorf 1901 (mit gutem Material). — O. HEILIG, Die Ortsnamen des Großherzogtums Baden gemeinfaßlich dargestellt, Karlsruhe [1906]. — H. JELLINGHAUS. Die westfälischen Ortsnamen nach ihren Grundwörtern, Kiel und Leipzig 1896. — P. VOGT, Die Ortsnamen auf *-scheid* und *-auel* (*ohl*), Programm Neuwied 1895. — K. DAMROTH, Die älteren Ortsnamen Schlesiens, ihre Entstehung und Bedeutung; mit einem Anhange über die schlesisch-polnischen Personennamen; Beuthen O.-S. 1896. — P. CASSEL. Über Thüringische Ortsnamen; Abdruck aus den wissenschaftlichen Berichten der Erfurter Akademie; I Erfurt 1856, II Erfurt 1858. — J. MIEDEL, Oberschwäbische Orts- und Flurnamen, Memmingen 1906. — W. STURMFELS, Die Ortsnamen Hessens; etymologisches Wörterbuch der Orts-, Berg- und Flußnamen des Großherzogtums Hessen; Rüsselsheim a. M. [1902]. — J. STUDER, Schweizer Ortsnamen; ein historisch-etymologischer Versuch; Zürich 1896. — A. VON JAKSCH, Über Ortsnamen und Ortsnamenforschung mit besonderer Rücksicht auf Kärnten, Klagenfurt 1891. — A. ACHLEITNER, Tirolische Namen; Handbuch zur Namendeutung; Innsbruck 1901. — VAL. HINTNER, Die Stubaier Ortsnamen mit Einschluß der Flur- und Gemarkungsnamen, Wien 1902. — A. SCHUMM, Unterfränkisches Orts-Namen-Buch, 2. Auflage, Würzburg 1901. — THEODOR IMME, Die Ortsnamen des Kreises Essen und der angrenzenden Gebiete, Essen-R. 1905. — G. HEEGER, Die germanische Besiedelung der Vorderpfalz an der Hand der Ortsnamen, Programm des Gymnasiums Landau, 1900. — P. VOGT, Die Ortsnamen auf *-seifen*, *-siefen*, *-siepen*, *-siek*, *-seih*: Programm des Wilhelmsgymnasiums Kassel, 1900. — J. LEIT-HÄUSER, Bergische Ortsnamen, Elberfeld 1901. — K. SCHULZE, Die Ortsnamen des anhaltischen Harzes, Zeitschrift des Harzvereins 20, 149—239. — W. STURMFELS, Die Ortsnamen Hessens; Etym. Wörterbuch der Orts-, Berg- und Flußnamen des Großherzogtums Hessen; 2. Auflage, Weinheim 1910. — P. HEFFTER, Ursprung und Bedeutung der Ortsnamen im Stadt- und Landkreis Breslau, Breslau 1910. — P. DOHM, Holsteinische Ortsnamen, Ztschr. d. Gesellsch. f. schleswig-holst. Geschichte 28, 109—235. — AUG. KÜBLER, Die deutschen Berg-, Flur- und Ortsnamen des alpinen Iller-, Lech- und Sennengebiets, Amberg 1909. — S. RIEZLER, Die bayrischen und schwäbischen Ortsnamen auf *-ing* und *-ingen* als historische Zeugnisse; SB. d. bayr. Akad. d. Wiss. 1909, 2, 1—60. — O. BEHAGHEL. Die deutschen *Weiler*-Orte; Wörter und Sachen. 2, 1 ff.

Was die Deutung der Ortsnamen betrifft, so treten uns natürlich die gleichen fremden Elemente entgegen wie die, die wir bei den Flußnamen kennen gelernt haben. Auch die Ortsnamenforschung trägt in ganz hervorragendem Maße zur Aufhellung der ältesten Geschichte unseres Landes bei.

1. Im Westen haben wir römische, vorrömische, d. h. keltische und ligurische Ortsnamen.

Römische Namen werden nicht allzu häufig sein, denn die Römer kamen ja in kein unkultiviertes Land, sondern in ein Gebiet, dessen Besiedelung verhältnismäßig weit fortgeschritten war. Wo sie neue Siedelungen anlegten, wird es sich hauptsächlich um militärisch wichtige Punkte, Straßenkreuzungen, Brückenköpfe usw. gehandelt haben.

So finden wir *Augusta Rauracorum* (Augst bei Basel), *Castellum* (Kastel bei Mainz), *Colonia Augusta Treverorum* (Trier), *Colonia Claudia Augusta Agrippinensis* (Köln), *Confluentes* (Koblenz), *Taberna*, *Tabernae* (Zabern).

Sehr viel zahlreicher sind die keltischen Namen. Ihre ursprüngliche Form ist zwar oft nicht überliefert, sie kann aber mit Sicherheit erschlossen werden. Ich muß es unterlassen, auf diesem immerhin zweifelhaften Gebiet, auf dem man nur mit reichem Material etwas beweisen könnte, einzelne Punkte anzuführen, und verweise auf die Schrift von FR. CRAMER, Rheinische Ortsnamen S. 41 ff., die viel Beispiele bietet.

Nur einen Punkt möchte ich herausheben.

Zu den Namen fremden Ursprungs, die eine hohe kulturgeschichtliche Bedeutung haben, gehört auch *Hall*. V. HEHN hat diesem Ortsnamen in seiner kleinen Schrift 'Das Salz', 2. Auflage, 1901, S. 50, eine eingehende Untersuchung gewidmet. Es ist merkwürdig, daß in Deutschland die Flüsse vielfach mit *Sal*- gebildet werden, die daran liegenden Salzsiedestätten aber *Hall* heißen; ich erinnere an *Reichenhall*, *Hall* bei Innsbruck, *Salzliebenhall*, *Hall* am Kocher, *Hall* bei Admont an der Ens, *Herzogenhall* bei Kremsmünster, *Niederhall* im Hohenloheschen, *Hal* an der Semme in der Grafschaft Hennegau, *Friedrichshall* und schließlich *Halle* a. d. Saale. Daß das Wort Salzsiedestätte bedeutet, ist ganz sicher. Schon althochdeutsch kommt *halhūs* 'Saline' und *halgräve* vor.

Die meisten neuern Etymologen suchen darin das deutsche Wort *die halle*, Hehn aber vertritt nach Schmeller den Standpunkt, daß darin ein Wort für Salz vorliegt. Nun läßt sich *hal* ohne Schwierigkeiten auf *sal* zurückführen, wenn man den Übergang des *s* in *h* annimmt. Dieser Übergang liegt im Griechischen vor und im Britannischen, einer Mundart des Keltischen, und daraufhin erklärte Hehn das Wort für keltisch. Nun ist freilich der Übergang von *s* zu *h* nicht allgemein keltisch und vor allem, wie es scheint, bei den festländischen Kelten noch gar nicht belegt (vgl. THURNEYSEN, Keltoromanisches S. 25), aber dieser Punkt kann uns nicht veranlassen, von der Hehnschen Ansicht gänzlich abzugehen. Sie wird nur so lange sehr unsicher bleiben, als nicht in andern Fällen Spuren dieses Lautwandels nachgewiesen sind. Immerhin scheint sie mir doch wahrscheinlicher zu sein als die Ableitung des Wortes von *Halle*. Wenn nun auch das Wort fremden Ursprungs sein sollte, so ist nicht daraus zu schließen, daß alle die genannten Orte keltischen Ursprungs sind. Im Bayerischen bedeutet *Hall* eben Salz. Wir finden dort *Hall-asch* 'Salzschiff', *Hallfahrt* 'eine Fahrt oder Transport Salz auf der Salzach', *Hallforst* 'Forst, der zu einer Saline gehört', *Hallgraf* u. a., und es können daher neue Salzsiedestätten *Hall* benannt sein, als die fremde Sprache, aus der es entlehnt war, gar nicht mehr bestand.

Schließlich haben wir bei den Ortsnamen auch noch die vorkeltische, wenn man will, die ligurische Sprache ins Auge zu fassen, und bei den Ortsnamen liegen nun augenscheinlich ligurische Namen auch in Deutschland vor. Der französische Forscher ARBOIS DE JUBAINVILLE hat in seinem Buche Les premiers habitants de l'Europe, 2. Auflage, Paris 1894, das Suffix *-asc-*, *-usc-*, *-osc-* für ligurisch in Anspruch genommen, und man hat ihm in diesem Punkte ziemlich allgemein beigestimmt. Namen mit diesem Suffix kommen nun auch in Deutschland z. B. in der Eifel vor. Dort begegnet uns 762 *Carouuascus* und in einer Urkunde, die zwischen 861 und 884 fällt, *villa Carasco*. Weitere Fälle bei Cramer S. 5 ff. Ferner dürfte der Name *Worms*, älteste Form *Bormitomagus*, ligurisch sein, da sich der Stamm *Borm* sehr häufig auf ligurischem Sprachboden findet. Vgl. Cramer S. 9.

Man sieht, es stecken in den Ortsnamen ganz verschiedene Elemente, und man kann dabei auf allerlei Überraschungen gefaßt sein.

2. Im Süden haben vor allem die tirolischen Forscher viel zur Erklärung ihrer Ortsnamen beigetragen. Ich erwähne nur, daß man in Tirol alte etruskische Namen finden zu können geglaubt hat. Doch ist das meiste echt romanisch. Dagegen hat man neuerdings alte illyrische Namen mit einiger Wahrscheinlichkeit festgestellt.

Anmerkung. Vgl. FR. STOLZ, Linguistisch-historische Beiträge zur Paläo-Ethnologie von Tirol, aus Beiträge zur Anthropologie von Tirol, 1894, S. 1 ff. — FR. STOLZ, Zur alttirolischen Ethnologie, 1894—1904, Ferd.-Zeitschrift 3. Folge 48. Heft S. 143 ff. — A. WALDE,

Über die Grundsätze und den heutigen Stand der nordtirolischen Ortsnamenforschung, Innsbruck 1901, Wagner. — A. WALDE, Die Besiedelung Tirols durch illyrische Stämme; Mitteilungen der K. K. Geographischen Gesellschaft 1898, 477 ff.

3. Im Osten herrschen in der Hauptsache die slawischen Namen, die ja meistens recht deutlich in die Ohren fallen. Ob darunter eine noch ältere Schicht verborgen ist, läßt sich zurzeit noch nicht sagen. Die Arbeiten über die slawischen Ortsnamen sind sehr zahlreich, zum Teil aber von Leuten geschrieben, die das Slawische nur notdürftig beherrschen und ihre Kenntnisse meist aus den Wörterbüchern beziehen. Wir besitzen aber auch eine Reihe vortrefflicher Werke, aus denen sich sehr viel für die Wanderungen und Verbreitung der Slawen lernen läßt.

Anmerkung. Ich führe hier nur die wichtigsten Schriften an: A. BRÜCKNER, Die slawischen Ansiedelungen in der Altmark und im Magdeburgischen, Leipzig 1879; vortreffliche Arbeit. — E. MUCKE, Di\slawischen Ortsnamen der Neumark; Sonderabdruck aus den Mitteilungen des Vereins für C schichte der Neumark, Landsberg a W. 1898; zuverlässig. — P. KÜHNEL, Die slawischen Ortsnamen in Mecklenburg; Jahrbuch des Vereins für Mecklenburgische Geschichte, 1880. — P. KÜHNEL, Die slawischen Ortsnamen in Mecklenburg-Strelitz; I. Gymnasialprogramm Neubrandenburg, 1881; II. Die slawischen Flurnamen in Mecklenburg-Strelitz, ebenda 1883. — P. KÜHNEL, Die slawischen Orts- und Flurnamen der Oberlausitz, Heft 1—5; SA. aus dem Neuen Lausitzischen Magazin 66; 67; 69; 70; 71; 73. — P. KÜHNEL, Die slawischen Orts- und Flurnamen im Lüneburgischen I; SA. aus der Zeitschrift des historischen Vereins für Niedersachsen. — O. VOGEL, Slawische Ortsnamen der Prignitz; Programm des Realgymnasiums Perleberg, 1904. — BRONISCH, Die slawischen Ortsnamen in Holstein und im Fürstentum Lübeck, Sonderburg 1901—1903. — G. WEISKER, Slawische Sprachreste, insbesondere Ortsnamen, aus dem Havellande und den angrenzenden Gebieten I; Rathenow 1890. — HEY, Die slawischen Ortsnamen des Königreichs Sachsen; Programm der Realschule Döbeln, 1883. — O. WEISE, Die slawischen Ansiedelungen im Herzogtum Sachsen-Altenburg; Programm des Gymnasiums Eisenberg, 1883. — IMMISCH, Die slawischen Ortsnamen in der südlichen Oberlausitz; Programm des Gymnasiums in Zittau, 1874. — Derselbe, Die slawischen Ortsnamen im Erzgebirge; Programm, Annaberg 1866. — HEY, Die slawischen Ortsnamen von Lauenburg, 1888. — BEYERSDORF, Slawische Streifen (Orts- und Flurnamen, hauptsächlich in Pommern); Beilagen zur baltischen Monatsschrift, 10 Hefte bis 1884. — HOPPE, Ortsnamen der Provinz Preußen, 8 Teile, Königsberg 1873 ff.; in der Altpreußischen Monatsschrift. — HOPPE, Ortsnamen des Regierungsbezirks Gumbinnen (deutsche, polnische, litauische); Programm von Gumbinnen, 1875. — KETRZYŃSKI, Die polnischen Ortsnamen in den Provinzen Preußen und Pommern, Lemberg 1879.

Die Bildung der slawischen Ortsnamen beruht auf denselben Grundgesetzen wie die der deutschen (siehe unten). Wir finden entweder Appellative oder Ableitungen von Personennamen. Zu letztern gehören vor allem die zahlreichen Namen auf *-itz, -ow, -an, -in*. Grundlegend für die Erklärung waren die beiden Arbeiten von MIKLOSICH, Die Bildung der Ortsnamen aus Personennamen, Die slawischen Ortsnamen aus Appellativen I. II. In den Abhandlungen der Wiener Akademie 1865, 1872, 1874.

Wenn man den Lauf der Elbe zugrunde legt, so ist östlich derselben sehr viel slawisch. Über die Elbe selbst sind die Slawen im Norden und im Süden herübergegangen. Im Norden saßen sie im Lüneburgischen, im sogenannten hannoverschen Wendland, im Süden waren sie bis an die Saale vorgedrungen. Die Gegend um Magdeburg dagegen blieb mit geringen Ausnahmen frei von slawischen Siedelungen.

Auf deutschem Boden finden wir verschiedene slawische Stämme, die in zwei große Gruppen geteilt werden können, eine nördliche, der heute noch das Polnische angehört, und eine südliche, zu der das Sorbische in der Lausitz gerechnet wird. Dementsprechend gehören auch die Ortsnamen einem der beiden Sprachstämme an, und es ist nicht allzu schwer die Grenzen zu ziehen. Jedenfalls hat die Erforschung der slawischen Ortsnamen recht Beträchtliches dazu beigetragen, die vorgeschichtlichen Wanderungen der slawischen Stämme aufzuhellen.

4. Im fernsten Osten unseres Vaterlandes, in der Provinz Preußen, finden wir schließlich Namen, die von den alten Preußen und Litauern herrühren.

5. Die deutschen Namen. Die meisten Ortsnamen in Deutschland sind aber nun doch deutschen Ursprungs. Was ihre Bildung betrifft, so kann man im wesentlichen zwei Arten unterscheiden.

a) Eine überaus große Anzahl ist nach Personen benannt. Die alten Deutschen wohnten in einzelnen Höfen oder in Dörfern, und es ist aller Wahrscheinlichkeit nach anzunehmen, daß in einem Dorfe meistens die Angehörigen einer Sippe lebten. Doch kann natürlich das Dorf nach dem einen genannt sein, der dort die größte Besitzung hatte. Hierher gehören zunächst die Namen auf *-ingen*, namentlich im alemannischen Gebiet, denen die auf *-engo* in Oberitalien, *-inges* in Savoyen, *-ange* in Limousin entsprechen. Heilig sagt S. 80, es gäbe davon mehr als 230. Die Namen auf *-ingen* sind eigentlich Dative Pluralis und bedeuten 'bei den Leuten des x', also *Eppingen* 'bei den Leuten des *Eppo*', *Gundlingen* 'bei den Leuten des *Gundilo*'.

Weiter enthalten zahlreiche Zusammensetzungen im ersten Gliede einen Personennamen, so die auf *-heim*, z. B. *Handschuhsheim* 'Heim des *Hantskoh*', *-husen*, *-hausen (Germershausen)*, *-dorf*, *-hofen*, *-höfen*, *-reut*, *-rode*, *-riet*, *-statt*, *-statten*, *-wang*, *-wangen*, *-leben* usw.

Man wird immer gut tun, in dem ersten Gliede zweistämmiger Ortsnamen zunächst einen Personennamen zu suchen.

b) Eine andere weniger zahlreiche Gruppe ist einfach nach der Örtlichkeit benannt.

R. Kögel hat Btr. 14, 95 ff. eine Reihe derartiger Namen zusammengestellt. Vielfach stehen diese Ortsnamen im Dativ-Lokativ, und dieser hat sich auch nicht selten als Nominativ festgesetzt. So haben wir heute noch: *An-der-matt, Am-steg, Im Haag*. Bei andern ist der Dativ ohne Präposition verwendet worden und dann zum Nominativ geworden, so *Achen* von *ahwa*, *Baden* von *Bad*, *Wiesbaden* 'bei den guten Bädern', *Laufen, Bergen, Stetten*, eig. *ze den Stetten* (ad locos) und schließlich steht auch der Nominativ des Grundwortes, zum Teil mit hinzugefügten Adjektiven: *Breitenbronn*, *Kaltenbrunn, Beiten-au, Moos, Todtmoos, Brühl, Spring*.

c) Während es unmöglich ist, die ersten Glieder der zweistämmigen

Ortsnamen auch nur andeutend zu behandeln, ließe sich über die häufig wiederkehrenden zweiten Bestandteile, in denen recht viel altes verlorenes Sprachgut steckt, mehr sagen. Förstemann in seinen deutschen Ortsnamen S. 26 hat die Grundwörter zusammengestellt, und ich hätte gern auch hier eine Liste des Wichtigsten gegeben. Aber ohne eine genaue Kenntnis der Lautveränderungen jedes einzelnen Dialektes, in dem der betreffende Name vorkommt, würde man sehr leicht auf falsche Wege geraten, und ich muß daher verzichten, diese Elemente hier zu besprechen. Auch in diesem Falle kann nur die lokalgeschichtliche Untersuchung einsetzen. Ich beschränke mich daher darauf, die allgemeinen Ausdrücke zu erklären.

Schon bei den Indogermanen muß es feste Niederlassungen, sagen wir Burgen, gegeben haben, wie eine alte im Germanischen allerdings verloren gegangene Gleichung beweist. Griechisch πόλις (*pó'is*) 'Burg' kehrt im Indischen als *pūr* 'befestigter Platz, Burg', im Litauischen als *pilis* 'Burg, Schloß' wieder. Bei den Germanen tritt dafür *Burg*, ahd. *burg*, e. *borough*, got. *baúrgs* ein, das als zweites Glied in einer Reihe alter Städtenamen *Straßburg, Regensburg, Augsburg, Magdeburg, Naumburg, Hamburg* auftritt und auch in England und Skandinavien so erscheint. Man stellt es entweder zu *Berg* oder zu *bergen*. Doch ist letzteres mir weniger wahrscheinlich. Griechisch πύργος (*pýrgos*) kann, da die Lautverschiebung mangelt, nicht unmittelbar verwandt sein. Vielleicht ist es aber im Griechischen ein Fremdwort. — Alt ist auch *Dorf*, ahd. *dorf*, e. *thorp*, got. *þaúrp* 'Bauland, Feld'. Man stellt es zu lat. *trabs* 'Balken', osk. *trííbúm* 'Gebäude', ir. *treb* 'Dorf', lit. *trobà* 'Gebäude'. Auf niederdeutschem Gebiete erscheint es in Eigennamen umgestaltet zu *druf, trup*. — *Stadt*, ahd. *stat* 'Stätte, Stelle', got. *staþs* 'Stätte, Stelle, Raum, Gegend'. Unsere jetzige Bedeutung entwickelt sich erst im Mittelhochdeutschen. — *Flecken*, dasselbe wie *Fleck*, tritt erst im 15. Jahrhundert in unserer Bedeutung auf. — *Weiler*, ahd. *wīlari* in Ortsnamen, stammt aus mlat. *villare* 'Gehöft', abgeleitet von *villa*, das gleichfalls entlehnt in Ortsnamen wie *Rottweil, Petterweil* fortlebt. Vgl. dazu Behaghel a. a. O. — *Ort* heißt eigentlich 'Spitze, Ecke, Ende' und hat seine jetzige hauptsächlichste Bedeutung recht spät erhalten.

d) Die Ortsnamenforschung ist, wie wir schon aus dem bisher Angeführten erkennen können, von außerordentlicher Wichtigkeit. Lehrt sie uns doch z. B., welche Völker auf dem Boden unseres Vaterlandes einst gesessen haben und wie weit sie verbreitet waren. Derselbe Wert kommt auch den germanischen Namen in jetzt nicht mehr deutschen Gebieten zu. Auch hier lehrt die Namenforschung manches über die einstige Ausdehnung der deutschen Sprache. Auf der andern Seite belehren uns die Ortsnamen über die Besiedelung Deutschlands selbst, wenn man sie nur richtig aufzufassen versteht.

Deutschland besaß in alter Zeit viel mächtigere Wälder als jetzt. Als die Bevölkerung wuchs, drang man in dieses Gebiet vor. Man rodete; und die Orte tragen davon ihren Namen. Daher finden wir im Harz und Vorharz die große Zahl der Namen auf *-rode*, die mit einem Personennamen zusammengesetzt sind: *Wernigerode, Elbingerode, Gernrode*. Bei genauer Untersuchung lehren die Personennamen auch noch, woher diese Ansiedler gekommen sind. In andern Gegenden finden wir ein gleichbedeutendes Element, aber in andrer Form, so *-reut, -reit, -ried, -roit, -rijt*,

-*reyt*; 'den Wald vernichten' heißt im Mhd. *den walt swenden*; *swenden* ist das Kausativum zu *schwinden*, heißt also 'schwinden machen', heute noch erhalten in *verschwenden*. Zahlreiche Ortsnamen zeugen noch von dieser Tätigkeit des Mittelalters. So finden wir *Molmers-schwende*, Bürgers Geburtsort, und die zahlreichen *Schwands* und *Schwends* in der Schweiz. Anderswo brannte man den Wald nieder und nannte den Ort *Brand*.

Wo wir Ortsnamen finden, die verschiedenen Sprachen angehören, muß man die Lage der einzelnen Orte genau beachten. Bei Leipzig springt die Verschiedenheit der Siedelungsweise sofort in die Augen. Überall an den Flußläufen liegen die slawischen Niederlassungen, die nicht nur an den Namen, sondern auch an der Bauart zu erkennen sind. Bekanntlich bauten die Slawen ihre Dörfer so, daß sie sich an den Fluß oder den Sumpf anlehnten, um dadurch Schutz zu haben. So haben wir denn *Gohlis*, *Möckern*, *Wahren*, *Lützschena*, *Quasnitz*, *Modelwitz*, *Papitz*, *Schkeuditz* an der Elster; an der Parthe liegen *Mockau*, *Portitz*, *Plausig*, *Seegeritz*, *Taucha*. Nur vereinzelt haben wir zwischen ihnen auch deutsche Namen. Abseits vom Flusse liegen dagegen *Lindenthal*, *Breitenfeld*, *Zweinaundorf*, *Sommerfeld*, *Borsdorf*, *Engelsdorf*, *Baalsdorf*, *Holzhausen*, *Zuckelhausen*, *Seifertshain*, *Albrechtshain*, *Wolfshain*, *Fuchshain*, *Eicha*, *Naunhof* usw. Es wird sich leicht nachweisen lassen, daß die Orte mit diesen Namen durchweg jüngere Gründungen sind.

Es ist ferner längst aufgefallen, daß sich bestimmte Ortsnamenelemente nur in gewissen Gegenden finden. Ich erinnere nur an die Namen auf -*ingen*, die im wesentlichen alemannisch sind, die auf -*heim*, die man für fränkisch in Anspruch genommen hat, oder die auf -*leben*. Die Endung -*leben* findet sich in einem ganz bestimmten Gebiet. „Es erstreckt sich von Gotha mit einem kleinen Auslauf jenseits des Thüringers Waldes in Franken bis an die Grenzen der Altmark; die Elbe und Saale sind östliche, der Thüringer Wald, der westliche Harz, die Ocker und Ohre westliche weiteste Scheidungen." Cassel 216. Aber wir finden die Endung noch an einem andern Ort und zwar wiederum außerordentlich häufig, nämlich in Schleswig, nördlich von Flensburg, in Jütland und auch auf den Inseln, z. B. *Harrislev*, *Fröslev*, *Tinglev*, *Kliplev*, *Bollenslev*, *Alslev*, *Aasslev* usw. Ob man daraufhin auf einen einstigen Zusammenhang der Völker dieser Gebiete schließen darf, ist zweifelhaft.

§ 228. 4. Die Straßen- und Hausnamen.

A. Die Straßennamen.

Literatur: FÖRSTEMANN, Germania 14, 1 ff.; 15, 261; 16, 265. — HILDEBRAND im Grimmschen Wörterbuch unter *Gasse*. Außerdem zahlreiche Einzelarbeiten über die Straßennamen einzelner Orte. — A. HOFFMANN, Die typischen Straßennamen im Mittelalter und ihre Beziehungen zur Kulturgeschichte. Unter besonderer Berücksichtigung der Ostseestädte; Diss. Königsberg 1914.

Auch die Straßennamen bieten kulturhistorischen und etymologischen Stoff in Hülle und Fülle, und mit Vorteil wird man an sie im Unterricht anknüpfen können. Es erfordert dabei natürlich jede Stadt ihre besondere Untersuchung, bei der es aber nicht schwer sein kann, die Einzelheiten genau festzustellen.

Schon die Benennungen *Gasse*, *Weg*, *Straße* sind bedeutungsvoll. *Gasse* liegt schon im Gotischen als *gatwō* 'Gasse' vor und hängt vielleicht mit ags. *geat* 'Tor, Tür,

Eingang, Öffnung' zusammen. Es zeigt ursprünglich nichts von der ihm jetzt anhaftenden Bedeutung des Kleinen und Engen. Diese kommt vielmehr dadurch zustande, daß *Straße*, ahd. *strāza*, e. *street* aus spätlat. *strata* (*via*) 'gepflasterter Weg, Chaussee' die Landstraße bezeichnete, die, soweit sie durch die Städte führte, breiter war als die meisten Gassen. Heute ist *Straße* schon im allgemeinen auf 'Wege in der Stadt' beschränkt, während sich für Landstraße der neuere Ausdruck *Chaussee* über frz. *chaussée* aus mlat. *calciata* 'mit Kalk gemauerte Straße' vielfach durchgesetzt hat.

Das Wort *Gasse* ist dem Niederdeutschen ursprünglich fremd, und es gebraucht dafür *Weg*, was sich noch heute vielfach findet. Die *Stein-* und *Bohlwege* mancher Städte weisen auf die Bemühungen hin, feste Straßen zu schaffen.

Außerdem gibt es in den Straßennamen noch manchen sonst verschollenen Ausdruck, wie *Brink*, niederdeutsch, eigentlich 'Hügel', *Brühl* 'sumpfige, mit Buschwerk bewachsene Wiese', *Fleet*, *Fleete*, niederdeutsch 'schiffbarer Kanal der Stadt' zu *fließen* u. a.

Was die Benennung der Straßen betrifft, so ist auf dem Dorf kaum ein Bedürfnis vorhanden, die wenigen Gäßchen und Wege genauer zu bezeichnen, erst die Stadt muß Namen schaffen, und es macht sich auch hier wie bei den Personennamen der Unterschied zwischen natürlicher und künstlicher Benennung geltend. In alter Zeit entwickelten sich die Namen von selber, heute müssen die Straßen benannt werden, und die Stadtverwaltungen wenden oft ihren ganzen Scharfsinn auf, um treffende Namen zu finden. Wir können uns nur mit den natürlich gewordenen beschäftigen.

1. Zunächst ergeben sich Namen aus der Lage oder Gestalt. Eine *Haupt-*, *Neben-*, *Seiten-*, *Ober-*, *Unter-*, *Mittel-*, *Kreuz-*, *Quer-gasse* oder *-straße* trifft man an vielen Orten, ebenso wie *breite*, *lange*, *krumme*. Daneben kommt die Benennung nach hervorragenden Gebäuden, Kirchen, Rathäusern, Hospitälern in Betracht, wie *Kirch-*, *Schul-*, *Schloß-*, *Burg-*, *Hospitalstraße*. Aber offenbar haben auch andere Gebäude Anlaß zu Straßennamen gegeben. Früher hatten die Häuser keine Nummern, sondern eine Art Wappen oder Zeichen, und danach sind dann die Straßen benannt, so z. B. in Magdeburg die *Dreienbretzel-*, *Dreiengel-*, *Blauebeilstraße*. Vgl. die Sammlung bei GROHNE (s. u.) S. 157 ff.

2. Vor allem aber siedelten sich die Gewerke in alten Zeiten zusammen in bestimmten Straßen an, und daher tragen die Straßen oft Handwerkernamen. Viele Namen sind noch heute verständlich, andere aber sind uns nicht mehr geläufig, sie leben aber in den Straßennamen fort. Es ist lehrreich, die Fülle der alten Handwerkernamen zu überblicken, die sich hier und dort erhalten haben.

Man findet folgendes:

Ankerschmiedeg. (Danzig); *Baderg.* (Dresden); *Bandschneiderg.* (Königsberg); *Beckenwerperstr.* (Braunschweig); *Bekmacherstr.* (Hamburg); *Beutlerg.* (Danzig); *Binderg.* (Nürnberg); *Bognerg.* (Wien); *Bootsmanng.* (Danzig); *Brauerg.* (Dresden); *Büttnerg.* (Breslau); *Dreherg.*, d. i. *Bernsteindreher* (Danzig); *Eimermacherhof* (Danzig); *Grapengießer* (Stettin); *Gröperg.* (Halberstadt); *Hafnerberg* (Ausgburg); *Hosennäherg.* (Danzig); *Irrerg.*, d. i. *Weißgerberg.* (verschiedentlich); *Kannegießer* (Braunschweig); *Knochenhauerufer*, d. i. *Fleischer* (Magdeburg); *Korkenmacherg.* (Danzig, *Korken* = Pantoffeln); *Loderg.*, d. i. *Tuchmacher* (Nürnberg); *Pfannenschmiedeg.* (Nürnberg); *Platnerg.* (*Platner* 'Verfertiger von Harnischen'); *Schröterg.* (von *skrōtan* 'schneiden'); *Schwertfegerstr.* (Magdeburg); *Wulweberstr.* (Bremen).

Anmerkung 1. Auf den überaus reichen Sprachstoff, der in den Flurnamen steckt, sei hier nur anmerkungsweise hingewiesen.

B. Die Häusernamen.

Literatur: Ernst Grohne, Die Hausnamen und Hauszeichen. Ihre Geschichte, Verbreitung und Einwirkung auf die Bildung der Familien- und Gassennamen, Göttingen 1912. Hier ist auch die ältere Literatur verzeichnet. — O. Schütte, Häuser- und Familiennamen in Braunschweig; ZfdM. 24, 631—635.

Die Untersuchung der Häusernamen bildet den letzten Teil des großen Gebietes der Namengebung, und hier sind wir nun neuerdings durch die eingehende Arbeit von Grohne auf das beste unterrichtet worden. „Die ältesten Hausnamen", sagt Grohne S. 3, „beruhen auf natürlichen Kennzeichen des Hauses oder Grundstückes. Sie werden von der Allgemeinheit gefunden und gegeben — *domus vulgariter dicta, das hus dem man sprichet.* Ich bezeichne sie deshalb als natürliche Hausnamen, im Gegensatz zu den spätern künstlichen Hausnamen, die auf ein künstliches Hauszeichen zurückgehen, das der Besitzer selbst am Hause angebracht hat, um es danach zu benennen." Die ältesten Hausnamen erscheinen in Köln um 1150, und dann folgen andere Städte. Die Sitte ist aber nicht gleichmäßig verbreitet, vielmehr ist sie auf niederdeutschem Boden in manchen Städten wenig zur Entfaltung gekommen.

Auf die einzelnen Namen hier einzugehen, hat keinen Zweck, es ist vielmehr nur hervorzuheben, welche Bedeutung sie für unsere Zwecke haben. Da haben wir denn einerseits eine Reihe von Straßennamen, die von einem Hausnamen stammen, wie wir soeben schon hervorgehoben haben. Weiter aber kommt die Sitte auf, den Besitzer nach seinem Hause zu nennen, und es erhalten dadurch eine ganze Reihe sonderbarer Familiennamen ihre Aufklärung, vgl. Grohne S. 113 ff.

Hierher gehören Namen wie *Affe, Birnbaum, Eber, Einhorn, Frosch, Goldstein, Henne, Horn, Kranich, Rabe, Rauchfaß, Rebstock, Rose, Rosenbusch, Schwan, Wag(e)* usw.

Schließlich hat aber auch die Sitte der Hausnamen auf unsere allgemeine Sprache abgefärbt, indem Dinge, die in dem Hause verfertigt werden usw., nach dem Hause benannt werden.

Ich kann allerdings bis jetzt nur wenige Fälle nachweisen.

Fiaker stammt von dem Namen eines Hauses in Paris, das das Bild des heiligen *Fiacre (Fiacrius)* trug. Man konnte darin Mietskutschen haben. — *Lachs* 'feiner Branntwein' wurde in Danzig im Hause *zum Lachs* gebrannt. — *Rastrum* 'das Leipziger Stadtbier' hieß so, weil der Rechen das Zeichen jener Häuser war, in denen das Bier gebraut wurde.

Die Sitte der Hausnamen hat sich jetzt nur noch wenig erhalten. Es sind nur gewisse Gebäude, die der wirtschaftlichen Bedeutung wegen einen Namen tragen. So z. B. die Gasthäuser und die Apotheken. Es ist bemerkenswert, auch auf diesem Gebiet den Wandel der Zeiten und der Anschauungen in der Namengebung zu betrachten. Die ältesten Gasthäuser sind meist nach Tieren benannt: *zum weißen Schwan, zum Bären, zum Elefanten, zum schwarzen Bock, zum güldenen Roß, zum Hirschen, zum Löwen, zum Lamm, zum Pfauen, zum Adler, zur Meise* sind Namen, die ich ohne weiteres Suchen zusammenbringe. Man kann im allgemeinen sicher sein, daß derartige Häuser schon eine lange Geschichte hinter sich haben, und daß, wenn sie noch heute auf der Höhe sind, in ihnen gut zu hausen sein wird. Oftmals sind sie freilich zu Gasthäusern dritten und vierten Ranges herabgesunken.

Siebzehntes Kapitel.
Bedeutungswandel.

§ 229. **Allgemeines.** Wir sind in den frühern Kapiteln nicht selten auf Worte gestoßen, die im Laufe der Zeit eine besondere Bedeutung angenommen haben, und wir haben auch des öftern vom Bedeutungswandel gesprochen und damit eine Frage berührt, die für die Wortforschung und Etymologie zweifellos von ganz hervorragender Wichtigkeit, vor allem auch in der Schule unentbehrlich ist. Denn bei der Betrachtung der Literatur vergangener Zeiten, wenn es auch nur die des beginnenden 19. oder endenden 18. Jahrhunderts ist, wird man überall auf einen abweichenden Sinn der Wörter, also auf Bedeutungswandel stoßen. Nun ist es sehr leicht zu sagen: hier hat das Wort eine andere Bedeutung als jetzt, und von dem Betrieb der klassischen Sprachen her ist der Schüler an diese nichtssagende Erklärung gewöhnt, aber es wäre bedauerlich, wenn es immer so bliebe, und wenn nicht auch hier eine Vertiefung und Verbesserung einträte.

Zunächst lassen sich die mannigfachen Bedeutungsverzweigungen, die ein Wortstamm in seinen verschiedenen Gestaltungen im Neuhochdeutschen angenommen hat, zu anziehenden Übungen verwenden, wobei die Sammlungen Liebichs in seinen Wortfamilien der lebenden neuhochdeutschen Sprache (siehe oben S. 55) von großem Nutzen sein werden. Dann aber wird man die einzelnen Fälle, die in der Literatur auftreten, heranziehen müssen. Mancher denkt vielleicht, daß die Sprache des 18. Jahrhunderts dieselbe sei wie die unsrige. Nun ja, der Wort- und Formenschatz ist ungefähr der gleiche, was aber vielfach abweicht, ist eben die Bedeutung. Diese Abweichungen sind oft nicht sehr stark, aber gerade die unwesentlichen Verschiedenheiten verändern den Sinn, wir legen jetzt etwas anderes unter, als der Dichter damals gemeint hat. Einige Beispiele mögen das zeigen.

Wenn Max von Schenkendorf singt:

> *Freiheit, die ich meine,*
> *Die mein Herz erfüllt,*

so hat *meinen* hier einen ganz andern Sinn als jetzt. Es heißt 'lieben' und hängt mit dem alten wieder belebten Ausdruck *Minne* zusammen. Noch stärker tritt diese Bedeutung in einem Liede Bürgers hervor

> *O was in tausend Liebespracht*
> *Das Mädel, das ich meine, lacht,*

und schließlich haben wir eine ganz unzweideutige Belegstelle in den Worten eines andern Dichters:

> *Es ist kein Spaß, ein hübsches Kind zu meinen.*

Ein anderes Beispiel bietet der Faust. Faust sagt zu Gretchen

Mein schönes Fräulein, darf ich's wagen,
Arm und ·Geleit ihr anzutragen.

Und sie erwidert:

Bin weder Fräulein, weder schön,
Kann ungeleitet nach Hause gehn.

Aus unserm Sprachgebrauch ist das nicht zu verstehen. Auch V 2905 heißt es

Denk, Kind, um alles in der Welt
Der Herr Dich für ein Fräulein hält.

Ähnlich redet in der Minna von Barnhelm Franziska immer von ihrem *Fräulein*, während sie selbst mit *Mamsell* angesprochen wird. Es geht aus diesen und anderen Stellen, die sich in Menge anführen lassen, klar hervor, daß *Fräulein* noch eine besondere Bedeutung, die des ‚adligen Fräuleins' hatte. Es wurde im 18. Jahrhundert noch streng auf eine Scheidung der Stände gehalten und auch die Titelbezeichnungen waren nicht verwischt. Vgl. TH. MATTHIAS, Wielands Aufsatz: Demoiselle oder Fräulein ZfdW. 5, 23 ff.

Tatsächlich hat sich nicht nur in diesen Fällen, sondern in zahllosen andern der Sinn der Worte seit dem 18. Jahrhundert stark geändert, so daß die Texte dieser Zeit schon der philologischen Untersuchung und Erläuterung bedürfen. Manche Bedeutung hängt mit den besondern Anschauungen der Zeit zusammen, für die dann ein Wort in eigentümlicher Weise verwendet wird. Verschwindet diese Auffassung wieder, so verstehen wir die Bedeutung nicht mehr. Hierher gehören vor allen Dingen viele Schlag- und Modeworte, die später unverständlich werden oder in ihrem Zeitsinne nicht ohne weiteres erfaßt werden können. So bekommt unser Wort *Wahl* unter dem Einfluß einer von England und Frankreich ausgehenden idealisierenden Kunsttheorie und als Übersetzung des frz. *choix* einen ganz bestimmten Wert. Unter andern sagt Raph. Mengs: *ich will also unter Ideal die Wahl verstanden wissen, nämlich die Kunst in der Natur eine gute Auswahl zu treffen und nicht neue Dinge zu erfinden.* Nur wenn man diese Kunsttheorie im Auge hat versteht man ein paar Stellen unsrer großen Dichter, die ihr ja auch huldigten.

Auch diesem Gold ist mit Geschmack und Wahl
Der Blumen Schmelz metallisch aufgebrämt. (Goethe, Nat. Tochter 2, 5.)
Die Auswahl einer Blumenflur
Mit weiser Wahl in einen Strauß gebunden,
So trat die erste Kunst aus der Natur. (Schiller, Künstler.)
Regel wird alles, und alles wird Wahl und alles Bedeutung. (Schiller, Spaziergang.)

Es weichen also schon die Bedeutungen im 18. Jahrhundert von denen unserer Zeit ab, und H. Paul hat sein deutsches Wörterbuch gerade deshalb geschrieben, um auf die zahlreichen Fälle dieser Art aufmerksam zu machen und um dem Lehrer ein Mittel zum genauen Verständnis der Texte an die Hand zu geben. Auch Weigand hat seinerzeit diesen Punkt beachtet, und in der neuen Bearbeitung ist das nötige Gewicht darauf gelegt, ihn genügend hervortreten zu lassen.

Allbekannt sind die mannigfach abweichenden Bedeutungen in Luthers Bibelübersetzungen, die den Text oft ganz unverständlich machen. Was heißt: *Wenn aber das Salz dumm wird?* Ohne Erklärung kann das keiner verstehen. Luther hat aber die Bibel nicht darum übersetzt, daß sie wieder erklärt werden müßte, sondern damit das Volk sie verstehe, und so müßte sein Werk den Veränderungen der Wortbedeutungen entsprechend geändert werden. Luther hat indessen unsere Schriftsprache erst geschaffen, seine Worte sind unsere Worte geworden, und daher ist seine Sprache uns nicht so fremd, wie etwa ein gleichzeitiger oberdeutscher Text. Das Oberdeutsche weicht in den Wortbedeutungen viel beträchtlicher von unserer Sprache ab als das Mitteldeutsche Luthers. Oberdeutsch ist aber das Mittelhochdeutsche.

Die Frage, wann, wo und wie das Mittelhochdeutsche auf den Schulen getrieben worden ist, hat Matthias in diesem Handbuch 1, 1, 293 ff. eingehend dargestellt, und er hat gezeigt, daß heute immer mehr die Bedeutung und die Notwendigkeit des Mittelhochdeutschen für die Schule anerkannt wird. Und in der Tat wäre es traurig, wenn die Gymnasiasten auf dieses Bildungsmittel, auf das Lesen des Nibelungenliedes und von Walthers Gedichten in ihrer ursprünglichen Fassung verzichten sollten. Denn bei diesen Werken kann eine Übersetzung gar nichts leisten, und zwar aus dem Grunde, weil wir vielfach noch die gleichen Worte haben, und diese auch in der Übersetzung beibehalten werden, obgleich sie ihren Sinn stark geändert haben. Überhaupt liegen die Schwierigkeiten für das Verständnis des Mittelhochdeutschen nicht in der Laut- und Formenlehre, die in allerkürzester Zeit zu bewältigen sind, sie liegen auch nicht in den verloren gegangenen, unbekannten Worten, diese sind leicht in einem Glossar zu verzeichnen, nein sie beruhen auf den Worten, die auch im Neuhochdeutschen in gleicher Form vorhanden sind, aber eine wesentlich andere Bedeutung haben. Diese schlägt der Schüler, schlägt auch der Student oft genug nicht nach, und daher bleibt dann der eigentliche Sinn dunkel. Hier wird nichts andres übrig bleiben, als daß für die Schule kommentierte Ausgaben benutzt werden, in denen gerade die dem Hochdeutschen gleichen Worte mit abweichendem Sinn in den Anmerkungen hervorgehoben werden, und in denen die Abweichung besonders angegeben wird.

Zur Einführung in diese Abweichungen des Mittelhochdeutschen dient am besten noch immer die Ausgabe von Hartmanns Iwein mit Anmerkungen von G. F. Beneke und K. Lachmann.

Es dürfte wohl angemessen erscheinen, hier einige dieser abweichenden Bedeutungen zusammenzustellen:

gelēret 'wer lesen konnte', *gerne* 'mit Vergnügen', *bœse* 'ein Mensch, den weder edle Geburt noch edle Gesinnung auszeichnet', *senen, senede* 'leiden, leidend', *sich senen* 'sich grämen', *slichen* 'nicht heftig, mit Würde gehen', *ērbœre* 'wer immer das, was der Ehre gemäß ist, vor Augen hat', *zuht* 'feine Sitte', *unzuht*, das Gegenteil davon. *trœsten* 'jemanden eines Dinges versichern', *tugent* 'das feinere Gefühl, aus dem wohlwollende Teilnahme und Äußerung derselben hervorgeht', *grōȥ* 'dick', *genāde, ungenāde* 'Ruhe — drohende Gefahr, Ungemach, Not', *dicke* 'oft', *ēre* 'die Ehre, die der Sieg verleiht', *grüeȥen* 'anrufen', *verklagt* ,durch Weinen entstellt', *ich kan* 'ich vermag', *ich mac* 'ich kann', *geil* 'froh', *hochzit* 'hohes Fest', *wān* 'Hoffnung', *wæn ich* 'meine ich, sollte ich meinen, traun', *kumber* 'Last' usw.

Ausführlich geht Weigand in seinem Wörterbuch auf die abweichenden Bedeutungen des Mittelhochdeutschen ein. Sicher ist das eine, daß die Worte abstrakter Natur ihren Sinn sehr viel häufiger geändert haben als die konkreten Ausdrücke. Bei jedem Wort für Allgemeinbegriffe sollte man daran zweifeln, daß der heutige Sinn alt ist.

Der Bedeutungswandel ist also eine Tatsache, an der nicht zu rütteln ist. Es dürfte wenig Worte geben, die sich in dieser Beziehung nicht gewandelt oder nicht wenigstens neue Bedeutungen neben der alten entwickelt haben, ebenso wie nur wenige seit alten Zeiten lautlich unverändert geblieben sind. Es fragt sich nun, welche wissenschaftlichen Aufgaben bei der Erforschung dieses Gebietes zu erfüllen sind.

§ 230. **Aufgaben der Bedeutungserforschung.** Wie es eine wesentliche Aufgabe der Wortforschung war, das Wort einerseits in seiner heutigen Verbreitung festzulegen und anderseits es in möglichst weite Fernen zurückzuverfolgen, um dadurch seinem Ursprung näher zu kommen, so steht es auch mit der Bedeutungserforschung. Wir müssen vor allem feststellen, welche verschiedene Bedeutungen jetzt bei einem Worte vorliegen, und wir müssen dann jede möglichst weit zurückverfolgen. Dabei wird sich zeigen, daß manche erst zu einer gewissen Zeit auftreten, daß sie also abgeleitet sind; wir werden auf die mannigfachsten Wandlungen der Bedeutungen stoßen, und es fragt sich, ob man diese Wandlungen nicht unter allgemeine Gesichtspunkte vereinigen, sie also einteilen kann. Schließlich handelt es sich darum, die Ursachen des Bedeutungswandels klarzulegen.

Die ersten Aufgaben hat jeder Artikel in einem großen Wörterbuche zu leisten. Zunächst müssen die mannigfach verzweigten Bedeutungen eines Wortes in der Allgemeinsprache verzeichnet und in ihrem Alter nachgewiesen werden. Es kommt dann ein Wort nicht selten mit besonderm Sinne in gewissen Verbindungen vor, wo es zum Teil versteinert sein mag. Dazu gesellen sich die besonderen Bedeutungseigentümlichkeiten in den Sondersprachen. Wenn man all dies zusammengestellt hat und nun geschichtlich zurückverfolgt, so werden allmählich die Verhältnisse einfacher. Manches ist im Laufe der geschichtlichen Zeit entstanden, scheidet also aus, und so bleibt denn beim Beginn der Überlieferung oft nur ein kleiner Kern übrig. Ist eine Bedeutung abgeleitet, so kommt man vielleicht zu einer eng begrenzten, fest bestimmten Urbedeutung, in andern Fällen ist sie schließlich schon am Anfang verzweigt. Obgleich jeder Artikel eines größern Wörterbuches, wie z. B. das Grimmsche, Stoff bietet, um daran die Bedeutungsverzweigung zu studieren, so werden doch hier einige Beispiele willkommen sein.

§ 231. **Beispiele für den Bedeutungswandel.**
Es gibt im Gotischen ein Wort *þeihs*, das 'Zeit, Gelegenheit' bedeutet, entstanden aus **þinhs*. Es ist mit grammatischem Wechsel unser jetziges *Ding*. Wie mannigfach, auf den ersten Blick schlechterdings unfaßbar, ist heute der Sinn dieses Wortes. Es ist nun nicht sicher, daß etwa die gotische Bedeutung die ursprüngliche ist. Wenn auch das Gotische am frühesten überliefert ist, so kann es trotzdem Bedeutungsveränderungen vorgenommen haben, die in andern Dialekten, die wir erst aus späterer Zeit kennen, nicht eingetreten sind. Dieser Gesichtspunkt ist außerordentlich wichtig. Es ist darum auch die Bedeutung eines Wortes im Sanskrit nicht immer die älteste, obgleich man dies zum

Schaden der Sache oft angenommen hat. Schon im Althochdeutschen ist die Bedeutung von *Ding* sehr verzweigt. Graff 5, 178 gibt an: 'res, substantia, sors, status, conditio, negotium, causa, placitum, consilium, judicium, concilium, concio, curia, conventus, forum'. Im Heliand bedeutet *thing* ‚Gericht, Sache', im Altniederdeutschen 'Ding, Sache, Ratsversammlung', im Altfriesischen 'Ding, Gegenstand, Sache, Gericht, Klage', im Angelsächsischen 'a single objekt, a meeting, court', im Altnordischen 'Zusammenkunft, namentlich gerichtliche Versammlung, ihr Ort, ihre Zeit', im Plural auch 'Dinge, Sachen'. Was ist nun der ursprüngliche Sinn? Um diesen zu finden, wird man gut tun, etwaige Zusammensetzungen heranzuziehen, weil in diesen nicht selten eine ältere Bedeutung fester haftet als in dem einfachen Wort. So finden wir denn ahd. noch *dinglich* 'judicialis, forensis', *dingon* 'judiciare, concionare, disceptare', *tagading* (heute noch in *verteidigen*) ‚diecula, tempusculum, placitum, concilium, induciae'. Alles dieses nebst einigem andern führt auf die Bedeutung 'Versammlung', von welcher sich recht wohl alle übrigen ableiten lassen. Wir haben dafür eine vortreffliche Parallele an der Bedeutungsentwicklung von *Sache*, das ursprünglich 'gerichtliche Verhandlung' bedeutet. Setzen wir also als ursprüngliche Bedeutung von '*Ding*' 'Versammlung' an, so kommen wir von da leicht zu der von 'Zeit' oder 'Ort der Verhandlung', 'Verhandlung auf dieser Versammlung, Angelegenheit, Sache, Gegenstand' usw. Alles das bietet weiter keine Schwierigkeiten. Die gotische Bedeutung 'Zeit, Gelegenheit' läßt sich ebenfalls daraus ableiten, wenn sich auch umgekehrt diese als die ältere ansehen läßt: 'Zeit', dann 'Versammlung zu einer Zeit, zu einer bestimmten Zeit'. Um zu entscheiden, was das Ursprüngliche ist, müßte man sich nun an die verwandten Sprachen wenden. In diesen hat man gern lat. *tempus* verglichen. Allerdings kann das *p* dem germanischen Guttural nur entsprechen, wenn das lateinische Wort aus dem Umbrisch-Oskischen entlehnt wäre. Ob man dies für wahrscheinlich hält, ist eine Frage für sich. Jedenfalls stimmt die Bedeutung des lateinischen Wortes 'Zeitpunkt' ausgezeichnet zu einer, mit der man die germanischen Bedeutungen erklären könnte. Dies bleibt also unsicher, und da man sonst kein entsprechendes Wort in den verwandten Sprachen antrifft, so muß man sich die Form des Wortes ansehen. Nun ist got. *þeihs*, ahd. *ding* zweifellos ein neutraler -*es*-Stamm, idg. **tenkos*, **tenkes*; die Bedeutung solcher -*es*-Stämme ist aber gewöhnlich eine abstrakte. Man kann nun leicht eine altindische Wurzel vergleichen *ā-tanākti* 'zieht zusammen, macht gerinnen', lit. *tánkus* ‚dicht', unser *dihl* u. a. Unser **tenkos* würde also heißen können ‚das Verdichtetsein, die dichte Masse, die Volksversammlung'. So kann man sich die Sache zurechtlegen. Sicher ist das freilich nicht. Wir werden aber in diesem Falle nach der suffixalen Bildung des Wortes auf solch abstrakten Sinn geführt.

     A n m e r k u n g. Ansätze zu einer ähnlichen Entwicklung zeigt auch *Tag*. Ursprünglich, wie wir oben gesehen haben, 'heiße Zeit', dann 'der Tag' im Gegensatz zur 'Nacht', 'bestimmter Tag'. Aus dieser Bedeutung geht weiter *tagen*, schweizerisch (im Tell) 'eine Versammlung abhalten', und *Reichstag* hervor.

     Ein anderes Beispiel mannigfach gewandelter Bedeutung bietet das Wort *grün*. Ahd. *gruoni* heißt 'grün, recens, crudens, viridis', and. *grōni* 'grün, cyaneus, viridis' usw. Die Farbenbedeutung 'grün' tritt unverkennbar als die ursprüngliche hervor, und es ist ebenso zweifellos das Grün der Natur gemeint. Im Althochdeutschen gibt es noch ein Verbum *gruoan* 'virere, virescere, grünen', ags. *grōwan* 'wachsen, grünen, blühen', e. *grow* 'wachsen, werden', anord. *grōa* 'wachsen, gedeihen, heilen'. Obgleich bei dem Verbum die Bedeutung etwas verzweigt ist, so ist doch der ursprüngliche Sinn als 'neuwachsen, grünwerden' klar zu erkennen. Und daher wird also die Ableitung **grōni* bedeuten 'frisch gewachsen, grünend', sich also auf die frische Farbe des Frühlings beziehen. In dieser ältesten Bedeutung, von den Pflanzen gesagt, finden wir es noch häufig, z. B. *im Grünen, die grüne Ware, der grüne Donnerstag* 'wo man Grünes ißt'. *Grün* wird dann aber überhaupt von der Farbe gebraucht. Die Jäger und die Förster heißen *die Grünen*. Wir sprechen auch von einem *grünen Tisch*, d. h. einem Tisch, der grün überzogen ist. Da dies nun die Tische der Behörden sind, von denen an derartigen Tischen manches Unpraktische beschlossen wird, so verbinden wir heute mit dem Ausdruck *grüner Tisch* etwas ganz Besonderes.

Aus der ursprünglichen Auffassung des 'frischwachsenden' hat sich unter Beiseitelassen der Farbe der Sinn von 'frisch' entwickelt, im Gegensatz zum 'Dürren. und Welken'. *So man das tut am grünen Holz, was will am dürren werden.* Dies liegt denn auch Goethes Worten zugrunde: *Grün ist des Lebens goldner Baum.* *Der grüne Zweig* ist das Sinnbild des Kräftigen, Gedeihenden, und daher sagt man von einem, der nicht gedeiht: *er kann auf keinen grünen Zweig kommen.*

Hat sich in den angeführten Fällen noch die Beziehung auf die Pflanzenwelt erhalten, so liegt in einer Reihe von Sondersprachen die Bedeutung 'frisch' ohne diese Beziehung vor. So spricht man allgemein von *grünen Heringen*, von *grünem Obst*, in Bayern von *grünem Bier*, der Gerber von *grüner Haut* und der Hutmacher von *grünen Haaren*, d. h. Haaren von frisch abgezogenen Fellen.

Bei den ungünstigen Wohnungsverhältnissen des Mittelalters war der Winter eine schreckliche Zeit, der Frühling daher mit dem Aufblühen und Aufgrünen der Natur der Beginn der Freude und der Anfang der Liebe. So ist denn *grün* die Farbe der Freude, der Hoffnung und der Liebe geworden und geblieben, und *grün* nimmt die Bedeutung 'lieb' an. Davon haben wir noch die *grüne Seite* 'die liebe Seite, die Herzseite des Menschen' und den Ausdruck *einem grün sein*, d. h. einem gewogen sein.

Aus *grün* 'frisch' entwickelt sich schließlich *grün* 'unreif. jung'. So spricht man von *grünem Obst* als 'unreifem Obst' (aber auch 'frisches Obst'), einem *grünen Jungen*, einem *Grünschnabel*, oder Schiller sagt *unsere Bekanntschaft ist noch grün.*

Zu beachten bleibt aber, daß je länger je mehr *grün* die Bedeutung der Farbe behält, und diese immer ausschließlicher zur Geltung kommt. Die abgeleiteten Bedeutungen, einst weit verbreitet, sind heute als Versteinerungen anzusehen, die mit der Zeit verschwinden werden.

Auch die übrigen Farbenbezeichnungen bieten manches Anziehende, was ich indessen hier übergehe. Vgl. die reichen Sammlungen bei H. SCHRADER, Aus dem Wundergarten der deutschen Sprache, wo *blau, rot, gelb, grün, weiß, schwarz, grau* behandelt sind.

§ 232. Stammbaum der Bedeutungsentwicklung. An diesen Beispielen kann man sofort ersehen, daß einige Bedeutungen alt und ursprünglich, andere dagegen abgeleitet und durch besondere Umstände bedingt sind. Zweifellos wird man immer versuchen müssen, zu einer Grundbedeutung vorzudringen, diese voranzustellen und die übrigen Ableitungen nach ihrem geschichtlichen Auftreten daran anzufügen. Dieser Grundgedanke der lexikalischen Anordnung ist denn auch längst in der Wissenschaft anerkannt, nur läßt er sich infolge der oft sehr verwickelten Verhältnisse in den meisten Fällen nicht streng durchführen. Vor allen Dingen ist es aber oft genug nicht möglich, zu einer Grundbedeutung vorzudringen. Wenn wir sehen, wieviel verschiedene Bedeutungen heute nebeneinander stehen, so wird man sich sagen müssen, daß es in älterer, in urgermanischer und indogermanischer Zeit auch nicht anders gewesen ist, da ja jene Sprachstufen in keiner Weise grundsätzlich von der unsern verschieden waren. Auch damals wird es Worte mit verzweigter Bedeutung gegeben haben, und nur die wissenschaftliche Hypothese kann versuchen, hier eine Einheit zu schaffen.

Jedenfalls müssen wir in allen Fällen versuchen, sozusagen einen Stammbaum der Bedeutungsentwicklung aufzustellen. Dabei sind nun 2 Fälle möglich:

1. Entweder ist die ursprüngliche Bedeutung, aus der sich alle andern

unmittelbar ableiten lassen, noch erhalten, dann bekommen wir etwa folgendes Bild ⇟, oder

2. die ursprüngliche Bedeutung ist nicht mehr vorhanden, sei es, daß sie im Laufe der geschichtlichen Entwicklung ausgestorben, sei es, daß sie überhaupt nicht mehr nachzuweisen ist. Denn wie Worte aussterben, so können natürlich auch Bedeutungen zugrunde gehen. Von der Bedeutung 'Versammlung' haben wir bei *Ding* heute keine Spur mehr, wohl aber liegt sie im Nordischen noch vor in *Stor-thing* eigentlich 'die große Versammlung', vgl. auch das oben über *Tag* bemerkte. Einen solchen Fall muß man sich unter dem Bilde konvergierender Linien vorstellen, wobei die erschlossenen Teile punktiert dargestellt werden.

Der zweite Fall ist natürlich sehr viel schwerer zu beurteilen als der erste. Es muß dabei die Phantasie des Forschers, sowie eine genaue Kenntnis des Lebens mitspielen. Was für derartige Wörter, deren ursprüngliche Bedeutung nicht klar ist, in den landläufigen etymologischen Wörterbüchern geboten wird, ist meistens mehr als dürftig. Vielfach geht man von einem möglichst allgemeinen Sinn, meist einem verbalen, aus und errichtet darauf sein Gebäude, während nichts sichrer ist, als daß, zu je einfachern Kulturverhältnissen wir kommen, die Ausdrücke für die Allgemeinbegriffe abnehmen.

Für das bisherige Vorgehen einige Beispiele. So sagt Kluge: „Ob *Bauch* zu der sanskritischen Wurzel *bhuj* (vgl. lat. *fungor*) 'Speise genießen' oder zu skr. *bhuj* 'biegen', *Bauch* eigentlich 'biegsame Stelle' gehört, ist unsicher.“ Wahrscheinlich ist beides falsch. Viel annehmbarer wäre es, wenn man eine Bedeutung 'Faß' oder 'Strunk, Stumpf' als ursprünglich annähme. — *Wohnen*: „Die zugrundeliegende indogermanische Wurzel *wen* hat wahrscheinlich 'sich gefallen' bedeutet; *das Gewohnte* ist dasjenige, woran man Gefallen findet, *wohnen* eigentlich 'sich irgendwo erfreuen'.“ Kluge. — *Knabe* hat man seit langem zu der indogermanischen Wurzel *gen*, lat. *gignere* 'erzeugen', gestellt. Das ist natürlich möglich, da ja *Kind* sicher 'das Geborene' bedeutet. Aber die Suffixverhältnisse bleiben dunkel. Man kommt besser zum Ziel, wenn man auch hier von etwas ganz Konkretem ausgeht. Hessisch heißt *Knabe* auch 'Stift, Bolzen', und dies wird der ursprüngliche Sinn sein, wie ja *Stift, Bengel* solche Übertragung zu 'Junge' erfahren haben. Es gehört also vielleicht zu *Kamm*, ahd. *kamb* mit Schwebeablaut.

Man könnte derartige Ableitungen zahlreich anführen, da sich wohl jeder Forscher solcher schuldig gemacht hat.

Einen wesentlich andern, neuen Standpunkt hat R. Meringer in den schon mehrfach erwähnten Aufsätzen, Idg. Forsch. 16. 17. 18, sowie in seiner Zeitschrift 'Wörter und Sachen' an sehr anziehenden und zum Teil schlagenden Beispielen gezeigt. Sein Grundgedanke ist, von einer möglichst konkreten Vorstellung auszugehen, was mit den allgemeinen Gesetzen der Wortentwicklung durchaus im Einklang steht. Außerdem betont er, daß die ursprüngliche Bedeutung vollständig verloren sein kann, daß wir sie daher

erst erschließen müssen. Ich möchte nun eines seiner Beispiele hier anführen und zwar gerade das, das ihm den Vorwurf haltloser Phantasterei
zugezogen hat.

Wir haben im Deutschen Wörter wie *wohnen, sich gewöhnen, Wonne, gewinnen*, die
alle auf eine Wurzel *wen* weisen. Auf die gleiche Urform gehen noch eine ganze Reihe
von Worten der germanischen und der andern Sprachen zurück. Aber die Bedeutungen
von lat. *venus* 'Liebesgenuß', aind. *van* 'behagen', asächs. *winnan* 'kämpfen' scheinen sich
schwer vereinigen zu lassen. Dazu kommt noch ein aind. *vanam* 'Wald, Baum, Waldbaum,
Holz, Holzstück', *vánaspátiḥ* m. eigentlich 'Fürst des Waldes', dann 'Waldbaum, Opferpfosten, hölzerne Mörserkeule', *vánā* f. 'Holzstück, Reibholz'. Daß man auch diese Worte
mit den vorigen zusammenbringen könnte, scheint unmöglich zu sein. Wenn man aber
anderseits nebeneinander findet aind. *vanín-* 'heischend, begehrend' und *vanín-* 'Waldbaum, Baum', so ist man gezwungen, entweder zwei gleichlautende Wörter verschiedener
Bedeutung anzunehmen oder den Versuch zu machen, sie trotz dieser Verschiedenheit zu
vereinigen. Meringer vermutet nun, daß die Urbedeutung der Sippe in dem aind. *vanam*
'Baum' noch nahezu erhalten sei. Idg. **weno-* bedeute den 'Pflock' oder 'Ast', den man
zum Pflügen verwendete. Worte wie *Ast, Pflock* sind verschiedentlich in die Bedeutung
'Pflug' übergegangen, z. B. got. *hōha* 'Pflug' = lit. *šakà* 'Ast', aind. *śākhā* 'Ast'. Von *weno-*
sei nun ein Verbum abgeleitet, idg. **wenəti* 'er ackert', eigentlich 'er arbeitet mit einem
Holzstück', das nirgends mehr erhalten ist. Aus 'ackern' kann einerseits die Bedeutung
'wohnen' hervorgehen, vgl. z. B. lat. *cives Romani, qui arant in Sicilia.* Mhd. *art* m. f.
'Ackerbau, Ackerland und dessen Ertrag' gehört zu lat. *arāre.* Im asächs. *ard* heißt es 'Auf-
enthaltsort, Wohnort, Wohnung'. Von *wohnen* stammt dann sicher *gewöhnen.* Anderseits
kann sich aus 'ackern' auch der Sinn 'sich mühen, sich anstrengen' entwickeln, wie wir
sie in anord. *vinna* 'arbeiten', ahd. *winnan* 'sich abarbeiten' finden. Dieselbe Bedeutungsentwicklung treffen wir heute schon bei dem jungen Wort *ackern: Da schrieb und ackerte
ich denn mit dem breiten Federspaten meine Freude an dich ohne weiteres zu Ende.*
J. Paul, Komet 3, 229. Weiter ist nunmehr *gewinnen* ganz klar, es heißt mit der Perfekti-
vierung durch *ge* 'erarbeiten', 'durch Arbeit erlangen'. Von 'arbeiten, sich mühen', zu
'kämpfen' ist kein Sprung, der irgendwie begründet zu werden brauchte. Wir haben ihn
in ahd. *winna* 'Streit', as. *winnan* 'kämpfen'. Der Ausdruck 'ackern' wird weiter auf vielen
Sprachgebieten für das 'Kinderzeugen' angewendet. So haben wir bei den Griechen die
alte Formel ἐπὶ παίδων γνησίων ἀρότῳ (*epi paídōn gnēsíōn arótōi*) 'zur Erackerung echter
Kinder' und der Vater heißt ἀροτήρ τέκνων (*arotér téknōn*) 'Erpflüger von Kindern'. So
läßt sich denn lat. *venus*, eigentlich ein Neutrum, mit der Bedeutung 'das Ackern, der
Liebesgenuß' hier leicht unterbringen, ebenso wie ahd. *wini* 'Freund, Geliebter, Gatte'. Es
ist also in der Tat möglich, die so stark auseinandergehenden Bedeutungen zu vereinigen.
Es ist dazu nirgends eine Annahme nötig, die sich nicht durch gute Parallelen stützen
ließe. Von Phantasterei kann hier also keine Rede sein, wohl aber wird es, wie alles, was
sich auf das Vorgeschichtliche bezieht, eine Hypothese bleiben, eine Hypothese indessen,
auf die alles das zutrifft, was man von einer guten Hypothese verlangen muß, daß sie
nämlich die Tatsachen erklärt. Daß der Weg, den Meringer eingeschlagen, gangbar ist,
daß er uns eher zum Ziel führt als andere, davon bin ich fest überzeugt.

Auf eine andere Möglichkeit, auseinandergehende Bedeutungen zu vereinigen, möge
hier noch aufmerksam gemacht werden. Wir haben oben S. 162 von dem Übersetzungslehnwort gesprochen, d. h. Wörter andrer Sprachen sind nicht als solche, sondern als Übersetzungen aufgenommen, meistens gewiß nur in einer bestimmten Bedeutung. Man kann
nun aber sehr leicht dazu kommen, auf ein einheimisches Wort, das e i n e Bedeutung eines
fremden hat, auch andere Bedeutungen des fremden zu übertragen. So heißt frz. *répondre*
sowohl „antworten" wie „entsprechen". Letzteres ist im 18. Jahrhundert aufgekommen.
Jetzt aber fängt man an, d. *antworten* auch im Sinne von „entsprechen" zu gebrauchen.

D. *lesen* mit seiner doppelten Bedeutung 'sammeln' und 'lesen' hat man bisher immer aus der Runentechnik erklärt. Wahrscheinlicher aber ist es, daß man die neue Bedeutung verwendete nach dem Muster des lateinischen *legere*. *Taufen* neißt ursprünglich 'eintauchen', wie noch ags. *dyppan*. Zu der heutigen Bedeutung kamen die Goten, weil gr. βαπτίζειν (*baptizēn*) sowohl 'tauchen' wie 'taufen' hieß.

§ 233. **Sammlung der Bedeutungsübergänge.** Wir haben in dem vorliegenden Fall gesehen, daß merkwürdige Bedeutungsübergänge vorkommen. Natürlich vollziehen sich diese ganz allmählich, und wo wir es mit geschichtlichen Erscheinungen zu tun haben, da können wir sie schrittweis verfolgen. Aber wir müssen uns oft genug auch mit den vorgeschichtlichen Stufen beschäftigen, wir haben in den verwandten Sprachen nicht selten die gleichen Worte bei stark abweichender Bedeutung. Wie sollen wir da die Brücke schlagen? So bequem wie bei dem Lautwandel, wo uns die Lautgesetze helfen, haben wir es nicht. Zwar ist es selbstverständlich, daß auch der Bedeutungswandel nicht regellos eintritt, daß er vielmehr Gesetzen gehorcht, aber es ist freilich zu bezweifeln, ob diese Gesetze uns jemals erkennbar sein werden. Es bleibt uns daher nichts anderes übrig, als uns auf gleichartige Bedeutungsübergänge zu stützen, d. h. auf Bedeutungsübergänge, bei denen wir entsprechend große Verschiedenheiten antreffen, die sich aber in ihrem allmählichen Entstehen in der Geschichte verfolgen lassen. Was einmal auf einem Gebiete möglich gewesen ist, das ist überhaupt möglich. Wir können glücklicherweise eine ganze Reihe von Sprachen lange Zeit geschichtlich verfolgen. Vom alten Latein bis zum heutigen Romanischen, vom Altgriechischen bis zum Neugriechischen sind Abschnitte von über 2000 Jahren, und in solcher Zeit kann sich manches verändern. Da können am Anfang und Ende sehr verschiedene Bedeutungen bei dem gleichen Worte vorhanden sein. Und nach dieser Richtung gilt es, den Stoff zu sammeln. Leider gibt es noch nichts, was die sicher beglaubigten Bedeutungsübergänge in genügender Zahl zusammenfaßte, man muß sich die ähnlichen Fälle immer erst mühsam zusammensuchen. Jedenfalls hat aber der, der einen Bedeutungsübergang annimmt, die Verpflichtung, sicher beglaubigte gleichartige Fälle beizubringen. Ist es einer, so ist es gut; kann er mehrere anführen, so ist es besser.[1]

In neuerer Zeit sind eine Reihe von Arbeiten erschienen, die die Wörter einer gewissen Begriffsgruppe untersuchen. So hat Brugmann die Ausdrücke für den Begriff der Totalität, Leipziger Dekanatsprogramm 1894, für die Personen dienenden Standes, Idg. Forsch. 19, 377, Meringer, Idg. Forsch. 18, 204, die für 'müssen' behandelt. Das sind sehr dankenswerte Arbeiten; denn bei einer solchen vergleichenden Behandlung müssen sich notwendig gewisse häufiger wiederkehrende Bedeutungsübergänge erkennen lassen, die dazu dienen können, unerklärte Worte aufzuhellen. Man kann nur wünschen, daß diesen Arbeiten zahlreiche andere nachfolgen.

---

[1] Mit Recht macht E. Wellander, Studien zum Bedeutungswandel im Deutschen I, Uppsala 1917, S. 131 darauf aufmerksam, daß der gleiche Bedeutungsübergang in den verschiedenen europäischen Sprachen nicht immer unabhängig voneinander eingetreten ist, daß sich vielmehr die europäischen Sprachen stark beeinflußt haben. Ich halte es aber nicht für schwierig, diese Fälle auszuscheiden.

§ 234. **Heranziehung der Ableitungen.** Ein andrer Punkt, der für die Aufstellung der ursprünglichen Bedeutung von Wichtigkeit ist, ist heute allgemein anerkannt. Ein Wort steht meist nicht allein, sondern ist mit einer Anzahl andrer etymologisch verbunden. Es bestehen Ableitungen, Zusammensetzungen u. a. Dabei kann das eine Wort, etwa das Grundwort seinen Sinn ändern, das andere nicht, und so erhalten wir zwei scheinbar auseinandergehende Bedeutungen, aus denen wir die ursprüngliche erschließen müssen. Heerdegen hat dies in seinen Untersuchungen zur lateinischen Semasiologie außerordentlich treffend gezeigt. *orāre* hat im Altlateinischen die Bedeutung 'reden', diese behält es in der Ableitung *orātor*, während sonst *dicere* dafür eintritt.

Derartige Fälle lassen sich aus allen Sprachen, auch aus dem Germanischen anführen. Die Hilfszeitwörter *können* und *mögen* haben einst eine andere Bedeutung gehabt, mhd. heißt *ich kan* 'ich verstehe', *ich mac* 'ich kann'. Diese liegt noch klar vor in *Kunst*, eigentlich 'das Wissen, Verstehen einer Sache' und in *Macht* neben *vermögen*. Ebenso weist *Schuld* eine ältere Bedeutung als das zum gleichen Namen gehörige *sollen* auf, das allerdings noch verblaßter in e. *I shal* erscheint. Ahd. *gibëran* heißt 'zu Ende tragen, gebären'. Diese alte Bedeutung noch in *Bahre*. *Lesen* zeigt den abgeleiteten Sinn des e. 'to read' nicht in *erlesen, auslesen*. Die ältere Bedeutung von *frei* 'lieb' finden wir noch in *freien, Freier, Freite*. In *Kinnbein* hat *Kinn* die alte Bedeutung 'Wange', lat. *gena*. *Kragen* im ursprünglichen Sinne von 'Hals', mhd. *kragë* findet sich öfter: *es geht ihm an den Kragen, Kopf und Kragen*, auch *Geizkragen* (in meiner Heimat, weil unverständlich, umgestaltet zu *Geizmagen*). *Leib* in der alten Bedeutung 'Leben' liegt vor in *Leibrente, Leibzucht, Nehmen sie uns den Leib, am Leibe strafen, bei Leibe nicht, leibhaftig*. *Kopf* ist ursprünglich 'Becher, becherartiges Gefäß', wie noch in *Pfeifen-, Schröpf-, Tassenkopf*. *Leich* in der ursprünglichen Bedeutung 'Körper' findet sich noch in *Leichdorn*, eig. 'Dorn im Körper'. *Witz* heißt 'Verstand', daher *Aber-, Mutter-, Wahnwitz*. *Gift* ist die 'Gabe', so noch in *Mitgift, Giftbude* (an der Nordsee). *Graf* heißt 'Vorsteher', vgl. *Deich-, Salzgraf*. Vor allem bieten auch die sprachlichen Versteinerungen und die Redensarten viel Stoff nach dieser Richtung.

Es wird also immer nötig sein, wenn man den ursprünglichen Bedeutungsinhalt eines Wortes erschließen will, die ganze Sippe heranzuziehen. Dazu leisten jetzt Liebichs Wortfamilien gute Dienste.

§ 235. **Einteilung des Bedeutungswandels.** Auf dem Gebiet des Bedeutungswandels ist es, wie wir gesehen haben, nötig, möglichst Parallelen zu einem angenommen Wandel zur Verfügung zu haben. Denn was auf diesem Gebiet einmal geschehen ist, das kann sich wiederholen. Wenn man so die Fälle des wirklich vorliegenden Bedeutungswandels überschaut, so zeigt sich sehr bald, daß psychologisch ähnliche Erscheinungen sehr häufig wiederkehren, und man hat sich daraufhin bemüht, die verschiedenen Fälle zu klassifizieren, also den Bedeutungswandel einzuteilen.

Anmerkung. Die Versuche sind recht beträchtlich an Zahl, und da es sich um Gesetze handelt, die auf allen Sprachgebieten in gleicher Weise wirken, so führe ich auch die Aufsätze an, die sich mit nichtdeutschen Sprachen beschäftigen. F. Heerdegen, Untersuchungen zur lateinischen Semasiologie, 3 Hefte, Erlangen 1875—1881; Lateinische Semasiologie, Berlin 1890. — M. Hecht, Die griechische Bedeutungslehre, eine Aufgabe der klassischen Philologie, Leipzig 1888. — G. Lehmann, Der Bedeutungswandel im Französischen,

Erlangen 1884. — A. DARMESTETER, La vie des mots étudiée dans leurs significations,
5. Auflage, Paris 1899. — H. PAUL, Prinzipien der Sprachgeschichte, 4. Auflage, Halle 1909. —
ROSENSTEIN, Die psychologischen Bedingungen des Bedeutungswechsels der Wörter, Leipziger
Dissertation, 1884. — O. HEY, Semasiologische Studien; Jahrb. f. klass. Phil., 18. Supplement-
band, S. 83—212; auch Leipzig 1890. — GERH. FRANZ, Über den Bedeutungswandel latei-
nischer Wörter im Französischen; Programm des Wettiner Gymnasiums, Dresden 1890. —
K. MOHLEFELD, Abriß der französischen Rhetorik und Bedeutungslehre, Leipzig 1887; Die
Lehre von der Vorstellungsverwandtschaft und ihre Anwendung auf den Sprachunterricht,
Leipzig 1894. — ENGELBERT SCHNEIDER, Semasiologische Beiträge I; Gymnasial-Programm,
Mainz 1892. — MORGENROTH, Zum Bedeutungswandel im Französischen; Ztschr. f. franz.
Spr. u. Lit. 15 (1893), 1—23. — K. SCHMIDT, Die Gründe des Bedeutungswandels; ein semasio-
logischer Versuch; Programm des Kgl. Realgymnasiums in Berlin, 1894. — R. THOMAS, Über
die Möglichkeiten des Bedeutungswandels; Blätter für das Gymnasialschulwesen 30, 705 ff.
M. NITZSCHE, Über Qualitätsverschlechterung französischer Wörter und Redensarten; Leipziger Dissertation, 1898. — JOH. STÖCKLEIN, Untersuchungen zur Bedeutungslehre, Dillingen
1895; Bedeutungswandel der Wörter, München 1898. — W. WUNDT, Völkerpsychologie;
erster Band: Die Sprache; Leipzig 1900 ff., 2, 420 ff. — K. O. ERDMANN, Die Bedeutung
des Wortes, Aufsätze aus dem Grenzgebiet der Sprachpsychologie und Logik, 2. Auflage
Leipzig 1910. — RICH. M. MEYER, Bedeutungssysteme, Kuhns Zeitschrift 43, 352—368. —
ELISE RICHTER, Die Rolle der Semantik in der historischen Grammatik, Verhandl. d. 50. Vers.
d. Phil. u. Schulmänner in Graz 1909. — W. RAHN, Der reguläre Bedeutungswandel, Programm der Oberrealschule zu St. Petri u. Pauli, Danzig 1909. — W. VAN HELTEN, Semasiologie, ZfdW. 14, 161 ff. — ERIK WELLANDER s. o. S. 404.

Ich muß es dem Leser überlassen, diese Schriften zu studieren. Die
meisten dieser Versuche, den Bedeutungswandel einzuteilen, gehen von
logischen Gesichtspunkten aus, und sie sind also noch von jener Zeit beeinflußt, in der man in der Sprache etwas Logisches suchte. Einen wirklichen Wert für die Erkenntnis des Bedeutungswandels haben alle diese
Einteilungen nicht. Sie können nur dazu dienen, den reichen Stoff etwas
übersichtlicher zu gestalten und bei der Anlegung von Sammlungen Ordnung zu schaffen. Für die Darstellung in den Wörterbüchern ist zweifellos
in erster Linie die geschichtliche Entwicklung zu berücksichtigen (s. o. S. 399).
Da sich aber dabei die mannigfachsten Erscheinungen kreuzen, so läßt sich
der geschichtliche Standpunkt schwerlich glatt durchführen, und man wird
also doch zu einer äußerlichen, wenn auch logischen Anordnung als der
einfachsten und bequemsten gedrängt.

Sehr einfach ist es, die eigentliche und die übertragene Bedeutung zu
unterscheiden, d. h. einzuteilen, je nachdem die veränderte Bedeutung innerhalb desselben Begriffes bleibt oder nicht. Im ersten Falle kann sie sich
a) verengern oder b) erweitern, verallgemeinern.

Den zweiten Fall nennt man die Metapher. Auch bei ihr lassen sich
abgesehen von Verengerung und Erweiterung zwei Unterabteilungen aufstellen:

a) Die Bedeutung ist in eine andere Begriffssphäre übertragen durch
rein gedankliche Vermittlung, das ist die eigentliche reine Metapher, oder

b) es besteht zwischen zwei Dingen ein sachlicher Zusammenhang, auf
Grund dessen ein Wort einen andern Sinn erhält. Dies bezeichnet man jetzt
mit Metonymie.

Außerdem gibt es noch einige andere Arten, wie die Hyperbel, die Litotes.[1])

Diese Einteilung stammt, soweit ich sehe, von Thomas, und nach diesen Gesichtspunkten ist der Stoff von Bedeutungsveränderungen, der sich in Pauls deutschem Wörterbuch findet, von A. Waag behandelt worden: Bedeutungsentwicklung unsres Wortschatzes. Auf Grund von Hermann Pauls deutschem Wörterbuch in den Haupterscheinungen dargestellt; Lahr i. B., 3. vermehrte Auflage 1915. In diesem Buche, das nur zu empfehlen ist, findet man in ansprechender Darstellung eine Fülle von Bedeutungsübergängen angeführt, und ich kann mich daher an dieser Stelle auf eine Auswahl von Beispielen beschränken.

I. BEDEUTUNGSWANDEL INNERHALB DESSELBEN BEGRIFFSGEBIETS.

§ 236. a) Verengerung. Bei der Verengerung der Bedeutung werden gewisse Momente, die schon an und für sich in dem Begriff waren, besonders betont und hervorgehoben, so daß allmählich die übrigen Merkmale und der allgemeine Sinn ganz verdrängt werden. Zunächst steht die allgemeine Bedeutung noch neben der verengten, und in vielen Fällen ist das bis auf den heutigen Tag so geblieben, indem eben die meisten Worte eine allgemeine und eine verengte Bedeutung haben. Erst in den Fällen, wo der allgemeine Sinn ganz verdrängt und nur der besondere geblieben ist, erscheint der Vorgang als abgeschlossen. Derartige Übergänge erfordern natürlich Zeit, und der Gang der Entwicklung erstreckt sich durch Jahrhunderte. Zu beachten ist noch, daß, wenn auch der Übergang ganz beendet zu sein scheint, doch noch in einzelnen erstarrten Verbindungen der ursprüngliche Sinn vorliegen kann. So heißt *arm* ursprünglich 'beklagenswert, unglücklich', und dies hat sich noch in *armer Sünder, arme Seele, armer Teufel* erhalten.

Der Stoff für diese Art des Bedeutungswandels ist überaus reichhaltig. Es gehören hierher vor allem die Fälle, wo ein Wort in einer Sondersprache eine engere Bedeutung angenommen hat. Ich kann also zum Teil auf die Beispiele verweisen, die in dem früheren Kapitel angeführt sind, und füge denen noch einige hinzu.

Die Ausdrücke für Nutzpflanzen allgemeiner Art werden für die Pflanzen gebraucht, die in einer Gegend am verbreitetsten sind. So gilt in Süddeutschland *Kraut* jetzt für 'Kohl', vgl. auch *Rot-, Weiß-, Welsch-, Sauerkraut. Frucht*, entlehnt aus lat. *fructus*, bekommt süddeutsch die Geltung 'Getreide', daher *Fruchthalle. Korn*, lat. *grānum*, bezeichnet je nach der Gegend die vorwiegend gebaute Getreideart, so in vielen Gegenden Norwegens und Schwedens, in Island, in Nordfriesland, Helgoland, Butjadingen, Jeverland die Gerste, im nördlichen und mittlern Deutschland, auch in Bayern, den Niederlanden, schweizerisch im Aargau und Wallis den Roggen, in Franken, Schwaben, der Schweiz den Dinkel oder Spelt, in Siebenbürgen den Weizen, in Westfalen, Schottland, Nordengland den Hafer. Ebenso hat *Getreide* ursprünglich einen allgemeinen Sinn, ahd. *gitregidi* 'Erträgnis'.

Auf ähnliche Weise wird man es wohl auch erklären können, daß Baumnamen ihre

---

[1]) Daß alle diese Einteilungen unzureichend sind, betont Wellander (s. o. S. 404) mit Recht.

Bedeutungen so häufig wechseln. Lat. *quercus* entspricht dem ahd. *forha*, jetzt *Föhre*. Das Wort **perkuo-* wird eine Zeitlang den hauptsächlich vertretenen Baum bezeichnet haben.

Durch den kirchlichen Gebrauch werden eine ganze Reihe von Ausdrücken in ihrer Gebrauchsweise verengert: *Abendmahl*, *Andacht* von *an etwas denken*, *Beichte* von ahd. *bijehan* 'etwas aussprechen', *Reue*, mhd. *riuwe* 'Herzeleid, Kummer, Betrübnis', *Buße* eigentlich 'Besserung, Schadenersatz', *Ablaß*, *Bann* 'Strafe für Übertretung' usw.

Aus dem kaufmännischen Leben haben wir: *Kunde* 'wer bekannt ist', *billig*, ursprünglich 'recht', *billig* in unserm Sinne heißt 'nicht teurer als sich gehört'. Die Ableitung *billigen* zeigt noch die Grundbedeutung. *Schuld*, *Schulden* ist Abstraktbildung von *sollen* und heißt eigentlich 'Verpflichtung zu einer Leistung'. *Währung* ist 'Gewährleistung', dann 'staatliche Festsetzung des Wertes einer Münze, staatliche Gewährleistung'.

So könnte man aus allen Sondersprachen reichen Stoff beibringen.

§ 237. Verschlechterung der Bedeutung. Eine besonders wichtige Abart der Bedeutungsverengerung ist die Verschlechterung der Bedeutung, wie sie sich tatsächlich in vielen Worten findet. Man hat zur Erklärung dieser seltsamen Erscheinung einen pessimistischen Grundzug der Sprache angenommen, wie man ja auch sonst häufig den Satz aussprechen hört, daß alles schlechter geworden ist. In Wirklichkeit liegt die Sache ganz anders. Diese Erscheinung beruht im wesentlichen darauf, daß mit dem betreffenden Wort zunächst etwas Allgemeines ohne lobenden oder tadelnden Nebensinn bezeichnet wird, daß dann aber zur Hervorhebung des Bessern ein neues Wort gebildet oder ein anderes dafür verwendet wird.

So bedeutet z. B. *riechen* das Allgemeine, und man kann unterscheiden *es riecht gut* und *es riecht schlecht*. Für *gut riechen* haben wir aber schon einen neuen Ausdruck *duften* geschaffen, und daher dient das bloße Wort *riechen* bereits zur Bezeichnung des schlechten Geruches. Wenn es irgendwo *riecht*, dann riecht es eben schlecht. Was hier in den Anfängen vor uns liegt, ist bei *stinken* vollzogen. Ahd. *stinkan* kann heißen 'odorem dare, olere, redolere, riechen, duften'; aber auch schon 'stinken'. *Riechen* heißt aber im Althochdeutschen erst 'rauchen, dampfen', erhalten in dem Hauptwort *Rauch*, und bekommt erst im Mittelhochdeutschen 'vielleicht vom Weihrauch' her die Bedeutung 'duften'. Erst mit dem Aufkommen dieses Wortes ist die Möglichkeit gegeben, daß *stinken* seine Bedeutung verschlechtert. — Der *Pfaffe* ist im Mittelhochdeutschen noch der Geistliche im allgemeinen, ohne üblen Nebensinn. Dieser scheint aus der Zeit der Reformation zu stammen, indem Luther das Wort vorwiegend für die katholischen Geistlichen gebrauchte. Er konnte das aber nur tun, weil er das Wort *Priester* daneben hatte. Außerdem haben wir *Prediger*, *Pastor*, *Pfarrer*, *Geistlicher*, unter denen sich vielleicht wieder ein Rangstreit entwickeln wird, wie denn vielfach schon der Titel *Pfarrer* dem ersten Geistlichen einer Gemeinde beigelegt wird, während der zweite *Pastor* heißt. — *Wahn* bezeichnet im Mittelhochdeutschen eine unsichere Hoffnung. Es sinkt zu der Bedeutung 'falscher, trügerischer Glauben', sobald ein anderes Wort aufkommt, das die 'sichere Erwartung' ausdrückt. — Mit *Frau* und *Fräulein* redete man, wie wir schon gesehen haben, 'adlige Frauen' an. Als die französische Revolution die Schranken der Stände gebrochen hatte, fing man auch in Deutschland an, diese Ausdrücke zunächst auf gesellschaftlich hochstehende bürgerliche Familien anzuwenden. Je mehr sich dies verbreitete, um so tiefer sanken *Madam* und *Mamsell*, die bis dahin zur Bezeichnung von Frauen bürgerlichen Standes gedient hatten. Jetzt ist aus letzterm ein technischer Ausdruck geworden. Die *Mamsell* herrscht auf dem Lande und in der Küche der Gasthäuser. Aber auch *Fräulein* ist entadelt — wie denn 'bessere' Familien heute ein *Fräulein* haben —, weil der Ausdruck *gnädiges Fräulein* aufgekommen ist. Die Zeit ist sicher nicht fern, in der auch dieser Ausdruck abgelöst werden wird. Ganz die gleiche Entwicklung zeigen Worte wie *Jungfer*, *Magd*, und mit noch tieferm Sinken *Dirne* — ahd. *thiorna* wurde für die Jungfrau Maria gebraucht. Das *Gasthaus* wird zu einem Unterkunftsort geringern Grades, seitdem das *Hotel* aufgekommen ist. Auch hier steht man nicht still. Heute bezeichnen sich schon viele Gasthäuser als *Grandhotels*. *Restaurant* drückt das alte Wort *Schenke*. Weiter führt die Reklame zu immer neuen Auswüchsen nach dieser Richtung. Über dem kleinsten Zigarrengeschäft kann man lesen *Zigarrenimport*, wobei *-import* einfach die Bedeutung 'Geschäft' angenommen hat. Ebenso ist es im Titelwesen. Jeder Zusatz, jeder neue Titel drückt den ältern. Seitdem die Bezeichnung *Oberlehrer* gebraucht wird, bezeichnet *Lehrer* einen geringern Grad.

Eine merkwürdige Erscheinung, die hierher gehört, ist es auch, daß wir für die Tätigkeiten oder Eigenschaften der Tiere besondere Ausdrücke geschaffen haben. Das Tier *frißt* sein *Futter*, *säuft* mit dem *Maul* und ist mit einem *Fell* bedeckt. Diese Ausdrücke wurden früher zum Teil auch für den Menschen gebraucht. So heißt es im Mittelhochdeutschen Wigalois 872:

> *eben und lüter was ir vel* oder
> *si zarte von den linden wangen*
> *das vil rôte vel.*

und im Erec 2130:

> *ich wil iu zeiner mâȝe*
> *sagen von ir vrâȝe,*

d. i. 'von ihrem Essen', bei dem Gastmahle, das Erec bei seiner Vermählung gibt. Diese Verschlechterung der Bedeutung konnte erst eintreten, als *essen*, *trinken*, *Haut* als die edlern Ausdrücke gefühlt wurden. Heute dringt ja *speisen* als das Feinere vor.

Dieser eigentümliche Vorgang ist nunmehr, wie ich denke, klar, und es bleibt mir nur noch übrig, in aller Kürze eine Reihe anderer Beispiele zu geben, die der Leser in einem Wörterbuche weiter verfolgen möge:

Mähre 'schlechtes Pferd', ebenso *Klepper*, *Gaul*; *Aas*, eigentlich 'Speise', vergleiche *äsen*, beide zu *essen*, *Luder* 'Lockspeise', *Metze*, Koseform, zu *Mathilde*, *schmuggeln* zu *schmiegen*, *Seuche* 'Krankheit', *sudeln*, eigentlich 'kochen', zu *sieden*, *sich stellen* bei Luther 'sich gebärden'. *Hochmut* ursprünglich 'gehobene Stimmung' usw.

Eine kurze Bemerkung sei noch über die Ausdrücke hinzugefügt, die moralische Eigenschaften bezeichnen. Hier zeigt sich wieder eine andere Grundtendenz sehr deutlich, indem alles, was der Allgemeinheit angehört, allmählich als niedrig und schlecht empfunden wird. So haben wir *gemein*, *gewöhnlich*, *niedrig*, vor allem aber *schlecht*. Dieses bedeutet ursprünglich 'einfach, glatt, eben', wie wir es noch in *schlecht und recht* haben, oder wie wir bei Luther finden: *Krumm kann nicht schlecht werden*. Auch *schlicht* ist ja dasselbe Wort wie *schlecht*; *albern* ist entstanden aus mhd. *alwære*, ahd. *alawâri* 'gütig, freundlich, zugeneigt'.

Schließlich verdienen hier an dieser Stelle auch die Fremdwörter unsere Aufmerksamkeit. Fremdwörter werden ja auch aufgenommen, ohne daß ein besonderes Bedürfnis dazu vorliegt, indem ein einheimisches Wort für den Begriff, den sie ausdrücken, schon vorhanden ist. In solchen Fällen dienen sie nicht selten jenem Trieb der Sprache, einen bessern Ausdruck zu haben. So sagen wir *transpirieren* für *schwitzen*, *korpulent* für *dick*. Arbeiter und Dienstboten erhalten *Lohn*, Schauspieler *Gage*. Der Kaufmann schickt eine *Rechnung*, der Arzt und der Rechtsanwalt eine *Liquidation*. Deckt sich aber das Fremdwort völlig mit dem Deutschen, dann bekommt es meist eine etwas schlechtere Bedeutung. Wir haben daher *Bravour* neben *Tapferkeit* in dem Sinne von 'renommierender, unüberlegter Tapferkeit', *Kurage* neben *Mut*.

§ 238. **Verbesserung der Bedeutung.** Auf der andern Seite gibt es aber auch eine Verbesserung der Bedeutung. Hierbei handelt es sich oft um Ausdrücke der Dichtersprache, d. h. Ausdrücke, die im gewöhnlichen Leben verloren gegangen, in der Dichtersprache aber erhalten geblieben sind, und nun als edel empfunden werden. Nach dieser Richtung wäre leicht mancherlei zu sammeln, da die Wörterbücher des 18. Jahrhunderts häufig das unedle eines Ausdrucks anmerken oder durch ein besonderes Zeichen kenntlich gemacht haben. Ich nenne hier nur *Range, Racker, Schelm, Dreck.*

§ 239. **b) Erweiterung der Bedeutung.** Während Waag für die Bedeutungsverengerung 133 Nummern anführt, gibt er für die Erweiterung nur 59. Es könnte also scheinen, als ob dieser Fall sehr viel seltener wäre. Nach dem aber, was wir oben S. 98 über die genaue Unterscheidung der einzelnen Dinge unter einfachen Verhältnissen angeführt haben, wird man mit der Tatsache der Bedeutungserweiterung gerade in den ältern Zeiten sehr stark zu rechnen haben. Es ist nur nicht leicht möglich, diesem Punkt nachzukommen.

Wenn wir z. B. für den Begriff 'Feuer' zwei Ausdrücke im Indogermanischen nachweisen können, ahd. *fiur* gr. πῦρ (*pŷr*) und lat. *ignis*, aind. *agniḥ*, so ist es durchaus wahrscheinlich, daß jeder von ihnen eine engere Bedeutung gehabt hat; aber beim Beginn der Überlieferung liegt eben nur die eine allgemeine vor, so daß wir eine Erweiterung derselben hier nicht nachweisen können. Auf andere derartige Fälle ist schon oben aufmerksam gemacht worden. Unsere Wörterbuchbearbeiter gehen zudem fast stets von dem Allgemeinen als dem Ursprünglichen aus, obgleich dies durchaus nicht sicher ist, so daß wir auch dadurch ein ganz falsches Bild bekommen. So steht bei Grimm unter *Ding* die allgemeinste Bedeutung voran, während Paul allerdings von der von 'Gerichtsverhandlung' ausgeht. Für *bauen* geht Paul von der Bedeutung 'wohnen' aus, aus der sich die speziellere 'das Feld bebauen' entwickelt hätte. Möglich ist aber auch, daß diese ursprünglicher ist. Was also Waag verzeichnet, sind nur die ganz sichern Fälle, die zweifellos sehr vermehrt werden könnten. Hierher gehören zunächst viele Worte, die aus den Berufssprachen unter Aufgeben des besondern Sinnes in die Allgemeinsprache vorgedrungen sind. Beispiele sind: *Chor*, zuerst *Chor* der Geistlichen; *Feier*, mhd. *vîre* 'Kirchenfest', vgl. *Petrikettenfeier*; *Mütze*, mlat. *almuccia* 'Kopfbedeckung eines Geistlichen'; *Zehnte* 'Abgabe eines Zehntels des Ertrages an die Geistlichkeit'; *stiften* 'ein Stift gründen'; *widmen* bezog sich im Mittelhochdeutschen auf das der Frau bei der Verheiratung ausgesetzte Wittum; *schenken* hieß 'Getränke eingießen', daher noch *Schenke* 'Schenk'; *nachahmen* gehört zu *Ohm* 'ein Gefäß', also eigentlich 'ein Gefäß ausmessen'; *schildern* ist eigentlich 'Schilder malen'; *hauen* 'mit einem scharfen Werkzeug schlagen', daher noch *Haudegen, es ist nicht gehauen und nicht gestochen*; *treiben* bezog sich wohl auf das Vieh; *wichsen* eigentlich 'mit Wachs bestreichen'. Aus der Rechtssprache stammen *Ding, Sache, Rede. Kapelle* hieß ursprünglich die Musikerschar in einer Kirche.

II. BEDEUTUNGSWANDEL UNTER ÜBERGANG IN EIN ANDRES BEGRIFFSGEBIET.

§ 240. **a) Die Metapher.** Die Metapher, die Übertragung, der Übergang der Bedeutung in eine andere Begriffssphäre gehört zu den gewöhnlichsten Vorgängen auf dem Gebiete des Bedeutungswandels. Wir treffen sie überall, denn bildliche Ausdrücke, phantasievolle Vergleiche bilden eben eine tief in der menschlichen Natur wurzelnde Eigentümlichkeit. Ohne Bilder, ohne Metaphern hat nie eine Sprache bestanden. Man darf nicht etwa annehmen, daß die Metapher ein Erzeugnis jüngerer Sprachepochen sei. Aus den Berichten über die primitiven Völker wissen wir, wie sehr sie sich die ganze Natur belebt denken, wie sie überall Ähnlichkeiten entdecken und Ähnlichkeiten herstellen. Als Karl von den Steinen seinen Indianern einen Spiegel zeigte, besahen sie ihn, dann aber sagten sie 'Wasser' Damit war das Ding klassifiziert. Bei vielem, was neu auftritt, verfahren wir nicht anders. Jedes Gefäß wird in menschenähnlicher Gestalt dargestellt und bekommt daher einen Bauch, einen Schnabel, das Backwerk ahmt, heute noch erkennbar, mannigfach Formen der Natur nach. Wenn wir jetzt von einem *Bart* am Schlüssel reden, so hatte bei den Alten ebenso die Axt einen *Bart*, sie hieß die Bärtige, d. h. *Barte*. Die Teile unseres menschlichen Körpers kehren daher überall in der unbelebten Natur wieder: *Auge* — *Fettauge, Pfauenauge*; *Zunge* — *Landzunge, Seezunge, Zunge* an der Wage; *Ohr* — *Eselsohr*; *Öhr* — *Nadelöhr*; *Nagel*; *Nase*. Unser *Giebel* ist das gr. κεφαλή (*kephalǽ*) 'Kopf'.

Reichen Stoff für metaphorische Übertragungen bietet Waag. Außerdem kann man aber mit leichter Mühe selbst vielerlei zusammenbringen, da die Metapher zum allergewöhnlichsten in der Bedeutungsentwicklung gehört. Sie ist jedenfalls auch die Erscheinung des menschlichen Geistes, die zu den häufigsten und weitgehendsten Veränderungen der Bedeutungen führt. Ist doch dem Vergleichen kein Ziel gesetzt, und die Phantasie macht oftmals die wildesten Sprünge. Vgl. hierzu auch Wellander, Studien I, 153 ff.

§ 241. b) **Die Metonymie.** Von der Metapher läßt sich eine andere Art der Übertragung in eine neue Begriffssphäre unterscheiden, die Metonymie. Die Bedeutungsverschiebung ist hierbei dadurch bedingt, daß zwei Dinge in Raum, Zeit oder nach Grund und Folge verbunden auftreten, und daß daher der eine Begriff leicht den andern erweckt. Infolgedessen dient das Wort, das den einen Begriff bezeichnet, nicht selten auch zur Bezeichnung des andern. Diese metonymischen Übertragungen sind das Allergewöhnlichste von der Welt, und es kommen dabei die sonderbarsten Erscheinungen vor. Wenn aber die geschichtliche Vermittlung fehlt, dann kann man schwer mit dieser Art der Bedeutungsübertragung etwas machen.

Wie sollte man zum Beispiel unser *bigott* mit span. *bigote* 'Knebelbart' vereinigen? Die Erklärung ist zwar nicht sicher, aber doch wahrscheinlich richtig. Spanisch finden wir *hombre de bigote* 'Mann von ernstem festem Charakter'. Man muß annehmen, daß gewisse Kreise, die bestimmte ernste Ziele hatten, einen Knebelbart trugen, worin nichts Wunderbares liegt, da die Barttracht oft als Parteizeichen verwendet wird. Ferner hängt unser *Knaster* mit span. *canastro* 'Korb' zusammen. Auch hier liegt eine Metonymie vor. Span. *canastro* bezeichnete den Korb, in dem Tabak verpackt wurde. Der Übergang der Bedeutung zu 'Tabak im Korbe', 'Tabak' überhaupt, ist dann nicht schwer.

Der Anstoß, den Meringers oben erwähnte Versuche erregt haben, liegt darin begründet, daß er diesen Faktor der Metonymie auch stark für die vorgeschichtlichen Zeiten verwendet. Wenn uns für diese Zeit auch die positiven Nachrichten fehlen, so können diese doch durch die Phantasie des Forschers und eine genaue Kenntnis des wirklichen Lebens und der wirklichen Zustände der alten Zeit ersetzt werden. Wem diese so lebendig sind wie Meringer, dem werden auch gute Ergebnisse zuteil werden.

Man kann auch bei der Metonymie noch manche Unterabteilungen annehmen. Wir beschränken uns auf einige Hauptpunkte.

1. **Örtlicher Zusammenhang.** Hierbei geht die Bedeutung leicht von der des Ortes, an oder in dem sich etwas befindet, zu dem über, was sich daran oder darin befindet.

Hierher gehören die Bezeichnungen einiger Kleidungsstücke: *Kragen*, mhd. *krage* 'Hals', also 'das, was sich am Hals befindet'. Ähnlich *Leibchen*, *Bein* (einer Hose), *Rücken* (eines Rockes); es kommen mundartlich auch vor *Hälschen*, *Brust*, *Brüstchen*, *Busen* (vgl. DWB. 5, 1960). Man wird weiter so erklären können *Bruch* 'Hose', ags. *brēc* 'Steiß', *Mieder*, mhd. *muoder* n., afries. *mōther* 'Brustbinde der Frauen' zu *Mutter*. Vgl. auch gr. μήτρα (*mātra*), lat. *matrix* 'Gebärmutter', was auf einen ähnlichen Bedeutungsübergang hinweist.

Man wählt weiter Dinge, die mit einer Person vereinigt auftreten, zur Bezeichnung dieser Person, so z. B. *Schlafmütze*, *Blaustrumpf*, *Schürze*, *Blaujacke*, *Teerjacke*, *Grünrock* oder *Besen* = Dienstmädchen, *Roßkamm* 'Pferdehändler', *Knieriem* 'Schuster', *Pflasterkasten* 'Apotheker, Arzt', *Pfeffersack* 'Kaufmann'.

Der Ort, wo sich Personen aufhalten, wird zur Bezeichnung dieser Personen selbst. Hierfür gibt es zahlreiche Beispiele: *Hof*, *Gerichtshof*, *Frauenzimmer*, *Tafelrunde*, Nachbildung des franz. *table ronde* 'runde Tafel', *Kabinett* im Sinne von Ministerium. Ebenso kann der umgekehrte Fall eintreten: *Universität*, *Ministerium*. Das Wort *Kapelle* zeigt eine Fülle metonymischer Übertragungen: es stammt von mlat. *cappa* 'das Haupt mitbedeckender Mantel', woher unser *Kappe*. *Kapelle* als 'Mantel' würde dann in seiner Bedeutung verengt auf den Mantel des heiligen Martinus; da dieser in einer 'Kapelle' aufbewahrt wurde, so trat die metonymische Übertragung ein. In den Schloßkapellen der Fürsten wirkten Musiker mit, auf die dieser Name schließlich weiter übertragen wurde. Nachdem diese Bedeutung einmal fest geworden war, wurde sie wieder erweitert und bezeichnet nun eine Musikerschar überhaupt. Wer würde, wenn uns die geschichtliche Entwicklung fehlte, auf den Gedanken kommen, daß die beiden Bedeutungen des Wortes *Kapelle* 'Gotteshaus' und 'Musikerschar' auf die eine einzige zurückgingen. Wir haben daneben noch die etwas veraltete Bedeutung 'Schmelztiegel'. So gut bei dieser ein selbständiges Wort vorliegt, könnte es auch bei den beiden andern der Fall sein.

2. **Zeitlicher Zusammenhang.** Hier liegt der gleiche Vorgang, wenn auch nicht so häufig, vor. *Mahlzeit*, eigentlich 'Zeit des Mahles', dann 'was dabei gegessen wird'; *Messe* 'Jahrmarkt' ist dasselbe Wort wie *Messe* 'Abendmahlsfeier'. Mit der kirchlichen Feier war aber sehr häufig in alter Zeit, wie noch heute in Russisch-Polen, ein Verkauf, ein Markt verbunden. So entsteht dann die Bedeutung 'Jahrmarkt'. *Toast* bedeutet im Englischen 'geröstete Brotschnitte'. Die Bedeutung 'Trinkspruch' rührt daher, weil dem, der reden sollte, ein Glas mit einem *Toast* überreicht wurde.

3. **Zusammenhang nach Grund und Folge.** Ein derartiger Bedeutungsübergang liegt bei *müssen* vor. Got. *gamōtan* bedeutet 'Raum haben, Platz finden'; daraus entwickelt sich 'die Erlaubnis haben, dürfen'. Da aber die Möglichkeit häufig nur eine Zwangsmöglichkeit ist, so entsteht der jetzige Sinn (schon im Mittelalter). Bedeutungsübergänge, die darauf beruhen, daß etwas Freiwilliges durch den Zwang der Verhältnisse, durch Sitte und Brauch zum Muß wird, haben wir nicht selten. So ist *Bede* 'Abgabe, die ursprünglich Freie bezahlten' nichts anderes als *Bitte*. Weit verbreitet in der Welt ist die sogenannte 'Bittarbeit'. BÜCHER, Arbeit und Rhythmus[4] S. 256 sagt darüber: „Bei Feldarbeiten, beim Hausbau und gewissen häuslichen Verrichtungen, die keinen Aufschub erleiden, namentlich solchen, die mit der Ernte zusammenhängen, werden freiwillige Hilfskräfte zur Unterstützung von den Nachbarn erbeten; an die Arbeit schließt sich in der Regel eine festliche Bewirtung im Hause des Arbeitgebers an. Beruht diese Bittarbeit bei den gewöhnlichen Dorfgenossen auf Gegenseitigkeit, so wird sie dem Häuptlinge gegenüber leicht zum Dienste oder zur Fronde." Was bei uns *Bitte*, *Bede* heißt, nennen die Serben ganz ähnlich *moba* von *moliti* 'bitten'. Unserm Wort *bitten* entspricht wahrscheinlich aind. *badhate*, das 'drängt, verdrängt, bedrängt' bedeutet.

Frondienst ist ja nichts anderes als Herrendienst (zu ahd. *frō* 'Herr'). *Steuer* heißt eigentlich 'Stütze', dann 'Unterstützung, Beistand' (noch in der Redensart *zur Steuer der Wahrheit*). Von den Abgaben an den Landesherrn heißt ursprünglich nur diejenige *Steuer*, die insofern freiwillig ist, als sie von den Ständen zu einem besondern Zweck bewilligt wird. Ebenso entwickelt sich sehr leicht aus 'arbeiten' 'arbeiten müssen', wie wir dies in dem slawischen *Robott* haben.

Hierher gehören denn auch die Bedeutungsübergänge, in denen der Stoff, aus dem etwas besteht, als Bezeichnung des Gegenstandes selbst gebraucht wird, wie anord. *askr* 'Speer', d. *Asch* 'Napf'.

§ 242. Metonymische Ableitungen von Eigennamen. Mit Metonymie haben wir es in den meisten Fällen zu tun, wo etwas nach einem Ort, einer Person oder ähnlichem benannt wird, sei es, daß die Sache von dem Orte stammt oder von dem betreffenden Mann erfunden oder sonst mit ihm verkettet ist. Ich halte es für angebracht, einiges aus dem überaus reichen Stoff, den wir nach dieser Richtung in unsrer Sprache haben, zusammenzustellen. Vieles findet man nicht in den Wörterbüchern, und die Fülle der hier vereinten Beispiele wird einigermaßen in Erstaunen setzen, aber auch gut zu Besprechungen zu verwenden sein. Ich ordne den Stoff nach der Buchstabenfolge.

Achat, nach dem Fluß *Achates* in Sizilien. — *Akademie*, nach dem Heros *Akademos*. Auf dem nach ihm benannten Platz lehrte Platon. — *Alexandriner*, Versart, benannt nach dem *roman d'Alixandre*, in dem sie verwendet wurde. — *Apfelsine*, Apfel aus *Sina = China*. — *Arabeske*, nach Art der *Araber*. — *artesisch*, nach der Grafschaft *Artois*. — *Aschlauch*, nach der Stadt *Askalon*. — *Atlas*, Name des mauretanischen Königs Atlas, den Mercator zur Aufschrift eines erdkundigen Werkes benutzte. — *Bachauner*, Schwein aus dem *Bakonyerwald* in Ungarn. — *Bai*, wohl auf den Ortsnamen *Bajae* zurückgehend. — *Bajonett*, nach der Stadt *Bayonne* in Südfrankreich. — *Baldachin*, nach der Stadt *Bagdad*. — *ballhornisieren* nach *Johann Ballhorn*, 1531 Buchdrucker zu Lübeck. — *Batist*, nach *Bâtiste Chambray*, der im 13. Jahrhundert die Leinwandweberei in Flandern in Aufnahme brachte. — *Batzen*, von *Betz* 'Bär', Münze von Bern mit dessen Wappen. — *Béchamelsauce*, nach Vicomte de *Béchamel* de Noitel, Haushofmeister Ludwigs XIV. — *Begine*, nach *Lambert Le Bègue*. — *Berline*, Berliner Wagen, 1712. — *Betonie*, gall. *vettonica* nach den am Tajo wohnenden *Vettones*. — *Bibel*, nach dem Namen der Papyrusstaude βίβλος oder βύβλος, und dies wieder nach dem Ortsnamen Βύβλος. — *Bluse*, angeblich nach der Stadt *Pelusium* in Unterägypten. — *Bock*, Bier aus *Eimbeck*. — *Börse*, nach einem Haus und einer Familie, ndl. *Boers*. — *Boykott*, nach James *Boykott*, einem Gutsverwalter in Irland, über den 1880 die irische Landliga den Bann verhängte. — *Bronze*, vielleicht *aes Brundisium*, Erz aus *Brindisi*. — *Bundschuh* 'Meuterei, Empörung'. Von den aufrührerischen Bauern wurde der *Bundschuh* als Zeichen getragen. — *Champagner*, Wein der *Champagne*. — *Chassepot*, nach dem Erfinder *Chassepot* 1858. — *Chauvinismus*, nach dem Veteranen Nik. *Chauvin* aus Rochefort. — *Cheviot*, nach den *Cheviothills* in England. — *Chinin*, nach dem in Südamerika einheimischen Chinchonabaum, und dieser ist benannt nach der Gräfin Chinchon, der Gemahlin des Vizekönigs von Peru, weil diese im Jahre 1636 durch seine Rinde vom Fieber geheilt wurde. — *Damast*, Seidenzeug von Damaskus. — *Damaszener*, ebendaher. — *Dietrich*, nach dem Namen *Dietrich*. — *Domino*, eig. 'das Kleid des Geistlichen' (*dominus*). — *Draisine*, erfunden von Karl v. *Drais* 1817. — *Dukaten*, von Δούκας, dem Namen byzantinischer Cäsaren. — *Fasan*, lat. *phasianus* 'Vogel vom Flusse Phasis in Kolchis'. — *Fayence*, nach dem Fabrikort *Faenza* in der Romagna. — *Fes*, nach der Stadt *Fez* in Marokko. — *Fiaker*, nach dem heiligen *Fiacre*, dessen Bild das Zeichen des zu Paris gelegenen Hauses war, in dem man Wagen haben konnte. — *Flam-*

berg 'breites Schlachtschwert' ist ein Schwertname. — *flämisch* 'verdrießlich, mürrisch', nach den *Flämen*. — *Florin*, nach *Florenz*. — *Frank, Franken*, nach *Frank* 'Franzose'. — *frank* 'unabhängig, frei', von lat. *francus* 'fränkisch'; dazu *frankieren, franko*. — *Franzbrot, -wein, -obst*, enthält *Franze* 'Franzose'. — *Gagat*, benannt nach Fluß und Stadt *Gagas* in Lykien. — *Gumasche*, nach *Gadames*, Stadt in Tripolis. — *Gaze*, benannt nach der Stadt *Gaza* in Palästina. — *Glaubersalz*, von *Glauber* († 1688) erfunden. — *Gobelin*, nach dem Erfinder Jean *Gobelin* in Paris. — *Grog*, angeblich nach dem Spitznamen des englischen Admirals Vernon, der zuerst dieses Getränk statt unvermischten Rums unter die Matrosen verteilen ließ. — *Guillotine*, 1789 von dem französischen Arzt *Guillotin* erfunden. — *Harlekin*, aus einem germanischen *ellekin*, vielleicht dän. *ellekong* 'Erlenkönig'. — *Heiduck*, ursprünglich ein in Ungarn heimischer Volksstamm. — *Heller*, Münze aus Schwäbisch *Hall*. — *Herme*, Bildsäule, nach *Hermes*. — *hermetisch*, nach *Hermes* Trismegistus, der für den Vater der Alchimie gehalten wurde. — *Hokuspokus*, ursprünglich Name eines Gauklers. — *Indian* 'Truthahn', eigentlich der *Indianer*. — *Indigo* aus span. *indigo* 'das Indische'. — *Jacke*, angeblich benannt nach dem Häuptling *Jaque* von Beauvais (um 1358). — *Jeremiade*, nach den Klageliedern *Jeremiä*. — *jovial*, dem *Jovis* zukommend. — *Juli*, nach *Julius Caesar*. — *Juni*, nach der *Juno*. — *Kaiser*, nach *Caesar*. — *Kalekut*, nach *Calicut*; davon auch *Kaliko*. — *Kamelie*, nach dem Jesuiten *Camelli*. — *Kammertuch*, aus *Cambray*. — *Kannibale*, Umbildung des Volksnamens *Karaiben*. — *Kartause*, nach dem Ort *Cartausa (Chartreuse)*. — *Kaschmir*, Stoff aus Kaschmir. — *Kirsche*, lat. *cerasus* nach der Stadt *Kerasus* am Schwarzen Meer. — *Kognak*, nach der Stadt *Cognac* in Frankreich. — *Kolophonium*, nach der Stadt *Kolophon*. — *Korduan*, Ziegenleder aus *Cordova*. — *Korinthe*, nach Korinth. — *Krabate*, eig. der *Kroat*; ebenso ist *Kravatte* eig. die kroatische. — *Kremser*, nach dem Hofagenten und preußischen Kriegskommissär *Kremser*, der solche Wägen zuerst fahren ließ. — *Krimmer*, Lammfell aus der *Krim*. — *Krimstecher*, Fernglas, zuerst im *Krimkrieg* gebraucht. — *Kuli*, eig. Name eines chinesischen Stammes. — *Kupfer*, lat. *aes Cuprum* nach *Cypern*. — *Kutsche*, nach dem Dorfe *Koszi* bei Raab. — *Lachs* 'Schnaps' nach dem Haus zum Lachs in Danzig. — *lakonisch* 'kurz und schlagend im Ausdruck' nach Art der Lakonen. — *Landauer*, nach der Stadt Landau. — *Ländler*, nach dem *Ländl*, d. i. Österreich ob der Enns. — *Latein* 'unverständliche Sprache' in *Jägerlatein*. — *Lausewenzel* 'schlechter Tabak'. — *Lazarett*, nach *Lazarus*. — *Litewka*, eig. die *litauische*. — *Litfaßsäule*, nach *Litfaß*, der solche Säulen zuerst aufstellte. — *Lloyd*, nach Eduard *Lloyd*, der Ende des 17. Jh. in London ein Kaffeehaus hielt, wo sich eine Art von Schifferbörse zusammenfand. — *Lombard* 'Leihbank, Pfand', von dem Volksnamen *Lombard, Langobarde*, weil die Oberitaliener im 13. Jh. in Frankreich Leihhäuser errichten durften. — *Louisdor* 'goldener Ludwig' mit dem Bild Ludwig XIII. — *lynchen*, benannt nach dem Farmer John *Lynch*. — *Lyzeum*, von gr. Λύκειον *(lykeion)*, Tempel des *Lykeios*. — *Magie*, nach dem medischen Priesterstamm der *Magoi*. — *Magnet*, gr. Μαγνῆτης *(Magnétēs)*, Stein aus der Landschaft Magnesia. — *Majolika*, nach der Insel *Majorka*. — *Makadam*, von dem Amerikaner *Mac Adam* erfundene Straßendecke. — *makkaronisch*, nach *Makkaroni*, der Lieblingsspeise der Italiener. — *Malvasier*, nach der Stadt Napoli di *Malvasia* auf *Morea*. — *Manichäer*, studentisch, eig. Anhänger des *Mani*. — *Mansarde*, benannt nach dem französischen Baumeister François *Mansard* (1598—1666). — *Manschester* 'baumwollener Samt', nach der Stadt *Manchester*. — *Marelle, Marille*, wohl umgestaltet aus ital. *armellino* und dies aus *armeniacum* 'armenischer Apfel'. — *Markise*, benannt nach der *Marquise* Pompadour. — *Maroquin*, eig. *marokkanisches* Leder. — *Masurka*, nach den *Masuren*. — *Mausoleum*, nach dem König *Mausolos*. — *Mayonnaise*, angeblich nach der Stadt *Mahon* auf Menorka benannt, bei der 1756 der Herzog von Richelieu einen glänzenden Sieg erfocht, infolgedessen man verschiedene Sachen, darunter auch eine neue Sauce, nach der Stadt benannte. — *Mäzen*, nach *Maecenas*, dem Gönner des Horaz. —

Melis 'Hutzucker', eig. 'Zucker von der Insel Malta', ital. *Melite*. — *Mentor* 'Ratgeber', nach *Mentor*, dem Begleiter Telemachs. — *Metaphysik*, nach der Schrift des Aristoteles μεταφυσικά (*metaphysiká*) 'nach den physischen Dingen'. — *Mirabelle*, nach *Mirabel* 'Ort in Frankreich'. — *Mohr*, lat. *Maurus* 'Bewohner Nordafrikas'. — *Mumme*, von Christian *Mumme* in Braunschweig gebraut. — *Münze*, benannt nach dem Tempel der Juno *Monēta* in Rom, deren Tempel der Münzstätte benachbart war. — *Musselin*, nach der Stadt *Mosul* am Tigris. — *Nanking*, nach der chines. Stadt. — *Nikotin*, nach Jean *Nicot*, der um 1560 den Tabak einführte. — *Ottomane*, abgeleitet von *Othman*, dem Namen des 1326 verstorbenen Stifters des türkischen Reichs. — *Palast*, *Palais*, *Pfalz*, lat. *palatium*, nach dem Schloß des Augustus auf dem mons *Palatinus*. — *Palatine*, *Palatin* 'Halzkragen', abgeleitet von *Palatin* 'Pfalzgraf'. — *Pandur*, angeblich nach der ungarischen Stadt *Pandur*, woher die ersten *Panduren* stammen sollen. — *Panik*, nach dem *panischen* Schrecken. — *Pantalons* 'Beinkleider', nach *Pantalóni*, einem Beinamen der Venezianer, weil sie den heiligen *Pantalon* verehrten. — *Pantalon* 'Klöpfelklavier', von *Pantaleon* Hebenstreit 1697 erfunden. — *Pasquill*, nach einem Römer *Pasquino*. — *Paternosterwerk* 'in beständiger Bewegung befindlicher Aufzug', benannt nach dem *Paternoster*beten am Rosenkranz. — *Percheron* 'schweres Pferd', benannt nach der französischen Provinz *Perche*. — *Pergament*, nach *Pergamos*. — *Pfirsich*, lat. *persicum* 'der Persische'. — *Phaethon*, nach *Phaethon*, dem Sohne des Sonnengottes. — *Pharo* 'Hasardspiel', benannt nach *Pharao*, ursprünglich Bezeichnung des Herzkönigs. — *Pistole* nach der Stadt *Pistoja*. — *Pläner*, eig. *Plauenerstein* nach *Plauen* bei Dresden. — *Polonaise*, eig. *polnischer* Tanz. — *Pommer* 'Art Haushund', aus *Pommern* stammend. — *Pompadour*, benannt nach der Marquise *Pompadour*. — *Portwein*, Wein aus *Oporto*. — *Pralinés*, nach dem Namen des Marschalls *du Plessis-Praslin*, dessen Koch sie erfunden hat. — *Quassia*, angeblich von einem Neger *Coassi* entdeckt und nach ihm benannt. — *Quitte*, lat. *malum cydonium*, von der Stadt *Kydonia* auf Kreta. — *Rasch*, nach der Stadt *Arras* in Nordfrankreich. — *Rastrum* 'Leipziger Stadtbier', nach dem *rastrum* 'Rechen', dem Zeichen der Häuser, in denen das Bier gebraut wurde. — *Reineclaude*, nach *Claudia*, Tochter Ludwigs XII. — *Reuß* 'kastriertes Pferd', nach dem Volksnamen *Reuß*. — *Rockelor* 'Reisemantel', benannt nach dem Herzog von *Roquelaure* († 1738). — *Rodomontade*, nach *Rodomonte* (ein Mohrenheld, der in Ariosts rasendem Roland die Helden herausfordert). — *Roland* 'Standbild' nach *Roland*. — *Roman*, eig. 'der romanische'. — *Romanze*, eig. 'romanisch'. — *Russe* 'der kleine schwarze Küchenkäfer', in *Rußland* häufig. — *Salmiak*, aus lat. *sal ammoniacus*, nach *Jupiter Ammon*. — *Samariter*, nach dem barmherzigen *Samariter*. — *Sandwich*, nach John Montague, vierter Earl of *Sandwich* (1718—92). — *Sardelle*, die *sardinische*; ebenso *Sardine*. — *Sardonisches Lachen* 'krampfhaftes Lachen', hervorgerufen durch die *herba Sardonia* 'Sardinisches Kraut'. — *Schalaune* 'feines Wollenzeug', nach *Chalons* a. d. Marne. — *Schalotte*, Lauch von *Askalon*. — *Schrapnell*, nach dem Erfinder, dem engl. Oberst *Shrapnel* (1803). — *Silhuette*, nach dem Generalkontrolleur und späterm Minister Etienne de *Silhouette* († 1757), der alles mit größter Sparsamkeit einrichtete. Man sagte zuerst 'es ist à la *Silhouette*'. — *Simonie*, nach dem Zauberer *Simon* (Apostelgesch. 8, 18—20). — *Sinópel* 'blutroter, eisenhaltiger Jaspis', nach *Sinope* am Schwarzen Meer. — *Sklave* ist eigentlich *Slawe*. — *Sodomit*, nach *Sodom* (1. Mos. 19, 4—9). — *Spaniol* 'feiner Schnupftabak', der *spanische*. — *Spenzer*, nach Lord *Spencer* (1758—1834). — *Stentorstimme*, nach *Stentor*, einem Griechen vor Troja, der lauter als 50 Männer schrie. — *Sybarit* von *Sybaris* 'Stadt in Unteritalien'. — *Syenit* 'Gesteinsart', nach *Syéne* 'Stadt in Oberägypten'. — *Taler* ist *Joachimstaler* von *Joachimstal*. — *Talmi*, benannt nach dem Erfinder, dem Pariser Fabrikanten *Tallois*. — *Tarantel*, *Tarantella*, nach der Stadt *Tarent*. — *Tattersall*, nach dem englischen Trainer *Tattersall* (1777). — *Tesching*, nach der Stadt *Teschen*. — *Tirolienne*, Tirolertanz. — *Trakehner*, Pferd aus *Trakehnen*. — *Tüll*, frz. *tulle*, nach der Stadt *Tülle* (Corrèze). — *Türkis*, der *türkische*. —

Ulrich 'Erbrechen vom Trunke'. nach *St. Ulrich anrufen* 'sich erbrechen'. — *Vandale*, nach den *Vandalen*. — *Vatikan*, nach lat. *mons Vaticānus* 'der Vatikanische Hügel'. — *Veitstanz*, nach dem heiligen Veit. — *Vertiko*, nach dem Berliner Tischlermeister *Vertikov*. — *Vulkan*, nach *Vulcanus*, dem Feuergott. — *Wallach*, nach den *Wallachen*. — *Wedgwood*, nach dem Erfinder *Wedgwood*. — *Wenzel* 'der Bube in einzelnen Karten-spielen', ist der Name *Wenzel*. — *welsch*, nach dem Volksstamm der *Volcae*. — *Ziegen-hainer*, Stock aus *Ziegenhain*. — *Zwetsche, Zwetschke*, Frucht aus Damaskus.

Als besondere Art führe ich hier noch die zahlreichen Fälle an, in denen unsere Vornamen zu Appellativnamen geworden sind.

Literatur: O. MEISINGER, Die Appellativnamen in den hochdeutschen Mundarten. I. Die männlichen Appellativnamen. Ein Beitrag zur Sprachgeschichte. Beilage zum Pro-gramm des Gymn. in Lörrach, 1909. — Ders., Die weiblichen Appellativnamen in den hochdeutschen Mundarten, ZfhdMa. 5, 84—91. — Ders., Weibliche Appellalivnamen. ZfdMa. 3, 220—224. Die Appellativnamen in den hd. Mundarten (Nachträge), Beilage zum Pro-gramm d. Gymn. in Lörrach, 1910.

Zunächst liegen hier ganz deutliche Fälle vor, wie z. B.

Prahlhans, Zornmichel, Schwatzliese, Heulsuse, Zigarrenfritze, Harfenjule, Flüster-lotte, dummer August.

Aber die Sache geht weiter, und vieles dieser Art ist absolut unverständlich.

faulenzen hat man im 16. Jh. von *fauler Lenz* abgeleitet. — *hänseln*, eigentlich 'einen Hans nennen'; dazu *Hanswurst* aus *Hans Worst*, *Schmalhans*, *Hansdampf* u. a. — *Heinz* zur Bezeichnung des Kobolds (noch in *Heinzelmännchen*), des Waldkaters (jetzt im Tierepos *Hintze*), der wilden Waldbienen. — *Hinz und Kunz.* — *Jahn* = *Johann* in *Lüdrian.* — *Janhagel*, bei Bürger *Johann Hagel*. — *Jockei*, der Name *Jack, Jakob.* — *Kasperl* von *Kasper*, dem Namen eines der drei heiligen Könige. — *Laban*, *langer* 'schlaffer Mensch', wohl nach dem Namen *Laban*. — *Louis* 'Zuhälter'. — *Mario-nette*, aus frz. *marionette* von frz. *marion* 'Maria', ebenso *Marotte*, frz. *marotte* 'Puppe, Spielzeug, Steckenpferd'. — *Markolf* 'der Nußhäher', der Mannsname *Markolf*. — *Matz* in *Starmatz, Piepmatz* ist Kürzung von *Matthäus*. Dazu *Mätzchen machen.* — *Mette* 'fliegender Sommerfaden' ist eine Abkürzung von *Margareta* oder *Mechthild*. — *Metze* ist Koseform zu *Mathilde*. — *Miez* 'Katze' ist Koseform von *Maria*. — *Nickel* 'ver-mummende Schreckgestalt', Kürzung von *Nikolas*. Danach ist wieder das Metall benannt. — *Petz*, Koseform zu *Bernhard*. — *Reineke* 'Fuchs' ist Kürzung zu *Reginhard, Reinhard.* — *Rüpel*, ahd. *Rūpilo*, Koseform von *Ruprecht*. — *Staches* 'närrischer Mensch', Kürzung aus *Eustachius*. — *Stoffel* und *Töffel*, Kürzung von *Christoffel*. — *Trine* 'dumme Person', Kürzung von Kathrine. — *uzen* zu *Uz*, Koseform von *Ulrich*, wie *hänseln* von *Hans.*

Anmerkung. Erschöpft ist damit der Stoff keineswegs. Ich erwähne nur noch neue Bil-dungen wie *schweningern, röntgen*. Unendlich viel gibt es in den Sondersprachen der Wissen-schaften, vgl. *Volt, Ampère, Farad, Weber*. S. darüber H. DUNGER, Wiss. Beih. z. ZdADSV. 9, 136 ff.

§ 243. **Bedeutungsdifferenzierung lautlich verschiedener Wörter, die aus der-selben Grundform entstanden sind.** Wir kommen nunmehr zu einer weiteren Frage, die viel besprochen worden ist. Die verschiedenen Formen eines Haupt- oder Zeitworts, die miteinander assoziiert oder, wenn wir uns rein äußerlich ausdrücken wollen, zu einem Paradigma verbunden sind, werden oft durch die Lautveränderungen und die nachwirkende Formenassoziation auseinandergerissen, so daß Doppelformen entstehen. So bilden die Neutra im Mittelhochdeutschen einen Plural ohne Endung, *das bant, diu bant.* An Stelle dieser endungslosen Form führt die Sprache allmählich wieder welche mit Endungen ein, und zwar Formen mit *-e* oder mit *-er.* Zunächst kommen häufig beide Bildungsweisen bei demselben Worte vor. Da die Sprache aber jedem Überfluß abhold ist, so entsteht zwischen den Formen ein Kampf, in dem die eine Form untergeht. Nur in einem Falle können sich die Doppelformen erhalten, wenn nämlich in der Zeit, in der die beiden Bildungsweisen bestehen, an sie eine Bedeutungsverschiedenheit geknüpft wird. So haben wir als ein bekanntes Beispiel die Pluralbildungen *Worte* und *Wörter*. *Wörter* soll man anwenden, wenn man von einzelnen Ausdrücken redet. Freilich ist diese Unterscheidung durchaus nicht durchgedrungen und z. B. nicht in meinem Sprachgefühl vorhanden. Sie beruht auch nicht auf einer natürlichen Entwicklung, sondern sie verdankt den Vorschriften der Grammatiker ihr Dasein, vgl. SCHROEDER, Vom papiernen Stil.

Früher hat man freilich sogar angenommen, die Sprache hätte solche Verschiedenheiten zu dem Zweck geschaffen, derartige Bedeutungsunterschiede zum Ausdruck zu bringen. Davon kann keine Rede sein. Die Doppelformen sind entstanden, und die Bedeutungsverschiedenheit hat sich allmählich damit verbunden.

Bei der verwickelten Zusammensetzung unseres Wortschatzes kommt noch ein anderer Fall in Betracht. Die heute vorhandenen Doppelformen stammen aus ganz verschiedenen Gegenden oder Sprachkreisen. Die eine Gegend, der eine Stand hat die eine Form bevorzugt, der andere die andere. Erst dadurch, daß derartige Formen in die Schriftsprache aufgenommen worden sind, haben wir die Doppelheit erhalten. So sagen wir *die Säue*, der Jäger aber bildet den Plural *die Sauen*, wobei er natürlich die Wildschweine meint, der Unterschied der Schriftsprache ist daher jünger. Der Plural von *Ort* schwankt bis ins 18. Jh. als *Orte* und *Örter*. Noch Schiller sagt: *an den Örtern, wo sie standen*. Jetzt hat *Orte* gesiegt, aber der Astronom redet nur von *Fixsternörtern*.

Anmerkung. Die besprochene Frage hat seit langem die Aufmerksamkeit der Sprachforschung erregt. Es bestehen eine ganze Reihe von Untersuchungen; da die Sache auf allen Sprachgebieten dieselbe ist, so führe ich hier die Literatur auch aus den andern Sprachen an: NICOLAS CATHERINOT, Les doublets de la langue française, 1863. — A. BRACHET, Dictionnaire des doublets de la langue française, Paris 1868, Supplément Paris 1871. — COELHO, Romania 2, 281 ff. (für das Portugiesische). — CAROLINE MICHAELIS, Romanische Wortschöpfung, Leipzig 1876 (behandelt das Spanische und andere romanische Sprachen). — BRÉAL, Mémoires de la société de linguistique de Paris 1, 162 ff., 1868 (behandelt das Lateinische). — Eine kleine Sammlung aus dem Englischen steht bei MÄTZNER, Englische Grammatik[2] 1, 221 ff. — O. BEHAGHEL, Die neuhochdeutschen Zwillingswörter, Germania 23, 257 ff.

Der überaus reiche Stoff, der in dieser Richtung besteht, läßt sich nach einigen allgemeinen Gesichtspunkten ordnen.

A. DOPPELFORMEN BEI EINHEIMISCHEM GUT.

1. Ein paar gleiche Wörter sind von den Grammatikern mit verschiedener Schreibung versehen worden, so *daß* und *das*, *Stadt* und *Statt*, *wieder* und *wider*. In diesen Fällen besteht kein Unterschied der Aussprache, aber die Bedeutungsverschiedenheit ist da und bei dem Gebildeten mit der Schreibung verbunden.

2. Verschiedenes Geschlecht. Das grammatische Geschlecht haftet nicht durchaus fest an dem Worte. Vielmehr vollziehen sich im Laufe der Zeit mannigfache Wandlungen. Diese können natürlich nur so entstehen, daß eine Zeitlang Altes und Neues nebeneinander steht. Das kann dann benutzt werden, um daran eine Verschiedenheit der Bedeutung zu knüpfen. So haben wir: *der, das Band, der, die Flur, der, das Mensch, der, das Schild, der, das Verdienst, der, die See*.

3. Verschiedene Pluralbildung: *Bande — Bänder, Dinge — Dinger, Lichte — Lichter, Tuche — Tücher, Worte — Wörter, Orte — Örter, Effekte — Effekten, Männer — Mannen.*

4. Durchführung der verschiedenen Formen eines Paradigmas.

a) *n*-Deklination. Die *n*-Deklination flektiert mittelhochdeutsch Nominativ *-e*, die übrigen Kasus *-en*. Nun wird bei leblosen Wesen der Akkusativ für den Nominativ verwendet und dann ein starker Genitiv gebildet, während bei den belebten das *e* unter Umständen abfällt. So haben wir *Franke — Franken, Tropf — Tropfen,* noch Haller sagt:

> *Du bist der Weisheit Meer,*
>
> *Wir sind davon nur Tröpfe,*

während Wieland *dem armen Tropfen* bildet; *Lump — Lumpen, Rabe, Rappe — Rappen* (Münze), *Ball — Ballen.*

b) Fem. *i*-Deklination. Mittelhochdeutsch flektiert diese Nom.-Akk. *stat,* Gen.-Dat. *stete.* Es wird nun teils die Nominativform durchgeführt, also *die Stadt, der Stadt,* oder die Genitivform *Stätte,* und daran knüpft sich dann eine verschiedene Bedeutung. So noch *Fahrt — Fährte, Gnatz — Gnätze.*

c) Sonstige Fälle: *Bett — Beet, Knabe — Knappe, Rabe — Rappe, Magd — Maid, Quelle — Quell; fahl — falb; gehl — gelb; gach — jäh.*

d) Verbalformen: *drucken — drücken; zucken — zücken; bestellt — bestallt; durchleuchtet — durchlaucht; erleuchtet — erlaucht; gesendet — gesandt; geröstet — getrost; gewendet — gewandt; erhoben — erhaben.*

5. Einfluß des Stammwortes. Grundwort und Ableitung sind häufig durch Vokalwechsel geschieden, z. B. *Erde — irden,* vgl. die oben S. 21 f. behandelten Lautgesetze. Da aber der Zusammenhang der Worte vielfach noch gefühlt wird, so tritt in solchen Fällen leicht eine Ausgleichung ein. Zum Beispiel wird das Adverbium ursprünglich vielfach ohne Umlaut gebildet, es schließt sich dann aber später wieder seinem Adjektivum an. Nur *fast* und *schon* (eigentlich Adverbien zu *fest* und *schön*) haben sich erhalten, weil diese beiden einen besonderen Bedeutungsinhalt bekommen haben. *Gulden* ist eigentlich das Adjektivum zu *Gold,* mhd. *guldin.* Dies wird aber umgebildet zu *golden.* Ebenso steht es mit *hübsch* und *höfisch.* In *Ammann* liegt die regelrechte aus mhd. *ambetman* entwickelte Form vor, *Amtmann* ist neugebildet. Ebenso unterscheiden wir *Jungfer* und *Jungfrau.*

6. Verschiedene Suffixbildung. An Stelle von *-heit* tritt vielfach *-igkeit,* und es entstehen dann Doppelformen, die eine Zeitlang in gleichem Sinne gebraucht werden. Wir unterscheiden jetzt *Kleinheit* und *Kleinigkeit,* während man das im 18. Jahrhundert noch nicht tat. So schreibt Goethe an Zelter: *Der Fehler lag in fehlerhafter Konstruktion, die sich nach und nach aus hundert Kleinheiten entwickelt hatte.* Umgekehrt spricht Kant von der *Kleinigkeit der hellen Punkte* (der Fixsterne). Ebenso steht es mit *Neuheit* und *Neuigkeit,* vgl. Lessing: *Heldentaten hört man nur einmal mit sonderlichem Vergnügen; ihre Neuigkeit rührt am meisten.*

B. DOPPELFORMEN DURCH ENTLEHNUNG.

Sehr viel Doppelformen sind auch, dadurch entstanden, daß wir zu den schon bestehenden Worten die ursprünglich damit identischen aus unsern Mundarten oder aus fremden Sprachen entlehnt haben.

1. Aus dem Mittel- und Niederdeutschen: *Atem — Odem; Brunnen — Born; ehe — eher; kneifen — kneipen; Lache — Lake; Natter — Otter; nun — nu; (aus)rotten — roden; sanft — sacht; Schaft — Schacht; schlecht — schlicht; schnauben — schnaufen; Schnupfen — Schnuppe; sühnen — versöhnen; Staffel — Stapel; Teich — Deich; Waffen — Wappen; Buhne — Bühne; Drommete — Trompete.*

2. Aus dem Englischen: *streichen — streiken.*

3. Aus dem Lateinischen und Romanischen. Entweder werden dabei Worte entlehnt, die eigentlich urverwandt sind, oder es werden welche aus dem Romanischen zurückentlehnt, oder sie werden aus der fremden Sprache mehrere Male herübergenommen,

und die Worte zeigen dann die verschiedenen Formen, die das Wort im Laufe der Zeit in der fremden Sprache angenommen hat.

a) Urverwandtschaft liegt vor bei: *Vater* und *Pater; lau — flau; Lanke — Flanke; Fell — Pelle.*

b) Rückentlehnung: *Balken — Balkon; Breche — Bresche; Dorf — Trupp, Truppe; Feldstuhl — Fauteuil; graben — gravieren; Laube — Loge; Leiste — Liste; Mark — Marke; Raub — Robe; Ring — Rang; Rock — Frack; Schmelz — Émail; Wagen — Waggon; warnen — garnieren; Warte — Garde; Wette — Gage; Bollwerk — Boulevard; Beiwacht — Biwak.*

c) Doppelentlehnung desselben Wortes aus einer fremden Sprache zu verschiedenen Zeiten: *Kompost — Kompot; legal — loyal; Parabel — Parole; Pfalz — Palast — Palais; proben — prüfen; Pulver — Puder; Quadrat — Karree; real — reell; Spital, Spittel — Hospital — Hotel; Speise — Spese; Joppe — Schaube; Schafott — Katafalk; Möbel — mobil; Brief — Breve; Kerker — Karzer; Pacht — Pakt; Pfarre — Parochie; Schüler — Scholar; Teppich — Tapete; Ziegel — Tiegel; Partei — Partie; Beryll — Brille; Chaise — Katheder; Armada — Armee; Pön — Pein; Reich — Schah.*

§ 244. Die Ursachen des Bedeutungswandels. Die Bedeutung der Wörter und der Bedeutungswandel ist bisher, wie vieles auf dem Gebiet der Sprachwissenschaft, von zwei Seiten behandelt worden, von Psychologen, die sich natürlich mit den allgemeinen Fragen beschäftigen, und von den eigentlichen Sprachwissenschaftlern, die mehr von den konkreten Tatsachen ausgehen, oder, um zwei Namen zu nennen, von Wundt und H. Paul. Durch diese getrennte, aber doch nach einem gemeinsamen Ziel strebende Arbeit ist unendlich viel geleistet worden; und wir sehen heute in vielen Punkten sehr viel klarer als früher. Aber freilich die Verhältnisse liegen durchaus nicht einfach, und es muß noch vieles klar gestellt werden. Außerordentlich belehrend sind die beiden Schriften von E. Wellander, oben S. 122 u. S. 404.

Wenn wir zu einer richtigen Erkenntnis der Ursachen des Bedeutungswandels kommen wollen, so müssen wir uns von vielen Anschauungen freimachen, namentlich davon, das Wort als solches ins Auge zu fassen, woran wir uns durch die Benutzung der Wörterbücher gewöhnt haben. Das rein abstrakte Wort und die abstrakte Bedeutung gibt es nur im Wörterbuch. Die Bedeutung eines Wortes wird auf zwei Weisen ergänzt. Entweder durch die ganze Lage, in der wir uns befinden, so wenn wir Feuer! rufen oder am Fahrkartenschalter fordern: Zweiter Berlin. Oder durch den Zusammenhang des Satzes, in dem sich das Wort befindet. Durch diesen ergibt sich stets ein besonderer Sinn. Daher strebt die heutige Arbeit an Wörterbüchern auch danach, möglichst alle Verbindungen anzuführen, in der ein Wort vorkommt.

An einem Beispiel will ich die Sachlage erläutern.

Wir lernen zwar *Tisch*, lat. *mensa*, und denken dabei an unsern vierbeinigen Tisch, es wird sozusagen bei dem Aussprechen des Wortes die Idee des Tisches bei uns erweckt. In Wirklichkeit gibt es aber kaum eine Gelegenheit, wo wir das Wort allein gebrauchen werden. Verfolgen wir dieses Beispiel einmal weiter.

Unser *Tisch* ist entlehnt aus gr.-lat. *discus* 'Wurfscheibe', in nachklassischer Zeit 'Schüssel, Teller'. Mit dieser Bedeutung kommt das Wort herüber. Noch althochdeutsch heißt *tisc* auch 'Schüssel'. Unsern jetzigen Gebrauch können wir aber nur erklären, wenn wir die kulturelle Entwicklung ins Auge fassen. Ursprünglich hatte man keine Eßtische im Zimmer, an denen etwa mehrere hätten essen können, sondern wie Tacitus Germ. 22 berichtet: *separatae singulis sedes et sua cuique mensa.* Es waren kleine, meist wohl dreibeinige niedrige Tische, die zusammen mit der Speise ins Zimmer getragen und vor jeden einzelnen hingesetzt wurden. Als sich nun die Sitte änderte, wurde der Ausdruck auch auf die größeren Tische angewendet, und schließlich entwickelte sich eine Bedeutung, die ganz von jener andern abwich. Aber jener alte Sinn 'Eßtisch' erhält sich bis zum heutigen Tage. Wir sagen noch heute: *den Tisch bereiten, zu Tische laden, rufen, bitten, zu Tische gehen, kommen, sich zu Tisch setzen, bei Tische sitzen.* In letzterm Ausdruck haben wir eine alte Redensart mit ganz bestimmtem Sinn. Sagen wir aber *um den Tisch herum sitzen,* oder *am Tisch sitzen,* so wird keiner an das Speisen denken.

Das Wort *Tisch* nimmt aber nun infolge ganz natürlicher Übertragung die Bedeutung Zeit des Essens an. Wir sagen *vor* und *nach Tisch, vom Tische sich erheben.* Etwas anderes ist wieder: *reinen Tisch machen.* Auch dies ist eine überkommene Redensart. Wir können nicht in demselben Sinn sagen: *den Tisch rein machen.*

Nach der Mahlzeit wurden die Tische einst wieder herausgetragen. Noch bis ins 16. Jh. sagte man *den Tisch aufheben,* wofür wir jetzt *die Tafel aufheben* gebrauchen. Bei diesem Worte, das eine ganz ähnliche Bedeutungsentwicklung aufweist, wie *Tisch,* hält sich die Redensart länger, offenbar weil hier Ausdruck und Sache nicht in einem so starken Gegensatz stehen, wie bei *Tisch.*

Durch metonymische Übertragung entwickeln sich weiter die Bedeutungen 'das Essen, die Kost, die Mahlzeit, insbesonders die Mittagsmahlzeit', z. B. *auf einen guten Tisch halten, einen guten Tisch führen, ein schlechter Tisch.* Daneben findet sich auch eine Verengerung: *Tisch des Herrn* 'Abendmahl', *zum Tisch des Herrn gehen.*

Aus der Bedeutung 'Tisch', wie wir sie jetzt gewöhnlich haben, entwickeln sich außerdem eine Reihe andrer Benennungen. Je nach der Lage der Dinge findet sich eine besondere Nuance: *Spieltisch, Schreibtisch, Küchentisch,* die aber nur selten ohne Zusammensetzung so gebraucht werden. Schiller spricht von einem *Tisch von Räthen und Prälaten.* Da die Tische, an denen die Verhandlungen von Behörden stattfinden, meist grün überzogen sind, so verbinden wir mit dem Ausdruck 'grüner Tisch' wieder einen besonderen festen Sinn.

Die Bedeutungsverschiedenheiten sind also, wie man sieht, an eine Reihe fester Verbindungen geknüpft. Die obenerwähnten Redensarten *bei Tisch sitzen, reinen Tisch machen* sind unveränderlich und müßten, genau genommen, als Komposita aufgefaßt werden. Man muß sie lernen, wie man ja bekanntlich beim Studium einer jeden fremden Sprache derartige Redensarten lernen muß. Es sind die sogenannten Idiotismen. Wir haben nun oben auf die Sprache der Altersklassen hingewiesen, insbesonders auf die in früheren Zeiten stark hervortretende Abteilung der heranwachsenden Jugend, die zum guten Teil ein Leben für sich führte. Diese werden nun sicher nicht alle die verschiedenen Bedeutungen lernen, wie sie nicht alle Worte aufnehmen. Das weniger Übliche schwindet allmählich, und so kann mit der Zeit eine Bedeutung vollständig aufgegeben werden. Es kann dies natürlich auch die ursprüngliche sein.

Der Bedeutungswandel ist also an die Wortverbindung fest gebunden. Jede ausführliche Darstellung der Bedeutungsentwicklung wird daher von den mannigfachen Verbindungen ausgehen müssen, in denen ein Wort vorkommt. Wird in einer solchen Verbindung auf der einen Seite der Sinn des Wortes näher begrenzt, so können sich anderseits dadurch, daß auch die andern Worte eine mehrfache Bedeutung haben, wieder neue Assoziationen einstellen, und es vermag dadurch eine neue Entwicklung angebahnt zu werden.

Diese Andeutungen mögen genügen. Das Gebiet ist zu umfangreich, als daß es in Kürze befriedigend dargestellt werden könnte.

WÖRTERVERZEICHNIS

NACHTRÄGE UND BERICHTIGUNGEN

S. 11 Z. 4 v. u. lies: e. *thick* statt *thik*. — S. 14 Z. 13 v. o. lies: *Fell* statt *Fett*. — S. 15 Z. 6 v. o. lies: *Bär* statt *Bar*. — S. 31 Z. 6 v. u. lies: Punkten abgesehen statt Punkten. — S. 35 Z. 1 v. o. lies: *Mahd* statt *Mat*. — S. 48 Z. 10 v. o. lies: lat. statt d. — S. 53 Abschnitt 2 füge hinzu: Ein kleines brauchbares Hilfsmittel ist E. WASSERZIEHER, Woher? 3. Aufl. 1919. — S. 53, 1: Von FEIST, Etymol. WB. ist jetzt die dritte Auflage erschienen. — S. 53 § 38, 2 füge hinzu: A. TORP, Nynorsk etymologisk ordbok, Kristiania 1916. — Zu § 38, 4 füge hinzu: F. HOLTHAUSEN, Etymologisches Wörterbuch der englischen Sprache, Leipzig 1917. — § 38, 11: MEYER-LÜBKES Wörterbuch ist jetzt vollendet. Statt 1900 lies 1911. — § 39, 12: BOISACQ ist ebenfalls vollendet. — S. 73 § 51, 2 füge hinzu: O. ÖSTERGREN, Nusvensk ordbok, Stockholm 1916. — § 52: Die Zeitschrift für deutsche Wortforschung ist leider eingegangen. — S. 77 § 56 Literatur füge hinzu: WIKLUND, Indogermanisches Jahrbuch 5, 1—21. — Zu S. 79 § 59 Literatur füge hinzu: E. TAPPOLET, Die alemannischen Lehnwörter in den Mundarten der französischen Schweiz, Kulturhistorisch-linguist. Unters., 1. Teil, Straßburg 1914. 2. Teil: Etymologisches Wörterbuch 1917. — Zu S. 140 § 105 Literatur füge hinzu: PAUL MÖLLER, Fremdwörter aus dem Lateinischen im späteren Mittelhochdeutschen und Mittelniederdeutschen, Diss. Gießen 1915. — Zu S. 154 füge hinzu: MAXIMILIAN MARTIN, Die französischen Wörter im Rheinhessischen, Diss. Gießen 1914. — E. JÄSCHKE, Lateinisch-romanische Fremdwörter der schlesischen Mundart, Breslau 1908. — KARL ROOS, Die Fremdwörter in den elsässischen Mundarten, Diss. Straßburg 1903. — Zu S. 224 füge hinzu: O. H. SCHWABE, The semantic development of words for eating and drinking in Germanic (Linguistic Studies in Germanic, ed. by Francis A. Wood Nr. 1), Chicago 1915. — Zu S. 328 § 196 Literatur füge hinzu: TH. IMME, Die deutsche Soldatensprache der Gegenwart und ihr Humor, Dortmund 1917. — O. MAUSSER, Deutsche Soldatensprache. Ihr Aufbau und ihre Probleme, Straßburg 1917. — Zu S. 346 § 204 [1]): LIS JACOBSEN, Om Ordenes Död. Arkiv för nord. filologi 31 (1915) 236—284. — S. 346 [1]) lies: HOLTHAUSEN, Germ.-rom. Monatsschrift statt Wörter und Sachen.

Lessing und seine Zeit

Von WALDEMAR OEHLKE. Zwei Bände mit den Lessingbildnissen von Tischbein und Anton Graff. Gebunden M 40.—

„In dem Titel ‚Lessing und seine Zeit' bedeutet der Zusatz zum Namen des Dichters kein nebensächliches Anhängsel, sondern einen so wesentlichen Teil des Ganzen, daß er streckenweise den ersten Rang beansprucht. Der zeitgeschichtliche Hintergrund, von dem sich die Gestalt des Helden abhebt, ist so weit genommen, mit einer so großen Reihe von Figuren, Landschafts- und Zeitbildern ausgefüllt, so sorgsam und liebevoll behandelt, daß die Darstellung eine Kulturgeschichte Deutschlands zur Zeit, man könnte fast sagen: unter der Regierung Lessings bildet. Der Verfasser begnügt sich dabei nicht mit den schon erschlossenen Quellen, sondern benützt zur Beleuchtung der Verhältnisse und Menschen eine Menge neu hervorgeholter Urkunden, Briefe, Tagebücher, von denen er eine stattliche Auslese in den Anmerkungen abdruckt. So ist durch gewissenhafte Verwertung der gesamten Lessingliteratur und durch neue eifrige Forschung ein Bild des großen Mannes zustande gekommen, das neben früheren Darstellungen in Ehren besteht und an kulturgeschichtlicher Weite sie alle übertrifft." Nord und Süd.

Goethe

Sein Leben und seine Werke. Von ALBERT BIELSCHOWSKY. 37. und 38. Auflage. Zwei Bände mit zwei Porträtgravüren. Gebunden M 70.—

„Ästhetisch und auf ihre innere analytische Darstellungskunst hin gewertet verdient diese Goethebiographie den ersten Platz unter allen, die wir besitzen." Westermanns Monatshefte.

Schiller

Sein Leben und seine Werke. Von KARL BERGER. 12. und 11. Auflage. Zwei Bände mit zwei Porträtgravüren. Gebunden M 65.—

„Wir besitzen in diesem Buch durchweg eine Verbindung von zuverlässiger Sachlichkeit und edler sprachlicher Darstellung, die der Schillerbiographie Karl Bergers den höchsten Rang anweist, den solche Werke überhaupt erlangen können." Dr. J. V. Widmann (Berner Bund).

Shakespeare

Der Dichter und sein Werk. Von MAX J. WOLFF. 4. Auflage (10. bis 14. Tausend). Zwei Bände, jeder mit Gravüre. Geb. M 40.—

„Hier haben wir endlich unsere moderne deutsche, sowohl wissenschaftlichen als künstlerischen Ansprüchen gerecht werdende Shakespearebiographie!" Franz Servaes (Neue freie Presse).

Kleist

Sein Leben und sein Werk. Von WILHELM HERZOG. 2., unveränderte Auflage (4. bis 6. Tausend). Mit zwei Porträtgravüren. Gebunden M 26.50

„Das Buch ist ein schriftstellerisches und psychologisches Meisterwerk." Hanns Martin Elster (Rheinisch-Westfälische Zeitung).

Herder

Sein Leben und seine Werke. Von EUGEN KÜHNEMANN. 2., neubearbeitete Auflage. Mit Porträtgravüre. Gebunden M 24.—

„Ein bedeutendes Buch. Es ist, getragen von einer hochgesteigerten sittlichen Stimmung, eine mächtige Predigt in Form eines Lebensbildes." Theologische Literaturzeitung.

Schiller

Von EUGEN KÜHNEMANN. 6. Auflage (16. bis 18. Tausend). Gebunden M 40.— (Soeben erschienen.)

„Das Buch ist ein Musterbeispiel, wie in einem Einzelnen eine ganze geschichtliche Epoche lebendig gemacht werden kann. Es lebt wirklich! Ausblicke von hoher Warte verbinden überall Vergangenheit, Gegenwart und Zukunft des fortschreitenden Lebens. In dieser Form gewinnt Kühnemanns Buch einen Wert über sein besonderes Ziel hinaus: es hilft zur Lebensschätzung in höherem Sinne erziehen." Kunstwart.

C. H. Beck'sche Verlagsbuchhandlung Oskar Beck in München

Das pädagogische Seminar

Handbuch für die praktische Einführung in den Lehrberuf. Herausgegeben von **KARL NEFF**, Oberstudienrat und Rektor in Bayreuth.

Erster Band: Der deutsche Unterricht. Von Karl Neff. Mit einer Einführung in die mittelhochdeutsche Lektüre von Georg Kinateder. VIII, 175 S. 8°. Leicht geb. M 15.—. (Soeben erschienen.)

Zweiter Band: Der Geographieunterricht. Von Max Förderreuther. VI, 96 S. 8°. Leicht geb. M 10.—. (Soeben erschienen.)

Dieses Handbuch für die praktische Einführung in den Lehrberuf tritt an die Stelle des 1908 erschienenen und seit geraumer Zeit vergriffenen Buches des gleichen Herausgebers „Das pädagogische Seminar", das den Verlauf des philologisch-historischen Seminarjahres schilderte und nur die für die Behandlung des Unterrichts im Deutschen, in den antiken Sprachen, in der Geschichte und Geographie notwendigsten methodischen Richtlinien enthielt.

Dieses neue Werk soll zu einem Handbuch für die praktische Einführung in den Lehrberuf überhaupt werden und ein anschauliches Bild von einer wissenschaftlichen Arbeitsgemeinschaft überhaupt geben, bei der die Kandidaten nicht bloß methodische Kunstgriffe lernen, sondern auch eine richtige Auffassung ihrer für die Gesamtheit so bedeutsamen erziehlichen Berufsarbeit bekommen.

Bausteine zu einer Ästhetik der inneren Form

Von **FR. LIPPOLD.** XXIV, 397 S. Gr. 8°. (Soeben erschienen.) Gebunden M 20.—

„Die Wahl dieses Titels muß durchaus als glücklich bezeichnet werden, findet sich in ihm doch der Grundgedanke der Lippoldschen Ästhetik, der sogleich auch auf seinen berühmteren Vorgänger Vischer hinweist, angedeutet. Auch hier steht das Problem „Form und Inhalt" im Mittelpunkte der Betrachtung. Auch hier wird ein Ausgleich, ein Mittelweg gesucht. Und er wird gefunden mit der Verlegung des rein Formprinzipiellen in das Geistige und Seelische. Dabei ist seine Ästhetik durchaus nicht in modernem Sinne einseitig psychologisch-empirisch gerichtet. Neben der Erfahrung, für die ihm die eigene Person stets das reichste, interessanteste und zuverlässigste Beobachtungsmaterial bot, weiß er den Wert der Spekulation wohl zu schätzen. Die Idee ist ihm zwar nicht das Erste und einzig Wichtige, wohl aber das Kernhafte, Bleibende, Wertgebende. Das Buch, das im wesentlichen aus dem Nachlaß Lippolds zusammengestellt wurde, enthält eine Fülle fruchtbarer, gerade für unsere in ihrem ästhetischen Empfinden so unklare Zeit wegweisender Anregungen." Deutsches Volkstum.

Innerliche Schulreform

Johannes Müllers Gedanken über Erziehung und Unterricht. Nach seinen Reden und Schriften dargestellt von **Dr. WILLY SCHEEL.** IV, 111 S. Geheftet M 9.—.

Was Joh. Müller über Erziehung und Unterricht sagt, ist kein Lehrgebäude, kein neues Erziehungssystem, sondern bietet die Darstellung dessen, was er über diese Dinge in sich selbst erlebt hat. In seinen Schriften, Reden und Gesprächen hat er sich oft über diese Fragen geäußert. Dieses Material wird hier übersichtlich, meist mit Müllers eigenen Worten, dargeboten. Die Jugenderziehung gipfelt bei ihm darin, das ursprüngliche Wesen im Kinde heranzuziehen und zu fördern. Denn das Ziel seiner Sehnsucht ist der Mensch des „dritten Reiches", der Mensch der wiedergewonnenen Unmittelbarkeit. Alle, die Kinder zu erziehen haben, sollten suchen, die Grundgedanken Johannes Müllers kennen zu lernen, zumal sie ihnen hier so bequem zusammengefaßt dargeboten werden. Heute, wo die Eltern in Schule und Kirche mehr denn je mitzureden haben, ist es unerläßlich, die eigenen Gedanken mit denen eines so selbständigen Geistes wie dem Johannes Müllers zu vergleichen.

Handbuch des deutschen Unterrichts

begründet von **Dr. Adolf Matthias**, Wirklichem Geheimen Oberregierungsrat

I. Band:

1. **Geschichte des deutschen Unterrichts** von Wirkl. Geh. Oberregierungsrat Dr. Adolf Matthias. 28 Bogen Lex. 8°. Geh. M 15.75, geb. M 20.—
2. **Der deutsche Aufsatz** von Professor Dr. Paul Geyer. Zweite Auflage. 22¹ Bogen Lex. 8°. Geheftet M 10.50, gebunden M 21.50
3. **Lesestücke und Schriftwerke im deutschen Unterricht** von Gymnasialdirektor Dr. Paul Goldscheider. 32 Bogen Lex. 8°. *(Vergriffen.)*

II. Band:

1, ı. **Einführung in das Gotische** nebst Wörterverzeichnis von Professor Dr. von der Leyen. 12 Bogen Lex. 8°. Gebunden M 16.—
1, 2. **Einführung in das Althochdeutsche** nebst Wörterverzeichnis von Professor Dr. Georg Baesecke. 19 Bogen Lex. 8°. Geheftet M 17.50, gebunden M 23 50
1, ₃. **Einführung in das Mittelhochdeutsche** nebst Wörterverzeichnis von Professor Dr. Friedrich von der Leyen. *(In Vorbereitung.)*
2. **Grammatik der neuhochdeutschen Sprache** von Professor Dr. Ludwig Sütterlin (Freiburg i. B.). Mit Anhang: Die deutsche Aussprache auf phonetischer Grundlage von Professor Dr. Theodor Siebs (Breslau). *(Im Druck.)*

III. Band

1. **Deutsche Stilistik** von Professor Dr. Richard M. Meyer. Zweite Auflage. 17 Bogen Lex. 8°. Geheftet M 8.75, gebunden M 18.75
2. **Deutsche Poetik** von Professor Dr. Rudolf Lehmann. 18¹⁄₄ Bogen Lex. 8°. Zweite, neubearb. Auflage. Geh. M 16.50, geb. M 22.50
3. **Deutsche Verslehre** von Professor Dr. Franz Saran (Erlangen). 23 Bogen Lex. 8°. Geheftet M 12.25, gebunden M 21.50

IV. Band:

1. **Geschichte der deutschen Sprache** von Professor Dr. Herman Hirt. Geheftet M 18.—, gebunden M 24.—
2. **Etymologie der neuhochdeutschen Sprache.** Eine Darstellung des deutschen Wortschatzes in seiner geschichtl. Entwicklung. Mit Index. Von Prof. Dr. Herman Hirt (Gießen). Zweite Auflage.
3. **Sprichwörter, sprichwörtliche Redensarten, geflügelte Worte** von Gymnasialdirektor Dr. Friedrich Seiler (Wittstock). *(Erscheint Anfang 1921.)*

V. Band:

1. **Deutsche Altertumskunde** von Professor Dr. Friedrich Kauffmann (Kiel). I. Hälfte: Von der Urzeit bis zur Völkerwanderung. 32³⁄₄ Bogen Lex. 8° und 35 Tafeln. Geh. M 17.50, geb. M 24.—
2. **Religion und Mythologie** von Professor Dr. Friedrich Kauffmann. *(In Vorbereitung.)*
3. **Deutsche Heldensage** von Professor Dr. Friedrich Panzer (Frankfurt a. M.). *(In Vorbereitung.)*

VI. Band:

Geschichte der deutschen Literatur bis zum Ausgang des Mittelalters. Von Professor Dr. G. Ehrismann. I. Teil: Die althochdeutsche Literatur. Geh. M 22.50, geb. M 32.50. — II. Teil: Die mittelhochdeutsche Literatur. *(In Vorbereitung.)*

C. H. Beck'sche Verlagsbuchhandlung Oskar Beck in München